Andreas Bobby Kalveram

Work-Life-Balance in einer sich wandelnden Welt

Andreas Bobby Kalveram

Work-Life-Balance in einer sich wandelnden Welt

Entwicklung und Validierung des Work-Life-Balance Index (WoLiBaX)

Asanger Verlag • Kröning

Der Autor

Dr. Andreas Bobby Kalveram, Bezugstherapeut der Tagesklinik des St. Nikolaus Hospitals Rheinberg, Orsoyer Straße 55, 47495 Rheinberg.
E-Mail: bobby.kalveram@t-online.de

Umschlaggestaltung: Angelika Krikava, liveo grafikdesign, www.liveo.de
Layout: Wolfgang Wohlers, einsatz.berlin
Druck: PBtisk, a.s., Czech Republic

Bibliographische Informationen der Deutschen Nationalbibliothek:
Die Deutsche Nationalbibliothek verzeichnet diese Publikation in der Deutschen Nationalbibliographie; detaillierte bibliographische Daten sind im Internet über http://dnb.d-nb.de abrufbar.

Das Werk einschließlich aller seiner Teile ist urheberrechtlich geschützt. Jede Verwertung außerhalb der engen Grenzen des Urheberrechtsgesetzes ist ohne Zustimmung des Verlags unzulässig und strafbar. Das gilt insbesondere für Vervielfältigungen, Übersetzungen, Mikroverfilmungen und die Einspeicherung und Verarbeitung in elektronischen Systemen.

Wichtiger Hinweis: Soweit Behandlungen und Medikamente angegeben sind, dürfen die Leser darauf vertrauen, dass Autor und Verlag große Sorgfalt darauf verwandt haben, dass diese Angaben dem Wissensstand bei Fertigstellung des Werkes entsprechen. Dennoch ist jeder Benutzer angehalten, diese Empfehlungen zu überprüfen, so dass jede Applikation und Dosierung auf eigene Gefahr des Benutzers erfolgen muss. Geschützte Warennamen werden nicht besonders kenntlich gemacht. Aus dem Fehlen eines solchen Hinweises kann also nicht geschlossen werden, dass es sich um einen freien Warennamen handelt.

Asanger Verlag GmbH, Kröning • www.asanger.de
ISBN 978-3-89334-616-5

Danksagung XI
Vorwort Prof. Dr. Rüdiger Trimpop XIII

1. Einleitung 1
    1.1   Work-Life-Balance – Ein Modethema oder ein Phänomen mit bedeutender Relevanz? 1
    1.2   Ziele der Arbeit 3
    1.3   Aufbau der Arbeit 3

2. Work-Life-Balance oder Vereinbarkeit von Arbeit, Familie und Freizeit? Definitionen und Begriffsklärungen ... 7

3. Arbeit, Familie und Freizeit im Wandel 14
    3.1   Der Begriff der Arbeit 14
            3.1.1   Arbeit im historischen Wandel 14
            3.1.2   Definitionen des Begriffes der Arbeit in den Sozial- und Verhaltenswissenschaften 27
            3.1.3   Erwerbsarbeit und ihre Bedeutung 31
    3.2   Nicht-Erwerbsarbeit und ihre Bedeutung 36
            3.2.1   Haushaltsarbeit 36
            3.2.2   Ehrenamtliche Arbeit 40
    3.3   Die Zukunft der Arbeit 46
    3.4   Begriffliche Abgrenzungen des Arbeitsbegriffs 48
    3.5   Der Begriff der Familie 49
    3.6   Freizeit im Wandel 56
    3.7   Resümee 61

4. Gesellschaft, Politik und Arbeitswelt im Wandel 63
    4.1   Strukturwandel und Globalisierung 64
    4.2   Demografischer Wandel 72
    4.3   Der Genderdiskurs 83

	4.4	Wandel der Normalarbeitsverhältnisse in einem sich verändernden Arbeitsmarkt	84
		4.4.1 Erwerbstätigkeit von Frauen	85
		4.4.2 Wandel der Normalarbeitsverhältnisse	91
	4.5	Politische Rahmenbedingungen	95
		4.5.1 Familienpolitik am Beispiel staatlicher Transferleistungen	98
		4.5.2 Vereinbarkeit von Arbeit und Familie aus Perspektive der Kommunen	100

5. Organisationaler Wandel 106

	5.1	Wandel der Organisationsformen	106
	5.2	Flexibilisierung der Organisation	116
	5.3	Der neue psychologische Kontrakt	120
	5.4	Der Wandel der Beruflichkeit	123
	5.5	Organisationaler Wandel am Beispiel Arbeitszeitflexibilisierung	128
		5.5.1 Flexibilisierung der Arbeitszeiten	128
		5.5.2 Arbeitszeitmodelle	131
		5.5.3 Analyse und Bewertung von Arbeitszeitsystemen	140
		5.5.4 Die Arbeitszeit zwischen Wünschen der Mitarbeiter und Anforderungen der Organisation	142
		5.5.5 Zusammenhänge zwischen Arbeitszeitgestaltung und Work-Life-Balance-Erleben	145
	5.6	Die Bedeutung der Organisation für das Work-Life-Balance-Erleben	150
		5.6.1 Familienfreundliche Angebote in deutschen Unternehmen	151
		5.6.2 Motive zur Einführung vereinbarkeitsorientierter Angebote	153
		5.6.3 Work-Life-Balance-Angebote und Recruitment	156
		5.6.4 Die Wirksamkeit organisationaler Angebote zur Verbesserung der Work-Life-Balance	161
		5.6.5 Der Zusammenhang zwischen vereinbarkeitsorientierten Organisationskulturen und dem Work-Life-Balance-Erleben	170
		5.6.6 Bewertungsmodelle zum Reifegrad der Organisation	174

6. Familiale Lebensformen im Wandel ... 177
- 6.1 Familiale Lebensformen zu Beginn des 21. Jahrhunderts ... 179
- 6.2 Innerfamiliale Entwicklungen und Dynamiken ... 182
  - 6.2.1 Geschlechtsrollenverständnis und innerfamiliale Aufgabenverteilung ... 183
  - 6.2.2 Elternschaft ... 186
- 6.3 Familiales Zeitmanagement ... 194
- 6.4 Kinderbetreuung und Work-Life-Balance-Erleben ... 197

7. Das Individuum in einer sich wandelnden Welt ... 204
- 7.1 Wandel individueller Einstellungen und Werte ... 204
- 7.2 (Erwerbs-)Biografien im Wandel ... 207
- 7.3 Personenbezogene Merkmale als Prädiktoren für das Work-Life-Balance-Erleben ... 218
  - 7.3.1 Forschungshistorischer Abriss der Persönlichkeitspsychologie ... 219
  - 7.3.2 Persönlichkeitsmerkmale als Prädiktoren für Berufserfolg ... 223
  - 7.3.3 Persönlichkeitsfaktoren und Work-Life-Balance-Erleben ... 224
  - 7.3.4 Individuelle Handlungsstrategien ... 228
  - 7.3.5 Die Bedeutung des Kontrollerlebens ... 232

8. Das Work-Life-Balance-Erleben ... 237
- 8.1 Rollenbegriff und Rollentheorien ... 237
- 8.2 Rollenkonflikte ... 239
- 8.3 Rollen und Work-Life-Balance-Erleben ... 240
  - 8.3.1 Rollenkonflikte und Spillover-Prozesse ... 241
  - 8.3.2 Positive Interaktionen zwischen den Lebensbereichen ... 245
  - 8.3.3 Die Work-Life-Balance Taxonomie von Frone (2003) ... 249
- 8.4 Theoretische Modellvorstellungen ... 250
  - 8.4.1 Role-Scarcity-Hypothesis ... 250
  - 8.4.2 Role-Enhancement-Hyothesis ... 250
  - 8.4.3 Boundary/Border-Theorien ... 252
  - 8.4.4 Modellvorstellungen zur Beschreibung des Verhältnisses von Arbeit, Familie und Freizeit (Linking-Mechanisms) ... 254

8.5 Messinstrumente zur Erfassung des Work-Life-Balance-Erlebens 259
8.6 Antezedenzen und Konsequenzen des Work-Life-Balance-Erlebens 267
    8.6.1 Die Stärke negativer und positiver Interaktionen 269
    8.6.2 Organisationale und tätigkeitsbezogene Variablen 269
    8.6.3 Familiale Variablen 273
    8.6.4 Individuelle Variablen 276
    8.6.5 Geschlechtsspezifische Differenzen im Work-Life-Balance-Erleben 277
8.7 Crossover 280

9. Forschungsziele und Fragestellungen 2867

9.1 Forschungsfragen 287
9.2 Methodisch validierende Forschungsziele 288
9.3 Inhaltlich explorative Forschungsziele 288

10. Methodik 291

10.1 Entwicklung eines Instrumentes zur Erfassung des Work-Life-Balance-Erlebens 291
    10.1.1 Theoretische Vorüberlegungen 291
    10.1.2 Anforderungen an das Instrument 292
    10.1.3 Phasen der Instrumentenentwicklung – Forschungsdesign 294
10.2 Forschungsdesign: Konzeption und Aufbau der Studien 296
10.3 Statistische Verfahren zur Prüfung der Fragestellungen 296
    10.3.1 Datenreduzierende Verfahren 298
    10.3.2 Hypothesentestende Verfahren (Signifikanztests) 299
    10.3.3 Indikatoren zur Modellevaluation von Strukturgleichungsmodellen 299
    10.3.4 Analyse von Effektstärken und Poweranalysen 303

11. Ergebnisse ... 306

11.1 Vorstudie ... 306
- 11.1.1 Erstellung eines initialen Itempools ... 306
- 11.1.2 Contentanalyse – Expertenrating ... 307
- 11.1.3 Ergebnisse ... 308
- 11.1.4 Zusammenfassung ... 316

11.2 Studie 1: Paar-Studie ... 317
- 11.2.1 Einleitung und Fragestellungen ... 317
- 11.2.2 Instrumente ... 322
- 11.2.3 Stichprobe ... 324
- 11.2.4 Faktorenanalyse 1. Ordnung ... 327
- 11.2.5 Faktorenanalyse 2. Ordnung ... 352
- 11.2.6 Inhaltliche Befunde zum Work-Life-Balance-Erleben ... 359
- 11.2.7 Zusammenfassung und Diskussion der Befunde aus Studie 1 ... 381

11.3 Studie 2: Kita-Studie ... 390
- 11.3.1 Einleitung und Fragestellungen ... 390
- 11.3.2 Instrumente ... 394
- 11.3.3 Stichprobe ... 397
- 11.3.4 Faktorenanalyse ... 400
- 11.3.5 Zusammenfassung und Diskussion der Befunde aus Studie 2 ... 432

11.4 Studie 3: Hochschul-Studie ... 444
- 11.4.1 Einleitung und Fragestellungen ... 444
- 11.4.2 Instrumente ... 448
- 11.4.3 Stichprobe ... 450
- 11.4.4 Faktorenanalyse ... 452
- 11.4.5 Inhaltliche Befunde zum Work-Life-Balance-Erleben ... 460
- 11.4.6 Zusammenfassung und Diskussion der Befunde aus Studie 3 ... 470

11.5 Synopse: Heuristische Überprüfung der faktoriellen Struktur ... 478
- 11.5.1 Studienübergreifende Merkmale der Faktorenstrukturen (Studie 1-3) ... 478
- 11.5.2 Vergleich der verwendeten Items und Optimierung des Instruments ... 480

11.6 Studie 4: WoLiBaX-Onlinestudie ... 480
- 11.6.1 Einleitung und Fragestellungen ... 480
- 11.6.2 Instrumente ... 481

    11.6.3 Stichprobe 482
    11.6.4 Deskriptive Vorabanalysen (Item-Analysen) 490
    11.6.5 Explorative Faktorenanalyse 492
    11.6.6 Inhaltliche Befunde zum Work-Life-Balance-Erleben 498
    11.6.7 Konfirmatorische Faktorenanalysen 498
    11.6.8 Zusammenfassung und Diskussion der Befunde aus Studie 4 514

12. Gesamtdiskussion 519

  12.1 Ergebnisdiskussion 519
    12.1.1 Methodisch-validierende Fragestellungen 519
    12.1.2 Inhaltlich explorative Fragestellungen 531
  12.2 Kritische Anmerkungen und Möglichkeiten zur Optimierung 542
  12.3 Implikationen für Forschung und Praxis 545
  12.4 Ausblick und Fazit 555

13. Zusammenfassung 559

14. Literatur 565

Anhangverzeichnis 613
(Die Materialien sind unter www.asanger.de als Dateien zum Downloaden hinterlegt)

Danksagung

Work-Life-Balance ist nicht nur ein theoretisches Konstrukt, sondern im persönlichen Alltag Tag für Tag aufs Neue eine ganz konkrete Lebensaufgabe, die es zu bewältigen und zu gestalten gilt. Eine Aufgabe, die man nicht allein bewältigt, sondern die immer eingebettet ist in ein privates und berufliches Umfeld, das die Basis für dieses Gelingen darstellt. Ich möchte mich deshalb bei all den Menschen bedanken, die mich nicht nur dabei unterstützt haben, dass ich meine Dissertation vollenden konnte, sondern trotz hohen Arbeitspensums auch meine persönliche Work-Life-Balance finden konnte. Besonderem Dank schulde ich meiner Frau und meinen Kindern, die mit ihrem Verständnis sowie ihrer Geduld und Liebe mein Vorhaben erst möglich gemacht haben.

Andreas Bobby Kalveram
Mülheim, im April 2017

Vorwort

Arbeits-, Familien- und Privatleben können nicht nur vereinbart werden, sondern sie können sich gegenseitig fördern und unterstützen! Das ist die Kernbotschaft dieses Buches. Und diese Botschaft wird in bester wissenschaftlicher Fundierung belegt, aber vor allem auch für den Anwender mit exzellenten Instrumenten und hilfreichen Gestaltungsvorschlägen ausgestattet.

Mit diesem Buch gelingt es auf außergewöhnlich innovative Weise bei der Vereinbarkeit von Arbeit und Familie, auch Work Life Balance (WLB) genannt, die bisherige Betonung der Belastungen und Vereinbarkeitsprobleme um die Faktoren einer wechselseitigen Unterstützung der Themenfelder zu erweitern. Die Erwerbsarbeit kann nicht nur die Familie fördern, sondern das Arbeitsleben kann auch vom Familienleben profitieren. Dies ist die vierte Dimension des Instruments, das in dieser Dissertation erstmals mit einem in vielen Studien und Arbeitskontexten untersuchten und validierten Instrument vorkommt.

Evidenzbasiert statt ideologisch werden die unterschiedlichsten Arbeitsbedingungen und Lebensumstände durch vielfältige methodische Zugänge erhoben und dann auf ein Instrument konsolidiert, das sich auf die Interaktion zwischen Arbeits- und Familienwelt bzw. Privatleben konzentriert. Somit kann jeder Akteur, der diesen Zugang wählt, von den positiven Aspekten lernen und diese stärken, statt nur die negativen Defizite zu vermeiden. Aus der Kombination von Problemabbau und Ressourcenförderung erwächst die Chance auf ein gesundes, balanciertes Lebens- und Arbeitskonzept.

Für alle betriebliche Akteure wird eine Fülle von Gestaltungsmöglichkeiten angeboten, die sowohl die Verhältnisse rund um die Arbeit als auch das Verhalten aller Akteure adressieren. Sowohl die Führung, die Mitarbeiter selbst und auch die Familie können und sollen aktiv die Bedingungen so gestalten, dass daraus das Konstrukt einer „Gesunden Organisation" entsteht, die nicht am Werkstor aufhört, sondern explizit in vertrauensvoller Weise die Privatwelt einbezieht.

Neben fundierten Analysen, Instrumenten und Maßnahmenangeboten bietet die Arbeit einen umfangreichen Literaturüberblick zum Thema mit mehr als 800 Literaturstellen aus aller Welt – eine echte Fundgrube für interessierte Forscher und Anwender.

Durch den vorliegenden Band kann mit Fug und Recht belegt werden, dass jahrzehntelange Forschung am Lehrstuhl für Arbeits- und Organisationspsychologie der Friedrich-Schiller-Universität Jena zu diesem Thema ihren Höhepunkt gefunden hat, der durch diese Arbeit in brillanter Weise dokumentiert wird.

Prof. Dr. Rüdiger Trimpop Jena, im April 2017

1. Einleitung

1.1 Work-Life-Balance – Ein Modethema oder ein Phänomen mit bedeutender Relevanz?

Das Thema Work-Life-Balance hat Konjunktur. Seit einigen Jahren wird es in zahlreichen wissenschaftlichen Veröffentlichungen und Konzepten, in betrieblichen Projekten und Programmen sowie im politischen Kontext thematisiert. Ziel der Betrachtungen des Work-Life-Balance-Erlebens ist es, Individuen bzw. Mitarbeiterinnen und Bürger eine bessere Vereinbarkeit von Arbeit, Familie und Freizeit zu ermöglichen. Dabei initiieren Unternehmen, Verbände und auch die Politik viele Programme, die die Vereinbarkeit von Arbeit, Familie und Freizeit erleichtern und unterstützen sollen. Die genannten Begründungen für die Aktivitäten zum Thema Work-Life-Balance sind mannigfaltig und umfassen sowohl organisationsinterne als auch externe Aspekte. Aus Unternehmenssicht zählen beispielsweise höhere Arbeitszufriedenheit und höheres Commitment der Mitarbeiter/-innen und – damit verbunden – bessere Leistung. Weitere oft genannte positive Effekte sind Kostenminimierung z. B. für krankheitsbedingte Abwesenheitszeiten sowie die Optimierung organisationsinterner Prozessabläufe wegen geringerer Störungen. Auch ein positives Image in der Öffentlichkeit, bei Kunden und bei potenziellen Bewerbern wird oft als Grund zur Einführung von Work-Life-Balance-Angeboten genannt.

Von politischen Funktions- und Entscheidungsträgerinnen wird das Thema Work-Life-Balance vor allem unter Gesichtspunkten des Nutzens für Volkswirtschaft und Organisationen, als *„Motor für wirtschaftliches Wachstum und gesellschaftliche Stabilität"* (BMfFSFJ, 2005a) oder auch als *„Hoffnungsträger für einen Aufschwung"* (Ollig, 2004, S. 25) betrachtet. Familienfreundliche Lebens- und Rahmenbedingungen gelten häufig als positiver regionaler Standortfaktor. Grundgedanke dabei ist die vermutete Stärkung des gesamtwirtschaftlichen Wachstums durch eine höhere Wettbewerbsfähigkeit der Unternehmen und eine bessere Ausschöpfung des Arbeitskräftepotenzials. Eine höhere Erwerbsbeteiligung von Frauen durch Beschäftigungszuwachs z. B. bedeutet nicht nur individuell höhere Einkommen, sondern auch zusätzliche Einnahmen der öffentlichen Haushalte sowie eine Stabilisierung der sozialen Sicherungssysteme.

Natürlich nennen auch die betroffenen Individuen viele positive Aspekte einer guten Work-Life-Balance: die Sicherung des individuellen bzw. familiären Einkommens, die Möglichkeit einer (größeren) finanzieller Unabhängigkeit (insbesondere für Frauen), eine höhere Bereitschaft, familiäre und soziale Aufgaben wahrzunehmen, ein gut funktionierendes Familien- und Sozialleben, eine bessere Koordination der im Privat- und

Berufsleben anstehenden Aufgaben, größere Potenziale zur Lösung beruflicher und familiärer Konflikte oder eine höhere Arbeits- und Lebenszufriedenheit. Die beschriebene Situation mit ihren Vorteilen für Unternehmen, Gesellschaft und Individuen kann auch als eine dreifache Win-Win-Win-Situation bezeichnet werden (Stecher, 2006). In den vergangenen zwei Dekaden können unzweifelhaft massive Wandelprozesse sowohl auf individueller und familialer Ebene als auch innerhalb von Organisationen und Unternehmen sowie in der Gesamtgesellschaft konstatiert werden. Diese Veränderungen sind verbunden mit den psychischen Erlebenszuständen von Mitarbeitern und Bürgerinnen, die einerseits Träger und Akteurinnen und andererseits Betroffene dieser Veränderungsprozesse sind. Somit sind unmittelbar und mittelbar verschiedenste Organisationen und gesellschaftliche Institutionen von den skizzierten Wandelprozessen betroffen, da ihre Mitglieder und deren Angehörige mit den ihnen konfrontiert werden. Andererseits treten Unternehmen, Organisationen und gesellschaftlichen Institutionen selbst als aktive Gestalter in den Wandelprozessen in Erscheinung.

Ein Großteil der Forschung zu den Themen Work-Life-Balance und Vereinbarkeit von Arbeit, Familie und Privatleben seit 1988 stammt aus Nordamerika, wo die Forschungstradition in diesen Themen stärker ausgeprägt ist und viel früher aktuell war. Mittlerweile existieren jedoch weltweit zahlreiche Forschungs- und Praxisansätze (vgl. Bellavia & Frone, 2004). Auch in Europa und Deutschland wird – insbesondere seit Ende des vorigen Jahrhunderts – eine verstärkte Auseinandersetzung mit dem Thema beobachtet. Allerdings ist der Anteil der spezifischen wissenschaftlichen Befunde im Vergleich zu den praxisorientierten Ansätzen noch immer eher gering. Die meisten Veröffentlichungen und Diskussionen zum Thema beschäftigen sich mit der Dokumentation von Praxisbeispielen.

Sind aber viele Aktivitäten tatsächlich als Beleg für die Relevanz des Gegenstandes Work-Life-Balance zu werten oder handelt es sich dabei doch nur um ein wegen der starken Medienpräsenz überbewertetes „*Modethema*"? Was verbirgt sich genau hinter den Begriffen *Work-Life-Balance und Vereinbarkeit von Arbeit, Familie und Freizeit*? Wie lassen sich Erlebniszustände und Prozesse, die mit der *Work-Life-Balance* in Verbindung gebracht werden, systematisch erfassen, beschreiben und bewerten? In welchem Zusammenhang steht die Work-Life-Balance mit anderen Variablen, die die individuellen, familialen, organisationalen und gesellschaftlichen Rahmenbedingungen repräsentieren? Die vorliegende Arbeit versucht, einige Aspekte dieser Fragen näher zu beleuchten. Dabei liegt der Schwerpunkt des empirischen Teils auf der Entwicklung und Validierung eines Instrumentes, mittels dessen Erlebniszustände und Prozesse, die mit der *Work-Life-Balance* in Verbindung gebracht werden, erfasst werden können.

1.2 Ziele der Arbeit

Wie in der Einleitung skizziert, verbirgt sich hinter Work-Life-Balance ein Thema, dem eine immer größere Bedeutung zugeschrieben wird. Das individuelle Erleben der Vereinbarkeit der Lebensbereiche Arbeit, Familie und Freizeit erfährt aber nicht nur Aufmerksamkeit in der Öffentlichkeit, sondern auch in der Forschung. Das manifestiert sich unter anderem in einer explosionsartig steigenden Zahl von Fachpublikationen und Studien. Während im angloamerikanischen Sprachraum bereits eine jahrzehntelange Tradition der Erforschung der Schnittstelle zwischen Arbeit, Familie und Freizeit besteht, erfährt das Thema im europäischen (insbesondere im deutschen) Sprachraum erst im ersten Jahrzehnt des Jahrhunderts eine gesteigerte Beachtung. Trotz einer zunehmenden Zahl von Veröffentlichungen und Studien zum Thema besteht gerade im deutschsprachigen Raum noch deutlicher *„Nachholbedarf"* – sowohl hinsichtlich theoretischer Konzepte, mit denen das Themenfeld beschrieben und Zusammenhänge erklärt werden können als auch in der Entwicklung von Instrumenten, mit denen Interaktionsprozesse zwischen den Lebensbereichen, dem individuellen Work-Life-Balance-Erleben von Erwerbstätigen, erfasst werden können.

Die hier vorliegende Arbeit will die systematische Entwicklung, Anwendung und Validierung eines Verfahrens zur Erfassung individueller Spillover-Prozesse zwischen den Lebensbereichen Arbeit, Familie und Freizeit, dem Work-Life-Balance-Index (Wo-LiBaX), dokumentieren. Neben der Entwicklung des Verfahrens werden Zusammenhänge zwischen dem individuellen Work-Life-Balance-Erleben von Erwerbstätigen und organisationalen, familialen und individuellen Faktoren analysiert und ihre Konsequenzen diskutiert.

1.3 Aufbau der Arbeit

Zu Beginn der Arbeit erfolgt eine Klärung der zentralen Begriffe und Definitionen rund um das Thema Work-Life-Balance, entsprechende Begrifflichkeiten werden präzisiert und erläutert. Dabei wird zunächst der Begriff der Work-Life-Balance eingehend beschrieben und definiert (Kapitel 2). Im Anschluss folgt in Kapitel 3 eine Abgrenzung der Begriffe Arbeit (Kapitel 3.1), Familie (Kapitel 3.5) und Freizeit (Kapitel 3.6).

Wie es Erwerbstätigen gelingt, Arbeit, Familie und Freizeit miteinander zu vereinbaren und wie das persönliche Work-Life-Balance-Erleben erfahren wird, steht in engem Zusammenhang mit den gesellschaftlich-politischen und strukturellen Bedingungen, den organisationalen Rahmenbedingungen, unter denen sie tätig werden, der familialen Lebenssituation sowie individuellen persönlichen Merkmalen. Beim Übergang in die postindustrielle Arbeitsgesellschaft kann gleichzeitig auf allen vier genannten Analyseebenen ein struktureller Wandel ausgemacht werden, wobei die einzelnen Wandelprozesse der unterschiedlichen Ebenen jedoch im Alltag von Individuen ineinander greifen. Folglich werden alle vier genannten Betrachtungsebenen und ihre Zusammenhänge mit dem Work-Life-Balance-Erleben erörtert. Hierbei erfolgt eine Darstellung von „außen nach innen", d.h. zunächst werden die Makroebene Gesellschaft, anschließend die Mesoebenen Organisation und Familie sowie schließlich die Ebene des Individuums dargestellt.

Das Thema Work-Life-Balance erfährt inzwischen nicht nur in Gesellschaft und Politik eine verstärkte Aufmerksamkeit, auch die gesellschaftlichen und politischen Rahmenbedingungen prägen für das Work-Life-Balance-Erleben von Individuen. Dementsprechend werden zunächst die Zusammenhänge zwischen Work-Life-Balance-Erleben und gesellschaftlichem und politischem Kontext in Kapitel 4 beschrieben. Besonderes Augenmerk richtet sich wird dabei auf den Prozess der Globalisierung sowie dem makroökonomischen Strukturwandel (4.1), dem demografischen Wandel (4.2) und dem Genderdiskurs (4.3). Da die gesellschaftlichen und ökonomischen Transformationsprozesse sich außerdem auch in einem Wandel der Normalarbeitsverhältnisse (4.4) sowie den politischen Rahmenbedingungen manifestieren (4.5), werden auch diese Entwicklungsprozesse geschildert.

Ein Schwerpunkt des theoretischen Teils dieser Arbeit liegt auf dem Thema organisationaler Wandel (Kapitel 5). Organisationen reagieren auf die Wandelprozesse in Wirtschaft und Gesellschaft durch die gezielte Gestaltung ihrer Aufbau- und Ablauflauforganisation (5.1) und in Form verschiedenster Bemühungen der organisationalen Flexibilisierung (5.2). Die Auswirkungen dieser Veränderungen resultieren nicht nur im psychologischen Vertrag zwischen der Organisation und ihren Mitgliedern (5.3), sie ziehen auch bedeutende Veränderungen in den Konzepten zur Beruflichkeit nach sich (5.4). Das Beispiel der Arbeitszeitflexibilisierung zeigt exemplarisch, welche Auswirkungen Flexibilisierungstendenzen auf das Work-Life-Balance-Erleben von Erwerbstätigen haben können (5.5). Außerdem werden sowohl die Verbreitung verschiedener Angebote zur besseren Vereinbarkeit von Arbeit, Familie und Freizeit diskutiert (5.6.1) als auch die Motive, die zumeist hinter ihrer Einführung stehen (5.6.2) sowie ihre Bedeutung für das Personalmangement (5.6.3) betrachtet. In diesem Zusammenhang stellt sich die Frage nach den Auswirkungen organisationaler Lösungsansätze zur Verbesserung des Work-Life-Balance-Erlebens für das Individuum als auch die nach den ökonomischen Konsequenzen (5.6.4). Besondere Bedeutung für das Work-Life-Balance-Erleben von Organisationsmitgliedern hat eine familienfreundliche bzw. vereinbarkeitsorientierte Organisationskultur. Auf den Zusammenhang zwischen der Ausgestaltung einer vereinbarkeitsorientierten Organisationskultur, die auch die außerberufliche Lebenssituation der Menschen berücksichtigt und dem Work-Life-Balance-Erleben wird in 5.6.5 eingegangen. Abschließend werden in diesem Kapitel

Ansätze zur Bewertung der Vereinbarkeitsorientierung einer Organisationskultur präsentiert (5.6.6).

Auch familiale Lebensformen sind von den skizzierten Veränderungen betroffen (Kapitel 6). Näher betrachtet werden deshalb die Wandelprozesse, die mit den Begriffen Ausdifferenzierung oder Pluralisierung der Lebensformen umschrieben werden können (6.1). Des weiteren werden innerfamililale Entwicklungsverläufe und Prozesse exemplarisch beschrieben (6.2. bis 6.4.). Hierbei wird dem veränderten Rollenverständnis der Geschlechter, der familialen Aufgabenverteilung (6.2.1), dem familialen Zeitmanagement (6.3) sowie der Elternschaft (6.2.2) und Kinderbetreuung (6.4) besondere Beachtung geschenkt.

Kapitel 7 behandelt die Bedeutung der dargestellten Veränderungsprozesse auf individueller Ebene. Dabei werden zunächst vor dem Hintergrund des Wertewandels Veränderungen individueller Einstellungs- und Wertemuster (7.1) sowie ihre Auswirkungen auf (Erwerbs)Biografien aufgezeigt (7.2). Anschließend werden verschiedene personenbezogene Merkmale und ihr Zusammenhang mit dem Work-Life-Balance-Erleben beschrieben (7.3). Im Fokus der Betrachtung stehen dabei Persönlichkeitsmerkmale (7.3.1 bis 7.3.3), individuelle Handlungsstrategien (7.3.4) und Kontrollerleben (7.3.5).

Kapitel 8 schließlich betrachtet das Work-Life-Balance-Erleben von Erwerbstätigen an der Schnittstelle zwischen Arbeit, Familie und Freizeit vor einem rollentheoretischen Hintergrund (8.1–8.2). Dabei werden sowohl negative Interaktionen zwischen den Lebensbereichen (Rollenkonflikte) (8.3.1) als auch das Erleben positiver Interferenzen (Benefiterleben; 8.3.2) analysiert. Grundlegende theoretische Vorstellungen zur Ausgestaltung der Schnittstelle zwischen den Lebensbereichen Arbeit, Familie und Freizeit werden mit Hilfe der Role-Scarity-Hypothese (8.4.1), der Role-Enhancement-Hypothese (8.4.2), den Boundary/Border-Theorien (8.4.3) sowie den sogenannten Linking-Mechanisms (8.4.4) beschrieben. Es folgt eine Darstellung bereits bestehender Instrumente zur Erfassung von Interaktionen zwischen den Lebensbereichen Arbeit, Familie und Freizeit (8.5). Der Abschluss des Kapitels schildert empirische Befunde zum Zusammenhang zwischen organisationalen, familialen und individuellen Variablen und dem Work-Life-Balance-Erleben (8.6).

Nachfolgend werden in Kapitel 9 die Forschungsziele und Fragestellungen der Arbeit dargelegt und in Kapitel 10 die im empirischen Teil der Arbeit verwendeten Methoden expliziert.

Der empirischen Teil der Arbeit stellt die Entwicklung, Erprobung und Validierung des Work-Life-Balance-Index (WoLiBaX), einem Fragebogen zur Erfassung des Erlebens von Interaktionen zwischen den Lebensbereichen Arbeit, Familie und Freizeit, dar (Kapitel 11). Die Instrumentenwicklung erfolgt in einem mehrstufigen Prozess. In einem ersten Schritt wird, aufbauend auf den theoretischen Annahmen der Work-Life-Balance-Forschung und unter Bezugnahme auf bereits erprobte Instrumente deduktiv ein initialer Itempool erstellt. Die darin enthaltenen Items werden in einer Vorstudie in einem Expertenrating einer inhaltlichen Validierung unterzogen (11.1). Die in der Contentanalyse ermittelten Items und die angenommene Faktorenstruktur des WoLiBaX werden schließlich in drei querschnittlichen Studien mit verschiedenen Zielgruppen untersucht: Doppelverdiener-Paare mit Kindern unter 16 Jahren (11.2), Eltern mit Kindern unter sechs Jahren (11.3) sowie wissenschaftliches Personal einer Hochschule (11.4). Die faktorenanalytischen Befunde der drei Studien werden in einer nachfolgenden Synopse studienübergreifend verglichen, um eine Makro-Struktur des Instruments zu ermitteln, das das Work-Life-Balance-Erleben von Erwerbstätigen am besten repräsentiert (11.5). Nach einer Optimierung des Instruments wird dieses an an einer tätigkeits- und branchenübergreifenden Stichprobe in einer Online-Studie schließlich erneut überprüft (11.6). Hierbei wird die faktorielle Struktur sowohl in einer explorativen Faktorenanalyse repliziert als auch in einer konfirmatorischen Strukturgleichungsanalyse und einer Kreuzvalidierung bestätigt.

Ergänzend zur Frage nach der faktoriellen Struktur des WoLIBaX werden in den drei erstgenannten Studien (11.2 bis 11.4) verschiedene Zusammenhänge zwischen organisationalen, familialen und individuellen Variablen und dem Work-Life-Balance-Erleben analysiert sowie deren Bedeutung diskutiert.

Die Befunde der empirischen Analysen werden abschließend in einer Gesamtdiskussion vor dem Hintergrund der im theoretischen Teil beschriebenen Wandelprozesse erörtert (Kapitel 12). Dabei werden sowohl die Ergebnisse der methodisch-validierenden Fragestellungen hinsichtlich der Struktur und Güte des entwickelten Instruments (12.1.1) als auch die inhaltlich-explorativen Fragestellungen (12.1.2) diskutiert. Ferner werden Möglichkeiten zur Optimierung (12.2) sowie Implikationen für Forschung und Praxis aufgezeigt (12.3).

2. Work-Life-Balance oder Vereinbarkeit von Arbeit, Familie und Freizeit? Definitionen und Begriffsklärungen

Begriffsbestimmung
Viele der mit dem Thema Work-Life-Balance verbundenen Inhalte sind an sich nicht neu. Das gilt für die Forschung ebenso wie für die betriebliche Praxis. Was sich jedoch in den vergangenen Jahrzehnten verändert hat ist einerseits, wie das Thema in Forschung und Praxis betrachtet und behandelt wird sowie andererseits seine Gegenstandsbezeichnung. So wurden beispielsweise viele der unter dem Oberbegriff der *Work-Life-Balance* subsumierten Themen vormals als rein frauen- oder familienspezifische Anliegen betrachtet. Handelt es sich somit um „alten Wein in neuen Schläuchen" oder verbirgt hinter dem Phänomen Work-Life-Balance eine neue Qualität, die die Verwendung einer neuen Begrifflichkeit rechtfertigt? Um diese Frage zu klären, erscheint die im Folgenden durchgeführte Klärung der Definition des Begriffs zunächst unerlässlich.

Trotz vieler Veröffentlichungen zum Thema *Work-Life-Balance* besteht zum gegenwärtigen Zeitpunkt keine Klarheit, was die Definition des Begriffs angeht. Der Begriff *Work-Life-Balance* ist hinsichtlich seiner Verwendung sehr vieldeutig, nur äußerst schwer zu definieren und birgt deshalb in seiner Verwendung die Gefahr unpräziser Begrifflichkeiten oder wie Guest (2001) es formuliert, *„in much of the debate about work-life balance, there is a loose use of language"*. Der Autor weist ferner darauf hin, dass der Begriff *Balance* sowohl als Substantiv verwendet wird, also im Sinne eines Gleichgewichtes, aber auch als Verb im Sinne der Tätigkeit des Ausbalancierens.

Terminologien
Nicht nur die Inhalte verschiedener Definitionen von *Work-Life-Balance* unterscheiden sich, auch die mit den Inhalten verknüpften Begrifflichkeiten differieren. In der Literatur finden sich, je nach persönlichem Standpunkt und Fokus der Autor/-innen, zahlreiche alternative Terminologien, oft synonym verwendet mit dem Begriff der *Work-Life-Balance,* wie beispielsweise *Work-Family-Balance* (z. B. Thompson, Beauvais & Lyness, 1999; Greenhaus & Singh, 2003; Frone 2003), *Work-Life-Integration* („integration of paid work with the rest of life"; Lewis, Rapoport & Gambles, 2003), Life-Domain Balance (Ulich, 2006), Work-Home-Interaction (Demerouti & Geurts, 2004). oder auch Work-Life-Fit (z. B. Voydanoff, 2002). Im deutschsprachigen Raum finden sich in der Literatur neben der Verwendung des Begriffs *Work-Life-Balance* häufig die synonym verwendeten Begrifflichkeiten Vereinbarkeit von *Arbeit, Familie und Freizeit* oder *Vereinbarkeit von Beruf und Familie,* die beiden zuletzt genannten insbesondere im politischen Diskurs (z. B. BMfFSFJ, 2005a).

Definitionen

Ein Großteil der Definitionsversuche zur *Work-Life-Balance* bzw. *Work-Family-Balance* basieren auf rollentheoretischen Annahmen und beschreiben das Erleben und Verhalten von Individuen an der Schnittstelle zwischen Arbeit, Familie und Freizeit. Eine Definition, die an den Folgen einer (guten) Work-Life-Balance anknüpft, findet sich bei Clark (2000, S. 751): *„I define 'balance' as satisfaction and good functioning at work and at home, with a minimum of role conflict"*. Ebenfalls an der Zufriedenheit und am Erleben der Betroffen setzen Greenhaus & Singh (2003) mit ihrer Definition von Work-Family-Balance an. Auf der Basis von Rollenmodellen verstehen sie unter Work-Family-Balance *„The extent to which individuals are equally involved in-and equally satisfied with-their work role and their family role"* (Greenhaus & Singh, 2003; vgl. a. Greenhaus, Collins & Shaw, 2003). Frone (2003, S. 145) vertritt die Ansicht, dass *„[...] low levels of interrole conflict and high levels of interrole facilitation represent work-family balance"*.

Eine vergleichbare und eine der wenigen deutschsprachigen Definition stammt von Abele (2005, S. 176). Sie bezeichnet Work-Life-Balance *„als Zusammenspiel zwischen Arbeit und Privatleben, d.h. die zeitliche Verteilung, die potenzielle Konflikthaftigkeit oder auch die Bereicherung durch das Zusammenwirken der beiden Bereiche und die Art der Regulation von Arbeit und Privatleben"*. Freier (2005, S. 21) erweitert bei ihrer Begriffsbestimmung Work-Life-Balance um den Aspekt der Lebensphasenorientiertheit: *„Work-Life-Balance heißt: Den Menschen ganzheitlich zu betrachten (als Rollen- und Funktionsträger) im beruflichen und privaten Bereich (der Lebens- und der Arbeitswelt) und ihm dadurch die Möglichkeit zu geben, lebensphasenspezifisch und individuell für beide Bereiche, die anfallenden Verpflichtungen und Interessen erfüllen zu können, um so dauerhaft gesund, leistungsfähig, motiviert und ausgeglichen zu sein"*. Ähnlich die Definition von Moser (2007; S. 424): *„Work-Life-Balance bezeichnet ein Themengebiet, in dessen Vordergrund Fragen zur funktionalen alltags- und biografiebezogenen Relation zwischen Berufs- und Privatleben stehen. Der Prozess der Balancierung dient der Maximierung positiver Erlebensqualitäten und der Minimierung negativer Erlebensqualitäten in den verschiedenen Lebensbereichen"*. Die Definitionen von Moser und Freier verdeutlichen, dass der zeitliche Hintergrund, auf den sich das Work-Life-Balance-Erleben von Individuen bezieht, sowohl auf eine eher kurzfristige, alltagsbezogene Perspektive angewendet werden kann als auch auf eine eher langfristige, biografiebezogene Perspektive (Abele, 2005).

Allen angeführten Definitionsversuchen gemein ist die Tatsache, dass sie die Vereinbarkeit bzw. Unvereinbarkeit unterschiedlicher Rollen an der Schnittstelle zwischen Arbeit, Familie und Freizeit in den Fokus ihrer Begriffsbestimmung legen. Ebenfalls gemein ist ihnen, dass sie Rollenkonflikte als Indikator für eine fehlende Balance und entsprechend positive Konsequenzen – wie das Erleben von Zufriedenheit – als Indikator für eine gegebene Balance betrachten. Der Begriff der *Balance* ist somit bei vielen der genannten Autor/-innen auch mit einem explizit formulierten oder implizit enthaltenen Zielzustand verbunden, den es zu erreichen oder anzustreben gilt. Dabei ist das Bild des Gleichgewichts zumeist implizit mit einer positiven Konnotation belegt; das Ungleichgewicht wird eher mit einer negativen Bedeutung bedacht. Folglich symbolisiert in populärwissenschaftlichen Publikationen gerne ein Waagemodell das Verhältnis der Lebensbereiche zueinander.

Problematisch und unscharf sind in den meisten Work-Life-Balance-Definitionen die Begriffe *Work* und *Life*. Unter *Work* wird in den meisten Ansätzen Erwerbsarbeit subsumiert (zur Definition des Begriffs Arbeit s. a. 3.1.2). Bei traditioneller gewerblicher Erwerbsarbeit mag diese Definition sich als praktikabel erweisen, für Tätigkeiten jedoch, die von traditionellen Modellen der gewerblichen Erwerbstätigkeit abweichen, erscheint der Begriff oft unpassend. Man denke in diesem Zusammenhang nur an unterschiedliche Formen der Erwerbstätigkeit, z. B. Teleheimarbeit. In diesen Fällen sind Arbeit und Nicht-Arbeit nicht nur räumlich sehr schwer voneinander abzugrenzen, häufig sind auch einzelne Tätigkeiten nicht eindeutig zuzuordnen. Ein weiteres Beispiel: die Arbeitswege von Beschäftigten. Hinsichtlich der juristischen Grundlage Arbeitsvertrag und der damit verbundenen Bezahlung gelten sie i. d. R. als Nichtarbeitszeit. Aus Perspektive der (berufsgenossenschaftlichen) Unfallversicherung sind Wegeunfälle jedoch Arbeitsunfällen gleichgestellt, da sie zwingend notwendig zur Arbeitsaufnahme und vom Individuum nicht frei bestimmbar sind. Sie können somit plausibel und sachlogisch sowohl dem Bereich der Arbeit als auch dem Bereich der Nicht-Arbeit zugeordnet werden.

Ebenso kritisch zu betrachten ist die Verwendung des Begriffs *Life*. Ein Großteil der Literatur zum Thema *Work-Life-Balance* fokussiert lediglich auf die Schnittstelle zwischen Arbeit und Familie. Familienleben ist zwar unbestritten ein bedeutender Aspekt des Nichterwerbslebens, andererseits aber auch nur eine Teilmenge dessen. Einen weiteren wichtigen Aspekt nennt Frone (2003), der darauf hinweist, dass die Verwendung der Begriffe *Work* und *Nonwork* bzw. *Life* im Rahmen der Work-Life-Balance-Debatte missverständlich sein kann, da sie u. U. implizieren, dass Tätigkeiten außerhalb der Erwerbstätigkeit keine Arbeit darstellen. Frone schlägt deshalb vor, alternativ von *Employment* und *Nonemployment* zu sprechen. Auch nach Ansicht des Verfassers verschleiern die gegensätzlichen Begriffe *Work* und *Life* den Sachverhalt, dass auch im Privat- und Familienleben z.T. nicht zu vernachlässigende Arbeitsleistungen erbracht werden müssen. Ferner erscheint die Unterteilung in Arbeit und Leben auch bedenklich, da sie streng genommen impliziert, dass Arbeit kein Leben sei. In diesem Sinne folgt der Terminus *Work-Life-Balance* eher der calvinistisch-protestantischen Arbeitsethik, in der Arbeit immer im *Schweiße des Angesichts* zu erfolgen hat.

Auch der im Rahmen der Work-Life-Balance-Debatte benutzte Familienbegriff ist hinsichtlich seiner Definition nur sehr schwer eindeutig einzugrenzen (zur Definition des Begriffs Familie s. a. 3.5). Die verwendeten Definitionen hängen in starkem Maße von den untersuchenden Disziplinen ab. Rothausen (1999, S. 820) schlägt deshalb vor, dass „*a realistic definition of family would include all others who meet certain needs or functions formerly thought to be met by the family; this is a functional, or effective, rather than a 'traditional' or legal definition of family*". Die Autorin weist in ihrem Übersichtsartikel kritisch darauf hin, dass sich der in der Organisationsforschung (und auch in der Familienforschung) verwendete Familienbegriff häufig noch immer an dem Konzept der heterosexuellen, monogamen, weißen, christlich sozialisierten, patriarchalen Kernfamilie mit Male-Breadwinner-Modell orientiert – jenseits der gesellschaftlichen Realität. Kulturelle Unterschiede (z. B. regional, national) und alternative Familienkonzepte (Alleinerziehende, unverheiratete Dual-Earner-/Career-Couples, Patchworkfamilien etc.) werden folglich in empirischen Untersuchungen häufig entweder gar nicht oder nur randständig berücksichtigt.

Alternative Definitionen
Während einige Autor/-innen das Individuum und dessen Verhalten und Erleben in den Vordergrund rücken, fokussieren andere Definitionen auf die Gestaltung der (organisationalen) Schnittstelle zwischen den Lebensbereichen Arbeit, Familie und Freizeit.

„*Work-Life-Balance bedeutet eine neue, intelligente Verzahnung von Arbeits- und Privatleben vor dem Hintergrund einer veränderten und sich dynamisch verändernden Arbeits- und Lebenswelt*" (BMfFSFJ, 2005a)

„*Work-life balance is about people having a measure of control over when, where and how they work. It is achieved when an individual's right to a fulfilled life inside and outside paid work is accepted and respected as the norm, to the mutual benefit of the individual, business and society*" (The Work Foundation, o.J.)

Aufgrund der bereits angesprochenen begrifflichen Unschärfen und der zum Teil sehr unterschiedlichen Schwerpunkte äußern einige Autor/-innen deutliche Kritik an der Terminologie bzw. den Definitionen des Begriffs Work-Life-Balance. „*Work-Life Balance ist [...] weder ein genau definierter Begriff noch eine hinreichend geprüfte Modellvorstellung für die Verbindung verschiedener Lebensbereiche, sondern eine vage – zudem nicht besonders geglückte – Bezeichnung verschiedenster Fragestellungen zum Verhältnis von Erwerbstätigkeit und anderen menschlichen Tätigkeiten*" (Resch, 2003, S. 125). Resch & Bamberg (2005) sprechen in diesem Zusammenhang deshalb auch statt von einem einheitlichen Begriff von einem Themengebiet Work-Life-Balance. Ebenfalls kritisch äußert sich Kastner (2002, S. 1) der meint, dass „*Fragen der Vereinbarkeit von Beruf und Familie, von Arbeit und Freizeit und von Lebensqualität im Zusammenhang mit einer neuen Qualität der Arbeit immer virulenter werden und ihren Niederschlag in einem Begriff finden, der mittlerweile zu einem Modewort zu verkommen droht, der Work Life Balance*". Weiter heißt es, dass die „*Prägnanz des verwendeten Begriffes in umgekehrten Verhältnis zur Häufigkeit seines Gebrauchs*" steht.

Ulich (2004) bezeichnet den Begriff der Work-Life-Balance sogar als sachlich falsch und irreführend, da Arbeit selbstverständlich ja auch ein Teil des Lebens ist. Außerdem würden alle anderen Formen der Arbeit neben der Erwerbsarbeit vernachlässigt. Nach Ulich geht es vielmehr darum, eine Balance zwischen den Möglichkeiten und Anforderungen in der Erwerbsarbeit und den Möglichkeiten und Anforderungen anderer Lebenstätigkeiten zu finden. Er präferiert deshalb den Begriff der *Life Domain Balance* (Ulich, 2006). Jones, Burke & Westman (2006a) hingegen beobachten eine Verschiebung hin zum Begriff Integration statt Balance, wie ihn beispielsweise Lewis, Rapoport & Gambles (2003) benutzen. Lewis et al. (2003) verwenden die Bezeichnung *„integration of paid work with the rest of life",* wobei sie betonen, dass die Integration auf alles einwirkt, was Menschen als Individien und Mitglieder von Institutionen innerhalb einer Gesellschaft tun und dass dieses vice versa auf die Integration einwirkt. Waren die vorhergehend angeführten Kritiken oft durch eine begriffliche Verengung des zu beschreibenden Phänomens gekennzeichnet, so besteht hier vielmehr die Gefahr einer zu weit gefassten Definition, bei der keine genaue Abgrenzung des Explanandums mehr möglich ist.

Die Dichotomisierung und die damit verbundene Simplifizierung in der Begrifflichkeit Work-Life-Balance sind somit insgesamt nicht unproblematisch. Es besteht die Gefahr, dass einerseits mit der gewählten Begrifflichkeit die Mannigfaltigkeit verschiedener Lebenskontexte negiert, andererseits aber die Kontinuität ganzheitlicher Lebenserfahrung von Individuen unzureichend berücksichtigt wird. Trotz alledem erscheint der Begriff als Leitmotiv und plakative Bezeichnung des Themenfeldes durchaus geeignet. Erwerbstätige erleben zwar bereits seit rund zwei Jahrhunderten die Notwendigkeit, die unterschiedlichen Lebensbereiche ihres Lebens miteinander zu vereinbaren, was sich inzwischen aber dramatisch verändert hat, sind die Rahmenbedingungen, unter denen diese Vereinbarkeitsleistungen erbracht werden müssen. Massive Veränderungen der individuellen, familialen, betrieblichen und gesellschaftlichen Rahmenbedingungen bedingen nicht nur eine gesteigerte Bedeutung und Aufmerksamkeit des Themas bei den Betroffenen sowie in Öffentlichkeit, Wissenschaft und Politik, sondern rechtfertigen auch die Verwendung eines neuen Begriffs zur Beschreibung eines in dieser Form neuen Phänomens. *„The integration of paid work with the rest of life is thus a critical issue today throughout the world. It affects and is affected by the ways people experience society and can no longer be regarded as a side issue, or an individual issue affecting only a minority of people"* (Lewis, Rapoport & Gambles, 2003).

Zweifelsohne wird in der angewandten Praxis der Begriff *Work-Life-Balance* häufig auch dazu verwendet, bereits bestehende Konzepte in neuem Gewand zu präsentieren. Dennoch erscheint die Verwendung der Begrifflichkeit der *Work-Life-Balance* vor dem Hintergrund der sich wandelnden Anforderungen und Bedingungen gerechtfertigt, um die damit verbundenen Erlebens- und Verhaltensweisen zu beschreiben. Zwar handelt es sich dabei nicht um ein grundlegend neues Phänomen, aber aufgrund der sich vollziehenden Entwicklungen, die sich unter anderem im Wandel von Organisations- und Lebensformen manifestieren und neue Qualitäten der Arbeit sowie des Familien- und Privatlebens zur Folge haben, erscheint die Verwendung einer entsprechenden, diesen Wandel charakterisierenden Terminologie durchaus gerechtfertigt und angemessen. Hierbei wird der Begriff der *Work-Life-Balance* als umfassender und ganzheitlicher erachtet, als reduziertere Ansätze, die ihren Fokus lediglich auf die Schnittstelle zwischen Arbeit und Familie legen.

Der Begriff *Work-Life-Balance* stellt – ungeachtet der geschilderten Problematiken hinsichtlich der verwendeten Terminologie – nach Ansicht des Verfassers in vielerlei Hinsicht den entscheidenden Referenzrahmen für die hier vorgelegte Arbeit und wird deshalb im Folgenden verwendet.

Definition: Unter Work-Life-Balance werden im Rahmen dieser Arbeit individuelle Erlebens- und Verhaltenszustände an den Schnittstellen zwischen den Lebensbereichen Erwerbsarbeit, Familie und Freizeit im Alltag und der Biografie von Individuen verstanden. Sie stehen in engem Zusammenhang und werden von den individuellen, familialen, organisationalen sowie gesellschaftlichen bzw. kommunalen Lebensbedingungen der betroffenen Individuen beeinflusst.

Work-Life-Balance in dem hier verstandenen Sinne meint somit nicht allein einen anzustrebenden Zielzustand, sondern die Beschreibung des Erlebens und Verhaltens von Individuen im Rahmen ihrer jeweiligen Lebenssituation. Eine Analyse des Work-Life-Balance-Erlebens fokussiert entsprechend nicht auf den Endzustand eines Gleichgewichtes, sondern vielmehr auf den Akt bzw. Prozess des Balancierens. Eine austarierte Balance der verschiedenen Lebensbereiche, d.h. das möglichst geringe Erleben von Konflikten zwischen den Domänen und ein entsprechender positiver Spillover zwischen den Segmenten, kann im Einzelfall die Folge sein, ist dabei aber nicht immer zwangsläufig das anzustrebende Ziel.

Es ist durchaus beobachtbar, dass in bestimmten Lebensphasen von Individuen die Work-Life-Balance sogar gewollt und/oder gewünscht ins Ungleichgewicht gerät. Zum Beispiel, wenn ein Elternteil neben der Berufs- und Familientätigkeit promoviert und in der Abschlussphase der Promotion ganz bewusst die Fertigstellung der Dissertation gegenüber anderen Lebensbereichen den Vorrang gibt. Solche bewusst gewählten Lebenssituationen bedingen nicht zwangsläufig ein erhöhtes Konflikt- oder ein geringeres Benefiterleben zwischen den Domänen bei der Vereinbarkeit von Arbeit, Familie und Freizeit. Denn hinter der Balance der Lebensbereiche und Lebensinhalte verbirgt sich immer eine individuelle (und familiale) Prioritätensetzung: Welche nämlich Bedeutung schreibt der Mensch den einzelnen Lebensbereichen in einer Lebenssituation zu und welche akzeptiert die Umgebung. Das Work-Life-Balance-Erleben ist somit immer auch ein Aushandlungsprozess mit anderen Individuen (Lebenspartnern, Kindern, Vorgesetzten, Freunden, Mitgliedern im Sportverein etc.) und Organisationen (bzw. deren Repräsentanten). Der Aushandlungs- und Koordinationsprozess findet sowohl innerhalb der Arbeitswelt, der Familie als auch in der Freizeit statt. Aus dieser Perspektive erscheint sogar der Begriff der *Vereinbarkeit von Arbeit, Familie und Freizeit* dem der *Balance* vorzuziehen, da er den dahinter liegenden Prozess besser repräsentiert. Wobei angemerkt werden muss, dass Vereinbarkeit in dem hier verstandenen Sinne umfassender ist als die organisationalen und gesellschaftlichen Rahmenbedingungen; gemeint ist vielmehr das vom Individuum erfahrene Vereinbarkeitserleben.

Es gibt jedoch auch Autoren und Autorinnen, die den Begriff der Vereinbarkeit ablehnen und den der Balance präferieren, so z. B. Jurczyk (2004): „*In den sich umwälzenden Arbeits- und Lebensverhältnissen geht es nicht mehr um Vereinbarkeit, denn die ursprünglichen Grenzlinien zwischen ihnen sind nicht mehr scharf, wobei der Zugriff auf die Individuen und ihre Familien umfassender und subtiler zugleich geworden ist. Es geht deshalb vielmehr um immer wieder neu auszutarierende Balancen von unterschiedlichen Tätigkeits- und Lebensformen an unterschiedlichen Orten der Gesellschaft*". Der Aussage Jurczyks kann so nicht zugestimmt werden. Zwar hat sich die Permeabilität zwischen den Lebensbereichen Arbeit, Familie und Freizeit in der jüngeren Zeit massiv gewandelt, Menschen müssen jedoch noch immer tagtäglich Vereinbarkeitsleistungen erbringen. Der Aussage Jurzyks wäre zustimmen, wenn die Grenzen zwischen den Segmenten völlig entfielen, was jedoch nur bei einer ganz geringen Anzahl von Beschäftigten, z. B. Selbstständigen, der Fall ist. Und selbst bei dieser Zielgruppe ist davon auszugehen, dass sie die Lebensbereiche, wenn auch vermutlich in einem geringeren Umfang als abhängig Beschäftigte, als distinkt wahrnehmen. Da sowohl formal-juristisch zahlreiche Unterschiede zwischen den Domänen bestehen, als auch – und das ist im Rahmen der hier vorgelegten Arbeit viel entscheidender – Beschäftigte die Vereinbarkeit der verschiedenen Lebensbereiche psychisch als Konflikt erleben, ist die Verwendung des Begriffs *Vereinbarkeit* noch immer mehr als angemessen. In der hier vorliegenden Arbeit werden deshalb die Terminologien Vereinbarkeit von Arbeit, Familie und Freizeit (i. S. eines Vereinbarkeitserlebens) und Work-Life-Balance synonym verwendet.

3. Arbeit, Familie und Freizeit im Wandel

Da, wie im vorangehenden Kapitel bereits kurz skizziert, die Schnittstelle zwischen den Lebensbereichen Arbeit, Familie und Freizeit in starkem Maße Wandelprozessen unterliegt, erscheint eine genauere Abgrenzung der verwendeten Begrifflichkeiten unabdingbar. Es folgt deshalb eine Klärung der verwendeten Terminologien.

Bereits seit der Antike steht der Begriff der Arbeit im Fokus gesellschaftlicher und wissenschaftlicher Reflexionen. Aus diesem Grund wird deshalb zunächst eine historische Einordnung des Begriffs der Arbeit vorgenommen (3.1.1), gefolgt von einer Analyse zeitgenössischer Begriffsbestimmungen von Arbeit (3.1.2), sowie die Differenzierung zwischen Erwerbsarbeit und anderen Arbeitstätigkeiten (3.1.3 und 3.2). Anschließend erfolgt eine Diskussion der zu erwartenden Entwicklungen hinsichtlich der Arbeit und ihres Stellenwertes in der Gesellschaft (3.3). Im weiteren Verlauf wird der in dieser Arbeit verwendete Familienbegriff dargelegt (3.5) sowie eine genauere Bestimmung des Begriffs der Freizeit vorgenommen (3.6), insbesondere in seiner Abgrenzung zur Erwerbsarbeit. Den Schluss dieses Kapitels bildet ein Resümee zu den in dieser Arbeit verwendeten Begriffen (3.7).

3.1 Der Begriff der Arbeit

3.1.1 Arbeit im historischen Wandel

Der Begriff der Arbeit hat im Laufe der Geschichte einen starken Wandel erlebt. Die Definition dessen, was unter Arbeit zu verstehen ist und wie diese bewertet wird, zeigt sich dabei als stark abhängig von den kulturellen, politischen, sozialen und religiösen Kontexten den jeweiligen Epochen, in denen der Arbeitsbegriff verwendet wird. So weist Beckenbach (1996a) darauf hin, dass hinsichtlich der Bedeutung von Arbeitstätigkeiten deutliche Unterschiede zwischen der Antike, dem Mittelalter und den neuzeitlichen Wirtschaftsordnungen existieren.

Etymologische Begriffsbestimmung
Der Begriff der Arbeit kann etymologisch betrachtet sowohl auf den indogermanischen Wortstamm orbho zurückgeführt werden und im althochdeutschen auf arabeit bzw. im mittelhochdeutschen auf arebit und bedeutet soviel Mühsal, Plage, Not oder Beschwerde (Walther, 1990). Beckenbach (1996a) erklärt, dass das Wort Arbeit in nahezu allen europäischen Kultursprachen aber auch noch eine zweite Bedeutung hat, die sich

auf das Tätigwerden bezieht. Ferner erläutert Hoyos (1997), dass sowohl dem Wort Arbeit als auch dem lateinischen Begriff Labor die gleichen ursprünglichen Bedeutungen wie Mühsal, Plage bis hin zu Leiden zugrunde liegen. Doch wird Arbeit nicht nur als Pflichterfüllung und mit äußerem Zwang belegt erlebt, sondern auch als positive Quelle der Zufriedenheit, Freude und Selbstverwirklichung.

Arbeit in der Antike
Antike Gesellschaften wie beispielsweise die *athenische Polis* oder das römische Imperium zeichneten sich bereits durch eine stabile politische Herrschaftsordnung, eine funktionierende Ökonomie sowie eine damit verbundene Struktur der Arbeit aus (Beckenbach, 1996a). So lassen sich erste Definitionen von Arbeit bereits in der Antike bei Aristoteles finden. Er unterteilt das tätige Leben, die vita activa, in drei Gruppen: Herstellung (Poiesis), Kontemplation (Theorie) und Handlung (Praxis). Die eigentliche Arbeit verrichteten in der Antike Sklaven und Knechte, die auch die damit verbundenen Konsequenzen wie Anstrengung, Aufwand und Bemühen trugen. Arbeit war somit auch ein Symbol der Unfreiheit und im Gegensatz zu späteren Entwicklungen keineswegs eine Möglichkeit zur Erlangung gesellschaftlicher Anerkennung. Ganz im Gegenteil: Gesellschaftlich angesehene Individuen versuchten, Arbeit möglichst zu vermeiden. Die Herstellung eines Gegenstandes, die Entwicklung einer Idee oder eines Kunstwerkes im handwerklichen Sinne hingegen verlangt eine größere Freiheit und wurde deshalb von freien Menschen ausgeführt.

„*Die dritte Dimension des aktiven Lebens für Aristoteles, neben Arbeiten und Herstellen, die eigentliche Dimension, in der sich der Mensch in seiner Freiheit tatsächlich realisieren kann, ist aber die Praxis gewesen. Praxis verstanden als Handeln, als Form der Kommunikation, der Interaktion mit Menschen, Handeln als die Organisation des Gemeinwesens, also Politik im ursprünglichen Sinn als Regelung der Beziehung zwischen den Menschen [...]*" (Liesmann, 2000, S. 93).

Als höchste Form des Seins gilt bei Aristoteles allerdings die vita contemplativa, die theoretische Analyse und Auseinandersetzung mit den Phänomenen der Welt, die den Menschen seiner Glückseligkeit (Eudämonie) am nächsten bringt.

Von der Bibel zur protestantischen Arbeitsethik
Auch aus den Ethiken und Werthaltungen der christlichen Kirchen und Glaubensgemeinschaften lassen sich spezifische Definitionen und Vorstellungen von Arbeit ableiten[1].

---

[1] Angemerkt werden muss, dass im Rahmen des historischen Abrisses des Arbeitsbegriffs, lediglich auf die in der westlichen Hemisphäre dominanten christlichen Glaubensvorstellungen sowie im weiteren auf die Entwicklungen im europäischen Kulturraum rekurriert wird. Dies ist zwar eine verkürzte und nicht erschöpfende Darstellungsweise, da

Zum einen sei in diesem Zusammenhang das biblische Verständnis von Arbeit genannt, in dem Arbeit im Rahmen der Vertreibung aus dem Paradies als Bestrafung betrachtet werden kann. Auch in diesem Kontext erfährt der Begriff eine eher negative Bewertung. Gottgefällige Arbeit wird im biblischen Sinne als zweckdienliches Mittel erachtet, um zu überleben und Gott zu dienen. Die Arbeit wird dem Glauben nachgeordnet und hat damit, wie Nefiodow (1991, S. 203) es formuliert, nur eine „zweitrangige Priorität". Arbeit wird als eine „Fortführung der Schöpfung dargestellt" (Rosenstiel, 2006, S. 16). Der biblische Begriff der Arbeit bleibt somit ein ambivalenter und hat damit auch Auswirkungen auf die wirtschaftliche Prosperität von Regionen mit großem Einfluss der katholischen Kirche. So sieht Nefiodow (1991) beispielsweise einen Zusammenhang zwischen der wirtschaftlichen Entwicklung von Ländern und einem hemmenden Einfluss durch die katholische Kirche (z. B. in Lateinamerika). In der Bibel erfolgt auch bereits eine erste Abgrenzung der Arbeit von der Nicht-Arbeit, denn am 7. Tage soll der Mensch ruhen. Eine Zusammenführung der aristotelischen Philosophie sowie den biblischen Verständnis von Arbeit erfolgt erst im Mittelalter.

Nach Thomas von Aquin bildet sich eine vierstufige Hierarchie der Arbeit heraus (Walther, 1990, S. 12):
1. Reine Kontemplation: Der Mensch gleicht sich den Vorstellungen Gottes an > das reinste Handeln
2. Gottgefällige Askese: gottgefällige Askese und Arbeit für die Kirche und andere
3. Ehrliche Arbeit
4. Arbeit zum Lebensunterhalt: als rein weltlicher Zweck

Im Weiteren gilt es auch Bezug zu nehmen zur protestantischen Arbeitsethik[2]. Im 16. Jahrhundert wandelte sich, zurückgehend auf Calvin und die lutherische Reformation, der Begriff der Arbeit (für eine differenzierte Analyse des Arbeitsbegriffs im Rahmen der verschiedenen Strömungen des Protestantismus und seine Bedeutung für das zeitgenössische Verständnis von Work-Life-Balance vgl. a. Schreyögg, 2004). Arbeit wird immer mehr zur zentralen Aufgabe und Grunderfahrung des Lebens. Mit der so genannten protestantischen Arbeitsethik bekommt der Begriff der Arbeit sowohl eine religiöse Bedeutung als auch eine positive Konnotation und wird damit nach Ansicht Max Webers (1905) zum Wegbereiter der kapitalistischen Gesellschaft. Auf dem von Gott zugewiesen Arbeitsplatz hat sich der Mensch im Leben zu bewähren oder wie Schreyögg (2004) es ausdrückt: Arbeit wird zur *„Christenpflicht"*. Arbeit wird zum moralischen Prinzip. Verschwendung, Genusssucht und die Vergeudung von Ressourcen widersprechen der calvinistisch-protestantischen Ethik. Fleiß und Leistungen werden aber erst mit einem angemessen Platz in der Ewigkeit entlohnt, was bedeutet, dass es auch keinen

Stillstand im Schaffensprozess geben darf. Damit ist eine der wesentlichen kulturellen Grundlagen des Kapitalismus gelegt: der Reinvestition von Erträgen, die andererseits die Basis für die Kapitalakkumulation darstellt.

War der Begriff der Berufung zunächst allein den gottgefälligen Mönchen vorbehalten, so wird der Berufsgedanke bei Luther auch auf weltliche Tätigkeiten – dem Beruf – erweitert. Es handelt sich also um eine Säkularisierung der Berufung sowie der Zuschreibung einer quasi-religiösen Bedeutung für die weltliche Arbeit (Weber, 1905). Schreyögg (2004; S. 361) weist in diesem Zusammenhang darauf hin, dass in den folgenden Jahrhunderten die Maxime der religiösen Ethik transformiert wird zu verbindlichen *„Alltagsnormen des Handelns"*. Beruflicher Erfolg wird im Rahmen der protestantischen Ethik als ein Zeichen von Gottes Gnade bewertet, wobei er aus Sicht der protestantischen Ethik allerdings nicht generell positiv einzuordnen ist. Wichtig ist nach protestantischer Lesart, dass die beruflichen Aktivitäten und der damit verbundene Erfolg nicht dem individuellen Wohlergehen dienen, sondern den geschäftlichen und gesellschaftlichen Nutzen weiter vermehren. Beruflicher Misserfolg bzw. eine gesellschaftlich niedere Stellung gilt hingegen als Indikator für fehlenden göttlichen Beistand.

Arbeit im Mittelalter und vorindustrielle Arbeit
Das mittelalterliche Arbeitsleben ist geprägt von bäuerlicher Subsistenzwirtschaft und Naturaltausch. Die Entstehung des Tauschhandels wird vor allem möglich durch die Entstehung von Handelsüberschüssen, das Recht auf Kapitalertrag (durch Landbesitz oder andere Kapitalerträge) und durch eine Arbeitsorganisation, die auf den Grundlagen der Kalkulation (Aufwand/Ertrag) basierte. Er löste langfristig das feudale mittelalterliche Gesellschafts- und Wirtschaftssystem ab. So entsteht der so genannte dritte Stand mit den Selbstständigen aus Landwirtschaft, Handel, Wissenschaften, Künsten und Gewerben (Sieyés, 1988). Der dritte Stand steht den herrschenden absolut-monarchistischen Regierungen und dem klerikalen Einfluss entgegen. Als Vorläufer für eine folgende bürgerlich-zivile Gesellschaftsordnung und ihre Wertvorstellungen ist der dritte Stand Vorbote des Bürgertums der kapitalistischen Gesellschaft.

Die Prinzipien der Subsistenzwirtschaft und des Naturaltauschs entsprechen einem Wertemodell, in dem das Ziel von Arbeit und Produktion nicht im Erwerb von Geld oder Kapital liegt, sondern in der Versorgung mit allem Lebensnotwendigen an sich. *„Die Zentralidee der Nahrungssicherung – sie bleibt im übrigen bestimmend bis zum späten Mittelalter und wird erst mit dem Durchbruch des Kapitalismus durch das Tauschprinzip verdrängt – färbt auch ab auf die Bedeutung der Arbeit. Das [...] alttestamentarische Motiv der Mühe (Im Schweiße Deines Angesichts sollst Du dein Brot essen) bleibt erhalten und erfährt in den naturverbundenen und durch ständige körperliche Anstrengung geprägten Dasein des Bauern seine klassische Ausprägung"* (Beckenbach, 1996a, S. 43). In der christlichen Glaubenslehre erfährt die Arbeit zu dieser Zeit hohe Wertschätzung: *„Die aktive Arbeitsamkeit der Christen wird dabei gleich dem Müßiggang der Heiden gegenübergestellt".*

Auch die Bedeutung des Werk-Charakters der Arbeit steigt. Deutlich wird dies vor allem im aufstrebenden Handwerk. Das meist in Zünften organisierte Handwerk stellt neben der bäuerlichen Produktion im Mittelalter die Haupterwerbsquelle für eine große Anzahl von Menschen dar. Dem Handwerk des Mittelalters mit seinen Zünften kommt deshalb eine wichtige Rolle bei der Begründung eines neuen Arbeitsethos' bei. Ziel der Zünfte ist neben der Verbesserung der ökonomischen Situation seiner Mitglieder auch ihre soziale Absicherung in Krisensituationen. Handwerkliche Arbeitsplätze sind meist geprägt durch eine hohe Ganzheitlichkeit, sowohl hinsichtlich des Produktionsprozesses als auch hinsichtlich der Integration familiärer Aufgaben und Pflichten. *„In der industriellen Organisation des Mittelalters war die Arbeitswelt keine von dem privaten Bereich abgetrennte Insel, sondern eine Solidargemeinschaft, in der die sozialen Belange des einzelnen integriert waren"* (Nefiodow, 1991, S. 223).

Die innere Struktur der Handwerksbetriebe (Meister, Geselle, Lehrling) ähnelt dabei stark den familialen Bindungen. Räumlich und zeitlich bestehen enge Verbindungen zwischen dem häuslichen Leben und der Handwerksarbeit (was in dieser Epoche allerdings auch für die bäuerliche Arbeit gilt). Als sehr stabilisierend für das Handwerksgewerbe wirken sich ferner lokale Monopolstellungen der Zünfte und ein beschränkter Zugang an Arbeitskräften zu den Zünften aus.

Industrielle Arbeit
Mit Beginn der industriellen Revolution kommt es zu einer massiven Reorganisation der Gewerbeformen sowie der Arbeitsorganisation und damit verbunden zu einer Neubewertung des Arbeitsbegriffs. Wesentliche Voraussetzungen für den Erfolg des Kapitalismus sind die Möglichkeit zur Kapitalakkumulation und das Entstehen eines Transport- und Verkehrswesens, das umfangreichen Warenaustausch ermögliche. Ferner wird Arbeit neben Natur und Kapital entscheidender Produktionsfaktor in den modernen kapitalistischen Volkswirtschaften. Viele Zünfte und Handwerksbetriebe werden nun nach kapitalistischen Prinzipien reorganisiert. Sind die vorindustriellen Arbeitsverhältnisse noch sehr familienbezogen, so werden Arbeitsverhältnisse aufgrund der Zugehörigkeit zu Zünften und Handwerkerschaften zunehmend abgelöst durch moderne Formen der Lohnarbeit.

Die Beschäftigung aufgrund eines Arbeitsvertrages führt dabei zu einer neuen Organisation der politischen und sozialen Beziehung zwischen allen Akteuren. Das Entstehen eines Arbeitsmarktes ist hierbei ein bedeutender Nebeneffekt, denn durch ihn werden die Bedürfnisse von Unternehmern und Arbeitssuchenden koordiniert. Voraussetzung zur Entstehung eines Arbeitsmarktes sind die Verkündung der Gewerbefreiheit und die Aufhebung der Leibeigenschaft. So kann die stabile Wirtschafts- und

Gesellschaftsordnung des Mittelalters reformiert werden. Weitere entscheidende Randbedingungen für die industrielle Revolution sind (a) der technologische Wandel (Entwicklung von Maschinen und Motoren: u. a. Dampfmaschine, Elektro- und Otto-Motor), (b) wissenschaftlicher Fortschritt (und dessen Nutzbarmachung), (c) das Entstehen neuer Branchen und Dienstleistungen und (d) die Trennung zwischen Kopf- und Handarbeit sowie zwischen Bildung und Produktion (Beckenbach, 1996b).

Den Unterschied zwischen industriellen und handwerklichen Tätigkeiten präzisiert Marx[3]: Im Handwerk bleibt *„die Verrichtung [...] handwerksmäßig und daher abhängig von Kraft, Geschick, Schnelle, Sicherheit des Einzelarbeiters in Handhabung seines Instruments. Das Handwerk bleibt die Basis. Diese enge technische Basis schließt wirklich wissenschaftliche Analyse des Produktionsprozesses aus, da jeder Teilprozess, den das Produkt durchmacht, als handwerksmäßige Teilarbeit ausführbar sein muss. Eben weil das handwerksmäßige Geschick so die Grundlage des Produktionsprozess bleibt, wird jeder Arbeiter ausschließlich einer Teilfunktion angeeignet und seine Arbeitskraft in das lebenslängliche Organ dieser Teilfunktion verwandelt."* (Marx, Kapital I, MEW 23, S. 358). Die kapitalistische und industriell geprägte Lohnarbeit beschreibt Marx hingegen wie folgt: *„Aus dem individuellen Produkt eines selbstständigen Handwerkers, der vielerlei tut, verwandelt sich die Ware in das gesellschaftliche Produkt eines Vereins von Handwerkern, von denen jeder fortwährend nur eine und dieselbe Teiloperation verrichtet."* (K. Marx, Kapital I, MEW 23, S. 358).

Der Beginn der industriellen Revolution veränderte die technischen und organisatorischen Voraussetzungen, das gesamte wirtschaftliche und gesellschaftspolitische Machtsystem unterliegt massiven Veränderungen. Arbeit wird dabei in immer stärkerem Maße zur Entwicklungs-, Verteilungs- und Legitimationsinstanz (Beckenbach, 1996a). Aufgerüttelt durch die schlechten Arbeits- und Lebensbedingungen der Arbeiterschaft analysiert Marx sowohl die strukturellen Bedingungen der Arbeit, ihre betriebliche Organisation sowie ihre (individuellen und gesellschaftlichen) Konsequenzen. Das Verständnis des Begriffs der Arbeit bei Marx hat seinen Ursprung vor allem in den herrschenden Produktionsverhältnissen und die dadurch entstehenden Antagonismen zwischen den Klassen. Marx geht von einem sich entwickelndem Modell von Arbeitsbeziehungen aus. Die einzelnen Entwicklungsschritte verlaufen von einfachen Kooperationen über manufakturielle Arbeitsteilung bis hin zur großindustriellen Produktionsweise, wobei der Warencharakter der Arbeit sukzessive zunimmt. Marx definiert Arbeit als eine Notwendigkeit, die unabhängig von der jeweils existierenden Gesellschaftsform das Leben in starkem Maße bestimmt. *„Als Bildnerin von Gebrauchswerten, als nützliche Arbeit, ist die Arbeit daher eine von allen Gesellschaftsformen unabhängige Existenzbedingung des Menschen, ewige Naturnotwendigkeit, um den Stoff-*

---

[3] Für eine ausführliche Darstellung des Arbeitbegriffs bei Marx und seiner Kritik s.a. Neuberger (1985).

wechsel zwischen Mensch und Natur, als das menschliche Leben zu vermitteln."(K. Marx, Kapital I, MEW 23, S. 57).

Ein zentrales Problem der kapitalistischen Produktionsweise besteht in dem Phänomen der Entfremdung des Arbeiters. Sie entsteht nach Marx, da der Arbeiter keine Gebrauchswerte für den Eigenbedarf mehr produziert und nur noch Teilarbeiten eines Produktionsprozesses zu erledigen hat. Folglich kann er im Rahmen der Arbeitsteilung sein eigenes Produkt nicht mehr wiederentdecken. Es kommt zur Entfremdung, da der Arbeiter nicht über die Produktionsmittel verfügt und deshalb zur fremdbestimmten Lohnarbeit gezwungen ist. Diese beschreibt Marx wie folgt: Lohnarbeit ist *„sich selbst entfremdete Arbeit, der der von ihr geschaffene Reichtum als fremder Reichtum, ihre eigene Produktivkraft als Produktivkraft ihres Produkts, ihre Bereicherung als Selbstverarmung, ihre gesellschaftliche Macht als Macht der Gesellschaft über sie entgegentritt"* (Marx, Theorien über den Mehrwert III., MEW 26.3, 255). Die Folgen entfremdeter Arbeit beschreibt Marx ebenfalls sehr deutlich: *„Das Verhältnis (der Arbeit) ist das Verhältnis des Arbeiters zu seiner eignen Tätigkeit als einer fremden, ihm nicht angehörigen, die Tätigkeit als Leiden, die Kraft als Ohnmacht, die Zeugung als Entmannung, die eigne physische und geistige Energie des Arbeiters, sein persönliches Leben denn was ist Leben anderes als Tätigkeit als eine wider ihn selbst, gewendete, von ihm unabhängige, ihm nicht gehörige Tätigkeit"* (Marx, MEW EB I, S. 515). In Marx' Theorie ist es somit von zentraler Bedeutung, unter welchen Bedingungen der Arbeiter seine Tätigkeit verrichtet. Arbeit unter kapitalistisch-entfremdeten Arbeitsbedingungen beschreibt Marx deshalb aufgrund des starken Abhängigkeitsverhältnisses und der Arbeitsbedingungen als nicht sinnstiftend.

Die industrielle Lohnarbeit manifestiert sich auch mit der Festigung der räumlichsachlichen Trennung zwischen Arbeitsplatz und den häuslich familiären Lebenskreisen. Vor der industriellen Revolution im Mittelalter orientierte sich die Verwendung der Zeit vor allem an Naturphänomenen (Ebbe/Flut, Wechsel der Gestirne, Regen-/Trockenzeit, Jahreszeiten), kulturellen (lokale und regionale Märkte) und religiösen Faktoren (Sonn- und Feiertage), wobei Fragen des effizienten Umgangs mit der Ressource Zeit noch nicht dominierend waren (Baillod, Davatz, Luchsinger, Stamatiadis & Ulich, 1997; s. a. Levine, 1997). So ist ein gängiges Maß zur Beschreibung von Arbeitseinheiten das Tagwerk. Unterstützt wird dieser Prozess durch große Fortschritte bei der Entwicklung von mechanischen Zeitmessern und der massiven Verbreitung von (Taschen-)Uhren Anfang des 17. Jahrhunderts[4]. Damit verlieren natürliche Zyklen und an kulturellen und religiösen Faktoren orientierte Rhythmen zunehmend an Bedeutung. Die Folge ist eine fortschreitende Normierung der Zeit, mit der auch eine starke Pola-

---

[4] Für einen historischen Überblick über die Entstehung der Zeitmessgeräte von der Sonnen- bzw. Wasseruhr bis hin zur Stechuhr und die gesellschaftlichen und sozialpsychologischen Konsequenzen dieses Prozesses s.a. Levine (1997).

risierung der Bereiche Arbeit und Freizeit einhergeht. Die Einfluss- und Kontrollmöglichkeiten der Menschen auf die Arbeitszeit wird immer geringer, da sich die Zeitgestaltung vornehmlich nach den ökonomischen Bedürfnissen richtet.

Die gesellschaftliche Organisation der Zeit erfolgt fortan nicht mehr aufgrund natürlicher Vorgänge, sondern anhand technisch-organisatorischer Regelungen, die sich an den Arbeitszeiten und den Laufzeiten der Maschinen in den Fabriken orientieren. War zunächst die Natur der Zeitgeber der (Arbeits- und) Lebensverhältnisse, so kommt es zu einer immer stärkeren Abkopplung der Zeit von natürlichen Rhythmen hin zu einer zunehmend strikten Anpassung der Menschen an vorgegebene Zeitstrukturen der industriellen Fertigung. Veal (2004) spricht in diesem Zusammenhang auch von der Ablösung der Aufgaben- durch eine Zeitorientierung bei der Arbeit. So wie die Produktion zunehmend von den natürlichen Bedingungen entkoppelt wird, kommt es auch zu einer Entkopplung des Arbeitsrhythmus von individuellen Bedürfnissen und Leistungsfähigkeiten. Die Einflussmöglichkeiten des Einzelnen auf die Gestaltung der Arbeit werden geringer. Nicht mehr der Arbeitende bestimmt den Arbeitsrhythmus, sondern die Laufzeiten und Taktungen der Maschinen.

Sowohl die einzelnen Arbeitstätigkeiten als auch die gesamtgesellschaftliche Organisation erfordern eine Synchronisation der privaten Lebenssituation und der arbeitsbezogenen Prozesse. Die neuen Zeittakte und die damit verbundenen Regeln und Strukturen prägen nicht nur die Arbeitsabläufe und -organisation in den Unternehmen, sondern auch das soziale Gefüge der Gesellschaft. Zeit kann nicht nur als persönliche Ressource einzelner Individuen begriffen werden, sondern auch als Element eines gesellschaftlichen Funktionszusammenhangs (Proinger, 2005). Denn gesellschaftlich determinierte Zeitnormen und damit zusammenhängende Zeitstrukturen verlangen eine handlungsleitende und -koordinierende Funktion. So kommt es schließlich, dass der Charakterzug der Pünktlichkeit immer stärker mit Leistung und Erfolg gleichgesetzt wird (Levine, 1997, S. 108). Die individuelle Stellung im gesellschaftlichen Gefüge manifestiert sich auch im *„Besitz der Zeit"*, d.h., der Besitz einer Uhr gilt als gesellschaftliches Statussymbol und als Achtung des Wertes Pünktlichkeit.

Bedeutend in diesem Zusammenhang ist die nun möglich gewordene finanzielle Bewertung von Zeiträumen in Geld. Maschinentakte und Schichtzeiten sind nicht mehr alleinige Taktgeber, das *Geld wird zum Zeitgeber* (Geissler, 2004, 2006). Das Motto *Zeit ist Geld* (Franklin, 1748) wird in den nachfolgenden Epochen zur Leitmaxime der industriellen Produktion. Die Optimierung betrieblicher Arbeitsprozesse unter dem Aspekt einer zeitlichen Optimierung ist eine unausweichliche Folge. Die Gestaltung des eigenen Lebens mit Hilfe von rationalen Zeitmanagementtechniken wird eine Notwendigkeit, um die individuelle Schnittstelle zwischen Arbeit, Familie und Freizeit zu gestalten. Insbesondere die Gestaltung des privaten Lebens außerhalb der Erwerbsarbeit mit Hilfe rationaler, dem Arbeitsleben entlehnten Methoden kann als Sinnbild und

Symbol für die enge Verknüpfung der Lebensbereiche und deren wechselseitige Interaktion aufgefasst werden.

Scientific Management (Fredrick W. Taylor) und industrielle Massenfertigung (Henry Ford)
Eine weitere Bedeutungsverschiebung erfährt der Begriff der *Arbeit* zu Beginn des 19. Jahrhunderts im Rahmen des Industrial Engineering. Der Wandel ist eng verbunden mit den Namen Fredrick Taylor, der zweifelsohne als einer der bedeutendsten Mitbegründer des *Scientific Management* bezeichnet werden kann, und Henry Ford, der mit der ersten Fließbandfertigung in seiner Automobilfabrik eine erste Ära der industriellen Massenfertigung einleitete.

Die tayloristische Arbeitslehre erfasst mit Hilfe von Zeitstudien die optimale Ausführung von Arbeitstätigkeiten ungeachtet individueller Fähigkeiten des jeweiligen Stelleninhabers. Durch die Verwissenschaftlichung individueller Erfahrungen wird das betriebliche Wissen nicht nur personenunabhängig, sondern auch organisationsunabhängig, da es prinzipiell auch auf andere Organisationen übertragbar wird. Taylor (1911) versucht Arbeitstätigkeiten mit systematisch-objektivierenden Methoden – insbesondere Zeit- und Bewegungsstudien – unabhängig von den individuellen Fähigkeiten des Stelleninhabers zu optimieren. Das Menschenbild Taylors basiert dabei stark auf den Vorstellungen des „economic man" – Arbeit erfolgt aus Gründen der Existenzsicherung. Dementsprechend will Taylor zur Motivation möglichst nur monetäre Anreizsysteme einsetzen, um die primären Existenz- und Sicherheitsbedürfnisse der Mitarbeiter anzusprechen, deren Leistung sich vor allem nach ihren extrinsischen Motiven richtet. Aus diesem Grund sind Arbeitsplatzanalysen nicht nur für die Arbeitsplatzgestaltung notwendig, sondern auch, um eine gerechte Leistungsbewertung und Entlohnung vornehmen zu können. Als Folge wird in tayloristisch organisierten Arbeitssystemen der Arbeitslohn in der Regel an die konkrete Arbeitsleistung pro Zeiteinheit gekoppelt (Akkordlohn).

Im Scientific Management Taylors wird das menschliche Arbeitshandeln ebenso einer Rationalisierung unterworfen wie Arbeitsmittel, Werkstoffe oder die Vertriebsorganisation (Beckenbach, 1996b). Durch eine systematische Zerlegung der Arbeitsprozesse, d.h., durch eine hohe Arbeitsteilung, wird versucht, für jeden Arbeitsprozess den „one best way" zu finden. Da diese Analysen im Normalfall jedoch nicht von den Arbeitern selbst durchgeführt werden können, entwickelt Taylor ein wissenschaftliches System, um Arbeitsplätze anhand von Zeit- und Bewegungsstudien zu optimieren. Das *Scientific Management* hatte folgerichtig eine strenge Trennung von Hand- und Kopfarbeit zur Folge.

Als Musterbeispiel für den Wandel der Arbeit und ihrer Organisation im Rahmen der industriellen Fertigung gilt die Einführung der Fließbandfertigung von Henry Ford in den Werken der Ford Motor Company. Zwar gab es erste Ansätze zur Fließfertigung bereits in der Textilindustrie und in Schlachthäusern, doch wird aus heutiger Sicht der Beitrags Fords als ein entscheidender Meilenstein bei der Einführung der Fließbandfertigung gewürdigt und deshalb oft auch synonym für die industrielle Massenfertigung verwendet. Den Durchbruch erzielte Ford mit der millionenfachen Fertigung des T-Modells. Ähnlich dem taylorschen Ansatz basierte die Produktion im Fordismus auf repetitiven und standardisierten Arbeitsprozessen mit einem hohen Automatisierungsgrad. Während Taylors Ansatz eine „bürokratische" Kontrollinstanz zur Überprüfung der Leistungserbringung benötigt, entfällt diese im fordschen System: Das Fließband bestimmt Tempo, Taktung und somit auch die Produktivität der Beschäftigten.

Ford vertritt allerdings wie Taylor eine Art Sozialpartnerschaft zwischen Arbeitern und Unternehmern und sieht die Organisationsleitung im grundsätzlichen Einverständnis mit den Arbeitnehmern. Dies ist eine vor allem von Arbeitnehmervertreter/-innen immer wieder kritisierte These. Ungeachtet ihrer Gültigkeit wird der Taylorismus/Fordismus als Gesellschaftsmodell meist auch mit sozialen Sicherungssystemen (z. B. durch dauerhafte lebenslange Anstellung bei einem Arbeitgeber) in Verbindung gebracht. So zahlte die Ford Motor Company beispielsweise zu Zeiten des T-Modells auch weit überdurchschnittliche Löhne. Trotz dieses grundsätzlich fürsorglichen Grundgedankens ermöglicht die Loslösung des Arbeitsprozesses von den Fertigkeiten der Arbeiter den problemlosen Ersatz der Arbeitskraft. Dies führt zur Möglichkeit einer leichten Rekrutierung neuer, ungelernter und billigerer Arbeitskräfte, die helfen, das Lohnniveau auf einem relativ konstant niedrigen Level zu halten.

Der Einsatz des tayloristischen Prinzips erweist sich insbesondere bei Tätigkeiten mit geringerem Qualifikationsniveau als erfolgreich. Durch systematische und wissenschaftliche Rationalisierung und Arbeitsgestaltung sowie einer streng hierarchischen Arbeitsorganisation können dabei erhebliche Produktivitätssteigerungen erzielt werden. Das Prinzip Taylors ist daher ein Wegbereiter der Arbeitswissenschaft. Das hinter dem Ansatz liegende reduktionistische Weltbild, das den Menschen vor allem auf seine mechanischen und ausführenden Fähigkeiten reduziert, erfährt jedoch nicht zuletzt aufgrund seiner in der Praxis auch gesundheitsschädigenden und psychologisch negativen Wirkungen deutliche Kritik seitens der Wissenschaft (vgl. zusammenfassend z. B. Ulich. 2001; S. 11ff), in der Kunst (man denke hierbei nur an Charlie Chaplins Modern Times) und Politik (insbesondere durch die Arbeitnehmerorganisationen). *„Der Taylorismus als Managementphilosophie und als ein dadurch ausgelöster Anpassungs- und Umwertungszwang seitens der Betroffenen hat vor allem in der Massengüterproduktion in der Tendenz zu einer Ent-Persönlichung der Arbeitsbeziehungen sowie zu einem Sinn- und Bedeutungsverlust der konkreten Arbeit geführt"* (Beckenbach, 1996b; S. 124).

Vom Human Relations Ansatz zum postindustriellen Arbeitsverständnis
Die unerwünschten Folgen des tayloristischen Systems bzw. der Massenfertigung rücken in den dreißiger Jahren des vorigen Jahrhunderts soziale und psychologische Faktoren in den Fokus der (wissenschaftlichen) Analyse von Arbeit. Stand im tayloristischen Ansatz vorwiegend die optimale Gestaltung der Arbeitsorganisation und der Arbeitsprozesse im Mittelpunkt des Interesses, so wird Arbeit im so genannten Human Relations Ansatz vor allem als *soziales Handeln* verstanden. Zentraler Ausgangspunkt für eine Neubewertung der Arbeit und ihrer Organisation waren dabei eine Reihe von Untersuchungen, den Hawthorne-Studien, in den Werken der General Electric Company von Mayo (1930) und Roethlisberger & Dickson (1939). Ursprüngliches Ziel der Autoren waren war es die Auswirkungen von Arbeitsbedingungen auf Produktivität und Leistung der Mitarbeiterinnen in der Produktion zu untersuchen. Im Rahmen eines quasi-experimentellen Designs wird durch systematische Veränderung der Umweltbedingungen (Licht, Pausenzeitengestaltung, Arbeitszeit u. a.) der Einfluss auf die Leistungen der Mitarbeiterinnen einer Montagegruppe analysiert. Entgegen den aufgestellten Hypothesen zeigen sich jedoch auch bei deutlich schlechteren Arbeitsbedingungen zum Teil deutliche Leistungsverbesserungen.

Die Befunde werden von den Autoren dahingehend interpretiert, dass nicht allein die objektiven Arbeitsbedingungen, sondern auch die sozialen Interaktionen während des Arbeitsprozesses mit den erbrachten Leistungen in Zusammenhang stehen. Die leistungsverbessernden Effekte werden von den Autoren als ein Ergebnis der sozialen Situation ausgelegt und auf informelle Beziehungen zwischen Arbeitern, Vorgesetzten und Wissenschaftlern zurückgeführt, die im Laufe der Versuchsreihen entstandenen sind[5]. Es zeigt sich somit, dass der *homo oeconomicus* sich offenbar bei der Arbeit nicht nur an den normativen Vorgaben hält, so wie von den Vordenkern der wissenschaftlichen Betriebsführung erdacht, sondern sich vielmehr auch an informellen Regeln und einer differenzierten sozialen Ordnung jenseits der offiziellen Organisation orientiert. Der Mitarbeiter gibt seine persönliche Bedürfnisse und Motive nicht am Werkstor ab. Er pflegt nicht nur seine sozialen Motive im Rahmen der Arbeitstätigkeit in Form von Beziehungen – sie haben auch einen großen Einfluss auf die zu erbringenden Leistungen.

In Forschung und Praxis wenden sich die Akteure der Arbeitswissenschaft in Folge der Befunde der Hawthorne-Studien verstärkt Themen wie der *sozialen Interaktionen* im Rahmen der Arbeit, *Gruppenarbeit* und deren Bedingungen und Konsequenzen,

---

[5] So lauten zumindest die von Mayo, Roethlisberger und Dickson veröffentlichten Befunde, wie sie heutzutage noch immer in vielen Standardlehrbüchern vermittelt werden. Denn ungeachtet der Tatsache, dass die Studien sich als wegweisend für die weitere arbeitswissenschaftliche Forschung und Praxis erweisen sollten und auch viele positive Impulse zur sozialen und humanen Gestaltung von Arbeitssystemen lieferten, besteht aus heutiger Perspektive durchaus berechtigter Zweifel daran, dass die Interpretation der Ergebnisse alle relevanten Daten berücksichtigte. Wissenschaftshistorische Reanalysen der Daten legen durchaus andere Interpretationen näher, da zahlreiche relevante Manipulationen und Intervention seitens der Durchführenden nicht veröffentlicht wurden (vgl. a. Greif; 1995 sowie Gillespie, 1991).

Arbeitszufriedenheit sowie der Gestaltung non-direktiver, kooperativer *Führungsstile* zu, denn mit der neuen Perspektive verändert sich auch die zentrale Aufgaben der Führungskräfte innerhalb der Organisationen. Waren vormals Kontrolle und Planung zentrale Bestandteile ihrer Tätigkeit, so ist nun eine Entwicklung hin zu einem Management, das auch soziale Bedürfnisse und Bedingungen der Beschäftigten berücksichtigt, zu konstatieren. Vorwiegend extrinsische Belohungssysteme werden in der Folge abgelöst oder ergänzt durch intrinsische. Kommunikation und Partizipation werden als nichtmaterielle Quellen der Motivation entdeckt. Dies steht im Gegensatz zum Paradigma des homo oeconomicus, das allein extrinsischen Be- und Entlohnungssystemen hohe Bedeutung zuweist.

In Folge des Paradigmenwechsels auf arbeitsorganisatorischer Ebene im Betrieb werden verstärkt Gruppenarbeitskonzepte eingeführt – funktionierende Arbeitsteams als Basis für Leistung und Zufriedenheit. Hierbei handelt es sich meist um vorwiegend räumliche bedingte Gruppenarbeitskonzepte: Mitarbeiter arbeiten beispielsweise als Gruppe an der Erstellung eines Produktes, dabei wird jedoch in der überwiegenden Anzahl der Fälle die stark funktions- und arbeitsteilige Organisation des Produktionsprozesses beibehalten. Auch die von den Arbeitern auszuführenden Aufgaben sind vorwiegend rein ausführender Natur. Eine Aufgabenerweiterung im Sinne eines Job-Enrichments oder Job-Enlargements sollte erst bedeutend später Einzug in die konzeptionelle Gestaltung der Arbeit halten.

Die Bedürfnisse und Motive von Individuen im Rahmen ihrer Arbeitstätigkeit stehen fortan im Fokus der verhaltenswissenschaftlichen Konzepte vom Maslow (1954), Herzberg et al. (1959), McGregor (1960) oder Argyris (1964), die sich allesamt vorwiegend mit Fragen der Motivation und Selbstverwirklichung beschäftigen und im weitesten Sinne in der Tradition des Human Relations Ansatz gesehen werden können. Mit dem Human Relations Ansatz verbunden ist die Abkehr vom bis dahin vorherrschenden Menschenbild des rationalen *homo oeconomicus,* das ersetzt wird durch das Bild des social man, dem Individuum, das in sozialen Gefügen tätig wird.

Im Anschluss an die genannten motivations- und entscheidungstheoretischen Ansätze entwickelte sich der soziotechnische Systemansatz. Während tayloristische Ansätze auf die Optimierung des technischen Systems zielten und der Human Relations Ansatz vorwiegend auf die Gestaltung des sozialen Systems fokussierte, wird im Rahmen des soziotechnischen Systemansatzes eine gemeinsame Optimierung der Teilsysteme Technik, Organisation und Personal angestrebt. Dabei werden die Teilsysteme nicht mehr isoliert und als unabhängig voneinander betrachtet, sondern als mit einander verbunden und mit ihren Interdependenzen gesehen. Die Gestaltung der Mensch-Maschine-Interaktion rückt damit in den Vordergrund des Interesses. Auf arbeitsgestalterischer Ebene können in diesem Zusammenhang vor allem Konzepte zur Aufgabenerweiterung mit dem soziotechnischen Sytemansatz in Verbindung gebracht werden. Die Ansätze münden unter anderem in Konzepten zur Verbesserung der Qualität des Arbeitslebens. In der betrieblichen Praxis offenbart sich das neue Verständnis von Arbeit unter anderem in Projekten zur industriellen Demokratie (z. B. Emery & Thorsrud, 1982) oder zur Humanisierung der Arbeit. Der Wandel zur soziotechnischen Perspektive manifestiert sich auch im dazugehörigen Menschenbild des *selfactualizing man* – in der Grundannahme, dass das erwerbstätige Individuum ungeachtet seiner Kompetenzen immer nach Selbstverwirklichung und Autonomie im Rahmen seiner Tätigkeit strebt. Doch auch diese Vorstellung vom Neschen kann als reduktionistisch erachtet werden, da sie genauso wie die Bilder des *economic man* und des *social man* die Realität nur ungenügend abbilden (vgl. Ulich, 2006).

Ende des 20. Jahrhunderts manifestiert sich im Übergang von der Arbeitsgesellschaft in die Wissensgesellschaft schließlich der bisher letzte normative Wandel des Arbeitsbegriffs. Sind Arbeit und Eigentum im Zeitalter der Industrialisierung die entscheidenden Produktionsfaktoren, so werden diese nun um den weiteren Faktor Wissen ergänzt. Wissen erhält eine tragende Bedeutung bei der Organisation der Arbeit. Charakteristische Merkmale der postindustriellen Gesellschaft sind eine zentrale Stellung des theoretischen Wissens und eine höhere Bedeutung des Dienstleistungssektors im Vergleich zum produzierenden Gewerbe (Bell, 1975; Hage & Powers. 1992; Naisbitt, 1982; s. a. Kapitel 4.1). Eine besondere Bedeutung kommt dabei nach Bell der Wissenschaft als Trägerin des theoretischen Wissens und Innovationen zu. Die Folge sind u. a. eine stärkere Abhängigkeit der Produktion von Informationen und eine Zunahme der Bedeutung der akademischen Professionen. Arbeit in der postindustriellen Gesellschaft entsteht nicht mehr nur im Rahmen eines Herstellungs- oder Dienstleistungsprozesses und den damit verbundenen Organisationen, sondern nicht selten in Form von Teams auf Zeit, die sich für einen begrenzten Zeitraum in mehr oder minder losen Organisationsformen zusammenfinden (z. B. zur Abwicklung von Projekten), um sich danach aufzulösen und neu aufzustellen (s. a. 5.1).

Das Leben in der postmodernen Industrie- und Kommunikationsgesellschaft erfordert von den Menschen in ihrem Arbeits- und Privatleben immer stärker die Verwendung von Kulturtechniken. Technische, soziale und kognitive Kompetenzen rücken dabei zunehmend in den Vordergrund. Die Nutzung sozioemotionaler Kompetenzen *(Wie kann ich mich erfolgreich in Netzwerke einbringen?)* kommt dabei eine genauso entscheidende Bedeutung bei wie der Nutzung technischer Fähigkeiten *(Wie kann ich moderne Informations- und Kommunikationstechnologien nutzen?)*. Die Tätigkeiten werden dabei wieder komplexer, der hohe Grad der Arbeitsteilung, wie er den Taylorismus kennzeichnet, sinkt. Es kommt zum erneuten Paradigmenwechsel, der Wandel zum Bild des *complex man*. Die Kompetenzen und Skills des einzelnen Individuums werden wieder bedeutender, obwohl nicht unerhebliche Teile der Arbeit in Gruppenarbeit erledigt werden.

Im Vergleich von industriellen zum postindustriellen Zeitalter können deutliche Unterschiede im kollektiven Erleben der Arbeitstätigkeit festgestellt werden. So werden das Arbeitsleben und die Arbeitsbedingungen sowie die damit verbundenen Erfahrungen in Zeitalter der Industrie in vielfacher Hinsicht kollektiv geteilt, was für das Individuum auch eine Bewertung der eigenen Tätigkeit oder seiner gesellschaftlichen Position erlaubt. *„Die klassische, in der Zeit der Industrialisierung um die Jahrhundertwende entwickelte Form der Industriearbeit ist die Massenproduktion. Ihre wesentlichen Erscheinungsformen sind Kollektiverfahrung, überwiegend körperlicher Charakter der Arbeit sowie einheitliche Formen der Erfahrung und Austragung von Sozialkonflikten. Diese ausweglose Kollektivität begründete einen Typus von Arbeiterbewusstsein, der individuell durch ein Überwiegen von restriktiven Arbeitserfahrungen geprägt war. Gleichzeitig begründen diese Arbeitsbedingungen wegen der Gleichartigkeit der Interessenslage und wegen der Stützung der Kollektiverfahrung durch die ideellen und organisatorischen Traditionen der Arbeiterbewegung ein kollektives Arbeitsethos, welches für den einzelnen eine subjektive Einordnung und Bewertung ermöglichen"* (Beckenbach, 1996b, S. 128). Dem entgegen stehen in der postindustriellen Gesellschaft Phänomene wie eine zunehmende *Individualisierung, die Ausdifferenzierung der Lebensformen* oder die *Erosion der Normalarbeitsverhältnisse*. Die damit verbundene Entkollektivierung der Arbeit und der Arbeitserfahrungen stellt Individuen vor die anspruchsvolle Aufgabe, ihre eigenen individuellen Bezugsnormen zu entwickeln und in Relation zu anderen Erfahrungen zu setzen. Eine einheitliche und auch eine gerechte Bewertung von Arbeit wird somit deutlich komplexer, da der gesamtgesellschaftliche Referenzrahmen deutlich ausdifferenzierter als jemals zuvor ist. Es besteht die Gefahr, dass die Vermittlung normativer gesellschaftlicher Werte auf breiter kollektiver Basis erheblich schwieriger wird. Gelingt es nicht, in weiten Teilen der Bevölkerung verbindliche normative Standards hinsichtlich der Bedeutung der Arbeit und der Bewertung der mit ihr in Zusammenhang stehenden Erfahrungen zu etablieren, steht zu befürchten, dass die Arbeitswelt und die darauf aufbauenden sozialen und gesellschaftlich-politischen Strukturen vielfach als ungerecht erfahren und bewertet werden. Die daraus resultierenden Konflikte können zu einer weiteren Bedeutungsverschiebung des Arbeitsbegriffs führen (s. a. 3.3), bis hin zu Konflikten, die eine Destabilisierung des gesellschaftlich-politischen Systems bedingen.

3.1.2 Definitionen des Begriffes der Arbeit in den Sozial- und Verhaltenswissenschaften

Spätestens seit Marx und Taylor war der Begriff der Arbeit nicht nur Gegenstand der Auseinandersetzung gesellschaftstheoretischer Modelle, er erfährt in seiner Analyse auch eine Verwissenschaftlichung. Dabei werden zahlreiche Aspekte der Arbeit – ihre gesellschaftlichen und politischen Rahmenbedingungen, ihre Auswirkungen sowie die Analyse Arbeitsprozesse selbst – Inhalt zahlreicher Diskurse in den Sozial- und Verhaltenswissenschaften und weiteren Disziplinen. Bevor im Folgenden die Bedeutung, Organisation und Auswirkungen von Arbeit eingehender dargestellt und diskutiert werden, gilt es vorab zunächst aktuelle sozialwissenschaftliche Definitionen des Begriffs der *Arbeit* zu erläutern und zu diskutieren.

Arbeit als Grunderfahrung menschlichen Lebens
Arbeit kann als eine Grunderfahrung des alltäglichen menschlichen Lebens betrachtet werden (Beckenbach, 1996a). Arbeit ist eine typisch menschliche Handlung und unterscheidet den Homo Sapiens von anderen Lebewesen. Die Arbeitstätigkeit stellt eine Möglichkeit des Menschen dar, sich mit seiner Lebensumwelt auseinander zu setzen und dabei die Produkte seiner Arbeit in Form eines materiellen oder immateriellen Lohnes zu empfangen. Nach Bungard & Wiendieck (2001) sind dabei zwei zentrale Merkmale der menschlichen Arbeit besonders wichtig und hervorzuheben: a) die Verwendung selbst geschaffener Werkzeuge sowie b) der arbeitsteilige Vollzug der Arbeit in einem System. Besondere Bedeutung kommt aus phylogenetischer Perspektive bei der Auseinandersetzung des Menschen mit seiner Lebensumwelt der Verwendung von Werkzeugen zu.

Herstellung und Einsatz von Werkzeugen stellt nicht nur eine Erleichterung bei verschiedensten Alltagstätigkeiten des Menschen dar, sondern sind auch Symbol seiner Anpassungsfähigkeit, denn der Einsatz von Werkzeugen ermöglicht dem Menschen, sich seine Lebensumwelten entsprechend seinen Wünschen und Bedürfnissen aktiv zu gestalten. Der Einsatz von Werkzeugen ist nicht nur ein erster *„Akt der technischen Intelligenz"* (Popitz. 1989, S. 64; zit. nach Wiendick 1993) der Spezies Mensch, sondern auch Grundlage für den umfangreichen technologischen Wandel im Verlaufe der Jahrhunderte. Außer der Werkzeugverwendung hat sich im Verlaufe der Menschheitsgeschichte nach Bungard & Wiendieck (2001) auch das Prinzip der Arbeitsteilung als erfolgreich erwiesen. Am Beispiel von Jägern und Treibern verdeutlichen die Autoren, dass die Arbeitsteilung und die damit meist verbundene Spezialisierung auf Teiltätigkeiten die Erreichung eines hohen Ziels erleichtert und somit Leistungsvorteile ermöglicht. Andererseits entstehen durch arbeitsteilige Organisation der Arbeit natürlich auch erste wechselseitige Abhängigkeiten.

Diese vorwiegend anthropologischen Betrachtungen des Arbeitsbegriffs sind jedoch eher abstrakt und sehr allgemein und zur Beschreibung konkreter Arbeitssituationen nur bedingt geeignet. Außerdem sind Werkzeuggebrauch als auch soziale Arbeitstätigkeiten keine eindeutigen Merkmale zur Abgrenzung der menschlichen Arbeitstätigkeit von Aktivitäten anderer Lebewesen, denn auch aus dem Tierreich sind sowohl der Werkzeuggebrauch als auch soziale Aktivitäten bekannt. Was die menschliche Arbeit jedoch von animalen Handlungen unterscheidet, ist die bewusste Reflektion des Individuums hinsichtlich der ausgeübten Arbeitstätigkeit. Gängige Begriffsbestimmungen der Arbeit gehen deshalb davon aus, dass es sich um eine zweckmäßige und bewusste Tätigkeit des Individuums mit dem Ziel der sozialen Existenzsicherung handelt.

Was aber unterscheidet Arbeit von anderen gesellschaftlichen Tätigkeiten? Einige Autor/-innen machen die Definition von Arbeitstätigkeiten vor allem an deren Nützlichkeit fest. So werden Arbeitstätigkeiten durch ihre Zweckdienlichkeit vorangetrieben, wobei diese Bewertungen nicht nur vom Ausführenden stammen muss, sondern auch von externen Betrachtern stammen kann (Heinze & Strünck, 2000).

Der Begriff der Arbeit in der Psychologie
In der Psychologie orientiert sich der Begriff der Arbeit stark an Verhaltensweisen und Handlungsergebnissen, also dem Arbeitsverhalten (Hoyos, 1997). Hierbei sind vor allem die Ziele des Arbeitsverhaltens von Bedeutung, denn sie führen zu den materiellen und immateriellen Ergebnissen der Arbeit. Ebenfalls eng damit verbunden sind Fragen der Arbeitsmotivation. Zeitgenössische Definitionen von Arbeit setzen meist auf drei Analyseebenen an: 1) Arbeit zur Sicherung der Existenz[6], 2) Arbeit als soziale Tätigkeit und 3) der Bedeutung der Arbeit für das Individuum. So kann Arbeit auch als Mittel zur menschlichen Bedürfnisbefriedigung betrachtet werden. Weinert (1998) klassifiziert in Anlehnung an Maslows Bedürfnishierarchie (1954) die humanen Bedürfnisse die durch Arbeit befriedigt werden können wie folgt in drei Gruppen:
1. Physiologische und Sicherheitsbedürfnisse (Entlohnung, Arbeitsplatzsicherheit, Karriereerwartungen)
2. Soziale Bedürfnisse
3. Egoistische Bedürfnisse (Selbstwertschätzung, Prestige, Bedeutsamkeit der Arbeit, fachliche Fertigkeiten, persönliche Fortentwicklung, das Gefühl produktiv zu sein).

Menschliches Arbeitshandeln allein über die intendierten Ziele bzw. die zu befriedigenden Bedürfnisse zu definieren erscheint jedoch problematisch, da keine inhaltliche Ausgestaltung des Arbeitsbegriffs erfolgt und eine Abgrenzung von anderen Aktivitäten (Freizeit, Spiel, Sport, etc.) oft nur schwer möglich ist (Hoyos, 1997). Andere Definitionen rücken hingegen die Tätigkeit und die Bedeutung bzw. die Bewertung der Ergebnisse von Arbeit in den Vordergrund ihrer Betrachtung (vgl. Kasten 1).

---

[6] Arbeit dient einerseits der individuellen sozialen Existenzsicherung, andererseits ist sie, und auch darauf ist in diesem Zusammenhang hinzuweisen, eng mit der kollektiven Existenzsicherung in Form der Sozialversicherungssysteme verbunden.

Kasten 1: Verschiedene Definitionen des Begriffs Arbeit

„Arbeit ist jede fortgesetzte, angespannte und geordnete Tätigkeit, die der Erzeugung, Beschaffung, Umwandlung, Verteilung oder Benutzung von materiellen oder ideellen Daseinsgütern dient." (Hellpach, 1925, S. 8)

„Arbeiten ist eine Aktivität oder Tätigkeit, die im Rahmen bestimmter Aufgaben entfaltet wird und zu einem materiellen oder immateriellen Arbeitsergebnis führt, das in einem Normensystem bewertet werden kann; sie erfolgt durch den Einsatz der körperlichen, geistigen und seelischen Kräfte des Menschen und dient der Befriedigung seiner Bedürfnisse." (Hoyos, 1974, S. 24)

„Arbeit ist zielgerichtete menschliche Tätigkeit zum Zwecke der Transformation und Aneignung der Umwelt aufgrund selbst- oder fremddefinierter Aufgaben, mit gesellschaftlicher, materieller oder ideeller Bewertung zur Realisierung oder Weiterentwicklung individueller oder kollektiver Bedürfnisse, Ansprüche und Kompetenzen." (Semmer & Udris, 1995; S. 134)

„Arbeit ist: zielgerichtete Tätigkeit und zweckrationales Handeln, Daseinsvorsorge und dient der Schaffung optimaler Lebensbedingungen, mit gesellschaftlichem Sinngehalt versehen und aufgabenbezogen, ein vermittelnder Prozess zwischen Mensch und Umwelt, der sich eingreifenden und verändernden Tätigkeiten äußert." (Frieling & Sonntag; 1999, S. 40)

„Sowohl der Arbeitsprozess selber als auch das Arbeitsprodukt werden heutzutage als Arbeit bezeichnet. Der Arbeitsbegriff beinhaltet somit immer das Werk selbst und aber auch einen kreativen Schaffensprozess." (Kilger, 2002, S. 10)

Eine umfassende und integrierende Beschreibung des Arbeitsbegriffs findet sich bei Neuberger (1985, S. 1). Er stellt fest, *„dass Arbeit*
- *eine Tätigkeit oder Aktivität sei,*
- *die gesellschaftlich organisiert sei (z. B. arbeitsteilig und derzeit überwiegend unselbstständig und abhängig – im Lohnarbeitsverhältnis),*
- *die den fortgesetzten dauerhaften Einsatz körperlicher, geistiger, seelischer Kräfte erfordere und*
- *im Vollzug meist als Last, Mühsal und Anstrengung erlebt werde (was Stolz und Freude über das Ergebnis nicht ausschließt),*
- *die geregelt und planmäßig strukturiert ablaufe und zielbestimmt sei,*
- *in materiellen Produkten (Güter oder Dienstleistungen) resultiere und somit die materielle und soziale menschliche Umwelt verändere,*
- *gleichzeitig aber auch den arbeitenden Menschen selbst verändere (zu seiner Entfaltung oder Entfremdung beitrage). Arbeit sei nicht nur transitive Beziehung (Mensch –*

Welt), *sie verwandele den Menschen selbst; damit steht in Zusammenhang, dass sie*
- *die Befriedigung individueller und/oder sozialer Bedürfnisse ermögliche und*
- *vom Arbeit-Geber mit Gegenleistungen (z. B. Entgelt) honoriert werde, in denen sich die gesellschaftliche Wertschätzung der geleisteten Arbeit widerspiegele."*

Positiv hervorzuheben ist, dass Neubergers Definition auf positive und negative Erlebenszustände, die im Zusammenhang mit der Ausführung von Arbeit stehen, rekurriert, als auch den Einflusses der Arbeit auf das ausführende Individuum berücksichtigt. So integrativ Neubergers Definition von Arbeit auch ist, so kritisch ist es allerdings zu bewerten, dass sich sein Ansatz nur auf Erwerbsarbeit bezieht. Ehrenamtliche Tätigkeit, Hausarbeit oder auch selbstständige Arbeitstätigkeit können nicht unter die Definition subsumiert werden. Hier offenbart sich die Dominanz bzw. hohe Wertschätzung der Erwerbsarbeit im Vergleich zu anderen Formen der Arbeit in der westlichen Hemisphäre. So beziehen die meisten Definitionen von *Arbeit* in wissenschaftlichen Lehrbüchern zumeist allein auf Erwerbsarbeit.

> *„Menschliche Arbeit hat nicht nur einen Ertrag, sie hat einen Sinn. Für die Mehrzahl der Bürger ist sie Gewähr eines gelingenden Lebensprozesses: Sie ermöglicht soziale Identität, Kontakte zu anderen Menschen über den Kreis der Familie hinaus und zwingt zu einem strukturierten Tagesablauf."*
>
> (Willy Brandt)

3.1.3 Erwerbsarbeit und ihre Bedeutung

Da Arbeit noch immer nahezu selbstverständlich zumeist mit Erwerbsarbeit in Organisationen gleichgesetzt wird, erscheint eine genauere Begriffsbestimmung der Erwerbsarbeit sowie sie seiner Abgrenzung von anderen Formen der Arbeit geboten.

Definitionen
Heinze & Strünck (2000, S. 181) definieren Erwerbsarbeiten als *„diejenige Arbeitsformen, bei denen Arbeitnehmer in unselbstständiger oder selbstständiger Beschäftigung Einkommen zur Existenzsicherung erzielen, meist in stark arbeitsteiligen Organisationen. Ist man nicht anderweitig abgesichert ist der Erwerbszwang unmittelbar an die Erwerbsarbeit gekoppelt"*. Hervorzuheben an dieser Definition ist die determinierende Bedeutung des Begriffes Erwerbsarbeit, denn durch die unmittelbare Verknüpfung mit dem Erwerbs-

zwang wird der Bezug zu den anderen Lebensbereichen deutlich. Außerdem besteht für die Erwerbstätigen nur noch eine beschränkte Wahlmöglichkeit im Verhalten zur Verfügung, da mit der Erwerbsarbeit in der Regel zunächst einmal die physiologischen Grundbedürfnisse gedeckt werden müssen. Erwerbsarbeit dient somit primär der Existenzsicherung und setzt ein monetäres Einkommen voraus. Dieses ist entscheidend für den materiellen Wohlstand (und eröffnet Handlungs- und Entscheidungsspielräume), den gesellschaftlichen Status und seine Anerkennung (sowohl beruflich als auch privat) sowie last but not least für zahlreiche Optionen und Entwicklungsmöglichkeiten in der Biografie eines Individuums.

Resch (1997) hebt hervor, dass Erwerbsarbeit darüber hinaus immer auch regelmäßige Aktivität und Auseinandersetzung mit der Realität bedeutet. Durch Arbeitstätigkeit hat der Arbeitende auf diese Weise die Möglichkeit, Erfahrungen zu sammeln sowie Wissen und Fähigkeiten zu erlernen bzw. zu verfeinern. Das subjektive Erfahren der persönlichen, individuellen Kompetenzen sowie deren berufliche und außerberufliche Anerkennung sind notwendig bei der Entwicklung von Selbstvertrauen und für die (berufliche) Identitätsbildung. Diese Sachverhalte machen sich bspw. integrative Rehabilitationsprogramme zu Eigen, die bereits sehr frühzeitig nach einer Erkrankung den Patienten an seine alte oder eine neue Arbeitstätigkeit heranführen und Erwerbsarbeit als einen zentralen Aspekt der täglichen Lebensführung verstehen (vgl. beispielsweise Kalveram & Trimpop, 2002; Oppenhäuser & Kalveram, 2002; Trimpop, Kalveram, Oppenhäuser, & Ortelbach, 2002).

Bedeutung der Erwerbsarbeit
Der Begriff der Arbeit und ihre Bedeutung ist, wie bereits dargestellt, in starkem Maße abhängig von den jeweils dominierenden Werten in einer Gesellschaft. Der aktuelle technisch-ökonomisch Transformationsprozess hin zu postindustriellen Wissensgesellschaft geht einher mit deutlichen Veränderungen der sozialpolitischen Strukturen innerhalb der Gesellschaft. Entsprechend mehrdeutig ist auch die Bedeutung, die der Arbeit im Allgemeinen und der Erwerbsarbeit im Besonderen gegenwärtig zugeschrieben wird. Ungeachtet der im Folgenden noch zu beschreibenden Wandelprozesse kann bereits vorab festgehalten werden, dass der Arbeit in der Bundesrepublik Deutschland und auch in den meisten anderen Staaten der westlichen Hemisphäre noch immer eine große Bedeutung durch die Individuen zugeschrieben wird.

In zahlreichen Studien zur Bedeutung der Arbeit(stätigkeit) zeigt sich in den vergangenen Jahren, dass (zumindest in der westlichen Welt) Arbeit einen zentralen Stellenwert im Leben der Befragten einnimmt (vgl. bspw. MOW, 1987; Ruiz Quintanilla & England, 1996, Harpez & Fu). Dem Arbeitsleben der Befragten kommt dabei eine sinngebende und erfüllende Funktion zu. Zusätzlich erfolgt eine Zuweisung von Status und Prestige. Arbeit ermöglicht auf diese Weise die Bildung von (beruflichen) Identitäten, wird zu einem zentralen Lebenswert. Trotz dieser hohen Bedeutung von Arbeit zeigt sich in Studien, die der Diskussion um dem Wertewandel zugerechnet werden können, eine Pluralisierung der Lebenskonzepte und damit verbunden auch differenziertere Wertegefüge, in denen neben der Erwerbsarbeit auch andere Interessen und Werte zunehmend an Bedeutung gewinnen. Zieht man bspw. das Konzept der *central life interests* von Dubin heran (Dubin, 1956, Dubin, Hedley & Taveggia, 1976) dann zeigt sich, dass die Gruppe derer, die weder als *arbeitsorientiert* noch als *nicht-arbeits-orientiert* einzustufen ist, die Gruppe der „*flexibel orientierten*" größer wird.

Es gibt dabei allerdings eine große Abhängigkeit des zentralen Lebensinteresses von der Berufsgruppenzugehörigkeit, den Bedingungen der Arbeit, der Arbeitsorganisation, dem sozialen Status, dem Alter und dem Geschlecht. Vergleichbare Befunde finden sich auch in der Debatte um den Wertewandel und der Auseinandersetzung um materialistische vs. postmaterialistische Werteorientierungen. Ungeachtet der Wertewandel-Debatte und der damit verbundenen Auseinandersetzung über Ursachen, Umfang und Inhalt des Wandelprozesses sowie verschiedenster Ansätze der methodischen Erfassung herrscht mittlerweile nahezu Einigkeit darüber, dass eine Verlagerung von traditionellen, sicherheitsorientierten und materialistischen Werten hin zu postmaterialistischen Werten mit dem Ziel der Selbstentfaltung wie Selbstverwirklichung, Partizipation oder Autonomie konstatiert werden kann (z. B. Inglehart, 1977; Klages, 1985; Klipstein & Strümpel 1985, Klages, 1992). Insbesondere die junge Generation wird dabei zumeist als Trägerin des Wandels ausgemacht (z. B. Blickle, 1999).

Rosenstiel (1989) verweist ferner darauf, dass Wertorientierungen nicht überdauernd stabil sind, sondern sich im Verlaufe der Erwerbstätigkeit verändern. Es zeigt sich dabei im Längsschnitt, dass insbesondere die Mitglieder der Gruppe der Freizeitorientierten häufig einen Wandel zu einer größeren Karriereorientierung durchlaufen. Außerdem erweist sich der Führungskräftenachwuchs als weniger karriereorientiert als bereits etablierte Führungskräfte. Auch diese Befunde können im Sinne eines Wertewandels hin zu starken Selbstentfaltungswerten interpretiert werden.

Insgesamt kann ein relativer Bedeutungsverlust der Erwerbsarbeit im Vergleich zu anderen Lebensbereichen ausgemacht werden. Doch kann der offensichtliche Wertewandel hinsichtlich der Bedeutung der Arbeit auch dahingehend ausgelegt werden, dass zwar ein relativer Verlust Rangstellung der Arbeit im Vergleich zu den anderen Lebensbereichen vorliegt, Erwerbsarbeit aber trotzdem noch immer eine hohe Zentralität im Wertegefüge der meisten Individuen darstellt. Was sich jedoch vor allem verändert hat, sind die inhaltlichen Ansprüche die Erwerbstätige an ihre Arbeit stellen: „*Arbeit wird weniger um ihrer selbst willen oder aus einem Erleben der Pflicht heraus ausgeübt; sie wird weniger als Mittel zum Zweck der ökonomischen Sicherung interpretiert. Es haben sich vielmehr die Ansprüche an die Arbeit im Sinne postmaterialistischer Zielsetzungen verändert*" (Rosenstiel, 2006, S. 30).

Trotz des beschriebenen Wandels kommt der Einkommens- und Beschäftigungssicherheit im Rahmen der Arbeitstätigkeit noch immer eine exponierte Stellung zu. So zeigt Fuchs (2006) in einer repräsentativen Untersuchung bei Erwerbstätigen im Rahmen der Initiative *Neue Qualität der Arbeit,* dass ein festes verlässliches Einkommen sowie die Sicherheit des Arbeitsplatzes eine zentrale Stellung in der subjektiven Charakterisierung qualitativ guter Erwerbsarbeit einnehmen. Die zentrale Stellung dieser Aspekte von Arbeit sind auch vor dem Hintergrund einer steigenden Zunahme von prekären Arbeitsverhältnissen zu sehen, denn ein ausreichendes Einkommen und ein sicherer Arbeitsplatz sind nicht nur unmittelbar entscheidend für den materiellen Wohlstand von Erwerbstätigen, sondern sind auch Garant für die Teilnahme am soziokulturellen Leben, für Bildungschancen, Gesundheit oder gesunde Ernährung. Dies gilt vielmals nicht nur für den oder die Erwerbstätige/-n selbst, sondern darüber hinaus auch für seine Familie. Auch hier nennen die befragten Erwerbstätigen allerdings vor allem Aspekte der Arbeit, die eher einer postmaterialistischen Werteorientierung zugeschrieben werden können. So bedeutet gute Erwerbsarbeit aus Sicht von Arbeitnehmern: festes verlässliches Einkommen, unbefristete Beschäftigung, Kreativität, den Sinn in der Arbeit zu erkennen, Anerkennung, Aufbau und Pflege sozialer Beziehungen und Gesundheitsschutz (Fuchs, 2006, S. 18).

Es handelt sich dabei allesamt um Facetten der Arbeit, deren Bedeutung bereits aus der Arbeitszufriedenheitsforschung ausführlich bekannt ist. Die genannten Kernpunkte guter Arbeit gelten nicht nur mehrheitlich für die Gesamtheit von Arbeitnehmern, sondern übergreifend auch für verschiedenste Subgruppen. d.h., die Befunde sind weitestgehend stabil gegenüber Differenzierungen verschiedener Arbeitnehmergruppen wie Männer/Frauen, Ost-/Westdeutsche, Altersgruppen oder Berufsbereichen[7]. Nach Fuchs wird Arbeit von Beschäftigten dann als qualitativ hochwertig und zufriedenstellend bewertet, wenn sie 1) ein existenzsicherndes und als leistungsgerecht empfundenes Einkommen liefert, 2) Entwicklung-, Einfluss- und Lernmöglichkeiten sowie gute soziale Beziehungen ermöglicht und 3) und keine Über- oder Fehlbeanspruchungen hervorruft.

Dabei ist hervorzuheben, dass die beiden letzten genannten Punkte eine notwendige Bedingung darstellen. Denn hohe Fehlbeanspruchungen und daraus folgend hohe gesundheitliche Belastungen können nicht durch noch so großem Handlungsspielraum, Partizipationsmöglichkeiten oder Lern- und Entwicklungschancen ausgeglichen werden. Ebenso gilt, dass Arbeitsplätze, die frei von Belastungen für die Stelleninhaber sind, ebenfalls als nicht qualitativ hochwertig eingestuft werden, wenn keine entsprechende

---

[7] Eine Ausnahme bildet hier die Gruppe von Erwerbstätigen die unter prekären Arbeitsbedingungen tätig ist. In dieser Gruppe dominieren in stärkerem Umfang materielle Aspekte, wie der Wunsch nach Einkommenssteigerung, während postmaterialistische Aspekte, wie der Wunsch eine sinnvolle Tätigkeit ausüben zu können, eher nachgeordnet sind.

Mitwirkungs- und Entwicklungsmöglichkeiten vorhanden sind. Es handelt sich in diesem Sinne also um unabhängige notwendige Faktoren für qualitativ hochwertig eingestufte Arbeit. Betrachtet man die repräsentative Verteilung der drei Kriterien guter Arbeit, dann wird deutlich, dass nur die Minderheit der Arbeitsplätze in Deutschland derzeit diesen Kriterien entspricht (ebd., 2006).

Strukturelle Verortung der Erwerbsarbeit im Alltag
Besondere Beachtung bei der Erwerbsarbeit verdient die Dimension *Zeit*. Die Arbeitszeit bestimmt einerseits den Umfang der zu leistenden Tätigkeit, darüber hinaus hat Zeit aber auch eine strukturierende Funktion im Leben der Beschäftigten. Sie bestimmt den Tages-, Wochen- und Jahresablauf. Die Arbeit wirkt dabei nicht nur bei der Unterscheidung zwischen Arbeitszeit und Nichtarbeitszeit (Freizeit, Wochenende, Urlaub) strukturierend, auch die biografische Entwicklung des Menschen orientiert sich in starkem Maße an der Erwerbsarbeit (Schulzeit, Berufsausbildung, Berufstätigkeit, Rentnerdasein; vgl. a. Resch, 1997). Die strukturgebende Wirkung und Bedeutung von Erwerbsarbeit (hinsichtlich Zeit und sozialer Kontakte) zeigt sich auch besonders deutlich in den Befunden der Arbeitslosenforschung (z. B. Jahoda, Larzarsfeld & Zeisel, 1978, Jahoda, 1983).

So entwickeln sich bei lang anhaltender Arbeitslosigkeit oft schwerwiegende Konsequenzen für die Betroffenen. Arbeitslosigkeit erweist sich als gesundheitsschädigend, stellt für die Familie vielfach einen Belastungsfaktor dar, bedeutet den Verlust von Macht, Prestige und sozialem Umfeld (für einen Überblick der differentiellen Effekte von Arbeitslosigkeit s. a. Büssing, 1993). Mit dem Ausscheiden aus dem Erwerbsleben (Krankheit, Rente oder Arbeitslosigkeit) ist meist ein massiver Verlust der Sozialkontakte sowie der Einbindung in professionelle Kontexte und Netzwerke verbunden. Dabei mag es unter Umständen durchaus paradox erscheinen, wenn Nicht-Erwerbstätigkeit (z. B. Arbeitslosigkeit) stark verbunden ist mit einer allgemeinen Unzufriedenheit im Leben, denn die Betroffenen verfügen nun über ein früher immer gewünschtes, sehr umfangreiches Zeitbudget.

Fazit
Auf dem Weg in die postindustrielle Arbeitswelt unterliegt die Erwerbsarbeit einem Bedeutungswandel. Trotz der Verschiebungen im Wertegefüge stellt Erwerbsarbeit noch immer ein zentrales Merkmal der individuellen Lebensführung dar und ist nicht nur Grundlage der Existenzsicherung, sondern auch entscheidend für die Zuweisung von Prestige und Anerkennung in der Gesellschaft. *„Wie bereits [...] beschrieben, ist die Arbeit im modernen Produktionsprozess nicht nur konkrete Tätigkeit und soziales Verortungs- und Identitätsmerkmal, sozusagen eine Art sozioökonomischer ‚Personalausweis' für die Beschäftigten. Arbeitsverhältnisse und Arbeitsbeziehungen sind zugleich öffentliche Defi-*

nitionsverhältnisse für die Gesellschaft im Ganzen" (Beckenbach, 1996a, S. 22). Vor allem vor dem Hintergrund sich wandelnder Arbeits- und Organisationsformen (s. a. 5.1) und den damit in Zusammenhang stehenden Arbeitsbeziehungen (s. a. 5.3) ist davon auszugehen, dass auch künftig die identitätsstiftende Funktion von Arbeit weiter in den Vordergrund rückt. Die im Rahmen traditioneller Arbeitsverhältnisse vorherrschende räumliche und zeitliche Trennung von Erwerbsarbeit und außerberuflichen Lebenskontext erfährt durch eine verstärkte Permeabilität der Grenzen zwischen den Lebensbereichen eine andere Struktur. Wenn auch in Zukunft Erwerbsarbeit ein entscheidendes Merkmal der beruflichen Identität und Basis für soziale Anerkennung und Prestige darstellt, ist bei einer gleichzeitigen immer unklareren Abgrenzung der Lebensbereiche voneinander eine weitere Veränderung der Bedeutung des Begriffs der Arbeit zu erwarten.

Nicht nur im Kontext der Erwerbsarbeit ist von Veränderungen des Arbeitsbegriffs auszugehen. Auch aufgrund des technischen Fortschritts und der immer größeren Verfügbarkeit von (technischen) Hilfsmitteln und Werkzeugen erfährt der Begriff der Arbeit auch außerhalb professioneller Kontexte eine starke Veränderung, da diese in Form und Organisation sich in starkem Maße an die Prinzipien angleicht. So formuliert Liesmann (2000, S. 87), *„Die Arbeit, [...], wird also deshalb immer mehr, weil wir fast alle unsere Lebenstätigkeiten zunehmend als Arbeit klassifizieren lassen müssen. Denn die Arbeit ist längst zur einzig relevanten Quelle und zum einzig gültigen Maßstab für die Wertschätzung unserer Tätigkeiten geworden"*. In den folgenden Kapiteln wird deshalb an Hand der Beispiele Haushaltsarbeit und ehrenamtliche Arbeit die Strukturen und Organisation von Nicht-Erwerbsarbeit eingehender untersucht.

3.2 Nicht-Erwerbsarbeit und ihre Bedeutung

3.2.1 Haushaltsarbeit

Historische Entwicklung
Will man den Begriff der *Haushaltsarbeit* eingehender untersuchen und beschreiben, so hilft auch hier zunächst eine historische Perspektive, den Begriff in seiner Gewordenheit zu betrachten. Vor Beginn der industriellen Revolution bilden die Lebensbereiche Wohnen, Leben und Arbeit noch eine ganzheitliche Einheit. Grundlage ist der selbstversorgende bäuerliche Haushalt, in dem es weder zeitliche noch räumliche Trennung von Arbeitstätigkeiten gibt, sondern in Form einer familiären Subsistenzwirtschaft produziert und konsumiert wird. Das Entstehen der Erwerbsarbeit ist verbunden mit der industriellen Warenproduktion, der Arbeitsteilung als Produktionsform und der Einführung der Lohnvergütung als Tauschwert für geleistete Arbeit. Erwerbs- und Haus-

arbeit ergänzen sich dabei gegenseitig. Denn nun ist neben der Erwerbsarbeit ergänzend Hausarbeit zur Versorgung notwendig.

Die Entstehung der Erwerbsarbeit begründete auch den Privathaushalt. Zwar sind in vielen Arbeiterhaushalten aufgrund ihrer schlechten ökonomischen Situation die Frauen ebenfalls zur Erwerbsarbeit gezwungen, um das Haushaltseinkommen zu verbessern, doch kann schon recht früh in der Industrialisierung eine Arbeitsteilung beobachtet werden, die darin besteht, dass Männer der Erwerbsarbeit nachgehen und Frauen oft zusätzlich für die Haushaltsführung und Kinderziehung zuständig sind. Familienhaushalte mit einer nicht erwerbstätigen Hausfrau, die sich vor allem um Haushaltsführung sowie Kindererziehung kümmert, finden sich dagegen eher nur in der bürgerlichen Schicht (vgl. a. Resch, 1999, S. 19ff).

Definitionen
Die Haushaltsarbeit verhält sich in vielerlei Hinsicht gleich zur Erwerbsarbeit. *„Haushaltsarbeit hingegen stützt sich auf Naturaleinkommen, ist informell selbstorganisiert, bedingt freiwillig (sie ist keinem äußeren, sondern einem haushaltsinternen Zwang geschuldet) und bei ihr sind Prozessnutzen und Zweck nicht so häufig getrennt, vor allem in den Bereichen der Beziehungsarbeit. Spricht man in einem dezidiert ökonomischen Sinn von Haushaltsproduktion, so kann man ihre Eigenschaften mit Hilfe des Dritt-Personen-Kriteriums beschreiben: Damit werden diejenigen Tätigkeiten als produktiv bezeichnet, die im Haushalt auch von dritten Personen wie Erzieherinnen, Hauswirtschafterinnen, Gärtner, u.a. übernommen werden könnten"* (Heinze & Strünck, 2000, S. 181). Nach Landau (1990) sind unter Haushaltsarbeit all jene Tätigkeiten zu verstehen, die kurz- und langfristig den materiellen und immateriellen Bedürfnissen der Haushaltsmitglieder dienen.

Strukturmerkmale von Haushaltsarbeit und Erwerbsarbeit im Vergleich
Die charakteristischen Merkmale von Haushaltsarbeit und Erwerbsarbeit stehen sich zum Teil konträr gegenüber. Während traditionelle Erwerbsarbeit meist gekennzeichnet ist durch starre Organisationsformen und unflexible, fremdbestimmte Regelungen, zeichnet sich Haushaltsarbeit häufig durch eine höhere Flexibilität aus. Haushaltsarbeit hat im Vergleich zur traditionellen Erwerbsarbeit keinen oder nur eingeschränkt verpflichtenden Charakter. Darüber hinaus bietet die Haushaltsarbeit für das Individuum teilweise höhere Kontrollmöglichkeiten bezüglich der Bestimmung der auszuführenden Arbeit, ihrer Organisation und Gestaltung, der Zeiteinteilung und einiger anderer in der Berufsarbeit vielfach fest geregelten Merkmale. Eigenverantwortlichkeit, ganz im unternehmerischen Sinne, hat also in der Haushaltsarbeit eine höhere Bedeutung.

Die Grenzen zwischen der Haushaltsarbeit und anderen Lebensbereichen sind vielfach deutlich permeabler als im Rahmen traditioneller Erwerbsarbeit. So können in die

Haushaltsarbeit oft auch Elemente der Freizeit integriert werden, wie ein Besuch bei Freunden zwischendurch oder ein persönliches Gespräch mit den Kindern auf dem Weg zum Kinderhort. Diese gestalterischen Momente sind im Rahmen von Erwerbsarbeit in traditionell arbeitsteiligen Organisationen in der Regel nicht möglich. Allerdings ist auch Haushaltsarbeit trotz höheren Flexibilitätsmerkmalen in gewisser Hinsicht verpflichtend, da ihre Ausführung hohe Bedeutung für die geregelte Fortführung des Haushaltes haben. Hiermit ist auch ein mögliches Abgrenzungsmerkmal zur Freizeit genannt, denn Aktivität im Familienbereich ohne (täglich) verpflichtenden Charakter auch kann als Freizeit bezeichnet werden. Allerdings ist auch diese Abgrenzung nicht eindeutig, denn viele traditionell obligatorische Hausarbeiten werden mittlerweile als Hobby beziehungsweise Freizeitbeschäftigung betrieben (z. B. Gartenarbeit, Heimwerken).

Analyse von Haushaltsarbeit
Trotz des hohen Umfangs an Arbeitsstunden an Nicht-Erwerbsarbeit – zum Großteil in Form von Hausarbeit im privaten Haushalt – hat sich die Arbeits- und Organisationspsychologie im Gegensatz zu anderen Disziplinen (Soziologie oder Geschichte) in den vergangenen Jahren bisher nur marginal der systematischen Erfassung dieser Tätigkeitsfelder gewidmet. Ursächlich nach Resch (1999) sind einerseits die strikte Abgrenzung von Erwerbsarbeit und Nicht-Erwerbsarbeit, andererseits wurde dem Forschungsfeld Nicht-Erwerbsarbeit aufgrund seiner als gering erachteten ökonomischen Bedeutung keine Aufmerksamkeit geschenkt, da diese Tätigkeiten im Vergleich zur Erwerbsarbeit eine gesellschaftliche Geringschätzung erfahren.

Seit den siebziger Jahren wird die Diskussion über die Bewertung der Haushaltsarbeit intensiv geführt. Insbesondere die monetäre Bewertung der Tätigkeit rückte dabei stärker in den Vordergrund (z. B. bei der Ermittlung der Arbeitstätigkeit für die Rente oder Hausarbeits-Unfällen und der damit verbundenen Entschädigung). Eines der ersten Verfahren, das explizit die Nicht-Erwerbsarbeit in den Fokus der Arbeitsanalyse rückt, ist die AVAH (Analyse von Arbeit im Haushalt) von Resch (1999). Mittels der AVAH sollen Haushaltsarbeiten im Hinblick auf ihre möglichen Auswirkungen auf das Wohlbefinden und die Persönlichkeitsentwicklung der untersuchten Person bewertet werden. Hierzu erfolgt eine Analyse der im Haushalt vorhandenen geschlechtsspezifischen Arbeitsorganisation in qualitativer und quantitativer Hinsicht. Ziel des Verfahrens ist es, Veränderungspotenziale für die Arbeitsgestaltung und Reorganisation im Haushalt zu entwickeln, z. B. durch veränderte Zeitplanung oder eine andere Arbeitsorganisation. Darüber hinaus können aber auch betriebliche Maßnahmen zur besseren Vereinbarkeit von Beruf und Familie empfohlen werden.

Auch bei vergleichenden Analysen von Erwerbs- und Hausarbeit liefert die AVAH aufschlussreiche Erkenntnisse, die als abgestimmte Maßnahmen für beide Lebensbereiche gelten. Eine Übersicht über einige bereits ältere Verfahren zur Analyse von Haushaltstätigkeiten findet sich bei Landau (1990). Auch im Personalbereich werden in jüngster Zeit Verfahren entwickelt, die ganze Arbeits- und Lebenssituation von Bewerbern analysieren sollen. Als Beispiel können hier Verfahren zur Erfassung von Schlüsselkompetenzen von Bewerbern genannt werden (z. B. IESKO Instrument zur Erfassung von Schlüsselkompetenzen; Kadishi, 2002). Fähigkeiten wie z. B. *Organisationsfähigkeit, Kommunikationsfähigkeit, Belastbarkeit* oder *Verantwortungsbereitschaft* sind zentral für viele Tätigkeiten. Im Gegensatz zu rein berufsbezogenen Personalauswahlverfahren können mittels Erfassung der Schlüsselkompetenzen nicht nur fachliche Qualifikationen der Bewerber erfasst werden, sondern auch jene, die ebenfalls in der Familien-, Haus- und Freiwilligenarbeit notwendig sind. Hierdurch können im Optimalfall Diskriminierungen und systematische Benachteiligungen von speziellen Bewerbergruppen verhindert werden (z. B. bei Wiedereinsteigern nach der Elternzeit).

Gesellschaftliche Wertschätzung von Haushaltsarbeit
Bei der vergleichenden Analyse zwischen Erwerbs- und Haushaltsarbeit stellt sich das Problem, dass es für Erwerbsarbeit einen genau quantifizierbaren Gegenwert in Form von Lohn oder Gehalt gibt. Für Hausarbeit existiert traditionellerweise kein vergleichbarer Wert. Um den Gegenwert der Hausarbeit zu quantifizieren, bieten sich nach Voydanoff (1987) zwei verschiedene Ansätze an: Berechnung der Kosten, die bei Vergabe der Hausarbeit an eine professionelle Haushaltshilfe entstehen würden oder Berechnung des nicht realisierten Familieneinkommens, da der zweite (haushaltsführende) Partner nicht oder nur eingeschränkt erwerbstätig ist. Die Ursache für die geringe Bedeutung der Nicht-Erwerbsarbeit sehen Biesecker & von Winterfeld (2000, S. 270) im ökonomischen Kern unseres Gesellschaftsvertrages verankert. „*Alles was nicht bezahlt wird, spielt in diesem Gesellschaftsvertrag keine Rolle, erscheint nicht als Arbeit. Die Voraussetzungen des Normalarbeitsverhältnisses – unbezahlte private Haus-, Familien- und Regenerationsarbeit von Frauen werden verdrängt. Damit wird jedoch qualitativ und selbst quantitativ gesehen – der überwiegende Teil der Arbeit vergessen*".

Die Geringschätzung unbezahlter Arbeitsleistungen im Haushalt oder im Rahmen ehrenamtlicher Tätigkeit manifestiert sich auch in der Berechnung der Kennziffern der volkswirtschaftlichen Gesamtrechnung (z. B. dem Bruttonationaleinkommen, vormals Bruttosozialprodukt), die u. a. auch als Indikatoren für den gesellschaftlichen Wohlstand herangezogen werden. Bei der Erstellung der Kennziffern der volkswirtschaftlichen Gesamtrechnung werden die entsprechenden Arbeitsleistungen bzw. erarbeiteten Produkte und Dienstleistungen nicht berücksichtigt. So verschleiert dieser Sachverhalt beispielsweise den Umfang der tatsächlich in einer Gesellschaft erbrachten Arbeitsleistungen. Stiegler (1999) weist in diesem Zusammenhang darauf hin, dass in Bundesrepublik Deutschland den rund 47 Millionen Stunden bezahlter Arbeit im Rahmen von Erwerbstätigkeit in den privaten Haushalten rund 77 Milliarden unbezahlte Arbeitsstunden entgegenstehen. Bewertet man die erbrachten Leistungen zu branchenüblichen Marktpreisen, so schätzt Stiegler bereits zu Beginn der neunziger Jahre den Marktwert der im Rahmen von hauswirtschaftlicher Arbeit erbrachten Leistungen auf über 650 Milliarden Euro.

Deutlich wird: Wenn bei der Bewertung des gesellschaftlichen Wohlstandes lediglich Kennziffern gelten, die im Rahmen von Erwerbstätigkeit erbrachte Leistungen berücksichtigen und unentgeltliche Leistungen nicht, führt dies dazu, dass der tatsächliche Wohlstand und das Leistungspotenzial einer Gesellschaft nur sehr ungenau und mangelhaft beschrieben werden können. Nicht zuletzt seit Beginn der Diskurse um die nachhaltige Entwicklung von Gesellschaften zu Beginn der neunziger Jahre des vergangenen Jahrhunderts wird deshalb verstärkt die Forderung erhoben, nicht nur rein materielle Dimensionen (wie Einkommen, Vermögen oder Besitz und Konsum von Gütern und Dienstleistungen), sondern sowohl ökonomische als auch ökologische und soziale Kriterien bei der Bewertung von gesellschaftlichem Wohlstand zu berücksichtigen. Verdeutlicht werden kann dies an der Komponente Zeit. Bereits seit geraumer Zeit wird eine Erweiterung des traditionellen Wohlstandsbegriffs um die Komponente Zeit gefordert und unter dem Begriffspaar *Güterwohlstand – Zeitwohlstand* in die Diskussion eingebracht (Rinderspacher, 2000). Zeitwohlstand wird dabei als ein Basiselement der Lebensqualität verstanden.

Während ökonomische Ansätze zur Bewertung des Wohlstandes sich primär auf materielle Aspekte beziehen, zielt das Konzept der Lebensqualität auch auf immaterielle und subjektive Komponenten und stellt die Qualität gegenüber der reinen Quantität in den Vordergrund (Noll, 1997). Erste Ansätze, die die gesellschaftlichen Defizite bei der Erfassung von Lebensqualität zu erheben versuchen, können seit den neunziger Jahren in der fortlaufenden Dokumentation von Zeitbudgets durch das statistische Bundesamt in der Bundesrepublik Deutschland oder auch in dem integrierten Modul zur unbezahlten Arbeit in der Schweizerischen Arbeitskräfteerhebung gesehen werden.

3.2.2 Ehrenamtliche Arbeit

Eine besondere Form der Arbeit, die in der Regel in der Freizeit ausgeübt wird, stellt die ehrenamtliche oder frei-gemeinnützige Arbeit dar. Für diese Form von freiwillig geleisteter und gemeinnütziger Arbeit existieren, je nach inhaltlichem Schwerpunkt der ausgeübten Arbeit, viele Bezeichnungen: *Freiwilligenarbeit, Ehrenamt, Initiativen-/Projektarbeit, Bürgerengagement, Laienhilfe, Nebenberuf, Selbsthilfe, Solidarität, Eigenarbeit* oder *Volunteering*. Nach Rosenbladt (2000) sind gemäß dem Freiwilligensurvey von 1999 vor allem die beiden erst genannten die präferierten Bezeichnungen für frei-gemeinnützige Arbeit in Deutschland.

Was ist ehrenamtliche Arbeit?
Die ausgeübten Tätigkeiten im Rahmen von frei-gemeinnütziger Arbeit sind mannigfaltig und umfassen unterschiedliche Funktionen, z. B. Wahlhelfer, Trainer im Jugendsport, Schulpflegschaftsvorsitzender, Schöffe vor Gericht, Ehrenämter in der Kommune oder Engagement im Umwelt-, Tier- und Naturschutz. Heinze & Strünck (2000) unterscheiden freiwilliges Engagement anhand von vier Dimensionen: 1) Form des Engagements (z. B. soziales, politisches oder leitendes Ehrenamt), 2) Sektor, in dem die Tätigkeit ausgeübt wird (z. B. Sozialwesen, Gesundheitswesen, Notfallwesen, Sport, etc.), 3) Motivation für das Engagement (z. B. individualistisch, traditions- und normgeleitet, gesellschaftlich orientiert) und 4) Art der Organisation, in der die frei-gemeinnützige Arbeit ausgeübt wird (z. B. formell vs. informell). Mieg & Wehner (2002, S. 5 und S. 11) definieren frei-gemeinnützige Arbeit wie folgt: *„Der Bereich frei-gemeinnütziger Arbeit umfasst unbezahlte, organisierte, soziale Arbeit; gemeint ist ein persönliches, gemeinnütziges Engagement, das mit einem Zeitaufwand verbunden ist, prinzipiell auch von einer anderen Person ausgeführt und potenziell bezahlt werden könnte. [...] Frei-gemeinnützige Arbeit ist demnach eine verallgemeinerte, organisierte Form von Mithelfen"*. Ein wichtiges Unterscheidungskriterium zwischen Ehrenamt und anderen Tätigkeiten zu besteht in der Unentgeltlichkeit. Dieses Kriterium erweist sich jedoch zunehmend als schwierig, da in den vergangenen Jahren als Reaktion auf Mobilisierungsschwächen von Ehrenamtlichen in einigen Bereichen das Engagement mittlerweile mit nicht unerheblichen Aufwandsentschädigungen vergütet wird (vgl. a. Heinze & Strünck, 2000).

Wie viele und welche Menschen üben ehrenamtliche Arbeit aus?
Über den Zahl der Menschen, die sich ehrenamtlich und freiwillig engagieren, existieren unterschiedliche Daten, je nach Itemformulierung und Befragungsmethode[8]. Die Zahlen über Umfang der frei-gemeinnützigen Tätigkeit in der Bundesrepublik Deutschland betragen 18 % in der European-Volunteering-Study (Gaskin, Smith & Paulwitz 1996), 32,1 % im sozioökonomischen Panel (Deutscher Bundestag, 2002), 34 % im Freiwilligensurvey (Rosenbladt, 2000) und 38 % im Wertesurvey (Klages & Gensicke, 1999; für eine erste Übersicht s. a. Heinze & Strünck; 2000). Somit sind vermutlich rund ein Drittel der Deutschen ehrenamtlich aktiv. Damit liegt die Bundesrepublik Deutschland im internationalen Vergleich in der Spitzengruppe.

Folgt man den Daten des Freiwilligensurvey (Rosenbladt, 2000), so lassen sich typische Freiwillige und ehrenamtlich Tätige vor allem durch folgende Merkmale beschreiben: Es handelt sich dabei um Personen mit einem eher größeren Bekannten- und Freundeskreis; die Ehrenamtlichen leben außerdem in einem eher größeren Haushalt,

---

[8] Zu den methodischen Problemen bei der Erfassung des ehrenamtlichen Engagements siehe auch Hacket & Mutz (2002).

d.h. in einem Haushalt mit 4 oder mehr Personen, haben einen höheren Bildungsabschluss, sind erwerbstätig und haben oder hatten eine höhere berufliche Position. Noch immer wird das Ehrenamt zum überwiegenden Teil von Männern ausgeübt, wobei sich in jüngerer Zeit der Unterschied verringert. Der Anteil der ehrenamtliche engagierten Frauen nimmt sogar überproportional zu. Ein Grund für die jahrelang schlechteren Quoten für ehrenamtliche Frauen finden zum Teil ihren Ursprung in der stärkeren Einbindung der Frauen in die familiären Rahmenbedingungen. Mit Blick auf die Rollenverteilung zwischen den Geschlechtern ist interessant, dass sowohl in der inhaltlichen als auch in der praktischen Ausgestaltung frei-gemeinnütziger Arbeit erhebliche Unterschiede zwischen den Geschlechtern existieren. So weisen Mieg & Wehner (2002) darauf hin, dass trotz des ungefähr gleichen mittleren Umfangs in der frei-gemeinnützigen Tätigkeit zwischen Frauen und Männern strukturelle Unterschiede bestehen. Männer üben ihre frei-gemeinnützige Tätigkeit vorzugsweise *„sitzend"*, d.h. in Vorständen, Interessenvereinigungen und politischen Ämtern aus, während Frauen eher nicht-repräsentierend, in nachbarschaftlichen, sozial-karitativen oder kirchlichen Bereichen ihren ehrenamtlichen Tätigkeiten nachgehen (vgl. a. Notz, 2001; Zierau, 2000).

In jüngerer Zeit kann ein Wandel bezüglich der Dauer des Engagements festgestellt werden, denn der Anteil der regelmäßig Engagierten geht zurück. Dagegen werden ehrenamtliche Tätigkeiten eher befristet und projektorientiert ausgeübt. Keupp, Kraus & Strauss (2001) unterscheiden zwischen traditionellem und modernem bürgerschaftlichen Engagement.

Tabelle 1: Traditionelles vs. modernem ehrenamtlichen Engagement nach Keupp, Kraus & Strauss (2001)

	Traditionelles Engagement	**Neuzeitliches Engagement**
Organisation:	Meist in einem Verband organisiert (z.B. Caritas, Arbeits-Samariter-Bund, etc.).	Oft selbstorganisierte Zusammenschlüsse (z.B. Projektgruppen, Bürgerinitiativen, etc.). Pluralisierung von Motiven.
Motivation:	Häufig religiös motiviert.	Entscheidung abhängig von Inhalten, zeitlichen Ressourcen und anderen mitwirkenden Personen. Eigeninteressen vorhanden.
Grundhaltung:	altruistisch-karitative Grundhaltung: selbstverständliche Pflichterfüllung.	Ablehnung zentralistischer, top-down Prozesse. Kurz- bis mittelfristiges Engagement.
Dauer	Langjähriges, kontinuierliches Engagement.	Entscheidungen zum Engagement wird regelmäßig neu geprüft. Wechselndes Engagement.
Geschlechtsspezifische Arbeitsteilung:	Politisches Ehrenamt: überwiegend Männer Soziales Ehrenamt: überwiegend Frauen.	Möglichst keine geschlechtsspezifischen Arbeitsteilungen.

In Tabelle 1 wird deutlich, dass der wesentliche Unterschied im neuzeitlichen Engagement darin begründet liegt, dass der vormals selbstlose, ehrenamtlichen Helfer in einer straffen Organisation abgelöst wird durch einen autonom handelnden und mitwirkenden sozialen Bürger, der sein Engagement nicht nur, aber auch aus Gründen der persönlichen Befriedigung betreibt. So zeigt sich im Rahmen der Shell-Jugendstudie (Jugendwerk der Deutschen Shell, 1997), dass das Engagement von Jugendlichen meist stark verbunden ist einem persönlichen Gewinn, wie beispielsweise dem Wunsch, dass die ehrenamtliche Tätigkeit hilfreich für eine spätere berufliche Tätigkeit sei oder dass die Tätigkeit Spaß bereitet. Beide Formen des Engagements sollten allerdings als Endpunkte einer Dimension *Traditionalität des ehrenamtlichen Engagements* verstanden werden. Die wenigsten Tätigkeiten werden sich genau einer der geschilderten Form des Engagements zuordnen lassen, sondern mehr oder weniger von den Endpunkten abweichen. Jüngere Jugendliche sind eher situations- und anlassbezogen engagiert (z. B. mit Freunden etwas gemeinsam unternehmen), während ältere eher projekt- und zielorientiert und aktiv in ihrem Lebensumfeld partizipieren wollen.

Was sind die Gründe und Motive für ehrenamtliches Engagement?
Bei der Frage nach den Motiven für ehrenamtliches Engagement lassen sich mehrere Befunde zitieren. Bierhoff & Schülken (2001) finden zwei Orientierungen für die Übernahme ehrenamtlicher Tätigkeiten: eine altruistische und eine egoistische Orientierung. Während erstere mit einem hohen politischen und sozialen Verantwortungsbewusstsein einhergeht, steht letztere in Zusammenhang mit den Merkmalen Selbstwert/Anerkennung und soziale Bindung. Nach Mieg & Wehner (2002; s. a. Wehner, Ostendorp & Ostendorp, 2002; Klages 2000) ist ehrenamtliche Tätigkeit auch intrinsisch motiviert. Freude, Spaß und Sinnerfüllung bei oder als Folge der Tätigkeit scheinen in diesem Zusammenhang von relevanter Bedeutung. Der multifunktionale Charakter hinsichtlich der verfolgten Ziele und gelebten Bedürfnisse von frei-gemeinnütziger Arbeit ermöglicht es, dass der Ausübung von Ehrenämtern eine kompensatorische Ausgleichsfunktion zur Erwerbstätigkeit zukommen kann (vgl. auch Ulich, 2001 S. 475ff.).

Andererseits ist diese Ausgleichsfunktion auch limitiert, denn an anderer Stelle heißt es bei Mieg und Wehner (2002, S. 26): *„Frei-gemeinnützige Arbeit kann kein Refugium und kein Ort des Ausgleichs für Entfremdungserlebnisse, mangelnd wertgeschätzte Lohnarbeitsverhältnisse oder ein sozial ungerechtes Gesellschaftssystem sein – auch dann nicht, wenn die Beschäftigten ihre Erwerbsarbeit nicht negativ bewerten"*. Mieg & Wehner (2002) weisen in diesem Zusammenhang darauf hin, dass die von Ulich (2001) formulierten Kriterien zur Beschreibung vollständiger Aufgaben im Bereich der frei-gemeinnützigen Arbeit vermutlich häufig nicht zutreffen. Die Autoren vermuten aber, dass die zahlreichen oben genannten Motivationsgründe dafür mit ausschlaggebend sind, dass ehrenamtliches Engagement trotzdem als erfüllend und sinnvoll erachtet wird.

Weitere Motive für ehrenamtliches Engagement sind (vgl. z. B. Keupp, Kraus & Strauss, 2001): die Möglichkeit, Sozialkontakte zu knüpfen, affektive, kognitive und materielle Belohnung durch Ausübung der Tätigkeit, Realisierung einer religiös oder weltanschaulich fundierten Grundüberzeugung, Bewältigung von Lebenskrisen bzw. aktuellen Problemen, Erreichen persönlicher Ziele und ehrenamtliche Tätigkeit als Ausweg aus der Sinnkrise (z. B. in Folge von Arbeitslosigkeit).

Sollte das Vorhandensein von freien Zeitbudgets Voraussetzung für ehrenamtliches Engagement sein, ist zu erwarten, dass beruflich stark eingespannte Personen seltener ehrenamtlich aktiv werden, hingegen Leute mit einem größeren Zeitbudget wie z. B. Arbeitslose mehr verfügbare Zeit besitzen und diese auch im Rahmen des Ehrenamtes aktiv nutzen. Das Gegenteil zeigt sich empirischen Befunden, denn in den meisten Bereichen sind Arbeitslose deutlich unterrepräsentiert (Keupp, Kraus & Strauss, 2001). Junge arbeitslose Akademiker sehen allerdings in ihrer ehrenamtlichen Tätigkeit häufig auch eine Möglichkeit, sich für den ersten Arbeitsmarkt zu qualifizieren (Heinze & Strünck; 2000). Diese Beobachtung steht dem Trend entgegen, dass sich Arbeitslose generell eher seltener ehrenamtlich engagieren, denn längsschnittliche Untersuchungen belegen, dass mit zunehmender Dauer von Arbeitslosigkeit die Wahrscheinlichkeit steigt, eine ehrenamtliche Tätigkeit zu beenden (vgl. Erlinghagen 1999, 2002; Mutz & Sing, 2001). Mach Mieg & Wehner (2002) scheint das Prinzip zu sein: *„Wer ohnehin (sozial) beschäftigt ist, ist auch bereit, zusätzlich frei-gemeinnützige Arbeit zu leisten"*.

Trotz der zahlreich genannten positiven Effekte, die für ein ehrenamtliches Engagement sprechen, existieren auch einige Gründe gegen die Ausübung frei-gemeinnütziger Arbeit, die der Motivation der Ehrenamtlichen entgegen wirken können. Beispielhaft genannt sein an dieser Stelle nur die ansteigende rechtliche Komplexität in vielen Lebenssituationen, in den Ehrenamtliche aktiv sind. Ehrenamtliche sind häufig von der Personalentwicklung der Organisation ausgeschlossen. In der Folge werden Ehrenamtliche entweder vor allem für einfache Tätigkeiten eingesetzt und sind unterfordert oder sie werden ohne spezifische Ausbildung in komplexen Arbeitsbereichen eingesetzt. Als Folge drohen Überforderung und gerade in sozialen Bereichen die Gefahr des Burnouts bis hin zur Einstellung der ehrenamtlichen Aktivitäten.

Wie stehen Unternehmen dem ehrenamtlichen Engagement ihrer Mitarbeiter gegenüber?
Im Bereich des Ehrenamtes engagieren sich mittlerweile auch zahlreiche Unternehmen, die es ihren Mitarbeitern ehrenamtliches Engagement ermöglichen. Einige Unternehmen unterhalten hierfür spezielle Programme, in denen Mitarbeiter für ihr soziales Engagement in einem bestimmten Umfang von der Arbeit frei gestellt werden. Dabei geschieht der Einsatz der Mitarbeiter meist in sozialen und gemeinnützigen Projekten auch vor dem Hintergrund einer praxisorientierten Personalentwicklung. Ziel derartiger Projekte ist es, eine Win-Win-Win-Situation zu schaffen, in der sowohl das Unternehmen, als auch der Mitarbeiter und auch die gemeinnützige Organisation profitieren.

Das Unternehmen profitiert mehrfach: Der verantwortungsvolle Umgang mit der ehrenamtlichen Aufgabe soll sich meist unmittelbar positiv auf die Motivation der Mitarbeiter auswirken. Nicht nur aus Sicht der Personalentwicklung sind positive Effekte intendiert, denn das ehrenamtliche Engagement kann bei positivem Verlauf eine kostengünstige und praxisnahe Verbesserung der sozialen Kompetenzen der Mitarbeiter nach sich ziehen.

Das soziale Engagement des Unternehmens sollte sich langfristig auch auf den Gewinn des Unternehmens auswirken, da weitere positive Begleiteffekte zu erwarten sind (z. B. Imageverbesserung). Arbeitnehmer profitieren von dem Projekt, indem sie die Möglichkeit erhalten, ihre soziale Kompetenz zu verbessern. Sie können die im Rahmen des ehrenamtlichen Engagements gemachten praktischen Erfahrungen konkret im betrieblichen Alltag umsetzen. Die gemeinnützige Partnerorganisation profitiert ebenfalls, denn die eingesetzten Mitarbeiter sind Multiplikatoren, die soziale Themen weitertragen und ihr betriebliches Umfeld dafür sensibilisieren. Schließlich wird das bürgerschaftliche Engagement im Allgemeinen und in der Partnerorganisation im Besonderen aufgewertet. Es besteht die Möglichkeit, dass die Mitglieder der Partnerorganisation kostenlose betriebswirtschaftliche Impulse sowie professionelle Anregungen durch die Mitarbeiter erhalten.

Über den Zusammenhang zwischen Work-Life-Balance-Erleben und ehrenamtlicher Tätigkeit
Detaillierte empirische Befunde über den Zusammenhang zwischen Work-Life-Balance-Erleben und frei-gemeinnütziger Arbeit liegen bisher nicht vor. Dies ist umso erstaunlicher, dals auch Organisationen, die im Feld der frei-gemeinnützigen Arbeit aktiv sind, ebenso wie privatwirtschaftliche Organisationen den gesellschaftlichen Wandelprozessen unterliegen. Am Beispiel der Flexibilisierung der Arbeitszeiten wird dies deutlich. Durch flexibilisierte Arbeitszeiten verändern sich je nach Art und Umfang der Flexibilisierung auch die Möglichkeiten, tatsächlich ehrenamtlichen aktiv werden zu können. So führen längere Arbeitszeiten unter Umständen zu einem geringen potenziellen Einsatzvolumen ehrenamtlichen Engagements, beispielsweise durch veränderte Zeiten im Tagesablauf aufgrund verlängerter Öffnungszeiten im Einzelhandel, was nicht nur quantitativ sondern auch qualitativ andere Zeitbudgets der Individuen nach sich zieht. Auch Arbeitsverdichtungen und damit verbundene hohe Arbeitsbelastungen schränken unter Umständen die Möglichkeit des Engagements deutlich ein.

Darüber hinaus ist fraglich, ob bei weiteren zusätzlichen Belastungen im Rahmen der Erwerbsarbeit die oben angesprochene Kompensationsfunktion von ehrenamtlichen Engagement noch weiter für die Aktiven wirksam wird oder ob das ehrenamtliche Engagement ab einem gewissen Belastungsniveau nicht vielmehr als zusätzliche Belastungen neben der Erwerbsarbeit wahrgenommen wird. Gelingt es Ehrenamtlichen nicht oder nicht mehr, die aufgeführten Motive zur Aufnahme ihres Engagements zu befriedigen, können ein reduziertes Engagement oder gar die Beendigung des Ehrenamtes die Folge sein. Da angenommen werden kann, dass es zwischen dem Lebensbereich Freizeit und der (gewerblichen) Erwerbstätigkeit von Mitarbeitern genauso zu Spillover-Prozessen kommt, wie zwischen den Lebensbereichen Familie und Erwerbsarbeit, erscheint es sowohl aus Sicht gewerblicher Organisationen als auch aus Perspektive der Träger des ehrenamtlichen Engagements mehr als lohnenswert, die Schnittstelle zwischen den Lebensbereichen aktiv zu gestalten, um die Konflikte zwischen den Lebensbereichen zu reduzieren und die positiven Spillover-Prozesse zwischen den Domänen zu fördern. Da umfangreiche empirische Befunde hinsichtlich des psychologischen Erlebens der Interaktion zwischen Erwerbstätigkeit und ehrenamtlichen Engagement zum jetzigen Zeitpunkt noch ausstehen, bietet sich zukünftig ein umfangreiches Forschungsfeld mit einem konkreten Anwendungshintergrund.

3.3 Die Zukunft der Arbeit

In den vergangenen Dekaden wurden in Wissenschaft und Politik zahlreiche Diskussionen über die Zukunft der Arbeit geführt. Viele prominente Vertreter der Wissenschaft formulierten in diesem Zusammenhang bereits das *Ende* bzw. den *Tod der Arbeitsgesellschaft* (Dahrendorf, 1982; Gorz, 1983; 1989) oder das *Ende der Erwerbsarbeit* (Rifkin, 1995) und setzen dem postulierten Wandel Konzepte des *New Work* (Bergmann, 1997) oder der *selbstorganisierten Bürgerarbeit* entgegen. Bosch et al (2001; S. 13ff.) zeigen jedoch deutlich, dass die aktuellen empirischen Befunde diesen Behauptungen widersprechen. Sie führen hierzu eine sinkende Beschäftigungsschwelle (prozentuales Wirtschaftswachstum, das notwendig ist, um die Zahl der Beschäftigten zu erhöhen) als auch Anstieg der Zahl der Erwerbstätigen aufgrund sinkender Arbeitszeiten an. Erwerbsarbeit ist derzeit auch weiterhin die wichtigste Quelle der Existenzsicherung. Trotz hoher Arbeitslosenzahlen hat die Zahl der abhängig Beschäftigten zugenommen. Dabei ist die Erwerbsbeteiligung (das sind alle erfolgreichen oder erfolglosen Nachfrager auf dem Erwerbsarbeitsmarkt) in den vergangenen Jahren in der Bundesrepublik Deutschland kontinuierlich gestiegen. Dieser Trend ist ungebrochen. Insbesondere beim Anteil der Frauen zwischen 25 und 49 Jahren sind besonders starke Zuwächse zu verzeichnen. Diese Entwicklungen sind nicht spezifisch für Deutschland, sondern folgen dem internationalen Trend. Im Vergleich zu den skandinavischen Ländern oder den USA ist der Anteil der erwerbstätigen Frauen in der Bundesrepublik Deutschland sogar geringer (European Commission, 2000).

Viele Visionäre setzen der Dominanz der Erwerbsarbeit alternative Beschäftigungskonzepte wie die Aufwertung der Familien- und Reproduktionsarbeit oder die verstärkte

Bedeutung von Bürgerarbeit und Ehrenamt entgegen. Vergleicht man die geleistete Eigenarbeit (Haushaltsführung, Gartenarbeit, Hausbau usw.) mit der geleisteten Erwerbsarbeit ist festzuhalten, dass der Anteil der Eigenarbeit bei Frauen noch immer größer ist als bei Männern (61 %:39 % zu 30 %:70 %; Goldschmitt-Clermont & Pagnossin-Aligisakis, 1995). Neuerdings kann jedoch eine Angleichung der beiden Gruppen festgestellt werden. Doch trotz sinkender Arbeitszeiten in den vergangenen Jahren zeigt sich kein Anstieg der Eigenarbeit insgesamt. Vielmehr nutzen die Menschen einen Großteil der frei werdenden Zeit für persönliche Aktivitäten.

Den Forderungen, Eigen- oder ehrenamtliche Arbeit als Ersatz für Erwerbsarbeit zu erheben, erteilen Bosch et al. (2001, S. 23) ein klare Absage, denn *„die genannten Vorschläge sind letztlich nichts anderes als der Versuch aus der Not eine Tugend zu machen und angesichts des unzureichenden Arbeitsplatzangebotes den Ausschluss eines Teils der Bevölkerung von der Erwerbsarbeit zu legitimieren. Die diesen Vorstellungen zugrundeliegenden konservativen Familienleitbilder, die lediglich hinter einer postmodernen Terminologie versteckt werden, sind heute nicht mehr mehrheitsfähig. Eigenarbeit und Ehrenamt sind vielmehr Tätigkeiten, die – von Frauen und Männern gleichermaßen – ergänzend zur Erwerbsarbeit wahrgenommen werden sollten. Ein demokratisches und emanzipatorisches Ziel läge gerade darin, Möglichkeiten dafür zu schaffen."* Das Abdrängen spezieller Gruppen in die Eigenarbeit verschärft vielmehr die gesellschaftlichen Gegensätze und kann als Gefahr für soziale Spaltung und Ausgrenzung betrachtet werden. Unabhängig von politischen Zielsetzungen sprechen auch die empirischen Daten gegen eine Substitutionsfunktionvehrenamtlicher Tätigkeiten. So zeigt Erlinghagen (1999, 2002), dass ehrenamtliche Tätigkeiten vor allem von Beschäftigten ausgeübt werden und von Arbeitslosen hingegen weniger nachgefragt werden. Grund hierfür könnte sein, dass die zur Ausübung des Ehrenamtes benötigten Qualifikationen und Kompetenzen dieselben sind, die auch zur Ausübung von Erwerbstätigkeiten benötigt werden. So gelten als Hauptprädiktoren zur Aufnahme eines Ehrenamtes ein höherer Bildungsstatus und gesicherte Familienverhältnisse.

Erwerbsarbeit ist somit noch immer (und das vermutlich auch auf absehbare Zeit) die bedeutendste Quelle der individuellen Existenzsicherung. Die postulierten Alternativen zur Erwerbsarbeit konnten sich bisher nicht in entsprechendem Umfang gesellschaftlich durchsetzen. Auch wenn außerhalb der Erwerbsarbeit zahlreiche Möglichkeiten bestehen, die sich als persönlichkeitsförderlich und identitätsstiftend erweisen, handelt es sich dabei nicht um vollwertigen Alternativen, sondern vielmehr um ergänzende Merkmale, die als Gegengewichte zur Dominanz der Erwerbsarbeit verstanden werden können. Der Wandel von der industriellen zur postindustriellen Arbeitsgesellschaft wird begleitet von einer dauerhaft hohen Arbeitslosigkeit. Arbeit entwickelt sich aus dieser Perspektive auch zu einem raren Gut und Privileg. Die hohe Bedeutung, die (Erwerbs-)Arbeit noch immer zugeschrieben wird, kann auch daran festgemacht werden, dass trotz einer hohen Sockelarbeitslosigkeit Vollbeschäftigung noch immer ein gesellschaftliches intendiertes Ziel ist. Allerdings erscheint mehr als zweifelhaft, ob es jemals wieder gelingen wird, diesen Zielzustand zu erreichen. Selbst bei der Annahme einer extrem positiven ökonomischen Entwicklung und einer ebenfalls positiv verlaufenden Entwicklung der mit dem demografischen Wandel in Verbindung stehenden Veränderungen erscheint es alles andere als zwingend, dass das Gespenst der dauerhaften Massenarbeitslosigkeit verschwindet. Denn ein nicht unerheblicher Teil der derzeitigen Erwerbslosen ist nur geringfügig qualifiziert und somit in zukunftsorientierten Branchen und Berufen aufgrund von Kompetenzdefiziten nicht oder nur bedingt einsetzbar. Ferner ist davon auszugehen, dass bei den vorhandenen Arbeitsplätzen noch große, bisher ungenutzte Rationalisierungspotenziale verborgen sind, die letztlich die Sockelarbeitslosigkeit stabilisieren.

3.4 Begriffliche Abgrenzungen des Arbeitsbegriffs

Die Frage nach der normativen Bedeutung der Arbeit innerhalb einer Epoche heißt, sich sowohl die Frage nach der subjektiven Bedeutung von Arbeit für das Individuum als auch nach ihrer Funktion für die sozialen Verhältnisse innerhalb einer Gesellschaftsordnung zu stellen. Es ist deutlich geworden, dass der (Erwerbs-)Arbeit trotz zahlreicher Wandelprozesse seit Beginn der Industrialisierung im Leben der Menschen eine zentrale Bedeutung zukam, zukommt und vermutlich auch in Zukunft zukommen wird. Aufgrund dieses Sachverhaltes wird für diese Arbeit folgende Festlegung getroffen:

> *Definition: Im Rahmen der vorliegenden Arbeit wird unter dem Begriff der Arbeit immer, wenn nicht anders gekennzeichnet, Erwerbsarbeit verstanden. Unter Nicht-Arbeit werden hingegen die Lebensbereiche außerhalb der Erwerbstätigkeit verstanden, d.h. die Lebensbereiche Familie und Freizeit.*

Diese definitorische Festlegung ist in gewisser Hinsicht nicht zufriedenstellend, da hiermit unter Umständen, wie bereits dargestellt, der geringen Wertschätzung der Nichterwerbsarbeit weiter Vorschub geleistet wird. Andererseits reflektiert die gewählte Terminologie den alltagssprachlichen Gebrauch des Begriffes der *Arbeit,* der noch immer seine zentrale Bedeutung aus der Erwerbsarbeit bezieht. Im empirischen Teil dieser Arbeit stehen zudem ausschließlich erwerbstätige Personen im Fokus der Aufmerksamkeit, so dass auch vor diesem Hintergrund die etwas grobe Dichotomisierung zwischen Arbeit und Nicht-Arbeit durchaus angemessen erscheint. Gegenstand des Interesses ist die Interaktion zwischen den Lebensbereichen *Work* und *Life*. Wie eingangs berichtet, sind auch die Bezeichnungen für den Forschungsbereich sprachlich verkürzend, aber inhaltlich adäquat und außerdem hilfreich bei der Beschreibung der zu untersuchenden Schnittstelle. Dies gilt vor allem vor dem Hintergrund dessen, dass die Grenzen zwischen Arbeit und Nicht-Arbeit eine steigende Permeabilität erfahren und im Einzelfall sogar nicht eindeutig voneinander abzugrenzen sind.

3.5 Der Begriff der Familie

Historische EntwicklungEin aus heutiger Sicht erster qualitativ bedeutsamer Veränderungsprozess hinsichtlich der Strukturen und Ausdifferenzierung von Familienkonzepten beginnt mit der einsetzenden Industrialisierung. Bereits vor Beginn der Industrialisierung existierte eine Vielfalt familialer Lebensformen (Rosenbaum, 1982), doch war *„das wichtigste und am weitesten verbreitete Wirtschafts- und Sozialgebilde [...] die besonders für die bäuerliche und handwerkliche Lebensweise typische Sozialform des „ganzes Hauses"'* (Peuckert, 2002, S. 21; s.a. Brunner, 1978). Dem *ganzen Haus* kommen dabei verschiedenste Funktionen zu: Produktion, Konsum, Sozialisation und Alters- und Gesundheitsvorsorge. In der vorindustriellen Familie ist somit noch der Mehrgenerationenhaushalt des *ganzen Hauses,* dem sowohl Blutsverwandte mehrerer Verwandtschaftsgrade sowie weitere Angehörige des Hauses z. B. Knechte oder Gesellen angehören, prägend für die Familienstruktur.

Diese wird jedoch in der Folge des Wandels der ökonomischen Rahmenbedingungen zunehmend abgelöst durch Zweigenerationenfamilien. Ein zentralen Einfluss auf den familiären Wandel haben dabei die die neuen Produktionsformen, es kommt zum Funktionsverlust des *ganzen Hauses.* Bilden in der vorindustriellen Zeit Wohn- und Arbeitsstätte noch eine Einheit in Form einer Wirtschaftsgemeinschaft, so kommt es fortwährend zu einer Trennung von Produktion und Konsum, die einhergeht mit einer geschlechtsspezifischen Arbeitsteilung. *„Der Strukturwandel der Familie in der Moderne stellt sich so betrachtet als Prozess der Auslagerung von (aus heutiger Sicht) nichtfamilialen Funktionen (wie Produktion, Ausbildung, Altersversorgung) und der Spezialisierung der sich herausbildenden Familie als ein Teilsystem der Gesellschaft auf einen nur ihr eigenen Funktions- und Handlungskomplex dar. Die ehedem vor allem von ökonomischen Anforderungen bestimmten familialen Beziehungen sind im Verlauf dieses Prozesses zugunsten emotionaler Beziehungen zurückgetreten"* (Peuckert, 2002, S. 20).

Eine Zusammenfassung über die wichtigsten Veränderungen der skizzierten Veränderungen bei der Entstehung der modernen Kleinfamilie kann Tabelle 2 entnommen werden. Als Folge des Wandelprozesses bilden sich neue oder veränderte Familienformen heraus: die erweiterte bäuerliche Mehrgenerationenfamilie, die städtische Handwerksfamilie, die bürgerliche Familie, die Industriearbeiterfamilie, die Kleinfamilie und die unvollständige Familie (Freier, 2005). Diese Familienformen können als Vorläufer für aktuelle zeitgenössische Familienformen angesehen werden. Besonderer Bedeutung kommt der bürgerlichen Familie zu, da selbige in den Folge als gesellschaftliches Leitbild dienen sollte. Nach Walter (1993) sind drei Bereiche charakteristisch für die die Struktur- und Verhaltensnormen des Familienleitbildes der bürgerlichen Familie: das Verhältnis der Ehepartner zueinander, ihr Verhältnis zu ihren Kindern und das übergreifende Familienverständnis. Nach Walter (1993) kann das Verhältnis des Ehepaares durch das Vollständigkeitsprinzip (mindestens zwei Eltern), das Prinzip der Ehelichkeit sowie das Prinzip der Geschlechterpolarität (Spezialisierung der Ehepartner auf verschiedene Lebensbereiche) beschrieben werden. Das Verhältnis zu den Kindern ist gekennzeichnet durch das Abstammungsprinzip (biologische Verwandtschaft), das Produktivitätsprinzip (möglichst viele Kinder) und das Erziehungsprinzip (Weitergabe der elterlichen Wertmaßstäbe und Normen). Schließlich nennt Walter noch drei übergeordnete Prinzipien: die Haushaltsgemeinschaft (von Eltern und Kindern), die Solidarität (für einander einstehen im Falle der Bedürftigkeit) und die Institutionalisierung (Ordnung und Abgrenzung von der Gesamtgesellschaft; vgl. Art. 6 Abs. 1 des GG). Das Leitbild der bürgerlichen Familie geht ferner einher mit einer normativen Überhöhung der Idee und des Sinnbildes der romantischen Liebe. Als entscheidend erweist sich im historischen Rückblick, dass das Familienmodell der bürgerlichen Familie und sein Leitbild eine hohe gesamtgesellschaftliche Akzeptanz erfährt und somit normativ verbindlich wird, wodurch es dominanten Familienform, zur Normalfamilie wird (vgl. Peuckert, 2002).

Tabelle 2: Überblick über Merkmale der vor- und industriellen Familie (aus Freier, 2005, S. 29)

Vorindustrielle Familie	Industrielle Familie
Einheit von Produktion und Konsum	Trennung von Produktion und Konsum
Mehrere Generationen bzw. mehrere Personen gehören dem Haushalt an	Zwei Generationen leben zusammen in einem Haushalt
Bestehen einer mechanischen Arbeitsteilung unter den Mitgliedern des 'ganzen Hauses'	Bestehen einer segmentären Arbeitsteilung unter den Mitgliedern
Wirtschaftliche Autonomie	Wirtschaftliche Abhängigkeit
Aufgaben und Tätigkeiten sind nicht klar geschlechtsspezifisch getrennt	Aufgaben und Tätigkeiten sind meistens geschlechtsspezifisch aufgeteilt, müssen aber nicht

Die Familie aus juristischer Perspektive
Die Väter und Mütter des Grundgesetzes haben Ehe und Familie in Artikel 6 unter den besonderen Schutz der staatlichen Ordnung gestellt. Doch trotz dieses besonderen Schutzes gibt es im gesamten kodifizierten Recht keine Legaldefinition für das, was eine Familie ist. So wird im renommierten, aber eher konservativ ausgerichteten Verfassungskommentar von Maunz, Düring, Herdegen & Herzog (1958) die Familie definiert als *„die Verbindung von Eltern und Kindern in den von der Rechtsordnung bestimmten oder anerkannten Lebensbereichen"*. Was als *„anerkannt"* gilt, hängt gleichwohl vom Zeit-

geist und natürlich der Rechtsauslegung ab. Insbesondere die Einführung des Gesetzes zur Eingetragenen Lebenspartnerschaft (LePartG) durch den Deutsche Bundestag Anfang 2001 hat bezogen auf den rechtlichen Umgang mit Familien und gleichgeschlechtlichen Lebenspartnerschaften die aktuelle Diskussion um die Begriffe Familie und Familienangehörige intensiviert. §11 LPartG. Absatz 1 stellt klar, dass Lebenspartner/-innen rechtlich als *Familienangehörige* anzusehen sind.

Eine Reihe weiterer Gesetzesbestimmungen verwenden indessen nicht den Begriff *„Familienangehöriger*, sondern die Begriffe *„Angehöriger"* oder *„Familie"*. Wie sich aus der Gesetzesbegründung ergibt, sind damit in Zukunft ebenfalls die *„Lebenspartner"* gemeint. Durch diese juristische Neufassungen ergeben sich bspw. für eingetragene Lebenspartnerschaften viele mit der Familie vergleichbare Rechte (so gelten i.S. des Gesetzes die Verwandten eines Lebenspartners mit dem anderen Lebenspartner als verschwägert), auch wenn noch zahlreiche juristische Unterschiede, z. B. im Adoptionsrecht, existieren. Auch für nichteheliche Lebensgemeinschaften kann unter Umständen der in Art. 6 Abs. 1 GG garantierte Schutz der Familie zu bejahen sein, z. B. wenn ein gemeinsames Kind geboren wird und in einer gemeinschaftlichen Wohnung lebt (vgl. z. B. BFH, 1989). *„Unter dem Begriff Familie wird je nach weltanschaulicher Ausrichtung und Interessenlage Unterschiedliches verstanden, sodass es weder in Deutschland noch im internationalen Vergleich mit anderen Ländern der Europäischen Union einen Konsens darüber gibt, was unter ‚Familie' bzw. ‚familialen Lebensgemeinschaften' ‚Familie'" an der Eltern-Kind-Gemeinschaft, am zivilrechtlichen Status der Ehe oder am Zusammenleben mehrerer Generationen in einer häuslichen Gemeinschaft festgemacht"* (Rürup & Gruescu, 2003, S. 3). An den Ausführungen lässt sich erkennen, dass die Legislative zwar den aktuellen Wandelprozessen und der Ausdifferenzierung der Lebensformen Rechnung trägt, andererseits sind die entsprechenden Begriffsbestimmungen inhaltlich zu unbestimmt, um aus sozial- und verhaltenswissenschaftlicher Perspektive zur Beschreibung familialer Lebensformen geeignet zu erscheinen.

Vom golden age of marriage[9] zur Ausdifferenzierung der Lebensformen
In den Nachkriegsgesellschaften der Bundesrepublik Deutschland und der DDR war bis in die frühen siebziger Jahre des 20. Jahrhunderts das Familienbild der modernen Kleinfamilie als selbstständige Haushaltsgemeinschaft eines Lebenspaares mit seinen minderjährigen Kindern die dominierende Lebensform. Die Besonderheit dabei ist nach Peuckert (2002), historisch betrachtet, vor allem darin zu sehen, dass nie zuvor eine Form von Ehe und Familie die gesellschaftliche Struktur in so starkem Ausmaß geprägt hat. Die privatisierte, bürgerliche Kleinfamilie wird aufgrund eines *„funktionalen Differenzierungsprozesses von Gesellschaft"* (ebd., S. 25) in der Folge zur Normalfamilie, was

---

[9] Nach Peuckert (2002).

nicht nur auf der normativen Ebene der Individuen widerspiegelt, sondern sich auch auf der faktischen Verhaltensebene in hohen Heirats- und Geburtenziffern sowie niedrigen Scheidungsquoten niederschlägt. Spätestens seit Mitte der siebziger Jahre aber sind gesellschaftliche Prozesse zu konstatieren, die zu einer *Krise der Normalfamilie* führen. Indikatoren hierfür sind sich immer weiter ausdifferenzierende (alternative) Lebensformen, die Instabilität der modernen Ehe- und Kleinfamilie, die Entkoppelung von biologischer und sozialer Elternschaft, ein verändertes Rollenverständnis von Frauen und Männern oder der Rückgang der Mehrgenerationenhaushalte (vgl. Peuckert, 2002).

Zieht man die Daten des Mikrozensus heran (zit. n. Engstler & Menning, 2003), so finden sich auch zahlreiche empirische Indikatoren, die die angesprochene Entwicklung dokumentieren. Waren 1972 noch rund 39 % der Privathaushalte Ehepaare mit Kindern (altes Bundesgebiet), so beträgt der Anteil dieses Haushaltstyps im Jahr 2000 nur noch rund 25 %. Der Individualisierungstrend innerhalb der Gesellschaft manifestiert sich in einem kontinuierlichen Anstieg der Haushalte in der Bundesrepublik Deutschland, während ihre Größe ebenso kontinuierlich abnimmt. So beläuft sich die durchschnittliche Haushaltsgröße im Jahre 2000 nur noch auf 2,17 Personen pro Haushalt. Für die Zahl der Einpersonenhaushalte und ihr Anteil an den Gesamthaushalten kann seit Jahrzehnten ein deutlicher Anstieg festgestellt werden (ebd., 2003). Im europäischen Vergleich weist Deutschland den höchsten Anteil der Alleinlebenden aus und den geringsten Anteil an Haushalten mit Kindern. Kinder leben 2000 nur noch in jedem dritten Haushalt in der Bundesrepublik Deutschland. Zwar wächst noch immer der überwiegende Teil aller Kinder in Deutschland bei einem verheirateten Paar auf, doch geht auch dieser Anteil im Vergleich zu anderen Lebensformen mit Partner/-in oder Alleinerziehenden zurück (ebd., 2003).

Der Anteil der nichtehelichen Lebensgemeinschaften hat sich zwischen 1972 und 2000 fast verzwölffacht (ebd., 2003). So beträgt der Anteil der unverheiratet im gemeinsamen Haushalt lebenden Paare am Ende des genannten Zeitraums 2,1 Millionen, etwa jeder vierte mit Kindern. Der Anteil der nichtehelichen Lebensgemeinschaften ist allerdings in den fünf neuen Bundesländern deutlich höher als im alten Bundesgebiet. In den fünf neuen Bundesländern ist die nichteheliche Familiengründung inzwischen sogar zur mehrheitlichen Form des Übergangs zur Elternschaft geworden (ebd., 2003). War die nichteheliche Lebensgemeinschaft als Lebensform vor einigen Jahrzehnten als Lebensform vor allem in der Anfangsphase der Paarbildung und Familienentwicklung angesiedelt, so gewinnt sie mittlerweile auch als alternative Lebensform nach dem Scheitern einer Ehe an Bedeutung (ebd., 2003, S. 47). In den alten Bundesländern wird diese Lebensform in stärkerem Umfang ohne Kinder gelebt, in den fünf neuen Bundesländern hingegen mit Kindern.

Der sich wandelnde Familienbegriff in den Sozial- und Verhaltenswissenschaften
Die Diskussion des Familienbegriffs in den sozial- und verhaltenswissenschaftlichen Disziplinen hat in den vergangenen Jahren einen starken Wandel erfahren. Dieser begründet sich zum Teil in den gesellschaftlichen Veränderungen der Familie und reflektiert den Wandel familiärer Lebensformen. So ist das Primat der Ehe mittlerweile zugunsten einer Pluralisierung familialer Lebensformen gewichen (Beck-Gernsheim, 1998). *„Lebensformen, die früher als Abweichungen von der Normalfamilie oder defizitäre Gebilde galten, gelten heute als familial"* (Maihofer, Böhnisch & Wolf, 2001, S. 7). Dementsprechend vielfältig sind auch die in der Literatur genannten familiären Lebensformen. Neben der klassischen Kernfamilie finden sich *Ein-Elternteil-Familien* (Napp-Peters, 1985), *Zweitfamilien* (Gisecke, 1987), *Patchwork-Familien* (Bernstein, 1990), *Fortsetzungsfamilien* (Ley & Barer, 1992; Maihofer, Böhnisch & Wolf, 2001), *(nichteheliche) Lebensgemeinschaften* oder *Wohngemeinschaften* (z. B. Petzold, o.J.).

Maihofer, Böhnisch & Wolf (2001) schlagen vor, den Begriff Fortsetzungsfamilie dem der Stieffamilie vorzuziehen, da mit dem Begriff *Stieffamilie* traditioneller Weise für Familienkonstellationen mit Tod eines Elternteils und Wiederverheiratung oder durch die Aufnahme von Kindern an Kindes statt verwendet wird. Der Begriff der Fortsetzungsfamilie hingegen schließt auch die zunehmende Zahl von Konstellationen mit Scheidungs- oder Trennungsfamilien sowie neu verheiratete oder unverheiratete Familienstrukturen mit ein. Ein besonderer Aspekt der Fortsetzungsfamilien beinhaltet, dass der Bestand der Familie keine Selbstverständlichkeit darstellt wie beispielsweise bei biologischen Ursprungs-Familien. „In einer solchen Familienkonstellation muss Familie von den einzelnen Mitgliedern aktiv hergestellt werden, gepflegt und organisiert, d.h. gewollt und gewählt werden. Es kommt mehr und mehr zu so etwas wie *„Wahlverwandschaften". Das bedarf hoher kommunikativer Fähigkeiten und großer Bereitschaft bei allen Beteiligten, immer wieder neue Arrangements auszuhandeln und auszuprobieren"* (Maihofer, Böhnisch & Wolf, 2001, S. 29). Folglich definieren die Autoren Familie auch als das „was faktisch gemeinsam gelebt wird und solange es gelebt wird bzw. gelebt werden kann" (ebd.).

Auch der in der Organisationsforschung verwendete Familienbegriff ist mittlerweile sehr heterogen, obwohl er sich traditionellerweise meist noch immer (vor allem in den USA) am Konzept der weißen Kernfamilie mit christlichem Hintergrund orientiert (Rothausen, 1999). Rothausen plädiert deshalb für die Verwendung breiterer Definitionen und in der Empirie entsprechender Operationalisierung. Sie empfiehlt Definitionen jenseits von Legaldefinitionen, die die aktuellen gesellschaftlichen Realitäten stärker berücksichtigt. *„However, there emerges a notion of family as a group of people who are interested in one another due to dependence, obligation or duty, love, caring, or cooperation. These newer notions of family allow individuals' own definitions of who is in their family to prevail and are less restrictive and legalistic, and more inclusive and functional,* *in their approach"* (Rothausen, 1999, S. 819). Nach Ansicht der Autorin sollten Familien-Definitionen eher funktional oder effektiv ausgerichtet sein als traditionell oder legal. Diese Funktionen sollten sich dabei an den Aufgaben orientieren die (traditionellerweise) von Familien übernommen wurden bzw. diesen zugeschrieben wurden. Abzugrenzen ist eine derartige Definition jedoch von der Analyseeinheit Haushalt, die rein funktional orientiert ist und insbesondere die Beziehungen zwischen den darin lebenden Personen vernachlässigt.

Einige Autoren schlagen sogar vor, den Begriff der Familie durch übergeordnete Begriffe zu ersetzen wie beispielsweise Familienkonstellation (z. B.. König, 1996). Ebenso setzt sich zunehmend die Ansicht durch, dass eine Differenzierung zwischen verheirateten und nicht-verheirateten Paaren nur noch begrenzt sinnvoll ist, da der Anteil der nicht-ehelichen Lebensgemeinschaften immer größer wird. Die Familiendefinitionen sollten sich deshalb eher an der gelebten Elternschaft als am Rechtsstatus der Beteiligten orientieren (Maihofer, Böhnisch & Wolf, 2001). So argumentiert auch Petzold (o.J.), der darauf hinweist, dass es aus psychologischer Sicht unerheblich ist, ob es sich juristisch um eine Ehe oder eine nicht-eheliche Zweierbeziehung handelt. Petzold (o.J.) betrachtet vielmehr die Familie als eine Sonderform der Zweierbeziehung zwischen zwei Personen, die vor allem durch ihre spezifische Bindungsqualität charakterisiert werden kann. Neben der spezifischen Intimität oder Bindungsqualität werden meistens die intergenerationellen Beziehungen als ein weiteres entscheidendes Kriterium genannt, welches Familien von anderen Lebensgemeinschaften unterscheidet (vgl. Petzold & Nickel, 1989; Petzold, 1999).

Nyer, Bien, Marbach & Templeton (1991) erweitern die Diskussion um den Familienbegriff um die subjektive Sicht der Betroffenen. So schlagen die Autoren vor, vielmehr von *„wahrgenommen Familien"* zu sprechen, d.h. nicht objektive Kriterien (wie Ehestand, Kinder etc.) sind für die Definition des Familienbegriffs entscheidend, sondern die subjektive Sicht der Familienmitglieder. Eine Integration der verschiedenen theoretischen Forderungen zum Familienbegriff findet sich in einer Definition von Allen, Fine & Demo (2000), die die sozioemotionalen Bindungen, überdauernde Verantwortlichkeiten sowie bestehende Abhängigkeiten in den Mittelpunkt stellen. *„A family is characterized by two or more persons related by birth, marriage, adoption, or choice. Families are further defined by socioemotional ties and enduring responsibilities, particularly in terms of one or more members' dependence on others for support and nurturance"* (ebd., S. 1). Dieser Ansatz erlaubt es, verschiedenste Formen von Familien unter die angeführte Definition zu subsumieren, von homosexuellen Lebenspartnerschaften über die alleinerziehende Mutter mit Kind bis hin zur traditionellen bürgerlichen Kleinfamilie mit Kindern.

Da auch der im Rahmen dieser Arbeit verwendete Familienbegriff umfassend und integrativ sein soll, schließt sich der Verfasser dieser Arbeit der erweiterten Begriffsbestimmung von Familie gemäß Allen, Fine & Demo an und erachtet diese als definitorische Basis für den im weiteren Verlauf dieser Arbeit verwendeten Familienbegriff. Familie definiert sich nach dieser Definition nicht mehr primär nach gesellschaftlichen Normen, Regeln und Ritualen, sondern durch eine existentielle Qualität, d.h. durch das Selbstverständnis und die Erfahrungen der beteiligten Personen. Der emotionalen Bindung an die Familie kommt dabei eine starke Bedeutung zu. Denn Familie wird dabei häufig als die Institution verstanden, die Geborgenheit, Schutz und emotionales Wohlbefinden ermöglicht und eine Realisierung des eigenen Wertesystems ermöglicht.

Ein Klassifikationssystem verschiedener Familienformen mit 5 Analyseebenen, das der skizzierten Pluralität der Lebensformen gerecht wird, findet sich bei Nave-Herz (2004) und kann Tabelle 3 entnommen werden.

Tabelle 3: Familienformen nach Nave-Herz (2004, S. 33ff)

a) nach dem Familienbildungsprozess
1: Eltern-Familie aufgrund biologischer Elternschaft
2. Adoptionsfamilie
3.Stieffamilie bzw. Fortsetzungsfamilie
4.Patchwork-Familie (beide Eltern bringen Kinder aus einer früheren Partnerschaft mit in die Ehe und haben zusätzlich ein gemeinsames Kind)
5. Pflegefamilie
Inseminationsfamilie (durch Reproduktionsmedizin)
b) nach der Zahl der Generationen
1. Zwei-Generationenfamilie (Kernfamilie)
2. Mehrgenerationenfamilie (Abstammungsfamilie; familialer Generationenverbund)
3. Erweiterte Familie/ Extended Family (Haushaltsgemeinschaft von mindestens 2 Generationen und weiteren Einzelpersonen, häufig Seitenverwandte)
4.Joint Family (mehrere seitenverwandte Kernfamilien bspw. in Erbengemeinschaft lebend)
c) nach der Rollenbesetzung in der Kernfamilie
1. Zwei-Eltern-Familie
2. Ein-Eltern-Familie (Mutter- oder Vater-Familie)
3. Polygame Familie
d) nach dem Wohnsitz
1. neolokale Familie (die Kernfamilie bestimmt unabhängig von der Abstammungsfamilie ihren Wohnsitz)
2. patrilokale Familie (die väterliche Abstammungsfamilie bestimmt den Wohnsitz)
3. matrilokale Familie (die mütterliche Abstammungsfamilie bestimmt den Wohnsitz)
4 bilokale Familie (die Kernfamilie verfügt über 2 Wohnsitze)
a) Pendler-Familie (1 Hauptwohnsitz der Familie, sowie ein beruflich bedingter weiter Wohnsitz)
b) Commuter-Familie (aus strukturellen, beruflichen Zwängen verfügt die Familie über 2 voll eingerichtete Haushalte)
c) Living-Apart-Together (die Familie, meist die Ehepartner leben bewusst – ohne äußeren Zwang – in zwei getrennten Haushalten
d) binukleare Familie (das Kind bzw. die Kinder gehören zwei Kernfamilien – zumeist durch Trennung oder Scheidung getrennt lebende Eltern – an, haben in beiden Haushalten ein eigenes Zimmer und wechseln zwischen diesen
e) nach der Erwerbstätigkeit der Eltern
1. Familie mit erwerbstätigem Vater und Vollzeithausfrau
2. Familie mit erwerbstätiger Mutter und Vollzeithausmann
3. Familien mit erwerbstätigem Vater und erwerbstätiger Mutter 8evtl. auch teilzeit-arbeitend)
4. Dual-Career-Family (beide Ehepartner streben eine Berufskarriere an oder sind bereits in beruflichen mittleren bzw. Spitzenpositionen tätig)

> *Freizeit besteht nicht im Nichtstun sondern in dem, was wir sonst nicht tun.*
>
> (unbekannt)

3.6 Freizeit im Wandel

Historische Entwicklung
Wie bereits bei den vorhergehenden Begriffsbestimmungen kann auch der Terminus der Freizeit historisch verortet werden. Ein kurzer historischer Abriss der Entwicklung der Freizeit mitsamt seiner Bedeutungsverschiebungen skizzierten Opaschowski, (2006) und Stengel (1997). Eine weitere sehr gelungene essayistische Darstellung der Freizeit im historischen Wandel findet sich bei Rybczynski (1993).

In der archaischen Gesellschaftsform der Jäger und Sammler als auch in frühen Agrargesellschaften beschränkt sich der menschliche Arbeitseinsatz zur Existenzsicherung überwiegend auf Subsistenzarbeit, d.h. der Beschaffung einer ausreichenden Menge an Nahrungsmitteln. Sahlins (1974) merkt an, dass die für das Jagen und Sammeln aufgewendete Zeit nur rund drei bis fünf Stunden pro Tag betrug. Damit war ein nicht unerheblicher Teil der verfügbaren Zeit in dieser Gesellschaftsform Restzeit oder – anders formuliert – freie Zeit, die für andere, nichtexistenzsichernde Aktivitäten wie religiöse Kulte oder Malereien verwendet werden konnte.

In antiken Gesellschaften ist die Muße für den freien Bürger der Normalzustand. Dabei wird Bildung, Kunst und Politik für die Gemeinschaft in den Mittelpunkt der Mußeaktivitäten gestellt. Vor allem im antiken Rom erfährt die Unterhaltungsfunktion der Mußezeit (panem et circenses) eine deutliche Aufwertung. Ist die Zeit der Muße, die *Freizeit,* im antiken Athen (scholé) und Rom noch Vorbedingung für die Arbeitstätigkeit und ein Privileg der herrschenden gesellschaftlichen Schicht, so kann im religiös geprägten Mittelalter eine Verschiebung der Freizeit hin zur Zeit der religiösen Sammlung ausgemacht werden.

Mit der beginnenden Industrialisierung und den damit einhergehenden Rationalisierungsprozessen kommt es nicht nur zu einer Bedeutungsverschiebung der Arbeit, sondern auch zu einer funktionalen und qualitativen Veränderung der freien Zeit, durch Reorganisation der zeitlichen Tagesabläufe der erwerbstätigen Individuen. Sind Arbeitstätigkeiten und -prozesse sowie die sich anschließende Phase der Erholung und Regeneration in der vorindustriellen Zeit in starkem Maße von den Anforderungen der Arbeitsaufgabe und Naturphänomenen geprägt, so wird jetzt nicht nur die Arbeitstätigkeit, sondern auch die Freizeit dem Diktat der industriellen Produktionsprozesse, dem Rhythmus der Maschinen, unterworfen. Kann nach Beginn der Industrialisierung zunächst fortwährend ein Anstieg der Arbeitszeiten festgestellt werden und damit auch ein Rückgang der frei verfügbaren Zeit, so ist ab Mitte des 19. Jahrhunderts bis Anfang der 21. Jahrhunderts – nicht zuletzt aufgrund des Einsatzes der Arbeitnehmerorganisationen – ein Rückgang der Arbeitszeiten und somit auch Anstieg der frei disponiblen Zeit zu verzeichnen.

Stengel (1997) macht dabe einen Wandel des Freizeitverständnisses aus. Herrschte in den Arbeitnehmerorganisationen zunächst der Gedanke vor, dass die mit Hilfe gewerkschaftlicher Unterstützung gewonnene freie Zeit in Arbeiter-Bildung zu investieren sei, ganz im aristotelischen Sinne, rücken spätestens seit Mitte des vergangenen Jahrhunderts Aspekte der Regeneration und Erholung in den Vordergrund der Auseinandersetzung. Die Folge ist ein gesellschaftlicher und wissenschaftlicher Diskurs über eine sinnvolle Freizeitgestaltung (Sternheim, 1932; Veblen, 1899) und darüber, was unter Freizeit aus definitorischen Gesichtspunkten zu verstehen sei. Dieser Diskurs wird prägend für das Verständnis von Freizeit des gesamten 20. Jahrhunderts.

Definitionen
Büssing (1992) verweist auf die Schwierigkeit, den Begriff der Freizeit exakt zu definieren. So besteht grundsätzlich die Möglichkeit, den Begriff anhand objektiver oder subjektiver Kriterien oder anhand einer positiven oder negativen Definition zu beschreiben. Objektive Definitionen beziehen sich auf klar abgrenzbare, objektive Eigenschaften (z. B. zeitliche Lage der Freizeit oder freizeitspezifische Eigenschaften wie Hobbys). Hier sind aus empirischer Sicht die Konzepte zu Zeitbudgetforschung einzuordnen. Daumenlang & Dreesmann (1989) merken an, dass deskriptive Zeitbudgetforschung, wie sie zumeist in der soziologischen Forschungstradition betrieben wird, zur vergleichenden Analyse von Tätigkeiten meist ungeeignet ist. Lüders, Resch & Weyerich (1992) fordern, dass verschiedene Freizeittätigkeiten deshalb vor allem hinsichtlich ihrer Zielgerichtetheit analysiert werden müssen. Zwar spiegeln Zeitbudgetstudien meist das konkrete Verhalten von Personen wider, inwieweit dieses Verhalten jedoch mit den Einstellungen der Untersuchungsteilnehmer kongruent ist (und somit ein Indikator für die Bedeutung der beobachteten Tätigkeiten ist) oder ob situative Rahmenbedingungen das Verhalten determinieren, wird in der Regel nicht analysiert.

Die verwendete Zeit für eine Tätigkeit kann somit nur als ein rein deskriptives Maß betrachtet werden. Subjektive Definitionen hingegen berücksichtigen das individuelle Erleben eines Zeitraumes, z. B. das Erleben von fehlender Fremdbestimmtheit oder – positiv formuliert – dem Erleben von Selbstbestimmtheit. So definiert Scheuch (1972) Freizeittätigkeiten als solche, die sich nicht aus den zentralen funktionalen Rollen eines Individuums (zwangsläufig) ergeben. Doch auch das Fehlen von Fremdbestimmung bzw. das Prinzip der Freiwilligkeit eignen sich nur bedingt für eine eindeutige Definition des Explandums. Man denke in diesem Zusammenhang nur an freiwillige Aktivitäten im Rahmen eines bestehenden Arbeitsvertrages, z. B. freiwillig erbrachte Überstunden.

Alle bisher genannten Definitionen können als positive Definitionen verstanden werden. Im Gegensatz dazu beschrieben negative Definitionen Freizeit als komplementär zur der mit Erwerbsarbeit verbrachten Zeit. Unter Freizeit wird in diesem Sinne die Restzeit verstanden, die nach Ableistung fremdbestimmter Arbeit sowie nach Abzug der benötigten Zeit für Schlaf, Arbeitswege, Wartezeiten, Mahlzeiten, Körperpflege und Hausarbeit verbleibt (Büssing, 1992; Stengel, 1997). Daumenlang und Dreesmann (1989) sprechen in diesem Zusammenhang auch von *Subtraktionsdefinitionen*. Schmitz-Scherzer (1980) versteht Freizeit als Restzeit und zwar als die Zeit, die nicht mit Erwerbstätigkeit verbracht wird oder in einer Form indirekt damit zu tun hat (wie Arbeitswege) oder der Befriedigung physiologischer Bedürfnisse dient. Ähnlich ist die Definition von Bamberg (1986), die den Begriff der Freizeit synonym mit *außerbetrieblicher Zeit* verwendet. Ähnlich differenziert Opaschowski (1976) der zwischen Determinationszeit (der Zeit für die Erwerbsarbeit), Obligationszeit (gebundene, zweckbestimmte Zeit wie Essen, Schlafen etc.) und Dispositionszeit (der eigentlich freien Zeit) unterscheidet. In aktuellen Publikationen wird der Begriff der Freizeit von Opaschowski (1994, 2006) hingegen nur noch als eine Art Rahmenbegriff verwendet und an empirischen Einstellungen festgemacht.

Was unter Freizeit genau zu verstehen ist, sei dabei abhängig von dem, was Mehrheit der Bevölkerung (= Bevölkerungsprofil) oder die Mehrheit einer Bevölkerungsgruppe (= Gruppenprofil) als Freizeit erachte. Ungeachtet der jeweiligen Präzision der zitierten Ansätze ist allen das Problem der fehlenden Eineindeutigkeit gemein. So ist beispielsweise unklar, wie Familienarbeit im Rahmen von Kinderbetreuung zu werten ist. Diese Zeit kann je nach Perspektive als fremdbestimmte Zeit gewertet werden, aber auch als freiwillig gemeinsam mit Familienmitgliedern verbrachte Zeit. So plausibel vereinfachende Definitionen die *Freizeit* als eine Restkategorie verstehen (Lebenszeit minus Arbeitszeit gleich Freizeit) auf den ersten Blick auch erscheinen mögen, so ist ein derartiger Ansatz in der empirischen Praxis oft mit zahlreichen Problemen verbunden, denn die Grenzen des Freizeitbegriffs sind alles andere als klar und eindeutig. Wie verhält es sich z. B. mit Zeit, die eine Person gemeinsam mit ihren Freunden und den eigenen Kindern verbringt? Handelt es sich dabei eher um Freizeit oder um Familienzeit? Ist die dabei ausgeübte Tätigkeit entscheidend oder gar der räumliche Ort, an dem sich die Individuen aufhalten? Wie ist die gemeinsame Wohnungsrenovierung mit Freunden oder gar mit Arbeitskollegen zu bewerten?

Anhand der Beispiele wird deutlich, dass eine Operationalisierung des Freizeitbegriffs in der empirischen Praxis aufgrund der geschilderten Probleme immer einen Kompromiss darstellen muss. Dumazedier benennt drei unabhängige Funktionen von Freizeit, die bei der Abgrenzung von anderen Aktivitäten hilfreich sein kann: 1) Freiheit und Vergnügen, 2) Abwechslung und Unterhaltung sowie 3) Entwicklung der Persönlichkeit bzw. persönliches Wachstum. Entlang der drei allgemeinen Charakteristika der Freizeit nach Dumazedier (1967) ergeben sich die eigentliche „Funktionen" der Freizeit. So weist Roberts (1999) auch darauf hin, dass Residualdefinitionen von Freizeit oft nicht oder nur schwer anwendbar sind bei Arbeitslosen, erschöpften Personen und häufig auch bei Frauen (ungeachtet der Tatsache, ob sie erwerbstätig sind oder nicht). Letztendlich deutet allein die sprachliche Bezeichnung einer Restkategorie auf die im Vergleich zur Arbeit geringere Wertschätzung der Freizeit zur Erwerbsarbeit hin. Opaschowski (1976) spricht vom *Primat der Arbeit* gegenüber der Freizeit. Haworth & Veal (2004) betonen, dass ungeachtet der Schwierigkeiten einer exakten definitorischen Abgrenzung des Explandums sowohl positive empirische Definitionen als auch Residualdefinitionen von Bedeutung sind und sich letztendlich nicht gegenseitig ausschließen müssen, sondern vielmehr ergänzend verwendet werden können und sollten.

Die Schnittstelle zwischen Freizeit und Erwerbsarbeit
Bereits 1958 weist Habermas (s. a. ebd., 1973) kritisch auf die doppelte Bedeutung des Begriffs der *Freizeit* hin: Einerseits wird Freizeit verstanden als eine Art Residualzeit, die nach Absolvierung der Arbeitszeit übrig bleibt, andererseits wohnt ihrer Bedeutung der Schein frei disponibler Lebenszeit inne. In diesem Sinne kann Freizeit nach Habermas auch verstanden werden als eine *„bürgerliche Freiheit"*, der Freiheit von der Arbeit. Nach Daumenlang & Dreesman (1989) stellt, historisch betrachtet, Freizeit für die Arbeiterbewegung einen Emanzipationsgewinn dar. Dies trifft jedoch nach Habermas nicht (oder nur eingeschränkt) zu, da auch die Freizeit bestimmt wird durch ein kollektiv definiertes Regel- und Gesellschaftssystem, das festlegt, was möglich ist und was nicht. So ist der Verbrauch und Konsum von Produkten, Gütern und Dienstleistungen von Individuen in ihrer Freizeit eine gesellschaftlich notwendige Tätigkeit, um dauerhaftes wirtschaftliches Wachstum und damit den Fortbestand der Arbeit zu sichern.

Freizeitaktivitäten (in Form von Konsumarbeit) werden damit zu einem Kernbestandteil der industriellen Warenproduktion (Egloff, 2000). Dementsprechend wird hinsichtlich der Aktivitäten einiger Branchen (z. B. Tourismus) auch von einer Freizeitindustrie gesprochen. Sowohl Umfang als auch Inhalte der Freizeit sind nach Habermas durch die Art der Arbeit determiniert und folglich ist das Freizeitverhalten des Individuums ein Komplementärverhalten der Erwerbsarbeit. Die Freizeit ist kein individuell disponibles Gut, sondern ein kollektiv disponiertes und determiniertes. So determiniert die Lage und Flexibilität der Arbeitszeit nicht nur eigentliche Anwesenheit innerhalb der Organisation, sondern auch das Erleben und Verhalten von Menschen in ihrer Freizeit. Dabei sind die Auswirkungen auf das Privatleben von Erwerbstätigen vielfältig und reichen von organisatorischen Aspekten der Haushaltsführung (wann können Obligationen im Haushalt erledigt werden) über Beeinflussung der Sozialkontakte (welche Zeiträume können für sportliche oder kulturelle Aktivitäten genutzt werden) bis hin zu Effekten, die den Biorhythmus betreffen (beispielsweise Regenerations- und Schlafzeiten im Rahmen von Schichtarbeit).

Betrachtet man das reziproke Verhältnis von Freizeit und Arbeit, dann wird deutlich, dass eine inhaltliche Bestimmung des Freizeitbegriffs und seine Analyse nur möglich ist, wenn der Lebensbereich Arbeit ebenfalls berücksichtigt wird. Nach Habermas (1958) ist zu klären, welche Funktionen die Freizeit in ihrem komplementären Verhältnis zur Arbeit übernimmt. Habermas differenziert, zum Teil in Vorwegnahme der in den nächsten Jahrzehnten nachfolgenden Forschung zur Analyse der Schnittstelle zwischen Arbeit, Familie und Freizeit, zwischen drei unterschiedlichen Funktionen: der komplementären, der suspensiven und der kompensatorischen.

Die *komplementäre* Funktion besteht seiner Ansicht nach in der Regeneration des Individuums von Arbeitsbelastungen. Da die durch Arbeit hervorgerufenen Beanspruchungen nicht (oder besser gesagt nicht mehr) den ganzen Zeitraum außerhalb der Arbeit von Beschäftigten erfordern, verweist Habermas auf zwei weitere Funktionen: Die *suspensive* Funktion besteht in der Fortführung des Verhaltens, das bereits im beruflichen Kontext ausgeführt wird. Dabei suspendiert der Beschäftigte die mit der Erwerbstätigkeit verbundene Fremdbestimmung. Als Beispiel führt Habermas eine Szene aus Charlie Chaplins Film *„Modern Times"* an. Bei der Darstellung eines Fließbandarbeiters im Film setzt der selbige seine Arbeitstätigkeit in Form eines automatisierten Handgriffs auch in seinem Privatleben an den Mantelknöpfen fremder Passanten auf der Straße fort. Ein weiteres Beispiel für suspensives Verhaltens wäre die Ausübung von Schwarzarbeit. Bei der *kompensatorischen* Funktion hingegen wird ein Verhalten ausgeübt, das die Folgen und Konsequenzen des Arbeitslebens im Rahmen der Freizeit kompensiert.

Zur Veranschaulichung dieser Funktion können Sport und Spiel dienen. Sportliche Tätigkeit kann als Kompensation für eine vielleicht bewegungsarme Arbeitstätigkeit eingesetzt werden. Hier wird jedoch das reziproke Verhältnis der beiden Lebenssphären besonders deutlich, denn nicht selten werden professionelle Trainingsmethoden oder Erkenntnisse der Pausengestaltung auch im privaten Lebensbereich eingesetzt. Damit einhergeht eine zunehmende Kommerzialisierung des Freizeit- und Sportbereichs, die ihren Ausdruck findet in organisierten (Massen-)Veranstaltungen (z. B. in Form von Fitnessstudios), konsumierbarer Technik (z. B. semi-professionelle Trainingsausrüstungen) bis hin zu stark leistungsorientierten Verhaltensweisen (Trainingsplangestaltung) mit hohem Erlebnischarakter. Die intendierten gesundheitlichen Verbesserungen dienen nicht mehr nur dem privaten Vergnügen, sondern auch der Erwerbstätigkeit. So gehorcht selbst die Freiheit von der Arbeit dem Erhalt der Leistungsfähigkeit oder sogar einer weiteren Leistungssteigerung.

Fazit

Der Begriff der *Freizeit* ist, vergleichbar dem Begriff der *Arbeit,* in nicht unwesentlichem Maße abhängig von den normativen Wertvorstellungen und den gesellschaftlich-strukturellen Rahmenbedingungen einer Epoche. Nimmt Umfang und Bedeutung der Arbeit in der Gesellschaft ab oder unterliegt sie einem qualitativen Wandel, so wie bereits in Form der skizzierten Wertewandeldebatte thematisiert, so bedingen diese Veränderungen auch Verschiebungen der Werte, die dem Begriff der Freizeit im Rahmen der bestehenden gesellschaftlichen Strukturen zugewiesen werden. Auch vor dem Hintergrund der zunehmenden Flexibilisierung von Arbeitszeiten und der damit in Zusammenhang stehenden Reorganisation gesellschaftlicher Zeitmuster gewinnt der Diskurs um die quantitative und qualitative Bestimmung von Freizeit und die damit in Zusammenhang stehenden Phänomene in jüngster Zeit erneut an Bedeutung.

Da allerdings in der hier vorliegenden Arbeit der Schwerpunkt der Analyse nicht auf die inhaltliche Ausgestaltung der Freizeit gelegt wird, sondern auf die Schnittstelle zwischen Freizeit und Arbeit, erscheint eine „reduzierte" Definition von Freizeit im Sinne einer Restkategorie als ausreichend zur Beschreibung des Untersuchungsbereichs.

> *Definition: Im Rahmen der hier vorliegenden Arbeit wird Freizeit als residuale Kategorie erachtet: Alle Erlebenszeiträume und Erlebniszustände des Individuums, die von diesem nicht der Erwerbstätigkeit oder mit der Familie verbrachten Zeit bzw. die mit ihr in Verbindung stehenden Obligationen zugerechnet werden, sind, ungeachtet dessen ob es sich dabei um frei disponible Zeiträume oder nicht handelt, dem Lebensbereich der Freizeit zuzuschreiben.*

Diese definitorische Abgrenzung ist, trotz der oben geschilderten Kritik, ausreichend und angemessen, da sie in Ergänzung zu den bereits angeführten Begriffen der *Arbeit* und *Familie* den verbleibenden Lebensbereich des Individuums erschöpfend abdeckt. Für eine Darstellung der in der Freizeit ausgeübten Tätigkeiten und den zugrundeliegenden Motiven sei an dieser Stelle auf die umfangreiche Freizeit und Lifestyleforschung verwiesen.

3.7 Resümee

In den vorangegangenen Ausführungen wird deutlich, dass eine exakte und eindeutige Abgrenzung bzw. analytisch saubere Trennung der Lebensphären *Arbeit, Familie* und *Freizeit* aufgrund der wechselseitigen Abhängigkeiten kaum möglich ist. Im folgenden Verlauf sollen die genannten Terminologien trotz der definitorischen Unschärfen der verwendeten Begriffe weiter als *„termini technici"* zur deskriptiven Beschreibung der

Schnittstelle zwischen Arbeit, Familie und Freizeit verwendet werden. Denn Ziel der vorliegenden Arbeit ist es nicht, ohne Überschneidungen voneinander abzugrenzen, sondern theoretische Konzepte an der Hand zu haben, die helfen, die Schnittstellen zwischen unterschiedlichen Lebensbereichen sowie die dazwischen bestehenden Abhängigkeiten und die damit verbundenen Erlebniszustände genauer einzuordnen, ohne sie detailliert zu beschreiben.

Für diesen Zweck ist es unerheblich, ob eine spezifische Tätigkeit einem der Lebensbereiche allgemeingültig zugeordnet werden kann. Vielmehr steht die individuelle Erfahrung der Grenze zwischen den Lebensbereichen im Vordergrund. Das, was für ein Individuum Arbeit darstellt, ordnet eine andere Person unter Umständen eher dem Bereich der Freizeit zu. Um es mit Critcher & Braham (2004; S. 35) auszudrücken: *„Our argument is that work, family and leisure remain recognisable divisions of social experience. [...] The boundaries between work, leisure and family derive from our own experience; they are taken for granted and help us make sense of the world"*. Dies gilt umso mehr, als die Differenzierung zwischen Familienzeit und Freizeit nur eine untergeordnete Rolle in der hier vorliegenden Arbeit spielt. Vielmehr steht die Schnittstelle zwischen (Erwerbs-)Arbeit und Nicht-(Erwerbs-)Arbeit im Vordergrund der Analyse.

4. Gesellschaft, Politik und Arbeitswelt im Wandel

Der aktuelle Wandel in Gesellschaft, Politik und Arbeitswelt ist mannigfaltig. Die Veränderungen der politischen und ökonomischen Rahmenbedingungen wirtschaftlichen Handelns sind nicht nur von hervorgehobener Relevanz für die Aktivitäten von Institutionen und Organisationen, sondern vor allem auch für deren Mitglieder und Beschäftigte. Mohr & Otto (2005) identifizieren allein neun Megatrends, die das psychologische Erleben von Beschäftigten innerhalb der Arbeitswelt zu Beginn des 21. Jahrhunderts entscheidend beeinflussen:

1. Schneller Verfall des erworbenen Wissens und ständige Lernanforderungen
2. Emotionsarbeit als neue Anforderung
3. Auflösung der Normalarbeitsverhältnisse
4. Beständige Freisetzung
5. Patchwork-Lebensläufe als Normalbiografie
6. Aufhebung der Grenzen zwischen Arbeit und Freizeit
7. Die 24-Stunden Gesellschaft
8. Drohender Fachkräftemangel
9. Erhöhter Anteil von qualifizierten jungen Frauen

Da die dargestellten Trends und weitere Entwicklungen nicht nur für das Arbeitsleben von Beschäftigten, sondern auch für die Gestaltung der Schnittstelle zwischen den Arbeit und Familie eine hohe Bedeutung haben, werden im Folgenden einige als besonders relevant erachtete Aspekte des gesellschaftlichen und politischen Wandels und ihre Bedeutung für die Vereinbarkeit von Arbeit und Familien- bzw. Privatleben ausführlicher dargestellt. Dabei wird zunächst auf den ökonomischen Strukturwandel und die fortschreitende Globalisierung eingegangen, da sich diese Entwicklungen und ihre Auswirkungen als Belastungsfaktor erweisen und zum Teil erhebliche Anpassungsleistungen von Arbeitnehmer/-innen und ihren Familien erfordern. Nachfolgend werden die Bedingungen des demografischen Wandels und seine prognostizierten Konsequenzen dargestellt. Anschließend werden aktuelle Entwicklungen zum Thema Gleichberechtigung der Geschlechter unter dem Begriff des Gender-Diskurses präsentiert. Veränderungsprozesse auf dem Arbeitsmarkt werden nachfolgend exemplarisch an den Themen Frauenerwerbstätigkeit und Wandel des Normalarbeitsverhältnisses dargelegt. Am Schluss dieses Kapitels steht eine Diskussion der politischen Rahmenbedingungen und ihr Einfluss auf die Vereinbarkeit von Arbeit, Familie und Freizeit unter besonderer Berücksichtigung staatlicher Transferzahlungen und einer Beschreibung des Zusammenhanges zwischen kommunalen Bedingungen und dem Work-Life-Balance-Erleben.

4.1 Strukturwandel und Globalisierung

Sowohl technologische Innovationen als auch der sektorale Strukturwandel bilden die Basis für Globalisierung und Internationalisierung der Weltwirtschaft und die damit in Zusammenhang stehenden Anforderungen für Organisation und ihre Mitarbeiter.

Strukturwandel I: Auf dem Weg in die Dienstleistungsgesellschaft
Die wirtschaftlichen Rahmenbedingungen, unter denen Erwerbstätige handeln, erfahren in den letzten zwei Jahrzehnten starke Wandelprozesse. Zunächst finden sich in der westlichen Industriegesellschaft zahlreiche Belege zur Bestätigung der Drei-Sektoren-Hypothese von Jean Fourastié (1954), welche besagt, dass sich innerhalb einer Volkswirtschaft die Schwerpunkte der ökonomischen Aktivitäten systematisch vom primären Sektor (Landwirtschaft, Urgewinnung) über den sekundären Sektor (verarbeitendes Gewerbe z. B. Industrie und Handwerk) zunehmend hin zum tertiären Sektor (Handel, Verwaltung, Dienstleistungen) verschieben. Sie führt von einem Schwerpunkt im Primären Sektor über den Sekundären Sektor zur Dominanz des Tertiären Sektors. Nach der Sektoren-Hypothese von Fourastié ist der tertiäre Sektor, der Dienstleistungssektor, ein Bereich ohne oder nur mit sehr geringem technischem Fortschritt. Spätestens mit der massenhaften Verbreitung von Computern und des Internets erscheinen die Überlegungen Fourastié zumindest ergänzenswert.

Geht Fourastié 1954 lediglich von der Existenz dreier Sektoren aus, so mehren sich seit Ende des vergangenen Jahrhunderts die Forderungen, einem *„neuen"* vierten Informationssektor auszuweisen, der vor allem durch die Verwendung von Informationstechnologien beschrieben werden kann (vgl. Dostal, 1988, 2001). Während die Produktionsfaktoren Boden, Arbeit und Kapital relativ betrachtet einen Bedeutungsverlust erfahren, kommt es zu einer starken Bedeutungszunahme des vierten Faktors Wissen (vgl. Abbildung 1). Darüber hinaus zeigt sich jedoch auch in den drei anderen drei Sektoren ein immer größerer Zuwachs an Arbeitsplätzen. Der Einsatz moderner Informations- und Kommunikations-Technologien hat darüber hinaus nicht nur seine Auswirkungen in der Herausbildung eines vierten Sektors, sondern er führt auch zu einer strukturellen Änderungen der Arbeitswelt in den ersten drei Sektoren. Es muss allerdings angemerkt werden, dass die Vier-Sektoren-These nicht unumstritten ist. So führt Ewers (2005, S. 14) hierzu aus: *„Der Begriff des vierten Sektors für informationsverarbeitende Tätigkeiten ist allerdings irreführend, weil es bei der Modifizierung des Drei-Sektoren-*

4. Gesellschaft, Politik und Arbeitswelt im Wandel | 65

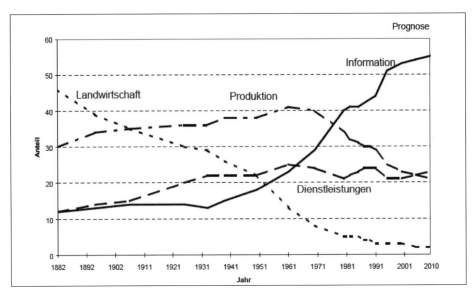

Abbildung 1: Verschiebung der Anteile der Erwerbstätigen zu den „Informationsberufen" für Deutschland (Abbildung aus Hube 2005, S. 19)

Modells im Kern nicht mehr um intersektorale Veränderungsprozesse geht, sondern um den von der Informatisierung vorangetriebenen Wandel der Berufe innerhalb der Wirtschaftsbereiche".

Der Produktionsfaktor Wissen/Information hat dabei vom Umfang her eine hohe Bedeutung. Gleichzeitig reduziert sich die Halbwertszeit des Wissens zunehmend, so dass auch aus dieser Perspektive dem Know-how der Mitarbeiter ein noch stärkerer Einfluss beigemessen werden muss, da es zu einer Beschleunigung der Wandelprozesse kommt. Faktenwissen verliert zunehmend an Bedeutung, stattdessen wird die Kompetenz, sich kurzfristig neues Wissen aneignen zu können, wichtiger. Innovative Konzepte zur Personalentwicklung berücksichtigen deshalb mittlerweile die Notwendigkeit eines lebenslangen Lernens. Hamacher & Wittmann (2005) stellen in diesem Zusammenhang heraus, dass durch lebenslanges Lernen zu Sicherheit und Gesundheit Kompetenzen entwickelt werden, die sowohl die Employability als auch die Work-Life-Balance von Beschäftigten herstellen bzw. diese aufrechterhalten.

Bezogen auf den Arbeitsmarkt bedeutet der skizzierte Wandel einen steigenden Bedarf an qualifizierten Arbeitskräften und einen Rückgang der Nachfrage nach un- oder gering qualifizierten Mitarbeitern. Der Prozess der Deindustrialisierung hin zu einem Arbeitsmarkt, der zunehmend geprägt ist durch Dienstleistungs- und Informationstätigkeiten, hat somit auch Einfluss auf die grundlegenden Arbeitsmarktstrukturen. Aufgrund eines Anstiegs der Quote der Stellen im tertiären Sektor bekommen Dienstleistungsberufe und damit verbunden das Anwenden von Emotionsarbeit eine immer stärkere Bedeutung. Ferner führt eine erhöhte Dienstleistungsorientierung seitens der Unternehmen, unterstützt durch technologische Lösungen, zu einer rund-um-die-Uhr-Servicegesellschaft. Diese Tendenz wird durch die Gestaltung der politischen Rahmenbedingungen seitens des Gesetzgerbers unterstützt (z. B. durch Aufhebung der bestehenden gesetzlichen Regelung der Ladenschlusszeiten).

Strukturwandel II: Die Kondratjew-Zyklen
Folgt man der Theorie der langen Konjunkturwellen, den so genannten Kondratjew-Zyklen, dann werden kurzfristige Konjunkturzyklen durch langfristige Entwicklungen überlagert (Kondratjew, 1926). Basis des Modells der Kondratjew-Zyklen ist die Annahme, dass bereits vorhandene, aber noch ungenutzte Ressourcen verstärkt in die Aufmerksamkeit der wirtschaftlichen Aktivitäten geraten, denn Investitionen in so genannte Basisinnovationen (z. B. bahnbrechende Erfindungen) des vorhergehenden Zyklus bringen nach Überschreitung eines Höhepunktes keinen großen Produktivitätszuwachs mehr, so das eine neue Basisinnovation gesucht wird. Jede der langen Konjunkturwellen hat für Ökonomie und Gesellschaft und Kultur massive Auswirkungen. Sie führen zu ökonomischen und gesellschaftlichen Reorganisationsprozessen und verbunden damit ändern sich meist auch Arbeitsformen, Berufe, Lebensweisen und Konsumformen.

Nach Nefiodow (2000) haben seit dem späten 18. Jahrhundert fünf Kondratjew-Zyklen stattgefunden. Die Impulse des ersten Kondratjew-Zyklus gingen dabei durch die Erfindung der Dampfmaschine und ihrer praktischen Anwendung vor allem in der Textilindustrie aus. Der nachfolgende zweite Kondratjew-Zyklus ist geprägt durch Stahlerzeugung. Die Basisinnovationen des dritten und vierten Zyklus waren die Elektrotechnik und die chemische Industrie bzw. die petrochemische sowie die Automobilindustrie. Hierdurch wurden die Bedürfnisse des Massenkonsums erfüllt und individuelle Mobilität ermöglicht.

Der fünfte Kondratjew-Zyklus, der in den fünfziger Jahren des vorherigen Jahrhunderts beginnt, baisert auf der Basisinnovation Informationstechnik und führte zu deutlichen Verbesserungen innerhalb der Kommunikation und der Informationsverarbeitung allgemein. War der Ausbau der Hardware, der Software und der Kommunikationsnetze zunächst die bedeutendste Quelle des Wirtschaftswachstums im Rahmen der Informationstechnologien, so prognostiziert Nefiodow (2000) zukünftig für den Informationssektor eine stärkere wirtschaftliche Aktivität, die sich mit Informationsinhalten auseinandersetzt.

Strukturwandel III: Struktureller Wandel im Gesundheitssektor im sechsten Kondratjew
Über die Bezeichnung des gerade beginnenden sechsten Zyklus herrscht derzeit zum Teil noch Uneinigkeit. Nefiodow (2000) geht allerdings davon aus, dass der Gesund-

heitssektor der Träger des sechsten Zyklus sein wird und dass als Basisinnovationen die psychosoziale Gesundheit sowie moderne Biotechnologien wirksam werden. Der Autor vertritt dabei die Ansicht, dass im Themenfeld der psychosozialen Gesundheit die bisher nur in geringem Umfang analysierten Informationsprozesse im Menschen sowie das Feld der psychischen und sozialen Potenziale besser verstanden und erschlossen werden kann. Biotechnologie soll ferner den technischen bzw. medizinischen Umgang mit der körperlichen Gesundheit verändern. Hierzu ist jedoch nach Nefiodow ein grundsätzlich neues und anders strukturiertes Gesundheitssystem notwendig. Die gesundheitspolitischen Veränderungen in Gesellschaft und Organisationen zeigen dabei einen Wandel weg vom pathogenetischen Ansätzen hin zu einem salutogenetischen Verständnis, oder wie Badura & Vetter (2004, S. 6) es ausdrücken, *„die tiefgreifenden Veränderungen von Wirtschaft und Gesellschaft erzwingen eine Neuordnung betriebspolitischer und gesundheitspolitischer Prioritäten: von der Investition in die Behandlung Erkrankter hin zur Investition in Gesundheit mit dem Ziel gesünder und älter werden"*.

Da das derzeit bestehende Gesundheitssystem sich stellenweise als wenig effizient und erfolgreich erweist (u. a. durch starke innovationshemmende Partikularinteressen, stellenweise unzureichendes Gesundheitswissen von Betroffenen, sehr umfangreiche und bürokratische Organisation, Verschwendung von Ressourcen, ein allgemein geringer Stellenwert von Aufklärung und Prävention), und innerhalb des Systems überwiegend eine pathogene Perspektive besteht, d.h. es werden überwiegend eher Symptome behandelt als Ursachen bekämpft, prognostiziert Nefiodow, dass allein schon aus Kostengründen ein Systemwechsel bevorsteht, da die Kosten des bisherigen Systems weiter ausufern werden. So besteht die Prognose, dass ein zukünftiges und ganzheitliches ausgerichtetes Gesundheitswesen stärker präventiv und gesundheitsfördernd orientiert sein dürfte. Dies steht im Gegensatz zum gegenwärtigen Gesundheitswesen, in dem zahlreiche Stakeholder von möglichst vielen Krankheiten profitieren, obwohl die Gesamtgesellschaft hierfür einen hohen volkswirtschaftlichen Preis zahlt. Ein reformiertes Gesundheitssystem sollte im Vergleich zum bereits bestehenden System in der Lage sein, größere ökonomische Produktivitätsreserven zu aktivieren, die bisher noch nicht genutzt werden.

Hierzu gilt es, neue Konzepte, Strategien und Angebote zu entwickeln, die nicht allein auf die *„Reparatur"* von Krankheiten, sondern auf die aktive Herstellung und Erhaltung von Gesundheit und Wohlbefinden zielen. Dabei sollte man den Menschen nicht mehr nur allein als medizinisches Objekt betrachten, wie es nicht selten in der zeitgenössischen Schulmedizin noch immer vorzufinden ist, sondern als handelndes Subjekt. Grundlage hierfür ist allerdings ein ganzheitliches Gesundheitsverständnis, das körperliche, psychische und soziale Aspekte des Menschen gleichberechtigt berücksichtigt und diese in den Vordergrund der Analyse stellt und nicht die eingesetzte Technik (z. B. Apparate, Chemie).

Ein solches Verständnis von Gesundheit findet sich bereits im Gesundheitsbegriff der Weltgesundheitsorganisation WHO, wie er in der Ottawa-Charta vertreten wird (WHO, 1992, vgl. a. WHO, 1982). Die WHO definiert Gesundheit demnach nicht mehr als einen Zustand der Abwesenheit von Krankheit (pathogener Ansatz), sondern verwendet vielmehr ein salutogenes Konzept, bei dem unter Gesundheit die Fähigkeit zur Situationsbewältigung als Voraussetzung für körperliches, psychisches und soziales Wohlbefinden verstanden wird. Dieser Ansatz geht weit über das biologisch-medizinische Verständnis von Gesundheit hinaus, da insbesondere subjektive Aspekte des Gesundheitsempfindens und -erlebens integriert werden können. Gesundheitsförderung bedeutet also zum einen die Entwicklung und Stärkung individueller Ressourcen, zum anderen ist aber unter der Perspektive der Gesundheitsförderlichkeit immer auch die Lebens- und Arbeitsumwelt von Individuen zu berücksichtigen, die es den Betroffenen ermöglicht, sich unter gesundheitlicher Perspektive positiv zu entfalten.

Eine derart verstandene Gesundheitsförderung fokussiert sowohl auf die individuellen Ressourcen und Kompetenzen als auch auf die Umwelt und Rahmenbedingungen, unter denen das Individuum lebt. Gleichzeitig wird die Eigenverantwortlichkeit des Einzelnen in Bezug auf seine Gesundheit in stärkerem Maße betont. *„Gesundheit ist Voraussetzung und Ergebnis einer kontinuierlichen Auseinandersetzung des Menschen mit seinen sozialen und physischen Lebensbedingungen in der Arbeitswelt, in der Familie und in der Freizeit"* (Ritter & Scherf, 1998, S. 25). Gesundheit ist somit nicht länger als ein eindimensionales, dichotomes Konstrukt zu verstehen, sondern als ein mehrdimensionales Konzept mit den Polen Gesundheit und Krankheit (Antonovsky, 1989).

Der Ottawa-Charta kommt mit ihrem ganzheitlichen Ansatz eine Leitbildfunktion zu, da sie den komplexen Interaktionen zwischen Individuum, Organisationen sowie sich wandelnden Lebensbedingungen und Umwelten gerecht wird, weil mit ihr alle auf die Gesundheit einwirkenden Faktoren berücksichtigt werden können. Gesundheit ist kein monkausaler Zustand, sondern ein multifaktorielles Produkt, dass die Interaktion zwischen Individuum und Umwelt berücksichtigt. Gesundheit ist somit nicht mehr nur ein Indikator für das Wohlbefinden des Menschen, sondern auch ein Gradmesser für die gesellschaftlichen, politischen und ökonomischen Standards der Lebensumwelt des Einzelnen.

Überträgt man den Gesundheitsbegriff der WHO auf das Erleben von Arbeit, Familie und Freizeit, so wird deutlich, dass die Konflikte, die Individuen bei der Vereinbarkeit von Arbeit, Familie und Freizeit erleben, zumindest das psychische und soziale, aber vermutlich auch das medizinische Wohlbefinden beeinträchtigen können. Aber ebenso muss davon ausgegangen werden, dass positive Erlebenszustände bei der Vereinbarkeit von Arbeit, Familie und Freizeit gesundheitsförderlich und positiv wirksam werden können. So sieht Kastner (2004) im 6. Kondratjew auch in dem Thema Work-Life-Balance großes Entwicklungspotenzial um die Themen Gesundheit, Sicherheit und Lebensqualität – sowohl hinsichtlich individueller Lebensweisen als auch hinsichtlich der gesellschaftlich-ökonomischen Fortentwicklung.

Globale Wandelprozesse
Spätestens seit den 90er Jahren des vergangenen Jahrhunderts kann, bedingt durch massive politische und wirtschaftliche Veränderungen (u. a. Auflösung des Warschauer Paktes, Intensivierung des Welthandels, Zusammenwachsen des europäischen Wirtschaftsraumes Erweiterung der europäischen Union, Erweiterung der Freizügigkeit innerhalb der EU: Schengener Abkommen etc.) als auch durch den Einsatz neuer Technologien in Form von Informations- und Kommunikationstechnik sowie Mikroelektronik weltweit ein Trend zur Internationalisierung und Globalisierung der Weltwirtschaft konstatiert werden. Der Markt ist derzeit allgegenwärtig und ideologisches Prinzip des Wirtschaftens: Nicht nur Produkte werden mittlerweile auf den globalen Märkten getauscht, auch Arbeitskraft und Wissen gelten als ein entscheidende Produktionsfaktoren. Der als Globalisierung bezeichnete Veränderungsprozess beschreibt die Situation einer weltweit fortschreitenden internationalen Arbeitsteilung über Grenzen hinweg.

Liberalisierungstendenzen im Welthandel und der Abbau von protektionistischen Handelshemmnissen fördern einen intensiveren Wettbewerb, der seinerseits einen hohen Kostendruck innerhalb der Unternehmen nach sich zieht. Diesem versuchen viele Organisationen durch eine Optimierung des kostenintensiven Produktionsfaktors Arbeit zu begegnen. Durch eine hohe internationale Vernetzung ist nun allerdings es möglich, Arbeit genau dort erledigen zu lassen, wo sie aus ökonomisch Sicht am günstigsten zu erwerben ist. Es entstehen nicht nur für Produkte, sondern auch für den Produktionsfaktor Arbeit globale Märkte. Die Folgen sind ein steigender Konkurrenzdruck und immer geringere Bindung an dauerhafte Organisationsstrukturen. Die verschärfte Konkurrenzsituation zwingt die betroffenen Unternehmen außerdem zu Kostensenkungen, Produkt- und Verfahrensinnovationen und einer stärkeren Orientierung an den Kundenwünschen.

Begriffsbestimmung
Weinert (2004, S. 9) versteht unter Globalisierung einen *„Prozess, bei dem weltweit Menschen – im Hinblick auf kulturelle, wirtschaftliche, politische technologische und Umweltaspekte ihres Lebens – miteinander in Verbindung treten". Die OECD definiert Globalisierung als einen „Prozess, durch den Märkte und Produktion in verschiedenen Ländern immer mehr voneinander abhängig werden – dank der Dynamik des Handels mit Gütern und Dienstleistungen und durch die Bewegung von Kapital und Technologie"* (zit. n. Plate, 2003, S. 3) und fokussiert dabei auf die prozessbedingten Abhängigkeiten.

Während im Vordergrund der Definitionen von Weinert und der OECD der Prozess der Globalisierung steht, lenkt Beck (1997, S. 44) die Aufmerksamkeit auf das Individuum und dessen Wahrnehmung des Prozesses. Er definiert Globalisierung als „*das erfahrbare Grenzenloswerden alltäglichen Handelns in den verschiedenen Dimensionen der Wirtschaft, der Information, der Ökologie, der transnationalen Konflikte der Zivilgesellschaft und damit im Grunde genommen etwas zugleich Vertrautes und Unbegriffenes, schwer Greifbares, das aber mit erfahrbarer Gewalt den Alltag elementar verändert und alle zu Anpassungen und Antworten zwingt*". Folgt man der zitierten Beckschen Definition der Globalisierung, zeigt sich, dass sich die zunehmende internationale Vernetzung und Verflechtung auf mehreren Ebenen manifestiert und dass sie sowohl zwischen Individuen oder Institutionen/Organisationen als auch zwischen Gesellschaften und Staaten erfolgt.

Aufgrund international unterschiedlich ausdifferenzierter sozialer Sicherungssysteme ist häufig Folge, dass zahlreiche sozialpolitische Standards und/oder betriebliche Standards (Arbeitszeiten, finanzielle Zusatzleistungen wie Weihnachtsgeld, etc.) auf den Prüfstand geraten, da Unternehmen damit drohen, gegebenenfalls Arbeitsplätze ins Ausland zu verlagern, um unter kostengünstigeren Rahmenbedingungen produzieren zu können (z. B. in Ländern mit einem geringeren Lohnniveau oder geringeren umweltpolitischen Auflagen). So berichtet die Enquete-Kommission des Deutschen Bundestages (2002a): „*Zu den Problemen liberalisierter Finanzmärkte gehört neben der Gefährdung der Stabilität und Integrität der Wirtschaft auch der Druck, den die großen Akteure auf den Finanzmärkten auf Unternehmen und Regierungen ausüben. Institutionelle Investoren setzen das Management großer Kapitalgesellschaften unter Druck, die Geschäftspolitik ausschließlich auf die Interessen der Aktionäre an schnellen Gewinnen und Steigerungen der Aktienkurse auszurichten (Shareholder-Value-Orientierung) und die Interessen anderer Gruppen, wie Arbeitnehmer und Verbraucher (Stakeholder) demgegenüber zu vernachlässigen*". Der Fokus auf die ökonomischen Bedingungen führt nicht nur zu Veränderungen in Struktur und Handeln von Unternehmen, sondern auch für das Erleben und Handeln ihrer Belegschaft. „*Globalisierung ist zwar in erster Linie ein ökonomisches Phänomen, ihre Auswirkungen gehen jedoch weit darüber hinaus. Viele Menschen in den Industriestaaten sehen sie als eine Gefährdung ihrer sozialen Sicherheit und Zukunftschancen an*" (Plate, 2003, S4).

Ziel ist nun die Adaptation an die neuen, nun oft globalen Anforderungen. Damit einher gehen nicht nur steigende Ansprüche an die Mitarbeiter hinsichtlich ihrer fachlichen Kompetenzen, sondern auch erhöhte Flexibilitätsanforderungen, die in das Familien- und Privatleben der Beschäftigten eingreifen. Mitarbeiter erfahren Globalisierungsphänomene somit oft als existenzielle Bedrohung: Die Auflösung von Sicherheiten, Garantien und Rechten sowie eine konkrete oder abstrakte Gefährdung von Arbeitsplätzen und Einkommen bedrohen sowohl den aktuellen sozioökonomischen

Status als auch die zukünftige berufliche Entwicklung von Erwerbstätigen. Aus der arbeitspsychologischen Forschung ist bekannt, dass Arbeitsplatzunsicherheit und antizipierter Erwerbslosigkeit in Zusammenhang stehen mit der psychophysischen Befindlichkeit der Individuen (vgl. Mohr, 1997; Fuchs 2006). So erfahren vor allem Arbeitslose mit einer stark ausgeprägten Arbeits- und Berufsorientierung deutliche psychische Beeinträchtigungen (Feather & Barber, 1983; Warr, Jackson & Banks, 1988).

In einer neueren Studie macht Fuchs (2006) Arbeitsplatzunsicherheit als den aktuell belastendsten Faktor für die Beschäftigten aus. Dementsprechend kann davon ausgegangen werden, dass auch globalisierungsbedingte Arbeitsplatzunsicherheit, meist ausgelöst durch die Gefahr Verlagerung von Arbeitsplätzen, als Stressor und Belastung gewertet wird. *„Die Globalisierung verändert die Arbeits- und Lebensverhältnisse der Menschen rascher als andere wirtschaftliche Prozesse zuvor"* (Kessler, 2003; S. 29). Besonders hervorzuheben sind in diesem Zusammenhang zwei Aspekte: Einerseits ist es die hohe Geschwindigkeit des Wandels und andererseits der ganzheitliche Einfluss sowohl auf das berufliche als auch das private Leben der Betroffenen. Beide Aspekte zusammen bedingen bei Individuen, die von den Folgen der Globalisierung betroffen sind, nicht selten eine Mischung aus Aggression und Resignation. Ursächlich hierfür ist das Gefühl des Kontrollverlustes, nicht mitbestimmen zu können, keinen Einfluss nehmen zu können, wenn beispielsweise in räumlich weit entfernten Konzernzentralen Entscheidungen über die Zukunft von Mitarbeitern oder Unternehmensteilen gefällt werden.

Fazit
Die beschriebenen Prozesse der Globalisierung und Technisierung haben nicht nur ökonomische Konsequenzen, sondern manifestieren sich auch in Politik und Gesellschaft sowie im Alltagshandeln und Erleben von Individuen. Strukturwandel und Globalisierung und die damit einhergehende Liberalisierung der Märkte führen zu einem verstärktem Konkurrenzdruck und einer Verschiebung von Machtverhältnissen innerhalb der Unternehmen, aber auch innerhalb der Gesellschaft. Zwar ist die Globalisierungsintensität je nach Region oder Unternehmen unterschiedlich, doch lässt sich festhalten, dass die Machtpositionen von Mitarbeitern und Bürgern gegenüber Unternehmen und staatlichen Organisationen sich stellenweise bedeutend verändert haben: Bedingt durch die internationale Konkurrenzsituation geraten Fragen der sozialen und ökologischen Nachhaltigkeit des Wirtschaftens vielmals in den Hintergrund.

Diese Entwicklungen erleben Beschäftigte in ihrem Arbeits-, Familien- und Privatleben oft als belastend und die Risiken stellenweise gar als existenzbedrohend. Zwar beinhalten die beschriebenen Liberalisierungs- und Deregulierungsprozesse, wie im folgenden Verlauf dieser Arbeit auch noch zu zeigen sein wird, auch zahlreiche Chancen und Potenziale für den Einzelnen. Nichts desto trotz bleibt festzuhalten, dass die mit dem Strukturwandel und der Globalisierung verbundenen Änderungen dazu führen, dass vergleichsweise stabile Verhältnisse wirtschaftlichen Handelns zunehmend durch Rahmenbedingungen mit erhöhten Flexibilitätsanforderungen und Instabilität abgelöst werden.

Schlussendlich bleibt festzuhalten, dass die veränderten wirtschaftlichen und kommunalen Rahmenbedingungen und die damit einhergehenden Anforderungen das Erleben und Verhalten der Beschäftigten sowohl im beruflichen als auch im privaten Kontext prägen und teilweise deutliche Anpassungsleistungen der Betroffenen erfordern.

4.2 Demografischer Wandel

Ein weiterer zentraler Aspekt, der Rahmenbedingungen wirtschaftlichen Handelns von Unternehmen und Organisationen in der Bundesrepublik Deutschland prägt und künftig noch stärker prägen wird, ist der demografische Wandel der Bevölkerungsstruktur. Nachdem der demografische Wandel in den letzten Jahrzehnten zunächst vorwiegend in der wissenschaftlichen Diskussion behandelt wurde, erfährt es – nicht zuletzt aufgrund der erwarteten dramatischen Folgen – zunehmend auch verstärkte Beachtung in der Politik und in den Medien. Ungeachtet der medialen Aufmerksamkeit existieren mittlerweile zahlreiche Simulationen und Prognosen, die versuchen, den Verlauf des Wandels zu antizipieren.

Prognosen
Die Bevölkerungsentwicklung in Deutschland lässt sich kennzeichnen durch einen starken Bevölkerungsrückgang bei gleichzeitigem Rückgang der Erwerbstätigenanzahl, einem wachsenden Anteil der älteren Kohorten aufgrund einer steigenden durchschnittlichen Lebenserwartung sowie einer dauerhaft niedrigen Geburtenrate (im Durchschnitt derzeit bei 1,3 Kinder pro Frau).

Der demografische Wandel führt zu einer geradezu dramatischen Veränderung der Alterspyramide. Die Bevölkerung verringert sich nach Analysen des statistischen Bundesamtes (bei gleich bleibendem Zuwanderungssaldo von ca. 100.000 Personen/Jahr) auf 75 (2030) bzw. 65 Millionen Einwohner im Jahre 2050 (Statistisches Bundesamt, 2000; vgl. a. Statistisches Bundesamt, 2003). Parallel dazu wird sich vermutlich bis zum Jahre 2050 die Lebenserwartung zum Referenzjahr 1800 mehr als verdreifacht haben (EuroStat, 2002). Die Lebenserwartung der Männer dürfte zu diesem Zeitpunkt bei ca. 78 Jahren liegen und die der Frauen bereits bei 84 Jahren.

Ebenfalls verändert sich der sogenannte Altersquotient. Dies ist das Verhältnis von Menschen im erwerbsfähigen Alter zu Menschen, die nicht mehr oder noch nicht im erwerbsfähigen Alter sind. Derzeit liegt der Altersquotient bei rund 40. Dies bedeutet, dass 100 Menschen im Erwerbsalter (bis 60 Jahre) 40 Menschen im Rentenalter gegenüber stehen. Dieser Altersquotient wird nach Berechnungen des Statistischen Bundesamtes je nach Zuwanderungssaldo im Jahre 2050 zwischen 75 und 80 liegen (Statistisches Bundesamt, 2000). Jedoch kann der Altenquotient auch niedriger ausfallen, falls das das Rentenalter (weiter) heraufgesetzt wird und eine hohe Zuwanderungsquote (jährlich ca. 200.000 Personen) besteht. In einem derartigen Szenario belaufen sich die Prognosen auf einer Altenquotienten von „*nur*" 52. Es sei jedoch angemerkt, dass eine stärkere Zuwanderung den Zuwachs des Altersquotienten zwar verringern kann, der Anstieg aber nicht generell verhindert werden kann.

Aufgrund des geringer werdenden Unterstützungverhältnisses erwerbstätiger Person zu nicht-erwerbstätigen ist ferner ein deutlicher ökonomischer Druck auf die sozialen Sicherungssysteme zu erwarten. Verschärft werden die Folgen des demografischen Wandels durch Phänomene wie lokaler begrenzter Migrationsbewegungen und der damit verbundenen Überalterung ganzer Regionen (z. B. die Abwanderung von Frauen im erwerbstätigen Alter aus den neuen in die alten Bundesländer) oder der Suburbanisierung in den Ballungszentren.

Pflegebedürftigkeit
Als besonders problematisch dürfte es sich erweisen, dass in Folge des demografischen Wandels die Zahl der Pflegebedürftigen massiv ansteigt. So hat sich die Lebenserwartung seit Ende des 19. Jahrhunderts bis zu Beginn der 21. Jahrhunderts mehr als verdoppelt. Da sich aber in der zweiten Hälfte des 20. Jahrhunderts die Geburtenrate fast halbiert hat (s.u.), ist davon auszugehen, dass diese Entwicklungen voraussichtlich nicht nur zu einer weiteren massiven Belastung der sozialen Sicherungssysteme, sondern auch zu deutlich vermehrten Belastungen für Erwerbstätige und ihrer Familien führen wird – insbesondere solcher, die sich innerhalb der Familie um die Pflege von Angehörigen kümmern.

Die Versorgung, Betreuung und Pflege älterer Menschen ist nicht allein ein gesellschaftliches Problem. Gerade in den letzten Jahren, nicht zuletzt aufgrund des beginnenden demografischen Wandels, wird es verstärkt auch ein individuelles bzw. familiäres Problem, da Angehörige aufgrund der stellenweise unzureichenden Pflegesituation zunehmend Pflegeaufgaben übernehmen. Bereits 1999 wurden von den in Deutschland rund zwei Millionen pflegebedürftigen Personen[10] rund drei Viertel zu Hause überwiegend durch Angehörige versorgt (Engstler & Menning, 2003), wobei der überwiegende Anteil der Personen, die Pflegeleistungen erbringen Frauen sind (80 %). Mehr als

---

[10] Die hier zitierten Zahlen beziehen sich auf pflegebedürftige Personen i.S. des Pflegeversicherungsgesetztes gemäß SGB XI. Die Daten basieren nach Engstler & Menning (2003) auf Befunden des Mikrozensus 1999, da nach Angaben der Autoren keine detaillierten Angaben über Pflegepersonen aus der amtlichen Statistik verfügbar sind. Da geringere, freiwillige Pflegeleistungen hierbei jedoch nicht erfasst werden, ist davon auszugehen, dass der Anteil der Pflegenden vermutlich sogar unterschätzt wird.

2/3 der pflegenden Angehörigen müssen die eigene Erwerbsarbeit mit der Unterstützung eines älteren Menschen vereinbaren (Meyer, 2006).

Die Anforderungen, die sich Beschäftigten mit pflegebedürftiger Familienangehöriger stellen, sind in vielerlei Hinsicht mit denen, die sich Beschäftigten mit Kindern stellen, vergleichbar. In der Regel müssen beide Gruppen einerseits regelmäßig wiederkehrende Tätigkeiten und Aufgaben erledigen, andererseits sind sie mit plötzlich auftretenden Ereignissen wie Krankheit konfrontiert. Es gibt jedoch auch deutliche Unterschiede zwischen den beiden Arten von Versorgungs- und Pflegeaufgaben. Das Besondere an den Anforderungen der Altenpflege durch Familienmitglieder ist in dem oft sehr plötzlich eintretenden Ereignis des Pflegefalls zu sehen. Während Elternschaft in einem gewissen Rahmen Planungs- und Vorbereitungszeit ermöglicht, tritt der Fall, dass ein Elternteil (oder ein anderer Verwandter) schwer erkrankt oder eine Unfall erleidet und pflegebedürftig wird, meistens überraschend ein.

Je nach Umfang und Intensität der zur erbringenden Pflegeleistung kann nicht nur die Vereinbarkeit von Arbeit, Familie und Freizeit deutlich in Mitleidenschaft gezogen werden, sondern auch die psychophysische Gesundheit der Pflegenden. Vor allem eine dauerhaft psycho-soziale Belastungssituation kann zu negativen Auswirkungen wie Überforderungsreaktionen oder Burnout-Phänomen bei den pflegenden Angehörigen führen. Private Pflegeleistungen durch Familienangehörige bedeuten für die Pflegenden häufig eine große Beanspruchung. Neben der zu erbringenden Pflegeleistung (mit ihren z.T. erheblichen körperlichen und psychischen Belastungen) wird dem pflegenden Familienmitglied oft auch die rasche Koordination mit anderen beruflichen und familiären Herausforderungen abverlangt. So zeigt sich in einer Untersuchung von Klenner (2004), dass erwerbstätige Personen mit Pflegeverpflichtung meist auch Kinder im Haushalt zu versorgen haben.

Die Suche nach der optimalen Betreuungssituation für die zu pflegende Person verursachen bei betreuenden Angehörigen häufig psychischen Belastungen, ausgelöst durch die Konfrontation mit persönlichen Grenzsituationen (schwere Krankheit, Prozess des Abschiednehmens etc.), der oft unklaren rechtliche Situation sowie finanziellen Befürchtungen (denn die Pflegesituation führt, trotz Pflegeversicherung, in Einzelfällen auch zu starken finanziellen Belastungen). Die Folge sind häufig Erlebenszustände wie Überforderung, Wut, Burnout sowie Sorgen um die Zukunft. Dies sind Phänomene, die auch aus der professionellen Pflege bekannt sind.

Noch sind pflegende Angehörige, beispielsweise im Vergleich zu erwerbstätigen Eltern mit Erziehungsaufgaben, eine Minderheit, doch steigt der Anteil der betroffenen Personen im Rahmen des demografischen Wandels rasch. Die Frage, wie Altenpflege und Betreuung von Familienangehörigen mit Erwerbstätigkeit erfolgreich und zur Zufriedenheit der Betroffenen vereinbart werden kann, wird in den nächsten Jahren wahrscheinlich dramatisch an Bedeutung gewinnen – eine Situation, auf die die meisten

Organisationen bisher völlig unvorbereitet sind (Howard, 1992). Folglich steigt auch die Nachfrage nach sogenannten Elder-Care-Programmen in den letzten Jahren kontinuierlich. So berichten z. B. Bond, Thompson, Galinsky & Prottas (2002) in der National Study of Changing Workforce, dass in den USA mittlerweile 35 % der Mitarbeiter Pflege- und Betreuungsaufgaben für Verwandte übernehmen und dass 24 % der Befragten bereits auf Unterstützungsangebote durch ihren Arbeitgeber in diesem Bereich zurückgreifen können.

Auch in Deutschland finden sich vermehrt Forderungen, in Politik und Wissenschaft Maßnahmen zur besseren Vereinbarkeit Arbeit und Pflegeaufgaben in Unternehmen und Organisationen umzusetzen (Reichert & Naegele 1999; Bäcker, 2003; Meyer, 2006). Dabei werden u. a. gefordert (Meyer, 2006, S. 28f.): rechtliche Regelungen zur Freistellung von der Erwerbsarbeit (vergleichbar mit dem amerikanischen *Family and Medical Leave Act),* die Förderung einer weiteren Professionalisierung der Pflege, die Förderung gleicher Arbeitsmarktchancen von Männern und Frauen, die stärkere Förderung der Bereitschaft zur Übernahme von Pflegeaufgaben durch Männer sowie eine Förderung von Fortbildungs- und Wiedereingliederungsmaßnahmen, um denjenigen Arbeitnehmerinnen und Arbeitnehmern die Rückkehr auf den Arbeitsmarkt zu erleichtern, die ihre familialen Pflegeaufgaben erfüllt haben. (Ein Überblick über Modellprojekte der vernetzten Altenpflege, die auch die Situation der pflegenden Angehörigen berücksichtigen, findet sich bei Kofahl, Dahl & Döhner, 2004).

Sinkende Geburtenrate
Trotz wirtschaftlicher Prosperität (zumindest unter globalen Gesichtspunkten betrachtet) und hoher Realeinkommen kann in Deutschland wie auch in anderen Staaten, die den demografischen Übergang bereits durchlaufen haben, das Phänomen des *ökonomisch-demografische Paradoxon* beobachtet werden. Hiermit ist der Sachverhalt gemeint, dass trotz umfangreicher Ressourcen in wohlhabenden Gesellschaften mit hohem Bildungsstand die Geburtenrate sinkt. Dieser Ansatz steht der These entgegen, dass wirtschaftliche Prosperität die Geburtenrate erhöht. Die niedrige Geburtenrate lässt sich vor allem damit erklären, dass immer mehr Frauen kinderlos bleiben. Beträgt die endgültige mittlere Kinderzahl für die zu Beginn der 30er Jahre des vergangenen Jahrhunderts geborenen Frauen noch rund 2,2, so gebären die 1965 geborenen Frauen im Mittel nur noch 1,5 Kinder (Engstler & Menning, 2003).

Nach aktuellen bevölkerungsstatistischen Prognosen ist im Mittel jedoch eine Quote von 2,1 notwendig, um den Bestand der Bevölkerung dauerhaft zu erhalten. Doch selbst diese Quote würde aufgrund des starken Geburtenrückgangs der letzten Jahrzehnte vermutlich nicht reichen, um eine vom Umfang her stabile Bevölkerungsstruktur in Deutschland zu erhalten. Trotz des starken Geburtenrückgangs zeigt sich allerdings, dass die Frauen, die Kinder gebären, seit Jahren im Mittel relativ konstant rund zwei

Kinder bekommen, wobei sich allerdings in den letzten Jahren ein Anstieg der Einzelkinder abzeichnet. *„Bei den jüngeren Generationen mit weitgehend abgeschlossener Fertilität ist insofern eine stärkere Aufteilung des generativen Verhaltens zu beobachten: In steigenden Maße wurde entweder ganz auf Kinder verzichtet oder der Wunsch nach mindestens zwei Kindern realisiert"* (Engstler & Menning, 2003, S. 73). Milieutheoretische Ansätze sehen vor allem zwei für die Kinderlosigkeit typische soziale Milieus: hochqualifizierte, vollerwerbstätige und unverheiratete Frauen sowie unverheiratete, vollerwerbstätige Frauen mit niedrigem Einkommen (Dorbritz & Schwarz, 1996). Bei der steigenden Kinderlosigkeit handelt es sich um ein Phänomen, von dem sowohl die Gruppe der Frauen als auch die der Männer betroffen ist. Männer scheinen dabei sogar in noch größerem Umfang betroffen zu sein (Roloff & Dobritz, 1999).

Ein Begleitphänomen, dass im Zusammenhang steigender Kinderlosigkeit immer wieder genannt wird, ist das Hinausschieben des Zeitpunktes von Heirat und Geburt des ersten Kindes (z. B. Blossfeld, 1995; Dorbritz & Schwarz 1996; Engstler & Menning, 2003). Hierbei zeigt sich ein signifikanter Zusammenhang zwischen Kinderlosigkeit und praktizierter Lebensform, denn bei einen Heiratsalter von über 30 Jahren kann ein deutlicher Anstieg der Kinderlosigkeit konstatiert werden. Der Zeitpunkt der Familiengründung bzw. der Erst-Elternschaft verschiebt sich im biografischen Verlauf insgesamt zunehmend nach hinten. So hat sich das mittlere Alter von Erstgebärenden von 25,2 im Jahre 1980 auf mittlerweile 29 Jahre im Jahr 2000 erhöht (Engstler & Menning, 2003). Zu klären ist aber, wieso der Anteil der kinderlosen Frauen stetig steigt.

Die Verschiebung der Entscheidung für oder gegen eine Elternschaft auf einen immer späteren Zeitpunkt stellt Frauen und Paare häufig vor die Situation, dass Kinder in einem späteren Lebensabschnitt nicht mehr gewünscht werden oder aus biologischen Gründen nicht mehr realisiert werden können. Empirische Erhebungen deuten auf einen engen Zusammenhang zwischen dem hohen Alter Erstgebärender und der in Deutschland sehr spezifischen langen Ausbildungsdauer (insbesondere bei Akademikern) sowie einer mangelnden Modularisierung der vorhandenen Ausbildungsgänge hin (BMfFSFJ, 2005c). So wird im 7. Familienbericht der Bundesregierung auch von der *Rushhour des Lebens* berichtet und darauf hingewiesen, dass bei deutschen Akademikerinnen das Zeitfenster in der die Entscheidung für oder gegen eine Elternschaft gefällt wird, nur rund 5 Jahre dauert. Es wird deshalb die Empfehlung ausgesprochen, die Muster traditioneller Lebensverläufe aufzubrechen, in dem die Gleichzeitigkeit von Familiengründung und Berufsstart zeitlich entzerrt wird, z. B. durch geschlechtsneutrale Optionszeiten in Form von Erziehungs-, Bildungs- und Pflegezeiten (ebd., 2005b).

Birg, Flöthmann & Reiter (1991) sprechen in diesem Zusammenhang von einer *„biografischen Theorie der demografischen Reproduktion"*, dabei wird der Lebenslauf eines Individuums als Pfad in einem Möglichkeitsraum verstanden. Nach Ansicht der Autoren schränken langfristige und zum Teil irreversible Festlegungen wie Elternschaft oder Eheschließung die biografischen Optionen eines Individuums, insbesondere bei Frauen, stark ein. Bei der Wahl der entsprechenden langfristig biografisch wirksamen Festlegungen entstehen sogenannte Opportunitätskosten (ein Begriff, der den Wirtschaftswissenschaften entliehen ist und nicht realisierte Erlöse meint, weil Opportunitäten nicht wahrgenommen werden). Diese werden, so die These der Autoren, von potenziellen Eltern, insbesondere Frauen, antizipiert und bewirken somit eine sinkende Geburtenrate. Opportunitätskosten werden somit zur Hemmschwelle für den Eintritt ins Familienleben.

Rürup & Gruescu (2003; S. 60) nennen insgesamt sieben verschiedene Formen von Opportunitätskosten, die mit Kindern bzw. der Elternschaft verbunden sind: 1) ein reduziertes individuelles Einkommen, 2) die damit verbundenen reduzierten Rentenansprüche, 3) die geringere Kreditwürdigkeit und –fähigkeit; 4) nicht realisierte Geldsummen, die nicht anderweitig verwendet werden können (direkte Kosten), 5) ein erhöhtes Arbeitslosigkeitsrisiko (aufgrund geringerer Flexibilität), 6) verringerte Wahrscheinlichkeit einer stetigen Beschäftigung (Reduktion des eigenen Humankapitals durch Entqualifizierung) und 7) nicht-monetäre Opportunitätskosten (z. B. in Form der Diskriminierung als Mutter/Vater im Erwerbsleben durch schlechtere Karriereentwicklung).

In Zeiten mit ausdifferenzierten sozialen Sicherungssystemen ist die Bedeutung von Kindern für die eigene soziale Sicherung vernachlässigend gering. Individuen entscheiden sich für die Elternschaft vorwiegend aus emotionalen und psychologischen Gründen. Der Wunsch nach Elternschaft tritt somit in modernen Biografien in Konkurrenz zu *„anderen Genüssen"* (Hülskamp, 2005, S. 27) bzw. wird als Risiko erlebt. Vor allem die Festlegung auf das erste Kind scheint dabei von besonderer Relevanz zu sein, was auch der zitierten Beobachtung von Engstler & Menning entspricht. Insbesondere Schwierigkeiten bei der Vereinbarkeit von Arbeits- und Familienleben und damit verbunden die Befürchtung, die Erwerbsarbeit einschränken oder gar ganz auf sie verzichten zu müssen, können als potenzielle individuelle Risiken betrachtet werden. Denn mit Elternschaft werden oftmals konkrete Risiken wie die Beendigung oder Einschränkung der Erwerbstätigkeit, langfristig reduzierte beruflichen Karriereaussichten sowie eine unmittelbare Reduktion des Einkommens in Zusammenhang gebracht.

Prognostizierte Konsequenzen
Es ist anzunehmen, dass die skizzierten demografischen Veränderungen Folgen sowohl für die gesamtgesellschaftliche und ökonomische Entwicklung als auch für die Organisationsgestaltung und die individuelle Lebensplanung und Gestaltung nach sich ziehen. Im Folgenden werden deshalb einige der sich anbahnenden Veränderungen für die drei genannten Bereiche dargestellt.

Wandel des Arbeitsmarktes.– Der Arbeitsmarkt steht vor dem Hintergrund des demografischen Wandels vor einschneidenden Veränderungen. Der demografische Wandel erfordert von den Organisationen eine bessere Ausnutzung des vorhandenen Arbeitskräftepotentials. Die Situation am Arbeitsmarkt wird sich im Laufe der Jahre tendenziell vom Nachfrager- zum Anbietermarkt wandeln. Dabei wird einerseits prognostiziert, dass die Möglichkeiten für die Arbeitskräfte steigen werden, sich die von ihnen präferierten Organisationen auszusuchen. Andererseits wird vermutet, dass gleichzeitig vor allem die Nachfrage nach qualifizierten und herausfordernden Arbeitsplätzen steigen wird. Zwar wird es aufgrund der geschilderten Entwicklung zu starken Veränderungen des Arbeitsmarktes sowohl auf Seite der Anbieter als auch der Nachfrager kommen, aber aufgrund von z.T. geringen Qualifikationsniveaus und einer nicht vorhandenen Kongruenz von Angebot und Nachfrage ist ein Mangel von Fachkräften bereits heute in einigen Branchen und Regionen Deutschlands Realität (vgl. bspw. BDI, 2006).

Gründe hierfür sind Qualifzierungstrends in der Bevölkerung (Stagnation der Quote der absolvierten Facharbeiterausbildungen) als auch der demografische Wandel (vgl. Rheinberg & Hummel, 2003). Reinberg & Hummel (2004) prognostizieren aufgrund dieser Entwicklung für die deutsche Wirtschaft ohne ein gezieltes Gegensteuern sogar eine Gefahr für die Wettbewerbsfähigkeit. Bereits jetzt kann in einigen Staaten der europäischen Union der Trend beobachtet werden, dass hoch qualifizierte Fachkräfte gezielt zur Immigration ermutigt werden, um benötigte Fachkräfte und Experten zu akquirieren. Während in den sechziger Jahren vorwiegend gering qualifizierte Mitarbeiter vor allem für einfache Produktionsarbeiten gesucht wurden, werden seit dem Millennium vor allem gezielt spezialisierte und hochqualifizierte Fachkräften angeworben (z. B. sog. Green-Card-Regelung für IT-Fachkräfte in Deutschland).

Zusätzlich gibt es – je nach Staat – eine mehr oder minder große Zuwanderung von geringfügig bis gar nicht qualifizierten Arbeitnehmern. Von langfristigen Arbeitsverhältnissen sollte zukünftig nicht mehr zwangsläufig ausgegangen werden, da sich der Wettbewerb zwischen den Organisationen um die Bewerber vermutlich deutlich verschärfen wird. Folglich ist eine der zentralen Zukunftsaufgaben von Organisationen, sich potenziellen Bewerbern als attraktive Arbeitgeber zu präsentieren. Für Organisationen wird es immer bedeutender, gute Mitarbeiter nicht nur zu gewinnen, sondern auch langfristig zu binden, da die Kosten für eine hohe Mitarbeiterfluktuation bedeutend sind. So werden die Kosten für Mitarbeiterwechsel je nach Qualifikation des Mitarbeiter zwischen drei Viertel und dem einenhalbfachen eines Jahresgehaltes veranschlagt.

Angesichts der limitierten Ressourcen von Organisationen (insbesondere bei klein- und mittelständischen Unternehmen) mag dies unter Umständen nicht leicht erscheinen, aber neben finanziellen und karriereorientierten Anreizen erscheinen vor allem die partizipative Beteiligung am Organisationsgeschehen sowie innovative Konzepte zur Vereinbarkeit von Arbeit, Familie und Freizeit hier als lukrative Alternativen, um Bewerber/-innen für die Organisation zu gewinnen bzw. dauerhaft an die Organisation zu binden. Insbesondere in solchen Branchen und Sektoren, in denen zusätzliche finanzielle Incentives aufgrund von Tarifverträgen oder anderen Regelungen nicht möglich sind, können derartige Konzepte ein geeignetes Instrument zur Mitarbeitergewinnung und -bindung darstellen. Als Beispiel sei der öffentliche Dienst genant, der aufgrund seiner Bindung an den Tarifvertrag der Länder (TVL) nur einen sehr engen Spielraum bei der finanziellen Ausgestaltung von Arbeitsverträgen hat (z. B. bei der Arbeitszeitgestaltung). Jedoch gibt es gerade hier oft zahlreiche Möglichkeiten, die Arbeitsbedingungen so auszugestalten, dass sie die Bedürfnisse und Wünsche der Mitarbeiter berücksichtigen und diesen entgegenkommen.

Es ist anzunehmen, dass mit der zu erwartenden Knappheit von qualifizierten Mitarbeitern voraussichtlich auch die Abhängigkeit der Organisationen von einzelnen Fachkräften steigen wird. Insbesondere gilt dies für wissensbasierte Organisationen. Systematisches Personalmanagement sowie strategische Arbeits- und Organisationsgestaltung können allerdings sicherstellen, dass durch Personalfluktuation keine nicht mehr kompensierbare Wissensverluste für die Organisation entstehen. Dabei stellt nicht allein die Begrenztheit an jungen Nachwuchskräften Organisationen vor personalpolitische Herausforderungen – auch aufgrund der drohenden Überalterung der Belegschaften gilt es Konzepte zu entwickeln, die den aufgezeigten Entwicklungen bereits möglichst früh entgegenwirken, um beispielsweise die Ressourcen älterer Mitarbeiter effizient und langfristig zu nutzen. Die Nutzung der vorhandenen Potentiale wird aus diesem Grunde zukünftig eine noch viel größere Bedeutung bekommen. Ansatzpunkte hierzu bieten eine gezielte Personalpolitik, sowie eine Laufbahngestaltung und Gesundheitsförderung, die die spezifischen Bedürfnisse der Mitarbeiter berücksichtigt (s. a. Buck & Schletz, 2001; Packebusch, 2006; Kast 2006).

So versuchen zahlreiche Organisationen, auf den demografischen Wandels durch die Umsetzung von Diversity-Konzepten zu reagieren. Diese bieten die Möglichkeit, Potenziale der bereits vorhandenen Mitarbeiter besser zu nutzen und unter der Perspektive des Recruitments zukünftig in anderen demografischen Segmenten Mitarbeiter zu gewinnen und langfristig eine kulturell vielfältigere Belegschaft zu erhalten (vgl. Erler, 2003). Darüber hinaus bieten kulturell gemischtere Belegschaften auch eine Möglichkeiten, auf die in 4.1 geschilderten Anforderung eines globalisierten Wirtschaft personalpolitisch zu antworten. Eine Belegschaft mit breit gestreuten Kompetenzen und Wahrnehmungen kann unter Umständen adäquater auf die komplexen Bedingungen reagieren.

Belastungen für die Systeme der sozialen Sicherung und Wandel des Gesundheitsverständnisses.– Folgt man den politischen Diskursen um Reformen der sozialen Sicherungssysteme in Deutschland und im europäischen Ausland, so zeigt sich eine Tendenz zur Verlängerung der Lebensarbeitszeit, was sich unter anderem in einer Erhöhung des gesetzlichen Renteneintrittsalters manifestiert. Dies bedeutet, dass Konzepte eines präventiven und nachhaltigen Gesundheitsschutzes für Organisationen eine immer stärkere Bedeutung gewinnen werden, da es auch aus ökonomischer Sicht für Organisationen immer lukrativer wird, in die Gesundheit und das Wohlergehen ihrer Mitglieder zu investieren. Es ist anzunehmen, dass die derzeit in der organisationalen Praxis noch immer dominierende pathogene Perspektive durch ein salutogenes Verständnis von Gesundheit abgelöst wird. Bei gesunden und leistungsfähigen Organisationsmitgliedern entfallen nicht nur krankheitsbedingten Kosten (z. B. durch Arbeitsunfähigkeit), gesunde Mitarbeiter sollten sich darüber hinaus als leistungsfähiger erweisen als nicht kranke Mitarbeiter.

Wandel der Erwerbsbiografien.– Eine steigende Lebensdauer bedingt auch andere Anforderungen und Wünsche der Menschen an die beruflichen Abschnitte innerhalb ihrer Biografie. Zum einen ist zu erwarten, dass die Beschäftigten über längere Zeitabschnitte als bisher Tätigkeiten ausüben möchten (bei ceteribus paribus unterstellten Gesundheitsbedingungen), andererseits ergibt sich die Möglichkeit, die Phasen der Erwerbstätigkeit im Curriculum Vitae auch anders zu verteilen, da der Anteil der erwerbstätigen Lebensabschnitte im Vergleich zur erwarteten Gesamtlebensdauer sinkt.

Fazit
Der demografische Wandel hat vielfältige Einwirkungen auf das Work-Life-Balance-Erleben erwerbstätiger Individuen, sei es in Form pflegebedürftiger Angehöriger, in Form von zu hoher Arbeitsbelastung aufgrund personeller Unterbesetzung in Unternehmen und Organisationen oder in durch einen sich strukturell verändernden Arbeitsmarkt. Der demografische Wandel bzw. seine Folgen sind jedoch kein unausweichliches Naturgesetz, sondern sind sowohl auf der Ebene der Politik als auch innerhalb von Organisationen gestaltbar. Dem demografischen Wandel zu begegnen erscheint aus vielerlei Hinsicht geboten. Zwar wird der Diskurs um den demografischen Wandel noch immer dominiert von der den Auswirkungen für die sozialen Sicherungssysteme, doch gerät zunehmend auch die Frage nach den *„Folgen für die Arbeit und die wirtschaftliche und gesellschaftliche Innovationsfähigkeit"* (Zahn-Elliott, 2001) in den Fokus der Aufmerksamkeit.

So gilt es, die Arbeits- und Lebenswelt für ältere Individuen angemessen zu gestalten. Dies bedeutet einerseits, z. B. pflegebedürftigen älteren Mitbürgern lebenswerte Lebensverhältnisse zu ermöglichen; andererseits aber auch, für ältere Beschäftigte die

Arbeit und ihren Arbeitsplatz adäquat zu gestalten. Darüber hinaus heißt es aber auch, die Arbeits- und Lebensverhältnisse der jüngeren Generationen so zu gestalten, dass trotz der skizzierten Wandelprozesse einerseits die Arbeitsfähigkeit langfristig erhalten bleibt, als auch andererseits berufliche sowie familiäre und private Anforderungen erfolgreich miteinander in Einklang gebracht werden können. Dies ist nicht nur vor dem Hintergrund der Sicherung der sozialen Sicherungssysteme von Bedeutung, sondern auch vor dem einer generativen Gerechtigkeit, die der jungen Generation eine selbstgewählte und -bestimmte Lebensweise ermöglicht. Die Gestaltung der Schnittstelle zwischen Arbeit, Familie und Freizeit bildet dabei eine Möglichkeit, die aufgeführten Ziele zu realisieren.

Interventionen zur besseren Vereinbarkeit von Arbeit, Familie und Freizeit bzw. zur Verbesserung der Work-Life-Balance stellen eine Gelegenheit dar, auf die Herausforderungen des demografischen Wandels zu reagieren. Maßnahmen zur Verbesserung der Work-Life-Balance können zunächst kurzfristig dazu beitragen, die aktuelle Lebenssituation von Beschäftigen zu verbessern, zum Beispiel durch Reduktion von existierenden Konflikten zwischen den Lebensbereichen Arbeit, Familie und Freizeit oder durch Angebote, die einen einen positiven Transfer zwischen den Domänen erleichtern. Darüber hinaus besteht aber auch die Hoffnung, dass Work-Life-Balance-Maßnahmen langfristig dazu beitragen können, die Konsequenzen des demografischen Wandels und dabei insbesondere der niedrigen Geburtenrate entgegenzuwirken. Sowohl soziale und ökonomische Rahmenbedingungen als auch individuelle Faktoren beeinflussen die Fertilitätsraten. Familien- und Sozialpolitik beeinflusst die Entscheidung über die Lebens- und Familienform der Individuen innerhalb einer Gesellschaft (Lengerer, 2004). Sie kann förderliche Rahmenbedingungen schaffen, die sich positiv auf die Vereinbarkeit von Arbeit und Familie auswirken. Es besteht die Hoffnung, dass sich entsprechende gesellschaftliche Verbesserungen positiv auf die Fertilitätsrate auswirken und damit zur Stabilität des gesellschaftspolitischen Systems beitragen.

Einfluss auf die Bevölkerungsentwicklung zu nehmen und den drohenden Konsequenzen des demografischen Wandels entgegenzuwirken, ist eine gemeinschaftliche Aufgabe von Politik und Wirtschaft, um die Grundlagen für national bzw. regional erfolgreiche Entwicklungsverläufe zu legen. Eine Handlungsoption der politischen Institutionen besteht darin, die Opportunitätskosten, die mit Elternschaft und Kindern verbunden sind, durch gezielte Familienpolitik zu reduzieren (z. B. durch gezielte monetäre Förderung), um auf diesem Wege die Bereitschaft zur Familiengründung auf breiter Basis zu erhöhen. Die Ablösung des Elterngeldes und die Einführung des neuen Elterngeldes, das von seinem Konzept her als Lohnersatzleistung zu verstehen ist, kann hier als ein aktuelles Beispiel angesehen werden (vgl. a. Rürup & Gruescu, 2003). Die Diskussion um eine mögliche Reform des Ehegattensplittings ist ebenfalls hier anzusiedeln. Gelingt es ferner, flankierend die infrastrukturellen Bedingungen so zu gestalten (z. B. in Form von Kinderbetreuungseinrichtungen oder entsprechenden familienfreundlichen Arbeitsplatzangeboten), dass die Geburtenrate und der Zuzug oder Verbleib von Familien in einer Region positiv gefördert werden, dann sind hierdurch nicht nur für die Kommunen, sondern auch für die beteiligten Unternehmen nachhaltige und ökonomisch positive Effekte als auch eine gute Position im regionalen Wettbewerb um Bürger und Beschäftigte zu erwarten.

So spricht der siebente Familienbericht auch die Empfehlung aus, Familie nicht länger nur als Empfänger von Leistungen, sondern im Gegenteil als Investoren zu sehen und zu behandeln (BMfFSFJ, 2005c, S. 12). Gürtler erwartet (2004), dass gerade Individuen, die eine Familie gründen wollen oder bereits gegründet haben, Regionen mit einer familienfreundlichen Struktur bevorzugen. Es kann angenommen werden, dass insbesondere diese Personengruppe regionale Fertilitätsraten noch weiter verbessern kann. Hülskamp (2005) macht deutlich, dass Ansätze zur Verbesserung der Fertilitätsraten nicht verallgemeinerbar sind, sondern regionale Besonderheiten berücksichtigen sollten. So weist die Autorin darauf hin, dass in den alten Bundesländern insbesondere eine bessere Betreuungsinfrastruktur für Kinder und ihre Eltern sowie Konzepte zur Verbesserung der Vereinbarkeit von Arbeit und Familie vermutlich demographisch positive Effekte hervorrufen, während hingegen in den neuen fünf Bundesländern vor allem eine insgesamt positive ökonomische Gesamtentwicklung vergleichbare Effekte hervorrufen sollten.

Es bleibt festzuhalten: Es existiert ein offensichtlicher Zusammenhang zwischen den Folgen des demografischen Wandels und der Vereinbarkeit von Arbeit, Familie und Freizeit bzw. dem Work-Life-Balance-Erleben von Individuen. Zwar gibt es, wie beschrieben, erste zumeist deskriptive Befunde, die den Zusammenhang beschreiben. Genaue Modelle, die den Zusammenhang und die Wirkrichtungen einzelner Variablen spezifizieren, stehen bisher jedoch weitestgehend aus. Es gibt erste Simulationsstudien der Prognos AG (BMfFSFJ, 2005a), die davon ausgehen, dass durch Work-Life-Balance-Maßnahmen die Geburtenrate auf 1,56 gesteigert werden und damit auch der Bevölkerungsabnahme zumindest bis zum Jahre 2020 wirksam begegnet werden kann.

Eine Expertise des Instituts der deutschen Wirtschaft (BMfFSFJ, 2006a; BMfFSFJ, 2005a) geht aufgrund der Ergebnisse der Simulationsstudie ferner davon aus, dass durch eine gezielte Familienpolitik (und den damit verbundenen Work-Life-Balance-Maßnahmen) nicht nur dem demografischen Wandel entgegengesteuert werden kann, sondern auch ökonomische Wachstumseffekte (beschäftigungswirksame Nachfrage auf dem Arbeitsmarkt; Stärkung des privaten Konsums) hervorgerufen werden können, die Wohlstand und Lebensqualität langfristig und nachhaltig sichern können (u. a. durch eine Stärkung der sozialen Sicherungssysteme). Neben den gesellschaftlichen und makroökonomischen Vorteilen von Work-Life-Balance-Maßnahmen werden darüber hinausgehend positive unternehmensinterne (Verringerung der Fluktuation, verbessertes Betriebsklima, geringere Fehlzeiten, erhöhte Produktivität) und -externe (verbesserte Beziehungen zu und höhere Attraktivität für Kunden und Investoren, verbessertes Image) betriebswirtschaftliche Effekte prognostiziert. Ebenfalls werden positive Effekte für Beschäftige vorhergesagt (Unterstützung von Konzepten zum lebenslangen Lernen, Verbesserung sozialer Beziehungen, Überwindung tradierter Rollenbilder und Entwicklung neuer Rollen- und Leitbilder, verstärkte gesellschaftliche Teilhabe und bürgerliches Engagement).

4.3 Der Genderdiskurs

Auf der Ebene des politischen Handelns ist ebenfalls ein Wandelprozess festzustellen. Dabei gerät das Verhältnis der Geschlechter zueinander sowie die gesellschaftlichen Rahmenbedingungen, die dieses Verhältnis in starkem Maße determinieren, in den Fokus der politischen Analyse und des Handlungsprozesses. Der Wandel offenbart sich unter anderem in einem Entwicklungsprozess, der zu einer neuen Form der (europaweiten) Gleichstellungspolitik führt, dem so genannten Gender Mainstreaming. Rechtliche Grundlage für das Gender Mainstreaming auf EU-Ebene ist der Amsterdamer Vertrag aus dem Jahre 1999, der sich auf die Beschlüsse der Weltfrauenkonferenz der Vereinten Nationen in Nairobi in den Jahren 1985 und 1995 in Peking bezieht. In diesem Vertrag verpflichten sich die Mitgliedstaaten zu einer aktiven Gleichstellungspolitik im Sinne des Gender Mainstreaming.

Gender Mainstreaming bedeutet, bei allen gesellschaftlichen Vorhaben die unterschiedlichen Lebenssituationen und Interessen von Frauen und Männern von vornherein und regelmäßig zu berücksichtigen, da es keine geschlechtsneutrale Wirklichkeit gibt (BMfFSFJ, o.J.). Der englische Begriff *Gender* bezeichnet die gesellschaftlich, sozial und kulturell geprägten Geschlechtsrollen von Frauen und Männern. Diese sind – im Gegensatz zum biologischen Geschlecht – erlernt und damit auch veränderbar. Der Begriff *Mainstreaming* bedeutet, dass eine bestimmte inhaltliche Vorgabe, die bisher nicht das Handeln bestimmt hat, nun zum zentralen Bestandteil bei allen Entscheidungen und Prozessen wird. Ziel des Gender Mainstreaming ist es, die unterschiedlichen Interessen und Lebenssituationen von Frauen und Männern in der Struktur, in der Gestaltung von Prozessen und Arbeitsabläufen, in den Ergebnissen und Produkten, in der Kommunikation und Öffentlichkeitsarbeit sowie in der Organisationssteuerung zu berücksichtigen.

Gender Mainstreaming meint keine neue oder andere Form der Frauenpolitik, denn während Frauenförderung sich gezielt auf die Unterstützung einer bestimmten Zielgruppe mit allein frauenspezifischen Themen beschäftigt, verfolgt der Gender Mainstreaming Ansatz das Ziel, alle beteiligten Individuen, ungeachtet ihres Geschlechts, bei allen Entscheidungsprozessen zu berücksichtigen. Gender Mainstreaming ist somit vom Konzept her deutlich umfassender und breiter angelegt als gezielte Interessenspolitik für Frauen oder Männer. Allerdings zeigt sich in der praktischen Umsetzung des Gender Mainstreaming derzeit noch eine geringe Berücksichtigung männerspezifischer Aspekte und einer starke Dominanz frauenspezifischer Themen, was einerseits vermutlich auf die enge organisationale und personale Vernetzung der beteiligten Personen zurückzuführen ist und andererseits in der historischen Entwicklung des Themas begründet liegt. Vor dem Hintergrund des Themas Work-Life-Balance kann die Strategie des Gender Mainstreaming als ein politisches und organisationales Konzept verstanden werden, mittels dessen die genderspezifischen Bedürfnisse und Lebenssituationen von Individuen stärker und gleichberechtigt berücksichtigt werden. Gender Mainstreaming stellt somit hinsichtlich der Umsetzung von Maßnahmen und Lösungsansätzen zur Verbesserung des Work-Life-Balance-Erlebens *„eine übergeordnete Rahmenbedingung dar, um beiden Geschlechtern die Möglichkeit des individuellen Ausgleichs der drei Kernbereiche Arbeit, Familie und Freizeit zu bieten"* (Klimpel & Schütte, 2006, S. 42). In der Praxis zeigen sich dabei allerdings noch oft erhebliche Schwiergkeiten. Anderserseits lassen sich mittlerweile auch zahlreiche Ansätze nennen, mittels derer die Strategie des Gender Mainstreaming in den letzten Jahren in der organisationalen Praxis umgesetzt werden soll und wird. Exemplarisch sei hier nur auf das Inkrafttreten des Bundesgleichstellungsgesetzes (BGleiG) oder die Vereinbarung zwischen der Bundesregierung und den Spitzenverbänden der deutschen Wirtschaft zur Förderung der Chancengleichheit von Frauen und Männern in der Privatwirtschaft genannt, auch wenn bisher noch zahlreiche Defizite ausgemacht werden können (vgl. z. B. Krell & Ortlieb, 2004). In diesem Zusammenhang kann insbesondere die fortwährende strukturelle Benachteiligung von Frauen auf dem Arbeitsmarkt genannt werden.

4.4 Wandel der Normalarbeitsverhältnisse in einem sich verändernden Arbeitsmarkt

Ein funktionierender Arbeitsmarkt kann als Grundvoraussetzung für ein stabiles prosperierendes Wirtschaftssystem und die Stabilität der sozialen Sicherungssysteme erachtet werden. Der Arbeitsmarkt in Deutschland und in vielen anderen Nationen Europas unterliegt starken Veränderungen. Er lässt sich in mehrfacher Hinsicht als ein geteilter Markt beschreiben: Während eine große Zahl Geringqualifizierter bei einer dauerhaft hohen Sockelarbeitslosigkeit aufgrund mangelnder Stellenangebote Arbeit sucht, herrscht gleichzeitig in einigen Teilmärkten Fachkräftemangel.

Der schnelle technologische Wandel und die damit in Zusammenhang stehende immer kürzeren Halbwertszeit von Wissen können häufig als Rahmenbedingungen ausgemacht werden, die die Teilung des Arbeitsmarktes in Menschen mit ausreichender oder unzureichender Qualifikation forcieren. Sie bedingen in erheblichem Maße das Phänomen struktureller Arbeitslosigkeit, da die Qualifikationen von Erwerbstätigen häufig nicht mehr den Anforderungen der Arbeitswelt angepasst ist. Insbesondere bei der Nachfrage nach hochqualifizierten Akademikern, überwiegend Ingenieuren und Technikern, übersteigt vielfach das Angebot an Arbeitskräften. Als geteilt kann der Arbeitsmarkt aber auch beschrieben werden, weil für Frauen und Männer – trotz des bereits skizzierten europaweit initiierten Gender-Mainstreaming-Prozesses – noch immer geschlechtsspezifische Ausgangssituationen vorherrschen.

Der Arbeitsmarkt kann aber auch als geteilt dargestellt werden, weil eine immer größere Zahl verschiedenster Formen von Arbeitsverhältnissen diesen Markt charakterisiert. Neben kurzfristigen konjunkturellen Entwicklungen lassen sich mehrere strukturelle, längerfristig wirksame Veränderungsprozesse feststellen, die auch Konsequenzen für die Vereinbarkeit von Arbeit, Familie und Freizeit haben. Im Folgenden sollen deshalb zwei Veränderungsprozesse, die besondere Bedeutung für das Work-Life-Balance-Erleben haben, kurz beschrieben werden: die zunehmende Erwerbstätigkeit von Frauen und die Veränderungen der Normalarbeitsverhältnisse.

4.4.1 Erwerbstätigkeit von Frauen

Die Entwicklung der Erwerbstätigkeit von Frauen seit dem II. Weltkrieg
Seit dem 2. Weltkrieg hat sich das Erwerbsverhalten von Frauen (mit und ohne Kindern) in starkem Maße verändert. Ist in den fünfziger und sechziger Jahren des 20. Jahrhunderts für Frauen die Entscheidung der Vereinbarkeit von Arbeit, Familie und Freizeit meist noch eine Frage des entweder/oder, so hat sich in den jüngsten Jahrzehnten mit der *„Entfamilialisierung der Frauen"* (Peuckert, 2002, S. 236) die Situation geändert. Als Gründe hierfür gelten die verstärkte Nachfrage einer florierenden Wirtschaft nach weiblichen Arbeitskräften, eine reformierte Bildungspolitik mit einer größeren Chancengleichheit für Frauen und Mädchen, Reformen des Ehe-, Familien- und des Scheidungsrechts, verbesserte Methoden der Schwangerschaftsverhütung, eine gesamtgesellschaftlich liberale Haltung zur Sexualität und technische Rationalisierungsprozesse im Rahmen der Hausarbeit (vgl. Peuckert, 2002, S. 234).

Spätestens seit den frühen siebziger Jahren streben zunehmend Frauen in die Erwerbstätigkeit. Doch aufgrund der zu dieser Zeit noch bestehenden klaren Rollenzuschreibung zwischen den Geschlechtern bedeutet diese Situation für die betroffenen Frauen meist eine massive Doppelbelastung. Zwar hat die Berufstätigkeit von Frauen, vor allem in den unteren sozio-ökonomischen Schichten, eine lange Tradition, doch insbesondere in den (west-)europäischen Wohlfahrtsstaaten ist nach dem 2.Weltkrieg das

Male-Breadwinner-Modell das vorherrschende familiäre Partnerschaftsmodell (Schulze Buschhoff, Weller & Rückert, 1998).

Anders verläuft die Entwicklung in den sogenannten sozialistischen Staaten des ehemaligen Ostblocks. Hier üben Frauen in erheblichem Maße auch Berufstätigkeiten aus, die in den westeuropäischen Staaten vorwiegend als Männerberufe gelten. Nicht zuletzt aus ideologischen Gründen wird in den sozialistischen Staaten bereits im Nachkriegseuropa staatlicherseits die Erwerbstätigkeit von Frauen und deren berufliche und gesellschaftliche Gleichstellung massiv gefördert. So beträgt die Frauenerwerbsquote in der DDR 1990 rund 92 % (Peuckert, 2002). Die Förderung manifestierte sich beispielsweise im Ausbau eines umfangreichen System staatlich organisierter und meist ganztätiger Kinderbetreuung, das nach der Geburt eines Kindes eine schnelle Rückkehr zum Arbeitsplatz erlauben und die Vereinbarkeit von Arbeit und Familie erleichtern sollte. So waren beispielsweise in der DDR neun von zehn Müttern erwerbstätig, zumeist in Vollzeit.

Familiäre Geschlechterarrangements

Auch in den Staaten, die vormals dem kapitalistischen westlichen Kulturkreis zugerechnet wurden, befindet seit spätestens seit den siebziger Jahren das *Male-Breadwinner-Modell* (i.S. einer Versorgerehe) auf dem „Rückzug". In fast allen europäischen Staaten setzen sich mittlerweile verschiedene Modelle der partnerschaftlichen Erwerbstätigkeit durch. Die Frage nach ihrer Auftretenshäufigkeit bzw. welches Modell das jeweilige nationale Mainstream-Modell ist, hängt dabei meist von der spezifischen historischen Entwicklung und den jeweiligen Rahmenbedingungen ab. Beispiele hierfür sind

- das *„Universal breadwinner"*-Modell (auch individualisiertes Modell genannt), das eine gleichwertige Förderung der Erwerbstätigkeit beider Partner verfolgt (in Skandinavien oft praktiziert),
- das *„Modified male breadwinner"*-Modell, in dem aufgrund einer gut ausgebaute Kinderbetreuung einerseits die Erwerbstätigkeit beider Geschlechter gefördert wird, anderseits aber aufgrund struktureller Rahmenbedingungen (z.B. hoher Lohnunterschiede zwischen Männern und Frauen) nur begrenzt wirkt (Bsp. Belgien und Frankreich),
- das *„Male breadwinner and female part-time"*-Modell, eine Art modernisierter Versorgerehe (Deutschland, Österreich, Niederlande, UK) und
- das *„Male breadwinner and dual full-time"*-Modell, welches auf männlichen Alleinverdienern basiert bei gleichzeitiger Vollzeitbeschäftigung vieler Frauen, da aufgrund des geringen Einkommensniveaus und kaum vorhandener Teilzeitarbeitsplätze die Erwerbstätigkeit der Frau eine wirtschaftliche Notwendigkeit darstellt und Alternativen nicht bestehen (Bsp.: Südeuropa: Portugal, Spanien, Italien, Griechenland; vgl. a. Pfarr & Vogelheim, 2002).

Mit der Beschreibung der empirisch auffindbaren partnerschaftlichen und familialen Geschlechterarrangements kann jedoch noch keine Aussage über die Motive und Gründe für die Aufnahme einer Erwerbstätigkeit getroffen werden. Die Motive zur Aufnahme der Erwerbstätigkeit von Frauen dürfen auf keinen Fall allein auf ökonomische Notwendigkeiten reduziert werden. Zu nennen sind hier unter anderem vor allem Selbstbestätigung, soziale Kontakte im Rahmen der Berufstätigkeit, der Wunsch, die eigenen Kompetenzen sinnvoll im Rahmen einer beruflichen Karriere einzusetzen (Bertram, 1995) oder Wunsch nach finanzieller Unabhängigkeit (BMfFSFJ, 1996). Ein deutsche Besonderheit stellt im europäischen Vergleich dabei eine gleichzeitig starke Berufs- und Familienorientierung von Frauen dar (Bertram, 1995).

Erwerbsquoten und Geschlechterarrangements im Vergleich
Ein Anstieg der Beschäftigungsquote von Frauen kann in fast allen Industrie-Nationen konstatiert werden (Major & Germano, 2006). In Deutschland beträgt 2004 der Anteil der Frauen an den 35,7 Millionen Erwerbstätigen rund 45 % (Statistisches Bundesamt, 2005). Während die Zahl der erwerbstätigen Männer sich im Zeitraum zwischen 1991 und 2004 um rund 8 % verringert hat, ist die Zahl der Frauen im selben Zeitraum um 9 % gestiegen. Die Erwerbstätigenquote von Frauen im Alter zwischen 15 und 64 Jahren (Anzahl der Frauen im erwerbsfähigen Alter, die dem Arbeitsmarkt zur Verfügung stehen) beläuft sich im selben Jahr auf 59 % (ebd., 2005).

Ein wesentlicher Grund für die stärkere Partizipation von Frauen am Erwerbsleben ist in einer größeren Chancengleichheit und den damit verbundenen verbesserten Bildungsabschüssen zu sehen. Als weitere Ursache kann der generelle Anstieg der Erwerbstätigkeit in den ökonomischen Beschäftigungsfeldern und Branchen gesehen werden, die traditionellerweise eher von Mitarbeiterinnen ausgeübt werden. So sind Frauen insbesondere in den beschäftigungsreichen und geringer entlohnten sozialen Berufen und Gesundheitsberufen sowie dem Dienstleistungsgewerbe vertreten.

Bei den Erwerbstätigkeitquoten von Frauen gibt es im internationalen Vergleich erhebliche Unterschiede. Deutschland zeigt bei der Erwerbsbeteiligung und beim Beschäftigungsniveau vor allem im Vergleich mit den skandinavischen Ländern einen deutlichen Rückstand (Eichhorst & Thode, 2002). Der Anteil der teilzeitbeschäftigen Frauen ist dagegen im internationalen Vergleich relativ hoch. Das vorherrschende Erwerbsmuster in Paarhaushalten mit Kindern unter sechs Jahren bleibt in Deutschland allerdings noch immer das männliche Alleinverdienermodell (41,6 %), gefolgt von dem Modell Mann Vollzeit/Frau Teilzeit (26,3 %). Ein Modell, bei dem beide Eltern voll erwerbstätig sind, wird nur von 5,3 % der Paare mit Kindern realisiert. Vergleicht man die tatsächlich praktizierten Erwerbstätigkeitsmodelle der Paarhaushalte mit Kindern mit den gewünschten, so lassen sich starke Differenzen erkennen. Während ein Großteil der Haushalte noch immer das Alleinverdienermodell praktiziert, wird dieses Modell lediglich von 5,7 % der Haushalte präferiert. Am liebsten wird von Paarhaushalten mit Kindern ein Modell gewünscht, in dem eine Person vollzeiterwerbstätig und die andere teilzeiterwerbstätig ist (42,9 %), rund ein Drittel der Haushalte (32 %) bevorzugt hingegen die Vollzeiterwerbstätigkeit beider Partner.

Frauenarbeit = Teilzeitarbeit?
Besonders hohe Zuwachsraten der Erwerbstätigkeit von Frauen zeigen sich im Bereich der Teilzeitarbeit. Modelle der Teilzeitbeschäftigung haben seit den neunziger Jahren der vergangenen Dekade generell einen Bedeutungszuwachs erfahren. So stufen sich nach Angaben des Statistischen Bundesamtes (2005) mittlerweile 23 % aller abhängig Beschäftigten als teilzeiterwerbstätig ein, dies sind rund 9 % mehr als im Referenzjahr 1991. Dieser Trend kann vor allem auf die steigende Teilzeiterwerbstätigkeit von Frauen zurückgeführt werden, denn rund 85 % aller Teilzeitbeschäftigten sind mittlerweile Frauen. Die Teilzeitquote steigt in den vergangenen Jahren sowohl für Männer als auch Frauen kontinuierlich. Während selbige sich für Männer mittlerweile auf 15 % beläuft, beträgt die Teilzeitquote für Frauen im Jahr 2004 42 % (Statistisches Bundesamt, 2005). Trotz zum Teil national deutlicher Unterschiede sind auch international Frauen in stärkerem Umfang teilzeiterwerbstätig als Männer (vgl. bspw. Major & Germano, 2006).

Trotz der zunehmenden Integration von Frauen in den Arbeitsmarkt wird Frauenarbeit noch immer häufig als minderwertig und nicht vollwertig betrachtet. Eine ähnlich negative Zuschreibung erfährt auch die in Deutschland bei Frauen sehr verbreitete Teilzeitarbeit, die folglich oft auch als Frauenarbeit angesehen wird. *„Im Vergleich zur Vollzeitarbeit und der damit verbundenen gesellschaftlichen Pflichterfüllung wird Teilzeitarbeit als ein Entzug aus der gesellschaftlichen Verantwortung empfunden. Teilzeitarbeitende machen sich auf Kosten der Vollzeitarbeitenden ein schönes Leben und leisten sich mehr Freizeit. Man kann hier von einer Stigmatisierung von Teilzeitarbeit sprechen, Teilzeitarbeit als nicht richtige oder nicht vollwertige Arbeit"* (Stauder, 1998).

Teilzeitarbeit wird im traditionellen Rollenverständnis häufig als eine Ergänzung zur Haus- und Familienarbeit oder als eine Möglichkeit für Berufsrückkehrerinnen nach der Elternzeit erachtet. Aber auch teilzeitarbeitende Männer erfahren gesellschaftlich mannigfaltige Widerstände und Diskriminierungen. Viele Männer nutzen deshalb oft die Möglichkeiten zur Teilzeiterwerbstätigkeit nicht, da sie Benachteiligungen bei der Karriereentwicklung befürchten oder die Gefahr sehen, nach ihrer Rückkehr nicht mehr voll in die betrieblichen Abläufe integriert zu sein. Ein weiterer Hinderungsgrund bei der Nutzung von Teilzeitarbeitmodellen ist die Reduzierung des Einkommens und damit verbunden, vor allem bei traditionell orientierten Männern, häufig ein (zumindest befürchteter) Status- und Prestigeverlust.

Erwerbstätigkeit von Müttern (und Vätern)
Vergleicht man die Erwerbstätigenquote von Frauen mit Kindern im Haushalt mit der von Frauen ohne Kinder im Haushalt, dann zeigt sich ein auf den ersten Blick überraschendes Ergebnis: Die Quote beträgt für Frauen mit Kindern 63 % und nur 54 % für Frauen ohne Kinder (Engstler & Menning, 2003). Erklärbar wird dieses Phänomen durch den Anteil der 50- bis 60-jährigen Frauen in der Gruppe ohne Kinder. Zieht man zum Vergleich die Altersgruppe der Frauen zwischen dem 25. und 44. Lebensjahr heran, dann wird deutlich, dass Frauen mit Kindern in deutlich geringerem Umfang auf dem Arbeitsmarkt aktiv sind als Frauen ohne Kinder. Für diese Altersgruppe gilt: Bei den Frauen ohne Kinder besteht eine Erwerbstätigkeitsquote von 84 %, für die Gruppe mit Kindern hingegen von 63 %.

Noch stärker fällt der Unterschied aus, wenn man nur die Gruppe der Mütter mit einem Kind von unter 3 Jahren zum Vergleich heranzieht: Hier beträgt die Erwerbstätigenquote der Frauen sogar nur noch 48 % (ebd., 2003). Es gibt dabei einen engen Zusammenhang zwischen der Zahl der zur versorgenden Kinder und der Erwerbstätigkeit der Mütter: Je mehr Kinder die Mütter zu versorgen haben, desto geringer ist die Wahrscheinlichkeit, dass sie eine Erwerbstätigkeit (wieder) aufnehmen. Sind in Ostdeutschland 90 % und in Westdeutschland 80 % der Frauen mit nur einem Kind nach der Elternzeit wieder erwerbstätig, so ist liegt dieser Anteil bei zwei Kindern jeweils um rund 20 % niedriger (Beckmann & Engelbrech, 2001). Dabei bestehen regionale Unterschiede: Während im Westen sich 78 % für eine Teilzeitbeschäftigung entscheiden, nehmen im Osten rund die Hälfte der Frauen wieder eine Vollzeitbeschäftigung auf (ebd.).

Neben der Zahl der Kinder steht die Erwerbstätigkeit von Müttern auch in engen Zusammenhang mit dem Alter ihrer Kinder, denn mit zunehmendem Alter der Kinder steigt die Erwerbstätigkeitsquote wieder an (Engstler & Menning, 2003). Während die Erwerbsbeteiligung von Frauen durch ihre familiäre Konstellation stark geprägt ist, ist sie für Männer weitestgehend unabhängig von der familialen Lebenssituation. Hier zeigt sich tendenziell eher ein gegenläufiger Trend, denn Männer mit größeren Familien sind zu einem etwas höheren Prozentsatz erwerbstätig (ebd. 2003). Das Alter der Kinder spielt bei der Erwerbsbeteiligung von Vätern nur eine vernachlässigenswerte Rolle.

Der Arbeitsmarkt für hochqualifizierte Frauen
Die Beschäftigungsquote für Frauen in hoch qualifizierten Berufen ist in Deutschland im internationalen Vergleich eher gering. So beträgt die Beschäftigungsquote von Akademikerinnen lediglich 62 % (Eichhorst & Thode, 2002), während andere Nationen hier zum Teil Quoten von über 80 % erreichen (z. B. Norwegen, Kanada). Hoch qualifizierte weibliche Beschäftigte legen allerdings aufgrund ihrer Karriereorientierung den Schwerpunkt ihrer Lebensgestaltung auf das Erwerbsleben und verzichten dabei häufiger als geringer qualifizierte Frauen auf Kinder (Engelbrech, 2001, 2002, Kaufmann, 1997).

Derartige Entwicklungen erscheinen vor allem vor dem Hintergrund des demografischen Wandels (s. a. Kapitel 4.2) und dem prognostizieren Fachkräftemangel bei höher qualifizierten Tätigkeiten beschäftigungspolitisch äußerst problematisch.

Als Ursachen hierfür können die langen Ausbildungszeiten in Deutschland und eine hohe Erwerbsorientierung der Frauen ausgemacht werden (Engelbrech, 2001). So ist davon auszugehen, dass im Rahmen der langen Ausbildungen (insbesondere beim Studium) der Kinderwunsch in spätere Lebensphasen nach der Ausbildung verschoben wird. Jedoch zeigt sich häufig beim Eintritt ins Erwerbsleben, dass für hoch qualifizierte Frauen relativ gute Beschäftigungsmöglichkeiten bestehen (Engelbrech, Gruber & Jungkunst, 1997). Gleichzeitig bedeuten längere Unterbrechungszeiten der Erwerbstätigkeit unmittelbar nach der Ausbildung sowie in den ersten Jahren der Berufstätigkeit ein höheres Risiko für eine adäquate Beschäftigung im weiteren Berufsverlauf (Engelbrech, 2001).

Dies bedeutet, dass es gerade für diese Zielgruppe sinnvoll wäre, künftig strukturelle Möglichkeiten zu schaffen, die die Vereinbarkeit von Arbeit, Freizeit und Familie sowohl während der Ausbildung als auch der ersten Berufsjahre nach der Ausbildung zu verbessern helfen, damit Kinderwünsche trotz Karriereorientierung umgesetzt werden können. Da hoch qualifizierte Frauen oft in finanziell besser ausgestatteten Haushalten leben, stellen gerade hier staatliche Transferzahlungen wie z. B. das Kindergeld keinen Anreiz dar, der die Vereinbarkeit von Arbeit und Familie verbessert bzw. die Betroffenen animiert, das *Risiko Elternschaft* trotz beruflicher Karriere einzugehen. Da Transferleistungen für diese Zielgruppe meist keine „existenzsichernden" Funktionen haben, vermutet Engelbrech (2001) lediglich Mitnahmeeffekte, die aber keine gesellschaftspolitischen Steuerungseffekte haben.

Benachteiligung von Frauen auf dem Arbeitsmarkt
Trotz der gesteigerten Beschäftigungsquote von Frauen sind noch immer viele Benachteiligungen von Frauen auf dem Arbeitsmarkt festzustellen. So gilt es festzuhalten, dass Frauen trotz eines deutlich verbesserten Bildungs- und Ausbildungsniveaus in Führungspositionen noch immer unterrepräsentiert sind. Dieses Phänomen lässt sich nicht nur in Deutschland, sondern in den meisten westlichen Industrienation beobachten (Effekt der gläsernen Decke; vgl. Major & Germano, 2006). So kann beispielsweise ein kontinuierlicher Anstieg des Frauenanteils bei den Studienanfängern konstatiert werden, jedoch muss für die nachfolgenden Qualifikationsstufen ein *„Leaky-Pipeline-Effekt"* (Oechsle, 2005) festgestellt werden: Der Anteil der Frauen im wissenschaftlichen Mittelbau und in der Professorenschaft ist trotz des Anstiegs bei den Studienanfängerinnen noch immer überproportional gering.

Neben einer *vertikalen Segregation* gilt es ebenfalls auf die zum Teil noch immer bestehende horizontale Segregation im Arbeitsmarkt hinzuweisen. Hierunter ist die geschlechtsspezifische Aufteilung der Berufe in Männer- und Frauenberufe zu verstehen, wobei jedoch angemerkt werden muss, dass in den letzten Jahrzehnten im Kontext des Gleichstellungsdiskurses Frauen immer häufiger sich auch in traditionell männlichen Berufsfeldern etablieren können. Umgekehrt stellen Männer in klassischen Frauenberufen noch immer die Ausnahme dar.

Trotz zahlreicher Bestrebungen zur Behebung geschlechtsspezifischer Benachteiligung erfahren Frauen auf dem Arbeitsmarkt auch hinsichtlich ihrer Entlohnung noch immer deutliche Nachteile. Diese Form der Benachteiligung gilt nicht nur innerhalb spezifischer Berufe und Branchen, sondern zum Teil auch innerhalb desselben Betriebes (Hinz & Gartner, 2005).

Fazit
Erwerbstätigkeit von Frauen kann heutzutage im Vergleich zur Mitte des vergangenen Jahrhunderts als eine gesellschaftliche Selbstverständlichkeit erachtet werden. Dabei erfährt eine gleichzeitige hohe Berufs- und Karriereorientierung eine hohe gesellschaftliche Akzeptanz. Die Gewinnung von Frauen als Arbeitskräfte für den Arbeitsmarkt wird in absehbarer Zukunft vermutlich an Bedeutung gewinnen, nicht zuletzt, um die Folgen fehlender Fachkräfte und des demografischen Wandels abzufangen. Nichts desto trotz erfahren Frauen noch immer zahlreiche Benachteiligungen oder werden aufgrund genderspezifischer Differenzierung diskriminiert (auch in der bisher an dieser Stelle noch nicht aufgeführten Aspekten wie Entlohnung, Machtstrukturen und Führungsverhalten). Mit der umfangreicheren Erwerbstätigkeit von Frauen geht ein Wandel der familialen und partnerschaftlichen Arrangements einher, der sich nicht nur in den biografischen Verläufen der Individuen äußert, sondern, wie auch noch zu zeigen sein wird, im Zusammenhang steht mit dem subjektiven Vereinbarkeitserleben zwischen den Domänen Arbeit, Familie und Freizeit.

4.4.2 Wandel der Normalarbeitsverhältnisse

Das Normalarbeitsverhältnis als normativer Standard
Der gesellschaftliche Strukturwandel zeigt sich in beruflichen Biografien. Wie bereits im vorhergehenden Kapitel ausgeführt, vollzieht sich ein Rückgang von Erwerbstätigkeitsmodellen, die sich an der Vollzeitbeschäftigung orientieren. Es kann grundsätzlich unterschieden werden zwischen Normalarbeitsverhältnissen und atypischen Beschäftigungsverhältnissen, darunter fallen Teilzeitbeschäftigungsverhältnisse, befristete Beschäftigungen, geringfügige Beschäftigungen, Beschäftigungsformen aufgrund von Scheinselbstständigkeit sowie vereinzelte Formen der Heim- und Telearbeit. Diesen unterschiedlichen Beschäftigungsformen ist gemein, dass sie vom Modell der dauerhaften

und unbefristeten Vollzeitbeschäftigung abweichen. Während sich einerseits offenbar ein struktureller Wandel des Arbeitsmarktes vollzieht, da das Modell der Vollzeitbeschäftigung längst nicht mehr den Regelfall bedeutet, muss andererseits festgehalten werden, dass sich viele Organisationen sowie Rechts- und Sozialsysteme noch immer am Modell der Vollzeit-Beschäftigung als Leitbild orientieren (Lauterbach & Sacher, 2001, S. 260).

Ursächlich hierfür ist, dass das Modell der Vollzeit-Beschäftigung mit seinen arbeits- und sozialrechtlichen Schutzfunktionen vielen gesellschaftlichen Interessensgruppen (Gewerkschaften, Arbeitgeberverbände, Parteien, Kirchen) und Forschern noch immer als tradiertes gesellschaftliches und alleiniges Leitbild gilt. Verankert ist das Gedankengut vor allem in den Prinzipien des deutschen Sozialversicherungssystems, das von Vollbeschäftigung mit dem Bezugspunkt Normalarbeitsverhältnis und dem männlichen Arbeitsbürger als Familienernährer ausgeht (s. a. Dingeldey & Gottschall, 2001). Besonders deutlich werden die traditionellen Denkmuster im Umgang mit dem Phänomen Arbeitslosigkeit. Denn trotz einer hohen Sockelarbeitslosigkeit ist Vollbeschäftigung noch immer das unumstrittene gesellschaftspolitisch intendierte Ziel, wobei es allerdings mehr als zweifelhaft erscheint, ob es in naher Zukunft jemals wieder gelingen wird, diesen Zielzustand zu erreichen. Denn selbst bei Annahme einer extrem positiven ökonomischen Entwicklung und einer ebenfalls positiv verlaufenden Bewältigung der mit dem demografischen Wandel in Verbindung stehenden Veränderungen erscheint es alles andere als zwingend, dass das „Gespenst" der dauerhaften Massenarbeitslosigkeit verschwindet, denn ein nicht unerheblicher Teil der derzeitigen Erwerbslosen ist nur geringfügig qualifiziert und aufgrund dieser Kompetenzdefizite in zukunftsorientierten Branchen und Berufen nicht oder nur bedingt einsetzbar.

Ferner ist davon auszugehen, dass in den vorhandenen Arbeitsplätzen noch zahlreiche, bisher ungenutzte Rationalisierungspotenziale verborgen sind, die zu weiteren Freisetzungsprozessen von Arbeitskräften führen werden und damit die Sockelarbeitslosigkeit weiterhin stabilisieren werden. Ob das Beharren am Leitbild des Normalarbeitsverhältnisses unter den skizzierten Umständen politisch wünschenswert und pragmatisch sinnvoll ist, erscheint zumindest bedenkenswert. De facto ist das Normalarbeitsverhältnis noch immer normatives Leitbild mit bedeutenden juristischen und sozialen Implikationen. So weist Kress (1998, S. 490) darauf hin, dass *„das Normalarbeitsverhältnis [...] nicht einfach ein empirischer Sachverhalt oder eine statistisch-quantitative Durchschnittgröße aller ‚normalen' Arbeitsverhältnisse"* sei, sondern *„vielmehr auch eine juristische anerkannte und darum gesetzte, ‚herrschende' Fiktion"*, die mit zahlreichen Regelungen und Schutzvorkehrungen verknüpft ist (z. B. Kündigungsschutz, Arbeitszeitrecht, Betriebsverfassungsgesetz, Leistungsansprüche gegenüber den Trägern der Sozialversicherung).

Der Wandel von Normalarbeitsverhältnissen zu anderen Beschäftigungsformen wie Teilzeitarbeit, Leih- und Zeitarbeit, nicht sozialversicherungspflichtige Beschäftigungen oder auch die gleichzeitige Ausübung mehrerer geringfügiger Beschäftigungen hat somit hinsichtlich der sozialen Absicherung der Beschäftigten eine erhebliche Bedeutung. Zwar ist der Arbeitsmarkt hinsichtlich verschiedener Beschäftigungsformen erheblich flexibler geworden, doch sind die Sozialversicherungssysteme noch immer überwiegend auf Normalarbeitsverhältnisse ausgerichtet. Damit bedeutet das Herausfallen aus dem ersten Arbeitsmarkt häufig für die Betroffenen einen zusätzlichen Verlust an sozialer Absicherung. In diesem Zusammenhang sind die so genannten unsicheren oder prekären Beschäftigungsformen zu nennen. Darunter fallen, je nach Auswahl der zugrunde gelegten Kriterien, befristete sozialversicherungspflichtige Beschäftigungen, Leih- und Zeitarbeit, nicht sozialversicherungspflichtige abhängige Beschäftigungsverhältnisse oder Formen der freien Mitarbeit. Es herrschen, abhängig von den ausgewählten Kriterien und den methodischen Zugängen zu ihrer Erfassung, unterschiedliche Auffassungen darüber, wie groß der Anteil der prekär Beschäftigten ist.

Nach Fuchs (2006) sind hinsichtlich des Kriteriums des Erwerbseinkommens mittlerweile rund ein Drittel aller Erwerbstätigen in prekären Beschäftigungsverhältnissen tätig. Schreyer (2000, 2001) findet in den alten Bundesländern rund 10 % prekäre Arbeitsverhältnisse und in den neuen Bundesländern rund 16 %, wobei insbesondere jüngere Un- oder Nichtqualifizierte, junge Akademiker und Frauen in derartigen Beschäftigungsverhältnissen angestellt sind. Ungeachtet des tatsächlichen Umfangs dieser Beschäftigungsverhältnisse versucht der Gesetzgeber mittlerweile durch Reformen der Sozialversicherung, der geschilderten Entwicklung Rechnung zu tragen, indem gesetzliche Regelungen geschaffen werden, die zum Teil auch die Interessen unsicherer Beschäftigter innerhalb der Sozialversicherung stärker berücksichtigen (z. B. das Abführen von Beiträgen für die gesetzliche Rentenversicherung bei geringfügigen Beschäftigungsverhältnissen oder der steuerlichen Begünstigung ehrenamtlichen Engagements).

Erosion der Normalarbeitsverhältnisse oder moderater Strukturwandel?
In welchem Umfang Normalarbeitsverhältnisse einer Erosion unterliegen, d.h. in wie starkem Umfang und wie schnell sie von anderen Erwerbsformen abgelöst werden oder ob es überhaupt angemessen ist, von einer Erosion der Normalarbeitsverhältnisse zu sprechen, darüber herrscht in der Literatur Uneinigkeit. Ursache hierfür sind nicht zuletzt unterschiedliche methodische Zugänge, Definitionen und Datengrundlagen (vgl. Kress, 1998). Normalarbeitsverhältnisse werden definiert als *„abhängige Vollzeitbeschäftigung von unbefristeter Dauer"* (Hoffmann & Walwei, 2000). Teriet (1980) nennt ergänzend Berufsverlaufsschema, die Konzentration des Arbeitsverhältnisses auf einen Arbeitgeber, die außerhäusliche Erwerbstätigkeit und die Notwendigkeit zur Existenzsicherung als zusätzliche Merkmale. Garhammer (2004) nennt als weitere Kriterien die

Arbeitszeit (Umfang und Lage) sowie die räumliche Entfernung (zwischen Wohnung und Arbeitsort).

Ungeachtet dieses Disputes besteht jedoch Konsens hinsichtlich einer grundlegenden Verschiebung weg von Normalarbeitsverhältnissen hin zu eher atypischen Erwerbsformen jenseits des Normalarbeitsverhältnisses (Kratzer, Sauer, Hacket & Trinks, K., 2003, zit. n. Ewers, 2005). Nicht ganz unerheblich bei der Bewertung der Veränderungsprozesse ist der jeweils zugrunde liegende Referenzrahmen. So weisen Diekmann & Jann (2002) in einer Analyse der Daten der SOEP darauf hin, dass a) noch immer rund zwei Drittel aller abhängigen Beschäftigungsverhältnisse dem Normalarbeitsverhältnis entsprechen und b) die gewählte Vergleichsbasis von relevanter Bedeutung ist (vgl. a. Hoffmann & Walwei, 2000). Die Autoren zeigen in ihrer Untersuchung, dass der Anteil der Normalarbeitsverhältnisse bezogen die auf Grundgesamtheit der abhängig Beschäftigten zwar deutlich abgenommen hat, wählt man jedoch als Referenzpopulation die Bevölkerung im erwerbsfähigen Alter, so zeigt sich hingegen eine relativ große Stabilität seit Beginn der neunziger Jahre. Differenziert man bei den Analysen allerdings nach dem Geschlecht der Erwerbstätigen, so zeigt sich für die Gruppe der Männer im erwerbsfähigen Alter zwar eine leichte Erosion der Normalarbeitsverhältnisse, für Frauen im erwerbsfähigen Alter zeigt sich dagegen sogar ein (leicht) gegenläufiger Trend.

Erklärungsansätze
Was sind die Ursachen für die strukturellen Veränderungen hinsichtlich der Arbeitsverhältnisse? Diekmann & Jann (2002) unterscheiden hier zwischen der a) einer verstärkten Nachfrage nach atypischen Erwerbsformen seitens der Individuen und b) eine Umlagerung von Normalarbeit hin zu atypischen Arbeitsverhältnissen, die aber durch eine allgemeine Ausweitung der Erwerbstätigkeit (wie z. B. der erhöhten Erwerbsquote von Frauen) kompensiert wird. Als weitere Ursachen für die Erosion von Normalarbeitsverhältnissen werden nach Lauterbach & Sacher (2001) in der wissenschaftlichen Literatur vor allem drei Gründe genannt: Flexibilisierung, Deregulierung und Individualisierung. Flexibilisierung meint eine Anpassung der Aufbau- und Ablauforganisation z. B. von Arbeitszeiten an optimierte, betriebliche Dienstleistungs- und Produktionsprozesse (z. B. durch längere Maschinenlaufzeiten), Differenzierung der Lohn- und Gehaltsstruktur durch Veränderungen der rechtlichen und tariflichen Grundlagen (z. B. flexiblere Tarifmodelle) sowie dem Outsourcing ehemalig selbsterbrachter Funktionen der Organisation. Deregulierung steht für die ordnungs- und arbeitsmarktpolitische Flankierung der oben genannten organisationalen Prozesse durch den Gesetzgeber. Individualisierung betrifft schließlich die verstärkte Nachfrage der Beschäftigten nach flexibleren Arbeitsverhältnissen, die eine bessere Vereinbarkeit von Arbeit, Familie und Freizeit ermöglichen.

Neuere Entwicklungen
Der Wandel hin zu immer mehr flexiblen Arbeitsverhältnissen, die nicht einem Normalarbeitsverhältnis entsprechen, scheint kein vorübergehender Trend, sondern eine unumkehrbare Entwicklung. Der sichere unbefristete Arbeitsplatz als Normalarbeitsverhältnis hat hinsichtlich seiner normativen Kraft deutlich eingebüßt. Doch obwohl es immer mehr freie und flexible Arbeitsverhältnisse gibt, kristallisieren sich auch hier neue auf Dauer angelegte Arbeitsverhältnisse heraus. Zwar sind viele der neuen Freiberufler aus formaljuristischer Sicht als Freie zu bezeichnen, doch de facto, was ihr Abhängigkeitsverhältnis zu Auftrag- bzw. Arbeitgeber betrifft, manchmal in einem noch stärkeren Maße abhängig als mancher *„abhängig Beschäftigte"*. So drücken Begrifflichkeiten wie *„Feste Freie"* oder *„Stammleiharbeiter"* den Sachverhalt aus, dass Risiken der Arbeitgeber gerne in Form von prekären Arbeitsverhältnissen auf die freie Mitarbeiter abgewälzt werden.

Betrachtet man die Veränderung der strukturellen Bedingungen der Arbeitsverhältnisse und die damit verbundene Erosion der Normalarbeitsverhältnisse in Deutschland im internationalen Vergleich mit Ländern, die über stärker flexibilisierte Arbeitsmärkte verfügen (z. B. USA), so zeigt sich, dass sich die Bedingungen in Deutschland noch als stabiler erweisen und dass die Erosion der Normalarbeitsverhältnisse noch allzu nicht zu weit fortgeschritten ist (Garhammer, 2004). Ungeachtet der empirischen Befunde hinsichtlich einer möglichen Erosion des Normalarbeitsverhältnisses sei abschließend noch darauf hingewiesen, dass es zunehmend seine normative Bedeutung als Bezugspunkt für alle Formen von Arbeitsverhältnissen einbüßt (Kress, 1998).

4.5 Politische Rahmenbedingungen

Im folgenden Kapitel soll kurz auf die Bedeutung und Verantwortung der Politik und ihrer Akteure zur Unterstützung angemessener Lösungen zur besseren Vereinbarkeit von Arbeit-Familie-Konflikten und damit auch zu einem besseren Work-Life-Balance-Erleben thematisiert werden.

Aufgaben der Politik und ihrer Entscheidungsträger
Die Aufgabe, angemessene Angebote und Lösungen zur guten Vereinbarkeit von Arbeit, Familie und Freizeit zu machen, stellt sich nicht allein Organisationen, Betrieben und der darin beschäftigten Mitarbeiterinnen und Mitarbeiter. Vor allem handelt es sich dabei auch um eine politische Aufgabe. Denn sowohl Politik (Bund, Länder, Kreise und Kommunen) als auch Verbände und Tarifpartner, aber auch Judikative und Exekutive können in der Gesellschaft maßgeblich die Rahmenbedingungen dafür schaffen, die es Familien und anderen Lebensgemeinschaften ermöglichen, Arbeits- und Privatleben er-

folgreich und möglichst wenig konfliktbeladen miteinander ein Einklang zu bringen. Insbesondere den politischen Entscheidungsträgern bietet sich die Möglichkeit durch Vorgabe klarer Rahmenbedingungen die Vereinbarkeitsfrage zu beeinflussen.

Dies beginnt beispielsweise bei der Gestaltung der steuerlichen Rahmenbedingungen auf Bundesebene und geht über die Schaffung von Betreuungsplätzen und offenen Ganztagsschulen für Kinder auf Ebene der Länder bis hin zur indirekten Einflussnahme durch die Gestaltung gesellschaftlicher Rahmenbedingungen auf kommunaler Ebene (z. B. durch Gestaltung der Wohnumfeldes und seiner sozial-kulturellen Angebote). Doch neben diesen konkreten Möglichkeiten der Einflussnahme dürfen auch die Auswirkungen durch die alleinige Behandlung des Themas innerhalb der Politik nicht unterschätzt werden. Politische Initiativen zur Verbesserung der Vereinbarkeit von Arbeit, Freizeit und Familie heben die Bedeutung des Themas hervor und haben Signalwirkung für Bürger, Verbände und nicht-staatliche Entscheidungs- und Handlungsträger (wie Tarifpartner oder Wohlfahrtsverbände), sich ebenfalls mit diesem Thema auseinander zu setzen.

Ein Diskurs jenseits der politischen Lager?
Der Wertewandel der vergangenen Jahrzehnte manifestiert sich gleichwohl nicht nur in Einstellung und dem Verhalten der Individuen, sondern äußert sich auch in den von staatlichen Organisationen und Parteien (bzw. deren Vertreter) vertretenen Werthaltungen. So wird in einer Bestandsaufnahme der Familienpolitik der ehemaligen Bundesregierung (BMfFSFJ, 2002) die Vereinbarkeit von Berufs-, Privat und Familienleben mittlerweile als ein zentrales Ziel der bundesdeutschen Familienpolitik beschrieben, während noch gut ein Jahrzehnt zuvor das Thema der Vereinbarkeit als private Angelegenheit der Individuen betrachtet wurde. Als Schlüsselressourcen zur Realisierung der Vereinbarkeit von Familienleben und Erwerbstätigkeit werden partnerschaftliche Aufgabenteilung, verlässliche, bezahlbare und hochwertige Kinderbetreuung, der Rechtsanspruch auf Teilzeitarbeit und Elternzeit sowie eine wirtschaftliche Förderung von Familien gesehen.

Auch hierin spiegelt sich deutlich eine veränderte Werthaltung wieder. Inwieweit derzeit allerdings in der Praxis bei den politischen Akteuren und den staatstragenden Parteien überhaupt zwischen unterschiedlichen Lösungsansätzen differenziert werden kann, bleibt offen, denn mittlerweile ist das Thema Vereinbarkeit von Arbeit, Familie und Freizeit für alle der im Bundestag vertretenen Parteien ein bedeutendes Thema geworden. Die praktischen Unterschiede innerhalb der Wahlprogramme in diesem Punkt erscheinen jedoch marginal. So bestehen – meist aus ideologischen und historischen Gründen – zum Teil noch immer deutliche Unterschiede in den Axiomen, die das politische Handeln der Akteure bestimmen. Deutlich wird dies beispielsweise darin, dass politisch eher konservativ ausgerichteten Parteien sich beim Diskurs um das Thema Vereinbarkeit von Arbeit, Familie und Freizeit in starkem Maße auf die Ehe als Institution und zu schützendes Gut berufen, während eher progressivere politische Kräfte sich stärker an der Ausdifferenzierung der Lebensformen orientieren.

So führen auch Bailyn, Drago & Kochan (2001) an, dass von Politikern favorisierte Maßnahmen zur Verbesserung der Vereinbarkeitsproblematik oft ganzheitlichen Lösungsansätzen entgegenstehen, da sie geprägt sind von ideologischen Standpunkten und institutionellen Perspektiven. Betrachtet man allerdings in der Praxis die tatsächlich realisierten Lösungsansätze, so erscheint es nicht selten, als würden sich diese, jenseits theoretisch postulierter Annahmen, ganz pragmatisch nach dem tatsächlich Realisierbaren richten (nicht zuletzt aufgrund ökonomischer Notwendigkeiten). Verfolgt man die in diesem Zusammenhang geführten politischen Debatten (beispielsweise in Deutschland zur Einführung des Elterngeldes mit Jahresbeginn 2007), so wird offenkundig, dass bei der Behandlung des Themas Vereinbarkeit von Arbeit, Familie und Freizeit die politischen Auseinandersetzung oft nicht mehr nur zwischen den Parteien und Lagern verläuft, sondern in starkem Maße auch innerhalb der jeweiligen politischen Lager polarisiert.

Die Diskussionen zum Thema sind vielfach von Interessensgruppen geprägt, die in allen politischen Lagern vertreten sind (z. B. Frauen/Männern, Arbeitgeber/-nehmer) und führen in der Praxis dann nicht selten dazu, dass politische Interessengruppen miteinander kooperieren, die sich historisch betrachtet eher konträr gegenüber stehen. Das ist eine Beobachtung, die auch in der gesamtgesellschaftlichen Debatte zum Thema „Vereinbarkeit von Arbeit, Familie und Freizeit" gemacht werden kann. So weisen Badura & Vetter (2003) in diesem Zusammenhang darauf hin, dass sich bei der aktuellen Auseinandersetzung mit dem Thema Work-Life-Balance die ehemals konträren Ansätze und Ideen einer familienbewussten Personalpolitik wertkonservativer Unternehmer mit den Ansätzen der Emanzipationsbewegungen und Frauenförderung eher progressiver Unternehmen verbinden.

Als politische Handlungsfelder zur Verbesserung des Work-Life-Balance-Erlebens bzw. zur Schaffung von förderlichen Rahmenbedingungen für eine bessere Vereinbarkeit von Arbeit, Familie und Freizeit empfehlen sich insbesondere die Sozial- und Familienpolitik. Aufgrund der föderalen Struktur der Bundesrepublik Deutschland ergibt sich, dass einige familienpolitische Maßnahmen bundeseinheitlich wirken bzw. Gültigkeit haben (z. B. Kindergeld, steuerlicher Kinderfreibetrag, Ehegattensplitting, Elterngeld, Kündigungsschutz von werdenden Müttern), während aufgrund der Zuständigkeiten von Ländern, Kreisen oder Kommunen in anderen Bereichen zum Teil sehr unterschiedliche Standards hinsichtlich der familien- und sozialpolitischen Angebote herrschen (z. B. Angebote zur Kinderbetreuung, Angebote an offenen Ganztagsschulen, kommunale Infrastrukturen für Familien wie Spielplätze oder Sportanlagen, Angebote zur Integration und Förderung sozial benachteiligter Familien). Welchen Einfluss familienpolitische Maßnahmen auf die Vereinbarkeit von Arbeit, Familie und Freizeit haben, soll nachfolgend anhand der staatlichen Transferleistungen im Allgemeinen und dem Ehegattensplitting und der Elternzeit im Besonderen sowie auf lokaler kommunaler Ebene beschrieben werden.

4.5.1 Familienpolitik am Beispiel staatlicher Transferleistungen

Staatliche Transferleistungen
Analysiert man die Aufteilung der öffentlichen Ausgaben für Familien, so zeigt sich in Deutschland ein sehr hoher Anteil an finanziellen Leistungen (71 %; z. B. Kindergeld) und ein relativ geringer Anteil an Dienstleistungen (29 %, z. B. Aufwendungen für Kinderbetreuungsaufgaben). Die staatliche finanzielle Förderung von Familien erfolgt in Deutschland überwiegend transferorientiert, d.h. über Transfers wie Kindergeld oder Berücksichtigung des Familienstandes bei der Einkommenssteuer werden Familien gegenüber Alleinstehenden bevorteilt. Im internationalen Vergleich erweist sich diese Art der Förderung aber als eher ungeeignet, um die Vereinbarkeit von Arbeit und Familie zu erhöhen, da mit der Aufnahme einer Arbeitstätigkeit des zweiten Ehepartners zum Teil nur sehr geringe finanzielle Anreize verbunden sind (Eichhorst & Thode, 2002, Engelbrech, 2001, 2002; Dingeldey 2002). Das sogenannte Ehegattensplitting und die Steuerfreiheit von verheirateten, geringfügig beschäftigten Ehepartnern wirkt dabei beschäftigungshemmend. Dabei ist die Steuerersparnis umso größer, je größer die Einkommensunterschiede zwischen den beiden Lebenspartnern sind. Eine Aufnahme oder Ausdehnung der Erwerbstätigkeit des geringer verdienenden Ehepartners bedeutet deshalb meist einen Verlust des Steuervorteils.

Ähnlich verhält es sich bei den familiären Zusatzeinkommen durch einen geringfügig beschäftigten Ehepartner (max. 15 Stunden pro Woche bei einem Maximaleinkommen von 325 €). Sind diese Bedingungen für geringfügig Beschäftigte gegeben, dann ist dieses Einkommen steuerfrei. Die Aufnahme einer umfangreicheren Erwerbstätigkeit ist dann nur noch bedingt attraktiv, da über den genannten Betrag hinausgehendes Einkommen steuerpflichtig ist. Berücksichtigt werden muss außerdem, dass bei zusätzlicher Erwerbsarbeit des zweiten Ehepartners in der Regel zusätzliche Kosten für Kinderbetreuung anfallen, die das Zusatzeinkommen weiter schmälern und somit den finanziellen Anreiz zu Aufnahme einer Beschäftigung weiter verringern.

Eine Alternative zur bestehenden Form des Ehegattensplittings würde das sogenannte Familiensplitting darstellen. Bei ihm werden nicht nur die Eltern bei der Berechnung der Steuerlast berücksichtigt, sondern auch die Anzahl der Kinder wird mit einem bestimmten Faktor (z. B. 0,5) berücksichtigt, so dass mit steigender Zahl von Kindern auch höhere Steuererleichterungen zum tragen kommen.

Dass unattraktive staatliche Transferleistungen nicht nur bei der Aufnahme der Erwerbstätigkeit, sondern auch bei ihrer (vorübergehenden) Aufgabe ins Leere laufen, wird offenkundig, wenn man die Entwicklung des Bundeserziehungsgeldgesetz (BErzGG) betrachtet. Nur ein sehr geringer Anteil von Vätern machte bisher nach der Geburt ihrer Kinder von ihrem Rechtsanspruch auf unbezahlte Freistellung von der Arbeit Gebrauch. Im internationalen Vergleich zeigen sich starke Unterschiede in der Nutzung der Elternzeitangebote durch Väter. Während in Deutschland der Anteil der Männer, die die Möglichkeit der Elternzeit nutzen, sehr gering ist (zwischen 2 % und 5 %), betragen diese Quoten in Norwegen 80 %, in Schweden 36 % und in Dänemark 10 % (Eichhorst & Thode, 2002). Eine wesentliche Ursache für diese starken nationalen Unterschiede liegt in der Tatsache begründet, dass in den skandinavischen Ländern die Angebote für die Elternzeit der Männer an die Person des Vaters geknüpft und nicht übertragbar auf die Mutter sind.

Zusätzlich wird ein Großteil des ausfallenden Arbeitsentgeltes alimentiert. In Deutschland hingegen bedeutete die Zahlung eines Erziehungsgeldes (300 Euro pro Monat über 2 Jahre) vor allem für Besserverdienende und Familien, die nach dem Male-Breadwinner-Modell leben, meist keinen monetären Anreiz, die Erwerbstätigkeit (vorübergehend) aus familiären Gründen aufzugeben. Vielmehr stellten diese Rahmenbedingungen sicher, dass es zu starken finanziellen Einbußen innerhalb der Familien kommt, wenn der Elternteil mit dem höheren Einkommen das Angebot nutzt (vgl. Beckmann, 2001). Mit der Reform der BErzGG und der Einführung des einkommensabhängigen Elterngeldes (67 % des wegfallenden Nettoeinkommens) sowie der Verknüpfung der maximalen Transferleistung an beide Eltern wird seitens des Gesetzgebers nun die Hoffnung verknüpft, dass zukünftige Väter verstärkt den oft vorhandenen Wunsch nach einer besseren Vereinbarkeit von Arbeit, Familie und Freizeit auch in die Praxis umsetzen können.

Transferleistungen im internationalen Vergleich
Dass staatliche Transferzahlungen die Geburtenrate nicht verbessert, zeigt ein Vergleich mit Nationen mit einer hohen Geburtenrate (z. B. Skandinavien, Irland oder Frankreich), denn in keinem dieser Länder werden ähnlich hohe Transferzahlungen vorgenommen. Hingegen zeichnen sich die genannten Länder durch ein umfangreiches Angebot der öffentlichen Kinderbetreuung aus. Ein Vergleich mit skandinavischen Ländern und auch Großbritannien zeigt, dass außerdem eine hohe Erwerbsbeteiligung der Frauen mit einer hohen Geburtenrate verbunden sein kann (Engelbrech, 2001, 2002). Die OECD (2001) hat zur Klärung des Zusammenhangs zwischen der Vereinbarkeit von Arbeit und Familie und der Arbeitsmarktbeteiligung von Frauen im Alter zwischen 30 und 34 Jahren einen *Vereinbarkeitsindex für Familie und Beruf* ermittelt. Der Index beinhaltet Daten zu den gesetzlichen Regelungen im Mutterschutz, zur Kinderbetreu-

ung sowie der familienfreundlichen Ausgestaltung von Arbeitsverhältnissen. Hohe Werte erzielen Schweden (3,3), die Niederlande (2,7) und Australien (1,9). Für Deutschland ergibt sich ein mittlerer Wert von 1,3 (zum Vergleich USA 1,2). Am schlechtesten schneiden südeuropäische Länder (Italien -1,9, Griechenland -3,4) und Japan (-2,9) ab. Der Vereinbarkeitsindex korreliert dabei sehr hoch mit den Frauenerwerbstätigenquoten in den jeweiligen Länder ($r=0,68$). Setzt man den Vereinbarkeitsindex in Relation zur Fertilität, so ergibt sich ein Bestimmtheitsmaß (r^2) von 0,26, d.h. dass etwa ein Viertel der Varianz im Geburtenverhalten durch die Vereinbarkeit von Familie und Beruf erklärt werden kann. Dies bedeutet, dass massive Verbesserungen der Vereinbarkeit von Arbeit und Familie tendenziell auch höhe Geburtsraten erwarten lassen würden.

4.5.2 Vereinbarkeit von Arbeit und Familie aus Perspektive der Kommunen

Die gesellschaftlichen Veränderungen in der Arbeitswelt und die damit verbundenen Work-Life-Balance-Prozesse bedeuten auch für das (lokale) öffentliche Gemeinwesen eine Herausforderung. Massenentlassungen in traditionellen Großunternehmen, der Gründungsboom kleiner, innovativer Start-Up-Unternehmen, der Anstieg der Zahl der Pendler (und deren Entfernungen), der Weg in die 24-Stunden-Service-Gesellschaft, der Trend zur Kleinfamilie und zur Individualisierung sowie der demografische Wandel bedeuten für die öffentlichen Gemeinwesen, die Sinnhaftigkeit und Angemessenheit der vorhandenen Infrastruktur zu überdenken. Insbesondere der Interaktion zwischen den einzelnen Lebensbereichen (Arbeit, Wohnen, Verkehr etc.) muss dabei besondere Bedeutung geschenkt werden.

Lokale Bündnisse für Familie
Den kommunalen Gebietskörperschaften kommt auf lokaler Ebene bei der Umsetzung politischer Maßnahmen eine zentrale Stellung zu. Sie *„sind auf der örtlichen Ebene in besonderer Weise zur Bewältigung familialer Problemlagen gefragt. Sie nehmen mit ihrer verfassungsrechtlich garantierten Allzuständigkeit des örtlichen Wirkungskreises für die Daseinsvorsorge der Menschen und ihrer Familien geradezu eine Schlüsselstellung ein"* (Wingen, o.J.). Dies gilt insbesondere vor dem Hintergrund, dass konkrete, die Lebensqualität bestimmenden Rahmenbedingungen zumeist auf der örtlichen und regionalen Ebene entschieden, gestaltet und umgesetzt werden. Neben den Aufgaben, die die Kommunen im Rahmen ihrer Allzuständigkeit des örtlichen Wirkungskreises ausführen, müssen die Aufgaben abgegrenzt werden, die sie aufgrund gesetzlicher Regelungen als so genannte Pflichtaufgaben wahrnehmen (ebend, o.J.).

Gerade auf der Ebene der kommunalen Gebietskörperschaften führt die Vereinbarkeitsproblematik zu neuen Herausforderungen, da die vorhandenen demokratischen Institutionen (z. B. Stadt- und Kreisräte) und die berufsbezogenen regionalen Verbände und Kammern (z. B. IHK) meist allein nicht in der Lage sind, die entsprechende Probleme zu bewältigen. Eine übergreifende, vernetzte Kooperation erscheint deshalb notwendig. Kochan (2001, S. 557) fordert deshalb die direkte Demokratie in Form von Work-Family Councils zu verstärken. *„Um die Interessen von Arbeitnehmern, Familien und Arbeitgebern bei der Entwicklung neuer Lösungen zu berücksichtigen, benötigen wir eine neue Form der direkten Demokratie vor Ort, durch die diese Gruppen an der Anwendung, der Erprobung, dem Erlernen und der Anpassung dieser Lösungen an ihre örtlichen Gegebenheiten beteiligt werden. Unser Vorschlag lautet, auf breiter Grundlage eine Reihe von einzelstaatlichen oder regionalen Work-Family Councils einzurichten, die diese Funktionen wahrnehmen. Die Mitglieder würden sich regelmäßig im Rahmen eines nationalen „Working Families Summit" treffen, eines Gipfels zur Erörterung der Belange berufstätiger Familien."*

De facto wurde Kochans Forderung in Deutschland von der Bundesregierung bzw. den Landesregierungen mit dem Netzwerk für Familienbündnisse umgesetzt. Lokale Bündnisse für Familie sind Zusammenschlüsse von Partnern aus Politik und Verwaltung, Unternehmen, Wirtschaftsverbänden, Kammern und Gewerkschaften, freien Trägern, sozialen Einrichtungen, Kirchengemeinden und Initiativen. Sie dienen als Kontaktplattform, Diskussionsforum und lokale Lobby für Familien. Ihr Ziel ist es, aktive regionale Netzwerke von Akteuren zu initiieren, die sich für Familien engagieren und konkrete Verbesserungen für Familien durch Projekte in verschiedenen Handlungsfeldern umsetzen (z. B. Work-Life-Balance, Kinderbetreuung, Verkehr und Wohnen, familiale Gesundheit etc.). Sie stellen eine Möglichkeit der direkten Partizipation innerhalb der Kommunen dar.

Lokalen Bündnissen und Kooperationen kann bei der Gestaltung kinder- und familienfreundlicher Kommunen eine hohe Bedeutung zukommen. Denn hier bietet sich die Möglichkeit, dank Vernetzung und Zusammenarbeit verschiedenster Partner ziel- und bedarfsgerechte Lösungsansätze zu entwickeln. Insbesondere für Problemstellungen, bei denen bestehende kommunalen Angebote nicht greifen oder Lösungsansätze aufgrund von Ressortdenken in der Praxis nicht umgesetzt werden können, erweist sich diese Form der Kooperation unter Umständen als sehr erfolgreich, da die Handlungsfelder von lokalen Bündnissen und Netzwerken in der Regel das direkte berufliche und private Umfeld von Familien betreffen.

Die Bedeutung familienfreundlicher Angebote auf kommunaler Ebene
Nach einer Expertise von Prognos (2004a) erweisen sich familienfreundliche Angebote in einer Region aus vielen Gründen als positiver Standortfaktor (vgl. a. RKW, 2003). In der Prognos-Expertise werden dabei die nachfolgenden Punkte explizit aufgeführt:

- Familienfreundlichkeit unterstützt in erster Linie die Bestandsentwicklung regionaler Unternehmen.
  - Verbesserte Ausschöpfung des regionalen Arbeitskräfteangebots
  - Höheres Potenzial für Organisationen zur Anwerbung und langfristigen Bindung von Fachkräften in bzw. an die Region und das jeweilige Unternehmen
- Familienfreundlichkeit verbessert die Bedingungen für Unternehmensgründungen
  - Bessere Bedingungen für Unternehmensgründer und deren Familien
  - Besseres wirtschaftliches Umfeld
- Familienfreundlichkeit sichert die Innovationsdynamik und Wettbewerbsfähigkeit einer Region
  - Gewinnung und Bindung von vor allem jungen Fachkräfte und Spezialisten
- Familienfreundliche Regionen besitzen Vorteile bei der Bewältigung des Strukturwandels
  - Der wachsende Sektor der Dienstleistungsunternehmen ist vor allem abhängig von der Gewinnung von Mitarbeitern
- Familienfreundlichkeit führt zur nachhaltigen Sicherung der Kaufkraft durch günstigere Bevölkerungsentwicklung
  - Insbesondere der Handel und das Dienstleistungsgewerbe profitieren durch steigendes Kaufkraftpotenzial, wenn es auf regionaler Ebene gelingt negative Wanderungssalden zu stoppen oder gar umzudrehen
- Familienfreundlichkeit sichert kommunale Steuereinnahmen
  - Auch die Kommunen profitieren durch eine vorteilhaftere Bevölkerungsentwicklung und den damit verbundenen Steuereinnahmen

Familienatlas Deutschland
Dass es sich bei dem Thema „Vereinbarkeit von Arbeit und Familie als regionaler Standortfaktor" nicht nur um theoretische Überlegungen, sondern um ein Thema mit hohem Praxisbezug handelt, spiegelt das Projekt Familienatlas des BMfFSFJ (2005b) wider. Ziel des Projektes Familienatlas ist es, Regionengruppen mit gleichen Familienfreundlichkeitsprofilen zu identifizieren, um auf diese Weise Handlungsfelder und Ansatzpunkte für lokale Verbesserungsmaßnahmen zu entwickeln. Die regionale Familienfreundlichkeit wird dabei quantitativ über ein Indikatorenset erfasst, das sich ursprünglich aus 19 sozialen und demografischen Indikatoren verschiedenster Quellen zusammensetzte. Mittels einer Clusteranalyse werden zur statistischen Klassifizierung Gruppen von Regionen gebildet, bei denen die Mitglieder innerhalb der Gruppe möglichst homogen sein sollten und die Unterschiede zwischen den Gruppen in ihrer Ausprägung möglichst heterogen (Prognos 2005).Dabei wird darauf geachtet dass nur solche Indikatoren in die Analyse einfließen, für die verlässliche, vergleichbare und flächendeckende quantitative Informationen für alle 439 Kreise und kreisfreien Städte in

Deutschland verfügbar sind. Die Indikatoren lassen sich in fünf inhaltlichen Themenkategorien zusammenfassen:
- Demografie
  - Anteil Kinder und Jugendliche (unter 18 Jahre) an der Gesamtbevölkerung
  - Fertilitätsrate
  - Binnenwanderungssaldo der Familienwanderer
- Betreuungsinfrastruktur
  - Krippenplätze je 1.000 Kinder unter 3 Jahren
  - Hortplätze je 1.000 Kinder 6–9 Jahre
  - Anteil der Ganztagesbetreuung in (Krippen, Kindergärten und Horten)
  - Betreuungseinrichtungen insgesamt je 1.000 Kinder im Alter 0–9 Jahre (in Krippen, Kindergärten und Horten)
- Bildung & Arbeitsmarkt
  - Schulabgänger ohne Hauptschulabschluss
  - Ausbildungsplatzdichte
  - Arbeitslosenquote
  - Arbeitslose unter 25 Jahre je 1.000 15- bis unter 25-Jährige
- Vereinbarkeit von Familie und Beruf
  - Teilzeitquote
  - Beschäftigtenanteil Frauen (an den Gesamtbeschäftigten)
- Sicherheit & Wohlstand
  - Körperverletzung und Einbruchdiebstahl je 100.000 Einwohner
  - Verletzte Kinder im Straßenverkehr (0–15 Jahre je 10.000 0–15-Jährige)
  - Anteil Kinder und Jugendliche in Sozialhilfe, 2002

Nach Durchführung einer Clusteranalyse nach dem Ward-Verfahren (mit dem quadrierten euklidische Abstand als Distanzmaß) können als Ergebnis acht Regionentypen mit unterschiedlichen Ausprägungsprofilen für die fünf Themenkategorien identifiziert werden (vgl. Tabelle 4).

Die Charakteristika der acht verschiedenen Regionentypen sind im Familienatlas 2005 (BMfFSFJ, 2005b) detailliert beschrieben. Die Autoren weisen explizit darauf hin, dass bei der bei der Interpretation der Ergebnisse darauf zu achten sei, dass die Einzelindikatoren für sich genommen nur eine eingeschränkte Aussagekraft haben und deshalb nur die unterschiedlichen Kombinationen verschiedener Einzelindikatoren und der Themenkategorien Rückschlüsse auf die spezifischen Bedingungen für Familien in den Regionen zulassen.

Welche Bedeutung das Thema Familienfreundlichkeit im kommunalen Alltag bereits hat, zeigt sich darin, dass sich in einigen Regionen Deutschlands Kommunen offensichtlich im direkten Wettbewerb um den Zuzug junger Familien befinden. Als

Tabelle 4: Bewertung der Regionengruppen in den 5 thematischen Bereichen des Familienatlas (nach BMfFSFJ, 2005b, S. 9)

	Demo-grafie	Betreu-ungsinfra-struktur	Bildung & Arbeits-markt	Familie & Beruf	Sicherheit & Wohlstand
Gruppe A Wo es sich als Familie gut wohnen und leben lässt	+	-	++	+	+
Gruppe B Die klassische Mittelstandregion	++	--	++	--	++
Gruppe C Regionen mit „verdeckten Problemen"	+	-	0	++	-
Gruppe D Die Unauffälligen	++	--	+	-	0
Gruppe E Singlestädte als biografische Durchlaufstation"	-- bzw. -	0	+ bzw. 0	++ bzw. 0	-
Gruppe F "Refugien" für Familien in Ostdeutschland	-	++	--	-	0
Gruppe G Fehlende Perspektiven für Familien	--	++	--	0	-
Gruppe H Städte im Strukturwandel	- (bzw. 0)	-	-	0 bzw. -	--

Erläuterung: Im Vergleich zum Bundesdurchschnitt: ++ = stark überdurchschnittlich; + = überdurchschnittlich; 0 = durchschnittlich; - = unterdurchschnittlich, — 0 unterdurchschnittlich

Beispiel sei hier auf die Region südliches Münsterland/ nördliches Ruhrgebiet in Nordrhein-Westfalen verwiesen. Während die Kommunen des eher dünn besiedelten südlichen Münsterlandes zuzugswilligen Familien günstiges Bauland in Verbindung mit einem kostenlosen Kindergarten-Platz und anderen familienfreundlichen Angebote in Aussicht stellen, befürchten die finanziell meist schlechter gestellten Kommunen des dicht besiedelten nördlichen Ruhrgebiets in Folge dessen eine Abwanderung dieser Zielgruppe (vgl. RZ vom 19.03.2007). Es ist anzunehmen, dass sich in Zukunft der Wettbewerb zwischen den Kommunen um Familien noch deutlich verstärken wird.

Kommunale Unterstützungsangebote in der Praxis
Organisationen und Unternehmen erwarten von den Kommunen bei der Gestaltung von familienfreundlichen Angeboten neben finanziellen Mitteln vor allem Unterstützung in Form von Information, Beratung und Netzwerkbildung (Hertie-Stiftung, 2003). Hier besteht in den Kommunen häufig bereits eine grundlegende Infrastruktur (z. B. in Form von Beratungsstellen, Fachämtern, lokalen Initiativen etc.), die es jedoch zu koordinieren gilt. Als hinderlich erweist es sich in diesem Zusammenhang, dass bisher in den meisten Kommunalverwaltungen keine direkten Beauftragten und Ansprechpartner für das Thema existieren. Empirische Untersuchungen über die Güte der kommunalen Angebote zur familienfreundlichen Politik existieren, soweit dem Verfasser bekannt, bisher nicht. Erste Hinweise darauf, dass die vorhandenen Angebote bisher aber zum Teil noch als sehr mangelhaft einzustufen sind, gibt eine Untersuchung der

Hertie-Stiftung (2003). Denn nur rund 14% der befragten Kommunalverwaltungen berichten darin über positive Resonanz hinsichtlich der kommunalen Unterstützungsangebote für Unternehmen. Dies erscheint umso erstaunlicher vor dem Hintergrund der bereits angeführten positiven Effekte, die familienfreundlichen Kommunen zugeschrieben werden. So wird beispielsweise in ostdeutschen Kommunen derzeit diskutiert, inwieweit durch Gestaltung eines familienfreundlichen kommunalen Umfelds der Abwanderung von Fachkräften, insbesondere qualifizierter junger Frauen, entgegengewirkt werden kann (vgl. bspw. RKW, 2003).

> *Organisieren ist, wenn einer aufschreibt, was andere arbeiten.*
>
> (Kurt Tucholsky)

5. Organisationaler Wandel

5.1 Wandel der Organisationsformen

Einleitung
Nach Ansicht verschiedener Autoren befinden sich viele Volkswirtschaften und Organisationen der westlichen Hemisphäre zu Beginn des 21. Jahrhunderts auf dem Übergang von der industriellen in die postindustrielle Gesellschaft (Bell, 1975; Hage & Powers, 1992; Naisbitt, 1982). Die Folgen dieses Übergangs werden dabei als ähnlich bedeutend erachtet wie beim Transformationsprozess von der agrarisch geprägten vorindustriellen Gesellschaft in das Industriezeitalter. Weinert (2004, S. 6) spricht in diesem Zusammenhang von der *„Diskontinuität zwischen industrieller und postindustrieller Gesellschaft"*. Die Krisen verschiedener gesellschaftlicher Institutionen (die sich u. a. manifestieren in: Unternehmensinsolvenzen, hoher Sockelarbeitslosigkeit, sinkender Stabilität familiärer Lebensgemeinschaften, hoher Verschuldung der öffentlichen Haushalte, Anstieg der individuellen psycho-physischen Belastungen etc.). Die Krisen werden häufig als Indikator dafür gesehen, dass viele bestehende Organisationen und Institutionen nicht mehr über angemessene Ressourcen und Potenziale verfügen, um auf aktuelle Transformationsprozesse erfolgreich zu reagieren und adäquate Lösungsansätze zu generieren.

Weinert (2004, S. 6) nennt weitere Indikatoren, an denen der Übergang zu postindustriellen Gesellschaft festgemacht werden kann:

- *„Unvermögen vieler Menschen, sich den raschen Veränderungen und den neuen Erfordernissen anzupassen,*
- *Verweigerungshaltung gegenüber neuen und komplexen Rollenerwartungen,*
- *Stressreaktionen und Burnout durch rasche Veränderungen der Arbeitsrolle und durch den Versuch, an alten Rollenbeschreibungen festzuhalten,*
- *Gefühl der Destabilisierung,*
- *Angst den Sprung in die neuen Technologien nicht zu schaffen und dadurch die Arbeit zu verlieren,*
- *Unbehagen über virtuelle Organisation mit temporären Partnerschaften und*
- *Unvermögen im Umgang mit Komplexität (multidimensionales Problem)".*

Vergegenwärtigt man sich die vorhergehend genannten Punkte, zeigt sich, dass der aktuelle Transformationsprozess zahlreiche Konflikte nach sich zieht und vielfach auch mit Belastungen und Risiken für das Individuum einher geht. Trotz dieser Konflikte darf jedoch nicht darüber hinweg gesehen werden, dass neben den zahlreichen zitierten negativen Erscheinungen auch viele Verbesserungen und Chancen bestehen. Hierbei sind u. a. zu nennen eine erhöhte Flexibilität, die Chancen für offene biografische Verläufe, größere Möglichkeiten der individuellen Selbstverwirklichung, größere Partizipationsmöglichkeiten, eine bessere Vereinbarkeit von Arbeit, Familie und Freizeit und damit verbunden ein besseres Work-Life-Balance-Erleben. Doch nicht allein das Individuum ist mit einer sich wandelnden Umwelt konfrontiert, auch Organisationen sind gefordert, sich für ihren Fortbestand an die im vorhergehenden Kapitel beschrieben Veränderungen der Umwelt anzupassen.

Das vorhergehende Kapitel beschreibt bereits einige für den Übergang in das postindustrielle Zeitalter charakteristische Veränderungsprozesse. Rahmenbedingungen, unter denen organisationales Handeln stattfindet, haben sich deutlich verändert. Aufgrund der skizzierten Transformationsprozesse sind Organisationen bzw. Unternehmen gefordert, angemessene Organisationsformen zu finden, mit denen die Herausforderungen einer sich wandelnden Umwelt erfolgreich bewältigt werden können. Als Folge dessen kann ein Wandel der Organisationsformen sowie bei der Gestaltung von organisationalen Prozessen konstatiert werden. Die Organisationsstruktur stellt das zentrale Mittel der Verhaltenssteuerung in Organisationen zur Erfüllung des Organisationszweckes dar, d.h., eine optimale Organisationsstruktur dient primär zur Erreichung der organisationalen Ziele. Eng verbunden damit sind die Konzepte der Effektivität, Effizienz und Produktivität (Weinert, 2004). Der angesprochene Wandelprozess manifestiert sich dabei sowohl in den formalen Strukturmerkmalen einer Organisation als auch in den intraorganisationalen Charakteristika derselben.

Formale Merkmale von Organisationen
Ein vorrangiges Ziel der Organisationsgestaltung ist es, eine Organisation von der Aufbau- und Ablauforganisation her so zu gestalten, dass sie sich (kurzfristig) an die jeweiligen Bedingungen auf sich permanent und schnell ändernden Märkten/Umwelten anpassen kann. In Anlehnung an den fünf von Kieser & Kubicek (1992) genannten Merkmalen formaler Organisationsstrukturen soll nachfolgend der Wandelprozess zwischen traditionellen und modernen Organisationsformen exemplarisch skizziert werden. Kieser und Kubicek differenzieren zwischen den fünf *Strukturdimensionen Spezialisierung (Arbeitsteilung), Koordination, Konfiguration, Entscheidungsdelegation (Kompetenzverteilung)* und *Formalisierung.*

Die *Spezialisierung* regelt die Aufgabenzuordnung innerhalb einer Organisation, d.h., die organisationale Primäraufgabe wird in Teilaufgaben zerlegt. Die Arbeitsteilung drückt sich in der Stellen- und Abteilungsbildung aus und schlägt sich in entsprechenden Regeln und Pflichten für die Organisationsmitglieder nieder. Grad und Umfang der *Spezialisierung* bestimmen, wie ganzheitlich die Aufgabenausführung erfolgt. Die Arbeitsteilung manifestiert sich in der Aufbauorganisation in Form von Stellen- und Abteilungsbildung. Als traditionelle arbeitsteilige Organisationsformen können in diesem Zusammenhang die funktionale Organisation, die divisionale Organisation oder die Matrix-Organisation genannt werden. Eine stark arbeitsteilige Arbeitsorganisation erweist sich insbesondere dann als vorteilhaft, wenn nur eine geringe Anzahl von standardisierten, repetitiven Tätigkeiten ausgeführt werden muss. Ein weiterer Vorteil liegt in der Regel in der kurzen Einarbeitungszeit für neue Mitarbeiter. Hochgradig arbeitsteilig organisierte Arbeit geht jedoch meist auch mit Nachteilen einher, wie einer hohen gesundheitlichen Beanspruchung der Mitarbeiter oder motivationalen Problemen. Mit steigender Arbeitsteilung entsteht auch eine größere Abhängigkeit der einzelnen Teilaufgaben, womit ein weiterer wesentlicher Nachteil der funktionalen Spezialisierung genannt wäre: die fehlende Ganzheitlichkeit.

Eine hohe *Spezialisierung* bedeutet ferner meist einen hohen *Koordinations*aufwand für die einzelnen Teilaufgaben. Beispiele für Koordinationsmechanismen sind die persönliche Weisung, Selbstabstimmung, Programme oder Pläne. Neben diesen strukturellen Koordinationsmechanismen gilt es, auch auf nicht-strukturelle Mittel der Koordination wie Unternehmenskultur oder informelle Kommunikation hinzuweisen. Traditionelle Organisationsformen mit einer hohen Arbeitsteilung erweisen sich als eher unflexibel, wenn es zu Aufgabenänderungen kommt. Außerdem muss ein nicht unerheblicher Teil der organisationalen Ressourcen auf die Aufgabenkoordination verwendet werden, um das organisationale Gesamtziel zu erreichen.

Viele moderne Organisationsformen verfolgen deshalb das Ziel eines möglichst geringen Grades der Spezialisierung und Arbeitsteilung. Auf diese Art und Weise kann eine hohe Ganzheitlichkeit bei der Aufgabenausführung erreicht werden, was seinerseits die Flexibilität der Organisation erhöht, womit eine Organisation in einem dynamischen Umfeld schneller reagieren kann. Dies betrifft auch die Gestaltung der organisationalen Prozesse, d.h. die Ablauforganisation. Die Beschreibung der Prozesse durch (maschinelle) Programme reduziert zwar den anfallenden Koordinationsbedarf, verringert unter Umständen jedoch auch die Flexibilität (falls die Programme zu eng und unflexibel gestaltet sind). Eine umfangreiche Kommunikation und Interaktion zwischen den einzelnen Organisationseinheiten ist bei der organisationalen Steuerung hilfreich, weshalb moderne Organisationsformen sich in der Regel bemühen, mit dezentraler Koordination den Abstimmungsaufwand zu minimieren. Ansätze hierzu bieten personale (z. B. Personalauswahl, Aus- und Weiterbildung), strukturale (z. B. Bildung autonomer Organisationseinheiten) oder technokratische Maßnahmen (z. B. Aufbau eines Informationssystems; Staehle, 1999).

Die *Konfiguration* hat das Stellengefüge der Organisation zum Gegenstand. Sie beinhaltet Regelungen hinsichtlich des Leitungssystems und der Weisungsbeziehungen. Eng damit verbunden sind die Hierarchietiefe und die Leitungsspanne. Dargestellt wird die organisationale *Konfiguration* in der Regel durch Organigramme. Typische Beispiele für organisationale *Konfigurationen* sind das Einliniensystem, das Mehrliniensystem oder das Stab-Linien-System. Mit der Festlegung der *Konfiguration* einer Organisation werden auch die intraorganisationalen Informationswege bestimmt. Traditionelle Organisationen mit einer tendenziell größeren Hierarchietiefe und einem langen Dienstweg durch die Instanzen erweisen sich dabei zumeist als schwerfällig. Neuere Organisationskonzepte versuchen deshalb, mit möglichst flachen Hierarchien einen möglichst kurzen Kommunikations- und Entscheidungsweg zu realisieren sowie durch Verlagerung von Verantwortlichkeiten in untere Hierarchieebenen eine möglichst hohe Flexibilität zu erzielen.

Die vierte Strukturdimension von Organisation ist die *Entscheidungsbefugnis* bzw. *-delegation*. Die Partizipation von Organisationsangehörigen kann dabei auf unterschiedlichste Art und Weise realisiert werden: durch Information, Anhörung, Beratung, Mitbestimmung und anderes. Eine umfangreiche Entscheidungsdelegation innerhalb einer Organisation entlastet die Führung, birgt jedoch auch die Gefahr von Fehlentscheidungen auf den unteren Hierarchieebenen. Neuere Organisationsformen versuchen, mit einer weitergehenden Partizipation der Organisationsmitglieder eine größere *Entscheidungsdelegation* zu ermöglichen. Dies erfordert allerdings im Gegensatz zu tayloristischen und hoch arbeitsteiligen Organisationen mit sowohl vielen ungelernten als auch vielen spezialisierten Mitarbeitern eine Belegschaft mit fachlich breit ausgebildeten Mitarbeitern (Generalisten statt Spezialisten). Damit einher geht in modernen Organisationsformen meist eine höhere Eigenverantwortung der operativen Stellen.

Die letzte übergeordnete Strukturdimension von Organisationen, die *Formalisierung,* betrifft die Strukturformalisierung, die Aktenmäßigkeit und die Leistungsbeurteilung. Eine starke Formalisierung von organisationalen Vorgängen bedeutet für die Organisation meist eine hohe Stabilität, ein potenziell hohes Informationsniveau sowie in der Regel auch eine hohe Rechtssicherheit, denn nicht wenige formalisierte Vorgänge sind in rechtlichen Vorschriften und Verordnung verankert. Ein hoher Formalisierungsgrad steht aber auch nicht selten in Zusammenhang mit hoher Ineffizienz und hohen Kosten, die einer aufwändigen Dokumentation und Aktenmäßigkeit geschuldet sind (als Beispiel hierfür können zahlreiche öffentliche Verwaltungen herangezogen werden). Moderne Organisationskonzepte versuchen diesen Gefahren einerseits durch weniger Instanzen zu begegnen und andererseits die Formalisierung durch den Einsatz von Informations- und Kommunikationstechnologien (z. B. durch automatische Work-Flow-Systeme) zu unterstützen bzw. zu erleichtern.

Strukturmerkmale
In der Ausgestaltung der Strukturmerkmale von Organisationen manifestiert sich der organisationale Wandel. Die Anpassung der organisationalen Strukturen an die sich wandelnden Anforderungen der organisationalen Umwelt bietet Organisationen die Möglichkeit, sich adäquat zu adaptieren. Darunter sind nicht allein Adpationsprozesse zu verstehen, deren Ziel die Anpassung der Organisation an Veränderungen der externen Umwelt ist (z. B. an externe Markterfordernisse oder Kundenwünsche), sondern auch Wandelprozesse, die die interne Umwelt der Organisation und ihrer Mitarbeiter betreffen (z. B. außerberufliche Verantwortlichkeiten und Bedürfnisse der Mitarbeiter). Insbesondere ist die Erhöhung der organisationalen Flexibilität häufig das Ziel entsprechender Anpassungsprozesse, weshalb ihr im Folgenden auch ein eigenes Kapitel gewidmet ist (s. a. Kapitel 5.2).

Neben den formalen, expliziten Organisationsstrukturen spielen in der organisationalen Praxis selbstverständlich auch die informellen, impliziten Organisationsstrukturen eine bedeutende Rolle. Sie manifestieren sich in der Organisationskultur und bieten die Möglichkeit, die Leerstellen der formalen Organisation im Sinne der Ziele der Organisation zu füllen. Der Ausgestaltung formaler und informeller Organisationsstrukturen kommt, wie im Folgenden noch zu zeigen sein wird, eine große Bedeutung für das Work-Life-Balance-Erleben der Mitarbeiter zu. Weshalb Anpassungsprozesse von Organisationen an umweltbedingte Anforderungen nie allein unter dem Blickwinkel ihrer externen Kosequenzen betrachtet werden sollten, sondern immer auch vor dem Hintergrund ihrer internen Implikationen.

Eine ergänzende übersichtsartige Darstellung verschiedener Charakteristika traditioneller und moderner Organisationskonzepte kann der Gegenüberstellung in Tabelle 5 entnommen werden.

Produkte, Märkte und Technologien im Wandel
Aufgrund einer immer größeren Beschleunigung des technologischen Fortschritts und einer Dynamisierung vieler Märkte kann infolge von immer kürzeren Entwicklungszeiten und ebenfalls immer kürzeren Produktzyklen eine zunehmend geringere Beständigkeit hinsichtlich der produzierten Güter und Dienstleistungen sowie der damit verbunden Produktionsverfahren konstatiert werden. Ferner sind eine verstärkte Individualisierung und Spezifizierung von Produkten zu nennen. Für die am Markt tätigen Organisationen ergibt sich hieraus ein erhöhter Anpassungsdruck, um den Anforderung ihrer Kunden zu entsprechen. Dies betrifft nicht nur die Produkte selbst, sondern auch die mit ihnen zu erbringenden Serviceleistungen.

Die Erfüllung von zum Teil sehr komplexen Kundenwünschen erfordert angemessene und manches Mal auch neue Organisationsformen, um flexibel auf die Anforderungen reagieren zu können, da mit traditionellen Organisationsformen, beispielsweise

Tabelle 5: Gegenüberstellung Merkmale traditionelle und moderner Organisationskonzepte (nach Weinert; 2004, S. 634)

Traditionelle Organisationskonzepte	Moderne Organisationskonzepte
• hierarchisch	• flach
• vertikal	• lateral
• einfach	• vernetzt
• groß	• klein bzw. unabhängige Untereinheiten
• stabil	• instabil
• statisch	• dynamisch
• reagierend	• agierend/lernend
• lokal/national	• global
• funktional	• kundenorientiert
• arbeitsrollenorientiert	• fertigkeitsorientiert
• individuumsorientiert	• teamorientiert
• informationsbegrenzt	• informationsreich
• selbständig	• partnerschaftlich
• mitarbeiterverantwortlich	• eigenverantwortlich
• langfristig	• marktabhängig

einer Stablinienorganisation, die gewünschten Leistungen vielmals nicht angemessen oder zeitnah erbracht werden können. Speziell Organisationen mit großen Schwankungen innerhalb ihrer Produktions- und Serviceprozesse (z. B. aufgrund saisonaler Schwankungen oder ausgedehnter Servicezeiten) stellt sich die Aufgabe, die organisationale Struktur an die neuen Verhältnisse anzupassen. Traditionelle hierarchische Organisationsformen in der Tradition Taylors oder dem bürokratischen Ansatz Webers werden in Folge zunehmend abgelöst durch neue, meist dezentrale Organisationsformen mit einer höheren Flexibilität und einem stärker projektorientierten Charakter sowie einer verminderten zeitlichen Stabilität. Während traditionelle Organisationen oft in relativ stabilen Kontexten agieren konnten, müssen moderne Organisationen flexible Strategien entwickeln, um in einem dynamischen Umfeld adäquate Handlungsmodelle zur Erreichung ihrer Organisationsziele zu haben. Beispiele hierfür sind modulare Organisationen, Netzwerkorganisationen oder virtuelle Organisationsformen (Reichwald & Möslein, 1999; s. a. Abbildung 2). Welche Organisationsform sich als erfolgreich erweist, ist abhängig vom Grad der Marktunsicherheit und der Komplexität der zu erstellenden Produkte oder Dienstleistungen (ebd. 1999).

Entwicklungstendenzen: Neue Organisationsformen im Überblick
Noch immer ist die tayloristische und hierarchische Organisation in vielen Branchen und Wirtschaftbereichen das dominierende Organisationsmodell. Nicht zuletzt aufgrund der umfangreichen Erfahrung aus dem Bereich der Großindustrie erweist sich

dieses Modell vor allem in stabilen Märkten mit Massenproduktion und standardisierten Dienstleistungen mit einer geringen Komplexität als sehr erfolgreich.

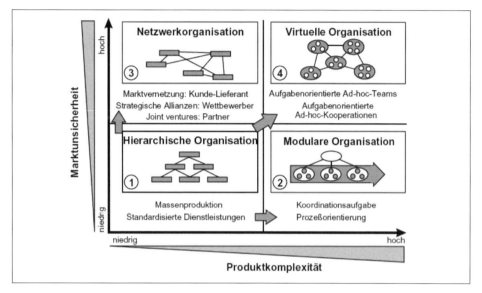

Abbildung 2: Wettbewerbsbedingungen und Organisationsstrategien (n. Pribilla, Reichwald & Goecke, 1996; zit. und Abb. aus Reichwald & Möslein, 1999, S. 37)

Modulare Organisationen
Die unter dem Begriff der Modularisierung der Organisation zusammengefassten Organisationsmodelle fokussieren auf den Prozessgedanken. Folglich steht die Gestaltung einer optimalen Ablauforganisation im Mittelpunkt des organisationalen Geschehens. *„Modularisierung bedeutet eine Restrukturierung der Unternehmensorganisation auf der Basis integrierter, kundenorientierter Prozesse in relativ kleine, überschaubare Einheiten (Module). Diese zeichnen sich durch dezentrale Entscheidungskompetenz und Ergebnisverantwortung aus, wobei die Koordination zwischen den Modulen verstärkt durch nichthierarchische Koordinationsformen erfolgt"* (Reichwald & Möslein, 1999, S. 39). Die Ansatzpunkte zur organisationalen Modularisierung sind vielfältig: So kann sie sowohl auf der Organisations- bzw. Unternehmensebene erfolgen (z. B. durch Center-Konzepte) als auch auf den Ebenen der Prozessketten (z. B. durch Fertigungsinseln) oder der Arbeitsorganisation (z. B. durch teilautonome Arbeitsgruppen).

Die Beispiele machen deutlich, dass die Stärkung der Verantwortung einzelner Teilbereiche der Organisation ein zentrales Anliegen der Modularisierung ist. Das bedingt eine Stärkung der Autonomie durch erweiterte Entscheidungsbefugnisse und Ergebnisverantwortung der Mitarbeiter. Diese Dezentralisierung von organisationalen Entscheidungsprozessen macht es jedoch erforderlich, dass zur Erreichung des organisationalen Gesamtziels der Koordination zwischen den Modulen eine besondere Beachtung geschenkt wird. So besteht die Gefahr, das bei inkompatiblen Zielen der einzelnen Teilmodule die grundsätzlich bestehenden prozessbedingten Effizienzvorteile zugunsten der Gesamtorganisation nicht genutzt werden können (Reichwald & Koller, 1996). Informations- und Kommunikationstechnologie sollte entsprechend gestaltet eingesetzt werden, um den Informationsfluss zwischen den Modulen zu optimieren. Die Modularisierung von Organisationen wird mit zahlreichen Vorteilen in Verbindung gebracht: starke Marktorientierung, große operative Flexibilität, strukturelle Anpassungsfähigkeit oder hohe Innovationsfähigkeit (Reichwald & Möslein, 1999).

Netzwerkorganisationen
Eine weitere alternative Organisationsform stellt die Netzwerkorganisation dar. Eine einheitliche Definition für diese Organisationsform zu finden erscheint nahezu unmöglich, da dieser Organisationsform verschiedenste Netzwerkmodelle zugeordnet werden. Es werden darunter sowohl intra- als auch interorganisationale Netzwerke subsumiert. Den Grundgedanken der Netzwerkorganisation charakterisieren Reichwald & Möslein (1999, S. 42) wie folgt: *„Ein Unternehmen geht eine intensive Verbindung mit anderen, rechtlich selbstständigen Unternehmen ein, indem es diese in die Erfüllung seiner Aufgaben einbezieht. Je nach Intensität und Art der Einbindung externer Partner entstehen so Kooperationsverbindungen, die sowohl negative (Abhängigkeiten) als positive (Synergieeffekte) Auswirkungen haben können".*

Beispiele für organisationale Netzwerke sind vertikale Kooperationen (z. B. zwischen Produzent und Händler), horizontale Kooperationen zwischen Organisationen (z. B. in Forschung und Entwicklung) oder funktionale Kooperationen (z. B. in Logistik, Marketing oder Technologie). Netzwerk-Kooperationen können aber auch durch Outsourcing erzielt werden, indem einzelne Organisationsteile ausgegliedert und anschließend wieder miteinander vernetzt werden. Auch die verstärkte intraorganisationale Vernetzung einzelner Organisationseinheiten mit dem Ziel einer Effizienzsteigerung kann als Beispiel für Netzwerk-Kooperation herhalten. Nicht nur in ihrer Art, sondern auch im Grad der Kooperation können Netzwerkorganisationen unterschieden werden. Merkmale hierfür sind Zahl der Netzwerkpartner, Quantität und Qualität der Kooperation, Autonomie der Netzwerkpartner oder deren Partizipationsmöglichkeiten.

Ein zentrales Element von Netzwerk-Kooperationen besteht darin, dass die Partner in der Regel vor allem ihre Kernkompetenzen in die Allianz einbringen. Dadurch können unter Umständen Leistungen erbracht und Wettbewerbsvorteile erzielt werden, die die Netzwerkpartner alleine nicht erreichen könnten. Charakteristisches Merkmal der meisten Netzwerkorganisationen ist die dezentrale Entscheidungsbefugnis. Im Gegensatz zu strikt hierarchischen Organisationen mit zentraler Entscheidungsgewalt liegt hier ein weiterer Vorteil von Netzwerken, denn so bietet sich die Möglichkeit, schnell und unbürokratisch auf Entwicklungen und Anforderungen passend zu reagieren.

Netzwerkorganisationen bieten vor allem im internationalen Wettbewerb vor dem Hintergrund globalisierter Wertschöpfungsprozesse viele Vorteile. *„Internationale Unternehmensnetzwerke zielen nicht zuletzt auf die Nutzung von international bestehenden Lohndifferenzen, von Know-how-Gefällen und von Unterschieden in den nationalen Rechtsordnungen. Netzwerkbildungen auf internationaler Ebene verwischen damit nicht nur die Unternehmensgrenzen, sondern sie bewirken auch, dass staatliche Grenzen für die internationalen Aktivitäten von Unternehmen zunehmend unbedeutender werden"* (Reichwald & Möslein, 1999, S. 43). Aus einem Wettbewerb zwischen Organisationen kann sich so ein Wettbewerb der Netzwerke entwickeln.

Virtuelle Organisationen
Nicht zuletzt der fortschreitende technologische Wandel und immer leistungsfähigere Informations- und Kommunikationstechnologien zeigen global eine Entwicklung hin zur Virtualisierung der Arbeitswelt. Kerngedanke der virtuellen Arbeitswelt ist die Entmaterialisierung von Raum und Zeit im Produktionsprozess bzw. bei der Erstellung von Dienstleistungen. Konkret bedeutet dies eine Loslösung von festen Fertigungsstätten oder Großraumbüros, aber auch von festen und dauerhaften Beziehungen zwischen Mitarbeitern, Kunden, Zulieferern und Wettbewerbern. An die Stelle fest etablierter Strukturen treten variable, virtuelle Netzwerkmodelle.

Virtuelle Arbeit lässt sich auf verschiedenen Ebenen der Organisation realisieren: mit virtuellen Arbeitsplätzen (z. B. durch Telearbeit), virtuellen Arbeitsgruppen (z. B. Arbeitsgruppen von externen und internen Mitarbeitern innerhalb eines Projekts), virtuellen Abteilungen oder auf der Makroebene mit virtuellen Organisationen (z. B. zur Abwicklung eines oder mehrerer Aufträge). Ein bedeutender Vorteil virtueller Organisationen liegt in der Bündelung der Kernkompetenzen der Partner. Die Option internationaler bzw. globaler Präsenz ist ein weiterer entscheidender Vorteil der virtuellen Organisation. Sie verfügen dabei häufig über modulare Elemente oder Netzwerkstrukturen, wie sie auch den vorhergehend beschriebenen Organisationsformen inhärent sind. Ein zentrales Unterscheidungsmerkmal zu Netzwerkorganisationen besteht allerdings im temporären Charakter der virtuellen Organisationen. Auch wenn die einzelnen Module der virtuellen Organisation nach außen als ein gemeinsames Ganzes erscheinen, so ist ihre Grundanlage doch von zeitlich begrenzter Dauer, im Gegensatz zur Netzwerkorganisation, die in der Regel als stabile Organisationsform konzipiert ist. Virtuelle Organisationen bewähren sich vor allem in einem Umfeld, das durch eine hohe Marktunsicherheit sowie einer gleichzeitigen hohen Produktkomplexität gekennzeichnet ist. Hier erweisen sich virtuelle Organisationsformen im Vergleich zur modularen Organisation oder zur Netzwerkorganisation als flexibler. Vor allem für komplexe ad-hoc-Aufträge, deren Erledigung eine hohe fachliche Kompetenz erfordert, erweist sich diese Organisationsform als optimal. Weitere Vorteile sind vergleichbar mit denen der vernetzten Organisation wie beispielsweise die Risikoverteilung auf mehrere Partner oder die gemeinsame Nutzung verschiedener Kernkompetenzen.

Hybridstrategien
Mit den beschriebenen Strategien Modularisierung, Vernetzung und Virtualisierung sind drei grundlegende Entwicklungsrichtungen beschrieben. *„Sie stehen für übergreifende Entwicklungstendenzen einer Auflösung von Unternehmensgrenzen in und zwischen Organisationen. Solche Auflösungstendenzen zeigen sich im einzelnen auf der Mikroebene der Arbeitsorganisation (z. B. durch Aufgabenintegration), der Mesoebene der Unternehmensorganisation (z. B. durch Bildung von Matrixstrukturen) sowie auf der Makroebene der unternehmensübergreifenden Wertschöpfungsprozesse (z. B. durch Allianzbildung und Kooperation)"* (Reichwald & Möslein, 1999, S. 46). Bei den beschriebenen Modellen handelt es sich jedoch um Grundformen, die sich in der organisationalen Praxis in Reinform nicht immer wiederfinden lassen, vielmehr kommt es dort zu Hybridstrategien (ebd., 1999) und Mischformen.

Neben primär organisationstheoretischen Fragestellungen sollten bei der konkreten Gestaltung der Organisation noch weitere Aspekte – z. B. arbeitsgestalterischer Natur – berücksichtigt werden. Exemplarisch sei hier nur auf das Kontingenzmodell von Cummings & Blumberg (1987) verwiesen, die empfehlen, die Arbeit in Abhängigkeit von den Faktoren technischer Verkopplung, technischer Ungewissheit, Umweltdynamik und Entfaltungsbedürfnissen sowie sozialen Bedürfnissen der Mitarbeiter zu gestalten. Aufgrund der Vielzahl unterschiedlicher zu berücksichtigender Parameter können und sollen Befunde über Umfang und Durchdringung der Wirtschaft mit neuen Organisationsformen an dieser Stelle nicht weiter diskutiert werden. Zweifelsohne festzuhalten bleibt jedoch der Trend weg von hierarchischen Organisationen hin zu alternativen flexibleren Organisationsformen.

Fazit
Zu Beginn des 21. Jahrhunderts befindet sich die Arbeitsgesellschaft an einem Wendepunkt. Es verändern sich nicht nur die globalen Umwelten der Unternehmen mit den skizzierten Makrotrends wie Strukturwandel, Globalisierung oder demografischer Wandel, sondern auch die Aufgaben, Ziele und Strukturen von Organisationen. Neben traditionellen Organisationen mit stark arbeitsteiligen und hierarchischen Strukturen treten zunehmend Organisationsformen mit flexibleren Strukturmerkmalen und neuen Kooperationsformen (Diversifizierung der Organisationsformen). Typisch für diese Entwicklung ist die Aufweichung oder Auflösung von inter- und intraorganisationalen Grenzen sowie eine Ablösung dauerhafter und stabiler Organisationsstrukturen zu-

gunsten flexibler und zum Teil zeitlich befristeter Formationen. Selbstverständlich handelt es sich bei der hier angeführten Differenzierung zwischen traditionellen und modernen Organisationsformen um eine starke, holzschnittartige Vereinfachung, die unter anderem auch die zum Teil deutlich differierenden Perspektiven verschiedener organisationstheoretischer Ansätze und Entwicklungslinien außer Acht lässt.

Dieses Kapitel verfolgt nicht das Ziel einer abschließenden Darstellung des organisationalen Wandels. Ziel dieser idealtypischen Darstellung ist vielmehr die Darstellung von Makrotrends und Wandelprozessen hin zu organisationstheoretischen Vorstellungen, die die Bedeutungszunahme von Konzepten wie Flexibilität, Dezentralisierung, Selbststeuerung und Eigenverantwortung der Mitarbeiter widerspiegeln. Für eine ausführliche Darstellung traditioneller und moderner Organisationstheorien wird auf die einschlägige organisationswissenschaftliche und -psychologische Literatur verwiesen (für einen Überblick s. Weinert, 2004).

5.2 Flexibilisierung der Organisation

Einleitung
Unter einer Vielzahl von verschieden Begrifflichkeiten werden zahlreiche organisationale Veränderungsprozesse beschrieben, die sich unter das übergeordnete Ziel der Flexibilisierung der Organisation subsumieren lassen, da ihr gemeinsames Anliegen eine Verbesserung der organisationalen Anpassungsfähigkeit an externe und interne Wandelprozesse ist. Oder anders ausgedrückt: Dynamische Märkte bedingen in Organisationen flexiblere Organisationsstrukturen. Vormals gängige Strukturmodelle fester Weisungshierarchien (hierarchische Linienorganisation mit Top-Down-Prozessen) scheinen vielmals nicht mehr in der Lage zu sein, den betrieblichen Realitäten gerecht zu werden und den Anforderungen des organisationalen Alltags zu genügen. Basis für eine höhere Flexibilität ist vorwiegend der Einsatz moderner, an die wechselnden Anforderungen anpassbarer Technologien, sowie eine *Verschlankung* der Organisation und der damit verknüpfte flexible Einsatz von entsprechend qualifiziertem Personal.

Formen der Flexibilisierung
Nach der International Labour Organisation (ILO, 1998) lassen sich verschiedene Ansätze der Flexibilisierung von Arbeit und Organisationen differenzieren: *functional flexibility, skills flexibility, numerical flexibility, flexible working patterns, wage flexibility* und *geographical mobility*. Flecker (2005) differenziert zwischen interner und externer Flexibilisierung. Während erstere sich auf unbefristete angestellte Mitarbeiter innerhalb der Organisation und die Gestaltung der Beziehungen zwischen Organisationseinheiten und ihren Mitgliedern bezieht, zielt letztere auf Ansätze, die die Änderung von

Arbeitsverträgen und Beschäftigungsverhältnissen sowie Markttransaktionen außerhalb der Organisation zum Gegenstand haben (vgl. auch Vickery & Wurzburg, 1996; Kress, 1998). Des Weiteren kann nach Flecker unterschieden werden zwischen *funktionaler* (bzw. *qualitativer) Flexibilisierung* und *numerischer* (bzw. *quantiativer) Flexibilisierung*. In der organisationalen Praxis lassen sich verschiedenste Konzepte zur Flexibilisierung finden, besondere Beachtung finden das Personalmanagement und die Flexibilisierung von Arbeitszeiten.

Als Exempel für einen flexiblen Personaleinsatz können Konzepte zum Auf- und Abbau personaler Kapazitäten, Maßnahmen zur Arbeitszeitgestaltung oder Reorganisationsmaßnahmen zur Aufgabenverteilung genannt werden. Dabei gibt es inhaltliche Überschneidungen zwischen Ansätzen zur Gestaltung der Organisationsform und des Personalmanagements. Nach Flecker (2005) ist dabei jedoch zwischen Maßnahmen zu unterscheiden, deren Ziel es ist, den Flexibilitätsanforderungen des Marktes bzw. der Umwelt an die Organisation gerecht zu werden und den Ansätzen zur Flexibilisierung des Personaleinsatzes, deren primäre Absicht nicht in der Erhöhung der organisationalen Anpassungsfähigkeit liegt, sondern mittels derer andere organisationale Ziele verwirklicht werden sollen, beispielsweise die Reduktion der Personalkosten. *„Das heißt, Flexibilitätsanforderungen an den Betrieb müssen nicht notwendigerweise mit einer Flexibilisierung des Personaleinsatzes beantwortet werden, und ein flexibler Personaleinsatz zielt nicht unbedingt darauf ab, die organisationale Flexibilität zu erhöhen"* (Flecker, 2005, S. 4).

Diversifizierung der Belegschaftsstrukturen
Eine typische Strategie der externen Flexibilisierung zeigt sich in der Differenzierung zwischen Kern- und Randbelegschaften von Organisationen. Während die erstgenannte Gruppe sich zumeist durch Mitarbeiter mit einer hohen Qualifikation und einem unbefristeten Arbeitsvertrag auszeichnet, die die Kernprozesse einer Organisation steuern, sind unter der Randbelegschaft Mitarbeiter zu verstehen, die zwar zum Erfolg der Organisation beitragen, sich in ihrem rechtlichen Status und der damit verbundenen Beschäftigungssicherheit und den sozialen Absicherungen von der Kernbelegschaft wesentlich unterscheiden. Zu nennen sind hier unter anderem Zeitarbeiter/Leiharbeitnehmer, Werkvertragnehmer, Geringverdiener oder saisonale Aushilfen. Aus der Perspektive der Flexibilisierung kommen den beiden Gruppen unterschiedliche Funktionen zu. Während der Kernbelegschaft die Aufgabe der Sicherung der funktionalen Flexibilität zukommt, soll mit der Randbelegschaft die so genannte numerische Flexibilität von Organisationen sichergestellt werden, z. B. die Optimierung der Auslastung der Organisationsprozesse (Flecker, 2005).

Die Spaltung in Kern- und Randbelegschaft führt in vielen Fällen zu einer Absicherung der Kernbelegschaft auf Kosten der Randbelegschaft. *„Im Hinblick auf die Frage der*

Sicherheit für die Beschäftigten gilt [...] die interne Flexibilisierung per definitionem als die vorteilhaftere Variante, da sie im Rahmen des geschützten Normalarbeitsverhältnis erfolgt und ihre Ziele gerade über langfristige Beschäftigung, Weiterbildung und Vertrauensbeziehung erreicht werden sollen" (Flecker, 2005, S. 1). In den Randbelegschaften finden sich vielfach Mitarbeiter, die als „feste Freie" Organisationen dauerhaft und regelmäßig unterstützen (z. B. dauerhafte Mitarbeiter mit temporärer befristeten Verträgen oder als Werkvertragnehmer mit mehrfach erneuerten Verträgen).

Die Grenzen der Organisation scheinen also deutlich zu verwischen (Beynon, Grimshaw, Rubery & Ward, 2002; Lehndorff, 2003) und es ist zum Teil sogar unklar, was bzw. wer als Teil der Organisation gilt und wer oder was als extern zu betrachten ist. Dabei ist anzumerken, dass auch die Vertragsverhältnisse der *„festen Freien"* einem Wandel unterliegen können. So können *freie Mitarbeiter* auch mit anderen Organisationen in Verhandlungen treten, um ggfs. weitere oder andere Arbeitsverhältnisse einzugehen. Die Form der freien Mitarbeit bietet folglich eine hohe Flexibilität sowohl für die Organisation als auch für die Mitarbeiter selbst, wobei der Preis für beide Seiten zumeist eine geringere Sicherheit und Planbarkeit ist.

Die Existenz von Randbelegschaften übt unter Umständen Druck auf die in der Regel besser qualifizierte Kernbelegschaft zu höherer interner Flexibilität aus. Dabei wird nach Lehndorff (2003) die Randbelegschaft instrumentalisiert, indem der Kernbelegschaft die versteckte Botschaft *„Was ihr könnt, können andere auch"* vermittelt wird. Flexibilisierungsstrategien können also zweifelsohne auch als ein Mittel zur Machtverschiebung und Herrschaftssicherung missbraucht werden (Flecker, 2005).

Die Frage, in welchen Zusammenhang Sicherheit und Flexibilität genau stehen, und wie dieser Zusammenhang in der Organisationsgestaltung sowie bei der Ausgestaltung der gesellschaftlich-politische Rahmenbedingungen berücksichtigt werden sollte, wird derzeit unter dem Schlagwort *Flexicurity* sowohl in Wissenschaft als auch Politik intensiv diskutiert. Ein wichtiger Aspekt ist die Frage, inwieweit Flexibilisierungsmaßnahmen nicht nur der Organisation, sondern auch den Beschäftigten neue Handlungsspielräume ermöglichen und welche Auswirkungen diese Veränderungen für die Organisationsangehörigen haben. Insbesondere Ansätzen zur internen Flexibilisierung werden dabei zumeist als der für die Beschäfigen günstigere und optimale Weg betrachtet. *„Es gilt die Humanisierungsvermutung, d.h. es wird angenommen, dass die verschiedenen Maßnahmen der internen Flexibilisierung erstens eine Verbesserung der Arbeitsbedingungen gegenüber der bürokratischen und tayloristischen Arbeitsorganisation bringen und zweitens wesentlich günstiger für die Beschäftigten sind als diejenigen der externen Flexibilisierung. Die Zweifel daran haben sich in den letzten Jahren verstärkt: Es wird eine Rückkehr der Unsicherheit in Stammbelegschaften und Facharbeiterränge [...] beobachtet und betont, dass dem geschützten Normalarbeitsverhältnis weniger durch seine Auflösung von außen in Form der Ausbreitung von atypischer Beschäftigungsformen Gefahr* *droht, als vielmehr durch den nicht nachhaltigen Umgang im Inneren des Arbeitsverhältnisses (Bosch, 2003)"* (Flecker, 2005, S. 5). Es kann angenommen werden, dass Mitarbeitern in flexibilisierten Organisationen neben Einkommens- und Beschäftigungsrisiken unter Umständen noch weiteren Belastungen und Risiken ausgesetzt sind. Folgt man dieser Überlegung, so stellen sich drei Fragen, nämlich ob Mitglieder in flexibilisierten Organisationen a) zusätzliche Handlungsspielräume gewinnen, b) ob sie diese überhaupt nutzen können und schließlich c) wie erweiterte Handlungsspielräume sich auf die Beanspruchung der Organisationsangehörigen sowohl in ihrem beruflichen als auch außerberuflichen Lebensbereich auswirken.

Flexible Organisationsformen und ihre Auswirkungen für das Work-Life-Balance-Erleben
Nach Kastner & Müller (2003) zerstören die neuen Arbeits- und Organisationsformen alte Ordnungsmuster und führen zu erhöhten Anforderungen im Arbeits- und im Privatleben. Sowohl Arbeits- als auch Privatleben sind für die Mitarbeiter und ihre Familien viel unvorhersehbarer geworden, da traditionelle Ordnungs- und Bindungssysteme sich im Wandel befinden oder zum Teil sogar ganz verloren gehen. Unvorhersehbarkeit gepaart mit Unsicherheiten führen zu immer geringerer Planbarkeit und Kontrolle der Biografien in Arbeits- und Privatleben. Dadurch wird es *„täglich schwieriger, komplexe soziale Systeme wie eine Firma oder auch eine Familie auf einem geordneten Kurs zu halten, weil die Bekanntheit zukünftiger Systemzustände sinkt und die Orientierungsmarken (z. B. Werte und Vorbilder) wie auch der soziale Begleitkonvoi (stabile Kollegen- und Zweierbeziehungen) immer mehr verloren gehen"* (Kastner & Müller, 2003, S. 26). Besonders deutlich manifestiert sich dieser Verlust stabiler Rahmenbedingungen und Ordnungsmuster in der Flexibilisierung der Arbeitszeiten, die Gegenstand des nachfolgenden Kapitels sind.

Es ist anzunehmen, dass die Entgrenzung der Organisation und der Lebenssphären (und dem damit verbundenen geringeren Schutz der Privatsphäre) einen stärkeren Zugriff der Organisation auf die Mitarbeiter möglich macht. Als problematisch ist zu erachten, dass mit der Entgrenzung der Lebensbereiche Arbeit, Freizeit und Familie viele neue und/oder zusätzliche Anforderungen an die Mitarbeiter gestellt werden bzw. die Mitarbeiter empfinden, dass zusätzliche Anforderungen an sie gestellt würden. Dies steht jedoch im Widerspruch zu den häufig postulierten Zielen wie Selbstverwirklichung, Sinnhaftigkeit der Arbeit oder Autonomie. Die neue Flexibilität ist oft nur eine Schein-Freiheit, denn Abhängigkeiten (z. B. ökonomischer Art) werden in der Diskussion um flexiblere Arbeitsformen meistens vernachlässigt oder gar ganz ausgeblendet. Es besteht dabei die Gefahr eines einseitigen Abwälzens von Verantwortlichkeiten der Organisation auf die Mitarbeiter sowie einer Überlastung und Überforderung der Mitarbeiter.

Waren Tendenzen zur Flexibilisierung und Entgrenzung zwischen den Segmenten Arbeitswelt und Familien- bzw. Privatleben traditionell eher auf Mitglieder spezifischer (meist akademischer) Professionen (z. B. Ärzte, Psychotherapeuten etc.) oder spezielle Beschäftigungsformen (z. B. Selbstständige) beschränkt, so zeigt sich in den neuerer Zeit eine Ausweitung dieses Phänomens auf ein breites Spektrum von Berufen und Tätigkeitsbereichen. Der wissenschaftliche Diskurs um die Entgrenzung von Arbeit, Familie und Freizeit fokussiert dabei meist auf zwei entgegengesetzte Perspektiven. Während einerseits die Flexibilisierung der Arbeitsformen und die Entgrenzung der Lebensbereiche als Chance begriffen wird, die den Betroffenen verstärkt Möglichkeiten zur Kontrollausübung bietet (und damit die Option eines verbesserten Work-Life-Balance-Erlebens), wird andererseits auch auf die der Entgrenzung der Domänen verbunden Gefahren hingewiesen. Im Rahmen der letztgenannten Perspektive wird dabei gerne auf nicht-intendierte Effekte von Entgrenzungsprozessen verwiesen und auf die Gefahr eines weitergehenden und subtilen „*Take-Overs*" des Erwerbslebens auf Familien- bzw. Privatleben.

So bieten flexible Organisationsformen insbesondere für junge, qualifizierte und gesunde Mitarbeiter vielfach positive Chancen und Optionen. Für Mitarbeiter allerdings, die dem genannten Idealbild nicht entsprechen, z. B. aufgrund von gesundheitlichen oder psychischen Beeinträchtigungen und/oder familiärer Verpflichtungen, stellen flexible Organisationsformen dagegen unter Umständen ein hohes Belastungs- und Gefährdungspotenzial dar. Trotz der beschriebenen Gefahren darf nicht übersehen werden, dass empirische Befunde auch auf die Chancen der beschriebenen Entwicklung hinweisen. Bond, Galinsky & Hill (2004) zeigen, dass Mitarbeiter an effizienten Arbeitsplätzen mit einer hohen Flexibilität (mit hoher Arbeitsautonomie, Möglichkeiten zur beruflichen Weitentwicklung, Unterstützung durch Vorgesetzte und Kollegen, Entscheidungsspielraum und Flexibilität) drei mal häufiger über einen Zustand guter psychischer Gesundheit berichten als Mitarbeiter an Arbeitsplätzen mit einer geringeren Effizienz und Flexibilität.

5.3 Der neue psychologische Kontrakt

Die Flexibilisierungstendenzen innerhalb und außerhalb von Organisationen bedingen häufig nicht nur formale Änderungen der Arbeitsverträge, sondern auch Änderungen der zugrundeliegenden psychologischen Kontrakte. Das Konzept des psychologischen Vertrages thematisiert die impliziten, aber nicht immer übereinstimmenden Erwartungen und Verpflichtungen von Arbeitnehmern und Arbeitgebern (Rosseau, 1995). Der implizite, psychologische Vertrag ist als Ergänzung zum schriftlich fixierten Arbeitsvertrag zu verstehen und soll dessen bewusste und unbewusste Leerstellen füllen. Er enthält aus Sicht des Arbeitgebers die Erwartungen an den Arbeitnehmer (z. B. hinsichtlich seines Commitments) sowie aus der Perspektive des Arbeitnehmers jene an den Arbeitgeber (z. B. hinsichtlich Arbeitsbedingungen und Arbeitsbelastungen). Er kann auf mündlichen Vereinbarungen beruhen oder aus dem Verhalten der Vertragspartner oder anderer Organisationsmitglieder abgeleitet werden.

Sein zentrales Ziel ist es, Unsicherheit bei den Organisationsangehörigen zu reduzieren (Raeder & Grote, 2001). Je unspezifischer er formuliert ist, desto größer ist die Gefahr, dass es zu unterschiedlichen Interpretationen der Vertragspartner kommt. Die explizite Gestaltung psychologischer Verträge stellt bisher noch die Ausnahme dar, obgleich ihre Gestaltung die Möglichkeit bietet, organisationale und individuelle Entwicklungen gezielt zu steuern. So besteht für beide Vertragspartner eine größere Sicherheit und Nachvollziehbarkeit von Entscheidungen. Raeder & Grote (2001, S. 360) klassifizieren, auf einem Kontinuum von konservativem bis hin zu moderneren Formen, vier Typen von psychologischen Kontrakten:

1. Traditionelle Kontrakte mit sozio-emotionalen Fokus: Im Vordergrund stehen Loyalität und Identifikation mit dem Unternehmen.
2. Identifikation mit der Tätigkeit: Die Mitarbeiter identifizieren sich mit ihrem Beruf oder ihrer Tätigkeit, nicht aber mit dem Unternehmen bei gleichzeitiger Abnahme der Loyalität.
3. Erfolgsorientierung: Im Vordergrund stehen Erfolgs, Leistungs- und Kundenorientierung. Monetäre Anreize sind untergeordnet und die Loyalität gering.
4. Neuer Kontrakt mit ökonomischem Fokus: Loyalität und Identifikation werden zunehmend geringer und abgelöst durch ökonomische Anreize, Sicherheit durch eine hohe Arbeitsmarktfähigkeit, Leistungsorientierung und Identifikation mit der Tätigkeit.

Folgt man dieser Klassifizierung, zeigt sich für Organisationen ein Dilemma, denn jede Investition in die Kompetenzen der Mitarbeiter (z. B. durch PE-Maßnahmen) verstärkt den Trend, dass eine betriebliche oder berufsspezifische Identifikation von einer sich an den eigenen Kompetenzen und Fähigkeiten orientierten Identität abgelöst wird.

In den jüngsten Jahren konstatieren verschiedene Autoren eine Verschiebung des Beschäftigungsrisikos weg von Wirtschaft und Staat hin zu den Mitarbeitern (vgl. Raeder & Grote, 2001; Beck, 1999; Voss & Pongratz, 1998). Voss & Pongratz prägen in diesem Zusammenhang den Begriff des *Arbeitskraftunternehmers,* der eng mit der Übernahme von Eigenverantwortung verbunden ist, sowohl für die konkrete Ausübung einer Arbeitstätigkeit als auch für die individuelle berufliche Entwicklung. Hierbei ist es unerheblich, ob dieser Wandel von einer Notwendigkeit hervorgerufen wird oder von dem Wunsch, das eigene Berufsleben zu gestalten. Das Konstrukt der Eigenverantwortung stellt ein zentrales Element des neuen psychologischen Kontraktes dar.

Um eine entsprechende Eigenverantwortlichkeit auch im Rahmen der Erwerbsarbeit zu fördern, gilt es weniger fremdbestimmte Arbeitsformen zu entwickeln. Wichtig ist, dass bei derartigen Ansätzen nicht nur *Eigenverantwortlichkeit* übertragen wird (z. B. durch verstärkte Einbindung in Veränderungs- und Entscheidungsprozesse), sondern der ganze Mitarbeiter im Rahmen der Arbeitsgestaltung berücksichtigt wird. Das bedeutet, dass durch Arbeits- und Organisationsgestaltung eine stärkere Eigenverantwortlichkeit nicht verordnet, sondern der Wunsch nach Gestaltung aktiviert wird und der Mitarbeiter auch als Persönlichkeit Wertschätzung erfährt. In letzter Konsequenz bedeutet dies, nicht nur die beruflich-fachlichen Kompetenzen und Bedürfnisse der Mitarbeiter zu berücksichtigen, sondern auch seine außerberuflichen Lebenswelt mit ihren Anforderungen und Verantwortlichkeiten zu respektieren und fördern. In den neuen *psychologischen* Kontrakten spiegeln sich außerdem die veränderten Bildungsanforderungen und Beschäftigungsstrukturen wieder. Eine Übersicht über die Veränderung der psychologischen Kontrakte liefert Tabelle 6.

Tabelle 6: Traditioneller vs. neuer psychologischer Kontrakt (nach Raeder & Grote, 2001, S. 354)

Traditioneller Kontrakt	Psychologischer Kontrakt
Arbeitsplatzsicherung	Eigenverantwortung für Beschäftigung
Lebenslange Beschäftigung	Interne Entwicklungsmöglichkeiten
Gegenseitige Loyalität/Identifikation	Erweiterung der Fähigkeiten
Interner Aufstieg	Eigenverantwortung für Entwicklung/Arbeitsmarktfähigkeit
Spezialisierung	Orientierung an eigenen Fähigkeiten
	Zielorientierung/Leistungsorientierung
	Flexibilität

Mit dem Wandel zu neuen psychologischen Kontrakten ist auch ein Wandel des Verhältnisses von Arbeit und Identität verbunden. Neuere Ansätze der Identitätsforschung beachten hierbei eine wechselseitige Interaktion zwischen diesen beiden Bereichen. Es ist auch nicht mehr von einem statischen Identitäts-Modell auszugehen, sondern vielmehr von einem Identitätskonzept, das sich im Lebensverlauf verändert und entwickelt (Keupp, 1997).

Raeder und Grote (2001) zeigen in ihren Untersuchungen, dass sich der Wandel in den psychologischen Verträgen auch empirisch nachweisen lässt. Ein zentrales Ergebnis ihrer Forschung ist, dass die beruflich-betriebliche Identität zwar noch immer eine exponierte Stellung hat, jedoch integrieren und antizipieren die Mitarbeiter mittlerweile in starkem Maße alternative Optionen und wechselhafte Situationen der beruflichen Entwicklung. Sie gehen dabei jedoch nicht klar zielgerichtet vor, sondern handeln situationsbezogen und orientieren sich an ihrem individuellen Entwicklungsstand. Hierbei berücksichtigen sie die wechselseitige Abhängigkeit von Person und Arbeit. Die Autorinnen empfehlen deshalb, die Organisationsangehörigen vor allem darin zu unterstützen, ihre individuellen Kompetenzen zu entwickeln, statt ihnen nur *„sichere"* Arbeitsverhältnisse zu bieten.

Oder anders ausgedrückt: Aus Sicht des psychologischen Kontraktes sollte die betriebliche Absicherung der Mitarbeiter durch Qualifikation in private Absicherung getauscht werden. Dabei sollte die Weiterentwicklung der Kompetenzen der Mitarbeiter immer über die aktuelle Arbeitstätigkeit hinaus wirken. In den Fokus geraten dabei vor allem Metakompetenzen und Schlüsselqualifikationen. Denn im Zuge eines Anforderungswandels in der Arbeitswelt, der in immer schnellerer Folge Fachkompetenzen in relativ kurzer Zeit veralten lässt, gewinnen überfachliche Qualifikationen (z. B. sozial-kommunikative Kompetenzen oder Selbststeuerungskompetenzen) zunehmend an Bedeutung. In der Folge rücken auch Lernformen und Lernorte in den Fokus, die bisher vernachlässigt wurden, wie z. B. die Familie oder das Ehrenamt.

Die beschriebenen Entwicklungen gehen einher mit dem Abschied von der Dominanz des Berufes. Diese Veränderungen können dabei auf individueller Ebene unter Umständen mit einer neuen Balance der Bereiche Arbeit, Familie und Freizeit verbunden sein. Dabei sollte nicht darüber hinweggesehen werden, dass – vor dem bereits angesprochenen Hintergrund einer Verschiebung der Verantwortung hin zum Individuum – dies auch zu einer stärkeren Beanspruchung führen kann, da mit dem Wandel häufig auch neue Unsicherheiten verbunden sind. Den Umgang hiermit gilt es für viele Beschäftigte häufig erst zu erlernen.

5.4 Der Wandel der Beruflichkeit

Das Ende der Beruflichkeit?
Der Wandel weg von zentral gesteuerten, funktions- und berufsorientierten Organisationen mit stabilem Leistungsprofil und einer Gliederung in funktionale Einheiten und einem auf Berufe zugeschnittenem Personaleinsatz hin zu stärker prozessorientierten, dezentralisierten schlanken und flexiblen Organisationen mit multifunktionalen Einheiten und prozessbezogenem Personaleinsatz (Hoff, 2002, S. 6ff) bedingt nicht nur Veränderungen in den Beschäftigungsverhältnissen (s. a. 4.4), sondern auch in der Konzepten der Beruflichkeit. Dies schlägt sich in einer veränderten Nachfrage der Organisation nach Mitarbeitern mit veränderten Qualifikationsprofilen und Berufen auf dem Arbeitsmarkt nieder.

Als Indikatoren dieses strukturellen Wandels des Arbeitsmarktes können die Entstehung zahlreicher neuer Berufe ausgemacht werden sowie Veränderungen in den Profilen traditioneller Berufe durch die Aufnahme neuer inhaltlicher Elemente (vgl. auch

Dostal, 2002). Allerdings bedeutet die Verwendung neuer Berufsbezeichnungen nicht zwangsläufig, dass es sich auch um neue Berufe handelt, denn viele der als neu gekennzeichneten Berufe entwickeln sich durch Spezialisierung aus traditionellen Berufen heraus oder stellen eine Mischform ehemals unabhängiger Berufsbilder dar (wie die sogenannten Hybridberufe, z. B. Mechatroniker).

Der Einsatz neuer Informations- und Kommunikationstechnologien ermöglicht nicht nur die Gestaltung neuer Organisationsformen, sondern zieht auch eine grundlegende Reorganisation der Arbeitstätigkeiten nach sich. So entstehen bedingt durch den Einsatz moderner Informations- und Kommunikationstechnologien nicht nur vollständig neue Berufe und Tätigkeitsfelder, auch bereits bestehende Berufe erfahren eine deutliche Veränderung in ihren Strukturen und Prozessen. Dies steht im Gegensatz zur Annahme, dass die Beruflichkeit eine zunehmend geringere Bedeutung erfährt.

Dostal (2002) behauptet, dass viele Thesen vom Ende der Professionalisierung nur eine Folge der mangelnden Abbildungsfähigkeit überkommener starrer Klassifikationssysteme sind, die sich nicht an eine sich verändernde Realität angepasst haben. Die meisten beruflichen Klassifikationssysteme sind ein- statt mehrdimensional aufgebaut und lassen dementsprechend keine Mehrfachzuordnung zu. Der Autor spricht daher von einer *„Renaissance der Beruflichkeit"*, denn trotz der dramatischen Veränderung in der Gestaltung von Arbeitsverhältnissen stellen vor allem Berufe die Grundlage für hohe Arbeitsleistung und -qualität dar. Gerade komplexe Arbeitsaufgaben, die hohe Autonomie und Eigenverantwortung sowie Commitment und Identifikation des Mitarbeiters verlangen, erfordern umfassende integrierte Fach- und Sozialkompetenzen für eine angemessene Lösung. Folgerichtig heißt es bei Dostal (2002, S. 469) auch: *„Was dann Beruflichkeit von einer beliebigen Ansammlung von Merkmalen unterscheidet, ist die Abstimmung dieser Merkmale untereinander, ihre Bewertung im Rahmen eines Gesamtmusters und klare Signale zur Festigung einer persönlichen Identifikation."*

Definition Berufe
Wie kann ein Beruf überhaupt definiert und abgegrenzt werden von anderen Tätigkeiten? Brater & Beck (1983) definieren Berufe als *„dauerhafte, standardisierte, auf einer Spezialisierung der Fähigkeiten beruhende Form(en) der Bereitstellung von Arbeitsvermögen"*. Sich zeichnen sich aus durch spezielle Tätigkeitsfelder, Qualifikationen, eine Berufsausbildung, das Berufsprestige und Aufstiegsleitern. Nach Dostal (2002, S. 464; siehe auch Dostal, Stooß & Troll, 1998) lässt sich ein Beruf kennzeichnen durch:

- *„Abgestimmte Bündel von Qualifikationen im Sinne charakteristischer Ausprägungen und Anordnungen von Wissen und Sozialkompetenz*
- *Aufgabenfelder, die den Qualifikationsbündeln zugeordnet sind und die durch eine Kombination aus Arbeitsmitteln, Objekt (Gegenstand) und Arbeitsumfeld geprägt sind*

- *Hierarchisch abgestufte Handlungsspielräume, die sich aus der Verknüpfung der Qualifikationsseite (Arbeitskraftseite) mit der funktionalen Ausprägung der Arbeitsaufgaben (Arbeitsplatzseite) ergeben. Sie sind bestimmt durch den Status (die betriebliche Position des Einzelnen), die Organisationseinheit (Aufgabengebiet/Abteilung) und das spezifische Arbeitsmilieu*
- *Strukturmerkmale gesellschaftlicher Einordnung und Bewertung."*

Abzugrenzen ist der Beruf vom *Job,* einer Tätigkeit zum Geldverdienen (Dostal, 2002). Diese Tätigkeit basiert auf arbeitsteiligen Prozessen, ist schnell zu erlernen und hat einen eher kurzfristigen, wechselnden Charakter. Während Berufe eher auf eine längerfristige Tätigkeitsausübung mit komplexeren Arbeitsinhalten zielen, erweisen sich Jobs aufgrund der niedrigeren Voraussetzungen als flexibler. Ein Ordnungsmodell zur Kategorisierung von Beruflichkeitskonzepten findet sich bei Dostal, Stooß & Troll (1998). Sie unterscheiden dabei zwischen Freiberuflern, Kern- und Randbelegschaften sowie Arbeitslosen. Dabei lassen sich unterschiedliche Beruflichkeitskonzepte mit unterschiedlichen Graden der Spezialisierung, Risiken sowie Aufgabentypen feststellen. Während der Anteil der traditionellen Kernbelegschaften zurückgeht, kann für den Typ Mitarbeiter in den Randbelegschaften eine Zunahme konstatiert werden.

Charakteristisch für das postindustrielle Zeitalter ist eine Verwissenschaftlichung vieler Berufe. Deutlich wird dieser Transformationsprozess im Umgang mit Fachwissen. Während zu Zeiten der industriellen Massenfertigung Fachwissen als eine relativ statische Größe betrachtet werden konnte, ist in der postindustriellen Gesellschaft Wissen eine sich permanent verändernde Variable. Nicht nur das Wissen selbst hat sich verändert, sondern auch der Prozess des Wissenserwerbs. Beruhte vormals das Wissen meist auf der konkreten Ausübung von Inhalten und Tätigkeiten, so gilt es nun Wissen für sich wandelnde Situationen und Anforderungen zu nutzen. *„In der Wissensökonomie jedoch müssen sich immer mehr Menschen ihre Arbeitsplätze und Produktionsabläufe selbst erzeugen und ständig neu erfinden. Das erfordert nicht nur neue, soziale Skills, sondern auch ein Selbst- und Menschenbild, das von Kooperation und gemeinsamen Lernprozessen geprägt ist. Nicht der Stoff wird zum Kriterium, sondern die Qualität der gemeinsamen Problemlösung – wie in allen wissensorientierten Unternehmen der Zukunft"* (Horx, 2002, S. 190).

Baethge, Baethge-Kinsky und Kupka (1998) sehen auch einen Wandel in den Anforderungs- und Qualifikationsprofilen von Facharbeitern. Während die traditionelle Industrieproduktion sich durch eine *berufs- und funktionsbezogene Gestaltung* der Betriebs- und Arbeitsorganisation auszeichnet, setzen neuere Ansätze auf *Prozessorientierung.* Während sich die berufs- und funktionsbezogene Betriebs- und Arbeitsorganisation durch die Merkmale zentralisierter Entscheidungs- und Steuerungsstruktur, strikter Funktionsdifferenzierung (Fachabteilungsprinzip), hochgradiger, starrer Arbeitsteilung, funktions-/berufsbezogener Aufgabendifferenzierung, vertikaler Kooperation (nach formalisierten Kompetenzen; Prinzip Dienstweg) Verrichtung konkreter Aufgaben und kontinuierlicher zeitliche Struktur der Arbeit (wiederkehrende Inhalte, bereichsspezifische Aufgabenabwicklung) beschreiben lässt, kann die prozessorientierte Arbeitsorganisation mit den Charakteristika dezentralisierter Verantwortlichkeiten, multi-funktionaler Unternehmenseinheiten mit Eigenverantwortlichkeit, flexibel spezialisierter Funktionsintegration, Kunden- respektive prozessorientierter Aufgabendifferenzierung, querfunktionale Kooperation (ggf. über Ebenen hinweg), Verrichtung von offenen Aufgaben sowie einer diskontinuierlichen Zeitstruktur gekennzeichnet werden (Baethge, Baethge-Kinsky, Holm & Tullius, 2004). Dies hat zur Folge, dass auch die jeweilige betriebliche und berufliche Ausbildung neu konzeptioniert und angepasst werden muss. Die Autoren sehen in diesem Zusammenhang aufgrund der sich wandelnden Anforderungsprofile für Facharbeiter eine Entwicklung vom „*Herstellungsarbeiter*" über den „*Systemregulierer*" bis hin zum „*Problemlöser*". Damit verbunden ist meist auch eine Statusveränderung der Rolle des Facharbeiters.

Erwerbsbiografien verändern sich. Es wird immer seltener, dass Menschen einen einmal erlernten Beruf ein Leben lang ausfüllen. Sie üben stattdessen in ihrem Leben mehrere verschiedene Berufe und Erwerbstätigkeiten aus. Dabei verändert sich auch das Karriereverhalten. War es früher nahezu selbstverständlich, dass Karrieren sich immer in vertikaler Richtung entwickeln, wird jetzt beobachtet, dass verstärkt auch horizontale Karrieren die linearen Erwerbsbiografien ablösen. Dabei spielt bei vielen Arbeitnehmern eine Passung zwischen Lebensphase und der jeweiligen Erwerbstätigkeit eine entscheidende Rolle. Neben finanziellen und Karriereaspekten sind Fragen der Vereinbarkeit von Arbeit und Familie dabei wichtig.

In einer sich immer schneller wandelnden Berufswelt wächst die Bedeutung überfachlicher Qualifikationen, da Fachkompetenzen aufgrund organisatorischer Wandelprozesse und einem rasanten technologischen Fortschritt häufig schnell veralten. Überfachliche Qualifikationen wie Sozial- und Kommunikationskompetenz, aber auch methodische Fähigkeiten werden deshalb für die Mitarbeiter bedeutender, um den erhöhten Anforderungen des Arbeitsalltages gerecht werden und zusätzliche, neue Aufgaben bewältigen zu können, die ihnen in Folge von Reorganisationsprozessen übertragen werden.

Hinsichtlich der Betrachtungsweise, wann, wie und wo berufliche Kompetenzen erworben werden, kann in den vergangenen Jahren ein Paradigmenwechsel konstatiert werden. Lernprozesse jenseits der systematischen und strukturierten Personalentwicklung rücken in den Fokus von Forschung und Praxis, denn vor dem Hintergrund einer gestiegenen Eigenverantwortlichkeit erhalten selbstorganisierte Lernprozesse mit dem Ziel, Employability, d.h. Beschäftigungsfähigkeit, zu erhalten, eine stärkere Bedeutung. So erfordern viele Berufe mittlerweile eine permanente und lebenslange Nach- und

Weiterqualifizierung, um den geforderten Anforderungen gerecht werden und auf dem Arbeitsmarkt mithalten zu können.

Dabei gehört es zu den Aufgaben des selbstorganisierten Lernens, die zeitliche Organisation des Lernens an der Schnittstelle zwischen Arbeit, Familie und Freizeit angemessen zu organisieren, d.h., entsprechende zeitliche Ressourcen vorzuhalten, um (berufliche) Qualifikationen auszubauen oder zu erhalten. Auch informellem Lernen, das sozusagen *„en passant"* in einem realen Lernfeld bei der Ausübung einer Tätigkeit erfolgt, wird stärkere Beachtung geschenkt. Lernprozesse und Lernorte werden – nicht zuletzt aufgrund des technologischen Fortschritts und einer immer stärkeren Vernetzung, aber auch durch eine zunehmende Entgrenzung der Lebensbereiche – relativ unabhängig von Zeit und Raum und geraten stärker in den Fokus von Theorie und Praxis der beruflichen Kompetenzentwicklung. Folgt man diesen Überlegungen, so gilt es, außerberufliche Tätigkeiten nach ihren Inhalten zur beruflichen Kompetenzentwicklung zu untersuchen.

In diesem Zusammenhang werden zumeist vor allem ehrenamtliche Tätigkeiten sowie Tätigkeiten im Rahmen der Familie genannt (vgl. bspw. Erler & Gerzer-Sass, 2000). Der Fokus auf Tätigkeit in der Familie widerspricht der traditionellen Perspektive, dass der Arbeitgeber sich nicht für das außerberuflichen Leben und die Interessen der Mitarbeiter zu interessieren habe. Andererseits widerspricht es auch der Metapher von der Familie als einem Ort der Geborgenheit und der Emotion fernab der rationalen und eher logisch aufgebauten Arbeitswelt. Auf gesellschaftlicher Ebene wird Familienarbeit schließlich nicht als gleichwertig mit beruflichen Anforderungen anerkannt. Erler & Gerzer-Sass (2000) weisen dem gegenüber darauf hin, dass die Familie oft ein Lernfeld mit vielen Trainingsmöglichkeiten gerade für die berufsübergreifenden, d.h. persönlichkeitsbezogenen und sozialen Kompetenzen ist. Gerzer-Sass & Sass (2003, S. 4) beschreiben diese *„Familienkompetenzen"* als *„Kompetenzen, die aufgrund selbstorganisierten Handelns im Kontext von Familie, oft als Nebenprodukt anderer Tätigkeiten, erworben oder weiterentwickelt werden"*. Dies gilt sowohl für Mitarbeiter und Mitarbeiterinnen in der Elternzeit als auch für jene, die trotz Kinder Teil- oder Vollzeit berufstätig sind.

Erler & Gerzer-Sass (2000) berichten in diesem Zusammenhang von einer Kompetenzbilanz zur Erfassung und Bewertung von sozialen und personalen Kompetenzen. Diese kann einerseits genutzt werden, um noch vorhandene Kompetenzdefizite zu identifizieren, aber auch, um bereits vorhandene Ressourcen zu verstärken und im Arbeitsalltag einzubringen. Nach Ansicht der Autoren (Erler & Gerzer-Sass, 2000, S. 14) bieten *„gerade Familie und Familienarbeit vielfältige Chancen für nachhaltiges Lernen [...], unabhängig davon, ob Familie gleichzeitig neben der Erwerbsarbeit oder ausschließlich gelebt wird. Kennzeichen dieser Nachhaltigkeit sind gerade die Unmittelbarkeit, die Verbindlichkeit und Verantwortlichkeit, die für ein erfolgreiches Familienmanagement stehen"*.

> *Der Zeitrahmen für die Arbeitszeit wird ständig vergrößert und trotzdem passen immer weniger von uns hinein.*
>
> (Siegfried Wache)

5.5 Organisationaler Wandel am Beispiel Arbeitszeitflexibilisierung

5.5.1 Flexibilisierung der Arbeitszeiten

Hintergrund

Die Normalarbeitszeit stellt nach Baillod, Davatz, Luchsinger, Stamatiadis & Ulich (1997) nur eine kurze historische Etappe der Zeit zwischen Erstem und Zweitem Weltkrieg dar. Der Anteil derer, die hinsichtlich des Kriteriums der Normalarbeitszeit (zwischen 35–40 Stunden pro Woche auf 5 Tage verteilt) unter den Bedingungen von Normalarbeitsverhältnissen arbeiten (s. a. 4.4), ist mit 15 % mittlerweile sehr gering geworden (MASSKS, 2000). Aktuelle Zahlen weisen darauf hin, dass dieser Anteil noch weiter sinkt.

Nach Groß, Seifert & Sieglen (2007) befindet sich mittlerweile nur noch jeder achte Beschäftigte in einem Arbeitszeitverhältnis mit Normalarbeitszeit, womit sich die die Quote zwischen 1989 und 2003 halbiert hat. Vor allem Beschäftigte aus Paarhaushalten mit Kind arbeiten nur noch zu 11 % in Normalarbeitsverhältnissen, die anderen 89 % hingegen sind in irgendeiner Form von flexibler Arbeitszeit tätig (MASSKS, 2000). In vielen Organisationen ist ein Paradigmenwechsel im kulturellen Umgang mit der Arbeitszeit zu beobachten. Die persönliche Anwesenheitspflicht wird zunehmend von Arbeitszeitmodellen abgelöst, die sich an einer ergebnisorientierten Arbeitszeitgestaltung orientieren.

Arbeitszeitpolitische Zeitenwende

Seit den 90er Jahren hat eine Vielzahl von flexiblen Arbeitszeitmodellen in unzähligen Unternehmen und Organisationen Einzug gehalten und Arbeitszeitformen, die sich am Modell der Normalarbeitszeit orientieren, zunehmend verdrängt (vgl. Groß & Schwaz, 2006; Groß, Seifert & Sieglen, 2007). Becker & Wiedemeyer (2001, S. 596) benennen die Veränderungen der Arbeitszeitflexibilisierung der letzten Jahre als eine „*arbeitszeitpolitische Zeitenwende mit einem weg vom Kollektiven hin zum Individuellen*". So wie sich ein Rückgang der Normalarbeitsverhältnisse feststellen lässt, so lässt sich auch eine Verminderung der Normalarbeitszeit hin zu flexibleren Arbeitszeitmodellen konstatieren. Dabei sind zahlreiche rechtliche Regelungen zu berücksichtigen wie auch die Ziele und Anforderungen der Organisation und die individuellen und familialen Bedürfnisse der Mitarbeiter. Aus Sicht von Organisationen sind flexibilisierte Arbeitszeiten eine Möglichkeit, um auf die veränderten Anforderungen des Marktes zu reagieren. Sie ermöglichen eine bessere Nutzung der personalen Ressourcen (z. B. durch angepassten Personaleinsatz bei saisonalen Schwankungen) und damit zusammenhängend auch eine bessere Ausnutzung der Produktions- bzw. Servicezeiten (z. B. geringere maschinelle Stillstandzeiten oder eine höhere Erreichbarkeit für den Kunden).

Aus Sicht der Mitarbeiter können flexibilisierte Arbeitszeiten hingegen die Möglichkeit einer höheren Zeitsouveränität und damit verbunden möglicherweise die Chance zur Verbesserung der Schnittstelle zwischen den Lebensbereichen Arbeit, Familie und Freizeit bedeuten. Die mit der Flexibilisierung verbunden Ziele sind jedoch, je nach Interessenslage, in mancherlei Hinsicht sehr unterschiedlich und nicht zwangsläufig deckungsgleich. Die verschiedenen Arbeitszeitmodelle schwanken nicht nur hinsichtlich ihres Verbreitungsgrades, sondern haben je nach Kontext auch unterschiedliche Implikationen für das Work-Life-Balance-Erleben der Mitarbeiter.

Trotz der hohen Bedeutung, die der Flexibilisierung von Arbeitszeiten sowohl von Seiten der Beschäftigten als auch von Unternehmensseite zugesprochen wird, bedeuten flexibilisierte Arbeitszeitmodelle nicht per se bessere Lösungen zur Vereinbarkeit der Lebensbereiche. So weist Resch (2006) darauf hin, dass flexible Arbeitszeitsysteme nicht generell als familiengerecht zu bewerten sind, sondern dass vielmehr konkret im Einzelfall zu prüfen sei, ob durch die Flexibilisierung den Betroffenen neue Handlungsspielräume eröffnet werden, z. B. durch die veränderte Lage der Arbeitszeiten oder eine bessere Planbarkeit.

Umfangreiche rechtliche Rahmenbedingungen
Bei der Gestaltung von Arbeitszeiten sind neben den jeweiligen tarifvertraglichen Regelungen zahlreiche gesetzliche Grundlagen zu berücksichtigen. Unter anderem gilt es folgende Gesetze und Verordnungen zu berücksichtigen: das Arbeitszeitgesetz (ArbZG), das Betriebsverfassungsgesetz (BetrVG), das Beschäftigungsförderungsgesetz (BeschFG), weitere Arbeitnehmer-Schutzgesetze, das Teilzeit- und Befristungsgesetz (TzBfG), das Jugendarbeitsschutzgesetz (JArbSchG), das Mutterschutzgesetz (MuSchG), das Schwerbehindertengesetz (SchwbG), das Ladenschlussgesetz (LadSchlG) sowie die bereits angesprochenen Regelungen in Tarifverträgen und Betriebsvereinbarungen.

Einerseits besteht also für den Bereich Arbeitszeiten somit eine sehr hohe Regelungsdichte, auf der anderen Seite weisen Rutenfranz, Knauth & Nachreiner (1993) zu Recht darauf hin, dass trotz einschlägiger gesetzlicher Regelungen die tatsächliche Ausgestaltung in der betrieblichen Praxis von den gesetzlichen Vorgaben auch deutlich abweichen kann.

Tarifvertragliche und individuelle Regelungen
Tarifvertragliche Verkürzungen der Arbeitszeiten in den achtziger und neunziger Jahren des 20. Jahrhunderts verfolgten seitens der beteiligten Tarifvertragspartner neben der Flexibilisierung der Arbeitszeiten auch das Ziel, auf gesamtgesellschaftlicher Ebene Beschäftigung zu fördern und einer hohen Arbeitslosigkeit entgegen zu wirken (Deutschmann, Schmide & Schulich, 1987; Garhammer, 2004). Als Beispiel hierfür kann der so genannte *Leber-Kompromiss* aus dem Jahre 1984 in der Metallindustrie Nordwürttemberg/Nordbaden angeführt werden. In der vorausgegangenen Tarifauseinandersetzung hatte die Gewerkschaft eine Verkürzung der wöchentlich durchschnittlichen Arbeitszeiten gefordert. Die Erfüllung dieser Forderung wurde auf Seiten des Arbeitgeberverbandes durch eine Kombination von Öffnungsklauseln des Branchentarifvertrages und in Form von Betriebsvereinbarungen hinsichtlich der Arbeitszeitgestaltung kompensiert.

Das Ergebnis der Tarifauseinandersetzung kann nach Groß & Schwarz (2006) mit der einfachen Formel des Tausches kürzere gegen flexiblere Arbeitszeiten beschrieben werden. Der Leber-Kompromiss stellt aus heutiger Perspektive betrachtet für Deutschland den Durchbruch für eine nachfolgend umfassende Flexibilisierung der Arbeitszeiten dar, denn die konkrete Ausgestaltung von Arbeitszeiten erfolgt fortan mit Billigung der Tarifparteien zunehmend nicht mehr allgemein verbindlich auf tarifvertraglicher Ebene, sondern häufig dezentral in den Unternehmen zwischen Betriebsräten und Unternehmensleitungen. Hierdurch sollen spezifischere und differenzierte betriebliche Lösungen ermöglicht werden, die den Bedürfnissen und der aktuellen wirtschaftlichen Lage der Betriebe entgegenkommen und mit einer höheren Flexibilität auch einen höheren Handlungsspielraum für die Unternehmen ermöglichen, um auf Markterfordernisse zu reagieren. Garhammer (2004, S. 48) weist allerdings darauf hin, dass dieser Prozess der *Deinstitutionalisierung* und *Entkollektivierung* auch das Kräfteverhältnis zwischen den Arbeitsmarktparteien einseitiger verteilt hat und es deshalb zu einer verstärkten Konkurrenzsituation von Arbeitnehmern und Belegschaften zwischen und innerhalb der Unternehmen kommen kann.

So muss bei der Gestaltung von Arbeitszeitmodellen differenziert werden zwischen tarifvertraglichen Regelungen (branchen- oder betriebsspezifisch) und individuellen Regelungen. Während tarifvertragliche Regelungen im Normalfall auch eine Schutzfunktion für die Mitarbeiter haben, besteht bei individuellen Vereinbarungen aufgrund ungleicher Machtverhältnisse der Verhandlungspartner die Gefahr, dass die Flexibilisierung von Arbeitszeiten ungleich zugunsten der Organisation ausgenutzt wird (Baillod, Davatz, Luchsinger, Stamatiadis & Ulich, 1997). Mit dem Rückgang der Normalarbeitszeit verbunden ist meist auch ein Verlust von Schutzfunktionen für die Arbeitnehmer (Wiesenthal, Offe, Hinrichs & Engfer, 1983). Als Konsequenz dieser Entwicklung fordern Groß, Seifert & Sieglen (2007) auch eine *„Neuausrichtung staatlicher* *und tariflicher Arbeitszeitpolitik, die sich stärker an den praktizierten Formen der Arbeitszeitgestaltung orientiert, ohne dabei ihre traditionelle Schutzfunktion aufzugeben".*

Widerstände und Probleme
Obgleich mittlerweile zahlreiche Ansätze zur Flexibilisierung der Arbeitszeit in der organisationalen Praxis zu konstatieren sind, können in der betrieblichen Praxis noch immer Widerstände bei der Ausgestaltung flexibler Arbeitszeiten beobachtet werden. Ulich (2001) benennt in diesem Zusammenhang vier Prinzipien, die der Flexibilisierung in der Praxis häufig entgegenstehen: das *Prinzip der Uniformität* (Versuch, einheitliche Arbeitszeitmuster zu finden; Suche nach generellen Lösungen ohne Möglichkeiten zur Individualisierung), das *Prinzip der Gleichzeitigkeit* (mit dem Ziel einer gleichzeitigen Anwesenheit aller Mitarbeiter), das *Prinzip der Fremdbestimmung* (Festlegung der Arbeitszeiten durch übergeordnete Instanzen wie Gesetze, Tarifverträge etc.) und die *Ritualisierung von Veränderungsmöglichkeiten* (Aushandlung von Veränderungen ist ein komplexer und langwieriger Prozess).

5.5.2 Arbeitszeitmodelle

Klassifizierung der Arbeitszeitflexibilisierung
Die konkreten Formen und Modelle der Arbeitszeitgestaltung sind mannigfaltig und können im Rahmen dieser Arbeit nicht annähernd erschöpfend dargestellt werden. Die Konzepte und Maßnahmen zur Arbeitszeitgestaltung lassen sich aber auf einige wenige Grundformen zurückführen. Kadel (1986) klassifiziert die Formen der Arbeitszeitflexibilisierung in:

- Systeme der chronometrischen Arbeitszeitflexibilisierung: Auflösung starrer Arbeitszeitregelungen und genormter Arbeitszeitmengen (z. B. Teilzeitarbeit, gleitender Übergang in den Ruhestand)
- Systeme der chronologischen Arbeitszeitflexibilisierung: Konstant halten der Arbeitsmenge bei gleichzeitiger Verschiebung der Arbeitszeiten (z. B. Gleitzeitmodelle, Sabbaticals, gleitende Brückentage)
- Systeme der chronologischen und chronometrischen Arbeitszeitflexibilisierung: variabel hinsichtlich Menge und Verteilung der Arbeitszeit (z. B. Jahresarbeitsverträge, Lebensarbeitszeit-Konzepte, Modelle des Job-Sharing)

Exemplarisch werden nachfolgend drei flexibilisierte Arbeitszeitformen vorgestellt und ihre Implikationen für das Work-Life-Balance-Erleben erörtert. Hierzu werden drei Formen von Arbeitszeitmodellen ausgewählt: ein hinsichtlich der Flexibilisierung eher gemäßigtes Modell (Arbeitszeitkonten), ein in der Regel eher standardisiertes Verfahren, bei dem die betrieblichen Abläufe im Vordergrund stehen (Schichtarbeit-Modelle) sowie die am wenigsten standardisierte Form der Flexibilisierung: die Vertrauensarbeitszeit. Im Anschluss daran werden sowohl einige grundlegende Aspekte der Bewertung von Arbeitszeitmodellen vorgestellt als auch ihre individuellen psycho-physiologischen Konsequenzen unter besonderer Berücksichtigung für die Vereinbarkeit Arbeit, Familie und Freizeit.

Arbeitszeitkonten
Verbreitung. – Nach MASSKS (2000) sind 37 % aller Beschäftigten in irgendeiner Form von Arbeitszeitkontenmodellen tätig, mit weiter steigender Tendenz (Groß & Schwarz, 2006). Bauer, Groß, Lehmann & Munz (2004) berichten sogar schon von 42 % für Westdeutschland und 38 % für die neuen Bundesländer mit ansteigender Tendenz. Die aus betrieblicher Perspektive wichtigsten Gründe für die Nutzung Arbeitszeitkonten sind die Bewirtschaftung von Überstunden, Steuerung der Gleitzeit und schwankende Arbeitszeitverteilung. Arbeitszeitkontenmodelle werden mehr von Vollzeitbeschäftigten (38 %) genutzt als von Teilzeitbeschäftigten (31 %). Mittlerweile setzen 29 % aller Betriebe Arbeitszeitkontenmodelle ein (Groß & Schwarz, 2006).

Gleitzeitmodelle. – Die wohl bekannteste und am verbreiteste Form von Arbeitszeitkonten stellen die Gleitzeitkonten dar. 17 % aller Beschäftigten arbeiten in Gleitzeitmodellen, wobei für diese Form flexibler Arbeitszeit in jüngsten Zeit ein Rückgang zu verzeichnen ist (MASSKS, 2000). Es kann zwischen einfacher und qualifizierter Gleitzeit differenziert werden. Der Unterschied besteht darin, dass bei einfacher Gleitzeit der Mitarbeiter den Beginn und das Ende der täglichen Arbeitszeit bei festgelegter Gesamtstundenzahl frei disponieren kann, bei der qualifizierten Gleitzeit hingegen kann der Mitarbeiter nicht nur die Lage der Arbeitszeit, sondern auch über die tägliche Dauer bestimmen. Gemeinsam ist den meisten Gleitzeitmodellen, dass sie über eine Kernarbeitszeit (mit Anwesenheitspflicht) und eine Gleitzeitspanne (auch Rahmenarbeitszeit genannt; entspricht dem Zeitraum innerhalb dessen gearbeitet werden kann) verfügen. Die Kernzeit richtet sich zumeist nach den betrieblichen Notwendigkeiten (Ladenöffnungszeiten, Produktionszeiten, etc.), während die Rahmenarbeitszeit eher schwachlastige Nutzungszeiten der Arbeitskraft darstellen. Gleitzeitarbeit erfährt bei den Beschäftigten eine hohe Akzeptanz (MASSKS, 2000).

Kurzzeit- und Langzeitkonten. – Arbeitszeitkonten lassen sich unterteilen in Kurz- und Langzeitkonten. Nach Weidinger (2006) sollten Zeitkonten so gestaltet werden, dass sie *„durchlaufen"* (d.h. kontinuierlich geführt werden; kein Druck durch Kontenabschlüsse z. B. am Jahresende), *„nahe bei 0 gehalten werden"* (d.h. möglichst nah am Ausgleich bewegen), *„beim Ausscheiden des Mitarbeiter ausgeglichen sein"* und „sich nicht auf die Höhe des Entgelts auswirken" (d.h. ein Geldausgleich sollte nicht möglich sein).

Unter Kurzzeitkonten lassen sich die Modelle von Arbeitszeitkonten subsumieren, deren Bezugs- beziehungsweise Ausgleichszeitraum weniger als ein Jahr beträgt. Unter den Begriff der Langzeitkonten fallen Arbeitszeitkonten, in denen der wöchentliche oder monatliche Bezugsrahmen durch eine längerfristige Zeitperspektive ersetzt wird. Langzeitkonten sind in ihrem Prinzip den Kurzzeitkonten sehr ähnlich, da auch bei ihnen Soll- und Ist der vertraglich geregelten Arbeitsstunden gegeneinander aufgerechnet werden. Langzeitkonten verfolgen vor allem das Ziel, über einen längerfristigen Zeitraum (mehr als ein Jahr) Arbeitszeitguthaben anzusparen. In der Regel werden die Guthaben eines Langzeitkontos nach der Ansparphase vor allem in Form von zwei Modellen *„entnommen"*: entweder als Langzeiturlaub (Sabbatical) oder zum vorzeitigen Ausscheiden aus dem Erwerbsleben bei fortgeführter Entlohnung[11]. Hierdurch wird eine höhere Flexibilität sowohl für den Mitarbeiter als auch die Organisation erzielt, da der mögliche Verteilungsrahmen für das Zeitbudget größer ist.

Ein entscheidender Vorteil für die Mitarbeiter besteht vor allem darin, für „besondere" Lebenssituationen bezahlte *„Freizeit"* zu haben. Durch die Möglichkeit, den Ausgleich der mehr geleisteten Arbeitsstunden en Bloc entnehmen zu können, bietet sich den Mitarbeitern die Möglichkeit, Aufgaben zu erledigen oder Wünsche zur realisieren, die während regulärer Erwerbstätigkeit im Normalfall in dieser Form nicht umgesetzt werden können (z. B. besondere Phasen im familiären Zusammenleben wie die Einschulung der Kinder oder lange Reisen). Für das Unternehmen bietet sich eine hohe Planbarkeit: So können beispielsweise Mitarbeiter mit befristeten Arbeitsverträgen als Vertretung eingestellt werden. Problematisch an längerfristigen Freistellungen und Langzeiturlauben ist hingegen die Tatsache, dass die Mitarbeiter stellenweise für einen sehr langen Zeitraum aus der Organisation ausscheiden und somit aktuelle Entwicklungen und Reorganisationsprozesse nicht miterleben. Hier ist nach der Rückkehr der Mitarbeiter an ihrem angestammten Arbeitsplatz unter Umständen ein längeres Einarbeiten notwendig.

Konflikte bei der Nutzung von Arbeitszeitkonten.– Zu diskutieren ist, inwieweit die Beschäftigen tatsächlich über die Verfügungskompetenz ihrer Arbeitszeitkonten verfügen und ob es Ihnen möglich ist, qualitativ hochwertige Zeiten außerhalb der Arbeits-

---

[11] Im Rahmen von längerfristigen Ansparkonten ist vorab u.a. zu klären, wie der arbeitsmäßige Vorschuss des Arbeitnehmers verzinst wird, da es einen geldwerten Vorteil für die Organisation darstellt, wenn die bereits geleistete Arbeit erst später vergütet werden muss. Realisierbar sind Modelle die entweder die Arbeitstunden des Arbeitzeitskontos verzinsen oder eine entsprechende Bonuszahlung bei Auflösung des Kontos. Ein weiterer wichtiger zu klärender Aspekt bei Modellen mit Langzeitabwesenheiten ist die die sozialversicherungsrechtliche Stellung des Arbeitnehmers während eines Langzeiturlaubs, da z.B. die Krankenversicherung nur den ersten Monat des unbezahlten Urlaubes ohne Versicherungszahlung weiterbesteht und sich der Arbeitnehmer danach meist freiwillig versichern muss. Ein weiterer bedeutender Punkt bei der Führung von Arbeitszeitkonten, insbesondere bei Lebensarbeitszeitkonten ist die Sicherung der Arbeitszeitguthaben der Mitarbeiter vor Insolvenz. Beim Einsatz von Lang- und Lebensarbeitszeitkonten entstehen seitens der Organisation zum Teil sehr umfangreiche Arbeitszeitguthaben. Diese gehen im Falle der Insolvenz verloren, wenn keine Sicherungsmechanismen installiert wurden. Zwar sind Organisationen gesetzlich verpflichtet, die Arbeitszeitguthaben finanziell abzusichern, doch bestehen in der betrieblichen Praxis in diesem Bereich noch immer zahlreiche Defizite zu Ungunsten der Arbeitnehmer (s.a. Schroth, 2000; Seifert, 2006).

zeit zu erleben. Denn die Verantwortung für die Arbeitszeitgestaltung wird auf den Mitarbeiter übertragen, der nicht nur für sich selbst seine Investitionen in Arbeitszeit und Familien- und Privatleben organisieren, sondern diese Entscheidung auch gegenüber Unternehmen, Kollegen, Kunden, Familie und Freunden vertreten muss. Interessenskonflikte erscheinen somit zwangsläufig unausweichlich, vor allem vor dem Hintergrund einer schwierigen, vergleichenden Bewertung von Gütern wie Ökonomie (gegenüber dem Unternehmen), Solidarität (z. B. gegenüber den Kollegen), Verantwortung und Loyalität (z. B. gegenüber der Familie) oder Lebensqualität (gegenüber sich selbst). Diese Art von Konflikten ist lösbar, erfordern von den Betroffen jedoch ausgeprägt individuelle Kompetenzen zur Bewältigung. Problematisch in diesem Zusammenhang erscheint auch der Sachverhalt, dass gerade familiäre und private Verpflichtungen vielfach Regelmäßigkeit erfordern und nicht oder nur äußerst begrenzt disponibel sind (z. B. Schulzeiten der Kinder), was die Wahrscheinlichkeit des Konflikterlebens auf Seiten der Arbeitnehmer erhöht.

Quantität vs. Qualität: Risiken von Langzeitkonten. – Ungeachtet der vielen Vorteile hinsichtlich der Flexibilität, die Arbeitszeitkonten mit sich bringen können, werden häufig nur die quantitativen Verschiebungen der Arbeitszeiten betrachtet, während hingegen ihre qualitativen Auswirkungen nur ungenügend oder gar nicht analysiert werden. So weist Becker (2000) kritisch darauf hin, dass Arbeitszeitkonten – ein Begriff, den man mit dem Banken- und Geldverkehr assoziiert – nicht nur eine quantitative, sondern auch eine qualitative Größe darstellen. Zwangsläufig verbunden mit dieser Assoziation scheint die (wenn auch man nur vordergründig vorhandene) Souveränität und Mitbestimmung der Nutzer solcher Konten. *„Selbst dann, wenn man Zeit nur als quantitative Aneinanderreihung von Tagen, Wochen, Monaten und Jahren versteht, bleibt jenes eingesparte Gut merkwürdig substanzlos und – im Unterschied zum Geld – unüberwindbar begrenzt. Zeitkonten sparen keine Zeit, sondern variieren lediglich das Verhältnis von fremdbestimmten und selbstbestimmten Zeiträumen [...] Zeiten sind nicht beliebig austauschbar, sondern jeweils hervorgehoben durch besondere Erlebnisse, biografische Höhen und Tiefen, Menschen, die nicht zu jeder Zeit da sind. [...] Was geschieht im Krankheits- oder Todesfall? Der lapidare Hinweis darauf, dass Zeitguthaben als monetarisierbare Leistung vererbbar seien, berührt lediglich den finanziellen Aspekt"* (Becker, 2000, S. 217 und 219). Hoff (2007) rät sogar ganz von der Verwendung von Langzeit- und Lebensarbeitszeitkonten ab, da diese sowohl für den Arbeitnehmer uninteressant seien (aus finanzieller und inhaltlicher Perspektive) als auch mit zahlreichen juristischen und finanziellen Risiken für den Arbeitgeber verbunden sind.

Welche schwerwiegenden Folgen selbstausbeuterische Tendenzen von betrieblichen Regelungen zu Arbeitszeitkonten haben können, skizziert Becker (2000, S. 220) in einem Beispiel: *„Ein markantes Beispiel jenes Zeitgeistes, der meint mit enormen Konto-*

ständen ansparen zu können, findet sich in der Dienstvereinbarung zur Flexibilisierung der Arbeitszeit des Ruhrverbandes. Geworben wird hier für die die Einrichtung eines Vorruhestandskontos, das bis zu 5500 Stunden (!) betragen kann. Das entspricht einer angesparten Arbeitszeit von mehr als drei Jahren, die zusätzlich zur Regelarbeit anfällt. Welche gesundheitlichen Begleitumstände eine derart chronische Mehrarbeit mit sich bringt, darüber kann nur spekuliert werden".

Schichtarbeit
Definition.– Schichtarbeit bedeutet die Aufteilung der Arbeitszeit innerhalb einer Organisation in verschiedene Zeitabschnitte, wobei darunter vor allem die Arbeit zu konstant ungewöhnlicher Tageszeit (im Vergleich zur Normalarbeitszeit) oder die Arbeit zu wechselnder Tageszeit als Schichtarbeit bezeichnet wird (Rutenfranz, 1978). Lage und Dauer der verschiedenen Schichtarbeitsmodelle können dabei variieren und erhalten ihren gesetzlichen Rahmen durch das Arbeitszeitgesetz (ArbZG). Die konkrete Ausgestaltung dieser Rahmenvorgaben werden von den Tarifpartnern meist in Tarifverträgen und Betriebsvereinbarungen präzisiert. Schichtarbeitsmodelle werden vor allem in Betrieben der industriellen Fertigung als auch in Organisationen mit Dienstleistungs- und Serviceangeboten genutzt, da durch die Ausdehnung der Arbeitszeit längere Produktions-, Dienstleistungs- und Ansprechzeiten möglich werden.

Die konkrete Ausgestaltung von Schichtarbeitsmodellen ist abhängig von betrieblichen und branchenspezifischen Rahmenbedingungen. Rutenfranz, Knauth & Colquhun (1976) unterteilen Schichtarbeitsmodelle in die folgenden grundlegenden zwei Ansätze: Permanente Schichtsysteme (Dauerfrühschichten, Dauerspätschichten, Dauernachtschichten und geteilte Schichten zu konstanten Zeiten) und Wechselschichtsysteme (Systeme ohne Nachtarbeit: Systeme mit oder ohne Wochenendarbeit; Systeme mit Nachtarbeit: Systeme mit oder ohne Wochenendarbeit). Andere Übersichtsarbeiten kommen zu einer weiteren Vielzahl relevanter Variablen und Randbedingungen zur Klassifizierung von Schichtarbeit (z. B. Thierry & Meijman, 1994).

Verbreitungsgrad und praktische Gestaltung.– Der Anteil der Beschäftigten mit Schichtarbeit hat mit mittlerweile 18 % in den letzten Jahren kontinuierlich zugenommen (MASSKS, 2000), eine Tendenz, die sich auch weiterhin fortzusetzen scheint. Nach Groß und Schwarz (2006) beläuft sich der Anteil der Schichtarbeitenden im Jahre 2005 bereits auf 21 %. Insbesondere für gering qualifizierte Tätigkeiten kann ein Anstieg der Nacht- und Schichtarbeit konstatiert werden (MASSKS, 2000). Der Anteil der Schichtarbeiten ist ein *„Großbetriebsphänomen"* (Groß & Schwarz, 2006). Schichtarbeit ist aus Perspektive der Mitarbeiter aufgrund sozialer und gesundheitlicher Gefährdungen meist nicht unproblematisch, aus (arbeits-)organisatorischer Sicht allerdings häufig eine Notwendigkeit und vor daher nicht zu vermeiden. Deshalb ist eine optimale Gestaltung besonders wichtig. Die Gründe für die Einführung und Nutzung von Schichtarbeitsmodellen liegt in der Regel in den bereits oben beschriebenen organisationalen Notwendigkeiten begründet. Es handelt sich somit vorwiegend um eine unternehmensbestimmte Flexibilisierung.

Trotz der gesetzlichen Pflicht, Schichtarbeit auf der Basis arbeitswissenschaftlicher Erkenntnisse zu gestalten, bestehen in der Praxis zahlreiche Defizite bei Umsetzung von Schichtarbeitskonzepten. Ein Überblick über die Literatur zum Thema Schichtarbeit und ihre Auswirkungen zeigt, dass Risiken und negative Auswirkungen in großem Umfang Gegenstand der Forschung waren und sind, während positive Wirkungen (aus Sicht der Beschäftigten) nur in sehr begrenztem Umfang berichtet werden. Die negativen Einflüsse von Schicht- und insbesondere von Nachtarbeit auf außerberufliche Lebenszusammenhänge wie Familie und Freizeit wurden bereits ab Mitte des vergangenen Jahrhunderts intensiv untersucht (vgl. z. B. Nachreiner 1984; Ulich, 1957, 1964; Ulich & Baitsch, 1979). Laut ArbZG sollen Schichtarbeitssysteme und Nachtarbeit nach bestehenden arbeitswissenschaftlichen Erkenntnissen gestaltet werden. Problematisch ist, dass die zahlreichen aus der Forschung abgeleiteten Empfehlungen meist nicht gleichzeitig realisiert werden können, da die genannten Kriterien in der Praxis zum Teil einander widersprechen.

In einem solchen Falle muss eine Gesamtbilanz der Handlungsoptionen erstellt werden, mittels derer Nutzen und Kosten optimiert werden sollen, wobei die Verringerung von arbeitssicherheitlichen und gesundheitlichen Gefahren oberste Priorität haben sollte. Eine Übersicht zur erfolgreichen Umsetzung von Schichtarbeitsmodellen mit entsprechenden Handlungsempfehlungen findet sich im Leitfaden der Bundesanstalt für Arbeitsschutz und Arbeitsmedizin (BAuA, 1999). Ansätze zur praktischen Umsetzung der (softwaregestützten) Schichtplangestaltung finden sich bei Gärtner et al. (1998) sowie bei Nachreiner et al (2000).

Auswirkungen von Schichtarbeit. – Schichtarbeit ist in zweifacher Hinsicht als problematisch zu bewerten. Einerseits greift Schichtarbeit massiv in die natürliche circadiane Rhythmik des Lebens der Mitarbeiter ein. Andererseits kommt es auch zu bedeutenden Einflüssen auf das Sozialleben. Hinsichtlich der physiologischen und circadianen Rhythmik zeigen zahlreiche Untersuchungen, dass Schichtarbeitssysteme Phasen der Aktivität und Ruhe sowie zyklische Körperfunktionen (z. B. Körpertemperatur und Hormonausschüttungen) stören, da die körperliche Leistungsfähigkeit entgegen der natürlichen Veranlagung eingesetzt werden muss. Das biologische Zeitprogramm muss an andere Arbeitszeitmuster wie Nachtarbeit oder Wechselschicht angepasst werden. Als Grundproblem erweist sich bei der Anwendung von Schichtarbeit, dass sich Tag- und Nachtschlaf nicht beliebig gegeneinander austauschen lassen, da sich beide quantitativ und qualitativ voneinander unterscheiden (Rutenfranz, Knauth & Nachreiner, 1993;

S. 582). Auf physiologischer Ebene zeigt sich, dass während des Tages die Organfunktionen für Leistung und bei Nacht vor allem auf Erholung ausgelegt sind. Kommt es jetzt zu arbeitszeitlich entgegengesetzten Prozessen, wird deutlich, dass diese Prozesse nur äußerst bedingt invertierbar sind.

Neben physiologischen Belastungen müssen vor allem auch die psychophysischen und sozialen Zeitkonflikten in Zusammenhang mit Schichtarbeit genannt werden. Chronologische Schlafdefizite führen zwangsläufig zu Ausfallerscheinung des Wahrnehmungssystems und der kognitiven Informationsverarbeitung. Erhöhte Müdigkeit verursacht längere Reaktionszeiten, die ihrerseits eine erhöhte Fehlerhäufigkeit bedingen. Ein in der Literatur immer wieder zitierter Problembereich betrifft den Tagschlaf von Schichtarbeitern, denn Störungen durch tagesbedingten Lärm wie z. B. Kinder- oder Verkehrslärm, erschweren den physiologisch ungünstigen Tagschlaf (z. B. Ehrenstein & Müller-Limmroth, 1975).

Die Auswirkungen von Schichtarbeit betreffen aber nicht nur die Erholungs- und Ruhebedürfnisse der Mitarbeiter, sondern auch die anderen Mitglieder des familiären Systems. So berichtet Nachreiner (1975) z. B. von Rollenveränderungen bei den Ehefrauen. Diekmann, Ernst & Nachreiner (1981) berichten von einer negativen schulischen und beruflichen Karriereentwicklung bei Kindern von Schichtarbeitern. Auch Nachreiner (1984) findet Cross-Over-Effekte auf die Kinder. So sind Bildungschancen für Kinder von Nachtarbeitern im Vergleich zu Eltern, die ihrer Erwerbstätigkeit tagsüber nachgehen, erheblich geringer. Hinsichtlich der Problematik des Tagschlafes bei Schichtarbeitern bieten sich für Organisationen konkrete Möglichkeiten zur Intervention und Unterstützung, z. B. in Form von Unterstützung für ausreichende Wohnverhältnisse (z. B. Bau- und Renovierungskredite) oder dem Angebot ruhiger Schlafgelegenheiten (z. B. Nap-Rooms, Sleep-Inns).

Auch aus der Perspektive der Vereinbarkeit von Arbeit, Freizeit und Familie ist Schichtarbeit problematisch. Die Synchronisation des Familienlebens stellt an Mitarbeiter in Schichtsystemen und deren Familien besondere Anforderungen. So kann Schicht- und Nachtarbeit auch zu die Ehe oder Partnerschaft massiv beeinträchtigen (höheres Scheidungs- bzw. Trennungsrisiko; Nachreiner, 1984). Nach Baillod, Davatz, Luchsinger, Stamatiadis & Ulich (1997) ist familiäre Harmonie bei Beschäftigten in Schichtsystemen oft nur zum Preis verringerter Ansprüche an die Partnerschaft zu verwirklichen. In Konti-Schichtsystemen sind die Zeiten der sozialen Beziehungsgestaltung und der Erledigung von Tätigkeiten, die sich an Öffnungszeiten von Geschäften und Dienstleistern orientieren, meist auf die Frühschichtwochen beschränkt. Weitere Untersuchungen belegen den störenden Einfluss auf das Sozialleben. So berichten Ernst & Nachreiner (1981, zit. nach Rutenfranz, Knauth & Nachreiner, 1993; Nachreiner, 1984) über Störungen des Familienlebens und die verringerte Möglichkeit zur Teilnahme am gesellschaftlichen Leben (kulturelle Veranstaltungen, Sportvereine, Mitgliedschaft in Vereinen oder politischen Organisationen und Interessenvertretungen, vgl. a. Spannhake & Elsner, 1999).

Ebenfalls beeinträchtigt werden die sozialen Kontakte zu Verwandten und Freunden. Es kommt zum Phänomen der sozialen Desynchronisation, d.h. aufgrund normativer Vorgaben und Zeitstrukturen innerhalb der Gesellschaft ist es für Schichtarbeiter sehr schwer, sich an das vorhandene System anzupassen. Als schwirig erweist sich für Schichtarbeiter, dass die ihnen zur Verfügung stehende freie Zeit häufig nicht so nutzbar und gestaltbar ist wie es Freizeit im Rahmen von Normalarbeitsverhältnissen ist. Ziel von Arbeitsgestaltung sollte deshalb auch sein, die soziale Desynchronisation zwischen den Lebensbereichen Arbeit, Freizeit und Familie möglichst gering zu halten (Rutenfranz, Knauth & Nachreiner, 1993). 54 % der Schicht- und Nachtschichtbeschäftigten geben in diesem Zusammenhang an, dass ihre persönlichen Belange bei der Schichtplanerstellung berücksichtigt werden (MASSKS, 2000). Die Integration von Arbeit, Freizeit und Familie scheint insbesondere für Frauen und Mütter als schwierig. Dies scheint in Zusammenhang mit der häufig vorhandenen Doppel- und Dreifachbelastung durch Arbeits- und Familienrollen zu stehen. Empirische Befunde zeigen weniger Schlaf (Gersten, Cuchon & Tepas, 1986) und einen schlechteren Gesundheitszustand bei doppelbelasteten, nachtarbeitenden Frauen (Spelten, Totterdell & Barton, 1995; Spannhake & Elsner, 1999) sowie ein höheres Risiko für Schlafstörungen und Magenbeschwerden (Elsner & Seidler, 1998) sowie ein erhöhtes Risiko, kardiovaskulär zu erkranken (Kawachi et al., 1995, zit. nach Spannhake & Elsner, 1999).

Trotz zahlreicher belastender Faktoren durch Nachtschichtarbeit zeigen sich zum Teil auch einige wenige positive Effekte. So berichten Spannhake & Elsner (1999) von Nacht-Schichtarbeiterinnen, denen es während der Nachtschicht leichter fällt, berufliche und private Lebensaufgaben zu vereinbaren, insbesondere die Kinderbetreuung. Dabei sind vor allem Mitarbeiterinnen, die Dauernachtschicht ausüben, mit dieser Vereinbarkeit zufrieden.

Vertrauensarbeitszeit
Verbreitung.– Typisch für das Modell der Vertrauensarbeitszeit ist, dass es keine formelle Zeiterfassung und somit auch keine Abrechnung von Plus- oder Minusstunden (mehr) gibt. Das (nicht mehr real vorhandene) Zeitkonto ist quasi immer ausgeglichen. Bauer, Groß, Lehmann & Munz (2004) berichten von 8 % aller Beschäftigten, die unter den Bedingungen der Vertrauensarbeitszeit arbeiten[12]. Dieses Arbeitszeitmodell findet

---

[12] Zum Teil finden sich hinsichtlich der Umfangs der Arbeitszeitmodelle mit hoher Arbeitszeitsouveränität, je nach gewählter Stichprobe, Erhebungsverfahren und Definitionen dessen was unter Vertrauensarbeitszeit zu verstehen ist, sehr unterschiedliche empirische Kennziffern. So werden nach MASSKS (2000) sogar von 17% der Beschäftigten Arbeitszeitmodelle mit völliger Arbeitszeitsouveränität ausgeübt. Ungeachtet dieser Differenzen findet sich in nahezu allen Untersuchungen einen starker Zusammenhang mit der beruflichen Stellung, d.h. besser qualifizierte Mitarbeiter üben in größerem Umfang arbeitszeitsouveräne Modelle aus.

sich überdurchschnittlich häufig bei hochqualifizierten Angestellten (ebd.). In lediglich ¼ aller Fälle wird noch eine Dokumentation der gearbeiteten Zeit durch Selbstaufschreibung gefordert[13] (ebd.). Mehr als die Hälfte der Nutzer dieses Arbeitszeitmodells arbeitet länger als vertraglich vereinbart. Das Modell der Vertrauensarbeitszeit setzt hohe Anforderungen an die Mitarbeiter hinsichtlich der autonomen Steuerung ihres persönlichen Arbeitszeit-Einsatzes. Vertrauensarbeitszeit-Modelle erfordern deshalb eine bewusste Einführungsphase, in der die Mitarbeiter auch im Umgang mit der Arbeitszeit geschult und für potenzielle Gefahren und Problembereiche sensibilisiert werden.

Becker & Wiedemeyer (2001) benennen einen zentralen Widerspruch von Vertrauensarbeitszeitmodellen: Einerseits wird den Mitarbeitern *„unternehmerisches Verantwortungsniveau"* übertragen, andererseits sind die Gestaltungsfreiheiten äußerst limitiert, da die *„bestehende Abhängigkeitsstruktur unselbstständiger Lohnempfänger"* bestehen bleibt. Auf den Mitarbeiter geht damit das Risiko über, für einen Teil der Arbeit nicht oder nur in sehr geringem Umfang entlohnt zu werden. Aufgrund der strukturellen Bedingungen können gegebenenfalls selbstausbeuterische Tendenzen bei den Mitarbeitern zu beobachten sein. Als entscheidend dafür kann der Verlust der Arbeitszeiterfassung ausgemacht werden, da hierdurch Entgrenzungsphänomene zwischen den Lebensbereichen entstehen, die von den Betroffen erhebliche Kompetenzen der Selbststeuerung zur Bewältigung verlangen. Der Verlust der Zeiterfassung kann somit zum Paradoxon werden: Einerseits wird die Flexibilität erhöht, anderseits entfällt ein wichtiges Kontrollelement zur Überwachung von *„Übergriffen durch das Unternehmen"* bzw. verstärken sich selbstausbeuterischen Tendenzen, entweder durch die Organisation oder durch den Betroffenen selbst, z. B. durch die Arbeitnehmervertretungen (Becker & Wiedemeyer, 2001).

Wandel der Anwesenheitskultur und des Führungsverhaltens. – Vertrauensarbeitszeitmodelle verzichten auf die organisationale Kontrolle der Anwesenheit. Derartige Arbeitszeitmodelle erfordern allerdings von den Mitarbeitern ein starkes Selbstmanagement und eine hohe Eigenverantwortlichkeit, insbesondere in zeitautonomen Gruppen. Dort muss der Mitarbeiter nicht nur seine eigene Arbeitszeit planen und einteilen, vielmehr gilt es auch, die Arbeitszeit mit den Teamkollegen abzusprechen und zu koordinieren. Eine besondere Gefahr dieses Arbeitszeitmodells liegt in der Entstehung von unkontrollierten Dauerüberlastungen der Mitarbeiter. Deshalb stellt die Vertrauensarbeitszeit nicht nur hohe Anforderungen an deren Kompetenz, sondern auch an die der

---

[13] Auf die juristischen Implikationen zur Dokumentation der Vertrauens-Arbeitszeit weist Hoff (2004) bezugnehmend auf ein BAG-Urteil hin, denn obwohl dem Mitarbeiter Vertrauen zur Selbststeuerung entgegen gebracht wird, entbindet dies den Arbeitgeber selbstverständlich nicht von seinen vorgeschriebenen Fürsorgepflichten. Im Rahmen von Vertrauensarbeitszeitmodellen verzichtet der Arbeitgeber in der Regel auf die Dokumentation der vom Arbeitnehmer geleisteten Arbeitszeit. In diesem Zusammenhang ist zu diskutieren, inwieweit er seinen in § 16 Abs. 2 ArbZG verankerten Nachweispflichten damit noch angemessen nachkommen kann. (vgl. a. Weidinger & Schlottfeldt, 2002).

Führungskräfte. Auch für die betriebliche Leistungsbeurteilung hat die Nutzung der Vertrauensarbeitszeit bedeutende Konsequenzen, denn in vielen Organisationen stellt Anwesenheit noch immer ein entscheidendes Beurteilungskriterium dar. Aus dieser Perspektive bedeutet die Anwendung des Modells der Vertrauensarbeitszeit von allen Beteiligten einen anderen Umgang mit der (Arbeits-)Zeit. So müssen unter Umständen alternative Kriterien zur Leistungsbeurteilung entwickelt werden.

Auch aus organisationskultureller Sicht stellt die Vertrauensarbeitszeit ein bedeutendes Signal dar. Sie kann als eine vertrauensbildende Maßnahme betrachtet werden, die die Eigenverantwortlichkeit und Verantwortung der Mitarbeiter erhöht. Kontrollmechanismen werden zugunsten flexibler Systeme, die stärker auf das Ergebnis der Arbeit zielen, abgelöst. Für die betrieblichen Führungskräfte bedeutet ein Wandel zur ergebnisorientierten Arbeitszeitkultur auch einen notwendigen Wandel ihrer Führungsrolle, weg vom Kontrolleur hin zum Coach des Mitarbeiters. Damit einhergehen sollte auch ein Wandel des praktizierten Führungsstils, damit externe Motivationskonzepte zunehmend intrinsischen Konzepten weichen. Aufgabe der Vorgesetzten im Rahmen der Vertrauensarbeitszeit sollte es sein, den Mitarbeitern bei der adäquaten Umsetzung zu unterstützen, z. B. in Form Überprüfung des Zusammenhangs zwischen Arbeitsumfang und Arbeitszeitvolumen oder dem Einleiten von Entlastungsmaßnahmen (z. B. durch Neuverteilung der Arbeitsaufgaben oder der Schaffung zusätzlicher Kapazitäten oder Effizienzförderung). Die Einführung flexibler Arbeitszeitformen erfordert innerhalb der Organisationen deshalb oft auch eine Umorientierung der betrieblichen Anwesenheitskulturen. Es muss ein Wechsel vollzogen werden, weg von der reinen Anwesenheitsorientierung hin zu einer Ergebnisorientierung. Als problematisch kann es sich dabei erweisen, dass auf organisatorischer Ebene auch Controlling-Kenziffern für die Disposition der anfallenden Arbeit verloren gehen.

5.5.3 Analyse und Bewertung von Arbeitszeitsystemen

Bei der Erstellung eines Bewertungsmodells existieren mehrere gleichrangige Bewertungskriterien nebeneinander und erschweren so eine objektive Bewertung. So gilt es beispielsweise, neben quantitativen Auswirkungen auch qualitative Folgen der Arbeitszeitgestaltung zu berücksichtigen. Schwierig ist es, differentielle Wirkungen gegeneinander abzuwägen (z. B. so kann ein und dieselbe Arbeitszeitregelung unter Umständen positive Auswirkungen hinsichtlich der Vereinbarkeit von Arbeit und Familie eines Mitarbeiters haben und doch gleichzeitig negative Konsequenzen für Sicherheit und Gesundheit nach sich ziehen). Baillod, Davatz, Luchsinger, Stamatiadis & Ulich (1997) empfehlen deshalb statt objektivierten, wissenschaftlichen Bewertungsmaßstäben normative Bewertungskriterien heranzuziehen und verweisen dabei auf das Konzept der humanen Arbeitstätigkeit nach Ulich (1994), der sozialverträglichen Arbeitszeitgestaltung nach Seiffert (1989, 1995) und der autonomieorientierten Arbeitszeitgestaltung nach Baillod (1986, 1993).

Während das Konzept von Ulich mit seinen Bewertungskriterien *Schädigungsfreiheit, Beeinträchtigungslosigkeit, Zumutbarkeit* und *Persönlichkeitsförderlichkeit* Allgemeingültigkeit für Arbeitstätigkeiten beansprucht, sind die Ansätze von Seiffert und Baillod speziell zur Bewertung von Arbeitszeitsystemen konzipiert. Seiffert versucht in seinem Ansatz den Grad der Sozialverträglichkeit von Arbeitszeitreglungen zu bestimmen. Dabei sind nach Ansicht des Autors die folgenden sechs Bewertungskriterien zu berücksichtigen: 1) *Beschäftigungsniveau und -sicherheit,* 2) *Einkommen,* 3) *gesundheitliche Belastungen,* 4) *Anforderungen aus lebensgemeinschaftlichen Beziehungen,* 5) *Teilhabe am sozialen Leben* und 6) *der Autonomiegrad.* Baillod, Davatz, Luchsinger, Stamatiadis & Ulich (1997) erweitern diesen Ansatz und beschreiben drei übergeordnete Ziele (mit untergeordneten Bewertungsdimensionen): 1) *Allgemeine Lebensqualität* (Gesundheit, Familie/Partnerschaft, Teilnahme am sozialen Leben, Kompetenzentwicklung, Einkommen), 2) Arbeitsqualität (Aufgabenerfüllung) und 3) Wirtschaftsentwicklung (Beschäftigungswirkung). Baillod (1986) verwendet als Metakriterium zur Bewertung von Arbeitszeitsystemen zusätzlich den Begriff der Autonomieorientierung (häufig auch Zeitsouveränität genannt). Nach Baillod, Davatz, Luchsinger, Stamatiadis & Ulich (1997) ist darunter dass Ausmaß der Selbst- beziehungsweise Mitbestimmung der Mitarbeiter über ihre Arbeitszeit zu verstehen.

Das Konzept der Autonomieorientierung bei der Arbeitszeitgestaltung ist an die psychologische Variable der Kontrolle angelehnt (vgl. Frese, Greif & Semmer, 1978). Entscheidend ist dabei, inwieweit Mitarbeiter die Möglichkeit haben, Situationen oder Tätigkeiten so zu beeinflussen, dass sie ihre eigenen Ziele und Bedürfnisse realisieren können. Voraussetzung für das Kontrollerleben ist die Möglichkeit, Situationen zu verstehen und damit auch in gewissem Masse vorherzusehen. In diesem Falle besteht die Möglichkeit der Kontrolle, indem situativ angemessen reagiert werden kann. Zu betonen ist, dass allein das Erleben von Kontrolle unter Umständen die negativen Konsequenzen und Folgen einer Situation reduzieren kann. Denn es ist zum Teil unerheblich, ob die Kontrolle tatsächlich ausgeübt werden muss, da allein das Erleben, im Zweifelsfall Kontrolle ausüben zu können, die psychologisch negativen Folgen reduziert. Bezogen auf Arbeitszeitregelungen bedeutet dies, dass Arbeitszeitmodelle, die unter Umständen eine höhere Kontrollmöglichkeiten ermöglichen, (wie Gleitzeitmodelle) entlastend wirken (vgl. z. B. Baillod & Sommer, 1994).

Nach Baillod, Davatz, Luchsinger, Stamatiadis & Ulich (1997) sind die Kontrollmöglichkeiten zwischen kurz- und langfristigen Einflussmöglichkeiten zu unterscheiden. Die kurzfristigen Kontrollmöglichkeiten betreffen Fragen wie die der möglichen Einflussnahme auf aktuelle Bedürfnisse und Situationen, fehlende Vorhersehbarkeit von

Arbeitseinsätzen oder mangelnde Möglichkeiten, eigene Arbeitszeitwünsche in Absprache mit den Vorgesetzten oder Kollegen umzusetzen. Längerfristige Kontrollmöglichkeiten betreffen hingegen grundlegendere Fragen der Arbeitszeitgestaltung wie die Frage, ob grundsätzlich eine Teilzeiterwerbstätigkeit und der damit verbundene Stundeneinsatz mit der geplanten Kinderbetreuung vereinbart werden kann.

Seiffert (1995) schlägt vor, Arbeitszeiten auch anhand ihrer Sozialverträglichkeit zu bewerten. Dazu spezifiziert er folgende Kriterien: Beschäftigungsniveau und Sicherheit, Einkommen, gesundheitliche Belastungen, Anforderungen an lebensgemeinschaftliche Beziehungen, Teilhabe am Sozialleben und Autonomiegrad. Ein weiteres sehr einfaches und auch für den Praktiker sehr brauchbares Instrument zur Bewertung von Arbeitszeitmodellen findet sich bei Baillod (1997). Es berücksichtigt neben mitarbeiterbezogenen Kriterien (Familie/Partnerschaft, Gesundheit, Teilnahme am sozialen Leben, Kompetenzentwicklung, Aufgabenerfüllung, Beschäftigungswirkung und Einkommen) auch organisatorische und rechtliche Rahmenbedingungen (Organisationskultur, Partizipation, vertragliche Absicherung) sowie dem Arbeitszeitmodell immanente Faktoren (Dauer der Arbeitszeit, Lage der Arbeitszeit, Autonomieorientierung und Einflussmöglichkeiten, Intensität der Nutzung).

Auch nach Baillod, Davatz, Luchsinger, Stamatiadis & Ulich (1997) sollte eine Analyse von Arbeitszeitsystemen nie isoliert erfolgen, sondern immer die Struktur und Kultur einer Organisation berücksichtigen. Eine derartige Analyse sollte ferner möglichst die biografische Erfahrungen und außerberuflichen Lebenswelten der Mitarbeiter beinhalten.

5.5.4 Die Arbeitszeit zwischen Wünschen der Mitarbeiter und Anforderungen der Organisation

Die Arbeitspräferenzen Erwerbstätiger
Im Jahre 2005 betrug die tatsächliche Wochenarbeitszeit bei Vollzeitbeschäftigten im Mittel bei 42,1 und bei Teilzeitbeschäftigten 22 Stunden. Die tatsächlichen Arbeitszeiten lagen damit um 3 (Vollzeit) bzw. um 1,3 Stunden (Teilzeit) über den vertraglich fixierten Arbeitszeiten (Groß & Schwarz, 2006). Der Unterschied zwischen der vertraglichen Arbeitszeit und der durchschnittlich gewünschten Arbeitszeit der Beschäftigten ist eher gering (MASSKS, 2000). Größer und auch bedeutender ist hingegen der Unterschied zwischen der durchschnittlich gewünschten Arbeitszeit und der im Schnitt tatsächlich geleisteten Arbeitszeit. Die größte Differenz findet sich dabei für Männer aus Paarhaushalten, die tatsächlich mehr als 3,8 h pro Woche mehr arbeiten als sie es wünschen (ebd.). Der Wunsch nach Reduzierung der Arbeitszeiten ist kein deutsches Phänomen. Im europäischen Durchschnitt wünschen die Erwerbstätigen im Schnitt

ihre Arbeitszeit um 3,7 Stunden zu reduzieren (Bielenski, Bosch & Wagner, 2001; vgl. auch Klenner, 2005).

Im internationalen Vergleich erweisen sich die Arbeitszeiten in Deutschland bei einer Vollzeitbeschäftigung im Mittel als relativ lang (Männer 41,8 h und Frauen 39,8 h) und im Bereich der Teilzeiterwerbstätigkeit als sehr gering (Männer 16,4 und Frauen 18,7 h; Eichhorst & Thode, 2002). Man kann deshalb hinsichtlich der Arbeitszeitstrukturen auch von einem polarisierten Arbeitsmarkt in Deutschland sprechen. Teilzeitbeschäftigte wünschen sich entgegen der derzeit gängigen Praxis jedoch im Mittel Tätigkeiten mit einem höheren wöchentlichen Stundenumfang von 20–25 Stunden (ebd.).

Bei den Arbeitszeitwünschen der Erwerbstätigen in Europa zeigt sich ein geschlechtsspezifischer Unterschied. Während die gewünschte Arbeitszeit bei Männern vor allem von der bisher tatsächlich geleisteten Arbeitszeit beeinflusst wird, spielen bei Frauen auch haushaltsbezogene Faktoren eine Rolle (Bielenski, Bosch & Wagner, 2001). Kinder im Haushalt, ein erwerbstätiger Ehepartner und eine günstige finanzielle Gesamtsituation des Haushaltes führen bei Frauen eher zu dem Wunsch, die Arbeitszeit zu reduzieren. Männer wünschen generell auch mehr zu arbeiten als Frauen. *„Obwohl Männer ihre Arbeitszeit um etwa doppelt so viele Stunden wie Frauen verkürzen wollen, sind die Wunscharbeitszeiten der Männer immer noch um rund sieben Stunden länger als die der Frauen"* (Bielenski, Bosch & Wagner, 2001, S. 3). Zusammenfassend kann festgehalten werden, dass Männer kürzere Vollzeitarbeiten präferieren, Frauen hingegen wünschen eher kurze Vollzeitarbeit oder substanzielle Teilzeitarbeit.

Ein inverser Zusammenhang besteht zwischen gewünschter Arbeitszeit und Qualifikationsniveau. Je höher das Qualifikationsniveau, desto größer der Wunsch nach geringeren Arbeitszeiten. Geringer Qualifizierte hingegen äußern verstärkt den Wunsch nach längerer Arbeitszeit. Hier scheint sich das bessere vorhandene Einkommen bei den Höherqualifizierten bemerkbar zu machen. Ferner ist zu vermuten, dass gerade die Tätigkeiten von qualifiziert Beschäftigten hohe Beanspruchungen nach sich ziehen und gerade aus diesem Grunde weniger Arbeitszeit zu einem entsprechendem (Lebens-)Wert wird (Bielenski, Bosch & Wagner, 2001). Die Tatsache, ob Kinder im Haushalt leben, beeinflusst die Arbeitszeit der Eltern in nicht unerheblichen Maße. Sind Kinder im Haushalt vorhanden, führt dies zu einer durchschnittlichen Steigerung der wöchentlichen Arbeitszeit der Männer (um ca. zwei Stunden pro Woche), wobei dieser Anstieg noch stärker ausfällt, wenn das Angebot an Kinderbetreuungsmöglichkeiten für Kinder schlecht ist (Bielenski, Bosch & Wagner, 2001). Bei Frauen ist hingegen eine gegenläufige Entwicklung zu beobachten: In Haushalten mit Kindern arbeiten die Frauen im Durchschnitt weniger Stunden als Frauen aus Haushalten ohne Kinder. Auch hier besteht ein Zusammenhang mit dem Angebot an Kinderbetreuungsmöglichkeiten.

Mehrarbeit und Überstunden

Ungeachtet der Wünsche und Bedürfnisse der Arbeitnehmer und ihrer Familien übersteigt – wie voranstehend berichtet – der Umfang der ausgeübten Arbeitszeit die vertragliche festgelegte Zeit. Groß & Schwarz (2006, S. 11) merken dazu an, dass *„Die vielfach erhobene Forderung nach einer Rückkehr zur 40-Stunden-Woche [...], was die tatsächlichen Arbeitszeiten der Vollzeitbeschäftigten anbelangt, von der Wirklichkeit längst überholt"* ist. Dies bedeutet, dass ein erheblicher Teil der Beschäftigten Mehrarbeit und Überstunden leistet. Roth & Zakrzweski (2006) weisen zu Recht darauf hin, dass die Begriffe *Mehrarbeit* und *Überstunden* in der Literatur zumeist undifferenziert synonym verwendet werden. Um den Begriff der Mehrarbeit genauer zu definieren, ist der Bezug auf eine Normalarbeitszeit notwendig. Die Normalarbeitszeit ist in Deutschland gesetzlich auf ein Maximum von 8 Stunden pro Tag, 40 Stunden pro Woche bzw. einer Höchstarbeitszeit von 960 Stunden in einem Zeitraum von 6 Monaten gesetzlich fixiert (vgl. ArbZG).

Nach Garhammer (2004, S. 46ff) ist ein Normalarbeitsverhältnis ferner dadurch gekennzeichnet, dass es unbefristetet ist, die Arbeitszeit von Montag bis Freitag zwischen 6 und 20 Uhr liegt und der Arbeitsort nicht durch Fernpendeln erreicht wird (für weitere Definitionen des Normalarbeitsverhältnisses s. a. Abschnitt 4.4). Wie unscharf die Begrifflichkeiten *Normalarbeitszeit* und *Normalarbeitsverhältnis* sind wird deutlich, wenn man sich vergegenwärtigt, dass in den letzten Dekaden immer mehr Beschäftigte nicht mehr in entsprechenden Beschäftigungsverhältnissen mit entsprechenden Arbeitszeiten tätig sind. So arbeitet kurz nach dem Millennium laut Garhammer (2004) nur noch rund die Hälfte aller Erwerbstätigen in Normalarbeitsverhältnissen. Dies führt zu der paradoxen Situation, dass der Zustand, der zumeist noch in Wissenschaft und Politik auf Norm- bzw. Normalzustand beschrieben wird empirisch betrachtet mittlerweile die Ausnahme darstellt.

Der Begriff der Überstunden bezieht sich hingegen auf die auf Anordnung geleisteten Arbeitsstunden, die über die im Rahmen der regelmäßigen Arbeitszeit betriebsüblich festgesetzten Arbeitsstunden hinausgehen (vgl. z. B. TVöD, §7 (7)). Hinsichtlich der Entwicklung der geleisteten Überstunden zeigen sich zwei Tendenzen: Die pro Beschäftigten pro Woche geleisteten bezahlten Überstunden verringern sich, während für unbezahlte und in Freizeit ausgeglichene Überstunden ein Anstieg zu verzeichnen ist. Im Jahr 2005 leistete jeder Beschäftigte pro Woche durchschnittlich eine Überstunde (Groß & Schwarz, 2006). Anger (2006) kommt auf Basis der Daten des sozioökonomischen Panels sogar auf 2,5 Stunden. Gerade bei besser qualifizierten Angestellten lässt sich in jüngster Zeit ein Anstieg der Arbeitszeiten feststellen (Garhammer, 2004). In dieser Beschäftigtengruppe stellen Mehrarbeit und Überstunden mittlerweile den Normalfall dar. Hochschild (1997) differenziert zwischen zwei Gruppen von Beschäftigten, die regelmäßig und in größerem Umfang Mehrarbeit leisten: hoch qualifizierte

Führungskräfte und (Schicht-)Arbeiter mit geringer Qualifikation. Während die Gründe für die Mehrarbeit in der erst genannten Gruppe nach Hochschild vor allem in einer intrinsischen Motivation zu sehen sind (der Beruf macht Spaß), sind diese in der letztgenannten Gruppe vor allem darin zu sehen, dass der Lebensstandard gehalten oder verbessert werden soll.

Ungeachtet der Diskussion um die empirische Verbreitung von Überstunden bzw. Mehrarbeit ist Peinelt-Jordan (1996, S. 186) zuzustimmen, der die Ansicht vertritt, dass die aktuelle Situation dazu führt, dass *„Männer"* und Frauen [Ergänzung des Autors], *„denen es gelingt, keine Überstunden leisten zu müssen, fast schon als privilegiert anzusehen sind"*. Die geleisteten Überstunden stehen jedoch in engem Zusammenhang mit Variablen des außerberuflichen Lebens. So beurteilen Mütter und Väter mit längeren Arbeitszeiten ihre Vereinbarkeit von Beruf und Familie als deutlich schlechter als Eltern mit geringeren Arbeitszeiten. Klenner (2005) berichtet über einen Zusammenhang zwischen der Länge der Arbeitszeiten und der Einschätzung darüber, wie gut die Integration von Arbeit und Familie gelingt. Dabei zeigt sich, dass mit steigendem Arbeitsvolumen die erbrachte Vereinbarkeitsleistung als schlechter beurteilt wird. Zu vergleichbaren Ergebnissen kommt das European Working Conditions Survey 2000 (Europäische Stiftung, 2003). Als familienunfreundlich werden Arbeitszeiten beurteilt, die mit der Versorgung der Kinder kollidieren (z. B. abends) oder *„die traditionell gesellschaftlichen Zeitstrukturen folgend der Familie vorbehalten sind, insbesondere der Sonntag"* (Klenner, 2005, S. 211). Gelegentliche Schwankungen der Arbeitszeiten, sofern sie nicht zu Mehrarbeit führen, scheinen sich hingegen nicht negativ auf die Vereinbarkeitsleistung niederzuschlagen (ebd.).

5.5.5 Zusammenhänge zwischen Arbeitszeitgestaltung und Work-Life-Balance-Erleben

Veränderung der Rahmenbedingungen
Eingriffe in die Reglung und Gestaltung der Arbeitszeit ziehen zwangsläufig auch Eingriffe in die Regelung(smöglichkeit) der Erholung, des Familienlebens und der Freizeitgestaltung nach sich (Rutenfranz, Knauth & Nachreiner, 1993). Folgt man nun dem Gedankengang, dass die Arbeitszeit aufgrund von organisatorischer Rahmenbedingungen nur bedingt variierbar ist und dass biologische Prozesse und circadiane Rhythmen ebenfalls nur schwer beeinflussbar sind, wird deutlich, dass die Regelung von Arbeitszeiten auch einen erheblichen Einfluss auf das Erleben außerhalb der Erwerbstätigkeit haben muss. Waren Arbeitszeiten vormals der strukturgebende Rahmen, an dem sich die zeitliche Organisation des Alltages von Individuen und Familien orientierte, so haben sich mit den vorangehend geschilderten Flexibilisierungsprozessen die

Rahmenbedingungen, unter denen Individuen und insbesondere Familien ihr Leben gestalten, maßgeblich. Denn wann, wie lange und in welchen Rhythmus und Tempo gearbeitet wird, steht mittlerweile zur Disposition (vgl. Jurczyk, 2004).

Zeitliche Synchronisation und soziale Integration
Wenn Arbeitszeiten flexibilisiert werden und zeitliche verbindliche Rahmen wegfallen, müssen Zeiträume für das Familienleben aktiv geplant und gestaltet werden, da es keine geplanten, regelmäßigen Zeitmuster mehr gibt. Familienzeiten müssen zwischen den Beteiligten folglich ausgehandelt und organisiert werden. Familien kommt dann die Aufgabe zu, die Zeit ihrer Mitglieder zu synchronisieren, d.h. die Zeiten und Zeitrhythmen so anzugleichen, dass Zeiträume für gemeinsame familiäre Aufgaben (Hausarbeit) als auch für soziale Aktivitäten möglich werden. Garhammer & Gross (1991) unterscheiden bei dieser Gestaltungsaufgabe von Familien deshalb zwischen der zeitlichen Synchronisation und der sozialen Integration. Zeiten müssen synchronisiert werden mit Arbeits-, Öffnungs- und Nutzungszeiten wirtschaftlicher, gesellschaftlicher und politischer Institutionen bei gleichzeitiger Berücksichtigung sozialer Belange der Familienmitglieder (z. B. Zeit für Gespräche und Beziehungsgestaltung).

Deutlich wird dies an der zunehmenden zeitlichen Veränderungen des Wochenendes. Traditionellerweise waren der arbeitsfreie Samstag und Sonntag nicht nur wichtige Zeiträume für Erholungspausen der Beschäftigten, sondern boten auch die Möglichkeit für spontanes familiäres Zusammensein ohne großen Synchronisationsaufwand (Jürgens, 2000). Kommt es zu Veränderungen dieser Zeitmuster, ist dies in der Regel mit erhöhtem Synchronisationsaufwand verbunden. Schwierig wird diese Synchronisation häufig unter anderem deshalb, weil jeder der gesellschaftlichen Teilbereiche eigene Anforderungen an die Zeitstrukturen entwickelt hat und sich dementsprechend auch eigene Zeitordnungen entwickelt haben – unabgestimmt mit den Zeitordnungen anderer Bereiche und Institutionen. Die familiäre Zeitsynchronisation stellt folglich nach Garhammer häufig den Puffer für verschiedene gesellschaftliche Zeitordnungssysteme dar. Kurzfristige Änderungen der Arbeitszeit stellen nicht nur für erwerbstätigen Eltern eine besondere Belastungen dar, auch in Partnerschaften und Lebensgemeinschaften ohne Kinder bedeuten kurzfristige Änderungen unter Umständen ein Nichteinhalten von geplanten (partnerschaftlichen oder familiären) Aktivitäten. Während kinderlose Paare und Singles in einem gewissen Rahmen jedoch hinsichtlich der Synchronisation ihres Familien- und Privatlebens und der Erwerbsarbeit flexibel sind, haben verlässliche Arbeitszeiten gerade für erwerbstätige Eltern eine hohe Bedeutung, da sie ihre Arbeitszeit mit den Öffnungszeiten von Kinderbetreuungseinrichtungen oder anderen Formen der Kinderbetreuung (z. B. Tagesmutter oder Großeltern) vereinbaren müssen.

Umfang der Arbeitszeiten und Work-Life-Balance-Erleben
Verschiedene Untersuchungen haben sich mit dem Zusammenhang zwischen dem Umfang der Arbeitszeit und dem Work-Life-Balance-Erleben beschäftigt. Grundannahme ist dabei, dass Zeit eine bedingte Ressource darstellt und ein stärkeres zeitliches Engagement in einem der Lebensbereiche aufgrund der limitierten Ressource zu Interaktionskonflikten mit anderen Lebensbereichen führt. Der Einfluss der Zahl der gearbeiteten Stunden auf Arbeit-Familien-Konflikte zeigte sich in vielen Untersuchungen (z. B. Batt & Valcour, 2002; Bellavia & Frone, 2004; Burke, Weir & Duwors, 1980a; Carlson & Perrewe, 1999; Frone, Yardley & Markel, 1997; Greenhaus & Beutell, 1985; Izareli, 1993; Gutek, Searle & Kleppa, 1991; für Frauen: Grzywacs & Marks, 2000; Gutek et al. 1991; Keith & Schafer, 1980; Nielson, Carlson & Lankau, 2001; Smith Major et al., 2002; Staines & Pleck, 1983; nur für Frauen: Wallace, 1999; Voydanoff & Kelly; 1984, Voydanoff, 1988).

Arbeitszeitbedingte Charakteristika (Arbeitsstunden pro Woche, Arbeitsdruck) stehen in engem Zusammenhang mit negativen Spillover-Prozessen zwischen Arbeit und Familie (Grzywacs & Marks, 2000a). Eine Arbeitszeit von weniger als 20 Stunden pro Woche steht dabei (nur) für Frauen in einem negativen Zusammenhang mit negativem Spillover zwischen Arbeit und Familie. Hohe Arbeitszeiten (>45 h/Woche) hingegen weisen für beide Geschlechter einen engen Zusammenhang mit Arbeit-Familien-Konflikten auf (ebd.). In einer Metaanalyse von Byron (2005) zeigt sich ein mittlerer gewichteter korrelativer Zusammenhang von 0.12 zwischen der Anzahl der Arbeitsstunden und Arbeit⇨Familien-Konflikten und ein minimaler Zusammenhang zwischen Familien⇨Arbeit-Konflikten. Ein deutlicher größerer und negativer Zusammenhang von 0.26 hingegen findet sich in derselben Arbeit für Arbeitszeitflexibilität und Arbeit⇨Familien-Konflikten bzw. von 0.17 für Familien⇨Arbeit-Konflikte.

Dass massive Arbeitszeiten in Zusammenhang stehen mit Work-Life Konflikten, zeigen Bonebright, Clay & Ankenmann (2000) in einer Studie mit Workaholics. Stichproben mit Arbeitssüchtigen eignen sich für die Analyse von Work-Life-Balance-Fragen im Zusammenhang mit überlangen Arbeitszeiten, da ihr Arbeitsverhalten meist durch exzessives Bedürfnis nach Arbeit und Arbeitszeiten gekennzeichnet ist (vgl. Keown, 2007). Sowohl enthusiastische (d.h. mit hohem Arbeitsinvolvement und hoher Arbeitsfreude) als auch non-enthusiastische Workaholics (d.h. mit hohem Arbeitsinvolvement, aber geringer Arbeitsfreude) zeigen einen höheren Grad an Work-Life-Konflikten als Nicht-Workaholics. Während die nicht-enthusiastischen Workaholics außerdem über signifikant geringere Lebenszufriedenheit und eine geringere Sinnhaftigkeit des Lebens berichten, lässt sich dieser Unterschied für enthusiastische Workaholics nicht nachweisen.

Die Studie unterstützt somit zwei Erklärungsansätze: 1) Überlange Arbeitszeiten sind förderlich für die Genese von Arbeit-Nicht-Arbeit-Konflikten (ungeachtet der

Tatsache, ob die Arbeitszeiten mit oder ohne Freude erlebt werden) und 2) größere Arbeitsfreude und Enthusiasmus scheinen sich konfliktreduzierend für Arbeit-Nicht-Arbeit-Konflikte auszuwirken. Poppelreuter (2006) weist in diesem Zusammenhang darauf hin, dass familiendynamische Erklärungsmodelle das Phänomen der Arbeitssucht damit erklären, dass die „*arbeitssüchtigen*" Verhaltens- und Interaktionsmuster der Betroffenen bereits vielfach in ihren Herkunftsfamilien ausgebildet und nicht selten auch der nachfolgenden Generation „*vererbt*" werden.

Aus Perspektive der Work-Life-Balance-Forschung und einer Life-Span-Development-Perspektive kann man diese Annahmen auch als langfristige Konsequenzen von Crossover-Effekten bezeichnen. Insbesondere vor dem Hintergrund, dass in der Work-Life-Balance-Forschung bisher so gut wie keine Befunde zu Entwicklung des Vereinbarkeitserlebens und -verhaltens vorliegen, erscheint dies als interessanter und lohnenswerter Ansatz, der empirisch zu überprüfen wäre. Die Befundlage zum Zusammenhang zwischen der Länge der Arbeitszeiten und dem Work-Life-Balance-Erleben ist relativ eindeutig. Ein höherer Umfang der Arbeitszeiten erhöht auch die Wahrscheinlich, in stärkerem Umfang Konflikte bei der Vereinbarkeit zwischen Arbeit, Familie und Freizeit zu erleben. Keine Befunde sind bisher dahingehend bekannt, ob kürzere Arbeitszeiten auch nicht nur förderlich sind, da weniger Konflikte erlebt werden, sondern ob auch in stärkerem Umfang positive Interaktionen zwischen den Lebensbereichen erlebt werden.

Ein grundsätzliches Problem, das sich bei der vergleichenden Analyse verschiedener Arbeitszeitmodelle hinsichtlich ihrer differentiellen Auswirkung auf das Work-Life-Balance-Erleben ergibt, ist, dass sich a) die Arbeitszeitmodelle zum Teil nur sehr schwer voneinander abgrenzen lassen und b) verschiedene Parameter offensichtlich unabhängig vom Arbeitszeitmodell in Zusammenhang mit Outcome-Variablen wie dem Work-Life-Balance-Erleben stehen. Ein integratives Modell, das gleichzeitig den Einfluss verschiedene Arbeitszeitparameter unabhängig vom jeweiligen Arbeitszeitmodell auf Arbeit⇨Familien-Konflikte untersucht, findet sich bei Steinmetz (2007). Ziel seines multidimensionalen Ansatzes ist es, die Arbeitszeit von Erwerbstätigen mit Hilfe eines vierdimensionalen Raums zu beschreiben. Die vier relevanten Modellvariablen sind 1) die Dauer der Arbeitszeit (z. B. Stunden pro Woche), 2) die mittlere Tageszeit (d.h. Position der Arbeitszeit im Tagesverlauf), 3) die Variation der Arbeitszeit innerhalb einer bestimmten Periode und 4) die Anzahl der Schichten innerhalb einer Periode. Steinmetz (ebd.) findet für drei der vier genannten Arbeitszeitdimensionen Zusammenhänge mit Arbeit⇨Familien-Konflikten: Dauer der Arbeitszeit, mittlere Tageszeit und Variation. Für Arbeitszeitautonomie der Beschäftigten findet sich allerdings nicht der angenommene Moderator Effekt hinsichtlich des Work-Life-Balance-Erlebens, d.h. der Zusammenhang zwischen den drei relevanten Arbeitszeitdimensionen wird durch eine größere Kontrollmöglichkeiten nicht abgeschwächt.

Gegenläufige Befunde hinsichtlich der Arbeitszeitautonomie findet Nachreiner (2007): So können flexible Arbeitszeiten sowohl zu einer besseren Work-Life-Balance als auch zu einem stärkeren Konfliktleben beitragen. Flexible Arbeitszeiten sind nicht risikofrei. Die konkreten Auswirkungen sind abhängig von der spezifischen Arbeitszeitsituation. So stellt eine hohe Variabilität der Arbeitszeiten nach Nachreiner (ebd.) einen Risikofaktor dar, der sich in sozialen Beeinträchtigungen, d.h. Work-Life-Conflicts, manifestieren kann. Eine mitarbeiterbestimmten Flexibilität der Arbeitszeiten ist mit deutlich geringeren Beeinträchtigungen verbunden als unternehmensbestimmte Flexibilität, allerdings kann die mitarbeiterbestimmte Flexibilität die negativen Effekte der Variabilität nicht kompensieren (ebd.).

Die Einführung flexibler Arbeitszeitmodelle kann vor allem für Eltern oft eine große Belastung darstellen. Familiäre Dyaden verfügen oft über sehr spezifische Arrangements der Kinderbetreuung, deren Grundlage eine hohe Verlässlichkeit ist, da die Zeitstrukturen mehrerer Personen synchronisiert werden müssen. Die Flexibilisierung der Randparameter eines Akteurs in diesem System hat meist auch Auswirkungen auf alle anderen Beteiligten. Hinsichtlich der familiären Arbeitsteilungen berichten Jürgens & Reinecke (1997), dass sich nach der Einführung der 28,8 Stunden-Woche bei VW (Arbeitszeitreduktion von vorher 36 Stunden) bereits bestehende Grundorientierung innerhalb einer Partnerschaft und Familie noch verstärkt wurden. Männer, die bereits vor Einführung des neuen Arbeitszeitmodells sich nicht oder in nur sehr geringem Umfang um die Haushaltsführung und Kindererziehung kümmerten, machten dies auch nicht nach der Umstellung. Männer hingegen die sich bereits vor der Umstellung in starkem Maße an der Familienarbeit beteiligen, verstärken nach dem Wandel ihre Aktivitäten sogar noch.

Die Akzeptanz des neuen Arbeitszeitmodells erweist sich dabei als abhängig von 1) der Verlässlichkeit bei der Umsetzung des Arbeitszeitmodells (und somit der Planbarkeit der erwerbsarbeitsfreien Zeit), 2) der Höhe der realen Einkommensverlustes und dessen Bedeutung für die individuelle private Lebenssituation und 3) der Bewertung der Arbeitsplatzsicherheit im Vorfeld der Einführung des neuen Arbeitszeitmodells (Jürgens & Reinecke, 1997, S. 319ff). Die Verlässlichkeit des neuen Arbeitszeitmodells erhöhte die Akzeptanz bei den Beschäftigten, insbesondere in den Fällen, in denen es den individuellen Zeitverwendungswünschen und -bedürfnissen entgegenkam. Dem gemäß werden häufige Wechsel der Arbeitszeitmodelle als negativ bewertet.

Zusammengefasst bedeutet das, dass Arbeitszeitflexibilisierung mit einer möglichst großen Zeitsouveränität von den Mitarbeitern gewünscht wird. Dem stehen im betrieblichen Alltag oft die auftrags- und konjunkturbedingt wechselnde Nachfrage nach Arbeitskräften seitens der Organisation entgegen. Die mit der wöchentlichen Arbeitszeitverkürzung verbundenen Einkommensverluste wurden vor allem von jenen Mitarbeitern als nicht so schwerwiegend eingeschätzt, die den Zeitgewinn als einen Zugewinn an Lebensqualität (mehr Zeit für Familie, Hobbies etc.) bewerteten. Mitarbeiter, die trotz Arbeitszeitverkürzung die neuen Arbeitszeitmodelle als unverlässlich einstuften, äußerten hingegen auch größere Unzufriedenheit mit den Einkommenseinbußen und eine geringere Akzeptanz der neuen Arbeitszeitmodelle. Außerdem wurden die Einkommenseinbußen und damit auch die neuen Arbeitszeitmodelle vor allem von Mitarbeitern kritisch betrachtet, die aufgrund ihrer persönlichen Situation (Unterhaltszahlungen, Kredite für den Hausbau etc.) nur über geringen finanziellen Spielraum verfügen. Jedoch zeigt sich, dass nach einer Adaptationsphase an das geringere Entgeltniveau die meisten Mitarbeiter bereit sind, dieses beizubehalten. Mehrarbeit wird dann aus organisationalen Notwendigkeit heraus geleistet. Hinsichtlich des Arbeitsplatzrisikos kann festgehalten werden, dass mit steigender Sicherheit des Arbeitsplatzes auch die Akzeptanz für die neuen Arbeitszeitmodelle geringer wird.

Ulich (2004) weist darauf hin, dass es sich bei den positiven Erfahrungen, die Jürgens & Reinecke (1997, 1998) von der systematischen Arbeitszeitverkürzung bei VW berichten, um eine Arbeitszeitverkürzung auf Vollzeitniveau handelt, denn bei dem kollektiv in den VW-Werken eingeführten 28,8 Stunden-Modell handelt es sich nicht um eine Form der Teilzeitbeschäftigung, sondern immer noch um ein Vollzeitarbeitsmodell. Ungeachtet der Tatsache, dass sich sicherlich darüber streiten lässt, ob es sich bei dem zitierten Arbeitszeitmodell nun um ein Vollzeit- oder Teilzeitarbeitsmodell handelt, ist Ulich allerdings zuzustimmen, dass das berufliche Selbstverständnis und Rollenbild vor allem von Männern durch die kollektive Reduktion der Arbeitszeit nicht in dem Umfang bedroht sein dürfte, wie es bspw. bei Mitarbeitern in kleineren Unternehmen der Fall ist, wenn sie (gewollt oder ungewollt) ihr Arbeitszeitpensum reduzieren. Entscheidend dafür dürfte vermutlich auch die Dominanz von VW auf den lokalen Arbeitsmärkten sein. Als einer der größten Arbeitgeber auf den lokalen Arbeitsmärkten bedeutete die Einführung des neuen Arbeitszeitmodells quasi für ganze Städte bzw. Regionen die (zumindest quantitative) Einführung eines neuen Standards, was als Normalarbeitszeit zu verstehen ist. Dadurch ist es auch gewährleistet, dass die Reduktion der Arbeitszeit auch im nicht-beruflichen Lebensbereich eine höhere Akzeptanz erfährt.

5.6 Die Bedeutung der Organisation für das Work-Life-Balance-Erleben

Die Bedeutung, die organisationalen Faktoren für das Work-Life-Balance-Erleben der Organisationsmitglieder haben, war und ist Gegenstand intensivster Forschungsbemühung. Meist werden die organisationalen Initiativen zur Verbesserung der Work-Life-Balance unter den Bezeichnungen familienfreundliche Maßnahmen oder familienfreundliche Unternehmenspolitik diskutiert. Zahlreiche Studien analysieren, ob und wie das Work-Life-Balance-Erleben durch entsprechende Konzepte, Programme und

Angebote positiv beeinflusst und gefördert werden kann (vgl. Thompson, Andreassi & Prottas, 2005). In Abhängigkeit vom theoretischem Ansatz und der intendierten Zielrichtung werden die verschiedenen Maßnahmen und Angebote subsumiert, wobei der Fokus der meisten Angebote – sowohl in der organisationalen Praxis als auch im Rahmen der Forschung – auf Interventionen für eine bessere Vereinbarkeit von Erwerbstätigkeit und Familienleben liegt. Angeführt werden sowohl Angebote zur Flexibilisierung der Arbeitszeiten, arbeitsgestalterische Maßnahmen (z. B. Konzepte zur räumlichen Flexibilisierung wie Telearbeit) als auch Angebote zur Kinderbetreuung (z. B. Bereitstellung von betriebseigenen Kindergartenplätzen) oder auf die Bedürfnisse der Mitarbeiter zurecht geschnittene Abwesenheitsregelungen (z. B. Möglichkeiten für kurzfristige oder langfristigen familienbedingten Abwesenheitszeiten wie Familienpausen oder Sabbaticals u. a.; vgl. u. a. Allen, 2001; Frone, 2003; Thompson, Beauvais & Lyness, 1999).

Obwohl bereits seit geraumer Zeit Ansätze der familienfreundlichen Unternehmenspolitik in der organisationalen Praxis Einzug gehalten haben, konnte bisher in der Literatur noch keine Übereinkunft über Klassifikations- oder Kategoriensysteme zur Einordnung der verschiedenen Ansätze erzielt werden. Lobel & Kossek (1996) differenzieren zwischen folgenden Kategorien familienfreundlicher Angebote: *Betreuungsunterstützung* (Unterstützung bei der Kinderbetreuung, Informationen zur Betreuung pflegebedürftiger Angehöriger etc.), *Flexibilisierung der Arbeit* (flexible Arbeitszeitmodelle, Heimarbeit), *Abwesenheitsregelungen* (Beurlaubungen, Erziehungsurlaube, Sabbaticals etc.), *Unterstützungsangebote zur Optimierung von Zeit und Finanzen* (finanzielle Förderung von Betreuungsangeboten, Elterngeld- Zuschüsse, Discount-Programme, Concierge-Dienste), *Weiterbildung* (Work-Life-Balance-Seminare, Reintegrations-Trainings nach Erziehungsurlaub) und *Allgemeine Sozialleistungen* (Compensation & Benefits, Versicherungen, Karriereentwicklungs-Möglichkeiten). Weitere Klassifikationssysteme familienfreundlicher Angebote finden sich bei Guzzo, Nelson & Noonan, 1992 oder Thompson, Thomas & Maier, 1992; zit. n. Burke, 2006).

Die Ziele solcher Angebote sind ebenso vielfältig wie ihre konkrete Ausgestaltung selbst und müssen vor allem vor dem Hintergrund der Bedeutung der Themen Familienfreundlichkeit oder Vereinbarkeitsorientierung (bei einer ganzheitlicheren Betrachtungsweise) innerhalb der jeweiligen Organisation betrachtet werden (Galinsky, Friedmann & Hernandez, 1991).

5.6.1 Familienfreundliche Angebote in deutschen Unternehmen

Bevor im Folgenden die psychologisch-sozialen und ökonomischen Wirkungen familienfreundlicher bzw. vereinbarkeitsorientierter Angebote und Programme diskutiert werden, soll zunächst eine Bestandsaufnahme familienfreundlicher Angebote in deutschen

Unternehmen erfolgen. Die Grundlage bilden die Ergebnisse einer Studie der Hertie-Stiftung (2003) zu Strategien und Maßnahmen einer familienbewussten Personalpolitik in über 500 Organisationen (mittelständische Unternehmen, umsatzstarke Großunternehmen und Kommunalverwaltungen). In der Untersuchung zeigt sich, dass das Spektrum möglicher familienfreundlicher Maßnahmen in der betrieblichen Praxis bisher nicht hinreichend ausgeschöpft wird. Die derzeit realisierten Angebote betreffen vor allem die Arbeitsorganisation (93 %; z. B. Teamarbeit) und die Arbeitszeitflexibilisierung (85 %).

Hinsichtlich der Kommunikation von familienfreundlichen Maßnahmen innerhalb der Organisationen können laut Studie der Hertie-Stiftung klare Defizite ausgemacht werden. So zeigt sich einerseits, dass in den meisten Organisationen kein fester Ansprechpartner für das Thema existiert (dies sind darüber hinaus meist Personen, die ursprünglich mit zwar verwandten, dennoch ganz anderen Themen beauftragt sind, z. B. Frauenbeauftragte oder Gleichstellungsbeauftragte). Andererseits ist zu beobachten, dass die Kommunikation des Themas und von familienfreundlichen Angeboten vorwiegend über breit streuende Medien wie das schwarze Brett (67 %) oder Intranet (60 %) erfolgt, die zwar viele Mitarbeiter erreichen, aber häufig keine speziellen, detaillierten Informationen vermitteln und die Information der anderen Familienmitglieder per se ausschließt. Spezielle Medien wie Broschüren (19 %) oder Infoletter für den Lebenspartner (3 %) werden nur in geringem Umfang verwendet.

Auch der Kommunikationsprozess in umgekehrter Richtung erscheint vielfach optimierungsbedürftig. So verfügen 30 % der befragten Organisationen (insbesondere kleinere Organisationen) über keine Informationen zum Thema von ihren Beschäftigten. Es ist also durchaus denkbar, dass die familienfreundliche Personalpolitik einer Organisation vielen Mitgliedern gar nicht bewusst ist. Aus Perspektive der (internen) Personalpolitik ein nicht tolerierbarer Zustand – es sei denn, es ist das gewollte Ziel, dass nur wenige Mitarbeiter von entsprechenden Angeboten Gebrauch machen.

Ein differenziertes Bild ergibt sich hinsichtlich der Verankerung von familienbewusster Personalpolitik in den Unternehmensleitlinien und -grundsätzen. So haben 48 % der Organisationen familienbewusste Personalpolitik zwar in ihre Organisationsgrundsätze aufgenommen, jedoch handelt es sich hierbei überwiegend um Großunternehmen. Da vor allem in kleineren Organisationen explizite Leitlinien fehlen, kann die strategische Ausrichtung der Personalpolitik dementsprechend auch nicht verankert sein. Bei einer Analyse, inwieweit die Personalentwicklung die familiäre Situation der Beschäftigten berücksichtigt, zeigt sich, dass die Reintegration der Mitarbeiterinnen nach der Babypause (50 %) die am häufigsten angebotene Maßnahme darstellt. Im gleichen Bereich sind Maßnahmen der Fort- und Weiterbildung von Freigestellten anzusiedeln, die immerhin 35 % der Organisationen anbieten. Die explizite Berücksichtigung der Ehe- und Lebenspartner im Rahmen der Personalentwicklung findet hingegen bisher nur bei 18 % der Organisationen statt, wobei hier der Anteil bei Kleinunternehmen (bis 50 Mitarbeiter) erstaunlicherweise höher liegt. *„Ab einer gewissen Größe spielt der Partner keine Rolle mehr für die Personalpolitik"* (Hertie-Stiftung, 2003, S. 18).

Ein weiteres zentrales Ergebnis der Studie zeigt, dass bisher vor allem der Bereich der (Kinder-)Betreuungsmaßnahmen von Organisationen kaum genutzt wird. 64 % der Organisationen haben hier keine Angebote. Begründet wird dieser Mangel meist mit erwarteten hohen Kosten. Großunternehmen sind in diesem Bereich stärker engagiert. Bei der Behandlung des Themas „familienfreundliche Organisationen" wird Unterstützung seitens der Wirtschaftsverbände (38 %), des Bundes (35 %) und der Kommunen (30 %) gewünscht. Hier bietet sich die Zusammenarbeit zwischen Kommunen und Unternehmen an. Zwar sind rund 90 % der befragten Kommunen der Meinung, dass familienfreundliche Personalpolitik einen positiven, regionalen Standortfaktor darstellt, jedoch sehen sich rund ein Drittel derzeit nicht in der Lage, in ausreichendem Maße Angebote vorzuhalten.

In vielen Organisationen handelt es sich bei den Angeboten oft um isolierte Einzelmaßnahmen. Die Verknüpfung des Themas mit Fragen der Führung (20 %) oder der Personalentwicklung (27 %) unterbleibt in rund ¼ der befragten Organisationen. Die Bereitschaft der Organisationen, bestehende Angebote auszubauen und zu erweitern, ist sehr gering. So erklärten sich nur rund 10 % der befragten Organisationen in der Lage, das Angebot zu erweitern. Gründe hierfür sind fehlende Geldmittel (44 %), die derzeitige konjunkturelle Krise (39 %), mangelnde Zeit (38 %) und fehlende Organisationsstrukturen (30 %). Dabei ist die Bereitschaft zu Erweiterung des bestehenden Angebotes in den Großunternehmen tendenziell stärker ausgeprägt. Hierzu passt auch der Befund, dass ein Großteil der Organisationen familienbewusste Personalmaßnahmen entgegen den empirischen Befunden zur tatsächlichen Kostenstruktur von familienfreundlichen Interventionen (s. a. 5.6.4.2) als sehr kostenintensiv einstuft.

Vergegenwärtigt man sich abschließend die eher geringe Rücklaufquote der Befragung (ca. 22 %) und berücksichtigt, dass es sich bei den teilnehmenden Organisationen tendenziell um Unternehmen und Kommunalverwaltungen handeln dürfte, die dem Thema grundsätzlich eher aufgeschlossen gegenüber stehen (positive Selektion), so kann vermutet werden, dass der Status Quo der realisierten familienfreundlichen Maßnahmen innerhalb der Organisationen vermutlich überschätzt wird.

5.6.2 Motive zur Einführung vereinbarkeitsorientierter Angebote

Das primäre Ziel familienfreundlicher bzw. vereinbarkeitsorientierter Angebote besteht meistens darin, die Organisationsmitglieder bei der Koordination und Integration ihrer verschiedenen Lebensrollen zu unterstützen, d.h. eine möglichst konfliktfreie Lebensgestaltung zu ermöglichen (vgl. Allen, 2001; Thompson, Beauvais & Lyness, 1999). Neben diesen eher mitarbeiterbezogenen Gründen sind aber auch diverse organisationsbezogene Ziele zu nennen, die mit der Einführung vereinbarkeitsorientierter Interventionen verbunden sind. So stellen Angebote zur Familienfreundlichkeit und zur Verbesserung der Work-Life-Balance oftmals einen Wettbewerbsvorteil dar. Die Studie der Hertie-Stiftung (2003) zeigt, dass Unternehmen die positiven Auswirkungen einer aktiver Familienpolitik vor allem in einer höhere Motivation der Beschäftigten (60 %), einer geringeren Fluktuation (45 %), Imageverbesserungen (41 %), einer erhöhten Produktivität (39 %), geringeren Krankenständen (30 %) sowie in Wettbewerbsvorteilen beim Personalmarketing (30 %) sehen.

Diese Vorteile sollen sich einerseits in einer besseren Produktivität, einer höheren Zufriedenheit, einem höheren Commitment oder geringeren Abwesenheiten manifestieren, andererseits die Attraktivität der Organisation steigern, beispielsweise auf dem Arbeitsmarkt für potenzielle neue Mitarbeiter (Allen, 2001; Honeycutt & Rosen, 1997). Wie vielfältig die Motive sind, familienfreundliche Maßnahmen innerhalb einer Organisation zu verankern, zeigt auch eine repräsentative Unternehmensbefragung bei 878 Unternehmen durch das Institut der deutschen Wirtschaft zur Verbreitung und Bedeutung von Familienfreundlichkeit in Unternehmen. Hierbei werden die folgenden Motive für familienfreundliche Maßnahmen am häufigsten genannt: Arbeitszufriedenheit der Mitarbeiter erhöhen (75,8 %), qualifizierte Mitarbeiter halten oder gewinnen (74,7 %), Kosteneinsparungen durch geringe Fluktuation und niedrigen Krankenstand (64,3 %), Kosteneinsparungen durch höhere Produktivität (58,1 %) und höhere Zeitsouveränität der Beschäftigten (56,1 %, Flüter-Hoffmann & Solbrig, 2003). Als wichtigstes Instrument zur Herstellung von Familienfreundlichkeit in der Organisation werden in mehreren Studien Angebote zur Arbeitszeitflexibilisierung genannt (Evans, 2001; Flüter-Hoffmann & Solbrig, 2003; Fursman, Jacobsen & Varuhas, 2003).

Eine Grundannahme ist, dass die Etablierung vereinbarkeitsorientierter Angebote sowohl für die Mitarbeiter als auch für das Unternehmen nützlich sei. Dies ist jedoch nicht unumstritten. So unterscheiden Bailyn, Drago & Kochan (2001) zwischen zwei Arten von familienfreundlichen Angeboten: 1. solchen, die es dem Mitarbeiter ermöglichen, sich besser an die Norm des idealen Mitarbeiters anzupassen und 2. solchen, die die Flexibilität der Mitarbeiter zur Integration von Arbeit und Familie erhöhen. Als Beispiel für den ersten Punkt können sogenannte Employee Assistance Programs (EAP) genannt werden. Typische Angebote für EAP beinhalten ein breites Spektrum an Maßnahmen, die vielfach von der Kinder- und Altenbetreuung über Haushaltsservices bis hin zu psychologischen, medizinischen, finanziellen sowie juristischen Beratungsangeboten reichen (vgl. Horx-Strathern, 2001, S. 10).

Doch vor allem die Concierge-Dienste im Rahmen solcher Angebote, die Familien bei der Vereinbarkeit von Arbeit und Familie mit der Erledigung alltäglicher Aufgaben hilfreich zur Seite zur stehen, bergen nicht selten die Gefahr in sich, dass sie zwar Familien bei der Erledigung ihrer Obligationen unterstützen, aber grundsätzlichen Lösungsansätzen des Konfliktfeldes von Arbeit und Familie entgegenstehen. Bailyn, Drago & Kochan (2001, S. 8) kritisieren folglich derartige Ansätze als unzureichend: „*But the only policies that seem to generate significant utilization are those that provide ‚wife replacement' services, such as on-site laundry, meals, stores, and concierge services. There is nothing wrong with these services per se, but they do not address the fundamental issue of the inability of ideal workers to make time for family commitments and are not available to all workers*".

Familienfreundliche Angebote zur Kinderbetreuung stellen in Deutschland allerdings noch immer eher die Ausnahme dar. Flüter-Hoffmann & Solbrig (2003) berichten, dass lediglich 2 % der Unternehmen Betriebskindergärten unterhalten, ebenfalls 2 % eine Kinderkrippe anbieten. 1,4 % bieten stattdessen Kindergartenbelegplätze an und ein Prozent greift auf Tagesmütterservices zurück. 58,1 % haben im Rahmen der Kinder- und Angehörigenbetreuung noch überhaupt keine Maßnahmen initiiert. Die Befunde sind konsistent mit den Ergebnissen der Hertie-Stiftung (2003). Großunternehmen bieten ihren Mitarbeitern in größerem Umfang Maßnahmen zur Familienfreundlichkeit an als kleine und mittlere Unternehmen (Flüter-Hoffmann & Solbrig, 2003). Bei der Bewertung von familienfreundlichen Angeboten in Deutschland ist grundsätzlich zwischen Angeboten aufgrund von freiwilligen Selbstverpflichtungen der Unternehmen und Angeboten aufgrund tariflicher Bindungen zu unterscheiden.

Im Einzelfall kommt es häufig zu Mischformen, d.h. einige Angebote werden aufgrund tarifvertraglicher Regelungen umgesetzt (z. B. Arbeitszeitregelungen), andere hingegen aufgrund einer freiwilligen Selbstverpflichtung des Unternehmens (z. B. Angebote zur Kinderbetreuung). Nach der Untersuchung von Flüter-Hoffmann & Solbrig (2003) praktizieren 12,4 % der deutschen Unternehmen familienfreundliche Personalpolitik aufgrund betrieblicher Vereinbarungen, 13,5 % haben Familienfreundlichkeit in den unternehmerischen Leitlinien verankert und 29,3 % verrichten ihre Angebote zur Familienfreundlichkeit aufgrund tarifvertraglicher Vereinbarungen. Zahlreiche praktische Beispiele für die Ausgestaltung von Tarif- und Betriebsvereinbarungen für eine familienfreundliche Personalpolitik finden sich im Anhang von Dahmen-Breiner & Dobat (1993).

Trotz der ausgemachten Defizite schätzen rund 2/3 aller abhängig Erwerbstätigen die Arbeitsbedingungen in ihrem Betrieb „*alles in allem als familienfreundlich*" ein (Klenner, 2005, S. 210). Es gilt allerdings anzumerken, dass es sich dabei um subjektive Einschätzungen handelt. Diese Bewertung sagt nichts darüber aus, ob die objektiven Gegebenheiten auch tatsächlich als familienfreundlich zu bewerten sind oder ob es sich hierbei nur um ein Arrangement der Befragten mit ihrer spezifischen Situation handelt.

5.6.3 Work-Life-Balance-Angebote und Recruitment

Eines der oben genannten Motive zur Einführung vereinbarkeitsorientierter Maßnahmen ist die Annahme, dass Organisation damit auch ihre Attraktivität als Arbeitgeber erhöhen. Damit stellt sich die Frage, ob Work-Life-Balance-Angebote die Attraktivität von Unternehmen im Recruitmentprozess tatsächlich erhöhen bzw. welche Gruppen von den Angeboten angesprochen werden, d.h., ob es einen Zusammenhang zwischen Work-Life-Balance-Angeboten für Mitarbeiter und einem erfolgreichen Recruitment gibt. Hierzu liegen mittlerweile etliche empirische Befunde vor.

Insbesondere spielt die Frage der sozialen Gerechtigkeit eine Rolle, denn Angebote zur Work-Life-Balance bzw. familienfreundliche Angebote zielen häufig auf spezielle Zielgruppen und können nicht von allen Mitarbeitern genutzt werden. So stellen beispielsweise Angebote zur Kinderbetreuung spezielle Angebote für erwerbstätige Eltern dar, deren Nutzung allein dieser Zielgruppe vorbehalten ist. Ähnlich verhält es sich mit anderen Angeboten, die ebenfalls nicht von der ganzen Belegschaft eines Unternehmens genutzt werden können. So fragen Rothausen, Gonzales, Clarke & Dell (1998) zu Recht, ob familienfreundliche Angebote, die nicht von allen Mitarbeitern genutzt werden können, bei der ausgeschlossen Gruppe eventuell gar einen *Backlash* auslösen können.

Während mittlerweile eine größere Anzahl von Studien zeigt, dass familienfreundliche Angebote generell für eine breite Anzahl von Mitarbeitern attraktiv ist (Bretz & Judge, 1994; Casper & Buffardi, 2004; Honeycut & Rosen, 1997; Grover & Croocker, 1995) zeigen andere Studien, dass die Angebote nur für eine spezielle Gruppe von Mitarbeitern interessant sind (Rau & Hyland, 2002; Rothausen, Gonzales, Clarke & Dell, 1998). Frone & Yardley (1996) belegen, dass familienfreundliche Angebote im Allgemeinen sowohl von Männern als auch von Frauen erwünscht sind, wobei Frauen insbesondere Angebote des Jobsharing und der Kinderbetreuung als etwas bedeutender einstufen. In einer Untersuchung von Wiersma (1990) zeigen sich zum Teil ähnliche Befunde in Form von geschlechtsspezifischen Unterschieden und zwar dergestalt, dass Frauen die Bedeutung familienfreundlicher Angebote (insbesondere Formen der Kinderbetreuung) als höher einstufen.

Das derzeit aktuelle und das zukünftig gewünschte Work-Life-Balance-Erleben von (potenziellen) Mitarbeitern und Personalauswahlprozesse in Unternehmen können nicht unabhängig voneinander betrachtet werden. So sind Stellenbewerbungen und das Verhalten von Bewerbern im Recruitmentprozess oft in starkem Maße vom familiären Hintergrund des Bewerbers geprägt. So ist es nicht selten, dass Familienmitglieder, vor allem der Ehe-/Lebenspartner, involviert sind in den Entscheidungsprozess, ob ein Bewerber eine Stelle antritt oder nicht. Der Einfluss von Familienmitgliedern ist dabei insbesondere vor dem Hintergrund zu betrachten, dass die Entscheidung für oder gegen eine Stelle häufig auch bedeutenden Einfluss auf die anderen Mitglieder des familialen Systems hat (Veränderung des Familieneinkommens, Umzug, Schulwechsel etc.).

Insbesondere bei Dual-Earner-Couples haben (vor allem überregionale) Bewerbungen eines Partners einen Einfluss auf die Beschäftigungssituation des anderen Partners, so dass diese Einflussnahme geradezu zwangsläufig erscheint. Verschiedene Untersuchungen belegen in diesem Zusammenhang, dass die Bereitschaft der Familie ein entscheidender Prädiktor dafür ist, ob ein Auslandseinsatz zustande kommt bzw. ob dieser erfolgreich ist (vgl. z.B.Brett & Stroh 1995; Brett, Stroh & Reilly, 1993; Domsch & Lieberum 1998) oder ob ein Mitarbeiter bereit ist, umzuziehen (Brett, Stroh & Reilly, 1993; Eby & Russel, 2000). Während partnerbezogene Anliegen und Einwände bei der Frage eines möglichen Umzuges signifikant von Bedeutung sind, scheinen kinderbezogene Einwände hingegen von untergeordneter Rolle zu sein (vgl. Casper, 2004).Fragen der Work-Life-Balance spielen vor allem bei Einstellungsverfahren für Frauen eine entscheidende Rolle (für eine Übersicht s. Casper, 2004).

Erste strukturelle Probleme ergeben sich für Frauen vielfach bereits vor Beginn des eigentlichen Personalauswahlverfahrens in Form von männlich formulierten Stellenausschreibungen (Domsch, Lieberum & Hünke, 1995). Ist diese Hürde nicht vorhanden oder bereits überwunden, so erfahren Frauen mit Kindern (vor allem allein erziehende Mütter) in Auswahlprozesse ihre private Lebenssituation häufig als Benachteiligung, da ihnen seitens der Vertreter des einstellenden Unternehmens Skepsis darüber entgegengebracht wird, ob sie ihre familiäre Lebenssituation und die formalen beruflichen Anforderungen miteinander vereinbaren können. Dabei wird meist angenommen, dass Doppelbelastungen durch Berufstätigkeit und Familien- bzw. Hausarbeit zu einer geringeren Motivation bzw. einer geringeren Produktivität der Bewerberinnen führen könnte.

In diesem Zusammenhang werden insbesondere Fragen der Arbeitszeitgestaltung (geringere Flexibilität seitens Mütter, keine Möglichkeit für Überstunden etc.) immer wieder ins Feld geführt. Es wird meist nicht auf die tatsächliche Lebensrealität der Bewerberinnen Bezug genommen, sondern auf die durch die Entscheidungsträger unterstellten, geschlechtsstereotypen Rollenerwartungen, wonach die eine alleinige Verantwortung für die familiären Aufgaben bei der Bewerberin liege. Sehr deutlich veranschaulicht Müller (1999, S. 149) dieses Phänomen männlicher Deutungsmuster, das auch als statistische Diskriminierung bekannt ist: *„Wenn zwischen zwei völlig gleichwertigen Kandidaten zu entscheiden ist – beide gleich alt, beide gleich qualifiziert, beide gleich motiviert – von denen aber der eine männlich ist, ist die Entscheidung für den männlichen Kandidaten immer noch sehr wahrscheinlich, auch wenn die Bewerberin auf Grund der nachteiligen Bedingungen des Arbeitsmarktes für Frauen sogar ‚billiger' einzukaufen wäre. Eine gängige These zur Erklärung ist hier die der ‚statistischen Diskriminierung'. Diese These befasst sich, wenn auch oberflächlich, mit der immer noch den Frauen zuge-*

schobenen Verantwortung für Kindererziehung und besagt, dass die Unterbrechung der Berufstätigkeit bei Frauen viel wahrscheinlicher sei als bei Männern und deshalb der individuellen Frau, die sich um eine ganz bestimmte Position bewirbt, das gleiche Verhalten unterstellt wird wie der Mehrheit der statistischen Gruppe; und zwar unabhängig davon, ob sie überhaupt die Absicht hat, eine Familie zu gründen. Sie kann allein leben, aus körperlichen Gründen des Gebärens unfähig oder auch mit einer Bevorzugung von Frauen als Lebenspartner ausgestattet sein sowie einem intensiven Hass auf Kleinkinder – alles nützt ihr nichts, ihr wird das ‚durchschnittliche' Verhalten von Frauen unterstellt, und damit ist sie abgelehnt."

Vor allem Bewerberinnen für Führungspositionen werden mit diesem Sachverhalt häufig konfrontiert, obwohl sich die beruflichen Werthaltungen und Motive weiblicher und männlicher Führungskräfte kaum unterscheiden. In empirischen Untersuchungen zeigen sich bei beiden Geschlechtern überwiegend die „klassische Karriereorientierung" (Wunderer & Dick, 1997). Gutek (1989), spricht auch vom „sex-role-spillover" und meint damit, dass Frauen *immer* – gleich in welcher Situation sie sich befinden und welche Tätigkeit sie ausüben, ungeachtet ihrer Position in der Hierarchie der Organisation – zunächst immer in ihrer Frauenrolle und nicht in ihrer Berufsrolle wahrgenommen werden. Es wird deutlich, dass es vielfach nicht die tatsächlichen Leistungs- und Bewertungskriterien sind, die zu einer Personalentscheidung führen, sondern die Rollenstereotypen, mit denen Personalverantwortliche Bewerberinnen gegenüber treten. Diese sind dabei oft geprägt von der im Unternehmen vorhanden Organisationskultur und -struktur (Machtverteilung, Verteilungen der vorhanden Ressourcen oder Unternehmensleitlinien), die derartige Wahrnehmungsprozesse unterstützen (Müller, 1999). Die geschilderten Verhältnisse führen dazu, dass Frauen oft in einer Form der Selbstselektion auf die Teilnahme an Bewerbungsverfahren verzichten, obwohl sie grundsätzlich aus fachlicher Perspektive geeignet wären. So verwundert es nicht, wenn bereits Studentinnen ihre Chancen auf beruflichen Erfolg durchweg pessimistischer einschätzen als ihre männlichen Kommilitonen (Rau, 1995; Rosenstiel, 1997).

Zwar existieren mittlerweile eine Vielzahl von Verfahren, mit denen einer Diskriminierung von Frauen in Personalauswahlprozessen begegnet werden soll (z. B. Frauenförderpläne bzw. -quoten; paritätische Besetzung von Auswahlgremien mit Frauen und Männern; Berücksichtigung der Gleichstellungsbeauftragen im Auswahlgremium; Unzulässigkeit von Fragen nach Schwangerschaft oder zu betreuenden Kindern; keine Berücksichtigung bei der Auswahlentscheidung von vorangegangenen Unterbrechungen der Erwerbstätigkeit oder Ausbildung aufgrund von Kinderbetreuung; keine Berücksichtigung von Merkmalen wie Familienstand oder Einkommensverhältnisse des Ehepartners bei der Entscheidungsfindung), doch stellt sich die Frage, inwieweit diese auch tatsächlich wirksam werden. Nicht selten spielen neben den genannten Hinderungsgründen weitergehende informelle Gründe eine Rolle. Hingewiesen sei an dieser Stelle nur auf die Problematik, dass Männer in stärkerem Umfang informelle Netzwerke nutzen können als Frauen und bewusst von Vorgesetzten gefördert und protegiert werden (Rau, 1995; Wunderer & Dick, 1997).

Ungeklärt ist die Frage, ob familienfreundliche Angebote auch im Bewerbungsprozess als Attraktor für Personen wirken, die über geringe Arbeit-Familie-Konflikte verfügen bzw. für die die Wahrscheinlichkeit sehr gering ist, dass sie diese Angebote jetzt oder in Zukunft nutzen werden. Rothausen, Gonzales, Clarke & O'Dell (1998) zeigen in ihrer Untersuchung, dass familienfreundliche Angebote (wie Kinderbetreuungseinrichtungen) vor allem für (potenzielle) Nutzer im Bewerbungsprozess attraktiv sind. Einen moderierenden Einfluss von Arbeit-Familie-Konflikten zeigt sich in einer Studie von Rau & Hyland (2002) zur Teleheimarbeit und flexiblen Arbeitszeiten: Während Menschen mit hohen Arbeit-Familie-Konflikten Unternehmen mit flexiblen Arbeitszeit attraktiver einstufen, bewerten Personen mit geringeren Arbeit-Familie-Konflikten vor allem Unternehmen mit Teleheimarbeit-Angeboten als besonders attraktiv. Casper (2004) sieht familienfreundliche Angebote als Indikator für die vorherrschende Unternehmenskultur. Er geht deshalb davon aus, dass dieser Indikator von den Bewerbern als ein typisches Signal für eine unterstützende Unternehmenskultur gewertet wird. Da die Bewerber sich in einer Situation befinden, in der sie eine wichtige Entscheidung treffen müssen (sie haben innerhalb der Bewerbungssituation nur eine begrenzte Anzahl von Merkmalen, anhand derer sie das Unternehmen als geeignet oder ungeeignet bewerten müssen), kann das Merkmal familienfreundliche Angebote als ein Signal zur Unsicherheitsreduktion genutzt werden.

Als Beleg hierfür führt Casper eine Studie von Casper & Buffardi (2004) an. In dieser Untersuchung wird der Einfluss von familienfreundlichen Angeboten (flexible Arbeitszeitgestaltung und Unterstützung bei Betreuungsaufgaben) analysiert. Es zeigt sich, dass in allen Bewerbergruppen die Angebote als attraktiv bewertet werden, unabhängig von Arbeit-Familien-Konflikten und der Frage, ob die Angebote genutzt werden (können). Es zeigt sich, dass die Variable antizipierte Unterstützung durch die Organisation hierbei einen mediierenden Einfluss auf den Zusammenhang zwischen familienfreundlichen Angeboten und der Attraktivität des Unternehmens hat. Ähnlich sind die Befunde von Grover & Croocker (1995), die zeigen, dass Work-Life-Balance-Angebote von Organisationen (Abwesenheitsregelungen für Eltern, Informationen zur Kinderbetreuung, flexible Arbeitszeiten und finanzielle Unterstützung bei der Kinderbetreuung) einen positiven Einfluss auf die Bindung zum Unternehmen haben (höheres affektives Commitment und geringere Kündigungsabsichten).

Überraschend bei ihren Befunden ist, dass dieser Effekt der stärkeren Bindung für alle Mitarbeiter gilt, nicht nur für die Nutzer der genannten Angebote. Es ist zu vermuten, dass die Angebote auch von Nicht-Nutzern positiv bewertet werden, da der Organisation eine generell unterstützende, fürsorgende Funktion zugeschrieben wird. Wobei ein

Informationsangebot zur Kinderbetreuung bei Mitarbeitern, die auch in Frage kommen dieses Angebot individuell tatsächlich nutzen zu können (da sie Eltern sind), einen stärkeren Einfluss zeigt. Casper & Buffardi (2004, S. 406) weisen darauf hin, dass es von Bedeutung ist, dass ein Unternehmen auch nur solche Angebote während des Recruitment-Prozesses präsentiert, die nach der Einstellung auch tatsächlich genutzt werden können. Andernfalls könne dies einen Bruch des psychologischen Kontraktes nach sich ziehen: „[...] if people choose an organization because of support expectations and these expectations are not met post-employment, this may lead to perceived violation of the psychological contract [...]".

Familienfreundliche Angebote und eine vereinbarkeitsorientierte Organisationskultur haben bereits im Recruitment-Prozess einen nicht unerheblichen Einfluss auf Bewerber. Sie erhöhen offensichtlich nicht nur die Attraktivität der Organisation, sondern legen unter Umständen auch die Basis für das spätere Arbeitsverhältnis und prägen den psychologischen Kontrakt, das Commitment und die Bedingungen, unter denen Bewerber tätig werden. Bisher liegen allerdings kaum Studien zu differentiellen Effekten familienfreundlicher Angebote vor. So sind die positiven Wirkungen familienfreundlicher Angebote im Bewerbungsprozess auf die Bewerber mittlerweile zwar wenig umstritten, unklar ist jedoch, welche Angebote die Attraktivität von Unternehmen am meisten erhöhen, und vor allem, wie mehrere Angebote gemeinsam wirken, d.h. wie mehrere Angebote in ihrer Wirkung beispielsweise miteinander interagieren. Ebenfalls zu kritisieren ist, dass viele der angeführten Befunde aufgrund einer sehr hohen Zielgruppenspezifität einen sehr eingeschränkten Gültigkeitsbereich haben. DeBord, Canu & Kerpelman (2000) kritisieren zu Recht, dass die meisten empirischen Studien zu familienfreundlichen Angeboten sich auf weiße, verheiratete Personen der Mittel- bzw. oberen Mittelschicht beziehen. Ein Transfer der Befunde auf andere kulturelle Bevölkerungs- und Mitarbeitergruppen (Alleinerziehende, Immigranten, Familien mit geringerem Einkommen etc.) ist von daher nur bedingt möglich.

Dass Arbeit-Familien-Themen nicht nur beim Recruitment, sondern auch im Rahmen des Retention-Managments und bei Exit-Prozessen besondere Beachtung geschenkt werden sollte, darauf weisen Friedman & Galinsky (1992) hin. Sie zeigen an einigen Beispielen (AT&T, Chase Manhattan Bank), dass die Einführung von Arbeit-Familien-Interventionen nicht nur ein Benefit beim Recruting ist, sondern auch bei Downsizing-Prozessen flankierend eingesetzt werden kann. Gerade in Phasen umfangreicher Entlassungen und der meist damit einhergehenden Verschlankung von Organisationen erscheinen Maßnahmen zur Verbesserung der Work-Life-Balance sinnvoll. Denn oft sind Reorganisationsprozesse für die in der Organisation verbleibenden Mitarbeiter mit Arbeitsverdichtungen verbunden. Dies führt bei den verbleibenden Mitarbeitern nicht nur zu Stress, sondern auch zu verstärkten Problemen bei der Vereinbarkeit von Arbeit, Freizeit und Familie.

Sehr deutlich kann an diesem Beispiel auch der ambivalente Charakter des Konstrukts Commitment gezeigt werden. So ist in Zeiten schnellen organisationalen Wandels aus Perspektive der Organisation die Funktion des Commitments ambivalent zu werten. Einerseits ist im Rahmen starker Downsizing-Prozesse Commitment nicht immer unbedingt dauerhaft erwünscht, andererseits bietet die Stärkung des Commitments der Mitarbeiter auch die Möglichkeit, geringeren Bindungsbedürfnissen der Mitarbeiter aufgrund schwächerer psychologischer Verträge gezielt entgegenzuwirken. Gerade nach größeren Downsizing-Prozessen innerhalb einer Organisation kann häufig das Phänomen der *„layoff survivor sickness"* beoachtet werden, in Form von Schuldgefühlen, Unsicherheit und Existenzängsten. Hier bietet eine gezielte Stärkung des Commitments eine nachhaltige Möglichkeit, die Mitarbeiter wieder stärker an die Organisation zu binden.

Doch gerade damit wird oft auch die Hoffnung auf ein langfristiges Beschäftigungsverhältnis geweckt, was durch die beschriebenen Wandelprozesse nicht mehr der Regel entspricht, denn langfristige Beschäftigungsverhältnisse behindern Organisationen in dynamischen Märkten häufig in ihrer Flexibilität. Hier kann es zu widersprüchlichen Anforderungen für die Organisation kommen: Einerseits wird eine unverbindlich Personalpolitik *(„Hire & Fire")* gewünscht, um die Flexibilität zu erhöhen und sich rasch auf wandelnde Markterfordernisse einstellen zu können, andererseits sollen Work-Life-Balance-Interventionen dazu beitragen, langfristig die Gesundheit und Leistungsfähigkeit der Mitarbeiter zu erhalten.

5.6.4 Die Wirksamkeit organisationaler Angebote zur Verbesserung der Work-Life-Balance

Die Befunde zur Wirksamkeit unterschiedlicher Arbeit-Familie-Interventionen sind zum Teil uneinheitlich und unübersichtlich. Zwar existieren zahlreiche Studien, die die Wirkungen von organisationalen Arbeit-Familie und Work-Life-Balance-Interventionen belegen sollen, jedoch ist deren methodische Güte oft fragwürdig, da sie häufig weder über quasiexperimentelle Forschungsdesigns verfügen noch eine längsschnittliche Forschungsperspektive einnehmen. Neben den Forschungsarbeiten existiert eine große Anzahl von Best-Practise-Beispielen aus dem betrieblichen Alltag. Diese liefern zwar vielfältige Anregungen zur Gestaltung von Maßnahmen, sind jedoch in den seltensten Fällen systematisch evaluiert.

Die Unübersichtlichkeit des Forschungsstandes zur Wirksamkeit von vereinbarkeitsorientierten Maßnahmen liegt indessen nicht allein in methodischen Mängeln begründet. Unklarheit herrscht auch in der Frage, was überhaupt unter familienfreundlichen bzw. vereinbarkeitsorientierten Angeboten und Maßnahmen zu verstehen ist. Als entsprechend uneinheitlich erweisen sich auch die empirischen Befunde. Während einige Untersuchungen sich auf spezifische Einzelangebote beziehen, untersuchen andere die Wirksamkeit umfangreicher Programme mit mehreren aufeinander abgestimmten Maßnahmen. Sehr unterschiedlich sind auch die verwendeten Kriterien, mittels derer die Wirksamkeit von Work-Life-Balance-Angebote bewertet werden. Dabei kann differenziert werden zwischen Studien, die sich primär mit den psychologischen und sozialen Auswirkungen auf individueller Ebene beschäftigen, und solchen, die die ökonomischen Konsequenzen in den Vordergrund stellen.

Die Wirksamkeit organisationaler Angebote zur Verbesserung der Work-Life-Balance auf individueller Ebene
In mehreren Veröffentlichungen finden sich Befunde, die auf einen negativen Zusammenhang zwischen Programmen zum Thema Arbeit und Familie und Arbeit⇨Nicht-Arbeit-Konflikten sowie Nicht-Arbeit⇨Arbeit-Konflikten verweisen Byron, 2005; Judge, Boudreau & Bretz; 1994; Kossek & Ozeki, 1999; McManus, Korabik, Rosin & Kelloway, 2002 für Benefits; Parasuraman & Simmers, 2001 für flexible Arbeitszeiten). Dass dieses nicht zwangsläufig so ist, zeigen Wayne, Randel & Stevens (2006) als auch Batt & Valcour (2002), die keinen entsprechenden Zusammenhang nachweisen können. Auch Allen (2001) sowie Thompson et al. (Thompson, Beauvais & Lyness, 1999 und Thompson, Andreassi & Prottas, 2005) weisen darauf hin, dass familienfreundliche bzw. vereinbarkeitsorientierte Angebote nicht immer zur Steigerung des individuellen Wohlbefindens beitragen müssen.

Es reicht nicht allein, familienfreundliche Angebote in einem Unternehmen bereit zu stellen. Nicht selten werden die Angebote von den Mitarbeitern nicht genutzt (vgl. z. B. Hochschild, 1997; Perlow, 2001). Bond, Galinsky & Hill (2004) berichten, dass eine nicht unerhebliche Anzahl von Mitarbeitern (insbesondere Eltern) bei der Nutzung flexibler Arbeitszeitangebote (z. B. zur Betreuung kranker Kinder oder Familienangehöriger) Nachteile bei der nachfolgenden beruflichen Entwicklung befürchtet. Wichtig ist in solchen Fällen starker Top-Down-Support durch die Geschäftsführung und Führungskräfte, um die Befürchtungen der Mitarbeiter zu reduzieren (Barnett & Hall, 2001). Ein häufig genannter Grund für die Nichtnutzung ist die Sorge von Mitarbeitern – ungeachtet dessen, ob sie gerechtfertigt ist oder nicht – dass die Nutzung familienfreundlicher Angebote negative Konsequenzen für die berufliche Weiterentwicklung im Unternehmen nach sich ziehen könnte. Thompson, Beauvais & Lyness (1999) zeigen, dass die Nutzung von Angeboten in engem Zusammenhang mit der Unternehmenskultur steht.

Es sind somit nicht die objektiv vorhandenen Angebote, sondern die mit der Nutzung antizipierten Folgen und potenziellen Benachteiligungen oder Bestrafungen, die das Verhalten entscheidend beeinflussen. So kann die Nutzung von Angeboten des

Arbeitgebers unter Umständen auch als ein Indikator für fehlendes Commitment des Mitarbeiters gesehen werden (Rogier & Padgett, 2004), was eine geringere Förderung der betroffenen Mitarbeiter nach sich ziehen kann. Insbesondere in Arbeitsbereichen, in denen objektive Bewertungskriterien der Arbeitsleistung nicht vorliegen oder nur sehr schwer zugänglich sind sowie in Arbeitsbereichen, in denen die direkte persönliche Kommunikation zwischen den Mitarbeitern von großer Bedeutung ist, kann es seitens der Mitarbeiter zu Vorbehalten gegenüber der Nutzung vereinbarkeitsorientierter Angebote kommen. In solchen Arbeitsbereichen wird häufig die Anwesenheit als Indikator für Arbeitsleistung und Commitment verwendet (Blair-Loy & Wharton, 2002). Solche Anwesenheitskulturen bergen die Gefahr, dass Mitarbeiter ungeachtet ihrer familiären Bedürftigkeiten danach streben müssen, die informellen betrieblichen Normen zu erfüllen, was sich de facto in langen Anwesenheitszeiten und Überstunden äußern kann – unabhängig von der organisationalen Notwendigkeiten. Die Nutzung familialer Angebote in einem derartigen Kontext ist somit immer mit der Gefahr verbunden, dass sie seitens der Organisationsführung als ein Zeichen geringen Commitments und reduzierter Produktivität ausgelegt wird (Blair-Loy & Wharton, 2002).

Als interessant erweist sich in diesem Zusammenhang auch eine internationale Vergleichsstudie, die die Zeitallokation und Balance zwischen Berufs- und Privatleben bei Führungskräften, deren Einstellung und Verhalten zum Thema Work-Life-Balance sowie betriebliche Umfeldfaktoren analysiert (Hunziger & Kesting, 2003). In dieser Studie zeigt sich, dass über 70 % der befragten Führungskräfte über 70 Stunden [!] die Woche arbeiten (wobei allerdings angemerkt werden muss, dass hierbei zum Teil sehr starke nationale Unterschiede existieren und Deutschland mit einem Mittelwert von 54 Stunden im mittleren Bereich liegt). Ein erheblicher Teil der Führungskräfte arbeitet dabei auch am Wochenende, wobei umstritten ist, ob es sich hierbei um eine Notwendigkeit handelt oder um die Aufarbeitung von Aufgaben, die aufgrund mangelhafter Arbeitsorganisation innerhalb der Woche nicht geschafft werden konnten.

Hunziger & Kesting (2003) weisen darauf hin, eine häufige genannte Begründung der Führungskräfte für die Wochenendarbeit sei das Argument, dass man gerade in dieser Zeit Aufgaben erledigen könne, die eine hohe Konzentration erfordern. Die Autoren berichten weiter, dass dies unter Umständen aber auch Ausdruck einen suboptimalen Arbeitsorganisation sein könne. Interessant erscheint in diesem Zusammenhang das Ergebnis, das über 60 % der befragten Führungskräfte angeben, Arbeit mit nach Hause zu nehmen. Jedoch ist der Anteil der tatsächlich daheim erledigten Aufgaben mit einer Arbeitszeit von fünf Stunden pro Woche eher gering, was als ein Indiz für die weiterhin bestehende Dominanz von Anwesenheitskulturen in Organisationen im Gegensatz zu ergebnisorientierten Organisationskulturen gewertet werden kann. Einige weitere empirische Befunde weisen ebenfalls darauf hin, dass die Sorgen der Mitarbeiter, aufgrund der Nutzung familienfreundlicher Angebote benachteiligt zu werden, zumindest nicht ganz ungerechtfertigt sind. Judiesch and Lyness (1999) untersuchen den Einfluss der Nutzung von Abwesenheitsregelungen (familien- oder krankheitsbedingt) auf den Karriereerfolg. Es zeigt sich, dass die Nutzung in signifikantem Zusammenhang steht mit einer geringeren Anzahl an Beförderungen und geringeren Gehaltssteigerungen. Finkel, Oswang & She (1994) finden in einer Untersuchung mit Mitarbeiterinnen im universitären Kontext, dass über 2/3 der Befragten bei der Nutzung des Mutterschaftsurlaubs negative Karrierekonsequenzen befürchten und lediglich 1/3 diese Möglichkeit in vollem Umfang nutzt. Ähnliche Ergebnisse, die sich mit den antizipierten Konsequenzen für Frauen beschäftigen, finden sich bei Hammonds (1997), Perlow (1995) sowie Schwartz (1995) und für Männer bei Allen & Russell (1999) und Wayne & Cordeiro (2003).

Den meisten der oben angeführten Befunde gemein ist die Folgerung, dass Abweichungen vom erwarteten Rollenbild berufliche Sanktionen oder Benachteiligungen nach sich ziehen. So gehen Kossek & Ozeki (1999) davon aus, dass die Wirksamkeit von Work-Life-Balance-Maßnahmen in erheblichem Maße davon von der Wahrnehmung und Bewertung durch die Mitarbeiter abhängig ist. Erst wenn die Work-Life-Balance-Maßnahmen für die Mitarbeiter subjektiv eine Rollenintegration ermöglichen, können sie vermutlich auch die Outcome-Maße beeinflussen *„The bottom line is that individual employees must experience a policy as enabling enhanced role integration, before job performance and attitudes are favorably affected. This relationship is likely to vary across employee groups, so organizations would be well advised to avoid a one-size-fits-all approach and researchers should avoid mailing sweeping half fast generalizations for all types of workers, jobs and families"* Kossek & Ozeki (1999, S. 25).

Geschlechtsspezifischen Rollenmustern und -erwartungen ist bei der Nutzung familien- und vereinbarkeitsorientierter Angebote deshalb ein großes Gewicht beizumessen. So weist Peinelt-Jordan (1996) beispielsweise darauf hin, dass die soziale Akzeptanz von vereinbarkeitsorientierten bei Männern gering ist (auch durch Frauen), diese durch die Unternehmenskultur meist nicht unterstützt werden (da sie ist eher nach traditionellen Mustern ausgerichtet ist), und außerdem werden sie als wenig arbeits-, karriere- und leistungsorientiert betrachtet. Im Gegensatz zu Frauen nutzen Männer deshalb offizielle Regelungen und Angebote zur besseren Vereinbarkeit von Arbeit und Familie vielfach nicht, um loyal zum Unternehmen, hoch arbeitsmotiviert, engagiert und als materielle Versorger ihrer Familien zu erscheinen. Auf diese Weise gelingt es ihnen besser, dem männlichen Stereotyp des Male-Breadwinners zu entsprechen. Alternativ nutzen sie lieber informelle Regelungen wie inoffizielle Arbeitsunterbrechungen oder die Möglichkeit, Teile der Arbeit zu Hause erledigen zu können.

Blair-Loy & Wharton (2002) zeigen, dass die Unterstützung bei der Umsetzung familienfreundlicher Maßnahmen seitens männlicher Vorgesetzter die Annahme und somit den Erfolg der Angebote erhöht. Insbesondere den männlichen Vorgesetzten kommt damit bei der Umsetzung familienfreundlicher Angebote für männliche Mitarbeiter eine entscheidende Bedeutung zu. *„Diese benötigen in der Regel noch mehr an sozialer und kultureller Unterstützung, weil Traditionen und Selbstverständlichkeiten durchbrochen werden müssen. Es geht darum, die Familienrollen von Vätern in der Organisation sichtbar zu machen, um ihnen eine gewisse Legitimation zu geben, indem vereinbarungsaktiven Vätern eine klare und öffentliche Wertschätzung entgegengebracht wird. Die in Organisationen übliche selbstverständliche Zuweisung des Vereinbarkeitsproblems an Frauen kann nur durch eine aktive Haltung von Führungskräften durchbrochen werden"* (Auer, 2004). Im Gegensatz zu Angeboten wie der Elternzeit und Teilzeitregelungen erscheinen sowohl flexible Arbeitszeitmodelle für Vollzeiterwerbstätige (z. B. Gleitzeitregelungen) als auch Teleheimarbeit für Männer besonders attraktiv, da sie weniger stigmatisierend (im Sinne einer klassischen Männerrolle) und damit vermutlich auch weniger karrierehemmend sind (ebd.).

Trotz der angeführten Benachteiligung von Männern bei der Nutzung familienfreundlicher Angebote zeigen sich vor allem für Frauen explizite Benachteiligungen. Hier scheinen vor allem Stereotype der weiblichen Rollenbilder benachteiligend zu wirken. Noch immer werden Frauenbilder vielfach primär mit der Mutterrolle assoziiert. Damit verbunden sind Bilder der Frau als Verantwortliche für die Kindererziehung und den Familienhaushalt, wie bereits weiter oben in dieser Arbeit ausgeführt. Estes & Michael (2005) weisen darauf hin, dass Geschlechterrollen eben nicht nur deskriptiver Natur sind *(wie Frauen und Männer sein sollten),* sondern auch preskriptiv *(was Frauen und Männer dürfen bzw. nicht dürfen).*

Die ökonomische Wirksamkeit organisationaler Angebote zur Verbesserung der Work-Life-Balance
Nachdem ausführlich die individuellen Wirkungen von familienfreundlichen bzw. vereinbarkeitsorientierten Angebote und Programmen dargestellt und diskutiert wurden, sollen nun im Anschluss ihre ökonomische Konsequenzen beschrieben werden.

Kossek & Ozeki (1999) weisen darauf hin, dass Maßnahmen zur Verbesserung der Work-Life-Balance oft sehr kostspielig sind, während ihre Effektivität nur sehr gering und auch der Nutzen manches Mal nur marginal ist, da die Angebote von den Mitarbeitern nicht genutzt werden, nicht zur herrschenden Unternehmenskultur passen, Arbeit-Familie-Konflikte oder die organisationale Effektivität nicht verbessern. Eine ökonomische Maßnahmen-Evaluation scheint somit dringend angezeigt. Doch wie kann der ökonomische Erfolg oder Misserfolg entsprechender Angebote und Programme, die ja in Regel zunächst primär auf die Verbesserung individueller psycho-sozialer Variablen zielen, evaluiert werden?

Lobel & Faught (1996) differenzieren zwischen vier verschiedenen Ansätzen, um den Wert von Work-Life-Balance-Interventionen zu belegen: Der Ansatz der Humankosten, der Ansatz der Humaninvestitionen, der Stakeholder-Ansatz sowie der Strategie-Ansatz.

Ziel des wohl leichtesten und populärsten Ansatzes, dem Humankosten-Ansatz, ist es zu zeigen, dass durch erfolgreiche Interventionen Arbeitskosten reduziert werden können. Typische Beispiele hierfür sind der Nachweis reduzierter Kosten für Absentismus oder Fluktuation (z. B. Vergleich zwischen Nutzern und Nicht-Nutzern von Work-Life-Balance-Maßnahmen). Dieser Bewertungstyp eignet sich vorzugsweise für die Evaluation einzelner pragmatischer Work-Life-Balance-Programme.

Ein alternatives Paradigma stellt der Ansatz der Humaninvestitionen dar. Nach diesem Konzept stellen Investitionen in die Mitarbeiter einen langfristigen Gewinn dar. Besonders im Zusammenhang mit der Bindung hochqualifizierter und spezialisierter Mitarbeiter an die Organisation wird dieser Ansatz gerne gewählt. Commitment und Verweildauer im Unternehmen oder Arbeitsleistung sind Variable, die in diesem Rahmen gerne zur Bewertung verwendet werden. Dieser Bewertungsansatz eignet sich besonders zur Evaluation integrierter Programme.

Der dritte Ansatz der Bewertung von Work-Life-Balance-Maßnahmen, der Stakeholer-Ansatz, zielt darauf, den Nutzen der Angebote für einzelne Stakeholdergruppen herauszuarbeiten (z. B. Shareholder, Investoren, Kunden usw.). Dieser Ansatz eignet sich insbesondere zur Bewertung umfangreicher Interventionen mit dem Ziel der Flexibilisierung des Unternehmens zur Verbesserung der Work-Life-Balance vor dem Hintergrund einer unternehmensinternen Work-Life-Balance-Politik. Erfasst wird der positive und negative Nutzen der Maßnahmen für unterschiedliche Shareholdergruppen. Wichtig ist zu bedenken, dass die gleiche Intervention für verschiedene Shareholder-Gruppen unter Umständen widersprechende Effekte hervorrufen kann.

Der Strategie-Ansatz bewertet den (positiven) Einfluss von Work-Life-Balance-Maßnahmen auf strategische Unternehmensziele. Geeignet ist dieser Ansatz vor allem für multiple, integrierte Work-Life-Balance-Maßnahmen, die auf organisationskulturellen Wandel abzielen, insbesondere bei einer längerfristigen Perspektive.

Welcher der geschilderten Bewertungsansätze im Einzelfall ausgewählt wird, sollte vom bisher erreichten Niveau des Unternehmens bei der Integration der Work-Life-Balance-Maßnahmen abhängig gemacht werden (von Einzellösungen bis hin zu voll-integrierten Work-Life-Balance-Konzepten). Das differenzierte Konzept von Lobel & Faught stellt allerdings bis heute noch eher einen theoretischen Ansatz dar, denn in der Praxis dominieren noch immer die Perspektiven des Humankosten-Ansatzes sowie der Ansatz der Humaninvestitionen. So erfolgt die Analyse von Kosten im Personalbereich derzeit noch immer eher defizitorientiert, d.h. analysiert werden vor allem Variablen wie der Prozentsatz der Personalkosten an den Gesamtkosten, Personalkosten je Mitarbeiter oder Abwesenheitsquoten. Doch auch wenn man traditionelle Humankosten-Ansätze zugrunde legt, zeigt sich deutlich die ökonomische Bedeutung familienfreundlicher und vereinbarkeitsorientierter Interventionen.

Das BMfFSFJ (2003) berechnet für familienfreundliche Maßnahmen ein Return of Investment (RoI) von 25 %. Der RoI ist eine aus der Rentabilitätsrechnung abgeleitete Kennzahl für die Rentabilität einer Unternehmung bzw. von Investitionen. Es handelt sich dabei um den Quotienten des Verhältnisses von Gewinn zu Investment. Eine Investition eines Euro in familienfreundliche Maßnahmen bringt laut der Berechnung des BMfFSFJ durchschnittlich einen Gewinn von 1,25€. Damit besteht eine Größe für das Personalcontrolling, die bei der Implementierung familienfreundlicher Maßnahmen berücksichtigt werden kann. Es muss allerdings darauf hingewiesen werden, dass die in der vom BMfFSFJ initiierten Studie verwendeten Daten (auf der Basis realer Unternehmen) eher konservativ angesetzt sind, d.h., in der Praxis kann vermutlich sogar ein höherer RoI erwartet werden. Dabei ist im Einzelfall natürlich der RoI abhängig von tatsächlich realisierten Kosteneinsparpotenzialen und den tatsächlich anfallen Kosten für familienfreundliche Maßnahmen, so dass im betrieblichen Einzelfall auch Gestaltungsspielraum zur Optimierung bestehen kann.

Aus betriebswirtschaftlicher Sicht können familienfreundliche Maßnahmen helfen, Kosteneinsparpotenziale innerhalb der Organisation zu realisieren. Hierunter fallen Wiederbeschaffungs- und Fluktuationskosten, Überbrückungskosten, Kosten zur Widereingliederung in das Erwerbsleben und Kosten für Fehlzeiten. So können nach Schätzungen des BMfFSFJ (2003) durch familienfreundliche Maßnahmen pro Abgängerin in die Elternschaft Einsparpotenziale zwischen 19.000 € und 27.000 € realisiert werden. Kürzere Auszeiten der Mitarbeiterin im Rahmen der Elternzeit führen zu einer Verringerung der Kosten bei der Überbrückung für befristete Ersatzkräfte. Ebenso fällt die Dequalifikation der beurlaubten Mitarbeiterin bei früherer Rückkehr geringer aus und damit auch die Kosten zur Qualifizierung der Mitarbeiterin. Sowohl aus der Perspektive der Unternehmen als auch staatlicher Sicht ist somit eine möglichst kurze Unterbrechung der Beschäftigung nach der Geburt eines Kindes wünschenswert. Für die Unternehmen wird so gewährleistet, dass das vorhandene Qualifikationspotential sich möglichst nicht oder nur geringfügig verringert und die damit verbunden Kosten minimiert werden können. Aus staatlicher Perspektive führt eine frühzeitige Wiederaufnahme der Tätigkeit zu einem erhöhten Arbeitseinkommen und damit auch zu erhöhten Steuer- und Sozialversicherungseinnahmen, so dass sich auch Kosten für einzurichtende Betreuungseinrichtungen gegenfinanzieren lassen, wenn dabei auf Transferzahlungen verzichtet wird (Eichhorst & Thode, 2002; Engelbrech, 2001, 2002). Darüberhinaus sind durch die Einrichtung von zusätzlichen Betreuungsplätzen beschäftigungswirksame Effekte zu erwarten.

Dilger, Gerlach & Schneider (2006) befragten in einer Studie 72 Unternehmen, die sich am Audit berufundfamilie der gemeinnützigen Hertiestiftung beteiligt haben. Hierbei zeigt sich, dass für sehr engagiert familienfreundlichen Unternehmen eine höhere Reduktion des Krankenstandes, eine schnellere Rückkehr aus der Elternzeit, eine schnellere Integration dieser Rückkehrer und Rückkehrerinnen in die betrieblichen Arbeitsabläufe sowie eine Steigerung der Attraktivität der Organisation auf dem Arbeitsmarkt zu verzeichnen sind. Ferner zeigt sich ein negativer Zusammenhang zwischen dem Umfang der vorgehaltenen Angebote und der Fehlzeitenquote, d.h., in Unternehmen mit umfassenden Angeboten ist im Vergleich zu Unternehmen mit einem selektiven Maßnahmenangebot eine geringere Fehlzeitenquote zu verzeichnen. Des Weiteren ist in Unternehmen mit umfassenden Maßnahmenangeboten die Zeitsouveränität der Beschäftigten und die Wertschöpfung pro Mitarbeiter höher.

Viele der empirischen Studien zum wirtschaftlichen Nutzen und zur Effektivität von familienfreundlichen Angeboten leiden daran, dass es sich bei Ihnen um (betriebliche) Fallstudien handelt. Der Grad der Verallgemeinerung der Befunde ist damit häufig sehr begrenzt. Außerdem werden seitens der beteiligten Unternehmen die Effekte der untersuchten Angebote aus Marketinggründen weitaus positiver dargestellt, als es der Realität entspricht, Schwierigkeiten und Probleme werden nicht selten ganz ausgeklammert. Trotz alledem finden sich einige Studien mit Befunden, die eine Gültigkeit für größere Grundgesamtheiten beanspruchen können. In Deutschland haben sich vor allem die folgenden Arbeiten in den letzten 15 Jahren mit den betriebswirtschaftlichen Effekten auseinandergesetzt: Backes-Gellner et al. (2003), BMfFSFJ (2003), Dilger, Gerlach & Schneider (2006), Hertie-Stiftung (1999), Institut der deutschen Wirtschaft (2003), Möller & Allmendinger (2003), und TNS EMNID (2002).

Eine zusammenfassende Übersicht der zentralen Ergebnisse der meisten zitierten Studien findet sich bei Juncke (2005), der auch das zusammenfassende Fazit zieht: *„Den Untersuchungen gemein ist die Erkenntnis der Unternehmen, dass familienfreundliche Maßnahmen mit positiven Auswirkungen verbunden sind. Die empirischen Arbeiten zeigen somit, dass die in der Literatur thematisierten Wirkungen existent sind"*. Besonders hervorzuheben ist dabei die zentrale Rolle von Angeboten zur Flexibilisierung von Arbeitszeiten: Ihnen wird sowohl seitens der Unternehmensvertreter als auch seitens Mitarbeiter die größte Bedeutung zugesprochen und es finden sich für diesen Aspekt familienfreundlicher Angebote in der Praxis die meisten umgesetzten und erprobten Lösungsansätze. Ein weiterer Aspekt in übergreifenden Untersuchungen zeigt, dass Familienfreundlichkeit nicht allein ein Thema für Großunternehmen ist. Zwar verfügen größere Unternehmen oft über größere wirtschaftliche Ressourcen, doch klein- und mittelständische Unternehmen haben aufgrund ihrer Größe und den damit verbundenen alternativen Organisations- und Kommunikationsstrukturen Flexibilitätsvorteile bei der Umsetzung von Lösungen. Insbesondere informelle Lösungen können hier meist schnell und individuell realisiert werden.

Betriebliche Kontextvariablen dürfen folglich bei der Analyse und Bewertung der Umsetzung familienfreundlicher Angebote nicht vernachlässigt werden. So zeigen auch Dex & Scheibl (2001), dass Großunternehmen zwar oft ein größeres Angebot an Modellen zur flexiblen Arbeitszeitgestaltung vorhalten, kleine und mittelständische Unternehmen dafür aber maßgeschneiderte individuelle Angebote anbieten. Dies zeigt jedoch auch, dass es von Bedeutung ist, nicht nur quantitative Größen zu erfassen, sondern auch die Qualität verschiedener Lösungsansätze miteinander zu vergleichen.Trotz der mittlerweile vorliegenden empirischen Befunde zum Thema können noch immer zahlreiche Mängel und Defizite hinsichtlich des Gegenstandes ausgemacht werden. So kritisiert Juncke (2005; S. 44) auch zu Recht: *„Bezug nehmend auf die [...] vorangestellte Frage muss festgehalten werden, dass die Wissenschaft bisher weder Analysen leisten konnte, die die Auswirkungen von familienbewussten Maßnahmen in Unternehmen in quantitativer Hinsicht abbilden, noch in der Lage war, ein für die Messung geeignetes Instrumentarium zu entwickeln. Mithin liegt eine Forschungslücke vor, die Raum für weitere wissenschaftliche Arbeiten gibt"*.

Ein Problem bei der Bestimmung betriebswirtschaftlicher Effekte familienfreundlicher Maßnahmen stellen die Bewertungen der Ergebnis- bzw. Outputvariablen dar. Während häufig die Inputvariablen wie z.B. die finanziellen Kosten für familienfreundliche Maßnahmen in entsprechenden Werten spezifiziert werden können, ist dies für die Zielvariablen (z.B. eine gesteigerte Motivation und damit verbundene höhere Produktivität) schwierig zu erfassen und vor allem monetär schwer zu bewerten (Bewertungsdefekt, Schneider & Wieners, 2006). Weiterhin als problematisch erweist sich die Analyse der Wirkungseffekte: Der empirische Zusammenhang zwischen den kausalen und funktionalen Wirkungsgrößen ist unbestimmt oder aufgrund eines komplexes Wirkgefüges nicht oder nur sehr ungenau beschreibbar (ebd., 2006).

Ein weiteres methodisches Problem bei der Bewertung der Auswirkungen familienfreundlicher Maßnahmen, ist darin zu sehen, dass Effekte, die im Zusammenhang mit der Einführung von Angeboten zur Verbesserung der Work-Life-Balance stehen, oft erst zeitversetzt ihre Wirksamkeit entfalten und entsprechend zeitversetzt erfasst werden können. Diese Art von *Time Lags* sind bei der Gestaltung von entsprechenden Untersuchungsdesigns zu berücksichtigen, was sich jedoch in der Praxis zum Teil als sehr schwierig erweist, da einzelne Maßnahmen unter Umständen schnell und unmittelbar ihr Wirkung entfalten, andere (vor allem solche die kulturellen Wandelprozesse betreffend) hingegen erst längerfristig entsprechende Effekte hervorrufen. Sowohl empirische Untersuchungsansätze als auch theoretische Modelle zur Beschreibung der Schnittstelle zwischen Arbeit, Familie und Freizeit sollten demgemäß auch dynamisch modelliert sein, um Veränderungen angemessen abbilden und beschreiben zu können.

Weitere methodische Probleme, die sich bei der Analyse der Effekte und Effizienz von familienfreundlichen Angeboten in der Praxis ergeben, begründen sich im Status der Freiwilligkeit. Angebote, zu denen Unternehmen z.B. aufgrund gesetzlicher Vorgaben verpflichtet sind, werden in den Untersuchungen ebenso erfasst wie Angeboten auf freiwilliger Basis, wobei die Motivationslage zur Einführung häufig sehr unterschiedlich sein kann. Ebenfalls problematisch ist der Sachverhalt, dass informelle Regelungen und Angebote durch quantitative Untersuchungsansätze meist nur mangelhaft abgebildet werden können.

5.6.5 Der Zusammenhang zwischen vereinbarkeitsorientierten Organisationskulturen und dem Work-Life-Balance-Erleben

Der Frage, welche Bedeutung der Vereinbarkeit von Arbeit, Familie und Freizeit innerhalb einer Organisation beigemessen wird, kommt erhebliche Bedeutung zu, wenn es darum geht, die Organisation nachhaltig so zu entwickeln, dass die Mitarbeiter einerseits dauerhaft und mit guten Leistungen ihren organisationalen Verpflichtungen nachkommen können und andererseits *„gleichzeitig"* möglichst konfliktfrei ihre familiäre und außerberufliche Verantwortung wahrnehmen können. Die allgemeine Organisationskultur und das gelebte Wertesystem sind dabei wichtige Stützpfeiler einer vereinbarkeitsorientierten Organisationskultur.

In den letzten Jahren können verstärkte Aktivitäten in Forschung und Praxis beobachtet werden, die sich mit der Organisationskultur als Grundlage familienfreundlicher Maßnahmen und Konzepten zur Verbesserung der Work-Life-Balance beschäftigen (vgl. bspw. Allen, 2001; Burke, 2006; Thompson, Andreassi & Prottas, 2005). Aufgrund der hohen Bedeutung dieses Themas für Theorie und Praxis wird nachfolgend das Thema familienfreundliche bzw. vereinbarkeitsorientierte Organisationskultur eingehender erörtert. Es erfolgt zunächst eine Klärung der verwendeten Begrifflichkeiten und Definitionen. Im weiteren Verlauf werden verschiedene Optionen zur Operationalisierung vereinbarkeitsorientierte Organisationskultur diskutiert und empirische Befunde zu diesem Themengebiet berichtet.

Bereits die Frage, was unter dem Begriff *„familienfreundlich"* zu verstehen sei, ist umstritten. So definiert Burke (2006, S. 236) den Begriff *„familienfreundlich"* als einen *„umbrella term describing a variety of policies and programs having the goal of facilitating the ability of employees to fulfill their family responsibilities"*. Der Begriff der Familienfreundlichkeit erfährt aber aufgrund seiner Breite und Ungenauigkeit von verschiedenen Autoren auch Kritik (z.B. Scheibl & Dex, 1998). Burke (2006) weist zu Recht darauf hin, dass das Verständnis von Familienfreundlichkeit erweitert werden sollte und auch Individuen und Organisationsmitglieder zu berücksichtigen sind, die zwar keine Kinder erziehen, sondern z.B. die alten Eltern versorgen und daher nach einer guten Vereinbarkeit von Arbeit, Familie und Freizeit streben. Dem ist zu zustimmen, weshalb in dieser Arbeit nicht nur der Begriff der *familienfreundlichen* sondern auch *vereinbarkeitsorientieren* Angebote verwendet wird. Dieser Begriff ist anschlussfähig sowohl zu dem in dieser Arbeit verwendeten erweiterten Familienbegriff als auch zu außerberuflichen Kontexten, die über den Lebensbereich Familie hinausgehen.

Wie kann aber nun eine familienfreundliche Organisation definiert werden? Thompson, Beauvais & Lyness (1999, S. 394) definieren *„Work-Family-Culture"* als *„shared assumptions, beliefs, and values regarding the extent to which an organization supports and values the integration of employees' work and family lives"*. Diese Definition ist anschlussfähig an das Konzept von Organisationskultur von Schein (1985), das zwischen drei Ebenen differenziert: Artefakte, Werte, grundlegende Annahmen. Dabei können familienfreundliche Programme als Artefakte an der Oberfläche einer Organisationskultur verstanden werden. Auch in den darunter liegenden Werten (z. B. eine Akzeptanz gegenüber den außerberuflichen Verantwortlichkeiten und Bedürfnissen der Organisationsmitglieder) und in den auf der untersten Ebene sich *„verbergenden"* grundlegenden Annahmen (z. B. Familien sind der Grundstein der Organisation) spiegelt sich die Familienfreundlichkeit einer Organisation wieder. Während es in der Organisationskulturforschung eine intensive Auseinandersetzung über die Abgrenzung der Begriffe Organisationskultur und -klima gibt (vgl. Denison, 1996), wird im Hinblick auf die Vereinbarkeit von Arbeit, Familie und Freizeit zumeist nur von einer familienfreundlichen Organisationskultur gesprochen, wobei ein familienfreundliches Organisationsklima ein Teil derer darstellt (Thompson & Prottas, 2005). Trotz der eher einheitlichen Verwendung des Begriffs einer familienfreundlichen oder vereinbarkeitsorientierten Organisationskultur bestehen inhaltliche Differenzen darüber, was darunter zu verstehen ist und wie dieses theoretische Konstrukt zu erfassen sei.

Thompson, Beauvais & Lyness (1999) differenzieren zwischen drei zentralen Elementen, die bei der Erfassung der Work-Family-Culture zu berücksichtigen sind: *organisationale Zeiterfordernisse, wahrgenommene Karrierekonsequenzen und Unterstützung durch das Management*. Die *organisationalen Zeiterfordernisse* beziehen sich auf die organisationalen Erwartungen hinsichtlich der Arbeitszeit (z. B. die Bereitschaft, Überstunden zu leisten) und die Bewertung der individuellen Prioritätensetzung bezüglich der Lebensbereiche Arbeit, Familie und Freizeit (z. B. der Arbeit Vorrang einzuräumen). Die *wahrgenommene Karrierekonsequenzen* betreffen die erlebten und wahrgenommenen positiven oder negativen Karrierekonsequenzen in Abhängigkeit von der Nutzung familienfreundlicher Angebote. Der dritte Aspekt *Unterstützung durch das Management* bezieht sich auf das Verhalten der Vorgesetzen und Führungskräfte und erfasst, ob diese empathisch und unterstützend gegenüber den Mitarbeiterbedürfnissen sind beziehungsweise ob sie die Vereinbarkeit von Privat- und Berufsleben unterstützen. Thompson et al. (1999) haben aufbauend auf diesen Überlegungen ein 20-Item-Fragebogen entwickelt, um die drei Dimensionen der Work-Family-Culture zu erfassen.

Kritik erfährt dieser Ansatz von Allen (2001), die hervorhebt, dass nicht allein die Unterstützung seitens der Vorgesetzten oder Führungskräfte bei der Erfassung der Work-Family-Culture ausreichend sei, sondern darüber hinaus auch die globale Wahrnehmung der Familienfreundlichkeit einer Organisation zu berücksichtigen sei. Sie versteht darunter *„global perceptions that employees form regarding the extent the organization is family-supportive"* (ebd. S. 414). Dies ist ein Teilaspekt des Gesamtkonstruktes *„perceived organizational support",* die allgemeine Einstellung darüber, wie die Mitarbeiter durch die Organisation wertgeschätzt werden. Folgerichtig entwickelt sie ein weiteres Instrument mit 20 Items zur Erfassung der *„Family-Supportive Organization Perceptions"* (FSOP). Weitere Aspekte einer familienfreundlichen Organisationskultur finden sich bei Kossek, Colquitt & Noe (2001), die die Wichtigkeit des Arbeitsklimas betonen, welches Mitarbeitern ermöglicht, persönliche Belange und Bedürfnisse gegenüber den Vorgesetzen und Führungskräften zu äußern. Im Gegensatz dazu steht ein Arbeitsklima, das die Aufopferung der familiären Interessen gegenüber der Arbeit zur Voraussetzung hat.

Unabhängig von der konkreten Operationalisierung und den Details der inhaltlichen Ausgestaltung des Konstrukts „familienfreundliche Organisationskultur" weisen zahlreiche Befunde auf einen Zusammenhang zwischen individuellen und organisationalen Variablen hin. Dabei zeigt sich, dass die Wahrscheinlichkeit der Wahrnehmung und Nutzung familienfreundlicher Angebote um so mehr steigt, je familienfreundlicher eine Organisation bewertet wird (Allen, 2001; Lewis & Smithson, 2001 und Thompson, Beauvais & Lyness, 1999). Nach Rosin & Korabik (2002) ist weniger der Zugang zu oder die Nutzung von familienfreundlichen Angeboten entscheidend für Reduktion von Arbeit-Familie-Konflikten, sondern die Zufriedenheit mit den *family-friendly policies.* Allen (2001) findet ferner für *Family-Supportive Organization Perceptions* eine Mediatorfunktion zwischen familienfreundlichen Regelungen und der Unterstützung durch die Führungskräfte sowie den Variablen Arbeitszufriedenheit, organisationales Commitment und Arbeit-Nicht-Arbeit-Konflikterleben.

Auch in den bereits angeführten Befunden von Grover & Croocker (1995) finden sich bereits Hinweise auf diesen Zusammenhang, der, wie oben beschrieben, darin begründet liegen könnte, dass die Mitarbeiter es positiv bewerten, dass sich die Organisation um ihre Mitglieder kümmert, unabhängig davon, ob sie selbst davon profitieren. Jahn, Thompson & Kopelman (2003) finden Zusammenhänge zwischen den *Family-Supportive Organization Perceptions* von Beschäftigten und den familienfreundlichen Angeboten und Programmen von Organisationen. Es zeigt sich ferner eine hohe Übereinstimmung zwischen Personen, die innerhalb einer Organisation arbeiten, d.h. Personen aus einem Unternehmen tendieren zu ähnlichen *Family-Supportive Organization Perceptions.*

Positive Zusammenhänge mit einer familienfreundlichen Organisationskultur können für die Variablen Arbeitszufriedenheit (Allen, 2001; Behson, 2002b; Behson, 2005; Clark, 2001), Commitment (Allen, 201; Anderson et al., 2002; Behson, 2002b; Thompson, Beauvais & Lyness, 1999; Thompson, Jahn, Kopelman, & Prottas, 2004), geringere Arbeitsbelastung (Warren & Johnson, 1995), Gesundheit (in Form von verringerten psychischen Symptomen und reduzierter Erschöpfung; Mauno, Kinnunen & Pyykkö, 2005) sowie einer geringeren Turnover-Intention (Allen, 2001, Behson, 2005; Thompson et al., 1999) berichtet werden. Ein negativer Zusammenhang kann dagegen für eine familienfreundliche Organisationskultur und konflikthaften Arbeit-Familien-Interaktionen berichtet werden (Allen, 2001; Anderson et al., 2002; Behson, 2002b; Behson, 2005; Clark, 2001; Mauno, Kinnunen & Pyykkö, 2005; Mauno, Kinnunen & Piitulainen, 2005; Thompson et al., 1999; Thompson et al., 2004). Kaum untersucht ist bisher der Zusammenhang zwischen einer familienfreundlichen Organisationskultur und positiven Arbeit-Familie-Interaktionen. Entsprechende Befunde finden sich bei Voydanoff (2004), die über einen positiven Zusammenhang zwischen familienfreundlichen Organisationskultur und Arbeit⇨Familie-Konflikten berichtet, und bei Thompson & Prottas (2005) für einen Zusammenhang zwischen informeller, organisationaler Unterstützung und positiven Spillover-Prozessen.

Die Resultate von Wayne et al. (2006) legen ferner einen Zusammenhang zwischen dem positiven Interaktionserleben und Karrierekonsequenzen sowie geringen organisationalen Zeiterfordernissen nahe. Für die Unterstützung durch Vorgesetzte und Führungskräfte finden sich vergleichbare Resultate. Ein vereinbarkeitsorientiertes Führungsverhalten steht in Beziehung reduzierten Konflikterleben zwischen den Lebensbereichen (z. B. Allen, 2001; Anderson et al., 2002; Behson, 2005; Frone et al., 1997 und Mauno et al., 2005b), einer höheren Arbeitszufriedenheit (Allen, 2001; Behson, 2005), erhöhtem organisationalen Commitment (Allen, 2001) und geringeren Kündigungsabsichten (Allen, 2001; Behson, 2005).

Zusammenfassend kann festgehalten werden, dass die empirische Befundlage relativ eindeutig sind bezüglich der Auswirkungen einer als familienfreundlich wahrgenommenen bzw. vereinbarkeitsorientiert wahrgenommenen Organisationskultur. Sie und auch das Verhalten der Vorgesetzten und Führungskräfte scheinen förderlich a) bei der Reduktion konflikhaften Erlebens und somit hilfreich bei der Integration multipler Lebensrollen, b) für verschiedene Outcome-Variablen des organisationalen und individuellen Verhaltens (z. B. Arbeitszufriedenheit und Gesundheit) und c) für das Wahrnehmen positiver Erlebenszustände zwischen den Lebensbereichen.

5.6.6 Bewertungsmodelle zum Reifegrad der Organisation

Wie in den vorangehenden Kapiteln bereits deutlich wurde, hat sich in den vergangenen Jahrzehnten das Angebot seitens vieler Organisationen und Arbeitgeber gewandelt: Fehlten bislang Angebote für Familien und erwerbstätige Eltern, wurden unterstützende Benefitangebote für eher traditionell orientierte Familien (i.S. eines Male-Breadwinner-Modells) bis hin zu integrativen und flexiblen Lösungsansätzen für unterschiedlichste Zielgruppen entwickelt.

Damit stellt sich die Frage, wie verschiedene familienfreundliche und vereinbarkeitsorientierte Konzepte und Ansätze von Organisationen in ihrer Gesamtheit zu bewerten sind. Wie sind beispielsweise vereinzelte Angebote zur Lösung spezifischer Probleme gegenüber integrierten und ganzheitlichen Modellen zu bewerten, deren Ziel ein langfristiger kultureller Wandel ist? Wie berichtet, besteht der überwiegende Anteil an familienfreundlichen Angeboten in deutschen Unternehmen aus Einzelangeboten (Hertie-Stiftung, 2003). Parasuraman & Greenhaus (1997) vertreten die Ansicht, dass das Verhältnis von Arbeit und Familie nicht durch vereinzelte Maßnahmen und Interventionen verbessert werden kann, sondern dass innerhalb der Organisation immer ein Wandelprozess initiiert werden muss, der die Bedeutung und Berechtigung von Arbeit-Familie-Themen hervorhebt und im Alltag Lösungen für die damit verbundenen Herausforderungen findet. Perry-Smith & Blum (2001) zeigen, das Maßnahmen-Bündel zur Verbesserung der Work-Life-Balance sich als erfolgreicher erweisen als singuläre Einzelmaßnahmen. Guest (2001) interpretiert diese Befunde dahingehend, dass Maßnahmen-Bündel oder auch Gesamtstrategien zur Verbesserung sich als effektiver erweisen, da sie viel stärker in die Organisationskultur eingebunden sind als Einzel-Projekte und allein von daher ein größere Wirkung erzielen können.

Ein Rahmenmodell zur Einordnung und Bewertung des Reifegrades hinsichtlich der Gestaltung von Work-Life-Balance-Ansätzen in Organisationen liefert das irische Work-Life-Balance Network (WLBN, 2004). Es handelt sich dabei um ein vier Stufen Prozess-Modell, das von ersten Initiativen innerhalb einer Organisation über ausbreitende und vertiefende Stufen bis hin zur letzen Stufe der *„reifen Work-Life-Balance-Organisation"* reicht. In diesem Ansatz wird Work-Life-Balance innerhalb einer Organisation als Kontinuum verstanden von einer geringen Ausprägung bis hin zu einer starken Integration. Die Bewertung dieser Stufen erfolgt jeweils für acht relevante Kriterien. Das Work-Life-Balance Network nennt hierzu die folgenden Punkte und Leitfragen:
- die *Work-Life-Balance Politik* (Welche Work-Life-Balance-Politik und Work-Life-Balance-Programme gibt es innerhalb der Organisation?);
- die *kulturelle Unterstützung für Work-Life-Balance-Ansätze* (Wird der Work-Life-Balance-Ansatz durch die Organisationskultur unterstützt?);

- *Beobachtung und Bewertung der Work-Life-Balance-Stufen* (Wie wird der aktuelle Stand der Work-Life-Balance innerhalb der Organisation analysiert: quantitativ und qualitativ?);
- *Kommunikation* (Wie wird innerhalb der Organisation das Thema Work-Life-Balance kommuniziert?);
- *Geschäftsfall Work-Life-Balance* (Wie wird Work-Life-Balance als Geschäftsfall behandelt?);
- *Management* (Wie wird Work-Life-Balance in den Geschäftsprozessen berücksichtigt?);
- *Arbeitsgestaltung* (Wie werden Arbeitsprozesse innerhalb der Organisation gestaltet?) und
- *Personalentwicklung* (Wie wird das Personal innerhalb der Organisation qualifiziert?).

Anhand dieser acht Kriterien soll (mit Hilfe von Checklisten) der Stand der Work-Life-Balance innerhalb der Organisation analysiert und bewertet werden. Das Rahmenmodell des WLBN ist sehr hilfreich, da es einen sehr differenzierten Überblick anhand verschiedener Kriterien über den Status Quo zum Thema Work-Life-Balance innerhalb einer Organisation liefert und damit auch spezifische Ansätze zur Weiterentwicklung der Organisation bietet.

Ein bereits etwas älteres aber vergleichbares Modell findet sich bei Galinsky, Friedmann & Hernandez (1991). Sie klassifizieren den Stand der Work-Life-Family-Bemühungen von Organisationen in einem drei Phasen-Modell. Sie unterscheiden zwischen Phase I (Entwicklung pragmatischer Lösungen), in der das Thema Vereinbarkeit innerhalb der Organisation zwar erkannt, aber vornehmlich durch Einzellösungen behandelt wird, einer Phase II (Entwicklung eines integrierten Ansatzes), in der integrierte Lösungen umgesetzt und Arbeit-Familie-Fragen als HR-Ressource verstanden werden, sowie einer Phase III, bei der ganzheitlich-strategische Lösungen entwickelt und umgesetzt werden, da Arbeit-Familie als Wettbewerbsfaktor erachtet wird (vgl. Tabelle 7).

Es wird deutlich, dass unabhängig von den Differenzen zwischen den Ansätzen zur Bewertung des Reifegrades das übergeordnete Ziel vereinbarkeitsorientierter Angebote und Programme in der Schaffung von Wettbewerbsvorteilen gesehen werden kann. Wettbewerbsvorteile allerdings führen vor allem dann zu langfristigem Erfolg, wenn sie durch Konkurrenten nicht repliziert werden können. Ein integriertes Work-Life-Balance-Management innerhalb einer Organisation kann einen derartigen, nicht oder nur sehr schwer replizierbaren Wettbewerbsvorteil darstellen. Insbesondere zum jetzigen Zeitpunkt stellen derartige Systeme häufig noch einen besonderen Vorteil dar, da noch nicht viele Organisationen über entsprechende Systeme verfügen. So kann eine familienfreundliche oder vereinbarkeitsorientierte Organisationskultur als Alleinstellungsmerkmal dienen, das beispielsweise auf lokaler und regionaler Ebene eine hohe Attraktivität für potenzielle Mitarbeiter darstellt.

Tabelle 7: Drei-Phasen-Modell der Arbeit-Familien-Programmen (nach Galinsky, Friedman & Hernandez, 1991)

Phase I: Entwicklung pragmatischer Lösungen	Phase II: Entwicklung eines integrierten Ansatzes	Phase III: Kultureller Wandel
Commitment		
Aufkommend, aber vorläufig • Arbeit-Familie-Themen sind nicht geschäftsrelevant • Gleichheit bedeutet die gleiche Unternehmenspolitik für alle • Unterstützung bei der Kinderbetreuung bedeutet meist den Aufbau nahegelegener Betreuungsmöglichkeiten	**Arbeit-Familie-Fragen als HR-Ressource** • Der Fokus der Kinderbetreuung beinhaltet andere relevante familiäre Themen (z.B. Pflege Älterer) • Programme und Politik werden erweitert	**Arbeit-Familie-Fragen als Wettbewerbsfaktor** • Arbeit-Familie-Themen sind im ganzen Unternehmen integriert sowie andere Themen (z.B. Geschlechtliche Gleichstellung oder kulturelle Vielfalt)
Prozess		
Identifizierung des Problems • Bedeutung des Themas für die Organisation wird diskutiert • Kostenbewusstsein für das Thema entsteht • verschiedene Lösungen werden thematisiert • eine Task-Force wird gebildet • das Thema wird strukturell analysiert (z.B. durch Mitarbeiterbefragung oder Workshops)	**Zentralisierung der Verantwortlichkeiten für Arbeit-Familien-Programme** • Vollzeit oder Teilzeit-Verantwortlichkeiten werden geregelt • Institutionalisierung eines Work-Life-Koordinators • Entstehung von Top-Level-Commitment • Arbeit-Familie-Probleme werden als bedeutend für den Recruiting- und Retention- Prozess erachtet • Fortbildung von Führungskräften zum Thema Arbeit und Familie und dem Umgang damit im Alltag • Task-Force beschäftigt sich mit Arbeit-Familie-Themen	**Das Problem wird unternehmensinterner Mainstream** • Flexible Arbeitszeiten und Abwesenheitsregelungen sind zentrale Themen innerhalb der Organisation • Flexible Arbeitsplatzgestaltungen stellen traditionelle Grundannahmen in Frage • Arbeit-Familie-Management ist integrierter Baustein der Personalentwicklung • Task-Force beschäftigt sich mit Arbeit-Leben-Themen
Lösungen		
Einzellösungen • Programme zielen überwiegend auf Kinderbetreuung • Lösungen werden vor allem in den Bereichen Kinderbetreuung, flexible Arbeitszeiten und flexible Vergütungssysteme gefunden • Die entwickelten Lösungen werden als Teil des HR-Managements betrachtet	**Integrierte Lösungen** • Inwieweit Personal-Strategien, Abwesenheitsregelungen oder Vergütungssysteme die Familie beeinflussen wird analysiert • Ein Paket verschiedener Lösungen und Programme wird entwickelt um dem Thema Arbeit-Familie in seiner Komplexität zu begegnen • Arbeit-Familie-Politik und Strategien werden regelmäßig angepasst und überarbeitet • Das Thema Arbeit-Familie wird als sich verändernd und dynamisch betrachtet	**Ganzheitlich und strategische Lösungen** • Der Einfluss der Organisation auf das Familien- und Nichterwerbsleben wird im Rahmen der Organisationskultur berücksichtigt • Der Zusammenhang zwischen Arbeit und Familie und der innerorganisationalen Karriereentwicklung wird betrachtet • Arbeit-Familien-Themen werden Teile des Geschäftsplanes
Brennpunkt		
Information • Informationen werden zwar mit anderen Organisationen getauscht, gehandelt wird aber i.d.R. allein genutzt	**Zusammenarbeit** • Organisationen und Individuen teilen Informationen, entwickeln gemeinsame Lösungen • Organisationen und Individuen bemühen sich um lokale Ressourcen • Organisationen und Individuen bemühen sich um überregionale Ressourcen	**Einfluss** • Organisationen stellen Geldmittel zur Verfügung um die Qualität und Quantität der lokalen Betreuungsangebote zu verbessern • Organisationale Programme dienen nicht nur den eigenen Beschäftigten, sondern auch anderen Unterversorgten.

*Familie – jener Haufen wildfremder Leute,
die sich ein Leben lang verbunden fühlen müssen*

(Erhard Blanck)

6. Familiale Lebensformen im Wandel

Das folgende Kapitel beschreibt einige bedeutende Aspekte der Vereinbarkeit von Arbeit, Familie und Freizeit aus dem Blickwinkel von familialen Lebensformen und Lebenspartnerschaften. Seit Mitte des 20. Jahrhunderts haben sich die gesellschaftlichen Lebenszusammenhänge deutlich gewandelt. Wie bereits in den vorangehenden Kapiteln dargestellt, durchlaufen Organisationen und Gesellschaft in den letzten Jahren massive Wandelprozesse, doch auch für familiale Lebensformen und Lebenspartnerschaften und die darin handelnden Individuen können starke Veränderungsprozesse konstatiert werden. Nicht nur hat sich das Verhältnis der Familie zur Arbeitswelt, sondern auch das Verhältnis der Familie zu seinem kommunalen Umfeld und den gesellschaftlichen Institutionen und Organisationen verändert. Die Defintion dessen, was unter Familie verstanden werden kann, hat sich in der Folge verändert, aber auch die Art und Weise, wie Familie im Alltag von ihren Mitgliedern gelebt und gestaltet wird.

Wandel der Familienstruktur
Noch in den sechziger Jahren des vergangenen Jahrhunderts war das Male-Breadwinner-Modell im Sinne einer neolokalen Gattenfamilie die am weitesten verbreitete und gesellschaftlich dominierende familiale Lebensform. Historisch betrachtet ist die Entwicklung dieses Erwerbstätigkeitsmodells eng verbunden mit dem Wandel des Arbeitsbegriffs und der räumlichen Trennung von Arbeit- und Privatleben. Ließen sich noch im 19. Jahrhundert agrarische Familien und (früh-)industriell geprägte Familienformen sowie die Familien von Handwerkern und zum Teil auch die der Selbstständigen als integrative Lebensformen kennzeichnen, bei der produktive und reproduktive Tätigkeiten unter dem Dach des *ganzen Hauses* vereinigt sind, so muss spätestens in der zweiten Hälfte des 20. Jahrhunderts in Deutschland eine klare Trennung der Lebensbereiche Arbeit und Familie konstatiert werden.

Das traditionelle Modell der bürgerlichen Kleinfamilie kann nach Maihofer, Böhnisch & Wolf (2001) vor allem durch seine klare Trennung von Arbeit und Familie charakterisiert werden. Dieses Modell zeichnet sich aus durch einen Alleinverdiener und einen unterstützenden Lebenspartner. Das Male-Breadwinner-Modell (i.S. einer Versorgerehe) fand und findet häufig vor allem in der Arbeiterschicht eine höhere Akzeptanz als in der bürgerlichen Mittelschicht, da hiermit auch ökonomischer und sozialer Erfolg zum Ausdruck gebracht werden kann (Bertram, 1997a). Dabei muss angemerkt werden, dass die mehrheitliche Umsetzung dieses Modells vor allem bei Beamten und Angestellten erfolgte, während in der Arbeiterschaft, der Landwirtschaft und bei Selbstständigen (z.B. als mithelfende Familienangehörige) eine deutlich höhere Frauenerwerbsquote zu verzeichnen war.

Die Trennung der Lebensbereiche (Erwerbs-)Arbeit und Familie manifestierte sich allerdings nicht nur in einer räumlichen Trennung innerhalb der Hausgemeinschaft (lat. familia) in einen Wohn- und Arbeitsbereich auf der familialen Ebene, sondern in der städtebaulichen Entwicklung auch in einer räumlichen Trennung von Arbeits- und Privatleben beispielsweise in suburbanen Wohnquartieren, die fast ausschließlich zum Wohnen und Schlafen genutzt werden und extra dafür ausgezeichneten Gewerbequartieren, die ausschließlich der Erwerbsarbeit und dem Gewerbebetrieb dienen. Die zeitlich-räumliche Trennung von Arbeit und Privatleben und die damit einhergehende geschlechtsspezifische Arbeitsteilung innerhalb der Familie ist somit die Voraussetzung für eine gesteigerte familiale Flexibilität und Mobilität.

Für Peuckert (2002) stellt die moderne Kleinfamilie den Familientyp dar, der den erweiterten Mobilitätserfordernissen am besten gerecht wird. Ein erhöhte Mobilität kann somit als ein individueller und familialer Anpassungsmechanismus auf gesellschaftlich-strukturelle Anforderungen verstanden werden. Bertram beschreibt die mit einer erhöhten Mobilität verbundenen Konsequenzen: *„Die Konsequenz solcher Mobilität [...] war der Zerfall der erweiterten Familie, weil Verwandtschaftsbeziehungen zu den eigen Eltern, Großeltern, Geschwistern und anderen Verwandten insbesondere über große Entfernungen kaum aufrecht erhalten werden konnten"* (Bertram, 1997a, S. 47ff). Die Separation von Arbeit und Privatleben innerhalb der Familien und innerhalb der Gesellschaft verstärkte auch die spezifische Arbeitsteilung zwischen den Geschlechtern. Bedingten ganzheitlichere Lebensformen die Präsenz des Vaters in der Familie, so ist eine Folge des Male-Breadwinner-Modells und der räumlichen Trennung der Lebensbereiche die (temporäre und psychologische) Abwesenheit des Vaters von der Familie. Auch die Funktionen der Eltern wandeln sich in der Folge dieser Entwicklung: Die Erziehung der Kinder wird somit zur Hauptaufgabe *„der Mutter als expressiver, emotionaler Führerin der Familie"*, während der Vater nur noch als *„begleitende Person im Erziehungsprozeß fungiert"* (Bertram, 1997a, S. 47).

Doing Family
Konnte Familie vormals als eine Art Selbstverständlichkeit angesehen werden, eingebettet in gesellschaftliche Instituionen und in starkem Maße geprägt von den stabilen und tradierten Normen und Werte, so stellt Familie zu Beginn des 21. Jahrhunderts zunehmend eine aktive Herstellungsleistung der Familienmitglieder im Sinne eines *„Doing Family"* dar (Schier & Jurczyk, 2007) dar. Da sowohl die historische Entwicklung der Familie und der Wandel von der bürgerlichen Familie als Normalfamilie hin zur Ausdifferenzierung diverser Lebensformen als auch die Veränderungen der familialen Geschlechterarrangements in dieser Arbeit bereits dargelegt wurden (vgl. a. 3.5), sollen nachfolgend zunächst die Verbreitung verschiedener familialer Lebensformen sowie damit verbundenen Erwerbstätigkeitsmodelle skizziert werden. Daran anschließend werden exemplarisch Veränderungen in der Binnenstruktur von Familien und Partnerschaften unter besonderer Berücksichtigung der familialen Arbeitsteilung im Haushalt sowie innerfamiliale Dynamiken im Rahmen der Elternschaft erörtert. Zum Abschluß dieses Kapitels werden Zusammenhänge zwischen familialen Variablen (speziell der Kinderbetreuungssituation) und dem Work-Life-Balance-Erleben betrachtet.

6.1 Familiale Lebensformen zu Beginn des 21. Jahrhunderts

Einleitung
Wie bereits in dargelegt, hat sich das Verständnis dessen, was unter familialen Lebensformen zu verstehen ist, im Laufe der letzten Jahrzehnte vor dem dem Hintergrund gesellschaftlicher Transformationsprozesse sowohl im Alltag von Familien als auch in der sozialwissenschaftlichen Forschung verändert. Orientierten sich traditionelle Definitionen des Familienbegriffs stark an der biologischen Abstammung und intergenerationellen Beziehungen zwischen den Mitgliedern familialer Systeme, so stehen mittlerweile die Fürsorge- und Solidarbeziehungen der Familienmitglieder sowie ihre emotionalen Bindungen und Abhängigkeiten im Vordergrund des Interesses. Doch bevor darauf eingegangen werden soll, wie sich Veränderungen famililaler Lebensformen und Lebenspartnerschaften konkret in ihrem Alltag widerspiegeln, soll der Blick zunächst auf die Makroebene gerichtet werden, um zu erörtern, welche Entwicklungen zu Beginn des 21. Jahrhunderts hinsichtlich der Zusammensetzung familialer Lebensformen und der von ihnen gelebten Erwerbstätigkeitsmodelle vorherrschen.

Verbreitung familialer Lebensformen
Jüngst veröffentlichte, auf Daten des Mikrozensus 2006 basierenden Ergebnisse des Statistischen Bundesamtes (2007) zeigen, dass aktuell 39 % der deutschen Bevölkerung innerhalb einer Familie leben. Dieser Bevölkerungsanteil hat sich seit 1996 um 4 % re-

duziert. Insbesondere in den fünf neuen Bundesländern ist in diesem Zeitraum ein deutlicher Rückgang von Personen, die in Familien leben, zu verzeichnen (bis zu 15 %). Auch die absolute Zahl der Familien in Deutschland hat sich zwischen 1996 und 2006 deutlich von 9,4 Millionen auf 8,8 Millionen verringert (um 7 %). Dabei zeigt sich bei diesen Ergebnissen ein starker regionaler Ost-West-Unterschied: Während sich in den alten Bundesländern die Zahl der Familien lediglich um ein Prozent verringerte, sank die Anzahl der Familien in den 1990 dem Grundgesetz beigetretenen Bundesländern um 28 %!

Es hat sich aber nicht nur die absolute Anzahl der traditionellen Familien in dem betrachteten Jahrzehnt kontinuierlich verringert. Die Ergebnisse des Mikrozensus zeigen auch, dass für die Zahl alternativer Lebens- und Haushaltsformen (Alleinerziehende oder nichteheliche Lebensgemeinschaften mit Kindern) ein starker Zuwachs zu verzeichnen ist (um 30 %). Allerdings dürfen die beschriebenen Entwicklungen nicht darüber hinwegtäuschen, dass Ehepaare mit Kindern noch immer drei Viertel aller Familien in Deutschland ausmachen. Trotz Geburtenrückgang und Ausdifferenzierung alternativer Lebensformen lebt im mittleren Lebensalter (zwischen 35 und 44 Jahren) noch immer mehr als die Hälfte der Bevölkerung (55 %) in einer eher traditionellen familialen Lebensform und zwei Drittel haben in diesem Alter familiale Verpflichtungen wie z. B. im Haushalt lebende Kinder (Heß-Meining & Tölke, 2005).

Ausdifferenzierung der Lebensformen
Analysen von Brüderl (2002) zeigen, dass allerdings ein genereller Rückgang partnerschaftlicher Lebensformen zu verzeichnen ist. Dabei wird jedoch die Abnahme der *„Dominanz der Ehe"* als Lebensform nicht vollständig durch den Anstieg der nichtehelichen Lebensformen kompensiert. Es zeigt sich vielmehr, dass Individuen im Mittel eine immer längere Phase in ihrem auch als Ledige verbringen (insbesondere in jungen Lebensjahren). Des weiteren zeigt sich, dass in jüngeren Geburtskohorten viel häufiger ein Wechsel an Übergängen zwischen den Lebensformen zu verzeichnen ist, d.h., es gibt im Gegensatz zu älteren Geburtskohorten eine größere Vielfalt an Lebensläufen. Brüderl deutet die Befunde dahingehend, dass es sich bei den beschriebenen Veränderungsprozessen nicht zwingend nur um eine Pluralisierung der Lebensformen handeln muss, sondern er geht davon aus, dass die geschilderten Veränderung auch als eine Entwicklung hin zu veränderten *„Standardlebensläufen"* verstanden werden kann.

Dies sei am Beispiel der Alleinlebenden verdeutlicht. So gehören dieser Gruppe der in den jüngeren Geburtskohorten zunehmend Individuen an, die bereits nicht mehr im Elternhaus der Herkunftsfamilie wohnen und sich *„noch nicht"* in einer festen Lebenspartnerschaft befinden. Ursächlich hierfür sind unter anderem längere Ausbildungszeiten oder eine spätere Erstelternschaft (im Vergleich zu den älteren Jahrgangskohorten). Zuwachs kann auch für die Gruppe der alleinlebenden Witwen verzeichnet werden, die nach dem Tod des Ehe- oder Lebenspartners in einem Einpersonen-Haushalt leben. Diese Gruppe wächst aufgrund einer gestiegen Lebenserwartungen ebenfalls. Es wird deutlich, dass sich hinter den prozentualen Zuwächsen für einzelne Lebensformen, die als alleinstehend bezeichnet werden, zum Teil sehr unterschiedliche Entwicklungsprozesse verbergen, die nur zum Teil als Ausdruck von (individuell selbstgewählten) gesellschaftlichen Singularisierungstendenzen bzw. einer Pluralisierung der verschiedenen Lebensformen aufgefasst werden können.

Doch wie sind die beschriebenen Entwicklungen zu bewerten und interpetieren? Handelt es sich bei den beschriebenen Entwicklungen um einen Rückgang in der Bedeutung familialer Lebensformen hin zu anderen alternativen Lebensformen? Traditionelle Familienstandskriterien, wie sie in der amtlichen Statistik verwendet werden (z. B. ledig, verheiratet, verwitwet, geschieden) erweisen sich vielfach als ungeeignet, um die empirische Vielfalt unterschiedlicher Lebensformen adäquat zu erfassen. Bertram (1997b, S. 7) fordert deshalb, bei Analysen nicht allein auf die formalen, äußeren Kriterien von Familien zu fokussieren, sondern vielmehr *„die internen Familienbeziehungsmuster zum Ausgangspunkt der Überprüfung von Pluralisierungstendenzen"* zu machen. Denn neben der Analyse des formalen Familienstandes gilt es, die internen familialen Dynamiken und Beziehungsmuster zum Ausgangspunkt der Überprüfung von möglichen Pluralisierungstendzen familialer Lebensformen zu machen. Dies bedeutet auch, auf die innerfamiliale Arbeitsteilung bei Hausarbeit und Kindererziehung zu fokussieren oder die in Familien praktizierten Erwerbstätigkeitsmodelle zu analysieren. Denn hinter strukturell gleichen Familienstandskriterien verbergen sich oftmals qualitativ sehr unterschiedliche familiale Lebensformen.

Wandel familialer Erwerbstätigeitsmodelle
Auch die von Paaren und Familien gewählten Erwerbstätigkeitsmodelle unterliegen – nicht nur in Deutschland, sondern in Gesamteuropa – deutlichen Veränderungen. Das Modell des männlichen Alleinverdieners, das Male-Bradwinner-Modell, ist dabei insgesamt deutlich auf dem Rückzug. So wird es europaweit zwar noch von mehr als einem Drittel aller Haushalte praktiziert, aber nur von 15 % der Individuen bevorzugt (Bielenski, Bosch & Wagner; 2001). Das Male-Breadwinner-Modell erfährt auch in Deutschland zunehmend geringere Akzeptanz: So zeigt sich in einer Befragung im Rahmen des International Social Survey Programme, dass nur noch rund jeder fünfte Befragte einem Modell zustimmt, bei dem der Mann allein für die Erwerbstätigkeit und die Frau für die Familie zuständig ist (Dressel, Cornelißen & Wolf, 2005). Hinzuweisen gilt es in diesem Zusammenhang auch darauf, dass dieses traditionell geprägte Modell im Westen Deutschlands eine stärkere Zustimmung erfährt als im Osten und dass Männer dieses Modell stärker präferieren als Frauen.

Die aktuellen Entwicklungen der familialen Erwerbstätigkeitsmodelle verändern sich hin zu einer Kombination von Mann Vollzeit/Frau Teilzeit, welche auch als das *"modernisierte Alleinernährermodell"* bezeichnet wird[14]. Dieses Modell wird bereits in 25 % aller Haushalte innerhalb der Europäischen Union praktiziert. In den Niederlanden beträgt der Anteil des modernisierten Alleinernährermodells bereits fast ein Drittel (32 %). Außerdem ist eine Entwicklung hin zu Teilzeit/Teilzeit-Modellen festzustellen, wobei für Frauen im Mittel der Wunsch nach einer vom Umfang tendenziell erweiterten Teilzeitarbeit besteht, bei Männer hingegen der Wunsch nach einem reduzierten Stundenumfang. Insgesamt kann in Europa bei den Beschäftigten somit das Interesse nach einem reformierten Vollzeitstandard ausgemacht werden, wobei ein Wunsch nach einer Reduktion im Vollzeitbereich oder ein Wunsch nach längerer Teilzeit von ca. 30 Stunden besteht (Bielenski, Bosch & Wagner, 2006, S. 6).

Die tatsächlich realisierten Erwerbstätigkeitsarrangements von Familien und Paaren stehen jedoch oftmals im Widerspruch zu den von ihnen gewünschten und intendierten Modellen. So lassen beispielsweise die Ergebnisse des OECD Employment Outlook 2001 erkennen, dass hinsichtlich des gewünschten Erwerbstätigsmusters von Eltern (Paarhaushalte mit Kindern unter sechs Jahren) vor allem die Kombination Mann Vollzeit/Frau Teilzeit das präferierte Modell darstellt. Dies steht jedoch deutlich im Widerspruch zu den tatsächlichen im Alltag realisierten Modellen, denn während nur rund 6 % das Male-Breadwinner-Modell in dieser Gruppe präferieren, wird es doch von mehr als der Hälfte der Familien ausgeübt. Dies kann als ein Indiz dafür gewertet werden, dass viele Familien ein von der Struktur her eher traditionell geprägtes Paararrangement gegen ihren Willen praktizieren (Eichhorst & Thode, 2002). Auch die Ergebnisse von Beckmann (2002) sehen deutliche Differenzen zwischen den gewünschten und den tatsächlich gelebten Erwerbstätigkeitsmodellen von Paaren (vgl. a. Dressel, Cornelißen & Wolf, 2005).

6.2 Innerfamiliale Entwicklungen und Dynamiken

Wie bereits beschrieben, sind die formalen Kriterien familialer Lebensformen allein nicht ausreichend zur Beschreibung familialer Lebensformen. Vielmehr gilt es auch den Dynamiken innerhalb von Familien und Lebenspartnerschaften in ihrem Alltag Beachtung zu schenken. Hierbei sollen vor allem zwei Aspekte familialer Entwicklungsverläufe hervorgehoben werden: die innerfamiliale Arbeitsteilung sowie der Übergang zur Elternschaft. Im Zentrum vielfacher Diskussionen und Forschungsbemühungen stand in diesem Zusammenhang in den letzten Jahrzehnten die Fragestellung, wie in-

---

[14] Hierbei bestehen gesamteuropäisch betrachtet durchaus deutliche Unterschiede, wobei zwei verschiedene Entwicklungspfade ausgemacht werden können: die der Modernisierung der männlichen Versorgerehe (z.B. in Deutschland, Österreich, Niederlande, Großbritannien) und die der Doppelversorgermodelle (z.B. in Frankreich, Skandinavien). Für einen Überblick und Vergleich und die damit verbundenen Konsequenzen s.a. Pfau-Effinger & Gottschall (2002).

nerhalb von Partnerschaften die innerfamiliale Aufgabenverteilung, insbesondere die Kindererziehung und die Organisation des Haushaltes geregelt und umgesetzt wird.

6.2.1 Geschlechtsrollenverständnis und innerfamiliale Aufgabenverteilung

Der Wandel von Beziehungen und Familie manifestiert sich im Laufe der Geschichte in einer immer stärkeren Entkoppelung von bindenden Zusammenhängen: Sexualität und Fortpflanzung sind ebenso entkoppelt wie Ehe und Liebe oder Ehe und Elternschaft sowie biologische und soziale Elternschaft (Maihofer, Böhnisch & Wolf, 2001). Dadurch rückt statt der instrumentellen Funktionen von Familie zunehmend auch die aktive Gestaltung der Ehe- oder Partnerschaftsbeziehung in den Mittelpunkt der Beziehungsgestaltung. Waren vormals die Rollen innerhalb der Institution Ehe oder auch in Lebenspartnerschaften definiert durch biologische oder gesellschaftliche Zwänge, so müssen die meisten Aspekte von Partnerschaften in der Gegenwart ausgehandelt und vereinbart werden.

Geschlechtsrollenverständnis
Die im vorangehenden Abschnitt dargestellten Entwicklungstrends hin zu familialen Erwerbsmustern mit einer stärkeren partnerschaftlichen bzw. egalitären Orientierung können als Konsequenz einer verbesserten Chancengleichheit von Frauen (z. B. im Bildungsbereich) und der damit verbundenen stärkeren Teilhabe am Erwerbsleben gesehen werden. Außerdem ist davon auszugehen, dass sich im Wandel der familialen Erwerbsmuster auch ein genereller Wandel des Geschlechtsrollenverständnisses von Frauen und Männern und den daraus resultierenden Beziehungsmustern widerspiegelt. Geschlechterrollen sind dabei nicht statisch und determiniert, sondern immer sozial konstruiert und reflektieren sowohl individuell erlernte Rollenbilder als auch gesellschaftlich normative Standards.

Traditionelle Rollenbilder zeichnen sich insbesondere dadurch aus, dass die Frau vor allem in ihrer familialen Rolle gesehen wird. Entsprechende Einstellungen gehen davon aus, dass die Frau sich primär um die Führung des Haushaltes sowie die Betreuung und Erziehung der Kinder im familiären Alltag kümmert. Dem Mann wird in traditionellen Rollenbildern die Verantwortung für die finanzielle Absicherung der Familie/ Partnerschaft zugeschrieben. Im Gegensatz dazu zeichnen sich moderne geschlechtsbezogene Rollenbilder durch egalitäre Partnerschaftsvorstellungen aus. Sowohl die finanzielle Absicherung des gemeinsamen Haushaltes als auch die partnerschaftliche Aufgabenaufteilung im Haushalt sowie der elterlichen Erziehungsaufgaben sind Charakteristika, die partnerschaftlich-egalitärer Rollenbilder auszeichnen.

Veränderung der Rollenbilder
Veränderte Rollenbilder mit stärker egalitär-modernen Einstellungen, die sich im Streben nach privatem *und* beruflichem Erfolg oder in der Ablehnung von traditionellen geschlechtsspezifischen Rollenverhalten ausdrücken, finden sich tendenziell vor allem bei Frauen (z. B. Athenstaedt, 2000; Zulehner, 2003). Dabei lassen sich verschiedene Typen identifizieren, die sich hinsichtlich ihres Geschlechtsrollenverständnisses unterscheiden. So differenziert beispielsweise Zulehner (2003) zwischen vier verschiedenen Rollen-Typen (für Männer):

- der traditionelle Typ (stimmt den traditionell angelegten männlichen Rollenmerkmalen zu: *der herkömmliche Familienernährer*);
- der moderne Typ (stimmt den modern angelegten männlichen Rollenmerkmalen zu: *der zeitangepasste [Lebens-]Partner*);
- der pragmatische Typ (stimmt sowohl den modern angelegten männlichen Rollenmerkmalen als auch den traditionellen zu: *der pragmatische Balancierer*) und
- der unbestimmte Typ (stimmt weder den modern angelegten männlichen Rollenmerkmalen noch den traditionellen zu: *die formbaren Sucher*).

Betrachtet man die Verteilung der verschiedenen Typen, so zeigt sich insgesamt folgendes Muster: Rund ein Fünftel der Männer lassen sich dem traditionellen Typ zuordnen und rund ein Viertel dem modernen Typ. Der Rest verteilt sich auf den pragmatischen und den unbestimmten Typ, wobei letzterer mit 42 % den Großteil der Männer ausmacht. Differenziert nach Alterskohorten zeigt sich, dass der traditionelle Typus vor allem in den älteren Jahrgangskohorten häufiger auftritt, während der moderne Typ in den jüngeren Kohorten zu finden ist. Im 10-Jahres-Längsschnitt zeigt Zulehner (2004), dass der Anteil der Gruppe der traditionellen und pragmatischen Männer sich seit Anfang der neunziger Jahre in Deutschland tatsächlich verringert hat, während die Typen unbestimmt und modern deutliche Zuwächse verzeichnen. Zulehner interpretiert die Ergebnisse dahingehend, dass es sich quasi um eine Evolution der Typen handelt, d.h., dass die (querschnittlichen) Daten einen gesellschaftlichen Wandelprozess widerspiegeln, der noch nicht abgeschlossen ist: vom traditionellen zum modern Typus (die der Zwischentypen befinden sich somit in einer Übergangsphase).

Für Frauen zeigen sich vergleichbare Entwicklungen, wobei der Rückgang des traditionellen Typus noch stärker ausfällt und auch die Zuwächse des modernen Typus deutlich ausgeprägter sind (was Zulehner mit einem längeren Erfahrungszeitraum der Emanzipationsbewegung erklärt). Ferner zeigt sich beim Vergleich der weiblichen Alterskohorten auch eine deutlich stärkere Ausprägung des modernen Typus, sowohl im Vergleich zu den Männern als auch zu den älteren weiblichen Jahrgängen. Für den Typus der traditionell-orientierten Frauen kann hingegen festgestellt werden, dass ihr Anteil in allen Alterskohorten geringer ausgeprägt ist als der Anteil der traditionellen Männer und dass der Anteil traditionell eingestellter Frauen auch in den jüngeren Geburtskohorten deutlich geringer ausfällt.

Differenziert man die Wertschätzung, die Individuen Partnerschaft und Familie beimessen, nach Geschlechtern, so findet sich, dass Männer (insbesondere der traditionelle Männertypus) Partnerschaft und Familie eine hohe Bedeutung zumessen. Bei den Frauen hingegen sind dies sowohl Frauen mit einem eher traditionellen Rollenbild als auch Frauen mit eher modern-partnerschaftlichen Rollenvorstellungen. Frauen mit eher pragmatischen und unbestimmten Rollenbildern weisen dagegen eher geringere Wertschätzung für Partnerschaft und Familie auf (Zulehner, 2003).

Auch hinsichtlich der Verhaltensnormen im Rahmen der Elternschaft wird von Veränderungsprozessen berichtet. Wurde vor einigen Jahrzehnten in Westdeutschland erwerbstätigen Müttern noch der Vorwurf der Rabenmutter entgegengebracht, so konnten Scott, Alwin & Braun (1996) in einer multinationalen Studie zeigen, dass sich der Anteil der Personen mit der Ansicht, dass Erwerbstätigkeit von Müttern einen negativen Effekt auf Familie und Kinder hat, in Deutschland, England, und den USA verringert. Obwohl ein gesellschaftlicher Wandel in der Geschlechtsrollenorientierung zu konstatieren und eine gestiegene Erwerbstätigkeit von Frauen zu beobachten ist und eine gezielte Förderung der Vereinbarkeit von Arbeit und Familie seitens der politischen Entscheidungsträger forciert wurde, sehen sich Frauen in ihrem im Alltag oftmals noch immer starken normativen Erwartungen hinsichtlich der Doppelbelastung von Beruf und Familie mit der ihnen zugeschriebenen Mutterrolle ausgesetzt. So stimmen der Aussage, *dass ein Kleinkind unter der Berufstätigkeit seiner Mutter zu leiden habe,* auch 2004 in den alten Bundesländern noch immer fast zwei Drittel zu, im Gegensatz zu nur noch rund 30 % in den fünf neuen Bundesländern (Dressel, Cornelißen & Wolf, 2005). Neben regionalen Unterschieden zeigen sich hierbei auch geschlechtsspezifische sowie alter- und bildungsbedingte Unterschiede: sowohl Frauen als auch jüngere und höher gebildete Befragte stimmen der angeführten Aussage in geringerem Umfang zu. Die angeführten Daten sprechen für deutliche Veränderungen im Geschlechtsrollenverständnis. Aus famililaler Perspektive stellen sich in diesem Zusammenhang die Fragen, ob die beschriebenen Einstellungen zum Geschlechtsrollenverständnis sich a) auch im Alltag von Familie oder Partnerschaft als verhaltensrelevant erweisen, d.h., ob das tatsächliche Verhalten im Familienalltag auch mit der Einstellung korrespondiert und ob sich b) die Rollenbilder intraindividuell auch im Zeitverlauf als stabil erweisen.

Retraditionalisierung
Schulz und Blossfeld (2006) zeigen im Rahmen des Bamberger Ehepaar-Panels, dass bei der Eheschließung rund die Hälfte aller befragten Ehepaare eine partnerschaftliche Arbeitsteilung im Haushalt präferieren und jeweils rund ein Viertel traditionale bzw. sehr stark traditionale Rollenmuster bevorzugen. Nicht-traditionale Rollenmuster treten in

ihrer Untersuchung bei Ehepaaren nur in sehr geringen Umfang auf (ca. 2 %) und können als Ausnahmen betrachtet werden. Die letztgenannte Variante trifft vor allem für Ehen bzw. Partnerschaften zu, bei denen die Frau in stärkerem Umfang erwerbstätig ist und ein höheres Einkommen erzielt als der Mann.

In ihrer Längsschnittuntersuchung zeigt sich ferner, dass der Anteil der Ehepaare mit partnerschaftlicher Arbeitsteilung im Haushalt im Eheverlauf kontinuierlich abnimmt. Praktizieren zu Beginn der Studie (1998) noch rund die Hälfte aller Ehepaare eine partnerschaftliche Arbeitsteilung, so reduziert sich ihr Anteil auf 30 % nach zwei Ehejahren, auf 23 % nach vier Jahren, auf 19 % nach sechs Jahren bis schließlich hin zu ca. 14 % nach 14 Ehejahren. Individuelle Faktoren wie Bildungsstand, Umfang der Erwerbstätigkeit oder Einkommen erweisen sich in der Studie nicht als relevante Einflussfaktoren für den beschriebenen Traditionalisierungsprozess. Schulz & Blossfeld (ebd.) sehen ihre Ergebnisse deshalb als Bestätigung der sogenannten Honeymoon- oder auch Trägheits-Hypothese. Dabei wird davon ausgegangen, dass die innerfamiliale Arbeitsteilung im Ehe- bzw. Partnerschaftverlauf sich zunehmend traditionellen Rollenmustern anpasst (Künzler, 1994). Die dahinterliegende Überlegung ist, dass Männer vor allem in frühen Phasen einer Beziehung ein besonderes Engagement an den Tag legen, um auf diese Art und Weise die Partnerschaft zu festigen und zu stärken.

Ein weiterer Faktor, der den Rückgang der Beteiligung der Männer an der familiären Hausarbeit verstärkt, findet sich nach Schulz & Blossfeld bei der Geburt des ersten Kindes. Obwohl der tatsächliche Arbeitsaufwand gerade in dieser Situation ansteigt, verringert sich die Beteiligung der Männer in dieser Familienphase drastisch. Dieser Effekt beim Übergang in die Elternschaft, auch als Traditionalisierungseffekt bezeichnet, findet sich übereinstimmend auch in weiteren empirischen Studien und geht vielfach einher mit einem stärkeren Engagement der Männer in der Erwerbstätigkeit sowie einem Ausstieg oder einer drastischen Reduktion der Erwerbstätigkeit der Frauen. Er kann als Einstieg in traditionell geprägte familiale Erwerbstätigkeitsmodelle gesehen werden (vgl. z. B. Busch, 2007; Eurostat, 2004; BMfFSFJ, 2001; Fthenakis, 1999; Fthenakis, Kalicki & Peitz, 2002; Griebel, 1991). Dies ist eine Entwicklung, die die Geburt eines zweiten Kindes zumeist noch verstärkt (Fthenakis, Kalicki & Peitz, 2002).

6.2.2 Elternschaft

Belastungen und Beanspruchungen beim Übergang in die Elternschaft
Der Übergang in die neue Phase des Familienlebens geht einher mit Rollenveränderungen und der Notwendigkeit, neue Aufgaben zu bewältigen. Die Geburt des Kindes bedingt eine Reorganisation der familiären Lebensstruktur, da Ressourcen wie Zeit, Energie und Finanzen der neuen Familiensituation angepasst werden müssen. Damit

verbunden ist auch eine Veränderung bei der Erfüllung von Bedürfnissen der Lebenspartner (Reichle & Montada, 1999). So werden beim Übergang zur Elternschaft Bedürfnisse, die bisher im Rahmen der Erwerbstätigkeit oder der Partnerschaft erfüllt wurden, nicht mehr oder in einer anderen Form befriedigt. Diese veränderte Form der Bedürfniserfüllung empfinden viele junge Eltern als Einschränkung. Reichle & Montada (1999) zeigen, dass im dritten Monat der Elternschaft beide Partner Einschränkungen erleben, allerdings fühlen sich die Mütter im Durchschnitt stärker eingeschränkt als die Väter.

Frauen fühlen sich dabei in allen Lebensbereichen eingeschränkter: in der Zeit für den Beruf, im Kontakt zu Arbeitskollegen, in den beruflichen Erfolgen, in der finanziellen Unabhängigkeit, der Erfüllung der Schlafbedürfnisse, im Bedürfnis nach Aufrechterhaltung der körperlichen Leistungsfähigkeit sowie dem Bedürfnis nach gesellschaftlicher Partizipation. Für ungerecht empfundene Einschränkungen wird in der Folge häufig der Lebenspartner verantwortlich gemacht. Derartige Kognitionen bedingen ihrerseits auf den Partner bezogen negative Emotionen, die in negativem Zusammenhang mit der Partnerschaftszufriedenheit stehen (Reichle & Montada, 1999). So zeigen verschiedene Studien in unterschiedlichsten Populationen, dass nach der Geburt des ersten Kindes die Zufriedenheit mit der Partnerschaft zunächst längerfristig sinkt (zum Überblick s. Reichle & Werneck, 1999; El-Giamal, 1997). Die Geburt des ersten Kindes wird deshalb in den meisten theoretischen Ansätzen als familiale Belastungssituation klassifiziert.

Reichle & Montada (1999; S. 218) beschreiben diese Belastungssituation wie folgt: *„Wer Probleme mit (1) Einschränkungen hat, die im Gefolge der Aufgabenneuverteilung nach der Geburt eines Kindes zwangsläufig auftreten, sie (2) negativ bewertet, vor allem als ungerecht empfindet, sie dem Partner anlastet, hat (3) Anlass zu negativen partnerbezogenen Emotionen wie Ärger, Enttäuschung und Empörung. Im Querschnitt wie im Längsschnitt liegen dann (4) negative Aktionen nahe, von denen sich insbesondere der eigene Rückzug als nachteilig für die Partnerschaftszufriedenheit erwiesen hat".* Als präventiv gegenüber der beschriebenen Verschlechterung erweisen sich nach Reichle & Werneck (1999) eine hohe Partnerschaftsqualität vor der Geburt des ersten Kindes, möglichst hohe Deckungsgleichheit zwischen den vorgeburtlichen Erwartungen hinsichtlich partnerschaftlicher Aufgaben- und Rollenverteilung und der nachgeburtlichen Wirklichkeit sowie die grundlegende Fähigkeit, sich mit neu zu bewältigende Situationen konstruktiv und partnerschaftlich auseinander zu setzen (was auch als problemfokussierte Copingstrategie bezeichnet werden kann). Insbesondere der letzte Punkt kann als „Schutz" gegen den Traditionalisierungseffekt betrachtet werden.

Innerfamiliale Aufgaben- und Arbeitsteilung
Die Geburt des ersten Kindes ziehen wesentliche Umstrukturierungen in der Organisation von inner- und außerfamilialen Aufgaben zwischen den Ehe- bzw. Lebenspartnern

nach sich. Mit Beginn der Kleinkindphase kann vielfach eine Verschiebung der Aufgabenteilung zwischen Beruf und Haushalt im Sinne einer traditionelleren Lösung beobachtet werden. Die Väter reduzieren dabei ihre Unterstützung im familialen Haushalt, zum Teil durch gleichzeitiges verstärktes Engagement im beruflichen Bereich. Die Mütter hingegen übernehmen im familialen Bereich den überwiegenden Teil der Hausarbeit und der Kinderbetreuung (Busch 2007; Griebel 1991). Hierzu passt ein schon etwas älteres Zitat von Metz-Göckel & Müller (1986, 53): *„Vatersein ist keineswegs mit mehr Hausarbeit verbunden, eher im Gegenteil"*.

„Entlastend" muss zugunsten der Männer jedoch auch angemerkt werden, dass die Väter häufig durch externe berufliche Anforderungen stark belastet sind. In die Rolle des Alleinverdieners *„geraten"* Väter auch, weil sich die Familien aufgrund des besseren Verdienstes der Männer für dieses Familienmodell entscheiden (vgl. Matzner, 1998). Denn trotz zahlreicher gesellschaftlicher Veränderungen stehen der gleichberechtigten Gestaltung von Ehen und Partnerschaften im Familien- und im Arbeitsalltag noch immer viele Hindernisse entgegen – sowohl aus ökonomischer als auch aus statusbezogener Perspektive: *„Die drohende materielle, aber nicht zuletzt auch symbolische Abwertung eines Mannes in den Augen anderer Männer und zum Teil wohl auch in den Augen von Frauen – etwa durch den vorübergehenden Ausstieg aus dem Erwerbsarbeitssystem – stellt ein wesentliches Hindernis für egalitärere Lösungen dar"* (Auer, 2004, S. 2).

Die aktuelle gesellschaftliche Situation sieht nach Auer (2004) so aus, dass man Männer sowohl als Profiteure der gesellschaftlichen und familialen Arbeitsteilung als auch als Betroffene bezeichnen kann. Sie sind Profiteure, weil das Familienleben und die Frage der Vereinbarkeit in der Praxis noch immer stark auf die Frauen ausgerichtet ist und Männer von daher zu einem geringerem Teil gefordert sind, Beruf und Familie zu vereinbaren. Sie sind Betroffene, weil diese Situation oft dazu führt, dass sich ihnen viele Möglichkeiten auch nicht eröffnen (z. B. Versäumen der Entwicklung der Kinder). So erklärten in einer britische Studie des Institute of Personell and Development (1999, S. 18) 44 % der Väter mit mehr als 48 Stunden Arbeitszeit pro Woche, dass ihre Beziehung zu Kindern wegen der Arbeitszeiten Schaden genommen haben. 27 % der Befragten gaben an, dass sie das Miterleben des Aufwachsens ihrer Kinder für den Beruf *„geopfert"* haben.

Für Männer kann der Wunsch, sich verstärkt auch um familiäre Belange kümmern zu wollen bei gleichzeitiger Erwerbstätigkeit zu einer Sandwich-Position führen, da sie einerseits ihre beruflichen Interessen und Anforderungen gegenüber ihrer Familie, andererseits ihre familiären Wünsche und Anforderungen gegenüber dem Arbeitgeber zu vertreten und durchzusetzen haben. So ist es noch immer oftmals eine (zwar nicht explizit formulierte, aber implizit vorausgesetzte) Annahme vieler beruflicher Tätigkeiten, dass in der Familie des Erwerbstätigen eine (Vollzeit-)Person für die Erledigung der alltäglichen Familienaufgaben und Obligationen (im Hintergrund) zur Verfügung steht: Jemand, der sich ungeachtet der Tageszeit und des Wochentages um die Hausaufgaben der Kinder kümmert, die Arztbesuche mit den Kindern erledigt, auch die Haustiere füttert und die Kinder zum Sport bringt.

Viele Organisationen orientieren sich von ihren Anforderungen, die sie an ihre Mitarbeiter stellen (z. B. hinsichtlich der zeitlichen Verfügbarkeit) noch immer am traditionellen Male-Breadwinner-Modell. Dies ist jedoch insoweit problematisch, dass die Frau als *„Managerin für das Privatleben/das Back-Office für den Privatbereich"* mittlerweile alles andere als selbstverständlich ist. Das Fehlen einer ergänzenden Lebenspartnerin führt dann leicht zu einer Überforderungssituation des Mitarbeiters. Ihm fehlt (aus der Perspektive der Organisation) die notwendige Ergänzung zur Erfüllung der Leistungsanforderungen in Form der praktischen und emotionalen Unterstützung durch eine Partnerin.

Eine weitere Ursache für die familiale Arbeits- und Aufgabenverteilung kann in der beruflichen Qualifikation der Lebenspartner ausgemacht werden. Bei der Analyse der Bestimmungsgründe für die innerfamiliäre Hausarbeitsteilung zeigt sich einerseits *„deskriptiv, dass entgegen der rationalen machtbasierten Aushandlungstheorien, die Arbeitsteilung umso egalitärer war, je höher der individuelle Qualifikationsgrad der jeweiligen Partner"* ist (Busch, 2007, S. 133). Andererseits scheint auch die Qualifikationsrelation der Partner von Bedeutung zu sein, denn wenn einer der Partner höher qualifiziert ist als der andere, ist die Hausarbeit stärker zu seinen Gunsten verteilt, d. h., er engagiert in sich in geringerem Umfang. Zu ähnlichen Ergebnissen kommt Ross (1987). Er zeigt: Je größer der relative Einkommensunterschied zugunsten des männlichen Ehepartners ausfällt, desto geringer ist der Anteil der Männer an der Haus- und Familienarbeit. Vergleichbare Befunde finden sich auch bei Brayfield (1992), die darauf hinweist, dass je höher das Einkommen erwerbstätiger Frauen ist, desto geringer ist ihr Anteil an den *„frauen-typischen"* Haushaltsaufgaben.

Es wäre falsch zu schließen, dass sich Männer in der Regel fast gar nicht an der Hausarbeit und Kindererziehung beteiligen, auch wenn ihr Schwerpunkt stärker auf der Kinderziehung liegt. Dies darf allerdings auch nicht darüber hinwegtäuschen, dass der überwiegende Anteil der Erziehungsarbeit in der Regel von den Müttern geleistet wird. Bei der geschlechtsspezifischen Analyse des quantitatives Verhältnis von unbezahlter zu bezahlter Arbeit zeigt sich für Männer nur ein geringer Unterschied, ob sie für Kinder im Haushalt mitverantwortlich sind oder nicht. Männer verwenden rund 40 % ihrer Gesamt-Arbeitszeit für Familien- und Hausarbeit. Für Frauen steigt das quantitative Verhältnis des Zeitaufwands für unbezahlte Arbeit zur Erwerbstätigkeit in Haushalten mit Kindern erheblich: So steigt der Anteil Familien- und Hausarbeit von 60 % auf 80 % (Gille & Marbach, 2004; vgl. a. Engstler & Menning, 2003; Eurostat 2004).

Trotz dieses noch immer existierenden eklatanten Unterschiedes zwischen den Geschlechtern kann auch bei den Rollenbildern und Verhaltensmustern von Männern in den letzten Jahrzehnten ein Wandel festgestellt werden. Das in der Öffentlichkeit noch immer vielfach zitierte Bild vom erwerbstätigen Mann, dem das Familienleben fremd ist, scheint aufgrund der Empirie der alltäglichen Zeitverwendung nicht mehr haltbar. So zeigt sich in den Untersuchungen von Döge & Volz (2004a, 2004b), dass sich das Verhalten von Männern hinsichtlich ihrer Zeitverwendung nicht mehr als allein berufsorientiert beschreiben lässt. Nach Ansicht der Autoren (Döge & Volz, 2004 b) ist es deshalb weder angebracht, die Gruppe der Männer als *„Paschas"* noch als *„Nestflüchter"* zu bezeichnen. In einer Analyse der Daten der Zeitbudgeterhebung des Statistischen Bundesamtes zeigt sich, dass die Zeitverwendung von Männern der Entwicklung bzw. der jeweils aktuellen Haushaltsstruktur folgt.

Dies bedeutet: Die konkrete Zeitverwendung im Alltag von Männern und Vätern in Partnerschaft, Beruf und Familie orientiert sich vor allem an den familiären Anforderungen, der jeweiligen Zahl und dem Alter der Kinder sowie der häuslichen Erwerbssituation. So haben Männer mit Kindern und insbesondere Männer mit Kindern unter 3 Jahren einen höheren Anteil an der Haus- und Familienarbeit als ihre Geschlechtsgenossen ohne Kinder. Da der Anteil der verwendeten Zeit für Erwerbstätigkeit nach der Geburt der Kinder im Mittel nahezu gleich bleibt, geht das stärkere Engagement auf Kosten der regenerativen Auszeiten und der Freizeit. Mit zunehmendem Alter der Kinder reduziert sich dieser Anteil an der Haus- und Familienarbeit jedoch wieder.

Die Beteiligung der Vätern an der Kinderbetreuung konzentriert sich dabei insbesondere auf *angenehme* Tätigkeiten (z. B. gemeinsames Spielen), während ihr Anteil an Versorgungsleistungen geringer ist (Griebel, 1991). Für die Qualität der mit Kindern verbrachten Zeit entscheiden nicht primär soziostrukturelle Faktoren (z. B. Einkommen, Bildung, etc.), sondern vielmehr die Einstellungen und Lebensorientierung der Väter. Vaskovics, Rost & Rosenkranz (1998) unterscheiden in ihrer Zeitallokationsstudie zwischen familien-, freizeit- und berufsorientierten Vätern, wobei die familienorientierten Väter sich stärker im familiären Haushalt engagieren und mehr Zeit für ihre Kinder nehmen.

Fthenakis & Minsel beschreiben in der sogenannten Väterstudie (BMfFSFJ, 2001) vier verschiedene Faktoren, die in Vaterschaftskonzepten bei Vätern und Müttern eine bedeutende Rolle spielen. Zu nennen sind (in der Reihenfolge ihrer Wichtigkeit)

- die soziale Funktion (sich Zeit für das oder die Kinder zu nehmen),
- die Brotverdienerfunktion,
- die instrumentelle Funktion (etwas für das Kind zu tun) und
- der Karriereverzicht.

Diesen Funktionen können unterschiedliche Konzepte von Väter-Typen zugeordnet werden: der *Vater als Erzieher* und der *Vater als Ernährer,* wobei die Zustimmung zu diesen beiden Konzept-Typen unterschiedlich verteilt ist. Während mehr als zwei Drittel der Befragten Männer und Frauen das *Vater-als-Erzieher-Konzept* befürworten, ist die

Zustimmung zu dem Konzept *Vater-als-Ernährer* erheblich geringer. Ein insgesamt wachsendes Interesse von Vätern an der Kindererziehung kann somit in den Konzepten der Eltern konstatiert werden.

Dieser Wandel spiegelt sich auch in den antizipierten Vorstellungen von kinderlosen Paaren wider, wie der Alltag in einer Partnerschaft mit Kindern zu organisieren sei. Dabei zeigt sich, dass bei kinderlosen Paaren der überwiegende Anteil den Familienalltag und die darin anfallenden kindbezogenen Aufgaben partnerschaftlich (d.h. gleich verteilt) organisieren wollen würde. Eine Ausnahme bilden hier jedoch Paare, die eher dem Konzept *Vater als Ernährer* zustimmen. In diesen Partnerschaften sind die Vorstellungen der familialen Aufgabenverteilung stärker traditionell orientiert, d.h., hier wird eher eine traditionelle Aufgabenverteilung präferiert (z. B. die Frau kümmert sich um Kind und Haushalt). Bei Partnern mit egalitären Vorstellungen hinsichtlich der Aufgabenverteilungen in der Kindererziehung beteiligen sich die Väter nach der Geburt der Kinder auch im Familienalltag tatsächlich stärker als in Familien mit traditionellen Geschlechterrollenorientierungen. Das vorhandene Vaterschaftskonzept ist zumeist auch nach der Geburt der Kinder stabil, allerdings zeigt sich hier ein deutlicher Einfluss der Variable Partnerschaftsqualität. Während sich bei Männern in glücklichen Partnerschaften das Vaterschaftskonzept stärker in Richtung *Vater-als-Erzieher* entwickelt, ist bei Vätern in Partnerschaften mit einer geringer eingeschätzten Partnerschaftsqualität eher eine Entwicklung hin in Richtung des Konzeptes *Vater-als-Ernährer* zu beobachten.

Die Differenz zwischen dem idealem Vaterschaftskonzept und dem tatsächlichem Verhalten innerhalb der Familie wird mit der Geburt des Kindes größer. So wird zwar ein Modell möglichst gleichmäßiger Partizipation an den kindsbezogenen Aufgaben von vielen gewünscht, im Alltag vieler Familien zeigt sich dann jedoch, dass noch immer ein Großteil der anfallenden Aufgaben von der Frau bewältigt werden und nur ein sehr geringer Anteil der Aufgaben von den Männern erledigt wird. Diese Differenz zwischen Wunsch und Ideal ist bei Personen mit egalitärem Partnerschaftskonzept (gleichmäßige Partizipation beider Partner an der Erziehung und Haushalt) am größten, während sie in traditioneller Geschlechtsrollenorientierung am geringsten ist.

So verwundert es nicht, dass die Zufriedenheitswerte auch bei traditionell orientierten Frauen größer sind als bei Frauen mit einer egalitären Geschlechterrollenorientierung. Trotz oder gerade wegen dieser Unzufriedenheit kann aber auch festgestellt werden, dass die tatsächliche Partizipationsmöglichkeiten von Vätern in Beziehungen mit egalitär eingestellten Partnerinnen am größten ist. Auch Oberndorfer & Rost (2002) zeigen bei Eltern in eher partnerschaftlich-egalitäteren Beziehungsmustern eine hohe Zufriedenheit mit der Partnerschaft, die in der inner-familiären Arbeitsaufteilung begründet liegt.

Ähnlich auch die Befunde von Perry-Jenkins & Crouter (1990) Sie zeigen, dass die Zufriedenheit mit der Ehe/Partnerschaft abhängig ist vom Zusammenhang zwischen der tatsächlichen Beteiligung am Familienhaushalt und den jeweiligen Rollenvorstellungen. Sie differenzieren zwischen drei Erwerbstätigkeitsmodellen in Ehen und Partnerschaften: das *„Haupt- und Zweiternährer-Modell"*, das *„Co-Ernährer-Modell"* und die *„ambivalenten Co-Ernährer"*. Während im ersten Modell der Ehemann als hauptverantwortlich für das Familieneinkommen betrachtet wird und das Einkommen der Frau als nützlich aber nicht notwendig erachtet wird, haben im *„Co-Ernährer-Modell"* beide Einkommen eine vergleichbare Bedeutung für den Familienhaushalt. Im Modell der *„ambivalenten Co-Ernährer"* dagegen besteht eine Abhängigkeit innerhalb der Familie von beiden Einkommen, der Beitrag der Ehefrau zum Familieneinkommen wird vom Mann jedoch nicht anerkannt und entsprechend gewürdigt.

In ihrer Untersuchung findet sich der Befund, dass Ehemänner im Haupt- und Zweiternährer-Modell dann über eine große Zufriedenheit in der Partnerschaft berichten, wenn sie sich nur in geringem Umfang an der Hausarbeit beteiligen. Bei Männern im Co-Ernährer-Modellen hingegen zeigt sich eine höhere Zufriedenheit bei eher partnerschaftlich verteilten Haushaltsaufgaben. Ambivalente Co-Ernährer hingegen sind bei starkem Involvement in Haushaltsaufgaben weniger zufrieden. Auch die affektive Bewertung der Nutzung arbeitsbezogener Ressourcen und die Beteiligung an familialen Aufgaben steht dabei in Zusammenhang mit Outcome-Variablen wie Ehe- oder Partnerschaftszufriedenheit oder Partnerschaftskonflikte.

Als sehr bedeutend erweist sich dabei auch die Variable der empfundenen Fairness innerhalb der Partnerschaft und der Familie. Diese Beobachtung unterstüzen auch die Befunde aus einer Interview-Studie mit Doppelverdiener-Paaren von Zimmermann, Haddock, Current & Ziemba (2003), die die Gleichberechtigung zwischen den Ehe- und Lebenspartnern als eine zentrale Variable für die erfolgreiche Vereinbarkeit von Arbeit und Familie identifizieren. Dabei wird das gemeinsame Streben nach ehelicher Partnerschaft und Gleichberechtigung in den Bereichen Haushaltsarbeit, Kindererziehung, Finanzen, Berücksichtigung der Lebensziele des Partners sowie Emotionsarbeit als eine grundlegende Strategie erachtet, die in einem erfolgreichen Erleben der Vereinbarkeit von Arbeit und Familie ihren Niederschlag findet.

Resümierend konstatieren Gille & Marbach (2004, S. 95): *„Das Geschlechterverhältnis in Familie und Beruf ist [...] im Hinblick auf die zeitliche Bindung in den jeweiligen Bereichen in den letzten 10 Jahren doch etwas in Bewegung geraten. Männer sind zwar immer noch deutlich stärker erwerbsorientiert als Frauen, aber die Frauen holen hier auf, zumindest die Frauen, die im Haushalt keine Kinder zu versorgen haben."*

Anzumerken ist, dass es in Deutschland hinsichtlich der Partnerschaftsgestaltung zum Teil starke regionale Unterschiede gibt. So ist sowohl für Paarhaushalte mit Kindern als auch ohne Kinder in den neuen Bundesländern die Aufgabenteilung tendenziell egalitärer gestaltet. *„Allgemein betrachtet ist das Geschlechterarrangement zwischen bezahlten und unbezahlten Tätigkeiten bei kinderlosen Paaren egalitärer als bei Paaren mit*

Kindern. Größtmögliche Egalität zumindest was die Ausgewogenheit der beiden Arbeitspakete angeht – erreichen die doppelverdienenden kinderlosen Paare in den neuen Bundesländern" (Gille & Marbach, 2004, S. 95; s. a. Engstler & Menning, 2003). Neben familialen und regionalen Unterschieden stehen auch Faktoren wie beruflicher Status und Beschäftigungsbranche in Zusammenhang mit der für Haus- und Familienarbeit aufgebrachten Zeit von Männern. Hervorzuheben ist in diesem Zusammenhang der geringere Zeitanteil bei selbstständigen Männern für Haus- und Familienarbeit im Vergleich zu Arbeitern, Angestellten und Beamten (Döge & Volz, 2004a, 2004b).

Auch Dettmer (2006) zeigt auf, dass die partnerschaftliche Lebensgestaltung geprägt ist von der Profession und der Berufskombination in Paarbeziehungen. Differenziert man den Anteil von Männern in Haus- und Familienarbeit nach Branchen, so zeigt sich, dass sich vor allem Männer aus dem produzierenden Gewerbe und dem Non-Profit-Sektor überdurchschnittlich an der Haus- und Familienarbeit beteiligen (Gille & Marbach, 2004a, 2004b). Die Ergebnisse stehen damit in Einklang mit anderen Studien, die egalitäre Arrangements sowohl in der Facharbeiterschaft (Meuser 1998) als auch bei Männern, die im Non-Profit-Sektor oder staatlichen Bereich tätig sind, finden (Rostgaard, Christoffersen & Weise, 2000).

Die tatsächlich realisierte gleichmäßige Aufgabenteilung im Familienalltag scheint darüber hinaus gerade in jungen Familien mit hoher doppelter beruflicher Belastung gut zu funktionieren (BMfFSFJ, 2001). Sind beide Partner berufstätig, ist der Anteil der Beteiligung der Väter an den kindbezogenen Aufgaben höher. Hierbei wirkt es sich positiv aus, wenn bereits vor der Geburt des Kindes die partnerschaftliche Aufgabenteilung praktiziert wurde. Ebenfalls einen positiven Einfluss auf das väterliche Mitwirken innerhalb der Familie hat die intrinsische Arbeitsmotivation des Mannes. Hierbei scheinen die Lebenspartnerinnen größeres Verständnis für die berufliche Situation der Väter zu zeigen und auch Vorgesetzte und Kollegen berücksichtigen dann die familiäre Situation des Mitarbeiters. Eine gemeinsame Aufgabenteilung wirkt sich in diesem Fall wiederum positiv auf die Zufriedenheit mit der Partnerschaft und dem Familienleben aus.

Einige Befunde deuten darauf hin, dass die innerfamiliale Arbeitsorganisation in Patchwork-Familien anders geregelt wird als in traditionell-orientierten Kernfamilien mit geschlechtsspezifischer Arbeitsteilung im Haushalt. So zeigt eine Untersuchung von Eckhard (2002), dass in Stieffamilien (einer der beiden Elternteile ist nicht der leibliche Vater oder die leibliche Mutter) die traditionelle Arbeitsteilung geringer verbreitet ist als in Patchwork-Familien. Eckhard erklärt dieses Phänomen damit, dass sich die Mitglieder in Stieffamilien in geringerem Maße an eindeutigen Rollenmustern orientieren können. Das Fehlen eindeutiger Rollenmuster bedingt statt einer automatischen Rollenübernahme sozial vermittelte Verhaltensmuster, strategische Rollenadaptationen oder das aktive, reflexiv-kalkulierende Aushandeln der Rollen in einer konkreten Situation. Es zeigt sich ferner, dass es in Stieffamilien nicht, wie häufig vermutet, zu einer stärkeren Doppelbelastung der Eltern kommt. Stattdessen beteiligen sich beide Elternteile in größerem Maße an der Hausarbeit, was zu einer vergleichsweise partnerschaftlichen Arbeitsaufteilung führt. Diesen Befunden folgend ist zu vermuten, dass insbesondere Patchwork-Familien über umfangreichere Ressourcen verfügen, die eine gute Vereinbarkeit von Arbeit, Freizeit und Familie ermöglichen und damit auch das innerfamiliäre Stress-Niveau verringern.

6.3 Familiales Zeitmanagement

Eine besondere Bedeutung kommt in der familialen Gestaltung des Alltages dem Umgang mit der Zeit zu. Dies gilt insbesondere vor dem Hintergrund gesellschaftlicher und organisationaler Flexibilisierungsprozesse. Entscheidend beim Umgang mit der Ressource Zeit innerhalb von Familien ist die Antwort auf die Frage: Wer hat die Macht über die individuelle Zeit? Wer kann Zeitbudgets kontrollieren bzw. bestimmen, in welchen Umfang können Zeitbudgets genutzt werden? Egal welchen persönlichen Umgang Individuen mit ihrer Zeit pflegen, unumstritten ist, dass die Möglichkeit, die Zeit innerhalb eines gewissen Rahmens selbstbestimmt einteilen zu können als eine der großen individuellen Freiheiten betrachtet wird. Selbst unter schwierigen Bedingungen bestehen immer individuelle Freiräume und Wahlmöglichkeiten, Zeit einzuteilen und zu nutzen.

Je knapper das Gut Zeit ist und je weniger Einflussmöglichkeiten das Individuum auf seine Zeitgestaltung hat, desto kostbarer wird die Zeit. *„Die Begriffe, die man im Zusammenhang Zeit benutzt – Budgetieren, Investieren, Aufwenden, vergeuden – sind dem Wortschatz des Finanzwesens entlehnt. Manche Beobachter behaupten daher, unsere Einstellung gegenüber der Arbeit sei durch das eigentümliche Erbe des Kapitalismus gefärbt. [...] Man kann sogar die Ansicht vertreten, dass es das Geld sei, das seinen Wert aus der Arbeit beziehe und nicht umgekehrt. Das Geld ist nun einmal der gängigste Maßstab zur Messung derjenigen Zeit, die man in das eigene Tun oder das Herstellen von etwas investiert. Bis zu einem gewissen Grad wissen wir es deshalb gerade zu schätzen, weil es und von den Zwängen des Lebens befreit, indem es freie Zeit zur Verfügung stellt, in der man tun kann, was man will"* (Csikszentmihalyi, 1999, S.20). Selbst im Rahmen familialer Zeitbudgets wird von Zeit als einem Währungssystem gesprochen (Künzler, 1994). So ist nach Nauck (1989, S. 325) die Familie auch *„eine Umverteilungsinstanz individueller Zeitbudgets"*.

Hierbei sind vor allem die Zeitbudgets der Eltern durch externe Anforderungen und Pflichten gebunden. Die Zeitbudgets der Kinder (vor allem von Kleinkindern) sind dabei familienintern gebunden. Künzler (1994) weist in diesem Zusammenhang darauf hin, dass familiale Zeitbudgets Nullsummenspiele darstellen, d.h. zwischen den einzelnen familialen Subsystemen und Aufgaben innerhalb der Familie bestehen Substitutions- und Konkurrenzbeziehungen um die begrenzte Ressource Zeit. Inwieweit einzelne familiale Subsysteme (Eltern, Vater- Kind, Geschwister untereinander etc.) ihre Zeitbudgets im Familienalltag einsetzen, ist von den Präferenzen der einzelnen Familienmitglieder, familialen Aushandlungsprozessen sowie von familialen und externen Anforderungen abhängig.

Hierbei gilt es, die strukturellen Bedingungen zu beachten, die der familialen Zeitallokation zugrunde liegen. So werden bestimmte familiale Subsysteme und Tätigkeiten geringer nachgefragt als andere, es bestehen Unterschiede in der Dringlichkeit und Disponibilität für bestimmte Aufgaben und es bestehen Differenzen in der Externalisierbarkeit von Tätigkeiten (Künzler, 1994). Folgt man dem Gedankengang von der Zeit als familialem Währungssystem, so erweist sich unter Umständen bei der konkreten Gestaltung des familialen Zeitbudgets die Verrechnung der jeweiligen Zeiteinheiten als problematisch und als potenzieller Konfliktherd. So gilt es beispielsweise zwischen den beteiligten Familienmitgliedern auszuhandeln, wie zeitliche Investitionen oder auch zeitliche Kreditnahmen zu bewerten sind.

Geschlechtsspezifische Unterschiede im Umgang mit der Zeit
Künzler (1994) zeigt Unterschiede auf, die zwischen Männern und Frauen hinsichtlich des Umgangs mit ihren individuellen Zeitbudgets bestehen. Bei Männern existiert eine zeitliche Konkurrenzbeziehung zwischen der für die Erwerbsarbeit aufgebrachten Zeit und der Zeit, die für Partnerschaft oder für gesamtfamiliäre Interaktionen aufgewendet wird. Bei Frauen hingegen geht mehr aufgewendete Zeit für gesamtfamiliäre Interaktionen mit einem geringeren Budget an solitär verbrachter Zeit einher.

Ein weiterer geschlechtsspezifischer Unterschied besteht darin, dass bei Frauen das Zeitbudget für die Kindererziehung in Konkurrenz zu erwerbsbezogenen Tätigkeiten steht. Bei der geschlechtsspezifischen Analyse von familialen Zeitbudgets zeigt sich allgemein, dass Männer im Vergleich zu Frauen mehr Zeit für die Erwerbstätigkeit aufwenden, während Frauen mehr Zeit mit Tätigkeiten außerhalb der Erwerbstätigkeit in Familie und Freizeit aufwenden (vgl. z. B. Garhammer, 1996; Hoff, Grote, Dettmer, Hohner & Olos, 2005; Sellach, Enders-Dragäser & Libuda-Köster, 2006). Entsprechend verschieden sind auch die Funktionen, die den jeweiligen Lebensbereichen durch Männer und Frauen zugeschrieben werden.

So berichten Hoff et al. (2005), dass Männer ihr Privatleben als Ausgleich für berufliche Probleme begreifen, während andersherum Frauen häufiger als Männer im Lebensbereich der Erwerbstätigkeit ihren Ausgleich für familiäre Schwierigkeiten sehen. Wie unterschiedlich Arbeits- und Familienkontexte von Männern und Frauen auch emotional wahrgenommen werden, zeigt eine Untersuchung mit der Experience Sampling Method von Larson & Richards (1994). In ihrer Untersuchung zeigt sich, dass bei Frauen, die eine positivere Stimmung während der Erwerbsarbeit erfahren, diese nach Abschluss der Erwerbsarbeit im Familienbereich wieder abnimmt. Bei Männern hingegen zeigt sich eine gegenläufige Tendenz. Sie erfahren mehr negative Emotionen während der Arbeitszeit und positivere Stimmungen während der Freizeit. Es kann ein Zusammenhang mit traditionellen Rollenmustern vermutet werden. Da Haus- und Familienarbeit häufig von Frauen ausgeübt wird, scheint die Stimmung der Männer im Freizeit- und Familienbereich durch diese Aufgaben nicht weiter beeinflusst zu werden, da sie oftmals auch nicht erwartet wird.

Besonders problematisch stellt sich aus Sicht von Familien das Phänomen der gesellschaftlichen Desynchronisation von zeitlichen Abläufen zwischen den Lebensbereichen dar. Durch die Vielfalt an Arbeitszeitmodellen und Ladenöffnungszeiten sowie der Virtualisierung von Produktions- und Dienstleistungsprozessen erfährt die Synchronisation familialer Aufgaben und Prozesse eine neue Dimension. Die Einführung neuer (flexibler und/oder erweiterter) Arbeitszeitmodelle stellt häufig eine Externalisierung eines organisationalen Zeitdrucks auf die Familienmitglieder dar, denn die Organisation familialer Aufgaben, wie Kinderbetreuung oder die Aushandlungsprozesse innerfamilialer Arbeitsteilung verbleibt in der Regel allein im Verantwortungsbereich der Erwerbstätigen und ihrer Familien (falls diese Aspekte nicht gesondert seitens der Organisation berücksichtigt werden).

Hausarbeit und Kinderbetreuung zeichnen sich aber aus durch verantwortliche Präsenz, häufigen Wechsel von Tätigkeiten, Paralleltätigkeiten, Spontanreaktionen und fehlende Planbarkeit aus (Blanke et al., 1996). Sie mit den Flexibilitätsanforderungen des Erwerbslebens zu vereinbaren, stellt für das Familiensyste oftmals eine Herausforderung dar. Familien erfahren die zeitliche und soziale Desynchronisation vielfach als problematisch, da einerseits im Rahmen der Erwerbstätigkeit starke zeitliche Flexibilisierungen zu beobachten sind und sich andererseits die institutionellen Rahmenbedingungen und das kommunale Umfeld, in denen sich Kinder bewegen (z. B. Kindertagesstätten, Schulen, Freizeitangebote, Sportvereine) meist noch immer am Normalarbeitsverhältnis orientieren.

Auf verschiedene Befunde zum Zusammenhang zwischen Arbeitszeitvariablen und dem Work-Life-Balance-Erleben wurde bereits in 5.5.2 hingewiesen. Eine grundlegende Voraussetzung für elterliche Erwerbstätigkeit ist häufig die Möglichkeit, organisationale Angebote zur Kinderbetreuung zu nutzen, um den zeitlichen Anforderungen bei der Vereinbarkeit von Arbeit, Familie und Freizeit gerecht werden zu können. Auf diese und den Zusammenhang zwischen Erwerbstätigkeit, Kinderbetreuung und Work-Life-Balance-Erleben soll deshalb im nächsten Abschnitt näher eingegangen werden.

6.4 Kinderbetreuung und Work-Life-Balance-Erleben

Trotz zahlreicher öffentlicher und privater Angebote zur Kinderbetreuung wird die Betreuungsarbeit für Kinder unter sechs Jahren hauptsächlich von den eigenen Eltern ausgeübt (DJI, 2005b). Ob Eltern überhaupt einer Erwerbstätigkeit nachgehen (können), ist oftmals abhängig von der Verfügbarkeit, der Qualität und den Kosten passender Kinderbetreuungsangebote. Diese Kriterien sind oftmals auch die Basis für einen beruflichen Wiedereinstieg von Eltern nach der Elternzeit bzw. für den Umfang der ausgeübten Tätigkeit (vgl. z. B. Büchel & Spieß, 2002; Lachenmeier, 2004).

Zwar findet sich bereits 1990 im achten Jugendbericht der Bundesrepublik (BMJFFG, 1990, S. 41) die Forderung, Modelle der Kinderbetreuung zu entwickeln, *„die die unterschiedlichen Zeitstrukturen von Schule, Arbeit und Familie in angemessener Weise aufeinander beziehen"*, doch können auch fast 20 Jahre später, trotz zahlreicher Initiativen und Maßnahmen zu Verbesserung der Versorgungsquote und der Qualität der Angebote in den Betreuungseinrichtungen, noch immer zahlreiche Defizite im Bereich der Kinderbetreuung ausgemacht werden, so dass sogar von einer *„Betreuungskrise"* gesprochen wird (vgl. bspw. Dressel, Cornelißen & Wolf, 2007).

Eine Auflistung verschiedener Defizite bei der Vereinbarkeit von Arbeit und Familie findet sich in einer Untersuchung des Deutschen Industrie- und Handelskammertages DIHK (2005). Die Studie konstatiert bei den derzeit bereits vorhandenen Angeboten zur Kinderbetreuung auf kommunaler Ebene vor allem die hinsichtlich der Berufstätigkeit schlechten Öffnungszeiten, eine schlechte Betreuungssituation an Wochenenden und in Ferienzeiten sowie mangelnde Flexibilität hinsichtlich individueller Betreuungsangebote. Um die Situation zu verbessern, wird deshalb gefordert, die Betreuungszeiten den Erwerbsrealitäten der betroffenen Eltern durch Flexibilisierung in stärkerem Umfang anzupassen (z. B. durch veränderte Öffnungszeiten), Netzwerke auszubauen (z. B. durch den Ausbau familiennaher Dienstleistungen wie Tagesmütterservices) und eine stärkere Individualisierung und Deregulierung der Vertragsverhältnisse zwischen Eltern und Betreuungseinrichtung.

Bei Angeboten zur Kinderbetreuung ist es für berufstätige Eltern wichtig, dass diese verlässlich und den beruflichen Anforderungen entsprechend umfangreich sind. So sind in Deutschland in den letzten Jahren zahlreiche Ansätze unternommen worden, Defizite in der Kinderbetreuung abzubauen, doch bestehen, neben den bereits angeführten Defiziten, noch immer viele Probleme, z. B. bei der Mittagsbetreuung und am Nachmittag sowie in den Schul- und Kindergartenferien (vgl. Eichhorst & Thode, 2002 für einen internationalen Vergleich). Dies hat Konsequenzen für die Erwerbstätigkeit der Eltern als auch für das familiale System. Galinsky & Hughes (1987) zeigen, dass ein Versagen des familialen Systems der Kinderbetreuung oft mit Verspätungen, Fehlzeiten und unproduktivem Verhalten während der Arbeitszeit und höheren Stressempfindungen verbunden ist. Im familialen Bereich gibt es einen Zusammenhang mit erhöhter Anspannung und geringerer Ehezufriedenheit.

Eine Studie von Klenner & Schmidt (2007) deutet darauf hin, dass Erwerbstätige im Hinblick der Bewertung der Familienfreundlichkeit ihres Unternehmens lieber planbare als flexible Arbeitszeitmodelle bevorzugen. Dieses Ergebnis kann als das Spiegelbild zur notwendigen Verlässlichkeit von Betreuungsangeboten verstanden werden. Lee & Duxbury (1998) zeigen allerdings, dass die Wüsche von Mitarbeitern an ihre Organisation hinsichtlich Unterstützungsangebote zur besseren Vereinbarkeit von Arbeit und Familie stark variieren und abhängig sind von der jeweiligen Lebens- und Familienphasen der Betroffenen. So zeigt sich in ihrer Untersuchung, dass Eltern mit jungen Kindern (unter sechs Jahren) sich eher Angebote zur Kinderbetreuung wünschen, Eltern mit älterer Kindern hingegen bevorzugen flexible Lösungen hinsichtlich des Arbeitsplatzes und der Arbeitszeit bzw. die Möglichkeit zur familienbedingten Abwesenheit.

Die Betreuungssituation und Versorgungsquote der organisierten Kinderbetreuung in Deutschland differiert erheblich. Es lassen sich sehr starke regionale Unterschiede in den Angebotsstrukturen ausmachen, wobei hier sehr starke Ost-West-Unterschiede zu erkennen sind. Dabei zeigt sich, dass die Betreuungssituation vor allem für unter 3-jährige Kinder vor allem im Westen sehr schlecht ausgebaut ist, die für 3- bis 6-Jährige in Gesamtdeutschland deutlich besser ist, aber für Schulkinder nur begrenzt Ganztagsangebote vorhanden sind (DJI, 2005; zusammenfassend Dressel, Cornelißen & Wolf, 2007). Während in den fünf neuen Bundesländern berufsbedingte Abwesenheitszeiten von Eltern meist durch vorhandene organisationale Betreuungsangebote abgedeckt werden können, müssen Eltern in Westdeutschland oftmals ergänzend auf private und informelle Angebote zurückgreifen, wie z. B. familiale oder soziale Netzwerke (DJI, 2005b). Die Kinderbetreuungsangebote für unter 3-Jährige werden in den alten Bundesländern vor allem von Alleinerziehenden und einkommensstarken Elternpaaren, bei denen meist beide Eltern berufstätig sind, genutzt (ebd., 2005b). Während in den neuen Bundesländern die Einrichtungen zur Kinderbetreuung überwiegend vor 7:00 Uhr öffnen und erst nach 17:00 Uhr schließen, gilt dies in den alten Bundesländern für einen deutlich geringeren Anteil (ebd., 2005), d.h., nicht nur das Angebot ist im Osten insgesamt breiter ausgebaut, auch die angebotenen Betreuungszeiten sind deutlich umfangreicher.

Kinderbetreuungssituation und Work-Life-Balance-Erleben
Der Zusammenhang zwischen Kinderbetreuungsangeboten und dem Work-Life-Balance-Erleben erwerbstätiger Eltern war auch Gegenstand verschiedener (internationaler) empirischer Studien. Goff, Mount & Jamison (1990) untersuchten den Zusammenhang zwischen der Nutzungsmöglichkeit einer betrieblichen Kindertagesstätte und Arbeit-Familien-Konflikten sowie Abwesenheitszeiten. Hierbei zeige sich

allerdings kein bedeutsamer Unterschied zwischen Eltern (mit Kindern bis zu fünf Jahren), die dieses betriebliche Angebot nutzen, und solchen, die andere Betreuungsangebote in Anspruch nehmen. Auch für die Abwesenheitszeiten können keine signifikanten Unterschiede zwischen diesen beiden Gruppen identifiziert werden. Es findet sich allerdings ein negativer Zusammenhang zwischen Arbeit-Familie-Konflikten und der Unterstützung der Eltern durch den Vorgesetzten (hinsichtlich Betreuungsproblemen) sowie der Zufriedenheit mit der Kinderbetreuung. Darüber hinaus zeigt sich ein negativer Zusammenhang zwischen Arbeit-Familien-Konflikten und Abwesenheitszeiten, d.h., Eltern mit geringeren Vereinbarkeitskonflikten haben geringere Abwesenheitszeiten.

Das die Betreuungssituation nicht nur bei jungen Kindern für das Wohlbefinden erwerbstätiger Eltern relevant ist, sondern auch für Eltern schulpflichter Kinder, zeigen Barnett & Gareis (2006a). So steht die Betreuungssituation von Schulkindern über 12 Jahre nach Schulschluss in Zusammenhang mit dem Wohlbefinden der Eltern während der Arbeitszeit. Dies gilt sowohl für Väter als auch für Mütter, wobei das Stressempfinden bei Eltern mit Töchtern größer ist. Besonders hoch ist das Stresserleben der Situation nach Schullschluss für Eltern mit Tätigkeiten mit einer geringen Flexibilität (die z. B. eine kurzfristige Unterbrechung auch in Notfällen nicht ermöglichen) und bei Eltern mit längeren Arbeitswegen (Barnett & Gareis 2006b).

Der Bedarf an Betreuungsangeboten muss immer auch vor der individuellen spezifischen Lebenssituation der jeweiligen Familien betrachtet werden. So zeigt Kossek (1990), dass für Eltern mit Babys vor allem die damit verbundenen Kosten und die Qualität der Betreuung von Bedeutung sind, während für Eltern von Schulkindern die Betreuung nach Schulschluss oder in Ferienzeiten bedeutender ist. Für Alleinerziehende erweisen sich hingegen vor allem Angebote zur Betreuung kranker Kinder von größerer Bedeutung. In ihrer Studie zeigt sich ferner, dass vor allem Eltern von Klein- und Vorschulkindern hinsichtlich der Betreuungssituation Probleme erfahren. Die Autorin erklärt dies damit, dass mit der Rückkehr der Mutter in den Beruf auch die Betreuungsprobleme steigen – im Gegensatz zu einer in der Regel stabilen Lebenssituation von Familien während der Babyzeit (in der Mütter vielfach ihre Erwerbstätigkeit stark einschränken bzw. zumindest befristet ganz einstellen), erfordert der berufliche Wiedereinstieg eine Neuorganisation des Familienlebens. Es zeigt sich ferner, dass vor allem Eltern, die allein öffentliche Betreuungsangebote nutzen und nicht über familialen Backup-Systeme für *„Notfälle"* verfügen (z.B. bei Krankheit der Kinder durch Verwandte) größere Probleme hinsichtlich der Betreuungssituation bei der Vereinbarkeit von Arbeit und Familie erfahren (Kossek & Nichol, 1992). Interessanterweise erleben Eltern, die öffentliche Angebote zur Kinderbetreuung nutzen, größere Probleme bei der Kinderbetreuung als Eltern mit entsprechenden betrieblichen Angeboten, was sich auch in einer positiveren Einstellung gegenüber dem Unternehmen auswirkt.

Vor allem Eltern kleiner Kinder haben aufgrund ihrer spezifischen Lebenssituation (z. B. Kinderkrankheiten, Notwendigkeit umfangreicher Kinderbetreuung, etc.) geringere Kontrolle und Handlungsspielräume. Gemäß dem karasekschen Kontrollansatz ist zu erwarten, dass gerade diese Gruppe stärkere Konflikte bei der Vereinbarkeit von Arbeit, Familie und Freizeit erlebt. Mit steigendem Alter der Kinder und dem damit zu erwartenden (Wieder-)Anstieg der Kontrolle im Leben der Eltern sollten sich auch geringere Vereinbarkeitskonflikte zeigen. Empirische Befunde hierfür finden sich bei Higgins, Duxbury & Lee (1994). Sie zeigen, konsistent mit dem Ansatz der Geschlechterrollenerwartung, dass gerade Mütter mit jungen Kindern (unter 13) stärkere Arbeit⇨Familie-Konflikte erleben als Männer. Vergleichbare Befunde finden sich für die Rollenüberlastung bei Frauen mit kleineren Kindern. Als Erklärung lässt sich anführen, dass soziokulturelle Erwartungen gerade in den frühen Lebensjahren der Kinder die Verantwortung für die Kinderpflege meist den Müttern zuschreiben (Galinsky, Friedmann & Hernandez, 1991). Während bei Müttern die Stärke der Arbeit⇨Familie-Konflikte im Laufe der Jahre erheblich sinkt, verringern sich diese bei Männern nur geringfügig. Für die entgegengesetzte Richtung, den Familie⇨Arbeit-Konflikten, zeigen sich ähnliche Befunde. Außerdem haben Frauen, die einen höheren Anteil als Männer bei der Kindererziehung und Haushaltsführung übernehmen, stärkere Familie⇨Arbeit-Konflikte als Männer.

Es kann in diesem Kontext vermutet werden, dass gerade Mitarbeiter der unteren Hierarchie-Ebenen mit einem geringeren Einkommen und/oder Schichtarbeit oder langen Arbeitszeiten (außerhalb der gewöhnlichen Öffnungszeiten von Kindertagesstätten) größere Probleme bei der Vereinbarkeit von Erwerbsarbeit und Familie erleben. Bestätigung findet diese Überlegung in einer Untersuchung von Becerra et al. (2002), deren Ergebnisse darauf hinweisen, dass insbesondere Erwerbstätige der unteren Einkommensgruppen ein größeres Bedürfnis an Kinderbetreuungsangeboten haben. Dies gilt vor allem hinsichtlich der Betreuungszeiten von Kindern, der räumlichen Nähe von Angeboten und für spezifische Betreuungsbedürfnisse (z. B. bei behinderten Kindern). Die Befunde zeigen, dass die Zielgruppen mit geringerem Einkommen, die bei organisationalen Angeboten zur Verbesserung der Vereinbarkeit von Arbeit, Familie und Freizeit in der Praxis bisher eher vernachlässigt werden, stärker in den Fokus der Analyse rücken sollten und dass mit unterschiedlichen familialen Lebenssituationen auch unterschiedliche Bedürftigkeiten verbunden sind.

Die Vereinbarkeitssituation zwischen Arbeit und Familie und der Kinderbetreuungssituation haben unterschiedliche Auswirkungen auf das Familiensystem. Darauf weisen verschiedene Studien hin. Strukturelle familiale Variablen wie die Anwesenheit von Kindern im Haushalt, die Zahl oder das Alter der Kinder sind Prädiktoren für ein erhöhtes Konflikterleben (für eine Übersicht empirischer Studien vgl. a. 8.6.3). Dabei erweisen sich in den meisten Studien die Spillover-Prozesse aus der Familie in das Erwerbsleben als stärker als in der entgegengesetzten Richtung (vgl. Byron, 2007). Es zeigt sich, dass die Anforderungen an Eltern mit jüngeren Kindern größer sind (z. B. Major et al., 2002). Und es gilt auch: Je mehr Kinder im Haushalt leben, desto größer sind die Beanspruchungen für die Eltern. Mit der Zahl der Kinder im Haushalt steigt auch der Wunsch beider Eltern, die Erwerbstätigkeit zu reduzieren. Entscheidend in diesem Kontext ist nicht allein der Umfang der Erwerbsarbeit, sondern der der gesamten Arbeitszeit im Erwerbs- und Privatleben beider Partner.

Sorgen um die Kinder und die Erziehung erweisen sich als signifikanter Prädiktor für Arbeit-Familie-Konflikte (Buffardi und Edwins, 1997; Fox & Dwyer, 1999). Verschiedene Studien haben übereinstimmend gezeigt, dass eine Arbeitsüberlastung bei beiden Eltern zu dem Gefühl führt, generell unter Druck zu stehen, unaufmerksam oder depressiv zu sein (z. B. Barling, 1992; Crouter et al., 1999; Galambos et al., 1995). Dies führt zum einen zu mehr Konflikten zwischen den Ehepartnern und damit auch zu größerer Unzufriedenheit in der Ehe (Barling, 1992). Zum anderen entstehen Konflikte mit den Kindern, was bei ihnen schließlich mehr Problemverhalten (Galambos et al., 1995) bzw. beeinträchtigtes Wohlbefinden auslösen kann (Crouter et al., 1999). Stewart & Barling (1996) weisen darauf hin, dass hohe Arbeit-Familien-Konflikte mit negativem Elternverhalten, z. B. strafendem oder zurückweisendem Verhalten in Zusammenhang stehen. Das elterliche Verhalten steht wiederum in direktem Zusammenhang mit dem Verhalten des Kindes (z. B. Spielverhalten, schulische Kompetenz etc).

Weitere familienbezogene Variablen, die mit Arbeit-Familie-Konflikten in Zusammenhang stehen, sind keine oder nur unzureichende Möglichkeiten der Kinderbetreuung (Buffardi & Edwins, 1997; Fox & Dwyer, 1999), Konflikte, Spannungen und Stress mit dem Lebenspartner (Carlson & Perrewe, 1999; Fox & Dwyer, 1999; Grzywacs & Marks, 2000) oder starke familiale Zeitanforderungen bzw. das zeitliche Involvement in die Familienrollen (z. B. Adams et al., 1996; Carlson & Perrewe, 1999; Frone, Yardley & Markel, 1997; Gutek, et al., 1991; O'Driscoll & Humphries, 1994; Parasuraraman & Simmers, 2001; vgl. a. zusammenfassend Byron 2005). Byron nennt als weitere familiale Prädiktor-Variable für die starken Zusammenhänge im Konflikterleben die Zahl der außerhalb der Erwerbstätigkeit verbrachten Stunden; dies gilt (nicht nur aber auch) für Familien⇒Arbeit-Konflikte. Ein negativer Zusammenhang zeigt sich ferner für Konflikterleben zwischen den Lebensbereichen Arbeit und Familie und der Familienzufriedenheit (z. B. Aryee, Field & Luk, 1999; Carlson & Kacmar, 2000, Frone et al., 1996; Frone, Yardley & Markel, 1997; Parasurman et al., 1992; Parasurman & Simmers, 2001 und Wayne et al., 2004). Eine geringe Unterstützung durch den Lebenspartner bzw. die Familie ist mit höheren Familie⇒Arbeit-Konflikten assoziiert (Carlson & Perrewe, 1999; Grzywacz & Marks, 2000a; Voydanoff, 2005).

Spiegler (2003) weist darauf hin, dass dyadische Bewältigungsfähigkeiten hilfreich bei der Reduktion von Arbeit-Familien-Konflikten sind. In ihrer Arbeit zeigt sich, dass

Lebenspartner, die über hohe dyadischen Copingfähigkeiten verfügen und dem Lebenspartner soziale Unterstützung geben, in geringerem Maße von Vereinbarkeitskonflikten beeinflusst werden. Für Mütter erweist sich die Unterstützung seitens des Lebenspartners besonders bei Spillover-Prozessen aus der Arbeit in die Familie als wichtig und hilfreich. Doch auch Väter profitieren von den dyadischen Kompetenzen ihrer Lebenspartnerin. Die Unterstützung durch den Lebenspartner und andere Familienmitglieder erweist sich darüber hinaus auch als bedeutsamer Prädiktor für positive Nicht-Arbeit⇨Arbeit-Spillover-Prozesse (Grzywacz & Marks, 2000a; Voydanoff, 2005). Als weitere relevante und signifikante Prädiktoren von Nicht-Arbeit⇨Arbeit-Begünstigungen identifiziert Voydanoff (2005) Familien-, Freizeit- und Gemeinderessourcen, Belohnung im Haushalt sowie Gemeinschaftsgefühl und soziale Unterstützung von Freunden. Das (familiäre) Einkommen wird häufig als eine Ressource bei der Vereinbarkeit von Arbeit, Familie und Freizeit betrachtet, da ein stärkeres Einkommen die Möglichkeit des Einkaufs externer Unterstützungsleistungen bietet, die eine bessere Work-Life-Balance ermöglichen können. Zum Teil findet diese Annahme in den metaanalytischen Befunden von Byron (2005) Bestätigung.

Einen im Zusammenhang mit der Betreuung zunehmend bedeutender werdenden Sachverhalt, auf den es am Ende dieses Kapitels noch hinzuweisen gilt, stellt das Phänomen der *sandwiched Generation* dar. Hammer & Neal (o.J.) verstehen darunter die wachsende Zahl der Eltern, die gleichzeitig mit der Betreuung ihrer (noch abhängigen) Kinder und ihrer eigenen (Schwieger-)Eltern beschäftigt sind. Interessant an dieser Konstellation ist, dass sie anscheinend nicht nur negative Effekte durch die Dreifachbelastung (Arbeit, Kinder, Eltern) hervorruft. So berichten beispielsweise Ingersoll-Dayton, Neal & Hammer (2001), dass die Betroffenen nicht nur eine positive Belohnung in Form von emotionaler Unterstützung von ihren Eltern bzw. Schwiegereltern erhalten, was die Qualität Beziehung zwischen der Eltern- und Großelterngeneration verbessert, sondern dass die Großeltern auch bei der Betreuung der Kinder mithelfen, finanzielle Unterstützung gewähren und bei der Erledigung von Haushaltsaufgaben mitwirken. Dabei können die drei letztgenannten Unterstützungsformen, je nach Geschlecht verschieden, allerdings auch zu einer geringeren Arbeitseffektivität der Elterngeneration führen. So bedingen die finanzielle Unterstützung seitens der Großeltern und ihre Beteiligung an Haushaltsaufgaben eine geringere Arbeitseffektivität bei Männern. Ingersoll-Dayton, Neal & Hammer (2001) mutmaßen, dass hier ein Zusammenhang besteht mit einem Gefühl der Abhängigkeit, welches Männer aufgrund traditioneller Rollenbilder lieber vermeiden würden. Die Unterstützung der Großelterngeneration in Form von Kinderbetreuung hingegen führt bei Frauen zu einer geringeren Arbeitseffektivität. Die Autoren vermuten auch hier einen Zusammenhang mit traditionellen Rollenverständnissen. Demnach nach fühlen sich vor allem die Frauen verantwortlich für die Erziehung der Kinder und Pflege der Großelterngeneration. Es ist deshalb anzunehmen, dass Mütter in ihrer Arbeitseffektiviät eingeschränkt sind, wenn Großeltern ihre Kinder betreuen, da sie besorgt sind, ob dieses Unterstützungsmodell funktioniert (sowohl aus der Perspektive der Kinder als auch aus der Perspektive der Großeltern).

Es ist deutlich geworden, dass sich die Aufgaben und Verantwortlichkeiten von Eltern im Laufe der Lebensspanne wandeln: Kinder werden erwachsen, die eigenen Eltern altern, die Struktur und die Bedürfnisse von Familien verändern sich. Dementsprechend sollten innovative (betriebliche) Ansätze zur Verbesserung des Work-Life-Balance-Erlebens diesen Wandel der individuellen Bedürfnisse berücksichtigen. Lösungen, die heute angemessen und passend für Familien und Individuen sind, können sich zu einem späteren Zeitpunkt unter Umständen sogar als hinderlich bei der Vereinbarkeit erweisen. Lösungen zur Verbesserung des Work-Life-Balance-Erlebens für Familien und Individuen sollten deshalb flexibel sein und a) die jeweilige spezifische Familiensituation berücksichtigen und b) auch an zukünftige Bedürfnissen der Mitarbeiter angepasst werden können.

7. Das Individuum in einer sich wandelnden Welt

Während das Work-Life-Balance-Erleben von Individuen bisher vorwiegend aus der Perspektive der gesellschaftlichen und organisationalen sowie der familialen Rahmenbedingungen betrachtet wurde, soll nun im folgenden Kapitel der Fokus auf die handelnde Person selbst gelegt werden.

In einer immer flexibleren Umwelt, in der Arbeits- und Lebensorte wechseln, in der Berufstätigkeiten vielfach nicht mehr auf Dauerhaftigkeit ausgelegt sind und in der sich auch soziale Beziehungen oftmals als instabil erweisen, wird es für Individuen zunehmend schwieriger, eine dauerhafte Stabilität und Kontinuität in ihrem Leben zu entwickeln. In der Folge ist das Lebensgefühl vieler Personen aufgrund der massiven und schnellen Veränderungen in der Arbeitswelt (z. B. Globalisierung, Flexibilisierung, hohe Dauerarbeitslosigkeit) als auch in der privaten Sphäre (z. B. zunehmende Individualisierungstendenzen, instabile Beziehungen, zunehmend unsichere Sozialsysteme) oftmals geprägt von einem starkem Gefühl der Unsicherheit. Menschen sind in starkem Maße gefordert, einerseits die sich wandelnden externen Anforderungen angemessen zu bewältigen und andererseits individuelle Ziele und Wünsche im Leben zu verfolgen. Arbeit, Familie und Freizeit erfolgreich miteinander vereinbaren zu können und die damit verbundenen Integrationsleistungen bedeuten dabei zunehmend mehr Arbeit im Sinne von Koordinationsleistungen. Sie erfordern außerdem eine Reflexivität der eigenen Person, bei der eine Bewertung der beruflichen und privaten Ziele vorgenommen werden muss (Hoff, 2002, S. 3).

Im nachfolgenden Kapitel wird deshalb zunächst erörtert, in welcher Form sich individuelle Einstellungen und Werthaltungen in den vergangenen Jahrzehnten verändert haben. Daran anschließend wird beschrieben, welche Konsequenzen externe Wandelprozesse für Individuen in ihrem (erwerbs-)biografischen Verlauf haben und welche Zusammenhänge mit dem Work-Life-Balance-Erleben bestehen.

7.1 Wandel individueller Einstellungen und Werte

Individuelle Perspektive des Wertewandels
Individuen können sowohl als Akteure als auch als Betroffene gesellschaftlicher Wandelprozesse betrachtet werden. Die Veränderungsprozesse manifestieren sich dabei in

individuellen Einstellungen und Werthaltungen. Wie bereits in Kapitel 3.1.3 beschrieben, nimmt das Erwerbsleben einen zentralen Stellenwert im Leben vieler Individuen ein, da es die nötigen Finanzmittel erbringt, aber der Erwerbstätigkeit auch eine sinngebende und erfüllende Funktion zugeschrieben wird. Trotz dieser eher grundlegenden Konstante können auf der Ebene individueller Einstellungen und Werte in den vergangenen Jahrzehnten starke Veränderungsprozesse ausgemacht werden. So wird seit den sechziger Jahren des 20. Jahrhunderts in den westlichen Industrienationen ein gesellschaftlicher Wertewandel konstatiert (z. B. Inglehart, 1977; Klages, 1985; Klipstein & Strümpel, 1985; Klages, 1992). Zwar existieren verschiedenste theoretische Erklärungsansätze für die Ursachen dieses Wandels (z. B. Bildungshypothese, Wohlstandshypothese, Sozialisationshypothese, Strukturhypothese, Generationenhypothese, Lebenszyklushypothese; für eine Zusammenfassung zentraler Erklärungsansätze s. z. B. Rosenstiel & Stengel, 1987), doch ungeachtet der Differenzen bei der Interpretation des Transformationsprozesses ist seine Existenz mittlerweile unumstritten.

Während eher konservativ ausgerichtete Forschungsansätze von einem Verlust traditioneller Werte und der Arbeitsmoral sprechen (z. B. Noelle-Neumann, 1978; Noelle-Neumann & Strümpel, 1984), interpretieren andere Ansätze den Wandel dahingehend, dass *„in den Befunden [zur Wertewandeldiskussion] kein pauschaler Bedeutungsverlust der Arbeit zum Ausdruck kommt, sondern eher eine qualitative Verschiebung der Ansprüche an die Arbeit"* (Nerdinger, 1995, S. 47). Während Inglehart (1977) von einem eindimensionalen Wertewandel ausgeht, der sich in einer Verschiebung von materialistischen hin zu postmaterialistischen Werten äußert, vertritt Klages (1985) einen zweidimensionalen Ansatz, bei dem er von einem Rückgang der Pflicht- und Akzeptanzwerte sowie einem Anstieg der Selbstentfaltungswerte ausgeht. Der Wertewandel kann nicht nur in den Einstellungen, sondern auch in den Verhaltensweisen von Individuen beobachtet werden. Traditionelle Werte und Tugenden wie Unterordnung, Gehorsam, Pflichterfüllung und die damit eng verbundene Hierarchisierung von Organisationen, deren strikte Kompetenz- und Verantwortungsdefinitionen als auch zentralisierte Informations-, Kommunikations- und Entscheidungsprozesse erscheinen Erwerbstätigen häufig nicht mehr menschen- und sachgerecht (Beyer et al., 1994).

Stattdessen treten postmaterielle Werte mit stärkeren intrinsischen Aspekten wie Selbstverwirklichung, Autonomie, Eigeninitiative, Kreativität und Verantwortungsbereitschaft zunehmend in den Vordergrund und lösen traditionelle und materielle Werte ab. Der überwiegend pflichterfüllende und sich an Autoritäten orientierende Mitarbeiter weicht dem *„Anything-Goes-Typ"* (Maelicke, 1994). Darüber hinaus ist zu konstatieren, dass sich viele Einstellungen nicht mehr mit *„entweder-oder-Kategorien"*, sondern besser mit *„sowohl-als-auch-Einstellungen"* charakterisieren lassen. Die Frage nach der Vereinbarkeit von Arbeit, Familie und Freizeit kann als typisches Beispiel dieser Entwicklung angeführt werden. War der Diskurs um die Erwerbstätigkeit von Frauen vormals stark geprägt durch die Frage, *ob* Frauen *Kinder oder Karriere* anstreben sollten, so lautet die Frage zu Beginn des 21. Jahrhunderts, *wie* Frauen sowohl ihre beruflichen Ziele und Wünsche als auch ihre familiäre und außerberuflichen Pläne verwirklichen können.

Während im Zeitalter der Moderne Einheitlichkeit und Wahrheiten unter der Rationalität der Wissenschaft und dem Credo eines dauerhaften Wachstums das Denken von Individuen prägten, lassen sich postmoderne Einstellungs- und Verhaltensweisen eher durch relative, lokale Wahrheiten, eine wachsende Komplexität (von Leben und Gesellschaft) und in Frage gestellte gesellschaftliche Regeln beschreiben. *„Zugleich wächst das Gefühl, dass es Normalität nicht mehr gibt"* (Maelicke, 1994). Sich ehemals widersprechende und ausschließende Einstellungen und Verhaltensweisen müssen im Individuum miteinander vereinbart werden. Da es weder globale Wahrheiten und Lösungen noch übergreifende Systeme gibt, die erfolgreich der zunehmenden Deindividuation entgegen treten, findet auf der individuellen Ebene ein Perspektivenwechsel zu kleineren Bezugseinheiten statt. Kleine Subsysteme (Familie, Freundeskreis, Verein, Nachbarschaft oder aus der Perspektive eines Unternehmens: direkte Vorgesetzte und Kollegen, Arbeitsgruppe, Teams) gewinnen für Individuen eine stärkere Bedeutung.

Gesellschaftliche Perspektive des Wertewandels
Individuelle Wertvorstellungen stehen offenbar auch in einem sehr engen Zusammenhang mit dem wirtschaftlichen, technischen, sozialen und politischen Zustand innerhalb einer Gesellschaft. Einige neuere Ansätze der Wertewandelforschung gehen deshalb davon aus, dass gesellschaftliche Wertewandelprozesse in einem Dreiphasen-Modell ablaufen (Yankelovich, 1992, 1994; ein vergleichbares Dreiphasen-Modell findet sich auch bei Klages, 1985). Nach Yankelovich's Ansatz gehen prosperierende Gesellschaften nach einer ursprünglichen Phase der Armut über in eine Wirtschaftswunder-Phase. Die Werte in dieser Phase sind stark geprägt durch zurückliegende Mangelerfahrungen. Typische Werte sind Pflicht, Treue, Disziplin, Glaube, Wir, Gehorsam und Verzicht. Die Angst vor einem Verlust des gewonnenen Wohlstandes prägt das Alltagsleben der Individuen. Dies entspricht einem Wertemuster, wie es beispielsweise in der Bundesrepublik Deutschland nach dem zweiten Weltkrieg vorzufinden war. In der darauf folgenden zweiten Phase gewinnen hedonistische, egoistische Werte die Überhand. Gilt der hedonistische Genuss in der Wirtschaftwunderphase noch moralisch als verwerflich und nicht erstrebenswert, so wird in der nachfolgenden Phase das Genießen und Lustempfinden ohne negative moralische Konnotation als befreiend erlebt. Die Normen und Gebote der Wirtschaftswundergesellschaft werden von der nächsten Generation als einengend erlebt. Die Reaktionen sind Revolten und Widerstände, mittels derer die Grenzen des Wertekanons auf die Probe gestellt werden. Die Folge ist ein Wandel hin zu hedonistischeren Grundwerten wie Lust, Freiheit, Chaos, Genuss, Ego und Reiz.

Yankelovich (1992) spricht in diesem Zusammenhang von einem *Hunger nach Selbstverwirklichung*. Die Sinnhaftigkeit des individuellen Erlebens steht in dieser Phase im Vordergrund. Typisch für die Phase hedonistischer Werte ist in Deutschland die Phase der späten sechziger und siebziger Jahre des vergangenen Jahrhunderts. Die nachfolgende dritte Phase zeichnet sich aus durch Werte des Soft-Individualismus. Soft ist dieser Individualismus, da auf der einen Seite individuelle, persönliche Ziele verfolgt werden (z. B. Karriere), gleichzeitig existieren aber auch kollektive Werte mit hoher Bindung an Familie und Freunde. Es wird versucht, win-win-Situationen herzustellen: Es sollen sowohl Bindung als auch Freiheit realisiert werden. Horx (2002) spricht in diesem Zusammenhang von einer gleichzeitig starken Innen- und Außenorientierung. Typische Werte dieser Phase sind Kreativität, Freundschaft, Flow, Spiritualität und kultivierter Genuss. Das Wertesystem der Individuen ist nicht starr, sondern fluktuierend und das Handeln häufig geprägt durch die Suche nach Konsens- bzw. Kompromissentscheidungen. Horx (2002) weist zu Recht darauf hin, dass dem Dreiphasen-Modell eine steigende Komplexität der Werte-Entwicklung innewohnt. Ist die erste Phase vor allem geprägt durch eine Außensteuerung und die zweite Phase insbesondere durch eine Innensteuerung, kommt es in dritten Phase zu einer Mischform, zu einer Integration eher extern-orientierter und intern-orientierter Werte. In gewisser Hinsicht ähnelt dieses Entwicklungsmodell gesellschaftlicher Werte auch dem Reifungsprozess bei Kindern, bei denen auch die Außensteuerung von einer starken Innensteuerung abgelöst wird und die schließlich in der Integration beider Steuerungsmechanismen endet.

Tabelle 8: Das Dreiphasen-Modell des Wertewandels von Yankelovic (zit. nach Horx, 2002, S. 77).

Wirtschaftswunder-Werte (Affinitätswerte)	Hedonistische Werte (Egoistische Werte)	Soft-individualistische Werte (Komplexe Bindungs-Werte)
Pflicht	Lust	Kreativität
Treue	Freiheit	Freundschaft
Disziplin	Chaos	Flow
Glaube	Genuss	Spiritualität
Wir	Ego	Gestaltetes autotelisches Ich
Gehorsam	Rebellion	Verhandelter Kontrakt
Verzicht	Reiz (Fun)	Kultivierter Genuss

7.2 (Erwerbs-)Biografien im Wandel

Einleitung
Da sich die beschriebenen gesellschaftlichen und organisationalen Flexibilisierungstendenzen auch in (erwerbs-)biografischen und sozialen Diskontinuitäten manifestieren, werden in diesem Kapitel für das Individuum relevante Veränderungsprozesse aufgezeigt, die ihrerseits in engem Zusammenhang mit dem Work-Life-Balance-Erleben stehen.

Im 20. Jahrhundert war das Spannungsfeld von Arbeit und Familie lange Zeit vor allem durch lineare Erwerbs- und Familienbiografien gekennzeichnet. Neben der klassischen Rollenverteilung zwischen Mann und Frau charakterisierte die meisten Erwerbsbiografien auch ein lebenslang ausgeübter Beruf. In den letzten Jahrzehnten ist diesbezüglich ein starker Wandel zu beobachten. Traditionelle Lebensformen, geprägt durch Schicht, Milieu, Religion oder Beruf, synchronisieren zunehmend weniger die Kontinuität von biografischen Verläufen. Die damit verbundenen Individualisierungstendenzen stellen neue Anforderungen an Personen hinsichtlich der Gestaltung ihrer Erwerbs- und Familienbiografien. Einerseits bietet die Pluralität von Lebensformen für die Betroffenen in vielerlei Hinsicht die Möglichkeit zur Gestaltung des eigenen Lebens und der Kontrollausübung, andererseits fehlen viele der vormals strukturierenden Rahmenbedingungen auf der Meso- und Makro-Ebene. Berufliche, familiäre und persönliche Karrieren sind nicht mehr so vorhersehbar und planbar wie früher. Sowohl berufliche als auch familiäre Entwicklungen können heutzutage leichter korrigiert werden. Zweit- und Drittberufe sind im städtischen Lebensraum genauso selbstverständlich, wie Zweit- und Drittehen im familiären Bereich.

Alternative Lebensformen und -entwürfe werden von der der Gesellschaft – wenn auch nicht immer unterstützt – so zumindest vielfach toleriert und oft auch akzeptiert. In der Folge werden vorbestimmte biografische Entwicklungswege abgelöst durch eine stärke Selbstbestimmung der Individuen. Damit werden individuelle Biografien gestalt- und formbarer, aber oft auch unvorhersehbarer und weniger kalkulierbarer. Berufliche und familiäre Lebensläufe erfordern deshalb zunehmend stärkere Selbststeuerung zu individuellen Zielerreichung.

Das traditionelle Verständnis der Karriereentwicklung
Traditionelle Konzepte zur beruflichen Karriereentwicklung gingen und gehen von einer dauerhaften Beschäftigung und einer kontinuierlichen, berufsbezogenen Kompetenzentwicklung aus. Als Beispiel hierfür kann die Laufbahnentwicklungstheorie von Super (1957; 1981) dienen, in dem von fünf Entwicklungsstufen über die Lebensspanne ausgegangen wird (s. Tabelle 9).

Tabelle 9: Entwicklungsstufen der Laufbahnentwicklungstheorie Super (1957; 1981)

[I]	Wachstum (bis 14 Jahre) Periode der allgemeinen physischen und geistigen Entwicklung
[II]	Exploration (15-25 Jahre) Periode der Exploration verschiedenster beruflicher Betätigungen
[III]	Berufliche Etablierung (25-44 Jahre) Streben des Individuums nach einer Dauerstellung
[IV]	Berufliche Festigung (45-65 Jahre) Fortdauer der Betätigung in einem gewählten Beruf
[V]	Beruflicher Abbau (65-X Jahre) Übergang in den Ruhestand

Die Berufswahl und -orientierung wird dabei als ein dauerhafter, lebenslanger Prozess erachtet. In mancherlei Hinsicht vergleichbar ist der entwicklungspsychologische Ansatz von Havighurst (1972), in dem den einzelnen Lebensphasen des Individuums spezifische Entwicklungsaufgaben zugeordnet werden (ähnlich Hill, 1964; s.u.). Die Entwicklungsausgaben des Individuums prägen sein Denken und Handeln. Der Prozess des Alterns stellt gemäß des Konzeptes der Entwicklungsaufgaben vor einem entwicklungspsychologischen Hintergrund immer eine Auseinandersetzung mit den individuellen und gesellschaftlichen Rahmenbedingungen dar. Auch Supers Konzept zur beruflichen Entwicklung beschreibt, welche relevanten Persönlichkeitseigenschaften in welcher Lebensphase unter welchen Rahmenbedingungen ausgebildet werden sollen und in welchem Zusammenhang sie mit der fortlaufenden beruflichen Entwicklung stehen.

Zu kritisieren an diesen normativen Theoriekonzepten ist allerdings, dass sie auf typischen *„weißen Mittelstandkarrieren"* aufbauen und deshalb Karrieren von Menschen mit einem anderem kulturellen Hintergrund (z. B. Migration) nicht oder nur ungenügend abgebilden. Grundlage des theoretischen Ansatzes ist ferner ein *„Normallebenslauf"*. Dabei wird vorausgesetzt, dass erstens berufliche Entwicklungsverläufe in der Regel einem Stufenleiter-Modell entsprechen, d.h. Individuen sich auf der (Fach-) Karriereleiter in der Hierarchie kontinuierlich nach oben bewegen, und zweitens die entsprechende Entwicklung innerhalb eines Unternehmens oder zumindest innerhalb einer Branche erfolgt. Vom Grundmodell abweichende Karrierepfade, die heute zunehmend häufiger werden, können mit diesen Ansätzen meist nicht oder nur sehr schwer beschrieben beziehungsweise erklärt werden.

Wandel der erwerbsbiografischen Verläufe
Spätestens seit den neunziger Jahren des 20. Jahrhunderts wird auf den Arbeitsmärkten verstärkt ein Wandel in den beruflichen Biografien von Erwerbstätigen beobachtet. Galt vormals die kontinuierliche Erwerbstätigkeit für den überwiegenden Teil der Beschäftigten noch als der Normalfall, so können im Zuge der Globalisierung und der damit verbundenen Flexibilisierung und Deregulierung der Arbeitsmärkte jedoch sowohl Instabilität und Heterogenität in den Erwerbsverläufen von Beschäftigen beobachtet werden als auch der zunehmende Wechsel zwischen verschiedenen Erwerbstätigkeiten, Arbeitslosigkeit oder anderen Formen der Nichterwerbstätigkeit (vgl. z. B. Berger, 1996; Berger & Sopp, 1992; Konietzka, 1999a, 1999b; Zdrowomyslaw & Rethmeier, 2001).

Diskontinuität der Erwerbsbiografien
Die sozialwissenschaftliche Arbeitsmarktforschung versucht Determinanten für Kontinuität bzw. Diskontinuität von Erwerbsverläufen zu identifizieren. Hierbei können sowohl individuelle (z. B. berufliche Qualifikation, Alter, Geschlecht, Kinder etc.) als auch organisationale Faktoren (z. B. Organisationsgrößen, Marktsituation in der Bran-

che etc.), rechtliche Rahmenbedingungen (z. B. Zugangsmöglichkeit zum Arbeitsmarkt für Immigranten; technische Auflagen und Verordnungen etc.), und strukturelle Merkmale (generelle Arbeitsmarktsituation) als Determinanten ausgemacht werden. Bender, Konietzka & Sopp (2000) haben den Einfluss des betrieblichen Kontextes, der bisherigen Mobilitätserfahrungen und die Erwerbsvorgeschichte von Erwerbstätigen untersucht. Bei ihren Analysen zeigt sich, dass die Mobilität der Beschäftigten – sowohl interne Mobilität innerhalb einer Organisation (Aufstieg) als auch externe Mobilität (Organisationswechsel) – die Wahrscheinlichkeit erhöhen, kontinuierlich erwerbstätig zu sein. Beschäftigte mit der Bereitschaft zur Mobilität erwiesen sich dabei als erheblich flexibler in der Reaktion auf Veränderungen am Arbeitsmarkt. Bestehen in der Erwerbsvorgeschichte der Beschäftigten jedoch Phasen der Arbeitslosigkeit, so sind diese ein klarer Prädiktor für weitere Phasen der Arbeitslosigkeit. Ein Befund, den auch Büchtemann (1984) und Ludwig-Mayerhofer (1996) belegen. Man spricht hier von kumulativer Arbeitslosigkeit. Das gleiche gilt für Sozialversicherungslücken im Erwerbsverlauf.

Bender, Konietzka & Sopp (2000, S. 495) typisieren Erwerbstätige: Sie unterscheiden zwischen den *„Integrierten"* (kontinuierlich Erwerbstätige), *„regelmäßig Wechselnden"* (zwischen oder innerhalb einer Organisation) sowie den *„vom Arbeitsmarkt Ausgeschlossenen"* (diskontinuierlich Erwerbstätige). Der Wechsel zwischen Erwerbs- und Nichterwerbsphasen im Lebenslauf stellt somit nicht mehr eine Ausnahme, sondern eines von mehreren typischen Verlaufsmustern dar. Die vielmals fehlenden Möglichkeit einer hierarchischen Karriereentwicklung oder die Gefahr der Unterbrechung der beruflichen Laufbahn durch Arbeitslosigkeit bedeuten für die Betroffenen und deren Familien darüber hinaus oft auch eine große finanzielle Unsicherheit. Hinsichtlich des Berufseinstieges von Erwerbstätigen zeigt sich, dass beim Übergang von der Ausbildung in das Erwerbsleben und in den ersten Berufsjahren zunehmend atypische Beschäftigungsverhältnisse bestehen, wobei der Anteil der Frauen in derartigen Beschäftigungsverhältnissen sinkt, da sie zunehmend über Vollzeitbeschäftigungsverhältnisse in den Arbeitsmarkt integriert werden. Im längsschnittlichen Vergleich erweisen sich atypische Beschäftigungsverhältnisse für die Betroffenen jedoch oft als negativ, da sie im weiteren Erwerbsverlauf signifikant seltener in Normalarbeitsverhältnisse gelangen. Lauterbach & Sacher (2001, S. 278) warnen in diesem Zusammenhang vor einer Polarisierung der Gesellschaft: *„Diejenigen, die als Un- oder Angelernte auf dem Arbeitsmarkt beginnen, sind langfristig von der Destandardisierung betroffen. Die berufliche Qualifikation in der Bundesrepublik wirkt als eine Barriere, die für diejenigen ohne Berufsausbildung ausschließend und diejenigen mit einer Qualifikation protektiv wirkt"*.

Diversifizierung von erwerbsbiografischen Verläufen
Auch neue Organisationsformen mit flacheren Hierarchien wirken auf berufsbiografische Entwicklungen. Sie ziehen meist eine Verkürzung der intraorganisationalen Kar-

riereleitern nach sich und haben nicht selten eine Fragmentierung der Erwerbsbiografien zur Folge. Karriereentwicklungen verlaufen nicht mehr nur vertikal, sondern ebenso gut horizontal (z. B. durch Versetzung in eine andere Abteilung) oder zentripetal wie z. B. durch Versetzung von der Zentrale in eine Niederlassung (vgl. Zdrowomyslaw & Rethmeier, 2001). Mit der Flexibilisierung der Erwerbsbiografien kommt es zu neuen Modellen der Karriere-Kultur. Kadel & Weitbrecht (1997) nennen hierfür beispielhaft die Multifunktionskarrieren (häufiges Umsteigen in andere Berufsfelder), die zeitweise Beförderung (befristete Ernennung) oder die stufenweise Pensionierung. Zdrowomyslaw & Rethmeier (2001) sprechen in diesem Zusammenhang auch von Karrieremustern, die sie als Job-Hopping (zwischen Branchen), Fachkarriere (oft horizontal; evtl. aufgewertet durch „*Schein*"-Titel) und Patchworking-Karrieren (branchen- und hierarchieübergreifend) bezeichnen.

Der Begriff der Patchworkkarrieren kennzeichnet Arbeitsbiografien, in denen sich Phasen der Aus- und Fortbildung abwechseln mit Phasen der teilweisen oder vollen Erwerbstätigkeit bzw. mit Phasen ohne Erwerbstätigkeit (vgl. a. Kastner, 2004a, 1999). Parallel hierzu lassen sich auch Familien- und Erziehungszeiten oder Phasen mit non-Profit-Engagement (z. B. ehrenamtliche Tätigkeiten) finden. Kastner (2004a) spricht in diesem Zusammenhang von einem Kontinuum zwischen Erwerbslosigkeit bis hin zu mehreren parallel ausgeübten Jobs: *„Orientierten sich berufliche Biografien vormals an stabilen beruflichen Konzepten, so bedingen die Deregulierungen von Beschäftigungsverhältnissen auf dem Arbeitsmarkt patchworkartige Existenzweisen, die sich aus den unterschiedlichen mehr oder weniger verberuflichten Tätigkeiten zusammensetzen und die unterschiedlicher Nähe zum Arbeitsmarkt stehen"* (Jurczyk, 2004, S. 113).

Employability
Der gesellschaftliche Wertewandel manifestiert sich ebenfalls in veränderten berufsbiografischen Verläufen. Der Beruf des Lebens (die Berufung) wird dabei vielfach ersetzt von beruflichen Patchwork-Biografien. Die Folgen sind in einer veränderten Form der Identitätsstiftung durch Arbeit zu sehen. War die identitätsgebende Funktion früher häufig an spezifische Berufe gekoppelt, so ist sie heute mit dem das Ausüben einer konkreten Tätigkeit oder dem Innehaben einer spezifischen Stelle verbunden. Eine veränderte Bedeutung kommt auch der Gestaltung individueller Lebensentwürfe zu. Durch den Wegfall bzw. der Veränderung beruflicher Rollen- und Rahmenmodelle werden auch andere individuelle Fähigkeiten und Kompetenzen zur Umsetzung des jeweiligen Lebensentwurfes benötigt. Waren es früher die beruflichen Rollen, die dem Menschen eine klare Orientierung ermöglichten, sind es nun vor allem Fähigkeiten zur Selbstorganisation in sich wandelnden Subkulturen, die ein erfolgreiches Berufsleben ermöglichen (vgl. auch Keupp, Kraus & Strauss, 2001). Einerseits sind zu Beginn des 21. Jahrhunderts vielfältigere berufliche Laufbahnmuster möglich, aber geprägt ist diese

Wahlfreiheit von größeren Risiken. Dadurch, dass immer seltener berufliche Laufbahnen vorgezeichnet sind, bedarf es seitens der Beschäftigten auch immer größerer Anstrengungen, um ihre Employability dauerhaft zu erhalten und der Bereitschaft zum lebenslangen Lernen, um zum „Unternehmer der eigenen Karriere" zu werden. Dies gilt vermutlich jedoch nicht uneingeschränkt für alle Beschäftigtengruppen.

Eines neues Verständnis von Professionalisierung
Nicht nur hinsichtlich der Gestaltung der eigenen berufsbiografischen Entwicklung stehen Individuen vor neuen Herausforderungen, auch hinsichtlich der dabei benötigten Kompetenzen können veränderte Anforderungen ausgemacht werden. Die berufliche Tätigkeit beeinflusst nicht nur die Persönlichkeitsentwicklung, sondern auch die Gesundheit. Erwerbsarbeit kann somit sowohl eine persönlichkeits- als auch eine gesundheitsförderliche Funktion zugeschrieben werden (z. B. Kuhnert & Kastner, 2002; Ulich, 2006). Die Kompetenz, sich gesundheitsförderlich und präventiv zu verhalten, kann dabei als eine zukünftige Schlüsselkompetenz von Mitarbeitern erachtet werden. Dies setzt auch einen anderen Umgang mit der eigenen Arbeit voraus, als er bisher in leistungsorientierten Organisationen eingefordert wird. Heute wird von einer dauerhaften Höchstleistung ausgegangen. Damit verbunden ist auch ein Wandel der Vorstellung dessen, was als professionell zu erachten ist.

Leidenfrost (2004, S. 182) schreibt in diesen Zusammenhang: *„Professionalisierung der eigenen Arbeit gewinnt damit einen neuen Fokus: Als Profi kann derjenige betrachtet werden, dem es gelingt einerseits eine gute Qualität und Quantität an Ergebnissen abzuliefern und anderseits auf dem Weg dorthin mit der eigenen Kraft und den eigene Ressourcen schonend umzugehen. Das Ganze hat nicht mit Minderleistung zu tun – im Gegenteil: Wer professionell und erfolgreich arbeitet, setzt sein Kräfte in unterschiedlichen Situationen bewusst und zielgerichtet ein. Im Sinne der Leistungssteuerung bedeutet Professionalisierung damit auch, ein Auge und ein Gefühl für da richtige Maß und für den richtigen Rhythmus zwischen Aufhören und Weitermachen zu entwickeln"*. Folgt man diesem Gedankengang und setzt ihn in Zusammenhang mit den Befunden der Trainings- und Belastungsforschung, bedeutet dies, dass einer nach Leistungsphase und der darauffolgenden Ermüdung auch immer eine Phase der Regeneration und Wiederherstellung der Leistungsfähigkeit folgen sollte. Insbesondere nach Phasen mit Leistungssteigerungen (Höchstleistungen) sollte auf die Einhaltung der Ruhephasen geachtet werden, um Trainingseffekte zu erzielen (Phänomen der Superkompensation). Doch genau dies lässt der betriebliche Alltag heutzutage aufgrund von Leistungsverdichtungen kaum noch zu, denn nach Beendigung einer Aufgabe mit hohen Leistungsanforderungen folgt unmittelbar die nächste Herausforderung. Wird das beschriebene *„Trainingskonzept"* hingegen eingehalten, sollte sich auch langfristig und nachhaltig die Leistungsfähigkeit erhalten werden können (ebd., 2004).

Zusätzlich bedacht werden sollte, dass die Belastung im Laufe eines Arbeitslebens künftig vermutlich ansteigen dürfte. Neben Arbeitsverdichtung aufgrund von Personalmangel und „schlanker" Managementkonzepte dürften auch die Verlängerung der Lebensarbeitszeit und eine mögliche Verschlechterung der medizinischen Grundversorgung die Bedeutung, die dem einzelnen Mitarbeiter in einer Organisation zu kommt, deutlich steigern. Aus diesem Grund werden Konzepte des Replacements und des Retention-Managements in den nächsten Jahren vermutlich verstärkt im Personalmanagement Beachtung finden. De Graat (2002) spricht deshalb auch von einer gemeinsamen Interessenslage von Unternehmen und Beschäftigten, da beide Seiten ein Interesse an der optimalen Nutzung individueller personeller Ressourcen haben.

Familiäre Biografien
Die individuell erlebte Work-Life-Balance ist abhängig von der individuellen Lebens- und Familienbiografien. In der Entwicklungspsychologie setzen sich noch weitere Ansätze mit der Entwicklung im Verlauf des Lebens auseinander. Zentrale Annahme dabei ist, dass sich Lebensaufgaben im Verlaufe verändern und entsprechend verändern sich natürlich auch die miteinander „konkurrierenden" Bereiche Arbeit, Familie und Freizeit für das jeweilige Individuum. Fasst man diese Aussage axiomatisch auf, wäre es interessant, die Annahmen der Entwicklungsansätze zu familiären Biografien in Relation zu den Daten der Work-Life-Balance-Forschung zu setzen.

Auch traditionell orientierte entwicklungspsychologische Ansätze gehen – vergleichbar dem geschilderten Modell zur beruflichen Entwicklung von Super – von einem linearen Verlauf der Familienentwicklung aus. Beispielhaft hierfür sei der Ansatz von Hill (1964) mit seinen fünf Entwicklungsphasen skizziert (s. Tabelle 10).

Tabelle 10: Familiale Entwicklungsphasen nach Hill (1964)

[I]	Etablierung der Familie – frisch vermählte Ehepaare noch ohne Kinder
[II]	Neue Eltern – Eltern mit Kindern im nicht-schulpflichtigen Alter
[III]	Familien im Schulalter – Familie mit Kindern im schulpflichtigen Kindern
[IV]	Postparentale Familien – Eltern nach dem Kindern das Elternhaus verlassen haben
[V]	Alternde Familie – Eltern nach der Pensionierung

Zu kritisieren an derartigen Ansätzen ist, wie bereits auch beim berufsbiografischen Verlaufsmodell von Super angeführt, dass sozionormative Entwicklungsverläufe als Voraussetzung des Modells dienen (hier: eine kontinuierliche Partnerschaft mit Kindern über die Lebensspanne). Alternative Lebensformen und Entwicklungsverläufe werden in traditionellen Erklärungsansätzen meist nicht berücksichtigt, was die Reichweite der Erklärung eher begrenzt.

Das Entwicklungsmodell von Voydanoff
Ein integratives Modell, das die berufsbiografische und die familiäre Entwicklung miteinander verbindet, findet sich bei Voydanoff (1987; s. Tabelle 11). Sie weist darauf hin, dass Individuen sowohl berufsbiografische als auch familiäre Entwicklungsverläufe parallel durchlaufen. Dementsprechend müssen die unterschiedlichen Entwicklungsphasen innerhalb der Lebensbereiche auch aufeinander abgestimmt sein, wenn die Vereinbarkeit von Arbeit und Familie optimiert werden soll. Voydanoff skizziert folglich einen simultanen fünfstufigen Arbeit-Familie-Lebenszyklus, der sich am traditionellen Male-Breadwinner-Modell orientiert, und die Konzepte der Modelle von Hill (1964) zur Familienentwicklung und von Bailyn & Schein (1976) zur Karriereentwicklung miteinander kombiniert.

Tabelle 11: Familiale und berufsbiografische Entwicklungsphasen nach Voydanoff (1987)

[I]	Etablierung der Familie	Berufseinsteiger
[II]	Frühe Elternschaft	Frühe Karriere
[III]	Familie im Schulalter	Mittlere Karriere
[IV]	Postparentale Familie	Späte Karriere
[V]	Alternde Familie	Berufsaustritt

Die Phasen des Modells unterscheiden sich vor allem durch unterschiedliche Grade an Überlastung und Interferenzen. Vor allem in Phase I kommt es zu starken Interferenzen. In traditionellen Partnerschaften wird der Zeitpunkt der Heirat meist durch die berufliche Unabhängigkeit des Mannes beeinflusst. Die Möglichkeit, eine Familie zu unterstützen und zu ernähren, prägt somit den Zeitpunkt der Familiengründung, was jedoch in starkem Maße wiederum abhängig ist von der jeweiligen Berufsausbildung der Betroffenen (z. B. akademische Ausbildung vs. Berufsausbildung). Andererseits kann es zu starken Interferenzen kommen, wenn familiäre Verantwortlichkeiten die Karriere-Entwicklung behindern. Phase II kennzeichnet vor allem eine starke Überlastung. Sowohl die Etablierung im beruflichen Feld als auch die Anforderungen der kleinen Kinder rufen häufig Konflikte zwischen den Lebensbereichen hervor. Phase III zeichnet sich vor allem durch Interferenzen aufgrund der Anforderungen aus, die für Eltern aus dem Schulbesuch ihrer Kinder entstehen (z. B. zeitliche Koordination). Phase IV beschreibt eine Neuorientierung der Eltern, da die Kinder das elterliche Haus verlassen haben. Oft kommt es dabei zu einer Neudefinition der (elterlichen) Beziehung zwischen den Ehepartnern und einer neuen Bedeutung der Berufstätigkeit bei den Frauen. Positiv hervorzuheben an Voydanoffs Modell ist die Integration von Modellen der beruflichen und der familiären Entwicklung.

Kritisch anzumerken ist jedoch, dass auch dieser Ansatz idealtypische Lebensverläufe voraussetzt. Unter Berücksichtigung des Sachverhaltes einer zunehmenden Differenzierung von beruflichen und familiären biografischen Verläufen erscheint die Reichweite dieses integrativen Ansatzes zwar deutlich erweitert, aber auch limitiert, um die Pluralisierung individueller Lebensläufe angemessen abzubilden.

Vereinbarkeit der beruflichen und privaten, familiären Biografien
Die Lebensentwürfe junger Menschen sind entscheidend geprägt von ihren Rollenbildern. Der gesellschaftliche Wertewandel bedingt eine veränderte Relation von Arbeit und Freizeit. War der Bereich der Arbeit traditionell für die Sinngebung bedeutender, so ist ihre Bedeutung in jüngster Zeit gesunken. So kann seit den fünfziger Jahren des 20. Jahrhunderts ein Rückgang hinsichtlich der materialistischen Wertorientierung zugunsten einer verstärkt auftretenden postmaterialistischen Wertorientierung beobachtet werden. Klages (1985) spricht in diesem Zusammenhang von einem Rückgang der Pflichtwerte zugunsten eines Anstiegs der Selbstentfaltungswerte (Klages, 1985). Nicht allein der Wunsch nach einer beruflich erfolgreichen und zufriedenstellenden Tätigkeit spielt bei den Zukunftsplänen junger Erwachsener eine bedeutende Rolle, sondern auch ein ausgefülltes Privatleben. Eine stabile Partnerschaft und die Gründung einer eigenen Familie werden als gleichberechtigte Ziele angeführt (Wiese & Freund, 2000).

Wie bedeutend bei der Rekrutierung von Nachwuchsführungskräften das Thema Work-Life-Balance bzw. die Vereinbarkeit der beruflichen Biografien und des privaten, familialen Lebenslaufes in der Praxis mittlerweile ist, zeigt die International Student Survey von Price Waterhouse Cooper (1999). In dieser Studie geben 57 % der befragten Hochschulabsolventen die Balance zwischen Beruf und Privatleben als oberstes Karriereziel an. Primär entscheidend scheint nicht die Frage nach den persönlichen Karrierezielen zu sein, sondern ob sich die persönliche und berufliche Entwicklung gleichzeitig verwirklichen lassen. Insbesondere in der langfristigen Karriereplanung bekommt die Möglichkeit eines ausbalancierten Lebensstils eine zunehmend größere Bedeutung. Als ein Hauptfaktor für ein ausbalanciertes Verhältnis von Arbeit, Freizeit und Familie werden in der Untersuchung Unternehmen genannt, die eine ausgewogene Work-Life-Balance wertschätzen und ermöglichen.

Nach Wiese (2007) scheint ein balanciertes Engagement in beiden Lebensbereichen mittlerweile ein Ideal darzustellen. Auch Spieß, Kaschube, Nerdinger & Rosenstiel (1992) zeigen, dass für Jungakademiker bereits mit dem Berufseintritt private Gründe bei der Stellenauswahl wichtig sind. In ihrer Untersuchung zeigt sich, dass Jungakademiker sich nach ihrem Berufseinstieg weder als rein karriereorientiert noch als rein freizeitorientiert beschreiben. Vielmehr streben sie nach einer Ausgewogenheit dieser beiden Lebensbereiche oder, wie die Autoren es formulieren, *„Arbeit ist wichtig, aber nicht das ganze Leben"* (ebd., 1992, S. 77). Studenten hingegen differenzieren Arbeit und Freizeit noch nicht als getrennte Lebensbereiche. Selbst bei einer ausgeprägten Karriereorientierung besteht in der Regel auch der Anspruch nach einem erfüllten Leben außerhalb der Erwerbstätigkeit, womit die Befunde auch die These nach einem Wandel hin zu stärker ausgeprägten postmaterialistischen Werten unterstützen. Berufseinsteiger nehmen Mangel an freier Zeit und damit verbundene geringe Dispositionsspielräume als einschränkend wahr (ebd., 1992).

Vor allem weibliche karriereorientierte Berufseinsteiger erleben in dieser Situation Rollenkonflikte, da die Vereinbarkeit des beruflichen Engagements meist mit den traditionell weiblichen Rollenbildern konfligiert. In der Erlanger Längsschnittstudie von Abele (2005) zeigen sich geschlechtsspezifische Unterschiede bei jungen Akademikern hinsichtlich der Zielvorstellungen von Work-Life-Balance, der Kinderbetreuung und im geschlechtsbezogenen Selbstkonzept. Während Frauen sowohl auf die berufliche als auch auf die familiäre Entwicklung fokussieren, legen Männer deutlich mehr Wert auf die beruflichen Ziele. Dies zeigt sich auch in den Befunden von Hoff et al. (2005), die zeigen, dass sowohl hinsichtlich der alltäglichen als auch der biografischen Lebensgestaltung Frauen häufiger integrative Formen der Lebensgestaltung anstreben *("Integration von beruflichen und privaten Zielen/Koordination von Handlungssträngen/Bewältigung von Konflikten durch Bildung von Integrationszielen")*. Männer präferieren eher die Strategien der Segmentation *("Segmentation von beruflichen und privaten Zielen und Handlungssträngen/Minimierung von Konflikten")*. Passend zu diesen Befunden sind auch die geschlechtsbezogenen Präferenzen hinsichtlich der dyadischen Geschlechterarrangements bezüglich der Erwerbstätigkeit: Junge Akademikerinnen bevorzugen das modernisierte 1 ½-Verdiener-Modell (Mann Vollzeit, Frau Teilzeit), während die männliche Vergleichsgruppe ein traditionelles Ernährermodell präferiert (Abele, 2005).

Langfristige Lebensplanung/Lebensprioritäten
In Querschnittsanalysen zeigen sich im Work-Life-Balance-Erleben meist keine geschlechtsspezifischen Unterschiede hinsichtlich der Prioritäten für die gewählten Lebensbereiche Arbeit und Familie (vgl. zusammenfassend Frone, 2003). Abele (2005) weist jedoch darauf hin, dass sich gerade im Längsschnitt sehr wohl Unterschiede zwischen Männern und Frauen zeigen, wobei sich Zielkonflikte zwischen den Lebensbereichen bei Männern in geringerem Umfang zeigen als bei Frauen. Die Elternschaft von Vätern beeinflusst ihre berufliche Entwicklung nur in sehr geringem Umfang, im Gegensatz zu Müttern, deren Zielorientierung meist sowohl auf Beruf als auch auf Familie ausgerichtet ist. Die praktische Umsetzung dieser *„dualen Strategie"* erweist sich in der Praxis jedoch oft als problematisch. So berichtet Wiese (2000), dass die Realisierung einer Lebensführung, bei der sowohl dem beruflichen als auch dem familiären und privaten Lebensbereich gleichberechtigt Bedeutung beigemessen wird, nicht selten in die Zukunft verschoben wird (ähnlich Roth & Zakrzewski, 2006).

Insgesamt kann für Frauen eine Ausdifferenzierung der subjektiven Lebensentwürfe festgestellt werden, die die erweiterten biografischen Handlungsspielräume von Frauen in der heutigen Gesellschaft widerspiegeln. Geissler & Oechsle (1996) zeigen für die Planung von Lebensläufen bei jungen Frauen neue Verlaufs-Modelle. Sie identifizieren verschiedene Typen der Lebensplanung: die traditionell familienzentrierte, die doppelte Lebensplanung, die *„männlich"* berufszentrierte Lebensplanung sowie die modernisiert familienzentrierte und die individualisierte Lebensplanung. Ähnliche Befunde finden sich in den Längsschnittuntersuchungen von Keddi, Pfeil, Strehmel, & Wittmann (1999) und Keddi (2003) bei der Identifikation weiblicher Lebensthemen. Oechsle (2005) benennt vor allem den Typus der doppelten Lebensplanung als neues *„Leitbild für ein modernes Frauenleben"*. Charakteristisch für die doppelte Lebensplanung ist, dass Lebensbereiche Partnerschaft und Familie einerseits und Beruf andererseits für die Betroffenen die gleiche Bedeutung haben. Ungeachtet struktureller und normativer Hindernisse wird sowohl der eigenen beruflichen Entwicklung eine hohe Bedeutung beigemessen als auch der Gründung einer Familie. Das ist verbunden mit einem hohen Qualitätsanspruch an die Partnerschaft (z. B. gleichverteilte Hausarbeit, verantwortliche Beteiligung des Lebenspartners bei der Kindererziehung, Anerkennung der beruflichen Ambitionen der Frau). Die Folge ist eine neue Relation der Lebensbereiche, was zur Entwicklung neuer Lebenslauf-Modelle und Biografien führt.

Während sich weibliche Lebensentwürfe in der Forschung als besonders mannigfaltig herausstellen, sind die Merkmale männlicher Lebensentwürfe vor allem geprägt durch Spannungen und Verunsicherungen. So ist das Mannsein nach Meuser (2004) *„eine ambivalente Angelegenheit geworden, die ein hohes Maß an Balance zwischen diskrepanten Erwartungen erfordert"*. Männer sind zu Beginn des 21. Jahrhunderts zwar von vielen Zwängen und einengenden Normen tradierter Rollenvorstellungen befreit, stehen jedoch vor einer Reihe von Optionen möglicher Lebensentwürfe. Meuser (2004) bezeichnet diese Situation auch mit dem Begriff des Optionalitätsdiskurses. Zwar erweisen sich für Männer traditionell männliche Verhaltensmuster – insbesondere in homosozialen Kontexten[15] – als hilfreich, jedoch erleben sie vor allem in gemischtgeschlechtlichen Kontexten Erwartungen, die nicht mit den traditionell männlichen Rollenbildern korrespondieren.

Die Folge sind Handlungsfelder, in denen Männer mit widersprüchlichen Erwartungen und Anforderungen konfrontiert werden. Zum Umgang mit diesen Widersprüchen ist Bewältigungskompetenz notwendig. *„Die Notwendigkeit, Ambivalenzen zu bewältigen, ist freilich keine Besonderheit der geschlechtlichen Identität, sondern gene-*

---

[15] Unter Homsozioalität ist die wechselseitige Orientierung der Angehörigen eines Geschlechts aneinander zu verstehen. In männlich homosozialen Kontexten wird nach Meuser (2004) vor allem die hegemoniale Männlichkeit als Norm bekräftigt. Diese zeichnet sich nach Döge & Behnke (2005, S. 5) in den westlichen Industriestaaten im Wesentlichen durch die Attribute Heterosexualität, Okzidentalität, Erwerbs- und Machtorientierung aus.

relles Kennzeichen spätmoderner Lebensformen. Identität kann heute nicht mehr schlüssig als widerspruchsfreie Einheit konzipiert, sondern muss als spannungsreicher Prozess verstanden werden" (Meuser, 2004, S. 5). Um eine entsprechende widerspruchstolerante männliche Identität auszubilden ist es nach Ansicht von Meuser allerdings notwendig, ein hohes Maß an Reflexivität bezüglich des eigenen Lebensentwurfes und der eigenen Lebenspraxis zu entwickeln. Das kann jedoch aufgrund eines Verlustes an Sicherheiten und Gewohnheiten sowie eines bisher noch fehlenden gesellschaftlich akzeptierten Gegenentwurfes zu traditionellen Männlichkeitsbildern zunächst zu einer Konfliktsituation und Belastung für die Betroffenen führen.

Trotz dieser Unterschiede zwischen den Geschlechtern ist – zumindest bis zum Alter von Anfang 20 – übergreifend eine Annäherung der Lebensentwürfe festzustellen (Deutsche Shell, 2000), die sich in einer Kombination von Berufs- und Familienzentriertheit ausdrückt. Im höheren Alter ist bei Frauen eine Traditionalisierungseffekt zu beobachten – eine Verschiebung hin zu einer stärkeren Familienorientierung. Ein Wandel, der für junge Männer nicht festzustellen ist.

„Situative Aspekte" scheinen im Lebenslauf die gewünschten Formen der Lebensgestaltung von Frauen und Männern teilweise zu überformen. Hoff et al. (2005) zeigen, dass Männer in Professionen mit einer *„unübersichtlichen, subjektiv kaum antizipierbaren und unsicheren"* biografischen Entwicklungslinie bereits sehr frühzeitig dem familiären und privaten Lebensbereich eine höhere Bedeutung beimessen und in stärkerem Umfang integrative Formen der Lebensgestaltung präferieren als Männer aus Professionen mit einer größeren Planbarkeit und Sicherheit. Außerdem kann es auch zu einer Verschiebung zwischen den Lebensbereichen kommen, je nachdem welchem Lebensbereich für das Wohlbefinden eine größere Bedeutung beigemessen wird. Wiese & Freund (2005) zeigen, dass der Zusammenhang zwischen beruflichem Erfolg und Wohlbefinden größer ist, je ungünstiger die Entwicklung eines Individuums im partnerschaftlich-familiären Bereich verläuft. Es kann somit je nach situativem Kontext eine Verschiebung geben, abhängig davon, welcher Lebensbereich als wichtiger erachtet wird, beziehungsweise in welchem Lebensbereich mehr Ressourcen „investiert" werden.

7.3 Personenbezogene Merkmale als Prädiktoren für das Work-Life-Balance-Erleben

Persönlichkeitsfaktoren sowie individuelle Verhaltensweisen und Strategien sind derzeit im Rahmen der Arbeit-Familie-Forschung und auch im Bereich der Work-Life Balance Forschung deutlich unterrepräsentiert (Eby et al., 2005). Bereits 1985 haben Greenhaus & Beutel darauf hingewiesen, dass hinsichtlich des Zusammenhanges zwischen Persönlichkeitseigenschaften und Arbeit-Familie-Konflikten die empirische Befundlage nicht aussagekräftig und aus diesem Grunde weitere Forschung notwendig ist. Dies erscheint in mancherlei Hinsicht überraschend, denn gerade im individuellen Handeln manifestiert sich häufig Erfolg oder Misserfolg bei der Vereinbarkeitsleistung von Arbeit, Freizeit und Familie. Zieht man auch Metaanalysen und Review-Artikel der letzten Jahre zu diesem Bereich heran (z. B. Eby et al., 2005; Kossek & Ozeki, 1998, 1999), fällt auf, dass individuellen Faktoren im Rahmen der Work-Life-Balance-Forschung bisher eher geringe Beachtung geschenkt wurde. Dies erscheint nicht nur erklärungsbedürftig, sondern auch als ein bedeutender Mangel bei der Identifikation erfolgreicher Methoden und Strategien zur Erzielung einer guten Work-Life Balance.

So existieren in der populärwissenschaftlichen Work-Life Balance-Literatur zwar zahlreiche mehr oder minder gute Ratgeber, die vorgeben, Individuen bei der Optimierung ihrer persönlichen Work-Life Balance zu unterstützen. Ungeachtet dessen werden die entsprechenden Variablen und Ansätze in der wissenschaftlichen Diskussion jedoch häufig ausgespart. Vergegenwärtigt man sich weiter, dass es immer wieder Individuen oder Familien gelingt, trotz zum Teil schwieriger Rahmenbedingungen eine für sie zufriedenstellende Vereinbarkeit der Lebensbereiche Arbeit, Familie und Freizeit zu erreichen, erscheint es wünschenswert, die dahinter liegenden individuellen Erfolgsfaktoren zu ermitteln, beispielsweise um – im Sinne von Best-Practise Beispielen – Handlungsempfehlungen für die individuelle, familiäre und organisationale Praxis zur Verbesserung der Work-Life-Balance abzuleiten.

Nachfolgend wird deshalb auf verschiedene individuelle Faktoren Bezug genommen, die mit dem Work-Life-Balance-Erleben in Zusammenhang stehen. Dabei wird zunächst der Zusammenhang zwischen Persönlichkeitsmerkmalen und dem Work-Life-Balance-Erleben thematisiert. Neben Persönlichkeitsmerkmalen, die als individuelle Grundhaltung des Individuums gegenüber seiner Umwelt verstanden werden können, berücksichtig die Analyse des Verhaltens und Erlebens bei der Vereinbarkeit von Arbeit, Familie und Freizeit noch weitere individuelle Merkmale, die mit dem Work-Life-Balance-Erleben in Zusammenhang stehen. In den beiden sich anschließenden Kapiteln wird deshalb sowohl der Einfluss individueller Handlungsstrategien auf das Work-Life-Balance-Erleben als auch die Bedeutung des Kontrollerlebens bei der Vereinbarkeit der Lebensbereiche erörtert.

7.3.1 Forschungshistorischer Abriss der Persönlichkeitspsychologie

Der Begriff der Persönlichkeit
Bevor im Folgenden über den Zusammenhang zwischen Persönlichkeitsmerkmalen und dem Work-Life-Balance-Erleben berichtet werden soll, erscheint eine kurze Bestimmung

des Persönlichkeitsbegriffs vorab sinnvoll. Ein Blick in die Literatur zeigt, dass es im Rahmen der Persönlichkeitspsychologie in den vergangenen 100 Jahren mannigfaltige Bestrebungen gab, den Begriff der Persönlichkeit zu definieren und empirisch zu fundieren (für einen Überblick s. bspw. Amelang & Bartussek, 2001). Es finden viele theoretische Modellvorstellungen über die menschliche Persönlichkeit. Die Inhalte der Begriffe *Persönlichkeit, Person, Trait,* oder *Charakter* werden dabei nicht nur im alltäglichen, sondern auch im wissenschaftlichen Sprachgebrauch nicht selten mehrdeutig verwendet. Allport (1949) definiert Persönlichkeit als ein dynamisches Ordnungssystem der psychophysischen Systeme von Individuen, mittels dessen die Anpassungen an die Umwelt bestimmbar sind. Cattell (1950) fokussiert auf die Vorhersage konkreten Verhaltens und sieht dieses als eine Funktion bestimmter Ausprägungen von Fähigkeiten, Temperament und sozialen Rollen. Im Kontext der Persönlichkeitspsychologie erweisen sich vor allem immer wieder zwei zentrale Fragestellungen als forschungsleitend: 1) In welcher Weise können interindividuelle Unterschiede zwischen Personen diagnostiziert werden und 2) In welcher Form sind verschiedene Persönlichkeitsmerkmale von Personen miteinander verbunden?

Die gefunden Antworten auf die Fragen und die damit verbundenen verschiedenen Definitionen unterliegen jedoch einer starken Beeinflussung durch den zeitlichen und kulturellen Hintergrund, vor dem sie gefunden wurden (Amelang & Bartussek, 2001). Eine Minimaldefinition zum Persönlichkeitsbegriff findet sich bei Fisseni (1998), der Persönlichkeit durch drei Charakteristika definiert: 1) die Einzigartigkeit des Individuums, 2) die relative Konstanz des Verhaltens über Situationen hin (querschnittliche Konstanz) und 3) die relative Konstanz des Verhaltens über Zeiträume hinweg (längsschnittliche Konstanz). Vergleichbar basal und doch umfassend ist auch die Persönlichkeitsdefinition von Funder (2001, S. 2 ; auf die von Friede und Ryan, 2007, verwiesen wird), in der Persönlichkeit definiert wird als *„an individual's characteristic patterns of thought, emotion, and behavior, together with the psychological mechanisms – hidden or not – behind those patterns".* Aufbauend auf den beiden letzten Definitionen sollen auch im Rahmen dieser Arbeit unter Persönlichkeit überdauernde individuelle kognitive und affektive Erlebens- und Verhaltensmuster verstanden werden.

Big 5: 5-Faktoren-Modell der Persönlichkeit
In Rahmen der persönlichkeitspsychologischen Forschung hat sich in den vergangenen 20 Jahren eine empirisch häufig replizierte 5-Faktoren-Struktur von orthogonalen Persönlichkeitsvariablen herauskristallisiert, bei der sich die extrahierten Faktoren als relativ zeitstabil und kulturell übergreifend erwiesen haben (McCrae & Costa, 1985, 1992; Goldberg, 1981, 1990). Dieses 5-Faktoren-Modell der Persönlichkeit, von Goldberg (1981) auch als Big 5 bezeichnet, beinhaltet als fünf zentrale Persönlichkeitsdimensionen *Extraversion* (E), *Verträglichkeit* (V), *Gewissenhaftigkeit* (G), *Emotionale Stabili-*

tät/Neurotizismus (N), und *Offenheit für Erfahrungen* (O; s. Tabelle 12). Diese verfügen über heterogene Subdimensionen, die auch als Facetten bezeichnet werden. Hinsichtlich der Facetten bestehen, je nach Forschungstradition und Forschergruppe, zum Teil erhebliche Unterschiede, welche Merkmale welchen Typen zugeordnet werden.

Tabelle 12: Facetten der Big 5-Skalen nach Costa & McCrae (1992a)

Faktor	Merkmale/Facetten
Extraversion	Herzlichkeit, Geselligkeit, Durchsetzungsfähigkeit, Aktivität, Erlebnishunger, Frohsinn
Verträglichkeit	Vertrauen, Freimütigkeit, Altruismus, Entgegenkommen, Bescheidenheit, Gutherzigkeit
Gewissenhaftigkeit	Kompetenz, Ordnungsliebe, Pflichtbewussten, Leistungsstreben, Selbstdisziplin, Besonnenheit
Neurotizismus	Ängstlichkeit, Reizbarkeit, Depression, Soziale Befangenheit, Impulsivität, Verletzlichkeit
Offenheit für Erfahrungen	Offenheit für: Fantasie, Ästhetik, Gefühle, Handlungen, Ideen. Offenheit des Normen- & Wertesystem

Wenn hier von dem Big-5-Ansatz gesprochen wird, dann gilt es darauf hinzuweisen, dass letztendlich nicht eine, sondern viele sich ähnelnde, von verschiedenen Forschergruppen entwickelte Konzepte existieren, deren zentrale Gemeinsamkeit in der Anzahl der Faktoren besteht.

Differentielle und persönlichkeitspsychologische Ansätze
Differentielle und klinische persönlichkeitspsychologische Ansätze gehen hingegen vor allem der Fragestellung nach, inwieweit interindividuelle Persönlichkeitsunterschiede auf genetische Differenzen zurückzuführen sind. Eysenck (1947) führte Unterschiede in der Persönlichkeit auf biologische Ursachen zurück. In seinem Ansatz sollte ein Zusammenhang zwischen Persönlichkeitsfaktoren und anatomischen Korrelaten bestehen. So kombinierte Eysenck den Faktor Extraversion mit dem aufsteigenden retikulären aktivierenden System (ARAS) und Neurotizismus mit dem limbischen System. Er postulierte dabei die Annahme, dass das ARAS (aufsteigendes retikuläres aktivierendes System; zuständig für die Schlaf-Wach-Regulation und Aufmerksamkeitssteuerung) das Ausmaß der Extraversion bestimmt und dass das limbische System den Neurotizismus determiniert. Introvertierte haben nach Eysenck eine niedrigere Schwelle für die ARAS-Aktivierung als Extravertierte, was dazu führt, dass die ARAS-Aktivität in Situationen mit niedrigem bis starkem Aktivierungspotential stärker ist. In situativen Bedingungen mit sehr starker Aktivierung ist das Phänomen der transmarginalen Hemmung zu beobachten, einer Art Schutzmechanismus, der vor einer Überreizung schützt und eine niedrigere ARAS-Aktivierung nach sich zieht (im Vergleich zu Personen mit hoher Extraversion). Vergleichbare Prozesse finden sich auch für den Faktor Neurotizismus. Hoch

neurotische Individuen reagieren stärker auf geringe bis stark erregende Situationen und benötigen länger, um wieder in einen balancierten Zustand zurückzukehren. Eysenck extrahierte allerdings bei seinen Analysen nur drei Persönlichkeitsfaktoren Extraversion, Neurotizismus und Offenheit für Erfahrung.

Nachdem sich Costa & McCrae bei der Entwicklung eines Modells und Instruments zur Erfassung grundlegender Persönlichkeitsdimensionen zunächst an den auf Eysenck zurückführbaren Faktoren Neurotizismus, Extraversion und Offenheit für Erfahrungen orientierten (Costa & McCrae, 1980), wurde dieser Ansatz in ihren späteren Arbeiten dann um die Faktoren Gewissenhaftigkeit und Verträglichkeit erweitert. Beim Big-Five-Modell handelt es sich um einen deskriptiven Persönlichkeitsansatz auf einem hohen globalen Abstraktionsniveau mit hierarchisch organisierten Persönlichkeitsstrukturen. Dem Ansatz wird große Bedeutung zugeschrieben, da sich zahlreiche Befunde der differentiellen Persönlichkeitspsychologie der vergangenen Jahrzehnte in die Struktur der Big-Five integrieren lassen (John et al., 1991).

Jenseits der Kontroversen bezüglich der Quantität der Faktoren gibt es jedoch zahlreiche Debatten über die inhaltliche Bedeutung und Benennung der Faktoren (für einen Überblick s. Amelang & Bartussek, 2001). Insbesondere hinsichtlich des Faktors V existieren mehrere Auffassungen. So wird dieser Faktor von einigen Autoren als Offenheit für Erfahrungen bezeichnet (McCrae & Costa, 1985, 1992), von anderen als Kultur (Ostendorf, 1990) und wiederum anderen als Intellekt bezeichnet (Goldberg, 1981, 1990). Ebenfalls kontrovers diskutiert wird die Frage nach der hierarchischen Ordnung der Faktoren. Hier herrscht noch immer keine Konvergenz hinsichtlich der Unterbereiche bzw. Facetten der jeweiligen Modellstrukturen (Amelang & Bartussek, 2001). Ein wesentlicher Anspruch des Big-5-Ansatzes ist die Beanspruchung interkultureller und universaler Gültigkeit. Befunde von kultur- bzw. sprachvergleichenden Untersuchungen deuten auch auf die interkulturelle Gültigkeit des Konzeptes hin. Die Befunde aus dem angloamerikanischen Sprachraum konnten in zahlreichen anderen Sprach- bzw. Kulturräumen repliziert werden (Ostendorf, 1990 z. B. für den deutschen Sprachraum). Es muss kritisch angemerkt werden, dass sich der überwiegende Teil der empirischen Befunde nur auf den westlichen, industrialisierten Kulturkreis beziehen.

Zusammenfassend kann festgehalten werden, dass sich der Big-5-Ansatz als hilfreiches Rahmenmodell erwiesen hat, um den Einfluss von Persönlichkeitsmerkmalen auf verschiedene individuelle Erlebens- und Verhaltensweisen zu beschreiben. Welche Zusammenhänge sich zwischen Work-Life-Balance-Erleben und Persönlichkeitsmerkmalen in der Forschung als relevant erwiesen haben, wird im Folgenden unter 7.3.2 berichtet.

Messinstrumente des Big-5-Ansatzes
Das erste einflussreiche Instrument des Big-5-Ansatzes stellte der NEO Personality Inventory (NEO-PI) von McCrae & Costa (1985) dar. Die Testbatterie wurde von den

Autoren später überarbeitet (NEO-PI-R, 1992). Außerdem wurde mit dem NEO-Five-Factor-Inventory (NEO-FFI) eine Kurzversion vorgelegt (McCrae & Costa, 1992). Borkenau & Ostendorf (1993) präsentierten eine deutsche Version des NEO-FFI, Angleitner & Ostendorf (2004) eine deutsche Fassung des NEO-PI-R. Mittlerweile existieren auch weitere erprobte Kurzversionen von Instrumenten zur Erfassung der der Big-Five. Eine 15 Item Kurzskala des BFI-S von John, Donahue & Kentle (1991) wird mittlerweile auch im sozioökonomischen Panel verwendet (Gerlitz & Schupp, 2005). Eine besonders ökonomische 5-Item-Version, den BFI-K, entwickelten Rammstedt, Koch, Borg & Reitz (2004).

7.3.2 Persönlichkeitsmerkmale als Prädiktoren für Berufserfolg

Der Einfluss von Persönlichkeitsmerkmalen auf den Berufserfolg wird bereits seit Beginn der oben erwähnten Forschungstraditionen diskutiert. Besondere Beachtung in der arbeits- und organisationspsychologischen Forschung findet in den neunziger Jahren eine Metaanalyse von Barrick & Mount (1991). Die Autoren konnten zeigen, dass das Persönlichkeitsmerkmal *Gewissenhaftigkeit* als signifikanter Prädiktor für Berufserfolg über verschiedene Kriterien und alle analysierten Berufsgruppen hinweg wirksam ist. Für die Variablen Extraversion und *Offenheit für Erfahrungen* konnte hingegen nur ein signifikanter Einfluss für den Ausbildungserfolg nachgewiesen werden. Berufsgruppenspezifische Effekte ließen sich ferner für *Extraversion* (Manager & Verkaufsbereich) und in geringerem Umfang auch für *Emotionale Stabilität* zeigen. *Verträglichkeit* zeigt hingegen nach Barrick & Mount keinen oder nur einen äußerst geringen Zusammenhang mit dem Berufserfolg.

Salgado (1997) kommt zu ähnlichen Befunden. In einer internationalen Studie zeigt er, dass die Big-5-Dimensionen – vor allem Gewissenhaftigkeit und Verträglichkeit – in verschiedenen europäischen Ländern und in unterschiedlichen Berufsgruppen als valide Prädiktoren für unterschiedliche Maße des beruflichen Erfolges genutzt werden können. Allerdings sind für verschiedene Berufe unterschiedliche Faktoren von Bedeutung. In einer zusammenfassenden Metaanalyse zweiter Ordnung über 15 verschiedene Studien hinweg kommen die Autoren (Barrick, Mount & Judge, 2001) dann zu ähnlichen, wenn auch etwas differenzierteren Ergebnissen. Uneingeschränkt repliziert werden konnten die Befunde für den Faktor *Gewissenhaftigkeit*. Einen ebenfalls deutlichen, wenn auch geringeren Einfluss zeigt sich für das Merkmal *Emotionale Stabilität/Neurotizismus*. Für die Variablen *Extraversion, Offenheit für Erfahrungen* und *Verträglichkeit* zeigt sich hingegen ein sehr differenziertes Wirkungsbild. Während Extraversion und Verträglichkeit vor allem berufsspezifisch variieren (z.B. besonders geeignet für Tätigkeiten im Management und bei der Polizei), zeigen sich für *Offenheit* unterschiedliche Befunde je nach gewähltem Erfolgskriterium (vgl. Schuler & Höft, 2004).

Vergleichbare Befunde zeigen sich auch im Längsschnitt. So können Judge, Higgings, Thoresen & Barrick (1999) in einer über 70-jährigen Langzeitstudie(!), bei der die Probanden in allen Altersstufen befragt wurden, zeigen, dass es deutliche Zusammenhänge zwischen Persönlichkeitsmerkmalen und objektiven sowie subjektiven Berufserfolg im Laufe der Lebensspanne gibt. Dabei ist der Zusammenhang für Gewissenhaftigkeit am größten; dies gilt sowohl im Jugend- als auch im Erwachsenenalter. Ein schwächerer, aber signifikant negativer Zusammenhang mit dem objektiven Berufserfolg haben ebenfalls Neurotizismus und Verträglichkeit und ein positiver Zusammenhang besteht mit Extraversion. Für Berufe mit notwendigem Kontakt mit anderen Menschen erweisen sich vor allem die Faktoren Extraversion und Verträglichkeit als bedeutsam, während für planvolles, genaues Arbeiten Gewissenhaftigkeit von höherer Relevanz ist. Für Polizisten, Piloten und Ärzte ist hingegen ist der Faktor Emotionale Stabilität von besonderer Bedeutung (Schuler & Barthelme, 1995).

7.3.3 Persönlichkeitsfaktoren und Work-Life-Balance-Erleben

Trotz der insgesamt eher geringen Beachtung, die dispositionale Persönlichkeitsvariablen in der Work-Life-Balance-Forschung bisher erfahren haben, können einige Studien identifiziert werden, die entsprechende Variablen berücksichtigt haben (für einen Überblick s. Friede & Ryan, 2007). Dabei waren vor allem die folgenden Variablen Studiengegenstand: *Typ-A-Verhalten* (Burke, 1988; Carlson, 1999), *emotionale Gestimmtheit wie negative Affektivität* (Bruck & Allen, 2003; Carlson, 1999; Frone, Russel & Cooper, 1993; Stoeva, Chiu & Greenhaus, 2002; Watson & Clark, 1984), die Big-5-Variablen *Neurotizismus, Extraversion Gewissenhaftigkeit, Verträglichkeit* und *Offenheit* (Bruck & Allen, 2003; Carlson, 1999; Grzywacs & Marks, 2000a; Kinnunen et al., 2003; Rantanen et al., 2005; Wayne et al., 2004), *internale Kontrollüberzeugungen* (Frone, Russel & Cooper, 1995), *Copingverhalten* (Aryee, Fields & Luk, 1999; Frone, Russel & Cooper, 1995; Perrone & Worthington, 2001), *interpersonale Bindungsstile* (Summer & Knight, 2001) *Locus of Control* (Noor, 2003) und *psychologisches Involvement* in Arbeits- und Familienrollen (Carlson & Frone, 2003; Adams, King & King, 1996; Frone, Russel & Cooper, 1992b).

Zusammenfassend deuten die Ergebnisse der Untersuchungen mit den Big-5-Persönlichkeitsmerkmalen darauf hin, dass das Erleben von Arbeit-Familien-Konflikten (in beide Richtungen) in positivem Zusammenhang steht mit negativen emotionalen Dispositionen wie Neurotizismus bzw. in positiven Zusammenhang mit *emotionaler Stabilität* (Bruck & Allen, 2003; Carlson, 1999, Grzywacz & Marks, 2000a, Wayne et al., 2004). Rantanen, Pulkkinen, & Kinnunen (2005) finden lediglich einen Zusammenhang zwischen *emotionaler Stabilität* und *Arbeit⇨Familien-Konflikten,* während sich bei Kinnunen, Vermulst, Gerris, & Makikangas (2003) gar kein Zusammenhang zwischen der Persönlichkeitsvariable und Arbeit-Familie-Konflikten (in beide Richtungen) zeigt. Weiter zeigt sich, dass Persönlichkeitsmerkmale, die eine offene, aktive Haltung gegenüber Anforderungen ausdrücken, in negativem Zusammenhang mit Arbeit-Familie-Konflikten stehen (Carlson, 1999; Grzywacz & Marks, 2000a; Wayne et al., 2004). So sind *Extraversion, internale Kontrollüberzeugungen, Hardiness, Selbstbewusstsein* sowie *aktives Copingverhalten* als mit weniger negativem und mehr positivem Spillover zwischen den Lebensbereichen Arbeit und Familie verbunden (Aryee, Fields & Luk, 1999; Frone, Rusell & Cooper, 1995; Grzywacs & Marks, 2000a; Kinnunen et al., 2003). Hinsichtlich des Faktors Extraversion ist die Befundlage jedoch nicht einheitlich, denn in den Studien von Bruck & Allen (2003), Rantanen et al. (2005) und Wayne et al. (2004) finden sich keine Zusammenhänge mit Arbeit-Familie-Konflikten. Andererseits deuten erste Ergebnisse darauf hin, dass ein positiver Zusammenhang zwischen *Extraversion* und *Arbeit-Nicht-Arbeit-Förderung* in beide Richtungen besteht (Wayne et al., 2004). In derselben Studie zeigt sich außerdem ein Zusammenhang zwischen *Offenheit für Erfahrungen* und positivem Spillover aus der Arbeit in die Familie, der jedoch nicht in der inversen Richtung existiert.

Gewissenhaftigkeit ist dagegen mit geringeren Konflikten zwischen dem Arbeits- und Familienleben in beide Richtungen verbunden (Bruck & Allen, 2003; Wayne et al., 2004). Eingeschränkt finden sich vergleichbare Befunde auch bei Kinnunen, Vermulst, Gerris, & Makikangas (2003; nur für *Familie⇨Arbeit-Konflikte)* und bei Rantanen, Pulkkinen, & Kinnunen (2005 nur *Arbeit⇨Familie-Konflikte).* Wiese (2007) nennt die Befunde, die einen negativen Zusammenhang zwischen *Gewissenhaftigkeit* und Vereinbarkeitskonflikten nahe legen – überraschend, denn, so ihre Argumentation, gewissenhafte Personen neigen zu starkem Engagement in beiden Lebensbereichen, so dass beispielsweise Zeitkollisionen zu erwarten seien. Wayne (2003) vertritt jedoch die Auffassung, dass gerade das Persönlichkeitsmerkmal Gewissenhaftigkeit Grundlage für eine besonders effiziente Bewältigung der Anforderungen ist.

Für das Konstrukt *Verträglichkeit* zeigt sich in mehreren Untersuchungen ein negativer Zusammenhang mit *Arbeit⇨Familie-Konflikten,* nicht jedoch in entgegengesetzter Richtung (Kinnunen et al., 2003; Rantanen et al., 2005; Wayne et al., 2004). Über einen noch umfangreicheren Zusammenhang für verschiedene Arten und Richtungen der Arbeit-Familie-Konflikte (mit Ausnahme von verhaltensbedingten Konflikten) berichteten Bruck & Allen (2003). Darüber hinausgehend finden Wayne et al. (2004) einen positiven Zusammenhang zwischen Verträglichkeit und förderlichen *Familie⇨Arbeit-Spillover-Prozessen,* jedoch keinen mit förderlichen Spillover-Prozessen in der entgegensetzen Richtung aus der Arbeit in die Familie.

Bedeutung der Persönlichkeitsmerkmale am Work-Life-Balance-Erleben
Der Anteil der aufgeklärten Varianz durch Persönlichkeitsmerkmale variiert je nach Art der analysierten Arbeit-Familie-Konflikte. Er beträgt bei zeitbedingten Arbeit ⇨ Familie-Konflikten ca. 5 %, bei beanspruchungsbedingten Arbeit ⇨ Familie-Konflikten 12 % und bei verhaltensbedingten Arbeit ⇨ Familie-Konflikten 10 % (Carlson, 1999). Zu Ergebnissen in vergleichbarer Höhe kommen Wayne, Mussica & Flesson (2004). Sie berichten von einer Varianzaufklärung von 15 % für Arbeit ⇨ Familie-Konflikte und 13 % für Familie ⇨ Arbeit-Konflikte sowie 7 % aufgeklärter Varianz für positive Arbeit ⇨ Familie-Spillover-Prozesse und 8 % in entgegengesetzter Richtung (Familie ⇨ Arbeit) durch die Big-5-Variablen. Carlson (1999) fordert deshalb, dispositionale Faktoren stärker zu berücksichtigen und nennt dabei explizit die Verwendung der Big-Five-Persönlichkeitsmerkmale oder den Locus of Control.

Negative Affektivität
Negative Affektivität – die Tendenz, häufig negative Emotionen zu erleben – steht in positivem Zusammenhang mit dem Erleben von Arbeit-Familie-Konflikten (Frone, Russell & Cooper, 1993; Watson & Clark, 1984). Spätere Analysen von Bruck & Allen (2003) sowie Stoeva, Chiu & Greenhaus (2002) bestätigen diese Resultate und zeigen, dass dies auch für verschiedene Arten und Richtungen des Konflikterlebens gilt. Carlson (1999) zeigt ferner einen stärkeren Zusammenhang zwischen *negativer Affektivität* und zeit-, beanspruchungs- und verhaltensbedingten Familie ⇨ Arbeit-Konflikten. Stoeva, Chiu & Greenhaus (2002) vermuten, dass sich der Zusammenhang zwischen *negativer Affektivität* und Arbeit-Familie-Konflikten dadurch erklären lässt, dass *negative Affektivität* ursächlich für ein höheres Stresserleben in Arbeit und Familie ist, was seinerseits die stärkeren Arbeit-Familie-Konflikte bedingt. Andererseits räumen die Autoren auch ein, dass negative Affektivität eine Moderatorfunktion zwischen Stresserleben und Arbeit-Familien-Konflikten darstellen könne. Die Befunde zum Zusammenhang zwischen negativer Affektivität und Arbeit-Familien-Konflikten ist vergleichbar mit dem engen Zusammenhang zwischen *Neurotizismus* und Arbeit-Familien-Konflikten. Das erscheint nicht verwunderlich, wenn man sich vergegenwärtigt, dass Individuen mit einer negativen Affektivität auch dazu neigen, in ihrer emotionalen Stabilität eine geringe Ausprägung zu haben (vgl. Friede & Ryan, 2007).

Typ-A-Verhalten
Ein weitere individuelle Personenvariable, die mit dem Work-Life-Balance-Erleben in Verbindung gebracht wird, ist das Typ-A-Verhalten, das in der arbeitspsychologischen Literatur sehr oft mit arbeitsbezogenen Stress in Verbindung gebracht wird (für einen Überblick s. z. B. Ganster 1987). Typ-A Verhalten gilt als (Mit-)Verursacher von koronaren Herz-Erkrankungen, Stesserleben während der Arbeit, Jobunzufriedenheit, Angst

und Depressionen. Neben diesen medizinisch-gesundheitlichen Konsequenzen neigen Menschen mit Typ-A Verhalten dazu, länger zu arbeiten, höhere Anforderungen an sich selber zu stellen und legen größeren Wert auf die Arbeit (als Typ-B- Menschen; Ganster, 1987). Dabei scheinen Personen mit Typ-A-Verhalten anfälliger für arbeitsbezogene Belastungen zu sein. Typ A-Merkmale und Typ-A-Verhalten wurde in einigen Untersuchungen auch mit erhöhten Arbeit-Familie-Konflikten in Verbindung gebracht (Burke, Weir & Duwors, 1979, 1980a; Burke, 1988).

Wobei Carlson (1999) allerdings nur einen Zusammenhang zwischen verhaltensbedingten Arbeit-Familie-Konflikten und Typ-A-Verhalten findet und nicht für zeitbedingte und beanspruchungsbedingte Konflikte. Überraschend dabei ist vor allem der Befund, dass es keinen Zusammenhang zwischen Typ-A-Verhalten und zeitbedingten Arbeit-Familie-Konflikten (AFK) gibt. Carlson erklärt diesen Sachverhalt damit, dass aufgrund eines hohen Rollen-Involvement Typ-A-Persönlichkeiten den Arbeit-Familien-Konflikte vermutlich gar nicht wahrnehmen, da sie mit der Erfüllung einer anderen Rolle ausgefüllt sind. Ein anderer Erklärungsansatz des Autors geht davon aus, dass Typ-A-Verhalten unter Umständen ein multidimensionales Konstrukt sei, dass nicht angemessen erfasst wird und deshalb eine differentielle Wirkungen für den Zusammenhang zwischen Arbeit-Familien-Konflikten und Typ-A-Verhalten nicht nachgewiesen werden kann.

Insgesamt deuten die vorliegenden Befunde, die Persönlichkeitsmerkmale in die Untersuchung des Zusammenhang zwischen Familie und Arbeit einbeziehen, darauf hin, dass individuelle Dispositionen, die förderlich für eine aktive Auseinandersetzung mit Umweltanforderungen sind, Vereinbarkeitskonflikte zwischen den Domänen reduzieren bzw. sogar zu einem positiven Transfer zwischen den Lebensbereichen beitragen können.

Ein Erklärungsmodell, das den Zusammenhang zwischen Persönlichkeitsmerkmalen und Work-Life-Balance-Variablen beschreibt, findet sich bei Friede & Ryan (2007). Aufbauend auf dem Modell von Bolger & Zuckerman (1995), das von einer Moderatorfunktion von Persönlichkeitsfaktoren in der Beziehung zwischen Stressoren und Stress ausgeht, entwickeln die Autorinnen Annahmen über vier Verbindungsmechanismen des Zusammenhanges zwischen Arbeit-Familie-Konflikten und Persönlichkeitsfaktoren: 1) Individuen suchen abhängig von ihrer Persönlichkeit verschiedene Umwelten auf und gestalten diese *("Differential Exposure")*. In Folge dessen ist anzunehmen, dass Personen auch hinsichtlich ihres Work-Life-Balance-Erlebens, abhängig von ihrer Persönlichkeitsstruktur, verschieden ausgestaltete Schnittstellen zwischen Erwerbstätigkeit und Familie aufsuchen. So kann je nach Persönlichkeitsstruktur ein Arbeitskontext oder eine Familiensituation *„aufgesucht"* werden, die hinsichtlich der Vereinbarkeit zwischen den Domänen leichter oder herausfordernder für das Individuum ist. 2) Der zweite Verbindungsmechanismus basiert auf der Annahme, dass Individuen in Abhängigkeit von ihrer Persönlichkeitsstrukturen unterschiedlich auf situationale Stressoren reagieren (*„Differential Reactivity"*).

Auf das Work-Life-Balance-Erleben übertragen bedeutet dies, dass identische Situationen, die die Vereinbarkeit von Arbeit und Familie betreffen, je nach individueller Persönlichkeit unterschiedliche Reaktionen hervorrufen. 3) Der dritte Zusammenhangsmechanismus zwischen Persönlichkeit und Arbeit-Familie-Konflikten nach Friede & Ryan (2007) betrifft die Verwendung von Coping-Strategien (*„Use of Coping Strategies"*). Dabei wird angenommen, dass die Persönlichkeitsstruktur von Individuen Einfluss darauf hat, a) welche Coping-Strategien gewählt werden und b) wie effektiv die gewählten Coping-Strategien eingesetzt werden. 4) Die letzte Annahme von Friede & Ryan geht schließlich von einem indirekten Einfluss der Persönlichkeit auf das Erleben der Schnittstelle zwischen Arbeit und Familie aus (*„Indirect Influences"*), d.h., in Abhängigkeit von der individuellen Persönlichkeit wird angenommen, dass Persönlichkeitsfaktoren Einstellungen und Erfahrungen beeinflussen, die ihrerseits wiederum mit dem Erleben von Arbeit-Familie-Konflikten in Zusammenhang stehen.

Abschließend gilt es noch darauf hinzuweisen, dass in jüngster Zeit stärkere Aktivitäten beobachtet werden können, die sich mit dem Zusammenhang zwischen Arbeit-Familie-Konflikten beziehungsweise dem Work-Life-Balance-Erleben und persönlichen oder personenbezogenen Faktoren beschäftigen. So verweisen Friede & Ryan (2007) auf mehrere, bisher unveröffentlichte Dissertationen aus diesem Bereich aus jüngster Zeit (Andreassi, 2007; Pratt, 2006; Shafiro, 2005; Smoot, 2005).

7.3.4 Individuelle Handlungsstrategien

Das SOC-Modell von Baltes
Ein alternativer Ansatz zur Erklärung Arbeit-Familie Konflikten wird von Baltes & Dickson (2001) vorgestellt, indem sie die Theorie der *Selective Optimization with Compensation* (SOC) von Baltes (1997; Freund & Baltes, 1998; Baltes & Baltes, 1990) auf den Bereich des Arbeit-Familie-Interfaces übertragen. Beim SOC-Modell handelte es sich um ein Prozessmodell, das wirkungsvolle psychologische Anpassungen an die Bedingungen des Alterns im Verlauf des Lebensspanne beschreibt. Das *SOC-Modell* erläutert Prozesse eines erfolgreichen Alterns innerhalb eines universalistischen, metatheoretischen Ansatzes, der grundsätzlich geeignet scheint, auch auf unterschiedliche Entwicklungsphasen im Leben übertragen zu werden.

Aus handlungstheoretischer Perspektive können SOC-Prozesse auch als Lebensmanagementstrategien zur Ausnutzung von Entwicklungspotenialen bezeichnet werden. Der SOC-Ansatz als biografische Entwicklungstheorie geht davon aus, dass zu jedem Zeitpunkt der lebensgeschichtlichen Entwicklung von Individuen Verhaltensveränderungen möglich sind. Dabei werden die einzelnen Lebensabschnitte vor allem unter der Perspektive individueller Gewinne und Verluste sowie des individuellen Nutzens von kognitiven und behavioralen Ressourcen in dem jeweiligen Lebensabschnitt betrachtet. Erfolgreiche Entwicklung wird im SOC-Modell als die Optimierung gewünschter Ergebnisse und die Minimierung unerwünschter Ergebnisse des Handelns verstanden, also als optimiertes Zusammenspiel von Ressourcen und Strategien.

Die Strategien des SOC-Modells
Ausgangspunkt des Modells ist die Vorstellung, dass Menschen zur Erreichung individueller Lebensziele im Umgang mit limitierten (psychischen, physischen, umweltbezogen) Ressourcen Strategien verwenden, um die Ergebnisse ihres Handelns zu optimieren. Der SOC-Ansatz geht weiter davon aus, dass sich drei Zielwahl- und Handlungsstrategien als besonders erfolgreich erweisen: Selektion, Optimierung und Kompensation. Selektion bezieht sich auf die Zielauswahl für das angestrebte Handeln. Die Strategie der Selektion – optimal genutzt – bedingt eine bessere Ressourcennutzung, da sie Ziele auswählt, die die vorhandenen Ressourcen berücksichtigen. Dabei wird differenziert zwischen elektiver und verlustbedingter Selektion. Die elektive Selektion fokussiert auf eine positive Zielauswahl, während bei der verlustbasierten Selektion – beispielsweise aufgrund eines Kompetenz- oder Bedeutungsverlustes – ursprüngliche Ziele nicht mehr realisiert werden können, so dass veränderte Zielstellungen vorgenommen werden sollten. Optimierungs- und Kompensationsstrategien beschäftigen sich mit dem Einsatz von Ressourcen durch Erweiterung bzw. Ersetzen von verlorenen bzw. sich verändernden Ressourcen. Optimierungsprozesse beziehen sich auf den optimalen Einsatz vorhandener Ressourcen zur Zielerreichung. Optimierung kann ein verstärktes Bemühen zur Zielerreichung bedeuten, das Erproben neuer Methoden oder auch eine Verbesserung bereits vorhandener Kompetenzen (z. B. durch Training). Kompensationsstrategien hingegen zielen auf externale oder internale Kompensationsprozesse zur Anpassung an spezifische Zielzustände. Wie Baltes & Dickson (2001) betonen, kann unterschieden werden zwischen externaler (z. B. Hinzuziehung externer Hilfe) und internaler Kompensation (z. B. durch Impression-Management). Beide verfolgen die Absicht, dass entweder bestehende Ziele weiter aufrecht erhalten werden können oder das Nichterreichen der Ziele weniger evident ist.

SOC-Strategien und das Work-Life-Balance-Erleben
Da auch die Vereinbarkeit der Lebensbereiche und die Schnittstelle zwischen Arbeits- und Familienleben in ihrer Struktur den Umgang mit den limitierten Ressourcen Zeit und Energie erfordert, schlagen Baltes & Dickson (2001) vor, das Forschungsfeld unter der Perspektive der SOC-Theorien zu analysieren. Die Autoren stellen die Hypothese auf, dass die Verwendung von Strategien der Selektion, Optimierung und/oder Kom-

pensation zu Reduktion von Arbeit-Familie Konflikten führen sollen. Da das SOC-Modell die Möglichkeiten und Ressourcen einer Person immer vor dem Hintergrund des jeweiligen Lebensabschnitt betrachtet, erscheint dieser Ansatz grundsätzlich als geeignet, um einerseits Befunde zu integrieren, die das Problemfeld Arbeit-Familie vor dem Hintergrund verschiedener Lebensabschnitte betrachten und andererseits dem Mangel an Ansätzen und Untersuchungen, die individuelle Faktoren und Strategien bei der Vereinbarkeit von Arbeit, Freizeit und Familie berücksichtigen, entgegenzuwirken.

Weitere Forschung in diesem Feld erscheint folglich geboten, nicht zuletzt zur Überprüfung der Hypothese Baltes & Dickson (2001). Die Autoren weisen außerdem darauf hin, dass zukünftige Forschung in diesem Bereich a) weitere individuelle Prädiktor-Variablen wie Zeitmanagement-Fähigkeiten oder persönliche Konstrukte berücksichtigen und b) ein längsschnittliches Design haben sollte.

Empirische Befunde
Erste Studien, die den Zusammenhang zwischen Work-Life-Balance-Erleben und dem Einsatz von SOC-Strategien berücksichtigen, sprechen sowohl in querschnittlichen Ansatz (Wiese, Freund & Baltes, 2000) als auch im 3-jährigen Längsschnitt-Design (Wiese, Freund & Baltes, 2002) für den von Baltes postulierten Zusammenhang und zwar dergestalt, dass der Einsatz von SOC-Strategien einhergeht mit subjektiven globalen und spezifischen Befindensmaßen als Erfolgsindikatoren. Die an jungen Erwachsenen erhobenen Befunde erweisen sich auch unter Kontrolle der Big-5-Persönlichkeitsfaktoren und der Kontrollüberzeugungen als stabil.

Eine weitere Untersuchung, die sich mit dem Zusammenhang zwischen SOC-Strategien und Arbeit-Familie-Konflikten beschäftigt, findet sich bei Baltes & Heydens-Gahir (2003). In ihrer Untersuchung mit 241 Teilnehmern (alle mit Lebenspartner und Kindern) finden sie keinen direkten Zusammenhang zwischen dem Einsatz der SOC-Strategien (bei einer zwölf Item-Kurzversion des SOC-Fragebogens) und den untersuchten Konflikten. Allerdings bewirkt die Verwendung der SOC-Strategien in den Bereichen Arbeit und Familie eine geringere Ausprägung des jeweiligen bereichsspezifischen Stresserlebens. Der Zusammenhang mit den SOC-Strategien erweist sich auch bei der zusätzlichen Berücksichtigung von Kontrollvariablen (Arbeitszeit in Stunden, Geschlecht, soziale Unterstützung und Unterstützung seitens des Vorgesetzten sowie das Engagement in Familie und Beruf) als stabil. Im beruflichen Kontext zeigt sich, dass der Einsatz der elektiven und der verlustbasierten Selektion das erlebte Ausmaß an Arbeitsstressoren reduziert. Die Reduktion der Anzahl von Zielen ist eine bedeutende Strategie, welche auch (abhängig) Beschäftigte gut praktizieren können, da bei vielen Arbeitstätigkeiten eine Kontrolle über selektive Prozesse im Arbeitsbereich möglich ist. Selektionsstrategien lassen sich im Vergleich zu Strategien der Optimierung (z. B. Weiterbildung) oder Kompensation (z. B. Akzeptanz von Unterstützung) meist leichter umsetzen, denn es besteht für Erwerbstätige in einem gewissen Rahmen die Möglichkeit, die geeigneten oder alternative Ziele auszuwählen.

Für den familiären Kontext zeigt sich dagegen in der Studie von Baltes & Heydens-Gahir (2003) kein Zusammenhang zwischen der elektiven bzw. der verlustbasierten Selektion mit Familienstressoren. Die Strategie der selektiven Zielauswahl scheint im Kontext Familie eine geringere Akzeptanz zu erfahren. Für die Optimierungsstrategie zeigt sich jedoch ein Zusammenhang, der aber bei Berücksichtigung von Kontrollvariablen nicht mehr bedeutsam ist.

Zusammenfassung
Die berichteten Befunde können als erste Indizien für einen Zusammenhang zwischen individuellen Handlungsstrategien und Work-Life-Balance-Erleben gewertet werden. Es erscheinen allerdings weitergehende Analysen notwendig, um die Zusammenhänge und die dahinter liegenden Erklärungen genauer zu eruieren. So bleibt beispielsweise unklar, ob die angewendeten SOC-Verhaltensstrategien immer als funktional bezeichnet werden können. Nach Heckhausen und Schulz (1993) besteht die Möglichkeit, dass eine falsche Auswahl von Zielen eine Ressourcen-Verschwendung bedeuten kann und auch die Auswahl ungeeigneter kompensatorischer Strategien kann sich unter Umständen als dysfunktional erweisen (z. B. in Form von Abhängigkeiten). Ferner ist unklar, bei welchen Zielgruppen sich welche SOC-Verhaltensstrategien als geeignet beziehungsweise als besonders effektiv erweisen. Nach Abraham & Hansson (1995) scheinen SOC-Strategien vor allem dann ihre Wirkung zu entfalten, wenn sich das handelnde Individuum an den Grenzen seiner limitierten Ressourcen befindet. Ferner zeigt sich hier mit älteren Erwerbstätigen, dass die Antworten auf Fragen, ob SOC-Strategien angewendet werden und diese auch effektiv sind, auch von tätigkeits- und arbeitsplatzspezifischen sowie individuellen Charakteristika abhängen.

Auch darüber, welche weiteren Selbstmanagement-Strategien bei der Reduktion von Arbeit-Nicht-Arbeit-Konflikten hilfreich sind, bestehen derzeit keine eindeutigen Befunde. So ist aus der Stressforschung zwar bekannt, dass ein schlechtes Selbstmanagement zu Stressreaktionen führen kann (Jex & Elacqua, 1999). Doch gerade die in der populärwissenschaftlichen Work-Life-Balance-Literatur häufig angeführten Methoden und Strategien zur Optimierung des individuellen Zeitmanagements können sich als nicht förderlich und somit kontraproduktiv für ein höheres Konflikterleben erweisen. So identifizieren Adams & Jex (1999) Arbeit ⇨ Familien-Konflikte und Familien ⇨ Arbeit-Konflikte als Mediator für den Einfluss von Zeitmanagementtechniken auf Gesundheit und Arbeitszufriedenheit. Insbesondere das stärkere Setzen zeitlicher Prioritäten steht dabei in einem positiven Zusammenhang mit einem höheren Konflikterleben. Wiese (2007) weist außerdem darauf hin, dass Handlungsstrategien, die dem externen Betrachter auf den ersten Blick unter Umständen als individuumszentriert erscheinen, tatsächlich gemeinschaftliche Strategien bzw. gemeinsame Bewältigungsversuche in Lebenspartnerschaften darstellen können (z. B. bei der Planung und Aufteilung der gemeinsamen Hausarbeit).

Die Art und Weise, wie Individuen ihre Zeit „managen", scheint sehr kontextabhängig zu sein. So zeigen Kasper, Scheer & Schmidt (2002) in einer Interviewstudie, dass österreichische Manager (Absolventen eines postgraduierten Studiengangs) abhängig davon, ob sie Aufgaben im privaten oder beruflichen Kontext bewältigen, unterschiedliche Strategien einsetzen. Im Rahmen der Erwerbstätigkeit unter Zeitdruck werden vor allem die Strategien der Prioritätensetzung und der Aufgabendelegation gewählt. Strategien des Multi-Tasking oder der Arbeitsbeschleunigung stellen hingegen eher die Ausnahme dar, genauso wie das Ersuchen nach Hilfe. Interessant ist auch, dass vor allem die Führungskräfte, die bewusst eine Integration der Lebensbereich Arbeit und Privatleben verfolgen, im Gegensatz zu Managern, die ihre persönliche Priorität nur in einem der beiden Lebensbereiche sehen, häufiger Beschleunigungsstrategien als Lösungsmöglichkeit wählen.

Im privaten Kontext zeigen die Befragten dagegen, dass soziale Unterstützung die am häufigsten angewandte Methode ist, um Zeitproblemen zu begegnen. Weitere im privaten Kontext genutzte Methoden sind Prioritätensetzung und Arbeitsbeschleunigung. Auffallend ist auch, dass die Familien- und Privatzeit vielfach als variabel erachtet wird, d. h., private Anliegen (z. B. Entspannung) werden den organisationalen Anforderungen untergeordnet. Diese Befunde unterstützen somit die Hypothese einer asymetrischen Permeabilität der Lebensbereiche (ähnliche Befunde sich auch bei auch Frone, Russel & Cooper, 1992; Eagle, Miles, & Icenogle, 1997).

7.3.5 Die Bedeutung des Kontrollerlebens

Eine weitere vielfach im Zusammenhang mit dem Vereinbarkeitserleben angeführte Variable stellt die wahrgenommene Kontrolle beziehungsweise das Kontrollerleben dar. Dem Kontrollerleben wird dabei zumeist eine Puffer- oder Moderatorfunktion zugeschrieben, die sich förderlich auf das Konflikterleben auswirkt.

Kontrolle als Moderator von Arbeit-Familie-Konflikten
Die wahrgenommene Kontrolle, beispielsweise über die Arbeitsbedingungen und die Planung der Arbeitszeit, kann als ein Puffer zwischen Rolleneigenschaften und Arbeit-Familie-Konflikten betrachtet werden. Durch eine höhere (wahrgenommene) Kontrolle werden Individuen in die Lage versetzt, ihr Work-Family-Interface besser zu koordinieren. Voydanoff (1988) zeigt, dass die wahrgenommene Kontrolle über Rolleneigenschaften für einige Variablen als Moderator zwischen den Rolleneigenschaften und den

erlebten Arbeit-Familie-Konflikte wirkt. Hohe Kontrolle über die Ausübung der Arbeitsaufgabe und eine hohe Autonomie im Arbeitsalltag schwächen dabei die Verbindung zwischen Rolleneigenschaften und Arbeit-Familie-Konflikten. Bei Männern zeigt sich ein Zusammenhang zwischen Nachtschichtarbeit und Arbeit-Familie-Konflikten, die bei einer hohen Kontrolle über die Schichtpläne abgemildert werden. Sowohl für Männer als auch für Frauen zeigt sich, dass bei hoher Ambiguität hinsichtlich der Arbeitsrollen (z. B. Unklarheit über die erwarteten Anforderungen innerhalb der Arbeitsaufgabe) und bei geringer Autonomie über die Schichtpläne, die Arbeit-Familie-Konflikte stärker ausfallen. Bei Frauen zeigt sich darüber hinaus ein Puffereffekt durch Kontrolle für die Variablen *Wochenendarbeit* und *Arbeit-Familie-Konflikt*. Da für weitere Variablen dieser Puffer-Effekt jedoch nicht nachgewiesen werden kann, spricht Voydanoff ihm nur eine begrenzte Wirkung zu.

Auch Thomas & Ganster (1995) untersuchen den Zusammenhang zwischen arbeitsbezogenen Variablen Arbeit-Familie-Konflikten, Kontrolle und diversen Outcome-Maßen. Sie unterteilen familienfreundliche Arbeitsumwelten in a) familienfreundliche Unternehmensstrategien und Politiken sowie b) familienfreundliche Führungskräfte und Vorgesetzte. Die Autoren formulieren ein Stressmodell des Arbeit-Familie-Interfaces, in dem familienunterstützende Aspekte der Arbeitsumwelt auf drei Wegen Einfluss auf die Beanspruchungen hervorrufen. Eine familienunterstützende Arbeitsumwelt wirkt einerseits direkt auf die Variablen *Kontrolle* und *Arbeit-Familie-Konflikte*.

Diese beiden Variablen haben ihrerseits einen direkten Einfluss auf die Outcome-Variablen (Depression, Arbeitszufriedenheit, somatische Beschwerden, Blutdruck): Während *Arbeit-Familie-Konflikte* in ihrem Modell die Beanspruchungen verstärken sollen, wirkt sich Kontrolle mildernd auf das Beanspruchungsniveau der Betroffen aus. Zusätzlich postulieren die Autoren noch einen moderierenden (mildernden) Einfluss der *Kontrolle* auf die *Arbeit-Familie-Konflikte*. Kontrolle wird dabei definiert als der Glaube oder die Einstellung einer Person, einen direkten oder indirekten Einfluss nehmen zu können, um auf diese Art und Weise die Umwelt als belohnend oder weniger bedrohlich wahrzunehmen (Thomas & Ganster, 1995, S. 7).

Grundgedanke ist die Überlegung, dass Kontrollüberzeugungen helfen können, stressende, bedrohliche Ereignisse besser zu bewältigen. Es zeigt sich z. B. für *Vorgesetztenunterstützung ein negativer, direkter Einfluss auf Arbeit-Familie-Konflikte und indirekte Einflüsse der Vorgesetztenunterstützung und flexiblen Arbeitszeiten über die Kontrolle auf Arbeit-Familie-Konflikte. Vorgesetztenunterstützung* hat zudem einen negativen direkten Einfluss auf *Arbeit-Familie-Konflikte*. Der Zusammenhang zwischen *Arbeit-Familie-Konflikten* und *somatischen Beschwerden* ist ferner mit 0.56 sehr stark. Zusammenfassend können als wesentliche Befunde der Untersuchung von Thomas & Ganster (1995) festgehalten werden: Für *Vorgesetztenunterstützung* zeigen sich direkte und indirekte Einflüsse auf das gesundheitliche Befinden der Mitarbeiter und deren *Arbeitszufriedenheit*.

Den Variablen *Kontrolle* und *Arbeit-Familie-Konflikte* kommt hierbei eine moderierende Funktion zu, wobei die Wirkung der *Kontrolle* immer über *Arbeit-Familie-Konflikte* vermittelt wird. Ein direkter Einfluss des *Kontrollerlebens* auf die abhängigen Variablen zeigt sich dagegen nicht. *Flexible Arbeitszeiten* haben darüber hinaus einen direkten negativen Einfluss auf die Gesundheit der Mitarbeiter.

Für weitere im Modell postulierte Input-Variablen wie *Info-Dienstleistungen zur besseren Vereinbarkeit von Arbeit und Familie und Betreuungsservices der Organisation* wurden keine signifikanten Einflüsse gefunden, was jedoch nicht bedeuten muss, dass sie grundsätzlich nicht wirken bzw. keine Effekte hervorrufen. Denn in der Untersuchung von Thomas & Ganster (1995) handelt es sich um eine sehr homogene, regionale, geschlechtsspezifische Teilpopulation (erwerbstätige Frauen im Gesundheitswesen in Nebraska), in der Unterstützungsangebote seitens der Organisation zum Erhebungszeitpunkt eher unüblich waren, so dass ein Großteil der Befragten derartige Angebote nicht wahrgenommen hat (falls sie denn vorhanden waren). Da mittels einer pfadanalytischen Überprüfung des Modells keine kausalen Schlüsse gezogen werden können, gilt es darauf hinzuweisen, dass die Richtung des Zusammenhanges im Modell nicht immer eindeutig ist. Die Autoren weisen auch selbst darauf hin, dass letztendlich noch nicht geklärt werden kann, ob ein erhöhtes Gefühl der Kontrolle geringere Arbeit-Familien-Konflikte bedingt oder ob geringere Arbeit-Familien-Konflikte das Gefühl hervorrufen, größere Kontrolle zu haben.

Ungeachtet dessen bleibt es unzweifelhaft, dass Kontrolle eine entscheidende Bedeutung im Geflecht von organisationalen Bedingungen und wahrgenommenen Arbeit-Familien-Konflikten hat. So schreiben Thomas & Ganster (1995, S. 13), dass das Gefühl der Kontrolle von Mitarbeitern „*may be a key mechanism by which family-supportive policies affect work-family conflict and strain. This conclusion implies that family-supportive interventions can be expected to increase employee perceptions of control and that such cognitive processing plays a central mediating role in an individual's ability to cope with competing demand*".

Kontrolle wird, wie die voranstehenden Ausführungen zeigen, meist als eine Variable erachtet, die Erwerbstätigen eine Einflussnahme auf Arbeit⇨Familie- bzw. Familie⇨Arbeit-Konflikte ermöglicht (i.S. einer Verbesserung durch Konflikt-Reduktion). Dabei scheint es von Bedeutung zu sein, wie permeabel die Grenzen zwischen Erwerbstätigkeit und Familie in beide Richtungen sind. Einige empirische Befunde sprechen in diesem Zusammenhang davon, dass die Permeabilität zwischen den Lebensbereichen aus der Arbeit in Richtung Familie geringer ist als in der entgegengesetzten Richtung (z. B. Frone, Russel & Cooper, 1992a, 1992b). Ursächlich könnte die Vorstellung der Erwerbstätigen sein, in ihrem Familien- und Privatleben größere Kontrolle ausüben zu können, da die organisatorischen Rahmenbedingungen als relativ fix und nur schwer veränderbar wahrgenommen werden (vgl. Gutek, Searle & Klepa, 1991). Dem Grad an

Partizipation innerhalb des Unternehmens dürfte somit ebenfalls eine große Bedeutung für Kontrollerleben zukommen. Soweit dem Verfasser dieser Arbeit bekannt, liegen jedoch noch keine empirischen Befunde vor, die sich explizit mit dem Zusammenhang zwischen organisationaler Partizipation und dem Work-Life-Balance-Erleben beschäftigen. Es ist anzunehmen, dass stärkere Partizipationsmöglichkeiten sowohl das erlebte Kontrollgefühl verbessern als auch die tatsächliche Möglichkeit, das Arbeit-Familie-Interface möglichst konfliktfrei und förderlich gestalten.

Weitere Studien, die den Zusammenhang zwischen Kontrolle und Arbeit-Familie-Konflikten untersuchen und zu vergleichbaren Resultaten kommen, finden sich bei Kinnunen & Mauno (1998). Ein geringes Level von Kontrolle am Arbeitsplatz steht im Zusammenhang mit höheren Arbeit ⇨ Familie-Konflikten. Dikkers et al. (2004) zeigen, dass geringe Autonomie im Zusammenhang mit negativen Arbeit-Nicht-Arbeit-Interaktionen steht, vor allem bei Vollzeit arbeitenden Personen. Und Noor (2002) belegt Zusammenhänge zwischen Locus of Control und Arbeit-Familie-Konflikten mit einer Mediatorfunktion von Arbeit-Familie-Konflikten auf den Zusammenhang zwischen Kontolle und Arbeitszufriedenheit.

Der private Lebensbereich wird von Erwerbstätigen auch zur Kompensation beruflicher Beanspruchungen genutzt. In der Tagebuchstudie von Bolger, DeLongis, Kessler & Wethington (1989) mit 166 Paaren zeigt sich ein negativer Spillover zwischen der beruflichen Beanspruchung und dem privaten Beanspruchungserleben. Der Effekt der Kompensation findet sich allerdings nur in der Richtung Arbeit ⇨ Privatleben und nicht in der Richtung Privatleben ⇨ Arbeitsleben. Bolger et al. erklären diese Beobachtung damit, dass im Nichterwerbsleben der Untersuchungsteilnehmer höhere Kontrollmöglichkeiten bestehen – mit der Möglichkeit, dringende Aufgaben und Anforderungen auf den Lebenspartner zu übertragen. Das Kontrollerleben wird allerdings nicht nur relevant bei der Vereinbarkeit von Arbeit, Familie und Freizeit, sondern trägt auch zur Belastung des Lebenspartners bei. So identifizieren Bolger et al. in derselben Studie auch Crossover-Effekte (s. a. 8.7) zwischen den Lebenspartnern.

Dabei zeigt sich, dass bei den männlichen Studienteilnehmern berufliche Belastungen in Form von Auseinandersetzungen am Arbeitsplatz nicht nur Spillover-Prozesse in das Privatleben nach sich ziehen (in Form von Meinungsverschiedenheiten mit dem Lebenspartner), sondern auch Crossover-Effekte hervorrufen. Es zeigt sich, dass die Überlastung der Männer im Erwerbsleben mit Überlastungen der Frauen daheim in Zusammenhang stehen. Die Befunde deuten darauf hin, dass sich Männer nach Belastungen im Rahmen der Erwerbstätigkeit in geringerem Umfang an der Hausarbeit beteiligen, was dazu führt, dass die Lebenspartnerinnen dieses geringere Engagement kompensieren müssen. Männer reagieren hingegen weniger mit Kompensationsbemühungen auf ein geringeres Engagement der Frauen bei der Hausarbeit in Folge von beruflichen Belastungen.

Wie schon aufgezeigt, wird die Möglichkeit von Individuen, Kontrolle über die strukturellen Rahmenbedingungen der Arbeit bzw. ihren Arbeitsbedingungen ausüben zu können, als eine immer wieder genannte förderliche Voraussetzung für ein positives Work-Life-Balance-Erleben genannt. Auch das Job-Demand-Control-Modell von Karasek & Theorell (1990) postuliert, dass ein optimales Zusammenspiel von Kontrolle und Arbeitsanforderungen stressreduzierend ist. Kontrollausübung über Arbeitszeit oder Arbeitsort sind nur zwei Beispiele für eine mögliche Einflussnahme der Beschäftigten. Sie machen jedoch deutlich, dass die alleinige Kontrollausübung in der Regel zur Verbesserung der Work-Life-Balance nicht ausreicht, sondern auch entsprechend gestaltete organisationale Rahmenbedingungen und förderliche Organisationskulturen erforderlich sind, um eine optimale Integration von Arbeit, Familie und Freizeit zu erlangen.

Insbesondere vor dem Hintergrund des in Kapitel 5 dargestellten organisationalen Wandels gilt es jedoch zu prüfen, inwieweit vor allem neue flexible Organisationsformen eine Kontrollausübung erlauben, die eine bessere Vereinbarkeit von Arbeit, Familie und Freizeit ermöglicht. Denn die strukturellen Merkmale flexibler Organisationen finden sich häufig in Kombination mit Elementen einer eher tayloristischen Arbeitsorganisation. Von daher verwundert es nicht, wenn eine Erhöhung der organisationalen Flexibilität nicht zwangsläufig zu einer Belastungsreduktion der Beschäftigten führt. Im Zusammenhang mit Entgrenzungsphänomenen der Arbeit eröffnen sich Erwerbstätigen zwar oft erweiterte zeitliche, räumliche, mediale und soziale Handlungsspielräume im Rahmen ihrer Arbeitstätigkeit, diese Autonomie wird jedoch oft von arbeitsplatzfernen (meist informationstechnologisch-gestützten) Steuerungs- und Kontrollmechanismen (zur Überprüfung der Zielsetzung und Überwachung) eingeschränkt und kontrolliert.

Vieth (1995) entwirft in diesem Zusammenhang das Paradigma der *kontrollierten Autonomie*. So ist fraglich, ob in derart mehrdeutigen Arbeitssituationen der Zugewinn an Kontrolle zu einem besseren Vereinbarkeitserleben beiträgt. Auch Kastner (2004) weist darauf hin, dass eine Erhöhung der Autonomie nicht zwangsläufig positive Effekte für das Wohlbefinden haben muss. Denn auch wenn die Effekte einer Erhöhung der Autonomie für tayloristisch strukturierte Arbeitstätigkeiten in der Regel durchweg positiv sind, muss dies nicht zwangsläufig auch für selbstregulativ-flexible Tätigkeiten gelten, wie man sie beispielsweise bei Freelancern und Intrapreneueren vorfindet. Kastner vermutet vielmehr eine kurvilineare umgekehrt u-förmige Beziehung: In Bereichen geringer Autonomie ruft eine Steigerung der Partizipation zunächst positive Effekte für das gesundheitliche Wohlbefinden hervor, bei höherem Regulationsaufwand jedoch sind weitere Ressourcen nicht mehr aktivierbar. Man könnte, wenn man wollte, aber man hat keine Möglichkeit mehr dazu (z. B. keine Zeit). Die Konsequenz ist ein Absinken bzw. Ausbleiben des Autonomieeffektes auf die Gesundheit und das Work-Life-Balance-Erleben.

8. Das Work-Life-Balance-Erleben

8.1 Rollenbegriff und Rollentheorien

Der Rollenbegriff ist für das Forschungsfeld Work-Life-Balance und für die Beschreibung des Interfaces zwischen den Lebensbereichen Arbeit, Familie und Freizeit von großer Bedeutung, weil verschiedene theoretische Ansätze über den Begriff der Rolle das individuelle Erleben der (Un-) Vereinbarkeit der verschiedenen Lebensbereiche erklären. Mit den nachfolgend eingeführten Begriffen werden deshalb zunächst überblicksartig die wesentlichen mit dem Konzept der Rolle in Zusammenhang stehenden Inhalte dargestellt, um im Anschluss daran in ihrer spezifischen Bedeutung für das Themenfeld Work-Life-Balance erörtert zu werden.

Definitionen
Brodbeck und Frey (1999, S. 359) definieren eine Rolle als „*... die Erwartungen der Gruppenmitglieder über angemessenes Verhalten in einer gegebenen Position, wobei rollenkonformes Verhalten in der Regel positiv und Abweichungen negativ sanktioniert werden...*". Rollen werden von den Erwartungen definiert, die die soziale Umwelt an den Inhaber einer bestimmten Position richtet (Rollenerwartungen). In verschiedenen, aber miteinander verbundenen sozialen Systemen haben Individuen unterschiedliche Positionen inne, weshalb mit den unterschiedlichen Positionen auch unterschiedliche Erwartungen an den Rolleninhaber verbunden sind. Die Mitgliedschaft in verschiedenen sozialen Systemen ist Grundlage für differenzierte Rollen, die das Individuum einnimmt oder einnehmen soll (Aronson, Wilson & Akert, 2006; Bierhoff, 2006a; Smith & Mackie, 2000). Dahrendorf (2006) differenziert ferner zwischen gesellschaftlich festgelegten Kann-, Soll- und Muss-Rollenerwartungen. Während die Muss-Erwartungen im übergeordneten sozialen Bezugssystem normativ fixiert sind (z. B. in Gesetzen), besteht bei den Soll-Erwartungen (z. B. in Stellenausschreibungen formuliert) und den Kann-Erwartungen (z. B. allgemeine Benimm-Regeln innerhalb eines Bezugssystems) Interpretationsspielraum für den Rollenträger.

Die Rollenerwartung gründet einerseits in dem, was Individuen als Rollenträger innerhalb einer Situation als angemessenes Verhalten erachten und andererseits in den sozialen Normen, die an das Individuum durch sein soziales Umfeld herangetragen werden. Als Folge reflektieren Positions- und Rolleninhaber bei der Ausübung von Aktivitäten ihre aktuelle Position und Rolle, um situations- und rollenadäquate Verhaltensweisen ausüben zu können. Rollen sind somit nicht allein eine subjektive Interpretation des Rollenträgers – es existieren Aspekte einer Rolle, die durch soziale Normen von außen an einen Rolleninhaber herangetragen werden.

Rollentheoretische Ansätze
Welche Rechte, Pflichten und Möglichkeiten einer Rolle zugeschrieben werden, ist jedoch nicht statisch, sondern immer abhängig von der Interpretation der jeweiligen Rolle. Interessant ist besonders das wechselseitige Verhältnis zwischen individuellem Verhalten und sozialen Institutionen. Grundsätzlich lässt sich vereinfachend zwischen zwei verschiedenen Ansätzen zur Beschreibung von Rollentheorien unterscheiden: dem strukturfunktionalistischen Ansatz (z. B. Parsons 2003) und der interaktionistischen Sichtweise, die soziales Handeln immer als symbolisch vermittelte Interaktion auffasst (z. B. Mead, 2005). Während der erstgenannte Ansatz eher die Makroperspektive einnimmt und auf Zusammenhänge zwischen Individuum und gesellschaftlichen Systemen fokussiert, dominiert im interaktionistischen Ansatz die Mikroperspektive und konzentriert sich auf eine kommunikationstheoretische Analyse des individuellen Handelns in sozialen Situationen. Im letztgenannten Modell wird das Individuum immer als Konstrukteur seiner sozialen Lebenswelt verstanden, wobei aber gesellschaftliche Bedingungen die Bewusstseinsstruktur maßgeblich beeinflussen.

Beim Vergleich der beiden Ansätze kann festgehalten werden, dass der strukturfunktionalistische Ansatz die statischen Aspekte von Rollen hervorhebt. Rollenhandeln wird vor allem als ein durch den Sozialisationsprozess internalisiertes Handeln vor dem kulturellen und normativen Hintergrund des jeweiligen Bezugssystems verstanden. Der Rollenträger wird in starkem Maße durch die sozialen Imperative des jeweiligen Bezugssystems determiniert. Interaktionistische Ansätze legen dagegen ihren Schwerpunkt auf die Rollendynamik, d.h. auf den Akteur des Rollenhandelns, der aktiv in einer sozialen Situation seine Rolle gestaltet (durch Role-Taking als auch durch Role-Making). Es handelt sich bei rollentheoretischen Ansätzen somit nicht um konsistente theoretische Modelle, sondern um ein metatheoretisches sozialwissenschaftliches Paradigma, um individuelles (Rollen-)Handeln vor normativen Hintergründen zu beschreiben und zu erklären.

Vier Grundqualifikationen sozialen Handelns
Im Zusammenhang mit Rollenhandeln sind vier Grundqualifikationen sozialen Handelns zu erwähnen, die ein erfolgreiches Rollenhandeln ermöglichen (Krappmann, 2000): die Fähigkeiten und Kompetenzen zur Rollendistanz, Empathie, Ambiguitätstoleranz und Identitätsdarstellung.
- Unter Rollendistanz versteht man die Fähigkeit, vorhandene Rollenerwartungen zu reflektieren und sich ihnen gegenüber flexibel zu verhalten. Rollendistanz drückt sich in der Fähigkeit zum Perspektivenwechsel aus, kann sich aber auch in redu-

ziertem Engagement oder Humor und Ironie manifestieren. Ob es Individuen gelingt, die Fähigkeit zur Rollendistanz zu entwickeln, hängt wesentlich von der Art und dem Grad der Internalisierung der Rollenerwartungen ab. Je geringer die Identifikation des Individuums mit der Rolle ist, d.h. je weniger es in seiner Rolle aufgeht, desto eher besteht die Möglichkeit zur Ausübung von Rollendistanz, also zwischen Selbstbild und Rollenidentität unterscheiden zu können. Rollendistanz ermöglicht daher, in einer Rolle zu handeln, ohne die anderen Rollen aufgeben zu müssen.

- Die zweite Grundqualifikation, die Empathie, ist die Kompetenz, sich in sozialen Interaktionen in den Kommunikationspartner hineinzuversetzen, um Gedanken und Gefühle des Gegenübers wahrzunehmen und im eigenen Rollenverhalten zu berücksichtigen.
- Weiter zu nennen ist die Ambiguitätstoleranz als Fähigkeit, mit divergierenden und widersprüchlichen Rollenerwartungen zurechtzukommen. Von Ambiguitätstoleranz ist zu sprechen, wenn trotz Widersprüchen zwischen individuellem Rollenentwurf und (tatsächlichen oder vermeintlichen) entgegengesetzten Rollenerwartungen ein ausgeglichenes Verhältnis herrscht, d.h., sie erfordert die Fähigkeit, Rollenkonflikte zu erkennen und Mehrdeutigkeiten auszuhalten.
- Die letzte Grundkompetenz des Rollenhandelns, die Identitätsdarstellung, ist die Fähigkeit, die individuellen Erwartungen und Bedürfnisse im Rollenhandeln zum Ausdruck zu bringen. Das bedeutet die eigene Rolle so darzustellen, dass die subjektiven Bedürfnisse vor dem Hintergrund externer normativer Rollenerwartungen zur Geltung kommen. Es handelt sich somit um den Versuch, zwischen der individuellen persönlichen und der externen sozialen Identität, d.h. den normativen Rollenerwartungen, einen Ausgleich zu finden.

8.2 Rollenkonflikte

Rollenverhalten kann von Individuen als konflikthaft erlebt werden. Zu solchen kommt es, wenn mehrere vom Individuum ausgeübte Rollen miteinander unvereinbar sind. Dabei kann zwischen Inter- und Intra-Rollenkonflikten sowie zwischen Inter- und Intra-Senderkonflikten unterschieden werden.

Kommt es aufgrund divergierender Erwartungen an dieselbe Rolle durch verschiedene Bezugsgruppen zum Konflikt, ist von einem Intra-Rollenkonflikt zu sprechen. Hierbei gilt es für das Individuum, unterschiedliche Erwartungen zu interpretieren und vor seinem individuellen Erfahrungshintergrund zu bewerten und zu einer für ihn akzeptablen Lösung zu gelangen. Intra-Rollenkonflikte betreffen die Unvereinbarkeit verschiedener Erwartungen, die die Ausübung einer Rolle behindern (z. B. wenn einzelne

Aspekte des Rollenbildes eines Mannes aus seiner Rolle als Familienvater mit den häuslichen Obligationen in Konkurrenz stehen).

Inter-Rollenkonflikte betreffen die Inkompatibilität mehrerer Rollen eines Individuums. Bei Inter-Rollenkonflikten lassen sich die verschiedenen Rollen eines Individuums nur schwer miteinander vereinbaren (z. B. berufliche und außerberufliche Termine einer alleinerziehenden erwerbstätigen Mutter).

Bei Vorliegen von Intra-Senderkonflikten sind an den Rollenträger herangetragenen Erwartungen eines Senders doppeldeutig oder widersprüchlich. Als Beispiel hierfür kann der Vorgesetzte dienen, der dasselbe Verhalten eines Mitarbeiter in einer Situation bestärkt (z. B. durch Lob) und in einer anderen Situation sanktioniert.

Inter-Senderkonflikte zeichnen sich dadurch aus, dass die verschiedenen Mitglieder eines Bezugssystems widersprüchliche Erwartungen an das Verhalten des Rollenträgers haben (z. B. die *Sandwichposition* einer Führungskraft der mittleren Führungsebene zwischen Mitarbeitern und nächst höherem Vorgesetzten).

Von Rollenträgern wird in der Regel rollenkonformes Verhalten erwartet – das Individuum soll sich seiner Position entsprechend verhalten. Rollenkonformes Verhalten und das damit verbundene Erfüllen der Erwartungen wird positiv verstärkt. Von den Erwartungen abweichendes (deviantes) Verhalten dagegen wird vom jeweilgen Bezugssystem meist sanktioniert. Die Bandbreite der Sanktionen reicht von informeller sozialer Kontrolle bis hin zur formalen Kontrolle nach Regelwerken wie Gesetze und Verordnungen. Die mit einer Position verknüpften Rollenerwartungen und sozialen Verhaltensvorschriften ermöglichen es der Gesellschaft im Allgemeinen und Organisationen oder Individuen im Besonderen sicherzustellen, dass die jeweiligen Rollenträger auch in ihrem Sinne handeln. Sanktionen stellen somit ein Mittel der normativen Verhaltenssteuerung dar, mit dem bei den Mitgliedern eines sozialen Bezugssystems eine hohe Verbindlichkeit des Verhaltens erzielt werden soll. Rollen helfen damit bei der Integration der Rollenträger in organisatorische und soziale Systeme und ihre Subsysteme. Auch aus Sicht des Individuums wohnt der Ausübung von Rollen ein regulatives Moment inne, geben sie doch eine gewisse Handlungssicherheit. Vor allem in unbekannten Situationen können sie eine Anleitung zum angemessenen Handeln geben.

8.3 Rollen und Work-Life-Balance-Erleben

Im Rahmen der Work-Life-Balance-Forschung nehmen rollentheoretische Überlegungen einen zentralen Platz ein, da Menschen sowohl in der Arbeitswelt als auch im Privatleben unterschiedliche Rollen einnehmen. Damit werden, abhängig vom Kontext der jeweiligen Bezugssysteme, auch unterschiedliche Rollenerwartungen an das Individuum herangetragen. Dabei kommt geschlechtsspezifischen Rollenverständnissen eine hervorgehobene Bedeutung zu, denn noch immer werden Männer häufig über ihre Rolle am Arbeitsplatz, Frauen hingegen stärker über ihre außerberuflichen Rollen und Aufgaben definiert.

8.3.1 Rollenkonflikte und Spillover-Prozesse

Definition und Struktur von Arbeit-Familien-Konflikten
Im Mittelpunkt vieler Betrachtungen von Rollenverhalten und Rollenerleben an der Schnittstelle zwischen den Lebensbereichen Arbeit, Familie und Freizeit stehen individuelle Übertragungseffekte zwischen den Domänen, die sogenannten Spillover-Prozesse. Hierbei liegt der Schwerpunkt der Analysen zumeist auf dem Erleben von Rollenkonflikten. Eine aus heutiger Perspektive sehr einflussreiche und vielfach zitierte Definition des Rollenkonflikts zwischen den Lebensbereichen Arbeit und Familie stammt von Greenhaus & Beutell (1985). Sie definieren den Konflikt zwischen Arbeit und Familie (basierend auf der Arbeit von Kahn, Wolfe, Quinn, Snoek & Rosenthal, 1964) als *„a form of interrole conflict in which the role pressures from the work and family domains are mutually incompatible in some respect. That is, participation in the work (family) role is made more difficult by virtue of participation in the family (work) role."* (Greenhaus & Beutell, 1985, S. 77).

Grundannahme ihrer Definition ist die Überlegung, dass Druck und Zwänge (in Form von tatsächlichen oder vermeintlichen Rollenerwartungen), die mit der Ausübung einer Rolle im Zusammenhang stehen, die Ausübung einer weiteren Rolle beeinträchtigen und die Lebensqualität des Individuums in Mitleidenschaft ziehen. Für Rollenkonflikte und das Erleben von Unvereinbarkeiten zwischen den Lebensbereichen Arbeit und Familie finden sich in der Literatur ja nach theoretischem Ansatz und Schwerpunkt verschiedene und zum Teil geringfügig voneinander abweichende, letztendlich aber doch vergleichbare Begrifflichkeiten, z. B. Work-Family-Conflict, Work-Family-Interference, negativer Work-Life-Spillover oder negative Work-Home-Interaction.

Konfliktklassifikationen Zeit-, beanspruchungs- und verhaltensbedingte Konflikte
Greenhaus & Beutell (1985) differenzieren zwischen zeitlich bedingten, beanspruchungs- und verhaltensbedingten Konflikten:
- Zeitlich bedingte Konflikte haben ihren Ursprung in der Limitierung Ressource Zeit, die immer nur für eine ausgeübte Tätigkeit bzw. Rolle investiert werden kann. Ein stärkeres zeitliches Engagement im Arbeitsleben (z. B. durch Überstunden) bedingt daher geringere zeitliche Investitionen im außerberuflichen Kontext (Zeit für Familie und Freunde), was als Ursache für Konflikterleben betrachtet wird.

- Von beanspruchungsbedingten Konflikten zwischen Arbeit und Familie wird hingegen gesprochen, wenn die starke Beanspruchung in einem der Lebensbereiche dazu führt, dass im anderen Lebensbereich eine Rolle aus Mangel an Energie nicht mehr wie gewünscht ausgeübt werden kann. Als Beispiel sei hier die alleinerziehende Mutter genannt, die aufgrund der Beanspruchung durch ihre familiären Aufgaben so erschöpft ist, dass sich ihre Leistung im Rahmen der Erwerbstätigkeit vermindert.
- Als verhaltensbedingte Konflikte werden Rollenkonflikte bezeichnet, die aus Verhaltensmustern resultieren, welche sich in einem Lebensbereich als hilfreich und nützlich erweisen, aber inkompatibel mit den Rollenanforderungen im anderen Lebensbereich sind. So kann sich z. B. ein eher aggressiver und wenig emotionaler Verhaltensstil im Rahmen der Erwerbstätigkeit unter Umständen als erfolgreich erweisen, während dasselbe Verhalten im familiären Lebensbereich weder gewünscht noch *„erfolgreich"* ist.

Die Differenzierung des Konstrukts Arbeit-Familien-Konflikte in mehrere unterschiedliche Subdimensionen findet zum Teil auch empirische Bestätigung (z.B. Carlson, Kacmar & Williams, 2000). Manche Autoren unterscheiden dabei nur zwischen zeit- und beanspruchungsbedingten Konflikten zwischen den Lebensbereichen (z. B. Kelloway, Gottlieb & Barham, 1999). Dass die Differenzierung des Konstrukts Arbeit⇨Familie-Konflikte in mehrere Teilbereiche bzw. Subdimensionen nicht nur von theoretischen, sondern auch von praktischem Interesse sein kann, wird an einer Studie von Bohen & Viveros-Long (1981) deutlich. Sie zeigen, dass flexible Arbeitszeiten von Beschäftigten zwar mit verringerten zeitbedingten Konflikten einhergehen, nicht aber mit beanspruchungsbedingten Konflikten. Eine differenzierte Betrachtung der Konfliktarten erlaubt somit unter Umständen nicht nur eine präzise Beschreibung des untersuchten Phänomenbereichs, sondern auch die Ableitung spezifischer Interventionsansätze.

Doch nicht allein Rollenkonflikte im Arbeitsleben können das Familien- und Privatleben beeinträchtigen. Auch in der reziproken Richtung können Rollenkonflikte aus der Domäne Familie und Freizeit das Erwerbsleben beeinträchtigen. Konzentrierten sich die ersten Analysen der Arbeit-Familie-Interfaces vorwiegend auf Spillover-Prozesse aus der Arbeit in die Familie (Arbeit⇨Familie-Konflikte), so wurde in der Folge die Perspektive auf Konflikte in der entgegengesetzten Richtung (Familie⇨Arbeit-Konflikte) erweitert. Die Differenzierung in zwei Konfliktarten, d.h. in Richtung Arbeit⇨Familie und Richtung Familie⇨Arbeit, ließ sich faktorenanalytisch bereits Anfang der neunziger Jahre empirisch bestätigen (vgl. z. B. Frone, Russel & Cooper, 1992a; 1992b; Gutel, Searle & Klepa, 1991, Netemeyer, Boles & McMurrian, 1996). Es kann also davon ausgegangen werden, dass es sich um zwei separate, aber miteinander in Beziehung stehende Konstrukte handelt. Je nach Richtung des Konfliktes kann auch von einer unterschiedlichen Permeabilität der Grenze zwischen den Lebensbereichen ausgegangen werden (vgl. z. B. Allen et. al., 2001; Poelmans, 2001).

Greenhaus & Beutel (1985) fordern, bei der Analyse von Rollenkonflikten auch den subjektiven Erwartungsdruck der betroffenen Individuen zu berücksichtigen. So ist es beispielsweise denkbar, dass ein Mitarbeiter überdurchschnittlich viel Zeit und Energie für seine Arbeitstätigkeit aufbringen muss. Aus externer Perspektive und nach der oben geschilderten Logik mag die Vermutung nahe liegen, dass dieses Individuum eher starke Arbeit-Familie-Konflikte erlebt, da ein erheblicher Teil der begrenzten Ressource Zeit für die Erwerbstätigkeit aufgebracht wird. Wenn jedoch für das betroffene Individuum weder seitens seiner Familienmitglieder noch durch andere relevante Bezugspersonen (z. B. Freunde) Erwartungen (Rollendruck) bestehen, sich in familiären Aktivitäten zu engagieren, muss die beschriebene Situation nicht zwangsläufig zum Konflikterleben führen. Aus diesem Grund schlagen die Autoren vor, bei der Analyse von Arbeit-Familie-Konflikten den wahrgenommen Rollendruck ergänzend zu berücksichtigen.

Kritik
Trotz der angeführten empirischen Befunde haben nur wenige empirische Studien bei der Analyse der Arbeit-Familie-Schnittstelle die Arbeit-Familie-Konflikte differenziert betrachtet. Insbesondere das verhaltensbedingte Konflikterleben wird nur sehr selten berücksichtigt, obwohl einige Befunde darauf hindeuten, dass zum Teil sehr spezifische Zusammenhänge existieren, z. B. zwischen verhaltensbedingten Arbeit-Familien-Konflikten und Arbeitszufriedenheit (Bruck, Allen & Spector, 2002) oder zwischen organisationalem Commitment und Familienzufriedenheit (Carlson, Kacmar & Williams, 2000). Die Anzahl der Studien, die ganz explizit die drei von Greenhaus & Beutell beschriebenen Analyseebenen berücksichtigen, ist gering. Zu kritisieren ist ferner, dass sich ein Großteil der bisherigen Untersuchungen zu Rollenkonflikten zwischen den Lebensbereichen Arbeit und Privatleben allein auf das Interface Arbeit-Familie konzentriert (Arbeit ⇨ Familien-Konflikte und Familien ⇨ Arbeit-Konflikte). Eine erweiterte, ganzheitliche Perspektive, die beispielsweise auch Arbeit ⇨ Freizeit-Konflikte oder Freizeit ⇨ Arbeit-Konflikte berücksichtigt, ist bisher die Ausnahme.

Externale vs. internale Konflikte
Einen alternativen Klassifikationsversuch zur Unterscheidung von Arbeit ⇨ Familie-Konflikten und Familie ⇨ Arbeit-Konflikten unternehmen Carlson & Frone (2003). Sie differenzieren zwischen internalen und externalen Beeinträchtigungen der beiden Lebensbereiche:

- Die externen Konflikte stehen nach Ansicht der Autoren vorwiegend im Zusammenhang mit verhaltensbedingten Konflikten zwischen den Lebensbereichen (z. B.

bei der Verhinderung der Ausübung von Familienaufgaben aufgrund starker zeitlicher Beanspruchung im Erwerbsleben).
- Internale Konflikte stehen hingegen primär im Zusammenhang mit dem psychologischen Involvement in einem der beiden Lebensbereiche (z. B. das Nicht-Abschalten-Können nach der Arbeit). Carlson & Frone (2003) leiten ein 4- Faktoren-Modell der möglichen Arbeit-Familie-Konflikte ab:
  - externale Arbeit ⇨ Familien-Konflikte,
  - externale Familien ⇨ Arbeit-Konflikte,
  - internale Arbeit ⇨ Familien-Konflikte und
  - internale Familien ⇨ Arbeit-Konflikte.

Die Autoren entwickeln weiter ein theoretisches Modell, bei dem das verhaltensbedingte Involvement (Arbeits-Involvement bzw. Familien-Involvement) mit externalen Konflikten (Arbeit ⇨ Familie-Konflikte bzw. Familie ⇨ Arbeit-Konflikten) immer positiv verbunden ist. Das psychologische Involvement (Arbeits-Involvement bzw. Familien-Involvement) ist dagegen immer positiv mit internalen Konflikten (Arbeit ⇨ Familie-Konflikten bzw. Familie ⇨ Arbeit-Konflikten) verbunden.

Eine empirische Überprüfung des Modells mittels einer konfirmatorischen Faktorenanalyse bestätigte das 4-Faktoren-Modell durch Carlson & Frone, wie auch einen Großteil der von den Autoren postulierten Zusammenhänge. Verhaltensbedingtes Arbeits-Involvement steht dabei in Zusammenhang mit externalen Arbeit ⇨ Familie-Konflikten. Zusätzlich und unerwartet besteht allerdings ebenso ein Zusammenhang mit internalen Arbeit ⇨ Familie-Konflikten. Die Autoren vermuten, wenn die zeitlichen Anforderungen an Erwerbstätige zu hoch werden, sie oft in ihre Arbeit so versunken sind, dass es ihnen zu Hause nicht mehr gelingt, sich von der Arbeit freizumachen. Modellgemäß zeigte sich ferner der Zusammenhang zwischen psychologischem Arbeits-Involvement und internalen Arbeit ⇨ Familie-Konflikten und ein Zusammenhang zwischen Familien-Involvement und internalen Familie ⇨ Arbeit-Konflikten. Nicht beobachtbar ist jedoch der postulierte Zusammenhang zwischen verhaltensbedingtem Familien-Involvement und externalen Familie ⇨ Arbeit-Konflikten. Das erklären die Autoren mit den verwendeten Globalmaßen. Außerdem wird vermutet, dass die Befragten Schwierigkeiten hatten, den eingesetzten Zeitaufwand für einzelne Aktivitäten im Rahmen der Familie zu schätzen. Dies fällt vermutlich aufgrund der höheren formalen Strukturiertheit im Arbeitsleben leichter.

8.3.2 Positive Interaktionen zwischen den Lebensbereichen

Der positive Transfer zwischen den Lebensbereichen Arbeit, Familie und Freizeit
Befunde über ressourcenorientierte Beziehungen und Potentiale zwischen den Lebensbereichen Arbeit und Familie gibt es eher selten, da die Forschungstradition der Arbeit-Familien-Literatur bislang durch eine Problem- bzw. Konfliktperspektive dominiert war (Bellavia & Frone, 2004; Eby et al. 2005; Frone, 2000; Greenhaus & Beutell, 1985; Greenhaus & Powell, 2006; Greenhaus & Singh, 2003; Luk & Shaffer, 2005). Doch insbesondere in jüngerer Zeit kann ein starker Anstieg der Forschungsaktivitäten zu diesem Thema beobachtet werden.

Die positive wechselseitige Beeinflussung zwischen den Lebensbereichen stellt mehr als nur die Abwesenheit eines Konflikterlebens dar. Sie verkörpert ein eigenständiges Konstrukt im Kontext des Work-Life-Balance-Erlebens (z. B. Grzywacz & Marks, 2000a). Frone (2003, S. 3) definiert Arbeit-Familien-Facilitation als das Ausmaß dessen, „*[...] to which participation at home (work) is made easier by virtue of the experiences, skills and opportunities gained or developed at home (work)*". Ähnlich gehalten ist die Definition von Wayne, Musisca und Fleeson (2004), die unter Facilitation den Sachverhalt verstehen, dass „*[...] participation in one role is made better or easier by virtue of participation in the other role*" (Wayne et al., 2004, S. 109). Voydanoff (2004, S. 399) versteht unter Facilitation „*a form of synergy in which resources associated with one role enhance or make easier participation in the other role*".

Und Wayne, Grzywacs, Carlson & Kacmar (2007, S. 64) verstehen unter Facilitation „*the extent to which an individual's engagement in one life domain (i.e. work/family) provides gains (i.e. developmental affective, capital or efficiency) which contribute to enhanced functioning of another life domain (i.e. family/work)*". Auch wenn sich bisher keine einheitliche Definition durchsetzen konnte: Den meisten Begriffsdefinitionen ist gemein, dass es sich a) um Aktivitäten, Fähigkeiten, Kenntnisse oder psychologische Ressourcen eines Individuums handelt, die sich in einem Lebensbereich als hilfreich oder wirksam erweisen und b) in diesem Lebensbereich einen positiven Effekt hervorrufen, aber c) auch die Aktivitäten im anderen Lebensbereich erleichtern oder fördern. Dies geschieht dadurch, dass die Aktivitäten entweder instrumentell zur Erfüllung von Zielen eingesetzt werden, zusätzliche Ressourcen ermöglichen oder negative Belastungen bzw. ihre Auswirkungen reduzieren.

Zu differenzieren ist zwischen Ressourcen (z. B. zeitliche Flexibilität, soziale Unterstützung durch Kollegen oder Familie) und Kompetenzen (z. B. Management- oder Problemlösefähigkeiten), die gut in den anderen Lebensbereich übertragbar sind. Diese stehen im Gegensatz zu Ressourcen und Kompetenzen, die so spezifisch sind, dass sie nicht oder nur in sehr geringem Umfang im anderen Lebensbereich eingesetzt und genutzt werden können (Grzywacz, 2002). Wayne et al. (2007) unterscheiden zwischen vier Arten von persönlichen Gewinnen, die bei Facilitation-Prozessen erzielt werden können: 1) Entwicklungs-Gewinne (z. B. Fähigkeiten, Wissen, Werte oder Perspektiven), 2) affektive Gewinne (z. B. Stimmungen, Einstellungen, Vertrauen oder andere emotionale Aspekte), 3) Vermögenszuwächse (z. B. ökonomische, soziale oder gesundheitliche Gewinne) und 4) Effizienz-Gewinne.

So uneinheitlich bisher die Definitionen für positive Transferprozesse zwischen den Lebensbereichen sind, so vielfältig sind auch die verwendeten Begriffe, mit denen vergleichbare Prozesse bzw. Erlebenszustände in der Work-Life-Balance-Forschung beschrieben werden, wenn auch im Detail teilweise unterschiedliche Aspekte des Work-Life-Balance-Erlebens betont werden (vgl. Carlson, Kacmar, Wayne & Grzywacz 2006). So wird der Begriff *Faciliation* (Aryee et al., 2005; Frone 2003; Grzywacz & Butler; 2005; O'Driscoll et al., 2006; Tompson und Werner, 1997; Voydanoff, 2004; Wayne, Musisca & Fleeson, 2004) synonym gebraucht mit Begriffen wie *positiver Spillover* (Grzywacz, 2000; Grzywacz & Marks, 2000a,b; Grzywacz, Almeida & McDonald, 2002; Hammer et al., 2005; Hanson; Colton & Hammer, 2003, 2006; Voydanoff, 2001), *Enrichment* (Carlson, Kacmar, Wayne & Grzywacz, 2006; Greenhaus & Powell, 2006; Rothbard, 2001; Thompson & Bunderson, 2001, Wayne, et al., 2006), *Enhancement* (Greenhaus & Parasuraman, 1999, Ruderman, Ohlott, Panzer, & King, 2002) oder *Synergy* (Beutell, 2005).

Benefit
Trotz der bereits zahlreich vorhandenen verschiedenen Begrifflichkeiten soll für die Beschreibung des individuellen Erlebens positiver Spillover-Prozesse zwischen den Lebensbereichen an dieser Stelle ein weiterer Begriff, der des Benefits, eingeführt werden. Die bereits angeführten Bezeichnungen Verbesserung und Erleichterung treffen nach Ansicht des Verfassers den zu beschreibenden positiven Erlebenszustand von Individuen nicht eindeutig, da diese Begriffe eher die Abwesenheit von Konflikten implizieren. Sie werden somit dem Charakter eines eigenständigen Konstrukts nicht gerecht. Die Bezeichnung Förderung ist unter Umständen ebenfalls missverständlich, da sie mit Verbesserungen der objektiven Rahmenbedingungen bei der Vereinbarkeit der Lebensbereiche Arbeit, Familie und Freizeit verwechselt werden kann. Darüber hinaus erscheint der Begriff ungeeignet, um einen positiven Erlebenszustand eines Individuums zu beschreiben.

Es wird deshalb im Folgenden für den beschriebenen Erlebenszustand synonym der Begriff *Benefit* verwendet. Dem liegt folgende Definition zugrunde: Affektiv positiv gefärbte Erlebenszustände, die Individuen in einem Lebensbereich erfahren, welche aber aufgrund der Ausübung einer Rolle in einem der anderen Lebensbereiche hervorgerufen werden, sollen als *Benefiterleben* bezeichnet werden.

Der Begriff des Benefits erscheint in mehrfacher Hinsicht geeignet. So werden mit *employee benefits* (auch *fringe benefits*) im englischen Sprachraum monetäre und nicht-monetäre zusätzliche freiwillige Sozialleistungen des Arbeitgebers bezeichnet. Da das Erleben positiver Interaktionen zwischen den Lebensbereichen keine notwendige Voraussetzung bei der Ausübung der Erwerbstätigkeit darstellt und der Erlebenszustand nicht zwangsläufig monetär ausgerichtet ist, erscheint die Verwendung des Begriffs *Benefit* auch in diesem Kontext durchaus als angemessen. Er bezeichnet somit den zusätzlichen (Erlebens-)Gewinn des erwerbstätigen Individuums bei der Vereinbarkeit von Arbeit, Familie und Freizeit. Ferner hebt der Begriff *Benefit* den positiven Nutzen hervor, den ein Individuum aus seiner jeweiligen Vereinbarkeitssituation zieht. Beutel (2006) spricht auch von *„beneficial effects for the individual and the family"*.

Struktur des Benefit-Erlebens
Während, wie oben dargestellt, bereits zum Teil sehr detaillierte Vorstellungen und Theorien darüber bestehen, wie zwischen Einzelaspekten des Konflikterlebens bei der Vereinbarkeit von Arbeit, Familie und Freizeit zu differenzieren ist, bestehen für das Benefiterleben derzeit mit Ausnahme der *Role-Enhancement-Hypothesis* (s.u.) und dem Ansatz von Greenhaus & Powell (2006) nur wenige elaborierten Modellvorstellungen. Frone (2003; s.u.) nimmt an, dass positive Spillover-Prozesse sowohl aus der Arbeit in den Lebensbereich Familie als auch in umgekehrter Richtung auftreten können (vgl. a. Grzywacz, 2002). Empirische Befunde, die diese Annahme stützen, finden sich u. a. bei Grzywacz und Marks (2000a, 2000b), Hanson et al. (2003), Hanson et al. (2006), Grzywacz und Butler (2005), Hammer et al. (2005) und Wayne et al. (2004; 2006).

Ein erstes theoretisches Modell des Arbeit-Familie-Interfaces, das das Facilitation-Erleben zwischen den Lebensbereichen von Individuen beschreibt, liefern Greenhaus & Powell (2006). Sie entwerfen ein Modell, welches Arbeit- und Familienressourcen sowie Mechanismen und deren Moderatoren zur Entstehung eines positiven Spillovers zwischen den Lebensdomänen Arbeit und Familie beschreibt. Unter Ressourcen verstehen die Autoren Fähigkeiten, Perspektiven, psychologische, physische, soziale und materielle Ressourcen sowie Flexibilität. Diese sind die Grundlage für Individuen, um Probleme zu lösen oder zu bewältigen. Greenhaus & Powell unterscheiden zwischen einem instrumentellen und einem affektiven Pfad, wobei durch eine Ressource in einer Rolle eine gesteigerte Leistung oder ein positiver Affekt in einer anderen Rolle des Individuums hervorgerufen wird. Vom instrumentellen Pfad ist zu sprechen, wenn Ressourcen, die im Rahmen einer Rollenausübung relevant sind, direkt von einer Rolle zur anderen transferiert werden können und deshalb die Leistung in letzterer verbessert werden kann. Neben dem instrumentellen Pfad postulieren die Autoren einen affektiven Pfad, bei dem die Ausübung einer Rolle einen positiv bewerteten Affekt hervorruft, der seinerseits wiederum die Ursache für eine Leistungssteigerung und einen positiven Affekt in einer anderen Rolle in einem anderen Lebensbereich darstellt. Das theoretische Modell von Greenhaus und Powell (2006) kann als ein erster Ansatz verstanden werden, das Phänomen eines positiven Transfers an der Schnittstelle zwischen Arbeit und Familie präziser zu beschreiben. Eine empirische Validierung des Modells steht allerdings noch aus.

Ein weiteres Modell des Facilitation-Erlebens postulieren Wayne et al. (2007). Sie gehen von zwei treibenden Kräften als Voraussetzung aus: persönliche Eigenschaften und Ressourcen innerhalb der Umwelt. Persönliche Eigenschaften, wie z. B. positive Affektivität oder Selbstwirksamkeit, die die Nutzung domänspezifischer Ressourcen erleichtern, erhöhen die Wahrscheinlichkeit des Erlebens von Facilitation. Außerdem gilt: Je umfangreicher Ressourcen innerhalb der Umwelt vorhanden sind (z. B. Unterstützung durch Kollegen und Vorgesetzte oder eine vereinbarkeitsorientierte Organisationskultur), desto wahrscheinlicher ist es, dass Facilitation erlebt wird. Ursache hierfür ist, dass Umwelt-Ressourcen förderlich genutzt werden können. Auch Grzywacz (2002) nimmt an, je umfangreicher die in einem Lebensbereich vorhandenen und nutzbaren Ressourcen (z. B. Einkommen, Flexibilität, soziale Unterstützung) und Fähigkeiten (z. B. Kompetenzen) sind, desto wahrscheinlicher ist das Erleben positiver Transferprozesse. Dies ist jedoch in starkem Maße davon abhängig, wie permeabel die Grenzen zwischen den Lebensbereichen sind. Auch muss ein Transfer gewünscht und erlaubt sein (sowohl vom Betroffenen Individuum selber, als auch von den Bezugspersonen wie Kollegen, Familienmitgliedern oder Freunden). Wayne et al. (2007) gehen ferner davon aus, dass der Zusammenhang zwischen Umweltressourcen und Facilitation von Anforderungscharakteristika moderiert wird.

So ist die Frage, ob Ressourcen verfügbar und nutzbar sind, vielfach von den Anforderungen wie z. B. beruflicher Status abhängig. Dies bedeutet, für manche Individuen bestehen größere Möglichkeiten, Ressourcen zu nutzen und davon zu profitieren, womit auch eine größere Möglichkeit besteht, Facilitation zu erleben. Wayne et al. postulieren zudem, Facilitation wird nicht nur durch das Individuum selbst positiv erlebt, sondern erzeugt auch eine verbesserte Funktionalität der Systeme Arbeit und Familie (z. B. durch Crossover-Prozesse). Das Modell von Wayne et al. (2007) hat ebenfalls noch keine empirische Validierung erfahren.

Obwohl das Konflikterleben in zeit-, beanspruchungs- und verhaltensbedingte Aspekte differenziert wurde, ist diese Differenzierung noch nicht analog auf den Bereich der Facilitation bzw. des Benefiterlebens übertragen worden (vgl. a. O'Driscoll et al., 2006). Es ist jedoch durchaus denkbar, dass zeit-, beanspruchungs- und verhaltensbedingte Ressourcen das Benefiterleben von Individuen beeinflussen bzw. mit diesem in Zusammenhang stehen. So ist es beispielsweise vorstellbar, dass der Umgang mit zeitbezogenen Aspekten in einer definierten Rolle eines Lebensbereichs einen positiven Effekt in einem anderen Lebensbereich hervorruft. Man nehme als Beispiel eine erwerbstätige Person, die ihre Arbeitszeit so optimiert, dass sie außerhalb ihrer Erwerbstätigkeit davon profitiert. Vergleichbare Prozesse für beanspruchungs- und verhaltensbedingte Aspekte sind ebenfalls vorstellbar. Da entsprechende Annahmen bei der Operationalisierung des Benefiterlebens bisher in der Regel nicht berücksichtigt wurden, sollen im empirischen Teil dieser Arbeit erstmalig die drei genannten Bereiche explizit bei der Erfassung des Benefiterlebens berücksichtigt werden.

8.3.3 Die Work-Life-Balance Taxonomie von Frone (2003)

Die vorangegangenen theoretischen Überlegungen zur differenzierten Betrachtung der Effektrichtung des Work-Family-Balance-Erlebens (Arbeit ⇨ Familie vs. Familie ⇨ Arbeit) sowie der Effektart (Konflikt vs. Begünstigung), fasst Frone (2003) in einer 4-Felder-Taxonomie zusammen (vgl. Tabelle 13). Demnach lässt sich positives Work-Life-Balance-Erleben durch geringe Interrollenkonflikte sowie eine hohe Interrollenerleichterung zwischen den Lebensbereichen beschreiben. Die Struktur des Modells mit seinen vier Dimensionen bzw. Faktoren findet in mehreren empirischen Arbeiten faktorenanalytische Bestätigung (z. B. Grzywacz & Marks, 2000a; Wayne, Randel & Stevens, 2006; Aryee, Srinivas, & Tan, 2005). Auch weitere Untersuchungen (vgl. Grzywacz & Bass, 2003 und Grzywacz & Butler, 2005) unterstützen das Taxonomie-Modell.

Tabelle 13: Dimensionen der Work-Family-Balance (nach Frone, 2003)

		Art des Effekts	
		Konflikt	Facilitation
Richtung des Einflusses	Arbeit ⇨ Familie	Arbeit ⇨ Familie-Konflikte	Arbeit ⇨ Familie-Facilitation
	Familie ⇨ Arbeit	Familie ⇨ Arbeit-Konflikte	Familie ⇨ Arbeit-Facilitation

Wenn man positive Interaktionen zwischen den Lebensbereichen – das subjektiv zufriedenstellende Vereinbarkeitserleben – als einen Teilaspekt von Gesundheit auffasst, lassen sich auch Bezüge zum salutogenetischen Konzept von Antonovsky (1987) und dem erweiterten Gesundheitsbegriff in der Ottawa Charta der WHO (1992) herstellen (s. a. 4.1). Dort wird unter Gesundheit nicht nur die Abwesenheit von Krankheit verstanden, sondern vielmehr der Zustand des vollständigen physischen, psychischen und sozialen Wohlbefindens. Es wird deutlich, dass Gesundheit und Wohlbefinden nicht allein über die Abwesenheit von (Vereinbarkeits-)Konflikten oder anders ausgedrückt durch Schädigungs- und Beeinträchtigungsfreiheit erreicht werden können, sondern darüber hinaus durch prospektive, förderliche Erlebenszustände, wie das Benefiterleben eines ist.

8.4 Theoretische Modellvorstellungen

8.4.1 Role-Scarcity-Hypothesis

Eine Grundannahme der frühen Forschung zu Arbeit-Familie-Konflikten war die Vorstellung, dass multiple Rollen zwangsläufig zu einer höheren Beanspruchung und verstärkt zu Arbeit-Familie-Konflikten führen. Innerhalb der Work-Life-Balance-Forschung wurde in diesem Zusammenhang die *Role-Scarcity-Hypothesis* formuliert und um Erkenntnisse der Ressourcenerschöpfung (Edwards & Rothbard, 2000) und der Konflikttheorie (Zedeck & Mosier, 1990) erweitert. Grundlage der Hypothese ist die Annahme, dass Individuen aufgrund limitierter Ressourcen (Zeit, physischer Energie und psychologischen Ressourcen), die im Alltag bei Vereinbarkeit von Rollenanforderungen benötigt werden, Rollenkonflikte erleben. Die begrenzten Mittel, die in einem Lebensbereich „*verbraucht*" werden, können im anderen nicht mehr genutzt werden. Zeit-, belastungs- oder verhaltensbedingte Konflikte zwischen den Lebensbereichen Arbeit und Nicht-Arbeit sollten demnach negative Konsequenzen sowohl im Berufs- als auch im Privatleben nach sich ziehen. Die *Role-Scarcity-Hypothesis* stellt somit einen theoretischen Ansatz zur Erklärung von Arbeit-Nicht-Arbeit-Konflikten dar.

8.4.2 Role-Enhancement-Hyothesis

Im Gegensatz zu den Ansätzen, die besagen, dass multiple Rollen wegen der begrenzten Ressource Zeit (Zeit, Energie, etc.) zu einer gesteigerten Belastung und Beanspruchung der Rolleninhaber führen, geht die Rollenexpansions-Hypothese davon aus, dass das Involvement in verschiedenen Rollen zu einem Energie Anstieg führt bzw. die Nutzung von Ressourcen (z. B. Fähigkeiten und soziale Unterstützung) ermöglicht, die mit der Ausübung einfacher Rollen nicht möglich wären (O'Driscoll, 1996). Die *Role-Enhancement-Hypothesis,* die auf die Arbeiten von Goode (1960), Sieber (1974; Role Accumulation-Theorie) sowie Marks (1977; Expansion-Model) zurückgeführt werden kann, ist somit der *Role-Scarcity-Hypothesis* entgegengesetzt. Die Ausübung multipler Rollen verschafft dem Individuum Zugang zu Ressourcen und Möglichkeiten, die zur Leistungsverbesserung und Weiterentwicklung in anderen Lebensdomänen genutzt werden können (Grzywacz & Marks, 2000a). Das Individuum kann im „Lebensbereich" Arbeit durch sein Leben außerhalb des Erwerbslebens profitieren und umgekehrt. Multiple Rollen machen das Leben für die Betroffenen interessanter, zielgerichteter und bringen Extra-Benefits, die helfen, manchen Stress innerhalb und zwischen den Rollen zu vermeiden (Wiersma, 1990).

Expansions-Ansätze gehen ferner davon aus, dass Energie nicht limitiert ist und dass der Verbrauch aktivitätsabhängig ist (O'Driscoll, 1996), d.h., Aktivitäten können entweder energieverbrauchend oder energiefördernd sein. So können Aktivitäten, die innerhalb der Familie Zufriedenheit und Entspannung fördern, wiederum in einem Spillover positiv auf die Erwerbstätigkeit wirken. In Untersuchungen zur Rollenexpansionshypothese (vgl. z. B. Barnett und Hyde, 2001) wird belegt, dass multiple Rollen das Leben in den unterschiedlichen Bereichen verbessern können. Nordenmark (2004) zeigt in einer Langzeitstudie mit einer Zufallsstichprobe von über 9000 Teilnehmern einen positiven Zusammenhang zwischen der Zahl sozialer Rollen mit dem Wohlbefinden und einem verringertem Risiko für Schlafstörungen und dauerhafter regelmäßiger Einnahme von Medikamenten.

Weitere unterstützende Ergebnisse zeigen sich in den Befunden von Baruch & Barnett (1987): Frauen mit multiplen Rollenanforderungen weisen seltener Depressionen, dafür öfter ein höheres Selbstwertgefühl auf. In die gleiche Richtung zielen Befunde von Ruderman, Ohlott, Panzer & King (2002), die zeigen, dass weibliche Führungskräfte in ihrem Arbeitsalltag von Selbstvertrauen und interpersonaler Kompetenz profitieren, die in Rollen außerhalb der Erwerbstätigkeit erworben wurden. Auch die Befunde von Friedman und Greenhaus (2000) verweisen auf höhere Zufriedenheitswerte in der Gruppe derer, die sich sowohl intensiv um ihre Karriere als auch um ihre Familie kümmern. Entscheidend für den Gewinn multipler Rollen scheint ferner die Qualität der erlebten Rollen zu sein (Hammer & Thompson, o.J.).

Nach Voydanooff (1987) existieren vier verschiedene theoretische Erklärungsansätze für den Zusammenhang zwischen multiplen Rollen und Beanspruchungs- bzw. Benefiterleben:

1. Multiple Rollen führen zu Stress, da das Ausüben einer Rolle Zeit und Energie benötigt, die nicht für andere Rollen eingesetzt werden können. Die Folge ist eine Überforderung der Betroffenen.
2. Die Akkumulation verschiedener Rollen führt zu diversen Belohnungen wie Rollen-Privilegien, Status-Verbesserung, bessere Rollen-Performance oder höherer Status-Sicherheit. Diese Vorteile wiegen meist die Nachteile multipler Rollen auf, so dass multiple Rollen eine gewisse Attraktivität besitzen.
3. Nach dem Expansions-Ansatz ist das Commitment gegenüber einzelnen Rollen die entscheidende Variable, die dafür verantwortlich ist, ob Inhaber multipler Rollen Stress erleben oder nicht. So tritt laut dieser Theorie gerade dann Stress auf, wenn sich das Commitment für die betreffenden Rollen unterscheidet. Das unterschiedliche

Commitment bedingt unterschiedlich eingesetzte Zeit und Energie für die verschiedenen Rollen.
4. Voydanoff verweist auf Thoits (1983), die postuliert, dass mit multiplen Rollen multiple Identitäten verbunden sind. Multiple Identitäten wiederum reduzieren bei den betroffenen Rolleninhabern Konflikte (sowohl bei Frauen als auch bei Männern), da diese sowohl Bedeutung verleihen als auch verhaltensleitend wirken.

Die *Role-Scarcity-Hypothesis* und die *Role-Enhancement-Hypothesis* eignen sich zwar als Konzept zur Beschreibung negativer und positiver Interaktionen zwischen Arbeit und Nicht-Arbeit, zu kritisieren ist jedoch die Tatsache, dass es sich dabei in der Regel um einander ausschließende Modellvorstellungen handelt. Sie scheinen von daher nicht oder nur bedingt geeignet zur Beschreibung eines komplexen Work-Life-Balance-Erlebens, bei dem sowohl positive als auch negative Interaktionen zwischen Arbeits- und Privatleben sogar simultan auftreten können (s. a. Grzywacz & Marks, 2000a).

Trotz der Kritik an den genannten Modellvorstellungen gilt es aber auch hervorzuheben, dass die *Role-Enhancement-Hypothesis* einen theoretischen Ansatz zur Erklärung von positivem Transfer zwischen den Lebensbereichen Arbeit und Nicht-Arbeit bietet. Zwar dominierte seit der zitierten Definition von Arbeit-Familie-Konflikten durch Greenhaus & Beutell im Jahre 1985 die Konfliktperspektive das Forschungsfeld Work-Life-Balance, jedoch ist das Selbstverständnis vieler Ansätze der aktuellen Vereinbarkeitsforschung ein erweitertes, bei dem das Work-Life-Balance-Erleben nicht mehr nur allein aus der Defizitperspektive betrachtet wird (vgl. Barnett & Hyde, 2001; Eby et al., 2005; Greenhaus & Powell, 2006; Grzywacz & Bass, 2003; Nordenmark, 2002; Rothbard, 2001). Ein derartig erweitertes Verständnis kann auch in der Tradition der *„positiven Psychologie"* (nach Seligman und Csikszentmihalyi, 2000) gesehen werden. Sie fordert, auch die positiven Strukturen des menschlichen Erlebens in der Vordergrund der psychologischen Forschung und des Handelns zu stellen und nicht allein das dysfunktionale, abweichende Verhalten und Erleben.

8.4.3 Boundary/Border-Theorien

Als integrative theoretische Modelle zur Beschreibung der Work-Life-Balance-Erlebens von Individuen können die *Border Theory* von Clark (2000) und die *Boundary Theory* von Ashforth, Kreiner & Fugate (2000) betrachtet werden. Wie bereits dargestellt, sind Modellvorstellungen wie die *Role-Scarcity-Hypothesis* und die *Role-Enhancement-Hypothesis* zwar grundsätzlich zur Beschreibung einzelner Aspekte des Vereinbarkeitserleben geeignet, greifen jedoch dann zu kurz, wenn es darum geht, simultane bzw.

parallel ablaufende Prozesse zu beschreiben und zu erklären. Sie werden der Komplexität des zu untersuchenden Sachverhaltes somit nur bedingt gerecht.

Die Ansätze von Clark sowie von Ashforth, Kreiner & Fugate basieren auf den Grundannahmen rollentheoretischer Ansätze (z. B. Kahn et al., 1964) und lassen sich außerdem gut mit dem ökologischen Ansatz von Bronfenbrenner (1981) vereinbaren. Doch im Gegensatz zu den rollentheoretischen Ansätzen heben sie die Möglichkeit der aktiven Gestaltung der Vereinbarkeitssituation durch das Individuum stärker hervor und können somit als eine Erweiterung der rollentheoretischen Modelle interpretiert werden, die im Gegensatz dazu meist den Einfluss des Umfeldes auf die betroffenen Individuen betonen. Ashforth, Kreiner & Fugate (2000) sind der Ansicht, dass die verschiedenen Rollen eines Individuums auf einem Kontinuum von hoher Segmentation bis hin zu hoher Integration eingeordnet werden können. Der Grad der Rollen-Integration ist dabei nach Aschforth und Co-Autoren vor allem abhängig vom Rollenkontrast sowie der Flexibilität und Permeabilität der jeweiligen Rollengrenzen.

Unter Rollenpermeabilität ist dabei zu verstehen, in welchem Ausmaß es Rolleninhabern möglich ist, in einem rollenfremden Setting ihre Rolle aktiv zu leben, sowohl auf der psychologischen als auch auf der Verhaltensebene. Als Beispiel für eine hohe Rollenpermeabilität sei ein Mitarbeiter einer Organisation genannt, dem es auch während seiner Arbeitszeit möglich ist, sich um dringende private Angelegenheiten zu kümmern (z. B. in der Annahme privater Telefongespräche). Bei einer geringen Permeabilität wäre diese Möglichkeit nicht gegeben (z. B. aufgrund mangelnder Zeit oder Sanktionen seitens der Organisation).

Unter Rollenkontrast sind die sich unterscheidenden Merkmale zweier Rollenidentitäten zu verstehen, wobei die Rollenidentität die Rollenvorstellungen eines Individuums meint, wie es sich selbst in seiner Rolle sieht. Zwei Rollen sind nach Auffassung der Autoren immer dann gut integriert, wenn die Rollen über einen geringen Kontrast verfügen und die Rollengrenzen möglichst permeabel und flexibel sind. Im Gegensatz dazu bedeutet eine starke Segmentation, dass ein deutlicher Rollenkontrast besteht, eine niedrige Permeabilität und eine geringe Flexibilität vorhanden sind. Flexibilität meint in diesem Zusammenhang, in welchem Grad Rollen auch außerhalb der typischen räumlichen und zeitlichen Grenzen ihres Lebensbereichs gelebt werden können.

Hinsichtlich der Work-Family-Balance verursachen sowohl Rollen mit einer hohen Integration als auch Rollen mit einer hohen Segmentation Gewinne und Kosten. Das Modell zeichnet sich dadurch aus, dass weder eine starke Segmentation noch eine starke Integration als positiv bewertet werden. So ermöglicht eine ausgeprägte Segmentation zwar einen Gewinn, da die Rollen des Individuums salient erscheinen und die Wahrscheinlichkeit einer gegenseitige Beeinträchtigung der Rollen eher unwahrscheinlich ist, jedoch geschieht dies vor dem Hintergrund, dass Rollenübergänge sich unter Umständen als schwierig gestalten.

Modelle hoher Integration hingegen zeichnen sich durch einen gegenläufigen Sachverhalt aus: Leichte Rollenübergänge sind mit dem Nachteil verbunden, dass die jeweiligen Rollen weniger klar von einander abzugrenzen sind. Doch es kommt nicht allein auf die Permeabilität der Grenzen zwischen zwei Lebensbereichen an, sondern auch auf die individuelle, wahrgenommene und ausgeübte Kontrolle der Betroffenen (Ashforth et al., 2000; Bellavia & Frone, 2004). So bietet sich bei vorhandener Kontrolle dem Individuum die Möglichkeit, trotz einer eher geringen Permeabilität Rollen zu integrieren oder umgekehrt aktiv zu segmentieren (z. B. aus Gründen der Entlastung), wenn die Permeabilität zwischen den Lebensbereichen eher hoch ist.

Die Grenze und Permeabilität zwischen den Lebensbereichen ist auch ein zentrales Element der *Border-Theory* von Clark (2000). Ihr theoretisches Konzept fokussiert auf die Grenze zwischen den Lebensbereichen. Sie geht davon aus, dass Menschen tägliche Grenzgänger („*Border-Corssers*") zwischen den Lebensbereichen Arbeit, Freizeit und Familie sind. Forschungsthemen sind z. B. Fragen dazu, ob und welche Grenzen zwischen den Bereichen existieren, wie permeabel diese Grenzen sind und wie sie verändert und gestaltet werden können.

Es bleibt festzuhalten: Die Modelle von Aschforth, Kreiner & Fugate (2000) sowie von Clark (2000) sind zur Beschreibung für das Entstehen von Work-Life-Balance-Phänomen hilfreich. Systematische empirische Bestätigungen der Ansätze stehen bisher jedoch noch aus (vgl. Frone, 2003). Außerdem ist zum derzeitigen Zeitpunkt noch offen, wie sich die einzelnen Konstrukte der Modelle in der Praxis operationalisieren und erfassen lassen (z. B. anhand welcher Kriterien die Permeabilität abgebildet werden kann).

8.4.4 Modellvorstellungen zur Beschreibung des Verhältnisses von Arbeit, Familie und Freizeit (Linking-Mechanisms)

Die seit den sechziger Jahren bestehenden sozialwissenschaftlichen Modellvorstellungen über das Verhältnis zwischen den Lebensbereichen Arbeit und Nicht-Arbeit werden immer wieder aufgegriffen und neu thematisiert. Zahlreichen Arbeiten thematisieren die modellhaften Vorstellungen über die Art der Beziehung zwischen den Lebensbereichen. Dabei sind die sogenannten Linking-Mechanisms von den bereits dargestellten, individuell erlebten Interaktionen zwischen den Lebensbereichen abzugrenzen. Während letztgenannte sich primär mit individuellen Erlebenszuständen befassen, handelt es sich bei den Linking-Mechanisms um eine aggregierte Form der Betrachtung der generellen Interaktionen zwischen den Lebensbereichen. Die grundlegenden Modellvorstellungen zur Beschreibung der Interaktion zwischen den Lebensbereichen Arbeit und Nicht-Arbeit unterscheiden sich je nach Autor in der Zahl der vertreten Kausalannahmen und der Bezeichnung des Verhältnisses zwischen den Segmenten.

Frone (2003) unterteilt die Work-Life-Balance-Forschung in frühe Forschungsansätze, die versuchten, die grundlegenden Strukturen zwischen Arbeits- und Familienrollen zu untersuchen und neueren Ansätzen, die von einem eher integrativen, ganzheitlichen Standpunkt die Beziehung zwischen Arbeit und Familie analysieren. Einen deskriptiven Überblick über Ansätze der WLB-Forschung nach Frone (2003) findet sich in Tabelle 14. Vergleichbare Systematisierungen finden sich auch bei Edwards & Rothbard, 2000; Greenhaus & Singh (2003), O'Driscoll (1996), Zedeck & Mosier (1990) und Zedeck (1992). In deutschsprachigen Literatur finden sich vergleichbare Klassifizierungen bei Bamberg (1997) oder Ulich (2006).

Im Folgenden werden die bei Frone genannten drei nonkausalen und die drei kausalen Modell-Vorstellungen skizziert.

Segmentations-Modelle.– Segmentations-Modelle basieren auf der Annahme, dass Arbeit und Nicht-Arbeit voneinander unabhängige Lebensbereiche ohne direkten Einfluss und somit auch ohne Zusammenhang sind. Diese Annahme ist eher theoretischer Natur und widerspricht nicht nur der Alltagserfahrung und Plausibilität, sondern findet auch wenig empirische Evidenz. Folglich wird dieser Ansatz von den meisten Autoren auch als nicht haltbar kritisiert (z. B. Weinert, 2004; Hoff 1986; Ulich, 2006). Trotz mangelnder empirischer Bestätigung kann dieses Modell als Arbeitshilfe dazu dienen, eine (befristete) intendierte Trennung zwischen beiden Lebensbereichen zu symbolisieren (z. B. aufgrund des hohen Spillovers eines Lebensbereiches auf den anderen; vgl. a. Edwards & Rothbard, 2000; Hoff, Grote, Dettmer, Hohner, & Olos, 2005 oder Kreiner, 2006).

Jedoch ist dieses aktive Segmentieren von Individuen von einem grundsätzlich zusammenhanglosen Verhältnis der Lebensbereiche Arbeit und Nicht-Arbeit abzugrenzen. Auch Ashforth, Kreiner & Fugate (2000) greifen den Begriff der Segmentation auf. Sie gehen von segmentierten Rollen aus, wenn diese unflexibel oder impermeabel und hinsichtlich der verschiedenen Rollenanforderungen sehr verschieden sind. Die wesentlichen Inhalte der Segmentations-Modelle beschreibt Zedeck (1992) mit den Begriffen *Getrenntsein, Abschottung, Unabhängigkeit* und *Neutralitätstheorie*.

Kongruenz-Modelle.– Kongruenz-Modelle sind in der Vorstellung begründet, dass es einen gemeinsamen Faktor gibt, der beide Lebensbereiche in vergleichbarer Weise beeinflusst, d.h., es gibt eine gemeinsame Korrelation mit einem Drittfaktor (z. B. einer Persönlichkeitsvariable). Ein ähnlicher Ansatz findet sich auch im Generalisierungsmodell bei Bamberg (1997). Die Autorin postuliert, dass im Rahmen dieses Modells bestimmte Einstellungen und Kompetenzen in allen Lebensbereichen gleichzeitig bestehen. Das bedeutet, dass a) Freizeitaktivitäten eine Fortsetzung der Arbeitstätigkeit sein können (z. B. soziale Kontakte mit den Arbeitskollegen), b) das Sozialverhalten während der Arbeit dem im Privatleben stark ähnelt oder c) gegenüber Arbeit und Freizeit ähnliche Einstellungen bestehen (z. B. Zusammenhang zwischen Arbeits- und Lebenszufriedenheit).

Integrative Modelle. – Integrative Modelle zeichnen sich dadurch aus, dass die Arbeits- und Nicht-Arbeitsrollen derart miteinander verwoben sind, dass eine sinnvolle Unterscheidung nicht möglich ist oder gar nicht beobachtet werden kann. In Anlehnung an Frone (2003) können hierzu als Beispiele die Gestaltung des Lebensalltages von Familienunternehmern oder Seelsorgern angeführt werden.

Spillover-Modelle. – Spillover- oder auch Interferenz-Ansätze postulieren, dass ein Lebensbereich den anderen in positiver oder negativer Weise beeinflussen kann. Der positive Zusammenhang ist gleichläufig, d.h., positive Veränderungen in einem Lebensbereich rufen positive Veränderungen im anderen hervor. Ebenso verursachen negative Veränderungen in einem negative Veränderungen in dem anderen Bereich (Greenhaus & Singh, 2003). Für diese Annahme gibt es zahlreiche empirische Befunde. Zedeck (1992) nennt als zentrale Label der Spillover-Theorien die Begriffe *Gleichartigkeit, Ausdehnung, Verallgemeinerung, Vertrautheit, Identität, Isomorphismus, Kontinuität* und *Kongruenz*.

Kompensations-Modelle. – Kompensations-Ansätze gehen davon aus, dass ein Mangel in einem Bereich durch Aktivitäten in dem anderen kompensiert werden kann. Beispiele hierfür sind die Mitarbeiterin, die sich aufgrund von Eheunzufriedenheit verstärkt ihren beruflichen Aufgaben zuwendet oder der Mitarbeiter, der sich aufgrund von Unterforderung in seiner Arbeitstätigkeit verstärkt ehrenamtlich engagiert. Kompensationsvorgänge sind klar abzugrenzen von Förderprozessen. Während Kompensationsvorgänge immer auf Defiziten basieren, ist bei Förderprozessen die Nutzung von Stärken oder Ressourcen die Grundlage (vgl. Greenhaus & Singh, 2003). Statistisch manifestiert sich das Kompensations-Modell in einem negativen korrelativen Zusammenhang.

Greenhaus & Singh (2003; vgl. a. Zedeck, 1992) sprechen von ergänzender oder reaktiver Kompensation. Unter ergänzender Kompensation ist der Vorgang zu verstehen, dass Wünsche, Verhalten und psychologische Zustände, die in dem einem Lebensbereich keine Bestätigung oder Erfüllung erfahren im anderen Lebensbereich „*weiter*" verfolgt werden. Reaktive Kompensation meint die Entschädigung für unerwünschte, beanspruchende Erfahrungen des einen Lebensbereichs in dem anderen Lebensbereich. Stresstheoretisch kann die Kompensation als eine Form des Bewältigungsverhaltens interpretiert werden (Bamberg, 1997). Zedeck (1992) nennt als zentrale beschreibende Begriffe der Kompensations-Ansätze *Kontrast, Komplementarität, Opposition, Wettbewerb, Regeneration* und *Heteromorphismus*.

Resource-Drain-Modelle.– Resource-Drain-Modelle (Ressourcenerschöpfungsmodelle) haben ihren Ursprung in der Annahme, dass sich der Ressourcenverbrauch in einem Lebensbereich durch mangelnde Ressourcen im anderen Lebensbereich auswirkt. Limitierte Ressourcen wie Zeit, Energie oder Aufmerksamkeit bedingen eine Situation, die dazu führt, dass Individuen in einem Lebensbereich in stärkerem Umfang Ressourcen investieren als im anderen. Vergleichbar mit diesem Ansatz sind Akkomodations-Modelle wie Greenhaus & Singh (2003) sie beschreiben. Sie nennen verhaltensbedingte und oder psychologische Akkomodationen als Anpassungsstrategien zur Reduktion von Arbeit-Familien-Konflikten.

Tabelle 14: Theoretische Einteilung von WLB-Modellen nach Frone (2003)

Nr.	Modell	Inhalt	Beziehung zwischen Arbeit und Familie bzw. Familie und Arbeit: kausal/non-kausal
1	The Segmentation Model (Segmentierungsmodell/ Unabhängigkeitsmodell)	Arbeit und Familie sind unabhängige Lebensbereiche ohne direkten Einfluss.	non-kausal
2	The Congruence Model (Kongruenzmodell)	Zwischen Arbeit und Familie existiert ein Zusammenhang der seinen Ursprung in einer gemeinsamen Ursache/ in einer Drittvariable hat (z.B. in einem stabilen Persönlichkeitsmerkmal).	non-kausal
3	The Integrative Model (Integrationsmodell)	Die Rollen der beiden Lebensbereiche sind so eng miteinander verbunden, dass sind nicht unterscheidbar sind.	non-kausal
4	The Spillover Model (Interferenzmodell)	In Spillover-Ansätzen wird ein positiver Zusammenhang zwischen den Bereichen Arbeit und Familie postuliert. Veränderungen in dem einen Bereich bewirken gleichläufige Veränderungen im anderen Bereich.	kausal
5	The Compensation Model (Kompensationsmodell)	Im Gegensatz zum Spillover-Ansatz wird in diesem Ansatz ein negativer Zusammenhang zwischen den Lebensbereichen angenommen. Defizite in einem der Lebensbereiche werden durch Aktivitäten im anderen kompensiert.	kausal
6	The Resource Drain Model (auch Konflikt-Modell)	Auch im Ressource Drain Model wird ein negativer Zusammenhang postuliert. Hierbei wird angenommen, dass der Ressourcenverbrauch in einem Lebensbereich eine Reduktion der Ressourcen im anderen Lebensbereich hervorruft (z.B. Zeit, Energie, Aufmerksamkeit).	kausal

Fazit
Die übergeordnete Fragestellung, welches der genannten Modelle die größte empirische Bestätigung erfahren hat, lässt sich nicht generell beantworten, da der Zusammen-

hang zwischen den Lebensbereichen Erwerbsarbeit und Nicht-Arbeit in der Praxis von verschiedenen Moderator- und Mediatorvariablen beeinflusst wird. Besondere Beachtung haben in der wissenschaftlichen Diskussion vor allem die in Tabelle 14 beschriebenen Modelle 1, 4 und 5 erfahren (vgl. a. Zedeck, 1992). Es finden sich aber für alle aufgeführten Modelle verschieden starke empirische Belege. Folgt man den inhaltlichen Ausrichtungen der Modelle in Tabelle 14, so wird deutlich, dass die dort aufgeführten Ansätze eher monokausale oder eindimensionale Erklärungsansätze für das Phänomen Work-Life-Balance darstellen. Doch stellen Ulich und Ulich bereits 1977 (s. a. Ulich, 2006; Frone, 2003) fest, dass sich die Analyse des Verhältnisses zwischen Arbeit und Nicht-Arbeit *eines* Individuums selten durch *ein* einziges Modell darstellen lässt. Die angeführten Modelle könnten sich außerdem nicht nur *inter*personell unterscheiden, sondern über die Zeit hinweg auch *intra*personell differieren, abwechseln oder simultan aktiv sein.

Einige Modelle der Work-Life-Balance-Forschung versuchen deshalb die einzelnen genannten Modelle und Befunde zu integrieren und darüber hinaus die gesamte Dynamik und Interaktion zwischen den Lebensbereichen zu erfassen. Als Beispiele für integrative Modelle können die Ansätze von Frone, Yardley & Markel (1997) sowie von Edwards & Rothard (2000) genannt werden.

Das Modell von Frone, Yardley und Markel unterscheidet sich von den o.g. Modellen in mehreren Punkten: Es versucht die Verbindung zwischen den beiden Lebensbereichen simultan zu betrachten. Die Verbindung zwischen Arbeit und Familie wird als reziprok erachtet. Im Gegensatz zur frühen Work-Life-Balance Forschung, die den Arbeit-Familie-Konflikt zumeist als ein unidimensionales Konstrukt betrachtete (Allen, Herst, Bruck & Sutton, 2000), wird in dem Modell von Frone, Yardley und Markel zwischen Arbeit⇨Familie-Konflikten und Familie⇨Arbeit-Konflikten unterschieden. Es wird differenziert zwischen zentralen und peripheren Prädiktoren für Arbeit-Familie-Konflikte. Hinsichtlich der Beziehung zwischen Arbeit-Familie-Konflikten und rollenbezogenen Affekten (z. B. Arbeitszufriedenheit vs. familiäre Zufriedenheit) wird ferner zwischen Prädiktoren und Outcome-Faktoren unterschieden. Trotz der zahlreichen Erweiterungen dieses integrativen Modells gegenüber den o.g. Ansätzen ist auch dieses Modell noch immer begrenzt. So werden nicht alle relevanten Faktoren berücksichtigt. Beispielsweise werden aus einer ressourcenorientierten Perspektive die Benefits und Verbesserungen, die durch eine optimale Arbeit-Familie-Integration erzielt werden, nicht näher integriert.

Abschließend bleibt festzuhalten, dass bisher Zusammenhänge und Transfer-Prozesse (Spillover, Kompensation, Förderung, etc.) zwischen den Lebensbereichen Arbeit, Familie und Freizeit untersucht wurden. Nahezu unerforscht ist bislang, wie diese Prozesse im Detail verlaufen und unter welchen Bedingungen sie für die Betroffenen erfolgreich ablaufen bzw. unter welchen nicht. Es gilt weiter festzuhalten, dass es derzeit an integrativen Theorien und elaborierten Ansätzen mangelt, die detailliert die Zusammenhänge zwischen den Lebensbereichen beschreiben und vor allem auch erklären. Problematisch an allen dargestellten Modellvorstellungen ist – wie eingangs in dieser Arbeit beschrieben – die inhaltliche Ausgestaltung der Lebensbereiche, die eine eindeutige Abgrenzung in der Praxis oft vermissen lässt. Entsprechend sind auch die Zusammenhänge zwischen den Segmenten unter Umständen nur sehr schwer beschreibbar. Die Folge ist nicht selten eine unzureichende Operationalisierung der zu erfassenden Konstrukte. So ist die Beschreibung der verschiedenen Lebensbereiche häufig auf einem unterschiedlichen Niveau spezifiziert, entweder sehr detailliert oder sehr abstrakt.

Weiter ist zu kritisieren, dass die meisten Untersuchungen, mit denen die genannten Modellvorstellungen geprüft wurden, auf Querschnittsuntersuchungen basieren. Eine Prüfung kausaler Zusammenhänge ist nicht möglich. Somit kann auch der Nachweis für die Gültigkeit nicht geführt werden.

Wie bereits oben dargestellt, sollten zukünftige Modelle neben einer defizitorientierten Konfliktperspektive auch die positiven Transfers zwischen den Lebensbereichen und damit die von den betroffenen Individuen erlebten Benefits eingehender berücksichtigen. Entsprechende Ansätze, die auch die Ressourcen der Individuen integrieren wollen, sollten in Form von Arbeit-Familie-Benefits (auch als Arbeit-Nicht-Arbeit-Förderung, Bereicherung, Verbesserung oder positiver Spillover bezeichnet) bedenken, dass die Erfahrungen und das Erleben innerhalb einer der Rollen in einem Lebensbereich den anderen Lebensbereich auch positiv beeinflussen kann.

8.5 Messinstrumente zur Erfassung des Work-Life-Balance-Erlebens

In den vergangenen drei Jahrzehnten sind viele verschiedene Maße zur Beschreibung des Work-Life-Balance-Erlebens entwickelt und verwendet worden. Meistens wird das Work-Life-Balance-Erleben durch Arbeit ⇨ Familie-Konflikte bzw. Familie ⇨ Arbeit-Konflikte beschrieben. Inzwischen finden verstärkt Instrumente Beachtung, die auch positive Interaktionen zwischen den Lebensbereichen erfassen. Der folgende Abschnitt gibt einen Abriss über die Entwicklung und die theoretischen Konzeptionen der wichtigsten Verfahren, die seit den späten siebziger Jahren im Forschungskontext Beachtung gefunden haben.

Grundsätzlich lässt sich eine Entwicklung von zum Teil einfachen, theoretisch kaum fundierten Instrumenten, bei deren Entstehung psychometrischen Kriterien keine Berücksichtigung fanden, hin zu komplexen, multidimensionalen Verfahren mit einer zufriedenstellenden Messgüte feststellen. Eine Vielzahl der frühen Instrumente zur Erfassung von Arbeit-Familie-Konflikten berücksichtigt weder die unterschiedlichen Richtungen von Konflikten zwischen den Lebensbereichen noch differenzieren sie nach der von Greenhaus & Beutell (1985) vorgeschlagenen Unterscheidung zwischen zeit-, beanspruchungs- und verhaltensbedingten Konflikten. Bellavia & Frone (2004) unterscheiden deshalb auch zwischen zeitlich früheren Instrumenten – von ihnen auch als *"first-generation-models"* bezeichnet – im Gegensatz zu den *"second-generation-models"*, die die Multidimensionalität der zu erfassenden Konstrukte berücksichtigen.

Neben dieser groben Unterteilung lassen sich verschiedene Aspekte der Differenzierung in den Instrumenten herausarbeiten. Die erste Phase der Differenzierung kann in der Operationalisierung der Richtung des Konflikterlebens gesehen werden. Gesamtmaße des Konflikterlebens, die nur ein Konstrukt erfassen, werden dabei zunehmend abgelöst durch Verfahren, welche die Richtung des Konflikterlebens genauer spezifizieren (Arbeit ⇨ Familie-Konflikte bzw. Familie ⇨ Arbeit-Konflikte). Dies ist jedoch eine Unterteilung, die von den später entwickelten Instrumenten zur Erfassung positiver Interaktionen (zumeist nicht hinterfragt) übernommen wurde.

Eine zweite Phase der Differenzierung betrifft die Ursachen bzw. Facetten des Konflikterlebens. Dabei kann zurückgehend auf den Ansatz von Greenhaus & Beutel (1985) eine Unterteilung in bis zu drei Formen ausgemacht werden: zeitbedingte Konflikte, beanspruchungsbedingte Konflikte und verhaltensbedingte Konflikte. Die meisten der bisher verwendeten Messinstrumente fokussieren auf die beiden erstgenannten Punkte (Zeit und Beanspruchung), während verhaltensbedingte Konflikte bisher nur selten erfasst wurden.

Eine vergleichbare Ausdifferenzierung zu multidimensionalen Verfahren kann auch für die Verfahren zur Erfassung positiver Interaktionen festgestellt werden. Auch für die Instrumente zur Erhebung positiver Interaktionen zwischen den Lebensbereichen zeigt sich eine zunehmende Ausdifferenzierung. Hierbei wird jedoch kaum auf das Konzept, zwischen zeit-, beanspruchungs- und verhaltensbedingten Aspekten der Spillover-Prozesse zu unterscheiden, zurückgegriffen. Stattdessen werden alternative theoretische Ansätze verfolgt, bei den beispielsweise zwischen affektiven, instrumentellen und wertebedingten Interaktionen unterschieden wird.

Der dritte Aspekt der Differenzierung betrifft die Erlebnisqualität der Interaktionen zwischen den Lebensbereichen. Während die chronologisch frühen Instrumente lediglich auf das Konflikterleben fokussieren, rücken in jüngerer Zeit auch positive Interaktionen in den Vordergrund der Analysen. Dabei können zwei Entwicklungsrichtungen ausgemacht werden. Während die eine darin besteht, ergänzend neben den Skalen zum Konflikterleben auch Skalen zur Erfassung positiver Interaktionen in die Verfahren aufzunehmen, besteht die andere darin, separate Instrumente zur Erfassung positiver Spillover-Prozesse zu entwickeln.

Eine weitere Differenzierung betrifft die durch die Instrumente angesprochenen Rollen. So erfassen einige Instrumente global die Konflikte zwischen der Erwerbsarbeit und allen anderen Lebensbereichen. Andere wiederum sind enger gefasst und zielen auf ganze Lebensbereiche (z. B. Familie) oder fokussieren sogar auf die erlebten Konflikte bei der Ausübung spezifischer Rollen (z. B. der Elternrolle).

Aus methodischer Perspektive sind alle genannten Beispiele mit Vor- und Nachteilen behaftet: Während sich mit Globalmaßen spezifische Zusammenhänge zwischen dem Work-Life-Balance-Erleben und anderen Variablen schwierig nachweisen lassen, wohnt ihnen andererseits der Vorteil inne, dass sie bei einer breiteren Gruppe von Befragten und in sehr unterschiedlichen Kontexten einsetzbar sind.

Die zum Teil stark variierenden Unterschiede in den Befunden in der Arbeit-Familie-Forschung basieren vermutlich auch auf den uneinheitlichen und konzeptionell stark variierenden Messinstrumenten sowie in bedeutenden Unterschieden hinsichtlich der Repräsentativität und Homogenität der verwendeten Stichproben. So erfolgte die Entwicklung und Erprobung verschiedener Instrumente oft auch an kleinen oder betriebsspezifischen Stichproben. Deshalb weisen auch Kossek & Ozeki (1998; vgl. a. Allen et al., 2000) darauf hin, dass die Generalisierbarkeit von vielen Untersuchungsbefunden nicht zuletzt aufgrund der unterschiedlichen verwendeten theoretischen Konstrukte sowie der vielmals genutzten homogenen Stichproben (und den damit verbundenen ähnlichen Rollenanforderungen) nur äußerst begrenzt möglich ist.

Es folgt nun eine kurze Darstellung relevanter Instrumente und ihrer theoretischen Konzeptionen. Eine chronologische Übersicht über die Rahmen der Work-Family-Conflict- bzw. Work-Life-Balance-Forschung verwendeten Instrumente findet sich außerdem in Tabelle 15.

Obwohl die Befunde mehrerer Studien darauf hinweisen, dass Rollenkonflikte sich, wie bereits von Greenhaus & Beutell (1985) vor über 20 Jahren formuliert, auf verschiedenen Ebenen manifestieren (vgl. z. B. Carlson, Kacmar und Williams, 2000), nutzt ein Großteil der Work-Life-Balance-Studien die differenzierte Betrachtung des Konflikterlebens bisher nicht in ihrem vollen Umfang. Unterschieden werden Konflikte zumeist nur unter Vernachlässigung der verhaltensbedingten Ebene in zeit- und beanspruchungsbedingtes Konflikterleben. Diesen Sachverhalt gilt es zu kritisieren, insbesondere vor dem Hintergrund, dass spezifische Zusammenhänge zwischen verhaltensbedingten Arbeit-Familien Konflikten und dem Outcome Arbeitszufriedenheit (Bruck, Allen und Spector, 2002), organisationales Commitment und Familienzufriedenheit (Carlson, Kacmar & Williams, 2000) aufgezeigt werden können. Auch 20 Jahre nach der theoretischen Differenzierung von Konflikten nach Greenhaus & Beutell bilden Studien, die alle drei Ebenen berücksichtigen, noch immer eher die Ausnahme (z. B. Bruck, Allen und Spector, 2002; Carlson et al., 2000 und Loerch, Russell & Rush, 1989).

Die ersten entwickelten Instrumente basierten bereits auf den Annahmen der Rollentheorie, aber berücksichtigten in der Regel weder die Richtung der Konflikte noch deren Multidimensionalität, noch genügen sie den psychometrischen Kriterien (z. B. Holahan, & Gilbert, 1979; Burke, Weir, & Duwors, 1979; Pleck, Staines & Lang, 1980; Quinn & Staines, 1979).

Als das erste theoretisch abgeleitete und systematisch entwickelte Instrument kann die Job-Family Role Strain-Skala von Bohen & Viveros-Long (1981) bezeichnet werden. Das Verfahren wurde in zahlreichen Studien von verschiedenen Autoren in den Folgejahren genutzt. Bohen & Viveros-Long entwickelten ein 19 Item-Instrument, das auf einem Rollenansatz basiert. Das Instrument enthält unter anderem Fragen zur Arbeit-Familie-Balance, Rollenüberlastung, Familien ⇨ Arbeit-Konflikte, Belastung durch Erziehungsverantwortung oder Arbeit ⇨ Freizeit-Konflikten. Die Perspektive der Skala ist im Vergleich zu den vorhergehend beschriebenen Instrumenten erweitert, da einerseits auch Spillover-Prozesse außerhalb der Erwerbsarbeit in die Erwerbstätigkeit in den Fokus genommen und auch der außerfamiliäre Lebensbereich thematisiert werden. Positiv anzumerken ist ferner, dass die Ableitung der Items mit Hilfe strukturierter, qualitativer Verfahren (Interviews, Gruppendiskussion) erfolgte. Die Skala verfügt ferner über eine zufriedenstellende interne Konsistenz ($\alpha > 0.70$).

Das von Kopelman, Greenhaus & Connolly (1983) entwickelte 8-Item-Instrument basiert ebenfalls auf einem rollentheoretischen Ansatz und stellt eines der meistverwendeten Instrumente der Work-Life-Balance-Forschung dar. Aufbauend auf der Arbeit von Pleck, Staines & Lang entwickelten die Autoren erstmals (zumindest theoretisch) ein Instrument, dass zwischen zeitbedingten und beanspruchungsbedingten Konflikten differenziert. Eine empirische Differenzierung beispielsweise anhand von Subskalen fehlt jedoch, außerdem erscheint die Generalisierbarkeit der Ergebnisse aufgrund einer sehr kleinen Stichprobengröße sehr limitiert. Auch werden Familie ⇨ Arbeit-Konflikte in diesem Instrument noch nicht berücksichtigt. Eine derartige Erweiterung des Instrumentes erfolgt aber 1989 von Burley (zit. nach Herst, 2003). Andere Adaptationen des Instrumentes finden sich auch bei Parasuraman et al. (1996) und bei Hammer et al. (2003). Sowohl das Ausgangsinstrument von Kopelman et al. (α zwischen 0.70 und 0.89) als auch das überarbeitete Instrument von Burley (α zwischen 0.79 und 0.83; nach Gutek, Searle & Klepa, 1991) verfügen über zufriedenstellende bis gute Reliabilitäten.

Eine weitere Entwicklung findet sich bei Wiley (1987). Aufbauend auf der Arbeit von Burke, Weir & DuWors (1979) finden sich in ihrer Arbeit erstmalig faktorenanalytische Befunde, die beide Richtungen von Arbeit-Familie-Konflikten widerspiegeln. Das Instrument besteht in einer reduzierten Version (22/50 Items) des Originalinstruments. Insgesamt werden vier Faktoren extrahiert: Rollenüberlastung, Arbeit-Personen-Konflikte (allgemein: Arbeit ⇨ Nicht-Arbeit-Konflikte), Arbeit ⇨ Familien-Konflikte und Familien ⇨ Arbeit-Konflikte. Kritisch zu vermerken ist, dass in der Arbeit die Angaben über die Gütekriterien des Verfahrens fehlen.

Weitere Entwicklungen von Instrumenten, die sowohl Arbeit ⇨ Familien-Konflikte als auch Familie ⇨ Arbeit-Konflikte berücksichtigen, finden sich in den frühen neunziger Jahren bei Gutek, Searle & Klepa (1991) und bei Frone et al. (1992a, 1992b). Beide Verfahren verfügen über zufriedenstellende (Frone) bis gute interne (Gutek et al.) Konsistenzen. Gutek et al. nutzt Items, die den vorangehend aufgeführten Instrumente von Burley sowie von Kopelman et al. entlehnt sind, während Frone et al. Fragen verwenden, die beide Konfliktrichtungen beschreiben. Eine gemeinsame Überprüfung der konvergenten Validität der Instrumente von Gutek et al. und Frone et al. kann Eagle et al. (1997) entnommen werden.

Netemeyer, Boles & McMurrian (1996) entwickelten ein Instrument, das sich streng an den psychometrischen Kriterien der Testentwicklung orientiert und deutliche Befunde für zwei Richtungen des Konflikterlebens zwischen den Domänen Arbeit und Familie liefert. Aus einem Itempool von 110 Items extrahierten die Autoren per Expertenrating 43 Items, die in die Analyse und Optimierung des Instrumentes einflossen. Die faktorielle Struktur des Instruments wurde anschließend an drei voneinander unabhängigen Stichproben mittels konfirmatorischer Faktorenanalysen validiert. Dabei wurden in der finalen Version des Instrumentes zwei Skalen identifiziert: zeit- und beanspruchungsbedingte Arbeit ⇨ Familie-Interferenzen mit fünf Items sowie zeit- und beanspruchungsbedingte Familie ⇨ Arbeit-Interferenzen mit ebenfalls 5 Items. Die Reliabilität der Skalen bewegt sich von 0.82 bis 0.90. Zu bemängeln ist allerdings, dass das Verfahren keine verhaltensbedingte Items enthält und somit den theoretischen Annahmen von Greenhaus & Beutel (1985) nur bedingt gerecht wird. Positiv hervorzuheben ist, dass in der Arbeit umfangreiche Befunde zur Kriteriumsvalidität der Skalen dokumentiert werden. Eine aktualisierte und neu-validierte Fassung des Instruments findet sich bei Boyar, Carson, Mosley, Maertz, & Pearson (2006).

Stephens & Sommer (1996) entwickelten das erste Verfahren, dass das Konstrukt Arbeit-Familie-Konflikte sowohl durch zeit-, beanspruchungs- und verhaltensbedingte Skalen beschreibt. Sie starteten ihre Instrumentenentwicklung mit einem Itempool von 28 Items, die ein Expertenrating durchlaufen. Nach einer Reduktion auf 16 Items untersuchten sie die postulierte dreifaktorielle Struktur nachfolgend in zwei Stichproben mittels explorischer und konfirmatorischer Faktorenanalysen. Zwar konnte die 3-Faktoren Struktur mittels explorischer Faktorenanalyse nicht bestätigt werden, jedoch erweist sich das postulierte Modell im konfirmatorischen Modellvergleich alternativen Modellen als überlegen. Es erfüllt auch die theoretischen Annahmen von Greenhaus & Beutel (1985), zwischen zeit-, beanspruchungs- und verhaltensbedingte Dimensionen zu unterscheiden. Zu kritisieren an ihrem Ansatz ist jedoch, dass das Verfahren lediglich Konflikte in der Richtung Arbeit ⇨ Familie und nicht in der entgegengesetzten Richtung untersucht.

Bei dem Instrument von Kelloway, Gottlieb & Barham (1999) handelt es sich um ein Verfahren, dass die Interferenzen zwischen den Lebensbereichen Arbeit und Familie erfasst und dabei sowohl die Direktionalität von Spillover-Prozessen berücksichtigt als auch zwischen zeit- und beanspruchungsbedingten Erlebenszuständen unterscheidet. Die internen Konsistenzen der Skalen können als gut bewertet werden.

Carlson, Kacmar & Williams (2000) entwickelten das erste Instrument, dass sowohl das theoretische Postulat, die Direktionalität als auch die Multidimensionalität zu berücksichtigen, erfüllte. Die Autoren führten zu Beginn der Instrumentenentwicklung eine Contentanalyse durch, bei der eine Sammlung geeigneter Items den entsprechenden sechs Skalen zugeordnet werden konnte. Nach einer Ergänzung des Itempools wurden in einem ersten Analyseschritt mit einer ersten exploratorischen Faktorenanalyse an einer Stichprobe mit 390 Beschäftigen sechs, vom Umfang her gleich große Skalen mit je fünf Items gebildet: zeit-, beanspruchungs- und verhaltensbedingte Arbeit ⇨ Familien-Konflikte sowie zeit-, beanspruchungs- und verhaltensbedingte Familien ⇨ Arbeit Konflikte. In einem zweiten Analyseschritt wurde an zwei weiteren Stichproben (N= 228 und N=225) mittels konfirmatorischer Faktorenanalysen die faktorielle Struktur des Instruments validiert. Hierbei konnte die postulierte faktorielle Struktur bestätigt werden. Die Zahl der Items wurde optimiert und auf je drei pro Skala reduziert. Die Reliabilitäten der Skalen sind als zufriedenstellend bis gut zu bewerten.

Ein 19-Item-Maß mit drei Skalen zur Erfassung des Work-Life-Balance-Erlebens entwickelte Fisher (2001, zit. nach Fisher-McAuley, Stanton & Jolton, 2003). Das Instrument verfügt über die Skalen work interference with personal life (WIPL), personal life interfence with work (PLIW) und work/personal life enhancement (WLPE). In ein konfirmatorischen Faktorenanalyse stellte sich eine 3-faktorielle Lösung im Vergleich zu einer 4-Faktoren-Lösung als passender heraus (Fisher, 2001). Eine adaptierte Version mit 15-Items dieses Instruments wird von Hayman (2005) explorativ validiert. Er findet ebenfalls Bestätigung für die dreifaktorielle Struktur.

Das wohl erste Instrument, welches im Gegensatz zu den bisher angeführten Instrumenten sowohl negative Interferenzen zwischen den Lebensbereichen als auch positive Transferprozesse berücksichtigt, verwenden Grzywacs & Marks (2000) im Rahmen der MIDUS-Studie (National Survey of Midlife Development in the USA). Sie erfassen mit vier Skalen sowohl negative als auch positive Interaktionen und berücksichtigen darüber hinaus auch die Richtung der Konflikte. Das Instrument hat insgesamt zufriedenstellende bis gute Reliabilitäten.

Ein Instrument jüngeren Datums stellt der SWING (**S**urvey **W**ork-Home **I**nteraction **N**ijme**G**en) von Geurts et al. (2005) dar. Der Fragebogen differenziert nach der Richtung der Interferenzen (Work ⇨ Home und Home ⇨ Work). Außerdem ist hervorzuheben, dass auf Itemebene nicht nur explizit der Lebensbereich Familie angesprochen wird, sondern darüber hinaus auch das außerfamiliäre Privatleben (z. B. Freunde). Schließlich gilt es noch anzumerken, dass im Gegensatz zu den meisten anderen Verfahren auch emotionale Spillover-Prozesse thematisiert werden. Allerdings findet keine Differenzierung zwischen zeit-, beanspruchungs- und verhaltensbedingten Aspekten der Spillover-Prozesse statt. Die interne Konsistenz der vier Skalen kann bei einem Crobachs-α größer 0.70 für alle vier Dimensionen als zufriedenstellend erachtet werden.

Tabelle 15: Übersicht über ausgewählte standardisierte Verfahren zur Erfassung des Work-Life-Balance-Erlebens

Quelle	Beschreibung
Holahan, & Gilbert (1979)	Sechs dichotome Messungen spezifischer Interrollen-Konflikte: Berufstätigkeit⇔Ehepartner, Berufstätigkeit⇔Eltern, Berufstätigkeit⇔Selbst , Ehepartner⇔Eltern, Ehepartner⇔Selbst, Eltern⇔Selbst.
Burke, Weir, & Duwors, (1979)	Negative Auswirkungen des Berufslebens des Mannes auf das Familienleben. Fünfzig Items aus 10 Gebieten (u.a. Notwendigkeit umzuziehen, persönliche Beziehung zwischen Ehepartnern, u.a.) Die Autoren identifizieren 7 Arten von Arbeit-Familie-Konflikten.
Pleck, Staines & Lang (1980) Quinn & Staines (1979)	Basierend auf dem Quality of Employment Survey (Quinn & Staines, 1979) werden Häufigkeit und Arten der Arbeit-Familie-Konflikte in Abhängigkeit von den familiären Strukturen untersucht.
Bohen & Viveros-Long (1981)	Job-Family-Strain-Scale: 16 Items insgesamt. Enthält u.a. Items zu folgenden Themengebieten: Arbeit-Familie-Balance, Rollenüberlastung, Familien⇔Arbeit-Konflikte, Belastung durch Erziehungsverantwortung und Arbeit⇔Freizeit-Konflikte. Zusätzlich: Job-Family Management Scale: erfasst die Schwierigkeit familiäre Aktivitäten zu managen.
Kopelman, Greenhaus & Connolly (1983)	8-Item-Skala basierend auf dem Instrument von Pleck, Staines & Lang (1980).
Wiley (1987)	Reduzierte Version des von Burke, Weir, & Duwors, (1979) eingesetzten Verfahrens. 22 Items mit den Skalen Rollenüberlastung, Arbeit⇔Person- Konflikte (allgemein: Arbeit⇔Nicht-Arbeit-Konflikte), Arbeit⇔Familie-Konflikte und Familien⇔Arbeit-Konflikte.
Burley (1989)	Überarbeitung der Skala von Kopelman, Greenhaus & Connolly (1983). Erweiterung um Familien⇔Arbeit-Konflikte.
Gutek, Searle & Klepa (1991)	Basierend auf den Instrumenten von Kopelman, Greenhaus & Connolly (1983) sowie Burley (1989). 2 Skalen Arbeit⇔Familie-Konflikte und Familien⇔Arbeit-Konflikte mit je 4 Items.
Frone, Russell & Cooper (1992a; 1992b)	Zwei-Item-Skalen für Arbeit⇔Familie-Konflikte und Familien⇔Arbeit-Konflikte.
Netemeyer, Boles & McMurrian (1996)	Instrument, das sowohl die Bidirektionalität der Konflikterlebens berücksichtigt, als auch zwischen zeit- und beanspruchungsbedingten Konflikten differenziert. 4 Skalen mit: zeitbedingte Arbeit⇔Familie-Interferenzen (4 Items), beanspruchungsbedingte Arbeit⇔Familie-Interferenzen (1 Item), zeitbedingte Familie⇔Arbeit–Interferenzen (4 Items) und beanspruchungsbedingte Familie⇔Arbeit–Interferenzen (1 Item).
Stephens & Sommer (1996)	Multidimensionales Instrument zur Erfassung von Arbeit-Familie-Interferenzen mit 3 Skalen zeit-, beanspruchungs- und verhaltensbedingter Arbeit⇔Familie-Konflikte.
Kelloway, Gottlieb & Barham (1999)	Instrument, das die Richtung des Konflikterlebens berücksichtigt: 2 Skalen mit je 5 Items: zeit- und beanspruchungsbedingte Arbeit⇔Familie-Interferenzen sowie zeit- und beanspruchungsbedingte Familie⇔Arbeit–Interferenzen.
Carlson, Kacmar & Williams (2000)	Erstes bidirektionales (Arbeit⇔Familie und Familie⇔Arbeit) und multidimensionales (zeit-, beanspruchungs- und verhaltensbedingt) Instrument mit 6 Skalen und je 3 Items in der Endfassung.
Grzywacs & Marks (2000)	Vier Skalen zur Erfassung der Spillover-Prozesse zwischen den Lebensbereichen Arbeit und Familie im Rahmen der MIDUS-Studie. Erfasst werden sowohl die Richtung der Interaktionen als auch die Erlebensqualität. Vier Skalen mit jeweils vier Items: Negative Spillover from work to family, Positive Spillover from work to family, Negative Spillover from family to work und Positive Spillover from family to work.
Fisher (2001)	Instrument mit 19 Items und 2 unidirektionalen Skalen sowie einer bidirektionalen Skala zwischen den Lebensbereichen *work* und *personal life*, das sowohl positive als auch negative Interferenzen berücksichtigt. 3 Skalen: work interference with personal life (WIPL), personal life interference with work (PLIW) und work/personal life enhancement (WLPE).
Geurts, Taris, Kompier, Dikkers, van Hooff & Kinnunen (2005)	SWING(Survey Work-Home Interaction NijmeGen). Instrument, das sowohl die Richtung von Spillover-Prozessen als auch die Erlebensqualität berücksichtigt. Das Verfahren berücksichtigt nicht nur Interferenzen, die den Lebensbereich Familie betreffen, sondern auch außerfamiliäre Aspekte. 4 Skalen: negative Work⇔Home-Interaction; positive Work⇔Home-Interaction; negative Home⇔Work-Interaction und positive Work⇔Home-Interaction.
Hayman (2005)	Adaptierte Version des Instrumentes von Fisher (2001) mit 15 Items und identischen Skalen.
Hanson, Hammer & Colton (2006)	Bidirektionales (Arbeit⇔Familie und Familie⇔Arbeit) und multidimensionales Instrument (affektive, verhaltensbezogene instrumentelle und wertebedingte Interaktionen) mit 6 Skalen und je 3 Items in der Endfassung.
Carlson, Kacmar, Wayne & Grzywacs (2006).	Bidirektionales (Arbeit⇔Familie und Familie⇔Arbeit) und multidimensionales Instrument (Subdimensionen: Entwicklung, Affektivität, soziales Kapital und Effizienz)mit 6 Skalen und je 3 Items in der Endfassung.

Neben den angeführten Instrumenten existieren noch weitere Instrumente zur Erfassung des Erlebens der Vereinbarkeit von Arbeit, Familie und Freizeit, die entweder spezifische Rollen oder Zielgruppen von Interrollenkonflikten fokussieren, z. B. das

Verfahren von Mallard & Lance (1998), die gezielt Arbeit-Eltern-Konflikte erfassen oder der Fragebogen von Casper, Weltman & Kwesiga (2007), die untersuchen, wie vereinbarkeitsorientiert Organisationskulturen gegenüber Singles ausgeprägt sind.

Zusammenfassend kann festgehalten werden, dass bisher erst ein Instrument in seiner theoretischen Konzeption sowohl die verschiedenen Facetten des Konflikterlebens als auch die Richtung der Konflikte berücksichtigt. Während die Unterscheidung zwischen Arbeit⇨Familien-Konflikten und Familien⇨Arbeit-Konflikten mittlerweile als Standard der Work-Life-Balance-Forschung erachtet werden kann, herrscht hinsichtlich der Unterscheidung zwischen zeit-, beanspruchungs- und verhaltensbedingten Familien⇨Arbeit-Konflikten noch kein Konsens, da die meisten Instrumente in der Regel nur zwischen zeit- und beanspruchungsbedingten Konflikten differenzieren. Bellavia & Frone (2004) raten sogar ganz von dieser Differenzierung ab, da sie die Gefahr sehen, dass entsprechende Skalen in starkem Maße mit den Antezedenzen der Konflikte konfundiert sind und empfehlen, eher möglichst allgemein formulierte Items bei der Operationalisierung zu verwenden. Ein weiterer Kritikpunkt betrifft die inhaltliche Ausrichtung der Skalen, denn häufig ist der außerberufliche Lebensbereich, der mit den Skalen erfasst werden soll, unklar. Zwar wird bei den meisten Skalen der angeführten Instrumente postuliert, dass sie Arbeit-Familien-Konflikte erfassen, das konkrete Wording der Itemformulierungen lässt daran allerdings auf breiter Ebene Zweifel. Wird z. B. bei Formulierungen wie „im Haushalt" oder „zu Hause" tatsächlich nur der Lebensbereich Familie angesprochen oder nicht generell das Privatleben (Nicht-Arbeit)? Außerdem bleibt vielfach ungeklärt, was unter dem Begriff der Familie zu verstehen ist (z. B. ob die Herkunftsfamilie ebenfalls unter den Begriff zu subsumieren ist).

Neben den konfliktorientierten Verfahren gibt es noch solche, die nur positive Interaktionen zwischen den Lebensbereichen erfassen und beschreiben. Hier gilt es auf zwei Instrumente jüngeren Datums von Hanson, Hammer & Colton (2006) sowie von Carlson, Kacmar, Wayne & Grzywacs (2006) zu verweisen. Bei der Erfassung positiver Interaktionen zwischen den Lebensbereichen kann eine vergleichbare Entwicklung wie bei den Konfliktskalen ausgemacht werden. Auch hier werden die Instrumente zunehmend in multidimensionale Ansätzen ausdifferenziert.

Hanson, Hammer & Colton (2006) entwickelten einen Fragebogen, der positive Spillover-Prozesse zwischen Arbeit und Familie auf sechs Subdimensionen erfasst. Das Instrument differenziert zwischen der Richtung des Spillover-Prozesses und zwischen affektiven, verhaltensbedingten instrumentellen und wertebedingten Spillover-Prozessen. Das Instrument wurde theoretisch abgeleitet (basierend auf dem Ansatz von Edwards & Rothbard, 2000) und durchlief zunächst ein Expertenrating. Nach einer Reduktion des initialen Itempools wurde es in zwei Studien validiert. Die 6-faktorielle Struktur konnte dabei sowohl in einer exploratorischen als auch in einer konfirmatorischen Faktorenanalyse bestätigt werden. Das Verfahren zeichnet sich auch durch seine ausgezeichneten Gütekriterien aus, so sind alle Reliabilitätskoeffizienten Cronbachs-α größer als 0.86.

Carlson et al. (2006) beschreiben die Entwicklung und Validierung eines Instruments zur Erfassung des Enrichments zwischen den Lebensbereichen Arbeit und Familie. Auch sie leiten ihre Skalen systematisch und theoretisch ab (basierend auf dem Ansatz von Greenhaus & Powell, 2006) und validieren selbige in einem mehrstufigen Verfahren. Das Instrument enthält sechs Subdimensionen: Positive Interaktionen aus der Arbeit in das Familienleben mit den Inhaltsbereichen Entwicklung, Affektivität und sozialem Kapital sowie in die entgegengesetzte Richtung aus der Familie in die Erwerbstätigkeit mit den Inhaltsbereichen Entwicklung, Affektivität und Effizienz. Die interne Konsistenz der Skalen kann für eine Dimension als zufriedenstellend, für die restlichen fünf als gut bezeichnet werden.

Gute Übersichten über bereits vorhandene Messinstrumente zur Erfassung von Interaktionen zwischen den Lebensbereichen Arbeit, Familie und Freizeit finden sich bei Carlson, Kacmar & Williams (2000), Herst (2003) und bei Tetrick & Buffardi (2006).

8.6 Antezedenzen und Konsequenzen des Work-Life-Balance-Erlebens

Die detaillierte Struktur des Interfaces zwischen Arbeit, Familie und Freizeit kann bisher als ungeklärt angesehen werden. Wie die vorangehende Kapitel gezeigt haben, besteht nicht allein Uneinigkeit darin, welche Konstrukte das Work-Life-Balance-Erleben an der Schnittstelle zwischen Arbeit, Familie und Freizeit angemessen repräsentieren und wie diese zu operationalisieren sind, sondern auch darüber, welche relevanten Variablen in diesem Kontext zu berücksichtigenden sind und welche Wirkzusammenhänge zwischen diesen bestehen. Die Folge ist, dass mittlerweile verschiedenste Modell-Annahmen über Wirkmechanismen und verschiedene Ordnungsmodelle existieren, welche Variablen bei der Analyse des Arbeit-Familie-Freizeit-Interfaces berücksichtigt werden sollten. Da die zentralen Ziele dieser Arbeit darin bestehen a) ein Instrument zur Erfassung des Work-Life-Balance-Erlebens zu entwickeln und b) den Zusammenhang der darin enthalten Konstrukte mit Antezedenzen und Konsequenzen zu untersuchen, werden im Folgenden verschiedene Befunde des Zusammenhanges zwischen Work-Life-Balance-Erleben und seinen Rahmenbedingungen sowie seinen Auswirkungen aufgeführt und bewertet.

In Ermangelung übergreifender, elaborierte Modelle zur Beschreibung des Arbeit-Familie-Freizeit-Interfaces und des Work-Life-Balance-Erlebens existieren mittlerweile eine Myriade an Detailbefunden über die Zusammenhänge zwischen Prädiktoren und den Auswirkungen des Work-Life-Balance-Erlebens. Dabei herrscht hinsichtlich einer Vielzahl der untersuchten Variablen zumindest Einvernehmen darüber, ob diese in der

Regel als Voraussetzung des Work-Life-Balance-Erlebens zu verstehen sind oder als Konsequenzen desselbigen. Trotz einer meist hohen Plausibilität dieser Annahmen (und zum Teil auch einer empirischen Bestätigung in längsschnittlichen Forschungsdesigns) ist diese Kategorisierung auch kritisch zu betrachten, denn der überwiegende Anteil der publizierten Studien dürfte in Querschnittsstudien gewonnen worden sein.

Aus der Perspektive der Kausalität sind jedoch sowohl längsschnittliche als auch experimentelle Designs zwingend notwendig, um mit Sicherheit Aussagen über Effektrichtungen treffen zu können. Es kann sonst nicht ausgeschlossen werden, dass beispielsweise Variablen, die als Auswirkungen betrachtet werden ihrerseits auf das Work-Life-Balance-Erleben wirken und dieses beeinflussen. Die Richtung des Zusammenhanges ist somit nicht immer eindeutig. Auch Barnett (2002) weist darauf hin, dass die Richtung des Zusammenhanges bidirektional sein kann und dass Arbeit-Familien-Konflikte oder Facilitation je nach theoretischem Ansatz in der Literatur zum Teil als Prädiktor-, Moderator, Mediator- und Outcome-Variable eingesetzt wird. Ungeachtet dieser methodischen Problematik finden bei der folgenden Darstellung der empirischen Befunde die einschlägigen Modell-Annahmen Berücksichtigung. Entsprechende Modell-Annahmen und Klassifikationssysteme darüber, welche Variablen bei der Analyse des Work-Life-Balance-Erlebens zu berücksichtigen sind, finden sich unter anderem bei Bellavia & Frone (2004), Eby et al. (2005) oder Frone (2003).

Bei der Darstellung der Befunde wird dabei – in Anlehnung an die Gliederung dieser Arbeit – zunächst auf Befunde zum Zusammenhang zwischen organisationalen und tätigkeitsbezogenen Variablen eingegangen, gefolgt von familialen und individuellen Variablen. In jedem dieser Abschnitte wird zunächst auf die Antezedenzen des Work-Life-Balance-Erlebens eingegangen, gefolgt von Variablen, die als Auswirkungen bzw. Konsequenzen klassifiziert werden. Es wird insbesondere auf Variablen Bezug genommen, die auch im empirischen Teil der Arbeit Berücksichtigung finden. Für weitergehende Befunde sei auf die einschlägigen Übersichtsarbeiten und Metaanalysen verwiesen (z. B. Allen, Herst, Bruck & Sutton, 2000; Bellavia & Frone 2004; Byron, 2005; Eby et al., 2005; Frone, 2003; Kossek & Osseki, 1998).

Vorab sei noch gesagt, dass die in den Originalstudien dargestellten Zusammenhänge hinsichtlich ihrer Stärke eine erhebliche Variabilität aufweisen. Diese hat ihren Ursprung in sehr unterschiedlichen Stichproben (das Spektrum reicht dabei z. B. von sehr kleinen und homogenen betrieblichen Samples bis hin zu bevölkerungsrepräsentativen Stichproben) und in den zum Teil stark voneinander abweichenden Operationalisierungen der erfassten Konstrukte (z. B. globale vs. detailliert-spezifische Messungen).

8.6.1 Die Stärke negativer und positiver Interaktionen

Einer der wenigen eindeutigen Befundlagen der Work-Life-Balance-Forschung kann darin gesehen werden, dass sich über beide Geschlechter hinweg stärkere Arbeit⇨Nicht-Arbeit-Konflikte als Nicht-Arbeit⇨Arbeit-Konflikte zeigen (vgl. z. B. Aryee et al., 2005; Balmforth & Gardner, 2006; Bernas & Major, 2000; Boyar et al., 2003; Eagle, Miles & Icenogle, 1997; Eby et al., 2005; Frone, 2000, 2003; Frone, Russell & Cooper, 1992a & b; Frone, Yardley & Markel, 1997; Grzywacz & Bass, 2003; Grzywacz & Marks, 2000a,b; Gutek et al., 1991; Marks, 1998; Hammer et al., 2005; Netemeyer, Boles & McMurrian, 1996; Wayne et al., 2004).

Einige Studien betrachten auch den positiven Transfer zwischen den Lebensbereichen. Hier zeigt sich ein stärkeres Familie⇨Arbeit-Facilitation-Erleben als Arbeit⇨Familie-Facilitation-Erleben (vgl. z. B. z. B. Aryee et al., 2005; Balmforth & Gardner, 2006; Grzywacz & Bass, 2003; Grzywacz & Marks, 2000; Hammer et al., 2005 und Wayne et al., 2006). Es kann somit von einer Asymmetrie gesprochen werden, die darin besteht, dass negative Transferprozesse aus der Arbeitsdomäne stärker ausgeprägt sind als in der inversen Richtung. Dagegen sind positive Interaktionen aus dem privaten Leben stärker als entsprechende Prozesse aus der Erwerbstätigkeit in das Familien- und Freizeitleben. Es kann also zusammenfassend angenommen werden, dass die Erwerbstätigkeit das Familien- und Privatleben mehr beeinträchtigt und auch weniger förderlich für diese ist als umgekehrt (Frone, 2003).

8.6.2 Organisationale und tätigkeitsbezogene Variablen

Prädiktoren
Organisationale und tätigkeitsbezogene Variablen erfahren bei der Analyse des Work-Life-Balance-Erlebens starke Aufmerksamkeit. Besonders stress- und belastungsbezogenen Variablen wurden dabei in zahlreichen Studien Beachtung geschenkt. Trotz unterschiedlicher Operationalisierungen und verschiedener dahinter liegenden theoretischen Konzeptionen der Variablen, die arbeitsbezogenen Stress, berufliche Arbeitsüberlastung oder Arbeitsdruck erfassen, gehen sie mit erhöhten Arbeit⇨Familie-Konflikten einher (z. B. Carlson, 1999; Carlson & Perrewe, 1999; Fox & Dwyer, 1999; Frone, Yardley & Markel, 1997; Grzywacs & Marks 2000a; Wallace, 1997, 1999). Arbeitsrollenbezogener Stress erweist sich auch längsschnittlich als Prädiktor für Arbeit⇨Familien-Konflikte (Grandey & Cropanzano, 1999; Peeters et al., 2004). Bestätigung findet der starke Zusammenhang überdies in metaanalytischen Untersuchungen zwischen Stresserleben und Arbeit-Familien-Konflikten (Allen, Herst, Bruck & Sutton, 2000; Byron, 2005). Beim Vergleich der Zusammenhänge zwischen Arbeit⇨Familie-

Konflikten und arbeits- sowie familienbezogenem Stress zeigt sich für arbeitsbezogenen Stress in der Arbeit von Allen, Herst, Bruck & Sutton (2000) ein stärkerer mittlerer Zusammenhang (0.41) als für familienbezogenen Stress (0.31). Befunde mit dem gleichen Muster und der gleichen Größenordnung findet auch Byron (2005).

Nicht allein für belastende oder „störende" Faktoren im Arbeitsbereich können Zusammenhänge mit Arbeit-Familien-Konflikten ausgemacht werden, denn auch das Fehlen von Ressourcen oder unterstützenden Faktoren steht vielfach im Zusammenhang mit Arbeit-Familien-Konflikten. So zeigen sich negative Zusammenhänge zwischen Arbeit⇨Familien-Konflikten und dem Vorgesetztenverhalten (Anderson, Coffey & Byerly, 2002; Thomas & Ganster, 1995).

Auf die zumeist negativen Zusammenhänge zwischen einer familien- bzw. vereinbarkeitsorientieren Organisationskultur und dem Kontroll- bzw. Autonomieerleben und der Erwerbsarbeit sowie dem Arbeit-Familien-Konflikten wurde bereits in 5.6 und 7.3.5 hingewiesen. Diese lassen sich dahingehend zusammenfassen, dass eine familien- bzw. vereinbarkeitsorientierte Organisationskultur in negativem Zusammenhang mit Arbeit⇨Familie-Konflikten steht. Ebenfalls negativ gerichtete Zusammenhänge zeigen sich für das Kontrollerleben bzw. eine hohe Autonomie im Rahmen der Erwerbstätigkeit und Arbeit⇨Familie-Konflikten. Die Zusammenhänge zwischen arbeitszeitbezogenen Variablen und dem Work-Life-Balance-Erleben wurden bereits in 5.5.2 dargestellt.

Während bei der Analyse negativer Interaktionen zwischen den Lebensbereichen belastende Faktoren oder Rahmenbedingungen im Vordergrund stehen, liegt der Schwerpunkt der Forschung hinsichtlich positiver Interaktionen stärker auf förderlichen und unterstützenden Variablen (Bakker & Geurts, 2005; Voydanoff, 2004). Weisen Variablen wie Entscheidungsspielraum oder soziale Unterstützung (durch Vorgesetzte und Kollegen) einen negativen Zusammenhang mit (Arbeit⇨Familien-)Konflikten auf, so zeigt sich mit dem (Arbeit⇨Familien-)Benefiterleben ein entgegengesetzter Zusammenhang (Grzywacs & Marks, 2000a). Auch Grzywacz & Butler (2005) zeigen, dass ressourcenreiche Arbeitstätigkeiten, die sich durch eine höhere Komplexität Variabilität und Autonomie kennzeichnen lassen, mit einer größeren Work>Family-Facilitation in Zusammenhang stehen.

Der berufliche Status eignet sich ebenfalls als Prädiktor für Arbeit-Familien-Konflikte. Verschiedene Studien deuten darauf hin, dass vor allem Selbstständige erhöhte arbeitsbezogene Beanspruchungen aufweisen (vgl. bspw. Harris, Saltsone & Fraboni, 1999; Seiss, 2003). Die zuletzt genannte Autorin zeigt in einer Studie im Bäckereihandwerk deutlich höhere Ausprägungen von Arbeit-Familie-Konflikten bei Selbstständigen im Vergleich zu angestellten Mitarbeitern mit und ohne Führungsaufgaben. Trotz eines oft erhöhten Handlungsspielraums im Rahmen einer selbstständigen Tätigkeit sind hohe Arbeitsintensitäten, lange Arbeitszeiten, geringe kollegiale Unterstützung und eine hohe Verantwortung typische Charakteristika der Selbstständigkeit, die berufsübergreifend hervorzuheben sind und sich auch in einem schlechteren Work-Life-Balance-Erleben manifestieren können. Beim Vergleich der Zusammenhänge zwischen der Hierarchieebene von Erwerbstätigen und dem Zusammenhang zwischen Arbeit-Familien-Konflikten ergibt sich derzeit keine eindeutige Befundlage. Bellavia & Frone (2004) erklären dies damit, dass in verschiedenen Studien unterschiedliche und nicht vergleichbare Klassifizierungssysteme verwendet werden und dass Variablen des beruflichen Status vielfach mit der Anzahl der gearbeiteten Stunden konfundiert ist.

Konsequenzen
Arbeitszufriedenheit. – Die am besten untersuchte Variable hinsichtlich der arbeitsbezogenen Folgen im Zusammenhang mit Arbeit-Familien-Konflikte ist die Arbeitszufriedenheit. Ein negativer Zusammenhang zwischen Arbeit-Familien-Konflikten und Arbeitszufriedenheit zeigt sich in vielen Studien (Allen, 2001; Anderson, Coffey & Byerly, 2002; Aryee et. al., 20005; Bedeian, Burke & Moffett, 1988; Behson, 2005; Bruck, Allen & Spector, 2002; Burke & Greenglas, 1999; Carlson & Kacmar, 2000; Grandey et al. 2005 im Längsschnitt; Netemeyer, Boles & McMurrian, 1996; Noor, 2002; Parasuraman & Simmers, 2001; Perrewe et al., 1999). Dabei zeigen sich in den meisten Untersuchungen domänspezifische Effekte, d.h., der Zusammenhang zwischen Arbeit⇨Nicht-Arbeit-Konflikten und Arbeitszufriedenheit erweist sich als stärker als der Zusammenhang zwischen Nicht-Arbeit⇨Arbeit-Konflikten und Arbeitszufriedenheit. Der negative Zusammenhang zwischen Arbeit-Familien-Konflikten und Arbeitszufriedenheit findet auch metaanalytische Bestätigung bei Allen, Herst, Bruck & Sutton (2000), die einen mittleren Zusammenhang von -0.24 berichten. Ähnlich sind die Befunde von Kossek & Ozeki (1998; r=-0.31).

Kossek & Ozeki (ebd.) weisen darauf hin, dass zum Teil sehr deutliche Unterschiede in der Stärke der Zusammenhangsmaße bestehen. Sie führen dies darauf zurück, dass nicht nur bei den eingesetzten Instrumenten zur Erfassung der Interaktionsprozesse zwischen Arbeit, Familie und Freizeit eine große Variation besteht, sondern dass dies auch für die verwendeten Instrumente der Arbeitszufriedenheit gilt, denn auch für diese Variable werden in einigen Untersuchungen sehr spezifische Erhebungsverfahren verwendet. Andere Studien hingegen verwenden Globalmaße. Bruck, Allen & Spector (2002) berichten von stärkeren Zusammenhangsmaßen bei der Verwendung spezifischer Maße im Vergleich zu übergreifenden Globalmaßen. Kossek & Ozeki (1998) zeigen ferner, dass geschlechtsspezifische Unterschiede für die Zusammenhänge zwischen Arbeit⇨Familie- bzw. Familie⇨Arbeit-Konflikte und Arbeitszufriedenheit existieren. Es zeigen sich stärkere Zusammenhänge bei Frauen. Ähnliche Resultate finden sich auch bei Bruck et al. (2002) sowie bei Grandey et al. (2005). Ferner weisen sie darauf hin, dass stärkere Zusammenhänge zwischen Arbeit⇨Familien-Konflikten und Arbeits- bzw. Lebenszufriedenheit als für Familien⇨Arbeit-Konflikten und den Zufriedenheitsmaßen bestehen. Der Einfluss der Erwerbsarbeit auf die Zufriedenheit scheint somit stärker zu sein als der Einfluss des Familienlebens. Während das Konflikterleben in einem negativen Zusammenhang mit der Arbeitszufriedenheit steht, weisen einige Studien auf den positiven Zusammenhang zwischen Facilitation-Erleben und Arbeitszufriedenheit hin (Aryee et al., 2005; Balmforth & Gardner, 2006; Carlson et al., 2006; Hill, 2005; Wayne et al., 2004).

Turnover-Intention.– Ein Zusammenhang zwischen Arbeit⇨Familie- bzw. Arbeit ⇨Nicht-Arbeit-Konflikten und der Absicht zu kündigen zeigen verschiedene Arbeiten (Allen, 2001; Anderson, Coffey & Byerly, 2002; Behson, 2005; Boyar Maertz, Paerson & Keough, 2003; Greenhaus, Parasuraman & Collins, 2001, Haar, 2004; Netemeyer, Boles & McMurrian, 1996). Ein starker Zusammenhang zeigt sich auch in der Metaanalyse von Allen, Herst, Bruck & Sutton (2000) zwischen Arbeit-Familie-Konflikten und der Absicht, den Arbeitsplatz zu wechseln. Sie berichten einen ungewichteten mittleren Korrelationskoeffizienten von $r=0.29$. Der starke positive Zusammenhang lässt vermuten, dass Arbeit-Familie-Konflikte bei den Mitarbeitern eine Art „*Fluchtreaktion*" auslösen (ebd.). Sie nehmen außerdem an, dass hier ein bisher nicht untersuchter Zusammenhang mit den objektiven Möglichkeiten, die Situation zu bewältigen bzw. zu verändern sowie der subjektiven Einschätzung hinsichtlich der eigenen Bewältigungskompetenzen zur Veränderung der Situation seitens des Mitarbeiters besteht.

Zu ähnlichen Befunden kommen Kossek & Ozeki (1999), die für den Zusammenhang zwischen Wechselabsichten und Arbeit⇨Familie-Konflikten ein mittleres r von 0.32 und für Familie⇨Arbeit-Konflikte von 0.17 finden. Inwieweit diese Wechselabsichten auch tatsächlich realisiert werden, bleibt allerdings offen, da lediglich erst eine Untersuchung neben Arbeit-Familie-Konflikten und Wechselabsichten auch die tatsächlichen Fluktuationsdaten erhoben hat (Greenhaus, Collins, Singh & Parasuraman, 1997). Dabei erweist sich der Wert für den Zusammenhang zwischen Arbeit-Familie-Konflikten und tatsächlicher Fluktuation als erheblich geringer als für die Fluktuationsabsicht. Hier besteht noch Forschungsbedarf. Es gilt zu analysieren, ob es zwischen den unterschiedlichen Auswirkungen von Arbeit-Familie-Konflikten *die Vorstellung wechseln zu wollen* (kognitive Verarbeitung), *die konkrete Möglichkeit wechseln zu können* (Jobangebot) oder der tatsächlich vorgenommene Arbeitgeberwechsel differentielle Effekte hinsichtlich ihres Zusammenhanges mit Arbeit-Familien-Konflikten gibt.

So erscheint es durchaus plausibel, dass das intendierte Ziel bei der Vorstellung eines Arbeitgeberwechsels gar nicht in der Realisierung dieser Vorstellung besteht, sondern dass allein die antizipierte Vorstellung eines Wechsels oft kognitiv entlastend für den Mitarbeiter wirkt. Dasselbe gilt natürlich auch für potenzielle Jobangebote, die den Status und den Selbstwert eines Mitarbeiters mit starken Arbeit-Familien-Konflikten aufwerten können. Allen, Herst, Bruck & Sutton (2000) vermuten außerdem, dass Arbeitszufriedenheit einen moderierenden Einfluss auf die Beziehung zwischen Arbeit-Familie-Konflikten und Wechselabsichten hat. Auch aus diesem Grunde kann vermutet werden, dass die tatsächlich realisierten Wechsel aufgrund von Arbeit-Familien-Konflikten erheblich geringer sind als die Vorstellung, wechseln zu wollen.

Commitment.– Höhere Arbeit-Familien-Konflikte stehen in negativem Zusammenhang mit organisationalem Commitment (z. B. Allen, 2001; Aryee et al., 2005; Luk & Shaffer, 2005). Ein ebenfalls starker mittlerer Zusammenhang findet sich für Arbeit-Familie-Konflikte und Commitment in der Metaanalyse von Allen, Herst, Bruck & Sutton (2000; r=-0.23). Hierbei ist jedoch der Range der unterschiedlichen Ergebnisse sehr hoch und außerdem bestehen zum Teil inhaltliche Inkonsistenzen bezüglich der erhobenen Variablen, da die Variable Commitment als affektives, fortsetzungsbezogenes und normatives Commitment erfasst wird. Die Zusammenhänge sind stärker für affektives Commitment und auch für einzelne Organisationen und Berufsarten. Kossek & Ozeki (1999) berichten ebenfalls von negativen, aber geringeren Zusammenhängen hinsichtlich des Commitments. Allen, Herst, Bruck & Sutton (2000) vermuten, dass der Typ der Organisation und die Art des Berufes eine moderierende Funktion zwischen Arbeit-Familie-Konflikt und Commitment haben. Ebenfalls schwache, aber positive Zusammenhänge finden sich für ähnliche Variablen wie z. B. Involvement (Kossek & Ozeki, 1999).

Leistung.– Ein im Zusammenhang in der Diskussion um die Einführung von Angeboten zur Verbesserung der Work-Life-Balance häufig genannter Grund ist der angenommene Zusammenhang mit dem Leistungsverhalten der Mitarbeiter. Netemeyer, Boles & McMurrian (1996) finden einen negativen Zusammenhang (-0.38) zwischen Familien⇨Arbeit-Konflikten und Verkaufsleistung, aber keinen mit Arbeit⇨Familien-Konflikten. Weitere Resultate zum Leistungsverhalten finden sich z. B. bei Frone et al. (1997). Es fällt außerdem auf, dass sich stärkere Zusammenhänge für die eher einstellungsbezogenen Variablen zeigen und dass für verhaltensbedingten Maße eher geringere oder gar keine Zusammenhänge zu bestehen scheinen. Hier gibt es Forschungsbedarf, wobei das zu untersuchende Leistungsverhalten vermutlich sehr differenziert zu betrachten ist.

8.6.3 Familiale Variablen

Prädiktoren
Zahlreiche Studien, die sich mit dem Zusammenhang zwischen den familialen Randbedingungen von Erwerbstätigen und Spillover-Prozessen im Allgemeinen oder Arbeit-

Familie-Konflikten im Besonderen beschäftigen, fokussieren auf die Anwesenheit von Kindern im Haushalt, ihre Zahl oder ihr Alter (z. B. Barnett, 1994; Barnett & Marshall, 1992; Behson, 2002a; Bellavia & Frone, 2004; Bolger, DeLongis, Kessler & Wethington, 1989; Burke & Greenglass, 1999; Campell, Campell, & Kennard 1994; Carlson, 1999; Crouter, 1984; Eagle, Miles, & Icenogle, 1997; Frone, Russel & Cooper, 1997; Frone, Yardley & Markel, 1997; Grzywacs & Marks, 2000; Netemeyer, Boles & McMurrian, 1996; Nordenmark, 2002; Stoeva et al. 2002). Ungeachtet der unterschiedlichen Studiendesigns und Operationalisierungen der angeführten Studien sind die Befunde hinsichtlich der drei genannten Kriterien zusammenfassend sehr konsistent: So erweisen sich die Anwesenheit von Kindern im Haushalt und ihre Zahl als Prädiktoren für stärkere Spillover-Prozesse zwischen den Lebensbereichen oder ein verstärktes Konflikterleben.

Des weiteren gilt dabei, je jünger die zu versorgenden Kinder sind desto wahrscheinlicher ist das Erleben von Spillover-Prozessen beziehungsweise stärkeren Konflikten. Die Befunde zeigen sich auch in einer metaanalytischen Zusammenschau der Variablen (Byron, 2005), wobei die Zusammenhänge mit Familie⇨Arbeit-Konflikten stärker sind als für Arbeit⇨Familie-Konflikte. Ein Schwerpunkt der Analysen liegt dabei bei kleinen Kinder. So sind die elterlichen Anforderungen bei Säuglingen, Klein- und Vorschulkindern auch am größten (Major et. al. 2002; Parasurman & Simmers, 2001), doch auch bei Eltern Jugendlicher zeigen sich vergleichbare Erfahrungen. Weitere Variablen in Zusammenhang mit Arbeit-Familie-Konflikten betreffen nicht vorhandene oder unzureichende Möglichkeiten der Kinderbetreuung (Buffardi & Edwins, 1997; Fox & Dwyer, 1999), Konflikte, Spannungen und Stress mit dem Lebenspartner (Carlson & Perrewe, 1999; Fox & Dwyer, 1999; Grzywacs & Marks, 2000) oder starke familiäre Zeitanforderungen bzw. das zeitliche Involvement in den Familienrollen (z. B. Adams et al., 1996; Carlson & Perrewe, 1999; Frone, Yardley & Markel, 1997; Gutek, et al., 1991; O'Driscoll & Humphries, 1994; Parasuraraman & Simmers, 2001; vgl. a. zusammenfassend Byron 2005). Byron nennt als weitere familiale Prädiktor-Variablen, für die starke positive Zusammenhänge mit dem Konflikterleben bestehen, die Zahl der Stunden außerhalb der Erwerbstätigkeit und familiäre Konflikte. Dies gilt – nicht nur, aber auch – für Familien⇨Arbeit-Konflikte. Ein negativer Zusammenhang zeigt sich für Konflikterleben zwischen den Lebensbereichen Arbeit und Familie und Familienzufriedenheit (z. B. Aryee, Field & Luk, 1999; Carlson & Kacmar, 2000, Frone et al., 1996; Frone, Yardley & Markel, 1997; Parasurman et al., 1992; Parasurman & Simmers, 2001 und Wayne et al., 2004).

Doch auch fehlende familiäre Ressourcen stehen im Zusammenhang mit dem Konflikterleben. So ist eine geringe Unterstützung seitens des Lebenspartners bzw. der Familie mit geringeren Familie⇨Arbeit-Konflikten assoziiert (Carlson & Perrewe, 1999; Grzywacz & Marks, 2000a; Voydanoff, 2005). Die Unterstützung vom Lebenspartner und anderen Familienmitgliedern erweist sich darüber hinaus auch als bedeutsamer Prädiktor für Nicht-Arbeit⇨Arbeit-Begünstigungen (Grzywacz & Marks, 2000a; Voydanoff, 2005). Als weitere relevante und signifikante Prädiktoren von Nicht-Arbeit⇨Arbeit-Begünstigungen identifiziert Voydanoff (2005) Familien-, Freizeit- und Gemeinderessourcen, Belohnung im Haushalt sowie Gemeinschaftsgefühl und soziale Unterstützung von Freunden. Das (familiäre) Einkommen wird häufig als eine Ressource bei der Vereinbarkeit von Arbeit, Familie und Freizeit betrachtet, weil ein höheres Einkommen die Möglichkeit zum Einkauf externer Unterstützungsleistungen bietet, was eine bessere Work-Life-Balance ermöglichen kann. Zum Teil findet diese Annahme Bestätigung in den metaanalytischen Befunden von Byron (2005). In ihrer Studie zeigt sich ein schwacher korrelativer Zusammenhang von 0.08 zwischen familiärem Einkommen und Arbeit⇨Familien-Konflikten. Für Familien⇨Arbeit-Konflikte zeigt sich dieser Zusammenhang allerdings nicht.

Konsequenzen
Für nicht arbeitsbezogene Folgen von Arbeit-Familie-Konflikten zeigt sich für mehrere Variablen ein negativer Zusammenhang. Die Variable aus diesem Bereich mit dem stärksten mittleren Zusammenhang in der Metaanalyse von Allen, Herst, Bruck & Sutton (2000) ist Lebenszufriedenheit (0.28). Zu einem noch stärkeren Zusammenhang kommen Kossek & Ozeki (1998; -0.36) und Neteymeyer, Boles & McMurrian (1996). Allen, Herst, Bruck & Sutton (2000) vermuten, dass es sich hierbei um den Ausdruck des Wertewandels handelt, da die Mitarbeiter mittlerweile stärker an ihrer Work-Life-Balance interessiert sind. Ein ebenfalls starker inverser Zusammenhang mit Arbeit-Familie-Konflikten ergibt sich bei Allen, Herst, Bruck & Sutton (2000) aber auch für die Variable Ehezufriedenheit (-0.23), hingegen fällt der Zusammenhang mit familiärer Zufriedenheit geringer aus (-0.17).

Für die Variable Ehezufriedenheit vermuten die Autoren partnerschaftliche Unterstützung als eine Moderatorvariable. In einer Studie von Long Dilworth (2004) zeigt sich kein statistisch bedeutsamer Zusammenhang zwischen der Ehezufriedenheit und Familie⇨Arbeit-Spillover-Prozessen. Jedoch gibt es sowohl für Frauen als auch für Männer einen positiven Zusammenhang zwischen Zufriedenheit mit dem Familienleben insgesamt und Familie⇨Arbeit-Spillover-Prozessen. Auch für nicht-arbeitsbezogene Variablen gilt wieder, dass auch hier die Verwendung spezifischerer Skalen und Variablen angezeigt ist, um detailliertere Befunde zu erhalten (z. B. elterliche Zufriedenheit, familiäre Zufriedenheit, soziale Freizeit-Zufriedenheit). Vergleichbar mit dem Zusammenhang zwischen Facilitation-Erleben und Arbeitszufriedenheit zeigt sich auch zwischen Facilitation-Erleben und Familienzufriedenheit ein positiver Zusammenhang (Carlson et al., 2006 und Wayne et al., 2004 für Familien⇨Arbeit Facilitation).

8.6.4 Individuelle Variablen

In 7.3 wurden bereits zahlreiche Befunde zwischen individuellen (Persönlichkeits-)Merkmalen und dem Work-Life-Balance-Erleben vorgestellt, so dass in dieser Stelle nicht mehr gesondert auf die Antezedenzen eingegangen werden soll. Stattdessen werden direkt Ergebnisse individueller Auswirkungen des Vereinbarkeitserlebens beschrieben.

Diverse individuelle Befindlichkeitskorrelate von Arbeit-Familien-Konflikten waren in jüngerer Zeit Gegenstand der Forschung. In verschiedenen Studien wird über einen Zusammenhang des Konflikterlebens zwischen Arbeit und Familie mit psychischen Beschwerden wie Burnout (z. B. Aryee, 1993, nur für Frauen; Bacharach, Bamberger & Conley 1991; Frone, Russel & Cooper, 1992; O'Driscoll, Ilgen & Hildreth, 1992; Ray & Miller, 1994), Depression (Frone, Russel & Cooper, 1995; Tiedje, Wortmann, Downey, Emmons, Biernat & Lang, 1990), Angst (Frone, 2000) und selbstschädigendem Verhalten wie Alkohol- und Substanzmissbrauch (Bromet, Dew & Parkinson, 1990, für weibliche Arbeiterinnen; Frone, 2000; Frone, Russel & Cooper, 1993) berichtet.

In einer Studie in klein- und mittelständischen Betrieben zeigt Seiss (2003), dass Arbeit-Familien-Konflikte nicht nur in engem Zusammenhang stehen mit psychischen Beanspruchungen (z. B. Unruhe, Erschöpfung, Resignation) und verhaltensbedingten Konsequenzen (z. B. Fehler, Essverhalten), sondern auch mit verschiedenen körperlichen Beschwerden. Allen et al. (2000) bestätigen die Befunde über starke Zusammenhänge für Arbeit-Familien-Konflikte und den psycho-mentalen Folgen wie Depression oder Burnout metanalytisch. Für Depression beläuft sich der mittlere Korrelationskoeffizient auf 0.32 und für Burnout sogar auf 0.42. Zu vergleichbar hohen Werten kommen auch Kossek & Ozeki (1999) in ihrer Metaanalyse. Sie ermitteln einen Zusammenhang von 0.50 für Arbeit⇨Familie-Konflikte und Burnout sowie einen Zusammenhang von 0.40 für Familie⇨Arbeit-Konflikten und Burnout. Für positive Interaktionen zwischen den Lebensbereichen und psychischer Gesundheit findet sich bei Hanson, Hammer & Colton (2006) ein positiver Zusammenhang. Angemerkt werden muss allerdings, dass auch Studien existieren, in denen die aufgeführten Befunde nicht repliziert werden konnten.

Die Befunde über den Zusammenhang zwischen Arbeit-Familie-Konflikten und Depression können beispielsweise in einer Langzeitstudie mit vierjährige Laufzeit von Frone, Russel & Cooper (1997) nicht repliziert werden. Ebenfalls widersprechende Befunde finden sich auch bei Izraeli (1989). Hier erscheint weitere Forschung zur Klärung des genauen Zusammenhangs geboten. Die Spezifität der Messung (global vs. spezifisch) scheint hierbei einen Einfluss auf die Ergebnisse zu haben. Objektive physische Maße scheinen ferner über einen geringeren Zusammenhang zu Arbeit-Familie-Konflikten zu verfügen als es selbstberichtete Maße tun (Frone, Russel & Cooper, 1997;

Thomas & Ganster, 1995). Die Befunde zum physischen und psychischen Wohlbefinden sind auch aus organisationaler Sicht von großer praktischer Bedeutung, da Mitarbeiter mit diesen Symptomen gar nicht oder nur bedingt leistungsfähig sind.

Belege für einen positiven Zusammenhang zwischen Vereinbarkeitskonflikten und psychosomatischen Befindlichkeitskorrelaten oder psychophysiologischen Symptome finden in mehreren Studien (Adams & Jex, 1999; Frone, Russell & Barnes, 1996; Hughes & Galinsky, 1994; Jacobshagen et al., 2005; Kinnunen & Mauno, 1998 und Snow et al., 2003). In einer Langzeitstudie (6 Monate) zu Arbeit-Familie-Konflikten findet sich bei Grant-Vallone & Donaldson (2001) sowohl in querschnittlichen als auch in längsschnittlichen Analysen ein starker Zusammenhang zwischen Arbeit-Familie-Konflikten und gesundheitlichem Wohlbefinden. Erwähnenswert ist bei dieser Untersuchung, dass sich der Zusammenhang nicht nur für selbstberichtete Daten, sondern auch im Peer-Rating durch Arbeitskollegen (wenn auch etwas schwächer) zeigt. Dies bedeutet, dass Effekte sozialer Erwünschtheit in dieser Untersuchung erheblich reduziert sein dürften. Wie zu erwarten, korrelieren positive Interaktionen zwischen den Lebensbereichen negativ mit psychosomatischen Beschwerden (Grzywacz, 2000; Grzywacz & Bass, 2003) bzw. es besteht ein positiver Zusammenhang mit Maßen der Gesundheit (Barnett & Hyde, 2001; Carlson et al., 2006; Grzywacz & Marks, 2000; Hanson, Hammer & Colton, 2006; Hammer et al., 2005).

In den metaanalytischen Studien von Allen et al (2000) und Kossek & Ozeki (1998) zeigen sich starke Zusammenhänge zwischen Arbeit-Familien-Konflikten und Lebenszufriedenheit mit einer gewichteten mittleren Korrelation von -0.28 bzw. -0.31. Auch Mesmer-Magnus & Viswesvaran (2005) berichten mittlere Korrelation von -0.26 für Arbeit⇨Familien-Konflikte und -0.20 für Familien⇨Arbeit-Konflikte und Lebenszufriedenheit.

8.6.5 Geschlechtsspezifische Differenzen im Work-Life-Balance-Erleben

Da die Befunde zu geschlechtsspezifischen Differenzen zum Work-Life-Balance-Erleben insgesamt als sehr uneinheitlich bewertet werden können, wird ihnen zum Abschuss der Darstellung der empirischen Befunde ein separater Abschnitt gewidmet. Die Diagnose von Unterschieden zwischen den Geschlechtern im Erleben und Verhalten von Frauen und Männer ist seit den Anfängen der Work-Family und der Work-Life-Balance-Forschung ein zentrales Thema. Von daher ist es nicht verwunderlich, dass auch bei der Erforschung von Spillover-Prozessen zwischen Arbeit, Familie und Freizeit dieser Fragestellung große Beachtung geschenkt wurde. Jedoch erweist sich die Befundlage trotz intensiver Forschungsbemühungen hinsichtlich geschlechtsspezifischer Unterschiede bei der Interaktion zwischen den Lebensbereichen als sehr uneinheitlich und kann als inkonsistent bezeichnet werden (vgl. a. Eby et al., 2005; O'Driscoll et al., 2006; Rothbard & Dumas, 2006).

Einer der ersten Autoren, die geschlechtsspezifische Unterschiede im Work-Life-Balance-Erleben postulierten, war Pleck (1977). Nach Pleck sollten sich aufgrund sozialer und genderspezifischer Erwartungen für Männer stärkere Arbeit⇨Familie-Spillover-Effekte zeigen, aber für Frauen eher Spillover-Prozesse aus der Familie in die Arbeit. Unterstützung erhalten die Hypothesen Plecks in einer frühen Untersuchung von Crouter (1984), die bei Arbeiterinnen stärkere Spillover Prozesse als bei Männern konstatiert. In vielen nachfolgenden Studien findet sich hingegen keine Unterstützung für die von Pleck aufgestellten Annahmen. Zahlreiche Autoren stellen daher auch die Frage nach konfundierenden Variablen, die für etwaige geschlechtsspezifische Unterschiede verantwortlich sein können.

In einigen Untersuchungen zeigen sich geschlechtsspezifische Differenzen hinsichtlich des Ausmaßes der erlebten Arbeit-Nicht-Arbeit-Konflikte. Wird in den Studien die Richtung des Spillover-Prozesses berücksichtigt, zeigen sich für Männer stärkere Arbeit⇨Nicht-Arbeit-Konflikte und für Frauen stärkere Nicht-Arbeit⇨Arbeit-Konflikte (z. B. Aryee, Luk et al.; 1999; Behson, 2002a; Carlson, Kacmar & Williams, 2000; Greenhaus, Collins, Singh & Parasuraman, 1997; Hammer, Allen & Grigsby, 1997; Long Dilworth, 2004; Parasuraman & Simmers, 2001; Stephens & Sommer, 1996; Thompson & Blau, 1993; Wallace, 1999). In einer Metaanalyse jüngeren Datums von Byron (2005) finden sich zwar nur geringfügige Unterschiede zwischen Männern und Frauen hinsichtlich des Konflikterlebens, doch haben Männer leicht höhere Arbeit⇨Familien-Konflikte als Frauen, während dieses Verhältnis bei Familien⇨Arbeit-Konflikten umgekehrt ist, was als Unterstützung für Pleck's Hypothese gewertet werden kann. Erklärt werden diese Ergebnisse oftmals damit, dass Frauen trotz zum Teil sich verändernder Rollenbilder vielfach noch immer den Hauptanteil der (gemeinsamen) Hausarbeit übernehmen und in stärkerem Maße für die Erziehung und Betreuung der Kinder zuständig sind.

Andererseits finden sich in der vermutlich größeren Anzahl von Untersuchungen mit sehr breit gestreuten und unterschiedlichen Stichproben keine entsprechenden Effekte für den Faktor Geschlecht in beiden Wirkrichtungen (z. B. Anderson et al., 2002; Duxbury & Higgins, 1991; Eagle et al., 1997; Emslie, Hunt & Macintyre, 2004; Frone, 2000; Frone et al., 1992a & b; Grandey & Cropanzano, 1999; Greenhaus, Bedeian & Mossholder, 1987; Grzywacz & Marks, 2000a; Gutek et al., 1991; Marks, 1998; Lingard & Francis, 2004; z. B. Pleck & Staines, 1985, Schwartzberg & Dytell, 1996). Auch für positive Transferprozesse findet sich bei Grzywacz & Marks (2000) in beiden Wirkrichtungen kein Effekt. Ähnlich sind die Ergebnisse für Studien, die eine Moderatorfunktion der Variable Geschlecht bei der Arbeit-Familie/Freizeit-Interaktion untersucht haben (Emslie et al., 2004; Frone, 2000; Frone, Russell & Barnes, 1996; Frone, Russell & Cooper, 1993, 1997; Marks, 1998).

Jansen, Kant, Kristensen, & Nijhuis (2003) identifizieren in der Maastricher-Kohorten-Study Risikofaktoren und protektive Faktoren für Arbeit-Familien-Konflikte getrennt nach Geschlecht. Dabei erweisen sich Verantwortung für Haushaltsaufgaben, Schichtarbeit, konflikthafte Beziehungen am Arbeitsplatz (mit dem Arbeitgeber oder Kollegen) und Arbeitsplatzunsicherheit für Männer als potenzielle Risikofaktoren. Für Frauen hingegen identifizieren sie (ebd.) lange Arbeitszeiten, Verantwortung für Kinder und die Länge des Arbeitsweges als Risikofaktoren. Unterstützung am Arbeitsplatz (durch Vorgesetzte oder Kollegen) und Haushaltshilfen identifizieren die Autoren dagegen als protektive Faktoren, die die Wahrscheinlichkeit starker Arbeit-Familien-Konflikte reduziert.

Geschlechtsspezifische Unterschiede für Prädiktoren von Familie⇨Arbeit-Spillover-Prozessen finden sich auch bei Long Dilworth (2004): Für Männer erweisen sich die Variablen *Erziehungsverantwortung und Abwesenheitstage aufgrund von Krankheiten der Kinder* als signifikante Prädiktoren (positiver Zusammenhang), für Frauen hingegen erweist sich der Zusammenhang zwischen Familie⇨Arbeit-Spillover-Prozessen und den Variablen *Anzahl der Arbeitsstunden im Haushalt* (positiver Zusammenhang), *Zahl der Kinder* und das *Alter des jüngsten Kindes* (für beide Variablen ein negativer Zusammenhang) als statistisch bedeutsam.

Eine Auswertung der Daten der US-amerikanischen NSCW (National Study of the Changing Work Force) von 1997 von Hundley (2001) deuten darauf hin, dass vor allem selbstständig tätige Frauen eine gute Vereinbarkeit von Erwerbstätigkeit und Familienleben erzielen können, denn diese Gruppe zeichnet sich aus durch geringe negative Spillover-Prozesse aus der Arbeit in das Privatleben, höhere Arbeitszufriedenheit und geringere arbeitsbezogene Burnout-Werte. Als negativer Einflussfaktor erweist sich für die Gruppe selbstständiger Frauen allerdings die Anwesenheit eines Vorschulkindes im Haushalt, der in negativem Zusammenhang steht mit dem Einkommen. Selbstständige Männer mit Vorschulkindern erleben ebenfalls größere Arbeit⇨Privatleben-Spillover Prozesse.

Interessante geschlechtsspezifische Effekte zeigen sich für Arbeit⇨Nicht-Arbeit-Konflikte in einer Studie von Demerouti, Bakker & Schaufeli (2005). Als methodisch bemerkenswert an dieser Studie ist hervorzuheben, dass neben Selbsteinschätzungen der Arbeit⇨Nicht-Arbeit-Konflikte auch Peer-Ratings der Lebenspartner verwendet werden. Die Autoren verwenden die Peer-Ratings, um den Zusammenhang zwischen den Variablen Arbeitsbeanspruchung, Arbeit⇨Nicht-Arbeit-Konflikten, Erschöpfung und Lebenszufriedenheit zu untersuchen. Dabei zeigt sich, dass bei Männern Arbeit⇨Nicht-Arbeit-Konflikte den Zusammenhang zwischen Arbeitsbeanspruchung und Lebenszufriedenheit mediieren, bei Frauen hingegen den Zusammenhang zwischen Arbeitsbeanspruchung und Erschöpfung. In einem zweiten Analyseschritt verwenden die Autoren dann anstelle der Peer-Ratings zum Konflikterleben die Selbsteinschätzung.

Hier zeigt sich kein direkter Einfluss zwischen Arbeitsbeanspruchung und Erschöpfung, das Modell wird vollständig mediiert durch die Arbeit⇨Nicht-Arbeit-Konflikte. Der Zusammenhang zwischen Erschöpfung und Lebenszufriedenheit wird nicht durch Arbeit⇨Nicht-Arbeit-Konflikte mediiert. Desweiteren zeigt sich, dass die Erschöpfung der Frauen die Erschöpfung ihrer Männer beeinflusst, während umgekehrt die Lebenszufriedenheit der Männer die der Frauen beeinflusst (ungeachtet der verwendeten Instrumente Selbsteinschätzung vs. Fremdeinschätzung).

Insgesamt bleibt festzuhalten, dass die Befundlage zu geschlechtsspezifischen Unterschieden im Work-Life-Balance-Erleben sehr uneinheitlich ist. Die Ergebnisse deuten darauf hin, dass es vermutlich nur eher graduelle Unterschiede im Work-Life-Balance-Erleben zwischen den Geschlechtern gibt, wenn man die direkte Zusammenhänge zwischen der Variable Geschlecht und dem Interaktionserleben betrachtet. Andererseits deuten zahlreiche Befunde darauf hin, dass die Variable Geschlecht mit anderen organisationalen, familialen und individuellen Merkmalen konfundiert ist und für verschiedene Zusammenhänge als Moderator- oder Mediatorvariable fungiert. Weitergehende Forschungsbemühungen in diesem Bereich scheinen angezigt.

8.7 Crossover

Einleitung
Während bei den bisherigen Betrachtungen des Work-Life-Balance-Erlebens allein intraindividuelle Erlebenszustände im Fokus der Betrachtung standen, wird im folgenden Abschnitt der Schwerpunkt auf interindividuelle Spillover-Prozesse gelegt, sogenannte Crossover-Phänomene. Insbesondere Analysen, die das Verhalten und Erleben mit Blick vor allem auf die interindividuellen Prozesse zwischen Lebenspartnern betrachten, werden als Crossover-Prozesse bezeichnet. Grundannahme dabei ist, dass sich das Erleben und die Lebensumstände (z. B. Arbeitserfahrungen) des einen Partners auf das Erleben und Befinden des anderen Partners (oder andere Personen wie Kinder, Freunde, Arbeitskollegen etc.) auswirken. Während es sich bei Spillover-Prozessen um einen Transfer aus der Arbeit in das Familien- und Privatleben eines Individuums handelt (oder in umgekehrter Richtung), betreffen Crossover-Phänomene Transfereffekte aus dem Lebensbereich eines Menschen (z. B. Arbeitsbelastung eines Mannes während seiner Erwerbstätigkeit) in den Lebensbereich eines anderen Individuums (z. B. die Zufriedenheit mit dem Familienleben seiner Partnerin) (Westman, 2001, 2005, 2006).

Eine zentrale Annahme der Crossover-Forschung ist die Überlegung, dass affektive Reaktionen (wie Freude, Angst, Ärger etc.), die ein Individuum in einem Lebensbereich erlebt, nicht separiert auf diesen beschränkt bleiben, sondern auch in den anderen Lebensbereichen der Person ihre Wirkung entfalten, also das ganze Leben durchdringen.

Ebenso wird davon ausgegangen, dass affektive und kognitive Reaktionen nicht allein auf das Individuum beschränkt bleiben, sondern auch innerhalb der sozialen Umwelt Auswirkungen hervorrufen. Nach Westman ist das Erleben von Spillover-Erleben eine notwendige, aber nicht hinreichende Voraussetzung für das Auftreten von Crossover-Prozessen. Durch die interindividuelle Perspektive ergibt sich somit eine weitere ganzheitliche und dyadische Perspektive und Analyseebene, unter der das Work-Family-Interface betrachtet werden kann.

Das Crossover-Modell von Westman
Westman (2001, 2006) entwickelt ein erstes theoretisches Modell, das die (Wechsel-) Wirkungen zwischen den einzelnen relevanten Elementen des Crossover-Prozesses beschreibt: rollenbezogenes Stresserleben (u. a. Arbeitsstress, Familienstress, Freizeitstress), Life Events und alltägliche Stressoren, Beanspruchungen und Outcomes (u. a. Stimmung, Burnout, Arbeit-Familien-Konflikte, Unzufriedenheit), persönliche Merkmale und Eigenschaften (u. a. Alter, Geschlecht, Persönlichkeitsmerkmale, Kontrolle) und interpersonale Faktoren (u. a. Coping-Strategien, soziale Unterstützung, Charakteristika der Kommunikation). Westman (2001; 2005; 2006; s. a. Westman und Vinokur, 1998) benennt drei Mechanismen, die Crossover-Prozessen zugrunde liegen können: 1) Crossover als direkter empathischer Prozess, 2) Crossover aufgrund gemeinsam erlebter Stressoren und 3) Crossover als indirekter Prozess.

- **Crossover als direkter empathischer Prozess.** – Die Vorstellung von Crossover-Phänomenen als direkter empathischer Prozess basiert auf der Annahme, dass die betroffenen Individuen eng miteinander verbunden sind und wesentliche Aspekte ihrer Leben miteinander teilen. Aufgrund der emotionalen Nähe zwischen den Individuen besteht für diese die Möglichkeit, sich empathisch in ihr Gegenüber einzufühlen, was die Grundlage für einen Emotionstransfer zwischen den Beteiligten darstellt.
- **Crossover aufgrund gemeinsam erlebter Stressoren.** – Diesem Mechanismus liegt die Annahme zugrunde, dass in der gemeinsamen Umwelt zweier Individuen belastende Stressoren (gleichzeitig) auf beide Personen wirken. Hierbei wird die Wirkung eines gemeinsamen Stressors in einer geteilten Umwelt häufig fälschlich als Crossover-Phänomen interpretiert, obwohl es sich vielfach nur um eine Drittvariable handelt, die auf beide Untersuchungseinheiten (Individuen) einen Einfluss hat.
- **Crossover als indirekter Prozess.** – Im dritten postulierten Verbindungsmechanismus wird angenommen, dass Crossover-Phänomene von persönlichen Eigenschaften und Merkmalen oder der Interaktion zwischen zwei Individuen moderiert werden. Ein Beispiel mag diesen Zusammenhang verdeutlichen: Auslöser eines Crossover-Prozesses kann beispielsweise das individuelle Belastungs- und Beanspruchungserleben in einem Lebensbereich sein, das wiederum seinerseits individuelle Belastungs-

und Beanspruchungserleben beim Lebenspartner hervorrufen kann. Dabei wird der Prozess der Übertragung jedoch in Abhängigkeit von individuellen Merkmalen (z. B. Geschlecht), Persönlichkeitsmerkmalen (z. B. BIG 5) oder positiver oder negativer sozialer Unterstützung moderiert. Erklärungen dieses Mechanismus fokussieren dabei meist auf die interpersonale Kommunikation zwischen den Beteiligten. Westman (2006) weist darauf hin, dass im Gegensatz zur Stressforschung, bei der Persönlichkeitseigenschaften (z. B. negative Affektivität) und andere individuelle Merkmale eine große Aufmerksamkeit erfahren haben, diese im Rahmen der Crossover-Forschung bisher in eher geringem Umfang berücksichtigt werden. Variablen wie *Geschlecht* oder *Anzahl der Kinder* werden bei Crossover-Studien hingegen häufiger berücksichtigt. Ebenfalls große Beachtung gefunden haben Variablen der Stressverarbeitung (z. B. Coping-Strategien).

Kritik am Status-Quo der Crossover-Forschung
Westman (2005) zeigt auf, dass die von ihr postulierten Verbindungen unabhängig voneinander bestehen, sich nicht gegenseitig ausschließen und sogar gleichzeitig aktiv sein können. Vergleichbar der Forschung zu Spillover-Prozessen muss auch für diesen Studienbereich festgestellt werden, dass die Untersuchungsperspektive von Crossover-Phänomen bisher fast ausschließlich defizitorientiert erfolgt. Geht man davon aus, dass positive emotionale Erlebniszustände eigenständige Konstrukte darstellen und mehr bedeuten als die Abwesenheit negativer affektiver Erlebniszustände (vgl. a Fredrickson, 2001), dann ist davon auszugehen, dass zwischen Individuen auch positiver Crossover beobachtet werden kann.

Erste Arbeiten, bei der positive Crossover-Effekte berücksichtigt werden, finden sich beispielsweise bei Bakker, Demerouti & Schaufeli (2005), Demerouti, Bakker & Schaufeli (2005) oder bei Wiese (2004). Ein weiter für den derzeitigen Stand der Crossover-Forschung zu formulierender Kritikpunkt betrifft die gewählten Untersuchungseinheiten der Studie. In einem Großteil der Studie werden (erwerbstätige) Paare als Untersuchungseinheiten genutzt. Legt man ein ganzheitliches Verständnis vom Work-Life-Balance-Erleben zu Grunde, erscheint es durchaus angemessen, den Fokus zu erweitern und auch andere Personenkreise (Kinder, Freunde, Kollegen) in den Analysen zu berücksichtigen (vgl. Westman, 2006).

Tagebuchverfahren
Ein im Forschungskontext von Work-Life-Balance insgesamt bisher eher selten genutztes Verfahren sind Tagebuchverfahren. Bolger, DeLongis, Kessler & Wethington (1989) weisen darauf hin, dass Querschnittdesigns eher ungeeignet sind, um Crossover-Effekte nachzuweisen, da es sich um wechselseitige Reaktionen handelt, die zeitlich bzw. kausal aufeinander folgen. Die Autoren schlagen deshalb alternativ vor, Langzeitdesigns mit der

täglichen Erfassung der Stressverlaufs heranzuziehen. Als die Methode ihrer Wahl präferieren die Autoren deshalb Tagebuchstudien. Tagebuchverfahren beinhalten die Möglichkeit einer fallbezogenen und zeitnahen Erfassungsmethode für Verlaufsstudien. Für die Konstruktion und Verwendung von Tagebüchern in der Forschungspraxis liegen bisher allerdings nur wenige Leitlinien vor. Ein Grund hierfür ist sicherlich der Sachverhalt, dass Tagebuchverfahren häufig gleichzeitig nicht nur als Diagnostikum, sondern auch als therapeutisches Arbeitsmittel eingesetzt werden. Insbesondere im Rahmen von verhaltensorientierten Interventionen gehören Tagebuchverfahren mittlerweile zum etablierten Methodeninventar.

Aber auch aus diagnostischer Perspektive bieten Tagebücher einige Vorteile. So ermöglichen sie beispielsweise die fortlaufende Dokumentation der zu erfassenden Kriterien und eignen sich sehr gut für die Erhebung alltagsrelevanter Ereignisse. Jedoch ist sicherzustellen, dass die Probanden die Protokollierung der zu erhebenden Daten adäquat erledigen. Im Rahmen der Crossover-Forschung werden Tagebuchverfahren mittlerweile in einer Reihe von Untersuchungen verwendet (z. B. Bolger, DeLongis, Kessler & Wethington 1989; Doumas, Margolin & John, 2003; Kracke, Kirkcaldy, Rehmer, Kalveram & Trimpop, 2003; Trimpop, Förster, Kracke, & Kalveram 2003; Wiese, 2004) und gelten in diesem Bereich als eine etablierte Methode zur Datengewinnung.

Geschlechtsspezifische Unterschiede beim Crossover-Erleben
Als ein zentrales Thema von Crossover-Studien der Work-Life-Balance-Forschung hat sich die Analyse von geschlechtsspezifischen Unterschieden herauskristallisiert. Dabei wird in der Literatur immer wieder diskutiert, ob entsprechende Crossover-Prozesse unidirektional (d.h. nur von einem Individuum zum anderen) oder bidirektional (d.h. in beide Richtungen zwischen den Individuen) verlaufen. Die Befundlage hierzu ist jedoch uneinheitlich.

Die Ergebnisse mehrerer Studien legen symmetrische bidirektionale Effekte nahe: Barnett, Raudenbush, Brennan, Pleck & Marshall (1995; für Stresserleben bei Doppelverdiener-Paaren), Hammer, Allen & Grigsby (1997; für Arbeit-Familien-Konflikte bei Doppelverdiener-Paaren), Westman & Etzion (1995; für Burnout bei Offizieren), Westman & Etzion (2005; für Arbeit-Familien-Konflikte für US-Luftwaffenangehörigen und ihre Lebenspartnern) Westman & Vinokur (1998; für Depressionen bei Paaren von Armeeangehörigen) und Takeuchi, Yun & Teslu (2002; für kulturelle Anpassung und Zufriedenheit bei japanischen Expatriates und ihren Ehepartnerinnen). Es gilt darauf hinzuweisen, dass mit Ausnahme der letztgenannten Studie alle zitierten Befunde an Doppelverdiener-Paaren erhoben wurden. Es ist anzunehmen, dass gerade bei einer verteilten Breadwinner-Funktion auf beide Lebenspartner bidirektionale symmetrische Crossover-Effekte auftreten.

Doch nicht in allen Crossover-Studien finden sich Belege für bidirektionale Prozesse. Einige, vor allem ältere Studien verweisen nur auf einseitige, unidirektionale Crossover-Effekte, wobei der Crossover dabei immer in Richtung Mann⇨Frau verläuft. So können Bolger et al. (1989) beispielsweise zeigen, dass sich durch die Arbeit überlastete Männer abends zu Hause bei den Obligationen weniger engagieren, was ihre Frauen jedoch kompensieren. Umgekehrt findet eine Kompensation eingeschränkter häuslicher Aktivität der Frauen seitens der Männer jedoch nicht statt. Ähnlich sind die Befunde die Crouter et al. (1999) präsentieren: Hier führt eine Rollenüberlastung der Männer zu einer erhöhten Rollenüberlastung der Frauen, der umgekehrte Einfluss zeigte sich dagegen nicht. In einer Untersuchung bei Burke, Weir & Duwors (1980b) berichten Frauen von Männern mit starken beruflichen Beanspruchungen über geringere Ehe- und Lebenszufriedenheit, verringerte soziale Aktivitäten, erhöhte psychosomatische Symptome und negative Emotionen.

Auch bei Jones & Fletcher (1993) zeigen sich für Männer mit starken beruflichen Beanspruchungen Crossover-Prozesse, die zu stärkerer Angst und erhöhten Depressionswerten ihrer Frauen führen. In ihrer Untersuchung findet sich außerdem, dass Frauen den Arbeitsstress ihrer Männer besser einschätzen konnten als umgekehrt. Kracke, Kirkcaldy, Rehmer, Kalveram & Trimpop (2003) zeigen in einer Studie bei Arbeitern aus der Automobilindustrie, dass erhöhte Probleme, die Arbeitsaufgabe zu erfüllen, mit geringeren Aktivitäten im Haushalt und damit verbunden einer geringeren Zufriedenheit der Frauen einhergehen. Dieser Effekt zeigt sich innerhalb eines Tages und wirkt auch noch am nachfolgenden Tag. Für Frauen zeigte sich dagegen kein Einfluss ihrer Arbeitserfahrungen auf die Befindlichkeit der Männer. Auch in der Tagebuchstudie von Bolger, DeLongis, Kessler & Wethington (1989) zeigt sich vor allem bei Frauen ein Übergreifen der beruflichen Stressbelastung der Männer in das Privatleben der Frauen.

Von der Arbeit hervorgerufene Crossover-Effekte zeigen sich bei hoher beruflicher Stressbelastung der Männer, die mit einer hohen Überlastung der (erwerbstätigen) Frauen im Privatbereich einhergeht. Insbesondere Frauen scheinen die Beanspruchungen der erwerbstätigen Ehemänner im Privatleben zu kompensieren, in dem sie sich bei deren hohen Arbeitsbeanspruchungen verstärkt um Aufgaben im gemeinsamen Haushalt kümmern. Eine vergleichbare Reaktion bei Männern findet sich jedoch nicht, so dass die Autoren von einem asymmetrischen Puffereffekt sprechen.

Weitere Crossover-Effekte finden sich außerdem für das Konflikterleben. So haben Männer an Tagen, an denen sie Konflikte mit Vorgesetzten oder Kollegen erleben, auch mehr Konflikte mit ihren Partnerinnen (ähnlich Kracke, Kirkcaldy, Rehmer, Kalveram & Trimpop, 2003). Für Frauen findet sich das gleiche Muster, allerdings nicht als statistisch bedeutsamer Effekt. Crossover-Effekte von Eltern auf die Kinder konnten Bolger und Co-Autoren hingegen nicht nachweisen. Weitere unidirektionale Befunde finden sich in den Studien von Jackson & Maslach (1982), Long & Voges (1987) und

Rook, Dooley, & Catalano (1991). Die Tatsache, dass in den zitierten Studien vor allem von unidirektionalen Effekte berichtet wird, spricht jedoch nicht gegen die Existenz symmetrischer Effekte in der entgegengesetzten Richtung. Es ist vielmehr davon auszugehen, dass limitierte Forschungsdesigns die Ursache sind.

Vielfach diskutiert wird auch, ob Frauen vulnerabler oder empfänglicher sind für das Erleben und Verhalten ihrer Lebenspartner (was für eine Dominanz des oben beschriebenen direkten empathischen Mechanismus sprechen würde). So ist die Annahme, dass Frauen aufgrund einer stärkeren Eingebundenheit in das Familienleben einerseits sowie aufgrund asymmetrischer Gestaltung der Partnerschaft andererseits (z. B. bei der Haushaltsführung und Kinderversorgung, vgl. 6.2) in größerem Umfang von Crossover-Prozessen ihrer Männer betroffen sind, da sie eine größere Bereitschaft zeigen, ihre Lebenspartner in schwierigen Situationen zu unterstützen. Johnson & Jackson (1998; zit. nach Westman, 2006) sprechen in diesem Kontext von den Frauen als den *"shock absorbern"* für den Stress der Männer.

Fragen der partnerschaftlichen Lebensgestaltung scheinen hierbei ebenso eine Rolle zu spielen wie die Art der sozialen Unterstützung durch den Lebenspartner. Rosenbaum & Cohen (1999) unterscheiden dabei zwischen zwei Formen der partnerschaftlichen Unterstützung: praktische (z. B. im Haushalt) und emotionale Unterstützung (z. B. durch Wertschätzung). Sie zeigen, dass mangelnde soziale Unterstützung seitens des Lebenspartners zu erhöhten Stresserleben vor allem bei Frauen in nicht-egalitären Partnerschaften (mit traditionellen Rollenmodellen) führt – vermutlich, weil sie annehmen, die Erwartungen an eine *"gute"* Frau und Mutter nicht zu erfüllen.

Abschließend sei noch auf Westman (2006) verwiesen, die darauf hinweist, dass geschlechtsspezifische Unterschiede oft mit Variablen wie Beruf, Status, Kultur oder geschlechtsspezifischen Rollenerwartungen konfundiert sind und diese daher bei der Analyse von Crossover-Phänomenen kontrolliert werden sollten.

9. Forschungsziele und Fragestellungen

Wie im theoretischen Teil der Arbeit aufgezeigt, handelt es sich beim Thema Work-Life-Balance um ein Konzept mit Relevanz für Individuen, Familien, Organisationen und Gesellschaft. Die Entwicklung und Optimierung eines standardisierten Instrumentes zur Erfassung des individuellen Vereinbarkeitserlebens erscheint daher von Bedeutung, um Erlebenszustände im Zusammenhang zwischen den Lebensdomänen Arbeit, Familie und Freizeit zu erfassen oder auch, um ganz pragmatisch in Organisationen zur Ableitung konkreter Interventionsmaßnahmen das aktuelle Work-Life-Balance-Erleben der Mitarbeiter zu diagnostizieren oder bereits umgesetzte Lösungsmaßnahmen zu evaluieren. Denn es sollten nicht allein „*objektive*" Merkmale (z.B Abwesenheitszeiten) und Bedingungen (z. B. Arbeitszeiten) in Belegschaften herangezogen werden, wenn es um die Überprüfung von Maßnahmen zur Verbesserung des Work-Life-Balance-Erlebens der Mitarbeiter geht. Vielmehr ist zu überprüfen, ob sich – ungeachtet der Güte einer durchgeführten Intervention – das individuelle psychologische Erleben der Mitarbeiter verändert hat.

Aus der Sichtweise des Individuums kann ein entsprechendes Instrument dazu dienen, sowohl individuelle als auch dyadische (d.h. paarbezogene) Handlungsfelder zur Verbesserung zu identifizieren und bereits vorhandene positive Ressourcen aufzuzeigen. Aus der Perspektive einer Organisation kann ein Instrument zur Beschreibung des Work-Life-Balance-Erlebens (langfristige) Trends und aktuelles Verhalten der Organisationsmitglieder erfassen, bereits vorhandene oder potenzielle Problembereiche identifizieren, Informationen für anstehende Entscheidungen zur Optimierung der organisationalen Struktur bereitstellen oder dazu genutzt werden, organisationale Interventionen zur Verbesserung der Vereinbarkeit von Arbeit, Familie und Freizeit zu evaluieren. Kurzum: Es kann zur organisationalen Steuerung verwendet werden. Vergleichbares gilt auch für die Makroebene der gesellschaftlich-strukturellen Rahmenbedingungen. Auch hier kann ein enstprechendes Instrument einerseits Ist-Zustände im Rahmen einer Diagnose erheben oder andererseits Verlaufs- und Entwicklungsprozesse dokumentieren.

Die im theoretischen Teil dieser Arbeit dokumentierten Wandelprozesse bedeuten für viele Erwerbstätige veränderte Arbeits- und Lebensformen jenseits eines Normalarbeitsverhältnisses oder jenseits der bürgerlichen Normalfamilie. Übergreifende Merkmale der Wandelungsprozesse sind Instabilität, Flexibilität sowie diskontinuierliche Erwerbs- und Lebensläufe. Sich wandelnde Arbeits- und Lebensbedingungen führen zu einer qualitativen Veränderung der Schnittstellen zwischen den Lebensbereichen Arbeit sowie Familie und Freizeit. Es ist anzunehmen, dass mit den Veränderungsprozessen auch ein Wandel des Vereinbarkeitserlebens von Erwerbstätigen einhergeht, d.h., die Wandelprozesse manifestieren sich nicht allein in den Veränderungen des *„äußeren"*, strukturellen Bedingungsgefüges, unter dem Individuen tätig werden, sondern spiegeln sich auch im *„inneren"* Erleben des Einzelnen wieder. Von daher ist davon auszugehen, dass sich mit der Veränderung des Interfaces zwischen den Domänen auch die Wahrnehmung und das Erleben der Betroffenen dieser Schnittstellen ändert. Bisher stehen im deutschsprachigen Raum jedoch keine standardisierten Instrumente zur Verfügung, mittels derer das Vereinbarkeitserleben und die damit verbundenen individuellen Spillover-Prozesse (Konflikterleben, Benefiterleben) unter den komplexen sich wandelnden Rahmenbedingungen erfasst werden können. Übergeordnetes Ziel dieser Arbeit ist deshalb die Entwicklung und Erprobung eines solchen Verfahrens.

9.1 Forschungsfragen

Nachdem im vorhergehenden theoretischen Teil der Arbeit sowohl die empirischen Grundlagen als auch relevante theoretische Ansätze und Modelle des Forschungsfeldes dargelegt wurden, sollen nun die Fragestellungen expliziert werden. Diese können in zwei Bereiche eingeteilt werden: methodisch orientierte und inhaltlich-explorative Fragestellungen. Während erstere die Konstruktion, Optimierung und Validierung des im Rahmen dieser Arbeit eingesetzten Verfahrens, dem Work-Life-Balance-Index (WoLiBaX), zum Gegenstand haben, beschäftigen sich letztere mit der Anwendung des Verfahrens in verschiedenen Kontexten und Stichproben zur Untersuchung des Work-Life-Balance-Erlebens von Erwerbstätigen.

Im nachfolgenden Kapitel werden die übergeordneten Fragestellungen der Arbeit vorgestellt. Da die empirischen Befunde dieser Arbeit auf Daten aus vier verschiedenen Untersuchungen bzw. Stichproben stammen, werden die in diesem Kapitel formulierten übergeordneten Fragestellungen (insbesondere die inhaltlich-explorativen Fragestellungen) aus Gründen der Übersichtlichkeit in Kapitel 11.2 bis 11.6, in denen die Ergebnisse der einzelnen Teiluntersuchungen vorgestellt werden, detaillierter ausgeführt und präzisiert. Deshalb werden an dieser Stelle auch nicht alle Fragestellungen detailliert konkretisiert, sondern aus Gründen der Übersichtlichkeit den jeweiligen Ergebniskapiteln vorangestellt. Intendiertes Ziel der Arbeit ist, das Work-Life-Balance-Erleben von Individuen unter Berücksichtigung der jeweiligen spezifischen organisationalen, familialen und individuelle Charakteristika entlang (halb-)offener Fragestellungen explorativ zu analysieren. Die einzelnen Fragestellungen werden dabei zu verschiedenen Themen- bzw. Merkmalsbereichen zusammengeführt.

9.2 Methodisch validierende Forschungsziele

Wie bereits dargelegt, mangelt es derzeit im deutschsprachigen Raum noch an strukturierten und theoretisch abgeleiteten Instrumenten zur Erfassung des Work-Life-Balance-Erlebens. Ein Teilziel dieser Arbeit ist es deshalb, ein entsprechendes Verfahren zu entwickeln, zu optimieren und schließlich zu validieren.

Fragestellung 1a: Welche Faktoren müssen in einem Instrument zur Erfassung des Work-Life-Balance-Erlebens von Erwerbstätigen operationalisiert werden, um das Erleben adäquat zu erfassen?

Aufbauend auf Fragestellung 1a gilt es ein Instrument zu entwickeln, dass möglichst umfassend den Status Quo der Work-Life-Balance-Forschung reflektiert. Dabei sollten verschiedene Ansätze zur Beschreibung der Schnittstelle zwischen den Lebensbereichen Arbeit, Familie und Freizeit integriert werden.

Fragestellung 1b: Kann die unter 1a abgeleitete und postulierte Faktorenstruktur des Instrumentes zur Erfassung des Work-Life-Balance-Erlebens empirisch bestätigt werden?

Es gilt zu überprüfen, ob die theoretischen Annahmen über die faktorielle Struktur des Instruments WoLiBaX sich auch empirisch identifizieren lassen. D.h., es gilt zu prüfen, ob die Faktorenstruktur konstruktvalide ist. Gegebenenfalls ist das Instrument aufgrund der empirischen Befunde zu optimieren und erneut zu überprüfen.

Fragestellung 1c: Werden unterschiedliche Faktoren (Aspekte) des Work-Life-Balance-Erlebens mit dem WoLiBaX reliabel erfasst?

Neben der faktoriellen Struktur des Instrumentes gilt es zu untersuchen, ob die messtheoretischen Gütekriterien des Verfahrens den Standards sozialwissenschaftlicher Forschung entsprechen. Dabei muss insbesondere analysiert werden, ob die Zuverlässigkeit der Messungen gegeben ist.

9.3 Inhaltlich explorative Forschungsziele

Neben den rein methodischen Fragestellungen, die sich mit der Entwicklung und der Struktur des Verfahrens beschäftigen, werden in verschiedenen Stichproben exemplarisch inhaltlich-explorative Forschungsziele verfolgt. Da es sich bei dem zu entwickelnden Messinstrument um eine Neuentwicklung handelt, gilt es zu überprüfen, ob das Verfahren in unterschiedlichen Anwendungskontexten erfolgreich eingesetzt werden kann. Zur Sicherstellung der Validität sollten sich auch bestehende Forschungsergebnisse exemplarisch replizieren lassen.

Fragestellung 2a: Eignen sich die Faktoren des WoLiBaX als Prädiktoren zur Vorhersage von psychologischen Variablen und Erlebniszuständen von Erwerbstätigen, die als Folgen bzw. Konsequenzen des Vereinbarkeitserlebens betrachtet werden können?

Wie im theoretischen Teil der Arbeit dargestellt, manifestiert sich das Work-Life-Balance-Erleben in Konflikten oder Begünstigungen zwischen den Lebensbereichen Arbeit und Nicht-Arbeit. Darüber hinaus steht dieses Erleben in Zusammenhang mit weiteren psycho-physiologischen Erlebniszuständen, die als Konsequnzen des Vereinbarkeitserlebens verstanden werden können, wie beispielsweise verschiedene Facetten des individuellen Wohlbefindens. Ein valides Messinstrument sollte deshalb in der Lage sein, derartige Zusammenhänge abzubilden. Die Konsequenzen des Work-Life-Balance-Erlebens können sich dabei auf der individuellen, familiären oder organisationalen Ebene manifestieren. Es soll deshalb untersucht werden, ob mit Hilfe des WoLiBaX die Ausprägungen verschiedener Kriterien (z. B. individuell: Lebenszufriedenheit; familial: *Partnerschaftszufriedenheit;* organisational: *Arbeitszufriedenheit*) vorhergesagt werden können. Fragestellung 2a wird regressionsanlystisch überprüft.

Fragestellung 2b (1): Können durch strukturelle Merkmale der (Lebens- und Arbeits-)Situation von Erwerbstätigen (Antezedenzen) die Faktoren des WoLiBaX als Kriterien des Work-Life-Balance-Erlebens vorhergesagt werden?

Fragestellung 2b (2): Unterscheiden sich Stichproben mit verschiedenen strukturellen Merkmalen ihrer Arbeits- und Lebenssituation (Antezedenzen) in ihrem Work-Life-Balance-Erleben?

Wird in der Fragestellung 2a postuliert, dass das Work-Life-Balance-Erleben von Individuen als Prädiktor für verschiedene Outcome-Variablen dienen soll, so wird in Fragstellung 2b (1) davon ausgegangen, dass anhand von strukturellen Merkmalen von Erwerbstätigen das Work-Life-Balance-Erleben vorhergesagt werden kann. Wie bereits im theoretischen Teil der Arbeit beschrieben, stehen verschiedene strukturelle Merkmale von Erwerbstätigen in engem Zusammenhang mit dem Work-Life-Balance-Erleben. Es wird deshalb angenommen, dass diese strukturellen Merkmale der Arbeits- und Lebenssituation von Erwerbstätigen in unterschiedlich starkem Zusammenhang mit dem Work-Life-Balance-Erleben stehen. Ebenso wird angenommen, dass strukturelle Merkmale auf gesellschaftlicher, organisationeller, familiärer und individueller Ebene zu unterschiedlichen Ausprägungen im Work-Life-Balance-Erleben führen.

Während Fragestellung 2b (1) mit regressionsanalytischen Designs überprüft werden soll, wird Fragestellung 2b (2) mit varianzanalytischen Methoden untersucht.

Fragestellung 2c: Lassen sich mit Hilfe der WoLiBaX-Faktoren Crossover-Prozesse zwischen Individuen beschreiben? Wie bereits im theoretischen Teil der Arbeit dargelegt (s. a. 8.7), lassen sich in lebenspartnerschaftlichen Dyaden interindividuelle Spillover-Prozesse, sogenannte Crossover-Phänomene, beobachten. Mit Hilfe des zu entwickelnden Instruments sollten sich Crossover-Prozesse innerhalb lebenspartnerschaftlicher Beziehungen darstellen lassen.

Fragestellung 2d: Können mithilfe des WoLiBaX und seiner Faktorenstruktur (Personen-)Cluster identifiziert werden, die sich hinsichtlich ihres Work-Life-Balance-Erlebens unterscheiden?

Zwar existiert eine Anzahl von Modellvorstellungen darüber, wie die Lebensbereiche Arbeit, Familie und Freizeit miteinander verbunden sind (Linking-Mechanisms; s. a. 8.4.4), doch finden sich in der Literatur bisher mit einer Ausnahme (Demerouti & Geurts, 2004) keine Befunde dazu, ob bestimmte Kombinationen von Arbeit-Nicht-Arbeit-Interaktionen sich sinnvoll zu Clustern zusammenfassen lassen, um so spezifische Vereinbarkeitstypen zu identifizieren.

10. Methodik

10.1 Entwicklung eines Instrumentes zur Erfassung des Work-Life-Balance-Erlebens

Zentrales Ziel der Arbeit ist es, ein Instrument zur Erfassung des Work-Life-Balance-Erlebens zu entwickeln. Aus diesem Grund werden nachfolgend zunächst theoretische Vorüberlegungen angestellt, wie das zu erstellende Instrument sowohl bezüglich seiner inhaltlichen Ausgestaltung als auch hinsichtlich seiner (faktoriellen) Struktur aussehen sollte. Daran anschließend werden detaillierte Anforderungen spezifiziert, die das Verfahren erfüllen soll.

10.1.1 Theoretische Vorüberlegungen

Mit dem WoLiBaX soll das subjektive Erleben der Vereinbarkeit von Arbeit, Familie Freizeit auf der Basis von Spillover-Prozessen zwischen den Domänen erfasst werden. Fasst man die in Kapitel 8 gemachten Ausführungen zusammen wird deutlich, dass für das individuelle Erleben der Schnittstelle zwischen Arbeit und Nicht-Arbeit vor allem drei Aspekte von Bedeutung sind: 1) die Richtung von Spillover-Prozessen zwischen den Lebensbereichen, 2) die Tatsache, dass bei der Vereinbarkeit von Arbeit und Privatleben nicht nur negative Interaktionen im Form von Konflikten zu beobachten sind, sondern auch positive Effekte auftreten und dass 3) das Erleben auch geprägt ist von zeit-, beanspruchungs- und verhaltensbedingten Aspekten des Work-Life-Balance-Erlebens. Bei der Entwicklung eines Instrumentes zur Erfassung der Work-Life-Balance sollten deshalb alle drei Aspekte berücksichtigt werden:

1. Das Instrument sollte sowohl negative als auch positive Formen der Interaktionen zwischen den Lebensbereichen Arbeit und Nicht-Arbeit erfassen, es sollten also sowohl Konflikte als auch Benefits abgebildet werden, die Erwerbstätige an der Schnittstelle zwischen den Lebensbereichen erleben.
2. Das Instrument sollte Spillover-Prozesse erfassen, die sowohl aus dem Lebensbereich Arbeit in den Lebensbereich Nicht-Arbeit wirken als auch umgekehrt.
3. Das Instrument sollte zeit-, beanspruchungs- und verhaltensbedingte Aspekte des Work-Life-Balance-Erlebens erfassen.

Das Messinstrument soll zum einen an bestehende Befunde des Forschungsfeldes der Arbeit-Familie-Forschung anknüpfen, zum anderen mit einer zusätzliche Berücksichtigung des außerfamiliären und privaten Lebensbereichs einen umfassenden, ganzheitlichen Ansatz verfolgen. Im Unterschied zu vielen herkömmlichen Ansätzen soll das Instrument nicht nur Erlebenszustände erfassen, die auf die Schnittstelle zwischen Arbeit und Familie fokussieren, sondern darüber hinaus auch weitere Aspekte der Lebensgestaltung (Freizeit) außerhalb der Erwerbstätigkeit berücksichtigen.

Der Spillover zwischen den Domänen Familie und Freizeit soll hingegen nicht erfasst werden, da die Grenze zwischen diesen beiden Bereichen definitorisch nicht eindeutig zu bestimmen ist. Auch liegt der Fokus bei diesem Instrument auf der Interaktion zwischen den Lebensbereichen (Erwerbs-)Arbeit und Nicht-(Erwerbs-)Arbeit.

Daraus ergibt sich das in Tabelle 16 dargestellte Vier-Felder-Schema. Darin lassen sich zwei Arten von Konflikten und Benefits *(Arbeit⇨Nicht-Arbeit* und *Nicht-Arbeit ⇨Arbeit)* erkennen. Jede der angeführten Dimensionen verfügt außerdem über zeit-, beanspruchungs- und verhaltensbedingte Aspekte. Das zu entwickelnde Verfahren sollte somit alle im Vier-Felder-Schema abgebildeten Bereiche inhaltlich abdecken. Das Schema enthält vier übergeordnete Konstrukte *(Arbeit⇨Nicht-Arbeit-Konflikte, Arbeit⇨Nicht-Arbeit-Benefits, Nicht-Arbeit⇨Arbeit-Konflikte* und *Nicht-Arbeit⇨Arbeit-Benefits)*. Jedes dieser vier Konstrukte setzt sich wiederum zusammen aus jeweils drei Unterbereichen mit zeit-, beanspruchungs- und verhaltensbedingten Aspekten der Konflikte bzw. Benefits, so dass insgesamt zwischen zwölf theoretischen Facetten des Work-Life-Balance-Erlebens unterschieden werden kann.

Im WoLiBaX wird also nicht von einem Modell ausgegangen, in dem die Konstrukte (operationalisiert durch Haupt- und Subindizes, im Weiteren auch Skalen genannt) im Sinne eines Kausalmodells vor- bzw. nachgeordnet sind, sondern die Indizes werden als theoretisch gleichrangig verstanden. Die (Sub-)Indizes sind somit Indikatoren unterschiedlicher Facetten (Merkmalsbereiche) des Work-Life-Balance-Erlebens. Die Indizes müssen dabei psychologisch nicht unabhängig sein, sondern sind (zumindest teilweise) auch interdependent zu verstehen. Es ist zu vermuten, dass Wechselbeziehungen zwischen den Indizes von der technologischen, organisatorischen und sozialen Struktur der jeweiligen Arbeitssituation sowie von individuellen und kollektiven Merkmalen der befragten Person bzw. Personengruppe und ihrer Lebenssituation abhängig sind. Es ist außerdem zu erwarten, dass die jeweiligen Interkorrelationen zwischen den Indizes in unterschiedlichen Arbeits- und Lebenskontexten verschieden groß sein werden.

10.1.2 Anforderungen an das Instrument

Neben den in Tabelle 16 genannten Forderungen bezüglich Inhalt und Struktur des zu erstellenden Verfahrens gilt es die im Theorieteil dieser Arbeit dargestellten Prozesse des gesellschaftlichen, organisationalen, familialen und individuellen Wandels zu berück-

Tabelle 16: Theoretische Klassifizierung der Dimensionen des Work-Life-Balance-Index und seiner Inhaltsbereiche

		Art des Effektes	
		Konflikterleben	Benefiterleben
Richtung des Einflusses	Arbeit⇨Nicht-Arbeit	**Arbeit⇨Nicht-Arbeit-Konflikte** • zeitbedingt • beanspruchungsbedingt • verhaltensbedingt	**Arbeit⇨Nicht-Arbeit-Benefits** • zeitbedingt • beanspruchungsbedingt • verhaltensbedingt
	Nicht-Arbeit⇨Arbeit	**Nicht-Arbeit⇨Arbeit-Konflikte** • zeitbedingt • beanspruchungsbedingt • verhaltensbedingt	**Nicht-Arbeit⇨Arbeit-Benefits** • zeitbedingt • beanspruchungsbedingt • verhaltensbedingt

sichtigen, wenn das Instrument einen möglichst weit gefassten Einsatzbereich haben bzw. möglichst universell einsetzbar sein soll.

Das *Sloan Work-Family Researchers Electronic Network* (2000, S. 2) hat einige spezifische Empfehlungen ausgesprochen, die bei Generierung von Items zur Analyse des Arbeit-Familie-Interfaces berücksichtigt werden sollten:

- Es sollten sowohl der negative Spannungsbereich als auch die positiven Begünstigungen und Benefits zwischen den Lebensbereichen bei der Analyse des Work-Family-Interfaces berücksichtigt werden.
- Falls möglich, sollten sowohl die Häufigkeit als auch die Schwere von Arbeit-Familie-Konflikten bei der Analyse berücksichtigt werden.
- Items sollten möglichst einen Zeitrahmen spezifizieren. Besondere Ereignisse sollten mit dem Instrument ebenfalls erfasst werden (z. B. Arbeitsplatzwechsel, Kündigung, Geburt eines Kindes etc.).
- Items sollten Spannung und Förderung des jeweils anderen Lebensbereiches erfassen und zwar unter der Perspektive Zeit, Energie, Beanspruchung und Verhalten.
- Items sollten subjektive und objektive Ergebnisse von Konflikten erfassen.Items sollten Ursachen, Ergebnisse und Konsequenzen von Arbeit-Familie-Konflikten erfassen.
- Items sollten spezifische und auch globale Aspekte des Arbeit-Familie-Interfaces berücksichtigen.
- Die Sprache sollte immer die Lebensverhältnisse der Studienteilnehmer berücksichtigen (z. B. Ehegatte/Partner; Familie/Freunde, usw.).
- Die Items sollten sowohl spezifisch als auch global formuliert werden.
- Soweit möglich, sollte der Fragebogen parallele Strukturen hinsichtlich der Richtung von Effekten, d.h. sowohl von Arbeit⇨Familie als auch Familie⇨Arbeit besitzen.

Aufbauend auf den Empfehlungen des *Sloan Work-Family Researchers Electronic Network* sollte der zu erstellende Fragebogen deshalb soweit möglich auch die folgenden Grundannahmen und Anforderungen erfüllen. Das Instrument soll ...

- ... unabhängig sein hinsichtlich individueller Merkmale der Befragten, also ungeachtet individueller personenbezogener Merkmale (z. B. Alter, Geschlecht) verwendet werden können.
- ... in der Lage sein, das Erleben der Schnittstelle zwischen Arbeit, Familie und Freizeit zu erfassen, ungeachtet der spezifischen Lebensinteressen und -entwürfe oder des familialen Hintergrundes.
- ... unabhängig sein hinsichtlich des organisationalen Kontextes, in dem es eingesetzt wird; d.h., es soll möglichst universell einsetzbar sein, ungeachtet vorhandener Branchenspezifika, organisationaler Strukturen oder anderer organisationalen Charakteristika soll es das Work-Life-Balance-Erleben der Befragten abbilden.
- ... unabhängig hinsichtlich der ausgeübten Tätigkeit, also universell einsetzbar sein, ungeachtet des Berufes, der Branche, der Hierarchieebene oder der Art des Beschäftigungsverhältnisses.
- ... valide Aussagen über den Zusammenhang zwischen Work-Life-Balance-Erleben und organisationalen gesellschaftlich-strukturellen, organisationalen, familialen oder individuellen Variablen ermöglichen, ungeachtet der Frage, ob es sich bei diesen um Antezedenzien oder Outcome-Variablen handelt.
- ... gesellschaftlich-strukturelle, organisationale, familiale oder individuelle Handlungsfelder für mögliche Interventionen aufzeigen können.
- ... hinsichtlich der zu erfassenden Erlebenszustände ganzheitlich konzipiert sein: d.h., es sollte möglichst sowohl negative und positive Erlebenszustände, die die Schnittstelle des Arbeit-Familie/Freizeit-Interfaces betreffen, erfassen als auch darüber hinaus zeitbedingte, beanspruchungsbedingte und auch verhaltensbedingte Aspekte des Vereinbarkeitserlebens enthalten.

10.1.3 Phasen der Instrumentenentwicklung – Forschungsdesign

Die Instrumentenentwicklung erfolgt in fünf Phasen. Zunächst wird in Phase 1 auf Basis des Forschungsstandes und erster theoretischer Vorüberlegung der Geltungs- und Gültigkeitsbereich des zu entwickelnden Verfahrens festgelegt und ein erster initialer Fragenpool zusammengestellt. Phase 2 dient der inhaltlichen Validierung des Instrumentariums mittels Expertenrating. In Phase 3 werden erste Versionen der abgeleiteten Skalen im Feld in verschiedenen Samples erprobt. Phase 4 dient der Überarbeitung und Modifikation der Skalen mit Rückgriff auf die vorliegenden Forschungsergebnisse der

Phase 3. In der abschließenden Phase 5 wird das modifizierte Instrument erneut im Feld überprüft und validiert. Eine Übersicht der fünf Phasen der Skalenentwicklung kann Tabelle 17 entnommen werden.

Tabelle 17: Phasen der Instrumentenentwicklung des WoLiBaX

Phase	Inhalt
1: Theoretische Ableitung (Erstellung eines Itempools)	Theoretische Vorüberlegungen zur Struktur des Untersuchungsbereichs Festlegung des Geltungs- und Gültigkeitsbereichs Definition der zu erfassenden Inhaltsbereiche (Spillover-Prozesse) ⇩ Literaturrecherche Berücksichtigung bereits vorhandener Forschungsergebnisse Item-Sammlung und Entwicklung neuer Items Erstellung eines initialen Itempools
2: Vorstudie Contentanalyse (inhaltliche Validierung)	⇩ Prüfung der Items auf Angemessenheit und Verständlichkeit Contentanalyse Vorstudie: Expertenrating (N=11) (inhaltliche Validierung der Items) ⇩ Itemselektion
3: Studie 1-3 Erste empirische Überprüfung des Instruments im Feld	⇩ Erprobung des Verfahrens mittels Paper- & Pencil-Version in verschiedenen Stichproben Studie 1: Paar-Studie (N=100) Studie 2: Kita-Studie (N=199) Studie 3: Studie Hochschule (N=131) ⇩ Untersuchung der Konstruktvalidität des Instruments Explorative Faktorenanalysen
4: Synopse / Überarbeitungs- phase	⇩ Modifikation des Instruments Heuristische Überprüfung und Vergleich der fakoriellen Struktur in den verschiedenen Stichproben Itemselektion Modifikation der Faktorenstruktur
5: Studie 4 Empirische Überprüfung des modifizierten Instruments im Feld	⇩ Erprobung des modifizierten Verfahrens Studie 4: Online-Studie (N=1099) ⇩ Untersuchung der Konstruktvalidität des modifizierten Instruments Überprüfung der faktoriellen Struktur des modifzierten Instruments Explorative Faktorenanalyse Konfirmatorische Faktorenanalyse Kreuzvalidierung Bestimmung der Gütekriterien

Im Rahmen der vorliegenden Arbeit werden somit insgesamt sechs empirische Studien durchgeführt: eine Vorstudie zur Überprüfung der inhaltlichen Validität des Instruments, vier Studien mit ersten (zum Teil differierenden) Versionen des Instruments in unterschiedlichen Stichproben sowie eine umfangreiche Hauptuntersuchung mit einem modifizierten Instrument.

10.2 Forschungsdesign: Konzeption und Aufbau der Studien

Zur Erreichung der unter 9.1 benannten Forschungsziele wurde eine Vorstudie sowie eine Serie von vier querschnittlichen empirischer Studien initiiert. Durch den multiplen Einsatz des zu entwickelnden Verfahrens im Rahmen vergleichbarer Fragestellungen in unterschiedlichen Kontexten bzw. Stichproben sollen die spezifischen Vorteile der einzelnen Verfahren genutzt und gleichzeitig die jeweils spezifisch bestehenden Nachteile (etwa in der eingeschränkten externen Validität der Befunde der Einzeluntersuchungen) auf der Ebene der Befundintegration kompensiert werden. In Abhängigkeit vom jeweiligen Forschungskontext wurden die Querschnittserhebungen mit spezifischen Einzelfragen realisiert mit der Folge, dass die in den verschiedenen Stichproben verwendeten Items des WoLiBaX sich zwar in wesentlichen Teilen überlappen, sich zum Teil aber auch unterscheiden.

Zur Orientierung des Lesers werden nun die im Rahmen der Arbeit durchgeführten Studien übersichtsartig dargestellt. Die Tabelle 18 listet neben der laufenden Nummer (der Kurzbezeichnung der Studie) die Zahl der Studienteilnehmer, die Zahl der Gesamtitems, die in der Studie insgesamt verwendet werden sowie die Zahl der eingesetzten WoLiBaX-Items auf. Des Weiteren ist angeführt, ob die Studie als Paper- & Pencil-Verfahren oder als Online-Untersuchung durchgeführt wurde. Außerdem findet sich in der tabellarischen Darstellung eine Kurzbeschreibung über die Art der Studienteilnehmer sowie die Fragestellungen, die in der Studie behandelt wird.

10.3 Statistische Verfahren zur Prüfung der Fragestellungen

Im folgenden Kapitel werden die in der Arbeit verwendeten statistischen Verfahren und Prozeduren beschrieben. Dabei wird zunächst auf datenreduzierende Verfahren eingegangen. Anschließend werden die hypothesentestenden Verfahren kurz skizziert sowie Kriteren für Indikatoren zur Modellbewertung von Strukturgleichungsmodellen aufgestellt. Anschließend erfolgt ein Exkurs zu den Themen Teststärke und Poweranalyse.

Für alle uni- und multivariaten statistischen Analysen und Prozeduren wurde des Statistikprogramms SPSS in den Versionen 12 bis 15 eingesetzt. Die strukturprüfenden konfirmatorischen Faktorenanalysen wurden mit dem Softwarepaket AMOS 5 (Analysis of Moment Structures) berechnet (Arbuckle, 2003).

Tabelle 18: Übersicht über die durgeführten Studien, Anzahl und Art der Studienteilnehmer, Anzahl der WoLiBaX-Items sowie der Fragestellungen

lfd. Nr.	Studie Name	N	Gesamt-anzahl Items des FB	Anzahl WoLiBax Items / Theoretische Skalen	Ver-sion	Rücklauf-quote	Studienteilnehmer	Kurzbeschreibung der behandelten Themen[1] (in Klammer Zuordnung der Themen zu den übergeordneten Fragestellungen)
1	Vorstudie	11	115	48/24	P&P	100%	Teilnehmer eines Studien-projektes zum Thema Work-Life-Balance	• Contentanalyse des initialen Itempools mittels Expertenrating zur inhaltlichen Validierung (1a)
	Paar-Studie	97 (42 Paare)	143	48/8	P&P	36,0%	Doppelverdiener-Paare mit mind. 1 Kind unter 16 Jahren (wiss. MA einer Hochschule oder klinisches Kranken-pflegepersonal sowie deren Lebenspartner	• EFA (1b) • Reliabilitätsbestimmung (1c) • Partizipation • Partnerschafts- & Arbeitszufriedenheit (2b) • Arbeitszeitvariablen (2a) • Persönlichkeitsmerkmale (2a) • Geschlechtspezifische Unterschiede (2a) • Crossover-Prozesse (2d)
2	Kita-Studie	208	105	30/4	P&P	23,1 %	Erwerbstätige Eltern mit Kindern im Kita-Alter (d.h. bis maximal 6 Jahre)	• EFA (1b) • Reliabilitätsbestimmung (1c) • Arbeitszeitvariablen (2a) • Beruflicher Status (2a) • Organisationskultur (2a) • Arbeitszufriedenheit (2b) • Kinderbetreuungssituation (2a)A • Einkommen (2a)A • Clusteranalyse (2d)
3	Hochschul-Studie	131	101	24/4	P&P	29,2%	Wissenschaftliche Mitarbeiter einer Hochschule	• EFA (1b) • Reliabilitätsbestimmung (1c) • Geschlechtspezifische Unterschiede (2a) • Organisationskultur (2a) • diverse organisationale Variablen (2a) • Arbeitszufriedenheit (2b) • psychophysische Beschwerden (2b)
4	WoLiBaX-Onlinestudie	1099	206	32/4	O	n.v.	Erwerbstätige (apriori keine Eingrenzung der Stichprobe)	• EFA (1b) • KFA (1b) • Bestimmung Retest-Reliabilität (1c)

[1] für die genauen Fragestellungen sei auf die jeweilige Ergebniskapitel verwiesen; N= Anzahl der Befragten Personen; P&P=Paper-& Pencil-Version; O=Online-Version, MA=Mitarbeiter EFA= Exploratorische Faktorenanalyse; KFA=Kofirmatorische Faktorenanalyse.

10.3.1 Datenreduzierende Verfahren

Verfahren zur Konstruktvalidierung.– Zur Bestimmung der Konstruktvalidität des WoLiBaX werden Faktorenanalysen (FA) berechnet. Grundsätzlich besteht die Möglichkeit, die Analysen zur Faktorenstruktur eines Instrumentes als exploratorische FA (EFA) oder konfirmatorische FA (KFA) durchzuführen. EFA sind datenreduzierende Verfahren mit dem Ziel, Zusammenhänge zwischen Items auf latente Variablen zurückzuführen und somit komplexe Merkmalsbereiche in homogene Teilbereiche auszudifferenzieren (Bühner, 2004). KFA dienen hingegen vorwiegend dazu, theoretisch fundierte Modelle auf ihre Modellgüte zu überprüfen. In der Entwicklungsphase eines Instrumentes besonders bei der Skalenentwicklung erscheint aus methodischer Perspektive die Anwendung einer EFA als das Verfahren der Wahl (Hurley et al., 1997).

EFA sind aus mehreren Gründen in der frühen Entwicklungsphase den Instrumenten der CFA vorzuziehen. Häufig sind bei der Entwicklung eines Instrumentes die theoretischen Konstrukte des Instrumentes noch nicht eindeutig bestimmt, doch gerade dies ist die entscheidende Voraussetzung für den Einsatz einer KFA. Darüber hinaus liefern EFA auch detaillierte Informationen durch die Itemladungen auf alle Faktoren. Dagegen weist die KFA Itemladungen nur auf die postulierten Konstrukte aus (Kelloway, 1995). Es ist bei der Verwendung von EFA kein Modell der Beziehungen zwischen den Items oder einer Faktorenzahl vorgegeben. Damit kann jeder Indikator mit jedem Faktor in Beziehung stehen. Die EFA ermöglicht durch ihre Vorgehensweise ferner die Entwicklung von Faktoren mit möglichst geringer Überschneidung und eine guten internen Konsistenz.

Es empfiehlt sich ein kombinierter Einsatz der Verfahren: Während in der frühen Phase der Instrumentenentwicklung vorwiegend auf die EFA zurückgegriffen wird, kann und sollte nach empirischer und theoretischer Fundierung des Instrumentes die Güte eines Verfahrens mittels einer CFA validiert werden. Die hier vorliegende Arbeit trägt diesen Überlegungen Rechnung, d.h., in den Phasen 3 und 5 der Instrumentenwicklung werden zunächst EFA zur Analyse der faktoriellen Struktur des Instrumentes verwendet, in Phase 5 wird die Faktorenstruktur abschließend einer konfirmatorischen Überprüfung unterzogen.

Verfahren zur Überprüfung der Messgüte.– Alle in der Arbeit verwendeten Skalen wurden bezüglich ihrer Reliabilität überprüft. Hierzu wird als Maß der internen Konsistenz Cronbachs-α berechnet. Bei einigen Analysen werden Items mit unterschiedlichen Antwortformaten zu einer Skala zusammengefasst, in diesen Fällen werden die Items vorab z-standardisiert.

10.3.2 Hypothesentestende Verfahren (Signifikanztests)

Gruppenvergleiche. – Zur Überprüfung von Unterschiedshypothesen werden alle metrischen Mittelwertunterschiede zwischen Gruppen mittels t-Tests oder univariaten Varianzanalysen (ANOVA) überprüft. In allen Analysen, in denen mehrere abhängige Variablen simultan geprüft werden, kommen multivariate Verfahren (MANOVA) zum Einsatz. Vor jedem varianzanalytischen Test ist zu prüfen, ob bestimmte Voraussetzungen erfüllt sind. Im Falle von ein- oder mehrfaktoriellen univariaten Varianzanalysen müssen nach Bortz (1993) folgende drei Bedingungen erfüllt sein: (a) Normalverteilung der Fehlerkomponenten, (b) Varianzhomogenität und (c) Unabhängigkeit der Fehlerkomponenten. Vor jeder Hypothesentestung wird deshalb untersucht, ob die Voraussetzungen für eine parametrische Signifikanzprüfung des jeweiligen Verfahrens gegeben sind. Die Ergebnisse dieser Überprüfung werden jedoch nur im Falle von Verletzungen berichtet. Bei Relevanz für das Ergebnis wird an entsprechender Stelle auf die Konsequenzen der Verletzungen eingegangen.

Zusammenhangsanalysen. – Zur Überprüfung von Zusammenhangshypothesen werden multiple hierarchische Regressionsanalysen berechnet. Bei allen berechneten Regressionen wurde die Methode „Einschluss" verwendet. Dieses Vorgehen empfiehlt sich nach Tabachnik & Fidell (1996), wenn keine Hypothesen bezüglich der Reihenfolge bestehen, in der die Variablen in die Regression eingegeben werden sollten. Prädiktoren, die in einem Regressionsmodell keinen signifikanten Beitrag zur Varianzaufklärung leisten, werden nicht aus dem Modell entfernt, falls sie aus theoretischen Überlegungen aufgenommen wurden, da kleine Effekte unter Umständen aufgrund fehlender Teststärke nicht signifikant werden, aber bezüglich des Gesamtmodells u. U. trotzdem Relevanz besitzen.

10.3.3 Indikatoren zur Modellevaluation von Strukturgleichungsmodellen

In einer empirischen Studie in dieser Arbeit werden zur Bestimmung der Konstruktvalidität lineare Strukturgleichungsmodelle eingesetzt. Für diese Analysen werden im Folgenden apriori Anforderungskriterien zur Bewertung der Fit-Indizes forumuliert.

Zur Bewertung der Güte der Passung von linearen Strukturgleichungsmodellen existiert kein optimaler Fit-Index, statt dessen sollten mehrere verschiedene Kennwerte zur Beurteilung des Modells herangezogen und miteinander verglichen werden (vgl. Brown, 2006b; Bühner, 2006; Hershberger, Marcoulides & Parramore, 2003; Schumacker & Lomax, 1996). Im Folgenden findet sich eine kurze Darstellung der in dieser Arbeit verwendeten Indizes.

Der Chi-Quadrat-Test vergleicht die beobachtete Kovarianzmatrix mit der modellimplizierten Kovarianzmatrix. Der Wert des Chi-Quadrat-Test *(CMIN)* liegt zwischen 0 und unendlich und ist abhängig von der Zahl der Freiheitsgrade *(df)* sowie der Stichprobengröße *(N)*. Wird der Test signifikant (p≤0.05), bedeutet dies, dass unter der gegebenen Annahme, dass das Modell gültig ist, die empirischen Daten sehr unwahrscheinlich sind und das postulierte Modell somit zu verwerfen ist. Problematisch an diesem Test ist vor allem der Sachverhalt, dass – wie bei anderen Signifikanztests auch – die Power des Tests von der Stichprobengröße abhängig ist. Das hat zur Folge, dass in großen Stichproben selbst kleinste Fehlspezifikationen eines guten Modells signifikant werden und es somit (fälschlicherweise) verworfen wird (vgl. Backhaus, 2000). In kleinen Stichproben hingegen gilt, dass selbst bei groben Fehlspezifikationen der Test oft nicht signifikant wird. *CMIN* ist somit kaum geeignet als alleinige Bewertungsgrundlage von Strukturgleichungsmodellen. Bühner (2006) weist jedoch darauf hin, dass der *CMIN*-Wert und der dazugehörige *p*-Wert bei der Verwendung von Strukturgleichungsmodellen stets zu dokumentieren sei.

Als ein weiteres Kriterium zur Modellbewertung wird deshalb alternativ häufig das Verhältnis zwischen dem Chi-Quadrat-Wert und den Freiheitsgeraden herangezogen *(CMIN/df)*, wobei als Entscheidungsapproximation meist ein maximal akzeptabler Wert von maximal 3 oder 5 genannt wird. Backhaus (2000) empfiehlt ein Verhältnis von $(X^2/df) \leq 2{,}5$. Da jedoch auch dieses Verhältnis auf dem umstrittenen χ^2-Wert basiert, kann es ebenfalls nur als eingeschränkt gültig klassifiziert werden.

Als inkrementelle Fit-Indizes (d.h., der Index repräsentiert proportionale Verbesserung gegenüber einem Independence-Modell) zur Bewertung von Strukturgleichungsmodellen findet sich häufig der *CFI* (Comparative-Fit-Index; Bentler, 1990) und der *TLI* (Tucker-Lewis-Index; Tucker & Lewis, 1973). Hierbei wird zwischen dem postulierten und einem Independence-Modell verglichen. Sowohl *CFI* als *TLI* sind moderat sensitiv gegenüber einfachen Modellfehlspezifikationen, sehr sensitiv gegenüber komplexen Modellfehlspezifikationen und haben eine geringe Sensitivität gegenüber Verteilungsverletzungen und Stichprobengrößen. Problematisch erscheint jedoch der oben genannte Sachverhalt, dass der χ^2-Wert in die Berechnungsformel des *CFI* mit einfließt. Bei Verwendung des *CFI* in Kombination mit der *ADF*-Methode kommt es ferner zu einer Unterschätzung der Populationskennwerte. *CFI* und *TLI* können Werte zwischen 0 und 1 annehmen. Ein CFI- bzw. *TLI*-Wert > 0.90 gilt dabei als Repräsentant einer guten Modellpassung (Backhaus et al. 2000; Brown, 2006; Schumacker & Lomax, 1996). Hu & Bentler (1999; ebenso Bühner) empfehlen sogar höheren Cutt-Off-Wert von 0.95.

Da der *CFI* komplexe Modelle begünstigt, empfiehlt es sich, zusätzlich den Root-Mean-Square-Error-Of-Approximation (RMSEA; Steiger 1990) zur Modellbeurteilung heranzuziehen. Der *RMSEA* steht für Root-Mean-Square-Error of Approximation und ist ein Maß für die Abweichung der empirischen Varianz-/Kovarianzmatrix und der theoretisch modellbasierten. Der *RMSEA* ist sehr sensitiv gegenüber fehlspezifizierten Ladungen und moderat sensitiv gegenüber einfachen Modellfehlspezifikationen, aber sehr sensitiv gegenüber komplexen Modellfehlspezifikationen (Bühner, 2006, S. 258). Durch eine Relativierung der Freiheitsgrade beinhaltet dieses Maß auch die Komplexität des Modells. Als Cutt-Off-Größen werden in der Literatur 0.05 (Backhaus et al., 2000) und 0.06 (Bühner, 2006, Byrne, 2001; Hu & Bentler, 1999, Ullmann, 2004) genannt. Nach Bühner (2004) ist bei Stichproben kleiner N<250 auch ein Wert von 0.08 durchaus akzeptabel. Zusätzlich sollte auch das *RMSEA*-Konfidenzintervall berichtet werden, in dem sich auch der *RMSEA*-Wert befinden sollte.

Der *SRMR* (Standardized-Root-Mean-Square-Residual) basiert auf dem *RMR* (Root-Mean-Square-Residual), der die Abweichung des durchschnittlichen Residuums zwischen der empirischen und der implizierten Kovarianzamatrix betrachtet. Da die Kovarianzresiduen über Stichproben hinweg nicht vergleichbar sind, empfiehlt sich alternativ der Einsatz des *SRMR*. Der *SRMR* berücksichtigt allerdings nicht wie der *RMSEA* die Modellkomplexität (Bühner, 2006, S. 256). Als Cut-off-Wert empfiehlt Bühner einen Wert ≤0.11. Der *SRMR* ist sensitiv gegenüber einfachen Modellfehlspezifikationen, moderat sensitiv gegenüber komplexen Modellfehlspezifikationen und hat eine geringe Sensitivität gegenüber der Stichprobengröße. Außerdem zeigt er Fehlspezifikationen im Strukturmodell an. Bei der Verwendung der Software AMOS kann der SRMR jedoch nur berechnet werden, wenn keine Missing Werte geschätzt werden müssen.

Zwei weitere in der Literatur noch immer häufig zitierte Fit-Indizes sind der Goodness-of-Fit-Index (GFI) und der Adjusted-Goodness-of-Fit-Index (AGFI). Der GFI berichtet den Anteil der aufgeklärten Varianz der Gesamtvarianz und ist dem R^2 in der Regressionsanalyse vergleichbar. Das Maximum des GFI beträgt 1 und ein Wert größer 0.90 ist anzustreben. Dies stellt nach Hershberger et al. (2003) jedoch keine Norm dar. Der AGFI berücksichtigt zusätzlich die Modellkomplexität in Form der Freiheitsgrade. Beide Tests sind jedoch extrem stichprobenabhängig und tendieren insbesondere bei großen Stichproben zu Werten, die einen guten Modell-Fit implizieren. Da diese Fit-Indizes zwischen Stichproben mit variierenden Größen nicht vergleichbar sind, rät Bühner (2006, S. 255; vgl. a. Shevlin, Miles & Lewis; 2000; Fan, Thompson & Wang, 1999) dringend davon ab, diese Maße zu verwenden. Aus Gründen der Vollständigkeit und ihrer häufigen Verwendung werden die beiden Werte jedoch trotz der Warnungen zusätzlich berichtet.

Werden ursprünglich postulierte Modelle im Laufe der Analyse gegen alternative Strukturmodelle getestet, gilt es zu überprüfen, welches der getesteten Modelle am geeignetsten ist. Hierzu können die Modelle mit dem Akaike Information Criterion (Akaike, 1987) oder dem Consistent Akaike Information Criterion (CAIC) von Bozdogan (2000) bewertet werden. Das AIC bewertet die Passung des Modells bei gleichzeitiger Berücksichtigung der Modellkomplexität. Dabei werden sowohl die Güte der Modellpassung als auch die Zahl der zu schätzenden Parameter berücksichtigt. Eine Verbesserung gegenüber dem AIC stellt das CAIC dar, da es zusätzlich die Stichprobengröße berücksichtigt. Die informationstheoretischen Maße dienen für den Vergleich der konkurrierenden Modelle. Dabei sind auf der Basis des Parsimonitätsprinzips Modelle mit niedrigerem CAIC, d.h. einer größerer Sparsamkeit zu präferieren (Brown, 2006). Dies bedeutet, es existieren auch keine absoluten Maße wie bei den Maßen zur Bewertung der Modellgüte – die jeweiligen Werte der Modelle sind immer relativ zueinander zu vergleichen. In der Literatur existieren kontroverse Diskussionen darüber, welche der zahlreich existierenden Fit-Indikatoren bei der Dokumentation von Strukturgleichungsmodellen berichtet und welche Cut-Off-Werte gewählt werden sollten. Derzeit finden insbesondere die Arbeiten von Hu & Bentler (1998, 1999) und die dort diskutierten Cut-Off-Werte Beachtung. Bühner empfiehlt, auf den Arbeiten von Hu & Bentler basierend, a) eine primäre Modellevaluation anhand des χ^2-Tests und b) eine Diskussion der Fit-Indizes SRMR, RMSEA und CFI und dies jeweils unter Berücksichtigung der jeweiligen Stichprobengröße. Der Autor weist ferner daraufhin, dass die strengen Cut-Off-Kriterien zwar anzustreben, aber insbesondere bei der Analyse von Fragebögen mit vielen Items durchaus moderat interpretierbar sind.

Eine zusammenfassende Übersicht über die im Rahmen dieser Arbeit verwendeten Kennwerte und ihrer Schwellenwerte liefert Tabelle 19.

Tabelle 19: Verwendete Kennwerte bei Analyse von Strukturgleichungsmodellen

Kurzbezeichnung	Name des Kennwerts	Schwellenwert
χ^2 / df	Quotient aus Chi²-Wert und Freiheitsgraden	≤ 2.5 (ggfs. Überschätzung bei nicht gegebener multivariater Normalverteilung)
SRMR	Standardized Root Mean Square Residual	≤ 0.11
RMSEA	Root Mean Square Error of Approximation	≤ 0.06
	p_{close} (Test of Close Fit)	≥ 0.05
CFI	Comparative Fit Index	≥ 0.90 (robust gegenüber Verletzung der Annahme einer multivariaten Normalverteilung)
TLI	Tucker-Lewis-Index	≥ 0.90 (robust gegenüber Verletzung der Annahme einer multivariaten Normalverteilung)
GFI	Goodness-of-Fit-Index	≥ 0.90
AGFI	Adjusted Goodness-of-Fit-Index	≥ 0.90
CAIC	Consistent Akaike Information Criterion	keine absolute Grenze; Wert wird im Vergleich zu zu alternativen Modellen interpretiert

10.3.4 Analyse von Effektstärken und Poweranalysen

Als Alternative bzw. Ergänzung zu den in der empirischen Sozialforschung gewöhnlich verwendeten Signifikanztests empfiehlt es sich, relative Effektstärken zu berichten und zu interpretieren. Daher sollen im Folgenden kurz die entsprechenden Grundlagen und Konventionen skizziert werden.

Grenzen von Signifikanztests. – Die Ergebnisse von Signifikanztest können meist ohne Zusatzinformationen nur eingeschränkt interpretiert werden, da die Befunde keine Auskunft über die praktische Bedeutsamkeit des gefundenen Effekts in der Population geben (vgl. Bortz & Döring 2002). Ursache hierfür ist eine wechselseitig funktionale Verknüpfung der Größen von Signifikanzniveau (α), der Teststärke, der Effektgröße eines Tests sowie des Stichprobenumfangs. Selbst kleinste Unterschiede werden beim statistischen Hypothesentesten signifikant, wenn die Stichprobe (N) entsprechend groß ausgewählt wird. Möchte man zwar signifikante, aber keine inhaltlich bedeutungsarmen Ergebnisse erhalten, sollten auch α, β und Stichprobengröße N bei der Ergebnisinterpretation berücksichtigt werden.

Beim statistischen Testen von Hypothesen gibt es zwei mögliche Fehlerarten: den α-Fehler und den β-Fehler. Ein α-Fehler *(Fehler erster Art)* wird begangen, wenn sich aufgrund des Tests für die H_1 entschieden wird, obwohl in der Population tatsächlich die H_0 gilt *("Falscher Alarm")*. Das konventionelle α-Risiko beträgt in der Regel in der sozialwissenschaftlichen und psychologischen Forschung zwischen 5 % und 1 %. Der β-Fehler *(Fehler zweiter Art)* hingegen beschreibt die Wahrscheinlichkeit, dass ein in der Population vorhandener Effekt aufgrund des Tests nicht entdeckt und sich somit fälschlicherweise für die H_0 entschieden wird, ob wohl in der Population tatsächlich die H_1 gilt *("Verpassen des Effekts")*. Der β-Fehler ist ohne Zusatzannahmen zunächst unbekannt.

Die Frage, wie das Verhältnis von α-Fehler und β-Fehler (β/α-Ratio) zueinander und deren Höhe bewertet werden müssen, kann nicht pauschal beantwortet werden. Die Beantwortung dieser Frage ist abhängig von den Konsequenzen, die mit den möglichen Fehlentscheidungen verbunden sind. Ein Beispiel aus dem medizinischen Kontext mag dies verdeutlichen. Einen α-Fehler zu begehen kann im medizinischen Kontext bedeuten, eine Gruppe von Probanden hinsichtlich eines Krankheitsbildes zu behandeln, das bei diesen gar nicht vorhanden ist. Ein β-Fehler im selben Kontext würde bedeuten, eine vorhandene Krankheit fälschlicherweise erst gar nicht zu diagnostizieren. Es gilt abzuwägen, welche Folgen einer Fehlentscheidung schwerwiegender sind.

Um das Verhältnis von α, β, und N angemessen zu berücksichtigen, sollten folglich Effektstärken bestimmt werden. Effektstärkenmaße zeichnen sich gegenüber den Ergebnissen herkömmlicher Signifikanztests dadurch aus, dass sie unabhängig von der

Stichprobengröße sind und somit die wesentlichen Nachteile von Signifikanztests kompensieren. Hierdurch wird es ferner möglich, Untersuchungen mit verschiedenen Stichprobengrößen und verschiedenen Messinstrumenten zu vergleichen. Voraussetzung ist allerdings, dass die Varianz in den verschiedenen Samples vergleichbar groß ist (Lind, 2005; Homoskedastizitätsannahme), eine Annahme, die jedoch nicht immer gegeben ist, was u.U. die Verwendung von Effektstärkenmaße zum Vergleich von Ergebnissen einschränkt.

Effektstärken und Poweranalysen. – Die Teststärke (1-β; auch Power genannt) ist die Wahrscheinlichkeit, einen Effekt zu entdecken, der in der Population auch empirisch vorhanden ist. Die bedeutet, eine hohe Power erhöht die Verlässlichkeit empirischer Ergebnisse. Als adäquat wird in der sozialwissenschaftlichen Forschung meist eine Power von 0.80 betrachtet (Cohen, 1988). Cohen empfiehlt ferner als allgemeine Konventionen für das α/β-Fehlerverhältnis ein Viertel, d.h., die Folgen eines α-Fehlers werden als viermal so bedeutend wie Konsequenzen eines β-Fehlers betrachtet (vgl. Cohen, 1988; Bredenkamp, 1980; Müller, Manz & Hoyer, 2002).

Da insbesondere kleine Effekte in kleinen Samples, wie sie z.T. auch in der hier vorliegenden Arbeit verwendet werden, nur schwer zu diagnostizieren sind, sollte dies bei der Interpretation der Ergebnisse berücksichtigt werden. Ferner kann das gewöhnlich verwendete Alpha-Niveau von 0.05 für die hier verwendeten kleinen Stichproben als recht hoch angesehen werden. Ein Alpha von 0.10 erscheint deshalb ebenfalls akzeptabel, wenn hierdurch dem Sachverhalt einer geringen Teststärke Rechnung getragen und durch die Erhöhung des Alpha-Niveaus die Teststärke entsprechend verbessert werden kann. Entsprechende Befunde werden in der Arbeit als tendenziell signifikant gekennzeichnet. Streng genommen kann ein Testergebnis selbstverständlich nur dichotom signifikant oder nicht signifikant werden. Werden jedoch weitere Parameter wie Effektstärken und Stichprobengröße berücksichtigt, macht eine derartige Formulierung inhaltlich wieder Sinn. Die Erhöhung des α-Niveaus ist jedoch unbedingt bei der Interpretation zu berücksichtigen, auch wenn hierdurch einer geringeren Teststärke Rechnung getragen werden soll.

Es lassen sich fünf Arten von Teststärke-Analysen unterscheiden (vgl. Faul, Erdfelder, Lang & Buchner, 2007): a priori-Analysen, post-hoc-Analysen, Kompromiss-Analysen, Sensitivitäts-Analysen und Kriteriums-Analysen. In dieser Arbeit sind vor allem die beiden erstgenannten Verfahren von Interesse.

A-priori-Analysen werden vorwiegend in der Phase der Untersuchungsplanung eingesetzt, um die Größe optimaler Stichprobenumfänge bei einem vorgegebenen α-Fehler-Risiko zu bestimmen und die Effekte bestimmter Größe identifizieren zu können. Notwendige Parameter zu Bestimmung der Stichprobengröße sind die erwartete Effektstärke, die gewünschte Power des Tests (bzw. β) sowie das α-Fehler-Risiko. Post-hoc-

Analysen werden nach Durchführung eines Tests durchgeführt. Ziel dieser Analysen ist es, auf Basis der vorhandenen Samplegröße die Power des Tests zu bestimmen, d.h. zu bestimmen, wie groß die Wahrscheinlichkeit ist, die H_1 zu Recht zu akzeptieren. Als Parameter zur Berechnung von β (bzw. Power des Tests) werden das α-Fehler-Risiko, die Effektstärke und die Stichprobengröße (N) benötigt. Als Effektgrößen werden in dieser Arbeit die Größen f^2 und η^2 berichtet. Dabei gelten für f^2-Werte bis 0.02 als klein, bis 0.15 als mittel und ab 0.35 als grpße Effekte. Für η^2 werden Werte bis 0.01 als kleine, bis 0.14 als mittel und ab 0.14 als große bezeichnet.

Ein alternatives Verfahren zur Bestimmung von Effektstärken findet sich bei Lind (2005), der die Berechnung absoluter Effektgrößen relativ zu den theoretischen Skalenbreiten vorschlägt. Effekte größer als 10 % der Skalenbreite werden vom Autor als sehr bedeutend für die empirische Sozialforschung bezeichnet und Effekte größer als 5 % der Skalenbreite als bedeutend. Es handelt sich hierbei um ein Verfahren, das sich vor allem in der angewandten Forschung bei der Vermittlung von Ergebnissen zukünftig als tragbar erweisen könnte. Im Kontext empirischer Sozialforschung gilt die Verwendung relativer Effektstärkenmaße, wie sie beispielsweise Cohen (1988) gebraucht, hingegen noch immer als methodischer Standard, weshalb in dieser Arbeit auf sie auch Rückgriff genommen wird.

Vorüberlegungen zur Stichprobengröße.– Eine a priori Festlegung der Stichprobengröße und der weiteren entsprechenden Parameter (α, β, Teststärke sowie vermutete Effektgröße) wäre zwar grundsätzlich möglich gewesen, jedoch war es bei den im Folgenden analysierten Stichproben im Feld nur bedingt möglich, die Stichprobengröße zu beeinflussen (z. B. aufgrund des eingeschränkten Zugangs zu Untersuchungsteilnehmern seitens der beteiligten Kooperationspartner) und aus Kostengründen auch nicht möglich, größere Samples zu akquirieren. Effektstärkenmaße sollte insbesondere dann der Vorzug gegenüber den Befunden von Signifikanztests gegeben werden, wenn die Population nicht eindeutig definiert ist (oder definiert werden kann) oder wenn aus der Grundgesamtheit keine Zufallsstichprobe gezogen wurde bzw. gezogen werden konnte (vgl. Lind, 2005). Auch aus den genannten Gründen werden für die berichteten Befunde ergänzend Effektstärken bzw. Poweranalysen berechnet. Etwaige Einschränkungen der Testpower durch kleine Stichproben werden bei der Interpretation der Ergebnisse berücksichtigt.

Software.– Die in der hier vorliegenden Arbeit durchgeführten Berechnungen von Effektstärken und Poweranalysen wurden alle mit dem Programm GPOWER (Faul & Erdfelder, 1992; Erdfelder, Faul & Buchner, 1996; Faul, Erdfelder, Lang & Buchner, 2007) in den Versionen 2 und 3 verrichtet. Alle Poweranalysen wurden post-hoc durchgeführt.

11. Ergebnisse

Die Reihenfolge der Ergebnisdarstellung orientiert sich an dem im Methodenteil dieser Arbeit (10.1.3) beschriebenen Prozess der Instrumentenentwicklung und damit an der chronologischen Abfolge der Studien. Zunächst werden in der Vorstudie die Phasen 1 und 2 der Instrumentenentwicklung beschrieben. Dabei wird dargestellt, wie die Items des Fragebogens zusammengestellt und wie sie auf ihre inhaltliche Validität überprüft werden. Nach Abschluss der Vorstudie werden die Items zur Erfassung des Work-Life-Balance-Erlebens in drei verschiedenen Stichproben getestet. Nach einer Überarbeitung des Instrumentes wird dieses schließlich in einer vierten Studie erneut validiert.

11.1 Vorstudie

Ziel der Vorstudie ist die systematische Entwicklung eines standardisierten Instrumentes zur Erfassung des Work-Life-Balance-Erlebens von Erwerbstätigen. Dabei sollen möglichst viele der in 10.1.2 genannten Aspekte bei der Gestaltung berücksichtigt werden. Die Items und Skalen des Instruments WoLiBaX sollen dabei systematisch und basierend auf dem Stand der Forschung theoretisch abgeleitet werden. Ferner soll dabei auf bereits vorhandene Instrumente, soweit möglich, Rückgriff genommen werden.

11.1.1 Erstellung eines initialen Itempools

Nach Durchsicht der bestehenden Literatur (s. a. 8.5) wurde ein initialer Itempool mit 115 Items zusammengestellt. Die zusammengestellten Items basieren auf Fragen aus den Arbeiten von Bond, Galinsky & Swanberg (1998), Carlson & Frone (2003), Carlson, Kacmar & Williams (2000), Grzywacz and Marks (1998), Gutek, Searle, & Klepa (1991)[16], Kelloway, Gottlieb & Barham (1999), Kirchmeyer (1992), Netemeyer, Boles & McMurrian (1996), Nielson, Carlson & Lankau (2001), Sloan Work-Family Researchers Electronic Network (2000), Stephens & Sommer (1996) sowie Thiede & Ganster (1995). Geeignet erscheinende Items wurden sinngemäß ins Deutsche übersetzt und den unter Tabelle 16 beschriebenen vier Dimensionen und zwölf Facetten zugeordnet.

---

[16] Basierend auf Items aus Kopelman, Greenhaus & Connoly (1983) und Burley (1989)

Da das Instrument neben der Schnittstelle Arbeit-Familie zusätzlich auch die Schnittstelle des *„nicht-familiären"* Privatlebens, den Freizeitbereich der Befragten, erfassen soll, wurde das Ordnungssystem um zwölf Facetten erweitert. Statt der ursprünglichen zwölf Facetten, die lediglich auf die Schnittstelle Arbeit-Familie fokussieren, sollte das zu entwickelnde Instrument zusätzlich die Schnittstelle zwischen Arbeit und Freizeit berücksichtigen. Dies hatte zur Folge, dass beispielsweise die Facette *zeitbedingte Arbeit⇨Nicht-Arbeit-Konflikte* in *zeitbedingte Arbeit⇨Familien-Konflikte* und *zeitbedingte Arbeit⇨Freizeit-Konflikte* aufgeteilt wurde. Auf diese Weise sollte sichergestellt werden, dass auch der neue Inhaltsbereich Freizeit in angemessener Form bei der Konstruktion des Instrumentes berücksichtigt wurde. Viele Itemformulierungen der Urspungsverfahren wurden überarbeitet.

Die Übersetzungen der ursprünglichen Items wurden dem deutschen Sprachgebrauch angepasst, da a) die Items zu einem neuen Instrument bzw. neuen Konstrukten zusammengestellt werden sollen (und von daher auf eine 1:1 Passung verzichtet werden konnte) und b) einige Items inhaltlich überarbeitet bzw. ergänzt wurden, da einige der Inhaltsbereiche (z. B. der Freizeitbereich) in den Originalitems nicht thematisiert wurden. Für die Dimensionen, für die sich in der Lieratur keine adäquten Items fanden, wurden entsprechende Items neu formuliert.

11.1.2 Contentanalyse – Expertenrating

Ein Großteil der im initialen Itempool zusammengestellten Items basiert auf erprobten und zum Teil sogar validierten Instrumenten zur Erfassung der Erlebenszustände zwischen den Lebensbereichen Arbeit, Familie und Freizeit. Jedoch war es in einem weiteren Konstruktionsschritt notwendig zu validieren, welche Aspekte des Arbeit-Nicht-Arbeit-Interfaces durch die jeweiligen Items tatsächlich beschrieben wurden.

Diese inhaltliche Überlegung bezog sich nicht nur auf die (z.T. modifizierten) aus englischen Instrumenten entnommen Items, sondern auch auf neu entwickelte Items. Es sollte sichergestellt sein, dass gerade auch diese Items die beabsichtigten Inhalte tatsächlich repräsentieren. Außerdem sollten aus dem initialen Itempool empirisch gerade die Fragen ausgesucht werden, die den jeweiligen Aspekt der Schnittstelle am besten beschreiben. Aus diesem Grunde wurden die 115 Items einer Contentanalyse unterzogen, bei der mittels Expertenrating die nicht oder weniger geeigneten Items entfernt beziehungsweise die am besten geeigneten Fragen ausgewählt wurden.

Unter einer Contentanalyse wird in diesem Zusammenhang ein Verfahren verstanden, mit dem es möglich ist, das Itemmaterial auf seine Geeignetheit zu überprüfen. Das Vorgehen dabei ist empirisch und systematisch: Das Itemmaterial wird inhaltsanalytisch hinsichtlich verschiedener Kriterien auf seine Angemessenheit von mehreren Experten untersucht. Dies bedeutet, die Auswahl der besten Items erfolgt aufgrund intersubjektiver Übereinkunft in einem quantifizierbaren Expertenrating anhand inhaltlicher und formaler Merkmale. Das hier verwendete Verfahren orientiert sich dabei an dem von Carlson, Kacmar & Williams (2001) berichteten Vorgehen.

11.1.3 Ergebnisse

Expertenrating. – Zur Zuordnung der Items zu den inhaltlichen Dimensionen wurden diese auf ihre inhaltliche Adäquatheit überprüft. Hierzu wurde der Itempool von 115 Items in Fragebogenform elf Ratern zur inhaltlichen Überprüfung vorgelegt. Der Fragebogen des Expertenratings kann im Anhang[17] eingesehen werden. Dort ist auch die Herkunft der jeweiligen Items dokumentiert.

Die elf Rater waren Seminarteilnehmer eines Studienprojektes zur Work-Life-Balance im Rahmen ihres Hochschulstudiums. Sie hatten sich zum Zeitpunkt der Befragung im Rahmen ihres Studienprojektes seit mehr als einem halben Jahr intensiv mit dem Thema Work-Life-Balance beschäftigt und waren mit den zentralen theoretischen Konzepten dieses Forschungsfeldes vertraut. Das Durchschnittsalter der Rater belief sich auf 23,2 Jahre, acht der Rater waren weiblich. Die Rater wurden gebeten, die jeweiligen Items danach zu beurteilen, inwieweit sie die jeweiligen Skalen repräsentieren. Hierbei wurden sie gebeten, in einem ersten Schritt zu entscheiden, welche Richtungen der Spillover-Prozess des Items beschreibt (Arbeit⇨Familie, Arbeit⇨Freizeit, Familie⇨Arbeit, Freizeit⇨Arbeit). Das gleiche Vorgehen wurde auch für das sich anschließende Rating hinsichtlich der Art des Erlebens angewendet. Im zweiten Schritt sollten die Rater entscheiden, ob es sich bei dem zu bewertenden Prozess um einen negativen (Konflikt) oder positiven Spillover (Benefit/Erleichterung) handelte. Dabei wurden Items, bei denen weniger als 70 % der Ratings nicht dem postulierten Kriterium zugeordnet werden konnten, sofort selektiert. Schließlich wurden die Befragten gebeten, das Item dahingehend prozentual einzuschätzen, inwieweit das Item den Dimensionen *Zeit*, *Energie* und *Verhalten* zuzuordnen war. Ein Beispiel für das Rating eines Items kann Abbildung 3 entnommen werden.

Itemselektion. – Anhand der Ergebnisse des Expertenratings werden die am besten geeigneten Items jeder Facette selektiert. Die Auswahl erfolgt in einem gestuften Verfahren. Hierbei wird zunächst überprüft, ob die Zuordnung in den Schritten eins und zwei immer von mindestens 70 % der Befragten in die intendierte Richtung erfolgte. Items, die bereits hier nicht von einer deutlichen Mehrheit der Experten der beabsichtigten

---

[17] Aufgrund des großen Umfangs der Arbeit steht der Anhang dieser Arbeit in digitaler Form als Download unter www.asanger.de zur Verfügung.

> **40. Wenn ich von der Arbeit nach Hause komme, bin ich oft zu erschöpft, um an Familienaktivitäten teilzunehmen oder familiären Verpflichtungen nachzukommen. (Carlson, Kacmar & Williams, 2000)**
> a) Welcher Spill-Over-Prozess wird durch das Item angesprochen?
> ☐ Arbeit➔Familie   ☐ Familie➔Arbeit
> ☐ Arbeit➔Freizeit   ☐ Familie➔Freizeit
> b) Um welche Form des Spill-Over-Prozesses handelt es sich?
> ☐ Konflikterleben   ☐ Förderlicher Prozess/Erleichterung
> c) Bitte tragen sie ein, zu wieviel Prozent Ihres Erachtens das Item den jeweiligen Dimensionen zugeordnet werden kann!
> ___% Zeit   ___% Verhalten   ___% Beanspruchung

Abbildung 3: Beispiel eines Ratings der Contentanalyse

Skala zugeordnet werden können, werden ausgeschlossen. Anschließend wird überprüft, ob auch bei der prozentualen Zuordnung der Items zu den Skalen Zeit, Energie und Verhalten mehrheitlich der intendierten Dimension zugeschrieben werden. In den abschließenden Itempool wurden letztlich nur Items aufgenommen, die sich bei der Unterscheidung zwischen den Dimensionen Zeit, Energie und Verhalten um mindestens 20 % von den anderen Dimensionen unterscheiden.

Beispielhaft soll das Vorgehen an der Dimension beanspruchungsbedingte *Arbeit ⇨ Familien-Konflikte* geschildert werden (s. a. Tabelle 20). Die erste Spalte der Tabelle gibt die *laufende Nummer* des Items im Fragebogen der Contentanalyse an. Die Spalte *Rangfolge* kennzeichnet die Items, die für die endgültige Fragebogenversion ausgewählt werden (was man auch an der fetten Formatierung erkennen kann) und die dritte Spalte enthält den verwendeten Itemtext. In Spalte 4 ist der prozentuale Anteil der Rater angegeben, die einen Spillover-Prozess von der Arbeit in die Familie sehen. Es wird ersichtlich, dass im angeführten Beispiel alle Items das Kriterium von mindestens 70 % erfüllen. In der 5. Spalte ist der prozentuale Anteil an Teilnehmer aufgeführt, die das jeweilige Item als einen Konflikt und nicht als Erleichterung (Benefit) einstufen. Auch dieses Kriterium wird von allen Items erfüllt. In der Verteilung der letzten drei Spalten spiegelt sich wider, ob die Fragen nach Ansicht der Rater eher zeit-, verhaltens- oder beanspruchungsbedingte Aspekte ansprechen. Hier erfüllt das Item 106 das Kriterium nicht, dass sich die *„stärkste"* Ausprägung von den beiden anderen Aspekten immer um mehr als 20 % unterscheiden soll und wird deshalb selektiert. Die deutlichste Differenzierung zwischen zeit-, beanspruchungs- und verhaltensbedingten Items zeigt sich für die Items 78 und 91, die mehr als 90 % der Expertenratings als verhaltensbezogen einstufen. Ferner zeigt sich ein deutlich verhaltensbedingtes Muster für die Items 10, 40 und 64, die aus diesem Grunde ebenfalls als geeignet bewertet in den Fragebogen WoLiBaX aufgenommen werden.

Vergleichbare Analysen wurden für alle 24 postulierten Facetten durchgeführt (s. www.asanger.de). Auf diese Art und Weise wurden 50 Items als geeignet befunden und

Tabelle 20: Beispiel Auswertung der Contentanalyse anhand Dimension Arbeit⇨Familien-Konflikte (beanspruchungsbedingt)

FB-Nr.	Rangfolge	Item	Spillover-Prozess Arbeit⇨Familie	Konflikt	zeitbezogen	verhaltensbezogen	beanspruchungsbezogen
10	2	Nach der Arbeit bleibt mir wenig Energie für Dinge, die zu Hause erledigt werden müssen.	100%	100%	14%	13%	72%
30	-	Wenn ich zu Hause bin, denke ich an die Arbeit.	82%	91%	7%	33%	60%
40	1	Wenn ich von der Arbeit nach Hause komme, bin ich oft zu erschöpft, um an Familienaktivitäten teilzunehmen oder familiären Verpflichtungen nachzukommen.	100%	100%	5%	12%	83%
54	-	Der Stress bei meiner Arbeit macht mich gereizt, wenn ich zu Hause bin.	100%	91%	4%	28%	68%
64	3	Spannung und Angst aus meiner Arbeit befallen oft mein Familienleben.	100%	100%	0%	26%	74%
78	4	Ich fühle mich körperlich erschöpft, wenn ich von der Arbeit nach Hause komme.	73%	100%	1%	4%	95%
91	5	Ich fühle mich gefühlsmäßig erschöpft, wenn ich von der Arbeit nach Hause komme.	82%	100%	0%	9%	91%
106	-	Meine Arbeit macht es schwierig für mich, die Art der Beziehung zu meiner Familie aufrechtzuerhalten, die ich gern hätte.	100%	100%	31%	29%	39%

in den ersten Itempool des WoLiBaX aufgenommen. Eine vollständige Liste der ausgewählten Items kann Tabelle 21 entnommen werden. Verwendete Items sind mit einem • gekennzeichnet. Die Liste enthält neben den Dimensionen, denen die jeweiligen Items zugeordnet werden, auch eine Kurzbezeichnung des Items sowie eine Kennzeichnung, in welcher der folgend aufgeführten Studien das Item eingesetzt wurde. Zur erleichterten Nachvollziehbarkeit der Befunde im weiteren Verlauf dieser Arbeit sei an dieser Stelle auch die Systematik der Item-Kurzbezeichnung kurz erläutert. Der erste Buchstabe oder die ersten beiden Buchstaben der Kurzbezeichnung bezeichnen den Lebensbereich, aus dem der Spillover-Prozess resultiert (**Arbeit**, **Familie** oder **Freizeit**), der durch das Item beschrieben wird. Nachfolgend wird (mit denselben Buchstaben) der

Lebensbereich, in den der Spillover-Prozess wirkt, markiert. Der nächste Buchstabe der Kurzbezeichnung kennzeichnet, ob es sich bei dem jeweiligen Spillover-Prozess um einen **K**onflikt handelt oder um einen förderlichen Spillover-Prozess handelt, der eine **R**essource für das andere Segment darstellt. Im weiteren Verlauf der Kurzbezeichnung findet sich ein Buchstabe, der kennzeichnet, ob es sich bei dem beschriebenen Spillover-Prozess um **z**eit-, **v**erhaltens- oder **b**eanspruchungsbedingte Aspekte handelt. Abschließend hat jedes Items einen Laufindex, der die laufende Nummer des Items hinsichtlich der dazugehörigen Dimension angibt. An einem Beispiel wird die Systematik deutlich: Das Item **afrkv3** bezeichnet das *dritte* Item der Dimension verhaltensbedingte **A**rbeit⇨**F**reizeit-**K**onflikte.

Tabelle 21: WoLiBaX Items nach der Contentanalyse

lfd. Nr.	Item	Kurzbezeichnung	Studie 1 (Paar-Studie)	Studie 2 (Kita-Studie)	Studie 3 (Hochschul-Studie)	Studie 4 (Online-Studie)
Arbeit⇨Familien Konflikte (zeitbedingt)						
1	Aufgrund der Menge an Zeit, die ich für meine Berufstätigkeit aufbringe, muss ich häufig Familienaktivitäten absagen.	afakz1	●	●	●	●
2	Die Zeit, die ich meiner Berufstätigkeit widmen muss, hält mich davon ab, in gleicher Weise Verpflichtungen im Haushalt zu erfüllen.	afakz2	●			●
3	Ich fühle mich schlecht, da ich zuviel Zeit mit meiner Berufstätigkeit verbringe und nicht genug Zeit mit meiner Familie.	afakz3	●	●		
Arbeit⇨Familien Konflikte (verhaltensbedingt)						
4	Meine Arbeit verlangt es, dass ich mich in einer bestimmten Weise verhalte, die inakzeptabel für zu Hause ist.	afakv1	●	●	●	
5	Die Art und Weise wie ich Probleme im Rahmen meiner Arbeit löse, ist nicht effektiv beim Lösen familiärer Probleme.	afakv2	●			●
6	Die Dinge, die ich mache, um bei der Arbeit erfolgreich zu sein, helfen mir nicht dabei, eine gutes Elternteil oder ein guter Ehepartner/Lebenspartner zu sein.	afakv3	●			
7	Verhaltensweisen, die effektiv oder notwendig für meine Arbeit sind, sind zu Hause nicht hilfreich.	afakv4		●		●
Arbeit⇨Familien Konflikte (beanspruchungsbedingt)						
8	Wenn ich von der Arbeit nach Hause komme, bin ich oft zu erschöpft, um an Familienaktivitäten teilzunehmen oder familiären Verpflichtungen nachzukommen.	afakb1	●	●	●	●
9	Nach der Arbeit bleibt mir wenig Energie für Dinge, die zu Hause erledigt werden müssen.	afakb2	●			●
10	Spannung und Angst aus meiner Arbeit befallen oft mein Familienleben.	afakb3	●			
Arbeit⇨Familie-Förderung (zeit, verhaltens- & beanspruchungsbedingt)						
11	Meine Arbeitszeit ist flexibel genug, so dass es mir möglich ist, mich um meine familiären Verpflichtungen zu kümmern. (z)	afar1	●	●	●	
12	Die Art und Weise, wie ich während meiner Arbeit Probleme angehe, ist auch effektiv beim Lösen von Problemen zu Hause. (v)	afar2	●	●	●	●
13	Meine Arbeit gibt mir die Energie, angenehme Dinge mit meiner Familie zu unternehmen. (b)	afar3	●		●	●
14	Fähigkeiten, die ich Rahmen meiner Arbeit einsetze, sind auch nützlich für Dinge, die ich zu Hause erledigen muss. (v)	afar4		●		●[m]

Fortsetzung auf den folgenden Seiten

Fortsetzung Tabelle 21

lfd. Nr.	Item	Kurzbezeichnung	Studie 1 (Paar-Studie)	Studie 2 (Kita-Studie)	Studie 3 (Hochschul-Studie)	Studie 4 (Online-Studie)
Arbeit⇨Freizeit-Konflikte (zeitbedingt)						
15	Wegen meines Jobs habe ich nicht genügend Zeit, an Aktivitäten außerhalb der Arbeit teilzunehmen, die ich entspannend und angenehm finde.	afrkz1	●	●	●	●ᵐ
16	Meine Arbeitstätigkeit nimmt die Zeit in Anspruch, die ich gern mit Freunden verbringen würde.	afrkz2	●			
17	Für regelmäßige Freizeitaktivitäten (z.B. Sportverein, etc.) habe ich aufgrund meiner Arbeit keine Zeit.	afrkz3	●			
Arbeit⇨Freizeit-Konflikte (verhaltensbedingt)						
18	Aufgrund meiner Arbeitstätigkeit zeige ich oft Verhaltensweisen, die von meinen Freunden und Bekannten nicht gerne gesehen werden.	afrkv1	●	●	●	
19	Während meiner Arbeit wird von mir verlangt, mich in einer bestimmten Weise zu verhalten, die inakzeptabel in meiner Freizeit ist.	afrkv2	●			●
Arbeit⇨Freizeit-Konflikte (beanspruchungsbedingt)						
20	Meine Arbeitstätigkeit fordert mich so sehr, dass ich in meiner Freizeit den Kopf nicht frei bekomme für andere Dinge.	afrkb1	●	●	●	
21	Nach der Arbeit bleibt kaum Energie für meine Hobbies und Interessen.	afrkb2	●	●		●
22	Durch den ganzen Druck während der Arbeit bin ich in meiner Freizeit oft zu gestresst, um mich an Dingen zu erfreuen.	afrkb3	●			●
Arbeit⇨Freizeit-Förderung (zeit, verhaltens- & beanspruchungsbedingt)						
23	Meine Arbeitszeit ist so gestaltet, dass es mir gut möglich ist, meinen privaten Hobbies und Interessen nach zu gehen. (z)	afrr1	●	●	●	●ᵐ
24	Fähigkeiten, die ich im Rahmen meiner Arbeitstätigkeit einsetze, sind auch nützlich für Dinge, die ich in meinem Privatleben erledigen muss.(v)	afrr2	●	●	●	●
25	Meine Arbeitstätigkeit gibt mir die Energie, meine persönlichen Interessen und Hobbies zu verfolgen. (b)	afrr3	●		●	
26	Mein berufliches Verhalten bringt mir Vorteile in meiner Freizeit. (v)	afrr4		●		

Fortsetzung Tabelle 21

lfd. Nr.	Item	Kurzbezeichnung	Studie 1 (Paar-Studie)	Studie 2 (Kita-Studie)	Studie 3 (Hochschul-Studie)	Studie 4 (Online-Studie)
Familie ⇒ Arbeit-Konflikte (zeitbedingt)						
27	Ich muss arbeitsbezogene Aktivitäten absagen durch die Menge an Zeit, die ich mit familiären Verpflichtungen verbringen muss.	faakz1		•	•	•[m]
28	Familiäre Anforderungen machen es schwierig für mich, die Arbeitszeit zu haben, die ich möchte.	faakz2	•			
29	Ich könnte einen längeren Arbeitstag haben, wenn ich weniger familiäre Verpflichtungen hätte.	faakz3				
Familie ⇒ Arbeit-Konflikte (verhaltensbedingt)						
30	Mein Verhalten, das effektiv und notwendig innerhalb meiner Familie ist, erweist sich für meine Arbeit als nicht sinnvoll.	faakv1	•	•	•	
31	Ich bin nicht erfolgreich in meiner Arbeit, wenn ich dieselben Verhaltensweisen einsetze, die in meiner Familie benutzt werden.	faakv2	•			•
32	Die Art und Weise, in der ich familiäre Probleme löse, ist nicht nützlich im Arbeitsleben.	faakv3	•	•		
Familie ⇒ Arbeit-Konflikte (beanspruchungsbedingt)						
33	Dinge, die in meinem Familienleben passieren, machen es mir schwierig, mich, auf meine Arbeit zu konzentrieren.	faakb1	•	•	•	
34	Wenn ich arbeite, lenken mich meine familiäre Anforderungen ab.	faakb2	•			•
35	Aufgrund der Aufgaben, die ich zu Hause zu erledigen habe, bin ich müde an meinem Arbeitsplatz.	faakb3	•			
Familie ⇒ Arbeit-Förderung (zeit, verhaltens- & beanspruchungsbedingt)						
36	Meine Familie bietet mir genügend zeitlichen Freiraum, damit ich während der Arbeit gute Leistungen erbringen kann. (z)	faar1	•	•	•	•
37	Persönliche Fähigkeiten, die ich zu Hause nutze, helfen mir, mit beruflichen Aufgaben während meiner Arbeit umzugehen. (v)	faar2		•	•	•
38	Mein Privatleben hilft mir auszuspannen und ich fühle mich bereit für den nächsten Arbeitstag. (b)	faar3	•	•	•	•[m]

Fortsetzung von den Seiten 312 und 313

Fortsetzung Tabelle 21

lfd. Nr.	Item	Kurzbezeichnung	Studie 1 (Paar-Studie)	Studie 2 (Kita-Studie)	Studie 3 (Hochschul-Studie)	Studie 4 (Online-Studie)
Freizeit⇒Arbeit-Konflikte (zeitbedingt)						
39	Ich benötige so viel Zeit für mein Privatleben, dass meine Arbeit zu kurz kommt.	frakz1	●	●	●	●[m]
40	Die zeitlichen Anforderungen meiner persönlichen Verpflichtungen halten mich von der rechtzeitigen Erledigung meiner Arbeit ab.	frakz2	●			●[m]
41	Die Zeit, die ich mit meinen Hobbies verbringe, beeinträchtigt oft meine beruflichen Verpflichtungen.	frakz3	●			
Freizeit⇒Arbeit-Konflikte (verhaltensbedingt)						
42	Die Art und Weise wie ich in meiner Freizeit Probleme löse, scheint nicht so nützlich bei meiner Arbeit zu sein.	frakv1	●	●	●	●
43	Das Verhalten, das ich in meiner Freizeit zeige, ist nur schwer mit dem Verhalten in meinem Arbeitsleben zu vereinbaren.	frakv2	●	●		●
44	Das Verhalten dass ich in meiner Freizeit zeige, ist in meinem Arbeitsleben unerwünscht.	frakv3	●			
Freizeit⇒Arbeit-Konflikte (beanspruchungsbedingt)						
45	Ich bin während Arbeit oft müde wegen Dingen, die ich in meinem Privatleben mache	frakb1	●	●	●	●
46	Durch den Stress in meiner Freizeit, bin während Arbeit oft mit privaten Angelegenheiten beschäftigt.	frakb2	●			
47	Dinge, die in meiner Freizeit passieren, machen es mir schwierig, mich, auf meine Arbeit zu konzentrieren.	frakb3	●	●		
Freizeit⇒Arbeit-Förderung (zeit, verhaltens- & beanspruchungsbedingt)						
48	Die zeitlichen Anforderungen meiner Hobbies und Interessen sind flexibel genug, dass es mir möglich ist, ohne Probleme meiner Arbeit nachzugehen.(z)	frar1	●	●	●	
49	Fähigkeiten, die ich im Rahmen meiner Freizeit nutze, sind auch hilfreich für Dinge, die ich in meinem Arbeitsleben erledigen muss. (v)	frar2	●	●	●	●
50	Aufgrund der Dinge die ich in meiner Freizeit mache, bin ich oft während der Arbeit in besserer Stimmung. (b)	frar3	●	●	●	●[m]

[m] Der Itemtext wurde in Studie 4 modifiziert

11.1.4 Zusammenfassung

Ordnet man nach Abschluss der Contentanalyse die Items und 24 Dimensionen nach der in Tabelle 16 aufgeführten Systematik, ergibt sich das in Tabelle 22 dargestellte Ordungssystem. Es fällt auf, dass alle Konfliktdimensionen jeweils über drei Facetten verfügen, die sich ihrerseits alle aus mindestens drei Items zusammensetzen. Die Dimensionen hingegen, die einen Spillover-Prozess beschreiben, der eine Ressource oder ein Benefit darstellen kann, verfügen jeweils auch über drei Facetten, diese haben jedoch (von drei Ausnahmen abgesehen) jeweils nur ein Item. Dies bedeutet, dass sowohl die Konfliktdimensionen als auch die Benefitdimensionen jeweils ausbalanciert sind, wobei die Anzahl der Items, die Konflikte beschreiben, insgesamt größer ist.

Tabelle 22: Klassifizierung der Dimensionen des Work-Life-Balance-Index nach der Contentanalyse (in Klammern Anzahl der Items)

			Art des Effektes	
			Konflikterleben	**Benefiterleben**
Richtung des Einflusses	**Arbeit⇒Nicht-Arbeit**	Arbeit⇒Familie	**Arbeit⇒Familie-Konflikt** • zeitbedingt (3) • beanspruchungsbedingt (3) • verhaltensbedingt (4)	**Arbeit⇒Familie-Benefits** • zeitbedingt (1) • beanspruchungsbedingt (1) • verhaltensbedingt (2)
		Arbeit⇒Freizeit	**Arbeit⇒Freizeit-Konflikt** • zeitbedingt (3) • beanspruchungsbedingt (3) • verhaltensbedingt (2)	**Arbeit⇒Freizeit-Benefits** • zeitbedingt (1) • beanspruchungsbedingt (1) • verhaltensbedingt (2)
	Nicht-Arbeit⇒Arbeit	Familie⇒Arbeit	**Familie⇒Arbeit-Konflikt** • zeitbedingt (3) • beanspruchungsbedingt (3) • verhaltensbedingt (3)	**Familie⇒Arbeit-Benefits** • zeitbedingt (1) • beanspruchungsbedingt (1) • verhaltensbedingt (1)
		Freizeit⇒Arbeit	**Freizeit⇒Arbeit-Konflikt** • zeitbedingt (3) • beanspruchungsbedingt (3) • verhaltensbedingt (3)	**Freizeit⇒Arbeit-Benefits** • zeitbedingt (1) • beanspruchungsbedingt (1) • verhaltensbedingt (1)

Zur endgültigen Operationalisierung der Items wurden diese in den nachfolgend geschilderten Studien unabhängig von ihren Herkunfsinstrumenten in Form von Aussagen einer fünfstufigen, verbal verankerten Antwortskala von *stimmt überhaupt nicht* (1) bis *stimmt völlig* (5) zugeordnet. Abbildung 4 illustriert die vollständige Antwortskala. Die Zusammenfassung der Items zu Konstrukten bzw. Faktoren soll durch Mittelwertbildung erfolgen, wobei es im Rahmen der empirischen Studien, wie in der Fragestellung 1b in 9.2 bereits formuliert, zu überprüfen gilt, inwieweit die empirische Faktorenstruktur den theoretisch formulierten Dimensionen entspricht.

stimmt völlig	**stimmt überwiegend**	**stimmt teilweise**	**stimmt überwiegend nicht**	**stimmt überhaupt nicht**
○	○	○	○	○

Abbildung 4: Fünfstufige Antwortskala der WoLiBaX-Items

11.2 Studie 1: Paar-Studie

11.2.1 Einleitung und Fragestellungen

Die erste Studie ist eine Paar-Studie. Teilnehmer sind Paare, bei denen beide Lebenspartner erwerbstätig sind. Mit der Studie sollen die nachfolgenden angeführten Fragestellungen beantwortet werden.

Methodisch validierende Fragestellungen. – Bei dem in dieser Studie eingesetzten Verfahren handelt es sich um ein Instrument, das in dieser Form erstmalig in einer empirisch Untersuchungen verwendet wird. Gemäß der unter 9.2 angeführten Fragestellungen gilt es folglich zu überprüfen, ob sich die theoretischen Annahmen über die faktorielle Struktur des Instrumentes WoLiBaX auch empirisch identifizieren lassen. Faktorenanalytisch ist zu zu überprüfen, ob die Faktorenstruktur konstruktvalide ist.
    Fragestellung S1–1[18]: Kann die postulierte Faktorenstruktur des WoLiBaX empirisch bestätigt werden?
    Fragestellung S1–2: Erweisen sich die WoliBaX-Faktoren als reliabel?

Inhaltlich explorative Forschungsfragen. – Neben den methodisch validierten Fragestellungen werden auch inhaltlich explorative Forschungsfragen verfolgt. Hierbei wird untersucht, ob 1) mit Hilfe des WoLiBaX tätigkeitsspezifische Unterschiede zwischen verschiedenen Berufsgruppen identifiziert werden können, ob 2) Zusammenhänge zwi-

---

[18] Studie 1 - Fragestellung 1

schen der Arbeits- und Partnerschaftszufriedenheit und dem Work-Life-Balance-Erleben bestehen, 3) welche Zusammenhänge zwischen Arbeitszeit-Variablen und dem Work-Life-Balance-Erleben existieren, 4) ob bzw. welche Persönlichkeitsmerkmale sich als geeignete Prädiktoren des Work-Life-Balance-Erlebens erweisen, 5) ob sich geschlechtsspezifische Unterschiede im Work-Life-Balance aufzeigen lassen und 6) ob sich innerhalb von Lebenspartnerschaften interindividuelle Übertragungseffekte zwischen den Lebenspartnern identifizieren lassen.

Tätigkeitsspezifische Unterschiede im Work-Life-Balance-Erleben. – Partizipationsmöglichkeiten und damit verbunden auch Handlungsspielräume von Beschäftigten unterscheiden sich nicht nur in verschiedenen Organisationen, sondern auch für verschiedene Tätigkeits- und Berufsfelder. Das Erleben von Verhaltenskontrolle und erweiterte Partizipationsmöglichkeiten im organisationalen Kontext erlauben den Beschäftigten unter Umständen nicht nur größeren Einfluss hinsichtlich ihrer beruflichen Tätigkeit, sondern auch bei der Vereinbarkeitsleistung von Arbeit, Familie und Freizeit. Verschiedene Befunde deuten darauf hin (s. a. 7.3.5), dass eine größere Partizipation der Mitarbeiter das Konflikterleben reduziert und ein stärkeres Benefiterleben ermöglicht.

Fragestellung S1–3: Gibt es Unterschiede im Work-Life-Balance-Erleben bei Beschäftigten in einem Tätigkeits- und Berufsfeld mit größerem Handlungsspielraum und Partizipationsmöglichkeiten (hier am Beispiel wissenschaftlicher Mitarbeiter an einer Hochschule) als für Beschäftigte in einem Tätigkeits- und Berufsfeld mit geringeren Einflussmöglichkeiten (hier am Beispiel klinisches Krankenpflegepersonal)?

Annahme: Bei Beschäftigten in einem Tätigkeits- und Berufsfeld mit größerem Handlungsspielraum und Partizipationsmöglichkeiten zeigen sich weniger Konflikte und ein größeres Benefiterleben als für Beschäftigte in einem Tätigkeits- und Berufsfeld mit geringeren Handlungsspielraum und Partizipationsmöglichkeiten.

Der Zusammenhang zwischen Zufriedenheit und Work-Life-Balance-Erleben. – Zahlreiche Befunde der Work-Life-Balance-Forschung zeigen Zusammenhänge zwischen dem Work-Life-Balance-Erleben und der Arbeits- und Partnerschaftszufriedenheit auf. Konflikte und Benefiterleben können als Indikatoren für das individuelle Wohlbefinden erachtet werden. Das individuelle Wohlbefinden spiegelt auch im Zufriedenheitserleben von Individuen wider. Es wird deshalb angenommen, das WLB-Konflikterleben in negativem Zusammenhang steht mit dem Zufriedenheitserleben in Arbeit, Partnerschaft und Familie. Ebenso wird weiter angenommen, dass dass sich das WLB-Benefiterleben invers verhält, d.h., Benefiterleben steht in negativem Zusammenhang mit der Arbeits- und Partnerschaftszufriedenheit.

Fragestellung S1–4: Gibt es einen Zusammenhang zwischen dem Work-Life-Balance-Erleben und der Arbeits- bzw. Partnerschaftzufriedenheit?

Annahme: Das Konflikterleben bei der Vereinbarkeit der Domänen steht in einem negativen Zusammenhang mit der Arbeits- und der Partnerschaftzufriedenheit, während hingegen zwischen Benefiterleben und Arbeits- und der Partnerschaftzufriedenheit ein positiver Zusammenhang postuliert wird.

Arbeitszeitvariablen als Prädiktor des Work-Life-Balance-Erlebens. – Der Umfang der Arbeitszeit (Stunden, Überstunden), die Verlässlichkeit bestehender Arbeitszeitpläne sowie die grundlegenden Muster von Arbeitszeitmodellen (z. B. Schichtdienstpläne) stehen im Zusammenhang mit der Vereinbarkeit der Lebensbereiche. Der Umfang der geleisteten Arbeitsstunden reduziert oder erhöht die Möglichkeit des Engagements im anderen Lebensbereichen. Mitarbeiter müssen die zeitlichen Anforderungen in ihrem Berufsleben mit den zeitlichen Anforderungen im Familien- und Privatleben koordinieren. Mehr geleistete Arbeitstunden bzw. ein höherer Umfang an Überstunden bedeuten weniger Zeit für Familie und Privatleben. Es ist deshalb davon auszugehen, dass eine Veränderung des zeitlichen Arbeitsumfangs (Erhöhung oder Reduzierung der Wochen- bzw. Überstunden) Auswirkungen auf die Möglichkeiten zur Erfüllung der zeitlichen Anforderungen im außerberuflichen Leben haben.

Doch nicht nur das zeitbedingte Konflikt- und Benefiterleben zwischen den Domänen steht mit dem zeitlichen Arbeitsumfang in Zusammenhang. Die für das Erwerbsleben aufgewendete Zeit steht ferner im Zusammenhang mit Beanspruchungsfolgen, denn der zeitliche Aufwand für den beruflichen Lebensbereich determiniert je nach Lebensgestaltung die Möglichkeit zur Erholung von beruflichen und außerberuflichen Belastungen. Es ist daher davon auszugehen, dass ein größerer zeitlicher Arbeitsumfang auch stärkere beanspruchungsbedingte Konflikte und eine Reduktion des Benefiterlebens nach sich zieht. Die Verlässlichkeit bestehender Arbeitszeitmodelle und deren grundlegende Struktur (fixe Arbeitszeiten, Schichtdienstmodelle, flexible Arbeitszeitmodelle) stehen im Zusammenhang mit der Planung und Organisation des außerberuflichen Lebens. Veränderungen der und Abweichungen von den geplanten Arbeitszeiten erzwingen u.U. eine Reorganisationen und erneute Koordination im nicht-arbeitsbezogenen Leben der Betroffenen.

Hierbei kann vermutet werden, dass die Häufigkeit der Veränderungen in positivem Zusammenhang steht mit dem zeit- und beanspruchungsbedingten Konflikterleben bzw. in negativen Zusammenhang mit dem zeit- und beanspruchungsbedingten Benefiterleben. Während bei den bisher dargestellten Faktoren ein positiver Zusammenhang mit dem Konflikterleben und ein negativer mit dem Benefiterleben prognostiziert wird, soll für den Faktor Arbeitszeitflexibilität ein umgekehrter Zusammenhang angenommen werden. Die Möglichkeit der Beschäftigten, auf die Gestaltung der Arbeitszeiten Einfluss nehmen (beispielsweise auf die die Variabilität der Dauer und der Lage) sowie über die konkreten Arbeitszeiten Kontrolle auszuüben zu können, wird als Arbeitszeitflexibilität beschrieben. Im Kontext der Vereinbarkeit von Arbeit, Familie und Freizeit wird davon ausgegangen, dass eine erhöhte Flexibilität mit dem zeit- und beanspruchungsbedingten Konflikterleben in negativem Zusammenhang steht sowie positiv mit dem zeit- und beanspruchungsbedingten Benefiterleben verbunden ist.

Fragestellung S1–5: Gibt es einen Zusammenhang zwischen dem Work-Life-Balance-Erleben und Arbeitszeitvariablen?

Annahme: Die Zahl der tatsächlich geleisteten Arbeitsstunden, die Zahl der Überstunden, eine geringe Verlässlichkeit bestehender Arbeitszeitpläne sowie Schichtdienstmodelle stehen in positivem Zusammenhang mit zeit- und beanspruchungsbedingtem Konflikterleben und in negativem mit dem Benefiterleben. Arbeitszeitflexibilität von Beschäftigten mit der Möglichkeit der aktiven Beeinflussung die Arbeitszeitgestaltung steht in negativem Zusammenhang mit zeit- und beanspruchungsbedingtem Konflikterleben und in positivem mit dem Benefiterleben.

Persönlichkeitsmerkmale als Prädiktoren des WLB-Erlebens. – Work-Life-Balance-Erleben kann als ein Teilaspekt des beruflichen Erfolges verstanden werden. Beruflicher Erfolg bedeutet in diesem Zusammenhang geringe WLB-Konflikte und ein großes WLB-Benefiterleben, da sie ein positives Vereinbarkeitserleben der Betroffenen ermöglichen (s. a. 7.3.2). Es ist deshalb anzunehmen, dass die Persönlichkeitsmerkmale, die sich im Rahmen der Persönlichkeitsforschung als relevante Prädiktoren für den beruflichen Erfolg erwiesen haben, ebenfalls von Bedeutung für das WLB-Erleben sind. Auch wenn man den Befunde der Work-Family-Forschung zu Grunde legt (s. a. 7.3.3), ist davon auszugehen, dass Persönlichkeitsmerkmale, die eine offene, aktive Haltung Anforderungen gegenüber ausdrücken, in positivem Zusammenhang stehen mit einem positiven Vereinbarkeitserleben (Benefits) und gleichzeitig mit einem reduzierten Konflikterleben einhergehen. Auch für die von Anwendung von SOC-Strategien ist davon auszugehen, dass sie das das Konflikterleben reduzieren und das Benefiterleben bei der Vereinbarkeit von Arbeit, Familie und Freizeit erhöhen (s. a. 7.3.4).

Fragestellung S1–6: Gibt es einen Zusammenhang zwischen dem Work-Life-Balance-Erleben und Persönlichkeitsvariablen?

Annahme: Die Persönlichkeitsfaktoren Extraversion, Verträglichkeit, Gewissenhaftigkeit, emotionale Stabilität (Neurotizismus), Offenheit für Erfahrungen sowie die Anwendung von SOC-Strategien stehen in negativem Zusammenhang mit dem Konflikterleben zwischen Arbeit und Nicht-Arbeit und in positivem mit dem positiven Transfererleben zwischen den Lebensbereichen.

Geschlechtsspezifische (Rollen-)Konflikte und Benefits beim WLB-Erleben. – Aufgrund unterschiedlichen Rollenverhaltens von Männern und Frauen sowie geschlechtsspezifischer Rollenmuster im Arbeits- und Familienleben ist anzunehmen, dass auch hinsichtlich der WLB-Erlebens Unterschiede zwischen den Geschlechtern existieren. Da erwerbstätige Frauen, wie im Theorieteil dargelegt, noch immer ein Großteil der Haushaltsarbeit leisten, wird angenommen, dass Frauen mehr Konflikte und in geringerem Umfang Benefits zwischen den Lebensbereichen erleben als Männer.

Fragestellung S1–7: Gibt es Unterschiede im Work-Life-Balance-Erleben von Frauen und Männern? Annahme: Frauen unterscheiden sich in ihrem Work-Life-Balance-Erleben signifikant von Männern durch ein stärkeres Konflikt- und ein geringeres Benefiterleben.

Crossover-Effekte.– Verschiedene Befunde der Crossover-Forschung deuten darauf hin (s. a. 8.7), dass sich gerade bei Paaren, bei denen beide Lebenspartner erwerbstätig sind, bei der Vereinbarkeit der Lebensbereiche Arbeit, Familie und Freizeit, bidirektionale interindividuelle Spillover-Prozesse beobachten lassen. In der vorliegenden Stichprobe soll deshalb explorativ untersucht werden, ob das Work-Life-Balance- Erleben des einen Lebenspartners als Prädiktor für das Work-Life-Balance-Erleben des anderen verwendet werden kann. Aufgrund des explorativen Charakters werden keine spezifische Zusatzannahmen über die Art des Zusammenhanges formuliert.

Fragestellung S1–8: Lässt sich das Work-Life-Balance-Erleben eines oder einer Erwerbstätigen durch das Work-Life-Balance-Erleben des Lebenspartners vorhersagen?

Eine tabellarische Übersicht der Fragestellungen und verwendeten statistischen Methoden in Studie 1 findet sich in Tabelle 23. Weitere alternative Berechnung mit den Daten der hier berichteten Studie finden sich bei Wiedemann (2005).

Tabelle 23: Übersicht der Fragestellungen in Studie 1

Fragestellung	Inhalt	Methoden
S1-1	Bestimmung der Faktorenstruktur	Explorative Faktorenanalyse
S1-2	Reliabilitätsbestimmung	Reliabilitätsanalyse (Cronbachs α)
S1-3	Analyse der Unterschiede im Work-Life-Balance-Erleben zwischen Beschäftigten mit geringem bzw. erweiterten Handlungsspielraum	Varianzanalyse
S1-4	Analyse des Zusammenhanges zwischen Work-Life-Balance-Erleben und Parternschafts- bzw. Arbeitszufriedenheit	Regressionsanalyse
S1-5	Analyse des Zusammenhanges zwischen Work-Life-Balance-Erleben und Arbeitszeitvariablen	Regressionsanalyse
S1-6	Analyse des Zusammenhanges zwischen Work-Life-Balance-Erleben und Persönlichkeitsvariablen	Regressionsanalyse
S1-7	Analyse der Unterschiede im Work-Life-Balance-Erleben zwischen Frauen und Männern	Varianzanalyse
S1-8	Analyse interindividueller Spillover-Prozesse (Crossover) zwischen Frauen und Männern	Regressionsanalyse

11.2.2 Instrumente

Der in der Untersuchung eingesetzte Fragebogen verfügt insgesamt über 143 Fragen. Diese gliedern sich in acht Teilbereiche (Fragenkomplexe). Im Folgenden werden jedoch nur die für die Analysen relevanten Instrumente des Fragebogens präsentiert. Der vollständige Fragebogen kann dem Anhang entnommen werden.

Work-Life-Balance-Index (WoLiBaX; Fragenkomplex 1[19]).– Zu Erfassung des Work-Life-Balance-Erlebens werden 48 Items des Itempools des WoLiBaX verwendet. Fasst man die Items nach ihrer Richtung des Spillover-Prozesses als auch nach der Art des Transfers (Konflikt oder Benefit) zusammen, lässt sich die Struktur des Instrumentes wie in Tabelle 24 dargestellt beschreiben. Es gehen in die Untersuchung insgesamt vier Konfliktskalen mit jeweils neun Items ein, wobei immer drei Items zeit-, beanspruchungs- oder verhaltensbedingte Aspekte des Work-Life-Balance-Erlebens betreffen. Eine nahezu parallele Struktur findet sich für den positiven Transfer zwischen den

Tabelle 24: Klassifizierung der Dimensionen des in Studie 1 eingesetzten Work-Life-Balance-Index (in Klammern Anzahl der Items)

			Art des Effekts	
			Konflikterleben	**Benefiterleben**
Richtung des Einflusses	**Arbeit⇒Nicht-Arbeit**	Arbeit⇒Familie	Arbeit⇒Familie-Konflikt • zeitbedingt (3) • beanspruchungsbedingt (3) • verhaltensbedingt (3)	Arbeit⇒Familie-Benefits • zeitbedingt (1) • beanspruchungsbedingt (1) • verhaltensbedingt (1)
		Arbeit⇒Freizeit	Arbeit⇒Freizeit-Konflikt • zeitbedingt (3) • beanspruchungsbedingt (3) • verhaltensbedingt (3)	Arbeit⇒Freizeit-Benefits • zeitbedingt (1) • beanspruchungsbedingt (1) • verhaltensbedingt (1)
	Nicht-Arbeit⇒Arbeit	Familie⇒Arbeit	Familie⇒Arbeit-Konflikt • zeitbedingt (3) • beanspruchungsbedingt (3) • verhaltensbedingt (3)	Familie⇒Arbeit-Benefits • zeitbedingt (1) • beanspruchungsbedingt (1) • verhaltensbedingt (1)
		Freizeit⇒Arbeit	Freizeit⇒Arbeit-Konflikt • zeitbedingt (3) • beanspruchungsbedingt (3) • verhaltensbedingt (3)	Freizeit⇒Arbeit-Benefits • zeitbedingt (1) • beanspruchungsbedingt (1) • verhaltensbedingt (1)

[19] Die Numerierung der Fragenkomplexe bezieht sich auf die Sortierung der Items im Fragebogen

Lebensbereichen. Auch hier finden sich vier Dimensionen, die ein Benefiterleben der Befragten zwischen den Lebensbereichen Arbeit, Familie und Freizeit beschreiben. Im Gegensatz zu den Konfliktskalen sind jeder Dimension des Benefiterlebens allerdings nicht neun, sondern nur drei Items zugeordnet, wobei auch hier jeweils zeit-, beanspruchungs- oder verhaltensbedingte Aspekte des Work-Life-Balance-Erlebens erfasst werden. Es werden somit insgesamt acht Dimensionen, die das Work-Life-Balance-Erleben der Befragten erfassen sollen, angenommen.

Arbeitszeit (Fragenkomplex 2).– Die Arbeitszeitgestaltung der Beschäftigten wurde mit 18 Items erfasst. Diese wurden dem Online-Fragebogen, den Nachreiner, Lenzig & Janssen (2002) im Rahmen des Forschungsprojektes *Flexible Arbeitszeiten* (FlexAZ) einsetzten, entnommen und angepasst. Die Fragen erfassen strukturelle Merkmale und Rahmenbedingungen der Arbeitszeit. Unter anderem: vertraglich geregeltes Arbeitszeitvolumen (Stunden/Woche), tatsächliche geleistete Arbeitszeit (Stunden/Woche), Zufriedenheit mit der Arbeitszeitregelung, Flexibilisierungsmöglichkeiten seitens der Beschäftigten.

Arbeitszufriedenheit (Fragenkomplex 3).– Die Arbeitszufriedenheit, als Maß für die affektive Bewertung der Arbeit wurde mit acht Items erfasst. Diese Skala wurde in Anlehnung an den Fragebogen zur subjektiven Arbeitsanalyse (SAA) von Udris & Alioth (1980) entwickelt. Die hier verwendete Version basierte auf der von Kalveram, Trimpop & Kracke (2004) eingesetzten Version und wurde für die hier durchgeführte Studie modifiziert. Die jeweiligen thematischen Zufriedenheitsaussagen sind als Aussagen formuliert. Erfasst werden Aspekte der Zufriedenheit wie *Arbeitzeitregelung, Selbstständigkeit, Verantwortungsübernahme, Arbeitszeiten, berufliche Karriere, Lohn- und Sozialleistungen, Beziehungen zu Arbeitskollegen und Vorgesetzten*. Die Befragten werden um Zustimmung bzw. Ablehnung zu den jeweiligen Aussagen auf einer fünfstufigen Antwortskala von *stimmt überhaupt nicht* (1) bis *stimmt völlig* (5) gebeten.

Partizipation (Fragenkomplex 5).– Die Partizipationsmöglichkeiten der Befragten im Rahmen ihrer Erwerbstätigkeit wurde mit einer zwölf Items umfassenden Skala in Anlehnung an Rosenstiel (1985) erfasst, in welchem die Selbstbestimmungstheorie von Deci & Ryan (1987) besondere Berücksichtigung fand. Die hier verwendeten Items wurden in der von Trimpop, Kalveram und Oberkötter (1998, 1999) adaptierten Fassung eingesetzt. Das Instrument erfasst thematisch drei Subdimensionen: *Partizipatives Vorgesetztenverhalten, Mitsprachemöglichkeiten* und *Partizipation* an *Informationsprozessen* innerhalb der Organisation. Die Antworten werden ebenfalls auf einer 5-stufigen Antwortskala von *stimmt überhaupt nicht* (1) bis *stimmt völlig* (5) erfasst.

Selektive Optimierung mit Kompensation (SOK; Fragenkomplex 6).– Die individuellen Verhaltensstrategien zur Verhaltenssteuerung wurden mit einer 12 Item-Kurzversion des SOK-Fragebogens von Baltes, Freund und Lang (1999) erfasst. Im Fragebogen werden dabei immer zwei alternative Antwortmöglichkeiten gegenüber gestellt, wobei die Befragten sich für die für sie zutreffende Alternative entscheiden müssen. Eine der beiden Aussagen repräsentiert dabei immer eine SOK-Strategie (d.h. entweder eine Selektions-, Optimierungs- oder Kompensationsstrategie) während die andere Alternative kein entsprechendes strategisches Verhalten darstellt. Beispiel: *„Ich konzentriere meine ganze Energie auf wenige Dinge"* vs. *„Ich verteile meine Energie auf viele Dinge"*.

Persönlichkeitsmerkmale: BIG 5 (Fragenkomplex 7).– Die Persönlichkeitsmerkmale der Befragten wurden mit einer Kurzversion des Inventars *„minimal redundanter Skalen"* von Ostendorf (1991) mit den BIG 5 erfasst: Extraversion, Verträglichkeit, Gewissenhaftigkeit, emotionale Stabilität und Kultur. Diese waren übernommen worden aus Schallberger und Venetz (1999), deren Arbeit auf der Kurzversion des MRS-Inventars (Inventar „minimal redundanter Skalen") von Ostendorf (1991) basiert. Die Teilnehmer sollten eine Selbsteinschätzung abgeben, wie sie im *„Allgemeinen"* sind. Es handelt sich bei dem Instrument um eine Auflistung von Eigenschaftswörtern, die in Form von Gegensatzpaar dargeboten werden. Jedes der fünf Konstrukte wird von jeweils vier Adjektivpaaren erfasst, damit ergibt sich eine 20 Item-Kurzversion. Die Einschätzungen können auf einem Antwortskala zwischen den Gegensatzpaaren mit den Kategorien *„sehr"*, *„ziemlich"* oder *„eher"* abgegeben werden.

Demografische Daten und familiäre Rahmenbedingungen (Fragenkomplex 8).– Überdies wurden auch soziodemografische Daten der Befragten wie die familiären Rahmenbedingungen erfasst. Mit Ausnahme der Variable *Geschlecht* wurden die Variablen allerdings nur zur Beschreibung und Kontrolle der Stichprobe herangezogen. Erfasst wurden unter anderem Alter, Geschlecht, Familienstand, Dauer der Partnerschaft, Zahl und Alter der Kinder, Schulabschluss und Erwerbstätigkeit.

11.2.3 Stichprobe

Stichprobenplanung.– Für die im Folgenden beschriebene Studie wurden als Untersuchungseinheiten erwerbstätige Personen ausgewählt. Der Vorauswahl der Zielgruppen lagen ferner die nachfolgenden Kriterien zugrunde:
- Es sollten vorrangig erwerbstätige Paare befragt werden (die in einem gemeinsamen Haushalt leben), d.h. beide Lebenspartner gehen einer dauerhaften Erwerbstätigkeit nach.

- In der Partnerschaft sollte mindestens ein Kind unter 16 Jahren lebten.
- Weiterhin sollte eine Hälfte der Stichprobe in einer Berufsgruppe gewonnen werden, die mit einem relativ großen Handlungsspielraum über Partizipationsmöglichkeiten im Rahmen ihrer Erwerbstätigkeit verfügt, während der andere Hälfte sich aus Beschäftigten zusammensetzen sollte, die in dieser Hinsicht restriktivere Arbeitsplätze inne haben. Aus diesem Grund fiel die Wahl der Gruppe mit erweitertem Handlungsspielraum auf wissenschaftliche Mitarbeiter im Hochschulkontext und die der Gruppe mit geringeren Handlungsspielraum auf Krankenpflegepersonal.

Die Daten wurden in einer Querschnittserhebung im Frühjahr 2005 gewonnen. Für das Stichproben-Sampling wurde eine anfallende Stichprobe ausgewählt. Der Befragungszeitraum erstreckte sich über vier Monate. Die Befragten wurden direkt an ihren Arbeitsplätzen in den Kliniken oder der Hochschule angesprochen.

Stichprobenakquisition.– Es wurden insgesamt an 139 Paare Fragebögen verteilt, wobei jeder der beiden Lebenspartner einen eigenen Fragebogen erhielt. Insgesamt sandten 100 Befragte ihren Fragebogen im beigefügten Freiumschlag zurück – eine Gesamtrücklaufquote von 36,5 %. Von den 63 gepaarten Fragebögen der Mitarbeiter des klinischen Pflegepersonals retournierten 22 Paaren komplett und zwei ohne den Fragebogen des Partners (Rücklaufquote: 38,1 %). In der Gruppe der wissenschaftlichen Mitarbeiter und deren Partner war die Rücklaufquote etwas geringer. Hier wurden je 76 gepaarte Fragebögen an die Zielgruppe verteilt, von diesen wurden von 21 Paaren die Fragebögen komplett und von sieben einzelne Fragebögen zurückgeschickt (Rücklaufquote: 34,2 %). Die Datensätze von drei Befragungsteilnehmern wurden von den weiteren Analysen ausgeschlossen, da diese über weite Teile nicht vollständig ausgefüllt wurden, womit sich eine Gesamtstichprobe von N = 97 ergibt.

Zusammensetzung der Stichprobe.– Die Stichprobe setzt sich zusammen aus klinischem Pflegepersonal (KPP, Krankenhaus; N=24) und wissenschaftlichen Mitarbeitern (WMA: Universität; N=28) sowie ihren jeweiligen Lebenspartnern[20] (N= 22 und N=21; s. Tabelle 25). Der Anteil der weiblichen Befragten war erwartungsgemäß hinsichtlich der unterschiedlichen Beschäftigungsstruktur in den beiden Teilpopulationen sehr verschieden. Während in der Gruppe der klinischen Mitarbeiter der Anteil der weiblichen Befragten überwiegt (♀21: ♂3), ist in der Gruppe der Wissenschaftler der Anteil der Männer größer (♀11: ♂17). Das Durchschnittsalter der vier Teilgruppen variiert zwischen 35,1 (Lebenspartner WMA) und 36,6 Jahren (Lebenspartner KPP) und

---

[20] Darin enthalten sind ebenfalls eine nicht bekannte Anzahl an Familien mit Stiefkindern und Kinder aus vorherigen Partnerschaften. Inwieweit dieser Sachverhalt die Ergebnisse beeinflusst, konnte jedoch nicht geprüft werden.

unterscheidet sich nicht signifikant (F [3,91] <1). Der Range für das Alter in der Gesamtstichprobe beläuft sich zwischen 24 bis 53 Jahren.

Bezüglich der durchschnittlichen tatsächlich geleisteten Arbeitszeit können zwischen den Subgruppen Unterschiede ausgemacht werden. Die durchschnittliche Arbeitszeit für das KPP beträgt 35,4h und 42,5h für ihre Lebenspartner. Im Mittel handelt es sich also für beide Gruppen um eine wöchentliche Arbeitszeit in Vollzeitbereich. Ein anderes Bild ergibt sich für die beiden anderen Subgruppen. Während sich die mittlere wöchentliche Arbeitszeit für die WMA auf 44,9h beläuft, beträgt dieser Wert für die Lebenspartner der WMA nur 31,5h. Fasst man diese Ergebnisse zusammen bedeutet dies, dass es sich im Mittel bei den Paaren des KPP um Dyaden handelt, bei denen beide Partner vollzeiterwerbstätig sind, während hingegen bei den Paaren der WMA im Mittel der WMA im vollzeitnahen Bereich beschäftigt ist und der Lebenspartner im teilzeitnahen Bereich.

Tabelle 25: Deskriptive Stichprobendaten I (Studie 1 – Paar Studie)

		N	Geschlecht	Alter ($\bar{x}$)	Ø geleistete Arbeitszeit in h	Überstunden pro Monat
Klinisches Pflegepersonal & Lebenspartner	Klinisches Pflegepersonal	24	♀: 21 ♂: 3	35,2	35,4	10,8
	Lebenspartner	22	♀: 2 ♂: 20	36,6	42,5	19,2
Wissenschaftliche Mitarbeiter & Lebenspartner	Wissenschaftl. Mitarbeiter	28	♀: 11 ♂: 17	36,4	44,9	29,9
	Lebenspartner	21	♀: 14 ♂: 7	35,1	31,5	26,7
	Gesamt	97[1]	♀: 48 ♂: 47[2]	35,9	39,0	22,1

[1] es ergibt sich ein höheres Gesamt N von 97, das nicht der Summe der Einzel-N entspricht, da 2 der Befragten keine Angabe Geschlecht machten.
[2] 2 Versuchspersonen waren keiner beiden der Gruppen zuordenbar, so dass die Gesamtzahl nicht mit der Summe der vier Subgruppen übereinstimmt.

Weitere signifikante Unterschiede zwischen den Gruppen bestehen in der Zahl der pro Monat geleisteten Überstunden ($F [3,73] = 3.40; p<0.05$). Während das KPP sowie deren Partner „nur" 10,8h bzw. 19,2h pro Monat an Mehrarbeit leisten, beträgt dieser Wert in der Gruppe der WMA 29,9h bzw. 26,7h in der Gruppe ihrer Lebenspartner und ist somit deutlicher höher.

Im Mittel verfügen die Befragten über 1,68 Kinder, dabei bestehen keine überzufälligen Unterschiede zwischen den Subgruppen ($F [3,91] <1$; s. Tabelle 26). Allerdings unterscheiden sich die vier Gruppen hinsichtlich des Alters ihrer Kinder insgesamt (F

$[3,91] = 5.41; p<0.00$) und auch hinsichtlich des Alters des jüngsten Kindes ($F\,[3,91]$ = 6.34; $p<0.00$), da die Kinder in den Dyaden des KPP im Mittel älter sind als in den Dyaden der WMA. Dieser Effekt findet seine Begründung vermutlich in der zeitlich versetzten Erstelternschaft von Eltern mit hohen beruflichen Qualifikationen aufgrund längerer Ausbildungszeiten und den damit verbundenen späten Einstieg in die berufliche Karriere sowie den damit in Zusammenhang stehenden sozialen Milieus (vgl. Peuckert, 2002; BMfFSFJ, 2004). Da mit steigendem Alter der Kinder auch von einer sich verringernden Belastung der Eltern ausgegangen werden kann, sollte dies bei der Interpretation der Ergebnisse berücksichtigt werden.

Tabelle 26: Deskriptive Stichprobendaten II (Studie 1 – Paar Studie)

		N	Anzahl Kinder[21]	Ø Alter aller Kinder ($\bar{x}$)	Ø Alter jüngstes Kind ($\bar{x}$)
Klinisches Pflegepersonal & Lebenspartner	Klinisches Pflegepersonal	24	1,58	7,4	6,4
	Lebenspartner	22	1,63	7,4	6,1
Wissenschaftl. Mitarbeiter & Lebenspartner	Wissenschaftl. Mitarbeiter	28	1,67	4,2	3,0
	Lebenspartner	21	1,61	3,6	2,8
	Gesamt	97[1]	1,68	5,7	4,6

11.2.4 Faktorenanalyse 1. Ordnung

Der erste Schritt der Testkonstruktion besteht in der Überprüfung der dimensionalen Struktur der Skalen des WoLiBaX. Die Faktorenstruktur der Skalen wird mittels einer explorativer Faktorenanalysen überprüft. Dabei wird zunächst das Datenmaterials auf Eignung für eine faktorenanalytische Auswertung geprüft. Anschließend wird eine Hauptkomponentenanalyse durchgeführt und die Zahl der zu extrahierenden Faktoren bestimmt. Nachfolgend werden die verbleibenden Faktoren einer orthogonalen Equamax-Rotation unterzogen. Die resultierende Faktorenstruktur wird schließlich interpretiert, die ermittelten Faktoren berechnet und auf ihre Güte hin überprüft.

Eignung der Daten (Prüfung der Voraussetzungen).– Zunächst gilt es zu prüfen, ob der zu analysierende Datensatz der WoLiBaX-Items von Umfang und Struktur her für die faktorenanalytische Auswertung geeignet ist. Die 48 Items werden aus diesem Grund vorab einer Analyse der Missing-Werte unterzogen, um nur Items mit akzeptablen Eigenschaften in die weitere Datenverdichtung einzubeziehen.

Missing-Data-Diagnose und Mittelwertersetzung.– Es sollen keine Variablen berücksichtigt werden mit Missing-Quoten über 20 %, um die Relevanz des Items für die Stichprobe zu gewährleisten. Dieses Kriterium wurde in der untersuchten Stichprobe jedoch nicht relevant, da die Items mit den größten Missing-Quoten weit unter diesem Kriterium liegen (faakv2 mit 6,3 % Missings sowie faakv1, frakv1, und frakv2 mit jeweils 4,2 %). Ebenfalls überprüft wird, ob einzelne Versuchspersonen über mehr als 20 Prozent an Missing-Werten verfügen. Es können jedoch keine entsprechenden Fälle diagnostiziert werden, auf die dies zutrifft.

Fehlende Daten stellen insbesondere bei der Anwendung multivariater Analysemethoden häufig ein Problem dar, denn konventionelle, auf vollständigem Datenmaterial basierenden Analyseverfahren können in diesem Fall nicht mehr oder nur unter Einschränkung ihrer Güte eingesetzt werden. Aus diesem Grund wurden die im Datensatz noch vorhandenen Missing-Werte durch die jeweiligen Mittelwerte der Variablen ersetzt.

Umfang des Datensatzes.– Schweizer, Boller & Braun (1996) weisen darauf hin, dass die Qualität eines Datensatzes bei der Anwendung von datenreduzierenden Klassifikationsverfahren wie der Faktorenanalyse vor allem von der Stichprobengröße abhängt. Dabei gilt im Allgemeinen, dass der Grad der Übereinstimmung zwischen Stichproben- und Populationsstruktur mit zunehmender Stichprobengröße ansteigt. Nach Bortz (1993) sollten deshalb Stichproben, die zur faktorenanalytischen Auswertung verwendet werden, vor allem möglichst groß und repräsentativ sein, um stabile vom Zufall weitestgehend unbeeinflusste Faktorenstrukturen zu erhalten. Nicht zuletzt aufgrund forschungsökonomischer Gründe ist der Zugriff auf große Stichproben im Feld jedoch nicht immer möglich. Aus diesem Grund wird in der Literatur ausgiebig über zuverlässige Mindeststichprobengrößen diskutiert (für einen Überblick s. Schweizer, Boller & Braun, 1996). Die Vorschläge reichen dabei von Mindestgrößen im Sinne von erfahrungsgeleiteten Ad-Hoc-Regeln (von mindestens 100 bis 200 Versuchspersonen/Messungen) über Angaben zum Verhältnis zwischen der Variablen- bzw. Itemanzahl und der Zahl der Versuchspersonen bzw. Messungen (zwischen 1:2 bis 1:20) oder der Kombination aus beiden Ansätzen (Untergrenze oder Verhältnis Variablenanzahl/Zahl Versuchspersonen). Obwohl MacCallum, Widmann, Zhang & Hong (1999) hervorheben, dass diese häufig genannten Kriterien nicht besonders hilfreich bei der Bewertung von Stichprobengrößen bei Faktorenanalysen seien, nennt Bühner (2004, S. 157) aufbauend auf der Untersuchung von MacCallum et al. die in Tabelle 27 aufgeführten Richtlinien zu Bewertung von Stichprobengrößen.

Tabelle 27: Richtlinien zur Bewertung von Stichprobengrößen bei der FA (nach Bühner 2004, S. 157)

Stichprobencharakteristika	Bewertung
Stichprobe N<60 und h^2<0.60	inkompatibel zur Durchführung einer Faktorenanalyse
N=60 und h^2>0.60	gerade ausreichend
N=100	ausreichend
N=200	fair
N=300	gut
N=500	sehr gut
N=1000	exzellent

Eine der Erweiterungen bei der Bewertung von Stichprobengrößen in der Studie von MacCallum, Widmann, Zhang & Hong (1999) liegt darin, dass sie die psychometrischen Eigenschaften der Items berücksichtigen. Die Kommunalität h2 eines Items repräsentiert die durch alle extrahierten Faktoren aufgeklärte Varianz eines Items. Das heißt, die Kommunalität eines Items setzt sich (zumindest bei orthogonalen Rotationen) aus den aufsummierten Ladungsquadraten eines Items zusammen. Die Kommunalität kann auch als Mindestschätzung der Reliabilität eines Items herangezogen werden. Die Kommunalität eines Items sollte dabei möglichst größer 0.60 sein. Die Autoren zeigen, dass große Stichproben, hohe Kommunalitäten und hohe Bestimmtheit der Faktoren (d. h. Einfachstruktur und mindestens drei Items laden auf dem Faktor hoch) die Wahrscheinlichkeit erhöhen, in der Population vorhandene Faktorenstrukturen zu reproduzieren. Dabei können Stärken in einem der drei genannten Bereiche Schwächen in einem anderen ausgleichen. Sind die Kommunalitäten beispielsweise hoch (>0.60), können selbst Stichproben mit einem N<100 ausreichend sein. Bei moderaten Kommunalitäten (>0.50) und gut bestimmten Faktoren sind Stichproben mit 100 und 200 Teilnehmern ebenfalls ausreichend. Bei geringen Kommunalitäten (<0.50) aber hoher Bestimmtheit der Faktoren (wenige Faktoren mit sechs oder mehr hohen Ladungen) sind über 100 Versuchspersonen notwendig. Bei geringen Kommunalitäten und geringer Bestimmtheit der Faktoren (nur drei bis vier hohe Ladungen auf den Faktoren) sind hingegen schon mehr als 300 Datenpunkte notwendig.

Die hier untersuchte Stichprobe mit 97 Personen kann unter Berücksichtigung der oben zitierten und zum sehr Teil unterschiedlichen Maße zur Bewertung einer Stichprobe als ausreichend bezeichnet werden.

Struktur des Datensatzes.– Vor der eigentlichen Faktorenanalyse ist es sinnvoll, die Korrelationsmatrix der Variablen, die in die Analyse eingehen, auf ihre Eignung für die Faktorenanalyse zu prüfen. Denn wenn die untersuchten Merkmale gar nicht oder nur schwach untereinander zusammenhängen, ist es unwahrscheinlich, dass sich Faktoren finden lassen, durch die sich die Vielzahl der Ausgangsvariablen auf eine geringere Zahl an Faktoren reduzieren lässt. Nach Backhaus, Erichson, Plinke, & Weiber (2000) eignen sich zur Überprüfung der Eignung des Datensatzes folgende Verfahren: a) Signifikanzniveaus der Korrelationsmatrix, b) Analyse der Inversen der Korrelationsmatrix, c) Analyse der Anti-Image-Kovarianz, d) Bartlett-Test auf Sphärizität, d) Bestimmung des KMO-Kriteriums (Kaiser-Meyer-Olkin) und e) Analyse der MSA-Werte (Measure of Sampling Adequacy).

Die genannten Punkte a) Signifikanzniveaus der Korrelationsmatrix und b) Analyse der Inversen der Korrelationsmatrix eignen sich allerdings nur bedingt zur Überprüfung der Zusammenhänge zwischen den Variablen für eine Faktorenanalyse, denn es existiert keine Übereinstimmung darüber, ab welchem Signifikanzniveau korrelierende Variablen ungeeignet sind bzw. wie stark und wie häufig die nicht-diagonalen Elemente der Inversen der Korrelationsmatrix von Null abweichen dürfen.

Vor Beginn der faktorenanalytischen Auswertung wird deshalb der Datensatz zunächst mittels des Kaiser-Meyer-Olkin-Kriteriums, dem Bartlett-Test auf Sphärizität und einer Analyse der MSA-Werte auf seine Eignung geprüft. Der KMO-Koeffizient (Kaiser-Meyer-Olkin) testet, ob substanzielle Korrelationen zwischen den Variablen vorliegen und die Durchführung einer Faktorenanalyse gerechtfertigt erscheint. Mit einem Wert von 0.70 ist die Variablenauswahl nach Bühner (2004) zwar als geeignet zu betrachten, jedoch ist die Güte des Maßes als mittelmäßig zu bewerten (vgl. Tabelle 28). Der Bartlett-Test auf Sphärizität testet die Nullhypothese, dass alle Korrelationen gleich Null sind. Der χ^2- Wert von 2348,03 bei 946 Freiheitsgraden fällt signifikant aus, dies bedeutet, dass die Korrelationsmatrix signifikant von der Einheitsmatrix abweicht (wobei angemerkt werden muss, dass der Test bei hohen N aufgrund der höheren Teststärke zumeist signifikant wird).

Tabelle 28: KMO- und Bartlett-Test der Ausgangsstichprobe (Studie 1)

Maß der Stichprobeneignung nach Kaiser-Meyer-Olkin		0.70
Bartlett-Test auf Sphärizität	Ungefähres Chi-Quadrat	2348.03
	df	946
	Signifikanz nach Bartlett	0.00

Neben dem globalen und zusammenfassenden Maß einer Stichprobe für die Eignung zur faktorenanalytischen Auswertung, dem KMO-Kriterium, empfiehlt sich eine Detailanalyse auf Itemebene mittels Inspektion der MSA-Werte. Bei der Analyse der MSA-Werte werden die Koeffizienten der Hauptdiagonalen der Anti-Image-Korrelationsmatrix untersucht. Grundlage dieser Matrix sind die partiellen Korrelationskoeffizienten. MSA-Werte lassen sich inhaltlich ähnlich interpretieren wie das KMO-Kriterium (Bühner, 2004, S. 170 bzw. Brosius, 1998, S. 647, vgl. Tabelle 29). MSA-Werte einzelner Items unter 0.50 sind folglich als ungeeignet zur Durchführung einer FA zu betrachten. In der hier vorliegenden Stichprobe verfügen 8,3 % der Variablen (4 Items: faakz1, faar2, afrkv3, faakz3) über MSA-Werte <0.50) und werden vor der weiteren faktorenanalytischen Auswertung eliminiert. Weitere 18 Items verfügen über schlechte MSA-Werte (s. Abbildung 5).

Tabelle 29: Beurteilung der Ergebnisse eines KMO- bzw. MSA Maßes
(nach Bühner, 2004 bzw. Brosius, 1998)

Wert	Beurteilung (Bühner/Brosius)
>0.90	sehr gut/fabelhaft
0.80-0.89	gut/recht gut
0.70-0.79	mittel/mittelprächtig
0.60-0.69	Mäßig
0.50-0.59	Schlecht
<0.50	inkompatibel mit der Durchführung/unakzeptabel

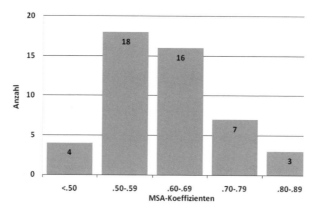

Abbildung 5: Verteilung der MSA-Werte der einzelnen Variablen vor der Itemselektion (Studie 1)

Auch aus inhaltlicher Perspektive erscheinen die geringen MSA-Werte der genannten Items plausibel. Das Item faakz1 *("Ich muss arbeitsbezogene Aktivitäten absagen durch die Menge an Zeit, die ich mit familiären Verpflichtungen verbringen muss")* sowie das Item faakz3 *("Ich könnte einen längeren Arbeitstag haben, wenn ich weniger familiäre Verpflichtungen hätte")* treffen nur für Beschäftigte zu, die über eine sehr große Flexibilität bezüglich ihrer eigenen Arbeitszeit besitzen (z. B. Selbstständige). Die hier zugrunde liegende Stichprobe besteht zumindest zum Teil aus Mitarbeitern mit einem limitiertem Einfluss auf die eigene Arbeitszeitgestaltung (KPP), da diese fest durch Schichtpläne geregelt ist, so dass es nicht verwundert, dass diese Items in der Gesamtstichprobe nur geringfügig mit den übrigen Variablen korrelieren.

Nach dem Ausschluss der genannten Items verfügen nur noch sechs Items über schlechte MSA-Werte, während die restlichen Variablen nun mäßige oder bessere MSA-

Werte aufweisen (vgl. Abbildung 6). Auch der KMO-Wert beläuft sich nach der Selektion auf 0.70 und kann somit zumindest als mittelmäßig bezeichnet werden (vgl. Tabelle 30).

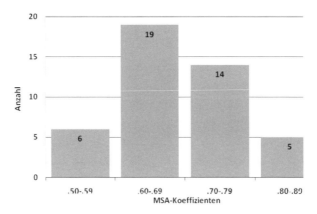

Abbildung 6: Verteilung der MSA-Werte der einzelnen Variablen nach Itemselektion (Studie 1)

Tabelle 30: KMO- und Bartlett-Test

Maß der Stichprobeneignung nach Kaiser-Meyer-Olkin		0.70
Bartlett-Test auf Sphärizität	Ungefähres Chi-Quadrat	2348.03
	df	946
	Signifikanz nach Bartlett	0.00

Hauptkomponentenanalyse und Fakorenextraktion. – Im Anschluss an die Güteprüfung des vorhandenen Datenmaterials werden die Items des WoLiBaX einer Hauptkomponentenanalyse unterzogen. Deren Faktoren sind voneinander unabhängig und erklären sukzessiv maximale Varianz. Hierbei wird das Ziel der Datenreduktion verfolgt. Ziel ist die maximale Varianzaufklärung mit einer möglichst geringen Anzahl an Faktoren.

Die Anzahl der zu extrahierenden Faktoren stellt eines der bedeutendsten Probleme der Faktorenanalyse dar (Scott, Gibson, Robertson, Pohlmann & Fralish, 1995; Preacher & MacCallum, 2003). Trotz einer Vielzahl verschiedener Verfahren zur Bestimmung der Anzahl der Faktoren herrscht in der Literatur Uneinigkeit bezüglich der anzuwendenden Kriterien bei Faktorenextraktion, es existiert kein eindeutiges Abbruchkriterium. Werden zu wenige Faktoren extrahiert, können bestehende Dimensionen im Datensatz möglicherweise nicht entdeckt werden. Die Variablen werden in einem zu kleinen Faktorraum zusammengestaucht, Faktoren werden verzerrt und es kommt zu einem Anstieg der Fehler in den Ladungen (O'Connor, 2000). Bei einer Extraktion zu vieler Faktoren hingegen werden diese in einem zu großen Faktorraum gelegt, was zu einem Splitting relevanter Faktoren mit wenigen hohen Ladungen führen kann (ebd., 2000). Auch dies hat Auswirkungen auf die Interpretation und zwar dergestalt, dass unbedeutenden Faktoren übermäßige Bedeutung zugeschrieben wird. Ferner widerspricht die Extraktion zu vieler Faktoren dem Gebot der Sparsamkeit, denn ein Ziel der Faktorenanalyse besteht ja gerade in der Verdichtung und Reduktion des vorhandenen Datenmaterials. Wie sind die dargelegten Gefahren der Über- und Unterfaktorisierung jedoch im Vergleich zu bewerten? Nach Fabrigar, Wegener, MacCallum & Strahan (1999) ist eine Extraktion zu vieler Faktoren unproblematischer als die Extraktion zu weniger Faktoren.

In der Literatur werden zahlreiche verschiedene Kriterien zur Faktorenextraktion berichtet. Dabei werden vor allem folgende Methoden immer wieder zitiert: a) das *Kaiser-Guttmann-Kriterium* (Eigenwerte größer Eins) b) der Scree-Test nach Cattell c) die Parallelanalyse nach Horn d) der MAP-Test nach Velicier und e) andere Extraktionskriterien. Nach Preacher & MacCallum (2003) sollte immer eine Kombination der Kriterien sowie eine zusammenschauende Analyse zur Bestimmung der Anzahl der geeigneten Faktoren verwendet werden. Das in der Praxis wohl am häufigsten verwendete Kriterium stellt das Kaiser-Guttmann-Kriterium dar, da es in den gängigen Softwarepaketen wie SPSS und SAS als Default-Wert voreingestellt ist. Nach dem Kaiser-Guttman-Kriterium sollen nur Faktoren interpretiert werden, die mindestens über einen Eigenwert von größer eins verfügen. Faktoren mit Eigenwerten kleiner 1 sollten bei der Interpretation nicht berücksichtigt werden (Guttman, 1954). Die Anwendung dieses Kriteriums bietet sich bei einer besonders differenzierten Aufgliederung eines Untersuchungsbereichs an. Die Extraktion von Faktoren nach der „Eigenwerte-größer-eins-Regel" führt allerdings häufig auch zu einer Überschätzung der Faktorenzahl (Gorsuch, 1983; Hakstian, Rogers & Catell, 1982; Wirtz & Nachtigall, 2006; Zwick & Velicer, 1986). Weitere Probleme bei der Verwendung dieses Kriteriums sind u. a. eine Abhängigkeit von der Zahl der Variablen oder der Reliabilität der Faktoren (für einen Überblick s. Preacer & MacCallum, 2003).

Nach der Hauptkomponentenanalyse ergibt sich für den hier untersuchten Datensatz nach dem Kaiser-Guttman-Kriterium eine zehnfakorielle Lösung mit einer kumulierten Aufklärung der Varianz von 69,6 % durch die zehn Faktoren (vgl. Tabelle 31).

Beim *Scree-Test nach Cattell* (1966) handelt es sich um eine grafische Interpretation des Eigenwerteverlaufs. Die extrahierten Faktoren werden in einem Eigenwertediagramm vor der Rotation der Größe nach geordnet; in der Regel ergibt sich im grafischen Verlauf der Eigenwerte ein Knick. Extrahiert werden die Kriterien nach einem bedeutsamen Eigenwerteabfall. Es gibt unterschiedliche Meinungen darüber, ob die Faktoren links vom Knick extrahiert werden sollen (vgl. Backhaus, Erichson, Plinke, & Weiber 2000, Bortz, 1993; Tabachnik & Fidell, 1996) oder ob der erste Faktor rechts

Tabelle 31: Kaiser-Guttman-Kriterium: Eigenwerte >1 und erklärte Varianz (Studie 1)

Faktor	Eigenwert	% aufgeklärter Varianz	kumulierte % aufgeklärter Varianz
1	9.25	21.02	21.02
2	5.43	12.33	33.35
3	3.93	8.94	42.29
4	2.68	6.09	48.38
5	2.05	4.67	53.05
6	1.80	4.10	57.14
7	1.78	4.04	61.18
8	1.35	3.07	64.25
9	1.24	2.81	67.06
10	1.13	2.56	69.62

vom Knick ebenfalls noch extrahiert werden soll (vgl. Kline, 1997). Zwar zeigen die Befunde zur Genauigkeit des Scree-Tests, dass dieser genauer als die „*Eigenwerte-größer-Eins-Regel*" funktioniert, trotzdem kommt es auch bei diesem Verfahren häufig zu einer Überschätzung der Faktorenanzahl. Es ist außerdem besonders anfällig für subjektive Fehler des Anwenders (Zwick & Velicer, 1986, Jackson, 1993).

Für die hier vorliegende Stichprobe ist der Scree-Test nicht eindeutig. Bedeutsame Eigenwertabfälle können nach dem 4 und dem 7 Faktor festgestellt werden. Zwar ist der absolute Betrag des Abfalls der empirische Eigenwerte des analysierten Datensatzes nach dem vierten Faktor deutlicher und die zitierte Überschätzung der Faktorenzahl legt eher eine vierfakorielle Lösung näher, andererseits nähert sich der asymptotische Eigenwerteverlauf vor allem nach dem siebten Faktor im Unendlichen der X-Achse, so dass von diesem Standpunkt aus eine vierfakorielle zu präferieren wäre (vgl. Abbildung 7; S. 294).

Nicht zuletzt aufgrund der geschilderten Defizite der bereits vorgestellten Methoden wurde von Horn (1965) das *Verfahren der Parallelanalyse* entwickelt. Die Parallelanalyse gilt neben dem Map-Test als die genaueste Methode zur Bestimmung der Faktorenanzahl (Zwick & Velicer, 1986; Fabrigar, Wegener, MacCallum & Strahan, 1999). Bei der Parallelanalyse wird dem empirischen Eigenwerteverlauf der Verlauf von normalverteilten Zufallsvariablen gegenüber gestellt. Dabei werden die Faktoren extrahiert, deren (empirische) Eigenwerte über denen der zufälligen erzeugten Eigenwerte liegen. Standsoftware wie SPSS oder SAS enthält bisher keine Standardfunktion zur Berechnung der benötigten Zufallsvariablen. Eine passende SPSS-Sytnax zur Berechnung der Parallelanalyse findet sich allerdings bei O'Connor (2000).

Turner (1998) zeigt, dass bei Parallelanalysen die Anzahl der Faktoren unterschätzt wird, wenn der erste Eigenwert sehr groß ist. Beauducel (2001) konnte darüber hinaus zeigen, dass insbesondere bei orthogonalen PCA-Rotationen und in großen Stichproben das Verfahren der Parallelanalyse zu guten Ergebnisse kommt. In kleinen Stichproben mit vielen Faktoren und bei obliquen Rotationen kommt es jedoch häufig zu einer Unterschätzung der zu extrahierenden Faktoren.

Zur Bestimmung der Anzahl der zu extrahierenden Faktoren des Fragebogens wurde eine Parallel-Analyse mittels der bei O'Connor (2000) gelisteten Syntax durchgeführt. Hierzu wurden 2000 Datendateien für eine Stichprobe mit N=97 und 44 Zufallsvariablen berechnet. Der Verlauf der Zufallsvariablen kann dem Eigenwertediagramm entnommen werden (s. a. Abbildung 7). Da der empirische Eigenwert des fünften Faktors unterhalb des gemittelten Eigenwertes der Zufallsfaktoren liegt, sprechen die Ergebnisse der Parallelanalyse für die Extraktion von 4 Faktoren.

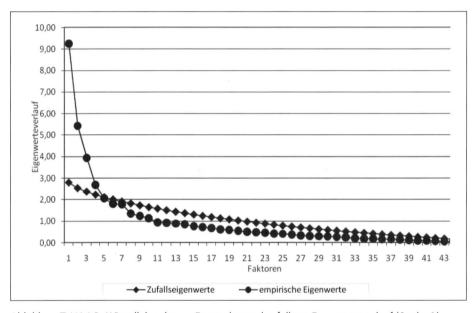

Abbildung 7: WoLiBaX-Parallelanalyse – Empirscher und zufälliger Eigenwerteverlauf (Studie 1)

Eine Alternative zur Verwendung der Parallelanalyse stellt der MAP-Test nach Velicier (1976) dar. Der Test basiert auf Partialkorrelationen der extrahierten Faktoren aus der Hauptkomponentenanalyse. *„Es wird die Anzahl von Faktoren extrahiert, bei der die mittlere Partialkorrelation zwischen den Items nach Auspartialisierung der entsprechenden Faktoren am geringsten ist"* (Bühner, 2004, S. 186). Auch für diese Prozedur besteht bisher nicht die Möglichkeit, sie mit den Standardsoftwarepaketen zu berechnen. Eine entsprechende SPSS-Sytnax zur Berechnung des MAP-Tests findet sich ebenfalls bei O'Connor (2000).

Die Berechnung des MAP-Test ergibt eine geringste mittlere quadrierte Korrelation von 0.02 für den neunten Faktor. Entsprechend sollten gemäß MAP-Test neun Faktoren extrahiert werden. Für die tabellarische Übersicht der Ergebnisse des MAP-Test sei auf den digitalen Ergebnis-Anhang verwiesen (s. www.asanger.de).

Neben den dargelegten Kriterien finden sich in der faktorenanalytischen Literatur noch zahlreiche *weitere Extraktionskriterien* zur Bestimmung der Faktorenzahl (vgl. Bühner, 2004). Hervorzuheben ist dabei die Extraktion von einer bestimmten Faktorenanzahl aufgrund eines hypothetischen Modells, d.h., a priori wird aufgrund einer zugrunde liegenden Modellstruktur oder Theorie die Anzahl der Faktoren festgelegt. Außerdem werden Kriterien wie das Varianzanteilkriterium genannt (es werden so viele Faktoren extrahiert, die einen bestimmten Anteil der Varianz aufklären), Kriterien, die sich an formalen Kriterien orientieren (z. B. hohe Hauptladungen, geringe Nebenladungen) oder Kriterien, die sich an inhaltlichen Gesichtspunkten orientieren (z. B. hohe oder geringe Differenziertheit der Konstrukte). Es ergibt nach Bühner (2004, S. 163) jedoch keinen Sinn, ungeachtet der gewählten Extraktionskriterien Faktoren zu extrahieren, die inhaltlich nicht plausibel zu interpretieren sind.

Gemäß der in Tabelle 24 theoretisch postulierten Struktur des WoLiBaX sollten in dieser Stichprobe acht Faktoren extrahiert werden können.

Vergleicht man nun die Ergebnisse der verschiedenen Extraktionskriterien, ergibt sich auf den ersten Blick kein eindeutiges Bild (vgl. Tabelle 32). Sowohl Scree-Test als auch Parallelanalyse legen die Extraktion von 7 (bzw. 4) Faktoren nahe. A priori sind theoretisch 8 Faktoren postuliert worden. Folgt man dem Ergebnissen des Map-Tests oder dem Eigenwerte >-1-Kriterium, dann sind 9 bzw. 10 Faktoren zu bilden.

Tabelle 32: Zusammenfassung der Ergebnisse der verschiedenen Kriterien zur Faktorenextraktion (Studie 1)

Kriterium	Anzahl der Faktoren
A-priori-Kriterium/Theoretische Vorgabe	8
Eigenwerte>1	10
Scree-Test	(4) 7
Parallelanalyse	4
MAP-Test	9

Map-Test und Parallelanalyse sollten im Regelfall zu identischen Befunden gelangen. Sollte es dennoch zu unterschiedlichen Ergebnissen kommen, empfiehlt O'Connor (2000), die Anzahl der Wiederholungen bei der Bestimmung der zufälligen Eigenwerte in der Parallelanalyse zu erhöhen und die mittleren quadrierten Korrelationen zu überprüfen. Die Umsetzung dieser Empfehlung brachte jedoch keine veränderten Ergebnisse. Aus diesem Grunde ist es angezeigt, zur Entscheidungsfindung weitere Informationen heranzuziehen. Folgt man den dargelegten Befunden von Beauducel (2001), kann vermutet werden, dass in der hier vorliegenden Stichprobe die Faktorenanzahl durch die Parallelanalyse unterschätzt wird und in der Grundgesamtheit eine größere

Anzahl an Faktoren vorliegt.Folgt man dem oben dargelegten Ansatz von MacCallum, Widmann, Zhang & Hong (1999), sollten die extrahierten Lösungen möglichst über Items mit Kommunalitäten >0.60, aber zumindest >0.50 verfügen – insbesondere in kleinen Stichproben. Extrahiert man vier-, acht- und neunfaktorielle Lösungen und vergleicht die Itemkommunaliäten h^2 der jeweiligen Lösungen, ergibt sich das folgende Bild (s. Abbildung 8): In der vierfakoriellen Lösungen haben genau die Hälfte der eingesetzten Items eine Kommunalität <0.50. Dies gilt als unzureichend, vor allem für eine kleine Stichprobe wie der hier analysierten. In den acht- bzw. neunfaktoriellen Lösungen hingegen finden sich nur zwei bzw. gar kein Item mit entsprechend schlechten Kommunalitäten. Ergänzt man diese Daten um die Überlegungen von MacCallum, Widmann, Zhang & Hong (1999), dass eine Extraktion zu vieler Faktoren unproblematischer ist als die Extraktion zu weniger Faktoren, wird offensichtlich, dass eine Lösung mit acht oder neun Faktoren vorzuziehen ist.

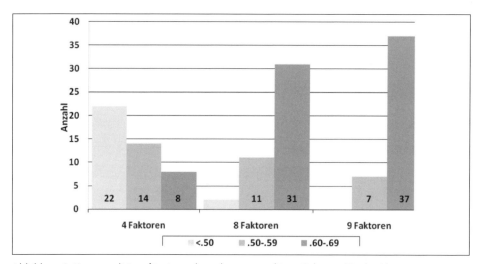

Abbildung 8: Kommunalitäten für vier, acht und neun extrahierte Faktoren (Studie 1)

Wie in Abbildung 8 deutlich wird, sind die Kommunalitäten der neunfaktoriellen Lösung hinsichtlich der Güte der Einzelitems (Itemreliabilität) einer achtfaktoriellen Lösung überlegen. Ebenfalls für eine Lösung mit neun Faktoren sprechen das Ergebnis des MAP-Tests sowie die etwas höhere Varianzaufklärung. (67,06 % vs. 64,25 %). Es wird somit abschließend eine Entscheidung zugunsten einer neunfaktoriellen Lösung gefällt.

Faktorenrotation.– Nach Abschluss der Faktorenextraktion wurde die gefundene neunfaktorielle Lösung einer orthogonalen Equamax-Rotation unterzogen, die in 19 Iterationen konvergierte (s. Tabelle 33). Während die Varimaxrotation das Ziel verfolgt, die Anzahl von Variablen mit hoher Ladung auf einem Faktor zu minimieren (Vereinfachung der Faktoren, d.h., dass auf jedem Faktor möglichst nur eine Variable hoch laden sollte und die anderen eher gering), ist die Intention der Quartimaxrotation die Anzahl von Faktoren zur Interpretation einer Variablen zu minimieren (Vereinfachung der Variablen. d.h., die Ladung einer Variablen soll auf einem Faktor möglichst hoch und auf den anderen Faktoren möglichst gering werden). Das Equamaxverfahren stellt eine Kombination aus beiden Verfahren da und vereinfacht als orthogonale Rotationsmethode sowohl die Spalten als auch die Zeilen der Ladungsmatrix.

Hier wird orthogonale Equamax-Rotation als *via regia* gewählt, da dieses Verfahren im Vergleich zu Varimax-Rotation gleichmäßigere Faktoren erzeugt. Bei der Varimax und Quartimax kommt es häufig zu „*dominierenden*" Anfangsfaktoren mit vielen Items, was in dieser Untersuchung jedoch vermieden werden sollte, da alle Faktoren gleichberechtigt nebeneinander stehen.

Ein Vergleich der equamax-rotierten Lösungen mit der varimax-rotierten Lösungen zeigt ferner, dass sich in der neunfaktoriellen Equamax-Lösung die Items auf alle neun Faktoren gleichmäßig verteilen (s.u.). In der neunfaktoriellen Varimax-Lösung hingegen ergibt sich ein „dominanter" erster Faktor, auf dem zwölf Items hoch laden sowie ein Single-Item-Faktor (F 9), auf dem lediglich ein einzelnes Item hoch lädt. Auch aus diesem Grund wird die Equamax-Lösung in dieser Studie präferiert.

Interpretation der Faktorenstruktur. – Die Interpretation der empirischen ermittelten Faktorenstruktur kann entweder anhand der Einfachstruktur nach Thurstone oder dem Prinzip der substanziellen Ladungen erfolgen. Im Sinne der Einfachstruktur sollten die Variablen möglichst eindeutig auf einem Faktor laden und die Variablen sollten außerdem möglichst eindeutig zu einem der Faktoren zugeordnet werden können. Nach Guadagnoli & Velicier (1988) stellt sich bei der Interpretation der Faktorenanalyse das Problem, dass Faktoren ungeachtet der Stichprobengröße nur dann als bedeutsam erachtet werden können, wenn mindestens vier Variablen eine Ladung über 0.60 haben oder mindestens zehn Variablen Ladungen von mindestens 0.40 oder größer aufweisen. Ähnlich argumentieren Velicer & Fava (1998), die fordern, dass Faktoren mindestens über drei Variablen mit hohen Ladungen verfügen. Sind die Ladungen gering, dann sollten mehr Variablen pro Faktor verwendet werden. In dem hier vorliegenden Fall verfügen alle Faktoren über Ladungen >0.40. Die am höchsten ladenden Variablen dienen als *Markiervariablen* für die Interpretation. Variablen mit zu geringer Ladung oder die auf mehreren Faktoren hohe Ladungen aufweisen, sind schwer zu interpretieren und sollten im Zweifelsfall eher eliminiert werden. Um relative Eindimensionalität der Faktoren zu gewährleisten, sollten die Items deshalb folgendes Kriterium erfüllen: $(a_1^2 - a_2^2) / h^2 \geq 0.20$), d.h., der prozentuale Anteil der beiden höchsten Ladungen einer Variable an der Kommunalität sollte um mindestens 20 % divergieren. Entsprechende Items die dieses Kriterium nicht erfüllen, werden schrittweise entfernt.

Tabelle 33: Equamaxrotierte Fakorladungsmatrix der 44 WoLiBaX-Items sowie Kommunalitäten, Eigenwerte und % erklärter Varianz (Studie 1)

Faktoren- / Itembezeichnung	1	2	3	4	5	6	7	8	9	h^2
Faktor 1: zeitbedingte Arbeit⇨Nicht-Arbeit-Konflikte										
afakz2	0.71									0.61
afrkz1	0.70									0.67
afrkb2 [d]	0.59		0.46							0.71
afakz3 [d]	0.54		0.49							0.70
afrkz3 [d]	0.53				-0.47					0.59
afakv3 [d]	0.52		0.49							0.66
afrkz2	0.49					-0.31				0.55
afakz1 [d]	0.44				0.39	-0.33				0.60
afrr1 [d]	-0.44			-0.32		0.41				0.65
Faktor 2: beanspruchungsbedingte Nicht-Arbeit⇨Arbeit-Konflikte										
frakb2		0.76								0.67
frakb3		0.74								0.68
frakb1		0.73								0.70
faakb1		0.72								0.80
faakb2		0.61					0.30			0.62
faakb3 [d]	0.46	0.53					0.44			0.80
Faktor 3: verhaltensbedingtes Segmentationserleben – Ineffektivität (Arbeit⇨Nicht-Arbeit)										
frakv1			0.84							0.73
faakv3			0.75		0.36					0.74
faakv2			0.64							0.61
faakv1			0.60							0.59
afakv2			0.59			-0.33	-0.31			0.62
Faktor 4: beanspruchungsbedingte Arbeit⇨Nicht-Arbeit-Konflikte										
afakb1	0.31			0.69						0.77
afakb3				0.68						0.57
afrkb3				0.64				0.36		0.70
afakb2 [d]	0.47			0.60						0.68
afrkb1	0.38		0.35	0.59						0.67
Faktor 5: verhaltensbedingtes Segmentationserleben – Inkompatibilität (Arbeit⇨Nicht-Arbeit)										
afrkv2					0.88					0.82
afakv1					0.79					0.79
frakv3			0.30		0.66					0.66
frakv2 [d]			0.47		0.57					0.71
Faktor 6: Benefiterleben (Arbeit⇨Nicht-Arbeit)										
afrr3						0.80				0.73
afar3						0.70				0.66
afrkv1					0.33	-0.48				0.53
Faktor 7: zeitbedingte Nicht-Arbeit⇨Arbeit-Konflikte										
faakz2							0.75			0.65
faar1					-0.33		-0.65			0.70
frakz1		0.41					0.61			0.65
frakz2		0.41					0.60			0.65
Faktor 8: Benefiterleben (Nicht-Arbeit⇨Arbeit)										
frakz3 [r]								0.64		0.56
afar1								0.59		0.59
frar3 [d]			-0.37		0.43			0.50		0.65
frar1	-0.34						-0.36	0.49		0.60
faar3 [d]					0.44		-0.33	0.45		0.65
Faktor 9: verhaltensbedingtes Benefiterleben (Arbeit⇨Nicht-Arbeit)										
frar2									0.83	0.75
afar2					0.34				0.75	0.74
afrr2								-0.35	0.73	0.75
Eigenwert	4.06	3.82	3.66	3.54	3.37	3.18	2.80	2.58	2.50	
% aufgeklärte Varianz	9.22	8.69	8.32	8.05	7.66	7.24	6.37	5.86	5.67	

Anmerkungen:
d = Item verfügt über doppelte oder mehrfache Ladungen auf verschiedenen Faktoren und wird aufgrund der Entscheidungsregel: (a12–a22) / h^2 >0. 20 selektiert
r = Item wurde rekodiert
kursiv = Items die bei der Faktorenbildung nicht berücksichtigt wurden sind kursiv dargestellt
fett = Ladungen die im Faktor berücksichtigt werden sind fett gedruckt;
Ladungen <0.30 werden nicht dargestellt;
Die gesamte Varianzaufklärung der 9-faktoriellen Lösung beträgt 67,06%.

Als verschärftes Kriterium der Zuordnung eines Items zu einem Faktor wird außerdem das Fürntratt-Kriterium herangezogen ($a^2/h^2 > 0.50$, vgl. Fürntratt, 1969). Fürntratt empfiehlt, dass ein Item nur dann akzeptiert werden sollte, wenn mindestens die Hälfte der Varianz dieses Items auf genau einen Faktor zurückführbar ist. Das heißt, der Quotient aus dem Quadrat der höchsten Ladung und der Kommunalität sollte größer als 0.50 sein. Dies war in der analysierten Stichprobe für alle Variablen der Fall, so dass kein weiteres Item von der Analyse ausgeschlossen werden musste.

Die rotierten Faktoren weisen eine befriedigende Einfachstruktur auf und sind inhaltlich gut interpretierbar. Der genauen Interpretation der Faktorenstruktur liegt die rotierte Faktorenmatrix zugrunde (siehe Tabelle 33). Die Ladungen der verbliebenen Items hinsichtlich der Faktoren, denen sie zugeordnet wurden, waren für kein Item unter 0.40, hingegen für 14 Items über 0.60.

Der erste Faktor klärt 9,22 % der Gesamtvarianz auf und beschreibt inhaltlich zeitbedingte *Arbeit⇨Nicht-Arbeit-Konflikte* (vgl. Tabelle 34). Die Richtung der Konflikte ist eindeutig: Für alle Items verläuft der Spillover aus dem Lebensbereich Arbeit in die Domäne Nicht-Arbeit, der Faktor ist somit unidirektional. Auf dem ersten Faktor laden neun Items mit einem Betrag zwischen 0.44 und 0.71 mit einer durchschnittlichen Faktorenladung von 0.55, wenn man die absoluten Werte der Faktorenladungen heranzieht. Sechs Items *(afrkb2, afakz3, afrkz3, afakv3, afakz1, afrr1)* verfügen jedoch über Doppelladungen, bei denen der Quotient aus der quadrierten Differenz zwischen den höchsten Ladungen und der Kommunalität <0.20 ist (0.13, 0.05, 0.07, 0.03, 0.15, 0.04).

Tabelle 34: Faktor 1 zeitbedingte Arbeit ⇨ Nicht-Arbeit-Konflikte

Nr.	Itembezeichnung/ Itemtext	Ladung
1	afakz2 Die Zeit, die ich meiner Berufstätigkeit widmen muss, hält mich davon ab, in gleicher Weise Verpflichtungen im Haushalt zu erfüllen.	0.71
2	afrkz1 Wegen meines Jobs habe ich nicht genügend Zeit, an Aktivitäten außerhalb der Arbeit teilzunehmen, die ich entspannend und angenehm finde.	0.70
3	afrkb2 Nach der Arbeit bleibt kaum Energie für meine Hobbies und Interessen.	0.59
4	*afakz3 Ich fühle mich schlecht, da ich zu viel Zeit mit meiner Berufstätigkeit verbringe und nicht genug Zeit mit meiner Familie.*	*0.54*
5	*afrkz3 Für regelmäßige Freizeitaktivitäten (z.B. Sportverein, etc.) habe ich aufgrund meiner Arbeit keine Zeit.*	*0.53*
6	*afakv3 Die Dinge, die ich mache, um bei der Arbeit erfolgreich zu sein, helfen mir nicht dabei, ein gutes Elternteil oder ein(e) gute(r) Ehepartner(in)/ Lebenspartner(in) zu sein.*	*0.52*
7	afrkz2 Meine Arbeitstätigkeit nimmt die Zeit in Anspruch, die ich gern mit Freunden verbringen würde.	0.49
8	*afakz1 Aufgrund der Menge an Zeit, die ich für meine Berufstätigkeit aufbringe, muss ich häufig Familientätigkeiten absagen.*	*0.44*
9	*afrr1 Meine Arbeitszeit ist so gestaltet, dass es mir gut möglich ist, meinen privaten Hobbies und Interessen nach zu gehen.*	*-0.44*

kursiv = Items mit Doppelladungen

Die Anordnung der verbleibenden Items auf dem Faktor 1 legt ein unipolares Konstruktkontinuum nahe. Zwar lädt das Item *afrr1* negativ auf dem Faktor, jedoch wird das entsprechende Item aufgrund von Doppelladungen selektiert. Auch die inhaltliche Ausrichtung der Items ist eindeutig, so behandeln alle Items einen negativen Spillover aus der Arbeit in den Bereich Familie/Freizeit, der seine Ursache in limitierten Zeitressourcen hat. Die beiden Items, die verhaltensbedingte *(afakv3)* bzw. beanspruchungsbedingte Konflikte *(afrkb2)* thematisieren, werden aufgrund von Doppelladungen selektiert und bei der Interpretation auch nicht weitergehend berücksichtigt.

Der zweite Faktor enthält ausschließlich Items, die Spillover-Prozesse zwischen dem außerberuflichen Lebensbereich in die Erwerbstätigkeit beschreiben (s. Tabelle 35). Dabei handelt es sich inhaltlich bei allen Items um Aussagen, die beanspruchungsbedingte Konflikte thematisieren. Der Faktor kann deshalb als beanspruchungsbedingte *Nicht-Arbeit ⇨ Arbeit-Konflikte* benannt werden. Es laden sechs Items zwischen 0.53 und 0.76 auf dem Faktor 2, bei einer mittleren Ladung von 0.68. Das Item faakb3 wird aufgrund seiner Doppelladung $[(a_1^2 - a_2^2) / h^2 = 0.06]$ bei der weiteren Analyse nicht berücksichtigt. Das Konstrukt ist unipolar und inhaltlich eindeutig. Der Faktor klärt 8,69 % Varianz auf.

Tabelle 35: Faktor 2 beanspruchungsbedingte Nicht-Arbeit ⇨ Arbeit-Konflikte

Nr.	Itembezeichnung/ Itemtext	Ladung
1	frakb2 Durch den Stress in meiner Freizeit, bin ich während der Arbeit oft mit privaten Angelegenheiten beschäftigt.	0.76
2	frakb3 Dinge, die in meiner Freizeit passieren, machen es mir schwierig, mich auf meine Arbeit zu konzentrieren.	0.74
3	frakb1 Ich bin während der Arbeit oft müde wegen Dingen, die ich in meinem Privatleben mache.	0.73
4	faakb1 Dinge, die in meinem Familienleben passieren, machen es mir schwierig, mich auf meine Arbeit zu konzentrieren.	0.72
5	faakb2 Wenn ich arbeite, lenken mich meine familiären Anforderungen ab.	0.61
6	*faakb3 Aufgrund der Aufgaben, die ich zu Hause zu erledigen habe, bin ich an meinem Arbeitsplatz müde.*	*0.53*

kursiv = Items mit Doppelladungen

Der dritte extrahierte Faktor ist unipolar. Fünf Items laden auf Faktor 3 in einer Höhe von 0.59 bis 0.84 was einer mittleren Ladung von 0.68 entspricht (s. a. Tabelle 36). Verhaltensweisen, die sich in einem Lebensbereich als effektiv und nützlich erweisen, werden im anderen Lebensbereich als nicht nützlich erlebt, das Verhalten wird somit als unvereinbar hinsichtlich seiner Effektivität für beide Domänen bewertet. Der Faktor beschreibt verhaltensbedingtes Segmentationserleben aufgrund ineffektiven Verhaltens, d.h., die Lebensbereiche werden als segmentiert wahrgenommen. Thematisch finden sich in diesem Faktor sowohl in Richtung Arbeit⇨Nicht-Arbeit ausgerichtete Items als auch Items, die das Segmentationserleben in der umgekehrten Richtung thematisieren. Der Faktor ist somit bidirektional. Der Faktor klärt 8,32 % der Varianz auf.

Tabelle 36: Faktor 3 verhaltensbedingtes Segmentationserleben Ineffektivität (Arbeit ⇔ Nicht-Arbeit)

Nr.	Itembezeichnung/ Itemtext	Ladung
1	frakv1 Die Art und Weise, wie ich in meiner Freizeit Probleme löse, scheint nicht so nützlich bei meiner Arbeit zu sein.	0.84
2	faakv3 Die Art und Weise, in der familiäre Probleme löse, ist nicht nützlich im Arbeitsleben.	0.75
3	faakv2 Ich bin nicht erfolgreich in meiner Arbeit, wenn ich dieselben Verhaltensweisen einsetze, die in meiner Familie benutzt werden.	0.64
4	faakv1 Mein Verhalten, das effektiv und notwendig innerhalb meiner Familie ist, erweist sich für meine Arbeit als nicht sinnvoll.	0.60
5	afakv2 Die Art und Weise, wie ich Probleme im Rahmen meiner Arbeit löse, ist nicht effektiv beim Lösen familiärer Probleme.	0.59

kursiv = Items mit Doppelladungen

Der vierte extrahierte Faktor hat eine Varianzaufklärung von 8,05 %. 5 Items laden positiv auf diesem Faktor in der Höhe von 0.59 bis 0.69, was einer mittleren Ladung von 0.64 auf dem unipolaren Konstrukt entspricht (s. Tabelle 37). Inhaltlich spiegeln alle Items einheitlich beanspruchungsbedingte *Arbeit⇔Nicht-Arbeit-Konflikte* wider.

Tabelle 37: Faktor 4 beanspruchungsbedingte Arbeit ⇔ Nicht-Arbeit-Konflikte

Nr.	Itembezeichnung/ Itemtext	Ladung
1	afakb1 Wenn ich von der Arbeit nach Hause komme, bin ich oft zu erschöpft, um an Familienaktivitäten teilzunehmen oder familiären Verpflichtungen nachzukommen.	0.69
2	afakb3 Spannung und Angst aus meiner Arbeit befallen oft mein Familienleben.	0.68
3	afrkb3 Durch den ganzen Druck während der Arbeit bin ich in meiner Freizeit oft zu gestresst, um mich an Dingen zu erfreuen.	0.64
4	*afakb2 Nach der Arbeit bleibt mir wenig Energie für Dinge, die zu Hause erledigt werden müssen.*	*0.60*
5	afrkb1 Meine Arbeitstätigkeit fordert mich so sehr, dass ich in meiner Freizeit den Kopf nicht frei bekomme für andere Dinge.	0.59

kursiv = Items mit Doppelladungen

Der fünfte von neun extrahierten Faktoren betrifft Vereinbarkeitskonflikte aufgrund inakzeptablen bzw. inkompatiblen Verhaltens. d.h., Verhaltensweisen, die in einem der Lebensbereiche angemessen sind, erscheinen den Befragten im anderen Lebensbereich als ungeeignet und inakzeptabel (s. Tabelle 38). Dieser Faktor beschreibt somit – vergleichbar mit Faktor 3 – Segmentationserleben. Während jedoch Faktor 3 vorwiegend die Effektivität von Verhaltensweisen behandelt, sind unter diesem Faktor Items subsumiert, die eher auf grundsätzliche Inkompatibilität und Unerwünschtheit des Verhaltens im anderen Lebensbereich zielen. Die Richtung des Erlebens erfolgt dabei sowohl aus der Domäne Arbeit in den Bereich Familie/Freizeit als auch umgekehrt. Alle vier Items laden positiv auf das bidirektionale Konstrukt *verhaltensbedingtes Segmentationserleben*

Tabelle 38: Faktor 5 verhaltensbedingtes Segmentationserleben Inkompatibilität (Arbeit ⇔ Nicht-Arbeit)

Nr.	Itembezeichnung/ Itemtext	Ladung
1	afrkv2 Während meiner Arbeit wird von mir verlangt, mich in einer bestimmten Weise zu verhalten, die inakzeptabel in meiner Freizeit ist.	0.88
2	afakv1 Meine Arbeit verlangt es, dass ich mich in einer bestimmten Weise verhalte, die inakzeptabel für meine Familie ist.	0.79
3	frakv3 Das Verhalten, dass ich in meiner Freizeit zeige, ist in meinem Arbeitsleben nicht erwünscht.	0.66
4	*frakv2 Das Verhalten, das ich in meiner Freizeit zeige, ist nur schwer mit dem Verhalten in meinem Arbeitsleben zu vereinbaren.*	*0.57*

kursiv = Items mit Doppelladungen

– *Inkompatibilität (Nicht-Arbeit⇨Arbeit)*. Die Höhe der Ladungskoeffizienten beläuft sich dabei von 0.57 bis 0.88, bei einer mittleren Ladung von 0.73. Das vierte Item frakv2 wir aufgrund einer Doppelladung auf dem dritten und fünften Faktor $(a_1^2 - a_2^2)$ / $h^2 = 0.10$) von weiteren Analysen ausgeschlossen. Die Varianzaufklärung des Faktors kann mit 7,66 % beziffert werden.

Der sechste extrahierte Faktor behandelt aus inhaltlicher Perspektive im Gegensatz zu den zuvor aufgeführten Faktoren das Ressourcen- bzw. Benefiterleben der Befragten (s. Tabelle 39). Es handelt sich dabei um einen positiven Transfer, der aus der Arbeit in die Domänen Familie und Freizeit zielt. Es handelt sich in diesem Fall um ein bipolares Konstrukt, da das Item *afrkv1* negativ auf den Faktor lädt. Die inhaltliche Ausrichtung des Faktors ist allerdings nicht eindeutig, denn während die ersten beiden Items eindeutig beanspruchungsbedingte Themen behandeln, wird im Item *afrkv1* ein verhaltensbedingter Konflikt angesprochen. Die Höhe der Ladungen des Faktors liegen in einem Bereich zwischen 0.48 und 0.80 bei einer mittleren Ladung von 0.66. Der Faktor verfügt über eine Varianzaufklärung von 7,24 %.

Tabelle 39: Faktor 6 Benefiterleben (Arbeit ⇨ Nicht-Arbeit)

Nr.	Itembezeichnung/ Itemtext	Ladung
1	afrr3 Meine Arbeitstätigkeit gibt mir die Energie, meine persönlichen Interessen und Hobbies zu verfolgen.	0.80
2	afar3 Meine Arbeit gibt mir die Energie, angenehme Dinge mit meiner Familie zu unternehmen.	0.70
3	afrkv1 Aufgrund meiner Arbeitstätigkeit zeige ich oft Verhaltensweisen, die von meinen Freunden und Bekannten nicht gerne gesehen werden.	-0.48

Der siebte Faktor ist ein bipolares Konstrukt und hat eine Varianzaufklärung von 6,37 %. Inhaltlich behandelt der Faktor zeitbedingte Konflikte mit einem Spillover aus dem Bereich der Nicht-Arbeit in die Arbeit (s. Tabelle 40). Das Konstrukt ist bipolar, denn das Item faar1 lädt negativ auf dem Faktor. Die Ladungen der vier Items, die auf diesem Faktor laden, reichen von 0.60 bis 0.75 mit einer mittleren Ladung von 0.65. Die Richtung der Spillover-Prozesse ist unidirektional, d.h., sie zielen aus dem Familien- und Privatleben in das Erwerbsleben der Befragten.

Tabelle 40: Faktor 7 zeitbedingte Nicht-Arbeit⇨Arbeit-Konflikte

Nr.	Itembezeichnung/ Itemtext	Ladung
1	faakz2 Familiäre Anforderungen machen es schwierig für mich, die Arbeitszeit zu haben, die ich möchte.	0.75
2	faar1 Meine Familie bietet mir genügend zeitlichen Freiraum, damit ich während der Arbeit gute Leistungen erbringen kann.	-0.65
3	frakz1 Ich benötige so viel Zeit für mein Privatleben, dass meine Arbeit zu kurz kommt.	0.61
4	frakz2 Die zeitlichen Anforderungen meiner persönlichen Verpflichtungen halten mich von der rechtzeitigen Erledigung meiner Arbeit ab.	.060

Der achte Faktor ist ein bipolares Konstrukt, da sich ein positiv ladendes Item und vier negativ ladende Items für diesen Faktor finden (s. Tabelle 41). Vier Items beschreiben das Benefiterleben der Befragten mit einer negativen Ladung und ein Item *(frakz3)* beschreibt mit einer positiven Ladung einen konflikthaften Spillover-Prozess und somit auch ein „inverses Benefiterleben". Da die Mehrheit der Items „*negatives Benefiterleben*" repräsentieren, kann Faktor 8 als inverses Benefiterleben *(Nicht-Arbeit⇨Arbeit)* bezeichnet werden, was auch als ein Fehlen des Benefiterleben verstanden werden kann. Vier Items thematisieren zeitbedingte Spillover-Prozesse. Das Item frar3 hingegen spricht einen beanspruchungsbedingten Spillover-Prozess an. Diese inhaltlichen Differenzen werden jedoch nicht weiter relevant, da dieses Item von weitergehenden Analysen ausgeschlossen wird – es wird aufgrund seiner Doppelladung $(a_1^2 - a_2^2) / h^2 = 0.08$) selektiert. Ebenfalls über eine zweite hohe Ladung verfügt das Item faar3 $(a_1^2 - a_2^2) / h^2 = 0.02$), das ebenfalls eliminiert wird. Die Beträge der fünf Ladungen dieses Faktors belaufen sich zwischen 0.45 und 0.64, bei einer mittleren Ladung von 0.53. Der Faktor hat eine Varianzaufklärung von 5,86 %.

Tabelle 41: Faktor 8 inverses Ressourcen-/Benefiterleben (Nicht-Arbeit⇨Arbeit)

Nr.	Itembezeichnung/ Itemtext	Ladung
1	frakz3 Die Zeit, die ich mit meinen Hobbies verbringe, beeinträchtigt oft meine beruflichen Verpflichtungen.	0.64
2	afar1 Meine Arbeitszeit ist flexibel genug, so dass es mir möglich ist, mich um meine familiären Verpflichtungen zu kümmern.	-0.59
3	*frar3 Aufgrund der Dinge, die ich in meiner Freizeit mache, bin ich oft während der Arbeit in besserer Stimmung.*	-0.50
4	frar1 Die zeitlichen Anforderungen meiner Hobbies und Interessen sind flexibel genug, dass es mir möglich ist, ohne Probleme meiner Arbeit nachzugehen.	-0.49
5	*faar3 Mein Privatleben hilft mir auszuspannen und ich fühle mich bereit für den nächsten Arbeitstag.*	-0.45

kursiv = Items mit Doppelladungen

Tabelle 42: Faktor 8 Benefiterleben (Nicht-Arbeit ⇨ Arbeit)

Nr.	Itembezeichnung/ Itemtext	Ladung
1	frakz3 Die Zeit, die ich mit meinen Hobbies verbringe, beeinträchtigt oft meine beruflichen Verpflichtungen nicht. (rekodiert!)	0.64
2	afar1 Meine Arbeitszeit ist flexibel genug, so dass es mir möglich ist, mich um meine familiären Verpflichtungen zu kümmern.	0.59
3	*frar3 Aufgrund der Dinge, die ich in meiner Freizeit mache, bin ich oft während der Arbeit in besserer Stimmung.*	*0.50*
4	frar1 Die zeitlichen Anforderungen meiner Hobbies und Interessen sind flexibel genug, dass es mir möglich ist, ohne Probleme meiner Arbeit nachzugehen.	0.49
5	*faar3 Mein Privatleben hilft mir auszuspannen und ich fühle mich bereit für den nächsten Arbeitstag.*	*0.45*

kursiv = Items mit Doppelladungen

Die Struktur und Bezeichnung dieses Faktors kann als suboptimal bezeichnet werden, da das am höchsten ladende Item, das Markieritem, auf diesem Faktor positiv lädt, während alle anderen Items über negative Ladungen verfügen. Dies führt, wie geschildert, zu der etwas „umständlichen" Faktorenbezeichnung *Inverses Benefiterleben (Arbeit ⇨ Nicht-Arbeit)* und dem Sachverhalt, dass die meisten Items negativ auf diesem Faktor laden. Vorzuziehen ist jedoch eine Bezeichnung, die die Ladungsrichtung der Mehrheit der Items repräsentiert. Aus diesem Grund wurde das Items frakz3 („*Die Zeit, die ich mit meinen Hobbies verbringe, beeinträchtigt oft meine beruflichen Verpflichtungen*") rekodiert. Inhaltlich bedeutet diese Umpolung, dass hohe Werte auf diesem Item den beruflichen Lebensbereich nicht mehr beeinträchtigen, sondern fördern. Eine Überprüfung der Faktorenanalyse ergibt erwartungsgemäß, dass sich nach der Rekodierung des Items keine Änderungen in der Faktorenstruktur ergeben, sondern lediglich die Ladungen für den Faktor 8 invertiert werden. Nach der Rekodierung ergibt sich somit das in Tabelle 42 dokumentierte Ladungsmuster. Die Bezeichnung des Faktors wird entsprechend in *Benefiterleben Nicht-Arbeit ⇨ Arbeit* umgewandelt. Für alle im Folgenden genannten weiteren Berechnungen mit diesem Faktor wird die rekodierte Fassung verwendet.

Der letzte der neun extrahierten Faktoren hat eine Varianzaufklärung von 5,67 % und setzt sich zusammen aus drei verhaltensbedingten Items, die die Effektivität von Handlungen aus der Perspektive des Benefiterlebens beschreiben (s. Tabelle 43). Thematisch behandeln die Items positives Spillover-Erleben aufgrund guter Vereinbarkeit von Verhaltensweisen und Fähigkeiten, die in allen Domänen gleichermaßen genutzt

Tabelle 43: Faktor 9 verhaltensbedingtes Benefiterleben (Arbeit ⇨ Nicht-Arbeit)

Nr.	Itembezeichnung/ Itemtext	Ladung
1	frar2 Fähigkeiten, die ich im Rahmen meiner Freizeit nutze, sind auch hilfreich für Dinge, die ich in meinem Arbeitsleben erledigen muß.	0.83
2	afar2 Die Art und Weise, mit der ich während meiner Arbeit Probleme angehe, ist auch effektiv beim Lösen von Problemen zu Hause.	0.75
3	afrr2 Fähigkeiten, die ich im Rahmen meiner Arbeitstätigkeit einsetze, sind auch nützlich für Dinge, die ich in meinem Privatleben erledigen muss.	0.73

werden können. Dieser Faktor stellt somit thematisch das Gegenteil der Segmentationsfaktoren 3 und 5 dar. Es handelt sich hierbei um ein unipolares Konstrukt. Die Richtung des Benefiterlebens verläuft in beide Richtungen und ist somit auch vergleichbar mit den Faktoren 3 und 5, die ebenfalls bidirektional ausgerichtet sind. Die Faktoren verfügen über Ladungen zwischen 0.73 und 0.83 bei einer mittleren Ladung von 0.77. Die Spillover-Prozesse verlaufen von der Arbeit in den Privatbereich und umgekehrt.

Tabelle 44: Gründe für die Selektion von Items (Studie 1)

Item	zu viele Missings (Sysmis > 20%)	geringer MSA-Koeffizient (MSA<0.50)	geringe Kommunalität (h^2<0.50)	geringe Ladung (a<0.40)	Doppelladung	Fürntratt-Kriterium (a^2/h^2 < 0.50)
afrkv1		●				
faar2		●				
afrkv3		●				
faakz3		●				
afrkb2					●	
afakz3					●	
afrkz3					●	
afakv3					●	
afakz1					●	
afrr1					●	
afakb3					●	
frakv2					●	
frar3					●	
faar3					●	

Betrachtet man Tabelle 44 und die dort aufgeführten Gründe des Ausschlusses der *selektierten Items,* so wird deutlich, dass vier Items aufgrund zu geringer MSA-Koeffizienten selektiert werden und zehn Items aufgrund von Doppelladungen von der weiteren Analyse ausgeschlossen werden. Hingegen werden keine Items aufgrund zu vieler Missings, zu geringer MSA-Koeffizienten, zu geringer Kommunalitäten, zu geringer Ladungen oder dem Fürntratt-Kriterium ausgeschlossen.

Bestimmung der Faktoren und ihrer internen Konsistenz. – Nach der inhaltlichen Interpretation der Faktoren werden negativ ladende Items rekodiert und Items mit Doppelladungen, wie dargestellt, von der weiteren Analyse ausgeschlossen. Anschließend wird zur Überprüfung der Güte der Faktoren ihre interne Konsistenz Cronbachs α berechnet. Wie aus Tabelle 45 ersichtlich, beläuft sich die Anzahl der Items pro Faktor nach der oben geschilderten Itemselektion zwischen drei und fünf. Die internen Konsistenzen dieser Faktoren reichen von 0.57 (Faktor 8) bis hin zu 0.84 (Faktor 2).

Die Reliabilität eines Tests sollte zwar insgesamt möglichst hoch sein, jedoch finden sich in der Literatur sehr unterschiedliche Angaben darüber, wie hoch die absoluten Beträge der Reliabilitätskoeffizienten seien sollten. Rossi & Freemann (1993) halten Re-

Tabelle 45: Mittelwert, Standardabweichung, Cronbachs für die 9-faktorielle Lösung des WoLiBaX

Faktor		Mittelwert	SD	Anzahl Items	α
1	zeitbedingte Arbeit⇨Nicht-Arbeit-Konflikte	2.86	0.92	3 (9)	0.75 (0.74)
2	beanspruchungsbedingte Nicht-Arbeit⇨Arbeit-Konflikte	2.02	0.67	5 (6)	0.84 (0.85)
3	verhaltensbedingtes Segmentationserleben - Ineffektivität (Arbeit⇨Nicht-Arbeit)	2.62	0.91	5 (-)	0.83 (--)
4	beanspruchungsbedingte Arbeit⇨Nicht-Arbeit-Konflikte	2.71	0.81	4 (5)	0.76 (0.81)
5	verhaltensbedingtes Segmentationserleben - Inkompatibilität (Arbeit⇨Nicht-Arbeit)	2.12	1.05	4 (5)	0.83 (0.86)
6	Benefiterleben Arbeit⇨Nicht-Arbeit	2.96	0.85	3 (-)	0.65 (--)
7	zeitbedingte Nicht-Arbeit⇨Arbeit-Konflikte	2.20	0.75	4 (-)	0.72 (--)
8	Benefiterleben (Nicht-Arbeit⇨Arbeit)	3.84	0.76	3 (5)	0.57 (0.70)
9	verhaltensbedingtes Benefiterleben Arbeit⇨Nicht-Arbeit	2.90	0.86	3 (-)	0.77 (--)

(in Klammern): Item-Anzahl je Skala bzw. Cronbachs-α vor Selektion der Items mit Doppelladungen

liabilitätskoeffizienten unter 0.75 bis 0.80 für völlig inakzeptabel, Wottawa (1988) hingegen akzeptiert bereits Werte in der Größenordnung von 0.60 bis 0.70. Bei standardisierten Tests sollte die interne Konsistenz des Reliabilitätskoeffizienten r_{tt} nach Grubitzsch, (1991) größer oder gleich 0.90 sein und die Re- oder Paralleltestreliabilität r_{tt} größer oder gleich 0.80. Im Forschungsbereich kann jedoch zur Differenzierung zwischen verschiedenen Gruppen nach Lienert & Raatz (1994) eine Reliabilität r_{rr} zwischen 0.50 und 0.70 als ausreichend erachtet werden. Folgt man der Argumentation von Lienert und Raatz, da in der hier vorliegenden Arbeit die Skalen lediglich zu Differenzierung zwischen Gruppen und nicht zur differentialpsychologischen Diagnose eingesetzt werden und berücksichtigt außerdem, dass es sich um ein noch nicht standardisiertes Instrument handelt, so sind die beobachteten Koeffizienten durchaus akzeptabel, wenn auch zum Teil verbesserungsbedürftig. Insbesonders die interne Konsistenz der Faktoren 6 und 8 bieten Optimierungspotenzial.

Ein entscheidender Aspekt, der bei der Interpretation zu berücksichtigen ist, betrifft die Ausprägung des korrelativen Zusammenhanges in der Population. Dieser ist entscheidend für die Höhe der Faktorenladungen der jeweiligen Variablen auf dem entsprechenden Faktor und steht in engem Zusammenhang mit der Stichprobengröße. Einen dieses Problem berücksichtigender Ansatz findet sich bei Guadagnoli & Velicer (1988). Die Autoren entwickeln eine Gleichung, bei der die Differenz zwischen Stichprobenladung und Populationsladung eine Funktion von Stichprobengröße und Stichprobenladung darstellt. Mittels der Formel

$$FS = 1 - (1.10 * x_1 - 0.12 * x_2 + 0.066)$$

kann die Stabilität einer Faktorenstruktur (FS) geschätzt werden. Hierbei ist $x_1 = 1/ht$ interpretiert werden.

Wird nach der Formel von Guadagnoli und Velicer (1988) die Stabilität der Faktorenstruktur berechnet, ergibt sich für die vorliegende Faktorenanalyse mit n=97 und $x_2=0.48$ ein FS-Wert von 0.879 für die Stabilität der Faktorenstruktur. Gemäß Bortz (1993) ist bei Werten größer gleich 0.90 von einer guten Übereinstimmung zwischen der in der Population existierenden und der stichprobenbedingter Faktorenstruktur auszugehen. Die gefundene Faktorenstruktur kann demnach zwar nicht als eine optimale, aber noch stabile Lösung bewertet werden.

Velicer & Fava (1998) weisen darauf hin, dass es um so wahrscheinlicher ist, ein in der Population vorhandenes Faktorenmuster zu reproduzieren, je größer die Anzahl der Versuchspersonen je Variablen je Faktor vorhanden sind und je größer die Ladungen dieser Faktoren sind. Dabei können Stärken in einem der drei genannten Bereiche Schwächen in einem anderen ausgleichen. Beispielsweise können mittelmäßige Ladungen und eine geringen Anzahl von Variablen durch eine große Stichprobe kompensiert werden. Es kann von daher vermutet werden, dass die Faktorenstruktur sich in einer größeren Stichprobe als stabiler erweisen würde.

Tabelle 46: Theoretische Klassifizierung der empirisch ermittelten Dimensionen des WoLiBaX

		Art des Effektes	
		Erleben des WLB-Interfaces als konflikthaft oder unvereinbar (Konflikte/Segmentation)	Erleben des WLB-Interfaces als förderlich (Benefiterleben)
Richtung des Einflusses	Arbeit ⇨ Nicht-Arbeit	Arbeit⇨Nicht-Arbeit-Konflikte zeitbedingt **F1** beanspruchungsbedingt **F4**	Arbeit⇨ Nicht-Arbeit-Benefiterleben **F6**
	Nicht-Arbeit ⇨ Arbeit	Nicht-Arbeit⇨Arbeit-Konflikte zeitbedingt **F7** beanspruchungsbedingt **F2**	Nicht-Arbeit⇨ Arbeit -Benefiterleben **F8**
	Arbeit⇔ Nicht-Arbeit	Segmentationserleben Arbeit⇔Nicht-Arbeit- *Ineffektivität* **F3** (verhaltensbedingt) *Inkompatibilität* **F5** (verhaltensbedingt)	Arbeit⇔Nicht-Arbeit- Benefiterleben **F9** (verhaltensbedingt)

Zusammenfassung der faktorenanalytischen Befunde 1. Ordnung. – Fasst man die Ergebnisse der dargestellten Faktorenanalyse inhaltlich zusammen und vergleicht die empirisch ermittelten mit den in Tabelle 24 auf S. 282 dargestellten Faktoren, so zeigt sich ein differenziertes Bild der Struktur des WoLiBaX. Es wurden mittels Faktorenanalyse nicht wie postuliert acht sondern neun Faktoren extrahiert, dabei entsprechen die ermittelten Dimensionen jedoch nur teilweise den a priori formulierten Facetten. Empirisch bestätigt werden konnten die Facetten zeitbedingte und beanspruchungsbedingte

Arbeit⇒Nicht-Arbeit-Konflikte sowie zeitbedingte und beanspruchungsbedingte *Nicht-Arbeit⇒Arbeit-Konflikte* (s. Tabelle 46). Für Arbeit⇒Familien-Konflikte und Arbeit⇒Freizeit-Konflikte können allerdings keine separaten Dimensionen identifiziert werden.

Im theoretischen Modell werden ferner für die beiden übergeordneten Dimensionen *Arbeit⇒Nicht-Arbeit-Konflikte* und *Nicht-Arbeit⇒Arbeit-Konflikte* als dritte Facette neben zeit- und beanspruchungsbedingten Konflikten auch verhaltensbedingte Konflikte postuliert. Zwar finden sich in der empirischen Struktur auch Facetten, die inhaltlich verhaltensbedingtes Erleben repräsentieren (Faktor 3 und Faktor 5), jedoch sind diese nicht wie angenommen unidirektional, sondern bidirektional und klassifizieren Verhaltensweisen, die als ineffektiv (F3) oder inkompatibel (F5) für den bzw. mit dem jeweils anderen Lebensbereich erlebt werden. Es handelt sich um ein Segmentationserleben, d.h., Verhaltensweisen des einen Lebensbereiches werden als nicht nützlich oder unerwünscht im anderen Lebensbereich bewertet. Die Richtung dieser Faktoren ist inhaltlich nicht „*trennscharf*", da auf jedem Faktor ein Item lädt, dass thematisch auch der anderen Richtung zugeordnet werden könnte.

Auch für die Faktoren, die das Benefiterleben beschreiben, zeigen sich Abweichungen von der postulierten Struktur. Vorhergesagt werden jeweils drei verschiedene (zeit-, beanspruchungs- und verhaltensbedingte) unidirektionale Dimensionen für die Konstrukte *Arbeit⇒Nicht-Arbeit-Benefits* und *Nicht-Arbeit⇒Arbeit-Benefits*. Empirisch finden sich jedoch nur drei Dimensionen des Benefiterlebens. Zwei der Dimensionen sind wie postuliert unidirektional und zwar sowohl in Richtung Arbeit⇒Nicht-Arbeit als auch umgekehrt in Richtung Nicht-Arbeit⇒Arbeit. Eine eindeutige Differenzierung nach zeitbedingten, beanspruchungsbedingten und verhaltensbedingten Aspekten ist bei diesen Faktoren jedoch nicht möglich, allerdings überwiegen zeit- und beanspruchungsbedingte Items, die auf diesen Faktoren laden. Der dritte Benefiterleben beschreibende Faktor ist im Gegensatz zu den beiden letzt genannten bidirektional und erfasst verhaltenbedingtes Arbeit⇒Nicht-Benefiterleben. Diese verhaltensbedingte Facette beschreibt darüber hinaus nur effektive Verhaltensweisen.

In keiner der extrahierten Konstrukte zeigt sich im Nicht-Arbeitsbereich die theoretisch postulierte Differenzierung zwischen Familie und außerfamiliärer Freizeit. Die Befunde sprechen dafür, dass die Befragten nicht zwischen Arbeit⇒Familien-Konflikten und Arbeit⇒Freizeit-Konflikten differenzieren, sondern lediglich *Arbeit⇒Nicht-Arbeit-Konflikte* als ein Konstrukt wahrnehmen.

Zusammenfassend kann somit festgehalten werden, dass sechs unidirektionale Faktoren identifiziert werden können, vier für zeit- und beanspruchungsbedingte Konflikte und zwei für Benefiterleben. Ferner werden drei Faktoren mit verhaltensbedingten Inhalten identifiziert, die alle bidirektional ausgerichtet sind: Zwei dieser Faktoren beschreiben Segmentationserleben und ein Faktor beschreibt Benefiterleben.

Zusammenhänge zwischen den Faktoren 1. Ordnung. – Ziel der Faktorenanalyse ist es, mit möglichst wenigen, aber homogenen Faktoren den Zusammenhang zwischen einzelnen Items systematisch zusammenzufassen. Korrelieren nach der Datenreduktion einzelne der ermittelten Faktoren hoch miteinander und andere hingegen gar nicht oder nur in sehr geringem Umfang, kann vermutet werden, dass die inhaltliche Homogenität bzw. Heterogenität der Facetten stärker ausgeprägt ist und die ermittelte faktorielle Struktur komplexer ist als durch das ermittelte Ordnungssystem dargestellt. Sind die Interkorrelationen zwischen den Faktoren stark ausgeprägt, ist davon auszugehen, dass sie thematisch äquivalente Inhalte erfassen, korrelieren sie nicht oder nur in sehr geringem Umfang miteinander, erfassen sie thematisch unterschiedliche Konstrukte. Existieren also hohe Korrelationen zwischen den einzelnen Faktoren, ist davon auszugehen, dass die Facetten in der ermittelten Faktorenstruktur sich nicht als einheitliche Konstrukte auf der Ebene der Faktoren erster Ordnung ausreichend darstellen lassen.

Analysiert man vor diesem Hintergrund die bivariaten Korrelationen der extrahierten Facetten des Work-Life-Balance-Erlebens, so lässt sich feststellen, dass zwischen einigen der Faktoren substanzielle Korrelationen bestehen, bei anderen hingegen nicht (vgl. Tabelle 47). Die statistisch signifikanten Koeffizienten liegen zwischen $r = 0.21$ und 0.56, also im Bereich mittlerer bis hoher Konvergenz. Dies unterstützt die These, dass hinter den Einzelfaktoren einer oder mehrere generelle Faktoren bzw. Faktoren zweiter Ordnung liegen, da die Skalen hoch miteinander korrelieren. Das deutet darauf hin, dass die Analyse einer zweiten Ordnungsstruktur sich als sinnvoll erweisen kann.

Faktor 1 (zeitbedingte Arbeit⇔Nicht-Arbeit-Konflikte) korreliert am stärksten ($r=.57$) mit Faktor 4 *(beanspruchungsbedingte Arbeit⇔Nicht-Arbeit-Konflikte)*. Beide erfassen Konflikte und sind gleich gerichtet sowie unidirektional. Ebenfalls starke Zusammenhänge bestehen für den Faktor 1 mit Faktor 5 (verhaltensbedingtes Segmentationserleben – Inkompatibilität [Arbeit ⇔ Nicht-Arbeit]; $r=.43$) sowie negativ mit Faktor 6 (Benefiterleben: Arbeit⇔Nicht-Arbeit; $r=-0.51$) und Faktor 8 (Benefiterleben: Nicht-Arbeit⇔Arbeit; $r=-0.42$), die beide mehrere zeitbedingte Items enthalten und somit zum Teil thematisch vergleichbar sind. Schließlich besteht ein signifikanter negativer Zusammenhang mit Faktor 9 (verhaltensbedingtes Benefiterleben [Arbeit ⇔Nicht-Arbeit]; $r=-0.20$).

Faktor 2 *(beanspruchungsbedingte Nicht-Arbeit⇔Arbeit-Konflikte)* steht in engem statistischen Zusammenhang mit Faktor 4 *(beanspruchungsbedingte Arbeit⇔Nicht-Arbeit-Konflikte; $r=0.26$)* und Faktor 7 (zeitbedingte Nicht-Arbeit⇔Arbeit-Konflikte; $r=0.52$). Während Faktor 4 ebenfalls beanspruchungsbedingte Konflikte erfasst (wenn auch in der umgekehrten Richtung), so erfasst Faktor 7 ebenfalls *Nicht-Arbeit⇔Arbeit-Konflikte* in der gleichen Richtung. Faktor 3 (Bidirektionales verhaltensbedingtes Segmentationserleben – Ineffektivität [Arbeit⇔Nicht-Arbeit]) korreliert am höchsten mit Faktor 5 (bidirektionales verhaltensbedingtes Segmentationserleben-Inkompatibilität

Tabelle 47: Mittelwerte, Standardabeichungen und bivariate Korrelationen aller WoLiBaX-Faktoren (1.Ordnung)

Variable	MW	SD	1	2	3	4	5	6	7	8	9
Faktor 1: zeitbedingte Arbeit⇔Nicht-Arbeit-Konflikte	2.86	0.92	(0.75)								
Faktor 2: beanspruchungsbedingte Nicht-Arbeit⇔Arbeit-Konflikte	2.02	0.67	0.03	(0.84)							
Faktor 3: verhaltensbedingtes Segmentationserleben - Ineffektivität (Arbeit⇔Nicht-Arbeit)	2.62	0.91	0.20†	0.13	(0.83)						
Faktor 4: beanspruchungsbedingte Arbeit⇔Nicht-Arbeit-Konflikte	2.72	0.81	0.57***	0.26*	0.10	(0.76)					
Faktor 5: verhaltensbedingtes Segmentationserleben - Inkompatibilität (Arbeit⇔Nicht-Arbeit)	2.12	1.05	0.43***	0.14	0.47***	0.36**	(0.83)				
Faktor 6: Benefiterleben Arbeit⇔Nicht-Arbeit	2.96	0.85	-0.51***	-0.02	-0.18	-0.27**	-0.28**	(0.65)			
Faktor 7: zeitbedingte Nicht-Arbeit⇔Arbeit-Konflikte	2.20	0.75	0.02	0.52***	0.17†	0.05	0.10	-0.09	(0.72)		
Faktor 8: Benefiterleben Nicht-Arbeit⇔Arbeit	3.84	0.76	-0.42***	-0.06	-0.12	-0.35***	-0.27**	0.38***	-0.21*	(0.57)	
Faktor 9: verhaltensbedingtes Benefiterleben Arbeit⇔Nicht-Arbeit	2.90	0.86	-0.20*	0.05	-0.31**	-0.08	-0.25**	0.30**	-0.06	0,25**	(077)

in Klammern: Reliabilität Cronbachs Alpha; † p≤0.10; * p≤0.05; ** p≤0.01; *** p≤0.001 für zweiseitige bivariate Korrelationen

[Arbeit⇔Nicht-Arbeit]; $r=0.47$), einem Faktor, der ebenfalls bidirektional Segmentationserleben erfasst. Außerdem besteht für Faktor 3 ein statistisch bedeutsamer negativer Zusammenhang mit Faktor 9 (verhaltensbedingtes Benefiterleben [Arbeit⇔Nicht-Arbeit]; $r=-0.31$), der thematisch ebenfalls verhaltensbedingte Verhaltensweisen beschreibt.

Faktor 4 *(beanspruchungsbedingte Arbeit⇔Nicht-Arbeit-Konflikte)* steht, wie bereits dargstellt, in sehr engem Zusammenhang mit Faktor 1. Darüber hinausgehend bestehen signifikante korrelative Zusammenhänge mit den Faktoren 2 *(beanspruchungsbedingte*

Nicht-Arbeit⇨Arbeit-Konflikte; r=.26), der ebenfalls thematisch beanspruchungsbedingtes Erleben behandelt sowie mit Faktor 6 (Benefiterleben Arbeit⇨Nicht-Arbeit; r=-0.27) und mit Faktor 5 (bidirektionales verhaltensbedingtes Segmentationserleben – Inkompatibilität [Arbeit ⇔Nicht-Arbeit]; r=0.36) und negativ mit Faktor 8 (Benefiterleben [Nicht-Arbeit⇨Arbeit]; r=-0.35).

Faktor 5 (bidirektionales verhaltensbedingtes Segmentationserleben – Inkompatibilität [Arbeit ⇔Nicht-Arbeit]) verfügt über einen sehr engen statistischen Zusammenhang mit Faktor 3 und außerdem über signifikante Korrelationen mit den Faktoren 1 und 4. Zusätzlich bestehen Zusammenhänge mit den Faktoren 6 (Benefiterleben Arbeit⇨Nicht-Arbeit; r=-0.28), 8 (zeitbedingtes Benefiterleben: Arbeit ⇔Nicht-Arbeit; r=-0.27) und Faktor 9 (verhaltensbedingtes Benefiterleben – Effektivität: Arbeit ⇔Nicht-Arbeit; r=-0.25).

Faktor 6 (beanspruchungsbedingtes Benefiterleben: Arbeit ⇔Nicht-Arbeit) korreliert statistisch überzufällig mit den Faktoren 1, 4 und 5. Ferner bestehen signifikante Zusammenhänge mit Faktor 8 (Benefiterleben: Nicht-Arbeit⇨Arbeit; r=0.38) und Faktor 9 (bidirektionales verhaltensbedingtes Benefiterleben [Arbeit ⇔Nicht-Arbeit]; r=0.30).

Faktor 7 *(zeitbedingte Nicht-Arbeit⇨Arbeit-Konflikte)* verfügt über die bereits berichtete statistisch signifikante Korrelationen mit dem Faktor 2. Zusätzlich besteht ein überzufälliger negativer Zusammenhang mit Faktor 8 (Benefiterleben: Nicht-Arbeit ⇨Arbeit; r=-0.21).

Letztendlich besteht noch ein signifikanter Zusammenhang zwischen Faktor 8 (Benefiterleben: Nicht-Arbeit⇨Arbeit) und Faktor 9 (bidirektionales verhaltensbedingtes Benefiterleben [Arbeit ⇔Nicht-Arbeit]; r=0.25).

Auffallend ist, dass die stärksten Zusammenhänge überwiegend zwischen Faktoren bestehen, die thematisch sehr ähnlich sind und in dem in Tabelle 46 dargestellten Sechs-Felder-Schema jeweils einem Feld zugeordnet sind. Entsprechend kann also vermutet werden, dass bei einer weitergehenden Analyse eine zweite Ordnungsebene identifiziert werden kann. Es wird dabei vermutet, dass sich sowohl Faktoren, die dieselbe Richtung von Spillover-Prozessen beschreiben zusammenfassen lassen (z.B. Arbeit⇨Nicht-Arbeit) als auch solche, die inhaltliche vergleichbare Aspekte erfassen (z. B. Benefiterleben).

11.2.5 Faktorenanalyse 2. Ordnung

In der bisherigen Darstellung wurden die Items des WoLiBaX faktoranalytisch dimensionalisiert und verdichtet. Für weitere Analysen stellt sich nun die Frage, ob und ggfs. wie die einzelnen Verhaltens- und Erlebensweisen des Work-Life-Balanceerlebens stärker zusammengefasst werden können. Zur Beantwortung dieser Frage wird nachfolgend eine Faktorenanalyse zweiter Ordnung berechnet, d.h., die in der ersten

Faktorenanalyse gewonnenen Faktoren werden in eine zweite Faktorenanalyse als Ausgangsvariablen einbezogen. Mit eine Faktorenanalyse zweiter Ordnung soll die Dimensionalität erster Ordnung durch übergeordnete Work-Life-Balance-Erlebensweisen (zweiter Ordnung) vereinfacht werden.

Wie bereits geschildert, deuten die bivariaten Korrelationen zwischen den einzelnen extrahierten Faktoren bereits darauf hin, dass sich die einzelnen Skalen (im Folgenden auch Facetten genannt) des WLB-Erlebens zu übergeordneten Faktoren zusammenfassen lassen. Zur Überprüfung der Konstruktvalidität übergeordneter Dimensionen wurde deshalb mit den in der Faktorenanalyse gewonnenen Faktoren als Ausgangsbasis eine zweite Faktorenanalyse (zweiter Ordnung) berechnet.

Struktur des Datensatzes. – Vorab-Analysen des Datensatzes auf seine Eignung zur Faktorenanalyse wie Missing-Data-Diagnose, Mittelwertersetzung oder Bewertung des Umfanges des Datensatzes konnten unterbleiben, da dies bereits unter 11.2.4 erfolgte. Vor der Analyse wurde das Datenmaterial zunächst erneut auf seine Güte zur faktorenanalytischen Auswertung mittels KMO- und MSA-Koeffizienten auf seine Eignung untersucht.

Wie aus Tabelle 48 ersichtlich, beläuft sich der KMO-Wert auf 0.68, was eine mittelmäßige Eignung des Datensatzes für eine Faktorenanalyse indiziert. Der Bartlett-Test auf Sphärizität wird mit einem χ^2- Wert von 199.73 bei 36 Freiheitsgraden signifikant. Die MSA-Koeffizienten liegen im Wertebereich zwischen 0.48 und 0.79 und sind somit ebenfalls akzeptabel. Diese Befunde entsprechen in ihrer Größenordnung den unter 11.2.4 dargestellten Ergebnissen der Faktorenanalyse erster Ordnung und waren aus diesem Grunde auch zu erwarten.

Tabelle 48: KMO- und Bartlett-Test vor Faktorenanalyse 2. Ordnung (Studie 1)

Maß der Stichprobeneignung nach Kaiser-Meyer-Olkin		0.68
Bartlett-Test auf Sphärizität	ungefähres Chi-Quadrat	199.73
	df	36
	Signifikanz nach Bartlett	0.00

Hauptkomponentenanalyse und Faktorenextraktion. – Nachfolgend werden die Faktoren erster Ordnung einer Hauptkomponentenanalyse unterzogen. Erneut stellt sich in diesem Zusammenhang die Frage nach der Auswahl eines geeigneten Kriteriums zur Faktorenextraktion. Als mögliche Kriterien werden erneut das Kaiser-Guttmann-Kriterium, der Scree-Test, die Parallelanalyse, der MAP-Test sowie die a priori theoretisch postulierten Faktoren herangezogen.

Kaiser-Guttmann-Kriterium/Eigenwerte >1. Wendet man nach der Hauptkomponentenanalyse das Kaiser-Guttman-Kriterium zur Faktorenextraktion an, ergibt sich eine 3-fakorielle Lösung mit einer kumulierten Aufklärung der Varianz von 62,5 % durch die drei Faktoren (vgl. Tabelle 31)

Tabelle 49: Kaiser-Guttman-Kriterium: Eigenwerte >1 und erklärte Varianz (Studie 1)

Faktor	Eigenwert	% aufgeklärter Varianz	kumulierte % aufgeklärter Varianz
1	2.92	32.55	32.55
2	1.50	16.70	49.25
3	1.19	13.29	62.54

Scree-Test nach Cattell. Der Scree-Test ist für die hier analysierten Daten ist ebenfalls uneindeutig (vergleichbar dem Eigenwerteverlauf bei der Faktorenanalyse erster Ordnung), da der Verlauf der empirischen Eigenwerte zwei Knicke aufweist (vgl. Abbildung 9). Der erste Knick ist beim zweiten Faktor zu beobachten – hier ist ein Abfall der Eigenwerte von 2.93 und 1.50 festzustellen. Ein zweiter Knick kann beim fünften Faktor konstatiert werden mit eine geringeren Differenz der Eigenwerte von 1.20 und 0.95. Zwar ist der Eigenwerteabfall vom Betrag her beim zweiten Faktor größer, andererseits nähert sich der Eigenwerteverlauf erst nach dem Knick beim fünften Faktor einer Parallele zur X-Achse, so dass auch eine fünffaktorielle Lösung als angemessen erscheint.

Parallelanalyse. Eine Parallelanalyse mit 2000 Datendateien für eine Stichprobe mit N=97 und neun Zufallsvariablen ergibt den in Abbildung 9 dargestellten Verlauf von Zufallseigenwerten. Die Eigenwerteverläufe schneiden sich nach dem dritten Eigenwert, so dass gemäß den unter 11.2.4 dargestellten Kriterien drei Faktoren extrahiert werden sollten.

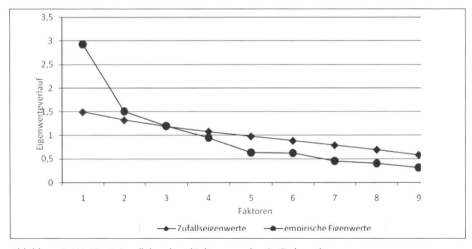

Abbildung 9: WoLiBaX: Parallelanalyse (Faktorenanalye 2. Ordnung)
Empirischer und Zufallseigenwerteverlauf

MAP-Test nach Velicier. Die Berechnung der geringsten mittleren quadrierten Korrelation zeigt sich für den ersten Faktor mit 0.04. Nach der Auspartialisierung der ersten Komponente steigt die Partialkorrelation wieder an (auf 0.06), so dass gemäß der Kriterien des MAP-Test lediglich ein Faktor extrahiert werden sollte.

Andere Extraktionskriterien. Neben den empirisch-statistischen Kriterien kann zur Bestimmung der Faktorenzahl auch die Anzahl der Dimensionen eines a priori formulierten hypothetischen Modells herangezogen werden. In diesem Fall können die in Tabelle 46 übergeordneten vier Felder als Oberbegriffe für vier übergeordnete (Super-) Faktoren verstanden werden (differenziert nach den Kriterien unidirektionale vs. bidirektionale und Konflikte vs. Benefits). Gemäß dieser Struktur des WoLiBaX sollten vier Faktoren zweiter Ordnung extrahiert werden können.

Vergleicht man nun die Ergebnisse der verschiedenen Extraktionskriterien, ergibt sich auch für die Faktorenanalyse zweiter Ordnung auf den ersten Blick kein eindeutiges Bild (vgl. Tabelle 50). Nach dem *„Eigenwerte-größer-Eins-Kriterium"* als auch die Parallelanalyse und dem Map-Test sind drei oder weniger Faktoren zu extrahieren. A priori werden theoretisch jedoch vier Faktoren postuliert. Der Scree-Test legt hingegen sogar die Auswahl von fünf Faktoren nahe.

Tabelle 50: Zusammenfassung der Ergebnisse der verschiedenen Kriterien zur Faktorenextraktion

Kriterium	Anzahl der Faktoren
A-priori-Kriterium/Theoretische Vorgabe	4
Eigenwerte>1	3
Scree-Test	(2) 5
Parallelanalyse	3
MAP-Test	1

Da auch bei der Faktorenanalyse zweiter Ordnung der Vergleich der verschiedenen Extraktionskriterien keine eindeutige Empfehlung für die Zahl der zu extrahierenden Faktoren nahe liegt, empfiehlt es sich auch in diesem Fall, weitere Informationen heranzuziehen. Als erstes Kriterium werden deshalb zunächt die Kommunalitäten der verschiedenen Lösungen verglichen. Wie aus Abbildung 10 ersichtlich, verbessert sich mit zunehmender Faktorenzahl die Anzahl der Items mit akzeptablem Niveau der Kommunalitäten. Die ein- und dreifaktoriellen Lösungen weisen beide *„Items"* (Faktoren erster Ordnung) auf mit Kommunalitäten h^2 <0.50. Die vier- und fünffaktoriellen Lösungen erscheinen im Vergleich deutlich geeigneter, aufgrund der insgesamt höheren Kommunalitäten, denn insbesondere in kleinen Stichproben sollten die die extrahierten Lösungen möglichst über *„Items"* mit Kommunalitäten >0.60, aber zumindest >0.50, verfügen.

Die Entscheidung für eine vier- oder fünffaktorielle Lösung wurde von zwei weiteren Kriterien abhängig gemacht. Der initiale Eigenwert des fünften Faktors beläuft sich lediglich auf 0.63, was bedeutet, dass dieser Faktor das „*Eigenwerte-größer-Eins-Kriterium*" erheblich unterschreiten würde, was eher für eine vierfaktorielle Lösung spricht, da der vierte Faktor mit 0.95 das Kaiser-Guttman-Kriterium nur sehr knapp überschreitet. Ein weiterer entscheidender Aspekt, der für eine die 4-faktorielle Lösung spricht sind theoretische Vorüberlegungen. Wie beschrieben, können die neun Faktoren erster Ordnung thematisch vier Bereichen zugeordnet werden. Aufgrund der genannten Gründe wurde deshalb wie folgend geschildert eine Vier-Faktoren-Lösung extrahiert.

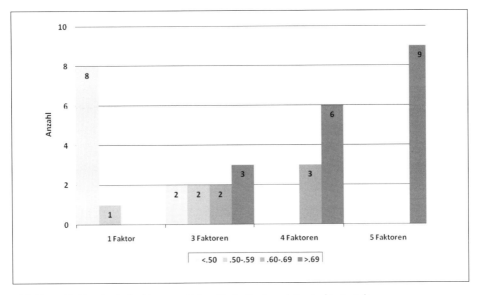

Abbildung 10: Vergleich der Kommunalitäten für 1-, 3-, 4- und 5 extrahierte Faktoren (Faktorenanalyse 2. Ordnung)

Faktorenrotation und Interpretation der Faktorenstruktur zweiter Ordnung.– Die vierfaktorielle Lösung wird einer Varimax-Rotation unterzogen, da das primäre Ziel des Analyseschrittes darin besteht, die neun Dimensionen auf möglichst wenige Faktoren zweiter Ordnung zu reduzieren bei gleichzeitig maximal möglicher Varianzaufklärung. Dabei ergibt sich die in Tabelle 51 dargestellte Ladungsmatrix.

Die rotierten Faktoren weisen eine eindeutige Einfachstruktur auf und können sehr gut interpretiert werden. Die Beträge der Ladungen der Faktoren erster Ordnung auf den Faktoren zweiter Ordnung belaufen sich zwischen 0.65 und 0.88 und sind damit ausreichend hoch. Die Eindimensionalität der Faktoren ist trotz einiger Doppelladungen gewährleist, da der prozentuale Anteil der beiden höchsten Ladungen eines Faktors erster Ordnung immer um mindestens 20 % divergiert $(a_1^2 \ a_2^2) / h^2 \geq 0.20)$ und das Fürntratt-Kriterium ebenfalls immer erfüllt wird. Die Varianzaufklärung der vierfaktoriellen Lösung beträgt 73,1 % und ist somit äußerst zufriedenstellend.

Tabelle 51: Varimaxrotierte Faktorladungsmatrix der 9 WoLiBaX-Facetten sowie Kommunalitäten, Eigenwerte und % erklärter Varianz

Faktoren- / Itembezeichnung	Faktor 1	Faktor 2	Faktor 3	Faktor 4	h^2
Faktor I: Arbeit⇔Nicht-Arbeit-Konflikte					
F4: beanspruchungsbedingte Arbeit⇔Nicht-Arbeit-Konflikte	0.85				0.76
F1: zeitbedingte Arbeit⇔Nicht-Arbeit-Konflikte	0.74	-0.42			0.76
Faktor II: Benefiterleben					
F6: Benefiterleben Arbeit⇔Nicht-Arbeit	-0.32	0.70			0.60
F8: Benefiterleben Nicht-Arbeit⇔Arbeit	-0.34	0.70			0.63
F9: verhaltensbedingtes Benefiterleben Arbeit⇔Nicht-Arbeit		0.65		-0.46	0.69
Faktor III: Nicht-Arbeit⇔Arbeit –Konflikte					
F7: zeitbedingte Nicht-Arbeit⇔Arbeit-Konflikte			0.87		0.82
F2: beanspruchungsbedingte Nicht-Arbeit⇔Arbeit-Konflikte			0.85		0.79
Faktor IV: Segmentationserleben					
F3: verhaltensbedingtes Segmentationserleben - Ineffektivität (Arbeit⇔Nicht-Arbeit)				0.88	0.79
F5: verhaltensbedingtes Segmentationserleben - Inkompatibilität (Arbeit⇔Nicht-Arbeit)	0.37			0.71	0.73
Eigenwert	1.80	1.67	1.56	1.55	
% aufgeklärte Varianz	20.01	18.51	17.37	17.20	

Anmerkungen:
fett = Ladungen die im Faktor berücksichtigt werden sind fett gedruckt;
Ladungen <0.30 werden nicht dargestellt;
Die gesamte Varianzaufklärung der vierfaktoriellen Lösung beträgt 73,10%.

Faktor I der Faktorenanalyse zweiter Ordnung enthält die zwei Faktoren der Faktorenanalyse erster Ordnung, die *beanspruchungsbedingte* und *zeitbedingte Arbeit⇔Nicht-Arbeit-Konflikte* thematisieren (F1 und F4). Die zusammenfassende Überschrift dieses Faktors lautet von daher: *Arbeit⇔Nicht-Arbeit-Konflikte,* da beide ladenden Faktoren erster Ordnung Konflikte in dieser Richtung beschreiben. Der Faktor klärt 20,0% der Gesamtvarianz auf. Der Mittelwert dieser Skala beläuft sich auf 2.8 (SD=0.77).

Faktor II trägt mit 18,5% zu Varianzaufklärung innerhalb dieser Faktorenanalyse bei. Der Faktor umfasst drei Faktoren erster Ordnung, die inhaltlich Benefiterleben behandeln. Zwei der Faktoren erster Ordnung, die auf diesem Faktor zweiter Ordnung laden, sind undirektional, einer bidirektional. Der resultierende Faktor wird deshalb allgemein als *Benefiterleben* gekennzeichnet. Der Mittelwert der Skala liegt mit 3.2 (SD=0.61) im positiven Bereich der Antwortskala.

Das verbindende Merkmal des dritten übergeordneten Faktors besteht darin, dass zugehörigen Faktoren erster Ordnung unidirektional zeitbedingte und beanspruchungsbedingte *Nicht-Arbeit⇨Arbeit–Konflikte* zum Thema haben, weshalb der Faktor III auch als *Arbeit⇨Arbeit–Konflikte* benannt wird. Die Varianzaufklärung von Faktor III beträgt 17,4 %. Der Mittelwert der Skala beträgt 2.1 (SD=0.62).

Der letzte Faktor zweiter Ordnung wird *Segmentationserleben* genannt, da die beiden Faktoren erster Ordnung, die diesen Faktor beschreiben, verschiedene Formen des *Segmentationserlebens* thematisieren. Die Varianzaufklärung von Faktor IV beläuft sich auf 17,2 %. Mit 2.3 (SD=0.84) ist der Mittelwert dieser Skala eher gering ausgeprägt.

Die neun Dimensionen des WoLiBaX lassen sich somit durch eine Faktorenanalyse zweiter Ordnung auf vier übergeordnete Konstrukte reduzieren und klären insgesamt 73,1 % der gemeinsamen Varianz auf.

Zusammenfassung der faktorenanalytischen Auswertung 2. Ordnung.– Insgesamt ist es gelungen, einen Fragebogen zu konstruieren, mit dem das intendierte Konstrukt Work-Life-Balance-Erleben differenziert und mit akzeptabler psychometrischer Qualität erfasst wird. Mit der vierfaktoriellen Lösung zweiter Ordnung kann eine weitere inhaltlich sinnvolle Reduktion der Faktoren erzielt werden (s. a. Tabelle 52). Dabei ergeben sich zwei unidirektionale Konflikt-Faktoren (F I und F III) und zwei bidirektionale Faktoren, von den der eine verhaltensbedingte Konflikte erfasst (F IV) und der andere den positiven Transfer zwischen den Lebensbereichen Arbeit, Familie und Freizeit (F IV).

Tabelle 52: Theoretische Klassifizierung der empirisch ermittelten Dimensionen des WoLiBaX Faktoren 2. Ordnung (Studie 1)

		Art des Effektes	
		Erleben des WLB-Interfaces als konflikthaft oder unvereinbar (Konflikte/Segmentation)n	Erleben des WLB-Interfaces als förderlich (Benefiterleben)
Richtung des Einflusses	Arbeit⇨ Nicht-Arbeit	F I Arbeit⇨ Nicht-Arbeit-Konflikte	-
	Nicht-Arbeit⇨ Arbeit	F III Nicht-Arbeit⇨ Arbeit-Konflikte	-
	Arbeit⇔ Nicht-Arbeit	F IV Segmentationserleben Arbeit⇔Nicht-Arbeit- (verhaltensbedingt)	F II Benefiterleben Arbeit⇔Nicht-Arbeit-

11.2.6 Inhaltliche Befunde zum Work-Life-Balance-Erleben

Mittelwerte der Faktoren erster Ordnung. Vergleicht man die Mittelwerte der neun Faktoren erster Ordnung der WoLiBaX-Skalen, dann lässt sich feststellen, dass der überwiegende Anteil der Werte dieser der Skalen insgesamt eher gering bis mittel ausgeprägt ist. Acht der neun Skalen weisen Werte von unter drei, dem mittleren Wert der Antwortskala, auf (s. Abbildung 11). Hinsichtlich des Konflikterlebens kann festgestellt werden, dass die *zeit- und beanspruchungsbedingten Arbeit⇨Nicht-Arbeit-Konflikte* mit einem Mittelwert von 2.9 bzw. 2.7 am stärksten ausgeprägt sind. Deutlich geringer fallen dagegen mit 2.2 bzw. 2.0 die Mittelwerte für *zeit-und beanspruchungsbedingten Arbeit ⇨Nicht-Arbeit-Konflikte* aus. Hier zeigt sich für die Teilnehmer der untersuchten Stichprobe insgesamt nur eine sehr geringe Belastung im Erwerbsleben, die aus dem privaten und familiären Lebensbereich resultiert. Für die bidirektionalen Skalen des verhaltensbedingten Segmentationserleben zeigt sich, dass das Segmentationserleben, das auf *Ineffektivität* beruht – also auf Verhaltensweisen, die sich in einem Lebensbereich als hilfreich und nützlich erweisen, nicht aber im anderen Lebensbereich – mit einem Mittelwert von 2.6 stärker ausgeprägt ist als das Segmentationserleben aufgrund von *Inkompatibilität* der Verhaltensweisen mit 2.1. Die insgesamt stärksten Ausprägungen für die WoLiBaX-Skalen zeigen sich für die drei Benefitskalen. Die mit Abstand höchste Ausprägung hat dabei die Skala für das *(zeit- und beanspruchungsbedingte) Benefiterleben Nicht-Arbeit⇨Arbeit,* d.h. es gibt einen starken positiven Transfer aus dem Lebensbereich Familie und Freizeit in das Arbeitsleben. Deutlich geringer, aber immer noch im positiven Bereich liegend, fällt der Transfer in die entgegengesetzte Richtung aus. So

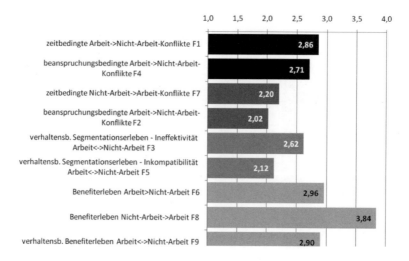

Abbildung 11: Mittelwerte der WoLiBaX-Skalen F1-9 (Faktoren 1. Ordnung)

verfügt die Skala *(zeit- und beanspruchungsbedingtes) Benefiterleben Arbeit⇔Nicht-Arbeit* über einen Mittelwert von 3.0. Etwa gleichstark ist die Ausprägung für die bidirektionale Skala *verhaltensbedingtes Benefiterleben Arbeit⇔Nicht-Arbeit*.

Mittelwerte der Faktoren zweiter Ordnung. Die beschriebenen Trends werden noch deutlicher bei Betrachtung der reduzierten Faktorenstruktur zweiter Ordnung. Der Faktor *Arbeit⇔Nicht-Arbeit-Konflikte* ist hinsichtlich des Konflikterlebens mit einem Mittelwert von 2.8 am stärksten ausgeprägt (vgl. Abbildung 12). Die insgesamt jedoch am stärksten ausgeprägte Skala stellt mit einem Mittelwert von 3.2 das *Benefiterleben* dar. Eher gering ausgeprägt sind dagegen die Mittelwerte der Skalen *Nicht-Arbeit⇔Arbeit– Konflikte* mit 2.1 und *Segmentationserleben* mit 2.3.

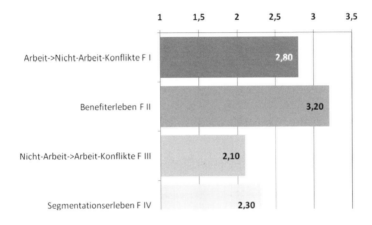

Abbildung 12: Mittelwerte der WoLiBaX-Skalen F I – IV (Faktoren 2. Ordnung)

Abschließend kann festgehalten werden, dass in der untersuchten Stichprobe der Spillover aus der Arbeit in das Familien und Privatleben stärker ausfällt als in entgegengesetzter Richtung. Das Benefiterleben ist insgesamt am stärksten ausgeprägt, verhaltensbedingte Konflikte (Segmentationserleben) spielen eine eher untergeordnete Rolle bei den Befragten.

Unterschiede im Work-Life-Balance-Erleben zwischen wissenschaftlichen Mitarbeitern und Krankenpflegepersonal (S1-3).– In der unter 11.2.1 formulierten Fragestellungen wird angenommen, dass sich Beschäftigte eines Tätigkeitsfeldes mit größeren Partizipationsmöglichkeiten und mehr Handlungsspielraum von Beschäftigten in einem Tätigkeitsfeld mit geringeren Einflussmöglichkeiten signifkant unterscheiden. Diese Fragestellung soll exemplarisch mit einer Stichprobe unter wissenschaftlichen Mitarbeitern im Hochschulbereich und klinischem Krankenpflegepersonal untersucht werden.

Vorab gilt es jedoch zu klären, ob sich die beiden Teilstichproben hinsichtlich ihrer Partizipationsmöglichkeiten überhaupt unterscheiden. Hierzu werden die Mittelwertunterschiede zwischen den beiden Gruppen für die Gesamtskala Partizipation mit einer ANOVA getest. Die Gesamtskala Partizipation mit ihren zwölf Items verfügt mit einem Cronbachs-α von 0.93 über eine sehr gute interne Konsistenz und kann somit als brauchbarer Indikator für das zu erfassende Konstrukt Partizipation betrachtet werden. Der Mittelwert der Skala Partizipation ist in der Gruppe der wissenschaftlichen Mitarbeiter mit 3.55 (SD=0.63) deutlich höher ausgeprägt als mit 2.97 (SD=0.67) in der Vergleichsgruppe des klinischen Krankenpflegepersonals. Der Unterschied erweist sich in der varianzanalytischen Auswertung darüber hinaus auch als statistisch bedeutsam ($F[1,50]=10.24$, $p≤0.01$). Die grundlegende Voraussetzung für die weitergehende Analyse, dass wissenschaftliche Mitarbeiter über deutlich höhere Partizipationsmöglichkeiten in ihrem Tätigkeitsfeld verfügen, kann somit als gegeben betrachtet werden.

Zur Analyse der Fragestellung, ob sich wissenschaftliche Mitarbeiter und klinisches Krankenpflegepersonal hinsichtlich ihres Work-Life-Balance-Erlebens unterscheiden, werden vier univariate Varianzanalyse mit der Art der Tätigkeit als unabhängige Variable und dem Work-Life-Balance-Faktoren (zweiter Ordnung) als abhängigen Variable berechnet.

Für die vier berechneten Varianzanalysen kann lediglich für den Faktor F III *Nicht-Arbeit⇨Arbeit–Konflikte* ein statistisch signifikanter Unterschied berichtet werden ($F[1,50]=8.00$, $p≤0.01$). Dabei zeigt sich, dass die *Nicht-Arbeit⇨Arbeit–Konflikte* für wissenschaftliche Mitarbeiter mit einem Mittelwert von 2.13 signifkant stärker ausgeprägt sind als für die Teilstichprobe des klinischen Pflegepersonals mit 1.79 (vgl. Abbildung 13). Hinsichtlich der drei anderen übergeordneten WoLiBaX-Faktoren können für die Mittelwertunterschiede zwischen analysierten Berufsgruppen keine Effekte mit statistischer Bedeutsamkeit berichtet werden (F I: $F[1,50]≤1$; F II: $F[1,50]=2.50$; n.s.; F IV: $F[1,50]≤1$).

Die Annahme der Fragestellung S1-3, dass sich Beschäftigte in einem Tätigkeitsfeld mit größeren Partizipationsmöglichkeiten von Beschäftigten mit geringeren Einflussmöglichkeiten unterscheiden, kann somit nicht bestätigt werden. Für den Faktor III zeigt sich sogar ein Effekt, der entgegen der formulierten Annahme verläuft. Hier zeigen Mitarbeiter mit größeren Partizipationsmöglichkeiten sogar stärkere Vereinbarkeitskonflike als Beschäftigte mit geringeren Mitwirkungsmöglichkeiten.

Work-Life-Balance-Erleben als Prädiktor für Zufriedenheit (S1-4).– In diesem Kapitel wird der Zusammenhang zwischen Work-Life-Balance-Erleben und Partnerschaftszufriedenheit sowie Arbeitszufriedenheit analysiert.

Zusammenhang zwischen Work-Life-Balance-Erleben und Partnerschaftszufriedenheit
Es wird angenommen, dass Konflikte bei der Vereinbarkeit von Arbeit, Familie und Freizeit in negativem Zusammenhang stehen mit der Zufriedenheit in der Partnerschaft und auch zu häufigeren Streitereien und Konflikten mit dem Lebenspartner führen. Umgekehrt kann angenommen werden, dass ein hohes Benefiterleben einhergeht mit einer größeren Partnerschaftszufriedenheit und geringeren Konflikten mit dem Lebenspartner. Zur Überprüfung dieser Fragestellungen werden hierachische Regressionsanalysen mit den Work-Life-Balance-Faktoren (zweiter Ordnung) als Prädiktoren und dem Ein-Item-Maß[21] Partnerschaftszufriedenheit als Kriterium berechnet. Die mittlere Zufriedenheit mit der dem Lebenspartner ist in der Gesamtstichprobe mit 4.13 (SD=0.80) hoch.

Bei der Regression der WoLiBaX-Skalen auf die Partnerschaftszufriedenheit erweist sich das Regressionsmodell mit $F[4,90]=5.01, p \leq 0.001$ als statistsch signifikant (s. Tabelle 53). Das korrigierte R^2 des Modells beläuft sich auf 0.15. Von den vier analysierten Prädiktoren erweisen sich die beiden Faktoren F I *Arbeit⇨Nicht-Arbeit-Konflikte* (β = -0.24) und F III *Nicht-Arbeit⇨Arbeit-Konflikte* (β = -0.23) als statistisch bedeutsam[22]. Das bedeutet, bei Studienteilnehmern mit hohen zeit- und beanspruchungsbedingten Vereinbarkeitskonflikten gehen diese einher mit einer geringeren Partnerschaftszufriedenheit. Die Varianzaufklärung des Modells beläuft sich auf 15 %. Die Effektstärke f^2 des Gesamtmodells beläuft sich auf 0.18 und ist von mittlerer Größe. Die Annahmen der Fragestellung S1-2 können somit teilweise bestätigt werden: Zwar stehen Work-Life-Balance-Konflikte in einem engem Zusammenhang mit der Partnerschaftzufriedenheit, jedoch gilt dies nicht für das Segmentationserleben und dem positiven Transfer zwischen den Lebensbereichen, dem Benefiterleben.

Aufgrund des berichteten Zusammenhanges zwischen zwei Dimensionen des Work-Life-Balance-Erlebens und der Partnerschafszufriedenheit werden ergänzend zur Fragestellung vertiefende Analysen berechnet. Dabei soll zunächst untersucht werden, ob das Work-Life-Balance-Erleben sich nicht nur als Prädiktor für die Partnerschaftszufriedenheit erweist, sondern auch als Prädiktor für Konflikte zwischen den Lebenspartnern dienen kann. Dabei wird angenommen, dass die Skalen, die in signifikantem Zusammenhang mit der Partnerschaftszufriedenheit stehen, auch positiv mit der Häufigkeit der Konflikte mit dem Partner korrelieren. Allerdings wird davon ausgegangen, dass es hier einen positiven Zusammenhang zwischen Konflikterleben und Konflikt-

---

[21] „Wie zufrieden sind Sie mit dem Verhältnis zu ihrem/r Partner/in?"
[22] Alle in dieser Arbeit dokumentierten regressionsanalytischen Modelle wurden vorab auf das Vorliegen von Autokorrelationen und Multikollinearität überprüft. Zur Überprüfung wurden der Durbin-Watson-Koffizient (Autokorrelation) bzw. die Toleranz und Variance Inflation Factor (Multikollinearität) herangezogen. Dabei wurden die in Brosius (1998) zitierten Bewertungskriterien zugrunde gelegt, d.h. der Durbin-Watson-Koffizient sollte zwischen 1.5 und 2.5 liegen, die Toleranzwerte über 0.1 und der Variance Inflation Factor möglichst weit unter 10. Diese Bedingungen waren für alle Modelle gegeben, so dass an dieser Stelle auf eine explizite Dokumentation dieser Befunde verzichtet wird.

Tabelle 53: Multiple hierarchische Regression WLB-Erleben und Partnerschaftszufriedenheit

	Partnerschaftszufriedenheit	
	stand. β	T
F I Arbeit⇨Nicht-Arbeit-Konflikte	-0.24 *	-2.14
F II Benefiterleben	0.11	0.94
F III Nicht-Arbeit⇨Arbeit-Konflikte	-0.23 *	-2.39
F IV Segmentationserleben	-0.05	-0.47
R^2	0.18***	
korr. R^2	0.15***	
N	95	

† p≤0.10; * p≤0.05; ** p≤0.01; *** p≤0.001

Tabelle 54: Multiple hierarchische Regression WLB-Erleben und Konflikten zwischen den Lebenspartnern

	Streit/Reibereien mit dem Lebenspartner aufgrund von Arbeitszeiten	
	stand. β	T
F I Arbeit⇨Nicht-Arbeit-Konflikte	0.36 ***	3.39
F II Benefiterleben	-0.08	-0.77
F III Nicht-Arbeit⇨ Arbeit-Konflikte	0.02	-0.16
F IV Segmentationserleben	0.18 †	1.74
R^2	0.26***	
korr. R^2	0.23***	
N	95	

† p≤0.10; * p≤0.05; ** p≤0.01; *** p≤0.001

häufigkeit und einen negativen Zusammenhang zwischen Benefiterleben und Konflikthäufigkeit gibt. Es wird eine weitere hierachische Regressionsanalyse berechnet, bei der jedoch das Kriterium *Partnerschaftszufriedenheit* durch das ein Ein-Item-Maß „Kommt es aufgrund Ihrer Arbeitszeiten mit ihrer/m Partner/in schon mal zu Streit bzw. zu Reibereien?" ersetzt wird (Frage 8.15[23]). Dies gilt als Indikator für Partnerschaftskonflikte. Dabei zeigt sich, dass das Regressionsmodell mit $F[4,90]=7.84, p≤0.001$ statistisch signifikant wird (s. Tabelle 54). Das Regressionsmodell verfügt sogar mit 23 % über eine größere Varianzaufklärung als das vorhergehende Modell mit der Partnerschaftszufriedenheit als Kriterium ($f^2=0.30$). Bei der Detailanalyse zeigt sich ferner, dass vor allem der Faktor F I *Arbeit⇨Nicht-Arbeit-Konflikte* mit einem β von 0.36 als signifikanter Prädiktor der Konflikte zwischen der Lebenspartner herangezogen werden kann, d.h., je stärker die zeit- und beanspruchungsbedingten Konflikte der Befragten ausgeprägt sind, desto häufiger kommt es mit dem Lebenspartnern aufgrund der eigenen Arbeitszeiten zu Streit bzw. Reibereien. Ein tendenzieller Effekt kann außerdem für den Faktor F IV

---

[23] Antwortformat: nie (1), selten (2), gelegentlich (3), recht oft (4), sehr oft (5)

Segmentationserleben berichtet werden. Auch hier gilt: Je stärker die Lebensbereiche verhaltensbedingt als unvereinbar, also segmentiert wahrgenommen werden, desto häufiger kommt es mit dem Lebenspartner zu Auseinandersetzungen (ß=-0.18).

Ähnliche Befunde finden sich für die Selbsteinschätzung der Befragten, ob ihr Lebenspartner unter der Beanspruchung zu leiden hat, die ihre Arbeitszeit mit sich bringt (Frage 8.14). Regrediert man die vier extrahierten Skalen des WoLiBaX auf die Frage, ob der Partner unter der Beanspruchung der eigenen Arbeitszeit zu leiden hat, ergibt sich ein signifikantes Regressionsmodell mit $F[4,90]=5.41, p\leq0.001$. Als statistisch bedeutsame Prädiktoren erweisen sich auch in diesem Fall die Skalen, die zeit- und beanspruchungsbedingte Vereinbarkeitskonflikte beinhalten: F I *Arbeit⇒Nicht-Arbeit-Konflikte* (ß=0.43; p≤0.001) und F III *Nicht-Arbeit⇒Arbeit-Konflikte* (ß=-0.19; p≤.05). Dabei erscheint vor allem der Befund, dass *Arbeit⇒Nicht-Arbeit-Konflikte* in positivem Zusammenhang mit der Beanspruchung des Lebenspartners stehen, als plausibel: Je stärker die eigenen zeit- und beanspruchungsbedingten *Arbeit⇒Nicht-Arbeit-Konflikte* ausgeprägt sind, desto stärker schätzen die Befragten auch die Beanspruchung ihres Lebenspartners ein. Überraschend hingegen erscheint der negative Zusammenhang zwischen *Nicht-Arbeit⇒Arbeit-Konflikten* und der eingeschätzten Beanspruchung des Lebenspartners. Dieser Befund bedeutet, dass die Befragten angeben, dass je stärker ihre *Nicht-Arbeit⇒Arbeit-Konflikte* ausgeprägt sind, um so geringer schätzen sie die Beanspruchung ihres Lebenspartners durch die eigenen Arbeitszeiten ein. Dieses Ergebnis scheint zunächst im Widerspruch zu dem vorhergehenden Ergebnis zu stehen. Eine geschlechtsspezifische Analyse der Regressionsanalyse zeigt jedoch deutliche Unterschiede für Männer und Frauen, die im Detail betrachtet durchaus plausibel erscheinen. Berechnet man die beschriebene hierarchische Regressionsanalyse mit den Work-Life-Balance-Faktoren (zweiter Ordnung) als Prädiktoren und der eingeschätzten Beanspruchung für den Lebenspartner für Männer und Frauen getrennt, so zeigt sich ein differentielles Ergebnis. Für beide Gruppen erweisen sich die berechneten Regressionsmodelle als signifikankt (♂: $F[4,43]=4.81; p\leq0.01$ und ♀: $F[4,42]=4.87; p\leq0.01$). Im Regressionsmodell für die männlichen Befragungsteilnehmer erweist sich nur der Faktor F I *Arbeit⇒Nicht-Arbeit-Konflikte* (ß=0.48; p≤0.01) als statistisch signifikant. Im Regressionsmodell der Frauen zeigt sich hingegen das gleiche Bild wie in der Gesamtstichprobe. Signifikante Prädiktoren des Vorhersagemodells sind auch in diesem Fall die Skalen, die zeit- und beanspruchungsbedingte Vereinbarkeitskonflikte behandeln: F I *Arbeit⇒Nicht-Arbeit-Konflikte* (ß=0.47; p≤0.01) sowie F III Nicht-Arbeit⇒Arbeit-Konflikte (ß=-0.36; p≤0.01). Inhaltlich bedeutet dies, dass sowohl Männer als auch Frauen mit stärkeren Arbeit⇒Nicht-Arbeit-Konflikten der Ansicht sind, dass ihr Lebenspartner auch durch die eigenen Arbeitszeiten stärker beansprucht wird. Für Frauen gilt ein weiterer Befund: Bei stärkeren *Nicht-Arbeit⇒Arbeit-Konflikten* sind sie der Ansicht, dass ihr Lebenspartner in geringerem Maße durch die eigenen Arbeitzeiten beansprucht wird. Vergegenwärtigt man sich, dass sich in vielen Lebenspartnerschaften noch immer die Frau in größerem Umfang für viele Anforderungen in Familie und Haushalt verantwortlich fühlt und sich deshalb auch um diese Anforderungen kümmert, erscheint der Befund durchaus plausibel. So kann vermutet werden, dass gerade Frauen mit hoher Verantwortlichkeit für Familie und Haushalt, die einen starken *Nicht-Arbeit⇒Arbeit-Konflikte* erleben, gerade aufgrund dieser subjektiv empfundenen Verantwortlichkeit davon ausgehen, dass ihr Mann durch ihre Erwerbstätigkeit und den damit verbundenen Arbeitszeiten keiner größeren Beanspruchung ausgesetzt wird.

Der Zusammenhang zwischen Work-Life-Balance-Erleben und Arbeitszufriedenheit
Die Skala Arbeitszufriedenheit verfügt mit acht Items über ein Cronbachs-Alpha von 0.80, was messtechnisch als gut zu bewerten ist. Die mittlere Arbeitszufriedenheit innerhalb der Gesamtstichprobe beläuft sich auf der fünfstufigen Antwortskala auf 3.78 (SD=0.66), was eine ausgeprägte Arbeitszufriedenheit bedeutet. Zur Analyse des Zusammenhanges zwischen Work-Life-Balance-Erleben und Arbeitszufriedenheit wird eine hierarchische Regressionsanalyse mit der Skala Arbeitszufriedenheit als Kriterium und den Work-Life-Balance-Faktoren (zweiter Ordnung) als Prädiktoren berechnet. Das Regressionsmodell erweist sich als statistisch signifikant (F[4,92]=7.91, $p \leq 0.001$, s. Tabelle 55). Die Varianzaufklärung des Gesamtmodells beläuft sich auf 22 %. Die Effektstärke f^2 hat einen Betrag von 0.28. Von den vier analysierten Prädiktoren erweisen sich die beiden Faktoren F I *Arbeit⇒Nicht-Arbeit-Konflikte* (β=-0.24) und F II *Benefiterleben* (β=0.30) als statistisch bedeutsam. Das bedeutet, Befragte mit hohen zeit- und beanspruchungsbedingten Vereinbarkeitskonflikten aus der Arbeit in die Nicht-Arbeit verfügen über eine geringere Arbeitszufriedenheit. Im Gegensatz dazu steht ein hohes *Benefiterleben* in engem positiven Zusammenhang mit der Arbeitszufriedenheit. Die Annahmen für S1-3 können somit für die Skalen F I und F II betsätigt werden. Der postulierte Zusammenhang zwischen Arbeitszufriedenheit und den Skalen F III und F IV hingegen kann empirisch nicht bestätigt werden.

Tabelle 55: Multiple hierarchische Regression WLB-Erleben und Arbeitszufriedenheit

	Arbeitszufriedenheit		
	stand. β		T
FI Arbeit⇒Nicht-Arbeit-Konflikte	-0.24	*	-2.32
F II Benefiterleben	0.30	**	2.85
FIII Nicht-Arbeit⇒ Arbeit-Konflikte	-0.07		-0.80
FIV Segmentationserleben	-0.05		-0.50
R^2	0.26***		
korr. R^2	0.22***		
N	96		

† $p \leq 0.10$; * $p \leq 0.05$; ** $p \leq 0.01$; *** $p \leq 0.001$

Aufgrund der geschlechtsspezifischen Unterschiede, die sich in den Analysen ergeben, werden explorativ auch für das Regressionsmodell zur Arbeitszufriedenheit geschlechtsspezifsch getrennte Analysen berechnet. Vorab zeigt eine Analyse des Mittwertunterschiedes bezüglich der Arbeitszufriedenheit (Mittelwert-♀: 3.80 und Mittelwert-♂: 3.75) in einer ANOVA, dass kein statistisch bedeutsamer Unterschied zwischen den Geschlechtern hinsichtlich der Arbeitszufriedenheit besteht ($F[1,95] \leq 1$). Wertet man die Regressionsanalysen nach Geschlechtern getrennt aus, erweisen sich zwar beide Regressionsmodelle als statistisch bedeutsam (♀: $F[4,43]=3.59$, korr. R^2= 0.25, $p \leq 0.05$; $f^2 = 0.33$; ♂: $F[4,44]=6.85$, $p \leq 0.001$, korr. $R^2 = 0.39$, $f^2 = 0.64$), jedoch existieren Unterschiede dahingehend, welche der Prädiktoren sich als signifikant erweisen. Im Regressionsmodell der Frauen erweist sich allein der Faktor F I *Arbeit⇨Nicht-Arbeit-Konflikte* mit einem standardisierten β von -0.43 als relevant. Anders hingegen die Befundlage im Regressionsmodell der Männer: Auch hier erweist sich lediglich eine Dimension als statistisch bedeutsam, es ist jedoch, im Gegensatz zu den Frauen, der Faktor F II *Benefiterleben* (β = 0.55).

Für Frauen gilt also, dass stark ausgeprägte *Arbeit⇨Nicht-Arbeit-Konflikte* einher gehen mit einer geringeren Arbeitszufriedenheit. Für Männer hingegen steht ein hohes Benefiterleben in engem Zusammenhang mit einer hohen Arbeitszufriedenheit, während *Arbeit⇨Nicht-Arbeit-Konflikte* hinsichtlich der Arbeitszufriedenheit für sie keine bedeutsame Rolle spielen.

Arbeitszeiten und Arbeitszeitflexibilität als Prädiktoren des Work-Life-Balance-Erlebens (S1-5).– Der Zusammenhang zwischen den gegebenen strukturellen Arbeitszeitbedingungen sowie der Arbeitszeitflexibilität und dem Work-Life-Balance-Erleben wird mittels multipler hierarchischer Regressionen analysiert. Als Prädiktorvariablen dienen dabei die *Zahl der tatsächlich geleisteten Arbeitsstunden, die Zahl der durchschnittlichen Überstunden pro Monat,* die *Verlässlichkeit bestehender Arbeitszeitpläne* (erfasst durch die Häufigkeit von Veränderungen der geplanten Arbeitszeiten; Frage 2.13) sowie die Frage, ob im *Schichtdienst* gearbeitet wird oder nicht. Ferner wird als weiterer Prädiktor eine Skala *Arbeitszeitflexibilität* gebildet. Diese Skala setzt sich zusammen aus den Fragen nach der Möglichkeit der Einflussnahme auf Dauer und Lage der Arbeitszeiten (Fragen 2.6 und 2.8) sowie den Fragen nach der Möglichkeit, kurzfristig Dienste zu tauschen (Frage 2.9) oder kurzfristig für familiäre oder private Angelegenheiten einen Tag frei zu nehmen. Da die ersten drei der genannten Variablen mit einer vierstufigen Antwortskala erfasst werden und die Frage 2.9 auf einer fünfstufigen Skala, werden die entsprechenden Rohwerte zur Vereinheitlichung z-standardisiert. Die Skala *Arbeitszeitflexibilität* verfügt über ein Cronbachs-α von 0.84. Einen Überblick über die deskriptiven Daten der verwendeten Arbeitszeitvariablen findet sich in Tabelle 56.

Tabelle 56: Mittelwerte, Standardabweichungen, Reliabilitäten und Korrelationen der Arbeitszeitvariablen

	Variable	MW	SD	Items	1	2	3	4	5
1	Anzahl Arbeitsstunden pro Woche	39.00	13.64	1	(--)				
2	Anzahl Überstunden pro Monat	17.77	21.43	1	0.49***	(--)			
3	Verlässlichkeit der Arbeitszeit[1]	1.11	0.92	1	-0.24*	0.11	(--)		
4	Schichtdienst[2]	0.33	0.47	1	-0.94	-0.31**	-0.19	(--)	
5	Arbeitszeit-Flexibilität[3]	0.00	0.83	4	-0.37	0.23*	0.24*	-0.61***	(0.84)

Anmerkungen: in Klammern: Reliabilität Cronbachs α; [1] Variable zusammengefasst in vier Kategorien (nie [0], gelegentlich [1], häufig [2], regelmäßig [3]); [2] dichotome Variable (Ja [1], Nein [0]); [3] Variable z-transformiert, † p≤0.10; * p≤0.05; ** p≤0.01; *** p≤0.001

Bei der Regression wird in zwei Schritten vorgegangen, dabei werden zunächst in einem ersten Block die Variablen eingegeben, die seitens der Befragten „*unveränderlich*[24]" sind, da es sich um strukturelle Variablen der Arbeitszeitgestaltung handelt. In einem zweiten Block wird dann die Variable *Arbeitszeitflexibilität* ergänzend in die Regression miteinbezogen, um zu überprüfen, ob neben den vorhandenen Arbeitszeitgegebenheiten die subjektiv erlebte Arbeitszeitflexibilität der Befragten einen zusätzlichen Erklärungsbeitrag liefern kann. Da in in Kapitel 11.2.1 formulierten Fragestellungen und Annahmen für spezifische Formen des Konflikt- und Benefiterlebens formuliert wurden, werden als Kriteriumsvariablen alle neun Faktoren erster Ordnung in den Regressionsmodellen verwendet.

Bei der Regression der Arbeitszeitprädiktoren auf Faktor 1 (zeitbedingte *Arbeit ⇨ Nicht-Arbeit-Konflikte*) erweisen sich beide Regressionsmodelle als statistisch signifikant (s. Tabelle 57). Sowohl für Modell 1 mit den Prädiktoren *Anzahl der Arbeits- und Überstunden, Verlässlichkeit der Arbeitszeit und Schichtdienst* ($F[4,84]=9.94$, $p<0.001$) als auch Modell 2 mit dem zusätzlichen Prädiktor Arbeitszeitflexibilität ($F[5,83]=9.25$, $p<0.001$) lassen sich statistisch bedeutsame Effekte konstatieren. ΔR^2 beläuft sich auf 0.04 und trägt zu einer signifikanten Änderung von F bei, d.h., der Faktor *Arbeitszeitflexibilität* kann mit einem zusätzlichen statistisch bedeutsamen Beitrag aufgenommen werden. Alle an der Regression beteiligten Prädiktoren entwickeln sich in der vorhergesagten Richtung und tragen signifikanten Beitrag zur Varianzaufklärung bei (zumindest tendenziell). Dabei ist der Erklärungsbeitrag durch die Variablen *Überstunden* ($\beta=0.34$) sowie *Verlässlichkeit der Arbeitszeit* ($\beta=0.23$) und *Arbeitszeitflexibilität* ($\beta=-$

---

[24] Selbstverständlich sind auch diese Variablen grundsätzlich veränderbar. Bei dem hier vertretenen Ansatz wird jedoch davon ausgegangen, dass diese Variablen im Vergleich zur erfassten Arbeitszeitflexibilität als eher statisch zu betrachten sind. Vereinfacht gesagt, handelt es sich um einen Vergleich zwischen den eher strukturellen Rahmenbedingungen der Arbeitszeitgestaltung und dem Anteil der Arbeitszeit, der durch die Beschäftigten flexibel gehandhabt werden kann. Die hier mit *Arbeitszeitflexibilität* bezeichnete Variable, meint eine Flexibilität dahingend, ob Beschäftigte Einfluss auf ihre Arbeitszeitgestaltung nehmen können und ist Abzugrenzen von flexiblen Arbeitszeitmodellen. *Arbeitszeitflexibilität* in dem hier verstandenen Sinne meint somit eine *Arbeitszeitautonomie* des Erwerbstätigen.

0.25) am höchsten. Die Varianzaufklärung des Modells beläuft sich auf 32 %, die Effektstärke f^2 des Modells auf 0.47. Es handelt sich somit um einen großen Effekt. Die Annahmen der Fragestellungen S1-3 werden für diese Skala somit vollständig bestätigt: Alle strukturellen Arbeitszeitvariablen stehen in positiven Zusammenhang mit *zeitbedingten Arbeit⇨Nicht-Arbeit-Konflikten, Arbeitszeitflexibilität* hingegen steht in negativen Zusammenhang mit diesem Faktor.

Für den entgegengesetzt gerichteten Faktor 7 *(zeitbedingte Nicht-Arbeit⇨Arbeit-Konflikte)* finden sich ebenfalls zwei statistisch bedeutsame Regressionen. Modell 1 mit den strukturellen Arbeitszeitfaktoren ($F[4,84]=10,38$, $p<0.001$) wird signifikant wie Modell 2 ($F[5,83]=10,60$, $p<0.001$). Die Skala Arbeitszeitflexibilität trägt mit einem ΔR^2 mit zusätzlichen 6 % zur gesamten Varianzaufklärung von 35 % bei. Die Effektstärke f^2 des Modells beträgt 0.54. Es handelt sich deshalb auch in diesem Modell um einen großen Effekt. Alle Prädiktoren tragen signifikant zur Varianzaufklärung bei. Während der Zusammenhang zwischen Prädiktoren und Kriterium für die Variablen *Anzahl der Überstunden* ($\beta=0.22$), *Verlässlichkeit der Arbeitszeit* ($\beta=0.32$) und *Arbeitszeitflexibilität* ($\beta=-0.32$) in der prognostizierten Richtung verlaufen, zeigen sich für die Prädiktoren *Zahl der Arbeitsstunden* ($\beta=-0.60$) und *Schichtdienst* Effekte ($\beta=-0.42$) entgegen der angenommen Richtung. Dies bedeutet, Mitarbeiter im Schichtdienst und Mitarbeiter mit einer höheren Zahl von Arbeitsstunden erleben geringere *zeitbedingte Nicht-Arbeit⇨Arbeit-Konflikte*. Fragestellung S1-3 kann somit bestätigt werden, wobei zwei der fünf analysierten Prädiktorvariablen entgegen der prognostizierten Richtung verlaufen.

Tabelle 57: Multiple hierarchische Regression Arbeitszeit und WLB-Erleben (F1 und F7)

	F1: zeitbedingte Arbeit⇨Nicht-Arbeit-Konflikte		F7: zeitbedingte Nicht-Arbeit⇨Arbeit-Konflikte	
	stand. β	T	stand. β	T
Schritt 1				
Anzahl Arbeitsstunden	0.24*	2.29	-0.55***	-5.18
Anzahl Überstunden	0.30**	2.73	0.16	1.52
Verlässlichkeit Arbeitszeit[1]	0.20*	2.14	0.28**	2.99
Schichtdienst	0.36***	3.71	-0.24*	-2.55
R^2	0.32*		0.33***	
korr. R^2	0.29*		0.30***	
Schritt 2				
Anzahl Arbeitsstunden	0.20†	1.93	-0.60***	-5.79
Anzahl Überstunden	0.34**	3.17	0.22*	2.12
Verlässlichkeit Arbeitszeit[1]	0.23*	2.45	0.32***	3.45
Schichtdienst	0.22†	1.95	-0.42***	-3.78
Arbeitszeitflexibilität	-0.25*	-2.17	-0.32**	-2.83
R^2	0.36***		0.39***	
korr. R^2	0.32***		0.35***	
ΔR^2	0.04*		0.06**	
N	97		97	

Varianzanalytische Post-Hoc-Analysen zeigen, dass sich Personen mit Schichtdienst überzufällig von solchen ohne Schichtarbeit unterscheiden ($F[1,94]=8.37$, $p<0.01$, $\omega^2=0.08$). Während die Gruppe der im Schichtdienst Tätigen lediglich über einen Mittelwert von 1.88 (SD=0.52) auf der Skala *zeitbedingte Nicht-Arbeit⇨Arbeit-Konflikte* verfügt, beläuft sich dieser in der Gruppe der Mitarbeiter ohne Schichtdienst auf 2.34 (SD=0.81). Dasselbe Ergebnis prozentual ausgedrückt bedeutet, dass Personen ohne Schichtdienst ein um 24,5 % stärkeres Erleben von *Nicht-Arbeit⇨Arbeit-Konflikten* haben als Schichtarbeiter. Auch für die Variable Zahl der Arbeitsstunden kann post hoc eine vergleichbare Beobachtung gemacht werden. Kategorisiert man die Variable Anzahl der Arbeitsstunden in Zehner-Schritten und vergleicht diese Kategorien als unabhängige Variablen in einer ANOVA mit der abhängigen Variablen Faktor 7 *zeitbedingte Nicht-Arbeit⇨Arbeit-Konflikte,* zeigt sich ein signifikant linear fallender Verlauf bei ansteigenden Arbeitsumfang ($F[1,94]=4.84$, $p<0.01$, $f^2=0.08$; s. a. Abbildung 14). Die Effektstärke f^2 weist einen Effekt mittlerer Stärke auf. Wie groß die Unterschiede im Konflikterleben sind, wird auch sehr deutlich, wenn man die beiden äußeren Kategorien der kategorisierten Variable Arbeitsstunden pro Woche prozentual vergleicht. So ist der Wert der *Nicht-Arbeit⇨Arbeit-Konflikte* für Teilzeitbeschäftigte, die bis zu 20 Stunden die Woche arbeiten, um 57,5 % höher als bei Mitarbeitern, die mehr als 50 Stunden die Woche arbeiten.

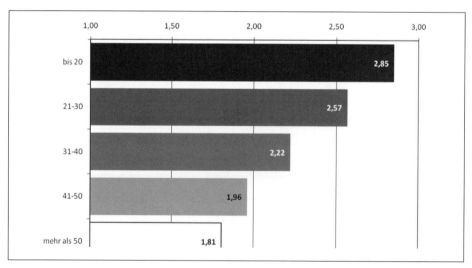

Abbildung 14: Anzahl Arbeitsstunden/pro Woche und zeitbedingte Nicht-Arbeit⇨Arbeit-Konflikte (F7)

Die beiden Regressionsmodelle für den Faktor 2 *(beanspruchungsbedingte Nicht-Arbeit⇨Arbeit-Konflikte)* werden beide statistisch signifikant (Modell 1: $F[4,84]=4.48$, $p<0.01$; Modell 2: $F[5,83]=3.80$, $p<0.01$). ΔR^2 wird mit 0.04 ebenfalls signifikant, d.h., mit der Skala Arbeitszeitflexibilität kann das Gesamtmodell statistisch bedeutsam verbessert werden (s. Tabelle 58). Die Varianzaufklärung des Gesamtmodells beläuft sich auf 14 % bei einer Effektstärke von f^2 von 0.16 (mittlere Stärke). Von den Prädiktoren verfügt lediglich die Variable *Anzahl der Arbeitsstunden* über einen statistisch bedeutsamen T-Wert mit einem standardisierten β von 0.30. Der Zusammenhang zwischen der *Anzahl der Arbeitsstunden* und dem Kriterium *beanspruchungsbedingte Nicht-Arbeit⇨Arbeit-Konflikte* ist negativ: Je höher die Zahl der wöchentlich geleisteten Arbeitsstunden desto geringer sind die *beanspruchungsbedingte Nicht-Arbeit⇨Arbeit-Konflikte*. Hier zeigt sich ein vergleichbares Muster, wie es bereits auch für Faktor 7 beschrieben wurde, der ebenfalls *Nicht-Arbeit⇨Arbeit-Konflikte* beschreibt und bezüglich der Richtung der Konflikte äquivalent zu Faktor 2 ist (folgerichtig laden beide Faktoren auch auf dem gleichen Faktor zweiter Ordnung F III). Eine varianzanalytische Post-Hoc-Analyse der Mittelwerte der *beanspruchungsbedingten Nicht-Arbeit⇨Arbeit-Konflikte* und der kategorisierten Variable *Arbeitsstunden pro Woche* zeigt in ANOVA einen tendenziell signifikanten Overall-Effekt ($F[1,94]=2.41$, $p<0.10$, $\omega^2 =0.10$; s. a. Abbildung 15). Es kann bei einem Anstieg der Arbeitsstunden ein Absinken der *Nicht-Arbeit⇨Arbeit-Konflikte* berichtet werden. Die Annahmen der Fragestellung S1-3 können somit nur eingeschränkt bestätigt werden, wobei die Richtung des Zusammenhanges auch entgegen der angenommen Richtung verläuft.

Die Regressionsmodelle mit dem Kriterium Faktor 4 *(beanspruchungsbedingte Arbeit ⇨Nicht-Arbeit-Konflikte)* werden beide nur tendenziell signifikant (Modell 1: $F[4,84]=2.10$, $p<0.10$; Modell 2: $F[5,83]=2.18$, $p<0.10$). Die zusätzliche Aufnahme eines

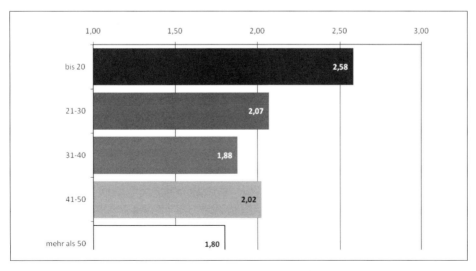

Abbildung 15: Anzahl Arbeitsstunden/pro Woche und beanspruchungsbedingte Nicht-Arbeit⇨Arbeit-Konflikte (F2)

Tabelle 58: Multiple hierarchische Regression Arbeitszeit und WLB-Erleben (F2 und F4)

	F2: beanspruchungsbedingte Nicht-Arbeit⇔Arbeit-Konflikte		F4: beanspruchungsbedingte Arbeit⇔Nicht-Arbeit-Konflikte	
	stand. β	T	stand. β	T
Schritt 1				
Anzahl Arbeitsstunden	-0.32**	-2.70	0.01	0.06
Anzahl Überstunden	0.04	0.32	0.20	1.60
Verlässlichkeit Arbeitszeit[1]	0.17	1.62	0.21 †	1.87
Schichtdienst	-0.28**	-2.64	0.05	0.48
R^2	0.18**		0.09†	
korr. R^2	0.14**		0.05†	
Schritt 2				
Anzahl Arbeitsstunden	-0.30*	-2.48	-0.03	-0.21
Anzahl Überstunden	0.01	0.10	0.24†	1.89
Verlässlichkeit Arbeitszeit[1]	0.15	1.47	0.23*	2.07
Schichtdienst	-0.21	-1.62	-0.06	-0.45
Arbeitzeitflexibilität	0.13	1.04	-0.21	-1.54
R^2	0.19**		0.12†	
korr. R^2	0.14**		0.06†	
ΔR^2	0.04*		0.03	
N	97		97	

† p≤0.10; * p≤0.05; ** p≤0.01; *** p≤0.001
[1] Ein geringer Wert repräsentiert eine hohe Verlässlichkeit, d.h. geringe Veränderungen der geplanten Arbeitszeit

weiteren Prädiktors im zweiten Modell bringt mit einem ΔR^2 von 0.03 auch keine signifikant höhere Varianzaufklärung. Während das erste Modell ein nur sehr geringes korrigiertes R^2 von 0.05 aufweist, ist dieses im zweiten Modell mit 0.06 auch nur marginal höher. Die Effektstärke f^2 fällt mit 0.06 sehr gering aus. Signifikante Prüfwerte ergeben sich für die Variable Verlässlichkeit der Arbeitszeit (β=-0.23) und tendenziell für die Variable Anzahl der Überstunden (β=-0.24). Die Annahmen der Fragestellungen S1-3 können für diese Skala nicht bestätigt werden.

Die Regressionsmodelle auf den Regressanden Faktor 6 (Benefiterleben Arbeit ⇔ Nicht-Arbeit) erweisen sich beide als statistisch bedeutsam (Modell 1: $F[4,84]=3.43$, $p<0.05$; Modell 2: $F[5,83]=3.43$, $p<0.01$). ΔR^2 wird mit einer zusätzlichen Varianzaufklärung von 0.03 allerdings nur tendenziell signifikant. Die Varianzaufklärung des zweiten Modells beläuft sich 12 %, die Effektstärke der Prädiktoren dieses Modells beträgt 0.14. Im vollständigen Modell tragen die Prädiktoren *Anzahl der Überstunden* (β=-0.25) und Arbeitszeitflexibilität (β=-0.23) signifikant zur Varianzaufklärung bei.

Das erste Regressionsmodell mit Faktor 8 *(Benefiterleben Arbeit ⇔ Nicht-Arbeit)* erweist sich als nicht signifikant ($F[4,84]=1.41$, n.s.). Im zweiten Modell unter Einschluss der Skala Arbeitszeitflexibilität findet sich jedoch ein statistisch bedeutsames ($F[5,83]=8.05$, $p<0.001$) Regressionsmodell (s. Tabelle 58). ΔR^2 verbessert dabei die Varianzaufklärung maßgeblich mit 26 % auf insgesamt 29 %. Die Effektstärke des Gesamtmodells beträgt 0.41 und repärsentiert einen großen Effekt. Neben dem signifikanten

Tabelle 59: Multiple hierarchische Regression Arbeitszeit und WLB-Erleben (F6 und F8)

	F6: Benefiterleben (Arbeit⇔Nicht-Arbeit)		F8: Benefiterleben (Nicht-Arbeit⇔Arbeit)	
	stand. β	T	stand. β	T
Schritt 1				
Anzahl Arbeitsstunden	-0.11	-0.89	-0.07	-0.60
Anzahl Überstunden	-0.20	-1.66	0.12	0.92
Verlässlichkeit Arbeitszeit[1]	-0.15	-1.38	-0.11	-1.00
Schichtdienst	-0.30**	-2.74	-0.19†	-1.72
R^2		0.14*		0.06
korr. R^2		0.10*		0.01
Schritt 2				
Anzahl Arbeitsstunden	-0.07	-0.58	0.03	0.29
Anzahl Überstunden	-0.25*	-2.00	-0.01	-0.09
Verlässlichkeit Arbeitszeit[1]	-0.17	-1.61	-0.18†	-1.91
Schichtdienst	-0.17	-1.34	0.17	1.48
Arbeitzeitflexibilität	0.23†	1.75	0.67***	5.70
R^2		0.17**		0.33***
korr. R^2		0.12**		0.29***
Δ R^2		0.03†		0.26*
N		97		97

† p≤0.10; * p≤0.05; ** p≤0.01; *** p≤0.001

[1] Ein geringer Wert repräsentiert eine hohe Verlässlichkeit, d.h. geringe Veränderungen der geplanten Arbeitszeit

Prädiktor Arbeitszeitflexibilität (β=0.67) zeigt sich auch ein tendenziell negativer Zusammenhang zwischen dem Faktor *zeitbedingtes Benefiterleben (Arbeit ⇔ Nicht-Arbeit)* und der Variable *Verlässlichkeit der Arbeitszeit* (β=-0.18): Je höher die Verlässlichkeit der Arbeitszeit desto höher ausgeprägt ist das Benefiterleben zwischen den beiden Lebensbereichen. Die Annahmen der Fragstellungen S1-3 kann für die Faktoren F6 und F8 nur eingeschränkt, d.h. jeweils nur für zwei der fünf Prädiktoren bestätigt werden.

Nach den zeit- und beanspruchungsbedingte Konfliktskalen wurden in einem weiteren Analyseschritt explorativ auch der Zusammenhang zwischen Arbeitszeiten und den verhaltensbedingten Faktoren untersucht. Für den Regressand Faktor 3 *(bidirektionales verhaltensbedingtes Segmentationserleben – Ineffektivität [Arbeit ⇔ Nicht-Arbeit])* konnten keine statistisch überzufälligen Regressionsmodelle berechnet werden. Sowohl Modell 1 ($F[4,84]=2.01$, n.s.) als auch Modell 2 ($F[5,83]=1.65$, n.s.) erweisen sich als nicht signifikant. Die Varianzaufklärung im zweiten berechneten Vorhersagemodell beläuft sich dementsprechend auch nur auf 4 % (s.Tabelle 60). Die durch das zweite Modell zusätzlich aufgeklärte Varianz ΔR^2 ist mit unter 1 % ebenfalls tendenziell. Die Varianzaufklärung für Modell 2 beträgt 18 %, die mittlere Effektstärke f^2 ist 0.22. In diesem Modell kann die Variable *Verlässlichkeit der Arbeitszeiten* (β=-0.27) zwar als signifkanter Prädiktor des Kriteriums Faktor 3 identifiziert werden. Eine Interpretation ist aufgrund der nicht vorhandenen statistischen Bedeutsamkeit des Gesamtmodells nur bedingt möglich.

Tabelle 60: Multiple hierarchische Regression Arbeitszeit und WLB-Erleben (F3 und F5)

	F3: Bidirektionales verhaltenbedingtes Segmentationserleben - Ineffektivität (Arbeit⇔Nicht-Arbeit)		F5: Bidirektionales verhaltenbedingtes Segmentationserleben - Inkompatibilität (Arbeit⇔Nicht-Arbeit)	
	stand. β	T	stand. β	T
Schritt 1				
Anzahl Arbeitsstunden	-0.08	-0.61	-0.07	-0.63
Anzahl Überstunden	0.18	1.45	0.19	1.57
Verlässlichkeit Arbeitszeit[1]	0.26*	2.34	0.35***	3.41
Schichtdienst	0.12	1.10	0.34**	3.23
R^2		0.09	0.19*	
korr. R^2		0.04	0.15*	
Schritt 2				
Anzahl Arbeitsstunden	-0.09	-0.70	-0.11	-0.96
Anzahl Überstunden	0.20	1.52	0.23†	1.94
Verlässlichkeit Arbeitszeit[1]	0.27*	2.38	0.38***	3.68
Schichtdienst	0.08	0.62	0.21†	1.67
Arbeitzeitflexibilität	-0.07	-0.53	-0.24†	-1.92
R^2		0.09	0.23**	
korr. R^2		0.04	0.18**	
ΔR^2		0.00	0.03†	
N		97	97	

† $p \leq 0.10$; * $p \leq 0.05$; ** $p \leq 0.01$; *** $p \leq 0.001$

[1] Ein geringer Wert repräsentiert eine hohe Verlässlichkeit, d.h. geringe Veränderungen der geplanten Arbeitszeit

Die Regressionsmodelle auf Faktor 5 *(bidirektionales verhaltensbedingtes Segmentationserleben – Inkompatibilität [Arbeit ⇔ Nicht-Arbeit])* sind beide statistisch signifikant (Modell 1: $F[4,84]=5.00$, $p<0.05$; Modell 2: $F[5,83]=4.86$, $p<0.01$). Die zusätzliche Varianzaufklärung des zweiten Modells ($\Delta R^2 = 0.03$) ist tendenziell signifikant, d.h., die Skala Arbeitszeitflexibilität erklärt zusätzlich signifikant weitere Varianz im Vergleich zum ersten Modell (s. Tabelle 60). Die Varianzaufklärung für Modell 2 beträgt 18 %. Es kann eine mittlere Effektstärke f^2 mit 0.22. Im vollständigen Modell können als signifikante bzw. tendenziell signifikante Effekte für die Variablen *Anzahl der Überstunden* (β=0.23), *Verlässlichkeit Arbeitszeit* (β=0.38), *Schichtdienst* (β=-0.21) und *Arbeitszeitflexibilität* (β=-0.24) hervorgehoben werden. Dies bedeutet einen positiven Zusammenhang zwischen den strukturellen Arbeitszeitmerkmalen und dem Segmentationserleben aufgrund inkompatiblen Verhaltens sowie einen negativen Zusammenhang zwischen den subjektiven Möglichkeiten zur Einflussnahme auf die Arbeitzeitgestaltung und Faktor 5. Die Effekte verlaufen somit alle in der zu erwartenden Richtung: Strukturell „belastende" Merkmale der Arbeitszeit stehen in Zusammenhang mit erhöhtem Konflikt- bzw. Segmentationserleben und flexible Merkmale der Arbeitszeit gehen einher mit geringerem Segmentationserleben. Dies bedeutet, ein höherer Überstundenumfang, geringe Verlässlichkeit der Arbeitszeiten und Arbeit im Schichtdienst korrelieren mit hohem Segmentationserleben, während eine hohe Arbeitszeitflexibilität in negativem Zusammenhang mit geringen Segmentationserleben steht. Der bedeutsamste Einfluss geht dabei von der Variable *Verlässlichkeit Arbeitszeit* aus.

Die letzten zu berechnenden Regressionsmodelle für den Faktor 9 *(bidirektionales verhaltensbedingtes Benefiterleben – Effektivität [Arbeit ⇔ Nicht-Arbeit])* erweisen sich beide im Signifikanztest als nicht statistisch bedeutsam (Modell 1: $F[4,84]=1.41$, $p<0.05$; Modell 2: $F[5,83]=1.49$, $p<0.01$). Die Varianzaufklärung des zweiten Modells ist mit einem korrigierten R^2 von 0.03 äußerst gering, auch die Hinzunahme der Skala Arbeitszeitflexibilität kann die Aufklärung der Variation nicht entscheidend verbessern (s. Tabelle 61). Im ersten Modell erweist sich der Prädiktor Schichtdienst mit einem β von -0.25 als signifikant, was jedoch aufgrund der fehlenden Signifikanz des Gesamtmodells schwierig zu interpretieren ist.

Tabelle 61: Multiple hierarchische Regression Arbeitszeit und WLB-Erleben (F9)

	F9: verhaltensbedingtes Benefiterleben - Effektivität (Arbeit⇔Nicht-Arbeit)	
	stand. β	T
Schritt 1		
Anzahl Arbeitsstunden	-0.03	-0.21
Anzahl Überstunden	0.01	0.11
Verlässlichkeit Arbeitszeit[1]	-0.08	-0.75
Schichtdienst	-0.25 *	-2.21
R^2	0.06	
korr. R^2	0.02	
Schritt 2		
Anzahl Arbeitsstunden	0.00	0.03
Anzahl Überstunden	-0.02	-0.16
Verlässlichkeit Arbeitszeit[1]	-0.10	-0.92
Schichtdienst	-0.15	-1.10
Arbeitzeitflexibilität	0.18	1.34
R^2	0.08	
korr. R^2	0.03	
Δ R^2	0.02	
N	97	

† $p≤0.10$; * $p≤0.05$; ** $p≤0.01$; *** $p≤0.001$
[1] Ein geringer Wert repräsentiert eine hohe Verlässlichkeit, d.h. geringe Veränderungen der geplanten Arbeitszeit

Persönlichkeitsmerkmale als Prädiktoren des Work-Life-Balance-Erlebens (S1-6). – Gemäß den unter 11.2.1 formulierten Fragestellungen soll mittels multipler Regressionsanalysen der Zusammenhang von Persönlichkeitsvariablen und Work-Life-Balance-Erleben untersucht werden. Vor Durchführung der Regressionsanalysen werden jedoch zunächst die Gütekriterien für die eingesetzten Instrumente zur Erfassung der Persönlichkeit bestimmt. Dabei zeigen sich für die Skalen des verwendeten Big-Five-

Instrumentes in allen Fällen akzeptable bis gute Reliabilitäten (vgl. Tabelle 62). Problematischer gestaltet sich hingegen die Bestimmung der Reliabilitäten für die Subskalen des SOC-Fragebogens. Die interne Konsistenz erweist sich als gerade noch ausreichend für die Dimensionen *(Selective Selction;* α = 0.52; *Optimization* (α = 0.54), knapp unterhalb der Akzeptanzgrenze von 0.50 *(Loss based Selection;* α = 0.46) oder als völlig inakzeptabel *(Compensation;* α = 0.22). Aufgrund der schlechten internen Konsistenz wird mit einer Faktorenanalyse die dimensionale Struktur des Instrumentes überprüft, dabei kann die theoretische Struktur des SOC-Instrumentes mit vier Subskalen ebenfalls nicht repliziert werden. Alternativ wird deshalb eine Gesamtskala für das SOC-Bewältigungsverhalten gebildet, die über eine akzeptable interne Konsistenz (α = 0.67) verfügt.

Tabelle 62: Mittelwerte, Standardabeichungen, Reliabilitäten und Korrelationen des MRS-Inventars und der SOC-Gesamtskala

	Variable	MW	SD	Items	1	2	3	4	5	6
1	Extraversion	4.00	1.01	4	(0.89)					
2	Verträglichkeit	4.41	0.79	4	0.31***	(0.81)				
3	Gewissenhaftigkeit	4.61	0.78	4	-0.03	0.03	(0.86)			
4	Stabilität	3.87	0.64	4	0.01	0.23*	0.15	(0.72)		
5	Kultur	3.97	0.96	4	0.21*	0.06	0.23*	0.08	(0.83)	
6	SOC- Gesamt	0.69	0.19	12	0.10	-0.14	0.25**	0.05	0.27**	(0.67)

in Klammern: Reliabilität Cronbachs α, † p≤0.10; * p≤0.05; ** p≤0.01; *** p≤0.001

Zur Analyse des Zusammenhanges von Persönlichkeit und Work-Life-Balance-Erleben werden multiple Regressionen mit den abgeleiteten WoLiBaX-Faktoren jeweils als Regressand und den Persönlichkeitsfaktoren *Extraversion, Verträglichkeit, Gewissenhaftigkeit, Stabilität, Kultur* sowie der *SOC-Gesamtskala* als Regressoren berechnet. Ein erster Überblick über die Ergebnisse findet sich in Tabelle 63. Dort sind in einer Übersicht die signifikanten Ergebnisse für die jeweiligen Skalen abgebildet. Dargestellt werden das Bestimmtheitsmaß R^2, Prüfgröße F, das Signifikanzniveau p sowie das das standardisierte ß-Gewicht für signifikante Prädiktoren. Die detaillierten Einzelergebnisse können im Anhang der Arbeit eingesehen werden. Keine statistisch bedeutsamen Effekte zeigen sich für die folgenden WoLiBaX-Faktoren: Faktor 1 ($F[6,90] = 1.26$; n.s.), Faktor 3, ($F[6,90]<1$), Faktor 5 ($F[6,90]<1$), Faktor 6 ($F[6,90]<1$)und Faktor 8 ($F[6,90] = 1.36$; n.s.).

Für die Faktoren 2, 4, 7 und 9 hingegen zeigen sich für einzelne Persönlichkeitsmerkmale signifikante Zusammenhänge mit den Regressanden die im Folgenden berichtet werden (s. Tabelle 64 und Tabelle 65).

Für den Faktor 2 *(beanspruchungsbedingte Nicht-Arbeit⇨Arbeit-Konflikte)* erweist sich das Merkmal Emotionale Stabilität als statistisch bedeutsamer Prädiktor (β=-0.33;

$t[90]=-3.21; p<0.01$). Ein tendenziell signifikanter Effekt zeigt sich ferner für Gewissenhaftigkeit ($\beta=-0.19$; t[90]=-1.82; p<0.10). Die aufgeklärte Varianz durch dieses Modell ist mit 9 % eher gering. Die Effektstärke f^2 des Gesamtmodells beläuft sich auf 0.10 und ist mittlerer Größe. Das Regressionsmodell für Faktor 4 *(beanspruchungsbedingte Arbeit⇨Nicht-Arbeit-Konflikte)* verfügt ebenfalls über zwei überzufällige Regressoren: *Kultur* ($\beta=0.40$; $t[90]=-3.92$; $p<0.001$) und *Emotionale Stabilität* ($\beta=-0.24$; t[90]=-2.43; p<0.05). Insgesamt werden durch das korrigierte R^2 15 % der Varianz aufgeklärt, was einer Effektstärke f^2 von 0.17, d.h. mittlerer Stärke entspricht.

Tabelle 63: Zusammenfassende Darstellung der multiplen Regressionsanalysen mit Persönlichkeitsmerkmalen als Regressoren und Work-Life-Balance-Erleben als Kriterium (Gesamtübersicht)

	Faktor	korr. R^2	F	β	p
1	F1: zeitbedingte Arbeit⇨Nicht-Arbeit-Konflikte	0.01	1.25		n.s.
2	F2: beanspruchungsbedingte Nicht-Arbeit⇨Arbeit-Konflikte	0.09	2.57		*
	Emotionale Stabilität			-0.33	***
	Gewissenhaftigkeit			-0.19	†
3	F3: Bidirektionales verhaltensbedingtes Segmentationserleben - Ineffektivität (Arbeit⇨Nicht-Arbeit)	0.03	0.59		n.s.
4	F4: beanspruchungsbedingte Arbeit⇨Nicht-Arbeit-Konflikte	0.15	3.81		***
	Kultur			0.40	***
	Emotionale Stabilität			-0.24	*
5	F5: bidirektionales verhaltensbedingtes Segmentationserleben - Inkompatibilität (Arbeit⇨Nicht-Arbeit)	0.01	0.83		n.s.
6	F6: Benefiterleben (Arbeit⇨Nicht-Arbeit)	0.02	0.68		n.s.
7	F7: zeitbedingte Nicht-Arbeit⇨Arbeit-Konflikte	0.20	5.00		***
	Gewissenhaftigkeit			-0.38	***
	Emotionale Stabilität			-0.25	**
	Kultur			0.21	*
8	F8: Benefiterleben (Nicht-Arbeit⇨Arbeit)	0.02	1.36		n.s.
9	F9: bidirektionales verhaltensbedingtes Benefiterleben (Arbeit⇨Nicht-Arbeit)	0.05	1.79		†
	SOC-Strategien			0.30	***

Korr. R^2: korrigiertes Bestimmtheitsmaß R^2; F: Prüfgröße; p: Signifkanzniveau; B: standardisiertes B-Gewicht;
† p≤0.10; * p≤0.05; ** p≤0.01; *** p≤0.001

Tabelle 64: Multiple Regressionsanalysen mit den Regressanden Faktor 2 und 4

Prädiktoren	Faktor 2		Faktor 4	
	korr. R^2	standard. B	korr. R^2	standard. B
	0.09 *		0.15**	
Bewältigung (SOC Gesamtskala)		0.04		-0.02
Extraversion		-0.08		-0.04
Verträglichkeit		0.08		0.05
Gewissenhaftigkeit		-0.19 †		0.07
Emot. Stabilität		-0.33 ***		-0.24 *
Kultur		0.10		0.40 ***

† p≤0.10; * p≤0.05; ** p≤0.01; *** p≤0.001

Der Regressand Faktor 7 *(zeitbedingte Nicht-Arbeit⇔Arbeit-Konflikte)* wird signifikant durch die Prädiktoren Gewissenhaftigkeit (β=-0.38; $t[90]$=-3.87; p<0.001), emotionale Stabilität (β=-0.25; $t[90]$=-2.60; p<0.05) und Kultur (β=0.21; $t[90]$=-2.14; p<0.05) vorhergesagt. Der Fit dieser Regressionsgleichung beträgt 20%. Das Regressionsmodell verfügt über eine Effektstärke f^2 mittlerer Größe von 0.25. Ein tendenzieller Effekt kann schließlich auch für den Faktor 9 *(bidirektionales verhaltensbedingtes Benefiterleben Arbeit⇔Nicht-Arbeit)* diagnostiziert werden. Der Prädiktor SOC-Bewältigungsverhalten (β=0.30; $t[90]$=-2.76; p<0.001) erweist sich als statistisch bedeutsam. Das korrigierte Bestimmtheitsmaß R2 erklärt allerdings nur 5% der Varianz. Das Regressionsmodell für Faktor 9 weist eine Effektstärke f^2 von 0.25, was als klein zu bewerten ist.

Tabelle 65: Multiple Regressionsanalysen mit den Regressanden Faktor 7 und 9

Prädiktoren	Faktor 7		Faktor 9	
	korr. R^2	standard. B	korr. R^2	standard. B
	0.20***		0.05†	
Bewältigung (SOC Gesamtskala)		0.13		0.30 **
Extraversion		-0.03		-0.10
Verträglichkeit		-0.08		0.14
Gewissenhaftigkeit		-0.38 ***		0.07
Emot. Stabilität		-0.25 *		-0.10
Kultur		0.21 *		-0.00

† p≤0.10; * p≤0.05; ** p≤0.01; *** p≤0.001

Geschlechtsspezifische Unterschiede im WLB-Erleben und Crossover-Effekte zwischen den Lebenspartnern.– Zur Überprüfung der Fragestellung, ob geschlechtsspezifische Unterschiede im WLB-Erleben zwischen Männern und Frauen existieren, werden in einem ersten Analyseschritt zunächst Varianzanalysen mit den Work-Life-Balance Faktoren zweiter Ordnung als abhängiger Variable berechnet. In einem weiteren Analyseschritt wird der Zusammenhang zwischen dem Work-Life-Balance-Erleben von Männern und Frauen untersucht. Dabei soll überprüft werden, ob das Work-Life-Balance-Erleben der Männer als Prädiktor für das Work-Life-Balance-Erleben der Frauen verwendet werden kann und umgekehrt. Während für die erste der beiden Analysen der Gesamtdatensatz verwendet wird (N=97), werden für die Untersuchung der Crossover-Effekte innerhalb der Paardyaden nur vollständige Paardatensätze verwendet. Es gehen also nur Paardatensätze in die Auswertung ein, die eindeutig einem Ehe- bzw. Lebenspartner zugeordnet werden konnten und über die vollständige Informationen hinsichtlich der Geschlechtszugehörigkeit vorlagen. Insgesamt wird die zweite Analyse mit 42 Paaren durchgeführt.

Geschlechtsspezifische Unterschiede im Work-Life-Balance-Erleben (S1-7)
Zur Überprüfung der Fragestellung, ob geschlechtsspezifische Unterschiede im Work-Life-Balance-Erleben bestehen, werden univariate Varianzanalyen mit den Work-Life-Balance-Faktoren 2. Ordnung als abhängige Variablen und dem Geschlecht als unabhängige Variable berechnet.Vergleicht man die Mittelwerte der Work-Life-Balance-Faktoren (zweiter Ordnung) für Frauen und Männer, so zeigt sich für keinen der vier analysierten Dimensionen ein statistisch bedeutsamer Unterschied (F I: $F[1,95] \leq 1$; F II: $F[1,95] \leq 1.87$; F I: $F[1,95] \leq 1.87$ F I: $F[1,95] \leq 1$; s.a. Abbildung 16). Es bestehen somit keine geschlechtsspezifischen Unterschiede im Work-Life-Balance-Erleben.

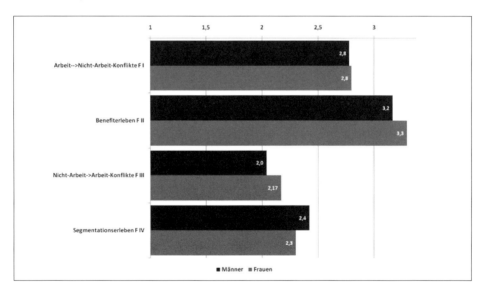

Abbildung 16: Geschlechtsspezifische Unterschiede im Work-Life-Balance-Erleben (Faktoren 2. Ordnung)

Interindividueller Spillover: Crossover-Effekte (S1-8)
Um interindividuelle Spillover-Effekte zwischen den Partnern zu überprüfen, d.h., zu untersuchen, ob das Work-Life-Balance-Erleben von Frauen und Männern im Zusammenhang mit dem Work-Life-Balance-Erleben der jeweiligen Partner steht, werden Regressionsmodelle getrennt nach Geschlechtern berechnet. Zur Vorhersage des Krite-

riums Work-Life-Balance-Erleben (jeweils für alle vier Faktoren zweiter Ordnung) werden als Prädiktoren die WLB-Faktoren (zweiter Ordnung) der Partner herangezogen. Um Crossover-Effekte zu untersuchen werden beispielsweise die Faktoren des WLB-Erleben der Frauen jeweils auf die WLB-Faktoren der Männer regrediert. Für signifikante Prädiktoren der Regressionsmodelle werden in einem weiteren Analyseschritt zur Bestimmung der speziellen Beiträge der Prädiktoren die Effektstärken-Maße f^2 für die bedeutsamen Einzelprädiktoren mittels multipler hierarchischer Regressionsmodelle berechnet. Hierzu wird f^2 mittels der von Wentura (2004, S. 9) präsentierten Formel bestimmt, d.h., das multiple R^2 des Gesamtmodells wird vermindert um das R^2 des Modells ohne den signifikanten Prädiktors durch 1-R^2 (des Gesamtmodells) dividiert.

Das Regressionsmodell für den Faktor F I *Arbeit⇨Nicht-Arbeit-Konflikte* wird weder für Frauen noch Männer ($F[4,37] \leq 1$) statistisch signifikant. Die Varianzaufklärung ist mit einem R^2 von 0.07 bzw. 0.02 für beide Regressionsanalysen gering (vgl. Tabelle 66). Keins der berechneten Betagewichte beschreibt einen statistisch bedeutsamen Zusammenhang zwischen Prädiktoren und Kriterium. Es zeigt sich somit sowohl in der Stichprobe der Frauen als auch in der Teilstichprobe der Männer für den Regressanden *Arbeit⇨Nicht-Arbeit-Konflikte* kein Crossover-Effekt.

Tabelle 66: Geschlechtsspezifische Crossover-Effekte für Arbeit⇨Nicht-Arbeit-Konflikte

	Arbeit⇨Nicht-Arbeit-Konflikte									
	Frauen					Männer				
Prädiktoren	N	R^2	korr. R^2	standard. B	f^2	N	R^2	korr. R^2	standard. B	f^2
	42	0.07	-0.04			42	0.02	-0.09		
Arbeit⇨Nicht-Arbeit-Konflikte des Partners				0.07	-				0.02	-
Benefiterleben des Partners				-0.12	-				-0.15	-
Nicht-Arbeit⇨Arbeit-Konflikte des Partners				0.21	-				0.02	-
Segmentationserleben des Partners				-0.15	-				-0.03	-

† p≤0.10; * p≤0.05; ** p≤0.01; *** p≤0.001

Tabelle 67: Geschlechtsspezifische Crossover-Effekte für Benefiterleben

	Benefiterleben									
	Frauen					Männer				
Prädiktoren	N	R^2	korr. R^2	standard. B	f^2	N	R^2	korr. R^2	standard. B	f^2
	42	0.14	0.05			42	0.17	0.08		
Arbeit⇨Nicht-Arbeit-Konflikte des Partners				-0.04	-				0.04	-
Benefiterleben des Partners				0.37*	0.13				0.45*	0.15
Nicht-Arbeit⇨Arbeit-Konflikte des Partners				0.11	-				-0.19	-
Segmentationserleben des Partners				0.04	-				0.11	-

† p≤0.10; * p≤0.05; ** p≤0.01; *** p≤0.001

Die Regressionsmodelle für Faktor II Benefiterleben werden ebenfalls beide nicht signifikant (Frauen: $F[4,37] \leq 1.54$; Männer: $F[4,37] \leq 1.83$). Trotzdem erweist sich in diesen beiden Modellen der Prädiktor Benefiterleben des Partners auf dem 5 %-Signifikanzniveau als bedeutsamer Einflussfaktor (Frauen: β=0.37; Männer: β=0.45; vgl. Tabelle 67). Wobei die Varianzaufklärung der beiden Modelle mit einem korrigierten R^2 von 0.05 bzw. 0.08 in diesem Modell nur geringfügig höher ausfällt als im vorhergehend beschriebenen Modell (♀:-0.04 und ♂: =-0.09). Das Effektstärkenmaß f^2 für den Prädiktor *Benefiterleben des Partners* weist sowohl für Frauen mit 0.13 als auch für Männer mit 0.15 auf einen mittelstarken Effekt hin.

Die Regressionsmodelle für das Kriterium *Nicht-Arbeit⇒Arbeit-Konflikte* werden im Globaltest sowohl in der Gruppe der Frauen ($F[4,37]=3.31$, $p\leq0.05$) als auch in der Gruppe der Männer ($F[4,37]=4.04$, $p\leq0.01$) signifikant. Die Streuung im Kriterium wird mit einem korrigierten R^2 von 0.18 für Frauen (Effektgrößen für das Gesamtmodell $f^2=0.35$) bzw. 0.23 für Männer ($f^2=0.43$) erklärt. Für beide Geschlechter zeigen sich hohe standardisierte β-Werte (♀:β=0.50; ♂r: β=0.47; vgl. Tabelle 68). Berechnet man die Einzeleffektstärken für *Nicht-Arbeit⇒Arbeit-Konflikte* des Partners, so zeigen sich entsprechend große Effekte von 0.33 für Frauen und 0.22 für Männer.

Tabelle 68: Geschlechtsspezifische Crossover-Effekte für Nicht-Arbeit⇒Arbeit-Konflikte

Prädiktoren	Nicht-Arbeit⇒Arbeit –Konflikte									
	Frauen					Männer				
	N	R^2	korr. R^2	standard. B	f^2	N	R^2	korr. R^2	standard. B	f^2
	42	0.26	0.18			42	0.30	0.23		
Arbeit⇒Nicht-Arbeit-Konflikte des Partners				-0.04	-				0.13	-
Benefiterleben des Partners				-0.01	-				0.06	-
Nicht-Arbeit⇒Arbeit-Konflikte des Partners				0.50 ***	0.33				0.47 **	0.22
Segmentationserleben des Partners				0.05	-				0.15	-

† p≤0.10; * p≤0.05; ** p≤0.01; *** p≤0.001

Die Regressionsmodelle des Crossovers für das Kriterium Segmentationserleben werden sowohl im Modell für Frauen ($F[4,37]\leq1.87$) als auch im Modell für Männer ($F[4,37]\leq1.87$) nicht signifikant. Die korrigierte Varianzaufklärung der Modelle beläuft sich auf 0.18 bei Frauen und 0.23 bei Männern (vgl. Tabelle 69). Vergleichbar den oben beschriebenen Regressionmodellen des Benefiterlebens erweist sich auch in diesen Regressionmodellen jeweils ein Prädiktor *(Segmentationserleben des Partners)* als statistisch signifikant (♀:β=0.39; ♂:β=0.37), obwohl der Overall-Test des Modells sich als nicht signifikant erweist. Die Effektstärke f^2 für das Regressionsmodell der Frauen beläuft sich auf 0.20 und für das Modell der Männer auf 0.21. Die Berechnung der bereinigten

Effektstärkenmaße ergibt in der Teilpopulation der Frauen einen Wert von 0.14 für f^2 und für die Gruppe der Männer einen Wert von 0.16.

Tabelle 69: Geschlechtsspezifische Crossover-Effekte für Faktor IV: Segmentationserleben

	Segmentationserleben									
	Frauen					Männer				
Prädiktoren	N	R^2	korr. R^2	standard. B	f^2	N	R^2	korr. R^2	standard. B	f^2
	42	0.17	0.08			42	0.17	0.08		
Arbeit⇨Nicht-Arbeit-Konflikte des Partners				-0.22	-				-0.06	-
Benefiterleben des Partners				-0.07	-				0.10	-
Nicht-Arbeit⇨Arbeit-Konflikte des Partners				0.13	-				0.17	-
Segmentationserleben des Partners				0.39 *	0.14				0.37 *	0.16

† p≤0.10; * p≤0.05; ** p≤0.01; *** p≤0.001

11.2.7 Zusammenfassung und Diskussion der Befunde aus Studie 1

Fragestellung S1-1. – Die Details der Skalenbildung bei der Faktorenanalyse erster Ordnung und zweiter Ordnung und ihre Abweichungen von der jeweils postulierten Struktur wurde bereits in 11.2.4.10 und 11.2.5.4 ausführlich dargestellt und diskutiert. An dieser Stelle soll deshalb lediglich eine abschließend Gesamtwürdigung der zentralen Befunde der explorativen Faktorenanalyse und eine kritische Diskussion der eingesetzten Methoden erfolgen.

Wichtig erscheint in diesem Zusammenhang, dass von den Befragten keine gesonderte Differenzierung zwischen den Schnittstellen Arbeit und Familie sowie Arbeit und Freizeit erfolgt, sondern lediglich zwischen (Erwerbs-)Arbeit auf der einen Seite und Familie und Freizeit (Nicht-Arbeit) auf der anderen Seite unterschieden wird. Ein weiterer zentraler Befund ist darin zu sehen, dass hinsichtlich des Konflikterlebens klar differenziert werden kann zwischen zeit- und beanspruchungsbedingten Konflikten einer- und verhaltensbedingten Konflikten andererseits. Dies manifestiert sich deutlich in der Faktorenanalyse zweiter Ordnung. Während die Skalen der zeit- und beanspruchungsbedingten Konflikte jeweils zu undirektionalen Skalen zusammengefasst werden, lassen sich die beiden Skalen der verhaltensbedingten Konflikte zu einer bidirektionalen Skala Segmentation zusammenfassen. Der enge Zusammenhang zwischen zeitlichen Aspekten und beanspruchungsbedingten Spillover-Prozessen erscheint auch inhaltlich plausibel, denn zeitliche Konflikte können als Folge eine erhöhte Beanspruchung (z. B. aufgrund mangelnder Erholung) nach sich ziehen.

Der nächste zu diskutierende Punkt betrifft die Direktionalität der extrahierten Skalen. Dabei zeigt sich einerseits – konform mit den aus der Literatur bekannten

Verfahren – dass sich für zeit und beanspruchungsbedingte Konflikte undirektionale Konstrukte aus der Arbeit in die Lebensbereiche Familie und Freizeit als auch in entgegengesetzter Richtung extrahieren lassen. Andererseits zeigt sich entgegen den bisherigen Befunden zu diesem Thema, dass die verhaltensbedingten Konflikte mit den hier verwendeten Items augenscheinlich eher ein bidirektionales Konstrukt repräsentieren. Verhaltenbedingte Konflikte haben bisher bei der Entwicklung von Instrumenten zur Erfassung von Arbeit-Nicht-Arbeit-Konflikten und bei der Anwendung bisher im Vergleich zu zeit- und beanspruchungsbedingten Konflikten eine eher geringe Aufmerksamkeit erfahren. Ungeachtet dessen werden verhaltensbedingte Konflikte dabei jedoch bisher zumeist als gleichberechtigte Subdimension von Arbeit-Familien-Konflikten betrachtet. Unerwartet ist die bidirektionale Strukur der verhaltensbedingten Konstrukte, denn bisher werden verhaltensbedingte Konflikte in der Regel als undirektional klassifiziert.

Ein weiterer zu diskutierender Aspekt der faktoriellen Struktur betrifft die in den beiden Faktorenanalysen extrahierten Benefitskalen. Auf der Analyseebene erster Ordnung lassen sich zwei unidirektionale Skalen und eine bidirektionale Skalen extrahieren. Im zweiten Analyseschritt werden diese drei Skalen zu einer bidirektionalen Gesamtskala zusammengefasst. Diese Ergebnisse können dahingehend interpretiert werden, dass eine Differenzierung zwischen zeit-, beanspruchungs- und verhaltensbedingten Benefits eine eher untergeordnete Bedeutung im Work-Life-Balance-Erleben der Studienteilnehmer darstellt, da mit Ausnahme der Skala *verhaltensbedingter Arbeit ⇔ Nicht-Arbeit-Benefits* (F9) die Ergebnisse der Faktorenanalyse keine Unterscheidung hinsichtlich dieser Kriterien nahe legt. Nicht eindeutig erscheint bei einer Zusammenfassung der faktorenanalytischen Ergebnisse auch die Direktionalität der Benefitskalen. Während sich auf der ersten Analyseebene zwei undirektionale Skalen und eine bidirektionale Skala identifizieren lassen, zeigt in der Faktorenanalyse zweiter Ordnung ein bidirektionales Konstrukt. Während die Struktur hinsichtlich der Direktionaltität sowohl für die *Arbeit⇔Nicht-Arbeit-Konflikte* und *Nicht-Arbeit⇔Arbeit-Konflikte* (alle unidirektional) und für verhaltensbedingte Segmentationskonflikte (alle bidirektional) klar und eindeutig erscheint, kann dies für die Benefitskalen nicht behauptet werden. Hier erscheinen weitere Studien indiziert, um Struktur und Direktionalität der positiven Spillover-Prozesse weiter zu klären und genauer zu spezifizieren.

Die Befunde hinsichtlich der Faktorenstrukur können als erste Hinweise auf die Konstruktstruktur des Work-Life-Balance-Erlebens erachtet werden. Trotz der theoretischen Ableitung der Faktorstruktur und Auswahl der verwendeten Items mittels Contentanalyse gilt es an dieser Stelle explizit darauf hinzuweisen, dass es sich bei der explorativen Faktorenanalyse um ein strukturentdeckendes und nicht um ein strukturprüfendes Verfahren handelt. Bei einer explorativen Faktorenanalyse sind keine Vorannahmen zu treffen, wie viele Faktoren ermittelt werden und welche manifesten Variablen die latenten Faktoren charakterisieren. Nicht zuletzt aufgrund einer starken

Stichprobenabhängigkeit (s.u) darf eine mittels EFA ermittelte Faktorenstruktur nicht verallgemeinert werden. Ensprechende Ergebnisse sind vielmehr als hypothesengenerierend zu verstehen, d.h., die Ergebnisse sind in weiteren Untersuchungen zu replizieren beziehungsweise mit einem strukturprüfenden Verfahren wie einer konfirmatorischen Faktorenanalyse zu bestätigen. Während bei der EFA, wie beschrieben, vorab keine Vorannahmen hinsichtlich der zu ermittelnden Struktur zu treffen sind, erfordert eine konfirmatorische Faktorenanalyse als strukturprüfendes Verfahren hingegen ausdrücklich die Festlegung eben genau dieser Strukturen (Zahl von Faktoren sowie Festlegung von Variablen, welche diese Faktoren beschreiben). Ein Vergleich zwischen der theoretisch angenommenen Faktorenstruktur und der empirisch ermittelten erfolgt somit allein auf deskriptiver Basis.

Wie bereits thematisiert, ist die Anzahl der extrahierten Faktoren und ihre Struktur in nicht unwesentlichem Maße von von der Homogenität der Stichprobe beeinflusst. Homogene Stichproben zeigen meist niedrige Interkorrelationen zwischen den untersuchten Variablen und bedingen in einer explorativen Faktorenanalyse eine eher höhere Anzahl von Faktoren mit niedrigen Ladungen. Während heterogene Stichproben mit stärkeren Korrelationen eher wenige, aber starke Faktoren mit hohen Ladungen hervorrufen. Die Stichprobe in Studie 1 ist hinsichtlich mehrer Kriterien als homogen zu betrachten. Es handelt sich bei rund der Hälfte der Befragungsteilnehmer um Lebenspartner der Studienteilnehmer, die seitens der Forschenden kontaktiert wurden. Obendrein entstammen rund zwei Viertel der Studienteilnehmer homogenen Berufsgruppen, während die anderen beiden Viertel (Lebenspartner der Zielgruppe) eine deutliche heterogenere Berufsstruktur aufweisen. Zur beruflichen Tätigkeit der Lebenspartner liegen allerdings nicht ausreichend Daten vor, um die Rahmenbedingungen genauer zu analysieren.

Die hohe Anzahl an extrahierten Faktoren in der EFA 1. Ordnung erhärtet die Vermutung, dass es sich bei der Stichprobe um eine homogene Stochprobe handelt. Die Annahme, dass hinter den Einzelfaktoren eine oder mehrere übergeordnete Faktoren zweiter Ordnung liegen, wird unterstützt, da die Skalen mittel bis hoch miteinander korrelieren – sie liegen im im Bereich mittlerer bis hoher Konvergenz.

Die Generaliserbarkeit der Befunde aus Studie 1 muss daher ingesamt als begrenzt angesehen werden. Es war das zentrale Ziel der Studie, hinsichtlich der methodisch-validierenden Fragestellungen auch nicht verallgemeinerbare Ergebnisse mit einer möglichst hohen Generalisierbarkeit über die Faktorenstruktur zu gewinnen, sondern erste empirische Informationen über die Konstrukte des Arbeit, Familie und Freizeit-Interfaces zu gewinnen, um diese mit der Literatur zu vergleichen. Dieses Ziel kann durchaus als erfüllt angesehen werden, denn es konnten inhaltlich gut interpretierbare Skalen mit einer ausreichend bis guten Reliabilität extrahiert werden, die sich darüber hinaus in der Anwendung im Feld als praktikabel erwiesen. Des weiteren konnten hinsichtlich der beobachteten Spillover-Prozesse zahlreiche aus der Literatur bekannte Befunde repliziert werden.

Um Aussagen mit einem höheren Generalisierungsgrad fällen zu können, gilt es, die Befunde in entsprechend größeren und heterogeneren Stichproben zu verifizieren.

Aufgrund der zum Teil sehr starken Zusammenhänge der Work-Life-Balance-Konstrukte untereinander wurde eine Faktorenanalyse zweiter Ordnung berechnet, mit dem Ziel der weiteren Datenverdichtung und der Reduktion der relevanten Skalen. Die sekundäre Faktorenstruktur erweist sich dabei im Vergleich zur initialen Struktur erster Ordnung als inhaltlich besser interpretierbar. In weiteren Untersuchungen wird deshalb zu untersuchen sein, ob eher die Faktorenstruktur 1. Ordnung mit einer großen Anzahl an Faktoren das Vereinbarkeitserleben an der Schnittstelle zwischen den Lebensbereichen Arbeit, Familie und Freizeit repäsentiert oder ob die große Anzahl an Faktoren in dieser Studie den Stichprobencharakteristika geschuldet ist und eine reduzierte faktorielle Struktur, wie sie in der Faktorenanalyse zweiter Ordnung ermittelt wurde, zur Beschreibung des untersuchten Interfaches nicht besser geeignet ist.

Fragestellung S1-2.– Die Bestimmung der internen Konsistenzen ergibt Faktoren 1. Ordnung mit insgesamt zufriedenstellenden Werten, wenn auch teilweise mit Optimierungspotenzial. Die neun Faktoren erster Ordnung verfügen über Reliabilitäten zwischen 0.57 und 0.84. Lediglich eine Skala unterschreitet dabei die Schranke von 0.60. Vor dem Hintergrund, dass es sich bei der Untersuchung um eine erste Exploration der faktoriellen Struktur im Feld handelt, erscheinen die Befunde somit durchaus als angemessen und akzeptabel.

Fragestellung S1-3.– Der Vergleich zwischen den beiden Teilstichproben (KPP und WMA) mit unterschiedlichen Partizipationsmöglichkeiten in ihrem Tätigkeitsfeld erbringt keine Hinweise auf ein unterschiedliches Work-Life-Balance-Erleben in den verschiedenen Berufsgruppen. Trotz eines sehr deutlichen Unterschiedes in den Mitwirkungsmöglichkeiten kann weder für das Konflikt- noch für das Benefiterleben ein entsprechender Befund erbracht werden. Aufgrund der kleinen Stichprobe ist allerdings davon auszugehen, dass in diesem Forschungsdesign auch nur sehr große Effekte hätten entdeckt werden können (s.u). Weitergehend kann vermutet werden, dass das eingesetzte Instrument zur Erfassung der Partizipation für die vorliegende Fragestellung unter Umständen ungeeignet ist. So fiel die Wahl auf eine relativ abstraktes Instrument, da es sowohl in verschiedensten Organisation und Berufsgruppen einsetzbar sein sollte.

Fragestellung S1-4.– Der angenommene Zusammenhang zwischen Work-Life-Balance-Erleben und *Partnerschaftszufriedenheit* kann nur teilweise bestätigt werden. Als bedeutenste Variable erweist sich ingesamt der Faktor F I *Arbeit⇨Nicht-Arbeit-Konflikte*. Diese Form zeit- und beanspruchungsbedingter Konflikte erweist sich als relevanter Prädiktor für die *Partnerschaftszufriedenheit, Häufigkeit des Streits zwischen den Lebenspartnern* und der *Selbsteinschätzung,* ob der Lebenspartner unter den eigenen Arbeitszeiten zu leiden habe. Darüberhinaus zeigen sich für diesen Prädiktor auch ein negativer Zusammenhang mit der *Arbeitszufriedenheit* insbesondere für Frauen. Der Prädiktor der entgegengesetzten Wirkungsrichtung F III *Nicht-Arbeit⇨Arbeit-Konflikte* steht vor allem in negativem Zusammenhang mit der *Partnerschaftszufriedenheit* und bei Frauen auch noch hinsichtlich der *Selbsteinschätzung,* ob der Lebenspartner unter den eigenen Arbeitszeiten beeinträchtigt wird. Der Faktor F II *Benefiterleben* erweist sich lediglich als statistisch bedeutsamer Prädiktor bei der Vorhersage der *Arbeitszufriedenheit* und dabei vor allem für Männer. Der Faktor F IV *Segmentationserleben* eignet sich bei den durchgeführten Analysen lediglich als Prädiktor für die *Häufigkeit von Streits bzw. Konflikten mit dem Lebenspartner.*

Es ergibt sich somit ein sehr differenziertes Bild hinsichtlich der untersuchten Zusammenhänge. Alle analysierten Work-Life-Balance-Variablen erweisen sich je nach verwendetem Kriterium als relevant für die Vorhersage der Zufriedenheit (bzw. die Anzahl der Konflikte zwischen den Lebenspartnern). Auffallend ist, dass sich sowohl bei den Analysen zur Partnerschaftszufriedenheit als auch für die Analysen zur Arbeitszufriedenheit geschlechtsspezifische Effekte nachweisen lassen. Die Annahmen der Fragestellung S1-4 können somit zumindest teilweise bestätigt werden. Betrachtet man die Größe der berichteten Effektstärken, so zeigen sich Effekte mittlerer Größe, wobei die Effekte der Zusammenhangsanalysen mit dem Kriterium Arbeitszufredenheit höher sind. Für die geschlechtsspezifischen Analysen der Arbeitszufriedenheit zeigen sich gar große Effekte.

Nicht geklärt werden kann aufgrund des querschnittlichen Designs, ob es sich bei den Ergebnissen um Befunde handelt, die ihren Ursprung in der Spezifik der vorliegenden Stichprobe haben.

Fragestellung S1-5.– Der angenommene Zusammenhang zwischen strukturellen Arbeitszeitvariablen sowie der Arbeitszeitflexibilität und dem Work-Life-Balance-Erleben kann nicht für alle analysierten Prädiktoren bestätigt werden, jedoch können für alle Konflikt- oder Benefitskalen statistisch bedeutsame Regressionsmodelle identifiziert werden. Darüber hinaus existiert ein weiteres Modell in der explorativen Analyse der Segmentationsskalen.

Die Regressionsmodelle mit den meisten signifikanten Prädiktoren und den stärksten Effekten zeigen sich erwartungsgemäß für die beiden Skalen, die zeitbedingte Aspekte des Work-Life-Balance-Erlebens erfassen, F1 zeitbedingte *Arbeit⇨Nicht-Arbeit-Konflikte* und F7 *zeitbedingte Nicht-Arbeit⇨Arbeit-Konflikte*. Während die Effektstärken für die beiden genannten Dimensionen als groß klassifiziert werden können, sind Effekte für die anderen Skalen wie folgt zu bewerten: Für vier Skalen zeigen sich kleine (F3, F4, F6, F9), für zwei Skalen mittlere (F2, F5) und für eine Skala große Effekte (F8). Auffallend ist, dass beim Vergleich der drei Paare unidirektionaler Skalen, bei den jeweils eine Skala einen Spillover aus der Arbeit in den Lebensbereich der Nicht-Arbeit beschreibt (z. B. F1), während die andere Skala den Spillover-Prozess in die entgegengesetzte Richtung veranschaulicht (z. B. F7), dass bei diesen Paaren der Gesamteffekt für das Regressionsmodell für die Richtung Nicht-Arbeit⇨Arbeit durchgehend größer ist.

Entgegen der in der Fragestellung S1-3 formulierten Annahmen war die Beobachtung, dass die Prädiktoren der *Anzahl der tatsächlichen Arbeitsstunden pro Woche* und *Schichtdienst* in negativem Zusammenhang mit den zeitbedingte Nicht-Arbeit⇨Arbeit-Konflikte stehen. Dieses Muster zeigt sich jedoch nicht nur für die Skala F7, sondern auch für F2 *beanspruchungsbedingte Nicht-Arbeit⇨Arbeit-Konflikte* sowie F4 *beanspruchungsbedingte Arbeit⇨Nicht-Arbeit-Konflikte*. Es kann vermutet werden, dass Beschäftigte im Schichtdienst oder mit einem hohen Umfang an Arbeitsstunden ihr Leben so organisiert haben, dass durch eine hohe Anzahl an Arbeitsstunden und Schichtarbeitsmodellen wenig Vereinbarkeits-Konflikte entstehen, die ihren Ursprung im Familien- oder Privatleben haben. Besonderer Bedeutung kommt der Variablen *Verlässlichkeit der Arbeitszeit* zu. Dieses Prädiktor wird in sechs der neun aufgestellten Regressionmodelle signifikant (zumindest tendenziell). Die geringsten Zusammenhänge zeigen sich bei der Analyse der bidirektionalen Skalen (F3, F5, F9). Für diese Skalen, für die es keine eindeutige Richtung des Spillover-Prozesses gibt, können insgesamt nur wenige bedeutsame Effekte berichtet werden. Dabei erweist sich eine geringe Verlässlichkeit der Arbeitszeiten als förderlich für ein stärkeres Konflikterleben und ein geringeres Benefiterleben. In sechs der analysierten Regressionsmodelle wird durch die zusätzliche Aufnahme des Prädiktors *Arbeitszeitflexibilität* die Modellgüte des Regressionsmodells verbessert. In fünf der Fälle erweist dieser Prädiktor auch als statistisch bedeutsam. Dieser Befund kann dahingehend interpretiert werden, dass *Arbeitszeitflexibilität* eine Art protektiver Faktor darstellt. Bedingen strukturelle Arbeitszeitvariablen starke Vereinbarkeitskonflikte oder geringes Benefiterleben, so läuft die *Arbeitszeitflexibilität* durch den inversen Zusammenhang diesen Entwicklungen entgegen.

Fragestellung S1-6.– Betrachtet man die neun berechneten Regressionsmodelle zwischen Persönlichkeitsmerkmalen und dem Work-Life-Balance-Erleben, dann ist bemerkenswert, dass vier der neun aufgestellten Modelle im F-Test signifikant werden (wobei dies für zwei der Modelle für ein Siginfikanzniveau von 0.10 gilt). Der stärkste Zusammenhang für Persönlichkeitsmerkmale findet sich für die Skala F7 *zeitbedingte Nicht-Arbeit⇨Arbeit-Konflikte* gefolgt von der Skala F4 *beanspruchungsbedingte Ar-*

beit⇨Nicht-Arbeit-Konflikte. Als bedeutenste der analysierten Big-5-Variablen erweist sich die Variable *Emotionale Stabilität,* die in drei der vier signifikanten Regressionsmodelle einen statistisch bedeutsamen Beitrag zur Erklärung des Regressanden liefert. Dabei ist der Zusammenhang zwischen *Emotionaler Stabilität* und Work-Life-Balance-Erleben dergestalt, dass eine hohe *Emotionale Stabilität* in negativem Zusammenhang mit Work-Life-Balance-Konflikten steht. Es kann also angenommen werden, dass *Emotionale Stabilität* sich protektiv, da konfliktreduzierend, auf das Work-Life-Balance-Erleben auswirkt. Der Faktor *Gewissenhaftigkeit* erweist sich in zwei Fällen als bedeutsamer Prädiktor für das Vereinbarkeitserleben. Dabei tritt die *Variable Gewissenhaftigkeit* sowohl in negativem Zusammenhang mit dem Faktor F7 *zeitbedingte Nicht-Arbeit⇨Arbeit-Konflikte* als auch mit dem Faktor F2 *beanspruchungsbedingte Nicht-Arbeit⇨Arbeit-Konflikte* auf. Planvolles, genaues Vorgehen im Privatleben erweist sich als hilfreich, um Spillover-Prozesse aus dem Famlien- und Privatleben in die Erwerbstätigkeit reduzieren oder gar zu vermeiden.

Der Big-5-Faktor Kultur steht mit zwei der WoLiBaX-Skalen in signifikanten Zusammenhang und zwar mit *beanspruchungsbedingte Arbeit⇨Nicht-Arbeit-Konflikte* und F7 *zeitbedingte Nicht-Arbeit⇨Arbeit-Konflikte.* Während in den Annahmen zur Fragestellung S1-6 jedoch ein negativer Zusammenhang mit Konfliktskalen postuliert wurde, zeigt sich in beiden Regressionsmodellen ein entgegengesetzter Effekt, d.h., eine hohe Ausprägung des Faktors *Kultur* – die Offenheit für neue Erfahrungen – erweist sich als förderlich für Konflikte. Die Persönlichkeitsmerkmale *Extraversion* und *Verträglichkeit* stehen entgegen der postulierten Annnahme mit keinem der untersuchten Work-Life-Balance-Konstrukte in Zusammenhang. Für diese Variablen können die gemachten Annahmen nicht bestätigt werden. Die Verwendung von SOC-Strategien erweist sich lediglich für den Faktor F9 *bidirektionales verhaltenbedingtes Benefiterleben* als statistisch bedeutsamer Prädiktor. Ingesamt betrachtet können die in Fragestsllung S1-6 gemachten Annahmen nur für wenige der untersuchten Aspekte bestätigt werden. Betrachtet man abschließend noch den Anteil der aufgeklärten Varinaz durch die signifikanten Regressionsmodelle oder die Effektstärken f^2 für diese Modele, dann ist festzuhalten, dass der Anteil der aufgeklärten Varianz lediglich für zwei der berechneten Modelle größer 0.10 ist. Entsprechend sind die Effekte der Gesamtmodele der Persönlichkeitsvariablen als klein bis mittel einzustufen. Vergleicht man diese Größen beispielsweise mit den Effekten der Prädiktoren zur Arbeitszeit aus S1-5, dann wird deutlich, dass der Beitrag der individuelle Persönlichkeitsvariablen zur Aufklärung des Work-Life-Balance-Erlebens im Vergleich zu organisationalen Variablen eher gering ist.

Fragestellungen S1-7 und S1-8.– Es lassen sich für keine der beiden Analysen geschlechtsspezifischen Unterschiede im Work-Life-Balance-Erleben zwischen Frauen und Männern identifizieren. In der varianzanalytischen Auswertung der Differenzen des

Work-Life-Balance-Erlebens von Frauen und Männern zeigen sich für keine der analysierten WoLiBaX-Skalen statistisch bedeutsame Unterschiede. Auch beim Vergleich des interindividuellen Spillovers können keine geschlechtsspezifischen Unterschiede diagnostiziert werden. Bei einer zusammenfassenden Betrachtung der Ergebnisse der Analyse interindividueller Spillover-Prozesse gilt es allerdings festzuhalten, dass für drei der vier untersuchten Kriterien Crossover-Effekte nachgewiesen werden können. Sowohl für die Konstrukte *Benefiterleben* (FII), *Nicht-Arbeit⇔Arbeit-Konflikte* (F III) als auch für das *Segmentationserleben* (F IV) erweist sich die jeweilige Dimension als bedeutsamer Prädiktor des Work-Life-Balance-Erlebens des Partners hinsichtlich desselben Faktors. Dies bedeutet z. B., dass das Benefiterleben der Männer durch das Benefiterleben der Frauen vorhergesagt werden kann. Dieser Effekt zeigt sich allerdings auch in entgegengesetzter Richtung – das Benefiterleben der Frauen lässt sich durch das Benefiterleben der Männer ebenfalls vorhersagen. Die Effektstärken der Befunde liegen für die Skalen *Benefiterleben* (FII) und *Segmentationserleben* (F IV) für beide Geschlechter im mittleren Bereich. Für die Skala *Nicht-Arbeit⇔Arbeit-Konflikte* (F III) können hingegen sogar große Effekte beschrieben werden. Hierbei gilt jedoch, dass die *Nicht-Arbeit⇔Arbeit-Konflikt*e der Frauen in stärkerem Maße durch die *Nicht-Arbeit⇔Arbeit-Konflikte* der Männer vorhergesagt werden können als andersherum.

Des weiteren gibt es keinen interindividuellen Crossover zwischen den verschiedenen Erlebensformen, einen *„Crossover 2. Art"*. Der Crossover zwischen den Partnern ist immer spezifisch auf eine Erlebensformen beschränkt, d.h., die *Nicht-Arbeit⇔Arbeit-Konflikte* stehen in Zusammenhang mit den *Nicht-Arbeit⇔Arbeit-Konflikten* des Partners, aber nicht mit anderen Ausprägungen des WLB-Erlebens des Partners wie z. B. dem Benefiterleben. So wäre es grundsätzlich auch denkbar, dass *Nicht-Arbeit⇔Arbeit-Konflikte* mit dem *Benefitererleben* des Partners in negativem Zusammenhang stehen (dies könnte darauf hin deuten, dass das Benefiterleben des Partners die *Nicht-Arbeit⇔Arbeit-Konflikte* reduziert). Die vorliegenden Befunde zeigen jedoch, dass es innerhalb der Dyaden vielmehr sich gegenseitig verstärkende Zusammenhänge hinsichtlich der einzelnen Erlebensformen vorliegen, ein Zusammenhang mit anderen WLB-Erlebensformen tritt hingegen nicht auf.

Stichprobengröße.– Abschließend erscheint es noch notwendig, auf die geringe Größe der analysierten Paar-Stichprobe hinzuweisen. Aufgrund der Paarbildung musste die Zahl der Untersuchungseinheiten im Vergleich zu den Analysen, die mit der Gesamtstichpobe berechnet wurden, halbiert werden. Denn nicht bestätigte Annahmen bedeuten nicht zwangsläufig, dass in der Population tatsächlich keine Effekte vorhanden sind. Vielmehr ist anzunehmen, dass zu geringe Teststärken der Analysen dazu führen können, dass kleinere und mittlere Effekte nicht identifiziert werden. Auf die Größe der vorhandenen Stichprobe konnte im vorliegenden Fall nur begrenzt Einfluss genommen werden, da es sich um eine anfallende Stichprobe handelt. Die Teilstichproben für Frauen und Männer setzen sich jeweils 42 Personen zusammen. Insgesamt wurden 139 Paare kontaktiert und ein Fragebogen übergeben, tatsächlich konnten jedoch nur 42 vollständige Paare zur Teilnahme an der Studie rekrutiert werden, was einer Rücklaufquote von 30,2 % für Paare entspricht. Folgt man Cohen (1988), dann können Effekte mit einem f^2 von 0.01 als klein, von 0.15 als mittel und von 0.35 als groß bezeichnet werden. Post-hoc wurden mit Hilfe des Programms GPOWER (Faul & Erdfelder, 1992; Erdfelder, Faul & Buchner, 1996) berechnet, wie groß Stichproben sein müssen, damit in der Population vorhandene Effekte auch diagnostiziert werden können. Geht man von großen Effekten in der Population aus (f^2 =0.35) und setzt α auf 0.05 und die Testpower auf 0.80 fest, dann ist zur Identifikation dieser Effekte in einer multiplen Regression mit vier Prädiktoren eine Stichprobe von N=40 ausreichend.

Aber bereits zur Identifikation mittlerer Effekte (f^2 =0.15) wird eine Stichprobe von 85 Paaren benötigt und für kleine Effekte (f^2 =0.02) gar 602 Dyaden. Diese Überlegungen zur Teststärke legen nahe, dass die vorliegende Stichprobe lediglich die Identifikation starker Effekte ermöglicht, da für schwächere Effekte die Teststärken der Analysen sich als zu gering erweisen und somit auch die Wahrscheinlichkeit sinkt, kleinere Effekte als die gefundenen im Sinne der postulierten Annahmen zu ermitteln. Dies ist allerdings nicht ganz unproblematisch für die vorliegenden Analysen. Zwar existieren, wie theoretischen Teil der Arbeit dargelegt, bereits einige Befunde, die auf Crossover-Effekte zwischen den Paaren hinweisen (zumeist bezüglich der *Arbeit⇨Nicht-Arbeit-Konflikte* des einen Partners auf den anderen Partner). Zum jetzigen Zeitpunkt gibt es noch keine Befunde darüber, wie beispielsweise das Benefiterleben des einen Partners mit dem Konflikterleben des anderen in Zusammenhang steht. Ebenso wurden das gemeinsame Auftreten verschiedener Work-Life-Balance-Erlebniszustände (Konflikte, Benefits und Segmentation) und deren Zusammenhang mit dem Work-Life-Balance-Erleben des Partners noch nicht hinreichend untersucht. Den hier dokumentierten Analysen kommt somit auch ein explorativer Charakter zu, da bisher unbekannt ist, ob derartige Zusammenhänge bestehen bzw. wie stark sie gegebenfalls sind. Es sollte von daher auch davon ausgegangen werden, dass zum Teil zumindest auch schwächere Effekte zwischen den Variablen bestehen. Dies bedeutet allerdings, dass größere Stichproben notwendig wären, um potenzielle Effekte zu identifizieren, was jedoch mit dem zum Teil auch explorativen Vorgehen nicht vereinbar wäre. Setzt man die Rücklaufquote von 30,2 % für Paare als repräsentativ für die untersuchten Stichproben an, bedeutet dies, dass Stichproben, mittels derer mittelstarke oder gar geringe Effekte entdeckt werden können, die Kontaktaufnahme mit 281 bzw. 1994 Paaren nötig machen würde, was aus forschungsökonomischen Gründen jedoch nicht zu realisieren war. Vor dem Hintergrund der Tatsache, dass das eingesetzte Verfahren zum Zeitpunkt der Datenerhebung weder in der Praxis erprobt war noch standardisiert wurde, hätte die Gewinnung einer Stichprobe dieser Größenordnung ein äußerst hohes forschungsökonomisches Risiko beinhaltet.

11.3 Studie 2: Kita-Studie

11.3.1 Einleitung und Fragestellungen

Nachdem Studie 1 Hinweise über eine mögliche Struktur des Arbeit-Familie/Freizeit-Interfaces lieferte, soll das Instrument in einer zweiter Untersuchung in einer größeren und heterogeneren Stichprobe erprobt werden.

Methodisch validierende Fragestellungen.– In dieser Studie wird zunächst die empirische Faktorenstruktur des WoLiBaX in Relation gesetzt zu den theoretischen Annahmen. Ferner wird die meßtechnische Güte des Instrumentes mittels Reliabilitätsanalyse überprüft. Daraus ergibt sich, dass in Studie 2 dieselben methodisch validierenden Fragestellungen untersucht werden wie in Studie 1.
Fragestellung S2-1: Kann die postulierte Faktorenstruktur des WoLiBaX empirisch bestätigt werden?
Fragestellung S2-2: Erweisen sich die WoliBaX-Faktoren als reliabel?

Inhaltlich explorative Forschungsfragen.– Auch in Studie 2 erfolgt eine Analyse inhaltlich explorativer Fragestellungen. Während in Studie 1 die Schwerpunkte dieser Fragstellungen in der Analyse von individuellen Antezedenzen (geschlechtsspezifische Unterschiede, Persönlichkeitsmerkmale) und Konsequenzen (Partnerschaftszufriedenheit, Crossover-Prozesse zwischen Lebenspartnern) des Work-Life-Balance-Erlebens liegt, wird in dieser Studie der Fokus der Analysen auch auf die Bedeutung familialer Rahmenbedingungen für das Work-Life-Balance-Erleben gelegt.

Arbeitszeitvariablen als Prädiktor des Work-Life-Balance-Erlebens.– Analog zu Fragestellung S1-5 in Studie 1 soll auch in Studie 2 der Zusammenhang zwischen Arbeitszeitvariablen exploriert werden. Das dabei gewählte Vorgehen gleicht dem in Studie 1. Es wird auch in dieser Untersuchung davon ausgegangen, dass sowohl *„fixe"* Arbeitzeitvariablen in Zusammenhang stehen mit dem Work-Life-Balance-Erleben als auch leichter veränderbare Variablen, wie die Flexibilität, auf die Arbeitszeitgestaltung Einfluss nehmen zu können.
Fragestellung S2-3: Gibt es bei erwerbstätigen Eltern mit kleinen Kindern einen Zusammenhang zwischen dem Work-Life-Balance-Erleben und Arbeitszeitvariablen?

Annahme: Die Zahl der tatsächlich geleisteten Arbeitsstunden, die Zahl der Überstunden, eine geringe Planbarkeit von Überstunden sowie Bereitschaftsdienste und Ruferbeitschaften stehen in positivem Zusammenhang mit zeit- und beanspruchungsbedingtem Konflikterleben und in negativem Zusammenhang mit dem Benefiterleben. Arbeitszeitflexibilität von Beschäftigten – d.h., die Möglichkeit, aktiv die Arbeitszeitgestaltung zu beeinflussen sowie auch zu Hause arbeiten zu können – hingegen steht in negativem Zusammenhang mit zeit- und beanspruchungsbedingtem Konflikterleben und in positivem Zusammenhang mit dem Benefiterleben.

Unterschiede im Work-Life-Balance-Erleben in Abhängigkeit vom beruflichen Status.– Bereits in Studie 1 wurde in Fragestestellung S1-3 wurde untersucht, ob sich Beschäftigte aus unterschiedlichen Tätigkeitsfeldern mit unterschiedlichen Mitwirkungsmöglichkeiten im Rahmen ihrer Tätigkeit hinsichtlich ihres Work-Life-Balance-Erlebens unterscheiden. Dabei konnte beim Vergleich zwischen wissenschaftlichen Mitarbeitern einer Hochschule und klinischem Krankenpflegepersonal lediglich für einen der vier untersuchten Faktoren ein statistisch bedeutsamer Unterschied diagnostiziert werden. Es wird angenommen, dass der beruflichen Status von Erwerbstätigen in Verbindung mit dem Grad der Permeabilität zwischen den Lebensbereichen und mit dem Handlungsspielraum der Beschäftigten steht. Es ist zu erwarten, dass sich der unterschiedliche beruflichen Status von Gruppen Erwerbstätiger in einem unterschiedlichem Work-Life-Balance-Erleben manifestiert.

Es soll deshalb explorativ untersucht werden, ob sich Unterschiede identifizieren lassen. Es wird vermutet, dass sowohl Träger beruflicher Positionen, die gemeinhin mit einer unterdurchschnittlichen Permeablität zwischen den Lebensbereichen und einem unterdurchschnittlichen Handlungsspielraum ihrer Arbeitstätigkeit in Verbindung gebracht werden (z. B. Arbeiter) als auch Personen mit einer überdurchschnittlichen Permeablität zwischen den Lebensbereichen und einem überdurchschnittlichen Handlungsspielraum (z. B. Selbstständige oder Freiberufler) ein verstärktes Konflikterleben und einen verringerten positiven Transfer zwischen den Lebensbereichen erleben. Für die erst genannte Gruppe wird aufgrund geringerer Gestaltungsmöglichkeiten der Schnittstelle zwischen Arbeit, Familie und Freizeit ein stärkeres Konflikterleben und ein geringeres Benefiterleben angenommen. Dieselben Konsequenzen werden auch für die zweite genannte Gruppe vorhergesagt, hier jedoch vor dem Hintergrund, dass die hohe Permeabilität und die Option des größeren Handlungsspielraums in der Erwerbstätigkeit deutlich erhöhte Selbstmanagementfähigkeiten erfordert.

Fragestellung S2-4: Gibt es bei erwerbstätigen Eltern mit kleinen Kindern einen Zusammenhang zwischen dem Work-Life-Balance-Erleben und ihrem beruflichen Status?

Annahme: Individuen in beruflichen Positionen mit einer sehr geringen Permeabilität zwischen den Lebensbereichen und einem geringeren Handlungsspielraum (Arbeiter) als auch Individuen in beruflichen Positionen mit einer sehr hohen Permeabilität zwischen den Lebensbereichen und einem großen Handlungsspielraum (Selbstständige) haben ein höheres Konflikterleben und ein geringeres Benefiterleben als angestellte Erwerbstätige mit einer Position, die gekennzeichen ist durch durchschnittliche Permeabilität zwischen den Lebensbereichen und einem mittleren Handlungsspielraum.

Unterschiede im Work-Life-Balance-Erleben in Abhängigkeit von der Bewertung der Vereinbarkeitsorientierung der Organisationskultur. – Mannigfaltige empirische Befunde sprechen für den förderlichen Einfluss einer familienfreundlichen Organisationskultur auf das Vereinbarkeitserleben (s. a. 5.6.5), so dass angenommen wird, dass sich dieser Einfluss auf der individuellen Ebene des Work-Life-Balance-Erlebens manifestiert.

Fragestellung S2-5: Gibt es bei erwerbstätigen Eltern mit kleinen Kindern Unterschiede im Work-Life-Balance-Erleben in Abhängigkeit von der Bewertung der Vereinbarkeitsorientierung der Organisationskultur?

Annahme: Erwerbstätige in Organisationen, die (aus Sicht der Befragten) über eine stärker ausgeprägte vereinbarkeitsorientierte Organisationskultur verfügen, erleben in geringerem Umfang Vereinbarkeitskonflikte und ein stärkeres Benefiterleben als Mitarbeiter aus Organisationen mit einer schwach ausgeprägten vereinbarkeitsorientierten Organisationskultur.

Der Zusammenhang zwischen Work-Life-Balance-Erleben und Arbeitszufriedenheit. – Bereits in Studie 1 wurde der Zusammenhang zwischen dem Work-Life-Balance-Erleben und der Arbeitszufriedenheit analysiert (vgl. Fragestellung S1-4). Auch in Studie 2 wird dieser Zusammenhang erneut an einer heterogeneren Stichprobe überprüft.

Fragestellung S2-6: Wie stellt sich bei erwerbstätigen Eltern mit kleinen Kindern der Zusammenhang zwischen dem Work-Life-Balance-Erleben und der Arbeitszufriedenheit dar?

Annahme: Das Konflikterleben bei der Vereinbarkeit der Domänen steht in einem negativen Zusammenhang mit der Arbeitszufriedenheit, während zwischen Benefiterleben und Arbeitszufriedenheit ein positiver Zusammenhang postuliert wird.

Unterschiede im Work-Life-Balance-Erleben in Abhängigkeit von der Kinderbetreuungssituation. – Wie im theoretischen Teil der Arbeit dargelegt (s. a. 6.4), erweist sich vor allem bei jungen Eltern die Kinderbetreuungssituation als Einflussvariable für das Work-Life-Balance-Erleben. Es wird deshalb angenommen, dass insbesondere Eltern kleiner Kinder, die häufig (mehrmals die Woche) oder sehr häufig (fast täglich) Situationen erleben, in denen es schwierig ist, die Erwerbstätigkeit und Kinderbetreuung miteinander zu verbinden. Da in der Regel die Hauptverantwortung für die Kinderbetreuung noch immer bei den Frauen liegt ist anzunehmen, dass geschlechtsspezfischen Unterschiede im Umfang des Work-Life-Balance-Erlebens bestehen.

Fragestellung S2-7: Welche Unterschiede gibt es bei erwerbstätigen Eltern mit kleinen Kindern im Work-Life-Balance-Erleben in Abhängigkeit von ihrer Kinderbetreuungssituation?

Annahme: a) Eltern, die häufiger Probleme erfahren, Erwerbstätigkeit und Kinderbetreuung miteinander zu vereinbaren, erleben in stärkerem Umfang Vereinbarkeitskonflikte und ein geringeres Benefiterleben. b) Die unter a) getroffene Annahme beeinträchtigt das Work-Life-Balance-Erleben von Frauen in stärkerem Umfang als Männer.

Unterschiede im Work-Life-Balance-Erleben in Abhängigkeit vom Familieneinkommen.– Bisher liegen wenige empirische Befunde zur Beantwortung der Frage vor, inwieweit das zur Verfügung stehende Familieneinkommen das Work-Life-Balance-Erleben beeinflusst. Dies ist um so erstaunlicher, da einige Autoren darauf verweisen, dass das ein gutes Familieneinkommen eine Ressource darstellt, die förderlich bei der Vereinbarkeit der Lebensbereiche Arbeit, Familie und Freizeit sein soll. Dabei wird argumentiert, dass ein höheres Familieneinkommen bei Bedarf die Möglichkeit zum Zukauf von Unterstützungsleistung eröffnet, was sich positiv auf die Vereinbarkeitsleistung auswirkt. Ziel der folgenden Fragestellungen ist es, explorativ zu untersuchen, ob sich Eltern mit einem monatlichen Familieneinkommen von Eltern mit geringerem Einkommen im Work-Life-Balance-Erleben unterscheiden.

Fragestellung S2-8: Welche Unterschiede gibt es bei erwerbstätigen Eltern mit kleinen Kindern im Work-Life-Balance-Erleben in Abhängigkeit von der familialen Einkommenssituation?

Annahme: Erwerbstätige Eltern mit einem höheren monatlichen Familieneinkommen haben ein geringeres Konflikterleben und ein erhöhtes Benefiterleben.

Work-Life-Balance-Typologie.– Psychologische und sozialwissenschaftliche Forschung zum Thema Work-Life-Balance beschäftigt sich z. B. mit der Diagnose von Unterschieden zwischen verschiedenen Gruppen von Individuen (z. B. Männer und Frauen, Alleinerziehende und in Partnerschaften lebende Personen, Beschäftigte mit und ohne Kinder). Trotz aller individuellen, familiären und biografischen Unterschiede scheint es aber gerade aus Perspektive von Interventionen im Alltag notwendig zu sein, nicht nur Unterschiede zu identifizieren, sondern auch Ähnlichkeiten zwischen Gruppen von Individuen mit vergleichbaren Erlebens- und Verhaltenszuständen zu erkennen. Trotz zahlreicher Annahmen und empirischer Studien darüber, wie die Lebensbereiche Arbeit, Familie und Freizeit miteinander verbunden sind (vgl. a. 8.4.4) existieren derzeit kaum Befunde dazu, ob und in welcher Form verschiedene Spillover-Prozesse des Work-Life-Balance-Erlebens gleichzeitig auftreten und wie sie miteinander in Interaktion stehen. Ebenfalls unbekannt ist (mit Ausnahme der Studie von Demerouti & Geurts; 2004), ob entsprechend Personen mit spezifischem Work-Life-Balance-Erlebens-Muster (Work-Life-Balance-Cluster) zu identifizieren sind. Demerouti & Geurts (2004) extrahieren fünf Cluster mit spezifischen „Work-Home-Interactions", die sie in Verbindung mit verschiedenen Linking Mechanismen bringen. Im Rahmen dieser Studie soll untersucht werden, ob sich dem WoLiBaX die Studienteilnehmer in valide Cluster gruppieren lassen.

Fragestellung S2-9: a) Lassen sich Personen-Cluster des Work-Life-Balance-Erlebens identifizieren? b) Welche Cluster-Anzahl kann als valide angenommen werden? c) Durch welche Ausprägungen der WoLiBaX-Skalen sind diese Cluster gekennzeichnet? d) Wie sind die gefundenen Cluster zu benennen?

Tabelle 70 Übersicht der Fragestellungen in Studie 2

Fragestellung	Inhalt	Methoden
S2-1	Bestimmung der Faktorenstruktur	Explorative Faktorenanalyse
S2-2	Reliabilitätsbestimmung	Reliabilitätsanalyse (Cronbachs α)
S2-3	Analyse des Zusammenhanges zwischen Work-Life-Balance-Erleben und Arbeitszeitvariablen	Regressionsanalyse
S2-4	Analyse von Unterschieden im Work-Life-Balance-Erleben in Abhängigkeit vom beruflichen Status	Multivariate Varianzanalyse
S2-5	Analyse von Unterschieden im Work-Life-Balance-Erleben in Abhängigkeit von der Bewertung der Vereinbarkeitsorientierung der Organisationskultur	Multivariate Varianzanalsye
S2-6	Analyse des Zusammenhanges zwischen Work-Life-Balance-Erleben und Arbeitszufriedenheit	Regressionsanalyse
S2-7	Analyse von Unterschieden im Work-Life-Balance-Erleben in Abhängigkeit von der Kinderbetreuungssituation	Multivariate Kovarianzanalyse
S2-8	Analyse von Unterschieden im Work-Life-Balance-Erleben in Abhängigkeit vom Familieneinkommen	Multivariate Varianzanalsye
S2-9	Analyse von Vereinbarkeitstypen – Erstellung einer – Typologie des Work-Life-Balance-Erlebens	Clusteranalyse

11.3.2 Instrumente

Der in der Untersuchung eingesetzte Fragebogen verfügt insgesamt über 105 Fragen und kann im Internet unter www.asanger.de eingesehen werden.

Work-Life-Balance-Index (WoLiBaX).– Aufbauend auf den Befunden aus Studie 1 wird im Rahmen der nachfolgenden Untersuchung ein verändertes Item-Set des WoLi-

BaX verwendet. Dabei werden folgende Änderungen vorgenommen: 1) Die Anzahl der Items wird auf ingesamt 30 reduziert. Dabei wird jedoch berücksichtigt, dass die theoretisch postulierten Dimensionen, die den Skalen zugrunde liegen (Art des Effekts, Richtung des Einflusses; inhaltliche Ebene des Spillover-Prozesses: zeit-, beanspruchungs- oder verhaltensbedingt), weiterhin weitestgehend ausbalanciert berücksichtigt werden. 2) Die noch ursprünglich zu Beginn von Studie 1 vorgenomme Differenzierung zwischen Erwerbsarbeit und Familienleben auf der einen Seite und Erwerbsarbeit und Freizeit auf der anderen Seite wird aufgegeben. Es wird nur noch unterteilt in das Interface zwischen (Erwerbs-)Arbeit und Nicht-Arbeit. Um im Rahmen von Studie 2 trotzdem ein Instrument zur Erfassung des Work-Life-Balance-Erlebens zu verwenden, dass dennoch sowohl Aspekte des Familienlebens als auch der Freizeit berücksichtigt, werden bei der Itemauswahl beide Lebensbereiche angemessen und in gleichem Umfang berücksichtigt. Legt man die Zuordnung der Items zu Inhaltsbereichen aufgrund der Contentanalyse zugrunde (vgl. Tabelle 21), dann können 15 der ausgewählten 30 Items dem Lebensbereich Arbeit zugeordnet werden und ebenfalls 15 dem Lebensbereich Familie und Freizeit (Nicht-Arbeit). Die ausbalancierte Berücksichtigung von zeit-, beanspruchungs- oder verhaltensbedingten Items wird analog zu Studie 1 beibehalten. Damit ergibt sich eine Struktur mit vier Dimensionen, denen jeweils neun (Konflikte) oder sechs (Benefits) Items zugeordnet werden. Tabelle 71 stellt die Struktur des verwendeten Instrumentes zusammengefasst dar.

Tabelle 71: Klassifizierung der Dimensionen des in Studie 2 eingesetzten Work-Life-Balance-Index (in Klammern Anzahl der Items)

		Art des Effektes	
		Konflikterleben	Benefits
Richtung des Einflusses	Arbeit⇨Nicht-Arbeit	**Arbeit⇨Nicht-Arbeit-Konflikte** • *zeitbedingt* (3) • *beanspruchungsbedingt* (3) • *verhaltensbedingt* (3)	**Arbeit⇨Nicht-Arbeit-Benefits** • *zeitbedingt* (2) • *beanspruchungsbedingt* (2) • *verhaltensbedingt* (2)
	Nicht-Arbeit⇨Arbeit	**Nicht-Arbeit⇨Arbeit-Konflikte** •*zeitbedingt* (2)[26] • *beanspruchungsbedingt* (3) • *verhaltensbedingt* (4)	**Nicht-Arbeit⇨Arbeit-Benefits** •*zeitbedingt* (2) • *beanspruchungsbedingt* (2) • *verhaltensbedingt* (2)

Arbeitszeit.– Zur Analyse der Arbeitszeitgestaltung der Studienteilnehmer werden Items verwendet, die dem Online-Fragebogen von Nachreiner, Lenzig & Janssen (2002) entlehnt sind und teilweise angepasst wurden. Die Fragen erfassen sowohl strukturelle Merkmale und Rahmenbedingungen der Arbeitszeit als auch Flexibilisierungsmöglichkeiten seitens der Beschäftigten. Erfasst werden unter anderem das *wöchentliche Arbeitszeitvolumen* (Stunden/Woche), die Zahl der *durchschnittlich pro Monat geleisteten Überstunden,* die Notwendigkeit, für *Bereitschaftsdienst* oder *Rufbereitschaften* zur Verfügung zu stehen, die *frühzeitige Bekannte von zu leistenden Überstunden oder Zusatzarbeiten, Flexibilisierung seitens der Beschäftigten* sowie die Ausübung von Heimarbeit.

Vereinbarkeitsorientierte Organisationskultur.– Die Bewertung der Vereinbarkeitsorientierung der Organisationskultur – des Unternehmens – in der dem die Studienteilnehmer beschäftigt sind, erfolgt über eine für diese Studie erstmalig zusammengestellten Skala mit acht Items. Das Instrument erfasst zwei verschiedene Aspekte einer vereinbarkeitsorientierten Organisationskultur: 1. allgemeine kulturelle Werte und Annahmen innerhalb der Organisation, die die Vereinbarkeit betreffen *(Beispielitem: „Kinder bedeuten in unserem Unternehmen ein Karrierehindernis")* und 2. vereinbarkeitsorientierte Einstellungen und Verhaltensweisen der Vorgesetzten (Beispielitem: *„Mein Vorgesetzter berücksichtigt familiäre Angelegenheiten bei der Festlegung von beruflichen Terminen").* Die Formulierung der Items zur Erfassung der organisationalen Werte erfolgte in Anlehnung der Arbeiten von Trimpop, Förster, Kracke & Kalveram (2003) und Spiegler (2003). Die Items zur Erfassung der Einstellungen und Verhaltensweisen der Vorgesetzten basieren auf Skalen von Nielson, Carlson & Lankau (2001) sowie Spiegler (2003). Die Items sind als Aussagen formuliert, die die Befragten auf einer fünfstufigen Antwortskala von *trifft überhaupt nicht zu* (1) bis *trifft voll und ganz zu* (5) bewerten müssen. Drei der Items sind negativ gepolt und müssen vor der Kalkulation der Skalenwerte, die durch Berechnung des Mittelwertes bestimmt werden, rekodiert werden.

Arbeitszufriedenheit.– Das zur Erfassung der Arbeitszufriedenheit verwendete Instrument ist identisch mit dem in Studie 1 verwendeten, in Anlehnung an Udris & Alioth (1980) entwickelten Verfahrens. Die jeweiligen Zufriedenheitsaussagen zu verschiedenen Themenbereichen sind als Aussagen formuliert und werden von den Studienteilnehmern auf einer Antwortskala von *stimmt überhaupt nicht* (1) bis *stimmt völlig* (5) bewertet.

Demografische Daten und familiale Rahmenbedingungen.– Neben den genannten Themenkomplexen werden vor allem soziodemografische Daten der Befragten und die familiären Rahmenbedingungen erhoben. Im Hinblick auf die nachfolgend präsentierten Analysen sind vor allem zu nennen: Geschlecht, der berufliche Status (mit den sechs Antwort-Kategorien: *Arbeiter/in, Beamter/Beamtin, Angestellte/r, in Ausbildung, Selbstständige/r, Sonstiges*), Häufigkeit der Probleme bei der Kinderbetreuung während der Er-

werbstätigkeit (mit den fünf Antwort-Kategorien: *nie, eher selten* [etwa einmal im Monat], *gelegentlich* [mehrmals im Monat], *häufig* [mehrmals in der Woche] und *sehr häufig* [fast täglich]), *Anzahl an Stunden pro Woche an familiärer Unterstützung bei der Kinderbetreuung* (z. B. durch die Großeltern), *Anzahl an Stunden pro Woche an bezahlter Unterstützung bei der Kinderbetreuung*[25] (z. B. durch eine Tagesmutter) sowie das *zur Verfügung stehende familiäre monatliche Nettogesamteinkommen* (Nettoeinkünfte aus Erwerbstätigkeit zzgl. staatlicher Untersützungsleistungen oder anderer Einkommen).

11.3.3 Stichprobe

Stichprobenplanung und Rahmenbedingungen. – Für die hier dokumentierte Studie wurden als Untersuchungseinheiten Erwerbstätige ausgewählt, die mindestens ein Kind haben, das in einer Jenaer Kindertagesstätte betreut wird (also maximal 6 Jahre alt ist).

Für die im folgenden Analysen werden Daten verwendet, die Rahmen eines Kooperationsprojektes des Lehrstuhls für Arbeits-, Betriebs- und Organisationspsychologie mit dem Familienzentrum Jena e.V. gewonnen wurden. Das Familienzentrum Jena berät und betreut Familien/Eltern (insbesondere werdende Mütter und Alleinerziehende) sowie Kinder und Jugendlichen im Fragen rund um die Themen Elternschaft, Kindererziehung, Kinderbetreuung sowie Vereinbarkeit von Beruf und Familie. Das Zentrum bietet hierzu u. a. Kurse und Informationsveranstaltungen an, tritt selbst als Träger einer Kindertagesstätte auf und initiiert zahlreiche weitere Angebote und Veranstaltungen für die genannte Zielgruppe (z. B. Beratung zu allen Problemen des Alltags und zu Möglichkeiten der Kinderbetreuung, Treffen für Alleinerziehende, Familienbildung, Gesprächsrunden, Familienfeste, familienpolitische Aktivitäten, Kindersachenbörsen, Stammtische, Herausgabe der *Familienzeit* – Zeitung für Familien in Jena, Wochen der Familie).

Die Mitarbeiter des Familienzentrums wurden in den vergangenen Jahren von betroffenen Eltern und Paaren in der Phase der Familienplanung zunehmend mit Fragen bezüglich flexibler Angebote der Kinderbetreuung zur besseren Vereinbarkeit von Arbeit, Familie und Freizeit konfrontiert. Um neben den bereits bestehenden kommunalen Angeboten zur Kinderbetreuung das Portfolio familiengerechter Angebote zur Kinderbetreuung in Jena zu optimieren und bedarfsgerechte Angebote zu entwickeln, wurde seitens des Familienzentrums die hier in Auszügen dokumentierte Studie initiiert. Ziel des Gesamtprojektes war es einerseits, die empirische Beanspruchungssituation Jenaer Eltern hinsichtlich der Vereinbarkeit zu analysieren und darauf aufbauend – ange-

---

[25] Zusätzlich zur Betreungsleistung durch die Kindertagesstätte in der die Befragung durchgeführt wurde.

passt an den lokalen Bedarf und in Kooperation mit den ortsässigen Unternehmen – entsprechende Angebote zur flexiblen Kinderbetreuung zu entwickeln und umzusetzen.

Stichprobenakquisition und Durchführung der Befragung.– Die Datenerhebung erfolgte in elf Kindertagesstätten der Stadt Jena sowie im Familienzentrum Jena. Die Kindertagesstätten befinden sich in der Trägerschaft verschiedener Institutionen (Studentenwerk Jena, Deutsches Rotes Kreuz, Arbeiterwohlfahrt und Familienzentrum Jena). Die nachfolgend berichteten Daten wurden in einer Querschnittserhebung gewonnen. Eine Woche vor Studienbeginn wurde die Untersuchung mit Plakaten in den Kindertagesstätten angekündigt. Die eingesetzten Fragebögen wurden mitsamt eines Begleitschreibens von den Erzieherinnen der Kindertagesstätten den Teilnehmern entweder direkt persönlich ausgehändigt oder in jeweiligen persönlichen Fächer der Kinder ausgegeben. Der Rücklauf der Fragebögen erfolgte über ein Urnensystem in den Einrichtungen. Hierzu wurden deutlich sichtbar beschriftete und verschlossene Wahlurnen im Eingangsbereich der jeweiligen Kindertagesstätten aufgestellt. Die Befragten hatten zur Bearbeitung und Rückgabe des Fragebogens drei Wochen Zeit. Zur Optimierung der Rücklaufquote erhielten die Beteiligten am Ende der zweiten Woche einen Erinnerungsbrief, der an die Rückgabe des Fragebogens erinnerte und an die Teilnahmebereitschaft der Eltern appellierte. Ergänzend wurden auch die schwarzen Bretter und Informationstafeln der Einrichtung genutzt, um z. B. mit Plakaten zur Teilnahme an der Untersuchung aufzurufen. Insgesamt wurden an die beteiligten Institutionen 900 Fragebögen verteilt. Es retournierten insgesamt 208 Fragebögen. Das entspricht einer Rücklaufquote von 23,1 %[26].

Zusammensetzung der Stichprobe.– Von den 208 retournierten Fragebögen werden vor weiteren Analyseschritten vorab neun eliminiert, da diese mehr als 20 % Missings aufweisen. Die im Folgenden dargestellten Berechnungen beruhen auf den verbleibenden 199 Datensätzen.

Die Stichprobe setzt sich jeweils zusammen aus 79,9 % Frauen und 20,1 % Männern in einer Altersspanne von 20 bis 50 Jahren, bei einem Mittelwert von 33.0 Jahren (SD=5.4). Während 85,4 % der Befragten verheiratet sind oder in fester Partnerschaft leben, sind 12,6 % der Untersuchungsteilnehmer alleinerziehend. 2 % der Befragten geben an, in einer anderen Lebensform zu leben. Die befragten Eltern haben zwischen

---

[26] Diese Rücklaufquote bezieht sich auf das Verhältnis der verteilten Fragebögen zu den erhaltenen Rückläufern. Angemerkt werden muss allerdings, dass an alle Eltern der teilnehmenden Kitas Fragebögen verteilt wurden, ungeachtet der Tatsache, ob sie erwerbstätig sind oder nicht, da es aus datenschutzrechtlichen Gründen nicht möglich war, vorab zwischen diesen beiden Gruppen zu differenzieren. Die berichtete Rücklaufquote spiegelt somit nur den Gesamtrücklauf wieder und repräsentiert nicht das Verhältnis der tatsächlich realisierten Stichprobe, da der Fragebogen auch an Eltern verteilt wurde die nicht erwerbstätig sind, und somit nicht zur Zielgruppe der Befragung gehörten. Die hier berichtete Rücklaufquote stellt somit nur eine untere Schätzung dar, denn die tatsächlich realisierte Rücklaufquote wird (vermutlich) deutlich unterschätzt.

einem und fünf Kindern, dabei haben 54,1 % ein Kind, 38,3 % zwei Kinder und 7,6 % mehr als zwei Kinder (MW=1.56). Der überwiegende Anteil der Befragten sind Angestellte (59,6 %; vgl. Abbildung 17). Die zweitgrößte Gruppe unter den Befragten stellen Auszubildende mit 12,6 %. Arbeiter sind mit 8,1 % in der Stichprobe vertreten, Beamte zu 7,1 % und Selbstständige zu 6,6 %. Jeweils 3,0 % der Studienteilnehmer sind Aushilfskräfte oder geben die Rubrik Sonstige als beruflichen Status an. 11,6 % der Befragten üben Vorgesetztenfunktionen aus (d.h. sie können über Personaleinstellungen bzw. Personalentlassungen mitentscheiden).

Nur ein sehr geringer Teil der Ehe- oder Lebenspartner der Studienteilnehmer ist nicht erwerbstätig (6,4 %). Rund 2/3 der der Ehe- und Lebenspartner (65,1 %) sind Vollzeit erwerbstätig.

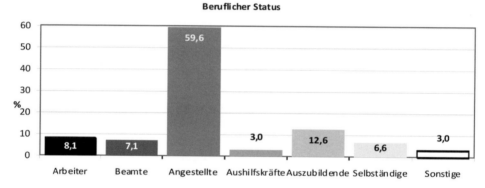

Abbildung 17: Beruflicher Status der Befragten in Studie 2

Der berufliche Status der Befragungsteilnehmer sowie die berufliche Tätigkeit der Ehe- und Lebenspartner spiegelt sich auch im im monatlichen Nettoeinkommen der Haushalte wider (s. Abbildung 18). Während 19,9 % der Untersuchungsteilnehmer über ein sehr geringes (geringer als 500 €) oder geringes Familieneinkommen (zwischen 501 und 1000 €) verfügen, hat immerhin über ein Viertel der Haushalte der Befragten (25,7 %) mehr als 3000 € zur Verfügung. Vergleicht man die hier vorliegenden mit den Daten des Mikrozensus 2005 für die neuen Bundesländer (Statistisches Bundesamt, 2006), wird deutlich, dass es sich um eine Stichprobe mit überdurchschnittlichem Verdienst handelt. So verfügen nach Angaben des Statistischen Bundesamtes (ebd.) lediglich 27,3 % der Familien mit mindestens einer erwerbstätigen Person in der neuen Bundesländern über ein monatliches Nettoeinkommen von mehr als 2600 €. Der Anteil der Familien mit einem Nettoeinkommen mit mehr als 2500 € beträgt in dieser Stichprobe dagegen immerhin 38,3 %.

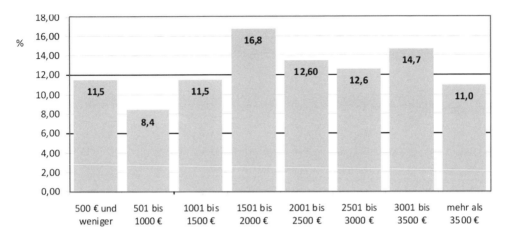

Abbildung 18: Monatliches Nettoeinkommen der Haushalte der Befragten in Studie 2

11.3.4 Faktorenanalyse

Eignung der Daten (Prüfung der Voraussetzungen).–Vor Beginn der faktorenanalytischen Auswertung werden die Items auf ihre Eignung überprüft. Ein Ausschluss einzelner Items aufgrund einer hohen Anzahl an Missing-Werten ist nicht notwendig, da Datensätze mit einer hohen Fehlquote vorab eliminiert wurden. Eine Inspektion der deskriptiven Verteilung der Itemkennwerte ergibt, dass das Item frakz1 *("Ich benötige so viel Zeit für mein Privatleben, dass meine Arbeit zu kurz kommt")* über einen sehr geringen Mittelwert (1.22) und lediglich über eine Spannweite von 3 verfügt. 99,0 % der Antworten verteilen sich auf lediglich zwei Antwortkategorien. Aufgrund der geringen Varianz wird dieses Item folglich von den weiteren Berechnungen ausgeschlossen. Vorhandene Missing-Werte der verbleibenden 29 Items werden von den jeweiligen Mittelwerten der Variablen ersetzt.

Der Umfang des Datensatzes kann mit einer Größe von 199 Messungen nach Bühner (2004, vgl. 11.2.4.3) als fair bezeichnet werden. Die Bestimmung des Kaiser-Meyer-Olkin-Kriteriums ergibt einen Wert von 0.83, der als gut zu bewerten ist (Bühner, 2004).

Tabelle 72: KMO- und Bartlett-Test (Studie 2)

Maß der Stichprobeneignung nach Kaiser-Meyer-Olkin		0.83
Bartlett-Test auf Sphärizität	Ungefähres Chi-Quadrat	2328.087
	df	406
	Signifikanz nach Bartlett	0.00

Eine Analyse der MSA-Werte ergibt, dass alle Items über MSA-Koeffizienten größer 0.50 verfügen und folglich für eine faktorenanalytische Auswertung geeignet erscheinen.

Hauptkomponentenanalyse und Faktorenextraktion.– Im Folgenden wird mit den WoLiBaX-Items eine Hauptkomponentenanalyse mit anschließender Equamax-Rotation durchgeführt. Dabei werden zunächst die auch bereits unter 11.2.4.5 diskutierten Kriterien zur Faktorenextraktion zur Bestimmung der Faktorenanzahl herangezogen. Verwendet man das Kaiser-Guttman-Kriterium für die Bestimmung der Anzahl der zu extrahierenden Faktoren, ergeben sich sieben Faktoren mit einer Varianzaufklärung von 62,8%. Der Scree-Test (vgl. Abbildung 19) legt anhand des empirischen Eigenwerteverlaufs jedoch die Extraktion von vier Faktoren nahe, da sich beim vierten Faktor ein Knick identifizieren lässt. Die Berechnung zufallsverteilter Eigenwerte für die Parallelanalyse mittels der bei O'Connor (2000) aufgeführten Syntax mit 1000 Datendateien für eine Stichprobe mit N=199 und 29 Zufallsvariablen ergibt drei empirische Eigenwerte, die größer sind als die Zufallseigenwerte (s. a. Abbildung 19). Entsprechend diesem Kriterium wären folglich drei Faktoren zu extrahieren.

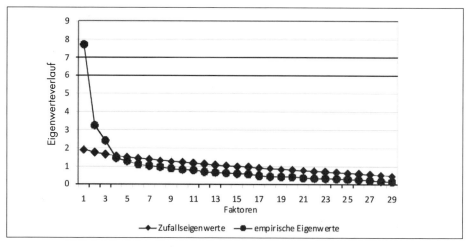

Abbildung 19: WoLiBaX: Parallelanalyse – Empirischer und Zufallseigenwerteverlauf (Studie 2)

Bei der Durchführung des MAP-Tests – durch Bestimmung der Partialkorrelationen der extrahierten Faktoren aus der Hauptkomponentenanalyse – ergibt sich die geringste mittlere quadrierte Korrelation von 0.02 für den dritten Faktor. Entsprechend den Anwendungsregeln des MAP-Tests sollte also eine dreifaktorielle Lösung extrahiert werden. Legt man das beschriebene theoretische Modell zu Grunde, sollten vier Faktoren bestimmbar sein.

Beim Vergleich der Ergebnisse der verschiedenen Extraktionskriterien ergibt sich somit das folgende Bild (vgl. Tabelle 73): Während die Befunde des MAP-Tests und der Parallelanalyse jeweils drei-faktorielle Lösungen nahe legen, sprechen sowohl das a priori formulierte Modell als auch der Scree-Test für vier Faktoren und das Kaiser-Guttmann-Kriterium für sieben Faktoren. Das Kaiser-Guttmann-Kriterium scheint – wie auch schon bei der in Studie 1 geschilderten Analyse – die Faktorenanzahl zu überschätzen. Zu entscheiden ist somit, ob einer drei- oder vierfaktoriellen Lösung der Vorzug zu geben ist.

Tabelle 73: Zusammenfassung der Ergebnisse der verschiedenen Kriterien zur Faktorenextraktion (Studie 2)

Kriterium	Anzahl der Faktoren
A-priori-Kriterium/Theoretische Vorgabe	4 (9)
Eigenwerte>1	7
Scree-Test	4
Parallelanalyse	3
MAP-Test	3

Als weiteres Entscheidungskriterium werden deshalb die Kommunalitäten der Items für die drei- bzw. vierfaktoriellen Lösungen miteinander verglichen. Die Kommunalität einer Variablen gibt an, in welchem Ausmaß die Variable durch die extrahierten Faktoren aufgeklärt wird und sollte möglichst größer 0.50 sein. Dies ist in beiden Lösungen für einen Teil der Items nicht gegeben. Der Vergleich der Itemkommunaliäten h^2 der jeweiligen Lösungen zeigt, dass in der dreifakoriellen Lösungen über die Hälfte der eingesetzten Items eine Kommunalität kleiner 0.50 aufweist, während dies bei vierfaktoriellen Lösung für neun Items zutrifft. Abbildung 20 veranschaulicht, dass die Kommunalitäten einer vierfaktoriellen Lösung hinsichtlich der Güte der Einzelitems der

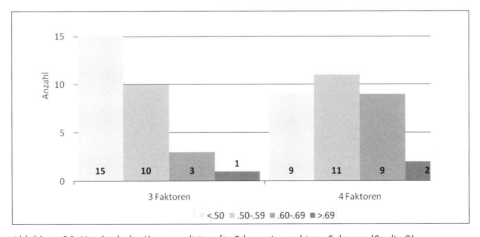

Abbildung 20: Vergleich der Kommunalitäten für 3 bzw. 4 extrahierte Faktoren (Studie 2)

dreifaktoriellen Lösung überlegen sind. Insgesamt lässt sich somit festhalten, dass die Kommunalitäten beider Lösungen zwar als eher mäßig zu bewerten sind, jedoch die vierfaktorielle Lösung zu präferieren ist.

Zieht man als zusätzliches Entscheidungskriterium die aufgeklärte Varianz heran, sollte auch aus dieser Perspektive die Vier-Faktoren-Lösung gewählt werden, da sie eine etwas höhere Varianzaufklärung besitzt (51,04 % vs. 46,05 %).

Faktorenrotation und Interpretation der Faktoren.– Nach Abschluss der Faktorenextraktion wird der dargelegten Argumentation folgend eine vierfakorielle Lösung extrahiert. Diese wird anschließend einer orthogonalen Equamax-Rotation unterzogen, die schließlich in sieben Iterationen konvergiert (s. Tabelle 74). Die vier rotierten Faktoren der WoLiBaX-Skalen weisen eine Einfachstruktur auf und sind inhaltlich gut zu interpretieren. Die Interpretation der Faktorenstruktur erfolgt auf der Basis der rotierten Faktorenmatrix. Die Ladungen der nach der Selektion verbleibenden Items (s. u.) sind für kein Item unter 0.40, hingegen für 21 Items über 0.60. Hierbei wird darauf geachtet, dass die Variablen möglichst eindeutig auf einem Faktor laden. Für drei der vier Faktoren wird auch die Forderungen von Guadagnoli & Velicier (1988) erfüllt, d.h., mindestens vier Variablen verfügen über eine Ladung größer 0.60. Lediglich der vierte Faktor verfehlt dieses Kriterium, hier laden nur drei von vier Variablen mit mehr als 0.60 auf den Faktor, was jedoch als unproblematisch erachtet wird, da die verbleibenden Items sowohl inhaltlich gut interpretierbar sind, als auch über ausreichend hohe Ladungen verfügen. Dieser Faktor kann mit somit drei verbleibenden gerade noch als Skala bezeichnet werden.Variablen, die eine zu geringe Ladung aufweisen oder die auf mehreren Faktoren hohe Ladungen aufweisen, werden vor der Interpretation und Faktorenbildung selektiert. Dabei werden die Eindimensionalität der Faktoren [Kriterium: $(a_1^2 - a_2^2) / h^2 \geq 0.20$], sowie das Fürntratt-Kriterium als Selektionskriterien herangezogen. Items mit einer Kommunalität kleiner 0.30 bleiben bei der weiteren Interpretation ebenfalls unberücksichtigt.

Der 1. Faktor hat eine Varianzaufklärung von 16,6 % der Gesamtvarianz und kann inhaltlich als *Arbeit⇨Nicht-Arbeit-Konflikte* beschrieben werden (vgl. Tabelle 75). Sieben der elf Items beschreiben Konflikterleben. Vier Items handeln von einem positiven Spillover zwischen den Domänen (afar1, affr1, faar1 und frar1). Diese Items laden jedoch negativ auf dem Konstrukt. Es handelt sich somit um einen bipolaren Faktor. Die Ladungsbeträge liegen zwischen 0.35 und 0.76 mit einer durchschnittlichen Faktorenladung von 0.60. Drei Items *(faar1, frar1 und afrkv1)* werden aufgrund ihrer geringen Kommunalitäten (<0.40) bei der weiteren Interpretation und Faktorenbildung nicht weiter einbezogen. Das letztgenannte Item verfügt ferner über eine Doppelladung auf zwei Faktoren und sollte auch aus diesen Gründen nicht berücksichtigt werden. Die verbleibenden Items behandeln sowohl zeit-, beanspruchungs- und verhaltensbedingte Konflikte.

Tabelle 74: Equamaxrotierte Fakorladungsmatrix der 29 WoLiBaX-Items sowie Kommunalitäten, Eigenwerte und % erklärter Varianz (Studie 2)

Faktoren- / Itembezeichnung	Faktor 1	2	3	4	h^2
Faktor 1: Arbeit⇒Familien Konflikte (Zeit)					
afakz1	**0.76**				0.60
afakz3	**0.73**				0.61
afar1	**-0.67**				0.51
afrkb2	**0.65**		0.34		0.63
afrr1	**-0.65**				0.52
afakb1	**0.64**		0.33		0.58
afakv1	**0.61**				0.42
afrkz1	**0.61**		.32		0.49
faar1 [h]	-0.49			-0.37	0.38
frar1 [h]	-0.48				0.32
afrkv1 [d h]	0.35		0.32		0.33
Faktor 2: bidirektionales Benefiterleben					
afrr2		**0.81**			0.72
afar4		**0.80**			0.68
afrr4		**0.71**			0.54
afar2		**0.71**			0.57
frar2		**0.70**			0.53
faar2		**0.69**			0.53
frar3 [h]					0.06
Faktor 3: verhaltensbedingtes Segmentationserleben					
faakv3			**0.76**		0.61
faakv1			**0.75**		0.61
frakv2			**0.60**		0.50
frakv1		-0.48	**0.60**		0.60
afakv4	0.34		**0.52**		0.40
faakz1 [h]			0.40		0.31
Faktor 4: beanspruchungsbedingte Nicht-Arbeit⇒Arbeit Konflikte					
frakb3				**0.82**	0.70
frakb1				**0.73**	0.56
faakb1			0.32	**0.64**	0.56
faar3 [d]	-0.47			-0.48	0.47
afrkb1 [i]	0.39		0.35	**0.47**	0.51
Eigenwert	4.81	4.03	3.15	2.82	
% aufgeklärte Varianz	16.59	13.88	10.85	9.73	

Anmerkungen:
[d] = Item verfügt über doppelte oder mehrfache Ladungen auf verschiedenen Faktoren. Entscheidungsregel: $(a_1^2 - a_2^2) / h^2 > 0.20$
[h] = Item wird aufgrund geringer Kommunalität selektiert.
kursiv = Items die bei der Faktorenbildung nicht berücksichtigt wurden sind kursiv dargestellt
fett = Ladungen die im Faktor berücksichtigt werden sind fett gedruckt;
Ladungen <0.30 werden nicht dargestellt;
Die gesamte Varianzaufklärung der 9-faktoriellen Lösung beträgt 51,04 %.

Tabelle 75: Faktor 1 Arbeit⇨Nicht-Arbeit-Konflikte

Nr.	Itembezeichnung/ Itemtext	Ladung
1	afakz1 Aufgrund der Menge an Zeit die ich für meine Berufstätigkeit aufbringe, muss ich häufig Familienaktivitäten absagen.	0.76
2	afakz3 Ich fühle mich schlecht, da ich zuviel Zeit mit meiner Berufstätigkeit verbringe und nicht genug Zeit mit meiner Familie.	0.73
3	afar1 Meine Arbeitszeit ist flexibel genug, so dass es mir möglich ist, mich um meine familiären Verpflichtungen zu kümmern.	-0.67
4	afrkb2 Nach der Arbeit bleibt kaum Energie für meine Hobbies und Interessen.	0.65
5	afrr1 Meine Arbeitszeit ist so gestaltet, dass es mir gut möglich ist, meinen privaten Hobbies und Interessen nach zu gehen.	-0.65
6	*afakb1 Meine Arbeitstätigkeit fordert mich so sehr, dass ich in meiner Freizeit den Kopf nicht frei bekomme für andere Dinge*	*0.64*
7	afakv1 Meine Arbeit verlangt es, dass ich mich in einer bestimmten Weise verhalte, die inakzeptabel für meine Familie ist.	0.61
8	*afrkz1 Wegen meines Jobs habe ich nicht genügend Zeit, an Aktivitäten außerhalb der Arbeit teilzunehmen, die ich entspannend und angenehm finde.*	*0.61*
9	faar1 Meine Familie bietet mir genügend zeitlichen Freiraum, damit ich während der Arbeit gute Leistungen erbringen kann.	-0.49
10	frar1 Die zeitlichen Anforderungen meiner Hobbies und Interessen sind flexibel genug, dass es mir möglich ist, ohne Probleme meiner Arbeit nachzugehen.	-0.48
11	afrkv1 Aufgrund meiner Arbeitstätigkeit zeige ich oft Verhaltensweisen, die von meinen Freunden und Bekannten nicht gerne gesehen werden.	0.35

kursiv = Items mit Doppelladungen

Der zweite Faktor enthält ausschließlich Items, die positive Spillover-Prozesse zwischen dem außerberuflichen Lebensbereich in die Erwerbstätigkeit beschreiben (s. Tabelle 76). Die Items behandeln sowohl Benefiterleben in Richtung Arbeit⇨Nicht-Arbeit als auch in der umgekehrten Richtung. Der Faktor wird deshalb als bidirektionales Benefiterleben bezeichnet. Der Faktor beinhaltet sieben Items mit einer Ladung zwischen 0.15 und 0.81 bei einer mittleren Ladung von 0.65. Das Item *frar3* wird aufgrund seiner geringen Ladung seiner geringen Kommunalität bei der Interpretation und Skalenbildung nicht berücksichtigt. Das Konstrukt ist unipolar und inhaltlich eindeutig. Der Faktor klärt 13,9 % der Gesamtvarianz auf.

Tabelle 76: Faktor 2 Bidirektionales Benefiterleben

Nr.	Itembezeichnung/ Itemtext	Ladung
1	afrr2 Fähigkeiten, die ich im Rahmen meiner Arbeitstätigkeit einsetze, sind auch nützlich für Dinge, die ich in meinem Privatleben erledigen muss.	0.81
2	afar4 Fähigkeiten, die ich Rahmen meiner Arbeit einsetze, sind auch nützlich für Dinge, die ich zu Hause erledigen muss.	0.80
3	afrr4 Mein berufliches Verhalten bringt mir Vorteile in meiner Freizeit.	0.71
4	afar2 Die Art und Weise mit der ich während meiner Arbeit Probleme angehe, ist auch effektiv beim Lösen von Problemen zu Hause	0.71
5	frar2 Fähigkeiten, die ich im Rahmen meiner Freizeit nutze, sind auch hilfreich für Dinge, die ich in meinem Arbeitsleben erledigen muss.	0.70
6	faar2 Persönliche Fähigkeiten, die ich zu Hause nutze, helfen mir, mit beruflichen Aufgaben während meiner Arbeit umzugehen.	0.69
7	*frar3 Aufgrund der Dinge die ich in meiner Freizeit mache, bin ich oft während der Arbeit in besserer Stimmung.*	0.15

kursiv = Items mit Doppelladungen

Der dritte Faktor ist unipolar und wird als verhaltensbedingtes Segmentationserleben bezeichnet. Sechs Items laden auf Faktor 3 in einer Höhe von 0.40 bis 0.76 mit einer mittleren Ladung von 0.61 (s. Tabelle 77). Fünf Items dieses Faktors beschreiben verhaltenbedingte Konflikte aufgrund Verhaltensweisen, die die Lebensbereiche Arbeit und Nicht-Arbeit als unvereinbar erscheinen lassen. Die Items thematisieren Vereinbarkeitskonflikte in Richtung Arbeit⇨Nicht-Arbeit und auch in entgegengesetzter Richtung. Das Item faakz1 hingegen beschreibt eher zeit- als verhaltensbedingte Konflikte, kennzeichnet aber auch einen Konflikt, der die Unvereinbarkeit der Domänen beschreibt. Dieses Item wird aber aufgrund seiner geringen Kommunalität selektiert. Der Faktor klärt 10,6 % der Varianz auf.

Tabelle 77: Faktor 3 Verhaltensbedingtes Segmentationserleben

Nr.	Itembezeichnung/ Itemtext	Ladung
1	faakv3 Die Art und Weise, in der ich familiäre Probleme löse, ist nicht nützlich im Arbeitsleben.	0.76
2	faakv1 Mein Verhalten, das effektiv und notwendig innerhalb meiner Familie ist, erweist sich für meine Arbeit als nicht sinnvoll.	0.75
3	*frakv2 Das Verhalten, das ich in meiner Freizeit zeige, ist nur schwer mit dem Verhalten in meinem Arbeitsleben zu vereinbaren.*	0.60
4	*frakv1 Die Art und Weise wie ich in meiner Freizeit Probleme löse, scheint nicht so nützlich bei meiner Arbeit zu sein.*	0.60
5	afakv4 Verhaltensweisen, die effektiv oder notwendig für meine Arbeit sind, sind zu Hause nicht hilfreich.	0.52
6	faakz1 Ich muss arbeitsbezogene Aktivitäten absagen durch die Menge an Zeit, die ich mit familiären Verpflichtungen verbringen muss.	0.40

kursiv = Items mit Doppelladungen

Der vierte extrahierte Faktor hat eine Varianzaufklärung von 9,7 %. Fünf Items laden auf diesem Faktor in einer Höhe von 0.47 bis 0.82, was einer mittleren Ladung von 0.63 entspricht (s. Tabelle 78). Inhaltlich repräsentieren die Items beanspruchungsbedingte Nicht-Arbeit⇨Arbeit-Konflikte. Das Item faar3 wird selektiert, da es über Doppelladungen verfügt und das Kriterium $(a_1^2 - a_2^2) / h^2 > 0.20$ nicht erfüllt. Ebenfalls selektiert wird das Item afrkb1. Dieses Item erfüllt das genannte Kriterium knapp, obwohl es auch

Tabelle 78: Faktor 4 Beanspruchungsbedingte Nicht-Arbeit ⇨ Arbeit-Konflikte

Nr.	Itembezeichnung/ Itemtext	Ladung
1	frakb3 Dinge, die in meiner Freizeit passieren, machen es mir schwierig, mich, auf meine Arbeit zu konzentrieren.	0.82
2	frakb1 Ich bin während Arbeit oft müde wegen Dingen, die ich in meinem Privatleben mache.	0.73
3	*faakb1 Dinge, die in meinem Familienleben passieren, machen es mir schwierig, mich, auf meine Arbeit zu konzentrieren.*	0.64
4	*faar3 [d] Mein Privatleben hilft mir auszuspannen und ich fühle mich bereit für den nächsten Arbeitstag.*	-0.48
5	*afrkb1 Meine Arbeitstätigkeit fordert mich so sehr, dass ich in meiner Freizeit den Kopf nicht frei bekomme für andere Dinge.*	0.47

kursiv = Items mit Doppelladungen

relativ hoch auf Faktor 1 (0.39) und Faktor 2 (0.34) lädt. Aufgrund des nicht eindeutigen Ladungsmusters und inhaltlichen Gründen wird dieses Item jedoch von den weiteren Berechnungen ausgeschlossen, denn dieses Item behandelt ebenfalls beanspruchungsbedingte Konflikte, entspricht allerdings in seiner Ausrichtung *(Arbeit ⇨ Nicht-Arbeit-Konflikte)* nicht den Markieritems dieses Faktors. Die verbleibenden Items ergeben ein unipolares Konstrukt.

Tabelle 79 fasst die selektierten Items und die Gründe des Ausschlusses zusammen. Es zeigt sich, dass ein Item aufgrund einer zu geringen Varianz selektiert wird, fünf Items können aufgrund ihrer sehr geringen Kommunalitäten selektiert werden, je zwei Items weisen zu geringe Ladungen auf beziehungsweise verfügen über Doppelladungen und ein Item wird aufgrund inhaltlicher Überlegungen selektiert. Insgesamt werden acht Items vor der abschließenden Skalenbildung selektiert.

Tabelle 79: Gründe für die Selektion von Items

Item	zu geringe Varianz	geringe Kommunalität ($h^2<0.40$)	geringe Ladung (a<0.40)	Doppelladung	Fürntratt-Kriterium ($a2/h2 < 0.50$)	inhaltliche Überlegungen
frakz1	●					
faar1		●				
frar1		●				
afrkv1		●	●	●		
frar3		●	●			
faakz1		●				
faar3					●	
afrkb1						●

Bestimmung der Faktoren und ihrer internen Konsistenz(S2-2). – Reliabilitätsbestimmung. Im nächsten Auswertungsschritt werden negativ ladende Items rekodiert und Items mit Doppelladungen von der weiteren Analyse ausgeschlossen. Daran anschließend erfolgt zur Überprüfung der Güte der Faktoren die Bestimmung von Cronbachs α. Tabelle 80 zeigt, dass die Anzahl der Items pro Faktor nach der Selektion zwischen drei und acht liegt. Die internen Konsistenzen der Faktoren belaufen sich auf Größen zwischen 0.75 (Faktor 4) bis hin zu 0.87 (Faktor 1 und 2). Die Güte der vier Skalen ist somit als zufriedenstellend bis gut zu bewerten.

Tabelle 80: Mittelwert, Standardabweichung, Cronbachs α für die 4-faktorielle Lösung des WoLiBaXFaktor

	Faktor	Mittelwert	SD	Anzahl Items	α
1	Arbeit⇨Nicht-Arbeit-Konflikte	2.78	0.82	8 (11)	0.87 (0.87)
2	Benefiterleben	2.79	0.84	6 (7)	0.87 (0.82)
3	Segmentationserleben	2.09	0.82	5 (6)	0.77 (0.73)
4	Nicht-Arbeit⇨Arbeit-Konflikte	2.04	0.76	3 (5)	0.75 (0.77)

(in Klammern): Werte vor der Itemsselektion

Stabilität der Faktorenstruktur. Berechnet man die die Größe FS nach Guadagnoli & Velicer (1988) zur Bewertung der Stabilität der Faktorenstruktur, ergibt sich in dieser Stichprobe mit n=199 und der geringsten berücksichtigten Ladung von 0.50 ein FS-Wert von 0.916. Bei FS-Koeffizienten größer 0.90 kann von einer guten Übereinstimmung zwischen der in der Population existierenden und der stichprobenbedingter Faktorenstruktur ausgegangen werden.

Zusammenfassung der faktorenanalytischen Auswertung.– Bei einer zusammenfassenden Betrachtung der extrahierten Faktorenstruktur lässt sich festhalten, dass jeweils zwei der extrahierten Faktoren undirektional (F1, F4) bzw. bidirektional (F2, F3) verlaufen. Die faktorielle Struktur entspricht nicht nur zum Teil den in Tabelle 71 formulierten Dimensionen. Lediglich zwei der dort beschriebenen Dimensionen lassen sich empirisch abbilden – *Arbeit⇨Nicht-Arbeit-Konflikte* und *Nicht-Arbeit⇨ Arbeit-Konflikte* – wobei einschränkend angemerkt werden muss, dass entgegen der Annahme die empirischen Faktoren keine verhaltensbedingten Aspekte erfassen. Ein Faktor Benefiterleben wurde in den Annahmen auch spezfiziert, genau genommen sogar zwei, der empirische Faktor Benefiterleben erweist sich allerdings als bidirektional anstelle zweier unidirektionaler Konstrukte. Gar nicht enthalten ist im a priori formulierten Schemata eine Skala „(verhaltensbedingtes) Segmentationserleben". Die vierfaktorielle Struktur dieser Stichprobe entspricht inhaltlich betrachtet 1:1 der in Studie 1 beschriebenen Struktur zweiter Ordnung. Es können auch in dieser Stichprobe zwei unidirektionale Faktoren gebildet werden, die sowohl *Arbeit⇨Nicht-Arbeit-Konflikte* als auch *Nicht-Arbeit⇨Arbeit-Konflikte* repräsentieren. Überdies sind die beiden weiteren Faktoren jeweils bidirektional ausgerichtet und stehen inhaltlich für das Benefiterleben zwischen den Lebensbereichen sowie für das (verhaltensbedingte) Segmentationserleben. Eine Übersicht der Struktur über die empirisch ermitelten Falktoren liefert Tabelle 81.

Inhaltliche Befunde zum Work-Life-Balance-Erleben.– Beim deskriptven Vergleich der Mittelwerte der vier WoLiBaX ist zunächst festzuhalten, dass sowohl die *Arbeit ⇨Nicht-Arbeit-Konflikte* als auch das *Benefiterleben* die höchsten Mittelwerte aufweisen (vgl. Abbildung 21). Dabei beläuft sich der Mittelwert der Skala *Arbeit⇨Nicht-Arbeit-Konflikte* in Studie 2 – trotz zum Teil differierender Items im Vergleich zu Studie 1 – mit einem Wert von 2.78 nahezu exakt auf denselben Wert wie in Studie 1 (2.80). Die Skala *Benefiterleben* ist mit 2.79 deutlich geringer als in der ersten analysierten Stichprobe und befindet sich ingesamt zwar immer noch im mittleren Bereich der fünfstufigen Skala, jedoch nicht mehr im positiven Bereich. Die Skalen (verhaltensbedingtes) Segmentationserleben als auch die Dimension *Nicht-Arbeit⇨Arbeit-Konflikte* weisen mit 2.09 und 2.04 beide deutlich geringere Ausprägungen der Mittelwerte auf als die bei-

Tabelle 81: Theoretische Klassifizierung der empirisch ermittelten Dimensionen des WoLiBaX (Studie 2)

		Art des Effektes	
		Erleben des WLB-Interfaces als konflikthaft oder unvereinbar (Konflikte/Segmentation)n	Erleben des WLB-Interfaces als förderlich (Benefiterleben)
Richtung des Einflusses	Arbeit ⇨ Nicht-Arbeit	F 1 Arbeit ⇨ Nicht-Arbeit-Konflikte	-
	Nicht-Arbeit ⇨ Arbeit	F 4 Nicht-Arbeit ⇨ Arbeit-Konflikte	-
	Arbeit ⇔ Nicht-Arbeit	F 3 Segmentationserleben Arbeit ⇔ Nicht-Arbeit- (verhaltensbedingt)	F 2 Benefiterleben Arbeit ⇔ Nicht-Arbeit

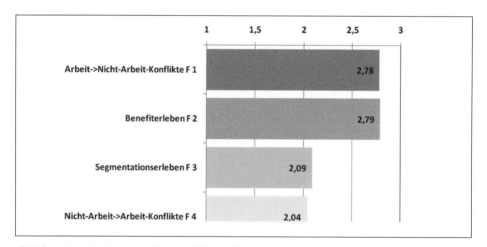

Abbildung 21: Mittelwerte der WoLiBaX-Skalen (Studie 2)

den erstgenannten Skalen. Für die Skala gilt ebenfalls, dass sie sich trotz der deutlich größeren und heterogeneren Stichprobe in Studie 2 erneut in derselben Höhe bewegt wie in Studie 1. Die Segmentationsskala hingegen liegt 0.21 Skalenpunkte unter dem in Studie 1 ermittelten Wert.

Arbeitszeiten und Arbeitszeitflexibilität als Prädiktoren des Work-Life-Balance-Erlebens (S2-3).– Der Zusammenhang zwischen den gegebenen strukturellen Arbeitszeitbedingungen sowie der Arbeitszeitflexibilität (i.S. von Arbeitszeitautonomie) und dem Work-Life-Balance-Erleben wird mittels multipler hierarchischer Regressionen bestimmt. Als Prädiktorvariablen werden *die Anzahl der tatsächlich geleisteten Arbeitsstunden, die Anzahl der durchschnittlichen Überstunden pro Monat, die Planbarkeit von Überstunden* (erfasst durch Zeitpunkt der Bekanntgabe) sowie die Frage, ob im *Bereitschaftsdienst/Rufbereitschaft* geleistet werden muss oder nicht, erfasst. Als weiterer Prädiktor wird eine Skala *Arbeitszeitflexibilität* gebildet. Diese Skala setzt sich zusammen aus den Fragen nach der Möglichkeit, auf die Lage der Arbeitszeiten Einfluss zu nehmen (Frage 13) sowie der Fragen nach der Möglichkeit, kurzfristig einen Tag frei zu nehmen, um familiäre oder private Angelegenheiten zu regeln (Frage 21) und der Frage nach der Berücksichtigung privater Wünsche und Verpflichtungen bei der Planung der Arbeitszeiten (Frage 20). Da die erste Variable mit einer vierstufigen Antwortskala erfasst wird und die beiden anderen Items auf einer fünfstufigen Skala, werden die entsprechenden Rohwerte zur Vereinheitlichung z-standardisiert. Die Skala *Arbeitszeitflexibilität* verfügt über ein Cronbachs-α von 0.71. Als weitere Variable die eine flexible Arbeitszeitgestaltung repräsentiert wird die Frage (17) nach der Nutzung der Möglichkeit von Heimarbeit aufgenommen.

Einen Überblick über die deskriptiven Daten der verwendeten Arbeitszeitvariablen und die Antwortformate der Fragen findet sich in Tabelle 82.

Tabelle 82: Mittelwerte, Standardabeichungen und Antwortformate der Arbeitszeitvariablen

	Variable	MW	SD	Items	Antwortformat 3
Strukturell-organisationale Arbeitszeitvariablen					
1	Anzahl der Arbeitsstunden pro Woche	35.37	10.80	1	metrisch
2	Anzahl der Überstunden pro Monat	13.35	12.73	1	metrisch
3	Planbarkeit der Überstunden	2.07	1.36	1	fünfstufige Ranking-Skala von *am selben Tag* (1) bis *mehr als eine Woche vorher* (5)
4	Bereitschaftsdienst/ Rufbereitschaft	0.21	0.41	1	Ja (1) / Nein (0)
Flexible Arbeitszeitvariablen					
5	Arbeitszeitflexibilität	0.00	0.80	1	z-standardsierte Skala (α =0.71); hohe Werte entsprechen einer hohen Flexibilität
6	Heimarbeit	2.12	1.04	1	vierstufige Ranking-Skala von nie (1) bis immer (4)

Bei der Regression wird blockweise vorgegangen, dabei werden zunächst in einem ersten Block die Variablen eingegeben, die seitens der Befragten „*unveränderlich*" sind, da es sich um strukturelle Variablen der Arbeitszeitgestaltung handelt. In einem zweiten Block wird das Regressionsmodell um die Fragen zur flexiblen Arbeitszeitgestaltung ergänzt. Auf diese Weise soll überprüft werden, ob neben den strukturellen und organisationalen Arbeitszeitbedingungen die subjektiv Möglichkeiten, die Arbeitszeit zu flexibilisieren, einen zusätzlichen Erklärungsbeitrag liefern kann. Die Regressionsmodelle werden für alle vier WoLiBaX-Faktoren bestimmt.

Bei der Regression der Arbeitszeitprädiktoren auf Faktor 1 *(Arbeit⇨Nicht-Arbeit-Konflikte)* erweisen sich beide Regressionsmodell als statistisch signifikant (s. Tabelle 83). Sowohl Modell 1 mit den Prädiktoren *Anzahl der Arbeits- und Überstunden, Planbarkeit der Überstunden* und *Bereitschaftsdienst/Rufbereitschaft* ($F[4,142]=3.34, p<0.01$) als auch Modell 2 – ergänzend mit den Variablen *Selbstbestimmung der Lage der Arbeitszeit* und *Heimarbeit* ($F[6,140]=7.82, p<0.001$) – sind statistisch bedeutsam. ΔR^2 beträgt 0.17 und trägt zu einer signifikanten Änderung von F bei, d.h., die Variablen zur *Arbeitszeitflexibilität* tragen einen zusätzlichen statistisch bedeutsamen Beitrag zur Varianzaufklärung bei. Von den an der Regression beteiligten Prädiktoren erweisen sich im zweiten Regressionsmodell die Variablen *Anzahl der Arbeitsstunden pro Woche* (mit einem stand. β von 0.17) sowie *Arbeitszeitflexibilität* (β=-0.41) als signifikant. Die Varianzaufklärung des Gesamtmodells beläuft sich auf 22 %. Das bedeutet, eine hohe *Anzahl von Arbeitsstunden pro Woche* steht in einem positiven Zusammenhang mit erhöhten *Arbeit⇨Nicht-Arbeit-Konflikten,* während Arbeitszeitflexibilität in negativem Zusammenhang mit dem Regressanden F1 steht. Die Effektstärke f^2 weist mit 0.33 auf einen mittelstarken Efekkt für das Gesamtmodell hin.

Tabelle 83: Multiple hierarchische Regression Arbeitszeit und WLB-Erleben (F1 und F2)

	F1: Arbeit⇨Nicht-Arbeit-Konflikte		F2: Benefiterleben	
	stand. β	T	stand. β	T
Schritt 1				
Anzahl Arbeitsstunden	0.24	2.50	-0.11	-1.10
Anzahl Überstunden	0.06	0.66	-0.13	-1.34
Planbarkeit Überstunden	-0.02	-0.20	0.13	1.50
Bereitschaftsdienst/ Rufb.	0.05	0.58	0.22**	2.51
R^2		0.09**		0.06*
korr. R^2		0.06**		0.04*
Schritt 2				
Anzahl Arbeitsstunden	0.01*	1.91	0.00	0.03
Anzahl Überstunden	0.00	0.72	-0.16†	-1.75
Planbarkeit Überstunden	-0.00	-0.06	0.12	1.48
Bereitschaftsdienst/ Rufb.	0.10	0.73	0.20*	2.35
Arbeitszeitflexibilität	-0.42***	-5.46	0.29***	3.62
Heimarbeit	0.07	1.29	0.17*	2.18
R^2		0.25***		0.15***
korr. R^2		0.22***		0.11***
ΔR^2		0.17***		0.08**
N		147		145

† $p<0.10$; * $p<0.05$; ** $p<0.01$; *** $p<0.001$

Für den inhaltlich genau entgegengesetzten Faktor 4 *(Nicht-Arbeit⇨Arbeit-Konflikte)* finden sich hingegen keine statistisch bedeutsamen Regressionsmodelle. Weder Modell

1 mit den strukturellen Arbeitszeitfaktoren ($F[4,142]<1$) wird signifikant noch Modell 2 mit den Fragen zur *Arbeitszeitflexibilität* ($F[6,140]<1$). Auch Einzelprädiktoren der Regressionsmodelle weisen keine signifikanten Effekte auf den Regressanden *Nicht-Arbeit⇨Arbeit-Konflikte* auf.

Für den Faktor 3 Segmentationserleben können ebenfalls keine signifikanten Regressionsmodelle bestimmt werden. Weder das Basismodell 1 ($F[4,141]<1$) noch das erweiterte Modell 2 erweisen sich im F-Test als statistisch signifikant ($F[6,139]=1.40$, n.s.). Jedoch erweist sich der Prädiktor *Arbeitszeitflexibilität* ($β=-0.18$) als statistisch bedeutsam, was jedoch aufgrund der fehlenden Signifikanz des Regressionsmodells als schwer interpretierbar zu bewerten ist.

Hinsichtlich Faktor 4, dem Benefiterleben zwischen den Lebensbereichen, können sowohl für das Grundmodell mit den *struktruell-organisatorischen Arbeitszeitvariablen* ($F[4,141]=2.37$, $p<0.05$) als auch für das erweiterte Modell mit den Variablen zur *flexiblen Arbeitszeitgestaltung* ($F[6,139]=4.88$, $p<0.01$) signifikante Regressionsmodelle berichtet werden. Als signifikante Einzelprädiktoren des erweiterten Regressionsmodells können für die Variable *Anzahl der Überstunden* ($β=-0.16$) ein negativer Zusammenhang mit dem Benefiterleben und für die Variablen *Bereitschaftsdienst/Rufbereitschaft* ($β=0.20$), *Arbeitszeitflexibilität* ($β=-0.29$) und *Heimarbeit* ($β=-0.17$) jeweils positive Zusammenhänge berichtet werden. Die korrigierte Varianzaufklärung des Modells beläuft sich auf 11 %. Die Effektstärke f^2 des Gesamtmodells beträgt 0.18, was einen mittelstarken Effekt darstellt.

Geschlechtsspezifische Unterschiede beim Work-Life-Balance-Erleben vor dem Hintergrund der Arbeitszeitflexibilität.– Eine ergänzende Analyse der Arbeitszeitmuster der Studienteilnehmer zeigt geschlechtsspezifische Unterschiede im wöchentlichen Arbeitszeitvolumen der Befragten. Während lediglich 5 % der männlichen Befragten im teilzeitnahen Bereich erwerbstätig sind (d.h. bis zu maximal 30 Arbeitsstunden pro Woche) und ein erheblicher Teil dieser Gruppe (42,5 %) sogar mehr als 40 Stunde pro Woche ihrer Arbeit nachgeht, so beträgt der Anteil der teilzeiterwerbstätigen Frauen 44,4 % und der Anteil der Frauen, die über 40 Stunden einer Erwerbstätigkeit nachgehen, nur 12 %. Von daher kann vermutet werden, dass auch geschlechtsspezifische Unterschiede hinsichtlich des Bedarfs an flexiblen Möglichkeiten zur Arbeitszeitgestaltung bestehen. Infolge dieser Überlegung werden ergänzende explorative Analysen berechnet, um zu überprüfen, ob – unabhängig vom Geschlecht – die Möglichkeit flexibler Lösungen bei der Arbeitszeitgestaltung besteht, die einen Einfluss auf das Vereinbarkeitserleben haben. Hierzu wird eine multivariate Varianzanalyse (MANOVA) mit den vier WoLiBaX-Faktoren als abhängigen Variablen und den dichotomen Variablen *Geschlecht* und *Arbeitszeitflexibilität* als unabhängigen Variablen berechnet. Die bereits eingeführte Variable Arbeitszeitflexibilität wird hierzu dichotomisiert, wobei Werte unter 0 eine geringe Flexibilität seitens der Studienteilnehmer kennzeichnen und Werte über 1 eine höhere Flexibilität.

Im multivariaten Gesamt-Test zeigt sich signifikanter Haupteffekt für die Variable *Arbeitszeitflexibilität* (Wilks' λ = 0.80; F [4, 191] = 11.61; $p < 0.001$; η^2 =0.20) sowie eine tendenziell signifikante Interaktion der Variablen *Geschlecht* und *Arbeitszeitflexibilität* (Wilks' λ = 0.96; F [4, 191] = 2.14; p < 0.10; η2 =0.04).

Im univariaten Einzeltest ergibt sich für die WoLiBaX-Dimension *Arbeit⇒Nicht-Arbeit-Konflikte* (F1) ein signifikanter Haupteffekt hinsichtlich der unabhängigen Variable *Arbeitszeitflexibilität* (s.Tabelle 84). Dabei ist das Konflikterleben in weniger flexiblen Arrangements deutlich höher (s. Abbildung 22).

Tabelle 84: MANOVA Geschlechtsspezifische Unterschiede im Work-Life-Balance-Erleben bei der Nutzungsmöglichkeit von flexiblen Arbeitszeitlösungen

Geschlecht Arbeitszeit- flexibilität	Männer				Frauen				Zwischensubjekteffekte		
	niedrig		hoch		niedrig		hoch		AZF	Ge- schlecht	AZF x Geschlecht
	M	SD	M	SD	M	SD	M	SD			
F1 Arbeit⇒ Nicht-Arbeit- Konflikte	3.15	0.924	2.30	0.67	3.08	0.75	2.48	0.72	F=29.76 *** η^2=0.13	F=0.18 n.s. η^2=0.00	F=0.88 n.s. η^2=0.00
F2 Benefiterleben	2.16	0.709	3.07	0.79	2.72	0.81	2.95	0.85	F=15.57 *** η^2=0.07	F=2.29 n.s. η^2=0.01	F=5.56 ** η^2=0.03
F3 Segmentation- serleben	2.47	0.919	1.82	0.63	2.09	0.77	2.06	0.86	F=5.63 ** η^2=0.03	F=0.28 n.s. η^2=0.00	F=4.64 * η^2=0.02
F4 Nicht-Arbeit ⇒Arbeit-Konflikte	1.98	0.716	2.02	0.81	2.01	0.74	2.11	0.78	F=0.22 n.s. η^2=0.00	F=0.21 n.s. η^2=0.00	F=0.05 n.s. η^2=0.00

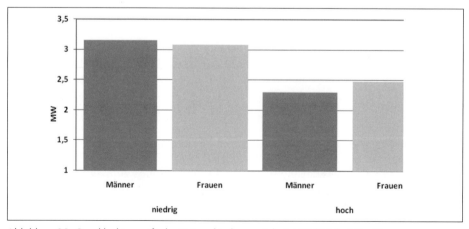

Abbildung 22: Geschlechtsspezifische Unterschiede von *Arbeit⇒Nicht-Arbeit-Konflikten* in Abhängigkeit von der Arbeitszeitflexibilität

In flexibleren Arbeitszeitarrangements ist *Arbeit⇒Nicht-Arbeit-Konflikte* entsprechend geringer ausgeprägt. Für Männer ist dies auch noch geringer als für Frauen, jedoch erweist sich der Effekt der Interaktion im statistischen Test nicht als signifikant. Statistisch bedeutsame Effekte zeigen sich für die abhängige Variable *Benefiterleben* (F2). Die Analyse der Zwischensubjekteffekte ergibt einen statistisch bedeutsamen Haupteffekt für die Variable *Arbeitszeitflexibilität* sowie wir für die Interaktion zwischen *Geschlecht* und *Arbeitszeitflexibilität*. Hierbei bedingen flexiblere Arbeitszeitlösungen ein erhöhtes *Benefiterleben*. Der „*Gewinn*" einer höheren Arbeitszeitautonomie erweist sich für Männer größer als für Frauen, d.h., es existiert eine hybride Wechselwirkung: Der Unterschied im *Benefiterleben* zwischen Arbeitszeitmodellen mit geringerer und höherer Flexibilität ist geschlechtsspezifisch verschieden (s. Abbildung 23).

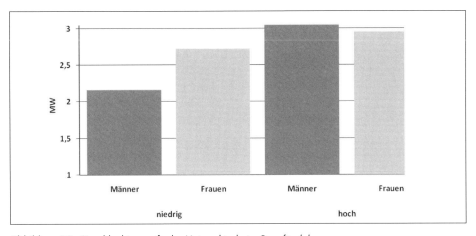

Abbildung 23: Geschlechtsspezifische Unterschiede im *Benefiterleben*

Ein ähnliches Muster wie für Faktor F2 findet sich auch für die Skala *Segmentationserleben* (F3). Auch für diese abhängige Variable kann ein statistisch bedeutsamer Haupteffekt für die unabhängige Variable *Arbeitszeitflexibilität* sowie für die Interaktion *Geschlecht* und *Arbeitszeitflexibilität* konstatiert werden. Eine höhere Flexibilität des Arbeitszeitmodells steht in Zusammenhang mit einem verringerten *Segmentationserleben* (s. Abbildung 24). Jedoch gibt es auch im Falle des Segmentationserlebens geschlechtsspezifische Unterschiede, und zwar dergestalt, dass Männer in flexibleren Arbeitszeitsettings in stärkerem Maße ein verringertes Segmentationserleben aufweisen als Frauen. Diese hybride Interaktion bedeutet, dass Männer in stärkerem Umfang von flexiblen Arbeitszeitlösungen „profitieren" als Frauen, deren Segmenationserleben nur geringfügig verringert ist.

Für die Dimension *Nicht-Arbeit⇒Arbeit-Konflikte* (F4) können im Einzelvergleich keine statistisch bedeutsamen Befunde berichtet werden.

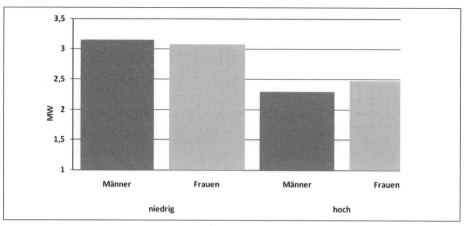

Abbildung 24: Geschlechtsspezifische Unterschiede im Segmentationserleben in Abhängigkeit von der *Arbeitszeitflexibilität*

Unterschiede im Work-Life-Balance-Erleben in Abhängigkeit des beruflichen Status (S2-4).– Mittels einer MANOVA wird die explorative Fragestellung nach Unterschieden im Work-Life-Balance-Erleben, die im der *beruflichen Status* der Befragungsteilnehmer gegründet sind, überprüft. Als unabhängige Variable wird für diese Analyse die die Variable beruflicher Status mit fünf ihrer sechs Kategorien *Arbeiter/in, Beamter/Beamtin, Angestellte/r, in Ausbildung* und *Selbstständige/r* herangezogen. Die Kategorie Sonstiges wird aufgrund geringer Fallzahlen nicht weiter berücksichtigt. Als abhängige Variablen gehen gleichzeitig die vier Work-Life-Balance-Faktoren *Arbeit⇨Nicht-Arbeit-Konflikte* (F1), *Benefiterleben* (F2), *Segmentationserleben* (F3) und *Nicht-Arbeit⇨Arbeit-Konflikte* (F4) in die Analyse ein. Es ergibt sich ein signifikanter Gesamteffekt für die berufliche Stellung hinsichtlich des Kriteriums Work-Life-Balance-Erleben (Wilks' λ = 0.77; $F[16, 541]$ = 3.00; $p < 0.001$; η^2 =0.06). Bei der Analyse der univariaten Effekte durch linear unabhängige Paarvergleiche ergeben sich für die Faktoren 2 (Benefiterleben) und 3 (Nicht-Arbeit⇨Arbeit-Konflikte) signifikante F-Tests (s. Tabelle 85). Ein tendenzieller Effekt zeigt sich außerdem für den Faktor 3 (Segmentationserleben).

Beim Vergleich der Mittelwerte der einzelnen Gruppen für die Konfliktskalen (F1 und F4) fällt auf, dass vor allem die Auszubildenden die Vereinbarkeit zwischen den Lebensbereichen als am stärksten konflikthaft erleben (s. Abbildung 25). Vergleicht man die einzelnen beruflichen Gruppen post-hoc mit dem Scheffé-Test, so zeigen sich für den Faktor 1 *(Arbeit⇨Nicht-Arbeit-Konflikte)* keine signifikanten Einzeleffekte. Bei den paarweisen post-hoc Einzelvergleichen für Faktor 4 *(Nicht-Arbeit⇨Arbeit-Konflikte)* können jedoch signifikante Mittelwertdifferenzen zwischen der Gruppe der Auszubildenden und den Gruppen der Beamten ($p<0.01$) und den Angestellten ($p<0.001$) konstatiert werden.

Die Einzelvergleiche hinsichtlich Faktor 2 (Benefiterleben) zeigen signifikante Gruppenunterschiede zwischen den Arbeitern und den Angestellten ($p<0.05$) sowie den

Tabelle 85: MANOVA Work-Life-Balance-Erleben und beruflicher Status

Berufliche Stellung WoLiBaX-Faktor	Arbeiter/in (N=16)		Beamter/ Beamtin (N=14)		Angestellte/r (N=117)		Selbst- ständige/r (N=13)		in Ausbildung (N=25)		MANOVA (univariate Effekte)
	M	SD	M	SD	M	SD	M	SD	M	SD	
F1: Arbeit⇨ Nicht-Arbeit-Konflikte	2.67	0.77	2.55	0.78	2.81	0.82	2.58	0.90	3.10	0.68	F=1.55 n.s. η^2= 0.03
F2: Benefiterleben	2.21	0.76	2.93	0.79	2.88	0.77	3.45	0.76	2.53	0.93	F= 5.51 *** η^2=0.11
F3: Segmentations-erleben	2.24	0.91	2.00	0.84	2.03	0.79	1.83	0.52	2.48	0.86	F=2.19 † η^2=0.05
F4: Nicht-Arbeit ⇨Arbeit-Konflikte	2.02	0.86	1.69	0.59	1.93	0.68	2.15	0.60	2.62	0.86	F=5.71 *** η^2–0.11

† $p<0.10$; * $p<0.05$; ** $p<0.01$; *** $p<0.001$

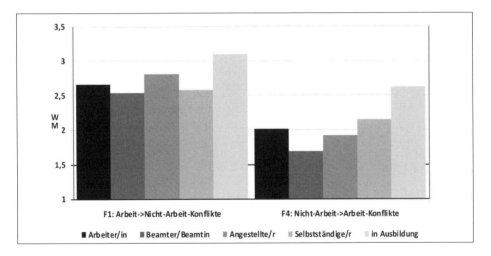

Abbildung 25: Beruflicher Status und Konflikterleben (F1 und F4)

Selbstständigen ($p<0.01$; s. Abbildung 26). Einen weiteren überzufälligen Effekt gilt es für die Gruppen Selbstständige und Auszubildende ($p<0.05$) festzuhalten. Für Faktor 3 (Segmentationserleben) lassen sich hingegen post-hoc keine signifikanten Einzeleffekten identifizieren. Auffallend sind auch für diese Skala die hohen Werte für die Gruppe der Auszubildenden. Angemerkt werden muss, dass im univariaten Mittelwertvergleich der Variable Alter ($F[4,180]=18.64$ $p<0.001$) die Gruppe der Auszubildenden sich in post-hoc durchgeführten LSD-Tests von allen anderen Gruppen signifikant unterscheidet.

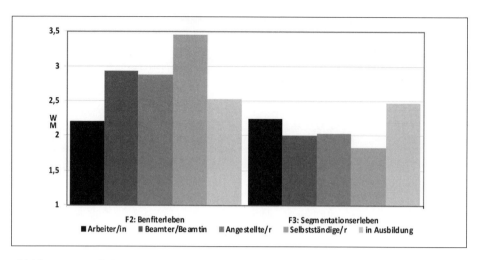

Abbildung 26: Beruflicher Status und Benefit-/Segmentationserleben (F2 und F3)

Unterschiede im Work-Life-Balance-Erleben in Abhängigkeit von der Vereinbarkeitsorientierung der Organisationskultur (S2-5).– Zur Überprüfung der Fragestellung S2-5, ob die Beurteilung der *Organisationskultur* hinsichtlich ihrer Vereinbarkeitsorientierung Unterschiede im Work-Life-Balance-Erleben bedingt, wird eine multivariate Varianzanalyse im allgemeinen linearen Modell berechnet. Als abhängige Variablen gehen in die MANOVA die vier WoLiBaX-Skalen ein. Als unabhängige Variable dient die vierstufig kategorisierte Skala vereinbarkeitsorientierte Organisationskultur. Die Skala besteht insgesamt aus acht Items (Fragen 30•[27], 31, 32, 33•, 37•, 38, 39 und 40), von denen vier die Fragen nach allgemeinen Werten und Normen zur Vereinbarkeitsorientierung bzw. Familienfreundlichkeit innerhalb der Organisation behandeln und vier Fragen explizit das Verhalten des Vorgesetzten zum Thema Vereinbarkeit von Arbeit, Familie und Freizeit thematisieren. Cronbachs α der Skala mit acht Items beläuft sich auf 0.78. Durch Selektion von Item 31 kann jedoch die interne Konsistenz auf 0.83 verbessert werden. Die im Anschluss an die Reliabilitätsbestimmung durch den Mittelwert gebildete numerische Skala (MW=3.35; SD=0.76) wird in einem weiteren Schritt in vier gleich große Kategorien transformiert: *Die Vereinbarkeitsorientierung der Unternehmenskultur* ist sehr schwach (—), schwach (-), stark (+) oder *sehr stark* (++) ausgeprägt. Diese kategoriale Variable wird in der folgenden varianzanalytischen Auswertung als unabhängige Variable verwendet.

Zunächst zeigt sich bei der Überprüfung der Homogenität der Fehlervarianzen mittels des Levene-Tests, dass für Faktor 4 *Nicht-Arbeit⇨Arbeit-Konflikte* die Voraussetzung

---

[27] Mit einem Punkt • gekennzeichnete Items sind negativ codiert

der Varianzanalyse nicht gegeben ist. Dieser Verstoß ist jedoch als untergeordnet zu bewerten, da die varianzanalytischen Verfahren relativ robust auf die Verletzungen reagieren und ferner die Gefahr, das α-Risiko entscheidend zu erhöhen, aufgrund der Größe der Stichprobe (hier N=195) als gering erachtet werden kann (vgl. Bortz, 1993). Die im Folgenden geschilderten Befunde lassen sich jedoch alle auch mit einem verteilungsfreien Verfahren (Kruskal-Wallis-Test) bestätigen, was zusätzlich für die Robustheit der durchgeführten MANOVA gegen Voraussetzungsverletzungen spricht.

Im Gesamttest des Modells (Wilks' $\lambda = 0.70$; $F[12, 497{,}69] = 5.92$; $p < 0.001$; $\eta^2 = 0.11$) zeigt sich ein signifikanter multivariater Effekt. Bei der Überprüfung der einzelnen univariaten Haupteffekte lassen sich für die Skalen *Arbeit⇨Nicht-Arbeit-Konflikte* (F1) und *Benefiterleben* (F2) statistisch signifikante Gruppenunterschiede nachweisen (s. Tabelle 86). Pot-hoc unterscheiden sich im Scheffé-Test die Gruppen der Mitarbeiter aus Unternehmen mit einer als sehr schwach oder schwach ausgeprägten vereinbarkeitsorientierten Organisationskultur von denen aus Unternehmen mit einer stark oder sehr stark ausgeprägten vereinbarkeitsorientierten Organisationskultur (Abbildung 27), dabei gilt, je vereinbarkeitsorientierter die Organisationskultur: Je stärker die Organisationskultur als familienfreundlich eingeschätzt wird, desto höher ist das Benefiterleben. Für die Skalen F3 und F4 werden keine statistisch bedeutsamen Effekte identifiziert.

Tabelle 86: MANOVA Work-Life-Balance-Erleben und vereinbarkeitsorientierten Organisationskultur

vereinbarkeits-orientierte Organisations-kultur	-- sehr schwach (N=14)		- schwach (N=52)		+ stark/r (N=95)		++ sehr stark (N=34)		MANOVA (univariate Effekte)	Post-hoc Scheffé-test
WoLiBaX-Faktor	M	SD	M	SD	M	SD	M	SD		
F1: Arbeit⇨Nicht-Arbeit-Konflikte	3.50	0.74	3.17	0.73	2.72	0.73	2.13	0.71	$F=18.81$ *** $\eta^2=0.23$	-- / - > + > ++
F2: Benefit-erleben	1.98	0.76	2.54	0.84	2,90	0.73	3.15	0.92	$F=9.56$ *** $\eta^2=0.13$	-- > - > + > ++
F3: Segmentations-erleben	2.41	0.95	2.23	0.89	2.00	0.72	1.99	0.90	$F=1.84$ n.s. $\eta^2=0.03$	n.s.
F4: Nicht-Arbeit ⇨Arbeit-Konflikte	2.14	0.94	2.22	0.87	1.95	0.62	1.96	0.80	$F=1.71$ n.s. $\eta^2=0.03$	n.s.

† $p<0.10$; * $p<0.05$; ** $p<0.01$; *** $p<0.001$

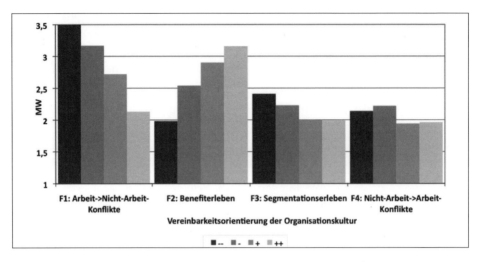

Abbildung 27: Vereinbarkeitsorientierung der Organisationskultur und Work-Life-Balance-Erleben

Work-Life-Balance-Erleben als Prädiktor für Arbeitszufriedenheit (S2-6).– Eine Überprüfung der Fragestellung S2-6, inwieweit es einen bedeutsamen Zusammenhang zwischen dem Work-Life-Balance-Erleben und Arbeitszufriedenheit von Eltern gibt, wird mittels einer multiplen Regressionsanalyse untersucht. Als Prädiktorvariablen dienen dabei die vier Work-Life-Balance-Dimensionen. Als abhängiges Kriertium dient die die Skala Arbeitszufriedenheit. Die acht Items der Dimensio verfügen als Gesamtskala über eine interne Konsistenz von $\alpha = 0.71$. bei einem Mittelwert von 3.46 (SD=0.63).

Bei der Regression der Work-Life-Balance-Prädiktoren auf den Faktor Arbeitszufriedenheit mit der Methode Einschluss ergibt sich ein statistisch bedeutsames Regressionsmodell ($F[4,194]=13.35$, $p<0.001$). ΔR^2 Modells beläuft sich auf 0.22. Von den vier verwendeten Prädiktoren zeigen sich für zwei statistisch bedeutsame Effekte. Der Faktor *Arbeit⇨Nicht-Arbeit-Konflikte* ($\beta=-0.31$) sowie der Faktor 2 *Benefiterleben* ($\beta=0.22$; s. Tabelle 87) stehen in engem Zusammenhang mit dem Work-Life-Balance-

Tabelle 87: Multiple hierarchische Regression WLB-Erleben und Arbeitszufriedenheit

	Arbeitszufriedenheit	
	stand. β	T
Arbeit⇨Nicht-Arbeit-Konflikte	-0.31***	-4.35
Benefiterleben	0.22**	3.20
Segmentationserleben	-0.03	-0.45
Nicht-Arbeit⇨Arbeit-Konflikte	-0.03	-0.36
R^2	0.22***	
korr. R^2	0.20***	
N	198	

† $p<0.10$; * $p<0.05$; ** $p<0.01$; *** $p<0.001$

Erleben. Dieser inverse Zusammenhang bedeutet, je geringer das Konflikterleben in Richtung *Arbeit⇨Nicht-Arbeit* desto höher die Arbeitszufriedenheit und für den gleichgerichteten Zusammenhang für Faktor 2 gilt, je höher das Benefiterleben desto höher die Arbeitszufriedenheit. Die Effektstärke f^2 des Regressionmodells beträgt 0.28 und weist auf Effekt mittlerer Stärke hin.

Da in Studie 1 bei der Analyse des Zusammenhanges zwischen Work-Life-Balance-Erleben und Arbeitszufriedenheit geschlechtsspezifische Unterschiede diagnostiziert wurden, werden entsprechende explorative Detailanalysen auch für diese Stichprobe berechnet. Hierzu wird das voranstehende Regressionsmodell erneut, jedoch für beide Geschlechter getrennt berechnet. Dabei ergibt sich sowohl für Frauen ($F[4,153]=8.88$, $p<0.001$; $\Delta R^2 =0.19$; $f^2 = 0.23$) als auch für Männer ($F[4,35]=7.87$ $p<0.001$; $\Delta R^2 =0.47$; $f^2 = 0.88$) jeweils ein signifikantes Gesamtmodell. Sowohl das Regressionsmodell für die Gruppe der Frauen verfügt über zwei signfikante Prädiktoren (*Arbeit⇨Nicht-Arbeit-Konflikte*, β=-0.28; *Benefiterleben* (β=0.18) als auch das Modell der Männer (*Arbeit⇨Nicht-Arbeit-Konflikte*, β=-0.49; *Benefiterleben* (β=0.36). Im Modell der Männer kann außerdem für den Faktor 4 *Nicht-Arbeit ⇨ Arbeit-Konflikte* mit einem β von 0.29; ein tendenziell statistisch bedeutsamer Effekt berichtet werden. Während die Effektstärke für das Regressionsmodell der Frauen insgesamt einen Effekt mittlerer Stärke beschreibt, kann für das Modell der Männer ein hochgradig starker Effekt berichtet werden.

Unterschiede im Work-Life-Balance-Erleben in Abhängigkeit der Kinderbetreuungssituation (S2-7).– Betrachtet man die Angaben der Studienteilnehmer zur Kinderbetreuungssituation zunächst auf rein deskriptiver Ebene fällt auf, dass trotz einer von der kommunalen Infrastruktur her insgesamt eher guten Betreuungssituation für Kinder in Jena (z. B. im Vergleich zu Kommunen in den alten Bundesländern; s. a. BMfFSFJ, 2005b) 19,8 % der Befragten erklären, dass sie *häufig* bzw. *sehr häufig* Situationen erleben, in denen sie es als schwierig empfinden, ihre Erwerbstätigkeit und die Kinderbetreuung miteinander zu verbinden (Frage 94). Außerdem geben 48,4 % der Studienteilnehmer an, immerhin *gelegentlich* derartige Schwierigkeiten zu haben. Als Hauptursache für diese Probleme geben fast 40 % der Befragten die Öffnungszeiten der Einrichtungen an (s. Tabelle 88). Entsprechend wünschten sich auch 39,2 % der Eltern erweiterte Betreuungszeiten über die bisher bestehenden Angebote hinaus. Ein Großteil der Nennungen der Kategorie *Sonstiges* bezieht sich ebenfalls auf Aspekte der Öffnungszeiten der Kitas im erweiterterten Sinn. So werden hier beispielsweise mehrfach Probleme mit Ferienregelungen und Brückentagen genannt. Außerdem beziehen sich viele der freien Nennungen auf unplanbare Notfallsituationen wie zum Beispiel Krankheiten.

Tabelle 88: Ursachen für Probleme bei der Kinderbetreuung (Mehrfachnennungen möglich)

Ursache	Anteil der Befragten
Öffnungszeiten der Einrichtung	39,3%
Große Entfernungen/ lange Wegezeiten	10,5%
Kein Betreuungsplatz	4,2%
Finanzierungsprobleme	17,4%
Sonstiges	22,4%

Die Analyse der Unterschiede von Problemen bei der Kinderbetreuung im Zusammenhang mit dem Work-Life-Balance-Erleben von Eltern erfolgt mit einer multivariaten Kovarianzanalyse (MANCOVA). In die Auswertung gehen als abhängige Variablen für das Work-Life-Balance-Erleben die vier Faktoren *Arbeit⇨Nicht-Arbeit-Konflikte* (F1), *Benefiterleben* (F2), *Segmentationserleben* (F3) und *Nicht-Arbeit⇨Arbeit-Konflikte* (F4) ein. Als unabhängige Variablen werden die *Häufigkeit der Probleme bei der Kinderbetreuung* (Frage 94) berücksichtigt sowie das biologische Geschlecht der Befragungsteilnehmer. Für die Variable Probleme bei der Kinderbetreuung werden sowohl die Antwortalternativen *nie* und *selten* zu einer Kategorie zusammengefasst als auch die Antwortoptionen *häufig* und *sehr häufig*. Als Kovariate wird die Zahl der Stunden, die die Eltern bei der Kinderbetreuung in Anspruch nahmen, in das Modell aufgenommen. Es wird davon ausgegangen, dass etwaige Probleme bei der Kinderbetreuung vor dem Hintergrund der spezifischen individuellen Situation betrachtet werden muss. Durch Aufnahme dieser Variablen als Kovariate soll die jeweilige individuelle Betreuungssituation der Studienteilnehmer stärker berücksichtigt werden. Mögliche Effekte werden „bereinigt" um den Sachverhalt, dass einige Eltern beispielsweise aufgrund ihrer familiären Situation oder eines höheren Einkommen weitere Betreuungskapazitäten organisieren können. Als Kovariaten werden die Variablen *Anzahl der Stunden pro Woche an familiärer Unterstützung bei der Kinderbetreuung* (Frage 90) sowie *Anzahl der Stunden pro Woche an (zusätzlicher) bezahlter Unterstützung bei der Kinderbetreuung* (Frage 92) in das Modell mit aufgenommen. Es zeigt sich im multivariaten Overalltest ein signifikanter Effekt für die Variable *Häufigkeit der Probleme bei der Kinderbetreuung* (Wilks' $\lambda = 0.85$ $F[8, 360] = 3.89$; $p < 0.001$; $\eta^2 = 0.08$) sowie für die Interaktion zwischen den Variablen *Probleme bei der Kinderbetreuung und Geschlecht* (Wilks' $\lambda = 0.91$; $F[8, 360] = 2.19$; $p < 0.05$; $\eta^2 = 0.05$).

Die Analyse der Zwischensubjekteffekte zeigt für die abhängige Variable *Arbeit⇨Nicht-Arbeit-Konflikte* (F1) einen signifikanten Haupteffekt Probleme bei der Kinderbetreuung ($F[2,191]=11.33$ $p<0.001$; $\eta^2 = 0.11$) und eine tendenziell signifikante Interaktion der Variablen Kinderbetreuung und Geschlecht ($F[2,191]=2.41$, $p<0.10$; $\eta^2 =0.03$; s.Tabelle 89). Je häufiger die Befragten Kinderbetreuungsprobleme erleben, desto größer werden die *Arbeit⇨Nicht-Arbeit-Konflikte* eingeschätzt (s. Abbildung 28). Die Wechselwirkung zwischen den Betreuungsproblemen besteht darin, dass bei *seltenen*

Tabelle 89: Kovarianzanalyse des Work-Life-Balance-Erlebens und der Faktoren Probleme bei der Kinderbetreuung und Geschlecht

Geschlecht:	Männer						Frauen						Zwischensubjekteffekte		
Probleme bei der Kinderbetreuung:	nie/eher selten		gelegentlich		häufig/sehr häufig		nie/eher selten		gelegentlich		häufig/sehr häufig		KB	Geschlecht	KB x Geschlecht
Faktor	M	SD	M	SD	M	SD	M	SD	M	SD	M	SD			
Arbeit⇨ Nicht-Arbeit-Konflikte	2.26	0.75	2.66	0.86	3.61	0.54	2.49	0.75	2.90	0.73	3.10	0.94	F= 11.33 ***	F= 0.23 n.s.	F= 2.41 †
Benefiterleben	2.51	0.78	2.99	0.99	2.35	0.75	2.91	0.87	2.87	0.83	2.63	0.86	η= 0.11 F= 1.77 n.s.	η= 0.00 F= 2.01 n.s.	η= 0.03 F= 1.19 n.s.
Segmentationserleben	2.01	0.80	1.94	0.71	2.67	0.96	2.02	0.84	2.11	0.81	2.10	0.82	η= 0.02 F= 1.86 n.s.	η= 0.01 F= 0.74 n.s.	η= 0.01 F= 1.81 n.s.
Nicht-Arbeit⇨ Arbeit-Konflikte	2.06	0.68	1.57	0.46	2.56	0.91	1.88	0.56	2.13	0.80	2.06	0.84	η= 0.02 F= 3.81 * η= 0.04	η= 0.00 F= 0.02 n.s. η= 0.00	η= 0.02 F= 5.46 ** η= 0.06

† p<0.10; * p<0.05; ** p<0.01; *** p<0.001
Anmerkung: KB=Kinderbetreuung

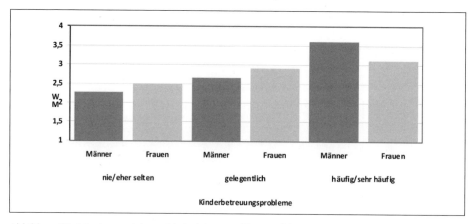

Abbildung 28: Mittelwerte Arbeit⇨Nicht-Arbeit-Konflikte in Abhängigkeit von Kinderbetreuungsproblemen und Geschlecht

oder *gelegentlichen* Betreuungsproblemen die Frauen erhöhte *Arbeit⇨Nicht-Arbeit-Konflikte* erleben. Bei häufigen Betreuungsproblemen hingegen ist das Verhältnis andersherum, hier sind die Männer in stärkerem Maße von den Arbeit⇨Nicht-Arbeit-Konflikten belastet. R^2 für die Variable *Arbeit⇨Nicht-Arbeit-Konflikte* beläuft sich auf 0.18.

Ein vergleichbares Ergebnis findet sich für die Dimension *Nicht-Arbeit⇨Arbeit-Konflikte* (F4). Für diese Skala werden ein signifikanter Haupteffekt ($F[2,191]=3.81\,p<0.05$; $\eta^2=0.04$) sowie eine signifikante Interaktion ($F[2,191]=5.46\,p<0.001$; $\eta^2=0.06$) diagnostiziert. Häufigere Betreuungsprobleme stehen dabei in einem tendenziellem Zusammenhang mit Arbeit⇨Nicht-Arbeit-Konflikten (s. Abbildung 29). Es zeigt sich aber eine Wechselwirkung dergestalt, dass Frauen bei gelegentlichen Betreuungsproblemen ein höheres Konflikterleben aufweisen, während Männer vor allem bei seltenen oder

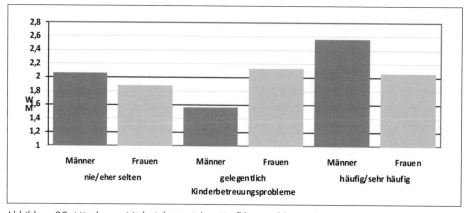

Abbildung 29: Mittelwerte Nicht-Arbeit⇨Arbeit-Konflikte in Abhängigkeit von Kinderbetreuungsproblemen und Geschlecht

häufigeren Betreuungsproblemen ein stärkeres Konflikterleben aufweisen. Die Varianzaufklärung für die Variable Nicht-Arbeit⇨Arbeit-Konflikte beläuft sich auf 8 %.

Für die Skalen *Benefiterleben* (F2) und *Segmentationserleben* (F3) können weder signifikante Haupteffekte noch Interaktionen konstatiert werden.

Unterschiede im Work-Life-Balance-Erleben in Abhängigkeit vom familiären Gesamteinkommen (S2-8).– Zur Überprüfung der Fragestellung S2-8, ob ein höheres Familieneinkommen in negativem Zusammenhang steht mit geringeren Work-Life-Balance-Konflikten und erhöhtem Benefiterleben, wird eine einfaktorielle MANOVA mit den WoLiBaX-Skalen als abhängigen Variablen und der Variable *familiäres Nettogesamteinkommen pro Monat* als unabhängiger Variable berechnet. Hierzu werden die ursprünglichen acht Antwortkategorien der Einkommensvariable zu drei Antwortkategorien *geringes* (bis 1500 €/mtl.), *mittleres* (1501 bis 3000 €) und *hohes* Familieneinkommen (über 3000 €) zusammengefasst. Wie bereits in 11.3.3.3 dargestellt, handelt es sich bei der hier vorliegenden lokalen Stichprobe um eine Teilpopulation, die sich insgesamt betrachtet durch ein eher hohes Familieneinkommen auszeichnet.

Im multivariaten Gesamttest zeigt sich für die dreistufige Variable Familieneinkommen ein mariginal statistisch bedeutsamer Einfluss (Wilks' λ = 0.93; $F[8, 368]$ = 1.76; $p < 0.10$; $\eta2$ =0.04). Für alle der untersuchten Skalen zeigt sich der gleiche Mittelwertverlauf. Höheres Einkommen steht immer Zusammenhang mit einem geringerem Konflikterleben oder einem höheren Benefiterleben (s. Abbildung 30). Allerdings erweisen sich nur zwei der vier WoLiBaX-Faktoren im univariaten Vergleich als statistisch signifikant: Benefiterleben und Segmentationserleben (s. Tabelle 90). Bei der Post-hoc-Analyse mittels Scheffé-Test erweisen sich auch nur jeweils 2 Gruppen als signifikant unterschiedlich. Für den Faktor Benefiterleben zeigt sich dabei eine signifikante Mittelwertdifferenz für die Gruppe der geringen und der hohen Familieneinkommen

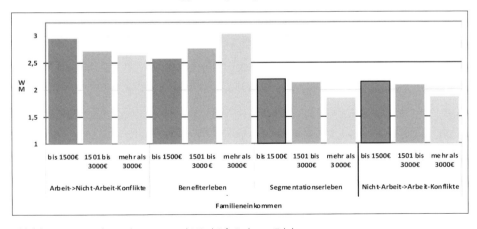

Abbildung 30: Familieneinkommen und Work-Life-Balance-Erleben

($p<0.01$). Für den Faktor Segmentationserleben unterscheiden sich die gleichen Gruppen ($p<0.10$) – hier allerdings nur tendenziell.

Tabelle 90: MANOVA Work-Life-Balance-Erleben und Familieneinkommen Familieneinkommen

Familieneinkommen	gering (N=60)		mittel (N=82)		hoch (N=48)		MANOVA (univariate Effekte)
WoLiBaX-Faktor	M	SD	M	SD	M	SD	
F1: Arbeit⇨Nicht-Arbeit-Konflikte	2.95	0.86	2.71	0.77	2.66	0.80	F= 2.11; n.s. η= 0.02
F2: *Benefiterleben*	2.57	0.83	2.77	0.85	3.04	0.78	F= 4.38 ** η= 0.05
F3: *Segmentationserleben*	2.19	0.89	2.14	0.83	1.84	0.62	F= 2.97 * η= 0.03
F4: *Nicht-Arbeit⇨Arbeit-Konflikte*	2.15	0.82	2.09	0.79	1.88	0.59	F= 1.92; n.s. η= 0.12

† $p<0.10$; * $p<0.05$; ** $p<0.01$; *** $p<0.001$

Clusteranalyse (S2-9).– Zur Identifikation verschiedener homogener Subgruppen des Work-Life-Balance-Erlebens wird, eine Clusteranalyse berechnet. Clusteranalysen sind heuristische Verfahren zur Gruppenbildung mit dem Ziel, in einer heterogenen Gesamtheit von Objekten homogene Teilgruppen von Objekten zu identifizieren (Backhaus, Erichson, Plinke & Weiber, 2000). Entscheidend für die Güte der identifizierten Clusterlösung ist: 1) Die Auswahl des Proximitätsmaßes, 2) die Auswahl eines geeigneten Fusionierungsalgorithmus, 3) die Auswahl der Merkmalsvariablen 4) die Bestimmung der Clusterzahl und 5) die Benennung der Cluster. Aufgrund der Vielzahl der zu bestimmenden Parameter kann nicht immer eine eindeutig beste Lösung identifiziert werden, sondern nur mehr oder minder geeignete Lösungen. Um bei der Verwendung ds Verfahrens trotzdem Lösung mit einer möglichst hohen Validität zu erzielen, ist es notwendig, das gewählte Vorgehen a priori festzulegen und im Verlauf im Sinne von Anwendungsregeln durchzuführen und entsprechend zu dokumentieren. Als weitere Hinweise für die Qualität einer ermittelten Lösung kann die Validierung der Clusterlösung an externen Variablen, die nicht bei der Clusterbildung berücksichtigt wurden, dienen. Dies bedeutet beispielsweise Gruppen oder Merkmale zu identifizieren, die die Cluster beschreiben, um in der Folge beispielsweise Interventionen zielgruppengerecht ableiten und durchführen zu können.

Cluster-Verfahren. Das im Folgenden durchgeführte Vorgehen orientiert sich an den bei Backhaus, Erichson, Plinke & Weiber (2000) gemachten Ausführungen. Die in der Clusteranalyse als Inputvariablen eingehenden vier Faktoren des WoLiBaX (F1-F4) müssen vorab nicht z-standardisiert werden, da sie bereits alle über vergleichbare Skalen verfügen. Insgesamt werden N=198 Personen in die Analyse einbezogen. Die 198 Personendatensätze werden einer hierarchisch agglomerativen Clusteranalyse unterzogen und zwar mit Hilfe des Ward-Algorithmus und dem Distanzmaß quadrierte euklidische Distanz. Das Ward-Verfahren zeichnet sich dadurch aus, dass die Objekte zusammengeführt werden, die das Heterogenitätsmaß (Fehlerquadratsumme) am wenigsten vergrößern. Mit dem Ward-Verfahren sollen möglichst homogene Cluster gebildet werden, die innerhalb der Cluster die Varianz möglichst gering erhöhen. Das Ward-Verfahren neigt zur Bildung möglichst gleich großer Gruppen.

Bestimmung der Anzahl der Cluster. Zur Bestimmung der Anzahl der Cluster wird der Verlauf der jeweiligen Fehlerquadratsumme über die Anzahl der Cluster herangezogen. Der Verlauf des gesamten Fusionierungsprozesses kann einer Zuordnungsübersicht entnommen werden, die dem Anhang dieser Arbeit beigefügt ist. Drei Kriterien können zur Bewertung des Verlaufs der Fehlerquadratsumme (FQS) eingesetzt werden: 1) Analyse des Elbow-Kriteriums, 2) Analyse der Stetigkeit des Zuwachses der Fehlerquadratsumme sowie 3) die Analyse des Dendogramms (wobei die beiden erstegenannten Punkte im Grunde genommen nur zwei verschiedene Perspektiven der Betrachtung der Fehlerquadratsumme darstellen). Abbildung 31 veranschaulicht den Anstieg der Fehlerquadratsumme für die ersten zehn Cluster sowie den Zuwachs der FQS zwischen den Clustern. Betrachtet man die absoluten Werte der FQS zeigt sich ein Knick beim zweiten Cluster. Das so genannte Elbow-Kriterium legt nahe, die Anzahl von Clustern zu bilden, in dessen Kategorie der Knick zu gefunden wird. Angemerkt werden muss jedoch, das zwischen dem ersten und zweiten Cluster meist ein hoher Heterogenitätssprung beobachtet werden kann (Backhaus, Erichson, Plinke & Weiber, 2000), was bedeutet, dass der hier identifizierte Knick zum Teil auch methodenbedingt sein kann. Ergänzend wurde deshalb im Koordinatensystem der Abbildung 31 ebenfalls der jeweilige Zuwachs der FQS abgetragen. Während bei der Fusionierung der Cluster 6 bis 3 der Anstieg der FQS relativ stetig wächst, ist beim Übergang von Cluster 3 auf 2 ein stärkerer Zuwachs der FQS zu beobachten, was für eine Lösung mit drei Clustern spricht.

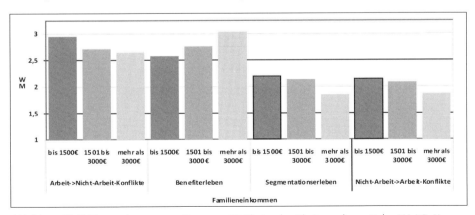

Abbildung 31: Fehlerquadratsummen die ersten 10 Cluster der Clusteranalyse mit den WoLiBaX-Faktoren (Ward-Verfahren mit quadrierter euklidischer Distanz als Distanzmaß)

Zieht man als weiteres Kriterium zur Bestimmung der optimalen Clusterzahl das Dendogramm heran, dann findeen sich auch hier Argumente die für eine 3-Cluster-Lösung sprechen (das Dendogramm ist aus Gründen der Übersichtlichkeit im Anhang einzusehen), da auch auf der Achse der transformierten Distanzmaße der größte Distanzsprung zwischen den fusionierten Clustern für die 3-Cluster-Lösung zeigt. Die Güte der Clusterlösung wird mit einer Diskriminanzanalyse validiert. Die Diskriminanzanalyse ergibt ein signifikantes Ergebnis und eine richtige Zuordnung von 85,9% aller Personen, wobei die Klassifikation für Cluster 2 am besten gelingt und für Cluster 3 am Wenigsten (s. Tabelle 91). Dieser Wert liegt deutlich über der zufällig zu erwartenden Übereinstimmung von 33,3%. Alle in die Diskriminanzanalyse einbezogenen unabhängigen Variablen (F1-F4) zeigen ferner signifikante Gruppenunterschiede auf dem 1%-Signifikanzniveau bei der Überprüfung mittels ANOVA-Statistik (s. Tabelle 92).

Tabelle 91: Klassifizierungsergebnisse der Diskriminanzanalyse

	Cluster	Vorhergesagte Gruppenzugehörigkeit in %			Gesamt
		1	2	3	
Ergebnis der Clusteranalyse (Ward)	1	83.1	11.9	5.1	100.0
	2	6.1	93.9	0	100.0
	3	21.1	1.8	77.2	100.0

Anmerk.: 85,9% der ursprünglich gruppierten Fälle wurden insgesamt korrekt klassifiziert.

Tabelle 92: Mittelwerte (MW) und Standardabweichung (SD) in den zur Clusteranalyse eingesetzten WoLiBaX-Faktoren für eine Lösung mit 3 Clustern sowie Kennwerte der ANOVA mit Post-hoc-Test (Scheffé)

Faktor	Cluster 1 (n=59)		Cluster 2 (n=82)		Cluster 3 (n=57)		Signifikanztest ANOVA		Scheffé
	MW	SD	MW	SD	MW	P	$F_{(2,195)}$	P	
F1	2.54	0.44	2.38	0.72	3.62	0.63	73.00	<0.001	2,1>3
F2	2.75	0.55	3.18	0.83	2.26	0.82	25.37	<0.001	3>1>2
F3	2.47	0.51	1.37	0.33	2.72	0.76	127.01	<0.001	2>1>3
F4	1.91	0.43	1.72	0.56	2.65	0.90	36.85	<0.001	2,1>3

Homogenität der Cluster. Ein Kriterium zur Beurteilung der Homogenität der gefundenen Cluster stellt der F-Wert dar. Der F-Wert berechnet sich aus dem Quotienten der Varianz einer Variable J in der Gruppe G und der Varianz der Variable J in der Erhebungsgesamtheit (Backhaus, Erichson, Plinke & Weiber, 2000, S. 378). Kleine F-Werte repräsentieren somit eine geringe Streuung einer Variablen innerhalb eines Clusters im Vergleich zur Gesamtstichprobe. F-Werte größer eins hingegen weisen darauf hin, dass die Streuung der Variable innerhalb des Clusters größer ist als in der Gesamtstichprobe. Cluster, in denen alle Variablen F-Werte kleiner eins aufweisen, sind somit als vollkommen homogen zu betrachten. In der hier analysierten Stichprobe trifft dies auf die Cluster 1 und 2 zu (s. Tabelle 93). Cluster 3 hingegen weist für Faktor 4 einen F-Wert größer eins auf. Da jedoch für die 3 weiteren Variablen F-Werte kleiner eins identifiziert werden können, entspricht auch dieser Cluster weitestgehend den Anforderungen an einen homogenen Cluster.

Ein Kriterium zur inhaltlichen Charakterisierung der Cluster stellen die t-Werte da. Negative t-Werte zeigen an, dass die entsprechende Variable in dem betrachteten Cluster im Vergleich zu Gesamtstichprobe unterrepräsentiert ist. Analog bedeuten positive t-Werte eine stärkere Repräsentation als in der Stichprobe. Der Betrag des t-Wertes gibt an, in welchem Umfang die jeweilige Variable von der Gesamtstichprobe abweicht. Hohe Werte charakterisieren eine starke Abweichung, niedrige Beträge entsprechend geringe Abweichung vom Wert der Gesamtstichprobe.

Tabelle 93: F-Werte und t-Werte der 3-Cluster-Lösung

	F-Werte			t-Werte		
	Cluster 1	Cluster 2	Cluster 3	Cluster 1	Cluster 2	Cluster 3
F1	0.28	0.77	0.59	-0.29	-0.49	1.02
F2	0.42	0.98	0.94	-0.04	0.47	-0.63
F3	0.40	0.17	0.87	0.47	-0.88	0.78
F4	0.32	0.55	1.41	-0.17	-0.42	0.81

Benennung der Cluster. Cluster 1 kann als der *durchschnittliche Work-Life-Balance Typ* bezeichnet werden. Cluster 1 hat für die Faktoren 1, 2, und 4 negative t-Werte (s. Tabelle 93). Dieser Typus zeichnet sich durch leicht unterdurchschnittliche Mittelwerte für *Arbeit⇨Nicht-Arbeit-Konflikte* (2.54), dem Benefiterleben (2.75) und den *Nicht-Arbeit ⇨Arbeit-Konflikten* (1.91) aus. Das *Segmentationserleben* hingegen ist mit einem Mittelwert von 2.47 im Vergleich zur Gesamtstichprobe (2.30) leicht überdurchschnittlich ausgeprägt. Die Werte aller Dimensionen liegen im Vergleich zu den Clustern 2 und 3 jedoch alle eher im mittleren Bereich (vgl. Abbildung 32). Diesem Cluster gehören 29,8 % Personen der Gesamtstichprobe an.

Cluster 2 wird als der *Vereinbarkeitstyp* bezeichnet, da dieser Typus über das geringste Konflikterleben (*Arbeit⇨Nicht-Arbeit-Konflikte*, MW= 2.38; *Nicht-Arbeit ⇨Arbeit-Konflikte*, MW=1.72) sowie ein äußerst geringes Segmentationserleben (MW=1.37) verfügt, d.h. das Vereinbarkeitserleben gelingt dieser Gruppe insgesamt am besten. Gleichzeitig weist dieser Cluster nicht nur mit 3,18 den höchsten Mittelwert für das Benefiterleben in der Gesamtstichprobe auf, sondern ist auch die einzige der drei Gruppen, die überhaupt einen positiven Wert hinsichtlich des Benefiterlebens besitzt. 41,4 % der Befragungsteilnehmer werden diesem Cluster zugeordnet.

Cluster 3 wird als der *Konflikttyp* bezeichnet. Dieser Typus zeichnet sich durch ein überdurchschnittliches Konflikterleben (*Arbeit⇨Nicht-Arbeit-Konflikte,* MW= 3.62;

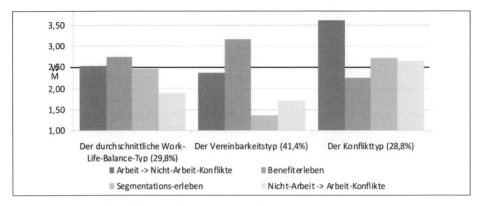

Abbildung 32: Mittelwerte für die 3-Cluster-Lösung in den WoLiBaX-Dimensionen

Nicht-Arbeit⇨Arbeit-Konflikte, MW=2.65), ein überdurchschnittliches Segmentationserleben (MW=2.72) sowie das geringste Benefiterleben (MW=2.26) aus. Vergleicht man die t-Werte der Cluster 2 und 3 wird deutlich, dass die t-Werte entgegengesetzt sind. Während Cluster 2 in den Faktoren 1, 2 und 4 unterdurchschnittlich repräsentiert sind, verfügt Cluster 3 in diesen Dimensionen über erhöhte Mittelwerte. Besonders auffallend dabei ist der hohe Mittelwert für *Arbeit⇨Nicht-Arbeit-Konflikte.* 28,8 % der Studienteilnehmer der Gesamtstichprobe werden gemäß der Clusteranalyse diesem Cluster zugeordnet.

In einem nächsten Analyseschritt werden die deskriptiven Merkmale der Cluster auf statistisch bedeutsame Unterschiede untersucht. Beim Mittelwertvergleich der metrischen Variablen *Lebensalter, Anzahl der Kinder, durchschnittliche Arbeitszeit pro Tag bzw. Woche* sowie *durchschnittliche Wegezeit von und zur Arbeit* zeigen sich in der varianzanalytischen Auswertung jedoch keine signifikanten Differenzen zwischen den Clustergruppen (s. Tabelle 94).

Ebenfalls keine statistisch bedeutsamen Unterschiede zwischen den Clustergruppen zeigen sich im Chi-Quadrat-Test für die dichotomen kategorialen Variablen Geschlecht, Erwerbstätigkeit des Lebenspartners und Vorgesetzenfunktion. Für die Variable Familieneinkommen kann ein tendenziell signifikantes Ergebnis berichtet werden. In Cluster 3 *(Konflikttyp)* sind die Personen mit einem insgesamt geringen Familieneinkommen (bis 1500 €) überdurchschnittlich und Familien mit einem sehr hohen Familieneinkommen entsprechend unterdurchschnittlich repräsemtiert. Ein tendenziell signifikanter Effekt ist für die Variable *Berufliche Stellung* zu berichten. Arbeiter sind dabei auf alle drei Cluster relativ gleichmäßig verteilt. Der Anteil der Beamten ist hingegen in Cluster 1 *(Durchschnittstyp)* überdurchschnittlich vertreten und in Cluster 3 *(Konflikttyp)* weitaus unterdurchschnittlich. Für die Angestellten zeigt sich vor allem in Cluster 3 ein unterdurchschnittlicher Anteil, dafür ist hier der Anteil der Auszubildenden über-

Tabelle 94: Deskriptive Merkmale der Cluster

Merkmal	Kategorien	Gesamt MW	Gesamt Prozent	Cluster 1 MW	Cluster 1 Prozent	Cluster 2 MW	Cluster 2 Prozent	Cluster 3 MW	Cluster 3 Prozent	ANOVA
Alter in Jahren		33.04		33.34		33.15		32.56		$F_{(2,194)}<1$, n.s.
Anzahl Kinder		1.56		1.44		1.61		1.61		$F_{(2,192)}=1.13$ n.s.
durchschnittliche Arbeitszeit in h/Tag		7.08		6.71		7.14		7.36		$F_{(2,192)}=1.78$ n.s.
durchschnittliche Arbeitszeit in h/Woche		35.4		33.5		35.4		37.5		$F_{(2,194)}=2.00$ n.s.
durchschnittliche Wegezeit von und zur Arbeit in Minuten		47.55		44.34		47.20		51.43		$F_{(2,194)}<1$, n.s.
Geschlecht	Männeranteil		20.2		18.6		20,7		21.1	$X^2_{(2,199)}=0.94$, n.s.
Erwerbstätigkeit des Lebenspartners	Anteil der erwerbstätigen Lebenspartner		93.6		98.0		93,2		89.8	$X^2_{(2,172)}=2.74$, n.s.
Ausübung einer Vorgesetztenfunktion	Anteil von Vorgesetzten		11.7		13.6		9.8		12.5	$X^2_{(2,198)}=0.53$, n.s.
Familieneinkommen	bis 1500€		31.6		29.8		26.9		40.0	$X^2_{(2,191)}=5.34$, p<0.10
	1501 bis 3000€		43.2		43.9		41.0		45.5	
	mehr als 3000€		25.3		26.3		32.1		14.5	
Probleme bei der Kinderbetreuung	nie/ eher selten		31.9		36.8		38.5		17.9	$X^2_{(2,192)}=9.60$, p<0.01
	gelegentlich		48.2		45.6		47.4		51.8	
	häufig/ sehr häufig		19.9		17.5		14.1		30.4	
Berufliche Stellung	Arbeiter/in		8.6		9.1		9.2		7.4	$X^2_{(2,186)}=4.68$, p<0.10
	Beamter/Beamtin		7.6		10.9		7.9		3.7	
	Angestellte/r		63.2		63.6		67.1		57.4	
	in Ausbildung		13.5		10.9		7.9		24.1	
	Selbstständige/r		7.0		5.5		7.9		7.4	
Arbeitszeitflexibilität	niedrig		53.0		50.8		45.1		66.7	$X^2_{(2,199)}=6.40$, p<0.05
	hoch		47.0		49.2		54.9		33.3	

durchschnittlich stark vertreten. Die Gruppe der Selbstständigen findet sich in geringerem Umfang in Cluster 1, aber überdurchschnittlich in den Clustern 2 und 3. Signifikante Gruppenunterschiede können darüber hinaus für die Variablen *Probleme bei der Kinderbetreuung* und *Arbeitszeitflexibilität* ausgemacht werden. Die Anteil der Befragten aus Cluster 1, die *nie* oder *eher selten Probleme bei der Kinderbetreuung* erleben, ist überdurchschnittlich ausgeprägt und die Gruppe derer, denen *häufig* oder *sehr häufig* diese Probleme widerfahren, eher unterdurchschnittlich (s. Abbildung 33).

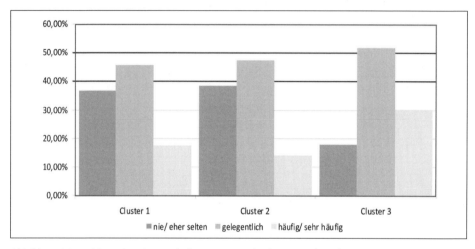

Abbildung 33: Probleme bei der Kinderbetreuung nach Clusterzugehörigkeit

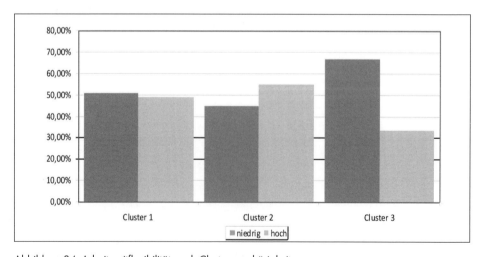

Abbildung 34: Arbeitszeitflexibilität nach Clusterzugehörigkeit

Für Cluster 2 zeigt sich dasselbe Muster, jedoch in stärkerer Ausprägung. In Cluster 3 ist entsprechend die Gruppe der Personen mit seltenen Problemen bei der Kinderbetreuung unterdurchschnittlich repräsentiert und die Gruppe mit häufigen Schwierigkeiten überdurchschnittlich. Die Skala *Arbeitszeitflexibilität* (AZF) wird dichotomisiert, hierzu werden Individuen mit negativen Werten der Kategorie mit geringerer Arbeitszeitflexibilität zugeordnet und Personen mit positiven Werten der Kategorie hohe AZF. Es zeigt sich beim Vergleich der Cluster im Chi-Quadrat-Test, dass in Cluster 2 der Anteil von Personen mit hoher AZF – im Sinne einer stärkeren Arbeitszeitautonomie mit der Möglichkeit, Einfluss auf die eigene Arbeitszeitgestaltung zu nehmen – überdurchschnittlich ausgeprägt ist (s. Abbildung 34). Cluster 3 hingegen verfügt über einen besonders hohen Anteil von Befragten mit geringer AZF.

11.3.5 Zusammenfassung und Diskussion der Befunde aus Studie 2

Fragestellung S2-1.– Die faktorenanalytischen Befunde dieser Studie korrespondieren sowohl hinsichtlich der faktoriellen Struktur der WoLiBaX-Items als auch bezüglich ihrer inhaltlichen Ausgestaltung in hohem Maße mit den Faktoren zweiter Ordnung in Studie 1. In beiden Untersuchungen konnte jeweils eine vierfaktorielle Struktur identifiziert werden mit jeweils zwei Konfliktskalen *(Arbeit⇨Nicht-Arbeit* und *Nicht-Arbeit⇨Arbeit),* einer Skala, die bidirektionales (verhaltensbedingtes) Segmenationserleben erfasst als auch einer bidirektionalen Benefitskala. Neben der angeführten strukturellen und inhaltlichen Vergleichbarkeit zeigen sich trotz der unterschiedlichen Populationen in beiden Stichproben vergleichbare Muster hinsichtlich der Ausprägung der einzelnen Dimensionen. Über die höchste Ausprägung von allen untersuchten Faktoren verfügt in beiden Studien der Faktor Benefiterleben. Wobei der Mittelwert der Skala in Studie 1 leicht über dem numerischen Mittelwert von 3 liegt. Inhaltlich bedeutet dies, dass die Befragten dieser Studie positive Transferprozesse zwischen den Lebensbereichen erleben und die Teilnehmer in Studie 2 leicht unter dem numerischen Mittelwert antworten. Die Ausprägungen der Mittelwerte der Skala *Arbeit⇨Nicht-Arbeit-Konflikte* erweisen sich in den beiden untersuchten Stichpoben als nahezu identisch und sind beide knapp unterdurchschnittlich ausgeprägt. Die Konfliktskala in entgegengesetzter Richtung für *Nicht-Arbeit⇨Arbeit-Konflikte* ist in beiden Datensätzen der am schwächsten ausgeprägte Faktor, d.h., negative Spillover-Prozesse aus dem Privatleben in die Erwerbstätigkeit spielen insgesamt für die Befragten eine eher untergeordnete Rolle. Auch das Segmenationserleben ist in beiden Stichproben eher unterdurchschnittlich ausgeprägt, wobei diese Erlebensform der Arbeit-Nicht-Arbeit-Interaktion in der Paar-Studie etwas höher ausgeprägt ist.

Fragestellung S2-2.– Die internen Konsistenzen der Dimensionen sind insgesamt zufriedenstellend. Zusammenfassend lässt sich festhalten, dass es mit der im Vergleich zu

Studie 1 deutlich heterogeneren Stichprobe in Untersuchung 2 gelungen ist, Faktoren zu extrahieren, die nicht nur über eine angemessene interne Konsistenz verfügen, sondern durchaus auch struturell und inhaltlich mit den Ergebnissen aus Studie 1 deckungsgleich sind. Die Befunde deuten somit auf eine hohe Stabilität der Faktorenstruktur hin.

Fragestellung S2-3.– Die inhaltlichen Annahmen aus Fragestellung S2-3 erfahren nur zum Teil Bestätigung. Während sich für zwei der untersuchten Faktoren *(Arbeit⇨Nicht-Arbeit-Konflikte, Benefiterleben)* statistisch bedeutsame Regressionsmodelle aufstellen lassen, die den Zusammenhang zwischen Arbeitszeitvariablen und Work-Life-Balance-Erleben beschreiben, lässt für die beiden weiteren analysierten Modelle *(Segmentationserleben, Nicht-Arbeit⇨Arbeit-Konflikte)* kein entsprechender Zusammenhang nachweisen. Auffallend in den beiden signifikanten Modellen ist, dass jeweils die Variable *Arbeitszeitflexibilität* im Sinne einer höheren Arbeitszeitautonomie der Befragten der stärkste Prädiktor ist. Eine hohe Flexibilität bei der eigenen Arbeitszeitgestaltung scheint dabei förderlich bei der Reduktion von *Arbeit⇨Nicht-Arbeit-Konflikten* als auch für das Erleben positiver Transferprozesse zwischen den Lebensbereichen.

Als sehr interessant erweisen sich in diesem Zusammenhang auch die Ergebnisse der ergänzend durchgeführten geschlechtsspezifischen Detailanalysen. Sie zeigen klar auf, dass Männer von einer erhöhten Arbeitszeitautonomie deutlich stärker profitieren als Frauen. Als ebenfalls förderlich für den positiven Transfer erweisen sich die Prädiktoren *Heimarbeit* und *Bereitschaftsdienst/Rufbereitschaft*. Die Nutzung von *Heimarbeit* steht genauso wie die *Arbeitszeitflexibilität* in positivem Zusammenhang mit dem Kriterium Benefiterleben. Da es sich bei beiden Prädiktoren um Optionen der Flexibilsierung von Arbeitsprozessen handelt, ist der Sacherverhalt, dass Erwerbstätige mit *Bereitschaftsdiensten* oder *Rufbereitschaften* auch über ein höheres Benefiterleben verfügen, erklärungsbedürftig, da in der Annahme zu Fragestellung S2-3 von einem entgegengesetzten Zusammenhang ausgegangen wurde. Grundlegend für die Formulierung dieser Annahme war, dass Arbeitszeitmodelle mit Rufbereitschaften von den Betroffenen aufgrund der Möglichkeit einer plötzlichen Unterbrechung als störend empfunden werden, da diese Lebenszeit nicht qualitativ hochwertig genutzt werden kann. Auffällig ist allerdings, dass sich die Rufbereitschaft a) für keinen der drei Konfliktfaktoren als statistisch bedeutsam erweist oder anders ausgedrückt keinen „*Risikofaktor*" darstellt und b) sie sich sogar als förderlich erweist bei der Steigerung des Benefiterlebens.

Expost erscheinen zwei Erklärungsansätze für dieses Phänomen des positiven Einflusses möglich. Ein Erklärungsansatz ist methodischer Natur und zielt auf die Erfassung des Prädiktors *Rufbereitschaft*. So wurde die Variable *Rufbereitschaft* in der vorliegenden Untersuchung lediglich mit den Antwortformaten *Ja* und *Nein* erfasst. Die „*Qualität*" bzw. konkrete Ausgestaltung dieser Form der Arbeitszeitgestaltung wurde jedoch nicht erhoben. So muss in der Praxis differenziert werden zwischen Formen des Bereitschaftsdienstes, bei denen sich der Erwerbstätige an einem vom Arbeitgeber festgelegten Ort innerhalb oder außerhalb der Organisation aufzuhalten hat, um bei Bedarf seine Arbeitstätigkeit unverzüglich aufzunehmen (z. B. klinisches Pflegepersonal) und sogenannten Hintergrunddiensten, bei denen der Beschäftigte sich an einem Ort seiner Wahl aufhalten kann, den er dem Arbeitgeber aber anzeigen muss, oder wie er kurzfristig erreichbar ist (z. B. über Handy), um bei Bedarf seine Tätigkeit aufzunehmen. Es ist anzunehmen, dass die unterschiedlichen Formen der Rufberbeitschaften auch mit verschiedenen Erlebenszuständen einhergehen. Manche Formen der Rufbereitschaft erfordern sofortiges Handeln und werden deshalb vermutlich eher als störend empfunden. Andere wiederum bedeuten unter Umständen zwar auch eine Unterbrechung der gerade ausgeführten Tätigkeit, werden aber als weniger beeinträchtigend erlebt. Außerdem ist denkbar, dass Erwerbstätige mit Rufbereitschaft ihren Arbeitsalltag derart organisieren, dass sie ihre Lebensgestaltung vollständig darauf abstimmen und dadurch die entsprechenden Zeiten subjektiv sinnvoll nutzen können, was das höhere Benefiterleben erklären könnte. Letztendlich gilt es noch darauf hinzuweisen, dass nur rund 1/5 der Befragten überhaupt mit dieser Form der Arbeitszeitgestaltung leben, so dass weitergehende Forschung die berichteten Zusammenhänge näher untersuchen und spezifizieren sollte.

Als überraschend im Vergleich zu den Ergebnisse der Studie 1 ist der Befund zu bewerten, dass für das Kriterium F4 *Nicht-Arbeit⇨Arbeit-Konflikte* weder ein statistisch bedeutsames Regressionsmodell noch ein signifikanter Prädiktor bestimmt werden konnte. Dies steht im Widerspruch zu den Resultaten aus Studie 1, in denen nicht nur für alle undirektionalen Faktoren, die Spillover-Prozesse aus dem Privatleben in die Erwerbstätigkeit Effekte beschreiben, nachgewiesen werden konnten, sondern auch festgestellt werden konnte, dass diese Effekte sich durchgehend auch als größer erwiesen als in der entgegengesetzten Richtung aus der Arbeit in das Familien und Privatleben. Auch für diese zunächst widersprüchlichen erscheinenden Ergebnisse bieten sich zwei Erklärungsansätze an. Zum einen ist darauf hinzuweisen, dass die faktoriellen Strukturen der beiden Analysen nur bedingt vergleichbar sind, denn in Studie 1 wurde eine deutliche differenzierte Faktorenstruktur für die Auswertung der Zusammmenhangsanalysen verwendet. Es wurde für diese Analysen auf die faktorielle Struktur 1. Ordnung zurückgegriffen, da in dieser Faktorstruktur auch explizit zeit- und beanspruchungsbedingte Dimensionen zur Verfügung standen, von denen angenommen wurde, dass sie sensibler auf zeitrelevante Prädiktoren reagieren und von daher potenzielle Zusammenhänge deutlicher diagnostiziert werden können.

Greift man diese Überlegungen auf, dann kann der Einwand gemacht werden, dass sich Faktor 4 *Nicht-Arbeit⇨Arbeit-Konflikte* unter Umständen inhaltlich als nicht spezifisch genug erweist, um Zusammenhänge zwischen arbeitszeitbedingten Prädiktoren und zeitbedingten *Nicht-Arbeit⇨Arbeit-Konflikte* widerzuspiegeln. So handelt es sich strenggenommen bei Faktor 4 um beanspruchungsbedingte *Nicht-Arbeit⇨Arbeit-Konflikte,* da alle Items dieses Faktors beanspruchungsbedingte Inhalte thematisieren. Allerdings reicht dieser Sachverhalt als alleinige Erklärung für das Fehlen bedeutsamer Effekte von Arbeitzeitprädiktoren von Faktor 4 *Nicht-Arbeit⇨Arbeit-Konflikte* in Studie 2 nicht aus, denn auch für die spezifischen beanspruchungsbedingten Konfliktskalen in Studie 1 finden sich entsprechende Effekte. Eine naheliegende inhaltliche Erklärung liegt in der Homogenität der ersten Stichpobe begründet. Während Studie 2 hinsichtlich des Kriteriums Beruf als sehr heterogen anzusehen ist, besteht die Hälfte der Stichprobe in Studie 1 aus homogenen Subgruppen (klinisches Pflegepersonal und wissenschaftliche Hochschulmitarbeiter), so dass vermutet werden kann, dass unter Umständen die dort berichteten unidirektionalen Effekte aus der Arbeit in das Privatleben ihren Ursprung in den spezifischen Arbeitszeitmodellen dieser beiden Berufsgruppen haben.

Abschließend wird darauf hingewiesen, dass die strukturellen Arbeitszeitvariablen im Vergleich zu den Variablen der Flexibilsierung der Arbeitszeit in beiden statistisch bedeutsamen Regressionsmodellen eine eher nachgeordnete, wenn nicht gar untergeordnete Rolle spielen.

Die Effekte der signifikanten Regressionsmodelle in Studie 2 liegen im Bereich mittlerer Stärke und bewegen sich somit in gleicher Größenordnung wie die Mehrzahl der Effekte in Studie 1, die sich in der Größenordnung zwischen geringer und mittlerer Stärke bewegen.

Fragestellung S2-4. – Wie erwartet, zeigen sich im Overall-Test zwischen den Gruppen mit unterschiedlichen beruflichen Status für drei der vier Work-Life-Balance-Faktoren des WoLiBaX signifikante bzw. tendenziell signifikante Unterschiede F2 *Benefiterleben,* F3 *Segmenationserleben,* F4 *Nicht-Arbeit⇨Arbeit-Konflikte*). Allerdings können die progostizierten spezifischen Annahmen nur in einigen Fällen bestätigt werden. Die Annahme, dass Arbeiter im Vergleich zu den anderen Statusgruppen erhöhte Konflikte erfahren, kann nicht bestätigt werden. Ebenfalls angenommen wurde, dass sich die Gruppe der Arbeiter von den anderen Gruppen durch ein geringeres Benefiterleben auszeichnet. Diese Annahme bestätigt sich bei der inferenzstatistischen Analyse. Im posthoc-Test ergibt sich ein statistisch bedeutsamer Unterschied zwischen der Gruppe der Arbeiter und der Angestellten bzw. Selbstständigen.

Des weiteren wurde in Fragestellung S2-4 angenommen, dass Selbstständige im Vergleich zu den anderen Gruppen ein verringertes Konflikterleben und ein höheres Benefitlerben empfinden. Ein verringertes Konflikterleben kann für keine der analysierten Skalen für diese Gruppe nachgewiesen werden. Zwar sind die absoluten Werte der Konfliktskalen für die Gruppe der Selbstständigen insgesamt betrachtet auf einem niedrigen

Niveau und für die Skala Segmentationserleben zeigt sich für die Selbstständigen im Vergleich zu den anderen Gruppen auch der niedrigste Wert. Allerdings kann keiner dieser Unterschiede im posthoc-Test bekräftigt werden. Anders verhält es sich mit dem Benefiterleben. Hier weisen die Selbstständigen den höchsten Wert auf, der sich auch im Posthoc-Test als bedeutsam erweist. Die Ergebnisse sind allerdings sehr konservativ zu interpretieren und es ist fraglich, inwieweit die Resultate generalisierbar sind. Der Grund dafür liegt in der ungleichen Zellenbesetzung der beruflichen Statusgruppen. 60 % der 195 Befragten rechnen sich der Gruppe der Angestellten zu, was bedeutet, dass die vier verbleibenden Gruppen mit einem N zwischen 13 und 25 besetzt sind. Doch gerade bei so geringen Besetzungen der Zellen der Vergleichsgruppen können die Mittelwerte der Gruppen durch wenige Außreißer stark beeinflusst werden. Des weiteren kann vermutet werden, dass auch die geringe Zahl an signifikanten Befunden in den durchgeführten Posthoc-Analysen zum Teil auch auf die geringen Zellenbesetzungen und die damit in Zusammenhang stehende geringe Varianz zurückgeführt werden kann.

Aus methodischer Sicht gilt es sicherlich auch zu hinterfragen, ob die gewählten Kategorien dieser Variable überhaupt differenziert genug ist, um entsprechende Unterschiede zu entdecken. So war die Verwendung der Variable *beruflicher Status* für die hier durchgeführten explorativen Analysen sicherlich angemessen, doch erscheint es überlegenswert, bei nachfolgenden Untersuchungen differenzierter vorzugehen. Es ist anzunehmen, dass sich hinter den einzelnen Berufskategorien zum Teil sehr heterogenen Subgruppen verbergen, die das Ergebnis unter Umständen beeinflussen, falls einzelne Teilgruppen innerhalb ihrer Kategorie überrepräsentiert sind. Für nachfolgende Untersuchungen wird deshalb empfohlen, den beruflichen Status genauer zu spezifizieren. Dies könnte beispielsweise bedeuten a) zwischen verschiedenen Tätigkeiten oder Berufen zu differenzieren und b) auch die innerorganisationale Hierachieebene bei der Auswertung zu berücksichtigen.

Als letztes sei noch auf ein interessantes deskriptives Detail-Ergebnis hingewiesen: So zeigt sich, dass die Gruppe der Auszubildenden für alle drei Konfliktskalen die höchsten Werte aufweist. Wie berichtet, erweisen sich diese als statistisch nicht bedeutsam im Intergruppen-Vergleich. Zukünftige Work-Life-Balance-Forschung sollte diese Zielgruppe verstärkt in den Fokus nehmen. Zum einen liegen derzeit keine Befunde zum Work-Life-Balance-Erleben von Auszubildenden vor. Fernhin erscheint diese Phase der berufsbiografischen Entwicklung vor dem Hintergrund eines Life-Span-Developments als besonders interessant, da Individuuen in dieser Phase ihrer beruflichen Entwicklung neben dem Erwerb fachlicher Kompetenzen zumeist erstmalig mit der Vereinbarkeit ihrer Erwerbstätigkeit und familiären und privaten Anforderungen konfrontiert werden. Es wird vermutet, dass in dieser Berufsphase Strategien und Verhaltensweisen zur Vereinbarkeit von Arbeit, Familie und Freizeit erstmalig erprobt und angewendet werden. Aus Forschungsperspektive erscheint es daher lohnenswert zu untersuchen, inwieweit die Erfahrungen bei der Vereinbarkeit der verschiedenen Domänen auch langfristig das Work-Life-Balance-Erleben von Individuuen prägen und beeinflussen. Längsschnittliche Forschungsdesigns erscheinen in diesem Zusammenhang unerlässlich.

Fragestellung S2-5.– Die spezifischen Annahmen in Fragestellung 2-5 können teilweise bestätigt werden. So erleben Mitarbeiter aus Organisationen mit einer stark ausgeprägten vereinbarkeitsorientierten Organisationskultur in geringerem Umfang *Arbeit ⇨ Nicht-Arbeit-Konflikte und erfahren außerdem ein erhöhtes Benefiterleben.* Es zeigt sich für beide Dimensionen ein linearer Verlauf, d.h., je stärker die Vereinbarkeitsorientierung innerhalb der Organsation bewertet wird, desto geringer sind auch die Arbeit⇨Nicht-Arbeit-Konflikte, beziehungsweise desto größer ist das Benefiterleben. Es zeigen sich sehr deutliche Mittelwertunterschiede zwischen den vier Kategorien der Vereinbarkeitsorientierung. Die Mittelwertdifferenz beträgt für die Skala *Arbeit⇨Nicht-Arbeit-Konflikte* zwischen Befragten, die ihre Organisation als sehr schwach vereinbarkeitsorientiert bewerten (3.50) und solchen, die ihre Organisation als sehr stark vereinbarkeitsorientiert beschreiben (2.13) insgesamt 1.37 Skalenpunkte auf der fünfstufigen Antwortskala. Dies sind mehr als ein Drittel der gesamten Skalenbreite (34,3 %). Dieser Effekt manifestiert sich auch in der Effektstärke Eta-Quadrat mit 0.23, was nach Cohen als großer Effekt zu bewerten ist. Einen mittelstarker Effekt mit $\eta=0.13$ findet sich für die Skala Benefiterleben.

Explizit betont werden soll an dieser Stelle, dass es sich bei der Skala vereinbarkeitsorientierte Organisationskultur um eine subjektive Einschätzung der Vereinbarkeitsorientierung einer Organisation durch die Befragten handelt und nicht um eine objektive Bewertung vorhandener Angebote. Es kann angenommen werden, dass nicht allein die objektiven Gegebenheiten entscheidend sind für die Einschätzung und Bewertung, beispielsweise die familienfreundlichen Angebote einer Organisation, sondern auch das persönliche Anspruchsniveau der Befragten. Bei dieser Skala handelt es sich also um ein zusammenfassendes Bewertungsmaß, in das sowohl die subjektive Bewertung der organisationalen Werte und Verhältnisse miteinfließt (d.h. eine Bewertung der tatsächlichen Angebote und Verhaltensweisen innerhalb der Organisation) als auch die subjetive Einschätzung der Befragten, was eine Organisation im Hinblick auf das Thema Work-Life-Balance leisten kann und sollte (persönliches Anspruchsniveau).

Ein Beispiel mag dies verdeutlichen: Wenn Beschäftigte keine vereinbarkeitsorientierte Angebote erwarten, können selbst minimale Angebote und Verbesserungen zu einer positiveren Bewertung der Organisationskultur führen. Auch der allgemeine Standard der Organisationskultur ist unter Umständen bei einer genaueren Analyse zu berücksichtigen. Mitarbeiter in Organisationen mit einem insgesamt umfangreicheren Angebot an Benefits und Incentives für ihre Mitarbeiter werden dieselben Angebote zur Verbesserung der Vereinbarkeit von Arbeit, Familie und Freizeit vermutlich anders bewerten als Mitarbeiter aus Organisationen, die in diesem Bereich bisher überhaupt keine Angebote vorhalten. Vermutlich wird die Qualität der vorhandenen Angebote bei der subjektiven Einschätzung berücksichtigt und fließt in die Gesamtbewertung mit ein.

Das kann man dahingehend kritisieren, dass nicht abgebildet wird, ob eine Organisation „*tatsächlich*" eine hohe Vereinbarkeitsorientierung besitzt oder ob es sich „*nur*" um die subjektive Einschätzung der Befragten handelt. Diesem potenziellen Einwand kann allerdings nur bedingt zugestimmt werden, denn so steht außer Zweifel, dass die objektiven Rahmenbedingungen innerhalb einer Organisation mit Sicherheit in mehr oder minder engem Zusammenhang stehen mit dem Work-Life-Balance-Erleben ihrer Beschäftigten. Trotzdem ist nach Ansicht des Autors die persönliche Einschätzung dieser Rahmenbedingungen, die sich in der Organisationskultur manifestieren, das entscheidende Maß. Denn sowohl aus der Perspektive der Organisationsführung als auch aus Sicht der Mitarbeiter ist zunächst entscheidend, dass die subjektive Bewertung der Organisationskultur vereinbarkeitsorientiert ist und nicht, ob konkrete Angebote, Einstellungen oder Verhaltensweisen „*objektiv*" als vereinbarkeitsorientiert bewertet werden könnten. So wird ein Mitarbeiter eines Mikrounternehmens mit den entsprechend limitierten finanziellen und organisatorischen Mitteln voraussichtlich andere Angebote und Lösungsmöglichkeiten zur Vereinbarkeit erwarten und diese anders bewerten als ein Mitarbeiter eines Großunternehmens mit deutlich größeren Ressourcen. Während für den ersten Fall flexible und individuelle Regelungen der Arbeitszeitgestaltung (z. B. die Einrichtung individuell angepasster Arbeits- und Pausenzeiten) als Lösungsansatz als gute Lösung dienen können, sind im Fall eines Großunternehmens je nach Gesamtsituation ganz andere Lösungen realisierbar (z. B. Etablierung familienfreundlicher Schichtsysteme) und werden gegebenenfalls von den Mitarbeitern auch erwartet. So wie das Work-Life-Balance-Erleben immer auch vor einem individuellen Lebenshintergrund betrachtet werden muss, so sollte auch die Bewertung einer Organisationskultur hinsichtlich ihrer Vereinbarkeitsorientierung immer auch vor diesem persönlichen Hintergrund und der organisationalen Möglichkeiten betrachtet werden.

Fragestellung S2-6. – Zunächst gilt es festzuhalten, dass die Annahmen über den Zusammenhang zwischen Work-Life-Balance-Erleben und Arbeitszufriedenheit zum Teil bestätigt werden können. Es zeigt sich, dass sowohl für den Faktor F1 *Arbeit⇨Nicht-Arbeit-Konflikte* als auch für den Faktor F2 *Benefiterleben*, wie vorhergesagt, ein negativer bzw. positiver Zusammenhang mit der *Arbeitszufriedenheit* besteht. Ein Zusammenhang zwischen den beiden anderen Work-Life-Balance-Faktoren und der Arbeitszufriedenheit kann hingegen nicht berichtet werden.

Auf der Ebene der Befundintegration gilt es festzustellen, dass dieses Resultat exakt den Ergebnissen aus Studie 1 entspricht, in dem für dieselben Faktoren ein Zusammenhang mit der Arbeitszufriedenheit berichtet wurde. Während jedoch in Studie 1 geschlechtsspezifische Unterschiede ausgemacht werden konnten und zwar dergestalt, dass für Frauen vor allem ein Zusammenhang der *Arbeitszufriedenheit* mit dem Faktor *Arbeit⇨Nicht-Arbeit-Konflikte* besteht und für Männer mit dem Faktor *Benefiterleben,* können diese Differenzen in ergänzenden Detailanalysen in Studie 2 nicht repliziert werden.

In der größeren und heterogeneren Stichprobe in Studie 2 erweisen sich beide Faktoren für beide Geschlechter als relevant. Die einzige geschlechtsspezifische Differenz ist in der zusätzlichen Signifikanz des Faktors *Nicht-Arbeit⇨Arbeit-Konflikte* zu sehen, der sich im männlichen Regressionsmodell als tendenziell statistisch bedeutsam erweist. Eine weitere Gemeinsamkeit der Resultate der Studien 1 und 2 besteht darin, dass für die Regressionsmodelle der Männer deutlich stärkere Effektstärken berichtet werden können als für die der Frauen.

Fragestellung S2-7.– Bei der Diskussion der Befunde zu dieser Fragestellung gilt es noch einmal die deskriptiven Befunde hervorzuheben. Die Tatsache, dass rund jeder fünfte Befragte regelmäßig und rund die Hälfte der Studienteilnehmer gelegentlich Betreuungsprobleme bei der Vereinbarkeit von Erwerbstätigkeit und Famlie hat, hebt die Bedeutung des Themas vor. Diese Befunde sind umso brisanter, wenn man sich vergegenwärtigt, dass die Kommune Jena, in der die Befragung durchgeführt wurde, a) eine Stadt mit einer im Bundesvergleich sehr guten Betreuungssituation ist, b) das sowohl das *Familienzentrum Jena* als auch das lokale Bündnis für Familien in Jena seit Jahren mit vorbildhaften Modellprojekten von überregionaler Bedeutung aktiv ist und c) die lokale Situation hinsichtlich der Vereinbarkeitsproblematik insgesamt als positiv zu bewerten ist (vgl. Kalveram, Schwandt & Herold, 2005).

Allerdings identifizieren Kalveram et al. (2005) in Jena auch Defizite bei der Unterstützung von Eltern bei der Kinderbetreuung durch die lokalen Arbeitgeber. Der Sachverhalt, dass trotz der insgesamt sehr guten lokalen Rahmenbedingungen offensichtlich ein nicht unerheblicher Teil von Eltern akute Betreuungsprobleme erfährt, kann als ein Indiz für die hohe sozial-politische Bedeutung gewertet werden, die sich hinter diesem Thema verbirgt. Es ist zu vermuten, dass in Kommunen mit weitaus schlechteren Rahmenbedingungen die Situation hinsichtlich der Kinderbetreuung weitaus dramatischer sein werden. Die im Rahmen der Studie genannten Ursachen für die Probleme bei der Kinderbetreuung sind aus der Literatur bekannt.

Die inferenzstatistischen Analysen zeigen zwei zentrale Ergebnisse von Bedeutung: 1. Eltern mit häufigen Problemen bei der Kinderbetreuung erleben häufiger Konflikte bei der Vereinbarkeit der Lebensbereiche und 2. zeigt sich für diese Vereinbarkeitskonflikte eine geschlechtsspezifische Interaktion. Die Annahme, dass Eltern mit einer schlechteren Betreuungssituation stärkere Konflikte erfahren, konnte für beide Richtungen von Spillover-Prozessen bestätigt werden. Allerdings bestätigt sich nicht die Annahme, dass die Betreuungssituation das Benefiterleben vermindert. Das positive

Erleben Erwerbstätiger scheint also wenig beeinflusst von der Betreuungssituation. Etwas vereinfacht könnte man sagen: Durch eine schlechte Betreuungssituation werden die Probleme erwerbstätiger Eltern größer, der Gewinn, der in der konkreten Lebenssituation erzielt wird, ist allerdings auch nicht kleiner. Es handelt sich bei der Größe der Resultate um Effekte mittlerer *(Arbeit⇨Nicht-Arbeit-Konflikte)* und kleiner Größe *(Nicht-Arbeit⇨Arbeit-Konflikte)*.

Von Bedeutung erscheint auch der zweite zentrale Befund der Fragestellung S2-7, der in der geschlechtsspezifischen Interaktion hinsichtlich des Konflikterlebens bei Problemen mit der Kinderbetreuung zu sehen ist. Es zeigt sich, dass Männer bei *häufigen* oder *sehr häufigen* Problemen mit der Kinderbetreuung stärkere Konflikte erfahren (sowohl für *Arbeit⇨Nicht-Arbeit-Konflikte* als auch für *Nicht-Arbeit⇨Arbeit-Konflikte*) als Frauen, während bei gelegentlichen oder seltenen Konflikten das Verhältnis in anderer Richtung verläuft (mit Ausnahme für F4, hier sind bei „selten Betreuungsprobleme" auch stärker die Männer betroffen). Es kann vermutet werden, dass sich in diesen Ergebnissen die partnerschaftlichen (Erwerbstätigkeits-)Arrangements widerspiegeln. Wie in 6.2 dargstellt, übernimmt in der überwiegenden Zahl von Partnerschaften noch immer die Frau die Verantwortung für die Kindererziehung und damit auch für die Kinderbetreuung.

Somit erscheint es verständlich, dass sich die Frau, insbesondere in Partnerschaften nach dem tradtionellen oder dem modernisierten Male-Breadwinner-Modell, primär um die Kinderbetreuung kümmert. Kommt es nun zu gelegentlichen Störungen oder Problemen, so wird sie sich voraussichtlich auch um deren Behebung kümmern und erfährt somit ein stärkeres Konflikterleben. Treten diese Probleme jedoch regelmäßig auf, d.h., das Problem bekommt auch insgesamt eine stärkere Bedeutung im familialen System, dann hat es auch um so deutlichere Auswirkungen für den Mann. Lebt dieser in einer eher traditionellen Rolle oder einem entsprechendem Paararrangement, ist das stärkere Konflikterleben möglicherweise unausweichlich, wenn der Mann sich aufgrund der Intensität des Problems trotz eines traditionellen Arragements stärker bei seiner Lösung miteinbringen muss oder dies verstärkt von der Partnerin eingefordert wird. Zukünftige Analysen könnten konkretisieren, ob sich diese Effekte vor allem für Paare mit eher traditonell-konserativen Arrangements bzw. Individuen mit traditionellen Rollenbildern replizieren lassen oder ob sich entsprechende Interaktionen auch für Paare und Individuen mit einer egalitär-modernen Lebensgestaltung bzw. Einstellung nachweisen lassen.

Fragestellung S2-8.– Zur Beantwortung der Frage, ob es bedeutsame Unterschiede im Work-Life-Balance Erleben von Eltern in Abhängigkeit von der familiären Einkommenssituation gibt, wurde eine multivariate Varianzanalyse berechnet. Die in Fragestellung S2-8 formulierten Annahmen können teilweise bestätigt werden. Für die Faktoren F1 *Arbeit⇨Nicht-Arbeit-Konflikte* und F2 *Benefiterleben* können einkommensbedingte

Unterschiede in der prognostizierten Richtung nachgewiesen werden. Eltern mit einem hohen monatlichen Familieneinkommen erleben im Vergleich zu Eltern mit einem niedrigen monatlichen Familieneinkommen niedrigere *Arbeit⇨Nicht-Arbeit-Konflikte* und ein höheres *Benefiterleben*. Für die Skalen F3 *Segmentationserleben* und F4 *Nicht-Arbeit⇨Arbeit-Konflikte* finden sich keine vergleichbaren einkommensbedingten Effekte.

Die Befunde können als erste Indizien dahingehend gewertet werden, dass eine erhöhtes monatliches Familieneinkommen förderlich ist, um negative Einflüsse aus der Arbeit in das Familienleben zu verhindern und positives Erleben zu unterstützen. Weitergehende Analysen, die diese Abhängigkeiten genauer spezifizieren, sind wünschenswert, waren mit dem verwendeten Datenmaterial allerdings nicht möglich. Zukünftige Analysen sollten die familiale Lebenssituation genauer konkretisieren. Das monatliche familiäre Netto-Gesamteinkommen stellt nur ein sehr grobes Maß für die ökonomische Situation einer Familie dar. Es ist wie im vorliegenden Fall durchaus geeignet für eine erste explorative Analyse der bestehenden Abhängigkeiten, darüber hinausgehende Analysen könnten das Familien-Einkommen jedoch beispielsweise in Relation zu der Zahl der Familienmitglieder setzen. Als sehr fruchtbar könnte es sich in diesem Zusammenhang auch erweisen, anstatt des monatlichen familiären Netto-Gesamteinkommens jenen Betrag zu erheben, der explizit für die Verbesserung von Vereinbarkeitsleistung zwischen den Domänen (z. B. Ausgaben für zusätzliche Kinderbetreuungsangebote) verwendet wird oder werden kann. Sollte die Erfassung dieser finanziellen Investitionen zuverlässig gelingen, kann so angenommen werden, dass sich gerade für dieses Kriterium besonders deutliche Unterschiede im Work-Life-Balance zeigen.

Fragestellung S2-9.– Die Befunde der Clusteranalyse ergeben klar interpretierbare 3-Cluster-Typologie des Work-Life-Balance-Erlebens. Cluster 1, der *durchschnittliche Work-Life-Balance-Typ,* ist mit knapp 30 % in der Stichprobe vertreten und zeichnet sich durch im Vergleich zu den anderen Clustern mittlere Werte auf allen vier Skalen des WoLiBaX aus. Cluster 2, der Vereinbarkeitstyp, ist mit über 40 % der größte Cluster der Stichprobe und verfügt im Vergleich zu den beiden anderen über ein unterdurchschnittliches Konflikterleben und ein überdurchschnittlich ausgeprägtes Benefiterleben. Der kleinste innerhalb dieser Stichprobe ist Cluster 3, der *Konflikttyp,* er kann charakterisiert werden durch überdurchschnittliches Konflikterleben und geringes Benefiterleben. Im Vergleich der deskriptiven Merkmale der Cluster, beschrieben durch die kommualen, organisationalen, familialen und individuellen Rahmenbedingungen, zeigen sich nur sehr wenige Unterschiede. Hervorzuheben sind vor allem zwei Bedingungen: die Kinderbetreuungssituation und die Arbeitszeitflexibilität. Dabei gilt, dass die Cluster 3 zugerechneten Eltern überdurschnittlich häufig Probleme hinsichtlich der Kinderbetreuung und ihrer Erwerbstätigkeit erfahren und ein deutlich geringerer Prozentsatz dieser Gruppe über Arbeitszeitmodelle mit einer hohen Arbeitszeitautonomie verfügt.

Bisher liegen liegen erst zwei weitere Arbeiten vor, die ein vergleichbares Vorgehen zur Erstellung einer Work-Life-Balance-Typologie wählen. Demerouti & Geurts (2004) identifizieren in ihrer Studie fünf relevante Cluster und Driesel in ihrer jüngst vorgelegten Arbeit vier. Während Demerouti & Geurts als Messinstrument den Fragebogen SWING (Survey Work-Home Interaction-Nijmegen; Geurts et al., 2005) einsetzten, verwendete Driesel eine optimierte Version des WoLiBaX sowie den in Studie 4 dieser Arbeit verwendeten Datensatz. Da alle Studien eine unterschiedliche Anzahl von Clustern identifizieren, sollen im Sinne einer Befundintegration die Resultate der drei Studien im Folgenden verglichen werden. Zunächst wird in diesem Zusammenhang auf die unterschiedlichen Strukturen des SWING und WoLiBaX verwiesen. Die Verfahren sind dahingehend vergleichbar, als dass beide Instrumente über zwei Interaktionsskalen verfügen, die sich konzeptionell ähneln: Je eine dieser Skalen beschreibt negative Interaktionen aus der Arbeit in den außerberuflichen Bereich (Negative Work⇨Home-Interactions bzw. Arbeit⇨Nicht-Arbeit-Konflikte) und eine in der entgegengesetzten Richtung (Negative Home⇨Work-Interactions bzw. Nicht-Arbeit⇨Arbeit-Konflikte).

Ebenfalls beiden Instrumenten gemein ist, dass sie auch positive Interaktionen zwischen den Lebensbereichen erfassen. Während im WoLiBaX dafür jedoch nur eine bidirektionale Skala *Benefiterleben* verwendet wird, nutzt der SWING jeweils eine unidirektionale Skala für den positiven Transfer aus der Erwerbstätigkeit in das Privatleben (Positive Work⇨Home-Interactions) und eine für die entgegengesetzte Richtung (Positive Home⇨Work-Interactions). Darüber hinausgehend beinhaltet der WoLiBaX eine Skala, die verhaltensbedingte Konflikte erfasst (Segmentationserleben). Hierfür findet sich im SWING keine Entsprechung.

Ein Vergleich auf Clusterebene zeigt, dass auch Driesel (2007) einen Cluster *(Benefit)* extrahiert, der über sehr geringe Mittelwerte der Konfliktskalen verfügt und ein überdurchschnittliches Benefiterleben und als vergleichbar mit Cluster 2 dieser Studie *(Vereinbarkeitstyp)* angesehen werden kann. Demerouti & Geurts kommen hier zu einer differenzierteren Clusterlösung mit Clustern ähnlicher Inhalte, wobei die Richtung des positiven Spillover das entscheidende Merkmal ihrer Cluster ist (positive Home⇨Work-Interaction und positive Work⇨Home-Interaction). Sowohl in Studie 2 als auch in den Analysen von Driesel ist dieser Interaktionstyp der am stärksten besetzte Cluster.

Ein Pendant zu Cluster 3 *(Konflikttyp)* der hier diskutierten Studie findet sich im Cluster *Konflikte- & Segmentationserleben* der Arbeit von Driesel. Er weist ein identisches Verlaufsmuster auf, da er sich ebenso auszeichnet durch ein überdurchschnittliches Konflikterleben und unterdurchschnittliches Benefiterleben. Ein Äquivalent findet sich auch in der Untersuchung von Demerouti & Geurts, die einen Cluster mit negativen Interaktionen in beiden Richtungen beschreiben (negative Interaction). Eine weitere Vergleichbarkeit ist in der Größe der Cluster zu sehen, denn sowohl in der Arbeit von Driesel als in den hier berichteten Ergebnissen ist die Anzahl der Individuen innerhalb dieses Cluster am geringsten.

Demerouti & Geurts berichten ferner von zwei weiteren Clustern: einem mit sehr geringen Interaktionen (weder positiven noch negativen) sowie einem mit insgesamt starken Interaktionen (sowohl positiven als auch negativen). Driesel dagegen berichtet ebenfalls von zwei weiteren Clustern. Einen benennt sie als *Konflikte & Benefit,* welcher mit dem Letztgenannten der niederländischen Autorinnen vergleichbar ist, einen weiteren bezeichnet sie als *Segmentationserleben,* das durch eher durchschnittliches unidirektionales Konflikterleben, geringes Benefiterleben, aber leicht überdurchschnittliches Segmentationserleben charakterisiert wird. Auf den ersten Blick scheint sich somit kein vergleichbarer Cluster zu finden, der mit dem in Studie 2 ausgemachten Cluster 1 *(Durchschnittstyp)* übereinstimmt.

Eine genauere Betrachtung der Mittelwerte der vier WoLiBaX-Skalen der Cluster aus Driesel (2007, S. 77) für die Cluster *Konflikte & Benefit* und *Segmentationserleben* zeigt, dass beide Cluster hinsichtlich aller vier Skalen mittel ausgeprägte Werte aufweisen, wobei der Cluster *Konflikte & Benefit über die höheren Werte der Konfliktskalen und das Benefiterleben verfügt und ein geringeres verhaltensbedingtes Segmentationserleben.* Für den Cluster Segmentationserleben gilt genau das Gegenteil. Bereits eine reine Inspektion der Mittelwertverläufe dieser beiden Cluster macht deutlich, dass durch Fusion ein Cluster entstehen würde, der absolut vergleichbar wäre mit dem in Studie 2 aufgefundenen Cluster 1 *(Durchschnittstyp).* Vergegenwärtigt man sich die Struktur und Größe der für die Clusteranalysen verwendeten Datensätze wird auch deutlich, wieso in der hier vorliegenden Stichprobe drei Cluster identifiziert und von Driesel hingegen vier Cluster bestimmt werden konnten.

Das Verfahren der Clusteranalyse ist, vergleichbar der Faktorenanalyse, sehr stichprobenabhängig. Während der in Studie 2 genutzte Datensatz als relativ klein (N=198) und homogen (alle Studienteilnehmer leben in der gleichen Kommune und haben mindestens ein Kind unter sechs Jahren, das eine Kindertagesstätte besucht) erachtet werden kann, ist der Datensatz aus Studie 4, den auch Driesel ihren Analysen zugrunde legt, erheblich größer (Gesamt N=1099) und homogener (bundesweite Studie mit Studienteilnehmer aller Altersklassen mit und ohne Kind). In kleineren Stichproben lassen sich im Rahmen einer Clusteranalyse bei der Verwendung der gleichen Anzahl an Faktoren in der Regel weniger Cluster identifizieren, so dass mit großer Wahrscheinlichkeit angenommen werden kann, dass die Differenzen in der Anzahl in der Stichprobengröße begründet liegt. Für eine höhere Validität der Clusterlösung von Driesel spricht neben der Tatsache, dass sie einen heterogenen Datensatz verwendet hat, auch der Sachverhalt, das sie ihre Clusterlösung mittels einer Doppelkreuzvalidierung bestätigen konnte.

Das Vorliegen von Work-Life-Balance-Erlebens-Clustern verdeutlicht anschaulich, dass das Arbeit-Familie/Freizeit-Interface geprägt ist von verschiedenen, simultanen Interaktionen zwischen den Lebensbereichen (vgl. a. Grzywacs & Marks, 2000a; Rothbard, 2001) und kann auch dahingend interpretiert werden, dass die lange Zeit im Rahmen der Linking-Mechanisms geführte Debatte, welche Art von Verbindung zwischen den Lebensbereichen besteht, integrativ geführt werden muss. d.h., es ist zu bestimmen, welche der Mechanismen gleichzeitig bestehen. Die Befunde können weiterhin auch vor dem Hintergrund der Border- bzw. Boundary-Theory (vgl. Ashforth et., 2000; Clark, 2000) betrachtet werden, die von unterschiedlichen Permebailität der Grenzen zwischen den Lebensbereichen ausgeht. So kann beispielsweise das Vorliegen eines Clusters *Segmentationserleben*, wie Driesel (2007) ihn beschreibt, als ein Indiz für ein Interface zwischen den Lebensbereichen gewertet werden, das sich durch eine zumindest hinsichtlich der verhaltensbedingten Aspekte geringe Permeabilität auszeichnet.

Der Ansatz der Erstellung von Work-Life-Balance-Typologien kann als sehr vielversprechend angesehen werden, insbesondere vor dem Hintergrund einer hohen Anwendungsorientierung. So kann sich eine entsprechende Taxonomie als sehr nützlich erweisen, nämlich bei der Bestimmung der Notwendigkeit zur Durchführung organisationaler Verbesserungsmaßnahmen zur Optimierung des Work-Life-Balance-Erlebens der Mitarbeiter. Hier kann ein entsprechendes Klassifikationssystem genutzt werden, um Zielgruppen zu identifizieren oder den Bedarf für solche Angebote abzuschätzen.

11.4 Studie 3: Hochschul-Studie

11.4.1 Einleitung und Fragestellungen

Im folgenden Kapitel wird eine weitere Studie präsentiert, die sich sowohl mit der Analyse der Struktur des Arbeit-Familie/Freizeit-Interfaces als auch mit inhaltlich explorativen Fragestellungen beschäftigt, wobei der Schwerpunkt hierbei auf organisationale Faktoren gelegt wird.

Methodisch validierende Fragestellungen. – Wie in den beiden vorhergehend berichteten Studien wird auch in dieser Studie im ersten Schritt die empirische Faktorenstruktur des WoLiBaX bestimmt und mit den theoretischen Annahmen in Verbindung gebracht. Ebenfalls wird die meßtechnische Güte des Instrumentes bestimmt. Es ergeben sich somit auch für Studie 3 die nachfolgenden aufgeführten Fragestellungen.

Fragestellung S3-1: Kann die postulierte Faktorenstruktur des WoLiBaX empirisch bestätigt werden?

Fragestellung S3-2: Erweisen sich die WoLiBaX-Faktoren als reliabel?

Inhaltlich explorative Forschungsfragen. – Die in Studie 3 untersuchten inhaltlich explorativen Fragestellungen werden nachfolgend aufgeführt. Bei den in Studie 3 durchgeführten Analysen liegt der Schwerpunkt auf dem Zusammenhang zwischen Work-Life-Balance-Erleben und organisationalen Bedingungsfaktoren sowie den Konsequenzen des Vereinbarkeitserlebens. Im Einzelnen wird dabei untersucht, 1) ob es bei wissenschaftlichen Mitarbeiterinnen und Mitarbeitern geschlechtsspezifische Unterschiede im Work-Life-Balance-Erleben gibt, 2) ob es einen Zusammenhang zwischen organisationalen Variablen, insbesondere der Vereinbarkeitsorientierung der Organisationskultur und dem Work-Life-Balance-Erleben gibt und 3) ob Zusammenhänge zwischen dem Work-Life-Balance-Erleben und Maßen des Wohlbefindens in Form der Arbeitszufriedenheit und dem Erleben psychophysischer Beschwerden bestehen.

Geschlechtsspezifische (Rollen-)Konflikte und Benefits des Work-Life-Balance-Erlebens. – Bereits in Studie 1 wurde untersucht, ob sich Frauen und Männer hinsichtlich ihres Work-Life-Balance-Erlebens unterscheiden. Dabei wurden allerdings keine statistisch bedeutsamen geschlechtsspezifischen Unterschiede nachgewiesen.

Vor allem für weibliche Biografien erweist sich die Vereinbarkeit von Arbeit und Familie im Kontext der Wissenschaft vielfach als unerfüllbar, da die Synchronisation der beruflichen und familiären Entwicklung misslingt. So steht die berufliche Entwicklung und Qualifikation oftmals der Geburt des ersten Kindes entgegen. So zeigt die Studie von Auferkorte-Michaelis, Metz-Göckel, Wergen & Klein (2006; S. 8) auf, dass *„Wissenschaftlerinnen die Geburt ihres ersten Kindes auf die Lebensphase nach 35 Jahren hinausschieben"*. Entscheiden sich wissenschaftliche Mitarbeiterinnen trotz eines drohenden Karriereknicks für Kinder, so fühlen sie sich in der Folge sowohl in ihrer wissenschaftlichen Tätigkeit als auch im familiären Bereich stärker belastet als kinderlose Frauen und Männer mit Kindern, wie eine qualititative Studie von Drews (1996) mit wissenschaftlichen Mitarbeiterinnen und Mitarbeiter der FU Berlin zeigt.

Der Arbeitskontext Hochschule unter der Perspektive der Vereinbarkeit von Arbeit, Familie und Freizeit erweist sich somit gerade für Frauen vielfach als problematisch, insbesondere vor dem Hintergrund einer möglichen Doppelbelastung durch Beruf und Familie. Deshalb wird vermutet, dass sich in der hier untersuchten Stichprobe geschlechtsspezifische Unterschiede zeigen und zwar in der Form, dass wissenschaftliche Mitarbeiterinnen ein höheres Konflikterleben sowie ein geringeres Benefiterleben berichten als ihre männlichen Kollegen.

Fragestellung S3-3: Welche geschlechtsspezifischen Unterschiede gibt es im Work-Life-Balance-Erleben bei wissenschaftlichen Mitarbeiterinnen und Mitarbeitern? Annahme: Wissenschaftliche Mitarbeiterinnen unterscheiden sich in ihrem Work-Life-Balance-Erleben signifikant von ihren männlichen Kollegen durch ein stärkeres Konflikt- und ein geringeres Benefiterleben.

Unterschiede im Work-Life-Balance-Erleben in Abhängigkeit von der Bewertung Vereinbarkeitsorientierung der Organisationskultur. – In Übereinstimmung mit Fragestellung S2-5 soll auch in dieser Studie im organisationalen Kontext Hochschule untersucht werden, ob Unterschiede im individuellen Work-Life-Balance-Erleben bestehen in Abhängigkeit von der Bewertung der *Vereinbarkeitsorientierung der Organisationskultur.*

Fragestellung S3-4: Welche Unterschiede im Work-Life-Balance-Erleben gibt es bei wissenschaftlichen Mitarbeitern in Abhängigkeit von der Bewertung der Vereinbarkeitsorientierung der Organisationskultur?

Annahme: Wissenschaftliche Mitarbeiterinnen und Mitarbeiter, die die *Vereinbarkeitsorientierung* der Hochschule positiv bewerten, erleben in geringerem Umfang Vereinbarkeitskonflikte und ein stärkeres Benefiterleben als Mitarbeiterinnen und Mitarbeiter, die die Vereinbarkeitsorientierung der Hochschule als gering ausgeprägt bewerten.

In Ergänzung zu Fragestellung S3-4 soll vertiefend und explorativ untersucht werden, ob weitere organisationale Faktoren mit dem Work-Life-Balance-Erleben der wissenschaftlichen Mitarbeiterinnen und Mitarbeiter in Zusammenhang stehen. Dabei sollen folgende organisationale Variablen berücksichtigt werden: vereinbarkeitsorientierte Organisationskultur, vereinbarkeitsorientiertes Vorgesetztenverhalten, Partizipationsmöglichkeiten, Arbeitsbelastung und Arbeitszeitflexibilität im Sinne von Arbeitszeitautonomie.

Fragestellung S3-5: Welchen Zusammenhang gibt es für wissenschaftliche Mitarbeiterinnen und Mitarbeiter zwischen dem Work-Life-Balance-Erleben und organisationalen Faktoren?

Annahme: Das Konflikterleben bei der Vereinbarkeit der Domänen steht in einem negativen Zusammenhang mit den Variablen *vereinbarkeitsorientierte Organisationskultur, vereinbarkeitsorientiertes Vorgesetztenverhalten, Partizipationsmöglichkeiten* und *Arbeitszeitflexibilität* sowie in positivem Zusammenhang mit der erlebten *Arbeitsbelastung.* Für das Benefiterleben wird angenommen, dass die für das Konflikterleben formulierte Annahme über Zusammenhänge in entgegengesetzer Richtung bestehen, d.h., das Benefiterleben steht in positivem Zusammenhang mit den Variablen *vereinbarkeitsorientierte Organisationskultur, vereinbarkeitsorientiertes Vorgesetztenverhalten, Partizipationsmöglichkeiten* und *Arbeitszeitflexibilität* sowie in negativem Zusammenhang mit der erlebten Arbeitsbelastung.

Wie bereits in den beiden vorhergehenden Studien (vgl. S1-4 und S2-6) soll auch im Kontext Hochschule analysiert werden, ob Zusammenhänge zwischen dem Work-Life-Balance-Erleben und der Arbeitszufriedenheit bestehen.

Fragestellung S3-6: Welchen Zusammenhang gibt es bei wissenschaftliche Mitarbeiterinnen und Mitarbeitern zwischen dem Work-Life-Balance-Erleben und der Arbeitszufriedenheit?

Annahme: Das Konflikterleben bei der Vereinbarkeit von Arbeit, Familie und Freizeit steht in einem negativen Zusammenhang mit der Arbeitszufriedenheit, während zwischen Benefiterleben und Arbeitszufriedenheit ein positiver Zusammenhang angenommen wird.

Wie in 8.6.4.2 dargestellt, liegen bisher erst vereinzelt Befunde zum Zusammenhang zwischen dem psychophysischen Beschwerdeerleben vor. Das Konflikterleben bei der Vereinbarkeit der Lebensbereiche kann auch als Belastungssituation betrachtet werden, weshalb es nahe liegt, dass diese nicht nur als konflikthaft erlebt wird, sondern sich auch in Form von psychophysischen Beschwerden manifestiert.

Fragestellung S3-7: Welchen Zusammenhang gibt es bei wissenschaftliche Mitarbeiterinnen und Mitarbeitern zwischen dem Work-Life-Balance-Erleben und dem Erleben psychophysischer Beschwerden?

Annahme: Das Konflikterleben bei der Vereinbarkeit von Arbeit, Familie und Freizeit steht in einem negativen Zusammenhang mit dem Erleben psychophysischer Beschwerden, während zwischen Benefiterleben und psychophysischer Beschwerden ein positiver Zusammenhang angenommen wird.Ein Überblick über die Fragestellungen in Studie 3 findet sich in Tabelle 95.

Tabelle 95 Übersicht der Fragestellungen in Studie 3

Fragestellung	Inhalt	Methoden
S3-1	Bestimmung der Faktorenstruktur	Explorative Faktorenanalyse
S3-2	Reliabilitätsbestimmung	Reliabilitätsanalyse (Cronbachs α)
S3-3	Analyse geschlechtsspezifischer Unterschiede im Work-Life-Balance-Erleben von wissenschaftlichen Mitarbeiterinnen und Mitarbeitern	Varianzanalyse
S3-4	Analyse von Unterschieden im Work-Life-Balance-Erleben in Abhängigkeit von der Bewertung der Vereinbarkeitsorientierung der Organisationskultur	Varianzanalyse
S3-5	Analyse des Zusammenhanges zwischen Work-Life-Balance-Erleben und organisationalen Variablen	Regressionsanalyse
S3-6	Analyse des Zusammenhanges zwischen Work-Life-Balance-Erleben und Arbeitszufriedenheit	Regressionsanalyse
S3-7	Analyse des Zusammenhanges zwischen Work-Life-Balance-Erleben und psycho-phyischen Beschwerden	Regressionsanalyse

11.4.2 Instrumente

Der in Studie 3 eingesetzte Fragebogen umfasst insgesamt 101 Fragen. Das Instrument kann im Anhang eingesehen werden.

Work-Life-Balance-Index (WoLiBaX).– Wie bereits in Studie 2 beschrieben, wurde aufbauend auf den Befunden aus Studie 1 auch in dieser Untersuchung ein dem Untersuchungskontext angepasstes Item-Set des WoLiBaX verwendet. Dieses hat eine im Vergleich zu Studie 1 verringerte Itemanzahl (22) und unterscheidet nur zwischen den Lebensbereichen Arbeit und Nicht-Arbeit. Weiterhin werden auch in dieser Studie theoretisch postulierte Dimensionen, die den Skalen zugrunde liegen (Art des Effekts, Richtung des Einflusses; inhaltliche Ebene des Spillover-Prozesses: zeit-, beanspruchungs- oder verhaltensbedingt), ausbalanciert berücksichtigt. Dabei beschreiben die Items jeweils zur Hälfte Arbeit-Nicht-Arbeit-Interaktionen, die, basierend auf den Ergebnissen der Contentanalyse, eher dem Lebensbereich Familie oder dem Lebensbereich Freizeit zugeschrieben werden (vgl. Tabelle 21). Die ausbalancierte Berücksichtigung von zeit-, beanspruchungs- oder verhaltensbedingten Items wird beibehalten. Es wird somit angenommen, dass das verwendete Instrument über eine Struktur mit vier Dimensionen verfügt. Eine Übersicht über Struktur und Inhalte des Verfahren ist Tabelle 96 zu entnehmen.

Tabelle 96: Klassifizierung der Dimensionen des in Studie 3 eingesetzten Work-Life-Balance-Index (in Klammern Anzahl der Items)

Fragestellung	Inhalt	Methoden
S3-1	Bestimmung der Faktorenstruktur	Explorative Faktorenanalyse
S3-2	Reliabilitätsbestimmung	Reliabilitätsanalyse (Cronbachs α)
S3-3	Analyse geschlechtsspezifischer Unterschiede im Work-Life-Balance-Erleben von wissenschaftlichen Mitarbeiterinnen und Mitarbeitern	Varianzanalyse
S3-4	Analyse von Unterschieden im Work-Life-Balance-Erleben in Abhängigkeit von der Bewertung der Vereinbarkeitsorientierung der Organisationskultur	Varianzanalyse
S3-5	Analyse des Zusammenhanges zwischen Work-Life-Balance-Erleben und organisationalen Variablen	Regressionsanalyse
S3-6	Analyse des Zusammenhanges zwischen Work-Life-Balance-Erleben und Arbeitszufriedenheit	Regressionsanalyse
S3-7	Analyse des Zusammenhanges zwischen Work-Life-Balance-Erleben und psycho-phyischen Beschwerden	Regressionsanalyse

Soziale Unterstützung.– Die *soziale Unterstützung* durch Familie und Kollegen wird von einer ursprünglich sechs Items umfassende Skala zur Erfassung der erlebten sozialen Unterstützung erhoben (in Anlehnung an Trimpop, Förster, Kracke, & Kalveram, 2003 und Spiegler, 2003). In der hier berichteten Untersuchung werden nur drei Items eingesetzt, die für das Untersuchungsanliegen am besten geeignet erscheinen. Der Begriff „*in meinem Unternehmen*" wird bei den ausgewählten Items durch die für diese Stichprobe angemessenere Formulierung „*in meinen Arbeitsumfeld*" ersetzt. Die Items verlangen ein Rating-Urteil, bei dem unter fünf Graden der Zustimmung von *stimmt völlig* (5) bis *stimmt überhaupt nicht* (1) ausgewählt werden muss.

Vereinbarkeitsorientierte Organisationskultur.– Dieses Konstrukt entspricht dem bereits in 11.3.2 vorgestellten Konstrukt. Das Instrument beschreibt die Organisationskultur des Arbeitsumfeldes in Bezug auf seine Vereinbarkeitsmöglichkeiten mit Familie und Freizeit. Das Instrument besteht aus adaptierten Verfahren von Trimpop, Förster, Kracke und Kalveram (2003), Spiegler (2003) und Nielson Carlson & Lankau (2001). Während in Studie 2 eine Gesamtskala gebildet wurde, wird im Rahmen der nachfolgenden Untersuchung mit den Subskalen *vereinbarkeitsorientierte Organisationskulutur* (5 Items) und *vereinbarkeitsorientiertes Vorgesetztenverhalten* (5 Items) gearbeitet. Die Antwortskala ist fünfstufig von *stimmt überhaupt nicht* (1) bis *stimmt völlig* (5).

Partizipation.– Die Skala Partizipation wurde bereits in Studie 1 (s. 11.2.2) eingeführt. In der hier vorliegenden Untersuchung wurde eine auf sieben Items reduzierte Version verwendet. Die Begriffe „*Betrieb*" und „*Organisation*" werden durch die Ausdrücke „*Lehrstuhl*" beziehungsweise „*Arbeitsgruppe*" ersetzt, da davon ausgegangen wird, dass das direkte Arbeitsumfeld von wissenschaftlichen Hochschulmitarbeitern als deutlich bedeutender für die Mitwirkungsmöglichkeiten der Mitarbeiter erachtet wird als die Gesamtorganisation. Die Itembeantwortung erfolgt wie auf den vorher genannten Dimensionen auf einer Zustimmungsskala mit fünf Stufen.

Arbeitszeit– Die *Arbeitszeit*situation der Befragten wird mit sieben Items erfasst. Die Fragen erfassen den persönlichen Einfluss auf die Gestaltung der Arbeitszeit (Arbeitszeitflexibilität; vier Items) sowie zur konkreten Arbeitszeit. Die Items sind dem Online-Fragebogen für ArbeitnehmerInnen zum Thema *Flexible Arbeitszeiten* (Nachreiner, Lenzig & Janssen, 2002) entnommen. Das Antwortformat der Items ist unterschiedlich. Es gibt drei-, vier und fünfstufige Ratingskalen für Zustimmung und Häufigkeit sowie eine sechsstufige Nominalskala.

Arbeitszufriedenheit.– Die Skala *Arbeitszufriedenheit* entspricht dem in 11.2.2 eingeführten Instrument, wird in Studie 3 jedoch in einer reduzierten Version mit vier Items erfasst, die die Zufriedenheit mit der bisherigen beruflichen Karriere, den Vorgesetzten, den Arbeitskollegen und der derzeitigen beruflichen Tätigkeit erheben. Für die Antworten steht den Studienteilnehmern wie bei vorhergehenden aufgeführten Skalen eine fünfstufige Zustimmungsskala zur Verfügung.

Psychophysische Beschwerdeliste. – Die Skala *Psychophysische Beschwerdeliste* (in Anlehnung an Mohr, 1986) erfasst mit 14 Items physische und psychische Beschwerden. Auf einer fünfstufigen Antwortskala müssen die Befragten angegeben, wie häufig die entsprechenden Beschwerden in den letzten sechs Monaten erlebt wurden. Die Antwortskala reicht von *nie* (1), *gelegentlich* (2), *ca. 1x pro Monat* (3), *ca. 1x pro Woche* (4) bis *fast täglich* (5). Hohe Werte repräsentieren inhaltlich häufiges Auftreten des genannten Symptoms.

Von den zusätzlich erhobenen demografischen Items zur persönlichen und familiären Lebenssituation sind für die präsentierten Befunde lediglich die Variablen *Alter* und *Geschlecht* von Relevanz.

Um Antworttendenzen zu vermeiden, werden nur die Skalen *Psychophysische Beschwerdeliste* und die demografischen Items als geschlossene Blöcke im Fragebogen dargeboten, während alle anderen Items in zufälliger Reihenfolge vorgegeben werden.

11.4.3 Stichprobe

Stichprobenplanung. – Für Studie 3 wurden als Teilnehmer wissenschaftliche (Nachwuchs-)Mitarbeiter einer Hochschule ausgewählt. Aufgrund des besonderen Situation des Kontextes Hochschule als exemplarische Organisation, die einerseits über traditionell hierarchisch-bürokratische Strukturen verfügt und andererseits starken Flexibilisierungstendenzen und Wandelprozessen ausgesetzt ist, erscheint die ausgewählte Zielgruppe vor dem Hintergrnd der im theoretischen Teil dieser Arbeit beschriebenen Wandelprozesse als besonders geeignet, um das Thema Work-Life-Balance-Erleben und seine Auswirkungen zu analysieren. Dies geschieht auch, weil das Thema Vereinbarkeit von Arbeit, Familie und Freizeit in diesem Kontext bisher erst wenig erforscht wurde.

Insbesondere soll untersucht werden, in welcher Verbindung das Work-Life-Balance-Erleben wissenschaftlicher Mitarbeiter und die organisationale Rahmenbedingungen im Hochschulkontext stehen und welche Konsequenzen mit dem Work-Life-Balance-Erleben dieser Stichprobe in Verbindung stehen. Die vorliegende querschnittliche Studie hat explorativen Charakter.

Stichprobenakquisition. – Zielgruppe der Stichprobengewinnung sind alle wissenschaftlichen Mitarbeiter der Friedrich-Schiller-Universität Jena (FSU) mit Ausnahme der Angestellten der Medizinischen Fakultät.[28] Die Gruppe der wissenschaftlichen Mit-

---

[28] Die Angestellten der Medizinischen Fakultät wurden von der Untersuchung ausgeschlossen, da sich ihr Tätigkeitsfeld sehr stark von den Tätigkeiten anderer Wissenschaftler unterscheidet. Sie sind bspw. im Rahmen ihrer klinischen Tätigkeit in die Versorgung der Patienten eingebunden und die wissenschaftliche Arbeit erfolgt häufig nur „parallel" zur ärztlichen Tätigkeit im Klinikalltag.

arbeiter setzt sich zusammen aus Doktoranden, Habilitanden und bereits habilitierten Wissenschaftlern. Die Mitarbeiter der Friedrich-Schiller-Universität Jena (FSU) verteilen sich auf die neun Fakultäten Biologie und Pharmazie, Chemie- und Geowissenschaften, Rechtswissenschaften, Mathematik und Informatik, Philosophie, Physik, Sozial- und Verhaltenswissenschaften, Theologie und Wirtschaftswissenschaften. Eine hausinterne Recherche erbringt die Daten von insgesamt 1216 wissenschaftlichen Mitarbeitern (768) und Mitarbeiterinnen (448). Die absolute Zahl der Adressen divergiert zwischen Fachbereichen dabei zum Teil ganz erheblich: So finden sich die meisten Mitarbeiter (228) an der Fakultät für Chemie- und Geowissenschaften während an der Theologischen Fakultät nur 20 wissenschaftliche Mitarbeiter identifiziert werden können.

Nach Berücksichtigung aller 1216 verfügbaren Adressen wird aufgrund forschungsökonomischer und auswertungsstatistischer Aspekte die Ziehung einer Zufallsstichprobe von 500 Personen aus der Population innerhalb der Organisation festgelegt. Aufgrund der erheblichen Frequenzunterschiede hinsichtlich der Merkmale Geschlecht und Fakultät wird die Zufallsauswahl der 500 Teilnehmer nach diesen Kriterien gewichtet. Dabei erfolgt die Gewichtung zunächst nach der Größe der Fakultäten und anschließend nach dem Geschlechterverhältnis innerhalb der Fakultäten. Die so erhaltene Stichprobe setzt sich aus 316 männlichen und 184 weiblichen Angestellten zusammen, die in verschiedener Anzahl den neun Fakultäten angehören. Nicht berücksichtigt bei der Repräsentativität der Stichprobenziehung wird wegen unvollständiger Information der akademische Grad der Mitarbeiter. Detaillierte Auskunft über die Zusammensetzung der Ausgangspopulation sowie der genutzten Stichprobe gibt eine tabellarische Übersicht im Anhang.

Den per Zufall ausgewählten Personen wird per Hauspost der Fragebogen mitsamt einem Anschreiben, das das Forschungsziel erläutert, zugestellt mit der Bitte, den Fragebogen auszufüllen und in einem beigelegten Briefumschlag zurück zu senden. Zehn Tage nach Versand der Fragebögen werden alle kontaktierten Wissenschaftler per E-Mail in einer Nachfassaktion um ihre Teilnahme gebeten.

Von den 500 versandten Fragebögen kehren mit der Hauspost 19 als unzustellbar zurück. Acht Teilnehmer melden sich von der Studie ab oder schicken einen leeren Bogen zurück und geben an, dass sie nicht (mehr) als wissenschaftliche Mitarbeiter an der FSU Jena beschäftigt seien. Insgesamt retournieren 146 ausgefüllte Fragebögen, was bezogen auf alle angeschriebenen Personen einer Rücklaufquote von 29,2 % entspricht. Von den 146 Teilnehmern werden vier von der weiteren Analyse ausgeschlossen, da sie nach Angaben der Befragten nicht als wissenschaftliche Mitarbeiter beschäftigt sind. Weitere drei Fragebögen wurden ausgeschlossen, weil die Teilnehmer mehr als 20 % der Fragen nicht beantworten. Dies führt zu einer endgültigen Stichprobe von 139 Teilnehmern und einer Netto-Rücklaufquote von 29,8 % in Bezug auf alle kontaktierten wissenschaftlichen Mitarbeiter. Alle weiteren Ausführungen und Analysen beziehen sich auf diese Stichprobe. Abweichungen in den Daten zur Stichprobengröße von N=139 ergeben sich, da einige Teilnehmer die entsprechenden Fragen nach dem Geschlecht oder der Fakultät nicht beantworteten.

Zusammensetzung der Stichprobe.– Die Stichprobe setzt sich insgesamt aus 131 Personen zusammen. 48,9 % der Befragten sind weiblich und 51,1 % männlich. Frauen haben eine deutlich höhere Rücklaufquote (34,8 %) als Männer (21,2 %) und sind damit in der Stichprobe überrepräsentiert. Das Durchschnittsalter beträgt 33,5 Jahre (SD= 8,40). 28,8 % der Befragten haben Kinder, die Mehrheit (71,2 %) ist kinderlos. 38,7 % der Studienteilnehmer leben mit einen Partner ohne Kinder zusammen, 29,9 % wohnen gemeinsam mit ihrem Lebenspartner und Kindern, alleinerziehend sind nur 1,5 % der Befragten. 20,4 % Personen leben als Single und 9,5 % der Befragungsteilnehmer leben in anderen Lebensformen (z. B. Wohngemeinschaft). Das Durchschnittsalter der Kinder der Untersuchungsteilnehmer beläuft sich auf 8,1 Jahre. Von den Befragten mit Lebenspartner arbeiten 54,7 % der Lebenspartner in Vollzeit, 7,5 % sind in Teilzeit beschäftigt, 25,5 % in sonstigen Formen berufstätig (z. B. geringfügige Beschäftigungsverhältnisse, derzeit freigestellt etc.) und 12,3 % nicht erwerbstätig. Auffallend ist mit 37,8 % der hohe Anteil von Lebenspartnern, die ebenfalls an der Hochschule beschäftigt sind.

49,4 % der Teilnehmer verfügen „nur" über einen ersten akademischen Abschluss (Diplom, Magister, Staatsexamen), 31,7 % sind promoviert und weitere 5,8 % habilitiert. 12,9 % der Teilnehmer machen keine Angabe zu ihrer akademischen Qualifikation. Die durchschnittliche Tätigkeitsdauer als wissenschaftlicher Mitarbeiter beträgt 6,34 Jahre (SD=7,60). Die Befragten sind zum Zeitpunkt der Befragung im Mittel bereits seit 4,87 Jahren (SD=6,14) an der FSU Jena beschäftigt. Im Durchschnitt erwarteten sie, noch weitere 3,05 Jahre als wissenschaftlich Angestellte zu arbeiten (SD= 4,78). 58,5 % der Teilnehmer arbeiten auf aus Landesmitteln finanzierten Stellen; die Arbeitsplätze von 27,4 % der Studienteilnehmer werden aus Drittmitteln finanziert und 11,1 % der Befragten werden sowohl aus Landesmitteln als auch über Drittmittel finanziert.

Die Zusammensetzung der Stichprobe nach Fakultäten findet sich als Übersicht im Anhang der Arbeit. Die Rücklaufquoten unterscheiden sich deutlich zwischen den Fakultäten. Deutlich überrepräsentiert sind die theologische und die wirtschaftswissenschaftliche Fakultäten und deutlich unterdurchschnittlich vertreten sind die Fachbereiche der Fakultäten für Philosophie und Physik.

11.4.4 Faktorenanalyse (S3-1)

Eignung der Daten (Prüfung der Voraussetzung).– Zunächst gilt zu prüfen, ob der zu analysierende Datensatz in Itemzahl und Struktur für die faktoranalytische Auswertung geeignet ist. Die 24 Items werden deshalb einer Analyse der Missing-Werte unterzogen, um nur Items mit akzeptablen Eigenschaften in die weitere Datenverdichtung einzubeziehen – es sollen keine Variablen mit Missing-Quoten über 20 % berücksichtigt werden. Dies trifft in der vorliegenden Stichprobe für kein Item zu. Die Stichprobengrößen von 139 Befragten wird zur Anwendung faktorenanalytischer Techniken als ausreichend erachtet (Bühner, 2004). Der Koeffizient des Kaiser-Meyer-Olkin-Kriteriums beläuft sich auf 0.78 und der Datensatz ist entsprechend mittelmäßig geeignet für eine Faktorenanalyse zu bewerten (s. Tabelle 97). Der Bartlett-Test auf Sphärizität wird bei einem χ^2- Wert von 1045.55 bei 247 Freiheitsgeraden signifikant. Auch die MSA-Koeffizienten der Items weisen auf eine Eignung aller Einzelitems für eine faktorenanalytische Auswertung hin, der kleinste MSA-Wert innerhalb der Anti-Image-Matrix beläuft sich auf 0.55.

Tabelle 97: KMO- und Bartlett-Test der Ausgangsstichprobe (Studie 3)

Maß der Stichprobeneignung nach Kaiser-Meyer-Olkin		0.78
Bartlett-Test auf Sphärizität	Ungefähres Chi-Quadrat	1045.55
	df	247
	Signifikanz nach Bartlett	0.00

Hauptkomponentenanalyse und Fakorenextraktion.– Im weiteren Verlauf wird mit den Items des WoLiBaX eine Hauptkomponentenanalyse durchgeführt. Zur Bestimmung der Anzahl der zu extrahierenden Faktoren werden analog zu den bisher geschilderten Faktorenanalysen das Kaiser-Guttmann-Kriterium, der Scree-Test, die Parallelanalyse, der MAP-Test sowie a priori formulierte theoretische Überlegungen herangezogen.

Nach der Hauptkomponentenanalyse und der Anwendung des Kaiser-Guttman-Kriterium ergibt sich für die Stichprobe der wissenschaftlichen Mitarbeiter eine Lösung mit sieben Faktoren bei einer Varianzaufklärung von 64,8 % (vgl.Tabelle 98).

Tabelle 98: Kaiser-Guttman-Kriterium: Eigenwerte >1 und erklärte Varianz (Studie 3)

Faktor	Eigenwert	% aufgeklärter Varianz	kumulierte % aufgeklärter Varianz
1	5.52	23.01	23.01
2	2.87	11.95	34.96
3	2.56	10.65	45.61
4	1.38	5.76	51.37
5	1.12	4.67	56.04
6	1.09	4.52	60.56
7	1.01	4.22	64.78

Bei der Betrachtung des Eigenwerteverlaufs im Scree-Plot für die hier untersuchte Stichprobe ist der Scree-Test nicht eindeutig. Ein Knick im Eigenwerteverlauf kann sowohl beim zweiten Faktor als auch beim vierten Faktor identifiziert werden (vgl. Abbildung 35). Zur Bestimmung der Anzahl der zu extrahierenden Faktoren des Fragebogens wird eine Parallel-Analyse, bei der dem empirischen Eigenwerteverlauf der Verlauf von normalverteilten Zufallsvariablen gegenüber gestellt wird, mittels der bei O'Connor (2000) angeführten Syntax berechnet. Hierzu werden 2000 Datendateien für eine Stichprobe mit N=122 und 24 Zufallsvariablen berechnet. Der Verlauf der Zufallsvariablen ist im nachfolgenden aufgeführten Eigenwertediagramm ersichtlich (s. Abbildung 35). Der empirische Eigenwert des vierten Faktors liegt unterhalb des gemittelten Eigenwertes der Zufallsfaktoren, was gemäß den Anwendungsregeln der Parallelanalyse die Extraktion von drei Faktoren bedeutet.

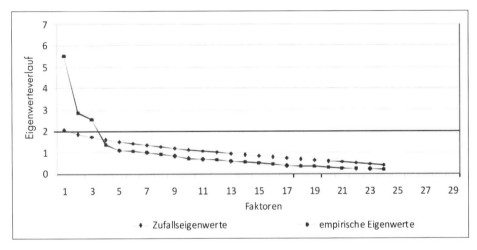

Abbildung 35: WoLiBaX: Parallelanalyse – Empirischer und Zufallseigenwerteverlauf (Studie 3)

Die Bestimmung der zu extrahierenden Faktoren mittels MAP-Test nach Velicer ergibt eine geringste mittlere quadrierte Korrelation von 0.02 für den dritten Faktor. Entsprechend sollten gemäß MAP-Test drei Faktoren extrahiert werden. Die a priori formulierten Annahmen über die Modellstruktur des Instruments gehen von vier Dimensionen aus: *Arbeit⇨Nicht-Arbeit-Konflikte, Arbeit ⇨Nicht-Arbeit-Benefits, Nicht-Arbeit⇨Arbeit-Konflikte* und *Nicht-Arbeit⇨Arbeit-Benefits* (alle mit je zwei zeitbedingten, beanspruchungsbedingten und verhaltensbedingten Items).

Vergleicht man zusammenfassend die Ergebnisse der verschiedenen Extraktionskriterien, ergibt sich auch für diese Stichprobe zunächst kein eindeutiges Bild (vgl. Tabelle 99). Gemäß Scree-Test als auch hinsichtlich der a priori formulierten Annahmen sind vier Faktoren zu extrahieren. Die Befunde des MAP-Test und der Parallelanalyse empfehlen die Extraktion von drei Faktoren. Zieht man die Eigenwerte größer als eins als Kriterium heran, sind deutlich mehr, nämlich sieben Dimensionen zu bilden.

Tabelle 99: Zusammenfassung der Ergebnisse der verschiedenen Kriterien zur Faktorenextraktion (Studie 3)

Kriterium	Anzahl der Faktoren
A-priori-Kriterium/Theoretische Vorgabe	4
Eigenwerte>1	7
Scree-Test	2 / 4
Parallelanalyse	3
MAP-Test	3

Es kann angenommen werden, dass in dem hier vorliegenden Fall die Parallelanalyse dazu neigt, die Anzahl der Faktoren zu unterschätzen, da der erste Eigenwert sehr groß ist. Außerdem erweist sich bei einem Vergleich die Komponentenmatrix der vierfaktoriellen Lösung der dreifaktoriellen aus inhaltlicher Perspektive überlegen, da sie über eine angemessenere Einfachstruktur verfügt. Ferner sind die Kommunalitäten zahlreicher Items in der dreifaktoriellen Lösung äußerst ungeeignet, da immerhin 16 von 24 Items über Kommunalitäten größer 0.50 verfügen. Aus diesen Gründen wird eine Entscheidung zugunsten der vierfaktoriellen Lösung gefällt.

Fakorenrotation und Interpretation der Faktoren.– Die Lösung mit vier Faktoren wird nach der Extraktion einer orthogonalen Equamax-Rotation unterzogen, die in sieben Iterationen konvergiert (s. Tabelle 100). Im Folgenden wird die Interpretation der Faktorenstruktur der rotierten Faktorenmatrix im Detail präsentiert. Die Ladungen der verbliebenen Items hinsichtlich der Faktoren, denen sie zugeordnet wurden, waren für kein Item unter 0.40, hingegen für 15 Items über 0.60.

Der 1. Faktor hat eine Varianzaufklärung von 17,33 %. Auf dem Faktor laden 9 Items mit einem Betrag zwischen 0.46 und 0.75 mit einer durchschnittlichen Faktorenladung von 0.52 (s. Tabelle 101). Inhaltlich kann der Faktor als *zeitbedingte Arbeit⇨Nicht-Arbeit-Konflikte* bezeichnet werden. Für acht der neun Items, die auf diesem Faktor laden, verläuft der Konflikt in Richtung Arbeit⇨Nicht-Arbeit. In einem Fall verläuft der Spillover-Prozess in der entgegengesetzten Richtung (frar1). Dieses Item wird deshalb bei Bildung des Faktors aus inhaltlichen Gründen selektiert.

Die restlichen Items des Faktors weisen auf ein bipolares Konstruktkontinuum hin. Zwei Items (afrr1 und afar1) besitzen eine negative Ladung auf Faktor 1. Es handelt sich jedoch um Items, die ursprünglich einen Benefit beschreiben. Dieser negative Benefit wird als ein Konflikterleben interpretiert. Mit Ausnahme des Items afakv1 behandeln alle Items zeit- und beanspruchungsbedingte Konflikte.

Tabelle 100: Equamaxrotierte Faktorladungsmatrix der 29 WoLiBaX-Items sowie Kommunalitäten, Eigenwerte und % erklärter Varianz

Faktoren- / Itembezeichnung	Faktor 1	Faktor 2	Faktor 3	Faktor 4	h^2
Faktor 1: Arbeit⇨Nicht-Arbeit-Konflikte					
afrr1	**-0.75**				0.63
afakb1	**0.74**				0.61
afakv1	**0.72**	0.35			0.67
afakz1	**0.70**				0.50
afrkb1	**0.58**				0.37
afrkz1	**0.58**				0.43
afar1	**-0.53**				0.31
frar1 [i]	*-0.48*				*0.32*
afrkv1	**0.46**	0.38			0.36
Faktor 2: Nicht-Arbeit⇨Arbeit-Konflikte					
frakz1		**0.76**			0.60
faakz1		**0.72**			0.56
frakb1		**0.70**			0.50
faar1		**-0.64**			0.50
faar3 [d]		*-0.53*		*0.48*	*0.57*
faakb1		**0.50**			0.32
Faktor 3: verhaltensbedingtes Benefiterleben					
faar2			**0.79**		0.67
frar2			**0.78**		0.69
afar2			**0.73**		0.55
afrr2			**0.69**		0.51
frakv1			**-0.63**		0.44
faakv1		0.39	**-0.45**		*0.47*
Faktor 4: beanspruchungsbedingtes Benefiterleben					
frar3				**0.69**	0.55
afar3	-0.35			**0.63**	0.59
afrr3	-0.39			**0.62**	0.62
Eigenwert	5.52	2.87	2.56	1.38	
% aufgeklärter Varianz	17.33	13.15	12.69	8.20	

Anmerkungen:
[d] = Item verfügt über doppelte oder mehrfache Ladungen auf verschiedenen Faktoren. Entscheidungsregel: $(a_1^2 - a_2^2) / h^2 > 0.20$
[h] = Item wird aufgrund geringer Kommunalität selektiert.
[i] = Item wird aufgrund inhaltlicher Überlegungen selektiert.
kursiv = Items die bei der Faktorenbildung nicht berücksichtigt wurden sind kursiv dargestellt
fett = Ladungen die im Faktor berücksichtigt werden sind fett gedruckt;
Ladungen <0.30 werden nicht dargestellt;
Die gesamte Varianzaufklärung der vierfaktoriellen Lösung beträgt 51,37%.

Tabelle 101: Faktor 1: Arbeit ⇨ Nicht-Arbeit-Konflikte

Nr.	Itembezeichnung/ Itemtext	Ladung
1	afrr1 Meine Arbeitszeit ist so gestaltet, dass es mir gut möglich ist, meinen privaten Hobbies und Interessen nach zu gehen.	-0.75
2	afakb1 Wenn ich von der Arbeit nach Hause komme, bin ich oft zu erschöpft, um an Familienaktivitäten teilzunehmen oder familiären Verpflichtungen nachzukommen.	0.74
3	afakv1 Meine Arbeit verlangt es, dass ich mich in einer bestimmten Weise verhalte, die inakzeptabel für meine Familie ist.	0.72
4	afakz1 Aufgrund der Menge an Zeit die ich für meine Berufstätigkeit aufbringe, muss ich häufig Familienaktivitäten absagen.	0.70
5	afrkb1 Meine Arbeitstätigkeit fordert mich so sehr, dass ich in meiner Freizeit den Kopf nicht frei bekomme für andere Dinge.	0.58
6	afrkz1 Wegen meines Jobs habe ich nicht genügend Zeit, an Aktivitäten außerhalb der Arbeit teilzunehmen, die ich entspannend und angenehm finde.	0.58
7	*afar1 Meine Arbeitszeit ist flexibel genug, so dass es mir möglich ist, mich um meine familiären Verpflichtungen zu kümmern.*	-0.53
8	*frar1 Die zeitlichen Anforderungen meiner Hobbies und Interessen sind flexibel genug, dass es mir möglich ist, ohne Probleme meiner Arbeit nachzugehen.*	-0.48
9	afrkv1 Aufgrund meiner Arbeitstätigkeit zeige ich oft Verhaltensweisen, die von meinen Freunden und Bekannten nicht gerne gesehen werden.	0.46

kursiv = Items mit Doppelladungen

Die Items des zweiten Faktors thematisieren konflikthafte Spillover-Prozesse aus dem außerberuflichen Lebensbereich in die Erwerbstätigkeit (s. Tabelle 102) und klären 13,15 % der Gesamtvarianz auf. Der Faktor wird entsprechend *Nicht-Arbeit⇨Arbeit-Konflikte* bezeichnet. Auch bei diesem Konfliktfaktor handelt es ausschließlich um Items mit Aussagen zu zeit- und beanspruchungsbedingten Konflikten. Das Konstrukt ist bipolar (zwei Items positiver Spillover-Prozesse laden negativ auf dem Faktor: *faar1* und *faar3*) und inhaltlich eindeutig. Es laden insgesamt sechs Items zwischen 0.50 und 0.76 auf dem Faktor 2, bei einer mittleren Ladung von 0.64. Das Item *faar3* wird aufgrund seiner Doppelladung bei Faktorenbildung folglich auch nicht berücksichtigt.

Tabelle 102: Faktor 2: Nicht-Arbeit ⇨ Arbeit-Konflikte

Nr.	Itembezeichnung/ Itemtext	Ladung
1	frakz1 Ich benötige so viel Zeit für mein Privatleben, dass meine Arbeit zu kurz kommt.	0.76
2	faakz1 Ich muss arbeitsbezogene Aktivitäten absagen durch die Menge an Zeit, die ich mit familiären Verpflichtungen verbringen muss.	0.72
3	frakb1 Ich bin während Arbeit oft müde wegen Dingen, die ich in meinem Privatleben mache.	0.70
4	faar1 Meine Familie bietet mir genügend zeitlichen Freiraum, damit ich während der Arbeit gute Leistungen erbringen kann.	-0.64
5	*faar3 Mein Privatleben hilft mir auszuspannen und ich fühle mich bereit für den nächsten Arbeitstag.*	-0.53
6	faakb1 Dinge, die in meinem Familienleben passieren, machen es mir schwierig, mich, auf meine Arbeit zu konzentrieren.	0.50

kursiv = Items mit Doppelladungen

Auf dem dritten Faktor laden sechs Items in einer Höhe von 0.45 bis 0.79, was einer mittleren Ladung von 0.68 entspricht (s. Tabelle 103). Der Faktor beschreibt verhaltenbedingtes Benefiterleben. Verhaltensweisen, die sich in einem Lebensbereich als effektiv und nützlich erweisen, bringen den Betroffenen auch in dem anderen Lebensbereich einen Gewinn. Der dritte extrahierte Faktor ist bipolar, da sowohl Items, die ein Benefiterleben beschreiben positiv auf diesem Faktor laden, als auch Items, die Konflikte kennzeichnen. Sie weisen allerdings negative Ladungen auf *(frakv1, faakv1)*. Der Faktor ist bidirektional, da die Spillover-Prozesse sowohl in Richtung Arbeit ⇨Nicht-Arbeit und auch in entgegengesetzter Richtung verlaufen. Der Faktor klärt 12,69 % der Varianz auf.

Tabelle 103: Faktor 3: Bidirektionales verhaltensbedingtes Benefiterleben (Arbeit ⇔ Nicht-Arbeit)

Nr.	Itembezeichnung/ Itemtext	Ladung
1	faar2 Persönliche Fähigkeiten, die ich zu Hause nutze, helfen mir, mit beruflichen Aufgaben während meiner Arbeit umzugehen.	0.79
2	frar2 Fähigkeiten, die ich im Rahmen meiner Freizeit nutze, sind auch hilfreich für Dinge, die ich in meinem Arbeitsleben erledigen muss.	0.78
3	afar2 Die Art und Weise mit der ich während meiner Arbeit Probleme angehe, ist auch effektiv beim Lösen von Problemen zu Hause.	0.73
4	afrr2 Fähigkeiten, die ich im Rahmen meiner Arbeitstätigkeit einsetze, sind auch nützlich für Dinge, die ich in meinem Privatleben erledigen muss.	0.69
5	frakv1 Die Art und Weise wie ich in meiner Freizeit Probleme löse, scheint nicht so nützlich bei meiner Arbeit zu sein.	-0.63
6	faakv1 Mein Verhalten, das effektiv und notwendig innerhalb meiner Familie ist, erweist sich für meine Arbeit als nicht sinnvoll.	-0.45

Auf dem vierten und letzten extrahierten Faktor mit einer Varianzaufklärung von 8,20 % laden drei Items positiv (s. Tabelle 104). Der Faktor ist somit unipolar. Alle Items beschreiben beanspruchungsbedingtes Benefiterleben. Die Höhe der Ladungen belaufen sich auf eine Größe von 0.62 bis 0.69 (mittlere Ladung: 0.65). Das Benefiterleben ist bidirektional, da die Spillover-Prozesse sowohl in Richtung Arbeit⇨Nicht-Arbeit als auch umgekehrt verlaufen.

Tabelle 104: Faktor 4: Bidirektionales beanspruchungsbedingtes Benefiterleben (Arbeit ⇔ Nicht-Arbeit)

Nr.	Itembezeichnung/ Itemtext	Ladung
1	frar3 Aufgrund der Dinge die ich in meiner Freizeit mache, bin ich oft während der Arbeit in besserer Stimmung.	0.69
2	Afar3 Meine Arbeit gibt mir die Energie, angenehme Dinge mit meiner Familie zu unternehmen.	0.63
3	afrr3 Meine Arbeitstätigkeit gibt mir die Energie, meine persönlichen Interessen und Hobbies zu verfolgen.	0.62

Selektierte Items

Tabelle 105 verdeutlicht, dass in dieser Stichprobe lediglich zwei Items selektiert werden mussten.

Tabelle 105: Gründe für die Selektion von Items (Studie 3)

Item	Inhaltliche Überlegungen	geringer MSA-Koeffizient (MSA<0.50)	Geringe Kommunalität (h²<0.50)	geringe Ladung (a<0.40)	Doppelladung	Fürntratt-Kriterium (a2/h2 < 0.50)
frar1	●					
faar3					●	

Bestimmung der Faktoren und ihrer internen Konsistenz (S3-2).– Es folgt die Überprüfung der internen Konsistenz der Faktoren durch Bestimmung von Cronbachs-α. Wie aus Tabelle 106 ersichtlich, beläuft sich die Anzahl der Items pro Faktor nach Itemselektion zwischen drei und acht. Die internen Konsistenzen reichen von 0.60 (Faktor 4) bis hin zu 0.84 (Faktor 1). Die Höhe der Koeffizienten ist als zufriedenstellend zu bewerten, allerdings beinhaltet Faktor 4 Optimierungspotenzial.

Tabelle 106: Mittelwert, Standardabweichung, Cronbachs α für die 4-faktorielle Lösung des WoLiBaX

	Faktor	Mittelwert	SD	Anzahl Items	α
1	Arbeit⇨Nicht-Arbeit-Konflikte	2.55	0.67	8 (9)	0.84 (0.84)
2	Nicht-Arbeit⇨Arbeit-Konflikte	1.84	0.61	5 (6)	0.77 (0.76)
3	Bidirektionales verhaltensbedingtes Benefiterleben (Arbeit⇨Nicht-Arbeit)	3.40	0.67	6	0.79
4	Bidirektionales beanspruchungsbedingtes Benefiterleben (Arbeit⇨Nicht-Arbeit)	2.95	0.75	3	0.60

(in Klammern): Cronbachs-α vor Selektion von Items mit Doppelladungen

Der FS-Koeffizient gemäß der Formel von Guadagnoli und Velicer (1988) zur Bestimmung der Stabilität der Faktorenstruktur ergibt mit n=139 und dem kleinsten minimalen Ladungsbetrag von 0.45 einen Wert von 0.90. Es kann somit von einer guten Übereinstimmung zwischen *„wahrer"* und stichprobenbedingter Faktorenstruktur ausgegangen werden.

Zusammmenfassung der faktorenanalytischen Befunde.– Fasst man die Resultate der Faktorenanalyse zusammen, muss zunächst darauf hingewiesen werden, dass wie in den beiden vorhergehenden Untersuchungen auch in Stichprobe 3 zwei Konfliktskalen extrahiert wurden, von denen ein Faktor Spillover-Prozesse zeit- und beanspruchungsbedingte Konflikte repräsentiert, die aus der Erwerbstätigkeit in das Familien- und Privatleben zielen (F1 *Arbeit⇨Nicht-Arbeit-Konflikte)* und dessen Interaktionen der Wirkrichtungen in die entgegengesetzte Richtung verlaufen *(Nicht-*Arbeit⇨*Arbeit-Konflikte).*

Ebenfalls in Übereinstimmung mit den vorhergehenden Untersuchungen ist Faktor 4 *(beanspruchungsbedingte Benefiterleben: Arbeit ⇔ Nicht-Arbeit)* zu sehen. Diese Dimension stellt ein Konstrukt dar, das positive beanspruchungsbedingte Transferprozesse zwischen den Lebensbereichen in beide Richtung beschreibt. Dieser Faktor unterscheidet sich allerdings von den in Studie 1 und 2 dokumentierten Benefit-Faktoren dahingehend, dass alle Items dieser Dimensionen beanspruchungsbedingt sind, während die Benefit-Faktoren der anderen Untersuchung sowohl beanspruchungsbedingte als auch zeitbedingte Inhalte erfassen. Sein Inhaltsbereich ist von daher als eingeschränkt zu betrachten.

Für den letzten Faktor dieser Studie F3 *verhaltensbedingtes Benefiterleben (Arbeit ⇔ Nicht-Arbeit)* findet sich in den Studien 1 und 2 keine direkte Entsprechung. Allerdings weist auch dieser Faktor Gemeinsamkeiten mit den Faktoren für *Segmentationserleben* der beiden anderen Untersuchungen auf. Diese bestehen darin, dass sowohl die Faktoren für *Segmentationserleben* als auch der hier diskutierte Faktor verhaltensbedingte Aspekte von Spillover-Prozessen beschreiben. Die nächste Gemeinsamkeit zeigt sich darin, dass sowohl die Segmentationsskalen als auch der Faktor 3 *verhaltensbedingtes Benefiterleben* aus Studie 3 bidirektional ausgerichtet sind.

Dies bedeutet: Während die Segmtationserlebensskalen der Studie 1 und 2 verhaltensbedingte Interaktionsprozesse zwischen den Lebensbereichen in beiden Richtungen erfassen, die als inkompatibel erlebt werden, stellt Faktor 3 in Studie 3 ein Konstrukt dar, dass ebenfalls verhaltensbedingte Interaktionsprozesse zwischen den Lebensbereichen in beiden Richtungen erfassst, die jedoch nicht als inkompatibel, sondern als föderlich erlebt werden. Es stellt sich somit die Frage, ob es sich hierbei nicht um zwei Seiten derselben Medaille handelt oder präziser formuliert: Sowohl das verhaltensbedingte Segmentationserleben als auch das verhaltensbedingte Benefiterleben beschreiben dasselbe Kontinuum – die Ausprägung verhaltensbedingter Integration.

Eine Übersicht über die in Studie 3 extrahierten Faktoren vermittelt Tabelle 107.

11.4.5 Inhaltliche Befunde zum Work-Life-Balance-Erleben

Vergleicht man auf der dekriptven Ebene die Mittelwerte der WoLiBaX-Skalen, zeigt sich zunächst, dass der Wert des Faktors F1 *Arbeit ⇔ Nicht-Arbeit-Konflikte* mit 2.55 im Vergleich zu den beiden vorhergehenden Studien etwas geringer ausfällt (s. Abbildung 36). Der Mittelwert von Faktor 2 *Nicht-Arbeit ⇔ Arbeit-Konflikte* weist mit einer Ausprägung von 1.84 in Studie 3 nicht nur den geringsten Betrag aller Skalen dieser Studie auf, sondern auch den geringsten Wert für diese Skala über alle drei Studien hinweg. Die Dimension des bidirektionalen *beanspruchungsbedingten Benefiterleben (Arbeit ⇔ Nicht-Arbeit)* liegt mit einem Mittelwert von 2.95 nicht nur im mittleren Bereich der

Tabelle 107: Theoretische Klassifizierung der empirisch ermittelten Dimensionen des WoLiBaX (Studie 3)

		Art des Effektes	
		Erleben des WLB-Interfaces als konflikthaft oder unvereinbar (Konflikte/Segmentation)	Erleben des WLB-Interfaces als förderlich (Benefiterleben)
Richtung des Einflusses	Arbeit ⇨ Nicht-Arbeit	F 1 Arbeit ⇨ Nicht-Arbeit-Konflikte	-
	Nicht-Arbeit ⇨ Arbeit	F 2 Nicht-Arbeit ⇨ Arbeit-Konflikte	-
	Arbeit ⇔ Nicht-Arbeit	-	F 3 Benefiterleben Arbeit ⇔ Nicht-Arbeit- (verhaltensbedingt) F 4 Benefiterleben Arbeit ⇔ Nicht-Arbeit- (beanspruchungsbedingt)

Skala zwischen 1 und 4, sondern auch im Vergleich mit den Benefitskalen der beiden anderen Studien im mittleren Bereich, da der Mittelwert aus Studie 1 mit 3.20 größer und der Mittelwert aus Studie 2 mit 2.79 geringer ausgeprägt ist. Der Mittelwert für die Skala bidirektionales *verhaltensbedingtes Benefiterleben (Arbeit ⇔ Nicht-Arbeit)* beläuft sich auf 3.40. Für diese Skala gibt es – wie im vorhergehenden Kapitel diskutiert – keine Referenzwerte in den Studien 1 und 2. Geht man jedoch davon aus, dass im Rahmen des Kontextes Hochschule die verhaltensbezogenen Anforderungen an die Mit-arbeiter im Vergleich zu anderen Organisationen eher geringer sind, erscheint der erzielte Wert durchaus plausibel.

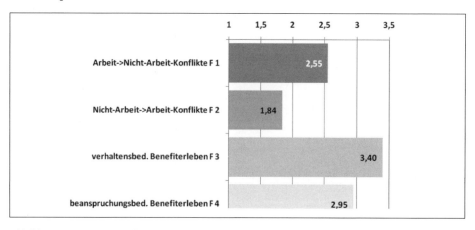

Abbildung 36: Mittelwerte der WoLiBaX-Skalen (Studie 3)

Geschlechtsspezifische Unterschiede im Work-Life-Balance-Erleben bei wissenschaftlichen Mitarbeiterinnen und Mitarbeitern (S3-3).– Die Frage, ob sich Männer und Frauen in der Stichprobe der wissenschaftlichen Mitarbeiter hinsichtlich ihres Work-Life-Balance-Erlebens unterscheiden, wird mit einer multivariaten Varianzanalyse untersucht. Die WoLiBaX-Skalen werden als abhängige Variablen einer MANOVA eingesetzt und die Variable Geschlecht als unabhängige Variable. Es zeigt sich ein tendenzieller Effekt im multivariaten Gesamttest (Wilks' λ = 0.94; F [4.133] = 2.16; p < 0.10; η^2 =0.06). Bei Betrachtung der Einzelvergleiche zeigt sich ein tendenzieller Effekt für den Faktor 2 *(Nicht-Arbeit⇨Arbeit-Konflikte)* und ein signifikanter Effekt für Faktor 3 (verhaltensbedingtes Benefiterleben, s. a. Tabelle 108). Beide Effekte verlaufen jedoch entgegen der prognostizierten Richtung, denn Frauen haben geringere *Nicht-Arbeit⇨Arbeit-Konflikte* und ein höheres Benefiterleben. Dies gilt darüber hinaus nicht nur für die beiden angeführten Skalen mit signifikanten Unterschieden, sondern zeigt sich auch als Tendenz beim Vergleich der Mittelwerte auf deskriptiver Ebene für die beiden anderen Work-Life-Balance-Faktoren 1 und 4. Die in Fragestellung S3-3 gemachten Annahmen können somit für einen der vier untersuchten Work-Life-Balance-Faktoren bestätigt werden.

Tabelle 108: MANOVA Work-Life-Balance-Erleben und Geschlecht (Studie 3)

Geschlecht WoLiBaX-Faktor	Männer (N=71)		Frauen (N=67)		MANOVA (univariate Effekte)
	M	SD	M	SD	
F1: Arbeit⇨Nicht-Arbeit-Konflikte	2.63	0.66	2.45	0.67	F= 2.65; n.s. η= 0.02
F2: Nicht-Arbeit⇨Arbeit-Konflikte	1.94	0.64	1.76	0.55	F= 3.05; † η= 0.02
F3: Bidirektionales verhaltensbedingtes Benefiterleben	3.28	0.66	3.55	0.65	F= 5.92; * η= 0.04
F4: Bidirektionales beanspruchungsbedingtes Benefiterleben	2.87	0.71	3.06	0.75	F= 2.44; n.s. η= 0.02

† $p<0.10$; * $p<0.05$; ** $p<0.01$; *** $p<0.001$

Organisationale Variablen und Work-Life-Balance-Erleben.– In den folgenden Analysen soll einerseits untersucht werden, ob Unterschiede im Work-Life-Balance-Erleben wissenschaftlicher Mitarbeiterinnen und Mitarbeiter in Abhängigkeit von der Bewertung der Vereinbarkeitsorientierung der Organisationskultur bestehen. Andererseits gilt es, den Zusammenhang zwischen organisationalen Rahmenbedingungen und dem Work-Life-Balance-Erleben zu betrachten. Die erste Fragestellung wird mit einem varianzanalytischen Design überprüft und die zweite mittels hierarchischer Regressionsanalyse, wobei der Zusammenhang zwischen den Work-Life-Balance-Faktoren und den organisationalen Rahmenbedingungen (repräsentiert durch die Skalen vereinbarkeitsorientierte Organisationskultur, vereinbarkeitsorientiertes Vorgesetztenverhalten, erlebte Arbeitsbelastung Partizipation und Arbeitszeitfelxibilität) betrachtet wird. Vor Durchführung der Regressionsanalyse werden jedoch zunächst die Gütemaße und deskriptiven Daten der eingesetzten Instrumente berichtet. Deskriptive Befunde. Die organisationalen Rahmenbedingungen werden durch fünf Skalen erfasst: vereinbarkeitsorientierte Organisationskultur, vereinbarkeitsorientiertes Vorgesetztenverhalten, Partizipation, Arbeitszeitflexibilität und Arbeitsbelastung. Wie aus Tabelle 109 ersichtlich, sind die Gütemaße für die vier erstgenannten Variablen zufriedenstellend. Für die Skala Arbeitsbelastung beläuft sich die messtechnische Zuverlässigkeit Cronbachs-α hingegen nur auf 0.53. Dies spricht zwar nur für eine mittelmäßige Güte dieses Instrumentes, kann für den vorliegenden Zweck allerdings als noch ausreichend erachtet werden. Zwei Items der Skala Arbeitszeitflexibilität werden mit einer vierstufigen Antwortskala erfasst (nie bis immer) und zwei Items auf einer fünfstufigen Skala (von stimmt völlig bis stimmt überhaupt nicht). Vor der Berechnung des Skalenwertes werden deshalb die entsprechenden Rohwerte der Items zur Vereinheitlichung z-standardisiert. Betrachtetet man die Mittelwerte der jeweiligen Skalen zeigt sich, dass die wissenschaftlichen Mitarbeiterinnen und Mitarbeiter die Organisationskultur der Universität als mittelmäßig vereinbarkeitsorientiert bewerten, das Vorgesetztenverhalten wird als vereinbarkeitsorientiert eingestuft, die Arbeitsbelastung als eher gering und die Partizipationsmöglichkeiten sind eher positiv ausgeprägt.

Tabelle 109: Mittelwerte, Standardabeichungen, Reliabilitäten und Korrelationen des Skalen zur Erfassung der organisationalen Rahmenbedingungen (Studie 3)

	Variable	MW	SD	Items	1	2	3	4	5
1	vereinbarkeitsorientierte Organisationskultur	2.96	0.80	5	(0.77)				
2	vereinbarkeitsorientiertes Vorgesetztenverhalten	3.77	0.81	5	0.52***	(0.85)			
3	Arbeitsbelastung	2.28	0.55	5	-0.34***	-0.22**	(0.53)		
4	Partizipation	3.58	0.77	7	0.43***	0.57***	-0.37***	(0.90)	
5	Arbeitszeitflexibilität[1]	0	0.73	4	0.46***	0.51***	-0.15†	0.38***	(0.71)

Anmerk.: in Klammern: Reliabilität Cronbachs α, † $p \leq 0.10$; * $p \leq 0.05$; ** $p \leq 0.01$; *** $p \leq 0.001$; [1] Variable z-transformiert

Unterschiede im Work-Life-Balance-Erleben in Abhängigkeit von der Vereinbarkeitsorientierung der Organisationskultur (S3-4). Die Fragestellung, ob die Beurteilung der Organisationskultur innerhalb der Universität hinsichtlich ihrer Vereinbarkeitsorientierung in Zusammenhang mit dem Work-Life-Balance-Erleben der wissenschaftlichen Mitarbeiterinnen und Mitarbeiter steht, wird mit einer multivariaten Varianzanalyse überprüft. Als abhängige Variablen werden innerhalb einer MANOVA die vier WoLi-BaX-Skalen als abhängige Variablen verwendet. Als unabhängige Variable wird die vierstufig kategorisierte Skala *vereinbarkeitsorientierte Organisationskultur* eingesetzt. Die ursprüngliche Skala besteht insgesamt aus fünf Items. Die originale Intervallskala wird dabei in vier gleich große Kategorien transformiert: Die vier Kategorien repräsentieren dabei eine als *sehr schwach* (—), *schwach* (-), *stark* (+) oder *sehr stark* (++) ausgeprägte *Vereinbarkeitsorientierung der Organisationskultur*. Die auf diesem Wege gebildete kategoriale Variable wird in der varianzanalytischen Auswertung als unabhängige Variable verwendet.

Im Gesamttest des Modells (Wilks' λ = 0.63; F [12, 349,53] = 5,50; p < 0.001; η^2 =0.14) zeigt sich ein signifikanter multivariater Effekt. Die Analyse der einzelnen univariaten Haupteffekte zeigen für alle vier Skalen statistisch signifikante Gruppenunterschiede (s. Tabelle 110). Für alle vier Skalen ergibt sich dabei ein vergleichbares Bild: Mitarbeiterinnen und Mitarbeiter, die die universitäre Organisationskultur als *sehr schwach* oder *schwach* vereinbarkeitsorientiert bewerten, erleben höhere Work-Life-Balance-Konflikte und ein geringeres Benefiterleben als Mitarbeiter, die die Kultur positiver einstufen (s. Abbildung 37). Die Mehrheit der Befragten stuft die Organisationskultur als weniger vereinbarkeitsorientiert ein. Für Faktor 1 *(Arbeit ⇨ Nicht-Arbeit-Konflikte)* unterscheiden sich im Post-hoc-Scheffé-Test mit Ausnahme der Gruppen *stark* und *sehr stark* alle verglichenen Gruppen. Für Faktor 2 *(Nicht-Arbeit ⇨ Arbeit-Konflikte)* können posthoc keine statistisch abgesicherten Unterschiede zwischen den Gruppen ermittelt werden, auch wenn die Entwicklung der Mittelwerte gemäß der Annahmen verläuft. Die Posthoc-Analyse des dritten Faktors (verhaltensbedingtes Benefiterleben) ergibt lediglich signifikante Mittelwertsdifferenzen für die Gruppen *schwach* und *stark*. Im letzten post-hoc untersuchten Faktor *(beanspruchungsbedingtes Benefiterleben)* unterscheidet sich die Gruppe *sehr schwach* von den Gruppen *stark* und *sehr stark* sowie die Gruppe *schwach* von der Gruppe *sehr stark*.

Tabelle 110: MANOVA Work-Life-Balance-Erleben und vereinbarkeitsorientierte Organisationskultur

vereinbarkeitso. Organisationskultur	-- sehr schwach (N=23)		- schwach (N=53)		+ stark (N=56)		++ sehr stark (N=7)		MANOVA (univariate Effekte)	Post-hoc-Scheffé-test
WoLiBaX-Faktor	M	SD	M	SD	M	SD	M	SD		
F1: Arbeit⇨Nicht-Arbeit-Konflikte	3.12	0.69	2.76	0.58	2.22	0.49	1.79	0.49	F= 21.16 *** η= 0.32	-- > - > + / ++
F2: Nicht-Arbeit⇨Arbeit-Konflikte	1.91	0.73	1.97	0.62	1.74	0.55	1.49	0.34	F= 2.18 † η= 0.05	n.s.
F3: verhaltensbedingtes Benefiterleben	3.31	0.84	3.24	0.63	3.56	0.59	3.64	0.74	F= 2.65 * η= 0.06	-- / - > + / ++
F4: beanspruchungsbedingtes Benefiterleben	2.61	0.63	2.83	0.66	3.10	0.77	3.76	0.81	F= 6.15 *** η= 0.12	-- / - > + / ++

† $p<0.10$; * $p<0.05$; ** $p<0.01$; *** $p<0.001$

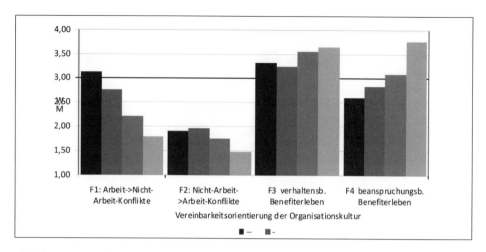

Abbildung 37: Vereinbarkeitsorientierte Organisationskultur und Work-Life-Balance-Erleben

Organisationale Faktoren als Prädiktoren des Work-Life-Balance-Erlebens (S3-5). Die Überprüfung des Zusammenhanges zwischen dem Work-Life-Balance-Erleben der wissenschaftlichen Mitarbeiterinnen und Mitarbeiter und den organisationalen Rahmenbedingungen erfolgt mittels vier multipler hierarchischer Regressionsanalysen. Die Analyse erfolgt in zwei Schritten: In einem ersten Schritt werden zunächst als Kontrollvariablen die beiden dichotomen Variablen Geschlecht und Kinder (Ja/Nein) in das Regressionsmodell aufgenommen. In einem zweiten Schritt wird das Regressionsmodell dann um die fünf Variablen zur Beschreibung der organisationalen Rahmenbedingungen erweitert. Ein Überblick über die Ergebnisse findet sich in Tabelle 111 und Tabelle 112.

Bei der Regression der Kontrollvariablen auf Faktor 1 *(Arbeit⇨Nicht-Arbeit-Konflikte)* erweist sich das Regressionsmodell als nicht signifikant ($F[2,134]=2,15$; n.s.). Jedoch zeigt sich für das erweiterte Modell mit den Prädiktoren *Geschlecht, Kinder, familienfreundliche Organisation, familienfreundliches Vorgesetztenverhalten, Partizipation, Arbeitsbelastung* und *Arbeitszeitflexibilität* ein statistisch bedeutsamer Effekt ($F[7,129]=21,32$, $p<0.001$). ΔR^2 beträgt 0.51 und trägt zu einer signifikanten Änderung von F bei, d.h., die organisationalen Variablen liefern einen zusätzlichen statistisch abgesicherten Beitrag zur Varianzaufklärung. Im zweiten Regressionsmodell erweisen sich die Variablen *Geschlecht* (Männer haben höhere Konflikte [!]; $\beta=-0.15$); *Kinder* (Personen mit Kindern haben tendenziell geringere Konflikte [!]; $\beta=-0.11$), *vereinbarkeitsorientierte Organisationskultur* ($\beta=-0.41$), *vereinbarkeitsorientierte Vorgesetztenverhalten* ($\beta=-0.18$) und *Arbeitsbelastung* ($\beta=0.30$) als signifikant. Die korrigierte Varianzaufklärung des Gesamtmodells beläuft sich auf 51 %. Die Effektstärke f^2 weist auf einen sehr starken Effekt hin. Anzumerken ist, dass der Zusammenhang zwischen Work-Life-Balance-Erleben und den Variablen *vereinbarkeitsorientierte Organisationskultur, vereinbarkeitsorientiertes Vorgesetztenverhalten* sowie *Arbeitsbelastung* in der prognostizierten Richtung verläuft.

Im Rahmen der zweiten Regressionsanalyse auf Faktor 2 *(Nicht-Arbeit⇨Arbeit-Konflikte)* können beide Regressionsmodelle im Signifikanztest abgesichert werden. Sowohl Modell 1 mit den Prädiktoren Geschlecht und Kinder ($F[2,134]=3,77, p<0.05$) als auch Modell 2, ergänzend mit den Variablen *vereinbarkeitsorientierte Organisationskultur, vereinbarkeitsorientiertes Vorgesetztenverhalten, Partizipation, Arbeitsbelastung* und *Arbeitszeitflexibilität* ($F[7,129]=6,08, p<0.001$) sind statistisch bedeutsam. ΔR^2 beläuft sich auf 0.20 und trägt zu einer signifikanten Verbesserung des Modells durch Aufnahme der organisationalen Variablen bei. Im zweiten Regressionsmodell erweisen sich die Prädiktoren *Kinder* ($\beta=0.23$), *Arbeitsbelastung* ($\beta=0.33$) und *Arbeitszeitflexibilität* ($\beta=0.27$) als statistisch bedeutsam. Während für die Variable Arbeitsbelastung der Zusammenhang in der prognostizierten Richtung verläuft, entwickelt sich der Zusammenhang zwischen *Arbeitszeitflexibilität* und *Nicht-Arbeit⇨Arbeit-Konflikte* entgegen der postulierten Annahme. Die durch das Modell aufgeklärte Varianz beträgt 21 %. Die Effektstärke f^2 des Gesamtmodells beträgt 0.33 und weist auf einen Effekt mittlerer Stärke hin.

Tabelle 111: Multiple hierarchische Regression organisationale Rahmenbedingungen und WLB-Erleben (F1 und F2)

	F1: Arbeit⇨Nicht-Arbeit-Konflikte		F2: Nicht-Arbeit⇨Arbeit-Konflikte	
	stand. β	T	stand. β	T
Schritt 1				
Geschlecht	-0.13	-1.57	-0.15†	-1.81
Kinder	-0.11	-1.37	0.17*	2.04
R²	0.03		0.05*	
korr. R²	0.02		0.04*	
Schritt 2				
Geschlecht	-0.15*	-2.36	-0.09	-1.20
Kinder	-0.11†	-1.75	0.23**	2.95
Vereinbarkeitsorientierung Organisationskultur	-0.41***	-5.31	-0.14	-1.45
Vereinbarkeitsorientierung Vorgesetztenverhalten	-0.18*	-2.15	-0.14	-1.35
Partizipation	-0.01	-0.07	-0.03	-0.26
Arbeitsbelastung	0.30***	4.48	0.33**	3.85
Arbeitzeitflexibilität	-0.04	-0.51	0.27**	2.81
R²	0.54***		0.25***	
korr. R²	0.51***		0.21***	
Δ R²	0.51*		0.20***	
N	137		137	

† p<0.10; * p<0.05; ** p<0.01; *** p<0.001

Auch für den dritten Work-Life-Balance-Faktor *bidirektionales verhaltensbedingtes Benefiterleben (Arbeit⇨Nicht-Arbeit)* zeigen sich in der regressionsanalytischen Auswertung sowohl für das Regressionsmodell mit den Kontrollvariablen ($F[2,134]=3.30$,

$p<0.05$) als auch für das erweiterte Modell statistisch bedeutsame Effekte ($F[7,129]=$ 2.79, $p<0.01$). Im erweiterten Regressionsmodell können zwei signifikante Regressoren identifiziert werden: Die Kontrollvariable *Geschlecht* ($\beta=0.21$), die sich auch bereits im ersten eingeschränkten Regressionsmodell als signifikanter Prädiktor erweist und darauf hinweist, dass Frauen ein höheres verhaltensbedingtes Benefiterleben erfahren, sowie die Variable *Arbeitsbelastung* ($\beta=-0.20$), deren negativer β-Koeffizient anzeigt, dass höhere *Arbeitsbelastung* mit einem geringeren Benefiterleben einhergeht (s. Tabelle 112). Die Varianzaufklärung der erweiterten Modells beträgt 8 % und die Effektstärke f^2 des Modells liegt im mittleren Bereich mit 0.15.

Auch für den letzten der vier analysierten Work-Life-Balance-Faktoren, dem bidirektionalen *beanspruchungsbedingten Benefiterleben (Arbeit⇔Nicht-Arbeit)*, zeigen sich zwei statistisch bedeutsame Regressionsmodelle. Im ersten ($F[2,134]=3.04$; $p<0.05$) erweist sich die Variable *Kinder* tendenziell als signifikanter Prädiktor. Im erweiterten Modell ($F[7,129]=5.05$; $p<0.001$) können drei bedeutsame Faktoren dem Regressionsmodell entnommen werden (s. Tabelle 112): *Kinder* ($\beta=-0.16$), *Vereinbarkeitsorientierung der Organisationskultur* ($\beta=0.26$) und *Partizipation* ($\beta=0.25$). Insgesamt werden durch das Modell 17 % der Varianz aufgeklärt bei einer Effektstärke f^2 0.28 mittlerer Größe.

Tabelle 112: Multiple hierarchische Regression – Organisationale Rahmenbedingungen und WLB-Erleben (F1 und F2)

	F3: verhaltensbedingtes Benefiterleben (Arbeit⇔Nicht-Arbeit)		F4: beanspruchungsbedingte Benefiterleben (Arbeit⇔Nicht-Arbeit)	
	stand. β	T	stand. B	T
Schritt 1				
Geschlecht	0.21*	2.51	0.13	1.59
Kinder	-0.04	-0.52	0.16†	1.90
R^2	0.05*		0.04*	
korr. R^2	0.03*		0.03*	
Schritt 2				
Geschlecht	0.21*	2.52	0.11	1.41
Kinder	-0.06	-0.73	0.16*	1.98
Vereinbarkeitsorientierung Organisationskultur	0.14	1.34	0.26*	2.56
Vereinbarkeitsorientierung Vorgesetztenverhalten	0.06	0.57	-0.02	-0.21
Partizipation	-0.08	-0.71	0.25*	2.45
Arbeitsbelastung	-0.20*	-2.21	-0.08	-0.94
Arbeitzeitflexibilität	0.02	0.20	-0.11	-1.13
R^2	0.13*		0.22***	
korr. R^2	0.08*		0.17***	
Δ R^2	0.08*		0.18***	
N	137		137	

† $p<0.10$; * $p<0.05$; ** $p<0.01$; *** $p<0.001$

Work-Life-Balance-Erleben als Prädiktor für Arbeitszufriedenheit (S3-6).– Im folgenden Teil wird dargestellt, inwieweit das Work-Life-Balance-Erleben der wissenschaftlichen Mitarbeiter als Prädiktor für die *Arbeitszufriedenheit* fungiert. Zur Bestimmung des Zusammenhanges der Work-Life-Balance-Faktoren und *Arbeitszufriedenheit* werden multiple hierachische Regressionsanalysen durchgeführt. Neben der abhängigen Variablen *Arbeitszufriedenheit* werden zur Kontrolle die Variablen Alter und Geschlecht sowie als weitere unabhängige Variablen die vier ermittelten Work-Life-Balance-Skalen des WoLiBaX in das Regressionsmodell aufgenommen. Der Mittelwert der Skala Arbeitszufriedenheit (Cronbachs α = 0.71) beläuft sich für die Gesamtstichprobe auf 3,89. d.h., die wissenschaftlichen Mitarbeiterinnen und Mitarbeiter verfügen im Mittel über eine ausgeprägte Arbeitszufriedenheit.

Im ersten Regressionsmodell wird der alleinige Einfluss der Kontrollvariablen auf die Outcome-Variable überprüft. In einem zweiten erweiterten Regressionsmodell werden die Skalen des Work-Life-Balance-Erlebens zusätzlich in das Modell aufgenommen. Das erste Modell, das die Kontrollvariablen beinhaltet, wird nicht signifikant ($F[2,131]=1,73$, n.s.) und hat entsprechend auch nur eine korrigierte Varianzaufklärung von 1 %. Das zweite erweiterte Modell hingegen erweist sich als statistisch bedeutsam ($F[6,127]=9,42$, $p<0.001$) mit einer zusätzlichen Varianzaufklärung von $\Delta R^2 = 0.28$. Im erweiterten Modell können die Variablen *Arbeit⇨Nicht-Arbeit-Konflikte* (β=-0.28) und *beanspruchungsbedingtes Benefiterleben* (β=0.27) als statistisch bedeutsame Prädiktoren identifiziert werden (s. Tabelle 113). Während das Konflikterleben

Tabelle 113: Multiple hierarchische Regression WLB-Erleben und Arbeitszufriedenheit

	Arbeitszufriedenheit	
	stand. β	T
Schritt 1		
Alter	-0.10	-1.19
Geschlecht	0.11	1.28
R^2	0.03	
korr. R^2	0.01	
Schritt 2		
Alter	-0.11	-1.40
Geschlecht	0.01	0.07
Arbeit⇨Nicht-Arbeit-Konflikte	-0.28***	-3.42
Nicht-Arbeit⇨Arbeit-Konflikte	-0.19	-2.31
verhaltensbedingtes Benefiterleben	0.06	0.71
beanspruchungsbedingtes Benefiterleben	0.27**	3.23
R^2	0.31***	
korr. R^2	0.28***	
ΔR^2	0.28***	
N	134	

† $p<0.10$; * $p<0.05$; ** $p<0.01$; *** $p<0.001$

in einem negativen Zusammenhang mit der Arbeitszufriedenheit steht, existiert für das Benefiterleben und Arbeitszufriedenheit ein entgegengesetzter Zusammenhang. Die Effektstärke f^2 des Modells beläuft sich auf 0.45 und weist auf einen großen Effekt des Gesamtmodells hin.

Work-Life-Balance-Erleben als Prädiktor für das Erleben psychophyischer Beschwerden (S3-6).– In welchem Zusammenhang das Work-Life-Balance-Erleben mit *psychophysischen Beschwerden* steht, wurde mittels multipler hierarchischer Regressionsanalyse überprüft. Als Regressand wird die Variable psychophysische Beschwerden und als Regressoren die vier Skalen des Work-Life-Balance-Index verwendet. Ferner werden als Kontrollvariablen *Alter* und *Geschlecht* in das Regressionsmodell mit aufgenommen.

Sowohl das Regressionsmodell mit den Kontrollvariablen *Alter* und *Geschlecht* ($F[2,131]=3.59, p<0.05$) als auch das erweiterte Modell ($F[6,127]=9.53, p<0.001$) erweisen sich als statistisch signifikant (s. Tabelle 114). Im eingeschränkten Modell kann der Prädiktor Geschlecht (β=0.23) als bedeutsamer Prädiktor ermittelt werden, da Frauen im analysierten Datensatz als 1 codiert wurden und Männer als 0, bedeutet dies, dass Frauen in stärkerem Umfang als Männer über *psychophysische Beschwerden* berichten. Im erweiterten Modell werden neben der Variable Geschlecht (β=0.31) die Work-Life-Balance-Faktoren 1 *Arbeit⇨Nicht-Arbeit-Konflikte* (β=0.41) und (tendenziell) 4 *beanspruchungsbedingtes Benefiterleben* (β=-0.15) als signifikant ermittelt (s. Tabelle 114). *Arbeit⇨Nicht-Arbeit-Konflikte* stehen somit wie prognostiziert in einem positiven

Tabelle 114: Multiple hierarchische Regression WLB-Erleben und psychophysische Beschwerden

	Psychophysische Beschwerden	
	stand. β	T
Schritt 1		
Alter	0.04	0.51
Geschlecht	0.23**	2.67
R^2	0.05**	
korr. R^2	0.04**	
Schritt 2		
Alter	0.01	0.17
Geschlecht	0.31***	4.04
Arbeit⇨Nicht-Arbeit-Konflikte	0.41***	4.95
Nicht-Arbeit⇨Arbeit-Konflikte	-0.00	-0.51
verhaltensbedingtes Benefiterleben	-0.11	-1.33
beanspruchungsbedingtes Benefiterleben	-0.15***	-1.76
R^2	0.31***	
korr. R^2	0.28***	
Δ R^2	0.26***	
N	134	

† $p<0.10$; * $p<0.05$; ** $p<0.01$; *** $p<0.001$

Zusammenhang mit den *psychophysischen Beschwerden* des wissenschaftlichen Personals, beanspruchungsbedingtes Benefiterleben hingegen hat einen inversen Zusammenhang mit dem Regressand. Der Gesamteffekt ist groß bei einer Effektstärke von f^2 von 0.45. Posthoc berechnete geschlechtsspezifische Regressionsmodelle weisen darauf hin, dass der tendenzielle Effekt des *beanspruchungsbedingten Benefiterlebens* auf einen geschlechtsspezifischen Effekt in der Subgruppe der Männer zurückgeführt werden kann.

11.4.6 Zusammenfassung und Diskussion der Befunde aus Studie 3

Fragestellung S3-1.– Die Faktorenstruktur in Studie 3 korrespondiert zum überwiegenden Teil mit den zentralen Befunden zur Faktorenstruktur der Studie 1 und 2. Es konnten erneut zwei undirektionale Faktoren extrahiert werden, die *Arbeit⇨Nicht-Arbeit-Konflikte* und *Nicht-Arbeit⇨Arbeit-Konflikte* beschreiben. Ebenfalls konsistent mit den Befunden der beiden vorhergehenden Untersuchungen ist die Ermittlung eines bidirektionalen Benefitfaktors. Dieser bezieht sich inhaltlich jedoch nur auf beanspruchungsbedingte Aspekte der Interaktion zwischen den Lebensbereichen und repräsentiert keine zeitbedingten positiven Interaktionen zwischen der Erwerbsarbeit auf der einen und dem Lebensbereichen Familie und Freizeit auf der anderen Seite. Ferner wird ein weiterer bidirektionaler Benefitfaktor identifiziert, der nur verhaltensbedingte Aspekte des positiven Tranfers zwischen den Lebensbereichen zum Gegenstand hat. Es finden sich in dieser Studie wie angenommen mit zwei unidirektionalen Benefitfaktoren *(Arbeit⇨Nicht-Arbeit* und *Nicht-Arbeit⇨Arbeit)* zwei bidirektionale Dimensionen. Der Faktor verhaltensbedingtes Benefiterleben steht jedoch in Übereinstimmung mit den beiden vorhergehenen Untersuchungen, da in diesen ebenfalls jeweils ein bidirektionaler verhaltensbedingter Faktor extrahiert wurde. Im Gegensatz zu Studie 3 bezogen sich diese jedoch auf das Konflikterleben von Individuen, während der vorliegende Faktor zusätzlich positive Interaktionen thematisiert.

Fragestellung S3-2.– Die internen Konsistenzen der ermittelten der Dimensionen sind insgesamt als zufriedenstellend zu bewerten, wobei für die Güte des Faktors beanspruchungsbedingtes Benefiterleben Optimierungspotenzial besteht. Zusammenfassend kann somit konstatiert werden, dass die wesentliche Elemente der faktoriellen Struktur des Work-Life-Balance-Erlebens auch in dieser Untersuchung repliziert werden konnten.

Fragestellung S3-3.– Die in Fragestellung S3-3 postulierten Annahmen konnten nicht bestätigt werden. Zunächst gilt es festzuhalten, dass in der berechneten multivariaten Varianzanalyse für den Faktor *Geschlecht* im Gesamtmodell lediglich ein tendenzieller signifikanter Effekt mitterer Stärke ermittelt werden konnte. Auf der univariaten Analyseebene können zwei Effekte nachgewiesen werden. So zeigt sich, dass die Studienteilnehmerinnnen geringere *Nicht-Arbeit⇨Arbeit-Konflikte* erleben und auch ein stärkeres *verhaltensbedingtes Benefiterleben*. Zieht man zur Bewertung der Unterschiede die Effektstärke Eta heran, dann zeigt sich, dass beide diagnostizierte Unterschiede lediglich kleine Effekte aufweisen. Ungeachtet der Tatsache, dass es sich somit vermutlich um einen Einflussfaktor untergeordneter Größe handeln dürfte, ist es aber zunächst überraschend, dass zwei Effekte nachgewiesen werden können, die entgegen der aus der Literatur gewonnenen Annahme verlaufen. Wie bereits dargelegt, ist die Befundlage zu geschlechtsspezifischen Unterschieden beim Interaktionserleben zwischen Lebensbereichen Arbeit, Familie und Freizeit inkonsistent.

Auf der Suche nach einer Erklärung für die entdeckten Befunde erscheint es von daher sinnvoll, nach konfundierenden Variablen zu suchen. Eine Betrachtung weiterer Studienvariablen in diesem Zusammenhang legt die Vermutung nahe, dass der überwiegende Teil der Frauen in Partnerschaften lebt, die als Double-Career-Couple (DCC) bezeichnet werden können. In der Gruppe Frauen mit Lebenspartner haben 78,4 % einen Lebenspartner, der Vollzeit erwerbstätig ist. Von ihnen sind 56,3 % mit einen Partner liiert, der ebenfalls an einer Hochschule tätig ist und eine wissenschaftliche Karriere verfolgt. Es kann somit davon ausgegangen werden, dass es sich bei den Frauen um den weiblichen Teil einer Double-Career-Partnerschaft handelt. Der Anteil der Männer mit einer in Vollzeit beschäftigten Lebenspartnerin ist deutlich geringer, er beträgt nur knapp ein Drittel (32,7 %). Auch der Anteil der Wissenschaftler mit Lebenspartnerinnen, die ebenfalls an einer Hochschule beschäftigt sind, ist im Vergleich zu den Frauen mit 31 % deutlich geringer. Es kann also vermutet werden, dass die weiblichen Studienteilnehmerinnen mit Partnerschaft in der überwiegenden Mehrheit in Partnerschaften leben, in der beide Parnter eine berufliche Karriere verfolgen, während hingegen für die Stichpobe der Männer angenommen wird, dass ein nicht unerheblicher Teil in Partnerschaften in Geschlechterarrangements mit Male-Breadwinner-Modell (zum Teil in seiner modernisierten Form) lebt.

Zieht man diese Überlegungen heran, erscheinen die beschriebenen Effekte nicht nur erklärbar, sondern auch plausibel. Wie dargelegt, erleben gerade Frauen aus DCC ihr Erwerbsleben als sehr bereichernd. Dies kann als Erklärung dienen, wieso Frauen hinsichtlich Faktor 3 ein höheres *Benefiterleben* aufweisen. Doch wieso erleben gerade die Männer dieser Stichprobe höhere *Nicht-Arbeit⇨Arbeit-Konflikte*? Insbesondere vor dem Hintergrund, dass sich in der Literatur bei der geschlechtsspezifischen Analyse von Arbeit-Nicht-Arbeit-Interaktionen, wenn sich überhaupt geschlechtsspezifische Effekte identifizieren lassen, diese für Männer in der entgegengesetzten Richtung als stärker erweisen. Es wird vermutet, dass dieser Effekt im akademischen Milieu der Stichprobe begründet liegt. So gehen Männer mit höherem Bildungsniveau nicht nur häufiger egalitäre Partnerschaften ein, sondern engagieren sich auch in stärkerem Umfang bei

Hausarbeit und Kindererziehung. In entsprechenden Partnerschaften kann auch von einer höheren Erwartungshaltung der Partnerin ausgegangen werden. Kombiniert man diese familiäre Situation nun mit einem Arbeitskontext mit hoher Arbeitsbelastung und großer beruflicher Unsicherheit, wie dies in der Hochschule gegeben ist, dann erscheint auch plausibel, dass diese spezifische Männergruppe in stärkerem Umfang *Nicht-Arbeit ⇨ Arbeit-Konflikte* erleben als die Vergleichsgruppe der Frauen, die verstärkt in DCC-Partnerschaften leben.

Fasst man die oben zitierten Befunde aus Studie 1 und die vorliegenden Resultate zusammen, ist festzuhalten, dass a) dem Faktor Geschlecht bei der Erklärung von Arbeit-Nicht-Arbeit-Interaktionen insgesamt wohl eher eine untergeordnete Rolle beizumessen ist und b) scheint die Variable Geschlecht bei Analysen vor allem als Kovariate hilfreich, wenn sie mit anderen Variablen konfundiert ist. So zeigen sich in den Studien 1 und 2 zwar in verschiedenen Analysen geschlechtsspezifische Effekte, jedoch keine direkten Effekte hinsichtlich der Arbeit-Nicht-Arbeit-Interaktionen, sondern Effekte, die ihren Ursprung in geschlechtsspezifischen, gesellschaftlichen, organisationalen oder familialen Bedingungen haben (z. B. in geschlechtsspezifischen Erwerbstätigkeitsarrangements). Vor diesem Hintergrund sollten zukünftige Analysen geschlechtsspezifische Lebensarrangements und Bedingungen in den Fokus ihrer Analyse stellen. So sollten Forschungsbemühungen anstelle des biologischen das soziale Geschlecht im Sinne eines *Doing Gender* und die damit verbundenen geschlechtsspezifischen Lebensbedingungen berücksichtigen.

Bakker, Demerouti & Schaufeli (2005) gehen deshalb davon aus, dass die Resultate in einem Teil der Studien, die Geschlechtsunterschiede aufweisen, eher auf „tradiert-konservative" oder „modern-egalitäre" Rollenvorstellungen und darauf beruhende Arbeitsaufteilungen als auf das biologische Geschlecht zurückgeführt werden können. Vergleichbare Argumentationen, die eine geschlechterrollenspezifische Analyse und konkrete Lebensbedingungen berücksichtigen, finden sich bei Metz-Göckel (2004). Burkhardt (2007) konnte in diesem Zusammenhang in einer Untersuchung mit dem WoLiBaX zeigen, dass die Geschlechterrollenorientierung einen signifikanten und vor allem größeren Beitrag zur Vorhersage von *Nicht-Arbeit ⇨ Arbeit-Konflikten* als auch für das *Benefiterleben* liefert als das biologische Geschlecht. Wenn Individuen ein eher traditionell-orientiertes Geschlechterrollenverständis aufweisen, erleben sie stärkere Nicht-Arbeit⇨Arbeit-Konflikte als Individuen mit einer eher egalitär-modernen Ausrichtung. Im Gegensatz dazu erleben vor allem Frauen und Individuen mit einer egalitär-modernen Geschlechtsrollenorientierung stärkere Benefits bei der Vereinbarkeit von Arbeit, Familie und Freizeit.

Sind diese Schlussfolgerungen richtig, d.h., sind die wissenschaftlichen Mitarbeiter mit Lebenspartnerinnen eher traditionell-konserativen Lebensarrangements verhaftet und die Frauen eher egalitären-modernen Partnerschaften, bei denen beide Partner berufliche Karriereziele verfolgen, sind gemäß der Resulate von Burkhardt auch genau diese Unterschiede zu erwarten. Ebenfalls konform erweisen sich die Ergebnisse auch dahingehend, dass für die anderen WoLiBaX-Faktoren keine geschlechterrollenspezifische Effekte nachzuweisen sind.

Fragestellung S3-4.– Die spezifischen Annahmen in Fragestellung 3-4 können teilweise bestätigt werden. So erleben auch Mitarbeiterinnen und Mitarbeiter im Kontext Hochschule, die ihre Organisationskultur als stark oder sehr stark vereinbarkeitsorientiert bewerten, deutlich geringere *Arbeit⇨Nicht-Arbeit-Konflikte* und erfahren außerdem ein erhöhtes *beanspruchungsbedingtes Benefiterleben*. Die Befunde sind konsistent mit den Resultaten in Studie 2, in der sich für die vergleichbaren Faktoren ebenfalls Effekte gleicher Größenordnung nachweisen lassen. Auch in Studie 2 zeigt sich für den *Faktor Arbeit⇨Nicht-Arbeit-Konflikte* in Abhängigkeit von der Bewertung der Vereinbarkeitsorientierung der Organisationskultur ein starker Effekt und ein mittlerer Effekt für den Faktor Beniterleben.

Fragestellung S3-5.– Die Analyse des Zusammenhanges zwischen organisationalen Faktoren und dem Work-Life-Balance-Erleben ergibt für alle vier untersuchten Interaktionsfaktoren statistisch abgesicherte Regressionsmodelle. Der stärkste Zusammenhang zeigt sich für das Regressionsmodell des Work-Life-Balance-Faktors *Arbeit⇨Nicht-Arbeit-Konflikte*. Als die mit Abstand stärksten Prädiktoren erweisen sich in diesem Modell die *Vereinbarkeitsorientierung der Organisationskultur* und die *Arbeitsbelastung*. Die *Vereinbarkeitsorientierung* steht dagegen in negativem Zusammenhang mit dem Konflikterleben. Dies bedeutet eine hohe *Arbeitsbelastung* und ein höheres Konflikterleben. Desweiteren findet sich ein statistisch bedeutsamer negativer Zusammenhang zwischen der Variable *vereinbarkeitsorientiertes Vorgesetzenverhalten* und dem Konflikterleben. Als statistisch bedeutsam erweisen sich im Gesamtmodell die Variablen *Geschlecht* und *Kinder* (tendenziell). Dies deutet darauf hin, dass diese beiden Variablen in Interaktion mit den organisationalen Variablen stehen. Detailanalysen deuten an, dass die Wirkungen der organisationalen Variablen immer vor dem Hintergrund der spezifischen Lebenssituation zu betrachten sind.

So zeigt sich bei varianzanalytischer Auswertung eine signfikante Interaktion zwischen den Variablen Geschlecht und Kinder. Dabei weist die Gruppe der Männer im Mittel stärkere *Arbeit⇨Nicht-Arbeit-Konflikte* auf. Überraschenderweise erleben wissenschaftliche Mitarbeiterinnen und Mitarbeiter mit Kindern geringere *Arbeit⇨Nicht-Arbeit-Konflikte* als die Gruppe ohne Kinder. Hierbei verfügen vor allem Frauen mit Kindern über das geringste Konflikterleben. Männer ohne Kinder erzielen dagegen die höchsten Werte.

Berechnet man die voranstehend diskutierte Regressionsanalyse getrennt für die vier Gruppen (Frauen mit/ohne Kind sowie Männer mit/ohne Kind), dann ergibt sich ein sehr differenziertes Muster für den Zusammenhang zwischen den organisationalen Variablen und den *Arbeit⇨Nicht-Arbeit-Konflikten*. Für die Gruppe der Mitarbeiter ohne Kind erweisen sich die *Vereinbarkeitsorientierung der Organisationskultur* als auch die Arbeitsbelastung als bedeutsame Prädiktoren. Für die Gruppe der Mitarbeiterinnen ohne Kinder erweisen sich diese beiden Faktoren ebenso von Relevanz, jedoch kann diesem Modell zusätzlich noch der Faktor *Vereinbarkeitsorientierung des Vorgesetzten* als statistisch abgesicherter Prädiktor ausgemacht werden.

In der Gruppe der Eltern zeigt sich dagegen ein anderes Bild. In der Gruppe der Mitarbeiter mit Kind kann lediglich die Variable *Vereinbarkeitsorientierung der Organisationskultur* als signifikanter Prädiktor ausgemacht werden. In der Gruppe der Mitarbeiterinnen mit Kind kann – und das erscheint auf den ersten Blick wirklich überraschend – für keine der analysierten organisationalen Variablen ein bedeutsamer Zusammenhang mit dem Konflikterleben ausgemacht werden. Wie ist dieses sehr differenzierte Bild zu erklären?

Diese Detail-Befunde zeigen, dass im Kontext Hochschule vor allem Männer ohne Kinder starke Spillover-Prozesse aus der Arbeit in das Familien- und Privatleben erleben. Hier sind möglicherweise die bereits im Zusammenhang mit Fragestellung S3-3 diskutierten unterschiedlichen Lebenszusammenhänge in Rechnung zu stellen. So ist anzunehmen, dass die wissenschaftlichen Mitarbeiter eher in traditionell-orientierten Arrangements leben, während ihre Kolleginnen sich offensichtlich eher in egalitär-modernen Partnerschaften bzw. Familien befinden. Dies kann als Ursache für die höhere Konfliktbelastung der Männer vermutet werden. Der Sachverhalt, dass gerade Individuen mit Kindern ein geringeres Konflikterleben haben und dass für diese Gruppe auch kaum Zusammenhänge mit den organisationalen Bedingungs-Variablen bestehen, deutet darauf hin, dass die individuelle bzw. familiäre Lebensgestaltung dieser Mitarbeiterinnen und Mitarbeiter so unabhängig koordiniert ist, dass entsprechende arbeitsbezogene Umfeldfaktoren für negative Interaktionen aus der Arbeit keine Bedeutung haben.

Der Befund kann auch dahingehend bewertet werden, dass der Kontext Hochschule hinsichtlich des Work-Life-Balance-Erlebens unabhängig von den organisationalen Rahmenbedingungen nach der Entscheidung für ein Kind als vereinbarkeitsfreundlichlich bzw. konfliktfrei erlebt wird (zumindest hinsichtlich des Kriteriums *Arbeit⇨Nicht-Arbeit-Konflikte*). Vor dieser Entscheidung ist die Frage, ob am Arbeitsplatz Hochschule Spillover-Prozessen in das Familien- und Privatleben erlebt werden, in starkem Maße von den organisationalen Bedingungen abhängig. Das Ergebnis kann auch dahingehend verstanden werden, dass nach der Geburt des Kindes unter Umständen eine Wertverschiebung bei den Eltern dergestalt stattgefunden hat, dass dem Lebensbereich Familie eine größere Bedeutung beigemessen wird. Eine *vereinbarkeitsorientierte Organisationskultur* und eine geringere *Arbeitsbelastung* sind für beide Geschlechter für ein geringeres Konflikterleben förderlich. Für Frauen im Kontext Hochschule ist darüberhinaus die *Vereinbarkeitsorientierung ihres Vorgesetzten* von Bedeutung.

Hinsichtlich des Regressanden *Nicht-Arbeit ⇨ Arbeit-Konflikte* erweisen sich die organisationalen Variablen *Arbeitsbelastung* und eine hohe *Arbeitszeitflexibilität* (i.S. einer hoher Arbeitszeit-Autonomie) als statistisch abgesicherte Prädiktoren, die beide mit dem Kriterium in positivem Zusammenhang stehen. Auch erweist sich eine der analysierten Kontrollvariablen *(Kinder)* als bedeutsam, so dass differentielle Effekte anzunehmen sind. Weitere Analysen ergeben für den Faktor *Nicht-Arbeit ⇨ Arbeit-Konflikte* für Frauen mit Kindern keinen signifikanten Zusammenhang mit den organisationalen Variablen. Auch erweist sich der Faktor *vereinbarkeitsorientiertes Vorgesetztenverhalten* (entgegen dem Regressionsmodell für die Gesamtstichprobe) erneut für die Gruppe der Wissenschaftlerinnen ohne Kind als förderlich für ein geringeres Konflikterleben. Offen bleibt jedoch die Frage, wieso eine höhere Arbeitszeitflexibilität in positivem Zusammenhang mit *Nicht-Arbeit ⇨ Arbeit-Konflikten* steht. Die Details-Analysen weisen allerdings darauf hin, dass es sich hier um einen Zusammenhang handelt, der sich nur in der Teilstichprobe der Männer findet und für Frauen nicht beobachtet werden kann.

Für die beiden Benefitfaktoren (beanspruchungs- und verhaltensbedingt) lassen sich in der Gesamtstichprobe bedeutsame Zusammenhänge mit organisationalen Variablen feststellen. Für das beanspruchungsbedingte Benefiterleben kann ein Zusammenhang mit den Variablen *Vereinbarkeitsorientierung der Organisationskultur* und *Partizipation* berichtet werden. Da die Kontrollvariable Kinder auf differentielle Effekte hinweist, wurden auch für diese Dimension posthoc-Analysen berechnet. Berechnet man die Regressionsmodelle für Mitarbeiterinnen und Mitarbeiter getrennt, zeigt sich, dass sich der Zusammenhang zwischen den organisationalen Variablen *Vereinbarkeitsorientierung der Organsiationskultur* sowie *Partizipation* und dem *beanspruchungsbedingten Benefiterleben* lediglich in der Teilstichprobe der Studienteilnehmer ohne Kinder manifestiert, während für die Gruppe der Eltern kein signifikantes Regressionsmodell bestimmt werden kann. Für diese Gruppe erweisen sich eine *vereinbarkeitsorientierte Organsiationskultur* sowie stärkere Mitwirkungsmöglichkeiten als förderlich für positive Interaktionen zwischen den Lebensbereichen.

Für den letzen der vier WoLiBaX-Faktoren, *verhaltensbedingtes Benefiterleben,* kann in der Gesamtstichprobe lediglich ein negativer Zusammenhang mit der Variable Arbeitsbelastung berichtet werden. Da sich jedoch die Kontrollvariable zusätzlich als singifikanter Prädiktor erweist, wurden auch für dieses Modell posthoc geschlechtsspezifische Regressionsanalysen berechnet. Die geschlechtsspezifische Analyse des Zusammenhangs zwischen organisationalen Variablen und dem Regressanden *verhaltensbedingtes Benefiterleben* ergibt für Männer ein statistisch bedeutsames Regressionsmodell, in dem sich die Variablen *Arbeitsbelastung* und (im Gegensatz zu Modell für die Gesamtstichprobe) *Arbeitszeitflexibilität* als bedeutsam erweisen. Anzumerken ist, dass der Zusammenhang für die Variable Arbeitszeitflexibilität hier wie prognostiziert verläuft, d.h., eine höhere Autonomie bei der Gestaltung der eigenen Arbeitszeit ist für ein verstärktes *verhaltensbedingtes Benefiterleben* förderlich.

Zusammenfassend bleibt festzuhalten, dass nicht alle Annahmen für Fragestellung S3-4 bestätigt werden konnten. Gleichwohl zeigen sich für alle Work-Life-Balance-Faktoren Zusammenhänge zwischen organisationalen Rahmenbedingungen und dem Erleben der Beschäftigten. Besondere Bedeutung kommt dabei der Arbeitsbelastung (vor allem für Männer) zu, die in positivem Zusammenhang mit dem Konflikterleben und negativem Zusammenhang mit dem Benefiterleben stehen. Darüber hinaus scheint vor allem die Vereinbarkeitsorientierung der Organisationskultur als förderlich für das Work-Life-Balance-Erleben zu sein. Es wird deutlich, dass die organisationalen Bedingungen immer vor dem Hintergrund der spezifischen Lebenssituation der Befragten zu betrachten sind. So zeigen sich in Abhängigkeit von Geschlecht und Familienstand (Kinder Ja/Nein), differentielle Resultate.

Unklar bleibt der Zusammenhang von *Arbeitszeitflexibilität* mit dem Work-Life-Balance-Erleben, denn entgegen der Annahmen und den Ergebnissen aus Studie 2 weisen die Befunde nur zum Teil auf einen positiven Zusammenhang hinsichtlich des Work-Life-Balance-Erlebens. Vielmehr deuten die Befunde in der hier vorliegenden Stichprobe darauf hin, dass eine höhere Arbeitszeitautonomie mit erhöhtem Konflikterleben einhergeht. Es wird vermutet, dass diese Beobachtung auf spezifische Stichprobencharakteristika zurückgeführt werden kann. Der Arbeitsplatz Hochschule ist gekennzeichnet von hohen Arbeitsanforderungen. Gleichzeitig werden in vielen Instituten Vertrauensarbeitszeitmodelle angewendet. Diese Kombination kann – wie im theoretischen Teil der Arbeit beschrieben – zu einer entgrenzten Arbeits- und Lebenssituation führen. Hier kann sich die starke Arbeitszeitautonomie unter Umständen als kontraproduktiv erweisen, wenn keine klare Grenzen mehr zwischen den Lebensbereichen bestehen und die Betroffenen von sich aus keine Aktivitäten zur Segmentation unternehmen (im Sinne einer Schutzfunktion).

Fragestellung S3-6. – Für die Analyse des Zusammenhanges zwischen Work-Life-Balance-Erleben und Arbeitszufriedenheit zeigt sich wie bereits in den beiden vorhergehend angeführten Studien ein negativer Zusammenhang zwischen *Arbeit⇒Nicht-Arbeit-Konflikten* und der *Arbeitszufriedenheit* und ein positiver Zusammenhang zwischen dem *beanspruchungsbedingten Benefiterleben* (für Männer) und *Arbeitszufriedenheit*. Die postulierten Annahmen für Fragestellung S3-6 können somit teilweise bestätigt werden. Wie bereits in Studie 1 und 2 kann ein Zusammenhang zwischen der erlebten *Arbeitszufriedenheit* und den *Nicht-Arbeit⇒Arbeit-Konflikten* nicht bestätigt werden.

Zusammenfassend kann somit festgehalten werden, dass über alle Stichproben hinweg ein negativer Zusammenhang zwischen *Arbeit⇨Nicht-Arbeit-Konflikten* und *Arbeitszufriedenheit* besteht und ein positiver Zusammenhang zwischen *Benefiterleben* und Arbeitszufriedenheit. Die geschlechtsspezifischen Analysen deuten darauf hin, dass in dem beschriebenen Zusammenhang für Frauen der Faktor *Arbeit⇨Nicht-Arbeit-Konflikte* von größerer Bedeutung ist und für Männer der Faktor *Benefiterleben*. Für Frauen scheint die Abwesenheit der negativen Interaktionen aus der Arbeit in die Familie und Freizeit förderlich für die *Arbeitszufriedenheit* zu sein, während für Männer besonders die positiven Interaktionen zwischen den Lebensbereichen für eine hohe Arbeitszufriedenheit dienlich sind. *Nicht-Arbeit⇨Arbeit-Konflikte* besitzen keine Relevanz zur Vorhersage der Arbeitszufriedenheit.

Es kann daher eine Domänspezifität angenommen werden, d.h., die Arbeitszufriedenheit steht vor allem mit Spillover-Prozessen im Zusammenhang, die auch im Arbeitsleben ihren Ursprung haben (für den bidirektionalen Faktor Benefiterleben gilt dies zumindest teilweise). Für die Lebenszufriedenheit (Studie 1) erweist sich die Dimension *Nicht-Arbeit⇨Arbeit-Konflikte* als bedeutsam. Hier kann jedoch von keiner Domänspezifität gesprochen werden, da der Faktor *Arbeit⇨Nicht-Arbeit-Konflikten* ebenfalls von Bedeutung für die Zufriedenheit mit der Beziehung zum Lebenspartner ist. Die ergänzenden Analysen in Studie 1 deuten darauf hin, dass der Zusammenhang zwischen *Nicht-Arbeit⇨Arbeit-Konflikten* und verschiedenen Maßen, die die Qualität der Partnerschaft beschreiben, vor allem für Frauen von Bedeutung ist. Verhaltensbedingte Interaktionsprozesse zwischen den Lebensbereichen stehen weder mit der Arbeits- noch mit der Lebenszufriedenheit im Zusammenhang.

Fragestellung S3-7.– Die Resultate der Zusammenhangsanalyse zwischen Work-Life-Balance-Erleben und *psychophysischen Beschwerden* sind vergleichbar mit den voranstehend diskutierten Ergebnissen der Zusammenhangsanalyse zur Arbeitszufriedenheit. Auch in diesem Analysemodell erweisen sich wieder die Faktoren *Arbeit⇨Nicht-Arbeit-Konflikte* und *Benefiterleben* als die statistisch abgesicherten Prädiktoren, mittels derer das Kriterium *psychophysische Beschwerden* vorhergesagt werden kann. Und auch in diesem Modell ist das Konflikterleben für die Frauen von großer Bedeutung und das Benefiterleben relevanter für Männer. Die Annahmen aus Fragestellung S3-7 können somit für die genannten Faktoren bestätigt werden, für die Faktoren verhaltensbedingte Interaktionsprozesse und *Nicht-Arbeit⇨Arbeit-Konflikte* indessen nicht.

11.5 Synopse: Heuristische Überprüfung der faktoriellen Struktur

In den drei voranstehenden Studien wurden in Abhängigkeit von den jeweils verwendeten Items als auch der jeweiligen Stichprobe faktorenanalytische Lösungen extrahiert, die einerseits große inhaltliche Übereinstimmungen aufweisen, sich andererseits aber auch in verschiedenen Teilaspekten unterscheiden. Da die in den drei Studien verwendeten Item-Sets des WoLiBaX nicht vollständig deckungsgleich sind, ist eine Zusammenfassung und Bewertung der extrahierten Faktoren nur in Form einer Synopse möglich. Ziel der synoptischen Darstellungsweise ist es, a) in einer ersten Zusammenfassung die wesentlichen Inhalte der Faktorenstrukturen der drei Studien zu identifizieren und gegenüberzustellen sowie b) in einer zweiten Zusammenfassung auf dieser Basis ein optimiertes Instrument zu erstellen, dass sowohl die unter a) genannten inhaltlichen Aspekte berücksichtigt als auch auf Item-Ebene die Nützlichkeit und Güte einzelner Fragen anhand ihrer statistischer Kennwerte in den Studie 1 bis 3 beachtet.

11.5.1 Studienübergreifende Merkmale der Faktorenstrukturen (Studie 1-3)

Mit der ersten Synopse sollen die inhaltlichen Gemeinsamkeiten und auch die Unterschiede der drei Faktorenstrukturen der Studie 1 bis 3 herausgearbeitet werden[29]. Eine erste vergleichende Übersicht der faktoriellen Makrostrukturen der drei Studien liefert die nachfolgende Tabelle 115.

Die erste Gemeinsamkeit, die der Übersicht der faktoriellen Strukturen Tabelle 115 entnommen werden kann, ist die Tatsache, dass in allen drei Studien jeweils vier Faktoren identifiziert wurden. Ein weiterer studienübergreifender zentraler Befund ist darin zu sehen, dass sich keine Faktoren identifizieren lassen, die spezifische Interaktionen zwischen den Lebensbereichen Arbeit und Familie bzw. zwischen Arbeit und Freizeit be-

Tabelle 115: Gesamtübersicht der extrahierten Faktoren der Studie 1-3

Nr.	Studie 1	Studie 2	Studie 3
1	F I *Arbeit⇔Nicht-Arbeit-Konflikte*	F1 *Arbeit⇔Nicht-Arbeit-Konflikte*	F1 *Arbeit⇔Nicht-Arbeit-Konflikte*
2	F II *Benefiterleben Arbeit⇔Nicht-Arbeit*	F2 *Benefiterleben Arbeit⇔Nicht-Arbeit*	F2 *Nicht-Arbeit⇔Arbeit-Konflikte*
3	F III *Nicht-Arbeit⇔Arbeit-Konflikte*	F4 *Nicht-Arbeit⇔Arbeit-Konflikte*	F3 *verhaltensbedingtes Benefiterleben Arbeit⇔Nicht-Arbeit*
4	F IV *Segmentationserleben Arbeit⇔Nicht-Arbeit*	F3 *Segmentationserleben Arbeit⇔Nicht-Arbeit*	F4 *beanspruchungsbedingtes Benefiterleben Arbeit⇔Nicht-Arbeit*

[29] In Studie 1 wird dabei Bezug genommen auf die Faktorenstruktur zweiter Ordnung.

schreiben. Die Befragten differenzieren nur zwischen den Lebensbereichen Arbeit auf der einen Seite und Nicht-Arbeit (Familie *und* Freizeit) auf der anderen Seite. Desweiteren zeigt sich, dass in allen durchgeführten Studien jeweils zwei unidirektionale Konfliktfaktoren gewonnen werden können: *Arbeit⇨Nicht-Arbeit-Konflikte* und *Nicht-Arbeit⇨Arbeit-Konflikte*. Die Items, die auf diesen beiden Konfliktfaktoren laden, behandeln (abgesehen von wenigen Ausnahmen) fast ausschließlich zeit- und beanspruchungsbedingte Aspekte des Work-Life-Balance-Erlebens.

In jeder der Studien lässt sich außerdem mindestens eine Positiv-Skala *Benefiterleben* extrahieren. Die Skalen des *Benefiterlebens* sind dabei immer bidirektional, d.h., die positiven Spillover-Prozesse weisen sowohl aus der Erwerbstätigkeit in den Bereich Nicht-Arbeit als auch in entgegengesetzte Richtung. Die Items, die auf diesen Faktoren laden, behandeln überwiegend verhaltens- und beanspruchungsbedingte Aspekte des Work-Life-Balance-Erlebens. In Studie 3 können sogar zwei separate Benefit-Skalen für verhaltensbedingte und beanspruchungsbedingte Interaktionen ermittelt werden. Schließlich wird in jeder Studie eine Dimension identifiziert, die ausschließlich verhaltensbedingte Erlebensaspekte erfasst. In den Studien 1 und 2 handelt es sich dabei um zwei Skalen, die die Inkompatibilität von Verhaltensweisen in den beiden Lebensbereichen behandeln *(verhaltensbedingtes Segmentationserleben)* und in Studie 3 um eine *Benefitskala,* d.h., Verhaltensweisen in einem Lebensbereich werden als förderlich oder hilfreich im anderen erachtet. Wobei angemerkt werden muss, dass zwei der sechs Items, die auf der Skala *verhaltensbedingtes Benefiterleben* (negativ) laden, auch verhaltensbedingtes Segmentationserleben beschreiben, womit die die inhaltliche Nähe der Skalen veranschaulicht wird. Eine zusätzliche Gemeinsamkeit dieser drei Skalen ist ferner darin zu sehen, dass sie alle drei bidirektional ausgerichtet sind.

Bilanziert man die geschilderten Befunde zu den übergreifenden Makrostrukturen der Faktoren, sollte sich ein (optimiertes) Instrument zur Erfassung des Work-Life-Balance-Erlebens aus den vier folgenden Skalen zusammensetzen:

1. *Arbeit⇨Nicht-Arbeit-Konflikte* (mit ausschließlich zeit- und beanspruchungsbedingten Items)
2. *Nicht-Arbeit⇨Arbeit-Konflikte* (ebenfalls mit ausschließlich zeit- und beanspruchungsbedingten Items)
3. *Benefiterleben* (mit ausschließlich beanspruchungs- und verhaltensbedingten Items)
4. *Segmentationserleben* (mit ausschließlich verhaltensbedingten Items).

11.5.2 Vergleich der verwendeten Items und Optimierung des Instruments

Auf Basis der im vorangehenden Kapitel gemachten Überlegungen wurden die Skalen des WoLiBaX optimiert. Ziel der Überarbeitung war es, ein Instrument zu erstellen, das die oben postulierte vierfaktorielle Makrostruktur berücksichtigt. Hierzu wurden auf Basis der Resultate der Contentanalyse und unter weiterer Berücksichtigung der Item-Ladungen sowie der statistischen Kennwerte (Item-Schwierigkeiten, Ladungshöhe, Kommunalitäten Mehrfachladungen etc.) der Studien 1 bis 3 in einem heuristischen Verfahren aus dem WoLiBaX-Itempool vier Skalen mit je acht Items zusammengestellt. Um die Entscheidungen für die Verwendung einzelner Items auf eine tragfähige Basis zu stellen, wurden alle in den drei Studien verwendeten Items in einer tabellarischen Synopse gegenübergestellt[30]. Diese kann dem Anhang entnommen werden. Eine vollständige Übersicht der nach der Synopse in Studie 4 verwendeten Items findet sich in Tabelle 121[31]. Ob diese Item- und Faktorenstruktur Gültigkeit und Validität besitzt, muss jedoch in einer gesonderten Stichprobe mit einer hohen Personenzahl konfirmatorisch eruiert werden. Dieses wird mit der nächsten Studie im folgenden Kapitel angestrebt.

11.6 Studie 4: WoLiBaX-Onlinestudie

11.6.1 Einleitung und Fragestellungen

Nachdem in den drei vorangestellten Untersuchungen die Konstruktvalidierung des WoLiBaX in zwei kleineren und homogenen Stichproben erfolgte (Studie 1: Elternpaare zweier spezifischer Berufsgruppen; Studie 3: wissenschaftliche Mitarbeiterinnen und Mitarbeiter einer Hochschule) sowie in einer größeren und heterogeneren Stichprobe (Studie 2: Eltern mit mindestens einem Kind unter sechs aus verschiedenen Berufsgruppen und Organisationen), ist es das Ziel der letzten hier dokumentierten Untersuchung, die letztendlich gewonnene faktorielle Struktur des Instrumentes in einer

---

[30] Dabei wurde der Item-Text einzelner Items sprachlich leicht modifiziert und einige Items neu aufgenommen.

[31] Da mit der Überarbeitung des Instruments auch die Kurzbezeichnung der Items überarbeitet wurde, sei an dieser Stelle im Folgenden auch kurz die neue Darstellungsweise erklärt. Das Bezeichnungssystem wird angeführt von einem Buchstabencode, der das jeweilige Vereinbarkeitskonstrukt bezeichnet (ANAK für *Arbeit⇨Nicht-Arbeit-Konflikte*; NAAK *Nicht-Arbeit⇨Arbeit-Konflikte*; B für Benefiterleben; S für Segmentationserleben). Die nachfolgende Ziffer stellt einen Laufindex für das jeweilige Konstrukt dar. Die Items der Skalen Segmentationserleben und Benefiterleben beinhalten als nächstes einen Buchstabencode, der die Richtung des Interaktionsprozesses beschreibt (ANA für Arbeit⇨Nicht-Arbeit-; NAA *Nicht-Arbeit⇨Arbeit*). Die nächste Ebene des Bezeichnungssystems spiegelt die inhaltliche Bezugsebene des Items, gemäß der Contentanalyse, wieder (Z für zeitbedingte Inhalte; B für beanspruchungsbedingte Inhalte; V für verhaltensbedingte Inhalte). Die vierte und letzte Ebene des Bezeichnungssystems bezieht sich auf die außerberufliche Domäne, die durch das Item angesprochen wird (Fa für Familie; Fr für Freizeit). Das Item *ANAK6_B_Fa* repräsentiert somit das sechste Item der Skala *Arbeit⇨Nicht-Arbeit-Konflikte* und thematisiert beanspruchungsbedingte Spillover-Prozesse, die aus der Arbeit in das Familienleben wirken.

möglichst heterogenen und quantitativ umfangreichen Stichprobe mit einem weiten Gültigkeitsbereich zu untersuchen.

Hierzu sollte eine möglichst heterogene Stichprobe von Erwerbstätigen gewonnen werden. Aus diesem Grund wurde diese Untersuchung mittels Online-Befragung durchgeführt. Die Stichprobengewinnung erfolgte dabei ausschließlich über eine internetbasierte Rekrutierung der Studienteilnehmer, wobei eine ausreichend große Stichprobe mit einer Vielzahl an demografischen und berufsbezogenen Merkmalen (z. B. Geschlecht, Alter, Herkunft, Tätigkeit, Branche etc.) gewonnen werden soll.

Auch in dieser Studie wird ein querschnittliches, nichtexperimentelles Ein-Gruppen-Design mit einer Einmal-Messung verwendet. Die WoLiBaX-Items werden außerdem zur Bestimmung der Retest-Reliabilität den Befragten in einer Wiederholungsmessung vier Wochen nach dem ersten Befragungszeitpunkt erneut zur Beantwortung präsentiert. Es handelt es sich für diese Detailanalysen somit um ein längsschnittliches Gruppen-Prä-Post-Design ohne Intervention.

In dieser Studie sollen *methodisch validierende Fragestellungen* untersucht und beantwortet werden. Hierzu soll einerseits die Faktorenstruktur des WoLiBaX explorativ und konfirmatorisch an gesplitteten Stichproben analysiert werden und andererseits die interne Konsistenz (Cronbachs-α) als auch die überdauernde Stabilität der Messung (Retest-Reliabilität) untersucht werden.

Fragestellung S4-1: Kann die postulierte Faktorenstruktur des WoLiBaX empirisch (explorativ) identifiziert werden?

Fragestellung S4-2: Kann die postulierte Faktorenstruktur des WoLiBaX empirisch (konfirmatorisch) bestätigt werden?

Fragestellung S4-3: Erweisen sich die WoliBaX-Faktoren als reliabel (Cronbachs-α und Retest-Reliabilität)?

11.6.2 Instrument

Befragungsinstrument zu Messzeitpunkt (t_1).– Der vollständige Fragebogen der Untersuchung zu Messzeitpunkt (t_1) verfügt über 206 Einzelitems bzw. 156 Fragen und kann im Anhang mitsamt Kodierleitfaden eingesehen werden. Für die hier dargestellten Ergebnisse wird lediglich Rückgriff genommen auf die vier WoLiBaX-Skalen mit insgesamt 32 Items (vgl. Tabelle 121). Die in Studie 4 verwendeten Items des WoLiBaX wurden auf einer verbal verankerten Skala von *trifft überhaupt nicht zu* (1) bis *trifft voll und ganz zu* (5) beantwortet. Außerdem werden zur Charakterisierung der Stichprobe diverse soziodemografische, organisationale, familiale und individuelle Variablen berichtet.

Befragungsinstrument zu Messzeitpunkt (t_2).– Nach Abschluss der ersten Befragung (t_1) wurden die Teilnehmer des personalisierten Befragungsprojektes auf eine Wiederholungsbefragung nach vier Wochen hingewiesen und gebeten, sich an der Folgebefragung (t_2) zu beteiligen. Zum zweiten Messzeitpunkt (t_2) wurden den Studienteilnehmer die identischen 32 Items der WoLiBaX-Skalen erneut präsentiert. Außerdem wurde erfasst, ob sich im Zeitraum zwischen den beiden Befragungszeitpunkten bedeutsame Veränderung bei der Vereinbarkeit von Arbeit, Familie und Freizeit für die Respondenten ergeben haben.

Durchführung der Befragung.– Die Befragung wurde als reine Online-Befragung durchgeführt. Für die Teilnehmer bestand die Möglichkeit, sich entweder als angemeldeter Teilnehmer unter Angabe der Email-Adresse (Standardteilnahme; personalisiertes Befragungsprojekt) oder anonym (anonymes Befragungsprojekt) zu beteiligen. Die Befragten des personalisierten Befragungsprojektes hatten gegenüber den anonymen Studienteilnehmern a) die Möglichkeit, die Befragung jederzeit zu unterbrechen und zu einem späteren Zeitpunkt wieder aufzunehmen und b) sich an einem Gewinnspiel zu beteiligen. Für Befragungsteilnehmer des anonymisierten Befragungsprojektes bestanden beide Möglichkeiten nicht. Als Incentives zur Förderung der Teilnahmebereitschaft wurden zehn Preise im Wert von insgesamt 600 Euro ausgelobt. Hierdurch sollte sowohl eine möglichst hohe Beteiligungsquote als eine möglichst geringe Dropout-Quote sichergestellt werden.

11.6.3 Stichprobe

Im folgenden Kapitel wird zunächst die onlinegestützte Stichprobenakquisition beschrieben. Anschließend werden überblicksartig elementare Stichprobencharakteristika vorgestellt.

Stichprobenakquisition.– Um das Ziel einer möglichst heterogenen und breit gestreuten Stichprobe zu erreichen, wurde eine *Multi-Channel-Strategie* verfolgt, bei der im deutschsprachigen Raum des Internets über verschiedenste Zugangswege potenzielle Befragungsteilnehmer direkt oder indirekt angesprochen wurden. Dabei wurden unter anderem folgende Kanäle und Informationswege verfolgt: Veröffentlichung mehrerer zielgruppenspezifischer Pressemitteilung zum Studienstart, direkte Ansprache von Work-Life-Balance-Experten und Multiplikatoren mit der Bitte um Unterstützung und Veröffentlichung der Befragungsadresse, Nutzung von Netzwerken, Online-Plattformen und Diskussionsforen zu den Themen Work-Life-Balance und Vereinbarkeit vom Arbeit, Familie und Freizeit sowie die direkte Ansprache von (regionalen und überregionalen) Print-Medien. Ergänzende detaillierte Informationen zur Stichprobengewinnung können Burkhardt (2007) entnommen werden. Die Startseite der Onlinebefragung *(www.wolibax.de)* wurde im Befragungszeitraum (16 Wochen) insgesamt 2942-mal aufgerufen. In diesem Zeitraum haben insgesamt 1430 Teilnehmer die Befragung begonnen. Zu Beginn der Erhebung wurde den Teilnehmer eine Filterfrage gestellt, in der sie nach Ihrer Erwerbstätigkeit gefragt wurden. Nichterwerbstätige Personen wurden von der weiteren Befragung ausgeschlossen. Von den ursprünglich 1430 Personen, die die Befragung begonnen hatten, setzten 1282 (89,7 %) Erwerbstätige die Befragung nach dieser Filterfrage fort (vgl. Tabelle 116).

Tabelle 116: Anzahl Studienteilnehmer (Studie 4)

1. Filterfrage: Erwerbstätigkeit Ja/Nein	Anonymes Projekt		Personalisiertes Projekt		Gesamt	
	N	%	N	%	N	%
erwerbstätig	282	82,5%	1000	91,9%	1282	89,7%
nicht erwerbstätig	60	17,5%	88	8,1%	148	10,3%
Gesamt	342	100%	1088	100%	1430	100%

Am anonymisierten Befragungsprojekt beteiligten sich 282 Teilnehmer und am personalisierten Befragungsprojekt 1000 Personen (78 % der Gesamtstichprobe; s. Tabelle 117). Im anonymisierten Projekt sind die *Drop-Quoten* erwartungsgemäß deutlich höher als im personalisierten Projekt. Während sich im anonymisierten Projekt die Drop-Quote bereits beim 50. Item auf 36,2 % beläuft und am Ende der Befragung gar 44,3 % beträgt, sind die Quoten für die entsprechenden Teile im personalisierten Befragungsprojekt 8,1 % und 10,7 %. Insgesamt beläuft sich die Abbruchquote im Verlaufe der Befragung auf 18,1 %, was bei der Länge des eingesetzten Fragebogens (bis zu maximal 206 Items) als äußerst zufriedenstellend zu betrachten ist. Die durchschnittliche Befragungsdauer über alle Teilnehmer hinweg beträgt 23,4 Minuten und entspricht damit dem in der Instruktion genannten Zeitraum von 20 bis 30 Minuten.

Zusammensetzung der Gesamtstichprobe.– Für die nachfolgenden Analysen werden vor allem die Items der WoLiBaX-Skalen genutzt. Um bei der Anwendung faktorenanalytischer Verfahren aufgrund fehlender Werte Verzerrungen zu vermeiden, werden nur die Datensätze von Studienteilnehmern berücksichtigt, die alle Fragen der WoLiBaX-Items vollständig beantwortet haben. Dies bedeutet, dass bei den folgenden Untersuchungen ein Gesamtdatensatz von N=1099 berücksichtigt wird (vgl. a. Zeile 3 in Tabelle 117).

Der *Frauenanteil* in der Stichprobe ist mit 78 % deutlich überrepräsentiert. Die Frauen sind im Mittel 35,4 Jahre alt (SD = 9,0; Range: 19 – 63), die Männer im Mittel 37,4 Jahre (SD = 9.3, Range: 21 – 60) alt. Das *mittlere Alter* für die Gesamtstichprobe

Tabelle 117: Teilnehmerzahlen, Drop-Out-Quoten und prozentualer Anteil an der Gesamtstichprobe für anonymisiertes und personalisiertes Befragungsprojekt

Item- bzw. Seitenbezeichnung (Position im Fragebogen)	Anonymes Projekt			Personalisiertes Projekt			Gesamtstichprobe	
	N	Drop-Out in %	% Anteil an Gesamtstichprobe	N	Drop-Out in %	% Anteil an Gesamtstichprobe	N	Drop-Out in %
Erwerbstätigkeit: Ja (Item Nr.1)	282	0	22,0	1000	0	78,0	1282	0
Geschlecht (Item Nr. 4/5)	270	4,3	21,7	975	2,5	78,3	1245	2,9
WoLiBaX III (Item Nr. 50/52)	180	36,2	16,4	919	8,1	83,6	1099	14,3
Ende des FB (Item Nr. 206)	157	44,3	15,0	893	10,7	85,0	1050	18,1

beläuft sich auf 35,9 Jahre (SD = 9.1). Wie aus Abbildung 38 ersichtlich, ist die am stärksten vertretene Altersgruppe die Gruppe der 31 bis 40-Jährigen (mit 35,9 %), gefolgt von der Gruppe der bis 30-Jährigen (34,4 %) sowie 41-bis 49-Jährigen (22,7 %). Nur etwas über 7 % der Stichprobe gehört der sogenannten „*Generation 50+*" an.

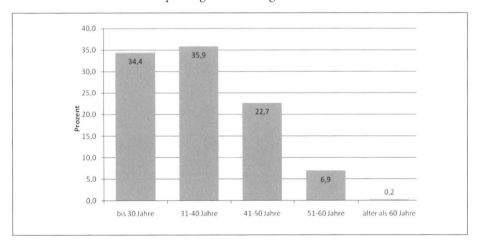

Abbildung 38: Alterskategorien Gesamtstichprobe (Studie 4)

Da die Studie online durchgeführt wurde, war auch der *Wohnort der Befragten* von besonderem Interesse. Knapp 93 % der Studienteilnehmer leben in der Bundesrepublik Deutschland, 4 % Prozent in der Schweiz, weitere 2 % in Österreich und rund ein Prozent geben an, außerhalb der drei genannten Staaten zu leben. Die in Deutschland lebenden Studienteilnehmer verteilen sich hinsichtlich ihres Wohnortes wie folgt auf die 16 Bundesländer: Nordrhein-Westfalen 19,0 %, Thüringen 16,3 %, Bayern 15,3 %, Baden-Württemberg 9,9 %, Hessen 8,3 %, Berlin 6,5 %, Niedersachen 4,3 %, Bremen 3,2 %, Rheinland-Pfalz 3,2 %, Sachsen 2,7 %, Brandenburg 2,4 %, Hamburg 2,3 %, Schleswig-Holstein 2,2 %, Mecklenburg-Vorpommern 1,6 %, Sachsen Anhalt 1,4 % und das Saarland mit 1,1 %. Es ist darauf hinzuweisen, dass vor allem Teilnehmer aus Niedersachsen und Sachsen unter-, sowie jene aus Berlin und Thüringen überrepräsentiert sind (Statistisches Bundesamt, 2006). Bezüglich der Kommune, in der die Befragten leben, zeigt sich das 11,3 % der Teilnehmer in einer kleineren Gemeinde mit bis zu 5.000 Einwohnern leben und 21,4 % in einer Stadt zwischen 5.001 und 50.000 Einwohnern sowie 13,1 % in einer Kommune mit 50.001 bis 100.000 Einwohnern. In Großstädten zwischen 100.001 und 500.000 Einwohnern befinden sich 31,2 % der Befragten und 23,0 % leben in Großstädten mit einer Einwohnerzahl über 500.000.

Als höchsten *Bildungsabschluss* geben 56,7 % der Studienteilnehmer einen Hochschul- bzw. Fachhochschulabschluss an, 24,5 % die allgemeine Hochschulreife (Abitur, Fachabitur, Matura), 12,6 % einen mittleren Schulabschluss (10. Klasse Realschule, polytechnische Oberschule bzw. 10. Schuljahr Gymnasium), 2,1 % einen Volks- bzw. Hauptschulabschluss und 4,3 % nennen die Kategorie sonstiger Schulabschluss. Der Anteil der „*Bessergebildeten*" ist somit in der gewonnen Stichprobe deutlich überrepräsentiert (Statistisches Bundesamt, 2006).

Art der Erwerbstätigkeit. 57,7 % der Befragten der Stichprobe sind Vollzeit erwerbstätig (s. Tabelle 118). Die mittlere Anzahl der geleisteten Arbeitsstunden pro Woche beläuft sich in dieser Gruppe auf 43,7, davon sind im Mittel 6,1 Stunden pro Woche Mehrarbeit über die vertraglich vereinbarte Arbeitszeit hinaus. Die mittlere Betriebszugehörigkeit für die Gruppe sind 7,1 Jahre. 27,8 % der Studienteilnehmer arbeiten Teilzeit bei einer mittleren wöchentlichen Arbeitszeit von 26,9 Stunden und 4,3 Überstunden im Durchschnitt. Die gemittelte Betriebszugehörigkeit für die Gruppe beträgt 6,1 Jahre.

Nebenher erwerbstätig (z. B. Job neben der Haupttätigkeit Studium) sind lediglich 14,5 % der Studienteilnehmer. Die Mitglieder dieser Gruppe arbeiten durchschnittlich 12,7 Stunden pro Woche und leisten dabei 2,2 Überstunden. Die mittlere Betriebszugehörigkeit für diese Gruppe beträgt 2,7 Jahre. In der Gruppe der Nebenerwerbler arbeiten rund drei Viertel der Befragten weniger als 15 Stunden. Diese Gruppe zeichnet sich außerdem durch eine sehr kurze Betriebszugehörigkeit aus. Fast jeder zweite dieser Gruppe (46,8 %) ist erst seit einem Jahr oder kürzer für das Unternehmen tätig. 84,9 % dieser Befragtengruppe, sind Studierende an einer Hoch- oder Fachhochschule. In der Gruppe der Studierenden geben 80,6 % an, dass das Studium für sie gegenüber ihrer Erwerbstätigkeit Priorität hat, für 12,7 % sind beide Tätigkeiten gleich wichtig und 6,7 % geben der Erwerbstätigkeit gegenüber dem Studium eine höhere Priorität. Ein Befragter ist Zivildienstleistender.

Beruflicher Status. Fast drei Viertel der Studienteilnehmer sind Angestellte (73,8 %). Die zweitgrößte Gruppe stellen die Selbstständigen oder freiberuflich Tätigen mit 11,3 %, gefolgt von den Beamten mit 6,8 %. Die Rubriken Sonstiges (3,9 %), Auszubildende oder Praktikant/in (2,9 %) und Arbeiter/in verfügen alle über prozentuale Anteile die kleiner als 5 % sind. Die Gruppe der Arbeiter ist somit in der Stichprobe deutlich unterrepräsentiert.

Tabelle 118: Art der Erwerbstätigkeit, Arbeitsstunden und Überstunden pro Woche, Dauer der Betriebszugehörigkeit (n=1099)

Art der Erwerbstätigkeit	N	%	Arbeitsstunden/Woche (MW)	Überstunden/Woche (MW)	Betriebszugehörigkeit (MW)
Hauptberufliche Erwerbstätigkeit: Vollzeit	634	57,7	43,7	6,1	7,1
Hauptberufliche Erwerbstätigkeit: Teilzeit	305	27,8	26,9	4,3	6,1
Nebenher erwerbstätig	159	14,5	12,7	2,2	2,7
Wehr- oder Zivildienstleistender	1	0,1	38,0	0	-
Gesamtstichprobe	1099	100,0	34,5	5,0	6,2

Tabelle 119: Beruflicher Status (n= 939)

Beruflicher Status	N	%
Arbeiter/in	12	1,3
Angestellte/r	693	73,8
Beamter/Beamtin	64	6,8
Selbständig oder freiberuflich tätig	106	11,3
Auszubildende/r oder Praktikant/in	27	2,9
Sonstiges	37	3,9

38,1 % der Studienteilnehmer arbeiten in Mikro- und Kleinunternehmen mit bis zu 50 Mitarbeitern, 26,3 % in Organisationen mittlerer Größe (51 bis 500 Mitarbeiter) und 35,6 in Großunternehmen mit mehr als 500 Mitarbeitern. Die Befragten arbeiten im Mittel seit 6,2 Jahren (SD = 6,8) bei ihrem derzeitigen Arbeitgeber, wobei der Range von einigen Monaten bis zu 31 Jahren reicht. Die mittlere Arbeitszeit der Gesamtstichprobe beläuft sich auf 34,5 Stunden pro Woche. Rund ein Drittel der Befragten (34,1 %) arbeitet jeden Tag gleich lang. Arbeitszeiten mit Schichtmodellen erleben 23,5 % der Studienteilnehmer und 25,9 % haben zusätzlich zu ihrer normalen Arbeitszeit auch noch Bereitschaftsdienste oder Rufbereitschaft. Fast die Hälfte der befragten Personen (45,2 %) gibt an, auch Wochenenden zu arbeiten. Die Möglichkeit, auch von zu Hause zu arbeiten (z. B. Telearbeit), hat fast die Hälfte der Probanden (50,2 %).

75,7 % der Befragten leben in einer *festen Lebenspartnerschaft*. Von ihnen leben 79,3 % mit ihren Partnern dauerhaft in einem Haushalt zusammen, 12,1 % zumindest teilweise. Lediglich 8,5 % leben nicht mit ihrem Lebenspartner zusammen. Die mittlere

Dauer der Lebenspartnerschaft beträgt 9,4 Jahre (SD 7,8; Range 0 bis 37). 90 % der Befragten geben an, dass ihr Lebenspartner ebenfalls erwerbstätig ist. 75,4 % der Befragten mit einem erwerbstätigen Lebenspartner sind mit einem Partner liiert, der in Vollzeit erwerbstätig ist. 14,3 % der erwerbstätigen Lebenspartner arbeiten in Teilzeit. Die restlichen Lebenspartner sind zwar erwerbstätig, aber derzeit freigestellt (2,1 %) oder zum Zeitpunkt der Befragung in Aus- oder Weiterbildung (8,1 %). Etwas mehr als die Hälfte der Lebenspartner verdient etwas oder viel mehr als die Befragungs-Teilnehmer. In diesen Ergebnissen schlägt sich der hohe Anteil von Frauen in der Stichprobe nieder.

Die Mehrheit der Befragten hat *Kinder* (56,2 %), im Mittel (M = 1.08, SD = 1.25), wobei die Mehrheit der befragten Eltern nur ein Kind hat. In der Stichprobe haben insgesamt 43,7 % der Teilnehmer keine Kinder, 23,6 % haben ein Kind, 20,1 % zwei und 12,6 % drei oder mehr Kinder. Das durchschnittliche Alter der Kinder beträgt 2,4 Jahre. Bei mehr als einem Viertel der Teilnehmer der Gesamtstichprobe ist das jüngste Kind unter sechs Jahren (27,3 %), bei jedem fünften Befragten (20,1 %) ist das jüngste Kind zwischen sieben und zwölf Jahren alt.

In einem durchschnittlichen *Haushalt der Gesamtstichprobe* leben drei Personen (M = 2,75, SD = 1,18). 13,4 % der befragten Studienteilnehmer leben alleine, 34,9 % in einem Zwei-, 24,3 % in Drei-Personen-Haushalt. 17,7 % leben in einem Vier-Personen-Haushalt, 9,6 % leben mit vier oder mehr Individuen. Das monatliche zur Verfügung stehende Nettoeinkommen der Haushalte (inkl. staatlicher Unterstützungsleistungen und anderer Einkommen) beläuft sich für 11,2 % der Teilnehmer auf 1000 €, für 22,5 % zwischen 1001 und 2000 €, für 25,6 % zwischen 2001 und 3000 € und für 40,8 % auf mehr als 3000 €.

Vergleicht man nach Geschlechtern getrennt, wer innerhalb der Partnerschaft die Hauptverantwortung für die Haushaltsführung und die Kinderbetreuung trägt, zeigen sich überwiegend traditionelle Rollenmuster. Bei den Männern geben lediglich 3,9 % an, hauptverantwortlich für die Haushaltsführung zu sein. Die Lebenspartnerin wird in 44,7 % aller Fälle genannt und 47,6 % der Männer mit Lebenspartnerschaft geben an, dass beide Partner in gleichem Umfang für die Haushaltsführung verantwortlich seien. Ein ähnliches Muster zeigt sich für die Kinderbetreuung. Hier geben sogar nur 1,8 % der Männer an, der Hauptverantwortliche für die Betreuung der Kinder zu sein: In 56,5 % sei dies die Lebenspartnerin und in etwas mehr als einem Drittel der Fälle beide Lebenspartner in gleichem Umfang.

Ein anderes Antwortmuster für diese beiden Fragen ergibt sich für die weiblichen Studienteilnehmer. So geben 50,9 % der befragten Frauen an, Hauptverantwortliche für den Haushalt zu sein und nur in 2,9 % der Fälle werden die Männer genannt. 44,6 % der Frauen mit Lebenspartnerschaft geben an, dass beide Lebenspartner in gleichem Umfang für den Haushalt verantwortlich sein. Andere Personen (z. B. Großeltern, Geschwister) tragen sowohl bei der Haushaltsführung als auch bei der Kinderbetreuung nur in sehr geringem Umfang (weniger als 2 %) die Hauptverantwortung, mit Ausnahme für die Kinderbetreuung in der Teilstichprobe der Männer (4,7 %).

Familie hat eine hohe Bedeutung im Leben der Befragten. Das Verhältnis zur Familie wird von den Befragten im Mittel als sehr eng eingeschätzt. Am deutlichsten wird der enge Zusammenhang zwischen den Studienteilnehmern und ihrer Familien durch den hohen Mittelwert von 4.5 für emotionale Verbundenheit auf einer fünfstufigen Skala ausgedrückt *("Wie stark empfinden Sie sich gefühlsmäßig Ihrer Familie bzw. den Familienmitgliedern insgesamt verbunden?")* gefolgt vom Gefühl der Verantwortlichkeit mit 4.3 *("Wie stark fühlen Sie sich für Ihre Familie bzw. für die Familienmitglieder insgesamt verantwortlich?")*. Die Abhängigkeit von der Familie wird hingegen eher mittel bewertet 3.2 *("Wie stark fühlen Sie sich von Ihrer Familie bzw. den Familienmitgliedern insgesamt abhängig?")*. Für keine der drei untersuchten Variablen zeigt sich dabei ein statistisch bedeutsamer geschlechtsspezifischer Unterschied. Es zeigen sich jedoch für zwei der Variablen altersbedingte signifikante Unterschiede. Die Verantwortung für die Familie wird in der Altersklasse bis 30 Jahre als signifikant geringer eingeschätzt als in den höheren Altersstufen (Abbildung 39). Die Abhängigkeit von der Familie wird hingegen erstaunlicherweise nicht von den jüngeren oder älteren Altersklassen am höchsten eingestuft, sondern von der Altersklasse der der 31-40 Jährigen. Der Unterschied wird auch statistisch bedeutsam. Für die Variable emotionale Verbundenheit mit der Familie lassen sich keine statistisch bedeutsamen Unterschiede identifizieren.

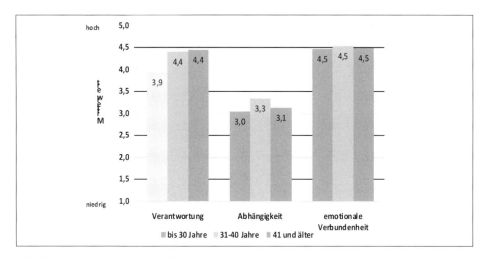

Abbildung 39: Verhältnis zur Familie

Bei der Frage, welche Personen bei der Vereinbarkeit von Arbeit, Familie und Freizeit von Bedeutung sind, nennen über zwei Drittel der Befragten (generationsübergreifend) mindestens einen Verwandten (68,2 %).

Fragen zur Zufriedenheit mit verschiedenen Aspekten des Familienlebens und der Partnerschaft weisen durchweg hohe Zufriedenheitswerte auf. Dabei bewegen sich die Werte der Fragen nach der Zufriedenheit mit dem Familien- bzw. Privatleben insgesamt, der Beziehung zu Kind/ern und Lebenspartner, dem monatlichen Haushaltseinkommen, dem persönlichen Freiraum und der haushaltsbezogenen Arbeitsteilung sowie Rollenverteilung in der Partnerschaft auf einer fünfstufigen Skala werden zwischen 3.5 und 4.5, wobei Werte nahe 5 eine hohe Zufriedenheit repräsentieren.

Teilstichproben.– Zur Überprüfung der Struktur des WoLiBaX wird die oben beschriebene Gesamtstichprobe in drei annähernd gleich große geschichtete Teilstichproben aufgeteilt. Der Grund dafür ist darin zu sehen, dass die faktorielle Struktur des Instrumentes in mehreren Schritten überprüft werden soll. In einem ersten Analyseschritt (1) wird erneut, wie in den vorhergehenden Stichproben, mittels exploratorischer Hauptkomponentenanalyse die Faktorenstruktur in einer ersten Teilstichprobe (A) untersucht. Nachfolgend wird mittels eines konfirmatorischen Strukturgleichungsmodells (2) das theoretisch postulierte Modell in einer zweiten Teilstichprobe (B) getestet. Das Instrument bzw. das Strukturgleichungsmodell wird schließlich in einem dritten Schritt an derselben Teilstichprobe modifiziert und optimiert (3). Zum Schluss erfolgt eine Kreuzvalidierung des optimierten Modells (4) an einer dritten Teilstichprobe (C).

Um möglichst vergleichbare Teilstichproben zu erhalten, wird der Gesamtdatensatz in drei annähernd gleich große Teile aufgeteilt. Hierzu werden aus dem Gesamtdatensatz drei geschichtete Zufallsstichproben gezogen. Als Schichtungsmerkmale werden die vier Merkmale *Art der Erwerbstätigkeit* (hauptberuflich in Vollzeit, hauptberuflich in Teilzeit, nebenher erwerbstätig, Wehr-/Zivildienst), *Geschlecht* (männlich/weiblich), *Kinder* (ja/nein) sowie *Leben in Partnerschaft* (ja/nein) berücksichtigt (kombiniertes $N = 973$). Eine Analyse der Verteilung 18 verschiedener organisationaler, familialer und individueller Merkmale (z. B. Alter, Geschlecht, Partnerschaft, Herkunft, beruflicher Status) für die jeweiligen drei Teilstichproben ergeben im X^2-Test keine signifikanten Unterschiede zwischen den Gruppen. Die einzige Ausnahme stellt die Variable *Bildungsabschluss* dar ($X^2 (10, N = 973) = 20.2, p<0.05$), wobei sich allerdings kein systematisches und eindeutig interpretierbares Abweichungsmuster erkennen lässt.

Eine zusammenfassende Übersicht über die einzelnen Analyseschritte und die verwendeten Teilstichproben vermittelt Tabelle 120.

Für alle faktorenanalytischen Auswertungen werden die voranstehenden Teilstichproben verwendet, für die Stichprobenbeschreibung (vgl. 11.6.3.2), die Bestimmung der internen Konsistenz zu t_1 (s. 11.6.5.3) als auch für die deskriptiven Skalen- und Item-Kennwerte (Mittelwerte, Standardabweichungen, Spannweiten, s. 11.6.7.5) wird auf den Gesamtdatensatz zurückgegriffen.

Tabelle 120: Geschichtete Teilstichproben (Studie 4)

Schritt	Verfahren	Ziel	Teilstichprobe	N
1	EFA: Hauptkomponentenanalyse	exploratorisch	A	323
2	KFA: Strukturgleichungsanalyse (I)	konfirmatorisch: Testung des postulierten theoretischen Modells	B	333
3	KFA: Strukturgleichungsanalysen (II)	exploratorisch: Optimierung des Modells auf Itemebene	B	333
4	KFA: Strukturgleichungsanalyse (III)	konfirmatorisch: Replikation der Analyse des modifizierten Modells	C	317

Zusätzlich wurden die Befragten zu einem zweitem Messzeitpunkt (t_2) vier Wochen nach der Ersthebung zu einer Folgebefragung eingeladen. Hierbei wurden den Studienteilnehmer a) die 32 WoLiBaX-Items erneut präsentiert und b) wurde erfasst, ob sich für die Befragten im Zeitraum zwischen t_1 und t_2 bedeutende Änderungen hinsichtlich ihrer Lebenssituation und der Vereinbarkeit von Arbeit, Familie und Freizeit ergeben haben. Von den ursprünglich 1099 Teilnehmern des Messzeitpunktes (t_1) konnten 793 erneut befragt werden, was einer Beteiligung von 72,2 % der Erst-Befragten entspricht. Hiervon beantworteten 92,9 % die Frage nach bedeutsamen Veränderungen bezüglich der Vereinbarkeit von Arbeit, Familie und Freizeit. In der Gruppe der Teilnehmer, die diese Frage beantwortet haben, geben 80,9 % an, dass sich zwischen den beiden Messzeitpunkten keine Veränderung ergeben haben, während 19,1 % in diesem Zeitraum bedeutsame Veränderungen erfahren haben. Die Befragten, für die sich Veränderungen bei der Vereinbarkeit von Arbeit, Familie und Freizeit ergeben haben, konnten ferner angeben, in welchem Lebensbereich sich diese Veränderungen ereignet haben (Mehrfachnennungen waren möglich). Hierbei nennen 46,8 % Änderungen im Lebensbereich Arbeit, 63,8 % im Lebensbereich Familie und 12,8 % im Lebensbereich Freizeit. Nicht erfasst wurde, ob die Veränderungen aus Sicht der Befragten sich positiv ausgewirkt haben, d.h., förderlich waren für die Vereinbarkeit von Arbeit, Familie und Freizeit oder ob die Veränderungen von den Betroffen negativ bewertet wurden.

11.6.4 Deskriptive Vorabanalysen (Item-Analysen)

Eine erste Übersicht über das Work-Life-Balance-Erleben der Befragten vermitteln die deskriptiven Kennwerte (Mittelwerte, Standardabweichungen) der 32 WoLiBaX-Fragen auf Itemebene (s. Tabelle 121).

Bereits bei Betrachtung der Item-Mittelwerte fällt auf, dass analog zu den vorhergehenden Studien die Items der Skala *Arbeit⇨Nicht-Arbeit-Konflikte* höhere Ausprägungen des Mittelwerts aufweisen als die Items der Skala *Nicht-Arbeit⇨Arbeit-Konflikte*. Die höchsten Mittelwertausprägungen zeigen sich für die Items der Skala

Tabelle 121: Mittelwerte und Standardabweichung der WoLiBaX-Items

Kurzbezeichnung des Items	Itemtext	x̄	SD
ANAK1_Z_Fa	Aufgrund der Menge an Zeit die ich für meine Berufstätigkeit aufbringe, muss ich häufig Familienaktivitäten absagen.	2.58	0.95
ANAK2_Z_Fa	Die Zeit, die ich meiner Berufstätigkeit widmen muss, hält mich davon ab, in gleicher Weise Verpflichtungen im Haushalt zu erfüllen.	3.13	1.10
ANAK3_Z_Fr	Aufgrund meines Berufs habe ich nicht genügend Zeit, um Aktivitäten außerhalb der Arbeit wahrzunehmen, die ich entspannend und angenehm finde.	3.00	1.16
ANAK4_Z_Fr	Meine Arbeitszeit ist so gestaltet, dass es mir gut möglich ist, meinen privaten Interessen und Hobbies nachzugehen.	3.08	1.16
ANAK5_B_Fa	Wenn ich von der Arbeit nach Hause komme, bin ich oft zu erschöpft, um an Familienaktivitäten teilzunehmen oder familiären Verpflichtungen nachzukommen.	2.78	0.97
ANAK6_B_Fa	Nach der Arbeit bleibt mir wenig Energie für Dinge, die zu Hause erledigt werden müssen.	3.01	1.13
ANAK7_B_Fr	Nach der Arbeit bleibt kaum Energie für meine persönlichen Interessen und Hobbies.	3.20	1.02
ANAK8_B_Fr	Durch den Druck während der Arbeit bin ich in meiner Freizeit oft zu gestresst, um mich an privaten Dingen zu erfreuen.	2.48	1.11
S1_ANA_V_Fa	Die Art und Weise, wie ich Schwierigkeiten im Rahmen meiner Arbeit löse, ist nicht effektiv beim Lösen familiärer Probleme.	2.60	1.03
S2_ANA_V_Fa	Verhaltensweisen, die effektiv oder notwendig für meine Arbeit sind, sind zu Hause nicht hilfreich.	2.54	1.02
S3_ANA_V_Fr	Während meiner Arbeit wird von mir verlangt, mich in einer bestimmten Weise zu verhalten, die in meiner Freizeit inakzeptabel ist.	1.87	1.02
S4_ANA_V_Fr	Wenn ich mich in meiner Freizeit so verhalte wie in meinem Berufsleben, dann werde ich dafür häufig kritisiert.	2.08	1.06
S5_NAA_V_Fa	Ich bin nicht erfolgreich in meiner Arbeit, wenn ich dieselben Verhaltensweisen einsetze, die in meiner Familie benutzt werden.	2.20	1.06
S6_NAA_V_Fa	Die Art und Weise, in der ich familiäre Probleme löse, ist nicht nützlich im Arbeitsleben.	2.51	1.03
S7_NAA_V_Fr	Die Art und Weise, wie ich in meiner Freizeit Probleme löse, scheint nicht so nützlich bei meiner Arbeit zu sein.	2.43	0.98
S8_NAA_V_Fr	Das Verhalten, das ich in meiner Freizeit zeige, ist nur schwer mit dem Verhalten in meinem Arbeitsleben zu vereinbaren.	2.44	1.09
NAAK1_B_Fa	Familiäre Belastungen machen es mir schwierig, mich auf meine Arbeit zu konzentrieren.	2.24	0.96
NAAK1_Z_Fa	Die zeitlichen Anforderungen meiner Familie behindern die Erfüllung meiner beruflichen Pflichten (z.B. pünktlicher Arbeitsbeginn, Überstunden machen usw.).	2.12	1.13
NAAK2_B_Fa	Wenn ich arbeite, lenken mich meine familiären Sorgen und Probleme ab.	2.27	1.00
NAAK2_Z_Fa	Meine Familie bietet mir genügend zeitlichen Freiraum, damit ich während der Arbeit gute Leistungen erbringen kann.	3.75	0.99
NAAK3_B_Fr	Ich bin während Arbeit oft müde wegen der Dinge, die ich in meinem Privatleben mache.	2.10	0.88
NAAK3_Z_Fr	Ich benötige so viel Zeit für mein Privatleben, dass meine Arbeit nicht so erledigen kann, wie es gerne tun würde.	1.71	0.89
NAAK4_B_Fr	Dinge, die in meiner Freizeit passieren, machen es mir schwer, mich auf meine Arbeit zu konzentrieren.	1.88	0.84
NAAK4_Z_Fr	Die zeitlichen Anforderungen in meiner Freizeit (z.B. private Termine) führen dazu, dass meine Arbeit darunter leidet.	1.70	0.80
B1_ANA_V_Fa	Die Art und Weise, wie ich während meiner Arbeit Probleme angehe, ist auch effektiv beim Lösen von Problemen zu Hause.	3.26	1.01
B2_ANA_B_Fa	Meine Arbeit gibt mir die Energie, angenehme Dinge mit meiner Familie zu unternehmen.	2.75	1.08
B3_ANA_V_Fr	Fähigkeiten, die ich im Rahmen meiner Arbeitstätigkeit einsetze, sind auch nützlich für Dinge, die ich in meinem Privatleben erledigen muss.	3.41	0.91
B4_ANA_B_Fr	Durch meine Arbeitstätigkeit gewinne ich die Kraft, auch meine persönlichen Interessen und Hobbies zu verfolgen.	2.60	1.03
B5_NAA_V_Fa	Persönliche Fähigkeiten, die ich zu Hause nutze, helfen mir, mit beruflichen Aufgaben während meiner Arbeit umzugehen.	3.43	0.97
B6_NAA_B_Fa	Meine Familie gibt mir die Möglichkeit wieder aufzutanken, um Energie für meine Arbeitstätigkeit zu gewinnen.	3.59	1.08
B7_NAA_V_Fr	Fähigkeiten, die ich im Rahmen meiner Freizeit nutze, sind auch hilfreich für Dinge, die ich in meinem Arbeitsleben erledigen muss.	3.26	0.98
B8_NAA_B_Fr	Meine privaten Freizeitaktivitäten (z.B. Hobbies, Vereine, Sport etc.) geben mir positive Energie und neuen Schwung für meine Berufstätigkeit.	3.64	1.08

Benefiterleben. Eher auf geringem Niveau auf der fünfstufigen Skala zwischen 1.8 und 2.6 bewegen sich die Items der Skala des *verhaltensbedingtem Segmentationserlebens*. Hinsichtlich der Standardabweichungen können keine Auffälligkeiten berichtet werden.

11.6.5 Explorative Faktorenanalyse (S4-1)

Eignung der Daten (Prüfung der Voraussetzungen).– Bevor mittels explorativer Hauptkomponentenanalyse die faktorielle Struktur des WoLiBaX überprüft werden kann, gilt es die Daten des Datensatzes A auf ihre Eignung hin zu überprüfen. Eine Analyse der Missing-Werte ist nicht notwendig, da nur vollständige Datensätze bei der Analyse berücksichtigt werden. Der Umfang der Teilstichprobe A kann mit einer Größe von 323 als gut bezeichnet werden. Das Verhältnis von Personen zu Items beträgt zehn zu eins und kann ebenfalls als gut bewertet werden. Diese Größe der Stichprobe erweist sich auch als notwendig, da die Kommunalitäten h^2 für die Hälfte der Items kleiner als 0.50 ist. Eine ausreichend große Stichprobe kompensiert diesen Mangel (MacCallum, Widaman, Zhang & Hong, 1999). Die Bestimmung des Kaiser-Meyer-Olkin-Kriteriums ergibt einen Wert 0.87, ist also ebenfalls als gut einzustufen (Bühner, 2004).

Tabelle 122: KMO- und Bartlett-Test (Studie 2)

Maß der Stichprobeneignung nach Kaiser-Meyer-Olkin		0.87
Bartlett-Test auf Sphärizität	Ungefähres Chi-Quadrat	4231,21
	df	496
	Signifikanz nach Bartlett	0.00

Eine Analyse der MSA-Werte ergibt, dass alle Items über MSA-Koeffizienten größer 0.70 verfügen und folglich für eine faktorenanalytische Auswertung geeignet erscheinen, eine Vorab-Selektion ungeeigneter Items ist nicht notwendig.

Hauptkomponentenanalyse und Faktorenextraktion.– Der nachfolgenden Hauptkomponentenanalyse mit anschließender Varimax-Rotation geht zunächst die Diskussion über die Anzahl der zu extrahierenden Faktoren voraus. Zieht man das Kaiser-Guttmann-Kriterium heran, sind acht Faktoren mit Eigenwerten größer 1 zu extrahieren. Doch auch für diesen Datensatz gilt, dass dieses Kriterium häufig die tatsächliche Anzahl an Faktoren überschätzt, vor allem bei einer großen Zahl verwendeter Variablen (vgl. beispielsweise Zwick & Velicer, 1986). Zieht man den grafischen Verlauf des Scree-Plots als Kriterium heran (s. Abbildung 40), sind vier Faktoren *„links vor dem Knick"* zu extrahieren. Der Minimum Average Partial-Test (MAP-Test) ergibt vier zu extrahierende Komponenten. Die Parallelanalyse nach Horn berechnet hingegen fünf zu bildende Faktoren. Das letzte und nicht zu vernachlässigende Kriterium, das theoretisch postulierte Modell, legt ebenfalls die Bildung von vier Faktoren nahe. Ein Überblick über die verschiedenen Kriterien kann Tabelle 32 entnommen werden.

Tabelle 123: Zusammenfassung der Ergebnisse der verschiedenen Kriterien zur Faktorenextraktion (Studie 4)

Kriterium	Anzahl der Faktoren
A-priori-Kriterium/Theoretische Vorgabe	4
Eigenwerte>1	8
Scree-Test	4
Parallelanalyse	5
MAP-Test	4

Drei der fünf herangezogenen Kriterien sprechen für eine vierfaktorielle Lösung, so dass die Entscheidung – wie auch in den vorhergehenden Untersuchungen – zugunsten dieser Lösung fällt.

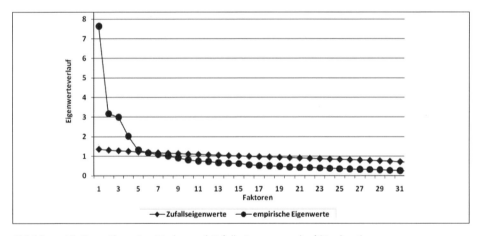

Abbildung 40: Scree-Plot – Empirischer und Zufallseigenwertverlauf (Studie 4)

Faktorenrotation und Interpretation der Faktoren.– Nach der Extraktion von vier Faktoren werden diese varimaxrotiert, wobei die Lösung in acht Iterationen konvergiert. Die vier Faktoren weisen eine Einfachstruktur auf und sind leicht zu interpretieren, da sie den unter 11.5.1 postulierten Skalen entsprechen. Die rotierte Faktorenmatrix kann Tabelle 124 entnommen werden.

Faktor 1 ist undirektional, besitzt neun Items und klärt 15,17 % der Varianz auf. Die Ladung der Items beläuft sich zwischen 0.51 und 0.77 bei einer mittleren Ladung von 0.67 (Tabelle 125). Inhaltlich beschreibt der Faktor Arbeit⇨Nicht-Arbeit-Konflikte. Der Faktor ist bipolar, da ein Item negativ auf diesen Faktor lädt: Das Item ANAK4_Z_Fr ist, wie postuliert, negativ gepolt, da es inhaltlich einen positiven Trans-

Tabelle 124: Varimaxrotierte Faktorladungsmatrix der 32 WoLiBaX-Items sowie Kommunalitäten, Eigenwerte und % erklärter Varianz (Studie 4)

Faktoren- / Itembezeichnung	Faktor 1	Faktor 2	Faktor 3	Faktor 4	h^2
Faktor 1: Arbeit⇨Nicht-Arbeit-Konflikte					
ANAK5_B_FA	**0.77**				0.64
ANAK3_Z_FR	**0.74**				0.64
ANAK6_B_FA	**0.72**				0.62
ANAK8_B_FR	**0.71**				0.55
ANAK4_Z_FR	**-0.68**				0.59
ANAK7_B_FR	**0.65**				0.47
ANAK1_Z_FA	**0.64**				0.43
ANAK2_Z_FA	**0.63**				0.48
S4_ANA_V_FR	**0.51**				0.43
Faktor 2: verhaltensbedingtes Segmentationserleben					
S1_ANA_V_FA		**0.74**			0.59
S2_ANA_V_FA		**0.72**			0.54
S7_NAA_V_FR		**0.71**			0.57
S6_NAA_V_FA		**0.70**			0.52
B1_ANA_V_FA		**-0.62**		0.43	0.59
B3_ANA_V_FR		**-0.61**		0.43	0.57
S5_NAA_V_FA		**0.58**			0.49
S8_NAA_V_FR	0.44	**0.49**			0.45
B5_NAA_V_FA^d		*-0.45*			*0.39*
S3_ANA_V_FR^d		*0.38*			*0.32*
Faktor 3: Nicht-Arbeit⇨Arbeit-Konflikte					
NAAK4_Z_FR			**0.76**		0.59
NAAK3_Z_FR			**0.74**		0.57
NAAK4_B_FR			**0.71**		0.51
NAAK1_B_FA			**0.68**		0.51
NAAK3_B_FR			**0.64**		0.44
NAAK1_Z_FA			**0.63**		0.45
NAAK2_B_FA			**0.57**		0.33
NAAK2_Z_FA			**-0.56**		0.46
Faktor 4: Benefiterleben					
B4_ANA_B_FR				**0.73**	0.59
B2_ANA_B_FA				**0.62**	0.42
B8_NAA_B_FR				**0.54**	0.33
B6_NAA_B_FA				**0.52**	0.30
B7_NAA_V_FR				**0.50**	0.42
Eigenwert	7.64	3.16	3.00	2.01	
% aufgeklärte Varianz	15.17	12.97	11.92	9.35	

Anmerkungen:
^{d} = Item verfügt über doppelte oder mehrfache Ladungen auf verschiedenen Faktoren. Entscheidungsregel: $(a_1^2 - a_2^2) / h^2 > 0.20$
kursiv = Items die bei der Faktorenbildung nicht berücksichtigt wurden sind kursiv dargestellt
fett = Ladungen die im Faktor berücksichtigt werden sind fett gedruckt;
Ladungen <0.30 werden nicht dargestellt;

fer zwischen den Lebensbereichen Arbeit und Nicht-Arbeit beschreibt. Da dieses Item jedoch negativ auf den Faktor lädt, entspricht es in seiner Ausrichtung den anderen acht Items, die ihrerseits alle Konflikte beschreiben. Neben den Fragen, die zeit- und beanspruchungsbedingte Konflikte aus der Arbeit in den Privatbereich thematisieren, lädt zusätzlich das Item S4_ANA_V-Fr positiv auf Faktor 1. Dieses Item behandelt eine verhaltensbedingte Interaktion zwischen den Lebensbereichen Arbeit und Familie/Freizeit. Da die Richtung dieses Konflikterlebens jedoch der Benennung dieses Faktors entspricht, kann auch dieses verhaltensbedingte Item inhaltlich dem Faktor 1 zugerechnet werden.

Tabelle 125: Faktor 1 Arbeit⇨Nicht-Arbeit-Konflikte

Nr.	Itembezeichnung/ Itemtext	Ladung
1	ANAK5_B_Fa Wenn ich von der Arbeit nach Hause komme, bin ich oft zu erschöpft, um an Familienaktivitäten teilzunehmen oder familiären Verpflichtungen nachzukommen.	0.77
2	ANAK3_Z_Fr Aufgrund meines Berufs habe ich nicht genügend Zeit, um Aktivitäten außerhalb der Arbeit wahrzunehmen, die ich entspannend und angenehm finde.	0.74
3	ANAK6_B_Fa Nach der Arbeit bleibt mir wenig Energie für Dinge, die zu Hause erledigt werden müssen.	0.72
4	ANAK8_B_Fr Durch den Druck während der Arbeit bin ich in meiner Freizeit oft zu gestresst, um mich an privaten Dingen zu erfreuen.	0.71
5	ANAK4_Z_Fr Meine Arbeitszeit ist so gestaltet, dass es mir gut möglich ist, meinen privaten Interessen und Hobbies nachzugehen.	-0.68
6	ANAK7_B_Fr Nach der Arbeit bleibt kaum Energie für meine persönlichen Interessen und Hobbies.	0.65
7	ANAK1_Z_Fa Aufgrund der Menge an Zeit die ich für meine Berufstätigkeit aufbringe, muss ich häufig Familienaktivitäten absagen.	0.64
8	ANAK2_Z_Fa Die Zeit, die ich meiner Berufstätigkeit widmen muss, hält mich davon ab, in gleicher Weise Verpflichtungen im Haushalt zu erfüllen.	0.63
9	S4_ANA_V_Fr Wenn ich mich in meiner Freizeit so verhalte wie in meinem Berufsleben, dann werde ich dafür häufig kritisiert.	0.51

kursiv = Items mit Doppelladungen

Der zweite Faktor enthält ausschließlich Items, die verhaltensbedingte Spillover-Prozesse zwischen den Lebensbereichen beschreiben (s. Tabelle 126). Die Ladung der Items dieses Faktors liegen zwischen 0.74 und 0.38. Die durchschnittliche Ladung beträgt 0.60. Sieben der Items, die auf diesen Faktor laden, beschreiben Aspekte, die verhaltensbedingtes Segmentationserleben erfassen, weshalb der Faktor auch entsprechend benannt wird. Drei Items laden negativ auf Faktor 2. Es handelt sich dabei ausschließlich um Items, die einen verhaltensbedingten positiven Transfer zwischen den Lebensbereichen thematisieren. Während sich alle positiv ladenden Items auf ein Konflikterleben beziehen, repräsentieren die negativ ladenden Items ein Benefiterleben. Es handelt sich damit um einen bipolaren Faktor. Die Interaktionsprozesse des Faktors verlaufen sowohl aus der Arbeit in das Privatleben als auch umgekehrt, weshalb es sich um ein bidirektionalen Faktor handelt. Nicht in den Faktor aufgenommen werden die Variable B5_NAA_V_Fa sowie die Variable S3_ANA_V_Fr aufgrund ihrer Doppelladungen, da sie Kriterium $(a_1^2 - a_2^2) / h^2 < 0.20]$ nicht erfüllen. Ferner verfügen beide Items über Itemladungen <0.50 bzw. <0.40. Der Faktor klärt 12,97 % Varianz auf.

Tabelle 126: Faktor 2 verhaltensbedingtes Segmentationserleben

Nr.	Itembezeichnung/ Itemtext	Ladung
1	S1_ANA_V_Fa Die Art und Weise, wie ich Schwierigkeiten im Rahmen meiner Arbeit löse, ist nicht effektiv beim Lösen familiärer Probleme.	0.74
2	S2_ANA_V_Fa Verhaltensweisen, die effektiv oder notwendig für meine Arbeit sind, sind zu Hause nicht hilfreich.	0.72
3	S7_NAA_V_Fr Die Art und Weise, wie ich in meiner Freizeit Probleme löse, scheint nicht so nützlich bei meiner Arbeit zu sein.	0.71
4	S6_NAA_V_Fa Die Art und Weise, in der ich familiäre Probleme löse, ist nicht nützlich im Arbeitsleben.	0.70
5	B1_ANA_V_Fa Die Art und Weise, wie ich während meiner Arbeit Probleme angehe, ist auch effektiv beim Lösen von Problemen zu Hause.	-0.62
6	B3_ANA_V_Fr Fähigkeiten, die ich im Rahmen meiner Arbeitstätigkeit einsetze, sind auch nützlich für Dinge, die ich in meinem Privatleben erledigen muss.	-0.61
7	S5_NAA_V_Fa Ich bin nicht erfolgreich in meiner Arbeit, wenn ich dieselben Verhaltensweisen einsetze, die in meiner Familie benutzt werden	0.58
8	S8_NAA_V_Fr Das Verhalten, das ich in meiner Freizeit zeige, ist nur schwer mit dem Verhalten in meinem Arbeitsleben zu vereinbaren.	0.49
9	*B5_NAA_V_Fa Persönliche Fähigkeiten, die ich zu Hause nutze, helfen mir, mit beruflichen Aufgaben während meiner Arbeit umzugehen.*	*-0.45*
10	*S3_ANA_V_Fr Während meiner Arbeit wird von mir verlangt, mich in einer bestimmten Weise zu verhalten, die in meiner Freizeit inakzeptabel ist.*	*0.38*

kursiv = Items mit Doppelladungen

Der dritte extrahierte WoLiBaX-Faktor besteht aus acht Items mit einer Ladung zwischen 0.56 und 0.76 bei einer mittleren Ladung von 0.66 (s. Tabelle 127). Alle Items beschreiben zeit- und beanspruchungsbedingte Interaktionsprozesse aus dem Privatleben in die Erwerbstätigkeit. Das unidirektionale Konstrukt wird deshalb als Nicht-Arbeit⇨Arbeit-Konflikte bezeichnet. Ein Item lädt negativ, weshalb die Skala als bipolar zu bewerten ist. Die durch Faktor 3 aufgeklärte Varianz beläuft sich auf 11,91 %.

Der vierte und letzte extrahierte Faktor der Hauptkomponentenanalyse besteht aus fünf Items, die positive Interaktionen zwischen den Lebensbereichen beschreiben, der

Tabelle 127: Faktor 3 Nicht-Arbeit ⇨ Arbeit-Konflikte

Nr.	Itembezeichnung/ Itemtext	Ladung
1	NAAK4_Z_Fr Die zeitlichen Anforderungen in meiner Freizeit (z.B. private Termine) führen dazu, dass meine Arbeit darunter leidet.	0.76
2	NAAK3_Z_Fr Ich benötige so viel Zeit für mein Privatleben, dass meine Arbeit nicht so erledigen kann, wie es gerne tun würde.	0.74
3	NAAK4_B_Fr Dinge, die in meiner Freizeit passieren, machen es mir schwer, mich, auf meine Arbeit zu konzentrieren.	0.71
4	NAAK1_B_Fa Familiäre Belastungen machen es mir schwierig, mich auf meine Arbeit zu konzentrieren.	0.68
5	NAAK3_B_Fr Ich bin während Arbeit oft müde wegen der Dinge, die ich in meinem Privatleben mache.	0.64
6	NAAK1_Z_Fa Die zeitlichen Anforderungen meiner Familie behindern die Erfüllung meiner beruflichen Pflichten (z.B. pünktlicher Arbeitsbeginn, Überstunden machen usw.).	0.63
7	NAAK2_B_Fa Wenn ich arbeite, lenken mich meine familiären Sorgen und Probleme ab.	0.57
8	NAAK2_Z_Fa Meine Familie bietet mir genügend zeitlichen Freiraum, damit ich	-0.56

Faktor wird deshalb in der Folge als Benefiterleben bezeichnet. Die Items laden alle positiv auf Faktor 4. Die Itemladungen belaufen sich zwischen 0.50 und 0.73. Die mittlere Ladung beträgt 0.58. Der Faktor ist bidirektional, da die Items sowohl Interaktionsprozesse behandeln, die aus der Arbeit in das Privatleben wirken als auch in der entgegengesetzten Richtung. Alle Items verfügen über eine positive Ladung, der Faktor kann somit als unipolar klassifiziert werden. Die Varianzaufklärung des Faktors beträgt 9,35 %.

Tabelle 128: Faktor 4 Benefiterleben

Nr.	Itembezeichnung/ Itemtext	Ladung
1	B4_ANA_B_Fr Durch meine Arbeitstätigkeit gewinne ich die Kraft, auch meine persönlichen Interessen und Hobbies zu verfolgen.	0.73
2	B2_ANA_B_Fa Meine Arbeit gibt mir die Energie, angenehme Dinge mit meiner Familie zu unternehmen.	0.62
3	B8_NAA_B_Fr Meine privaten Freizeitaktivitäten (z.B. Hobbies, Vereine, Sport etc.) geben mir positive Energie und neuen Schwung für meine Berufstätigkeit.	0.54
4	B6_NAA_B_Fa Meine Familie gibt mir die Möglichkeit wieder aufzutanken, um Energie für meine Arbeitstätigkeit zu gewinnen.	0.52
5	B7_NAA_V_Fr Fähigkeiten, die ich im Rahmen meiner Freizeit nutze, sind auch hilfreich für Dinge, die ich in meinem Arbeitsleben erledigen muss.	0.50

Die vierfaktorielle Lösung erreicht insgesamt eine Varianzaufklärung von 49,39 %. Zum Abschluss sei ergänzend darauf hingewiesen, dass sich die Struktur der variamaxrotierten Faktorenlösung mit vergleichbaren Werten auch in Rotation nach dem Equamax-Prinzip mit Kaiser-Normalisierung finden lässt.

Bestimmung der Faktoren und ihrer internen Konsistenz (S3-2).– Nach der inhaltlichen Interpretation der Faktoren wurden negativ ladende Items rekodiert und Items mit Doppelladungen von der weiteren Analyse ausgeschlossen. Daran anschließend wird die interne Konsistenz der gebildeten Faktoren mittels Cronbachs-α bestimmt. Wie aus Tabelle 45 ersichtlich, beläuft sich die Anzahl der Items pro Faktor zwischen fünf und neun. Die internen Konsistenz dieser Faktoren variiert zwischen 0.66 für den Faktor Benefiterleben und 0.87 für den Faktor *Arbeit⇨Nicht-Arbeit-Konflikte*. Die Reliabilität für die drei Faktoren kann mit einem Cronbachs alpha-Wert ≥ 0.80 als gut und für den Faktor Benefiterleben als zufriedenstellend bewertet werden.

Tabelle 129: Mittelwert, Standardabweichung, Cronbachs für die vierfaktorielle Lösung des WoLiBaX

	Faktor	Mittelwert	SD	Anzahl Items	α
1	Arbeit⇨Nicht-Arbeit-Konflikte	2.80	0.75	9	0.87
2	verhaltensbedingtes Segmentationserleben	2.02	0.61	8	0.84
3	Nicht-Arbeit⇨Arbeit-Konflikte	3.17	0.69	8	0.80
4	Benefiterleben	2.51	0.70	5	0.66

(in Klammern): Item-Anzahl je Skala bzw. Cronbachs-α <u>vor</u> Selektion der Items mit Doppelladungen

Des Weiteren wird analog zu den vorhergehenden Untersuchungen die *Stabilität der Faktorenstruktur* nach Guadagnoli & Velicer (1988) bestimmt. Hierbei ergibt sich ein Stabilitätswert von 0.93. Da nach Bortz (1993) bei Werten größer gleich 0.90 von einer guten Übereinstimmung zwischen *„wahrer"* und stichprobenbedingter Faktorenstruktur ausgegangen werden kann, ist von einer guten Übereinstimmung zwischen der in der Population existierenden und der stichprobenbedingten Faktorenstruktur auszugehen.

11.6.6 Inhaltliche Befunde zum Work-Life-Balance-Erleben

Vergleicht man die Mittelwerte der vier extrahierten Faktoren miteinander, so zeigt sich für den Faktor *Nicht-Arbeit⇨Arbeit-Konflikte* mit 3.17 die stärkste Ausprägung (s. Abbildung 41). Es folgt die Skala *Arbeit⇨Nicht-Arbeit-Konflikte* mit einem Mittelwert von 2.80, der in seiner Größenordnung vergleichbar ist mit den Resultaten der anderen drei Studien. Der Mittelwert für den Faktor Benefiterleben fällt mit 2.51 hingegen deutlich geringer aus, wenn man zum Vergleich die Werte der Studien 1–3 heranzieht. Der letzte und vierte Faktor verhaltensbedingtes Segmentationserleben ist mit einem Mittelwert von 2.02 einer vergleichbaren Höhe zu den anderen Studien.

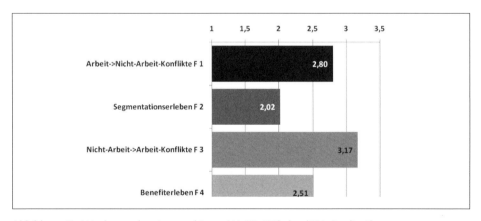

Abbildung 41: Mittelwerte der vier extrahierten WoLiBaX-Skalen (EFA, Studie 4)

11.6.7 Konfirmatorische Faktorenanalysen

Im nachfolgenden Kapitel erfolgt die Überprüfung der postulierten Faktorenstruktur des Work-Life-Balance-Index durch strukturgleichungsbasierte konfirmatorische Faktorenanalysen. Die Überprüfung des Messmodells erfolgt in zwei Schritten: Zunächst wird an der ersten Stichprobe (Datensatz B) geprüft, ob das Modell eine ausreichende Anpassung an die Daten aufweist. Anschließend wird sukzessive an demselben Datensatz optimiert. Schließlich wird das optimierte Messmodell an einer zweiten (Validierungs-)Stichprobe überprüft und kreuzvalidiert (Datensatz C).

Eignung der Daten (Prüfung der Voraussetzungen).– Das zu testende Modell ist grundsätzlich zur Analyse geeignet. Die Forderung von mindestens drei Items pro latenter Variable ist erfüllt. Die Modelle verfügen über eine invertierbare Kovarianzmatrix und ausreichende Restriktionen und sind somit identifizierbar. Die exogenen latenten Variablen korrelieren nicht den Messfehlern und auch nicht untereinander. Die für die folgenden strukturgleichbasierten Analysen verwendeten Datensätze B und C mit einem N von 333 bzw. 317 sind vom Umfang auch groß genug, da für jede der manifesten Variablen im jeweiligen Datensatz mindestens zehn Datenreihen vorliegen. Eine exzessive Kollinearität kann ebenfalls nicht diagnostiziert werden, da sich in der Korrelationsmatrix der Einzelitems keine Korrelationen ≥ 0.85 finden. Die Daten erweisen sich im Mardia-Test jedoch nicht als multivariat normalverteilt.

Die Wahl des Schätzverfahrens ist abhängig von der Skalenqualität, der Art der Verteilung und der Stichprobengröße (Bühner, 2004). Im hier vorliegenden Fall wurde Maximum-Likelihood-Methode (ML) gewählt. Voraussetzung für ihre Anwendung ist Intervallskalenniveau der Daten (was als gegeben erachtet wird) und multivariate Normalverteilung. Liegt selbige nicht vor, führt dies nach Byrne (2001) dazu, dass geeignete Modelle aufgrund eines zu hohen X^2-Wertes zu oft abgelehnt werden. Das ist zwar als nicht erwünscht, aber aus forschungstheoretischer Sicht eher tolerierbar als die Akzeptanz ungeeigneter Modelle. Ferner gilt die ML-Methode als sehr robust bei Verletzungen der Normalverteilungsannahme (Bühner, 2004). Das alternative Schätzverfahren die Asymptotic-Distribution-Free-Methode (ADF) macht zwar keine Verteilungsannahmen, erfordert jedoch eine Stichprobengröße, die weit über den hier vorliegenden Datensatz hinausgeht. Die Bestimmung des Modells erfolgt mit der Software AMOS 5 (Analysis of Moment Structures; Arbuckle, 2003). Nach Byrne (2001) kann als Alternative bei nicht-normalverteilten Daten auch die Bootstraping-Methode verwendet werden. Das zu überprüfende Gesamtmodell wird dabei mit dem Bollen-Stine-Verfahren bewertet. Bei der Analyse des Modells mittels AMOS kann diese Methode jedoch nur dann verwendet werden, wenn keine Missing-Values vorliegen. Dies ist in den vorliegenden Datensätzen der Fall, so dass ergänzend der Bollen-Stine p-Wert berichtet werden wird. Eine grundsätzliche Eignung der Daten und zu überprüfenden Modelle kann somit als gegeben erachtet werden.

Modelltestung.– Die Überprüfung des postulierten vierfaktoriellen Modells erfolgt mittels strukturgleichungsbasierter konfirmatorischer Faktorenanalyse. Als manifeste

Indikatoren werden in allen folgend beschriebenen Modellen die WoLiBaX-Items verwendet (s Abbildung 42). Es ergeben sich somit Modelle mit acht manifesten Variablen und vier latenten Konstrukten (Arbeit⇨Nicht-Arbeit-Konflikte, Segmentationserleben, Nicht-Arbeit⇨Arbeit-Konflikte und Benefiterleben). Die einzelnen Items der vier WoLiBaX-Skalen werden dabei als reflektive Indikatorvariablen (X) in einem kongenerischen Modell mit jeweils vier latenten Konstrukten (ξ) erachtet. Die Fehlervarianzen der manifesten Variablen werden auf eins fixiert. Die Annahme identischer λ-Pfadkoeffizienten (wie im τ-äquivalenten Modellen) oder identischer δ-Residuenwerte wird hingegen als zu unrealistisch und deshalb als zu restriktiv betrachtet. Entsprechend werden auch die Kovarianzen zwischen den latenten WoLiBaX-Konstrukten nicht fixiert. Eine grafische Darstellung des Modells mit den standardisierten Pfadkoeffizienten und Korrelationen zwischen Konstrukten findet sich in Abbildung 42.

Eine erste Prüfung des postulierten Modells mit seinen vier Faktoren weist eine unbefriedigende Datenanpassung auf (s. Tabelle 130). Lediglich der SRMR-Wert liegt mit einem Wert von 0.07 innerhalb der aufgestellten Grenzen, die übrigen Kennwerte liegen zum Teil deutlich außerhalb. So überschreitet das Verhältnis von Chi-Quadrat und Freiheitgraden mit 2.84 den Grenzwert von 2.5. Auch der RMSEA überschreitet mit 0.07 die obere Schranke von 0.06. CFI und TLI liegen mit Werten von 0.79 und 0.77 ebenfalls deutlich unter dem geforderten Wert von 0.90.

Tabelle 130: Modellfit Strukturgleichungsmodell 1

Prüfgröße	Kennwert	
x^2	1300.98	
Df	458	
x^2 / df	2.84	
Korrigierter Bollen-Stine-p-Wert	0.00	
SRMR	0.077	
RMSEA	Wert	0.074
	low	0.070
	high	0.079
	p_{close}	0.00
CFI	0.79	
TLI	0.77	
GFI	0.79	
AGFI	0.76	
CAIC	1777.75	

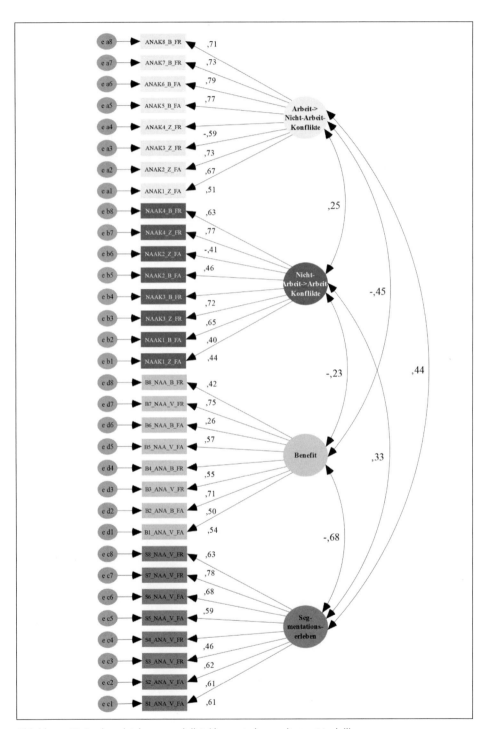

Abbildung 42: Strukturgleichungsmodell 1 (theoretisch postuliertes Modell)

Modellmodifikation. – Da die Modellgüte nicht ausreichend ist, soll im Folgenden ein modifiziertes, optimiertes Modell mit einer besseren Modellgüte erstellt werden, das die Daten sinnvoll repräsentiert. Ein optimiertes Modell erlaubt jedoch keine allgemeine Bestätigung des Modells mehr, sondern dient explorativen Zwecken. Es handelt sich somit um eine, wie Brown (2006) es ausdrückt, *„EFA in the CFA framework"*. Bei der Modelloptimierung bieten sich zwei Vorgehensweise an: 1) Überprüfung des Modells dahingehend, ob die unzureichende Güte auf systematische, methodische Einflüsse zurückgeführt werden kann, d.h. eine Veränderung des Modells aufgrund von theoretischen Überlegungen und 2) Analyse des Modells nach ungeeigneten Indikatoren, also einer Veränderung aufgrund der empirischen Datenlage. Bei der Modelloptimierung werden sukzessiv beide Methoden eingesetzt.

Zunächst wird die Fragestellung untersucht, ob die Nichtpassung von theoretischer und empirischer Kovarianzstruktur auf systematische, methodische Ursachen zurückgeführt werden kann. Grundlage dabei ist die Möglichkeit, im Rahmen eines Strukturgleichungsmodells durch eine Varianzzerlegung methodische bedingte Effekte der Indikatorvariablen von den zufälligen Fehleranteilen und den substantiellen Effekten der Konstrukte zu trennen, d.h., die unspezifische Fehlervarianz wird weiter untergliedert in einen methodischen Anteil und eine weiterhin bestehende Restvarianz. Typische Beispiele hierfür sind die unterschiedliche Polung von Items in einem Fragebogen oder Konsistenzmotive der Befragten, die zu systematischen Verzerrungen führen können. Voraussetzung für dieses Vorgehen ist, dass begründete Annahmen über die möglichen Ursachen von Methodeneinflüssen existieren, die berücksichtigt werden können. Dies ist hier der Fall.

Bei der Konstruktion der vier Skalen wurde darauf geachtet, dass sie neben ihren eigentlichen Kernkonstrukten je nach Skala auch zeit-, beanspruchungs- oder verhaltensbedingte Aspekte (Bezugsebenen) des Vereinbarkeitserlebens erfassen. Es kann vermutet werden, dass die Bezugsebenen in die Modellbewertung mit eingegangen sind und zu einer systematischen Verzerrung geführt haben. Um entsprechende systematische Verzerrungen im Modell zu berücksichtigen, werden im Rahmen der Strukturgleichungsanalyse sogenannte Methodenfaktoren aufgenommen. Diese Faktoren erlauben nicht die Modellierung spezifischer Varianzteile, sondern reduzieren auch die Zahl der zu schätzenden Parameter, was bedeutet, dass das Modell leichter zu identifizieren ist. Eid (2000) zeigt, dass es genügt, wenn ein Methodenfaktor weniger modelliert wird als Methoden vorhanden sind, d.h., bei drei verschiedenen Methoden reicht die Spezifizierung von zwei Methodenfaktoren aus. Die *„fehlende"* Methode wird dabei als Referenzmethode gesehen.

Im vorliegenden Fall wird deshalb das konfirmatorische Vier-Faktorenmodell der WoLiBaX-Faktoren um zwei Methodenfaktoren erweitert, auf denen die beanspruchungs- und verhaltensbedingten Indikatoren laden (s. Abbildung 43). Dabei wird ferner angenommen, dass die Methodenfaktoren mit den Konstruktfaktoren unkorreliert sind.

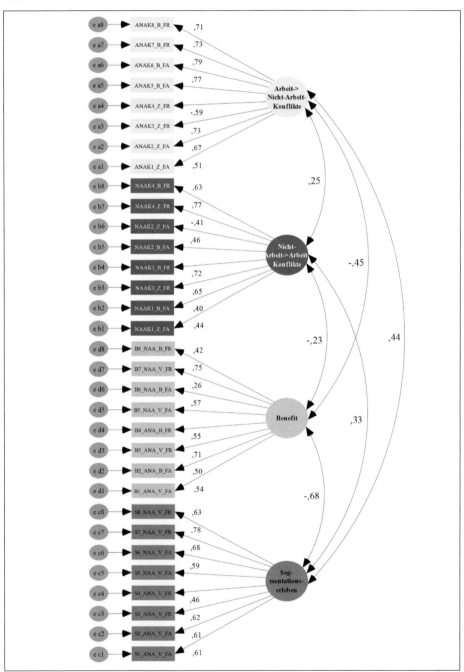

Abbildung 43: Strukturgleichungsmodell 2 (modifiziertes Modell mit Methodenfaktoren)

Die Schätzung des modifizierten Modells mit Methodenfaktoren führt zu einer deutlichen Verbesserung gegenüber dem Ausgangsmodell (s. Tabelle 131). Die Verbesserung zeigt sich in einem reduzierten X^2-Wert von 954.21 sowie einem reduzierten Quotienten X^2/df, der mit 2.20 auch unterhalb des postulierten Grenzwertes von 2,5 liegt. Der SRMR-Wert fällt mit 0.06 ebenfalls geringer aus und liegt innerhalb der vorab definierten Grenze von maximal 0.11. Dies gilt auch für den *RMSEA*-Wert von 0.06 (Grenzwert: 0.06), jedoch erweist sich der Test of Close fit mit p_{close} <0.00 als signifikant. Die Fit-Indizes *CFI* und *TLI* liegen mit Werten von 0.87 bzw. 0.85 ebenfalls deutlich näher am Schwellenwert von 0.90. Dies gilt ebenso für den *GFI* (0.80) und *AGFI* (0.84). Die bessere Modellpassung zeigt sich auch für das Gütekriterium der Parsimonität *CAIC*, der sich mit 1594.17 ebenfalls verbessert hat.

Es bleibt festzuhalten, dass durch die vorgenommene Modellmodifikation mittels Methodenfaktoren insgesamt ein deutlich besseres Modell identifiziert werden kann. Der Modell-Fit ist allerdings auch nach der Modifikation hinsichtlich der a priori formulierten Gütekriterien nur teilweise ausreichend, wenn auch besser als das Ursprungsmodell, so dass eine weitergehende Modellmodifikation angezeigt ist.

Tabelle 131: Modellfit Strukturgleichungsmodell 2

Prüfgröße	Kennwert	
X^2	954.21	
Df	434	
X^2 / df	2.20	
Korrigierter Bollen-Stine-p-Wert	0.00	
SRMR	0.063	
RMSEA	Wert	0.060
	low	0.055
	high	0.065
	p_{close}	0.00
CFI	0.87	
TLI	0.85	
GFI	0.84	
AGFI	0.80	
CAIC	1594.17	

Ein weiterer möglicher Grund für den bisher noch nicht zufriedenstellenden Modell-Fit wird in einer mangelhaften messtechnischen Güte einzelner Indikatorvariablen vermutet. Aus diesem Grund werden in einen zweiten Schritt der Modellmodifikation zur weiteren Verbesserung des Fit sieben der 32 WoLiBaX-Items aus dem Ursprungsmodell selektiert. Hierzu werden die Items ausgewählt, die die schlechtesten Reliabilitäts-Kennwerte (squared multiple correlations <0.35) aufweisen. Selektiert werden die Items ANAK1_Z_Fa (Reliabilität=0.26), S4ANA_V_Fr (0.32), NAAK1_Z_Fa (0.19),

NAAK2_Z_Fa (0.16), B5NAA_V_Fa (0.27), B6NAA_B_Fa (0.10) und B8NAA_B_Fr (0.26)[32]. Aus allen vier Faktoren werden somit Items eliminiert: *Arbeit⇨Nicht-Arbeit-Konflikte* (1 Item), *Segmentationserleben* (1), *Nicht-Arbeit⇨Arbeit-Konflikte* (2) und *Benefiterleben* (3). Strukturgleichungsmodell 3 verfügt somit insgesamt nur noch über 25 Indikatorvariablen (s. Abbildung 44).

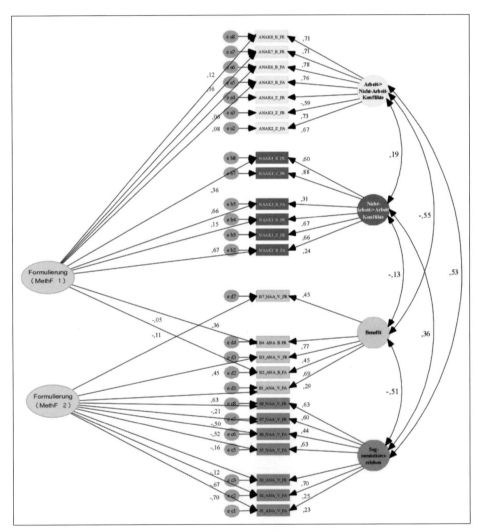

Abbildung 44: Strukturgleichungsmodell 3 (modifiziertes Modell mit Methodenfaktoren nach Itemselektion)

---

[32] Dieses Vorgehen scheint insbesondere gerechtfertigt vor dem Hintergrund, dass sechs der sieben selektierten Items entweder im Rahmen der Synopse modifiziert wurden oder gänzlich neu aufgenommen wurden (d.h. es lagen keine Vorabinformationen über die Geeignetheit dieser Items vor).

Strukturgleichungsmodell 3 besitzt im Vergleich zu den beiden vorangehend getesteten Modellen die beste Passung. Die Kennwerte und Fit-Indices dieses Modells können alle mit Ausnahme des signifikanten Chi-Quadrat-Wertes (BS-p < 0.00) als ausreichend bis gut bezeichnet werden (s. Tabelle 132). Der X^2-Wert mit 476.08 hat sich im Vergleich zu Modell 2 halbiert und der Quotient X^2/df liegt mit 1.91 deutlich unterhalb der oberen Schranke von 2.5. Der *SRMR*-Wert hat sich im Vergleich zu den Alternativmodellen weiter verringert (0.05) und der Wert des *RMSEA* liegt mit 0.05 unter dem oberen Grenzwert von 0.06. Das Konfidenzintervall des *RMSEA* von 0.045 bis 0.060 schließt ferner – wie gefordert – den *RMSEA*-Wert ein. Außerdem wird der Test of Close Fit (p_{close} < 0.28) nicht signifikant, was indiziert, dass mit hoher Wahrscheinlichkeit der *RMSEA* nicht größer als 0.05 ist. Die komparativen Fit-Indizes *CFI* (0.93) und *TLI* (0.92) erfüllen in diesem Modell erstmalig die Anforderung, einen Wert von größer 0.90 aufzuweisen. Der *Goodness-of-Fit-Index* (0.89) und der *Adjusted Goodness-of-Fit-Index* (0.86) weisen ebenfalls akzeptable Werte auf. Positiv zu bewerten ist weiter der deutlich reduzierte *CAIC*-Wert von 993.50, der anzeigt, dass das Modell 3 im Vergleich zu den vorangehend getesteten die am besten angepasste Modellkomplexität aufweist. Zusammenfassend kann somit festgehalten werden, dass mit Modell 3 ein Modell mit akzeptablen bis guten Fit-Indizes identifiziert werden kann, das außerdem im Vergleich zu den Alternativmodellen als best model bezeichnet werden kann.

Tabelle 132: Modellfit Strukturgleichungsmodell 3

Prüfgröße	Kennwert	
X^2	476.08	
Df	249	
X^2 / df	1.91	
Korrigierter Bollen-Stine-p-Wert	0.00	
SRMR	0.055	
RMSEA	Wert	0.052
	low	0.045
	high	0.060
	p_{close}	0.28
CFI	0.93	
TLI	0.92	
GFI	0.89	
AGFI	0.86	
CAIC	993.50	

Kreuzvalidierung.– In einem allerletzten Analyseschritt soll das eben identifizierte Modell 3 mit zwei Methodenfaktoren in einer erneuten konfirmatorischen Faktorenanalyse in einer Kreuzvalidierung bestätigt werden. Dabei zeigt in der Stichprobe zur Kreuzvalidierung (Datensatz C) das replizierte Modell (4) ebenfalls eine ausreichende, wenn auch etwas schlechtere Anpassung an die Daten. Die Kennwerte der globalen Fit-Indizes können Spalte 4 in Tabelle 133 entnommen werden (die außerdem zum Überblick die Kennwerte der Modelle 1 bis 3 aufführt). Die Reliabilität der Indikatoren in Modell 4 ist für alle Items, wie in Modell 3, größer 0.30. Das Replikationsmodell besitzt für alle Fit-Werte geringfügig schlechtere Werte als Modell 3, jedoch befinden sich noch alle Werte im akzeptablen Bereich, da mit Ausnahme des X^2-Tests (der sich vermutlich aufgrund der Stichprobengröße in allen Modellen als signifikant erweist) und des Tests p_{close} für den *RMSEA*-Wert alle Werte die formulierten Anforderungskriterien erfüllen. Sowohl das Verhältnis X^2/df mit 2.1 als auch *SRMR* mit 0.06 sowie die komparativen Fit Indizes CFI mit 0.92 und TLI mit 0.90 unter- bzw. überschreiten wie gefordert die jeweiligen Grenzwerte. Der *RMESEA* erfüllt das Kriterium des Schwellenwertes von 0.06 ebenfalls, jedoch wird der Closeness-Test signifikant. Auch der *GFI* und der *AGFI* liegen mit Werten von 0.88 und 0.85 durchaus noch im tolerablen Akzeptanzbereich. Es kann somit festgehalten werden, dass es innerhalb der Kreuzvalidierung gelingt, das modifizierte Modell mit Methodenfaktoren konfirmatorisch zu bestätigen.[33]

Die oben genannten globalen Kennwerte und Fit-Indizes geben jedoch nur bedingt Auskunft darüber, ob ein Modell auch in seinen Teilstrukturen gültig ist. Deshalb sollten noch weitere, lokale Kriterien ergänzend zur Modellbewertung herangezogen werden. Hierbei kann u. a. auf die im nachfolgend genannten Kenngrößen Rückgriff genommen werden. Bedeutsam für die Modellanpassung sind unter anderem die Schätzungen der Modellparameter. Negative Varianzen oder eine Korrelation größer 1 bzw. kleiner -1 können als Indikator dafür gesehen werden, dass das Modell nicht zu den Daten passt oder die Daten kritisch sind (z. B. zu geringe Fallzahl, Ausreißerwerte). Auch hohe Standardfehler können auf instabile Parameterschätzungen hindeuten. Gründe hierfür können eine beinahe fehlende empirische Identifikation oder eine sehr geringe Teststärke sein. Positiv ist deshalb zu bewerten, dass die Standardfehler der Kovarianz-und Varianzschätzer allesamt sehr niedrig ausfallen (bis maximal 0.08 im Modell 3 und bis maximal 0.09 im Modell 4). Ebenfalls positiv zu bewerten ist der Sachverhalt, dass sich die Korrelationen dieser Schätzer alle unterhalb der Schwelle $r=0.85$ befinden. Außerdem verfügt die Diagonale der Kovarianzmatrizen über keine negativen Varianzen. Ferner sind die Fehlervarianzen weder negativ noch ist ihr Betrag größer eins.

Kritisch angemerkt werden muss jedoch, dass die Indikatorreliabilitäten einzelner Variablen gering sind. Bei acht der 25 Indikatorvariablen haben diese einen Wert klei-

---

[33] Angemerkt sei an dieser Stelle, dass neben den vorgestellten Modellvergleichen ergänzend noch folgende, im Anhang dokumentierte Alternativmodelle getestet wurden. Hierbei wurde sowohl ein Modell, das einen Konfliktfaktor zweiter Ordnung für die Skalen Arbeit⇨Nicht-Arbeit-Konflikte und Nicht-Arbeit⇨Arbeit-Konflikte enthält, sowie ein Modell mit einem Gesamtfaktor Work-Life-Balance-Erleben zweiter Ordnung für alle vier WoLiBaX-Skalen auf seine Eignung geprüft. Für keines der analysierten Modelle konnte jedoch eine bessere Modellpassung erzielt werden, als für die dargestellten Modelle 3 und 4.

ner 0.30. Zur geringe Indikatorreliabilität müssen allerdings nicht unbedingt zu einer Selektion der entsprechenden Variablen führen, denn die zu geringe Reliabilität einzelner Variablen ist nur bedingt problematisch. So können bei einem ausreichenden Stichprobenumfang auch Indikatorreliabilitäten zwischen 0.2 und 0.4 als akzeptabel betrachtet werden. Die gilt vor allem vor dann, wenn die entsprechenden Faktoren eine hohe Konstruktreliabilität aufweisen, wie es hier der Fall ist. Die Items mit einer schlechten Indikatorreliabilität sollten deshalb aus inhaltlichen Gründen im Modell belassen werden, um die unterschiedlichen Facetten der Konstrukte umfassend abzudecken.

Von deutlichen Fehlspezifikationen im Modell ist folglich nicht auszugehen. Die Resultate können als zusätzliche Bestätigung des Modells gewertet werden.

Tabelle 133: Modellfit alle vier getesteten Strukturgleichungsmodelle

Prüfgröße	Kennwert	
x^2	476.08	
Df	249	
x^2 / df	1.91	
Korrigierter Bollen-Stine-p-Wert	0.00	
SRMR	0.055	
RMSEA	Wert	0.052
	low	0.045
	high	0.060
	p_{close}	0.28
CFI	0.93	
TLI	0.92	
GFI	0.89	
AGFI	0.86	
CAIC	993.50	

Inhaltliche Befunde zum Work-Life-Balance-Erleben.– Im Folgend werden, aufbauend auf den voranstehenden Analysen und dem identifizierten *best model,* überblicksartig die vier WoLiBaX-Dimensionen mit ihren Skalenmittelwerten, Standardabweichungen, der Reliabilität Cronbachs-α dargestellt, sowie die Items mit den standardisierten Regressionsgewichte (λ) aufgeführt. Alle aufgeführten Daten beziehen sich auf den Datensatz der Gesamtstichprobe der Studie.

Arbeit⇨Nicht-Arbeit-Konflikte. Die erste Skala ist die Dimension *Arbeit⇨Nicht-Arbeit-Konflikte* mit sieben Items (s. Tabelle 134). Es handelt sich dabei um eine unidirektionale Skala, die Konflikte aus der Arbeit in das Privatleben beschreibt. Ein Item der Skala lädt negativ, es handelt sich somit um ein biploares Konstrukt. Das Konstrukt enthält sowohl Items, die den Bereich Familie thematisieren als auch Items mit Bezug auf den Freizeitbereich. Das Konstrukt erfasst sowohl zeit- als auch beanspruchungsbedingte Konflikte. Die Skala hat einen Mittelwert von 2.93 (SD=0.83) und eine interne Konsistenz von 0.88 und ist als gut zu bewerten.

Tabelle 134: WoLiBaX Skala 1 Arbeit⇨Nicht-Arbeit-Konflikte

Skala:	Segmentationserleben	
Mittelwert:	2.37	
Standardabweichung:	0.72	
Cronbachs-α:	0.82	
Kurzbezeichnung	Itemtext	standardisiertes Regressionsgewicht
S3_ANA_V_Fr	Während meiner Arbeit wird von mir verlangt, mich in einer bestimmten Weise zu verhalten, die in meiner Freizeit inakzeptabel ist.	0.70
S5_NAA_V_Fa	Ich bin nicht erfolgreich in meiner Arbeit, wenn ich dieselben Verhaltensweisen einsetze, die in meiner Familie benutzt werden.	0.63
S8_NAA_V_Fr	Das Verhalten, das ich in meiner Freizeit zeige, ist nur schwer mit dem Verhalten in meinem Arbeitsleben zu vereinbaren.	0.63
S7_NAA_V_Fr	Die Art und Weise, wie ich in meiner Freizeit Probleme löse, scheint nicht so nützlich bei meiner Arbeit zu sein.	0.60
S6_NAA_V_Fa	Die Art und Weise, in der ich familiäre Probleme löse, ist nicht nützlich im Arbeitsleben.	0.44
S2_ANA_V_Fa	Verhaltensweisen, die effektiv oder notwendig für meine Arbeit sind, sind zu Hause nicht hilfreich.	0.25
S1_ANA_V_Fa	Die Art und Weise, wie ich Schwierigkeiten im Rahmen meiner Arbeit löse, ist nicht effektiv beim Lösen familiärer Probleme.	0.23

Verhaltensbedingtes Segmentationserleben. Die zweite WoLiBaX-Skala erfasst ausschließlich verhaltensbedingte Konflikte zwischen den Lebensbereichen Arbeit, Familie und Freizeit (s. Tabelle 135). Die unipolare Skala Segmentationserleben ist bidirektional, da die Items sowohl Interaktionen aus der Erwerbstätigkeit in das Familien- und Privatleben als auch in der entgegengesetzten Richtung zum Gegenstand haben. Die sieben Items des Konstrukts decken hinsichtlich ihres Inhaltsbereiches sowohl Aspekte des Familienlebens als auch des Freizeitbereichs ab. Der Mittelwert dieser Skala beläuft sich

Tabelle 135: WoLiBaX Skala 2 Segmentationserleben

Skala:	Segmentationserleben	
Mittelwert:	2.37	
Standardabweichung:	0.72	
Cronbachs-α:	0.82	
Kurzbezeichnung	Itemtext	standardisiertes Regressionsgewicht
S3_ANA_V_Fr	Während meiner Arbeit wird von mir verlangt, mich in einer bestimmten Weise zu verhalten, die in meiner Freizeit inakzeptabel ist.	0.70
S5_NAA_V_Fa	Ich bin nicht erfolgreich in meiner Arbeit, wenn ich dieselben Verhaltensweisen einsetze, die in meiner Familie benutzt werden.	0.63
S8_NAA_V_Fr	Das Verhalten, das ich in meiner Freizeit zeige, ist nur schwer mit dem Verhalten in meinem Arbeitsleben zu vereinbaren.	0.63
S7_NAA_V_Fr	Die Art und Weise, wie ich in meiner Freizeit Probleme löse, scheint nicht so nützlich bei meiner Arbeit zu sein.	0.60
S6_NAA_V_Fa	Die Art und Weise, in der ich familiäre Probleme löse, ist nicht nützlich im Arbeitsleben.	0.44
S2_ANA_V_Fa	Verhaltensweisen, die effektiv oder notwendig für meine Arbeit sind, sind zu Hause nicht hilfreich.	0.25
S1_ANA_V_Fa	Die Art und Weise, wie ich Schwierigkeiten im Rahmen meiner Arbeit löse, ist nicht effektiv beim Lösen familiärer Probleme.	0.23

auf der fünfstufigen Antwortskala auf 2.37 (SD=0.72). Die interne Konsistenz (Cronbachs-α) hat einen Betrag von 0.82 und kann als gut bewertet werden.

Die Skala *Nicht-Arbeit⇨Arbeit-Konflikte* stellt das dritte in den Strukturgleichungsanalysen bestätigte Konstrukt dar. Diese Dimension erfasst mit sechs Items konflikthafte Interaktionen, die aus dem familiären und privaten Lebensbereich in die Erwerbsarbeit wirken (s. Tabelle 136). Auch mit dieser Skala werden, analog zu Skala 1, zeit- und beanspruchungsbedingte Aspekte des Vereinbarkeitserlebens erhoben. Das Konstrukt beinhaltet sowohl Interaktionen aus dem familiären Lebensbereich als auch aus dem Lebensbereich Freizeit. Die Skala ist unidirektional, da die Items ausschließlich Interaktionen beschreiben, die aus dem Privatleben in die Arbeit wirken, und sie ist unipolar, da alle Items positiv auf dem Konstrukt laden. Der Mittelwert der Skala beträgt 1.98 (SD 0.63) und verfügt über ein Cronbachs-α von 0.79, weshalb die Skalenreliabilität als zufriedenstellend bezeichnet werden kann.

Tabelle 136: WoLiBaX Skala 3 Nicht-Arbeit⇨Arbeit-Konflikte

Skala:	Nicht-Arbeit⇨Arbeit-Konflikte	
Mittelwert:	1.98	
Standardabweichung:	0.63	
Cronbachs-α:	0.79	
Kurzbezeichnung	Itemtext	standardisiertes Regressionsgewicht
NAAK4_Z_Fr	Die zeitlichen Anforderungen in meiner Freizeit (z.B. private Termine) führen dazu, dass meine Arbeit darunter leidet.	0.88
NAAK3_B_Fr	Ich bin während Arbeit oft müde wegen der Dinge, die ich in meinem Privatleben mache.	0.67
NAAK3_Z_Fr	Ich benötige so viel Zeit für mein Privatleben, dass meine Arbeit nicht so erledigen kann, wie es gerne tun würde.	0.66
NAAK4_B_Fr	Dinge, die in meiner Freizeit passieren, machen es mir schwer, mich, auf meine Arbeit zu konzentrieren.	0.60
NAAK2_B_Fa	Wenn ich arbeite, lenken mich meine familiären Sorgen und Probleme ab.	0.31
NAAK1_B_Fa	Familiäre Belastungen machen es mir schwierig, mich auf meine Arbeit zu konzentrieren.	0.24

Benefiterleben. Die vierte und letzte der WoLiBaX-Dimensionen stellt die Skala *Benefiterleben* dar. Diese erfasst mit fünf Items positive Interaktionen zwischen den Lebensbereichen (s. Tabelle 137). Sie ist bidirektional, da die Spillover-Prozesse, die mit dieser Skala erfasst werden, in beiden Richtungen zwischen den Lebensbereichen Arbeit und Nicht-Arbeit verlaufen. Die Dimension ist unipolar, denn alle Items laden positiv auf dem Konstrukt. Außerdem werden sowohl Interaktionen, die den familiären als auch den außerfamiliären Lebensbereiche (Freizeit) betreffen, erfasst. Die Items beschreiben positive Transferprozesse zwischen den Lebensbereichen und thematisieren dabei beanspruchungs- und verhaltensbezoge Aspekte. Der Mittelwert beläuft sich auf 3,06 (SD=0,71). Die interne Konsistenz beträgt 0.74 und kann als zufriedenstellen erachtet werden.

Tabelle 137: WoLiBaX Skala 4 Benefiterleben

Skala:	Benefiterleben	
Mittelwert:	3.06	
Standardabweichung:	0.71	
Cronbachs-α:	0.74	
Kurzbezeichnung	Itemtext	standardisiertes Regressions-gewicht
B4_ANA_B_Fr	Durch meine Arbeitstätigkeit gewinne ich die Kraft, auch meine persönlichen Interessen und Hobbies zu verfolgen.	0.77
B2_ANA_B_Fa	Meine Arbeit gibt mir die Energie, angenehme Dinge mit meiner Familie zu unternehmen.	0.69
B3_ANA_V_Fr	Fähigkeiten, die ich im Rahmen meiner Arbeitstätigkeit einsetze, sind auch nützlich für Dinge, die ich in meinem Privatleben erledigen muss.	0.45
B7_NAA_V_Fr	Fähigkeiten, die ich im Rahmen meiner Freizeit nutze, sind auch hilfreich für Dinge, die ich in meinem Arbeitsleben erledigen muss.	0.45
B1_ANA_V_Fa	Die Art und Weise, wie ich während meiner Arbeit Probleme angehe, ist auch effektiv beim Lösen von Problemen zu Hause.	0.29

In einem nächsten Schritt wurden die Zusammenhänge zwischen den vier Work-Life-Balance-Skalen analysiert. Die Pearson-Korrelationen innerhalb der Gesamtstichprobe für die vier WoLiBaX-Skalen finden sich in Tabelle 138. Hierbei zeigt sich der stärkste Zusammenhang zwischen den Skalen *Segmentationserleben* und *Benefiterleben* mit einen $r=-0.54$. Dies Resultat erscheint plausibel, da es sich diesen beiden Skalen um jene handelt, die a) beide bidirektionale Interaktionsprozesse beschreiben und b) beide verhaltensbedingte Aspekte erfassen. Der negative Korrelationskoeffizient deutet ferner darauf hin, dass die Segmentationsskala inhaltlich eher als eine Form des Konflikterlebens aufzufassen ist. Für die beiden Konfliktskalen *Arbeit⇒Nicht-Arbeit-Konflikte* und *Nicht-Arbeit⇒Arbeit-Konflikte* zeigt sich mit $r=0.19$ der insgesamt schwächste Zusammenhang, was vermutlich in der entgegengesetzten Direktionalität der Faktoren seine Ursache hat. Die Zusammenhänge zwischen der Skala *Arbeit⇒Nicht-Arbeit-Konflikte* und den Dimensionen *Segmentationserleben* und *Benefiterleben* befinden sich mit $r=0.38$ und $r=-0.36$ eher im mittleren Bereich, genauso wie der Zusammenhang zwischen den *Nicht-Arbeit⇒Arbeit-Konflikten* und dem *Segmentationserleben* mit $r=0.31$. Der Zusammenhang zwischen den *Nicht-Arbeit⇒Arbeit-Konflikten* und *Benefiterleben* fällt hingegen mit $r=0.20$ deutlich schwächer aus.

Tabelle 138: Pearson-Korrelation zwischen den WoLiBaX-Skalen in der Gesamtstichprobe

Faktor	Arbeit⇒Nicht-Arbeit-Konflikte	Segmentations-erleben	Nicht-Arbeit⇒Arbeit-Konflikte	Benefiterleben
Arbeit⇒Nicht-Arbeit-Konflikte	(0.88)			
Segmentationserleben	0.38***	(0.82)		
Nicht-Arbeit⇒Arbeit-Konflikte	0.19***	0.31	(0.79)	
Benefiterleben	-0.36***	-0.54***	-0.20***	(0.74)

Eine grafische Darstellung der Mittelwerte der vier Skalen kann Abbildung 45 entnommen werden. Vergleicht man die hier aufgeführten Mittelwerte der vier WoLiBaX-Skalen mit den Befunden der ersten drei Studien, so sind die Ausprägungen der Mittelwerte und die Ausprägungen für die jeweiligen Skalen als auch das Verhältnis der Faktoren zueinander durchaus vergleichbar mit den vorherigen Studien. Wie in den drei vorangegangenen Studien hat auch in dieser Studie der Faktor Benefiterleben mit 3.06 die höchste Mittelwertausprägung auf der fünfstufigen Antwortskala, gefolgt von dem Faktor *Arbeit⇨Nicht-Arbeit-Konflikte* mit 2.93. Während diese beiden Skalen über eine mittlere Ausprägungen verfügen, fallen die Mittelwerte der beiden anderen Skalen *Segmentationserleben* und *Nicht-Arbeit⇨Arbeit-Konflikte* mit Werten von 2.37 und 1.98 deutlich geringer aus. Auch dieses Ergebnis ist vergleichbar mit den Resultaten der anderen Studien, in denen diese beiden Skalen ebenfalls deutlich geringere Mittelwerte aufweisen, wobei dort der Faktor *Segmentationserleben* immer etwas stärker ausgeprägt ist als die *Nicht-Arbeit⇨Arbeit-Konflikte*.

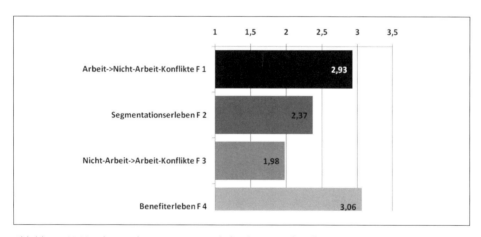

Abbildung 45: Mittelwerte der vier WoLiBaX-Skalen (KFA, Studie 4)

Retest-Reliabilität (S4-3).– Die Bestimmung der Test-Retest-Reliabilität erfolgt, um die Stabilität eines erfassten Merkmals zu erfassen. Hierzu wird ein Messinstrument nach einem gewissen Zeitintervall den Versuchspersonen erneut vorgelegt. Als Index der Retest-Relibilität kann dabei die bivariate Korrelation der Messwerte zu beiden Erhebungszeitpunkten verwendet werden. Wichtig ist, das zeitliche Intervall zwischen den Erhebungszeitpunkten so zu gestalten, dass Erinnerungseffekte bei den Teilnehmern reduziert werden, um zwei voneinander unabhängige Messungen zu erhalten. Jedoch sollte die Stabilität des analysierten Merkmals dabei in Betracht bezogen werden (Rammstedt, 2004). So sollte bei sehr änderungssensitiven Merkmalen ein kürzeres Zeitintervall gewählt werden als bei robusten und stabilen Charakteristika. Ebenfalls ist zu berücksichtigen, dass zwischen den beiden Messzeitpunkten keine signifikanten Faktoren auftreten, die einen bedeutenden Einfluss auf das Merkmal haben können.

Vier Wochen nach der Erstbefragung wurden die Studienteilnehmer erneut befragt. Ihnen wurden die 32 WoLiBaX-Items erneut präsentiert. Ferner wurden sie gefragt, ob sich für die Befragten im Zeitraum zwischen den beiden Befragungen bedeutende Änderungen hinsichtlich ihrer Lebenssituation und der Vereinbarkeit von Arbeit, Familie und Freizeit ergeben haben. 793 Teilnehmer beteiligten sich insgesamt an dieser zweiten Befragung. Von ihnen beantworteten 596 die Frage nach einer Veränderung zwischen den Erhebungszeitpunkten negativ. Die Teilstichprobe dieser 596 Respondenten wird zur Bestimmung der Retest-Reliabilität herangezogen. Für alle vier WoLiBaX-Dimensionen können zufriedenstellende bis gute Retest-Reliabilitätskoeffizienten zwischen 0.71 und 0.84 berichtet werden (s. Tabelle 139). Für die Gruppe der Befragten ohne selbstberichtete Veränderungen kann somit eine zufriedenstellende Güte bei der Erfassung des Work-Life-Balance-Erlebens zu verschiedenen Messzeitpunkten berichtet werden.

Tabelle 139: Retest-Reliabilitätskoeffizienten WoLiBaX-Skalen

Faktor	Arbeit⇨Nicht-Arbeit-Konflikte	Segmentations-erleben	Nicht-Arbeit⇨Arbeit-Konflikte	Benefiterleben
Arbeit⇨Nicht-Arbeit-Konflikte	(0.88)			
Segmentationserleben	0.38***	(0.82)		
Nicht-Arbeit⇨Arbeit-Konflikte	0.19***	0.31	(0.79)	
Benefiterleben	-0.36***	-0.54***	-0.20***	(0.74)

Ob die entwickelten Skalen sich als sensitiv gegenüber Veränderungen im Work-Life-Balance-Erleben erweisen, konnte mit den vorhandenen Daten nicht überprüft werden. Zwar wurde erfasst, ob sich zwischen den Befragungszeitpunkten für die Studienteilnehmer bedeutsame Veränderungen ergeben haben, nicht erhoben wurde jedoch die Richtung der Veränderung (Verbesserung oder Verschlechterung) und die Stärke der Veränderung. So geben einige Teilnehmer beispielsweise an, dass sich zwischen den beiden Befragungszeitpunkten ihre Arbeitszeiten dauerhaft verändert haben. Nicht geklärt werden kann aber mit dem vorliegenden Datenmaterial, ob diese Veränderungen unter der Perspektive des Work-Life-Balance-Erlebens für die Teilnehmer eine Verschlechterung darstellen (z. B. aufgrund von zeitlichen Vereinbarkeitsproblemen bei einer Aufstockung der Arbeitszeit) oder ob es sich dabei um eine Verbesserung handelt (z. B. bei selbstgewählter Reduktion der wöchentlichen Arbeitszeit). Ebenso unklar ist im gewählten Beispiel, ob es sich um eine geringfügige Änderung (z. B. Veränderungen um 1 Stunde) oder um eine massive Veränderung handelt (z. B. Vollzeit statt Teilzeit).

11.6.8 Zusammenfassung und Diskussion der Befunde aus Studie 4

Makrostruktur.– Insgesamt zeigt sich, dass die bei der Entwicklung der WoLiBaX-Skalen verfolgten Ziele weitestgehend erreicht werden konnten. Die postulierte vierfaktorielle Makrostruktur des WoLiBaX lässt sich sowohl in der exploratorischen Faktorenanalyse nachweisen als auch in der sich anschließenden konfirmatorischen Faktorenanalyse bestätigen. Trotz zum Teil unterschiedlicher Detailergebnisse weisen die bestimmten Faktoren in beiden Analysen zufriedenstellende bis gute psychometrische Kennwerte auf, die konfirmatorische Bestätigung spricht für eine zufriedenstellende Konstruktvalidität. Es kann deshalb angenommen werden, dass die vierfaktorielle Struktur eine adäquate Abbildung der empirischen Zusammenhänge bei der Vereinbarkeit von Arbeit, Familie und Freizeit ermöglicht.

Bilanzierend kann festgehalten werden, dass Work-Life-Balance-Erleben tatsächlich die intendierte Faktorenstruktur aufweist und die Bildung der entsprechenden Skalen aus dieser Perspektive also gerechtfertigt erscheint. Zwar zeigen sich bei konfirmatorischen Konstruktvalidierung auf Ebene der Indikatoren noch einige messtechnische Defizite, doch ungeachtet dieser Mängel kann das übergeordnete Ziel als erreicht gelten. Das in den strukturgleichungsbasierten Analysen ermittelte Modell verfügt einerseits über akzeptable globale Fit-Indizes, kombiniert mit angemessenen Parsimonität (Brown, 2006), und kann in einer Kreuzvalidierung repliziert werden. Das Modell erweist sich auch als geeigneter im Vergleich zu Alternativmodellen mit Faktoren zweiter Ordnung oder einem Modell mit einem General-Faktor Work-Life-Balance-Erleben. Die Ergebnisse sprechen somit nicht für ein Work-Life-Balance-Erleben, sondern für mehrere (nicht vollständig unabhängige) Facetten des Vereinbarkeitserlebens, die, wenn man die Befunde der Studie 1–3 ergänzend hinzuzieht, abhängig sind von unterschiedlichen Antezedenzen und differentielle Konsequenzen nach sich ziehen.

Defizite.– Die Notwendigkeit, das ursprüngliche Modell nicht nur hinsichtlich seiner theoretischen Struktur, sondern auch auf Indikatoren-Ebene zu modifizieren, weist auf Optimierungspotenzial des Instrumentes hin. Diese Mängel sind – wie im Ergebnisteil bereits berichtet – zum überwiegenden Anteil den im Rahmen der Synopse (ad-hoc) modifizierten Items geschuldet. Bei einer weiteren Verbesserung des Instruments sollte hier eine systematische Ableitung geeigneterer Items erfolgen, wie es bereits vor der ersten Studie im Rahmen der Contentanalyse geschehen ist. Trotz der notwendigen Selektion von Indikatoren in der explorativen und konfirmatorischen Analyse kann in beiden Untersuchungen die vierfaktorielle Makrostruktur beibehalten werden. Die Selektion ungeeigneter Items hat in den Analysen auch keine Veränderung der inhaltlichen Ausrichtung der Faktoren zu Folge.

Vergleich EFA vs. KFA.– Im Folgenden gilt es, auf Item- bzw. Indikatoren-Ebene die Differenzen der Ergebnisse der explorativen und den konfirmatorischen Analysen darzustellen und zu vergleichen. Zieht man als ersten zu vergleichenden Faktor die *Arbeit⇨Nicht-Arbeit-Konflikte* heran, zeigt sich, dass die Items mit den höchsten Ladungen in der EFA sich auch als die Indikatoren mit den stärksten standardisierten Regressionsgewichten erweisen, wobei sich Differenzen lediglich in der zweiten Stelle hinter dem Komma manifestieren. Die in den unterschiedlichen Analysen bestimmten Faktoren weisen somit eine hohe Übereinstimmung auf.

Ein Unterschied zwischen den Zugängen offenbart sich darin, dass in der EFA zusätzlich das Item S4_ANA_V_Fr auf dem Faktor *Arbeit⇨Nicht-Arbeit-Konflikte* lädt. Dies ist insoweit von Bedeutung, als dieses Item verhaltensbedingtes Konflikterleben thematisiert, was entgegen des angenommenen Inhaltsbereiches dieser Dimension ist. Dieses Item weist jedoch die mit Abstand geringste Ladung auf dem Faktor auf. Würden die Skalen anhand der in der EFA gewonnen Daten gebildet, sollte dieses Item aufgrund seiner inhaltlichen Ausrichtung lieber ausgeschlossen werden.

Für die Skala *Segmentationserleben* zeigen sich bei der Betrachtung der Unterschiede der Ergebnisse zwischen EFA und KFA mehrere Unterschiede. Zunächst muss festgestellt werden, dass einige Items, die in der KFA über geringe standardisierte Regressionsgewichte verfügen, in der EFA eher geringe Ladungen aufweisen. Von Bedeutung scheint in diesem Zusammenhang das zusätzliche Item, das in der KFA den Faktor „dominiert", also über den stärksten Lambdakoeffizienten verfügt. Es handelt sich dabei um das Item S3_ANA_V_Fr. Dieses Item wurde im Rahmen der EFA aufgrund einer Doppelladung selektiert. Ein weiterer Unterschied zwischen der EFA- und der KFA-Lösung besteht darin, dass in der EFA zusätzlich zwei verhaltensbedingte Benefit-Items negativ auf den Faktor laden. Dies bedeutet, dass das in der EFA extrahierte Konstrukt einen bipolaren Faktor darstellt, während die in der KFA bestimmte Skala, wie postuliert, eine unipolare Dimension repräsentiert. Ungeachtet dieser Differenzen ist die inhaltliche Ausrichtung der Lösungen in hohem Maße vergleichbar, da beide nur verhaltensbedingte Items enthalten, die eine Unvereinbarkeit dieses Verhaltens in beiden Lebensbereichen kennzeichnen. Die Skalen für *Nicht-Arbeit⇨Arbeit-Konflikte* sind in beiden Verfahren in hohem Maße vergleichbar. Der zentrale Unterschied besteht darin, dass in der KFA-Lösung zwei Items aufgrund ihrer geringen Indikatorreliabilität nicht berücksichtigt werden. Eine auffällige Gemeinsamkeit beider Lösung besteht darin, dass die höchste Bedeutung bzw. die stärksten Ladungen in beiden Analysen die Items aufweisen, die einen Spillover in den Freizeit-Bereich beschreiben. Insgesamt sind beide Lösungen in ihrer inhaltlichen Ausrichtung in starkem Maße als vergleichbar zu betrachten.

Die letzte und vierte Dimension *Benefiterleben* verfügt in beiden Lösungen über fünf Items, die sie beschreiben, wobei jedoch nur drei der fünf Items in beiden Lösungen enthalten sind. Zwei der Items, die in der KFA-Lösung diesem Faktor zugeordnet werden, werden in der EFA-Lösung aufgrund ihrer Doppelladung dem Faktor *Segmentationserleben* zugerechnet. Die beiden Items, die sich hingegen zusätzlich in der EFA-Lösung befinden, werden in der KFA aufgrund ihrer geringen messtechnischen Güte selektiert. Ungeachtet dieser Differenzen zeigen sich auch zahlreiche Gemeinsamkeiten beider Lösungen: Die Faktoren beschreiben Spillover-Prozesse aus der Arbeit in den Familien- und Freizeitbereich (Bidirektionalität). Sie verfügen über beanspruchungs- als auch verhaltensbedingte Items und beide Lösungen haben Spillover-Prozesse zum Inhalt, die sowohl das familiäre Leben als auch den Freizeitbereich betreffen. Diese Skala bietet das größte Optimierungspotenzial. Sie besitzt im Vergleich zu den anderen Skalen (sowohl in der EFA als auch in der KFA) die geringste Item-Anzahl. Die KFA-Lösung verfügt darüber hinaus nach der Item-Selektion nur noch über ein Item, das positive Transferprozesse aus dem Privatleben in die Erwerbstätigkeit beschreibt; alle anderen Items haben Interaktionen aus der Arbeit in den außerberuflichen Lebensbereich zum Gegenstand. Schließlich besitzen im Vergleich zu den anderen drei Faktoren sowohl die Lambda-Koeffizienten der KFA als auch die Ladungskoeffizienten der EFA für den Faktor Benefiterleben die geringsten Werte. Es wird deutlich: Eine zukünftige Optimierung des Instruments sollte besonders diesen Faktor berücksichtigen.

Reliabilität.– Sowohl die interne Konsistenz, bestimmt durch Cronachs-α zu Messzeitpunkt 1, als auch die Retest-Reliabilität, bestimmt durch die bivariate Korrelation der Skalen zu beiden Messzeitpunkten können als zufriedenstellend bis gut erachtet werden. Während sich die Werte für die interne Konsistenz zwischen 0.74 und 0.88 bewegen sind die Werte für die Zuverlässigkeit zwischen zwei Messungen erwartungsgemäß etwas niedriger und betragen zwischen 0.71 und 0.84. Wie bereits in den Ergebnissen zu Studie 1 angesprochen, sollte die Reliabilität eines Tests immer möglichst hoch sein. Legt man die einschlägigen Diskussionen zur Höhe entsprechender Reliabilitätskoeffizienten zugrunde, so herrscht zumindest dahingehend Einigkeit, dass Werte größer 0.70 im Allgemeinen (z.B. Wottawa, 1988; Lienert & Raatz, 1994) und bei der Work-Life-Balance-Forschung im Besonderen (Tetrick & Buffardi, 2006) als akzeptabel zu erachten sind. Im Forschungskontext und zur (Maßnahmen-)Evaluation erweisen sich die hier entwickelten Skalen zur Differenzierung zwischen Gruppen somit als geeignet. Für etwaige individuelle differentialpsychologischen Diagnosen sollten dagegen die Skalen weiter verbessert werden, so dass eine Zuverlässigkeit von >0.80 für alle Dimensionen als gesichert angesehen werden kann. Unter dem Gesichtspunkt einer möglichen Reliabilitätsverbesserung sollten vor allem die Faktoren *Nicht-Arbeit⇨Arbeit-Konflikte* und *Benefiterleben* weiter modifiziert werden, da sie über die geringsten Ausprägungen der Reliabilitätskoeffizienten sowohl bei der Bestimmung der internen Konsistenz als auch bei der Messwiederholung verfügen.

Bei der Forderung nach einer möglichst hohen Messgenauigkeit sollte auch die inhaltliche Ausgestaltung des zu erfassenden Konstrukts in Rechnung gestellt werden. So handelt es sich bei den hier erfassten Konstrukten inhaltlich um sehr breit angelegte Dimensionen: Bei der Erfassung des Vereinbarkeitserleben von Individuen werden die Qualität des Erlebens (Konflikt vs. Benefit), die Richtung der Interaktionen (Arbeit ⇨Nicht-Arbeit und Nicht-Arbeit⇨Arbeit) mehrere Lebensbereiche (Arbeit, Familie und Freizeit) sowie drei Bezugsebenen (zeit-, beanspruchungs- und verhaltensbezogen) berücksichtigt. Gilt es nun, ein Konstrukt mit einer großen Bandbreite (bandwith) bzw. hohen Komplexität zur erfassen, so steht dies häufig im Widerspruch zu seiner Genauigkeit (fidelity). Dieses Phänomen ist auch als das sogenannte *„Bandwith-Fiedlity-Dilemma"* bekannt. Gilt es, ein sehr eng umgrenztes Kriterium zu erfassen, sollte ein sehr spezifisches Instrument eingesetzt werden. Gilt es hingegen, ein breites Konstrukt zu erheben, „leidet" darunter die Spezifität des verwendeten Instruments. Dieses sollte abstrakter konstruiert sein, wenn es den inhaltlichen Anforderungen eines Kriteriums gerecht werden soll und es mit allen seinen Aspekten abdecken soll. Berücksichtigt man diese Überlegungen, erscheinen die hier berichteten Reliabilitätsmaße als ein angemessener Kompromiss zwischen einer breiten inhaltlichen Ausgestaltung des zu erfassenden Konstrukts und den psychometrischen Gütekriterien, die es zu berücksichtigen gilt.

Stichprobencharakteristika.– Das eingangs dieser Studie formulierte Ziel einer möglichst umfangreichen und heterogenen Stichprobe kann, vor allem im Vergleich zu den Studien 1-3, als erreicht betrachtet werden. Den Befunden aus Studie 4 kann eine deutlich höhere Generalisierbarkeit zugeschrieben werden als den vorhergehenden Studien 1-3. Allerdings gilt es darauf hinzuweisen, dass die Stichprobe nicht als repräsentativ für die bundesdeutsche erwerbstätige Bevölkerung angesehen werden sollte. Die Stichprobe ist gekennzeichnet durch ein großstädtisches, akademisches Milieu, in dem zum überwiegenden Teil beide Lebenspartner erwerbstätig sind. Trotz des hohen Anteils an (erwerbstätigen) Frauen in der Stichprobe zeigen sich innerhalb der Familien und Lebenspartnerschaften noch immer eher traditionelle Rollenmuster hinsichtlich der partnerschaftlichen Aufteilung von Kinderziehung und Haushaltsführung. Familie hat für die hier vorliegende Stichprobe ferner eine hohe Bedeutung, die sich in einer starken emotionalen Verbundenheit und Verantwortlichkeit ausdrückt.

Einige der organisationalen, familialen und individuellen Rahmenbedingungen und die damit verbundenen Wandelprozesse, wie sie im theoretischen Teil dieser Arbeit beschrieben werden, scheinen sich in dieser Stichprobe zu manifestieren. So zeigt sich zwar ein hoher Anteil erwerbstätiger Frauen, der jedoch vielfach mit traditionellen Familien- und Lebensarrangements einhergeht. Auch die im theoretischen Teil der Arbeit beschriebenen gesellschaftlichen und organisationalen Flexibilisierungstendenzen manifestieren sich in dieser Stichprobe deutlich. So findet sich in der Stichprobe ein hoher Anteil an Schichtarbeitenden und Erwerbstätigen mit Bereitschaftsdiensten/Rufbereitschaften oder auch eine großer Anteil von Menschen mit Wochenend- und Heimarbeit. Die Stichprobe kann hinsichtlich verschiedener Merkmale der beschriebenen Wandelprozesse als prototypisch, jedoch nicht als repräsentativ für die Grundgesamtheit der Erwerbstätigen bezeichnet werden.

Einige Gruppen von Erwerbstätigen sind in der Stichprobe deutlich unterrepräsentiert: z. B. Männer, Personen aus geringverdienenden Haushalten, Erwerbstätige aus den unteren Hierarchieebenen oder auch Mitarbeiter aus Branchen, die dem primären und sekundären Sektor zugeordnet werden können. Etwas vereinfacht ausgedrückt könnte man sagen, dass es sich bei der hier untersuchten Stichprobe erneut um eine typische weiße Mittelstandstichprobe handelt. Der Ursprung hierfür dürfte – zumindest zum Teil – in der online-gestützten Erhebungsmethode begründet liegen, da angenommen werden kann, dass die unterrepräsentierten Teilpopulationen in geringerem Umfang Zugang zum Internet haben. So nutzen mehr als drei Viertel der erwerbstätigen Bevölkerung in Deutschland mittlerweile das Internet (van Eimeren & Frees, 2007), jedoch werden für einzelne Teilpopulationen verschiedene Nutzungsquoten und technische Voraussetzung ausgemacht.

So unterscheiden sich „*Offliner*" – Personen ohne Internetzugang oder -nutzung – hinsichtlich der sozio-demografischen Merkmale und beruflicher Stellung zum Teil deutlich von den „*Onlinern*" (Gerhards & Mende, 2007). Sie sind besser ausgebildet und haben höhere Positionen inne. Auch ist beispielsweise das Haushaltsnettoeinkommen in der Gruppe der Offliner deutlich geringer. Auch einzelne Teilgruppen wie z. B. die über 50-Jährigen nutzen das Internet in geringerem Umfang (ebd.). Die Generalisierbarkeit der Befunde ist somit teilweise eingeschränkt. Eine weitere Validierung des Instruments in den noch unterrepräsentierten Teilpopulationen ist somit indiziert. Erwerbstätige Teilpopulationen, die bisher nicht oder nur in sehr geringerem Umfang erfasst wurden, sollten dabei stärkere Berücksichtigung finden.

12. Gesamtdiskussion

12.1 Ergebnisdiskussion

12.1.1 Methodisch-validierende Fragestellungen

Bei der Diskussion der methodisch-validierenden Fragestellungen ist die faktorielle Struktur des Instrumentes zu diskutieren. Dabei wird die inhaltliche Ausrichtung der Skalen und ihre Bedeutung hinsichtlich ihrer Gemeinsamkeiten und Unterschiede zu anderen Verfahren betrachtet. Daran anschließend werden die Ergebnisse aus dem Blickwinkel der testtheoretischen Gütekritieren erörtert.

Die Struktur des WoLiBaX.– Ein zentraler Befund der Arbeit ist darin zu sehen, dass die Schnittstelle zwischen den Lebensbereichen Arbeit, Familie und Freizeit und die dort von Erwerbstätigen erlebten Interaktionen am besten durch vier zusammenfassende Faktoren dargestellt werden können: (zeit- und beanspruchungsbedingte) *Arbeit ⇨ Nicht-Arbeit-Konflikte,* (zeit- und beanspruchungsbedingte) *Nicht-Arbeit ⇨ Arbeit-Konflikte,* bidirektionales *Benefiterleben* und bidirektionales, verhaltensbedingtes *Segmentationserleben.* Diese Faktorenstruktur ließ sich – aufbauend auf einer Contentanalyse zur Bestimmung der inhaltlichen Ausrichtung der Items – in drei explorativen Faktorenanalysen ermitteln. Die vierfaktorielle Makrostruktur konnte in einer weiteren explorativen Faktorenanalyse repliziert und nach einer geringfügigen Modifikation des Instruments auf Itemebene in einer konfirmatorischen Strukturgleichungsanalyse sowie in einer Kreuzvalidierung bestätigt werden. Die mehrfache Identifikation und Bestätigung der vier Faktoren in unterschiedlichen Stichproben deutet auf eine hohe Stabilität der Konstruktstruktur des Modells hin. Ein wesentliches Merkmal der vierfaktoriellen Faktorenstruktur des WoLiBaX ist darin zu sehen, dass es sich um zwei unidirektionale Skalen sowie um zwei bidirektionale Skalen handelt.

Ein wichtiger Beitrag dieser Arbeit liegt darin begründet, dass bei der Entwicklung des Verfahrens erstmalig gleichzeitig verschiedene Aspekte von Interaktionen zwischen den Lebensbereichen gleichzeitig berücksichtigt wurden. Zu nennen sind im Einzelnen: 1. die Richtung der Spillover-Prozesse (Arbeit⇨Nicht-Arbeit und Nicht-Arbeit⇨Arbeit), 2. die Form der Interaktionen (zeit-, beanspruchungs- und verhaltensbedingte Aspekte), 3. negative und positive Interaktionsprozesse (Konflikte und Benefiterleben) und 4. darüber hinausgehend die Berücksichtigung von Interaktionen, die nicht allein das Familienleben betreffen, sondern auch den Freizeitbereich.

Die Differenzierung des Konflikterlebens in zwei unidirektionale Faktoren, wobei der erste Faktor Interaktionen aus der Arbeit in das Familienleben beschreibt und der zweite Faktor Spillover-Prozesse in die entgegengesetzte Richtung, kann als Standard der Work-Family-Forschung betrachtet werden. Mittlerweile berücksichtigen die meisten Verfahren diese Unterscheidung (z. B. Carlson et al., 2000; Frone et al., 1992a, 1992b; Geurts et al. 2005, Gutek et al., 1991; Netemeyer et al. 1996). Die gleichzeitige Beachtung zeit-, beanspruchungs- und verhaltensbedingter Aspekte des Interaktionserlebens wird findet noch immer in den wenigsten Verfahren statt (z. B. Carlson et al., 2000; Stephens & Sommer, 1996). Die Mehrzahl der bestehenden Verfahren berücksichtigt überwiegend zeit- und beanspruchungsbedingte Spillover-Prozesse. Positiven Interaktionsprozessen zwischen den Lebensbereichen Arbeit und Familie wird in der Forschung in den in den letzten Jahren jedoch eine verstärkte Aufmerksamkeit zuteil. Diese manifestiert sich unter anderem in der Entwicklung von (multidimensionalen) Instrumenten zur Erfassung förderlicher Interaktionen zwischen den Lebensbereichen (z. B. Carlson et al., 2006; Hanson et al., 2006).

Der Berücksichtigung der Direktionalität der positiven Interaktionsprozesse aus der Erwerbstätigkeit in das Familienleben und in der entgegengesetzten Richtung wird in Analogie zum Konflikterleben zumeist Rechnung getragen. Jedoch wurde bisher noch nicht der Versuch unternommen, die Unterteilung in zeit-, beanspruchungs- und verhaltensbedingte Spillover-Prozesse, wie aus dem Kontext der Konfliktforschung bekannt ist, auch auf den Bereich der positiven Interaktionen zwischen Arbeit, Familie und Freizeit zu übertragen. Ferner wurden Instrumente und Skalen zur Erfassung der positiven Interaktionsprozesse bisher zumeist unabhängig vom Konflikterleben entwickelt. Des weiteren fokussieren die zitierten Verfahren zum überwiegenden Teil auf das Arbeit-Familien-Interface. Die Berücksichtigung außerfamilialer Aspekte des Privatlebens findet dabei – zumindest explizit – meist keine Berücksichtigung.

Der Beitrag der vorliegenden Arbeit ist somit vor allem darin zu sehen, dass bei der Entwicklung des Instruments auch verhaltensbedingte Aspekte des Vereinbarkeitserlebens Berücksichtigung fanden, die Differenzierung in zeit- beanspruchungs- und verhaltensbedingte Spillover-Prozesse auch auf den Bereich der positiven Spillover-Prozesse übertragen wurde, sowohl förderliche als auch negative Interaktionen gleichzeitig Berücksichtigung fanden und explizit auch das Privatleben außerhalb der Familie integriert wurde.

Zu diskutieren ist im Folgenden, inwieweit die ermittelte Faktorenstruktur des WoLiBaX in Übereinstimmung mit den Konstrukten anderer Instrumente des Themengebietes steht bzw. welchen zusätzlichen Beitrag das entwickelte Verfahren darüber hinaus leistet und wie die inhaltliche Ausrichtung der Skalen zu interpretieren ist.

Zeit- und beanspruchungsbedingtes Konflitkerleben
Der Sachverhalt, dass zeit- und beanspruchungsbedingte Konflikte einen gemeinsamen Faktor repräsentieren, ist durchaus nicht ungewöhnlich und zeigt sich auch in anderen Untersuchungen der Work-Life-Balance-Forschung. Die Beobachtung, dass zeit- und beanspruchungsbedingte Aspekte der Konfliktskalen (Arbeit⇨Nicht-Arbeit-Konflikte, Nicht-Arbeit⇨Arbeit-Konflikte) in engem Zusammenhang stehen, zeigt sich nicht nur in statistischen Analysen (so findet sich in verschiedenen Arbeiten ein stärkerer korrelativer Zusammenhang zwischen zeit- und beanspruchungsbedingten Skalen als mit den verhaltensbedingten Konflikt-Dimensionen; z. B. bei Carlson et al., 2000 oder Stephens & Sommer, 1996), der Zusammenhang erscheint auch inhaltlich plausibel, da zeitliche Konflikte oft in unmittelbarem Zusammenhang mit beanspruchungsbedingten Konflikten stehen. So ist davon auszugehen, dass das zeitliche Engagement in einem Lebensbereich mit der Beanspruchung in engem Zusammenhang steht. So ruft ein erhöhtes zeitliches Engagement im Rahmen der Erwerbstätigkeit vielfach auch eine Beanspruchung hervor, die ihrerseits ebenfalls in einem Spillover-Prozess in den privaten Lebensbereich *„überschwappt"*.

Folgt man der in dieser Arbeit ermittelten Faktorenstruktur, erscheint eine Differenzierung in drei verschiedene Formen des Konflikterlebens nicht zwingend. Vielmehr legt die ermittelte Faktorenstruktur eine Differenzierung zwischen zeit- und beanspruchungsbedingten Konflikten auf der einen Seite und verhaltensbedingten Konflikten auf der anderen Seite nahe. Obwohl dieser Befund entgegen den theoretischen Überlegungen verläuft, zwischen zeit-, beanspruchungs- und verhaltensbedingten Konflikten zu unterscheiden (z. B. Greenhaus & Beutel, 1985), findet sich auch in anderen empirischen Arbeiten Unterstützung für diesen Befund. So identifizieren beispielsweise Stephens & Sommer (1996) in einer explorativen Faktorenanalyse hinsichtlich des Konflikterlebens für Arbeit⇨Familien-Konflikte drei verschiedene Faktoren: 1) zeit- und beanspruchungsbedingte Konflikte, 2) positive (förderliche) verhaltensbedingte „Konflikte" und 3) negative verhaltensbedingte Konflikte.

Die Befunde von Stephens & Sommer sind in dieser Hinsicht kompatibel mit den Ergebnissen dieser Arbeit, da auch in ihrer Untersuchung die zeit- und beanspruchungsbedingten Konflikt-Items in einer explorativen Faktorenanalyse auf einem gemeinsamen Faktor laden. So ist dieser Faktor vergleichbar mit dem Faktor Arbeit⇨Familien-Konflikte in den hier durchgeführten Analysen. Ein unidirektionaler Faktor in der entgegengesetzten Richtung (Familien⇨Arbeit-Konflikte) findet sich in der Studie von Stephens & Sommer (ebd.) hingegen nicht, da in ihrer Untersuchung lediglich Interaktionsprozesse aus der Arbeit in Richtung Familie Gegenstand der Analyse waren. Eine weitere Übereinstimmung findet sich in der Extraktion eines Faktors, der verhaltensbedingte Konflikte zum Inhalt hat. Dieser Faktor „verhaltensbedingte Konflikte" ist vergleichbar mit dem Faktor verhaltensbedingtes Segmentationserleben, wie er in den hier dokumentierten Studien vorgefunden wird.

Bidirektionales verhaltensbedingtes Segmenationserleben
Eine Besonderheit der vorliegenden Ergebnisse ist darin zu sehen, dass die Skalen für zeit- und beanspruchungsbedingte Konflikte unidirektional verlaufen und die verhaltensbedingte Konfliktskala – in dieser Arbeit als Segmentationserleben bezeichnet – bidirektional ausgerichtet ist, d.h. sie erfasst sowohl Interaktionen aus der (Erwerbs-)Arbeit in das Privatleben als auch in der entgegengesetzten Richtung. Dies steht im Widerspruch zu Skalenkonstruktionen, wie sie sich z. B. bei Carlson et al. (2000) finden, die von einer Skala verhaltensbedingter Konflikte aus der Arbeit in das Familienleben ausgehen und von einer weiteren Skala verhaltensbedingter Konflikte in der entgegengesetzten Richtung. Nach Ansicht des Verfassers ist der Befund einer bidirektionalen Skala verhaltensbedingter Konflikte in der vorliegenden Arbeit inhaltlich begründet. Während es sich bei zeit- und beanspruchungsbedingten Konflikten um Erlebenszustände handelt, die ihren Ursprung in den limitierten Ressourcen Zeit und Energie haben, gilt dies nicht für verhaltensbedingte Konflikte. Während die Ressourcen Zeit und Energie endlich sind und einen Mangel an Zeit und Energie im anderen Lebensbereich nach sich ziehen können, gilt dies für das Verhalten nicht.

Verhaltensweisen sind unteilbar. Damit ist gemeint, dass spezifische Verhaltensweisen im Rahmen von verhaltensbedingten Konfliktskalen als unvereinbar mit dem anderen Lebensereich erlebt werden (z. B. ein zugewandter und unterstützender Interaktionsstil innerhalb der Familie, der vielleicht als nicht vereinbar mit wettbewerbsorientierten Verhaltensweisen im Rahmen der Erwerbstätigkeit erachtet wird). Dabei ist es unerheblich, ob diese spezifische Verhaltensweise im Lebensbereich Arbeit oder in den Lebensbereichen Familie und Freizeit akzeptiert und praktiziert wird. Für das Individuum ist primär nur von Bedeutung, dass eine spezifische Verhaltensweise aus ihrem Verhaltensrepertoire inkompatibel mit den (vermeintlichen) Anforderungen in der anderen Domäne ist. Anders ausgedrückt: Entscheidend ist für das Individuum, dass Verhaltensweisen eines Lebensbereichs nicht in den anderen integriert werden können. In welchem Lebensbereich diese Inkompatibilität ihren Ursprung hat, ist für die Betroffenen (zunächst) unerheblich.

Während die inhaltliche Bewertung der drei Skalen Arbeit⇨Nicht-Arbeit-Konflikte, Nicht-Arbeit⇨Arbeit-Konflikte und Benefiterleben sehr eindeutig erscheint, gilt dies nicht für die Skala Segmentationserleben. Die beiden unidirektionalen Konfliktskalen Arbeit⇨Nicht-Arbeit-Konflikte und Nicht-Arbeit⇨Arbeit-Konflikte stellen für Individuen einen negativen, aversiv erfahrenen Erlebenszustand dar. Die Skala Benefiterleben repräsentiert dagegen eine positiv bewertete Erlebensqualität. Wie das Segmenationserleben – die Unvereinbarkeit von spezifischen Verhaltensweisen in den Domänen – jedoch vom Individuum bewertet wird, kann nicht eindeutig beantwortet werden. Zieht man studienübergreifend die konkreten Ausprägungen (Mittelwerte) der Skalen für das Segmentationserleben heran fällt auf, dass das Segmentationserleben in allen untersuchten Stichproben durchweg gering ausgeprägt ist. Es kann angenommen werden, dass dies ein Indiz für eine hohe (verhaltensbedingte) Permeabilität zwischen den Lebensbereichen ist. Weiter ist zu konstatieren, dass bei den regressionsanalytischen Zusammenhangsanalysen im Gegensatz zu den drei anderen Skalen nur sehr wenige korrelative Zusammenhänge mit anderen Variablen beobachtet werden können.

Unklar bleibt zunächst, ob das Segmentationserleben nun eher als negative oder positive Erlebensqualität oder sogar als ein eher neutraler Erlebenszustand zu bewerten ist. Die Ergebnisse der Contentanalyse sprechen für ein Konflikterleben, denn die entsprechenden Items wurden von den Ratern als verhaltensbedingte Konflikte bewertet. Die Korrelationsanalyse in Studie 4 zeigt ferner einen schwachen, aber gleichläufigen Zusammenhang zwischen den beiden unidirektionalen Konfliktskalen und der Segmentationsskala. Der – wenn auch schwache, dennoch positive – Zusammenhang kann dahingehend gewertet werden, dass es sich hierbei um einen Erlebenszustand handelt, der ebenfalls als Konflikt erfahren wird. Mit der Skala Benefiterleben besteht zwar ein deutlicher stärkerer Zusammenhang, der aber darin begründet liegen dürfte, dass beide Skalen über verhaltensbedingte Items verfügen. Außerdem ist dieser Zusammenhang negativ ausgeprägt. Es ist weiter anzunehmen, dass die indvduelle Bewertung des Sachverhaltes, dass Verhaltensweisen, die in einem Lebensbereich ausgeübt werden und im anderen Lebensbereich nicht gelebt werden können, auch in starkem Maße davon abhängig ist, ob die Befragten selbst aktive Strategien des Segmentierens verfolgen und als wünschenswert erachten oder ob sie vielmehr das Ziel der verhaltensbezogenen Integration verfolgen, also bemüht sind, die Grenze zwischen den Lebensbereichen möglichst permeabel zu gestalten. Hierzu sind weitergehende Untersuchungen notwendig, die die entsprechenden Variablen berücksichtigen.

Die deskriptiven Befunde aus Studie 2 deuten darauf hin, dass vermutlich vor allem Erwerbstätige der unteren Hierarchieebenen (Arbeiter, Auszubildende) mit geringem Einkommen ein stärkeres verhaltensbedingtes Segmentationserleben erfahren. Diese Befunde sind allerdings nicht statistisch abgesichert und es ist zu vermuten, dass der geringe Anteil an Erwerbstätigen der unteren Hierachiestufen (und die gilt studienübergreifend für alle vier Untersuchungen) hier zu stichprobenbedingten Verzerrungen führt. Wünschenswert ist deshalb, zukünftig die Skala Segmentationserleben in Kontexten einzusetzen, zu erproben und weiter zu valdieren, die strukturbedingt eine hohe verhaltensbedingte Segmentation von den Beschäftigten erfordern, da die Grenze zwischen den Lebensbereiche hinichtlich des Verhaltens nur in sehr geringem Umfang permeabel ist. Dies würde auch Aufschluss darüber geben, ob die Skala in der Lage ist, zwischen Gruppen von Erwerbstätigen zu differenzieren, die sich hinsichtlich ihrer verhaltensbezogenen Anforderungen bei der Vereinbarkeit von Arbeit, Familie und Freizeit deutlich unterscheiden. Ein Extremgruppenvergleich zwischen Erwerbstätigen aus einem Kontext mit einer sehr starken verhaltensbedingten Permeabilität (z. B. Pfarrer oder Selbstständige) und Personen aus einem Kontext mit einer sehr geringen Durchlässigkeit zwischen den Lebensbereichen (z. B. Armeeangehörige) könnte hier weiter Aufschluss geben.

Unidirektionale und bidirektionale Faktoren
Zu diskutieren ist ferner, wieso die Skalen für Arbeit⇨Nicht-Arbeit-Konflikte und Nicht-Arbeit⇨Arbeit-Konflikte unidirektional ausgerichtet sind, die Skala Benefiterleben hingegen bidirektional. So wurde in Studie 1 angenommen, dass sich analog zu den Konfliktskalen auch für positive Spillover-Prozesse gerichtete, undirektionale Skalen identifizieren lassen. Die unterschiedliche Direktionalität der (unidirektionalen) Skalen Arbeit⇨Nicht-Arbeit-Konflikte und Nicht-Arbeit⇨Arbeit-Konflikte sowie dem (bidirektionalen) Benefiterleben kann in den Konsequenzen des Erlebens begründet liegen. Während Konflikte als aversiv erlebt werden und von den Betroffenen vermieden und reduziert werden wollen, wird angenommen, dass positive Interaktionen zwischen den Lebensbereichen einen positiven Erlebenszustand bedingen. Da jedoch positive Erlebenszustände kein unmittelbares Eingreifen oder Handeln erfordern, wird angenommen, dass aversiv erlebtes Konflikterleben dazu führt, dass die Betroffenen – entsprechende individuelle Kompetenzen sowie Kontrollmöglichkeiten vorausgesetzt – Handlungen initiieren wollen, mit denen das Konflikterleben vermindert oder vermieden werden soll. Dies erfordert allerdings, die Ursachen und den Lebensbereich zu identifizieren, in dem die Konflikte ihren Ursprung haben. Von daher erscheint es durchaus nachvollziehbar, dass das Konflikterleben bei den Befragten unidirektional repräsentiert ist, da die Identifikation des *„verursachenden Lebensbereichs"* unter Umständen mit dem Wunsch nach Lösung des Konflikts verbunden ist. Die Identifikation des *„verursachenden Lebensbereichs"* kann dabei den ersten Schritt zur Lösung des Konflikterlebens darstellen.

Für das Benefiterleben als positiv besetzter Erlebenszustand ist es hingegen sekundär, in welchem Lebensbereich das positive Erleben seinen Ursprung hat, da es nicht zwangsläufig ein Eingreifen und Handeln der Betroffenen erfordert. Vereinfacht ausgedrückt: Es handelt sich um einen *„reinen"* Benefit, der zwar als positiv erlebt wird, aber kein unmittelbares Handeln gebietet.

Unterstützung für die Bidirektionalität des Benefiterlebens finden sich bei Fisher (2001), Fisher-McAuley, Stanton & Jolton (2003) und Hayman (2005). Das von ihnen eingesetzte Instrument verfügt über eine dreifaktorielle Struktur hinsichtlich des Konflikterlebens und den positiven Interaktionen zwischen den Lebensbereichen. Es ist in wesentlichen Teilen vergleichbar mit der Makrostruktur des WoLiBaX, da es ebenfalls über zwei unidirektionale Konfliktskalen verfügt: *„work interference with personal life (WIPL)"* und *„personal life interference with work (PLIW)"*. Außerdem existiert auch in diesem Instrumenten eine dritte Skala *„work/personal life enhancement (WLPE)"*, die positive bidirektionale Transferprozesse zwischen den Lebensbereichen beschreibt[34].

Während, wie gezeigt, einige Verfahren ebenfalls bidirektionale Skalen für positive Interaktionen zwischen den Domänen verwenden, finden sich in anderen Arbeiten auch undirektionale Skalen. Hierbei werden zumeist die positiven Transferprozesse – analog zum Konflikterleben – unidirektional spezifiziert (z. B. Carlson et al., 2006; Hanson et al., 2006). Eine Ursache hierfür wird in der methodischen Vorgehensweise vermutet, wie viele der Verfahren im Strukturgleichungsparadigma validiert werden. Betrachtet man die spezifizierten Modelle, zeigt sich oft, dass entsprechende bidirektionale Modelle nicht formuliert werden und folglich auch nicht *„entdeckt"* oder validiert werden können. Die hier vorliegenden Ergebnisse sprechen jedoch dafür, auch bidirektionale Faktoren bei der Modellierung des Interfaces zwischen Arbeit, Familie und Freizeit zu berücksichtigen.

Übertragung des Ansatzes zur Differenzierung zwischen zeit-, beanspruchungs- und verhaltensbedingten Aspekten auf positive Interaktionen
Ein weiterer Beitrag dieser Arbeit kann darin gesehen werden, dass bei der Instrumentenentwicklung das Konzept, zwischen zeit-, beanspruchungs- und verhaltensbedingten Aspekten des Spillover-Erlebens zu unterscheiden, nicht nur für das Konfikterleben genutzt wurde, sondern auch auf positive Interaktionen zwischen den Lebensbereichen übertragen wurde. So wurden Items generiert, die Interaktionen zwischen der Erwerbstätigkeit und dem Privatleben beschreiben, die in zeitlichen, beanspruchungs- oder verhaltensbedingten Ressourcen im jeweils anderen Lebensbereich ihren Ursprung haben. Annahme dabei war, dass genauso wie zeitliche, energiebezogene und verhaltensbedingte Ressourcen aufgrund ihrer Limitiertheit zu Konflikten zwischen den Lebensbereichen führen können, selbige auch positive Transferprozesse initiieren können. Nach dieser Annahme sollten z. B. größere zeitliche Ressourcen oder eine größere zeitliche Flexibilität in einem Lebensbereich ein stärkeres Engagement im anderen Lebensbereich ermöglichen. Während sich diese Differenzierung auf der Konfliktebene (zumindest zum Teil) auch in Form zweier zeit- und beanspruchungsbedingter Arbeit-Familie-Konflikt-Skalen und einer Dimension verhaltensbedingter Konflikte (Seg-

---

[34] Eine weitere Gemeinsamkeit zwischen den angeführten Skalen und den WoLiBaX-Skalen ist darin zu sehen, dass sie ebenfalls nicht allein auf das Arbeit-Familie-Interface fokussieren, sondern darüberhinausgehend, den gesamten außerberuflichen Lebensbereich berücksichtigen.

mentationserleben) widerspiegelt, kann eine entsprechende Unterscheidung für die Benefitskala nicht ausgemacht werden. In der durchgeführten Synopse ergibt sich, dass die Items, die den Benefitfaktoren zugeordnet werden, fast ausschließlich beanspruchungs- oder verhaltensbedingte Aspekte betreffen. In der Folge wurden daher für die abschließend in Studie 4 eingesetzte Benefitskala ausschließlich beanspruchungs- oder verhaltensbedingte Items genutzt. Die Befunde sind dahingehend zu interpretieren, dass einerseits zeitlichen Ressourcen für das Erleben positiver Interaktionsprozesse zwischen den Lebensbereichen keine Bedeutung zukommt (die entsprechenden Items laden negativ auf den unidirektionalen Konfliktskalen), andererseits bei positiven Interaktionen zwischen den Lebensbereichen eine weitergehende Differenzierung zwischen beanspruchungs- oder verhaltensbedingten Interaktionen nicht notwendig ist.

In der ermittelten Faktorenstruktur spielt die Differenzierung zwischen zeit-, beanspruchungs- und verhaltensbedingten Erlebenszuständen nur eine untergeordnete Rolle. Die Konfliktkonstrukte enthalten dabei in den ermittelten Makrostrukturen in der Regel sowohl zeit- als auch beanspruchungsbedingte Inhalte. Das Benefiterleben wird zumeist durch beanspruchungs- und verhaltensbedingte Aspekte und das Segmentationserleben allein durch verhaltensbedingte Themen beschrieben. Auch in der strukturgleichungsbasierten Analyse in Studie 4 treten die drei unterschiedlichen Formen von Erlebenszuständen nicht als eigenständige Konstruktebenen oder Subdimensionen auf, sondern manifestieren sich „nur" als Methodenfaktoren. Wurde in verschiedenen Studien seit dem Artikel von Greenhaus & Beutel (1985) diese Differenzierung berücksichtigt, so deuten die hier vorliegenden Resultate darauf hin, dass diese Unterscheidung auf Konstrukt- bzw. Skalenebene des Work-Life-Balance-Erlebens zu vernachlässigen ist.

Bereits Bellavia & Frone (2004) weisen darauf hin, dass diese Differenzierungsebene kritisch zu betrachten sei. Sie verweisen darauf, dass die Gefahr konfundierender Effekte bei Zusammenhangsanalysen mit den Antezedenzen und Auswirkungen von Arbeit-Familien-Konflikten besteht, wenn von einer Taxonomie zeit-, beanspruchungs- und verhaltensbedingter Antezedenzen (oder Auswirkungen) auf eine vergleichbar strukturierte Taxonomie des Konflikterlebens geschlossen wird. Sie schlagen deshalb vor, auf diese Unterscheidung zu verzichten. Dem ist nach den vorliegenden Daten bedingt zuzustimmen: Diese Analyseebene sollte bei der Skalenbildung keine gesonderte Berücksichtigung erfahren. Andererseits sollten Instrumente wie das hier dokumentierte auf der Inhaltsebene Items und Fragestellungen berücksichtigen, die sowohl zeit-, beanspruchungs- und verhaltensbedingte Aspekte repräsentieren, auch wenn sie keine eigenständigen Faktoren repräsentieren.

Bedeutung der Faktoren für das individuelle Handeln
Im Zusammenhang mit der Diskussion um unidirektionale Arbeit-Familien-Konflikte und dem bidirektionalen Benefiterleben stellt sich die Frage, ob Arbeit-Familien-Kon-

flikte und positive Interaktionen (Benefiterleben) zwischen den Lebensbereichen die gleiche Bedeutung für Individuen haben. Anders ausgedrückt: Ist die Valenz, die dem Konflikterleben zugeschrieben wird, vergleichbar mit der Valenz des Benefiterlebens? Denn wenn man der oben geschilderten Argumentation folgt, stellt sich Frage, ob das Erleben von Konflikten in gleichem Maße Handlungen und Konsequenzen nach sich zieht, wie beispielsweise das Fehlen einer positiven Erlebnisqualität, also dem nicht Vorhandensein eines Benefiterlebens. Ist die Wertigkeit, die dem Vermeiden oder der Reduktion von Konflikten beigemessen wird, vergleichbar mit der Wertigkeit, die dem Auftreten oder Fehlen eines Benefiterlebens beigemessen wird? Diese Frage kann auf Basis der hier diskutierten Daten nicht beantwortet werden und sollte Gegenstand weiterer Forschung sein.

Ein möglicher Weg, die Wertigkeit der verschiedenen Spillover-Prozesse für die Befragten genauer zu spezifizieren, kann in einer Erweiterung des Antwortformats liegen. Die in Studie 4 verwendeten Items wurden auf einer verbal verankerten Skala von *trifft überhaupt nicht zu* (1) bis *trifft voll und ganz zu* (5) beantwortet. Dieses Antwortschema liefert jedoch keine Information darüber, inwieweit die jeweiligen Spillover-Prozesse auch von Relevanz oder Bedeutung für die Befragten sind. Verschiedene Autoren (z. B. Bellavia & Frone, 2004; Sloan Work-Family Researchers Electronic Network, 2000) fordern deshalb, die Bewertung von Spillover-Prozessen auch hinsichtlich ihrer Auftretenshäufigkeit bewerten zu lassen. Eine Kombination beider Vorgehensweisen, d.h. sowohl eine Einschätzung der Stärke der erlebten Spillover-Prozesse durch die Befragten als auch die Erfassung ihre Auftretenshäufigkeit (z. B. auf einer Skala von nie bis häufig) würde die Möglichkeit bieten, gezieltere Aussagen über die Wertigkeit der jeweiligen Interaktionen für die Befragten zu fällen.

Erweiterung des Untersuchungsgegenstandes hinsichtlich Freizeit und Familie
Ein maßgeblicher Beitrag dieser Arbeit und des WoLiBaX ist auch in der Erweiterung des Interfaces auf den Lebensbereich Freizeit zu sehen. Während noch immer der überwiegende Anteil von Studien und Instrumenten auf Erwerbsarbeit und den Lebensbereich Familie fokussierten, wird hier eine erweiterte Perspektive vertreten. Zwar differenzieren die Befragten hinsichtlich der untersuchten Spillover-Prozesse und Interaktionen nicht gesondert zwischen Familie und dem Lebensbereich Freizeit, gleichwohl erweisen sich in allen vier durchgeführten Studien auch die Items, die in diesen Lebensbereich zielen, als funktional bei der Beschreibung des Interfaces zwischen Erwerbsarbeit und Nicht-Arbeit. Eine Erweiterung des Fokus der Work-Life-Balance-Forschung auf den außerfamilialen privaten Lebensbereich erscheint vor dem Hintergrund der im theoretischen Teil dieser Arbeit geschilderten mannigfaltigen Wandelprozesse insbeondere im familialen und sozialen Kontext von Individuen dringend geboten. So bietet die Integration des außerfamilialen Privatlebens auch die Möglichkeit, jenseits

traditioneller familialer Lebensformen angemessen das Work-Life-Balance-Erleben von Individuen zu analysieren und reduziert das Vereinbarkeitserleben nicht auf den Bereich der Familie. In diesem Sinne kann sowohl der WoLiBaX als Instrument als auch die dahinter stehende Konzeption als ganzheitlich erachtet werden.

Auch Bellavia & Frone (2004) fordern, die Perspektive des Zusammenhanges zwischen den Lebensbereichen Arbeit und Privatleben auf Rollen von Individuen zu erweitern, die nicht in der Familie begründet liegen. Während jedoch Bellavia & Frone explizit vorschlagen, verschiedene Rollenkonzepte zu berücksichtigen (z. B. religiöse Rollen, Nachbarschaftsrollen, Bürgerrollen), wird hier der Ansatz vertreten, den privaten, außerfamiliären Lebensbereich ganz allgemein zu berücksichtigen, ohne dabei spezifische Rolleninhalte zu thematisieren. Bei der Operationalisierung von Items manifestiert sich dies in abstrakten Formulierungen wie *„mein Privatleben"* oder *„in meiner Freizeit"*. Der Vorteil dieses Vorgehens ist darin zu sehen, dass Personen mit sehr verschiedenen individuellen Lebenshintergründen gleichermaßen befragt werden können, d.h., das Instrument kann in unterschiedlichsten Zielgruppen und organisationalen Kontexten genutzt werden. Da in keiner der explorativen Faktorenanalysen spezifische Arbeit-Familie und Arbeit-Freizeit-Skalen identifiziert werden konnten, erscheint dieses Vorgehen auch aus methodischer Perspektive durchaus gerechtfertigt. Ein Problem, das sich bei der Verwendung von abstrakten Globalmaßen allerdings stellen kann, ist darin zu sehen, dass die Befragungsteilnehmer aufgrund einer notwendigen Abstraktionsleistung unter Umständen kognitiv überfordert werden und sie nicht wissen, was genau die Fragestellung intendiert. Um dies zu vermeiden ist es notwendig, entsprechende Begrifflichkeiten und Konzepte im Rahmen der Befragung zu explizieren. So wurde beispielsweise im Rahmen von Studie 4 der dem WoLiBaX zugrunde gelegte erweiterte Familienbegriff[35] den Befragten in der Instruktion explizit dargestellt, um zu gewährleisten, dass bei der Beantwortung der Fragen sich alle Studienteilnehmer auf den gleichen Inhaltsbereich beziehen (trotz individuell unterschiedlicher Lebenssituationen).

Die Verwendung des Begriffs *Familie* bei der Erforschung des Arbeit-Familie-Interfaces ist sicherlich kritisch zu betrachten, da dadurch unterschiedliche Personen und unterschiedliche Aspekte einer Familie betroffen sein können. So kann sich bei der Beantwortung des Items *„Meine Arbeit hält mich davon ab, mit meiner Familie soviel Zeit zu verbringen, wie ich es für nötig halte"* ein Befragter bei seiner Antwort auf die Zeit beziehen, die er mit seinen Kindern verbringt. Er kann jedoch auch den Einfluss des

---

[35] Instruktion: *„Im Folgenden finden Sie Aussagen zur Vereinbarkeit von Arbeit, Familie und Freizeit. Einige dieser Fragen beziehen sich auf Ihre Familie. Darüber was unter Familie zu verstehen ist, herrschen heutzutage z.T. sehr unterschiedliche Ansichten. Familien bestehen immer aus mindestens zwei oder mehr Personen, die durch Geburt, Heirat, Adoption oder eigene Wahl miteinander verbunden sind. Zwischen den Familienmitgliedern bestehen soziale und gefühlsmäßige Bindungen und überdauernde Verantwortlichkeiten und Abhängigkeiten. Freunde und Bekannte gehören im Rahmen dieses Fragebogens nicht zur Familie!"*

Arbeitslebens auf seine Ehe oder Partnerschaft in Erwägung ziehen oder alternativ die Zeit berücksichtigen, die er mit seiner Herkunftsfamilie verbringt. Es wird deutlich, dass kategoriale Begriffe wie *Familie* großen Spielraum bei der Beantwortung ermöglichen. Je nach Standpunkt kann dieser Sachverhalt kritisiert oder sogar als intendiert erachtet werden. So werden, kritisch betrachtet, unter dem o.g. Beispiel drei verschiedene Inhalte des Familienbegriffs subsumiert. Dies ist in der vorliegenden Arbeit auch gewollt, da alle drei Antwortmöglichkeiten einem negativen Spillover-Prozess aus der Arbeit in den Familienbereich zum Gegenstand haben, auch wenn in Abhängigkeit von der spezifischen individuellen Lebenssituation des Befragten jeweils subjektive Definitionen des Familienbegriffs berücksichtigt werden. Der so verwendete Familienbegriff und auch der Inhaltsbereich des WoLiBaX ist deutlich erweitert und bedingt nicht nur ein breites Anwendungsfeld des Instruments, sondern wird damit vor allem auch den im theoretischen Teil dieser Arbeit beschrieben Phänomen der Ausdifferenzierung der Lebensformen besser gerecht.

Ein weiterer Nachteil von Globalmaßen ist darin zu sehen, dass spezifische Fragestellungen mit einem Breitbanddiagnostikum vermutlich nicht in der derselben Präzison beantwortet werden können wie spezifischere. So kann davon ausgegangen werden, dass die WoLiBaX-Skalen in der kombinierten Anwendung mit anderen Globalmaßen die Antezdenzen und Auswirkungen des Work-Life-Balance-Erlebens erfassen und besser Zusammenhänge bei der Vereinbarkeit von Arbeit, Familie und Freizeit beschreiben können, als es bei der Verwendung spezifischerer Maße möglich wäre. Dies lässt sich empirisch analysieren. So kann z. B. untersucht werden, ob die beschriebenen Zusammenhänge zwischen den (globalen) WoLiBaX-Skalen und einem globalen Arbeitszufriedenheitsmaß auch mit spezifischeren Arbeitszufriedenheitsmaßen repliziert werden können.

Testtheoretische Gütekriterien des WoLiBax.– Neben den Analysen zur Konstruktvalidierung wurden in der Arbeit für die ermittelten Faktoren in allen Studien die Reliabilität mit der Methode der internen Konsistenzanalyse bestimmt und zusätzlich in Studie 4 die Retest-Reliabilität nach einem zeitlichen Intervall von vier Wochen ermittelt.

Zur Bestimmung der internen Konsistenz wurde in allen Studien Cronbachs-α berechnet. Die Konsistenzwerte sind studienübergreifend nur bedingt vergleichbar, da die ermittelten Dimensionen sowohl vom Umfang als auch von ihrer inhaltlichen Ausrichtung zum Teil differieren. Gleichwohl zeigt sich, dass in den Studien 1 bis 3 für alle Konstrukte akzeptable Werte bestimmt werden können. Konsistenzwerte größer 0.50 können dabei nach Lienert & Raatz (1994) für den Bereich der Forschung zur Differenzierung zwischen Gruppen noch als ausreichend erachtet werden. Es sollten möglichst hohe Reliabilitätswerte angestrebt werden. Von daher werden erst Werte ab 0.70 als zufriedenstellend und Werte größer 0.80 als gut erachtet.

Ein Vergleich der Befunde der Studien 1 bis 3 ergibt in drei Dimensionen Konsistenzwerte zwischen 0.50 und 0.70. Alle weiteren Koeffzienten können als zufriedenstellend oder gut gekennzeichnet werden. In der abschließenden Faktorenstruktur in Studie 4 belaufen sich die Reliabilitätskoeffizienten der internen Konsistenz zwischen 0.72 und 0.88. Die auf dem Verfahren der interen Konsistenz basierende Messgenauigkeit kann somit insgesamt als zufriedenstellend bis gut bezeichnet werden. Neben der Bestimmung der internen Konsistenz wurde auch die Retest-Reliabilität ermittelt. Dabei wurde sichergestellt, dass die Teilnehmer zwischen den beiden Befragungszeitpunkten (vier Wochen) keine bedeutsamen Veränderungen in ihrem Leben erfahren haben, die maßgeblichen Einfluss auf die Vereinbarkeit von Arbeit, Familie und Freizeit der Befragten gehabt haben. Die im prä-post-Vergleich ermittelten Retest-Koeffizienten ergeben Resultate, die in ihrer Größenordnung vergleichbar sind mit den Ergebnissen zur internen Konsistenz. Die Retest-Reliabilitätskoeffizienten belaufen sich zwischen 0.71 und 0.84. Sie sind ebenso als zufriedenstellend bis gut zu kennzeichnen und verweisen auf ein gute zeitliche Stabilität des Instruments hinsichtlich seiner Messgenauigkeit.

Als weiteres testtheoretisches Gütekriterium ist neben der Relibilität und Validität abschließend noch die Objektivität zu nennen (Lienert & Raatz, 1994). Unterschieden wird zwischen Durchführungs-, Auswertungs- und Interpretationsobjektivität. Eine generelle Voraussetzung für eine zufriedenstellende Objektivität ist die Standardisierung bei Durchführung, Auswertung und Interpretation eines Tests. Durchführungsobjektivität liegt dann vor, wenn die Untersuchungsergebnisse unabhängig von den durchführenden Person sind. Dies war in allen Studien der Fall, da (mit vereinzelten Ausnahmen in Studie 1) kein direkter Kontakt zwischen den Durchführenden der Untersuchung und den Studienteilnehmern bestand und die Teilnehmer eine standardisierte schriftliche Instruktion erhielten. Aufgrund des ebenfalls standardisierten Vorgehens bei Auswertung und Interpretation kann auch das Vorliegen von Auswertungs- und Interpretationsobjektivität als gegeben betrachtet werden.

Zusammenfassung.– Zusammenfassend können die methodisch validierenden Fragestellungen dieser Arbeit dahingehend beantwortet werden, dass das Work-Life-Balance-Erleben am besten durch eine vierfaktorielle Struktur mit den Faktoren (zeit- und beanspruchungsbedingte) Arbeit⇨Nicht-Arbeit-Konflikte, (zeit- und beanspruchungsbedingte) Nicht- Arbeit⇨Arbeit-Konflikte, bidirektionales Benefiterleben und bidirektionales, verhaltensbedingtes Segmentationserleben abgebildet werden kann. Alle identifizierten Faktoren erweisen sich sowohl im Querschnitt bezüglich ihrer internen Konsistenz als homogen, auch im Wiederholungstest können die Befunde repliziert werden.

12.1.2 Inhaltlich explorative Fragestellungen

In drei der vier Studien wurden neben den methodisch validierenden Forschungszielen der Instrumentenentwicklung auch inhaltlich explorative Fragestellungen untersucht. Dabei standen vor allem die Fragen im Vordergrund, ob durch individuelle, familiale und organisationale Merkmale der (Lebens- und Arbeits-)Situation von Erwerbstätigen das Work-Life-Balance-Erleben, erfasst mit dem WoLiBaX, vorhergesagt werden kann und ob sich das mit dem WoLiBaX erfasste Work-Life-Balance-Erleben als Prädiktor eignet, um Maße des psychophysischen Wohlbefindens zu prognostizieren. Ferner wurde analysiert, ob sich interindividuelle Spillover-Prozesse zwischen Lebenspartnern mit Hilfe des WoLiBaX beschreiben lassen. Schließlich wurde untersucht, ob sich inhaltlich sinnvolle Personen-Cluster ermitteln lassen, die sich hinsichtlich ihres Work-Life-Balance-Erlebens unterscheiden. Da die Detailbefunde der einzelnen Analysen bereits im Anschluss der jeweiligen Studien diskutiert wurden, werden nachfolgend im Rahmen der Gesamtdiskussion lediglich studienübergreifend zentrale und wichtige Befunde der Arbeit erörtert.

Die Frage, ob durch individuelle, familiale und organisationale Prädiktoren das Work-Life-Balance-Erleben von Erwerbstätigen vorhergesagt werden kann, ist eindeutig mit Ja zu beantworten, jedoch weisen die Studienergebnisse auf verschieden starke Zusammenhänge hin.

Individuelle Prädiktoren
Auf der Ebene der individuellen Merkmale wurde der Zusammenhang zwischen den Variaben Geschlecht, Persönlichkeitsmerkmalen (Big-5-Faktoren: Extraversion, Verträglichkeit, Gewissenhaftigkeit, Stabilität und Kultur) und persönlichen Handlungsstrategien (in Form von SOC-Strategien) und dem Work-Life-Balance-Erleben untersucht. Dabei weisen die Effektstärken der regressionsanalytischen Modelle darauf hin, dass die Zusammenhänge des Work-Life-Balance-Erlebens mit den Persönlichkeitsdispositionen insgesamt eher gering ausgeprägt sind. Hervorzuheben sind vor allem die Merkmale Gewissenhaftigkeit, emotionale Stabilität und Kultur. Gewissenhaftigkeit und emotionale Stabilität scheinen als protektive Faktoren zu wirken[36] und zwar dergestalt, dass Individuen mit einer starken Ausprägung dieser beiden Merkmale geringere (zeit- und beanspruchungsbedingte) Nicht-Arbeit⇨Arbeit-Konflikte aufweisen. Für emotionale Stabilität gilt dieser Zusammenhang darüber hinaus auch für (beanspruchungsbedingte) Arbeit⇨Nicht-Arbeit-Konflikte. Die Ergebnisse deuten da-

---

[36] Selbstverständlich können mittels eines querschnittlichen Forschungsdesigns keine protektiven Faktoren und Risikofaktoren im Sinne einer Kausalität nachgewiesen werden. Es wird jedoch davon ausgegangen, dass die hier ermittelten Variablen sich als potenziell förderlich bzw. schädlich für Work-Life-Balance-Erleben erweisen können. Eine Bestätigung dieser Annahmen ist selbtverständlich nur im experimentellen Längsschnitt-Design möglich (vgl. a. **Fehler! Verweisquelle konnte nicht gefunden werden.**).

rauf hin, dass ein planvolles, ordnungsliebendes, pflichtbewusstes und leistungsorientiertes Handeln die Wahrscheinlichkeit reduziert, dass das Privatleben Auswirkungen auf die Erwerbstätigkeit hat.

Die Tatsache, dass dies nur in Richtung Nicht-Arbeit⇨Arbeit gilt, lässt vermuten, dass der Gewissenhaftigkeit gerade im Privatleben bei der Organisation der Vereinbarkeit der Lebensbereiche eine besondere Bedeutung zukommt. Wie im theoretischen Teil der Arbeit angeführt, erweist sich Gewissenhaftigkeit oftmals auch als Prädiktor für Berufserfolg. Es stellt sich somit die Frage, wieso sich dieses Merkmal nicht auch für Arbeit⇨Nicht-Arbeit-Konflikte als signifikanter und protektiver Prädiktor erweist. Es wird angenommen, dass die Ursache hierfür in den unterschiedlichen Anforderungen und Aufgaben der Lebensbereiche begründet ist. Viele familiale und private Aufgaben und Anforderungen zeichnen sich im Gegensatz zu Tätigkeiten im Rahmen der Erwerbstätigkeit oftmals dadurch aus, dass es weder klare strukturelle und organisationale Rahmenbedingungen noch explizit formulierte Ziele gibt. Ein gewissenhafter Arbeits- und Organisationsstil erweist sich in diesem Lebensbereich deshalb offenbar als bedeutender und hilfreicher bei der Vermeidung von Spillover-Prozessen als im Rahmen der Erwerbstätigkeit, bei der in stärkerem Umfang organisationale Regelungen und Ziele vorgegeben sind. Gewissenhaftigkeit kann sich somit auch als hilfreich bei der Vermeidung *„beruflichen Mißerfolges"* erweisen, in dem negativer Spillover aus dem Privatleben in die Arbeit vermieden werden kann, was noch immer von vielen Organisationen und Führungskräften als unerwünscht angesehen wird und unter Umständen dem Erwerbstätigen *„angelastet"* wird, wenn hierdurch beispielsweise seine Leistung negativ beeinflusst wird.

Während der Fakor Gewissenhaftigkeit nur im Zusammenhang mit Spillover-Prozessen steht, die ihren Ursprung im Privatleben haben, verfügt der Faktor emotionale Stabilität über einen Zusammenhang mit (beanspruchungsbedingten) Arbeit⇨Nicht-Arbeit-Konflikten. Eine starke emotionale Ausgeglichenheit von Individuen kann somit generell als konfliktreduzierend erachtet werden. Es ist anzunehmen, dass ein stärker ausgeglichenes, entspanntes und gelassenes Handeln Grundlage für ein erfolgreiches Haushalten mit der eigenen Energie ist. Das würde auch erklären, wieso vor allem beanspruchungsbedingte Interaktionen für Personen mit diesem Merkmal zu verzeichnen sind. Durchaus überraschend ist der Befund, dass der Faktor Kultur, der die Offenheit für neue Erfahrungen erfasst, entgegen den formulierten Annahmen mit zwei der Konfliktfaktoren negativ korreliert. Angenommen wurde, dass aufgeschlossene, neugierige Menschen aufgrund ihrer Offenheit der Umwelt gegenüber die verschiedenen Lebensbereiche besser integrieren können und folglich auch geringere Konflikte erleben. Die Resultate deuten jedoch darauf hin, dass die Offenheit für neue Erfahrungen eher als Risikofaktor für das Konfikterleben zu bewerten ist. Es ist anzunehmen, dass die Offenheit für neue Erfahrungen in positivem Zusammenhang mit dem Konflikterleben steht, da sie unter Umständen Zielkonflikte hervorruft, weil aufgrund des Interesses an neuen Erlebnissen und Eindrücken unter Umständen Aktivitäten ausgeübt werden, die sich im Sinne eines konfliktarmen Vereinbarkeitserlebens als dysfunktional erweisen. So wird angenommen, dass durch ständig neue Interessen die gewissenhafte Pflichterfüllung reduziert wird und durch eine Verknappung zeitlicher Ressourcen ein neues Konfliktfeld entstehen kann.

Die Annahme, dass sich die Verwendung von Strategien der Selektion, Optimierung und Kompensation förderlich im Sinne eines höheres Benefiterlebens und eines geringeren Konflikterlebens erweisen, kann im Wesentlichen nicht bestätigt werden. Es zeigt sich zwar ein positiver Zusammenhang zwischen einer globalen SOC-Skala und verhaltensbedingtem Benefiterleben, dieser Befund ist jedoch nur unter Vorbehalt zu betrachten, da die zur Erfassung der SOC-Strategien verwendete Gesamtskala von dem dahinter liegenden theoretischem Konzept abweicht.

Die Befunde der Analysen zu geschlechtsspezifischen Unterschieden im Work-Life-Balance-Erleben sind uneinheitlich. In Studie 1 finden sich in einer varianzanalytischen Auswertung keine Unterschiede für das Work-Life-Balance-Erleben zwischen Männern und Frauen. In Studie 3 können jedoch statistisch bedeutsame Unterschiede zwischen den Geschlechtern ausgemacht werden. Dabei zeigt sich in der Stichprobe, die sich aus dem wissenschaftlichen Personal einer Hochschule zusammensetzt, dass Männer stärkere Nicht-Arbeit⇨Arbeit-Konflikte erleben und Frauen ein höheres Benefiterleben erfahren. Es wird angenommen, dass diese Unterschiede stichprobenbedingt sind und dadurch mit den jeweiligen Lebensarrangements in Zusammenhang stehen. Insgesamt deuten die geschlechtsspezifischen Analysen darauf hin, dass der Variablen des biologischen Geschlechts als Einzelprädiktor des Work-Life-Balance-Erlebens insgesamt nur eine sehr geringe Bedeutung beizumessen ist. Die Detailanalysen und auch verschiedene Befunde in anderen Teilen dieser Arbeit, z. B. den regressionsanalystischen Auswertungen, legen jedoch nahe, dass das Geschlecht als Kovariate und konfundierender Faktor (z. B. hinsichtlich partnerschaftlicher Lebensarrangements) bei kontextspezifischen Analysen zu berücksichtigen ist.

Familiale Prädiktoren
Auf der Ebene der familialen Variablen wurden in Studie 2 die Kinderbetreuungssituation als auch das familiale Einkommen im Zusammenhang mit dem Work-Life-Balance-Erleben untersucht. Hinsichtlich der Kinderbetreuungssituation (von Eltern mit Kindern unter 6 Jahren) gilt es zunächst noch einmal auf die deskripitiven Ergebnisse zu verweisen. Darin zeigt sich, dass selbst in einer Kommune mit einer im bundesweiten Vergleich sehr gut ausgebauten Infrastruktur hinsichtlich der Kinderbetreuung immerhin noch jeder fünfte Befragte häufig oder sehr häufig Probleme bei der Vereinbarkeit von Kinderbetreuung und Erwerbstätigkeit erlebt, wobei sich unpassende Öffnungs-

zeiten der Einrichtungen als das wichtigste Problem herausstellen. Dies kann als Beleg für die hohe gesellschaftspolitische Bedeutung gewertet werden, die sich hinter diesem Thema verbirgt.

Es zeigt sich in der varianzanalytischen Auswertung, dass Eltern, die häufiger Probleme hinsichtlich der Kinderbetreuung und ihrer Erwerbstätigkeit haben, deutlich höhere Arbeit⇨Nicht-Arbeit-Konflikte und Nicht-Arbeit⇨Arbeit-Konflikte erleben. Hierbei zeigen sich geschlechtsspezifische Unterschiede. Treten die Probleme nie, eher selten oder gelegentlich auf, so erleben vor allem Frauen die genannten Konfliktformen in stärkerem Ausmaß. Treten diese Probleme allerdings häufiger oder sehr häufig auf, sind die Männer in deutlich stärkerem Umfang betroffen. Wie bereits beschrieben, liegt die Verantwortung für die Kindererziehung und -betreuung noch immer überwiegend bei den Müttern und nur selten bei den Vätern. Vergegenwärtigt man sich diese traditionell geprägte Rollenaufteilung, wird auch erklärlich, wieso bei Betreuungsproblemen geringeren Umfangs die Mütter stärkere Spillover-Konflikte erleben, da angenommen werden kann, dass sie sich primär um dieses Problem kümmern.

Ist das Betreuungsproblem jedoch umfangreicher, erlangt es vermutlich auch für weitere Mitglieder des familialen Systems, hier für die Väter, eine stärkere Bedeutung, da sie sich vermutlich in größerem Umfang an der Kinderbetreuung bzw. deren Organisation beteiligen müssen. Der Befund ist interessant, da er zeigt, dass dieses Thema selbst für Organisationen von Relevanz sein kann, die dem außerberuflichen Lebenskontext ihrer Mitarbeiter keine Aufmerksamkeit schenken und deren Belegschaft sich vor allem aus männlichen Mitarbeitern mit eher traditionell gestalteten Familienarrangements zusammensetzt. Denn die Befunde deuten darauf hin, dass spezifische belastende familiale Lebenssituationen (hier in Form von Kinderbetreuungsproblemen) zu erhöhten Spillover-Prozessen zwischen den Lebensbereichen der Mitarbeiter führen können, was sich unter Umständen in verschiedensten Outcome-Variablen manifestieren kann (z. B. erhöhte Abwesenheitszeiten oder verringerter Arbeitszufriedenheit).

Die explorativen Analysen zum familiären Einkommen und dem Work-Life-Balance-Erleben zeigen ferner, dass Eltern mit einem höheren monatlichen Gesamteinkommen ein stärkeres Benefiterleben erfahren und geringere verhaltensbedingte Konflikte. Vielfach wird angenommen, dass ein höheres Einkommen die Möglichkeit bietet, zusätzliche (Dienst-)Leistungen einzukaufen, die das Vereinbarkeitserleben zwischen den Lebensbereichen erleichtern. Die Befunde deuten allerdings darauf hin, dass ein erhöhtes Einkommen vor allem für die positiven Interaktionen zwischen den Domänen förderlich ist und in geringerem Umfang auch das Segmentationserleben reduziert. Da das Einkommen in Studie 2 jedoch nur auf einer dreistufigen kategorialen Skala erfasst wurde, scheinen hier weitere Analysen mit spezifischeren Instrumenten sinnvoll, um den Zusammenhang detaillierter zu untersuchen.

Organisationale Prädiktoren
In den Studien 1–3 wurden auch verschiedene organisationale Variablen daraufhin untersucht, inwieweit sie sich als Prädiktoren für das Work-Life-Balance-Erleben eignen. Im Rahmen der Gesamtdiskussion soll dabei im Folgenden nur auf die für besonders bedeutend erachteten Befunde eingegangen werden. Betrachtet werden sollen in diesem Zusammenhang vor allem die Bedeutung von Arbeitzeitvariablen – insbesondere die Arbeitszeitautonomie –, der Arbeitsbelastung sowie einer vereinbarkeitsorientierten bzw. familienfreundlichen Organisationskultur.

Vor dem Hintergrund einer immer stärkeren Flexibilisierung von Arbeitszeiten wurde der Zusammenhang zwischen diversen Arbeitszeitvariablen und dem Work-Life-Balance-Erleben analysiert. Untersucht wurden dabei Merkmale der Arbeitszeit, die als relativ stabil betrachtet wurden und (kurzfristig) wenig Einflussnahme ermöglichen (z. B. Arbeitsstunden pro Woche) und einer Variable Arbeitszeitflexibilität, die i.S. einer hohen Arbeitszeitautonomie des Erwerbstätigen beschreibt, in welchen Umfang der Erwerbstätige die konkrete Ausgestaltung und Umsetzung seiner Arbeitszeiten mitgestalten kann.

In Studie 1 zeigt sich bei der Verwendung der Faktoren 1. Ordnung (die inhaltlich spezifischer formuliert sind als die inhaltlich breiteren Faktoren 2. Ordnung) deutliche Zusammenhänge zwischen Arbeitszeitvariablen und dem Work-Life-Balance-Erleben. Die Zahl der Überstunden und eine geringe Verlässlichkeit der Arbeitszeit erweisen sich dabei als potenzielle Risikofaktoren für ein stärkeres zeitbedingtes Konflikterleben sowohl für zeitbedingte Arbeit⇨Nicht-Arbeit-Konflikte als auch in der entgegengesetzten Richtung für zeitbedingte Nicht-Arbeit⇨Arbeit-Konflikte. Die Zahl der Arbeitsstunden pro Woche und auch der Faktor Schichtdienst zeigen hingegen ein differentielles Bild. Während für die Anzahl der Arbeitsstunden pro Woche und auch für die Variable Schichtdienst ein (tendenziell) positiver Zusammenhang mit zeitbedingten Arbeit⇨Nicht-Arbeit-Konflikten besteht, sind auch die Zusammenhänge für zeitbedingte Nicht-Arbeit⇨Arbeit-Konflikte statistisch bedeutsam aber negativ. Dies bedeutet, sowohl eine höhere Anzahl wöchentlicher Arbeitsstunden als auch Schichtarbeit sind potenzielle Risikofaktoren hinsichtlich eines stärkeren Erlebens von zeitbedingten Arbeit⇨Nicht-Arbeit-Konflikten. Für den Faktor zeitbedingte Nicht-Arbeit⇨Arbeit-Konflikte gilt jedoch das Gegenteil: Personen mit einem größeren Arbeitsstundenvolumen pro Woche und Beschäftigte im Schichtdienst erleben geringere zeitbedingte Nicht-Arbeit⇨Arbeit-Konflikte. Es ist anzunehmen, dass Personen mit (regelmäßig) vielen Arbeitsstunden und/oder Schichtdienst ihr Leben unter dem Primat der Erwerbstätigkeit so gestaltet haben, dass ein Spillover aus dem Privatleben von vornherein möglichst ausgeschlossen oder minimiert wird. Als potenziell protektiver Faktor erweist sich die Arbeitszeitflexibilität der Erwerbstätigen i.S. einer großen Arbeitszeitautonomie. Haben erwerbstätige Individuen in größerem Umfang die Möglichkeit, aktiv die eigene

Arbeitszeit zu gestalten, so geht dies mit geringeren zeitbedingten Konflikten als auch mit einem größeren Benefiterleben einher. Insgesamt betrachtet kommen sowohl der Verlässlichkeit der Arbeitszeiten als auch der Arbeitszeitautonomie in Studie 1 die größte Bedeutung zu: Sind diese beiden Arbeitszeitcharakteristika stark ausgeprägt, geht dies einher mit einem geringeren Konflikt- und einem höheren Benefiterleben.

In Studie 2 werden vergleichbare Zusammenhangsanalysen für Arbeitszeitcharakteristika berechnet. Hier werden jedoch keine spezifischen Skalen wie Studie 1 eingesetzt (z. B. zeitbedingte Arbeit⇨Nicht-Arbeit-Konflikte), sondern globalere, inhaltlich breitere Skalen (z. B. Arbeit⇨Nicht-Arbeit-Konflikte). Während sich in Studie 1 für das Regressionsmodell mit den spezifischen Skalen des zeitbedingten Konflikterlebens starke Effekte zwischen Arbeitszeitvariablen und Work-Life-Balance-Erleben nachweisen lassen, finden sich mit den globaleren Maßen in Studie 2 „nur" mittelstarke Effekte. Dies verdeutlicht den bereits diskutierten Nachteil der Globalmaße, nämlich dass Unterschiede nicht mit der gleichen Spezifität erfasst werden können. Als bedeutsamer Prädiktor von Arbeit⇨Nicht-Arbeit-Konflikte und des Benefiterleben erweist sich auch in dieser Studie die Arbeitszeitautonomie. Als weitere bedeutsame Prädiktoren in einem positiven Zusammenhang mit dem Benefiterleben sind Rufbereitschaft/Bereitschaftsdienst sowie die Möglichkeit zur Heimarbeit zu nutzen. Die Zusammenhänge zwischen Arbeitszeitvariablen und der Skala Nicht-Arbeit⇨Arbeit-Konflikte können hingegen nicht repliziert werden.

Wie sind diese Resultate zu bewerten? Zentrales Ergebnis der Analysen ist, dass vor allem einer hohen Mitwirkungsmöglichkeit bei der Arbeitszeitgestaltung seitens der Erwerbstätigen eine große Bedeutung bei der Vereinbarkeit von Arbeit, Familie und Freizeit zukommt. Die Resultate deuten darauf hin, dass eine erhöhte Mitwirkungsmöglichkeit bei der Arbeitszeitgestaltung als protektiver Faktor wirkt, da Menschen mit einer stärkeren Flexibilität und Arbeitszeitautonomie deutlich geringere Vereinbarkeitskonflikte, dafür ein stärkeres Benefiterleben erfahren. Außerdem werden weitere Variablen identifiziert, die zumindest teilweise mit geringeren Konflikten bzw. einem erhöhtem Benefiterleben einhergehen (z. B. eine hohe Anzahl wöchentlicher Arbeitsstunden oder Bereitschaftsdienst/Rufbereitschaft). Hier wird jedoch vermutet, dass es sich nicht um protektive Faktoren im eigentlichen Sinne handelt, sondern die ermittelten Zusammenhänge darin begründet liegen, dass die Befragten mit diesen Merkmalen ihren Alltag so organisieren bzw. arrangieren, dass größere Konflikte von vornherein fast ausgeschlossen sind. Es wird deshalb angenommen, dass eine entsprechende individuelle Organisation des Alltags die Basis für ein geringeres Konflikterleben ist.

Als weitere organisationale Variable, deren Zusammenhang mit dem Work-Life-Balance-Erleben untersucht wurde, ist die Vereinbarkeitsorientierung der Organisationskultur zu nennen. In Studie 2 zeigt sich in einer varianzanalytischen Auswertung, dass die Gruppe der Erwerbstätigen, die die Vereinbarkeitsorientierung der Organisationskultur des Unternehmens als sehr stark ausgeprägt bewertet, deutlich geringere Arbeit⇨Nicht-Arbeit-Konflikte und ein erhöhtes Benefiterleben wahrnehmen. Die Stärke der Effekte für den Faktor Vereinbarkeitsorientierung sind dabei sehr hoch (Arbeit⇨Nicht-Arbeit-Konflikte) bzw. mittel (Benefiterleben) ausgeprägt. Dieser Befund kann in Studie 3 repliziert werden. Auch hier finden sich sehr starke (Arbeit⇨Nicht-Arbeit-Konflikte) bzw. mittelstarke Effekte (Benefiterleben). Darüber hinaus wurde in umfassenderen Regressionsanalysen mit den organisationalen Variablen (Partizipation, Arbeitsbelastung und Arbeitszeitflexibilität) die Bedeutung der Organisationskultur differenziert betrachtet. Hierbei wurde zwischen der Vereinbarkeitsorientierung der Organisationskultur im Allgemeinen (wie sie sich z. B. in den organisationalen Werten widerspiegelt) und der Vereinbarkeitsorientierung des Vorgesetzten im Besonderen unterschieden.

Ferner wurde die Bedeutung der Organisationskultur für das Work-Life-Balance-Erleben im Vergleich zu den anderen angeführten organisationalen Variablen betrachtet. Ein sehr starker Effekt für den Zusammenhang zwischen organisationalen Variablen und dem Work-Life-Balance-Erleben zeigt sich in der regressionanalytischen Auswertung für den Faktor Arbeit⇨Nicht-Arbeit-Konflikte. Als bedeutendster Faktor kann dabei die Vereinbarkeitsorientierung der Organisationskultur ausgemacht werden, die in negativem Zusammenhang mit dem Konflikterleben steht, genauso wie die Vereinbarkeitsorientierung des Vorgesetztenverhaltens, die ebenfalls negativ mit dem Regressanden korreliert. Als weitere bedeutsame Variable erweist sich hierbei die Arbeitsbelastung, die positiv mit dem Konflikterleben assoziert ist. Detailanalysen weisen ferner darauf hin, dass die organisationalen Variablen in der untersuchten Stichprobe in stärkerem Maße für Mitarbeiterinnen und Mitarbeiter ohne Kinder Bedeutung haben. Dies betrifft sowohl den förderlichen Faktor Organisationskultur als auch den potenziell schädlichen Faktor Arbeitsbelastung. Auch für das Regressionsmodell für den WoLiBaX-Faktor in der entgegengesetzten Richtung, die Nicht-Arbeit⇨Arbeit-Konflikte, sowie für die Regressionsmodelle für die beiden in Studie 3 verwendeten Benefitfaktoren können mittelstarke Effekte zwischen organisationalen Variablen und den jeweiligen Regressanden nachgewiesen werden. Die Analysen weisen auch hier darauf hin, dass eine erhöhte Arbeitsbelastung für zwei der Regressanden im Zusammenhang steht mit einem höheren Konflikt- und einem geringerem Benefiterleben. Ferner zeigt sich für die Faktoren (beanspruchungsbedingtes) Benefiterleben und Vereinbarkeitsorientierung ein positiver Zusammenhang.

Zusammenfassend bleibt festzuhalten, dass die Resultate deutliche Zusammenhänge zwischen organisationalen Rahmenbedingungen und dem Erleben der Beschäftigten aufweisen. Vor allem ist die Bedeutung der Variablen Vereinbarkeitsorientierung der Organisationskultur und Arbeitsbelastung hervorzuheben. Während der erstgenannte Faktor als förderlich (höheres Benefiterleben) und protektiv (vermindertes Konflikterleben) für das Work-Life-Balance-Erleben zu bewerten ist, sind die Zusammenhänge zwischen Arbeitsbelastung und Vereinbarkeitserleben genau entgegengesetzt – eine erhöhte Arbeitsbelastung (vor allem für Männer) korrespondiert mit einem geringeren Benefit- und einem stärkerem Konflikterleben. Detailanalysen zeigen, dass die Zusammenhänge zwischen organisationalen Variablen und Work-Life-Balance-Erleben immer vor dem Hintergrund der spezifischen Lebenssituation der Befragten betrachtet werden sollten (z. B. Geschlecht, Familienarrangement, Zahl der Kinder). Interessant ist ferner die Beobachtung, dass die organisationale Variable Arbeitszeitautonomie, die in den vorangehenden Analysen als protektiver Faktor bezeichnet wurde, hier in positivem Zusammenhang mit einem erhöhten Konflikterleben steht (Nicht-Arbeit⇨Arbeit-Konflikte). Es wird vermutet, dass dieses Ergebnis in der spezifischen Arbeitssituation der Stichprobe im Kontext Hochschule begründet ist: Hohe Arbeitsanforderungen kombiniert mit einer hohen Permeabilität der Grenze zwischen den Lebensbereichen und einer höheren Arbeitszeitautonomie wirken sich unter Umständen gerade dann als ungünstig für Spillover-Prozesse aus dem Privatleben in die Arbeit aus, wenn seitens der Betroffenen keine aktiven Segmenationsstrategien ausgübt werden (können).

Auswirkungen des Work-Life-Balance-Erlebens
Die Auswirkungen des Work-Life-Balance-Erlebens auf potenzielle Outcome-Variable wurde ebenfalls regressionsanalytisch untersucht. Hier wurde vor allem der Zusammenhang zwischen den WoLiBaX-Skalen und den Variablen Lebenszufriedenheit, Partnerschaftskonflikte, Arbeitszufriedenheit sowie psychophysischen Beschwerden betrachtet.

Bei der regressionsanalytischen Auswertung des Zusammenhanges zwischen dem Work-Life-Balance-Erleben von Erwerbstätigen und ihrer Lebenszufriedenheit zeigt sich eine fast gleichstarke negative Beziehung der WoLiBaX-Skalen mit den Faktoren Arbeit⇨Nicht-Arbeit-Konflikte und Nicht-Arbeit⇨Arbeit-Konflikte. Zwei der vier Work-Life-Balance-Faktoren eignen sich außerdem auch zur Vorhersage von Streit/Reibereien mit dem Lebenspartner. Hierbei erweisen sich die Faktoren Arbeit⇨Nicht-Arbeit-Konflikte und (tendenziell) Segmentationserleben von Bedeutung. Das heißt zum einen, dass unidirektionale, zeit- und beanspruchungsbedingte Konflikte in beiden Lebensbereichen als Risikofaktor für die eigene Lebenszufriedenheit zu erachten sind. Wenn die beiden Lebensbereiche hinsichtlich ihrer zeitlichen und beanspruchungsbedingten Anforderungen als unvereinbar erlebt werden, erhöht dies die Wahrscheinlichkeit einer geringeren Lebenszufriedenheit der Betroffenen. Die Wahrscheinlichkeit von Konflikten mit dem Lebenspartner wird hingegen vor allem durch die Faktoren Arbeit⇨Nicht-Arbeit-Konflikte und Segmentationserleben erhöht. Dies bedeutet, dass vor allem dann eine höhere Wahrscheinlichkeit für Konflikte mit dem Lebenspartner aufgrund der eigenen Arbeitszeiten besteht, wenn stärkere zeit- und beanspruchungsbedingte Konflikte erfahren werden, die von den Betroffenen in der Arbeit verortet werden bzw. wenn das eigene Verhalten als nicht kompatibel mit in den Lebensbereichen Arbeit, Familie und Freizeit erachtet wird. Während das Erleben von zeit- und beanspruchungsbedingten Konflikten somit generell als Risikofaktor zur Verminderung der allgemeinen Lebenszufriedenheit erachtet werden kann, sind als potenzielle Gefahren für Konflikte mit dem Lebenspartner vor allem solche Spillover-Prozesse zu nennen, die ihren Ursprung im Rahmen der Erwerbstätigkeit haben und zu einem geringeren Teil auch verhaltensbedingte Konflikte.

Der Zusammenhang zwischen dem Work-Life-Balance-Erleben und der Arbeitszufriedenheit war Gegenstand von Untersuchungen in allen drei Studien. Hierbei ergibt sich eine sehr eindeutige Befundlage. Für die in den Studien 1 bis 3 formulierten Regressionsmodelle mit den WoLiBaX-Skalen als Prädiktoren und der Arbeitszufriedenheit als Regressanden können mittelstarke bis starke Effekte nachgewiesen werden. Als bedeutsame Prädiktoren der Arbeitszufriedenheit erweisen sich dabei in allen berechneten Regressionsmodellen die WoLiBaX-Dimensionen Arbeit⇨Nicht-Arbeit-Konflikte und Benefiterleben. Die Resultate können so verstanden werden, dass stärkere zeit- und beanspruchungsbedingte Spillover-Prozesse, deren Ursprung in der Erwerbstätigkeit lokalisiert wird, die Arbeitszufriedenheit vermindern können, während ein stärkeres Erleben von positiven Interaktionen zwischen den Lebensbereichen sich als förderlich für die Arbeitszufriedenheit erweisen kann. Dieser Befund weist außerdem auf eine hohe Domänspezifität hin, denn Konflikte mit Ursprung im Lebensbereich Arbeit bedingen Konsequenzen, die ihrerseits ebenfalls dem Lebensbereich Arbeit zuzuordnen sind. Dies gilt bedingt auch für den Faktor Benefiterleben, der zwar bidirektional ausgerichtet ist, aber ebenfalls Spillover-Prozesse beschreibt, die (zumindest zum Teil) in der Erwerbstätigkeit ihren Ausgangspunkt haben. In zwei der drei Analysen zeigen sich auch geschlechtsspezifisch differentielle Effekte. Die Befundlage ist jedoch nicht eindeutig. In Studie 1 zeigt sich ein Zusammenhang von Arbeitzufriedenheit und Arbeit⇨Nicht-Arbeit-Konflikten für Frauen und für Männer ein Zusammenhang des Benefiterlebens mit der Arbeitszufriedenheit. In Studie 2 zeigt sich hingegen für beide Faktoren ein Zusammenhang mit der Arbeitszufriedenheit, für Männer aber zusätzlich noch ein tendenzieller Effekt für Nicht-Arbeit⇨Arbeit-Konflikte. Es wird vermutet, dass der organisationale Kontext Hochschule über eine relativ permeable Grenze gegenüber dem Lebensbereich Familie und Freizeit verfügt, was erklären könnte, wieso in dieser Stichprobe auch Konflikte mit einem außerberuflichen Ursprung mit der domänspezifischen Variable Arbeitszufriedenheit in Zusammenhang stehen. In Studie 3 hingegen können gar keine geschlechtsspezifischen Unterschiede ausgemacht werden. Insgesamt sind weitergehende Forschungsbemühungen zur Klärung geschlechtsspezifischer Effekte notwendig. Die Resultate lassen jedoch vermuten, dass neben den beiden grundlegenden Zusammenhängen zwischen Arbeitszufriedenheit und Arbeit⇨Nicht-Arbeit-Konflikten bzw. dem Benefiterleben diese in verschiedenen Teilstichproben unterschiedlich stark ausgeprägt sein können und außerdem in spezifischen Teilpopulationen weitergehende Zusammenhänge identifiziert werden können.

Neben dem Kriterium Arbeitszufriedenheit als Maß für das psychophysische Wohlbefinden wurde in Studie 3 auch der Zusammenhang zwischen dem Work-Life-Balance-Erleben und dem Auftreten psychophysischer Beschwerden untersucht. Die Resultate zeigen das gleiche Muster wie die zuvor diskutierten Ergebnisse der Arbeitszufriedenheitsanalysen. Denn auch in dieser regressionsanalytischen Auswertung erweisen sich die Faktoren Arbeit⇨Nicht-Arbeit-Konflikten und Benefiterleben als statistisch bedeutsam. Dies bedeutet, stärkere Arbeit⇨Nicht-Arbeit-Konflikte gehen einher mit häufigeren psychophysischen Beschwerden, während ein erhöhtes Benefiterleben bei der Vereinbarkeit von Arbeit, Familie und Freizeit seltener mit psychophysischen Beschwerden korrespondiert. Dabei zeigt sich ein starker Effekt für das formulierte Regressionsmodell.

Insgesamt kann festgehalten werden, dass für die Work-Life-Balance-Skalen und den Maßen des psychophysischen Wohlbefindes mittelstarke bis starke Zusammenhänge bestehen, wobei sich als bedeutsame Prädiktoren in den formulierten Modellen vor allem die WoLiBaX-Dimensionen Arbeit⇨Nicht-Arbeit-Konflikten und Benefiterleben als relevant erweisen. Hervorzuheben ist dabei zunächst die Bedeutung der Arbeit⇨Nicht-Arbeit-Konflikte, die in allen durchgeführten Analysen für das psychophysischen Wohlbefinden ein statistisch bedeutsamer Prädiktor sind. Dies gilt nicht nur für das domänspezifische Kritierium Arbeitszufriedenheit, sondern auch für die domänübergreifenden Kriterien psychophysische Beschwerden und auch für die Lebenszufriedenheit. Die Ergebnisse deuten somit darauf hin, dass dieser Spillover-Prozess als sehr starker Risikofaktor für das individuelle Wohlbefinden von Erwerbstätigen erachtet werden kann. Im Gegensatz dazu stellt das Benefiterleben einen förderlichen Faktor dar, weil das Erleben positiver Interaktionen zwischen Arbeit, Familie und Freizeit mit einem stärkeren individuellen Wohlbefinden sowohl im Rahmen der Erwerbstätigkeit als auch im Allgemeinen und hinsichtlich der psychophysischen Befindlichkeit eng verbunden ist.

Crossover-Phänomene
In einer weiteren Analyse wurde der Zusammenhang des Work-Life-Balance-Erlebens in lebenspartnerschaftlichen Dyaden explorativ untersucht. Dabei wurde der Fragestellung nachgegangen, inwieweit das Work-Life-Balance-Erleben eines Lebenspartners sich als Prädiktor für das Work-Life-Balance des anderen eignet. Die regressionsanalytischen Befunde zeigen, dass für drei der vier WoLiBaX-Skalen enge Zusammenhänge mit dem Work-Life-Balance-Erleben des Lebenspartners bestehen. Für die drei Skalen Benefiterleben, Nicht-Arbeit⇨Arbeit-Konflikten und Segmenationserleben gibt es jeweils enge Zusammenhänge mit der jeweils gleichen Skala des Lebenspartners. Dies bedeutet bei-

spielsweise, dass der beste Prädiktor für das Benefiterleben der Frau das Benefiterleben des Mannes ist und umgekehrt. Dies gilt auch für die Faktoren Nicht-Arbeit⇨Arbeit-Konflikte und Segmenationserleben. Dabei gibt es nur enge Zusammenhänge innerhalb einer Erlebensform. Das heißt unter anderem, dass als bedeutsamer Prädiktor für das Benefiterleben des einen Lebenspartners nur das Benefiterleben des anderen Partners ermittelt werden kann. Die anderen drei Work-Life-Balance-Dimensionen verfügen über keinen signifikanten Zusammenhang mit diesem Kriterium. Die Resultate lassen vermuten, dass es innerhalb der Lebenspartnerschaften zu sich gegenseitig verstärkenden Zusammenhängen kommt, wobei die jeweils gleiche Erlebensform von Interaktionen zwischen den Lebensbereichen beim anderen Partner betroffen ist. Dies gilt erstaunlicherweise nicht für Spillover-Prozesse, die ihren alleinigen Ursprung im Lebensbereich Arbeit haben (Arbeit⇨Nicht-Arbeit-Konflikte).

Die Ergebnisse lassen vermuten, dass es innerhalb der Lebenspartnerschaften zu interindividuellen Spillover-Prozessen kommt. Anzumerken gilt in diesem Zusammenhang aber, dass mittels einer Querschnittsuntersuchung selbstverständlich keine direkten Crossover-Prozesse nachgewiesen werden können, da es sich um wechselseitige Reaktionen handelt, die zeitlich bzw. kausal aufeinander folgen. Das hier gewählte Vorgehen hat allerdings explorativen Charakter und dient dazu, das Work-Life-Balance-Erleben der beiden Lebenspartner gegenüber zu stellen. Zweifelsohne können die Gründe für die Kovariation der Work-Life-Balance-Faktoren auch durch andere Faktoren als den Lebenspartner verursacht sein (z. B. in einer geteilten, gemeinsamen Umwelt). Die hier ermittelten Befunde dürfen somit lediglich als Hinweise für potenzielle Crossover-Effekte verstanden werden, die es in längsschnittlichen Designs zukünftig zu bestätigen gilt.

Work-Life-Balance-Typologie
Die Fragestellung, ob sich in der Gruppe der Erwerbstätigen verschiedene homogene Subgruppen (Personen-Cluster) mit einem unterschiedlichen Work-Life-Balance-Erleben ermitteln lassen, wurde mit Hilfe einer Clusteranalyse analysiert. Die Befunde der Clusteranalyse in Studie 2 verweisen auf eine eindeutige und gut interpretierbare 3-Cluster-Lösung mit drei verschiedenen Work-Life-Balance-Typen: 1. der durchschnittliche Work-Life-Balance-Typ (knapp 29,8 % der Studienteilnehmer) mit im Vergleich zu den anderen Clustern durchschnittlichen Ausprägungen der WoLiBaX-Skalen, 2. der Vereinbarkeitstyp (41,4 %) mit einem vergleichsweise unterdurchschnittlichem Konflikterleben und überdurchschnittlichem Benefiterleben sowie 3. der Konflikttyp (28,8 %) mit einem überdurchschnittlichem Konflikterleben sowie einem geringem Benefiterleben. Die Differenzierung legt nahe, dass es jeweils eine Personengruppe gibt, deren Work-Life-Balance-Erleben geprägt ist von geringen Konflikten und starkem Benefiterleben (Vereinbarkeitstyp), eine starke belastete Gruppe, die starke Konflikte erfährt

und ein geringes Benefiterleben (Konflikttyp) sowie eine eher unauffällige Gruppe hinsichtlich des Work-Life-Balance-Erlebens, deren Work-Life-Balance-Erleben sich in durchschnittlichen Mittelwerten in allen untersuchten Merkmalen ausdrückt. Das Vorliegen der verschieden Cluster weist ferner darauf hin, dass die Schnittstelle zwischen den Lebensbereichen Arbeit, Familie und Freizeit durch verschiedene, simultane Interaktionen zwischen den Domänen gekennzeichnet ist. Das Resultat deutet auf das gleichzeitige Wirken verschiedener Interaktionsprozesse im Sinne der Linking-Mechanismen hin. Die Differenzierung zwischen verschiedenen Work-Life-Balance-Clustern und die damit verbundene Erstellung einer Taxonomie kann als Basis eines Klassifikationssystems betrachtet werden, mittels derer zukünftig Individuen hinsichtlich ihres Work-Life-Balance-Erlebens miteinander verglichen werden können, um darauf aufbauend zielgruppengerechte Interventionen abzuleiten bzw. Angebote zu entwickeln.

12.2 Kritische Anmerkungen und Möglichkeiten zur Optimierung

Die mehrfache Identifikation und Bestätigung der vier Faktoren in unterschiedlichen Stichproben deutet auf eine hohe Stabilität der Konstruktstruktur des Modells hin. Trotz der Bestätigung und Kreuzvalidierung des Modells im Rahmen des Strukturgleichungsparadigmas darf dies nicht als allgemeingültige Bestätigung des Modells erachtet werden (Backhaus et. al, 2000; Bortz & Döring 2002; Bühner, 2004). Obgleich die hohe Stabilität der Faktorenstruktur als starkes Indiz für die Gültigkeit des Modells erachtet werden kann, sind für seine allgemeingültige Bestätigung einerseits (quasi-)experimentelle und längsschnittliche Forschungsdesigns und andererseits (bezogen auf die gewünschte Grundgesamtheit) repräsentative Stichproben notwendig. Aus zeitökonomischen Gründen wurde bei der Instrumentenentwicklung in allen berichteten Studien ein Querschnittsdesign gewählt, d.h., es wurden Kritieren und Prädiktoren durch subjektive Einschätzungen zeitgleich erhoben, was aber eine kausale Interpretation der Daten grundsätzlich ausschließt.

Das Problem der mangelnden Generalisierbarkeit und der Stichprobenabhängigkeit betrifft letztendlich nicht nur die faktorielle Struktur des WoLiBaX, sondern auch die im Rahmen der Arbeit durchgeführten Zusammenhangs- und Unterschiedsanalysen. Auch diese Resultate sind einer Kreuzvalidierung zu unterziehen oder in experimentellen Designs zu bestätigen. So wurde bei den berichteten Zusammenhangsanalysen in Übereinstimmung mit dem Stand der Forschung zwischen Antezdenzen und Konsequenzen des Work-Life-Balance-Erlebens unterschieden. Doch dürfen diese Befunde keineswegs kausal interpretiert werden, da auch entgegengesetzte Wirkrichtung durchaus denkbar und in spezifischen Settings sogar zu erwarten sind.

Ein weiteres Problem, das insbesondere bei der Interpretation von Samples, die nicht durch Zufallsauswahl gewonnen wurden, berücksichtigt werden muss, ist das Phänomen des *Volunteer Bias*. Freiwillig an einer Untersuchung teilnehmende Probanden unterscheiden sich oft hinsichtlich ihrer soziodemografischen Merkmale von Verweigerern der Befragung. Freiwillige Teilnehmer verfügen über eine höhere Schulbildung, bewerten den eigenen beruflichen Status höher, sind intelligenter, benötigen mehr soziale Anerkennung, sind weniger autoritär und zeichnen sich durch ein nonkonformeres Verhalten aus (Rosenthal & Rosnow, 1975). Stichproben sind dann repräsentativ für eine Grundgesamtheit, wenn ihre Zusammensetzung hinsichtlich aller relevanten Merkmale den Merkmalen der Population entspricht. Die Methode der Wahl zur Gewinnung repräsentativer Stichproben ist die Ziehung von Zufallsstichproben. Hierzu ist es erforderlich, dass alle möglichen Untersuchungseinheiten a) bekannt sind und b) nach dem Zufallsprinzip ausgewählt werden können. Diese Voraussetzungen sind jedoch im Rahmen von Feldforschung und insbesondere bei Erhebungen in organisationalen Kontexten in den seltensten Fällen gegeben.

Auch in den hier vorgestellten Untersuchungen ist das Kriterium der Zufallsauswahl in drei der vier Stichproben nicht gegeben. Die Ergebnisse sind von daher nur eingeschränkt generalisierbar. Aufgrund der Art und Weise, wie die Stichproben dieser Arbeit gewonnen wurden (anfallend) ist unklar, inwiefern die Stichproben als repräsentativ für die jeweiligen Grundgesamtheiten von Erwerbstätigen betrachtet werden können. Soweit möglich, wurden Stichprobencharakteristika dahingehend geprüft, ob etwaige Abweichungen von den Grundgesamtheiten zu beobachten sind. Diese wurden, soweit vorhanden, in den jeweiligen Ergebnisteilen der Studien berichtet.

Die Tatsache, dass viele der vorliegenden Befunde mit den Resultaten anderer empirischer Studien die mit anderen Instrumenten gewonnen wurden, konform sind, deutet jedoch darauf hin, dass entsprechende Verzerrungen – wenn überhaupt – nur einen zu vernachlässigenden Einfluss auf die Ergebnisse gehabt haben dürften. So kann beispielsweise der Befund, dass in allen vier untersuchten Stichproben größere Arbeit⇨Nicht-Arbeit-Konflikte diagnostiziert werden konnten als Nicht-Arbeit⇨Arbeit-Konflikte, dahingehend interpretiert werden, dass in dieser Hinsicht eine große Übereinstimmung mit anderen Studien der Work-Life-Balance-Forschung besteht.

Mögliche Selektionseffekte können aber letztendlich nicht ausgeschlossen werden. So ist es denkbar, dass sich vor allem Studienteilnehmer mit einem besonderen Interesse an den Themen *Work-Life-Balance* und *Vereinbarkeit von Arbeit, Familie und Freizeit* an den Studien beteiligt haben. Ob und in welchen Umfang davon die Studienergebnisse beeinflusst werden kann aufgrund der vorliegenden Daten nicht abgeschätzt werden. Da die primären Ziele der Arbeit in der Entwicklung eines Instrumentes zur Erfassung der Work-Life-Balance und dessen exemplarischer Einsatz in verschiedenen Settings gesehen werden können, sind entsprechende Selektionseffekte bei der Stichprobengewinnung für die vorliegende Arbeit allerdings auch als nachrangig zu betrachten.

Gleichwohl sollte es das Ziel weiterer Forschungsbemühungen mit dem WoLiBaX sein, standardisierte Normwerte für verschiedene Teilpopulationen von Erwerbstätigen zu gewinnen. Ein solches Vorhaben setzt freilich voraus, dass – aufgrund der großen Anzahl der zu berücksichtigenden gesellschaftlichen, organisationalen, familialen und individuellen Variablen als Randparameter der Teilpopulationen – bei der Gewinnung einer Normstichprobe ein Datensatz von mehreren tausend Erwerbstätigen zu gewinnen sein wird, wenn eine möglichst große Bandbreite an Merkmalskombinationen berücksichtigt werden soll. Der umfangreiche Datensatz der Online-Studie kann dabei sicherlich als Basis genutzt werden.

Die explorativ identifizierte und konfirmatorisch bestätigte Faktorenstruktur zeigt sich studienübergreifend. Dieses Ergebnis darf jedoch nicht darüber hinweg täuschen, dass die Befunde auch abhängig sind von Struktur und Inhalt der Inputvariablen, die vorab für den Itempool ausgewählt wurden und in der Contentanalyse in einem weiteren Schritt reduziert wurden. Die eingesetzten Items wurden theoretisch abgeleitet und berücksichtigen wesentliche Strukturmerkmale der Forschung zu Interaktions- und Spilloverprozessen der Work-Life-Balance-Forschung. Gleichwohl bedeutet dies nicht, dass die Transferprozesse zwischen den Lebensbereichen damit erschöpfend beschrieben sind. So sind durchaus weitere Inhaltsbereiche von Interaktionsprozessen zwischen den Lebensbereichen Arbeit, Familie und Freizeit vorstellbar, die für das Work-Life-Balance-Erleben von Bedeutung sein können, bisher im Instrument allerdings noch keine Berücksichtigung gefunden haben.

So wird beispielsweise affektiv-emotionalen Transferprozessen zwischen den Lebensbereichen in diesem Forschungskontext bisher eine eher geringe Bedeutung beigemessen. Auch in der Faktorenstruktur des WoLiBaX finden sie bisher keine Berücksichtigung. Bei einer weitergehenden Analyse des Arbeit-Nicht-Arbeit-Interfaces und damit verbunden auch eine mögliche Erweiterung des Instruments um weitere inhaltliche Aspekte sollte untersucht werden, ob weitere relevante Interaktionsprozesse (z. B. affektiv-emotionale Interaktionen) für Erwerbstätige bei der Vereinbarkeit von Arbeit, Familie und Freizeit von Bedeutung sind und in welchem Zusammenhang sie a) mit den WoLiBaX-Skalen stehen und b) wie sie mit gesellschaftlichen, organisationalen, familialen und individuellen Antezedenzen und Konsequenzen verbunden sind.

Dies gilt insbesondere für die inhaltliche Ausrichtung der Skala Benefiterleben. Wie bereits diskutiert, fokussieren die Items der Dimension Benefiterleben des WoLiBaX auf beanspruchungs- und verhaltensbedingte Transferprozesse. So wie im Bereich der Konfliktforschung eine Entwicklung hin zu multidimensionalen Konzepten bei der Operationalisierung von Arbeit-Familie-Konflikten zu beobachten ist, weisen auch neuere Ansätze der theoretischen Modellierung positiver Interaktionen zwischen den Lebensbereichen in dieselbe Richtung.

So differenzieren beispielsweise Hanson et al. (2006; vgl. a. Edwards & Rothbard, 2000) positive Spillover-Prozesse zwischen Arbeit und Familie nach affektiven, verhaltensbedingten, instrumentellen und wertebedingten Prozessen. Während Items, die verhaltensbedingte und instrumentelle Aspkete von positiven Interaktionen zwischen den Lebensbereichen thematisieren, bereits in der Skala Benefiterleben berücksichtigt sind, könnten durch eine ergänzende Integration von Items, die affektive Transferprozesse beschreiben oder von Items die wertebedingte Interaktionen zwischen den Lebensbereichen berücksichtigen, unter Umständen weitere relevante Inhalte Beachtung finden, die bei der Vereinbarkeit von Erwerbstätigkeit und Privatleben ebenso von Bedeutung sind. Vergleichbar ist auch ein weiterer Ansatz jüngeren Datums der Enrichment-Forschung von Carlson, Kacmar, Wayne & Grzywacs (2006), die förderliche Interaktionen zwischen Arbeit und Familie unterteilen in Prozesse, die erweiterte Entwicklungsmöglichkeiten fördern, affektiv-emotionale Zustände unterstützen, das soziale Kapital eines Individuums erhöhen (Erweiterung der psychoszialen Ressourcen wie z. B. Sicherheit oder Vertrauen) oder seine Effizienz verbessern.

Da sich in den hier berichteten Analysen die Übertragung des Konzeptes zwischen zeit-, beanspruchungs- und verhaltensbedingten Aspekten auf positive Spillover-Prozesse als nicht ergiebig erwiesen hat, sollte nach Ansicht des Verfassers bei weitergehenden Forschungsbemühungen nicht nur überlegt werden, ob und wie in der Faktorenstruktur des WoLiBaX die angeführten neueren Ansätze zur Beschreibung positiver Interaktionen berücksichtigt werden sollten. Es sollte auch diskutiert werden, ob diese Ansätze sich zukünftig bei der theoretischen Modellierung des Konflikterlebens als nützlich erweisen könnten. Sie berücksichtigen Aspekte des Vereinbarkeitserlebens, die bisher nicht oder nur in sehr geringem Maße im Rahmen der Work-Life-Balance-Forschung Beachtung gefunden haben und überdies könnten sich auch bei der weiteren Konzeption des Konflikterleben als nützlich erweisen.

12.3 Implikationen für Forschung und Praxis

Die Möglichkeit, seine individuellen Rollen mit möglichst geringen Konflikten und einem möglichst großem Benefit auszuüben, kann als Grundvoraussetzung für ein subjektiv erfolgreiches Handeln in Arbeit, Familie und Freizeit erachtet werden. Die in dieser Arbeit dargestellten Verhaltens- und Erlebenskorrelate deuten darauf hin, dass ein möglichst konfliktfreies und den positiven Transfer förderndes Interface zwischen den Lebensbereichen zum individuellem „*Erfolg*" führt, der sich in Variablen wie einer allgemeinen Lebenszufriedenheit, geringeren Konflikten mit dem Lebenspartner, einer erhöhten Arbeitszufriedenheit oder geringeren psychophysischen Beschwerden manifestiert. Es stellt sich in diesem Zusammenhang die Frage, wie Angebote zur Verbesserung der Work-Life-Balance gestaltet sein sollten. Nachfolgend werden hierzu einige exemplarische Beispiele angeführt.

Die Tatsache, dass sich für alle in dieser Arbeit berücksichtigten Analyseebenen (Organisation, Familie, Individuum) mehr oder minder deutliche Zusammenhänge mit dem Work-Life-Balance-Erleben finden, können als ein klares Argument dafür aufgefasst werden, dass Lösungsansätze zur Optimierung der Vereinbarkeit von Arbeit, Familie und Freizeit möglichst ganzheitlich ausgerichtet sein sollten. Doch noch immer setzen in der betrieblichen Praxis viele Konzepte und Interventionsansätze zur Verbesserung der Work-Life-Balance vorwiegend an der persönlichen Lebensgestaltung der Individuen an, während Maßnahmen zur Verringerung von Belastungen oder zur Änderung strukturell-hinderlicher Bedingungen eher seltener in den Fokus der Aufmerksamkeit rücken. Betrachtet man die Befunde dieser Arbeit, zeigen sich allerdings die stärksten Zusammenhänge mit dem Work-Life-Balance-Erleben für organisationale Variablen. Dies spricht dafür, der Analyse- und Interventionsebene Organisation bei der Entwicklung von Konzepten zur Verbesserung der Vereinbarkeit von Arbeit, Familie und Freizeit verstärkt zu beachten.

Generell kann vorab festgehalten werden, dass vor allem der Reduktion von Arbeit ⇨Nicht-Arbeit-Konflikten Beachtung geschenkt werden sollte, wenn es das Ziel ist, mit Hilfe organisationaler Maßnahmen die Arbeitszufriedenheit der Mitarbeiter zu verbessern. Dabei sollten sich die positiven Auswirkungen nicht nur domänspezifisch in der Arbeit selber manifestieren, sondern darüber hinaus ist in einem ganzheitlichen Sinne zu erwarten, dass entsprechende Angebote auch eine Verbesserung der allgemeinen Lebenszufriedenheit der Beschäftigten hervorruft und sogar als konfliktreduzierend in der Partnerschaft wirken sollte. Außerdem sollte die Förderung positiver Interaktionen bei der Entwicklung von Angeboten gezielt berücksichtigt werden. Dies bedeutet, dass bei der Entwicklung von Angeboten für eine bessere Vereinbarkeit von Arbeit, Familie und Freizeit nicht allein darauf geachtet werden sollte, dass Konflikte und Probleme beseitigt werden, sondern auch positive Interaktionen zwischen den Lebensbereichen gefördert werden.

Bei der Analyse der Zusammenhänge zwischen dem Work-Life-Balance-Erleben und organisationalen Variablen haben sich in dieser Arbeit vor allem drei Aspekte als besonders wichtig herausgestellt: die Vereinbarkeitsorientierung der Organisationskultur, die Arbeitszeitflexibilität i.S. einer stärkeren Arbeitszeitautonomie sowie die Arbeitsbelastung.

Vergegenwärtigt man sich die Befunde zu den Zusammenhängen zwischen einer vereinbarkeitsorientierten Organisationskultur und dem Work-Life-Balance-Erleben und ihre Stärke, so wird die Bedeutung, die Organisationen der Gestaltung einer familien- bzw. vereinbarkeitsorientierten Kultur beimessen sollten, deutlich. Die Befunde der Arbeit konstatieren einen klaren Zusammenhang zwischen Organisationskultur und Work-Life-Balance-Erleben. Viele organisationale Angebote zur Familienfreundlichkeit und zur Verbesserung der Work-Life-Balance sind zum Scheitern verurteilt, wenn neben den Angeboten keine angemessene Unternehmenskultur existiert, die den Mitarbeitern auch die problemlose Nutzung der Angebote ermöglicht. Während spezifische Einzellösungen vorwiegend auf die Beseitigung konkreter Belastungen und Probleme der Mitarbeiter und ihrer Familien zielen, bildet die Vereinbarkeitsorientierung der Organisationskultur die integrative Klammer, vor der alle Einzellösungen betrachten werden müssen.

Soll die Organisationskultur in Richtung einer starken Vereinbarkeitsorientierung entwickelt werden, gilt es organisationale Wandelprozesse anzustoßen, die möglichst integrativ in allen organisationalen Prozessen und Abläufen das Thema Vereinbarkeit von Arbeit, Familie und Freizeit berücksichtigt. Dabei wird die Ansicht vertreten, dass durch isolierte Einzelmaßnahmen und Lösungsansätze das Verhältnis von Arbeit, Familie und Freizeit zueinander nicht nachhaltig verbessert werden kann. Vielmehr müssen innerhalb der Organisation Wandelprozesse initiiert werden, die die Bedeutung und Berechtigung von Work-Life-Balance-Themen hervorheben, um im organisationalen Alltag Lösungen für die damit verbundenen Herausforderungen zu finden. Eine Unterstützung dieses Prozesses durch die Organisationsleitung ist dabei genauso unabdingbar wie die Beteiligung der Mitarbeiter.

Bei den Work-Life-Balance-Angeboten zur Unterstützung der Mitarbeiter kann differenziert werden zwischen formellen und informellen Hilfen. Unter formellen Hilfen sind all die Angebote und Lösungsansätze innerhalb der Organisation zu verstehen, die den Mitarbeitern die Vereinbarkeit von Arbeit, Freizeit und Familie erleichtern soll. Informelle Hilfen bestehen in individuellen oder kollektiven Regelungen, die meist situationsabhängig getroffen werden und auch neben der offiziellen Aufbau- und Ablauforganisation realisiert werden können. Informelle Work-Life-Balance-Hilfen sind für die Mitarbeiter oft sogar noch bedeutender als die offiziell innerhalb der Organisation propagierte Work-Life-Balance-Politik und die damit verbundenen Leitlinien.

Der Grund hierfür liegt in individuellen Einzelfallregelungen, die speziell auf den einzelnen Mitarbeiter zurecht geschnitten sind. Beispiele hierfür: die Mitarbeiterin, die mit Genehmigung des Meisters jeden Tag fünf Minuten vor Schichtende gehen darf, um ihre Tochter rechtzeitig aus der Kinderbetreuung abzuholen; oder das über bestehende Abwesenheitsregelungen hinaus tolerierte Fehlen eines Mitarbeiters aufgrund der Krankheit seiner Kinder, das seine Arbeitsgruppe auffängt. Es wird deutlich, dass die informellen Work-Life-Balance-Hilfen unter Umständen sogar der offiziellen Organisation entgegen laufen können. Festzuhalten halten bleibt aber, dass beide Systeme von Bedeutung zur Verbesserung des Work-Life-Balance-Erlebens sind. Im Optimalfall ergänzen sich beide Systeme.

Formelle Hilfen und Regelungen zur Unterstützung des Work-Life-Balance-Erlebens sind vor allem wichtig, um grundlegende Strukturen zu begründen und einzurichten (z. B. die Einrichtung einer betrieblichen Kinderbetreuung). Außerdem helfen sie, innerhalb der Organisation ein vereinbarkeitsorientierte Kultur zu etablieren, womit meist wieder Strukturen geschaffen werden, die zahlreiche informelle Unterstützungsangebote ermöglichen. Ein Großteil der Studien, die sich mit der Verbesserung des Work-Life-Balance-Erlebens beschäftigen, betrachten jedoch fast immer nur die formellen Unterstützungssysteme und vernachlässigen die informellen Regelungen (vgl. a. Kossek & Ozeki, 1999).

Aus dem engen Zusammenhang zwischen Organiationskultur und dem Work-Life-Balance-Erleben lassen sich auch Anregungen konzeptioneller Art bezüglich der Gestaltung der WoLiBaX ableiten. Die in den Studien verwendeten Skala zur Erfassung der Vereinbarkeitsorientierung der Organisationskultur war eine Zusammenstellung bzw. adaptierte Fassung bereits bestehender Instrumente, die auf den jeweiligen Untersuchungskontext angepasst wurden. Aufgrund des engen Zusammenhanges zwischen Work-Life-Balance-Erleben und Organisationskultur sollte diese Skala zukünftig validiert und dauerhaft in den WoLiBaX aufgenommen werden. Bei der Validierung der Skala gilt es zunächst zu untersuchen, ob alle relevanten Aspekte bereits erfasst werden und ob es sich dabei um ein unidimensionales oder mehrdimensionales Konstrukt handelt. Primär erscheint sowohl eine inhaltliche als auch eine Konstruktvalidierung indiziert. Bei einer inhaltlichen Validierung sollte, vergleichbar der durchgeführten Contentanalyse für die WoLiBaX-Skalen, der Inhalts- und Geltungsbereich der Skala genauer spezifiziert werden. Bisher werden mit der Skala vor allem zwei Aspekte erfasst: allgemeine Werthaltung und Verhaltensweisen, die als förderlich für die Vereinbarkeit von Arbeit, Familie und Freizeit erfahren werden, sowie Einstellungen und Verhaltensweisen des Vorgesetzten hinsichtlich vereinbarkeitsrelevanter Themen.

Es sollte dabei auch auf eine externe Validierung der Skala bzw. den Skalen zur Vereinbarkeitsorientierung der Organisationskultur Wert gelegt werden, denn es handelt es sich bei dieser Skala um eine rein subjektive Einschätzung und Gesamtbewertung von Individuen darüber, wie vereinbarkeitsorientiert sie eine Organisation bewerten. Bei einer externen Validierung sollte deshalb der Zusammenhang zwischen *„objektiv"* beobachtbaren Merkmalen, die die Vereinbarkeitsorientierung einer Organsiation repräsentieren und deren subjektiven Bewertung seitens der Organisationsmitglieder überprüft werden.

Neben umfassenden organisationalen Veränderungsprozessen hin zu einer vereinbarkeitsorientierten Organisationskultur dürfen natürlich auch Lösungen für spezifische Probleme nicht unbeachtet bleiben. Die Zusammenhangsanalysen ergeben einen starken bis mittelstarken Zusammenhang zwischen der Variable Arbeitsbelastung und dem Work-Life-Balance-Erleben. Eine hohe Arbeitsbelastung korrespondiert dabei mit stärkerem Konflikterleben und einem geringeren Benefiterleben. Für die hier vorliegende Stichprobe können keine differenzierten Praxis-Ansätze abgeleitet werden, da die Variable Arbeitsbelastung nur mit einem Globalmaß erfasst wurde. Für die organisationale Praxis wird jedoch empfohlen, entsprechende Analysen mit differenzierten arbeitsanalytischen Verfahren durchzuführen, um spezifische arbeitsgestalterische oder organisatorische Massnahmen zur Verbesserung des Work-Life-Balance-Erlebens ableiten zu können.

Die Ergebnisse der untersuchten Arbeitszeitvariablen zeigen auf, dass eine ausgeprägte Arbeitszeitautonomie in zwei der drei Stichproben mit einem geringeren Konflikterleben und einem verstärkten Benefiterleben einhergeht. Die naheliegendste Argumentation hinsichtlich potenzieller Gestaltungsmassnahmen scheint folglich darin zu bestehen, eine verstärkte Mitwirkungsmöglichkeiten der Erwerbstätigen bei der Gestaltung ihrer Arbeitszeiten zu ermöglichen (z. B. durch eine mögliche Einflussnahme auf Dauer und Lage der Arbeitszeiten). Dies scheint für einzelne Teilpopulationen durchaus zutreffend zu sein (wie z. B. in den Studien 1 und 2).

Wie die Befunde aus Studie 3 allerdings zeigen, ist dieses Argument jedoch nicht verallgemeinerbar, da in dieser Untersuchung eine erhöhte Arbeitszeitautonomie mit einem verstärkten Konflikterleben verbunden ist. So korreliert eine hohe Arbeitszeitautonomie in den Studie 1 und 2 negativ mit zeitbedingten Vereinbarkeitskonflikten und steht in positivem Zusammenhang mit dem Benefiterleben. In Studie 3 im Kontext Hochschule in der Zielgruppe der wissenschaftlichen Mitarbeiterinnen und Mitarbeiter können diese Befunde hingegen nicht nur nicht repliziert werden, vielmehr geht eine größere Arbeitszeitautonomie mit stärkeren Nicht-Arbeit⇨Arbeit-Konflikten einher. Es wird deutlich, dass die Zusammenhänge zwischen organisationalen Variablen und dem Work-Life-Balance-Erleben in spezifischen Population zum Teil erheblich differieren können. Dies deutet darauf hin, dass bei der Ableitung von Lösungsansätzen zur Verbesserung des Work-Life-Balance-Erlebens immer auch viele weitere organisationale, familiale und individuelle Randparameter berücksichtigt werden müssen, damit diese in ihrem Zusammenspiel vor dem Hintergrund des Work-Life-Balance-Erlebens bewertet werden können.

Die Analysen zu den Zusammenhängen zwischen familienbezogenen Variablen und dem Work-Life-Balance-Erleben konzentrieren sich vor allem auf zwei Aspekte: der Kinderbetreuungssituation von Eltern sowie dem familiären Einkommen.

Die Ergebnisse zur Kinderbetreuungssituation zeigen auf, dass selbige im Zusammenhang steht mit dem Konflikterleben zwischen Arbeit und Nicht-Arbeit, wobei häufiger Probleme bei der Kinderbetreuung mit einem stärkeren Konflikterleben verbunden sind. Interessant an diesem Ergebnis ist der Sachverhalt, dass Frauen in stärkerem Maße von den Konflikten betroffen sind, wenn es selten oder gelegentlich zu Betreuungsproblemen kommt, während Männer vor allem beim häufigen Auftreten dieser Probleme deutlich stärkere Konflikte erleben. Das Ergebnis ist für die organisationale Praxis von zweifacher Bedeutung. Zum einen deutet es darauf hin, dass organisationale Unterstützungsangebote zur Kinderbetreuung dazu beitragen können, das Konflikterleben der Mitarbeiter zu reduzieren. Je nach organisationalem Kontext sind dabei Lösungen vom betrieblichen Kinderhort über Beteiligungen bis hin zu Belegrechten in Betreuungseinrichtungen denkbar. Die deskriptiven Befunde deuten zum anderen darauf hin, dass entsprechende Angebote vor allem hinsichtlich der Öffnungszeiten kompatibel mit den Arbeitszeiten der Erwerbstätigen sein sollten. Ein zweiter wichtiger Aspekt des Ergebnisses ist darin zu sehen, dass bei der Umsetzung von Angeboten zur Verbesserung des Work-Life-Balance-Erlebens diese im Sinne eines ganzheitlichen Vorgehens immer auch das gesamte familiale System der Mitarbeiter und ihre Lebenssituation berückichtigen sollten.

Interessant ist der Befund zur familialen Einkommenssituation. Hier zeigt sich, dass das familiäre Einkommen mit einem erhöhten Benefiterleben korrelativ verbunden ist, jedoch nicht mit einem verringerten Benefiterleben. Zum einen gilt es darauf hinzuweisen, dass der Zusammenhang zwar ceteris paribus zeigt, dass ein erhöhtes Einkommen vermutlich auch das Benefiterleben erhöht, dies gilt jedoch nur unter konstanten Randbedingungen. Erhöht sich das familiäre Gesamteinkommen jedoch durch beispielsweise längere Arbeitszeiten, sind Interaktionen zwischen den verschiedenen Randbedingungen zu erwarten. Aus anwendungsorientierter und organisationaler Perspektive deuten die Ergebnisse außerdem darauf hin, dass durch eine Verbesserung der finanziellen Mittel der Mitarbeiter (Gehaltserhöhung) zwar die positive Interaktionen bei der Vereinbarkeit zwischen den Lebensbereichen gefördert werden kann, Konflikte jedoch nicht reduziert werden. Vereinfacht ausgedrückt: Gehaltserhöhungen wirken aus Perspektive der Vereinbarkeit von Arbeit, Familie und Freizeit vorwiegend als Belohnung, helfen aber nicht bei der Beseitigung von Problemen. Dabei muss angemerkt werden, dass sich die entsprechende Stichprobe, in der der Befund ermittelt wurde, durch ein sehr hohes durchschnitttliches Einkommen auszeichnet, so dass vermutet werden kann, dass das Resultat zum Teil stichprobenbedingt verzerrt ist. Weitere Analysen zu dieser Fragestellung sollten sich deshalb vor allem auf Erwerbstätige mit geringem (oder mittlerem) Einkommen konzentrieren.

Die Zusammenhänge zwischen Persönlichkeitsmerkmalen und dem Work-Life-Balance-Erleben sind eher gering ausgeprägt. Gleichwohl lassen sich auch in diesem Kontext einige Hinweise für mögliche Interventionen zur Verbesserung des Vereinbarkeitserlebens ableiten. Die Resulate der regressionsanalytischen Auswertungen deuten darauf hin, dass sich vor allem die Persönlichkeitsmerkmale Gewissenhaftigkeit und emotionale Stabilität als konfliktreduzierend erweisen und Offenheit für neue Erfahrungen als Risikofaktor. Zwar wurden die personenbezogenen Merkmale in dieser Arbeit im Sinne eines stabilen Traits erfasst, betrachtet man diese jedoch nicht als allein handlungssteuernd, sondern geht davon aus, dass entsprechenden Merkmalsausprägungen durch gezielte Verhaltenssteuerung *„entgegengewirkt"* werden kann, lassen sich verschiedene individuelle Interventionen schlussfolgern.

Das Merkmal Gewissenhaftigkeit beschreibt Individuen, deren Verhalten sorgfältig organisiertes und planendes Handeln sowie eine hohe Effektivität und Zuverlässigkeit kennzeichnet. Individuelle Interventionsansätze, die solche Verhaltensweisen unterstützen bzw. fördern, sind z. B. in Trainings zur Verbesserung des (Selbst-)Managements zu sehen. Da auch der Zusammenhang zwischen Gewissenhaftigkeit und dem Work-Life-Balance-Erleben vor allem Spillover-Prozesse betrifft, die aus dem Familien- und Privatleben in die Erwerbstätigkeit zielen, können bzw. sollten entsprechende Interventionen durchaus an den Managementfähigkeiten von Individuen außerhalb der Berufstätigkeit ansetzen.

Als weiteres bedeutsames Persönlichkeitsmerkmal wurde die emotionale Stabilität ausgemacht. Individuelle Trainingskonzepte sollten das Ziel verfolgen, eine möglichst stark ausgeprägte emotionale Stabilität zu fördern. In Erwägung zu ziehen sind Maßnahmen zur Steigerung der Stressresistenz (Stresskompetenztrainings) oder zur Steigerung der Copingfähigkeit. Da der Zusammenhang der emotionalen Stabilität und dem Work-Life-Balance-Erleben insbesondere Spillover-Prozesse betrifft, die aus dem Privatleben in die Erwerbstätigkeit zielen, sollten entsprechende Angebote ebenfalls im Kontext von Familie und/oder Freizeit angesiedelt werden.

Das dritte und letzte Persönlichkeitsmerkmal, für das ein Zusammenhang mit dem Work-Life-Balance-Erleben nachgewiesen werden konnte, ist die Offenheit für Erfahrungen. Diese zeichnet sich aus durch die proaktive Suche nach und die Wertschätzung von Erfahrungen um ihrer selbst willen und beinhaltet auch die Toleranz gegenüber Unbekanntem. Facetten dieses Merkmals sind Offenheit für Phantasie, Ästhetik, Gefühle, Handlungen und Ideen sowie Offenheit gegenüber Normen- und Wertesystemen. Es wird angenommen, dass die Offenheit für Erfahrungen Zielkonflikte hervorruft, die sich im Sinne des Vereinbarkeitserlebens als dysfunktional erweisen.

Aufbauend auf dieser Argumentation sollten entsprechende Interventionsangebote an der Prioritätensetzung und Zielfindung bzw. Zielerreichung von Individuen ansetzen. Insbesondere zu dem letztgenannten Punkt erscheinen jedoch weitergehende Studien indiziert. So war eine der Annahmen in Studie 1, dass individuelle Strategien der Selektion, Optimierung und Kompensation zu einer verbesserten Zielerreichung führen und mit einem geringeren Konflikt- und einem höheren Benefiterleben in Zusammenhang stehen. Aufgrund von Unzulänglichkeiten in der Struktur des eingesetzten Instruments zur Erfassung der SOC-Strategien wurden hierzu jedoch keine aussagekräftigen Resultate gewonnen, so dass hier weitergehender Forschungsbedarf besteht, inwieweit individuelle Handlungsstrategien und Zielausrichtungen, insbesondere vor dem Hintergrund der Offenheit für neue Erfahrungen, im Zusammenhang mit dem Work-Life-Balance-Erleben stehen.

Abschließend noch ein Hinweis: Wenn Organisationen Arbeit-Familie-Konflikte reduzieren wollen bzw. beabsichtigen, spezifische Massnahmen zu implementieren, ist es vorab notwendig zu verstehen, welche Formen von Arbeit-Familien-Konflikten die Mitarbeiter erleben und was die genauen Voraussetzungen dafür sind. Nur so kann die Entwicklung von Maßnahmen gelingen, die die Bedürfnisse der Mitarbeiter berücksichtigen und trotzdem auch die Ziele der Organisation im Fokus haben. Angebote und Maßnahmen zur Verbesserung des Work-Life-Balance-Erlebens sollten deshalb immer möglichst zielgruppenspezifisch gestaltet sein. So weisen sowohl die geschlechtsspezifischen Analysen der Arbeit als auch die Befunde der Clusteranalyse in Studie 2 darauf hin, dass es zum Teil sehr differenzierte Muster von Erwerbstätigen mit unterschiedlichen Bedürfnissen und Formen des Work-Life-Balance-Erlebens gibt.

Nachdem verschiedene Implikationen für die organisationale Umsetzung von Interventionen zur Verbesserung des Work-Life-Balance-Erlebens erörtert wurden, soll abschließend noch auf einige Aspekte eingegangen werden, die bei der zukünftigen Forschung im Kontext der Vereinbarkeit von Arbeit, Familie und Freizeit im Allgemeinen und beim Einsatz des WoLiBaX im Besonderen berücksichtigt werden sollten.

Barling & Sorensen weisen bereits 1997 darauf hin, dass (zumindest aus heutiger Perspektive) ein erheblicher Teil der empirischen Work-Family-Forschung noch zu Zeiten gewonnen wurde, in denen Organisationen relativ stabil und überdauernd waren, was letztendlich auch für die Analyseebene familialer Systeme gilt. In jüngerer Zeit haben jedoch dramatische Änderungsprozesse zu einem strukturellen Wandel sowohl in der Arbeitswelt als auch innerhalb der familialen Systeme geführt. Das bedeutet, dass viele der bestehenden Befunde der Work-Family-Forschung überprüft werden sollten, da sie unter anderen Kontextbedingungen erhoben wurden.

Diese Überlegungen scheinen angesichts der geschilderten Wandelprozesse aktueller denn je. Dabei ist vor allem zu klären, wie sich das gleichzeitige und gemeinsame Auftreten mehrerer Wandelprozesse und die damit verbundenen Veränderungsprozesse im Work-Life-Balance-Erleben niederschlagen. So ist anzunehmen, dass Veränderungsprozesse in Gesellschaft, Organisationen und Familien zu verstärkten Beanspruchungsreaktionen führen, da die zu erbringenden Gestaltungsleistungen bei der Vereinbarkeit der Lebensbereiche umfangreicher und anspruchsvoller werden. Mit dem Wandel in der Arbeitswelt werden jüngst verstärkt auch chronische Stressoren und Rollenüberlastungsphänomene beboachtet.

Welche unterschiedliche Bedeutung und Effekte chronische Rollenüberlastungen im Vergleich zu kurzfristigen Stressoren haben, ist im Bereich der Vereinbarkeit von Arbeit, Familie und Freizeit bisher empirisch noch nicht untersucht worden. Es ist zu vermuten, dass es sich hier analog zur traditionellen Stressforschung verhält, also chronische Stressoren zu stärkeren und längerfristigen Schädigungen der Betroffenen führen als einmalige (kurzfristige) Stressoren. So weist auch Kastner (2004a) darauf hin, dass das

Thema Work-Life-Balance in der Forschung meistens nicht als eigenständiges, integratives Konzept betrachtet wird, sondern vielfach als eine besondere Perspektive von Stressphänomenen behandelt wird. Eine Besonderheit des Work-Life-Balance-Konzeptes liegt jedoch in seiner langfristigen Verlaufsperspektive. Während nicht-chronische Stressbelastungen zumeist über einen überschaubaren Zeitraum betrachtet und die Folgen durch Erholung und Regeneration abgebaut werden können, rücken in der Work-Life-Balance-Perspektive auch die langfristigen Folgen und Konsequenzen von Verhalten in den Vordergrund: Es gilt dabei insbesondere Auswirkungen auf die Gesundheit als Folge von langfristigen Work-Life-Balance-Verhaltensweisen zu beachten.

Unklar ist auch, in welchen Zusammenhang multiple Veränderungsprozesse mit dem Work-Life-Balance-Erleben stehen. Der einfachste denkbare Zusammenhang ist linear additiv, d.h., je mehr Veränderungsprozesse auf ein Individuum einwirken, desto stärker wird die damit verbundene Beanspruchung erlebt, was sich beispielsweise in einem erhöhten Konflikterleben manifestieren kann. Ebenso vorstellbar ist jedoch auch, dass ein multiplikativer Zusammenhang besteht und zwar dergestalt, dass mehrere veränderte Lebensbedingungen sich gegenseitig verstärken oder kompensieren, z. B., wenn flexibilisierte Arbeitszeiten kombiniert mit einem flexibilisierten Arbeitsort die Kinderbetreuung erheblich erschweren oder gar unmöglich machen.

In den berichteten Studien wurden „*nur*" selbstberichtete Einstellungskonstrukte des Work-Life-Balance-Erlebens erfasst. Ob und in welcher Form die erfassten Einstellungen auch tatsächlich verhaltenswirksam werden, kann mit den vorliegenden Befunden nicht eindeutig beantwortet werden – das Phänomen der sozialen Erwünschtheit kann bei empirischen Befragungen trotz aller methodischen Bemühungen nie ganz ausgeschlossen werden. So kann es unter Umständen sein, dass die erhaltenen Antwortmuster nicht immer dem tatsächlichen Work-Life-Balance-Erleben der Befragten entsprechen, sondern auch geprägt und damit zum Teil verzerrt sind von sozial erwünschte Antworten, die sich an gesellschaftlichen, organisationalen oder familiale Normen orientieren, wie die Schnittstelle zwischen Arbeit, Familie und Freizeit gestaltet sein sollte.

Angemerkt werden muss in diesem Zusammenhang jedoch, dass die Gefahr der Verfälschung der Antworten durch soziale Erwünschtheit in den hier berichteten Studien als relativ gering erachtet wird, da lediglich zwei Stichproben in organisationalen Kontexten erhoben wurden. In beiden Fällen erfolgte keine Rückmeldung an die durchführende Organisation, so dass eine vollkommene Anonymität der Teilnahme zugesichert und gewährleistet war. Auch in den anderen beiden Stichproben kann davon ausgegangen werden, dass die Befragungsteilnehmer im Rahmen einer freiwilligen anonymen Befragung keinem Druck ausgesetzt waren, organisationale Normen zu erfüllen, da die Studien außerhalb eines organisationalen Kontexts durchgeführt wurden. Ferner war in der Instruktion des Fragebogens durch entsprechende Formulierungen versucht worden, Tendenzen zur sozialen Erwünschtheit entgegenzuwirken *(„Es gibt keine richtigen und falschen Antworten")*. Außerdem gilt es darauf hinzuweisen, dass selbst sozial und kulturell erwünschte Einstellungen zum Thema Work-Life-Balance u.U. auch als Ausdruck des geschilderten gesellschaftlichen, organisationalen, familiären und individuellen Wandels aufgefasst werden können.

Gleichwohl besteht bei der Erfassung von Variablen wie Arbeit-Familien-Konflikten aufgrund von Selbstberichten immer die Gefahr, dass Varianz methodenbedingt oder aufgrund sozialer Erwünschtheit entsteht (Grant-Vallone & Donaldson, 2001). Zukünftige Studien sollten dies berücksichtigen und durch den gleichzeitigen Einsatz zusätzlicher Methoden (z. B. Tagebuchverfahren, physiologischen Messungen, Beobachtungsverfahren oder qualitativer Interviews) ergänzt werden. Außerdem kann durch ergänzende Peer-Ratings (z. B. durch Lebenspartner, Kinder, Vorgesetzte oder Kollegen) Mithilfe von Multitrait-Multimethod-Analysen abgeschätzt werden, wie groß der spezifische meßmethodische Fehleranteil ist.

Wie bereits voranstehend thematisiert, stellen Längsschnittstudien bei der Analyse des Work-Life-Balance-Erlebens das Design der Wahl dar, weil überhaupt erst in längsschnittlichen Forschungs-Designs die Möglichkeit besteht, Prozess- und Entwicklungsverläufe von Arbeit-Nicht-Arbeit-Konflikten zu beschreiben. Ein methodisches Problem, das sich in diesem Zusammenhang jedoch ergibt, besteht darin, dass im Rahmen der Work-Life-Balance-Forschung bisher kein Konsens darüber besteht, wie Zeitintervalle im Rahmen von Längsschnittuntersuchungen genau zu spezifizieren sind. Während einige Studien auf mehrjährige Intervalle zurückgreifen (z. B. Frone, Russel & Cooper, 1997), verwenden andere Designs Jahresabstände (z. B. Grandey et al., 2005; Hammer et al., 2005; Mauno & Kinnunen, 1999) oder nutzen noch kürzere Intervalle (z. B. 6 Monate bei Grant-Vallone & Donaldson; 2001). Tetrick & Buffardi (2006) vermuten, dass die Interaktionen zwischen den Lebensbereichen aufgrund der ihnen zugrunde liegenden Dynamik eher in kürzeren Intervallen analysiert werden sollten. Hoff et al. (2005) differenzieren außerdem grundsätzlich zwischen zwei verschiedenen Perspektiven, die es zu berücksichtigen gilt: eine alltagsbezogene und eine biografiebezogene Perspektive. In dieser Arbeit erwies sich das Work-Life-Balance-Erleben im Rahmen eines Prä-Post-Tests in Studie 4 nach vier Wochen für die überwiegende Zahl der Studienteilnehmer als zeitstabil. Zukünftige Analysen sollten gezielt an diesem Punkt ansetzen und versuchen, Prozessverläufe des Work-Life-Balance-Erlebens abzubilden, um darauf aufbauend auch adäquate längsschnittliche Forschungsdesigns konzeptionieren zu können.

Ein letzter Aspekt betrifft die Anwendungsorientierung des Work-Life-Balance-Index. Die bisher verwendeten Versionen des WoLiBaX verfügen über eine umfangreiche Anzahl von Items und in der finalen Versionen in Studie 4 über 32 Items bzw. 25

Items (nach der abschließenden Modellmodifikation). Im Rahmen der Feldforschung und insbesondere auch beim Einsatz in der betrieblichen Praxis werden jedoch Instrumente benötigt, die einen möglichst geringen Aufwand für die Organisation und die Befragten darstellen. Rammstedt, Koch, Borg & Reitz (2004) weisen in diesem Zusammenhang zu Recht darauf hin, dass für viele psychologische Sachverhalte und Konstrukte umfangreiche Instrumente und Itembatterien (mit zum Teil über 100 Items) vorhanden sind, der Einsatz in der Praxis jedoch oft an nicht vorhandenen ökonomischen Kurzversionen der Verfahren scheitert. Da das hier vorgestellte Instrument insbesondere auch für den betrieblichen Einsatz konzipiert wurde, sollte angestrebt werden, nach einer weitergehenden Optimierung, Normierung und Standardisierung, eine Kurzversion des Verfahrens abzuleiten. Da es die vier Konstrukte allerdings inhaltlich sehr breit abbildet, ist dabei zu berücksichtigen, dass die auszuwählenden Items auch nach einer Kürzung noch die vollständige Bandbreite der zu erfassenden Konstrukte repräsentieren.

12.4 Ausblick und Fazit

Viele der bisher in der betrieblichen Praxis verwendeten Verfahren zur Erfassung des Work-Life-Balance-Erlebens mangelt es an einer teststatistischen Überprüfung ihrer Gütekriterien und überdies sind sie häufig auf spezielle betriebliche Rahmenbedingungen und eingeschränkte Zielgruppen zugeschnitten. Insofern sind sie eher Checklisten oder Fragenkataloge. Mit dem hier vorgelegten Verfahren ist es hingegen gelungen, ein standardisiertes Instrument zur Erfassung der Spillover-Prozesse zwischen den Lebensbereichen Arbeit, Familie und Freizeit zu konstruieren, mit dem der intendierte Inhaltsbereich differenziert und mit akzeptabler psychometrischer Qualität erfasst wird.

Darüberhinaus ist eine der Stärken des Verfahrens darin zu sehen, dass es bei verschiedensten Formen der Erwerbstätigkeit eingesetzt werden kann. So zeigt sich in Studie 4 dieser Arbeit, dass sich das Verfahren sowohl bei abhängig Beschäftigen als auch bei Selbstständigen als funktional erweist. Auch bei Erwerbstätigen, die primär einer anderen Tätigkeit/Aufgabe nachgehen (z. B. Studenten), wurde das Verfahren erfolgreich erprobt. Dies erscheint auch vor dem Hintergrund sich wandelnder Zielgruppen notwendig. War das Thema Work-Life-Balance bis vor einigen Jahren eher eine Angelegenheit für Priviligierte, also ein Thema, das vor allem für Führungskräfte als relevant erachtet wurde, so gewinnt es jetzt zunehmend für alle Hierarchiestufen in Organisationen an Bedeutung.

Auch oder gerade im Teilzeitbereich und im Niedriglohnsektor kann angenommen werden, dass das Thema zukünftig immer wichtiger wird. Die Einkünfte eines Erwerbstätigen allein reichen in vielen Familien nicht mehr zur Sicherung des gewohnten Lebensstandards aus. Gerade in Haushalten mit geringem Gesamteinkommen steigt der Druck zur Verbesserung der finanziellen Lebenssituation des familiären Systems: Es müssen gleichzeitig mehrere Jobs ausgeübt (multiple Jobholder) oder Tätigkeiten angenommen werden, die nicht selten durch die Prekarität des Arbeitsverhältnisses gekennzeichnet sind. Dies erhöht auch die Anforderungen an die Familienmitglieder, die neue Situation zu bewältigen, und bedeutet, dass unter veränderten familären Lebensbedingungen die Vereinbarkeit von Arbeit, Familie und Freizeit gestaltet werden muss. Dabei wird angenommen, dass diese Entwicklungen mit einem veränderten Work-Life-Balance-Erleben der beteiligten Personen einhergehen.

Ein Großteil der Forschung zum Thema Work-Life-Balance und auch der konkreten Umsetzung von Interventionsansätzen in der organisationalen Praxis beschäftigt sich – zumindest derzeit noch – vorwiegend mit der Zielgruppe (hoch-)qualifizierter Erwerbstätiger. Führungskräfte, Selbstständige, Freelancer oder Heim- und Telearbeiter stehen dabei häufig im Fokus empirischer Studien und betrieblicher Konzepte. So konzentriert sich ein Großteil der empirischen Studien zum Thema vorwiegend auf Zielgruppen, die sich zusammengefasst als weiße Mittelstandsstichproben aus dem mittleren und oberen Management beschreiben lassen. Wie im theoretischen Teil der Arbeit dargelegt, gewinnen die Themen Work-Life-Balance und Vereinbarkeit von Arbeit, Familie und Freizeit zunehmend aber auch an Bedeutung für Populationen, die bisher weder im Mittelpunkt der Forschung stehen noch bei der Umsetzung von Konzepten zur Verbesserung der Vereinbarkeit von Arbeit, Familie und Freizeit berücksichtigt werden. Beispielhaft seien hier angeführt: Mitarbeiter der untereren Hierarchieeben, Erwerbstätige mit Migrationshintergrund, Alleinerziehende oder Personen, die eine Erwerbstätigkeit neben einer anderen für sie relevanten Lebensaufgabe ausüben.

Vor dem Hintergrund der zahlreichen geschilderten gesellschaftlichen, organisationalen und familialen Transformationsprozesse gilt es deshalb, in den nächsten Jahren die Aufmerksamkeit verstärkt auf bisher vernachlässigte Zielgruppen zu lenken. So weist auch Ulich (2005) auf die Belastung und Gefährdung anderer Zielgruppen hin und nennt in diesem Zusammenhang (Montage-)Facharbeiter in der Automobil- und ihrer assoziierten Zulieferindustrie (s. a. Kalveram, Trimpop & Kracke, 2004). Zukünftige Forschung sollte ein stärkeres Augenmerk auf bisher vernachlässigte Gruppen legen, denn es kann nicht davon ausgegangen werden, dass sich theoretische Konzepte zur Beschreibung des Work-Life-Balance-Erlebens 1:1 auf Gruppen mit anderen Rahmenbedingungen oder kulturellem Hintergrund übertragen lassen. Entsprechend kann auch nicht davon ausgegangen werden, dass Lösungsansätze zur Verbesserung des Work-Life-Balance-Erlebens die gleiche Wirksamkeit wie in anderen Zielgruppen entfalten.

Erfolgreiche Lösungen zur Verbesserung der Work-Life-Balance erfordern immer komplexe Interventionsansätze, die sowohl die individuellen, familialen, betrieblichen und gesellschaftlichen Rahmenbedingungen der Betroffenen berücksichtigen. Dies bedeutet aber auch, dass es nie die beste Lösung gibt. Es existieren immer mehrere alternative Lösungsansätze, die gleichberechtigt nebeneinander bestehen und je nach Schwerpunkt und Perspektive der Betroffenen verschiedene Vor- und Nachteile beinhalten. Diese Überlegung widerspricht den häufig gut gemeinten, aber wenig effizienten monokausalen Erklärungsansätzen sowie den darauf aufbauenden Interventionen.

Eine Berücksichtigung und Integration der unterschiedlichen Analyse- und Interventionsebenen erscheint unerlässlich, wenn Lösungen entwickelt werden sollen, die die Interessen und Wünschen aller beteiligten Stakeholder bei der Optimierung der Vereinbarkeit von Arbeit, Familie und Freizeit berücksichtigen. Aufgrund der starken Vernetzung der unterschiedlichen Mikro- und Makrosysteme ist es deshalb notwendig, Lösungen zu entwickeln, die einerseits dem Individuum bei seiner Lebensgestaltung erweiterte Wahl- und Handlungsmöglichkeiten eröffnen und andererseits auch die Bedürfnisse weiterer Systemmitglieder wie Familienangehörige, dem Betrieb und seinen Mitarbeitern oder auch der Kommune mitsamt ihrer Einwohner berücksichtigen. Dabei gilt es auch die Frage der Nachhaltigkeit von Lösungen zu thematisieren.

Aus gesellschaftspolitischer Perspektive ist es nach Ansicht von Lewis, Rapoport & Gambles (2006) zur Verbesserung von Vereinbarkeit von Arbeit, Familie und Freizeit fundamental notwendig, die Frage zu stellen, was eine gute Gesellschaft bzw. ein gutes Leben überhaupt ausmacht bzw. ausmachen sollte. Der Diskurs um die Work-Life-Balance von Erwerbstätigen ist somit eng mit der Frage nach individuellen, aber auch gesellschaftlichen Werten, die angestrebt und als zielführend betrachtet werden, verknüpft. Damit verbunden sind zwangsläufig auch Fragen hinsichtlich der Nachhaltigkeit von Lösungsansätzen zur Verbesserung der Work-Life-Balance. Nachhaltige Lösungsansätze sind nicht immer zwangsläufig Ziel der Akteure, die die strukturellen Rahmenbedingungen der Erwerbstätigkeit und des Familien- und Privatlebens prägen. So sind die Ziele von Unternehmensleitungen häufig den produktivitätsorientierten und kurzfristigen Shareholderinteressen untergeordnet. Auch die Ziele von politischen Funktionsträgern orientieren sich oft mehr an dem Wunsch der Wiederwahl als an der Qualität der Lösungen. Ob also adäquate Lösungsansätze ausgewählt und angestrebt werden, die außerdem den Bedürfnissen der Betroffenen am nächsten kommen, hängt somit nicht unbedingt davon ab, ob die präferierten Lösungen auch geeignet, effizient und nachhaltig sind, sondern von den Machterverhältnissen, denen die Entscheider unterworfen sind (oder glauben zu sein).

Damit zukünftige, die Vereinbarkeit von Arbeit, Familie und Freizeit betreffenden Entscheidungen nicht allein aufgrund bestehender Machtverhältnisse oder vorwiegend interessensgeleiteter Diskurse gefällt werden, sollte bei Entwicklung und Umsetzung von Lösungsansätzen verstärkt auf empirische Daten zurückgegriffen werden. Sozialwissenschaftliche Methoden zur Diagnostik und Evaluation des Work-Life-Balance-Erlebens können hierbei einen entscheidenden Beitrag zur Versachlichung der Diskussion und zur Auswahl adäquater Lösungen leisten. Mit dem Work-Life-Balance-Index liegt ein Instrument vor, das dazu beitragen kann, indem das subjektive Work-Life-Balance-Erleben bei der Vereinbarkeit von Arbeit, Familie und Freizeit von Individuen beschrieben und bewertet wird. Nach Resch & Bamberg (2005, 173) kann *„eine neue arbeitspsychologische Perspektive [...] darin gesehen werden, nicht ausschließlich den Zustand einer Balance, sondern vermehrt den Prozess des Balancierens, die Gestaltung und Schaffung von Balancen zu untersuchen"*. Dieses Zitat umreißt abstrakt den potenziellen Einsatzbereich des WoLiBaX, mit dem sowohl querschnittlich differenziert einzelne Zustände des Balancierens in Form von verschiedenen Erlebenszuständen beschrieben werden können, der aber auch im Längsschnitt dazu genutzt werden kann, den Prozess des Balancierens zu untersuchen.

13. Zusammenfassung

Für die letzten Jahrzehnte können verschiedene gesellschaftliche, organisationale, familiale und individuelle Wandelprozesse konstatiert werden, die dazu geführt haben, dass die Vereinbarkeit von Arbeit, Familie und Freizeit sowohl stärker in den Fokus der gesellschaftspolitischen Diskussion als auch der Forschung gelangte. Der Wandel der Arbeitsgesellschaft und die damit zusammenhängenden Transformationsprozesse manifestieren sich in zahlreichen Entwicklungstrends wie dem Strukturwandel und der Globalisierung, dem demografischen Wandel, dem Wandel der Normalarbeitsverhältnisse, der Herausbildung neuer Organisationsformen, in diversen Ansätzen zur organisationalen Flexibilisierung (z. B. der Arbeitszeiten), aber auch in der Ausdifferenzierung partnerschaftlicher und familialer Lebensformen oder im Wandel des geschlechtsspezifischen Rollenverständnisses. Übergreifende Merkmale der Wandelprozesse sind eine zunehmende Instabilität von organisationalen und familialen Systemen sowie starke Flexibilisierungstendenzen in Organisationen und Institutionen. Damit verbunden ist eine erhöhte Permeabilität zwischen den Lebensbereichen sowie eine wachsende Zahl diskontinuierlicher (Erwerbs-)Biografien. Sich wandelnde Arbeits- und Lebensbedingungen führen in der Folge auch zu einer qualitativen Veränderung des Work-Life-Balance-Erlebens zwischen den Lebensbereichen Arbeit auf der einen sowie Familie und Freizeit auf der anderen Seite.

Mit den skizzierten Veränderungsprozessen geht ein Wandel des Vereinbarkeitserlebens von Erwerbstätigen einher, denn die Wandlungs- und Veränderungsprozesse manifestieren sich nicht allein in den *„äußeren"* strukturellen Rahmenbedingungen, unter den Individuen tätig werden, sondern sie finden ihren Niederschlag auch im *„inneren"* Erleben und den Wahrnehmungen von Individuen. Es ist daher davon auszugehen, dass sich mit der Veränderung des Interfaces zwischen den Domänen Erwerbstätigkeit und Privatleben auch die Wahrnehmung und das Erleben der Betroffenen an dieser Schnittstelle ändert. Bisher steht hierzu jedoch kein ganzheitliches und umfassendes, validiertes und standardisiertes Instrument zur Verfügung. Dies gilt insbesondere, wenn bei der Erfassung des Work-Life-Balance-Erlebens unter den sich wandelnden Rahmenbedingungen und der damit verbundenen individuellen Spillover-Prozesse zwischen den Lebensbereichen sowohl das Konflikterleben von Erwerbstätigen als auch positive Interaktionen zwischen den Lebensbereichen (Benefiterleben) abgebildet werden sollen. Übergeordnetes Ziel dieser Arbeit ist deshalb die Entwicklung eines solchen Verfahrens. Dabei werden unter Work-Life-Balance-Erleben individuelle Erlebens- und Verhaltenszustände an der Schnittstelle zwischen den Lebensbereichen Erwerbsarbeit, Familie und Freizeit unter Berücksichtigung der Biografie von Individuen verstanden. Das Work-Life-Balance-Erleben steht ferner strukturell in engem Zusammenhang mit den individuellen, familialen, organisationalen sowie gesellschaftlichen bzw. kommunalen Lebensbedingungen, die das Vereinbarkeitserleben der betroffenen Menschen beeinflussen.

Die Arbeit dokumentiert die Entwicklung, Anwendung und Validierung des Work-Life-Balance-Index (WoLiBaX), einem Verfahren zu Erfassung der Interaktionsprozesse zwischen den Lebensbereichen Arbeit, Familie und Freizeit. Es werden verschiedene Anforderungskriterien aufgestellt, die das Instrument erfüllen soll: z. B. die Richtung der Interaktionen zwischen den Lebensbereichen berücksichtigen, sowohl negative als auch positive Spillover-Prozesse erfassen, zeit-, beanspruchungs- und verhaltensbedingte Aspekte von Interaktionsprozessen abbilden. Das Instrument soll ferner branchen- und tätigkeitsübergreifend sowie bei Erwerbstätigen mit und ohne Lebenspartner bzw. mit und ohne Kind einsetzbar sein. Darüber hinaus soll das Verfahren nicht nur Interaktionsprozesse an der Schnittstelle zwischen Arbeit und Familie erfassen, sondern in einem ganzheitlichen Verständnis auch Aspekte des privaten Lebensbereichs berücksichtigen, die nicht dem Lebensbereich Familie sondern der Freizeit zugerechnet werden können.

Die Instrumentenentwicklung erfolgt in einem mehrstufigen Prozess. Dabei wird zunächst, aufbauend auf den theoretischen Annahmen der Work-Life-Balance-Forschung und unter Bezugnahme auf bereits erprobte Instrumente aus dem angloamerikanischen Sprachraum, deduktiv ein initialer Itempool erstellt. Die darin enthaltenen Items werden nachfolgend in einem Expertenrating einer Contentanalyse hinsichtlich ihrer inhaltlichen Passung unterzogen. Die in der Contentanalyse ermittelten Items und die angenommene Faktorenstruktur des WoLiBaX wird schließlich in drei querschnittlichen Studien in verschiedenen Stichproben überprüft: Doppelverdiener-Paare mit Kindern unter 16 Jahren (N=100), Eltern mit Kindern unter 6 Jahren (N=199) sowie wissenschaftliche Mitarbeiterinnen und Mitarbeiter einer Hochschule (N=131). Die explorativen Faktorenanalysen legen studienübergreifend eine vierfaktorielle Makro-Struktur des WoLiBaX nahe, die am besten das Work-Life-Balance-Erleben der befragten Erwerbstätigen repräsentiert.

Da die in den drei Studien verwendeten Item-Sets des WoLiBaX nicht vollständig deckungsgleich sind, werden in einer nachfolgenden Synopse in einem heuristischen Verfahren die studienübergreifenden gemeinsamen Elemente der extrahierten Faktoren zusammengefasst. Dabei zeigt sich, dass sich die Interaktionen zwischen den Lebensbereichen (Erwerbs-)Arbeit, Familie und Freizeit am besten durch die folgenden vier Faktoren, als Repräsentanten des Work-Life-Balance-Erlebens, zusammengefasst beschrieben werden können:

1. (zeit- und beanspruchungsbedingte) Arbeit⇨Nicht-Arbeit-Konflikte
2. (zeit- und beanspruchungsbedingte) Nicht-Arbeit⇨Arbeit-Konflikte
3. bidirektionales Benefiterleben
4. bidirektionales, verhaltensbedingtes Segmentationserleben

Im Anschluss wird ein optimiertes Instrument mit je acht Items für die vier identifizierten Skalen erstellt und an einer heterogenen, tätigkeits- und branchenübergreifenden Stichprobe überprüft (N=1099). Hierbei kann a) die faktorielle Struktur sowohl in einer explorativen Faktorenanalyse repliziert als auch b) nach einer erneuten Optimierung (Itemselektion) in einer konfirmatorischen Strukturgleichungsanalyse und c) in einer Kreuzvalidierung bestätigt werden. Die mehrfache Identifikation und Bestätigung der vier Faktoren in unterschiedlichen Stichproben deutet auf eine hohe Stabilität der Konstruktstruktur des Modells hin.

Die für die interne Konsistenz der Skalen bestimmten Reliabilitätswerte Cronbachs-α belaufen sich auf Werte zwischen 0.74 und 0.88 und können als zufriedenstellend bis gut bewertet werden. Auch im Längsschnitt (4 Wochen), unter der Voraussetzung stabiler Rahmenbedingungen, erweisen sich die vier Skalen bei der Bestimmung der Retest-Reliabilität-Koeffizienten mit Werten zwischen 0.71 und 0.84 als sehr zuverlässig. Insgesamt kann somit festgehalten werden, dass es gelungen ist, einen Fragebogen zu konstruieren, mit dem das Work-Life-Balance-Erleben differenziert und mit akzeptabler psychometrischer Qualität erfasst wird.

Vergleicht man studienübergreifend die Ausprägungen der Mittelwerte der Skalen, dann zeigt sich, dass in allen vier Untersuchungen Arbeit⇨Nicht-Arbeit-Konflikte deutlich stärker ausgeprägt sind als Nicht-Arbeit⇨Arbeit-Konflikte. Dies kann dahingehend gedeutet werden, dass berufliche Belastungen und die damit verbundenen Beanspruchungen größer als die außerberuflichen sind. Die unterschiedlichen Stärken der Skalen können ferner auch auf eine asymmetrische Permeabilität der Grenze zwischen Lebensbereichen Arbeit und Familie/Freizeit hinweisen und zwar dergestalt, dass die Grenze zwischen den Domänen aus der Arbeit in Richtung Privatleben durchlässiger ist als in der entgegengesetzten Richtung.

In hierarchischen Regressionsanalysen wird in den Studie 1-3 zusätzlich untersucht, ob das mit den Skalen des WoLiBaX erfasste Konflikt- und Benefiterleben mit aus der Forschung bekannten Variablen in Zusammenhang steht, die gemeinhin als Antezedenzen oder Konsequenzen des Work-Life-Balance-Erleben klassifiziert werden. Hierbei wird auf der Analyseebene der organisationalen Prädiktoren eine hohe Arbeitszeitflexibilität i.S. einer hohen Arbeitszeitautonomie, d.h. der Möglichkeit, in starkem Maße auf die eigene Arbeitszeit Einfluss nehmen zu können, als potenzieller protektiver Faktor identifiziert. Eine ausgeprägte Arbeitszeitflexibilität steht in engem Zusammenhang mit einem geringeren Arbeit-Familie-Konflikterleben und einem stärkeren Benefiterleben. Detailanalysen deuten ferner darauf hin, dass Männer von einer höheren Arbeitszeitautonomie in stärkerem Umfang *„profitieren"*. Ein weiterer statistisch bedeutsamer Faktor, der sich bei den Analysen als relevant erweist, ist eine familienfreundliche bzw. vereinbarkeitsorientierte Organisationskultur. Erwerbstätige, die die Organisation, für die sie tätig sind, als vereinbarkeitsorientiert bzw. familienfreundlich bewerten, erleben deutlich geringere Arbeit⇨Nicht-Arbeit-Konflikte und ein höheres Benefiterleben. Als organisationaler Risikofaktor erweist sich hingegen eine hohe Arbeitsbelastung. Mitarbeiter mit einer hohen Arbeitsbelastung erleben stärkere Arbeit⇨Nicht-Arbeit-Konflikte, Nicht-Arbeit⇨Arbeit-Konflikte und ein verringertes Benefiterleben.

Die Analyse der Bedeutung familialer Variablen für das Work-Life-Balance-Erleben fokussiert in dieser Arbeit vor allem auf Probleme bei der Kinderbetreuungssituation von Eltern mit Kindern unter sechs Jahren sowie in einer weiteren Analyse auf das Familieneinkommen. Hinsichtlich der Kinderbetreuungssituation zeigt sich, dass Eltern mit häufigen Problemen bei der Kinderbetreuung stärkere Konflikte bei der Vereinbarkeit der Lebensbereiche erleben. Hierbei finden sich geschlechtsspezifische Interaktionen. Zusammengefasst kann konstatiert werden, dass Männer bei häufigen oder sehr häufigen Problemen mit der Kinderbetreuung stärkere Konflikte erfahren (sowohl für Arbeit⇨Nicht-Arbeit-Konflikte als auch für Nicht-Arbeit⇨Arbeit-Konflikte). Für Frauen wird dagegen vor allem bei gelegentlichen oder selten auftretenden Betreuungsproblemen ein erhöhtes Konflikterleben diagnostiziert. Die Annahme, dass ein erhöhtes Familieneinkommen eine Ressource darstellt, mittels derer eine bessere Vereinbarkeitsleistung erzielt werden kann, findet im Faktor Benefiterleben Bestätigung.

Individuelle Faktoren wie Persönlichkeitsmerkmale und Handlungsstrategien spielen als Prädiktoren des Work-Life-Balance-Erlebens eine eher nachrangige Rolle. So sind die Zusammenhänge individueller Variablen mit den Skalen des WoLiBaX eher gering ausgeprägt. Hier gilt es allenfalls, die Dispositionen Gewissenhaftigkeit und emotionale Stabilität hervorzuheben, die in negativem Zusammenhang mit Spillover-Prozessen zwischen den Lebensbereichen stehen – insbesondere solchen, die ihren Ursprung im Lebensbereich Familie und Freizeit haben.

Das Work-Life-Balance-Erleben steht auch in engem Zusammenhang mit Maßen des psychophysischen Wohlbefindens. Hier kann ein studienübergreifender negativer korrelativer Zusammenhang zwischen Arbeit⇨Nicht-Arbeit-Konflikten und Arbeitszufriedenheit sowie ein positiver Zusammenhang zwischen Arbeitszufriedenheit und Benefiterleben berichtet werden. Vergleichbare Resultate können auch für den Zusammenhang dieser beiden WoLiBaX-Skalen mit psychophysischen Beschwerden berichtet werden. Geringe Arbeit⇨Nicht-Arbeit-Konflikte als auch ein erhöhtes Benefiterleben gehen folglich einher mit einer größeren Arbeitszufriedenheit und geringeren psychophysischen Beschwerden.

In varianzanalytischen Auswertungen zeigen sich keine bedeutsamen geschlechtsspezifischen Unterschiede im Work-Life-Balance-Erleben zwischen Männern und Frauen. Die Resultate der Detailanalaysen der Regressionsanalysen deuten jedoch darauf hin, dass die Variable Geschlecht als Kovariate oder Moderator auch bei zukünftigen Analysen berücksichtigt werden sollte, da sie in vielen Fällen mit gesellschaftlichen, organisationalen oder familialen Bedingungen (z. B. familialen Lebensarrangements), unter denen Individuen erwerbstätig sind und ihre Vereinbarkeitsleistungen zu erbringen haben, konfundiert ist.

Die Ergebnisse der Arbeit weisen vor allem auch auf die zentrale Bedeutung organisationaler Variablen für das Work-Life-Balance-Erleben von Erwerbstätigen hin. Besondere Bedeutung kommt dabei der Gestaltung einer vereinbarkeitsorientierten Organisationskultur zu. Verschiedene Ergebnisse der Arbeit legen außerdem nahe, dass organisationale Angebote und Maßnahmen zur Verbesserung der Work-Life-Balance sich immer individuell an der konkreten Lebenssituation und den Bedürfnissen der Betroffen orientieren sollten. So deuten die geschlechtsspezifischen Effekte in den Analysen dieser Arbeit darauf hin, dass die Zusammenhänge zwischen organisationalen, familialen und individuellen (Rahmen-)Bedingungen und dem Work-Life-Balance-Erleben jeweils von spezifischen individuellen (Lebens-)Situationen geprägt und folglich auch bei der Entwicklung von Interventionen zu berücksichtigen sind.

Auch die Resultate einer Clusteranalyse sprechen für ein derartiges Vorgehen, denn es lassen sich drei unterschiedliche Work-Life-Balance-Typen identifizieren: Eine Gruppe von Erwerbstätigen, denen es sehr gut gelingt, die Lebensbereiche miteinander zu vereinbaren (geringe Konflikte und hohes Benefiterleben), eine Gruppe mit einer *„schlechten"* Work-Life-Balance, die durch ein stark ausgeprägtes Konflikterleben und ein geringes Benefiterleben gekennzeichnet ist sowie eine Gruppe mit mittlerem Belastungsniveau hinsichtlich der erlebten Interaktionsprozesse. Für die Gestaltung organisationaler Maßnahmen zur Verbesserung der Vereinbarkeit von Arbeit, Familie und Freizeit bedeutet dies, dass entsprechende Angebote nicht undifferenziert für alle Mitarbeiterinnen und Mitarbeiter angeboten werden sollten, sondern diese vielmehr gezielt auf einzelne Zielgruppe mit spezifischen Bedürfnissen und Belastungssituationen zurechtgeschnitten werden müssen.

Mit dem WoLiBaX liegt ein Instrument vor, welches vor der Entwicklung entsprechender organisationaler Interventionsangebote zur Diagnose genutzt werden kann, um das Work-Life-Balance-Erleben der Mitarbeiterinnen und Mitarbeiter differenziert zu erfassen und zu bewerten. Ferner kann es auch dazu verwendet werden, nach der Durchführung von Interventionen als Erfolgsmaß die Wirkungen auf das individuelle Erleben zu evaluieren.

14. Literatur

Abele, A. E. (2005). Ziele, Selbstkonzept, und Work-Life-Balance bei der längerfristigen Lebensgestaltung: Befunde der Erlanger Längsschnittstudie BELA-E mit Akademikerinnen und Akademikern. *Zeitschrift für Arbeits- und Organisationspsychologie, 49* (4), 176–186.

Abraham, J. D. & Hansson, R. G. (1995). Successful aging at work: An applied study of selection, optimization and compensation through impression management. *Journal of Gerontology, 50,* 94–103.

Adams, G. A. & Jex, S. M. (1999). Relationships between time management, control, work–family conflict, and strain. *Journal of Occupational Health Psychology, 4,* 72–77.

Adams, G. A., King, L. A. & King, D. W. (1996). Relationships of job and family involvement, family social support, and work-family conflict with job and life satisfaction. *Journal of Applied Psychology, 81,* 411–420.

Akaike, H. (1987). Factor analysis and AIC. *Psychometrika, 52* (3), 317–332.

Allen, K. A., Fine, M. A. & Demo, D. R. (2000). An overview of family diversity: Issues, controversial questions, and future prospects. In D. H. Demo, K. A. Allen & M. A. Fine (Hrsg.), *Handbook of family diversity* (S. 1–14). New York: Oxford University Press.

Allen, T. D. (2001). Family-supportive work environments: The role of organizational perceptions. *Journal of Vocational Behavior, 58,* 414–435.

Allen, T. D., Herst, D. E. L., Bruck, C. S. & Sutton, M. (2000). Consequences Associated With Work-to-Family Conflict: A Review and Agenda for Future Research. *Journal of Occupational Health Psychology, 5,* 278–308.

Allen, T. D. & Russell, J. E. A. (1999). Parental leave of absence: Some not so family friendly implications. *Journal of Applied Social Psychology, 29,* 166–191.

Allport, G. W. & Odbert, H. S. (1936). Traitnames: A psycho-lexical study. *Psychological Monographs, 47* (211).

Allport, G. W. (1949). *Persönlichkeit.* Stuttgart: Klett.

Amelang, M. & Bartussek, D. (2001). *Differentielle Psychologie und Persönlichkeitsforschung* (5. aktual. & erw. Aufl.). Stuttgart: Kohlhammer.

Anderson, S. E., Coffey, B. S. & Byerly, R. T. (2002). Formal organizational initiatives and informal work practices: Links to work-family conflict and job-related outcomes. *Journal of Management, 28* (6), 787–810.

Andreassi, J. (2007). *The role of personality and coping in work-family conflict: New directions* (Dissertation Abstracts International Section A: Humanities and Social Sciences, 67(8-A) No. 3053).

Andrews, A. & Bailyn, L. (1993). Segmentation and Synergy: Two Models of Linking Work and Family. In J. Hood (Hrsg.), *Men, Work and Family* (S. 262–275). Newbury Park: Sage.

Anger, S. (2006). Zur Vergütung von Überstunden in Deutschland: Unbezahlte Mehrarbeit auf dem Vormarsch. *DIW-Wochenbericht* (15-16), 189–196.

Angleitner, A. & Ostendorf, F. (2004). *NEO-PI-R – NEO-Persönlichkeitsinventar nach Costa und McCrae* (Manual). Göttingen.

Annen, L. & Keller, A. (o. J.). *Unbezahlte Arbeit zahlt sich aus: Sozialzeit-Ausweis als Mittel zur Anerkennung unbezahlter Arbeit.* Verfügbar unter http://socio.ch/arbeit/t_annenkeller.htm#2.1 [06.12.2007].

Antonovsky, A. (1987). *Unraveling the mystery of health: How people manage stress and stay well.* San Francisco: Jossey-Bass.

Antonovsky, A. (1989). Die salutogenetische Perspektive: Zu einer neuen Sicht von Gesundheit und Krankheit. *Meducs, 2,* 51–57.

Arbuckle, J. L. (2003). *AMOS 5.0 update to the AMOS user's guide.* Chicago, IL: SmallWaters Corp.

Arendt, H. (1989). *Vita acitva oder vom tätigen Leben.* München: Pieper.

Argyris, C. (1964). *Integrating the Individual and the Organization.* New York: Wiley.

Arnold, J. & Adolph, L. (2005). Ein pragmatischer Ansatz zur Verbesserung der Work-Life-Balance. *Sicherheitsingenieur* (6), 20–25.

Aronson, E., Wilson, T. D. & Akert, R. M. (2006). *Sozialpsychologie* (4. Aufl.). München: Pearson Studium.

Aryee, S. (1993). Dual-earner couples in Singapore: An examination of work and non-work sources of their experienced burnout. *Human Relations, 46,* 1441–1468.

Aryee, S., Fields, D. & Luk, V. (1999). A cross-cultural test of a model of the work-family interface. *Journal of Management, 25,* 491–511.

Aryee, S. & Luk, V. (1996). Balancing two major parts of adult life experience: Work and family identity among dual-carncr couples. *IIuman Relations, 49* (9), 465–487.

Aryee, S., Srinivas, E. S. & Tan, H. H. (2005). Rhythms of Life: Antecedents and outcomes of Work-Family Balance in employed parents. *Journal of Applied Psychology, 90* (1), 132–146.

Asanger, R. & Wenninger, G. (1980). *Handwörterbuch der Psychologie.* Weinheim: Beltz.

Asendorpf, J. B. (1996). *Psychologie der Persönlichkeit: Grundlagen.* Berlin: Springer Verlag.

Ashforth, B. E., Kreiner, G. E. & Fugate, M. (2000). All in a day's work: Boundaries and micro role transitions. *Academy of Management Review, 25,* 472–491.

Athenstaedt, U. (2000). Normative Geschlechtsrollenorientierung: Entwicklung und Validierung eines Fragebogens. *Zeitschrift für Differentielle und Diagnostische Psychologie, 21* (1), 91–104.

Auer, M. (2004). *Schöne neue Arbeitswelt: Vereinbarkeit von Erwerbsarbeit und Familienleben für Frauen und Männer.* Vortrag im Rahmen einer Veranstaltung der Gleichbehandlungsbeauftragten der Allgemeinen Verwaltung und TILAK zum Internationalen Frauentag. Vill bei Innsbruck. 05. März 2004

Auferkorte-Michaelis, N. Metz-Göckel, S. Wergen J. Klein, A., (2006). Junge Elternschaft und Wissenschaftskarriere. Wie kinderfreundlich sind Wissenschaft und Universitäten? Kaum Nachwuchs beim ‚wissenschaftlichen Nachwuchs' an den Universitäten in NRW. Dortmund Hochschuldidaktisches Zentrum. Verfügbar unter http://zeus.zeit.de/online/2006/15/studie_dortmund.pdf [11.12.2007].

Bacharach, S., Bamberger, P. & Conley, S. (1991). Work-home conflict among nurses and engineers: Mediating the impact of role stress on burnout and satisfaction at work. *Journal of Organizational Behavior, 12,* 39–53.

Bäcker, G. (2003). Berufstätigkeit und Verpflichtungen in der familiären Pflege – Anforderungen an die Gestaltung der Arbeitswelt. In B. Badura, H. Schellschmidt & C. Vetter (Hrsg.), *Fehlzeiten Report 2003. Zahlen, Daten, Analysen aus allen Branchen der Wirtschaft. Wettbewerbsfaktor Work-Life-Balance.* Betriebliche Strategien zur Vereinbarkeit von Beruf, Familie und Privatleben (S. 131–1145). Berlin: Springer.

Backes-Gellner, U., Kranzusch, P. & Schröer, S. (2003). *Familienfreundlichkeit im Mittelstand: Betriebliche Strategien zur besseren Vereinbarkeit von Beruf und Familie* (IfM-Materialie No. 155). Bonn.

Backhaus, K., Erichson, B., Plinke, W. & Weiber, R. (2000). *Multivariate Analysemethoden: Eine anwendungsorientierte Einführung* (9. Aufl.). Berlin: Springer.

Badura, B. & Vetter, C. (2003). Work-Life-Balance – Herausforderung für die Betriebliche Gesundheitspolitik und den Staat. In B. Badura, H. Schellschmidt & C. Vetter (Hrsg.), *Fehlzeiten Report 2003. Zahlen, Daten, Analysen aus allen Branchen der Wirtschaft. Wettbewerbsfaktor Work-Life-Balance*. Betriebliche Strategien zur Vereinbarkeit von Beruf, Familie und Privatleben (S. 1–17). Berlin: Springer.

Baethge, M., Baethge-Kinsky, V. & Kupka, P. (1998). *Facharbeit - Auslaufmodell oder neue Perspektive?* Verfügbar unter http://www.sofi.uni-goettingen.de/fileadmin/SOFI-Mitteilungen/Nr._26/kupka-ua.pdf [04.01.2008].

Baethge, M., Baethge-Kinsky, V., Holm, R. & Tullius, K. (2004). *Anforderungen und Probleme beruflicher und betrieblicher Weiterbildung: Vortrag auf dem Workshop der Hans-Böckler-Stiftung*. Verfügbar unter http://www.sofi-goettingen.de/frames/Texte/berufliche%20Weiterbildung.pdf [06.05.2004].

Baillod, J. (1986). *Arbeitszeit: Humanisierung der Arbeit durch Arbeitszeitgestaltung*. Stuttgart: Poeschel.

Baillod, J. (1993). Arbeitszeitgestaltung – Chance zur Verbesserung der Arbeitswelt. In J. Baillod, T. Holenwegger, K. Ley & P. Saxenhofer (Hrsg.), *Handbuch Arbeitszeit – Perspektiven, Probleme, Praxisbeispiele* (S. 71–78). Zürich: Verlag der Fachvereine.

Baillod, J. (1997). Bewertung flexibler Arbeitszeitsysteme. In J. Baillod, F. Davatz, C. Luchsinger, M. Stamatiadis &. E. Ulich (Hrsg.), *Schriftenreihe Mensch, Technik, Organisation: Band 17. Zeitenwende Arbeitszeit*. Zürich: vdf: Hochschulverlag.

Baillod, J., Davatz, F., Luchsinger, C., Stamatiadis, M. & Ulich, E. (Hrsg.) (1997). *Zeitenwende Arbeitszeit: Wie Unternehmen die Arbeitszeit flexibilisieren*. Schriftreihe Mensch Technik Organisation, MTO-Band 17. Zürich: vdf Hochschulverlag.

Baillod, J. & Sommer, R. (1994). Nutzung von Zeitspielräumen durch gleitende Arbeitszeit. *Personal, 9*, 442–445.

Bailyn, L., Drago, R. & Kochan, T. A. (2001). *Integrating Work and Family Life: A holistic approach*. A Report of the SloanWork-Family Policy Network. MIT, Sloan School of Management. Verfügbar unter http://lsir.la.psu.edu/workfam/WorkFamily.pdf [08.01.2008].

Bailyn, L. & Schein, E. (1976). Life/career considerations as indicators of quality of employment. In A. D. Bidermann & T. F. Drury (Hrsg.), *Measuring Work Quality for Social Reporting*. Beverly Hills: Sage.

Bakker, A. B., Demerouti, E. & Schaufeli, W. B. (2005). The crossover of burnout and work engagement among working couples. *Human Relations, 58* (5), 661–689.

Bakker, A. B. & Geurts, S. A. E. (2004). Toward a Dual-Process Model of Work-Home Interference. *Work and Occupations, 31*, 345–366.

Balmforth, K. & Gardner, D. (2006). Conflict and facilitation between work and family: Realizing the outcomes for organizations. *New Zealand Journal of Psychology, 35* (2), 69–76.

Baltes, B. B. & Dickson, M. W. (2001). Using Life-Span Models in Industrial- Organizational Psychology: The Theory of Selective Optimization with Compensation. *Applied Development Science, 5*, 51–62.

Baltes, B. B. & Heydens-Gahir, H. A. (2003). Reduction of work-family conflict through the use of selection, optimization, and compensation behaviors. *Journal of Applied Psychology, 88* (6), 1005–1018.

Baltes, P. B. (1997). On the incomplete architecture of human ontogeny: Selection, optimization and compensation as foundation of developmental theory. *American Psychologist, 52*, 366–380.

Baltes, P. B. & Baltes, M. M. (1990). Psychological Perspectives on successful aging: The model of selective optimization with compensation. In P. Baltes & M. Baltes (Hrsg.), *Successful aging: Perspectives from behavioral sciences* (S. 1–34). New York: Cambridge University Press.

Baltes, P.B., Baltes, M. M., Freund, A. & & Lang, F. (1999). *The measurement of selection, optimization, and compensation (SOC) by self report: Technical Report 1999.* Berlin: Max-Planck-Institut für Bildungsforschung.

Baltes, P. B. & Brim Jr., O. G. (1980). *Life span development and behavior:* New York Academic Press.

Bamberg, E. (1986). *Arbeit und Freizeit: Eine empirische Untersuchung zum Zusammenhang zwischen Stress am Arbeitsplatz, Freizeit und Familie.* Weinheim: Beltz Verlag.

Bamberg, E. (1997). Freizeit und Familie. In S. Greif, H. Holling & N. Nicholson (Hrsg.), *Arbeits- und Organisationspsychologie. Internationales Handbuch in Schlüsselbegriffen* (S. 231–234). Weinheim: Beltz/ Psychologie Verlags Union.

Barling, J. & MacEwen, K. E. (1992). Linking work experiences with facets of marital functioning. *Journal of Organizational Behavior, 13*, 573-584.

Barling, J., Kelloway, E. K. & Frone, M. (2004). *The handbook of workplace stress.* CA: Sage.

Barling, J. & Sorensen, D. (1997). Work and family: In search of a relevant research agenda. In C. L. Cooper & S. E. Jackson (Hrsg.), *Creating tomorrow's organizations. A handbook for future research in organizational behavior* (S. 157–169). New York: Wiley.

Barnett, R. C. (1994). Home-to-work spillover revisited: A study of full-time employed women in dual-earner couples. *Journal of Marriage and the Family, 56,* 647–657.

Barnett, R. C. (2002). *Role Stress/Strain and Work-Family: A Sloan Work and Family Encyclopedia Entry.* Verfügbar unter http://wfnetwork.bc.edu/encyclopedia_entry.php?id=255&area=academics [18.01.2008].

Barnett, R. C. & Gareis, K. C. (2006a). Antecedents and correlates of parental after-school stress: Exploring a newly identified work-family stressor. American Behavioral Scientist, 49, 1382-1399.

Barnett, R.C. & Gareis, K.C. (2006b), Parental after-school stress and psychological well-being. Journal of Marriage and Family, 2006. 68: p. 101-108.

Barnett, R. C. & Hall, D. T. (2001). How to use reduced hours to win the war for talent. *Organizational Dynamics, 29,* 192–210.

Barnett, R. C. & Hyde, J. (2001). Women, men work and family: An expansionist theory. *American Psychologist, 56,* 781–795.

Barnett, R. C. & Marshall, N. L. (1992). Men's job and partner roles: Spillover effects and psychological distress. *Sex Roles, 27,* 455–472.

Barnett, R. C., Raudenbush, S. W., Brennan, R. T., Pleck, J. H. & Marshall, N. L. (1995). Changes in job and marital experience and change in psychological distress: A longitudinal study of dual-earner couples. *Journal of Personality and Social Psychology, 69,* 839–850.

Baron, R. A., Byrne, D. & Branscombe, N. R. (2006). *Social psychology: International edition* (11. Aufl.). Boston, MA: Pearson Education.

Barrick, M. R. & Mount, M. K. (1991). The big five personality dimensions and job performance: A meta-analysis. *Personnel Psychology, 44,* 1–26.

Barrick M. R., Mount, M. K. & Judge, T. A. (2001). Personality and performance at the beginning of the new millennium: What do we know and where do we go next? *International Journal of Selection & Assessment, 9,* 9–30.

Baruch, G. K. & Barnett, R. C. (1987). Role quality, multiple role involvement, and psychological well-being in midlife women. *Journal of Personality and Social Psychology, 51,* 578–585.

Batt, R. V. M. (2002). Human Resource Practices as Predictors of Work/Family Outcomes and Employee Turnover. *Industrial Relations, 42,* 189–220.

Batt, R. & Valcour, M. (2002). Human Resource Practices as Predictors of Work/Family Outcomes and Employee Turnover. *Industrial Relations, 42,* 189–220.

Bauer, F., Groß, H., Lehmann, K. & Munz, E. (2004). *Arbeitszeit 2003: Arbeitszeitgestaltung, Arbeitsorganisation und Tätigkeitsprofile.* Verfügbar unter http://www.arbeitszeiten.nrw.de/pdf/Arbeitszeit_2003.PDF [08.01.2008].

BDI Bundesverband der deutschen Industrie e.V. *BGI- Mittelstandspanel 2006: Ergebnisse der Online-Mittelstandsbefragung. Herbst 2006 – Langfassung. Berlin.* Verfügbar unter http://www.bdi-panel.emnid.de/pdf/BDI-Langfassung-Herbst-2006.pdf [06.12.2007].

Becerra, R. L., Gooden, S. T., Kim, D. W., Henderson T. L. & Whitfield, C. L. (2002). Child Care Needs and Work-Life-Implications: Examining Differences Across Income Levels. *Review of Public Personnel Administration, 22* (4), 295–319.

Beck, U. (1997). *Was ist Globalisierung? Irrtümer des Globalismus – Antworten auf Globalisierung.* Frankfurt a.M.: Suhrkamp.

Beck, U. (1999). *Schöne neue Arbeitswelt: Vision: Weltbürgerschaft:* Frankfurt.

Beck, U. (2000). *Die Zukunft von Arbeit und Demokratie.* Frankfurt am Main: Suhrkamp.

Beckenbach, N. (1996a). *Geschichte der Arbeit: Kurseinheit 1: Die vorindustrielle Arbeitsverfassung.* Hagen: FernUniversität Hagen: Gesamthochschule Hagen.

Beckenbach, N. (1996b). *Geschichte der Arbeit: Kurseinheit 2: Die Arbeitsverfassung im industriellen Kapitalismus.* Hagen: FernUniversität Hagen: Gesamthochschule Hagen.

Becker, R. & Kortendiek, B. (2004). *Handbuch Frauen- und Geschlechterforschung: Theorie, Methoden, Empirie.* Wiesbaden: Verlag Sozialwissenschaften.

Becker, U. & Wiedemeyer, M. (2001). Zwischen Verunsicherung und Gestaltungsanspruch: Gewerkschaftliche Arbeitszeitpolitik am Scheideweg. *WSI-Mitteilungen* (10/2001), 595–601.

Becker, U. (2000). Zeitkonten – über die Unmöglichkeit Zeit zu sparen. In J. Engelmann & M. Wiedemeyer (Hrsg.). Kursbuch Arbeit. Stuttgart: Deutsche Verlags Anstalt DVA. 212-222.

Beckmann, P. (2002). *Zwischen Wunsch und Wirklichkeit – tatsächliche und gewünschte Arbeitszeitmodelle von Frauen mit Kindern liegen immer noch weit auseinander* (IABWerkstattbericht No. 12/2002). Nürnberg.

Beckmann, P. & Engelbrech, G. (2001). Die schwierige Balance: Frauen zwischen Beruf und Familie: Neue Zahlen zur Rückkehr von Frauen in ihren Beruf nach dem Erziehungsurlaub. *Personalführung* (6), 118–129.

Bedeian, A. G., Burke, B. G. & Moffett, R. G. (1988). Outcomes of work–family conflict among married male and female professionals. *Journal of Management, 14,* 475–491.

Behson, S. J. (2002a). Coping with family-to-work conflict. The role of informal work accomodations to family. *Journal of Occupational Health Psychology, 7* (4), 324-341.

Behson, S. J. (2002b). Which dominates? The relative importance of work-family organizational support and general organizational context on employee outcomes. Journal of Vocational Behavior, 61, 53-72.

Behson, S. J. (2005). The relative contribution of formal and informal organizational work family support. Journal of Vocational Behavior, 66 (3), 487-500.

Bell, D. (1975). *Die nachindustrielle Gesellschaft.* Frankfurt: Campus.

Bellavia, G. & Frone, R. (2004). Work family conflict. In J. Barling, E. K. Kelloway & M. Frone (Hrsg.), *The handbook of workplace stress.* CA: Sage.

Bender, S., Konietzka, D. & Sopp, P. (2002). Diskontinuität im Erwerbsverlauf und betrieblicher Kontext. *Kölner Zeitschrift für Soziologie und Sozialpsychologie, 52* (3), 475–499.

Bentler, P. M. (1990). Comparative fit indixes in structural models. *Psychological Bulletin, 107* (2), 238–246.

Berger, P. A. & Konietzka, D. (2001). *Die Erwerbsgesellschaft, Neue Ungleichheiten und Unsicherheiten.* Opladen: Leske + Budrich.

Berger, P.A. (1996). Individualisierung. Statusunsicherheit und Erfahrungsvielfalt. Opladen: Westdeutscher Verlag.

Berger, P. A. & Sopp, P. (1992). Bewegtere Zeiten? Zur Differenzierung von Erwerbsverlaufsmustern in Westdeutschland. *Zeitschrift für Soziologie, 21,* 166–185.

Bergmann, F. (1997). Die Neue Arbeit: Skizze mit Vorschlag. *Gewerkschaftliche Monatshefte, 97* (9-10), 524–534.

Bernas, K. H. & Major, D. A. (2000). Contributors to stress resistance: Testing a model of women's work-family conflict. *Psychology of Women Quarterly, 24,* 170–178.

Bernstein, A. (1990). *Die Patchwork-Familie: Wenn Väter oder Mütter in neuen Ehen weitere Kinder bekommen.* Zürich: Kreuz Verlag.

Bertram, H. (1995). *Das Individuum und seine Familie Lebensformen, Familienbeziehungen und Lebensereignisse im Erwachsenenalter: Familien-Survey des Deutschen Jugendinstituts.* 4. Opladen: Leske + Budrich.

Bertram, H. (1997a). Kulturelles Kapital und familiale Solidarität. Zur Krise der modernen Familie und deren Folgen für die Entwicklung von Solidarität in der gegenwärtigen Gesellschaft. In H. Bertram (Hrsg.), Familien Leben. Neue Wege zur flexiblen Gestaltung von Lebenszeit, Arbeitszeit und Familienzeit. Verlag der Bertelsmann Stiftung.

Bertram, H. (1997b). Die Familie: Solidarität oder Individualität. In L.A. Vaskovics (Hrsg.), *Familienleitbilder und Familienrealitäten.* (S. 370–381). Opladen: Leske + Budrich.

Bertram, H. (1997c). Familienwandel und Generationenbeziehungen. In: S. Ebert u.a. (Hrsg.): Kinderstandort Deutschland. München/Wien (Profil) 1997, S. 55 - 83.

BErzGG - Gesetz zum Erziehungsgeld und zur Elternzeit (2001). In der Fassung der Bekanntmachung vom 12. Dezember 2001 (BGB I, 2201, S. 3359).

Beutell, N. J. (2005). *Self-employment, work-family conflict, and work-family synergy: Some antecedents and consequences.* Unpublished manuscript.

Beutell, N. J. (2006). *Life Satisfaction. Work and Family Encyclopedia Entry.* Verfügbar unter http://wfnetwork.bc.edu/encyclopedia_entry.php?id=3283&area=All [17.11.2007].

Beyer, H.; Fehr, U. & Nutzinger, H. G. (1994). *Vorteil Unternehmenskultur.* Partnerschaftlich handeln – den Erfolg mitbestimmen, Gütersloh: Verlag Bertelsmann Stiftung.

Beynon, H. Grimshaw, D., Rubery, J. & Ward, K. (2002). Managing Employment Change. The New Realities of Work. Oxford

Bianchi, S. M., Casper, L. M. & Berkowitz King, R. (2005). *Work, Family, Health and Well-Being.* Mahwah, NJ: Lawrence Erlbaum Pub.

Bidermann, A. D. & Drury, T. F. (1976). *Measuring Work Quality for Social Reporting.* Beverly Hills: Sage.

Bielenski, H., Bosch, G. & Wagner, A. (2001). *Beschäftigung und Arbeitszeit in Europa.* Dublin: Europäische Stiftung zur Verbesserung der Lebens- und Arbeitsbedingungen. Verfügbar unter http://www.eurofound.europa.eu/pubdocs/2001/58/de/1/ef0158de.pdf [19.12.2007].

Bierhoff, H.-W. (2006). *Sozialpsychologie: Ein Lehrbuch* (6. Aufl.). Stuttgart: Kohlhammer.

Bierhoff, H.-W. & Fetchenhauer, D. (2001). *Solidarität: Konflikt, Umwelt und Dritte Welt.* Opladen: Leske + Budrich.

Bierhoff, H.-W. & Schülken, T. (2001). Ehrenamtliches Engagement. In H.-W. Bierhoff & D. Fetchenhauer (Hrsg.), *Solidarität. Konflikt, Umwelt und Dritte Welt* (S. 183–204). Opladen: Leske + Budrich.

Biesecker, A. & Winterfeld, U. von (2000). Vergessene Arbeitswirklichkeiten. In U. Beck (Hrsg.), *Die Zukunft von Arbeit und Demokratie* (S. 269–286). Frankfurt am Main: Suhrkamp.

Birg, H., Flöthmann, E.-J. & Reiter, I. (1991). *Biographische Theorie der demographischen Reproduktion.* Frankfurt.

Blair-Loy, M., & Wharton, A. (2002). Employees' use of work-family policies and the workplace social context. Social Forces, 80(3), 813-845.

Blanke, K., Ehling, M. & Schwarz, N. (1996). *Zeit im Blick: Ergebnisse einer repräsentativen Zeitbudgeterhebung.* Schriftenreihe des Bundesministeriums für Familie, Senioren, Frauen und Jugend. Stuttgart: Kohlhammer.

Blickle, G. (1999). *Karriere, Freizeit, Alternatives Engagement: Empirische Studien zum psychologischen Konzept von Berufsorientierungen.* München: Hampp.

Blossfeld, H.-P. (1995). *The New Role of Women: Family Formation in Modern Societies.* Boulder, Colorado: Westview Press.

BMfFSFJ Bundesministerium für Familie, Senioren, Frauen und Jugend (2001). *Die Rolle des Vaters in der Gesellschaft.* Bonn: Staatliches Institut für Frühpädagogik, München.

BMfFSFJ Bundesministerium für Familie, Senioren, Frauen und Jugend (2003). Betriebswirtschaftliche Effekte familienfreundlicher Maßnahmen. Kosten-Nutzen-Analyse. Berlin. Verfügbar unter http://www.bmfsfj.de/Anlage24912/Broschuere_Betriebswirtschaftliche_Effekte_familienfreundlicher_Massnahmen.pdf [06.11.2003].

BMfFSFJ Bundesministerium für Familie, Senioren, Frauen und Jugend (2005a). Work Life Balance: Motor für wirtschaftliches Wachstum und gesellschaftliche Stabilität. Analyse der volkswirtschaftlichen Effekte – Zusammenfassung der Ergebnisse. Verfügbar unter http://www.bmfsfj.de/RedaktionBMFSFJ/Broschuerenstelle/Pdf-Anlagen/Work-Life-Balance,property=pdf.pdf [16.12.2007].

BMfFSFJ Bundesministerium für Familie, Senioren, Frauen und Jugend (2005b). *Potenziale erschließen- Familienatlas 2005.* Verfügbar unter http://www.bmfsfj.de/RedaktionBMFSFJ/Broschuerenstelle/Pdf-Anlagen/Brosch_C3_BCre-Familienatlas,property=pdf.pdf [16.12.2007].

BMfFSFJ Bundesministerium für Familie, Senioren, Frauen und Jugend (2005c). Zukunft Familie: Ergebnisse aus dem 7. Familienbericht. Verfügbar unter http://www.bmfsfj.de/Redaktion BMFSFJ/Abteilung2/Pdf-Anlagen/ergebnisse-7.-familienbericht,property=pdf,bereich=, rwb=true.pdf [10.01.2008].

BMfFSFJ Bundesministerium für Familie, Senioren, Frauen und Jugend (2006). Wachstumseffekte einer bevölkerungsorientierten Familienpolitik. Verfügbar unter http://www.beruf-und-familie.de/files/dldata//528cf207b924c7ad30707c18bba8f58a/bmfsfj_bdi_iw_wachstumseffekte.pdf [16.12.2007].

BMJFFG Bundesministerium für Jugend, Familie, Frauen und Gesundheit (1990). Achter Jugendbericht über Bestrebungen und Leistungen der Jugendhilfe. Bonn.

Bohen, H. H. & Viveros-Long, A. (1981). *Balancing jobs and family life: Do flexible schedules really help?* Philadelphia: Temple University Press.

Bolger, N., DeLongis, A., Kessler, R. C. & Wethington, E. (1989). The Contagion of Stress Across Multiple Roles. *Journal of Marriage and the Family, 51*, 175–183.

Bolger, N. & Zuckerman, A. (1995). A framework for studying personality in the stress process. *Journal of Personality and Social Psychology, 69*, 890–902.

Bond, J.T., Galinsky, E. & Hill, J.E. (2004). When Work Works. Flexibility a critical ingredient in creating an effective workplace. New York: Families and Work Institute. Link? www.whenworkworks.org ?

Bond, J.T., Thompson, C., Galinsky, E. & Prottas, D. (2002). *Highlights of the National Study Of The Changing Workforce: Executive Summary.* Verfügbar unter http://www.familiesandwork.org/summary/nscw2002.pdf [07.12.2007].

Bonebright, C., Clay D. & Ankenmann, R. (2000). The relationship of workaholism with work-life conflict, life satisfaction, and purpose in life. Journal of Counselling Psychology, 47 (4), 469-477.

Bonß, W. & Heinze, R. G. (1984). *Arbeitslosigkeit in der Arbeitsgesellschaft*. Frankfurt: Suhrkamp.

Borkenau, P. & Ostendorf, F. (1993). *NEO-Fünf-Faktoren Inventar (NEO-FFI) nach Costa und McCrae*. Göttingen: Hogrefe.

Bortz, J. & Döring, N. (2002). *Forschungsmethoden und Evaluation: für Human- und Sozialwissenschaftler*. Berlin: Springer.

Bosch, G. (2003). Das Normalarbeitsverhältnis in der Informationsgesellschaft. In Institut für Arbeit und Technik im Wissenschaftszentrum Nordrhein-Westfalen (Hg.) Jahrbuch 2002/2003. Gelsenkirchen. S. 11-24.

Bosch, G., Kalina, T., Lehndorff, S., Wagner, A. & Weinkopf, C. (2001). *Zur Zukunft der Erwerbsarbeit: Arbeitspapier 43*. Düsseldorf: Hans Böckler Stiftung (Zukunft der Arbeit).

Boyar, S. L., Carson, C. M., Mosley, D. C., Maertz, C. P. & Pearson, A. W. (2006). Assessment of the Validity of Netemeyer et al.'s: WFC and FWC Scales. *International Journal of Conflict Management, 17* (1).

Boyar, S. L., Maertz, C. P., Pearson, A. W. & Keough, S. (2003). Work-Family Conflict: A Model of linkages between work and family domain varaiables and turnover intentions. *Journal of Managerial Issues, 15*, 175–190.

Bozdogan, H. (2000). Akaike's information criterion and recent developments in information complexity. *Journal of Mathematical Psychology, 44* (1), 62–91.

Brater, M. & Beck, U. (1983). Berufe als Organisationsformen menschlichen Arbeitsvermögens. in: W. Littek, W. Rammert & G. Wachtler (Hg.): Einführung in die Arbeits- und Industriesoziologie. Frankfurt/M.: Campus. S. 208- 224

Brayfield, A. A. (1992). Employment Resources and Housework in Canada. *Journal of Marriage and the Family, 54*, 19–30.

Brett, J. M. & Stroh, L. K. (1995). Willingness to relocate internationally. Human Resource Management 34 (3), 405-424.

Brett, J. M., Stroh, L. K. & Reilly, A. H. (1993). Pulling up roots in the 1990s: Who's willing to relocate? Journal of Organizational Behavior 14, S. 49-60.

Bretz, R. D., & Judge, T. A. (1994). The role of human resource systems in job applicant decision processes. Journal of Management, 20 (3), 531-551.

Brodbeck, F. C. & Frey, D. (1999). Gruppenprozesse. In C. Graf Hoyos & D. Frey (Hrsg.), *Arbeits- und Organisationspsychologie. Ein Lehrbuch* (S. 358–372). Weinheim: Psychologie Verlags Union.

Bromet, E., Dew, M. & Parkinson, D. (1990). Spillover between work and family: A study of blue collar working wives. In J. Eckenrode & S. Gore (Hrsg.), *Stress Between Work and Family*. New York: Plenum Press.

Bronfenbrenner, U. (1981). *Die Ökologie der menschlichen Entwicklung*. Stuttgart: Klett-Cotta.

Brown, T. A. (2006). *Confirmatory factor analysis for applied research*. New York, NY: The Guilford Press.

Bruck, C. S. & Allen, T. D. (2003). The relationship between big five personality traits, negative affectivity, type A behavior, and work-family conflict. *Journal of Vocational Behavior, 63*, 457–472.

Bruck, S. B., Allen, T. D. & Spector, P. E. (2002). The Relation between Work-Family Conflict and Job Satisfaction: A Finer Grained Analysis. *Journal of Vocational Behavior, 60*, 336–353.

Brüderl, J. (2002). *Die Pluralisierung partnerschaftlicher Lebensformen im Kohortenvergleich: Eine empirische Untersuchung für Westdeutschland mit dem Familiensurvey 2000.* Aus Politik und Zeitgeschichte. B 19/2004. Beilage zur Wochenzeitung Das Parlament. 3. Mai 2004. S. 3-10-23. Verfügbar unter http://www.bpb.de/files/QGHGJI.pdf [03.12.2007].

Brunner, O. (1978). Vom „ganzen Haus" zur "Familie". In H. Rosenbaum (Hrsg.), *Seminar Familie: Familie und Gesellschaftsstruktur. Materialien zu den sozioökonomischen Bedingungen von Familienformen* (S. 83–91). Frankfurt/M.: Suhrkamp.

Buchner, A., Erdfelder, E. & Faul, F. (1997). *How to Use G*Power.* Verfügbar unter http://www.psycho.uni-duesseldorf.de/aap/projects/gpower/how_to_use_gpower.html [09.01.2008].

Buck. H. & Schletz, A. (2001). *Wege aus dem demographischen Dilemma durch Sensibilisierung, Beratung und Gestaltung: Broschürenreihe: Demographie und Erwerbsarbeit.* Stuttgart: Fraunhofer Institut für Arbeitswissenschaft und Organisation (IAO).

Büchel, F. & Spieß, C. K. (2002*). Form der Kinderbetreuung und Arbeitsmarktverhalten von Müttern in West- und Ostdeutschland*. Herausgegeben vom Bundesministeriums für Familie, Senioren, Frauen und Jugend (BMFSFJ). Band 220. Stuttgart.

Büchtemann, C. (1984). Der Arbeitslosigkeitsprozess: Theorie und Empirie strukturierter Arbeitslosigkeit in Deutschland. In W. Bonß & R. G. Heinze (Hrsg.), *Arbeitslosigkeit in der Arbeitsgesellschaft* (S. 53–105). Frankfurt: Suhrkamp.

Bühner, M. (2006). *Einführung in die Test- und Fragebogenkonstruktion* (2. Aufl.). München: Pearson Studium.

Büssing, A. & Seiffert, H. (1995). *Sozialverträgliche Arbeitszeitgestaltung.* München: Rainer Hampp Verlag.

Büssing, A. (1992). Subjektive Vorstellungen und Vorstellungsmuster zum Verhältnis von Arbeit und Freizeit: Konzept und Methode. *Zeitschrift für Arbeits- und Organisationspsychologie, 36*, 63–76.

Büssing, A. (1993). Arbeitslosigkeit. In A. Schorr (Hrsg.), *Handbuch der Angewandten Psychologie* (S. 29–33). Bonn: Deutscher Psychologen Verlag.

Büssing, A. & Jochum, I. (1986). Arbeitsplatzunsicherheit, Belastungserleben und Kontrollwahrnehmung: Ergebnisse einer quasi-experimentellen Untersuchung in der Stahlindustrie. *Zeitschrift für Arbeits- und Organisationspsychologie, 30*, 180–191.

Buffardi, L. C. & Edwins C. J. (1997). Child-care satisfaction: Linkages to work attitudes, interrole conflict, and maternal separation anxiety. *Journal of Occupational Health Psychology, 2* (1), 84-96.

Bullinger, H.-J. (2001). *Zukunft der Arbeit in einer alternden Gesellschaft.* Broschürenreihe: Demographie und Erwerbsarbeit. Stuttgart: Fraunhofer Institut für Arbeitswissenschaft und und Organisation (IAO).

Bundesanstalt für Arbeitsschutz und Arbeitsmedizin BAuA (Hrsg.) (1999). *Leitfaden zur Einführung und Gestaltung von Nacht- und Schichtarbeit.*

Bundesfinanzhof (24.11.1989). BFH-Urteil. 312.

Bundesministerium für Familie und Senioren (1994). Vorstellungen für eine familienorientierte Arbeitswelt der Zukunft - Die Unternehmensbefragung. Stuttgart u.a.

Bundeszentrale für politische Bildung (2003). *Globalisierung: Informationen zur politischen Bildung.* Berlin.

Bungard, W. & Wiendieck, G. (2001). Perspektiven: Eine Standortbestimmung der Arbeits- und Organisationspsychologie. In R. Silbereisen & D. Frey (Hrsg.), *Perspektiven der Psychologie* (S. 174–193). Weinheim: Beltz Verlag.

Burke, R. J. (1988). Some antecedents and consequences of work-family conflict. *Journal of Social Behavior and Personality, 3*, 287–302.

Burke, R. J. (2006). Organizational culture: A key to the success of work-life integration. In F. Jones, R. J. Burke & M. Westmann (Hrsg.), *Work-life balance. A psychological perspective* (S. 235–260). New York: Psychology Press.

Burke, R. J. & Greenglass, E. R. (1999). *Work-family conflict, spouse support, and nursing.*

Burke, R. J., Weir, T. & Duwors, R. E. (1979). Type A behavior of administrators and wives' reports of marital satisfaction and well-being. *Journal of Applied Psychology, 64*, 57–65.

Burke, R., Weir, T. & Duwors, R. (1980a). Perceived type A behavior of administrators and wives reports of marital satisfaction. *Journal of Occupational Behavior, 1*, 139–150.

Burke, R., Weir, T. & Duwors, R. (1980b). Work demands on administrators and spouse wellbeing. *Human Relations, 33*, 253–278.

Burkhardt, C. (2007). *Work-Life-Balance: Validierung und Anwendung eines Instruments zur Erfassung der Vereinbarkeit von Arbeit, Familie und Freizeit unter besonderer Berücksichtigung von persönlichem Rollenverständnis sowie Organisationskultur. :* Institut für Psychologie (Unveröffentlichte Diplomarbeit der Friedrich-Schiller-Universität Jena).

Burley, K. A. (1989). *Work-family conflict and marital adjustment in dual career couples: A comparison of three time models.* CA: Claremont Graduate School (Dissertation).

Busch, A. (2007). *Die innerfamiliäre Hausarbeitsteilung: Bestimmungsgründe und subjektive Wahrnehmung. Ein Vergleich zwischen Frauen in geschlechtsspezifisch segregierten Berufen mit dem Sozio-oekonomischen Panel.* Aktualisierte Fassung der Diplomarbeit im Fach Soziologie aus dem Wintersemester 2006/2007, FU Berlin. Berlin. Verfügbar unter http://www.diw.de/documents/dokumentenarchiv/17/62882/busch.pdf [05.12.2007].

Byrne, B. M. (2001). *Structural equation modeling with AMOS: Basic concepts, applications, and programming.* Mahwah, NJ: Lawrence Erlbaum Associates.

Byron, K. (2005). A meta-analytic review of work & family conflict and ist antecedents. Journal of vocational behavior. S. 169-198.

Campbell, D. J., Campbell, K. M. & Kennard, D. (1994). The effects of family responsibilities on the work commitment and job performance of non-professional women. *Journal of Occupational and Organizational Psychology, 67*, 283–296.

Carlson, D. S. (1999). Personality and Role Variables as Predictors of Three Forms of Work-Family Conflict. *Journal of Vocational Behavior, 55*, 236–253.

Carlson, D. S. & Frone, M. R. (2003). Relation of behavioral and psychological involvement to an new for-factor conceptualization of work-family interference. *Journal of Business and Psychology, 17*, 515–535.

Carlson, D. S. & Kacmar, K. M. (2000). Work-Family conflict in the organization: Do life role values make a difference? *Journal of Management, 26*, 1031–1054.

Carlson, D. S., Kacmar, K. M., Wayne, J. H. & Grzywacz, J. G. (2006). Measuring the positive side of the work-family interface: Development and validation of a work-family enrichment scale. *Journal of Vocational Behavior, 68*, 131–164.

Carlson, D.S., Kacmar, K.M. & Williams, L.J. (2000). Construction and Initial Validation of a Multidimensional Measure of Work-Family Conflict. Journal of Vocational Behavior, 56, S.249-276.

Carlson, D. S., Nielson, T. R. & Lankau, M. J. (2001). The supportive mentor as a means of reducing work-family conflict. *Journal of Vocational Behavior, 59*, 364–381.

Carlson, D. S. & Perrewe, P. L. (1999). The role of social support in the stressor-strain relationship: An examination of work-family conflict. *Journal of Management, 25*, 513–540.

Casper, W. (2004). Recruitment. A Sloan Work and Family Encyclopedia Entry. Verfügbar unter http://wfnetwork.bc.edu/encyclopedia_entry.php?id=251&area=academics [14.Dezember 2007].

Casper, W. J., & Buffardi, L. C. (2004). Work-life benefits and job pursuit intentions: The role of anticipated organizational support. Journal of Vocational Behavior.

Casper, W. J., Weltman, D. & Kwesiga, E. (2007). Beyond family-friendly: The construct and measurement of singles-friendly work cultures. *Journal of Vocational Behavior, 70* (3), 478–501.

Cattell, R. B. (1946). *The Description and Measurement of Personality.* New Jersey.

Cattell, R. B. (1950). *Personality: A systemical theoretical and factual study.* New York: McGraw Hill.

Clark, S. C. (2000). Work/family border theory: A new theory of work/family balance. *Human Relations, 53* (6), 747–770.

Clark, S. C. (2001). Work cultures and work/family balance. *Journal of Vocational Behavior, 58,* 348-365.

Colquhoun, P., Folkard, S., Knauth, P. & Rutenfranz, J. (1975). *Experimental studies of shiftwork:* Opladen.

Cooper, C. L. & Jackson, S. E. (1997). *Creating tomorrow's organizations: A handbook for future research in organizational behavior.* New York: Wiley.

Cooper, C. & Robertson, I. (1996). *International Review of Industrial and Organizational Psychology.* New York: Wiley.

Costa, P. T. & McCrae, R. R. (1980). Still stable after all these years: Personality as a. key to some issues adulthood and old age. In P. B. Baltes & O. G. Brim Jr. (Hrsg.), Bd. 3. Life span development and behavior. New York Academic Press.

Coverman, S. (1989). Role overload, role conflict, and stress: Addressing consequences of multiple role demands. *Social Forces, 67,* 965–982.

Crandall, R. & Perrewe, P. L. (1995). *Occupational Stress: A Handbook.* Philadelphia: Taylor & Francis.

Critcher, C. & Bramham, P. (2004). The devil still makes work. In J. T. Haworth & A. J. Veal (Hrsg.), *Work and Leisure* (S. 34–50). London: Taylor & Francis Group.

Crouter, A. C. (1984). Spillover from family to work: The neglected side of the work-family interface. *Human Relations, 37,* 425–444.

Crouter, A. C., Bumpus, M. F., Maguire, M. C. & McHale, S. M. (1999). Linking parents' work pressure and adolescents' well-being: Insights into dynamics in dual-earner families. *Developmental Psychology, 35,* 1453–1461.

Csikszentmihalyi, M. (1999). *Lebe gut! wie Sie das Beste aus Ihrem Leben machen.* Stuttgart: Klett Cotta.

Cummings, T. & Blumberg, M. (1987). Advanced manufacturing technology and work design. In T. D. Wall, C. W. Clegg & N. J. Kemp (Hg.), The human side of advanced manufacturing technology (. 37-60). Chichester: Wiley & Sons.

Dahmen-Breiner, M. & Dobat, R. (1993). Beruf kontra Familie? Wie Unternehmen von mitarbeiterorientierter Personalarbeit profitieren. Neuwied: Luchterhand.

Dahrendorf, R. (1982). Wenn der Arbeitsgesellschaft die Arbeit ausgeht. In J. Matthes (Hrsg.), *Krise der Arbeitsgesellschaft? Verhandlungen des 21. Deutschen Soziologentages in Bamberg 1982* (S. 25–37). Frankfurt/M.

Dahrendorf, R. (2006). *Homo Sociologicus: Ein Versuch zur Geschichte, Bedeutung und Kritik der Kategorie der sozialen Rolle*(16. Wiesbaden: Verlag für Sozialwissenschaften (VS).

Daumenlang, K. & Dreesmann, H. (1989). Arbeit und Freizeit. In E. Roth (Hrsg.), *Organisationspsychologie. Enzyklopädie der Psychologie D/III/3* (S. 142–154). Göttingen: Hogrefe.

de Graat, E. (2002). *Familien und Mitarbeiterorientierung – ein Konzept mit Zukunft für Unternehmen mit Zukunft: Vortrag gehalten auf der Fachtagung für Personalverantwortliche Work-Life-Balance: Anforderungen an eine familienfreundliche Politik (14.Dezember 2001).* Eidgenössisches Büro für die Gleichstellung von Frau und Mann. Verfügbar unter http://www.fairplay-at-home.ch/d/pdf/referat-tagung.pdf [19.01.2008].

DeBord, K., Canu, R. & Kerpelman, J. (2000). Understanding a work-family fit for single parents moving from welfare to work. *Social Work, 45*, 313–325.

Deci, E. L. & Ryan, R. M. (1987). Self determination in a work organization. *Journal of Personality and Social Psychology, 74* (4), 580–590.

Demerouti, E., Bakker, A. B. & Schaufeli, W. B. (2005). Spillover and crossover of exhaustion and life satisfaction among dual-earner parents. *Journal of Vocational Behavior, 67* (2), 266–289.

Demerouti, E. & Geurts, S. (2004). Towards a typology of work-home interaction. *Community, Work & Family, 7* (3), 285–309.

Demo, D. H., Allen, K. A. & Fine, M. A. (2000). *Handbook of family diversity*. New York: Oxford University Press.

Denison, D. R. (1996). What is the difference between organizational culture and organizational climate? A native's point of view on a decade of paradigm wars. Academy of Management Review, 21, 619-654.

Dettmer, S. (2006). *Berufliche und private Lebensgestaltung in Paarbeziehungen: Zum Spannungsfeld von individuellen und gemeinsamen Zielen*. Dissertation, FU Berlin. Berlin.

Deutsche Shell (2000). *Jugend 2000. 13. Shell Jugendstudie*, Opladen.

Deutscher Bundestag (2002). *Bürgerschaftliches Engagement: auf dem Weg in eine zukunftsfähige Bürgergesellschaft: Bericht (Enquete-Kommission „Zukunft des Bürgerschaftlichen Engagements")*. Opladen: Leske + Budrich.

Deutscher Industrie- und Handelskammertag DIHK (2005). *Zukunftsfaktor Kinderbetreuung: Mehr Freiraum für Beruf und Familie. Ergebnisse einer DIHK-Kitabefragung*. Verfügbar unter http://www.dihk.de/inhalt/download/kinderbetreuung.pdf [30.01.2008].

Deutschmann, C., Schmiede, R. & Schudlich, E. (1987). Die längerfristige Entwicklung der Arbeitszeit: Versuch einer sozialwissenschaftlichen Interpretation. In E. Schudlich (Hrsg.), *Die Abkehr vom Normalarbeitstag* (S. 113–149). Frankfurt/New York.

Dex, S. & Scheibl, F. (2001). Flexible and Family-Friendly Working Arrangements in UK-based SMEs: Business Cases. *British Journal of Industrial Relations, 39* (3), 411–431.

Diekmann, A., Ernst, G. & Nachreiner, F. (1981). Auswirkungen der Schichtarbeit des Vaters auf die schulische Entwicklung der Kinder. *Zeitschrift für Arbeitswissenschaft, 39*, 157–161.

Diekmann, A. & Jann, B. (2002). *Das Ende der Normalarbeit: Mythos oder Wirklichkeit?* 31. Kongress der Deutschen Gesellschaft für Soziologie, Leipzig, 7.-11. Oktober 2002, Sektion "Methoden der empirischen Sozialforschung". Verfügbar unter http://www.socio.ethz.ch/people/jannb/cv/jann_diekmann_normal.pdf [26.01.2008].

Dikkers, J., Geurts, S., den Dulk, L., Peper, B. & Kompier, M. (2004). Relations among work-home culture, the utilization of work-home arrangements, and work-home interference. *International Journal of Stress Management, 11* (4), 323–345.

Dilger, A., Gerlach, I. & Schneider, H. (2006). *Betriebswirtschaftliche Effekte familienbewusster Maßnahmen: Ergebnisse der Befragung*. Thesenpapier, Forschungszentrum Familienbewusste Personalpolitik. Westfälische Wilhems-Universität. Münster. Verfügbar unter http://www.beruf-und-familie.de/files/dldata//9b5a7578fdadff776559973de8423337/Thesenpapier_Betriebswirt_Effekte_fambew_Ma_nahmen.pdf [08.01.2008].

Dingeldey, I. (2002). Das deutsche System der Ehegattenbesteuerung im europäischen Vergleich: WSI-Mitteilungen. *WSI-Mitteilungen* (55), 154–160.

Dingeldey, I. & Gottschall, K. (2001). *Alte Leitbilder und neue Herausforderungen*. Arbeitsmarktpolitik im konservativ-korporatistischen Wohlfahrtsstaat *Aus Politik und Zeitgeschichte, Beilage zur Wochenzeitschrift „Das Parlament"* B21/2001. S. 31-38.

DJI Deutsches Jugendinstitut (2005). *DJI-Kinderbetreuungsstudie 2005*. München.

Döge, P. & Volz, R. (2004a). Was machen Männer mit ihrer Zeit? Zeitverwendung deutscher Männer nach den Ergebnissen der Zeitbudgetstudie 2001/2003. In Statistisches Bundesamt (Hrsg.), *Alltag in Deutschland. Analysen zur Zeitverwendung* (S. 194–215). Wiesbaden: Statistisches Bundesamt - Forum der Bundesstatistik.

Döge, P. & Volz, R. (2004b). Männer – weder Paschas noch Nestflüchter. Aspekte der Zeitverwendung von Männern nach den Daten der Zeitbudgetstudie 2001/2002 des Statistischen Bundesamtes. Aus Politik und Zeitgeschichte. Beilage zur Wochenzeitung. Das Parlament. 8. November 2004.

Domsch, M. E. & Ladwig A. (1998). Dual Career Couples: Die unerkannte Zielgruppe. In W. Gross (Hrsg.), *Karriere 2000. Hoffnungen - Chancen - Perspektiven - Probleme - Risiken* (S. 126–143). Bonn.

Domsch, M.E. & Lieberum, U. B. (1998). Auslandseinsatz weiblicher Führungskräfte. In: Krell, G. (Hg.): Chancengleichheit durch Personalpolitik. Gleichstellung von Frauen und Männern in Unternehmen und Verwaltungen. Rechtliche Regelungen – Problemanalysen – Lösungen. Wiesbaden, S. 201-211.

Domsch, M. E., Lieberum, U. B. & Hünke, R. (1995). *Chancen von Frauen im Bewerbungsprozess: Analyse von 3400 Stellenanzeigen und eine Telefonbefragung in 140 Unternehmen*. Universität der Bundeswehr. Hamburg.

Dorbritz, J. & Schwarz, K. (1996). Kinderlosigkeit in Deutschland – ein Massenphänomen? Analysen zu Erscheinungsformen und Ursachen. *Zeitschrift für Bevölkerungswissenschaft, 21* (3), 231–261.

Dostal, W. (1988). Der Informationsbereich. In D. Mertens (Hrsg.), *Konzepte der Arbeitsmarkt- und Berufsforschung, Beiträge aus der Arbeitsmarkt und Berufsforschung* (Band 70) (3. erweiterte und überarbeitete Auflage)(S. 858–882). Nürnberg.

Dostal, W. (2002). *Der Berufsbegriff in der Berufsforschung des IAB*. In G. Kleinhenz (Hrsg.), IAB-Kompendium Arbeitsmarkt- und Berufsforschung - Beiträge zur Arbeitsmarkt- und Berufsforschung 250, S. 463-474. Nürnberg: IAB.

Dostal, W., Parmentier, K., Plicht, H., Rauch, A. & Schreyer, F. (Hrsg.) (2001). *Wandel der Erwerbsarbeit: Qualifikationsverwertung in sich verändernden Arbeitsstrukturen*. Beiträge zur Arbeitsmarkt- und Berufsforschung, 246. Nürnberg: IAB.

Dostal, W., Stooß, F. & Troll, L. (1998). *Beruf - Auflösungstendenzen und erneute Konsolidierung*. Beruf - Auflösungstendenzen und erneute Konsolidierung. Mitteilungen aus der Arbeitsmarkt- und Berufsforschung 3/1998, S. 438-460. Verfügbar unter http://www.sowi-online.de/reader/berufsorientierung/dostal-stooss-troll.htm#ueb1 [08.01.2008].

Doumas, D. M., Margolin, G. & John, R. S. (2003). The relationship between daily marital interaction, work, and health promoting behaviours in dual-earner couple. *Journal of Family Issues* (24), 3–20.

Dressel, C., Cornelißen, W. & Wolf, K. (2005). Vereinbarkeit von Familie und Beruf. In: Bundesministerium für Familie, Senioren, Frauen und Jugend (Hrsg.): 1. Datenreport zur Gleichstellung von Frauen und Männern in Deutschland 2005. Verfügbar unter http://www.bmfsfj.de/Publikationen/genderreport/01-Redaktion/PDF-Anlagen/gesamtdokument,property=pdf.pdf am 27.01.2008 [10.01.2008]

Dubin, R. (1956). Industrial Workers' World: A Study of the "Central Life Interests" of Industrial Workers. *Social Problems, 3*, 131–142.

Dubin, R., Hedley, R. A. & Taveggia, T. C. (1976). Attachment to Work. In R. Dubin (Hrsg.), *Handbook of Work, Organization and Society* (S. 281–342). Chicago: Rand McNally.

Duxbury, L. E. & Higgins, C. A. (1991). Gender differences in work-family conflict. *Journal of Applied Psychology, 76* (1), 60–73.

Eagle, B. W., Miles, E. W. & Icenogle, M. L. (1997). Interrole conflicts and the permeability of work and family domains: Are there gender differences? *Journal of Vocational Behavior, 50*, 168–184.

Eby, L. T., Casper, W. J., Lockwood, A., Bordeaux, C. & Brinley, A. (2005). Work and family research in IO/OB: Content analysis and review of the literature (1980-2002. *Journal of Vocational Behavior, 66* (1), 124–197.

Eby, L. T. & Russell, J. E. A. (2000). Predictors of employees' willingness to relocate for the firm. *Journal of Vocational Behavior, 57*, 42–61.

Eckhard, J. (2002). Arbeitsteilung in Stieffamilien. Die Bedeutung der Familienform. *Kölner Zeitschrift für Sozialpsychologie, 52*

Edwards, J. R. & Rothbard, N. P. (2000). Mechanisms linking work and family: Clarifying the relationship between work and family constructs. *Academy of Management Review, 25*, 178–199.

Egloff, N. (2000). *Wissen, Arbeit und Organisation: Die Theorie der Wissensgesellschaft als Gesellschaftstheorie.* Unveröffentlichte Dissertation, Technische Universität Darmstadt. Darmstadt.

Ehrenstein, W. & Müller-Limmroth (1975). Changes in sleep patterns caused by shift work an traffic noise. In P. Colquhoun, S. Folkard, P. Knauth & J. Rutenfranz (Hrsg.). Experimental studies of shiftwork. Opladen. S. 48-56.

Eichhorst, W. & Thode, E. (2002). *Vereinbarkeit von Familie und Beruf: Benchmarking Deutschland aktuell.* Gütersloh: Verlag Bertelsmann Stiftung.

Eid, M. (2000). A multitrait-multimethod model with minimal assumptions. *Psychometrika, 65* (2), 241–261.

Eidgenössische Koordinationskommission für Familienfragen EKFF (2004). *Zeit für Familien Beiträge zur Vereinbarkeit von Familien- und Erwerbstätigkeit aus familienpolitischer Sicht.*

El-Giamal, M. (1997). Veränderungen der Partnerschaftszufriedenheit und Stressbewältigung beim Übergang zur Elternschaft: Ein aktueller Literaturüberblick. *Psychologie in Erziehung und Unterricht, 9*, 297–311.

Elsner, G. & Seidler, A. (1998). *Hängen gesundheitliche Beschwerden von Nachtschichtarbeiterinnen und Nachtschichtarbeitern mit zu betreuenden Kindern zusammen* (Dokumentationsband der 38. Jahrestagung der Deutschen Gesellschaft für Arbeitsmedizin und Umweltmedizin vom 11.-14 Mai 1998). Fulda.

Emery, F. E. & Thorsrud, E. (1982). *Industrielle Demokratie.* Schriften zur Arbeitspsychologie, 25. Bern: Huber.

Emslie, C., Hunt, K. & Macintyre, S. (2004). Gender, work-home conflict, and morbidity amongst white-collar bank employees in the United Kingdom. *International Journal of Behavioral Medicine, 11* (3), 127–237.

Engelbrech, G. (2001). Transferzahlungen an Familien im Spannungsfeld demographischer Entwicklung und Chancengleichheit von Frauen: Neun Paradoxien deutscher Familienpolitik. Neun Paradoxien deutscher Familienpolitik. Verfügbar unter http://www.gleichberechtigung-goes-online.de/pdf/bf_19.pdf [29.07.2003].

Engelbrech, G. (2002). Transferzahlungen an Familien – demographische Entwicklung und Chancengleichheit. *WSI-Mitteilungen, 55*, 139–146.

Engelbrech, G., Gruber, H. & Jungkunst, M. (1997). Erwerbsorientierung und Erwerbstätigkeit ost- und westdeutscher Frauen unter veränderten gesellschaftlichen Rahmenbedingungen. *Mitteilungen aus der Arbeitsmarkt- und Berufsforschung (MittAB)* (1).

Engelmann, J. & Wiedemeyer, M. (2000). *Kursbuch Arbeit.* Stuttgart: Deutsche Verlags Anstalt DVA.

Engstler, H. & Menning, S. (2003). Die Familie im amtlichen Spiegel der amtlichen Statistik: Lebensformen, Familienstrukturen, wirtschaftliche Situation der Familien und familiendemographischen Entwicklung in Deutschland (erweiterte Neuauflage 2003). Berlin.

Enzmann, D. (1997). RanEigen: A program to determine the parallel analysis criterion for the number of principal components. *Applied Psychological Measurement, 21*, 232.

Enzmann, D. (2003). *RanEigen version 2.0.* Verfügbar unter http://www2.jura.uni-hamburg.de/instkrim/kriminologie/Mitarbeiter/Enzmann/Software/Enzmann_Software.html [09.01.2008].

Erler, G. (2003). Diversity als Motor für flankierende personalpolitische Maßnahmen zur Verbesserung der Vereinbarkeit von Familie und Beruf. In B. Badura, H. Schellschmidt & C. Vetter (Hrsg.), *Fehlzeiten Report 2003. Zahlen, Daten, Analysen aus allen Branchen der Wirtschaft. Wettbewerbsfaktor Work-Life-Balance. Betriebliche Strategien zur Vereinbarkeit von Beruf, Familie und Privatleben* (S. 147–159). Berlin: Springer.

Erler, W. & Gerzer-Sass, A. (2000). *Die Kompetenzbilanz: Trends und Perspektiven bei der Entwicklung - Aufbau und Arbeitsweise.* In KAB Katholische Arbeitnehmer Bewegung Süddeutschland (Hrsg.): Familienkompetenzen als Potenzial einer innovativen Personalentwicklung. Die Kompetenzbilanz: Kompetenzen aus informellen Lernorten erfassen und bewerten. S. 13-20.

Erlinghagen, M. (1999). *Zur Dynamik von Erwerbstätigkeit und ehrenamtlichen Engagement in Deutschland, Eine Längsschnittanalyse der Daten des Sozio-ökonomischen Panels (SOEP) für die Jahre 1992 und 1996* (DIW Diskussionspapiere No. 190, Berlin). Verfügbar unter http://www.diw.de/deutsch/produkte/publikationen/diskussionspapiere/docs/papers/dp190.pdf am [19.07.20005].

Erlinghagen, M. (2002). Arbeitslosigkeit und ehrenamtliche Tätigkeit im Zeitverlauf. *Kölner Zeitschrift für Sozialpsychologie, 52* (2), 291–310.

Ernst, G. & Nachreiner, F. (1981). *Ergebnisse der arbeits- und sozialpsychologischen Untersuchungen zu den Problemen des Wechseldienstes der Polizei* (Wechseldienst bei der Polizei). Oldenburg, Darmstadt, Dortmund (Unveröffentlichter Forschungsbericht).

Estes, S. B. & Michael, J. (2005). *Work-Family Policies and Gender Inequality at Work: A Sloan Work and Family Encyclopaedia Entry.* Verfügbar unter http://wfnetwork.bc.edu/encyclopedia_template.php?id=1230 [09.01.2008].

Europäischen Stiftung für die Verbesserung der Lebens- und Arbeitsbedingungen (2003). Report Working time preferences and work-lifebalance in the EU: some policy considerations for enhancing the quality of life, Dublin. (www.eurofound.eu.int).

European Commission (2000). *Employment in Europe 2000.* Luxemburg.

Eurostat (2004). *How Europeans spend their time. Everyday life of women and men. Data 1998-2002.* Verfügbar unter http://epp.eurostat.cec.eu.int/cache/ITY_OFFPUB/KS-58-04-998/FR/KS-58-04-998-FR.PDF [28.01.2008].

Evans, J. M. (2001). *Firms' Contribution to the Reconciliation between Work and Family Life.* OECD-Labour Market and Social Policy Occasional Papers, Nr. 48. Paris. Verfügbar unter http://puck.sourceoecd.org/vl=6505330/cl=11/nw=1/rpsv/cgi-bin/wppdf?file=5lgsjhvj7rlr.pdf [09.01.2008].

Ewers, E. (2005). *Arbeit als Lebensinhalt? Zur Situation von Gründern und Mitarbeitern kleiner IT-Unternehmen.* Work-Life-Arrangements of Founders and Co-Workers of small-sized IT-Enterprises. Dissertation, Freie Universität Berlin. Verfügbar unter http://www.diss.fu-berlin.de/2005/139 [12.01.2008].

Eysenck, H. J. (1947). *Dimensions of Personality.* London: Routledge & Kegan Paul.

Fabrigar, L. R., Wegener, D. T., MacCallum, R. C. & Strahan, E. J. (1999). Evaluating the use of exploratory factor analysis in psychological research. *Psychological Methods, 4,* 272–299.

Fan, X., Thompson, B. & Wang, L. (1999). The effects of sample size, estimation methods, and model specification on SEM fit indices. *Structural Equation Modeling, 6,* 56 – 83.

Faul, F., Erdfelder, E., Lang, A.-G. & Buchner, A. (2007). G*Power 3: A flexible statistical power analysis program for the social, behavioral, and biomedical sciences. *Behavior Research Methods, 39,* 175-191.

Feather, N. T. & Barber, J. G. (1983). Depressive reactions and unemployment. *Journal of Abnormal Psychology, 92* (2), 185–195.

Finkel, S. K., Oswang, S. & She, N. (1994). Childbirth, tenure and promotion for women faculty. *Review of Higher Education, 17*, 259–270.

Fisher, G. G. (2001). *Work/personal life balance: A construct development study.* Unpublished doctoral dissertation, Bowling Green State University. Bowling Green, OH.

Fisher-McAuley, G., Stanton, J. M. & Jolton, J. A. (2003). *Modelling the Relationship between Work/Life-Balance and Organizational Outcomes: Poster presented at the Annual Conference of the Society for Industrial-Organizational Psychology, 12. April 2003, Orlando FL.*

Fiske, D. W. (1949). Consistency in the factorial structures of personality ratings from different sources. *Journal of Abnormal and Social Psychology, 44*, S. 329–344.

Fisseni, H. –J. (1998). Persönlichkeitspsychologie – Ein Theorienüberblick, Göttingen, Bern, Toronto, Seattle.

Flecker, J. (2005). *Interne Flexibilisierung – von der Humanisierungsvermutung zum Risikobefund.* In M. Kronauer & G. Linne (Hrsg.) Flexicurity. Die Suche nach Sicherheit in der Flexibilität. Forba Schriftenreihe 1/2005. Berlin: edition sigma.

Flüter-Hoffmann, C. & Solbrig, J. (2003). Wie familienfreundlich ist die deutsche Wirtschaft? *iw-trends 4/2003.* 1-18. Verfügbar unter http://www.beruf-und-familie.de/files/dldata/b0f0eda1d3444084874fafd5e1da92ca/iwkoeln_familienfreundliche_wirtschaft_iw_trends_30_2003_4.pdf [09.01.2008].

Fourastié, J. (1954). *Die große Hoffnung des 20. Jahrhunderts.* Köln.

Fox, M. L. & Dwyer, D. J. (1999). An investigation of the effects of time and involve-ment in the relationship between stressors and work-family conflict. *Journal of Occupational Health Psychology, 4* (2), 164–174.

Fredrickson, B. (2001). The role of positive emotions in positive psychology: The broaden-and-build theory of positive emotions. *American Psychologist, 56*, 218–226.

Freier, K. (2005). *Work Life Balance: Zielgruppenanalyse am Beispiel eines deutschen Automobilkonzerns.* Frankfurt/M.: Peter Lang Verlag.

Frese, M., Greif, S. & Semmer, N. (1978). *Industrielle Psychopathologie.* Bern: Huber.

Freund, A. M. & Baltes, P. B. (1998). Selection, optimization and compensation as strategies of life management: Correlations with subjective indicators of successful aging. *Psychology and Aging, 13*, 531–543.

Friede, A. & Ryan, A. M. (2007). *Personality Traits of Workers and the Work-Family Interface: A Sloan Work and Family Encyclopedia Entry.* Verfügbar unter http://wfnetwork.bc.edu/encyclopedia_template.php?id=6265 [21.11.2007].

Friedman, S. D. & Greenhaus, J. H. (2000). *Work and family-allies or enemies? What happens when business professionals confront life choices.* New York: Oxford University Press.

Friedmann, D. E. & Galinsky, E. (1992). Work and family issues: A legitimate business concern. In S. Zedeck (Hrsg.), *Work, Families and Organizations* (S. 168–207). San Francisco: Josey Bass Publishers.

Frieling, E. & Sonntag, E. (1999). *Lehrbuch Arbeitspsychologie.* Bern: Verlag Hans Huber.

Frone, M. R. & Yardley, J. K. (1996). Workplace family-supportive Programmes: Predictors of employed parents importance ratings. *Journal of Occupational and Organizational Psychology, 69*, 351–366.

Frone, M. R. (2000). Work-family conflict and employee psychiatric disorders: The National Comorbidity Survey. *Journal of Applied Psychology, 85* (6), 888–895.

Frone, M. R. (2003). Work-family balance. In J. Quick & L. E. Tetrick (Hrsg.), *Handbook of occupational health psychology* (S. 143–162). Washington, DC: APA.

Frone, M. R., Russell, M. & Barnes, G. M. (1996). Work-family conflict, gender, and health-related outcomes: A study of employed parents in two community samples. *Journal of Occupational Health Psychology, 1* (3), 57–69.

Frone, M. R., Russell, M. & Cooper, M. L. (1992a). Prevalence of work-family conflict: Are work and family boundaries asymmetrical permeable? *Journal of Organizational Behavior, 13*, 723–729.

Frone, M. R., Russell, M. & Cooper, M. L. (1992b). Antecedents and outcomes of work family conflict: Testing a model of the work family interface. *Journal of Applied Psychology, 77*, 65–78.

Frone, M. R., Russell, M. & Cooper, M. L. (1993). Relationship of work-family conflict, gender; and alcohol expectancies to alcohol use/abuse. *Journal of Organizational Behavior, 14*, 545–558.

Frone, M. R., Russell, M. & Cooper, M. L. (1995). Relationship of Work and Family Stressors to psychological Distress: The Independent Moderating Influence of Social Support, Mastery, Active Coping and Self-Focused Attention. In R. Crandall & P. L. Perrewe (Hrsg.), *Occupational Stress. A Handbook*. Philadelphia: Taylor & Francis.

Frone, M. R., Russell, M. & Cooper, M. L. (1997). Relation of work-family conflict to health outcomes: A four-year longitudinal study of employed parents. *Journal of Occupational and Organizational Psychology, 70*, 325–335.

Frone, M. R., Yardley, J. K. & Markel, K. (1997). Developing and testing an integrative model of the work-family interface. *Journal of Vocational Behavior, 50*, 145–167.

Fthenakis, W. E. (1999). *Engagierte Vaterschaft: Die sanfte Revolution in der Familie*. Opladen: Leske + Budrich.

Fthenakis, W. E., Kalicki, B. & Peitz, G. (2002). *Paare werden Eltern: Die Ergebnisse der LBS-Familien-Studie*. Opladen: Leske + Budrich.

Fuchs, T. (2006). *Was ist gute Arbeit? Anforderungen aus Sicht von Erwerbstätigen. Konzeption & Auswertung einer repräsentativen Untersuchung*. Stadtbergen (Forschungsbericht an die Bundesanstalt für Arbeitsschutz und Arbeitsmedizin). Internationales Institut für empirische Sozialökonomie.

Fürntratt, E. (1969). Zur Bestimmung der Anzahl interpretierbarer gemeinsamer Faktoren in Faktorenanalysen psychologischer Daten. *Diagnostica, 15*, 62–75.

Funder, D. C. (2001). *The personality puzzle* (2. Aufl.) New York: Norton.

Fursman, L., Jacobsen, V. & Varuhas, J. (2003). *Work and Family Balance: An Economic View*. Verfügbar unter http://www.treasury.govt.nz/publications/research-policy/wp/2003/03-26/twp03-26.pdf [29.01.2008].

Galambos, N. L., Sears, H. A., Almeida, D. M. & Kolaric, G. (1995). Parents' work overload and problem behavior in young adolescents. *Journal of Research on Adolescence, 5*, 201-223.

Galinsky, E. (2000). *Ask the Children: What America's Children Really Think About Working Parents*. New York: William Morrow and Company.

Galinsky, E., Friedmann, D. & Hernandez, C. A. (1991). *The corporate reference guide to work-family programs*. New York.

Galinsky, E. & Hughes, D. (1987). *The Fortune magazine study*. New York: Family and Work Institute.

Gambles, R., Lewis, S. & Rapoport, R. (2006). *The Myth of Work-Life-Balance: The Challenge of Our Time for Men, Women and Societies*. Chichester: John Wiley.

Ganster, D. (1987). Type A behavior and occupational stress. In J. M. Ivancevich & D. C. Ganster (Hrsg.), *Job Stress. From theory to suggestion* (S. 37–59). New York: Haworth Press.

Garhammer, M. & Gross, P. (1991). *Synchronisation von Sozialzeit: Eine moderne Gestaltungsaufgabe der Familie* (Forschungsforum Bamberg, Heft, 1991. No. 3). Bamberg: Universität Bamberg.

Garhammer, M. (1996). Auf dem Weg zu egalitären Geschlechterrollen? Familiale Arbeitsteilung im Wandel. In H. Buba & N. F. Schneider (Hrsg.), *Familie zwischen gesellschaftlicher Prägung und individuellem Design* (S. 319-336). Opladen: Westdeutscher Verlag.

Garhammer, M. (2003). Auswirkungen neuer Arbeitsformen auf Stress und Lebensqualität. In B. Badura, H. Schellschmidt & C. Vetter (Hrsg.), Fehlzeiten Report 2003. Zahlen, Daten, Analysen aus allen Branchen der Wirtschaft. Wettbewerbsfaktor Work-Life-Balance. Betriebliche Strategien zur Vereinbarkeit von Beruf, Familie und Privatleben (S. 45–74). Berlin: Springer.

Garhammer, M. (2004). Auswirkungen neuer Arbeitsformen auf Stress und Lebensqualität. In B. Badura, H. Schellschmidt & C. Vetter (Hg.) Fehlzeiten-Report 2003. Wettbewerbsfaktor Work-Life-Balance. Berlin: Springer. 45-74.

Gärtner, J., Kundi, M., Wahl, S., Hörwein, K., Janke, M., Conrad, H., Carlberg, I., Herber, G. & Voß, J. (1998). *Handbuch Schichtpläne: Planungstechnik, Entwicklung, Ergonomie, Umfeld*. Schriftenreihe Arbeitswelt, 15. Zürich: vdf-Verlag.

Gaskin, K., Smith J. D. & Paulwitz, I. (1996). *Ein neues bürgerschaftliches Europa: Eine Untersuchung zur Verbreitung und Rolle von Volunteering in zehn Ländern*. Freiburg im Breisgau: Lambertus.

Geiling, H. (1997). *Integration und Ausgrenzung*. Hannover: Offizin.

Geissler, B. & Oechsle, M. (1996). Die ungleiche Gleichheit. Junge Frauen und der Wandel im Geschlechterverhältnis. Opladen. http://www.uni-bielefeld.de/soz/we/arbeit/geissler/LP-Buch-kap1+2+10+11.pdf am 10.07.2005

Geissler, K. (2004). *Vom Tempo der Welt - und wie man es überlebt*. Freiburg: Herder.

Geissler, K. (2006). *Ach du liebe Zeit: Warum wir heute so unter Zeitdruck sind*. Vortrag anlässlich des 8. Süddeutschen Pflegetages am 26. September 2006 im Klinikum Großhadern. Verfügbar unter http://pflege.klinikum.uni-muenchen.de/pflegeveranstaltung/pflegetag2006/dokumente/vortrag_geissler_2006_09_26.pdf [11.12.2007].

Gerhards, M. & Mende, A. (2007). *Offliner 2007: Zunehmend distanzierter, aber gelassener Blick aufs Internet*. media perspektiven 8/2007. Verfügbar unter http://www.ard-zdf-onlinestudie.de/fileadmin/Online07/Online07_Offline.pdf [09.01.2008].

Gerlitz, J.-Y. & Schupp, J. (2005). Zur Erhebung der Big-Five-basierten Persönlichkeitsmerkmale SOEP: Dokumentation der Instrumententwicklung BFI-S auf Basis des SOEP Pretests 2005. Research Notes 4. Berlin: DIW. Verfügbar unter http://www.diw.de/deutsch/produkte/publikationen/researchnotes/docs/papers/rn4.pdf [19.01.2008].

Gersten, A., Cuchon, J. C. & Tepas, D. I. (1986). Age and gender differences in night workers' sleep length. In M. Haider, M. Koller & R. Cervinka (Hrsg.), *Night and Shiftwork. Longterm Effects and their prevention*. Frankfurt.

Gerzer-Sass, A. & Sass, J. (2003). *Familienkompetenzen als Potential für eine innovative Personalpolitik*. DJI Bulletin 65. Winter 2003. München: Deutsches Jugendinstitut e.V.. Verfügbar unter http://cgi.dji.de/bulletins/d_bull_d/bull65_d/DJIB_65.pdf [30.05.2005].

Geurts, S. A. E., Taris, T. W., Kompier, M. J., Dikkers, J. S. E., van Hooff, M. L. M. & Kinnunen, U. M. (2005). Work-home interaction from a work psychological perspective: Development and validation of a new questionnaire, the SWING. *Work & Stress, 19* (4), 319–339.

Gille, M. & Marbach, J. (2004). Arbeitsteilung von Paaren und ihre Belastung mit Zeitstress. *Alltag in Deutschland. Analysen zur Zeitverwendung*. Beiträge zur Ergebniskonferenz der Zeitbudgeterhebung 2001/02 16./17. Februar 2004 in Wiesbaden (S. 86–113). Wiesbaden.

Gisecke, H. (1987). *Die Zweitfamilie: Ein Leben mit Stiefkindern und Stiefvätern*. Stuttgart: Huinink.

Goff, S. J., Mount, M. K. & Jamison, R. L. (1990). Employer supported child care, work/family conflict and absenteeism: A field study. *Personnel Psychology, 43*, 793–809.

Goldberg, L. R. (1981). Language and individual differences: The search for universals in personality lexicons. In L. Wheeler (Hrsg.), *Bd. 2. Review of personality and social psychology* (S. 141–165). Beverly Hills, CA: Sage.

Goldberg, L. R. (1990). An alternative „description of personality": The Big Five factor structure. *Journal of Personality and Social Psychology, 59*, 1216–1229.

Goldschmidt-Clermont, L. & Pagnossin-Aligisakis, E. (1995). *Measures of unrecorded economic activities in fourteen countries*. New York: Human Development Report Office.

Goldsmith, E. B. (1989). *Work and Family: Theory, Research and Applications*. London: Sage Publications.

Goode, W. J. (1960). A theory of role strain. *American Sociological Review, 25*, 483–496.

Gorsuch, R. L. (1983). *Factor analysis* (2. Aufl.) Hillsdale, NJ: Erlbaum.

Gorz, A. (1983). *Wege ins Paradies*. Berlin: Rotbuch-Verlag.

Gorz, A. (1989). *Kritik der ökonomischen Vernunft: Sinnfragen am Ende der Arbeitsgesellschaft*. Frankfurt am Main: Rotbuch-Verlag.

Grandey, A. A. & Cropanzano, R. (1999). The conservation of resources model applied to work-family conflict and strain. *Journal of Vocation Behavior, 54* (2), 350–370.

Grandey, A. A., Cordeiro, B. L. & Crouter A. C. (2005). "A Longitudinal and Multi-Source Test of the Work-Family Conflict and Job Satisfaction Relationship.". *Journal of Occupational and Organizational Psychology, 78* (3), 305–323.

Grant-Vallone, E. J., & Donaldson, S. I. (2001). Consequences of work-family conflict on employee well-being over time. *Work & Stress, 15* (3), 214-226.

Greenhaus, J. H., Bedeian, A. G. & Mossholder, K. W. (1987). Work experiences, job performance, and feelings of personal and family well-being. *Journal of Vocational Behavior, 31*, 200–215.

Greenhaus, J. H. & Beutel, N. J. (1985). Sources of Conflict between work and family roles. *Academy of Management Review, 10*, 76–88.

Greenhaus, J. H., Collins, K. M., Singh, R. & Parasuraman, S. (1997). Work and family influences on departure from public accounting. *Journal of Vocational Behavior, 50*, 249–270.

Greenhaus, J. H., Collins, K. & Shaw, D. (2003). The relation between work-family balance and quality of life. *Journal of Vocational Behavior, 63* (3), 510–531.

Greenhaus, J. H. & Parasuraman, S. (1999). Research on work, family, and gender: Current status and future directions. In G. N. Powell (Hrsg.), *Handbook of Gender and Work* (S. 391–412). Thousand Oaks, CA: Sage.

Greenhaus, J. H., Parasuraman, S. & Collins, K. M. (2001). Career involvement and family involvement as moderators of relationships between work-family conflict and withdrawal form a profession. *Journal of Occupational Health Psychology, 6*, 91–100.

Greenhaus, J. H. & Powell, G. N. (2006). When work and family are allies: A theory of work-family enrichment. *Academy of Management Review, 31* (1), 72–92.

Greenhaus, J. H. & Singh, R. (2003). *Work-Family-Linkages: A Sloan Work and Family Encyclopedia Entry*. Verfügbar unter http://wfnetwork.bc.edu/encyclopedia_entry.php?id=263&area=academics [02.12.2007].

Greif, S., Holling, H. & Nicholson, N. (Hrsg.) (1997). *Arbeits- und Organisationspsychologie: Internationales Handbuch in Schlüsselbegriffen*. Weinheim: Beltz/ Psychologie Verlags Union.

Griebel, W. (1991). Aufgabenteilung in der Familie: Was übernehmen Mutter, Vater, Kind (und Großmutter)? *Zeitschrift für Familienforschung, 3* (1), 21–53.

Groß, H. & Schwarz, M. (2006). *Betriebs- und Arbeitszeiten 2005: Ergebnisse einer repräsentativen Betriebsbefragung. Dortmund: landesinstitut soziale forschungsstelle sfs dortmund*. Verfügbar unter http://www.mags.nrw.de/08_PDF/arbeit/studie-betriebs-und-arbeitszeiten-2005.pdf [09.01.2008].

Groß, H., Seifert, H. & Sieglen, G. (2007). *Formen und Ausmaß verstärkter Arbeitszeitflexibilisierung* (WSI-Mitteilungen 11/2007 No. 4).

Gross, W. (1998). *Karriere 2000: Hoffnungen - Chancen - Perspektiven - Probleme - Risiken*. Bonn.

Grover, S. L. & Crooker, K. J. (1995). Who appreciates family-responsive human resource policies: the impact of family friendly policies on the organisational attachment of parents and non-parents. *Personnel Psychology, 48*, 271–287.

Grubitzsch, S. (1991). Konstruktion psychologischer Tests: Von der Fragestellung zur Normtabelle. In S. Grubitzsch (Hrsg.), *Testtheorie und Testpraxis:. Psychologische Tests und Prüfverfahren im kritischen Überblick* (S. 128–183). Hamburg: rororo.

Grzywacz, J. G. (2000). Work-family spillover and health during midlife: Is managing conflict everything. *American Journal of Health Promotion, 14*, 236–243.

Grzywacz, J. G. (2002). *Toward a theory of work-family facilitation:* Paper presented at the 2002 Persons, Processes, and Places: Research on Families, Workplaces and Communities Conference, San Francisco, CA. Verfügbar unter http://wfnetwork.bc.edu/loppr/toward_theory.pdf [26.01.2008].

Grzywacz, J. G., Almeida, D. M. & McDonald, D. A. (2002). Work-family spillover and daily reports of work and family stress in the adult labor force. *Family Relations, 51*, 28–36.

Grzywacz, J. G. & Bass, B. L. (2003). Work, family, and mental health: Testing different models of work-family fit. *Journal of Marriage and Family, 65*, 248–261.

Grzywacz, J. G. & Butler, A. B. (2005). The impact of job characteristics on work-to family facilitation: Testing a theory and distinguishing a construct. *Journal of Occupational Health Psychology, 10* (2), 97–109.

Grzywacz, J. G. & Marks, N. F. (1998). *Family, work, work-family spillover and alcohol abuse during midlife* (Working Paper No. 98-08). Madison, WI: University of Wisconsin.

Grzywacs, J.G. & Marks, N.F. (2000a). Reconceptualizing the work-family interface: An ecological perspective on the correlates of positive and negative spillover between work and family. Journal of Occupational Health Psychology, 5, S. 111–126.

Grzywacz, J. H., & Marks, N. F. (2000b). Family, work, work family spillover, and problem drinking during midlife. Journal of Marriage and the Family, 62: 336–348.

Guadagnoli, E. & Velicer, W. F. (1988). Relation of sample size to the stability of component patterns. *Psychological Bulletin, 103*, 265–275.

Gürtler, M. (2004). *Demographischer Wandel - Herausforderung für die Kommunen - Auswirkungen auf Infrastruktur und Kommunalfinanzen TAURUS – Diskussionspapier Nr. 8. Universität Trier.* Verfügbar unter http://www.uni-trier.de/taurus/pdf/diskussionspapier8.pdf [11.12.2007].

Guest, D. E. (2001). Perspectives on the Study of Work-Life Balance: A Discussion Paper Prepared for the 2001 ENOP Symposium, Paris, March 29-31. Verfügbar unter http://www.ucm.es/info/Psyap/enop/guest.htm [09.11.2006].

Guest, D. & Conway, N. (1998). *Fairness at Work and the Psychological Contract.* London: CIPD.

Guest, D. & Conway, N. (2000). *The Psychological Contract in the Public Sector.* London: CIPD.

Gutek, B. A. (1989). Sexuality in the Workplace: Key Issues in Social Research and Organizational Practice. In J. Hearn, D. L. Sheppard, P. Tancred-Sheriff & G. Burrell (Hrsg.), *The Sexuality of Organization*. London.

Gutek, B. A., Searle, S. & Klepa, L. (1991). Rational versus gender role expectations for work-family conflict. *Journal of Applied Psychology, 76*, 560–568.

Guttman, L. (1954). Some necessary conditions for common factor analysis. *Psychometrika, 18*, 277–296.

Guzzo, R. A., Nelson, G. L. & Noonan, K. A. (1992). Commitment and Employer Involvement in Employees´ Nonwork Lives. In S. Zedeck (Hrsg.), *Work, Families and Organizations* (S. 236–271). San Fancisco: Joex Bass Publishers.

Haar, J. M. (2004). Work-Family Conflict and Turnover Intention: Exploring the Moderation Effects of Perceived Work-Family Support. *New Zealand Journal of Psychology, 33* (1), 35–39.

Habermas, J. (1958). Soziologische Notizen zum Verhältnis von Arbeit und Freizeit. In G. Funke (Hrsg.), *Konkrete Vernunft. Festschrift für Erich Rothacker* (S. 291 ff.). Bonn.

Habermas, J. (1973). *Arbeit, Freizeit, Konsum: Frühe Aufsätze.* 29. s'Gravenhage: Eversdijck boek en druk n.v.

Hage, J. & Powers, Ch. (1992). *Postindustrial Lives: Roles and Relationships in the 21st Century.* Newbury Park, California: Sage.

Haider, M., Koller, M. & Cervinka, R. (1986). *Night and Shiftwork: Longterm Effects and their prevention.* Frankfurt.

Hakstian, A. R., Rogers, W. T. & Cattell, R. B. (1982). The behavior of number-of-factors rules with simulated data. *Multivariate Behavioral Research, 17,* 193–219.

Hammer, L. B., Allen, E. & Grigsby, T. D. (1997). Work–family conflict in dual-earner couples: Within individual and crossover effects of work and family. *Journal of Vocational Behavior, 50,* 185–203.

Hammer, L. B., Bauer, T. N., & Grandey, A. (2003). Effects of spouses' and own work family conflict on withdrawal behaviors. Journal of Business and Psychology, 17, 419-436.

Hammer, L. B., Cullen, J. C., Neal, M. B., Sinclair, R. R. & Shafiro, M. V. (2005). The longitudinal effects of work-family conflict and positive spillover on depressive symptoms among dual earner couples. *Journal of Occupational Health Psychology, 10* (2), 138–154.

Hammer, L. & Neal, M. (2002). *Sandwiched Generation: A Sloan Work and Family Encyclopedia Entry.* Verfügbar unter http://www.bc.edu/bc_org/avp/wfnetwork/rft/wfpedia/wfpSGent.html [30.01.2008].

Hammer, L. & Thompson, C. (2003). *Work-Family Role Conflict: A Sloan Work and Family Encyclopedia Entry.* Verfügbar unter http://www.bc.edu/bc_org/avp/wfnetwork/rft/wfpedia/wfpWFRCent.html [19.01.2008].

Hammonds, K. H. (1997). Work and family: Business Week's second survey of family-friendly corporate policies. *Business Week,* 96-99, 102-104.

Hanson, G. C., Colton, C. L. & Hammer, L. B. (2003). *Development and validation of a multidimensional scale of work-family positive spillover: Paper presented at the 18th Annual meeting of SIOP, Orlando.*

Hanson, G. C., Hammer, L. B. & Colton, C. L. (2006). Development and validation of a multidimensional scale of work-family positive spillover. *Journal of Occupational Health Psychology, 11* (3), 249–265.

Harney, K. & Tenorth, H.-E. (1999). Beruf und Berufsbildung. *Zeitschrift für Pädagogik,* 40. Beiheft. Weinheim: Beltz.

Harris, J. A., Saltstone, R. & Fraboni, M. (1999). An evaluation of the job stress questionnaire with a sample of entrepreneurs. *Journal of Business and Psychology, 13,* 447–455.

Havighurst, R. J. (1972). *Developmental tasks and education.* New York: McKay.

Haworth, J. T. & Veal, A. J. (2004). Introduction. In J. T. Haworth & A. J. Veal (Hrsg.), *Work and Leisure* (S. 1–12). London: Taylor & Francis Group.

Hayman, J. (2005). Psychometric Assessment of an Instrument Designed to Measure Work Life Balance. *Research and Practice in Human Resource Management, 13* (1), 85–91.

Hearn, J., Seppard, D. L., Tancred-Sheriff, P. & Burrell, G. (1989). *The Sexuality of Organization.* London.

Heckhausen, J. (2000). *Motivational psychology of human development: Developing motivation and motivating development.* Oxford, UK: Elsevier.

Heckhausen, J. & Schulz, R. (1993). Optimisation by selection and compensation: Balancing primary and secondary control in life span development. *International Journal of Behavioral Development, 16,* 287–303.

Heinze, R. G. & Strünck, C. (2000). Die Verzinsung des sozialen Kapitals: Freiwilliges Engagement Strukturwandel. In U. Beck (Hrsg.), *Die Zukunft von Arbeit und Demokratie* (S. 171–216). Frankfurt/M: Suhrkamp.

Hellpach, W. (1925). Die Geschichte der Arbeit. In J. Riedel (Hrsg.), *Arbeitskunde. Grundlagen, Bedingungen und Ziele der wirtschaftlichen Arbeit* (S. 8–27). Leipzig: Teubner.

Herlth, A., Brunner, E. J., Tyrell, H. & Kriz, J. (1994). *Abschied von der Normalfamilie? Partnerschaft und Elternschaft im Familiensystem.* Berlin: Springer.

Hershberger, S. L., Marcoulides, G. A. & Parramore, M. M. (2003). Structural equation modeling: an introduction. In B. H. Pugesek, A. Tomer & A. Eye (Hrsg.), *Structural equation modeling. Applications in ecological and evolutionary biology* (S. 3–41). Cambridge: Cambridge University Press.

Herst, D. (2003). *Cross-Cultural Measurement Invariance of Work/Family Conflict Scales Across English-Speaking Samples.* Dissertation, University of South Florida, College of Arts and Sciences.

Hertie-Stiftung (1999). *Unternehmensziel: Familienbewusste Personalpolitik* (Ergebnisse einer wissenschaftlichen Studie). Köln.

Hertie Stiftung (2003). *Strategien einer familienbewussten Familienpolitik: Berichtband.* Verfügbar unter http://www.familienhandbuch.de/cms/Familienpolitik_Hertie.pdf [11.12.2007].

Heß-Meining, U. & Tölke, A. (2005). *Familien- und Lebensformen.* In Bundesministerium für Familie, Senioren, Frauen und Jugend/W. Cornelißen (Hrsg.). Frauen und Jugend. 1. Datenreport zur Gleichstellung von Frauen und Männern in Deutschland (S. 214–265

Higgings, C., Duxbury, L. & Lee, C. (1994). Impact of life-cycle stage and gender on the ability to balance work and family responsibilities. Family Relations, 43, S.144-150.

Hill, R. (1964). Methodological Issues in Family Development Research. *Family Process, 3* (1), 186–206.

Hill, E. J. (2005). Work-family facilitation and conflict, working fathers and mothers, work-family stressors and support. *Journal of Family Issues, 26,* 793–819.

Hochschild, A. (1997). *The Time Bind: When Work Becomes Home and Home Becomes Work.* New York: Metropolitan Books.

Hoff, A. (2004). Nicht das Ende – neue Ansatzpunkte der Vertrauensarbeitszeit – Anmerkungen zum BAG-Beschluss vom 06.03.03. http://www.arbeitszeitberatung.de/dateien/publikationen/pdf/pub55.pdf am 18.12.2007

Hoff, A. (2007). *Warum auf Langzeit- und Lebensarbeitszeitkonten verzichtet werden sollte.* WSI-Mitteilungen 11/2007. Verfügbar unter http://www.arbeitszeitberatung.de/dateien/publikationen/pdf/pub85.pdf [18.12.2007].

Hoff, E.-H. (1986). *Arbeit, Freizeit und Persönlichkeit.* Bern: Huber.

Hoff, E.-H. (2002). *Arbeit und berufliche Entwicklung: Berichte aus dem Bereich "Arbeit und Entwicklung" am Institut für Arbeits-, Organisations- und Gesundheitspsychologie an der FU Berlin (Nr. 20).* Verfügbar unter http://psydok.sulb.uni-saarland.de/volltexte/2003/80/pdf/FB20_gesperrt.pdf [19.12.2007].

Hoff, E.-H., Grote, S., Dettmer, S., Hohner, H. H. & Olos, L. (2005). Work-Life-Balance: Berufliche und private Lebensgestaltung von Frauen und Männern in hoch qualifizierten Berufen. *Zeitschrift für Arbeits- und Organisationspsychologie, 49* (4), 196–207. Verfügbar unter http://www.charite.de/medsoz/mitarbeiter/dettmer/zao4904196.pdf [17.11.2007].

Hoffmann, E. & Walwei, U. (2000). *Strukturwandel der Erwerbsarbeit – Was ist eigentlich noch „normal"?* IAB-Kurzbericht Nr. 14. Nürnberg: IAB.

Holahan, C. K. & Gilbert, L. A. (1979). Interrole confict for working women: Careers versus jobs. *Journal of Applied Psychology, 64* (1), 86–90.

Honeycutt, T. L. & Rosen, B. (1997). Family friendly human resource policies, salary levels, and salient identity as predictors of organizational attraction. *Journal of Vocational Behavior, 50,* 271–290.

Hood, J. (1993). *Men, Work and Family.* Newbury Park: Sage.

Horn, J. L. (1965). A rationale and test for the number of factors in factor analysis. *Psychometrika, 30,* 179–185.

Horx, M. (2002). *Die acht Sphären der Zukunft: Ein Wegweise in die Kultur des 21. Jahrhunderts.* Wien: amalthea taschenbuch.

Horx-Strathern, O. (2001). *War for Talents: Die neue Arbeitswelt und die Personalpolitik der Zukunft.* Verfügbar unter http://www.zukunftsinstitut.de [03.01.2008].

Howard, A. (1992). Work and Family Crossroads Spanning the Career. In S. Zedeck (Hrsg.), *Work, Families and Organizations* (S. 70–137). San Fransico: Jossey-Bass Publishers.

Hoyos, C. Graf von (1974). *Arbeitspsychologie.* Stuttgart: Kohlhammer.

Hoyos, C. Graf von (1997). Arbeit. In S. Greif, H. Holling & N. Nicholson (Hrsg.), *Arbeits- und Organisationspsychologie. Internationales Handbuch in Schlüsselbegriffen* (S. 83–86). Weinheim: Beltz/ Psychologie Verlags Union.

Hoyos, C. Graf von & Frey, D. (1999). *Arbeits- und Organisationspsychologie: Ein Lehrbuch.* Weinheim: Psychologie Verlags Union.

Hradil, S. & Immerfall, S. (1997). *Die westeuropäischen Gesellschaften im Vergleich.* Opladen: Leske+Budrich.

Hu, L. & Bentler, P. M. (1998). Fit indices in covariance structure modeling: Sensitivity to underparameterized model misspecification. *Psychological Methods, 3,* 424–453.

Hu, L. & Bentler, P. M. (1999). Cut off criteria for fit indexes in covariance structure analysis: Conventional criteria versus new alternatives. *Structural Equation Modeling, 6* (1), 1–55.

Hube, G. (2005). *Beitrag zur Beschreibung und Analyse von Wissensarbeit: Entwicklung eines Systems zur Beschreibung von Wissensarbeit in Struktur und Prozess sowie Ableitung einer Methodik zur Analyse und Beurteilung von Wissensarbeit unter besonderer Berücksichtigung der Einflussfaktoren auf den Prozess von Wissensarbeit.* Dissertation, Universität Stuttgart, Fakultät Maschinenbau. Stuttgart. Verfügbar unter http://deposit.ddb.de/cgi-bin/dokserv?idn=97693910x&dok_var=d1&dok_ext=pdf&filename=97693910x.pdf [11.12.2007].

Hülskamp, E. (2005). Ursachen niedriger Fertilität: Soziologische, ökonomische und politische Einflussfaktoren. Inauguraldissertation zur Erlangung des akademischen Grades eines Doktors der Wirtschafts- und Sozialwissenschaften. Universität zu Köln. Verfügbar unter http://deposit.ddb.de/cgi-bin/dokserv?idn=980595320&dok_var=d1&dok_ext=pdf&filename=980595320.pdf [11.12.2007].

Hughes, D. L. & Galinsky, E. (1994). Gender, job and family conditions, and psychological symptoms. *Psychology of Women Quarterly, 18,* 251–270.

Hundley, G. (2001). Domestic division of labor and self/organizationally employed differences in job attitudes and earnings. *Journal of Family and Economic Issues, 22,* 121–139.

Hunziger, A. & Kesting, M. (2003). Work-Life-Balance von Führungskräften – Ergebnisse einer internationalen Befragung von Top-Managern 2002/2003. In B. Badura, H. Schellschmidt & C. Vetter (Hrsg.), *Fehlzeiten-Report 2003. Wettbewerbsfaktor Work-Life-Balance.*

Hurley, A. E., Scandura, T. A., Schriesheim, C. A., Brannick, M. T., Seers, A., Vandenberg, R. J. & Williams, L. J. (1997). Exploratory and confirmatory factor analysis: guidelines, issues and altneratives. *Journal of Organizational Behavior, 18,* 667–683.

ILO - International Labour Organisation (1998). *Impact of flexible labour market arrangements in the machinery electrical and electronic industries.* Verfügbar unter http://www.ilo.org/public/english/dialogue/sector/techmeet/tmmei98/tmmeir1.htm [09.03.2007].

Ingersoll-Dayton, B., Neal, M. B. & Hammer, L. B. (2001). Aging parents helping adult children: The experience of the sandwiched generation. *Family Relations: Interdisciplinary Journal of Applied Studies, 50,* 262–271.

Inglehart, R. (1977). *The Silent Revolution.* Princeton: Princeton University Press.

Institut der deutschen Wirtschaft (2003). *Monitor Familienfreundlichkeit.* Verfügbar unter http://www.iwconsult.de/lokales/trends04-03-2.pdf [11.01.2008].

Institute of Personnel and Development IPD (1999). *Living to work?* London.

Ivancevich, J. M. & Ganster, D. C. (1987). *Job Stress: From theory to suggestion.* New York: Haworth Press.

Izraeli, D. (1989). Burning out in medicine: A comparison of husbands and wives in dual career families. In E. B. Goldsmith (Hrsg.), *Work and Family. Theory, Research and Applications* (S. 329–346). London: Sage Publications.

Izraeli, D. N. (1993). Work/family conflict among women and men managers in dual-career couples in Israel. *Journal of Social Behavior and Personality, 8* (3), 371–388.

Jackson, D. (1993). Stopping rules in principal components analysis: a comparison of heuristical and statistical approaches. *Ecology, 74,* 2204–2214.

Jackson, S. E. & Maslach, C. (1982). After-effects of job-related stress: Families as victims. *Journal of Occupational Behavior, 3,* 63–77.

Jacobshagen, N., Amstad, F. T., Semmer, N. & Kuster, M. (2005). Work-Family-Balance im Topmanagement: Konflikt zwischen Arbeit und Familie als Mediator der Beziehung zwischen Stressoren und Befinden. *Zeitschrift für Arbeits- und Organisationspsychologie, 49* (4), 208–219.

Jahn, E. W., Thompson, C. A. & Kopelman, R. E. (2003). Rationale and construct validity evidence for a measure of perceived organizational family support (POFS): Because purported practices may not reflect reality. *Community, Work and Family, 6,* 123–140.

Jahoda, M. (1983). *Wieviel Arbeit braucht der Mensch? Arbeit und Arbeitslosigkeit im 20. Jahrhundert.* Weinheim: Beltz.

Jahoda, M., Lazarsfeld, P. F. & Zeisel, H. (1978). *Die Arbeitslosen von Marienthal: Ein soziographischer Versuch über die Wirkungen langandauernder Arbeitslosigkeit.* Frankfurt: Suhrkamp.

Jansen, N., Kant, I., Kristensen, T. S. & Nijhuis, F. (2003). Antecedents and consequences of work-family conflict: A prospective cohort study. *Journal of Occupational and Environmental Medicine, 45* (5), 479–491.

Jex, S. M. & Elacqua, T. C. (1999). Time management as a moderator of relations between stressors and employee strain. *Work and Stress, 13,* 182–191.

John, O. P., Donahue, E. M. & . Kentle, R. L. (1991). *The "Big Five" Inventory – Versions 4a and 54.* Berkeley: University of California.

Johnson, A. & Jackson, P. (1998). *A longitudinal investigation into the experience of male managers who have re-entered the workforce after redundancy, and their families.* Proceedings of the International Work Psychology Conference. Sheffield, England.

Jones, F., Burke, R. J. & Westman, M. (2006a). Introduction: Work-life-balance: key issues. In F. Jones, R. Burke & M. Westman (Hrsg.), *Work-Life-Balance. A Psychological Perspective.* New York: Psychology Press.

Jones, F., Burke, R. J. & Westman, M. (2006b). *Managing the work-home interface.* New York: Psychology Press.

Jones, F. & Fletcher, B. C. (1993). An empirical study of occupational stress transmission in working couples. *Human Relations, 46,* 881–903.

Judge, T. A., Boudreau, J. & Bretz, R. D. (1994). Job and life attitudes of male executives. *Journal of Applied Psychology, 79,* 767–782.

Judge, T. A., Higgins, C. A., Thoresen, C. J., & Barrick, M. R. (1999). The Big Five personality traits, general mental ability, and career success across the life span. *Personnel Psychology, 52*(3), 621-652.

Judge, T. A., Thoresen, C. J., Bono, J. E. & Patton, G. K. (2001). The job satisfaction-job performance relationship: A qualitative and quantitative review. *Psychological Bulletin, 127* (3), 376–407.

Judiesch, M. & Lyness, K. (1999). Left behind? The impact of leaves of absence on managers' career success. *Academy of Management Journal, 42,* 641–651.

Jürgens, K. (2000). Auf der Suche nach Zeitwohlstand. In J. Engelmann & M. Wiedemeyer (Hg.). Kursbuch Arbeit. Stuttgart: Deutsche Verlags Anstalt DVA. 188-200.

Jürgens, K. & Reinecke, K. (1997). Die "28,8-Stunden-Woche" bei Volkswagen: Ein neues Arbeitszeitmodell und seine Auswirkungen auf familiale Lebenszusammenhänge von Schichtarbeitern. In H. Geiling (Hrsg.), *Integration und Ausgrenzung* (S. 309–328). Hannover: Offizin.

Jürgens, K. & Reinecke, K. (1998). *Zwischen Volks- und Kinderwagen. Auswirkungen der 28,8-Stunden-Woche bei der VW AG auf die familiale Lebensführung von Industriearbeitern.* Berlin: Edition Sigma.

Jugendwerk der Deutschen Shell (1997). *Jugend '97: Zukunftsperspektiven, Gesellschaftliches Engagement, Politische Orientierungen.* Opladen: Leske + Budrich.

Juncke, D. (2005). *Betriebswirtschaftliche Effekte familienbewusster Personalpolitik: Forschungsstand.* Forschungszentrum Familienbewusste Personalpolitik – Arbeitspapier Nr. 1 / 2005. Westfälische Wilhems-Universität Münster. Verfügbar unter http://www.ffp-muenster.de/Arbeitspapier/Arbeitspapier_FFP_2005_1 [11.01.2008].

Jurczyk, K. (2004). Familie in einer neuen Arbeitswelt – Herausforderungen für eine nachhaltige Familienpolitik. In Eidgenössische Koordinationskommission für Familienfragen EKFF (Hrsg.), *Zeit für Familien. Beiträge zur Vereinbarkeit von Familien- und Erwerbstätigkeit aus familienpolitischer Sicht.* Verfügbar unter http://www.bsv.admin.ch/organisa/kommiss/ekff/d/zeit_fuer_familien_def.pdf [18.07.2005].

Kadel, P. (1986). Flexibilisierung der Arbeitszeit – mehr als reine Arbeitszeitverkürzung. *Die Wirtschaft, 2,* 64–67.

Kadel, P. & Weitbrecht, H. (1997). Arbeitszeit. In Luczak & W. Volpert (Hrsg.), *Handbuch der Arbeitswissenschaft.* Stuttgart: Schäffer-Poeschel Verlag.

Kadishi, B. (2002). *Schlüsselkompetenzen wirksam erfassen: Personalselektion ohne Diskriminierung.* Altstätten: Tobler Verlag.

Kahn, R. L., Wolfe, D. M., Quinn, R., Snoek, J. D. & Rosenthal, R. A. (1964). *Organizational Stress.* New York: Wiley.

Kalveram, A. B. & Trimpop, R. (2002). Psychische Wirkmechanismen in der berufsbezogenen Rehabilitation - MARUS - Ein alternatives Rehabilitationskonzept. In R. Trimpop, B. Zimolong & A. B. Kalveram (Hrsg.), *11. Workshop Psychologie der Arbeitssicherheit.* Heidelberg: Asanger Verlag.

Kalveram, A. B., Trimpop, R. & Kracke, B. (2004). Initiative Neue Qualität der Arbeit: Stressreduktion in Arbeit, Freizeit und Familie bei familialer und beruflicher Doppelbelastung - Das Projekt StrAFF bei VW. In B. Badura, H. Schellschmidt & C. Vetter (Hrsg.), *Fehlzeiten Report 2003. Zahlen Daten, Analysen aus allen Branchen der Wirtschaft. Wettbewerbsfaktor Work-Life-Balance.* Betriebliche Strategien zur Vereinbarkeit von Beruf, Familie und Privatleben (S. 195–211). Berlin.

Karasek, R. & Theorell, T. (1990). *Healthy work: stress, productivity, and the reconstruction of working life.* New York, NY: Basic Books.

Kasper, H., Scheer, P. J. & Schmidt, A. (2002). *Managen und Lieben: Führungskräfte im Spannungsfeld zwischen Beruf und Privatleben.* Frankfurt a. M.: Redline Wirtschaft bei Ueberreuter.

Kast, R. (2006). Personalentwicklung im demografischen Wandel. *Wirtschaftpsychologie aktuell, 13* (4), 32–36.

Kastner, M. (2002). *Work-Life-Balance: Schwerpunkte der Forschung: Bundesarbeitsblatt 9/2002.* Vortrag gehalten auf dem Kongress Initiative Neue Qualität (INQA) der Arbeit, 16./17. Juni 2002 in Berlin. Verfügbar unter http://www.inqa.de/Inqa/Navigation/root,did=34988.html [11.12.2007].

Kastner, M. (2004). *Work Life Balance als Zukunftsthema: Die Zukunft der Work-Life-Balance. Wie lassen sich Beruf und Familie, Arbeit und Freizeit miteinander vereinbaren?* Kröning: Asanger Verlag.

Kastner, M. & Gerlmaier, A. (1999). Neue Belastungen in einer sich wandelnden Arbeitswelt: Veränderungen in der Arbeitswelt verlangen neue Ansätze zur Unterstützung einer besseren Balance von Arbeit und Leben. *Personalführung Plus, 32* (2), 6–15.

Kastner, M. & Müller, I. (2003). Work Life Balance: Schwerpunkte der Forschung. *Sichere Arbeit, 1.*

Kaufmann, F.-X. (1997). *Herausforderungen des Sozialstaates.* Frankfurt: Suhrkamp.

Kawachi, I., Colditz G., Stampfer M., Willett W., Manson J. & Speizer F. (1995). Prospective study of shift work and risk of coronary heart desease in women. *Circulation, 23,* 257–265.

Keddi, B. (2003). *Projekt Liebe: Lebensthemen und biografisches Handeln junger Frauen in Paarbeziehungen.* Opladen: Leske+Budrich.

Keddi, B., Pfeil, P., Strehmel, P. & Wittmann, S. (1999). *Lebensthemen junger Frauen – die andere Vielfalt weiblicher Lebensentwürfe.* Opladen: Leske+Budrich.

Keith, P. M. & Schafer, R. B. (1980). Role strains and depression in two-job families. *Family Relations, 29,* 483–488.

Kelloway, E. K. (1995). Structural equation modeling in perspective. *Journal of Organizational Behavior, 16,* 215–224.

Kelloway, E. K., Gottlieb, B. H. & Barham, L. (1999). The source, nature, and direction of work and family conflict: a longitudinal investigation. *Journal of Occupational Health Psychology, 4,* 337–346.

Keown, L.-A. (2007). *Time escapes me: Workaholics and time perception.* Statistics Canada — Catalogue No. 11-008. Verfügbar unter http://www.statcan.ca/english/freepub/11-008-XIE/2007001/pdf/11-008-XIE20070019629.pdf [08.12.2007].

Keupp, H. (1997). Diskursarena Identität: Lernprozesse in der Identitätsforschung. In H. Keupp & R. Höfer (Hrsg.), *Identitätsarbeit heute. Klassische und aktuelle Perspektiven der Identitätsforschung* (S. 11–39). Frankfurt.

Keupp, H., Kraus, W. & Strauss, F. (2000). Civics matters: Motive, Hemmnisse und Fördermöglichkeiten bürgerschaftlichen Engagements. In U. Beck (Hrsg.), *Die Zukunft von Arbeit und Demokratie* (S. 217–268). Frankfurt/M: Suhrkamp.

Kieser, A. & Kubicek, H. (1992). *Organisation* (3. Aufl.). Berlin: De Gruyter.

Kilger, G. (2002). Wege in die Arbeitswelt von morgen. *Bundesarbeitsblatt 7/8-2002,* 10–13.

Kim, J. L. S. & Ling, C. S. (2001). Work-family conflict of women entrepreneurs in Singapore. *Women in Management Review,* 16 (5). 204-221.

Kinnunen, U. & Mauno, S. (1998). Antecedents and outcomes of work-family conflict among employed women and men in Finland. *Human Relations, 51,* 157–177.

Kinnunen, U., Vermulst, A., Gerris, J. & Makikangas, A. (2003). Work-family conflict and its relation to well-being: the role of personality as a moderating factor. *Personality and Individual Differences, 35,* 1669-1683.

Kirchmeyer, C. (1992). Perceptions of nonwork-to-work spillover: Challenging the common view of conflict-ridden domain relationships. *Basic and Applied Social Psychology, 13*, 231–249.

Klages, H. & Gensicke, T. (1999). Bürgerschaftliches Engagement im Ost-West-Vergleich. In H. Klages & T. Gensicke (Hrsg.), *Speyerer Forschungsberichte 193: Wertewandel und bürgerschaftliches Engagement an der Schwelle zum 21. Jahrhundert* (S. 53–72). Speyer.

Klages, H. (1985). *Wertorientierung im Wandel.* Frankfurt/M.: Campus.

Klages, H. (1992). Der gegenwärtige Stand der Wert- und Wertewandelforschung- Probleme und Perspektiven. In H. Klages, H.-J. Hippler & W. Herbert (Hrsg.), *Werte und Wandel. Ergebnisse und Methoden einer Forschungstradition* (S. 5–39). Frankfurt/M.: Campus.

Klages, H. (2000). Engagement und Engagementpotential in Deutschland: Erkenntnisse der empirischen Forschung. In U. Beck (Hrsg.), *Die Zukunft von Arbeit und Demokratie* (S. 151–170). Frankfurt/M: Suhrkamp.

Klenner, C. (2004). *Erwartungen an einen familienfreundlichen Betrieb: Erste Auswertung einer repräsentativen Befragung von Arbeitnehmerinnen und Arbeitnehmern mit Kindern oder Pflegeaufgaben.* (Bundesministerium für Familie, Senioren, Frauen und Jugend). Verfügbar unter http://www.bmfsfj.de/RedaktionBMFSFJ/Broschuerenstelle/Pdf-Anlagen/erwartungen-familienfreundlicher-betrieb,property=pdf.pdf [11.12.2007].

Klenner, C. (2005). *Balance von Beruf und Familie: Ein Kriterium guter Arbeit.* WSI-Mitteilungen 4/2005. S. 207-213.

Klenner, C. & Schmidt, T. (2007). *Familienfreundlicher Betrieb – Einflussfaktoren aus Beschäftigtensicht.* WSI-Mitteilungen 9/2007, S. 494-501.

Klimpel, M. & Schütte, T. (2006). *Work-Life-Balance: Eine empirische Erhebung.* München: Rainer Hampp Verlag.

Kline, P. (1997). *An Easy Guide to Factor Analysis.* London: Routledge.

Klipstein, M. & Strümpel, B. (1985). *Gewandelte Werte - Erstarrte Strukturen: Wie die Bürger Wirtschaft und Arbeit erleben.* Bonn: Neue Gesellschaft.

Kochan, T. A. (2001). *Dringend gebraucht: Neue Initiativem für eine globale Arbeits- und Beschäftigungspolitik.* WSI Mitteilungen, 10/2002. S.555-565. Verfügbar unter http://www.boeckler.de/pdf/wsimit_2002_10_kochan.pdf [30.01.2008].

Kondratjew, N. D. (1926). *Die langen Wellen der Konjunktur.*

Konietzka, D. (1999a). *Ausbildung und Beruf: Die Geburtsjahrgänge 1919-1961 auf dem Weg von der Schule in das Erwerbsleben.* Opladen: Westdeutscher Verlag.

Konietzka, D. (1999b). Beruf und Ausbildung im Generationenvergleich. In K. Harney & H.-E. Tenorth (Hrsg.), *Beruf und Berufsbildung. Situation, Reformperspektiven, Gestaltungsmöglichkeiten* (Bd. 40) (S. 289–320).

König, H., Greiff, B. & Schauer, H. (1990). *Sozialphilosophie der industriellen Arbeit.* Opladen: Westdeutscher Verlag.

König, O. (1996). Die Rolle der Familie in der Soziologie: Unter besonderer Berücksichtigung der Familiensoziologie René Königs. *Familiendynamik* (3), 239–267.

Kopelman, R., Greenhaus, J. & Connolly, T. (1983). A model of work, family and interrole conflict: A construct validation study. *Organizational Behavior and Human Performance, 32,* 198–215.

Kossek, E. E. (1990). Diversity in child care assistance needs: Employee problems, preferences, and work-related outcomes. *Personnel Psychology, 43,* 769-791.

Kossek, E. E., Colquitt, J. A. & Noe, J. A. (2001). Caregiving decisions, well-being, and performance: The effects of place and provider as a function of dependent type and work-family climates. *Academy of Management Journal, 44* (1), 29–44.

Kossek, E. E. & Lobel, S. (1996). *Managing diversity: Human resource strategies for transforming the workplace.* Cambridge, MA: Blackwell Publishers.

Kossek, E. E. & Nichol, V. (1992). The effects on-site child care on employee attitudes and performance. *Personnel Psychology, 45*, 485-509.

Kossek, E. E. & Ozeki, C. (1998). Work-family conflict, policies and the job-life satisfaction relationship: A review and directions for future organizational behavior-human resources research. *Journal of Applied Psychology, 83*, 139–149.

Kossek, E. E. & Ozeki, C. (1999). Bridging the work-family policy and productivity gap: a literature review. *Community, Work & Family, 2*, 7–32.

Kracke, B., Kirkcaldy, B., Rehmer, S., Kalveram, A. B. & Trimpop, R. (2003). Evaluation eines Pilotprojektes zur Gesundheitsförderung und Stresskompetenzentwicklung bei familialer Doppelbelastung (StrAFF). In H.-G. Giesa, K.-P. Timpe & U. Winterfeld (Hrsg.), *Psychologie der Arbeitssicherheit und Gesundheit. 12 Workshop 2003* (S. 73–76). Heidelberg: Asanger Verlag.

Krappmann, L. (2000). *Soziologische Dimensionen der Identität. Strukturelle Bedingungen für die Teilnahme an Interaktionsprozessen* (9. Aufl.). Stuttgart: Klett-Cotta.

Kratzer, N., Sauer, D., Hacket, A. & Trinks, K. (2003). *Flexibilisierung und Subjektivierung von Arbeit - Zwischenbericht zur „Berichterstattung zur sozioökonomischen Entwicklung der Bundesrepublik Deutschland: Arbeit und Lebensweisen".* München: ISF.

Kreiner, G. (2006). Consequences of work-home segmentation or integration: a person-environment fit perspective. *Journal of Organizational Behaviour, 27*, 485–507.

Krell, G. & Ortlieb, R. (2004). Chancengleichheit von Frauen und Männern in der Privatwirtschaft: Eine Befragung des Managements von 500 Unternehmen zur Umsetzung der Vereinbarung zur Förderung der Chancengleichheit (Im Auftrag des Deutschen Gewerkschaftsbundes und der Hans-Böckler-Stiftung). Berlin.

Kress, U. (1998). Vom Normalarbeitsverhältnis zur Flexibilisierung des Arbeitsmarktes – Ein Literaturbericht: Mitteilungen aus der Arbeitsmarkt- und Berufsforschung. *Schwerpunktheft: Wandel der Organisationsbedingungen von Arbeit, 31* (3), 488–505.

Künzler, J. (1994). Partnerschaft und Elternschaft im Familiensystem. In A. Herlth, E. J. Brunner, H. Tyrell & J. Kriz (Hrsg.), *Abschied von der Normalfamilie? Partnerschaft und Elternschaft im Familiensystem*. Berlin: Springer.

Kuhnert, P. & Kastner, M. (2002). Neue Wege in Beschäftigung – Gesundheitsförderung bei Arbeitslosigkeit. In B. Röhrle (Hrsg.), Bd. 2. Prävention und Gesundheitsförderung (S. 373–406). Tübingen: DGVT-Verlag.

Lachenmaier, W. (2004). *Kinderbetreuung fördert Erwerbsbeteiligung von Müttern – und steigert Familieneinkommen*. Verfügbar unter http://www.familienhandbuch.de/cmain/f_Fachbeitrag/a_Familienforschung/s660.html [13.09.2004].

Landau, K. (1990). *Der Wert der Hausarbeit: Begriffslexikon und Arbeitsbewertungsverfahren*. München: Lexika.

Larson, R., & Richards, M.H. (1994). Divergent realities: The emotional lives of mothers, fathers, and adolescents. New York: Basic Books.

Lauterbach, W. & Sacher, M. (2001). Erwerbseinstieg und erste Erwerbsjahre: Ein Vergleich von vier westdeutschen Geburtskohorten. *Kölner Zeitschrift für Sozialpsychologie, 53* (2), 258–282.

Lee, C. & Duxbury, L. (1998). Employed Parents´ Support From Partners, Employers, and Friends. *The Journal of Social Psychology, 138*, 303-322.

Lehndorff, S. (2003). *Die Delegation von Unsicherheit – Flexibilität und Flexibilitätsrisiken in der Dienstleistungsarbeit: EAP-Diskussionspapier 9*. Beitrag zum Projektworkshop vom 6.–7. November 2003. Wien: Forschungs- und Beratungsstelle Arbeitswelt. Verfügbar unter http://www.node-research.at/dokumente/upload/0016/09EAP%20Diskussionspapier%209%20Lehndorff.pdf [11.01.2008].

Leidenfrost, J. (2004). "Top performance needs top balance" – Wer Leistung will, muss Leben fördern. In Work Life Balance Expert Group (Hrsg.), *Work Life Balance. Leistung und Liebe leben* (S. 170–199). Frankfurt a. M.: Redline Wirtschaft.

Lengerer, A. (2004). Familienpolitische Regimetypen in Europa und ihre Bedeutung für den Wandel der Familie. *Zeitschrift für Bevölkerungswissenschaft, 29* (1), 99–121.

Leuenberger, T. & Ruffmann, K.-H. (1977). *Bürokratie - Motor oder Bremse der Entwicklung?* Bern: Lang.

Levine, R. (1997). *Eine Landkarte der Zeit: Wie Kulturen mit Zeit umgehen.* München: Pieper Verlag.

Lewis, S. & Smithson, J. (2001). Sense of entitlement to support for the reconciliation of employment and family life. *Human Relations, 54*, 1145–1481.

Lewis, S., Rapoport, R. & Gambles, R. (2003). Reflections on the Integration of Paid Work with the Rest of Life. *Journal of Managerial Psychology, 18* (8), 824–841.

Ley, K. & Borer, C. (1992). *Und sie paaren sich wieder: Über Fortsetzungsfamilien.* Tübingen: Diskord.

Lienert, G. & Raatz, U. (1994). *Testaufbau und Testanalyse* (5. Aufl.). Weinheim: Psychologie Verlags Union.

Liesmann, K. P. (2000). Im Schweiße deines Angesichts. In U. Beck (Hrsg.), *Die Zukunft von Arbeit und Demokratie* (S. 85–107). Frankfurt/M: Suhrkamp.

Lind, G. (2005). *Effektstärken: Statistische versus praktische und theoretische Bedeutsamkeit.* Universität Konstanz. Verfügbar unter http://www.uni-konstanz.de/ag-moral/pdf/Lind-2005_Effektstaerke-Vortrag.pdf [11.01.2008].

Lingard, H. & Francis, V. (2004). The work-life experiences of office and site-based employees in the Australian construction industry. *Construction Management & Economy, 22* (9), 991–1002.

Linton, R. (1936). *The study of man.* New York: Appleton-Century-Crofts.

Lobel, S. A. & Faught, L. (1996). Four methods for Proving the Value of Work/Life Interventions. *Compensation and Benefits Review, 28* (6), 50–57.

Lobel, S. A. & Kossek, E. (1996). Human resource strategies to support diversity in work and personal lifestyles: Beyond the 'family-friendly' organization. In E. Kossek & S. Lobel (Hrsg.), *Managing diversity. Human resource strategies for transforming the workplace* (S. 221–244). Cambridge, MA: Blackwell Publishers.

Loerch, K. J., Russell, J. E. & Rush, M. C. (1989). The relationships among family domain variables and work-family conflict for men and women. *Journal of Vocational Behavior, 35*, 288–308.

Long Dillworth, J. E. (2004). Predictors of Negative Spillover From Family to Work. *Journal of family Issues, 25* (2), 241–261.

Long, N. R. & Voges, K. E. (1987). Can wives perceive the source of their husbands' occupational stress. *Journal of Occupational Psychology, 60*, 235–242.

Luczak, H. (2003). *Tagungsband der GFA Herbstkonferenz 2003: Kooperation und Arbeit in vernetzten Welten.* Stuttgart: ergonomia.

Luczak, H. & Volpert, W. (1997). *Handbuch Arbeitswissenschaft.* Stuttgart: Schäffer-Poeschel.

Ludwig-Mayerhofer, W. (1996). Was heißt, und gibt es kumulative Arbeitslosigkeit? Untersuchungen zu Arbeitslosigkeitsverläufen über 10 Jahre. In W. Zapf, J. Schupp & R. Habich (Hrsg.), *Lebenslagen im Wandel. Sozialberichterstattung im Längsschnitt* (S. 210–239). Frankfurt a.M.: Campus.

Lüders, E., Resch, M. & Weyerich, A. (1992). Auswirkungen psychischer Anforderungen und Belastungen in der Erwerbsarbeit auf das außerbetriebliche Handeln. *Zeitschrift für Arbeits- und Organisationspsychologie, 2*, 92–97.

Luk, D. M. & Shaffer, M. A. (2005). Work and family domain stressors and support: Within- and cross-domain influences on work-family conflict. *Journal of Occupational and Organizational Psychology, 78*, 489–508.

Lutz, B., Hartmann, M. & Hirsch-Kreinsen, H. (1996). *Produzieren im 21. Jahrhundert - Herausforderungen für die deutsche Industrie.* München: Campus.

MacCallum, R. C., Widaman, K. F., Zhang, S. & Hong, S. (1999). Sample size in factor analysis. *Psychological Methods, 4*, 84–99.

Maelicke, B. (1994). Sozialpolitische Rahmenbedingungen in den 90`er Jahren. In B. Maelicke (Hrsg.), *Beratung und Entwicklung sozialer Organisationen* (S. 9–18). Baden-Baden: Nomos Verlagsgesellschaft.

Maihofer, A., Böhnisch, T. & Wolf, A. (2001). *Wandel der Familie: Zukunft der Gesellschaft: Arbeitspapier 48.* Düsseldorf: Hans Böckler-Stiftung.

Major, D. A. & Germano, L. M. (2006). The changing nature of work an its impact on the work-home interface. In F. Jones, R. Burke & M. Westman (Hrsg.), *Work-Life-Balance. A Psychological Perspective* (S. 13–38). New York: Taylor & Francis.

Mallard, A. G. C., & Lance, C. E. (1998). Development and evaluation of a parent - employee interrole conflict scale.Social Indicators Research, 45, 343-370.

Marks, N. F. (1998). Does it hurt to care? Caregiving, work-family conflict, and midlife well-being. *Journal of Marriage and the Family, 60* (4), 951–966.

Marks, S. R. (1977). Multiple Roles and Role Strain. *American Sociological Review, 42*, 921–936.

Martin, E., Udris, I., Ackermann. U. & Oegerli, K. (1980). *Monotonie in der Industrie: 31.* Schriften zur Arbeitspsychologie, 31.

Marx, K. & Engels, F. (1962). *Werke.* Berlin/DDR: Dietz Verlag.

Marx, K. (1962). Das Kapital: Kritik der politischen Ökonomie. In K. Marx & F. Engels (Hrsg.), *Werke* (Bd. 23). Berlin/DDR: Dietz Verlag.

Marx, K. (1968). Ökonomisch-philosophische Manuskripte aus dem Jahre 1844. In K. Marx & F. Engels (Hrsg.), *Ergänzungsband, 1. Teil* (S. 465–588). Berlin/DDR: Dietz Verlag.

Maslow, A. (1954). *Motivation and Personality.* New York: Harper.

MASSKS Ministerium für Arbeit, Soziales und Stadtentwicklung, Kultur und Sport des Landes Nordrhein Westfalens (2000). Arbeitszeit '99. Ergebnisse einer repräsentativen Beschäftigtenbefragung zu traditionellen und neuen Arbeitszeitformen in der Bundesrepublik Deutschland. Köln.

Matthes, J. (1982). *Krise der Arbeitsgesellschaft? Verhandlungen des 21. Deutschen Soziologentages in Bamberg 1982.* Frankfurt/M.

Matzner, M. (1998). *Vaterschaft heute: Klischees und soziale Wirklichkeit.* Frankfurt/M.: Campus.

Mauno, S. & Kinnunen, U. (1999). Job insecurity and well-being: a longitudinal study among male and female employees in Finland. *Community, Work & Family, 2* (2), 147–171.

Mauno, S., Kinnunen, U. & Piitulainen, S. (2005). Work-family culture in four organizations: Examining antecedents and outcomes. *Community, Work and Family, 8* (2), 115–140.

Mauno, S., Kinnunen, U. & Pyykkö, M. (2005). Does work-family conflict mediate the relationship between work-family culture and self reported distress? Evidence from five Finnish organizations. *Journal of Occupational and Organizational Psychology, 78*, 509–530.

Maunz, T., Dürig, G., Herzog, R. & Scholz, R. (1958.). *Grundgesetz: Kommentar,* 6. Losleblatt-Ausgabe. München: Beck.

Mayo, E. (1930). *The human effect of mechanization: The American Economic Review*, Vol. 20, No. 1. *Papers and Proceedings of the 42th Annual Meeting of the American Economics Association*, 156–176.

McCrae, R. R. & Costa, P. T. (1985). *The NEO Personality Inventory – Manual.* Odessa: Psychological Assessment Resources.

McCrae, R. R. & Costa, P. T. (1992). *Revised NEO Personality Inventory (NEO-PI-R) and NEO Five Factor Inventory – Professional Manual.* Odessa: Psychological Assessment Resources.

McGregor, D. (1960). *The Human Side Of Enterprise.* New York: McGraw-Hill.

McManus, K., Korabik, K., Rosin, H. M. & Kelloway, E. K. (2002). Employed mothers and the work-family interface: Does family structure matter? *Human Relations, 55* (11), 1295–1323.

Mead, G. H. (2005). *Geist, Identität und Gesellschaft aus Sicht des Sozialbehaviorismus* (Nachdruck). Frankfurt a.M.: Suhrkamp.

Mertens, D. (1988). *Konzepte der Arbeitsmarkt- und Berufsforschung, Beiträge aus der Arbeitsmarkt und Berufsforschung* (3. erweiterte und überarbeitete Auflage). Nürnberg.

Mesmer-Magnus, J. R. & Viswesvaran, C. (2005). Convergence between measures of work-to-family and family-to-work conflict: A meta-analytic examination. *Journal of Vocational Behavior, 67,* 215–232.

Metz-Göckel, S. & Müller, U. (1986). *Der Mann: Die Brigitte-Studie.* Weinheim: Beltz.

Meuser, M. (1998). *Geschlecht und Männlichkeit: Soziologische Theorie und kulturelle Deutungsmuster.* Opladen: Leske + Budrich.

Meuser, M. (2004). Junge Männer: Aneignung und Reproduktion von Männlichkeit. In R. Becker & B. Kortendiek (Hrsg.), *Handbuch Frauen- und Geschlechterforschung. Theorie, Methoden, Empirie* (S. 370–376). Wiesbaden: Verlag Sozialwissenschaften.

Meyer, M. (2006). *Pflegende Angehörige in Deutschland: Überblick über den derzeitigen Stand und zukünftige Entwicklungen.* Deutsche Überarbeitung des „National Background Report for Germany", des EU-Projektes EUROFAMCARE "Services for Supporting Family Carers of Elderly People in Europe: Characteristics, Coverage and Usage". Institut für Medizin-Soziologie im Universitätsklinikum Hamburg-Eppendorf. Verfügbar unter http://www.uke.uni-hamburg.de/extern/eurofamcare/documents/nabares/nabare_germany_de_final_a4.pdf [05.01.2008].

Mieg, H. A. & Wehner, T. (2002). *Frei-gemeinnützige Arbeit: Eine Analyse aus Sicht der Arbeits- und Organisationspsychologie.* Harburger Beiträge zur Psychologie und Soziologie der Arbeit, Nr. 33, 2002. Verfügbar unter http://psydok.sulb.uni-saarland.de/volltexte/2005/480/pdf/hb33.pdf [14.12.2007].

Mohr, G. (1997). *Erwerbslosigkeit, Arbeitsplatzunsicherheit und psychische Befindlichkeit* (5. Aufl.). Frankfurt/M.: Peter Lang, Europäischer Verlag der Wissenschaften.

Mohr, G. & Otto, K. (2005). Schöne neue Arbeitswelt: Risiken und Nebenwirkungen. *Report Psychologie, 6,* 260–267.

Möller, I. & Allmendinger, J. (2003). *IAB-Kurzbericht vom 6. August 2003.* Verfügbar unter http://doku.iab.de/kurzber/2003/kb1203.pdf [11.01.2008].

Moser, K. (2007). *Wirtschaftspsychologie.* Heidelberg: Springer.

Moss, P. & Deven, F. (2000). *Parental Leave: Progress or Pitfall?* The Hague/Brussels: NIDI/CBGS Publications.

MOW-Meaning of Working International Research Team (1987). *The Meaning of Working – an International View.* London: Academic Press.

Müller, J., Manz, R. & Hoyer, J. (2002). Was tun, wenn die Teststärke zu gering ist? Eine praktikable Strategie für Prä-Post-Designs. *Psychotherapie, Psychosomatik, Medizinische Psychologie 2002, 52,* 408–416.

Müller, U. (1999). Zwischen Licht und Grauzone: Frauen in Führungspositionen. *Arbeit, 8,* 137–161.

Nachreiner, F. (1975). Role perception, job satisfaction and attitudes towards shiftwork of workers in different shift systems as related to situational and personal factors. In P. Colquhoun, S. Folkard, P. Knauth & J. Rutenfranz (Hrsg.), *Experimental studies of shiftwork* (S. 48–56). Opladen.

Nachreiner, F. (1984). Psychologische Probleme der Arbeitszeit – Schichtarbeit und ihre psychosozialen Konsequenzen. *Universitas, 39*, 349–356.

Nachreiner, F. (2007). *Flexible Arbeitszeiten vs. Work Life Balance: Vortrag auf der 23. Arbeitsmedizinischen Herbsttagung 04. - 06.10.2007.* Verband Deutscher Betriebs- und Werksärzte (VDBW), Köln. Verfügbar unter http://www.gawo-ev.de/Material/Nachreiner%20Flex%20WLB.pdf [18.12.2007].

Nachreiner, F., Grzech-Sukalo, H., Hänecke, K. L., Dieckmann, P., Eden, J. & Lochmann, R. (2000). *Arbeitszeit ergonomisch gestalten: Eine Software zur Gestaltung von Schichtplänen.* Schriftenreihe der Bundesanstalt für Arbeitsschutz und Arbeitsmedizin.

Nachreiner, F., Lenzig, K. & Janßen, D. (2002). *Fragebogen für Arbeitnehmer/-innen: Flexible Arbeitszeiten.* Verfügbar unter www.e-tide.de/fragebogen/fragebogen.htm [11.01.2008].

Naisbitt, J. (1982). *Megatrends: Ten new directions transforming our lives.* New York: Warner Books.

Napp-Peters, A. (1985). *Ein-Elternteil-Familien: Soziale Randgruppe oder ein neues familiales Selbstverständnis?* Weinheim.

Nauck, B. (1989). Familiales Freizeitverhalten. In R. Nave-Herz, M. Marefka (Hrsg.), *Handbuch der Familienforschung* (S.325-344). Neuwied: Luchterhand.

Nave-Herz, R. (2004). *Ehe- und Familiensoziologie: Eine Einführung in Geschichte, theoretische Ansätze und empirische Befunde.* Weinheim, München: Juventa Verlag.

Nefiodow, L. A. (1991). *Der fünfte Kondratieff: Strategien zum Strukturwandel in Wirtschaft und Gesellschaft*(2)1991. Wiesbaden.

Nelson, D. L. & Burke, R. J. (2002). *Gender, work, stress, and health.* Washington, D.C.: APA Books.

Nerdinger, F. W. (1995). *Motivation und Handeln in Organisationen.* Stuttgart: Kohlhammer.

Netemeyer, R. G., Boles, J. S. & McMurrian, R. (1996). Development and validation of work-family conflicts and work-family-conflict scales. *Journal of Applied Psychology, 81*, 400–410.

Neuberger, O. (1985). *Arbeit. Begriff – Gestaltung – Motivation – Zufriedenheit: Basistexte Personalwesen.* Stuttgart: Ferdinand Enke Verlag.

Nielson, T. R., Carlson, D. S. & Lankau, M. J. (2001). The supportive mentor as a means of reducing work-family conflict. *Journal of Vocational Behavior, 3*, 364–381.

Noelle-Neumann, E. (1978). *Werden wir alle Proletarier? Der Wertewandel in unserer Gesellschaft.* Zürich: Interform.

Noelle-Neumann, E. & Strümpel, B. (1984). *Macht Arbeit krank? Macht Arbeit glücklich?* München: Piper.

Noll, H.-H. (1997). Wohlstand, Lebensqualität und Wohlbefinden in den Ländern der Europäischen Union. In S. Hradil & S. Immerfall (Hrsg.), *Die westeuropäischen Gesellschaften im Vergleich* (S. 431–473). Opladen: Leske+Budrich.

Noor, N. (2002). Work-Family Conflict, Locus of Control and Women´s Well-Being: Tests of Alternative Pathways. *The Journal of Social Psychology, 142*, 645–662.

Noor, N. M. (2003). Work- and family-related variables, work-family conflict and wellbeing: some observations. *Community, Work & Family, 6* (3), 297–319.

Nordenmark, M. (2002). Multiple social roles – a resource or a burden: Is it possible for men and women to combine paid work with family life in a satisfactory way? *Gender, Work and Organization, 9* (2), 125–145.

Nordenmark, M. (2004). Multiple Social Roles and Well-Being: A Longitudinal Test of the Role Stress Theory and the Role Expansion Theory. *Acta Sociologica, 47* (2), 115–126.

Notz, G. (2001). *Ehrenamtliches Engagement von Frauen: Vortrag am 08.02.2001 an der FernUniversität Hagen.* Verfügbar unter http://www.vings.de/kurse/wissensnetz/frauen/pdf/notz.pdf [14.12.2007].

Nyer, G., Bien, W., Marbach, J. & Templeton, R. (1991). Obtaining Reliable Network Data about Family Life: A Methodological Examination Concerning Reliability of Egocentered Networks in Survey Research. *Connections, 14* (3), 14–26.

O'Driscoll, M. (1996). The interface between job and off-job roles: enhancement and conflict. In C. Cooper & I. Robertson (Hrsg.), *International Review of Industrial and Organizational Psychology* (Bd. 11) (S. 279–306). New York: Wiley.

O'Driscoll, M., Brough, P. & Kalliath, T. (2006). Work-family conflict and facilitation. In F. Jones, R. J. Burke & M. Westman (Hrsg.), *Managing the work-home interface* (S. 117–142). Hove, Sussex, UK: Psychology Press.

O'Driscoll, M. P. & Humphries, M. (1994). Time demands, interrole conflict, and coping strategies among managerial women. *International Journal of Employment Studies, 2* (1), 57-75.

O'Driscoll, M. P., Ilgen, D. R. & Hildreth, K. (1992). Time devoted to job and job activities, interrole conflict and family-work conflict scales. *Journal of Applied Psychology, 81*, 400–410.

Oberndorfer, R. & Rost, H. (2002). *Auf der Suche nach den neuen Vätern: Familien mit nicht-traditioneller Verteilung von Erwerbs- und Familienarbeit. ifb-Forschungsbericht Nr. 5.* Bamberg: Staatsinstitut für Familienforschung an der Universität Bamberg (ifb).

O'Connor, B. P. (2000). *SPSS and SAS programs for determining the number of components using parallel analysis and Velicer's MAP test: Behavior Research Methods Instruments & Computers, 32,* 396-402. Verfügbar unter http://flash.lakeheadu.ca/~jljamies/Nfactors.pdf [11.01.2008].

OECD Organisation für wirtschaftliche Zusammenarbeit und Entwicklung (2001). *Employment Outlook.* Paris.

Oechsle, M. (2005). *Wandel von Berufs- und Lebensplanung - Gleiche Erwerbschancen und Work-Life Balance für Frauen und Männer?* Vortrag gehalten auf dem Kongress Studium und Beruf im Wandel Wie kommt Gender in die Modernisierungsprozesse der Hochschule? 06./07. April 2005 Carl von Ossietzky Universität Oldenburg. Verfügbar unter http://www.uni-oldenburg.de/gss/download/Konferenz/Vortrag-Oechsle.pdf [10.07.2005].

Ollig, S. (2004). *Work-Life-Balance: Entwicklung eines Fragebogens zur Erfassung relevanter Einflussfaktoren.* Unveröffentlichte Diplomarbeit, Ruhr-Universität. Bochum.

Opaschowski, H. W. (1976). *Pädagogik der Freizeit: Grundlegung für Wissenschaft und Praxis.* Bad Heilbrunn.

Opaschowski, H. W. (1994). *Einführung in die Freizeitwissenschaft.* Opladen: Leske + Budrich.

Opaschowski, H. W. (2006). *Einführung in die Freizeitwissenschaft.* Wiesbaden: VS Verlag für Sozialwissenschaften.

Oppenhäuser, V. & Kalveram, A. B. (2002). Ganzheitliche Rehabilitation - Eine Evaluationsstudie. In R. Trimpop, B. Zimolong & A. B. Kalveram (Hrsg.), *11. Workshop Psychologie der Arbeitssicherheit.* Heidelberg: Asanger Verlag.

Ostendorf, F. (1990). *Sprache und Persönlichkeitsstruktur: Zur Validierung des Fünf-Faktoren-Modells der Persönlichkeit.* Regensburg: Roderer.

Ostendorf, F. (1991). Das Fünf-Faktoren-Modell als umfassendes Modell der Persönlichkeitsbeurteilung: Konsequenzen für die Eignungsdiagnostik. In H. Schuler & U. Funke (Hrsg.), *Beiträge Organisationspsychologie: Eignungsdiagnostik Forschung und Praxis* (Bd. 10) (S. 234–237). Stuttgart: Verlag für angewandte Psychologie.

Packebusch, L. (2006). Demografische Entwicklung – Konsequenzen für Arbeitsgestaltung und Organisation. *Wirtschaftspsychologie aktuell, 13* (4), 27–31.

Parasuraman, S. & Greenhaus, J. H. (1997). *Integrating work and family: Challenges and choices for changing world.* Westport: Quorum.

Parasuraman, S., Greenhaus, J. H. & Granrose, C. S. (1992). Role stressors, social support, and well-being among two-career couples. *Journal of Organizational Behavior, 13,* 339–356.

Parasuraman, S., Purohit, Y. S., Godshalk, V. M. & Beutell, N. J. (1996). Work and family variables, entrepreneurial career success, and psychological well-being. *Journal of Vocational Behavior, 48,* 275–300.

Parasuraman, S. & Simmers, C. A. (2001). Type of employment, work-family conflict and well-being: A comparative study. *Journal of Organizational Behavior, 22* (5), 551–568.

Parsons, T. (2003). *Das System moderner Gesellschaften* (6. Aufl.). Weinheim: Juventa.

Peeters, M. C. W., Jonge, J. de, Janssen, P. P. M. & van der Linden, S. (2004). Work-home interference, job stressors, and employee health in a longitudinal perspective. *International Journal of Stress Management, 11* (4), 305–322.

Peinelt-Jordan, K. (1996). *Männer zwischen Familie und Beruf.* München: Rainer Hampp Verlag.

Perlow, L. (1995). Putting the work back into work/family. *Group & Organization Management, 20* (2), 227–240.

Perlow, L. (2001). Time to coordinate: toward an understanding of work-time standards and norms. *Work and Occupations, 28* (1), 91–111.

Perrewe, P. L., Hochwarter, W. A. & Kiewitz, C. (1999). Value attainment: An explanation of the negative effects of work–family conflict on job and life satisfaction. *Journal of Occupational Health Psychology, 4,* 318–326.

Perrone, K. M. & Worthington, E. L. (2001). Factors influencing ratings of marital quality by individuals within dual-career marriages: A conceptual model. *Journal of Counseling Psychology, 48* (1), 3–9.

Perry-Jenkins, M. & Crouter, A. C. (1990). Implications of men's provider role attitudes for household work and marital satisfaction. *Journal of Family Issues, 11* (2), 136–156.

Perry-Smith, J. & Blum, T. (2000). Work-family human resource bundles and perceived organizational performance. *Academy of Management Journal, 43* (6), 1107–1117.

Petermann, F., Hampel, P. & Mönter, C. (2001). Entwicklung und Einsatz eines Anti-Stress-Tageblattes. *Kindheit und Entwicklung, 10,* 180–188.

Petzold, M. (o.J.). *Familien heute: Sieben Typen familialen Zusammenlebens.* Verfügbar unter http://www.familienhandbuch.de/ [28.12.2007].

Petzold, M. & Nickel, H. (1989). Grundlangen und Konzept einer entwicklungspsychologischen Familienforschung. *Psychologie in Erziehung und Unterricht, 36,* 241–257.

Peuckert, R. (2002). *Familienformen im sozialen Wandel.* Opladen: Leske + Budrich.

Pfarr, H. & Vogelheim, E. (2002). *Zur Chancengleichheit von Frauen und Männern im Bündnis für Arbeit, Ausbildung und Wettbewerbsfähigkeit.* Düsseldorf: Edition Hans-Böckler-Stiftung.

Pfau-Effinger, B. & Gottschall, K. (2002). Zukunft der Arbeit und Geschlecht. Diskurse Entwicklungspfade und Reformutopien im internationalen Vergleich. Opladen.

Plate, B. von (2003). Grundzüge der Globalisierung. In Bundeszentrale für politische Bildung (Hrsg.), *Globalisierung. Informationen zur politischen Bildung.* Berlin.

Pleck, J. H. (1977). The work-family role system. *Social Problems, 27,* 417–428.

Pleck, J. H. & Staines G. L. (1985). Work schedules and family life in two-earner couples. *Journal of family Issues, 6,* 61–82.

Pleck, J. H., Staines, G. L. & Lang, L. (1980). Conflicts between work and family life. *Monthly Labor Review, 103* (3), 29–32.

Poelmans, S. (2001). *Individual and organizational issues in work-family conflict* (Research Paper No. 444). Barcelona: University of Navarra.

Popitz, H. (1989). *Epochen der Technikgeschichte*. Tübingen: Mohr.

Popitz, H. (1989). Technisches Handeln mit der Hand: Zur Anthropologie der Werkzeugtechnik. In H. Popitz (Hrsg.), *Epochen der Technikgeschichte*. Tübingen: Mohr.

Poppelreuter, S. (2006). Arbeitssucht – Diagnose, Prävention und Intervention. *Arbeitsmedizin, Sozialmedizin, Umweltmedizin, 41 (7),* 328-334. Verfügbar unter http://www.aerztekammer-bw.de/25/10praxis/85arbeitsmedizin/0607.pdf [30.01.2008].

Powell, G. N. (1999). *Handbook of Gender and Work*. Thousand Oaks, CA: Sage.

Pratt, A. (2006). Role of cognitive ability and personality factors in coping with work-family conflict. *Dissertation Abstracts International, 67* (5-B), 2866.

Preacher, K. J. & MacCallum, R. C. (2003). *Repairing Tom Swift's electric factor analysis machine: Understanding Statistics, 2,* 13-32. Verfügbar unter http://quantrm2.psy.ohio-state.edu/maccallum/tomswift/paper.htm [11.01.2008].

Pribilla, P., Reichwald, R. & Goecke, R. (1996). *Telekommunikation im Management – Strategien für den globalen Wettbewerb*. Stuttgart: Schäffer-Poeschel.

Price Waterhouse Coopers (1999). *International Student Survey: Summary Findings Report.*: Pricewaterhouse Coopers.

Prognos (2004). *Familienfreundlichkeit als Standortfaktor für Regionen: Kurzexpertise*. Verfügbar unter http://www.prognos.de/pdf/Expertise_KF.pdf [20.07.2005].

Prognos (2005). *Prognos Familienatlas 2005: Methodik und Indikatoren*. Verfügbar unter http://www.prognos.de/familienatlas/p_familienatlas_methodik.pdf [20.07.2005].

Proinger, J. (2005). Arbeitszeit und nachhaltige Entwicklung in Europa: Ausgleich von Produktivitätsgewinn in *Zeit statt Geld? Sociology Ecology Working Paper 77*. Wien: Institute of Social Ecology. Verfügbar unter http://www.iff.ac.at/socec/publs/publs_downloads/socec17582.pdf [14.12.2007].

Pugesek, B. H., Tomer, A. & Eye, A. (2003). *Structural equation modeling: Applications in ecological and evolutionary biology*. Cambridge: Cambridge University Press.

Quick, J. & Tetrick, L. E. (2003). *Handbook of occupational health psychology*. Washington, DC.

Quinn, R. P. & Staines, G. L. (1979). *The 1977 Quality of Employee Survey*. Ann Arbor: University of Michigan, Institute for Social Research.

Raeder, S. & Grote, G. (2001). Flexibilität ersetzt Kontinuität: Veränderte psychologische Kontrakte und neue Formen persönlicher Identität. *Arbeit, 10,* 352–364. Verfügbar unter http://www.oat.ethz.ch/people/team/saraeder/Arbeit [24.12.2006].

Rammstedt, B. (2004). *Zur Bestimmung der Güte von Multi-Item-Skalen: Eine Einführung*. ZUMA How-to-Reihe Nr.12. Mannheim: Zentrum für Umfragen, Methoden und Analysen. Verfügbar unter http://www.gesis.org/Publikationen/Berichte/ZUMA_How_to/Dokumente/pdf/how-to12br.pdf [18.01.2008].

Rammstedt, B., Koch, K., Borg, I. & Reitz, T. (2004). Entwicklung und Validierung einer Kurzskala für die Messung der Big-Five-Persönlichkeitsdimensionen in Umfragen. *ZUMA-Nachrichten, 28* (55), 5–28. Verfügbar unter http://www.gesis.org/Publikationen/Zeitschriften/ZUMA_Nachrichten/index.htm [18.01.2008].

Rantanen, J., Pulkkinen, L. & Kinnunen, U. (2005). The big five personality dimensions, work-family conflict, and psychological distress. *Journal of Individual Differences, 26,* 155–166.

Rau, B. L. & Hyland, M. M. (2002). Role conflict and flexible work arrangements: The effects on applicant attraction. *Personnel Psychology, 55,* 111–136.

Rau, I. (1995). *Weibliche Führungskräfte, Ursachen ihrer Unterrepräsentanz und Konsequenzen für die Förderung von Frauen für Führungspositionen.* Frankfurt am Main: Peter Lang, Europäischer Verlag der Wissenschaft.

Ray, E. & Miller, K. (1994). Social support, home/work stress, and burnout: Who can help? *Journal of Applied Behavioral Science, 30*, 357–373.

Reichert, M. & Naegele, G. (1999). Handlungsoptionen zur Verbesserung der Vereinbarkeit von Erwerbstätigkeit und Pflege: Ergebnisse einer internationalen Konferenz zum Thema. In M. Naegele G. Reichert (Hrsg.), *Dortmunder Beiträge zur angewandten Gerontologie* (Bd. 8). *Vereinbarkeit von Erwerbstätigkeit und Pflege: nationale und internationale Perspektiven.* Hannover: Vincentz Verlag.

Reichle, B. & Montada, L. (1999). Übergang zur Elternschaft und Folgen: Der Umgang mit Veränderungen macht Unterschiede. In B. Reichle & H. Werneck (Hrsg.). *Übergang zur Elternschaft. Aktuelle Studien zur Bewältigung eines unterschätzten Lebensereignisses* (Der Mensch als soziales und personales Wesen, Bd. 16; S. 205–224. Stuttgart: Enke.

Reichle, B. & Werneck, H. (1999). Übergang zur Elternschaft und Partnerschaftsentwicklung: Ein Überblick. In B. Reichle & H. Werneck (Hrsg.) Übergang zur Elternschaft. Aktuelle Studien zur Bewältigung eines unterschätzten Lebensereignisses. S. 1–16.

Reichwald, R. & Koller, H. Integration und Dezentralisierung von Unternehmensstrukturen. In B. Lutz, M. Hartmann & H. Hirsch-Kreinsen (Hrsg.), *Produzieren im 21. Jahrhundert - Herausforderungen für die deutsche Industrie* (S. 225–294). München.

Reichwald, R. & Möslein, K. (1999). Organisation: Struktur und Gestaltung. In C. Graf Hoyos & D. Frey (Hrsg.), *Arbeits- und Organisationspsychologie. Ein Lehrbuch* (S. 29–49). Weinheim: Psychologie Verlags Union.

Reinberg, A. & Hummel, M. (2003). *Steuert Deutschland langfristig auf einen Fachkräftemangel zu? IAB-Kurzbericht Nr.9.* Nürnberg.

Reinberg, A. & Hummel, M. (05.07.2004). Fachkräftemangel bedroht Wettbewerbsfähigkeit der deutschen Wirtschaft: Bpb. Beilage zur Wochenzeitung Das Parlament. *Aus Politik und Zeitgeschichte*, 3–10.

Resch, M. (1997). Arbeit als zentraler Lebensbereich. In H. Luczak & W. Volpert (Hrsg.), *Handbuch Arbeitswissenschaft* (S. 229–233). Stuttgart: Schäffer-Poeschel.

Resch, M. (1999). *Arbeitsanalyse im Haushalt: Erhebung und Bewertung von Tätigkeiten außerhalb der Erwerbsarbeit mit dem AVAH-Verfahren.* Zürich: Verlag der Fachvereine.

Resch, M. (2003). Work-Life Balance – neue Wege der Vereinbarkeit von Berufs- und Privatleben? In H. Luczak (Hrsg.), *Tagungsband der GFA Herbstkonferenz 2003. Kooperation und Arbeit in vernetzten Welten* (S. 125–132). Stuttgart: ergonomia.

Resch, M. (2006). *Humane und familiengerechte Arbeitswelt: Innovationen für Arbeit und Organisation* (Bericht zum 52. Kongress der Gesellschaft für Arbeitswissenschaft vom 20.–22. März 2006).

Resch, M. & Bamberg, E. (2005). Work-Life-Balance - Ein neuer Blick auf die Vereinbarkeit von Beruf- und Privatleben? *Zeitschrift für Arbeits- und Organisationspsychologie, 49*, 171–175.

Riedel, J. (1925). *Arbeitskunde: Grundlagen, Bedingungen und Ziele der wirtschaftlichen Arbeit.* Leipzig: Teubner.

Rifkin, J. (1995). *Das Ende der Arbeit und ihre Zukunft.* Frankfurt/M.: Campus.

Rinderspacher, J. P. (2000). *Zeitwohlstand in der Moderne: WZB-Papers.* Berlin.

Ritter, W. & Scherf, M. (1998). Orientierungshilfe. *Mitbestimmung, 44* (4), 25–26.

RKW Rationalisierungs- und Innovationszentrum der Deutschen Wirtschaft (2003). Familienfreundliche Arbeitswelt: Work-Life-Balance als regionale Kooperationsaufgabe. Dokumentation der RKW-Werkstatt vom 18. November 2003 in Erfurt. Verfügbar unter http://www.rkw.de/02_l oesung/publikationen/Personal/2003_DOKU_NetzFam.pdf [14.12.2007].

Roberts, L. (1999). *Leisure in Contemporary Society*. Wallingford: CAB International.

Roethlisberger, F. & Dickson, W. (1939). *Management and the Worker*. Cambridge, Mass.: Harvard University Press.

Rogier, S. A. & Padgett, M. Y. (2004). The impact of utilizing a flexible work schedule on the perceived career advancement potential of women. *Human Resource Development Quarterly, 15*, 89–106.

Röhrle, B. (2002). *Prävention und Gesundheitsförderung*. Tübingen: DGVT-Verlag.

Roloff, J. & Dobritz, J. (1999). *Familienbildung in Deutschland Anfang der 90er Jahre: Demographische Trends, individuelle Einstellungen und sozio-ökonomische Bedingungen*. Schriftenreihe des Bundesinstituts für Bevölkerungsforschung, 30 (Ergebnisse des deutschen Family and Fertility Survey).

Rook, K., Dooley, D. & Catalano, R. (1991). Stress transmission: The effects of husbands' job stressors on emotional health of their wives. *Journal of Marriage and the Family, 53*, 165–177.

Rosenbaum, H. (1978). *Seminar Familie: Familie und Gesellschaftsstruktur: Materialien zu den sozioökonomischen Bedingungen von Familienformen*. Frankfurt/M.: Suhrkamp.

Rosenbaum, H. (1982). *Formen der Familie*. Frankfurt/M.

Rosenbaum, M. & Cohen, E. (1999). Euqalitarian marriages, spousal support, resourcefulness and psychological distress among Izraeli working women. *Journal of Vocational Behavior, 54*, 102–113.

Rosenbladt, B. von (2000). *Freiwilliges Engagement in Deutschland: Ergebnisse der Repräsentativerhebung 1999 zu Ehrenamt, Freiwilligenarbeit und bürgerschaftlichem Engagement, Gesamtbericht*. Stuttgart: Kohlhammer.

Rosenstiel, L. von (1985). *Betriebsklima geht jeden an*. (Bayerisches Staatsministerium für Arbeit und Sozialordnung, Ed.).

Rosenstiel, L. von (1989). Innovation und Veränderung in Organisationen. In E. Roth, H. Schuler & A. Weinert (Hrsg.), *Enzyklopädie der Psychologie – Band III/3: Organisationspsychologie* (S. 652–684). Göttingen: Verlag für Psychologie.

Rosenstiel, L. von (1997). Karrieremuster von Hochschulabsolventinnen. In R. Wunderer & P. Dick (Hrsg.), *Frauen im Management: Kompetenzen- Führungsstile-Fördermodelle*. Berlin: Luchterhand Verlag.

Rosenstiel, L. von (2006). Die Bedeutung von Arbeit. In H. Schuler (Hrsg.), *Lehrbuch der Personalpsychologie* (S. 15–43). Göttingen: Hogrefe.

Rosenstiel, L. von & Stengel, M. (1987). *Identifikationskrise? Zum Engagement in betrieblichen Führungspositionen*. Bern: Huber.

Rosenthal, R. & Rosnow, R. L. (1975). *The volunteer subject*. New York: Wiley.

Rosin, H. M. & Korabik, K. (2002). Do family friendly policies fulfil their promise? An investigation on work-family conflict and work and personal outcomes. In D. L. Nelson & R. J. Burke (Hrsg.), *Gender, work, stress, and health* (S. 211–226). Washington, D.C.: APA Books.

Ross, C. E. (1987). The Division of Labor at Home. *Social Forces, 65*, 816–833.

Rossi, P. & Freeman, H. (1993). *Evaluation: A systematic approach*. Newbury Park, CA: Sage Publications.

Rostgaard, T., Christoffersen, M. N. & Weise, H. (2000). Parental Leave in Denmark. In P. Moss & F. Deven (Hrsg.). Parental Leave. Progress or Pitfall? (Bd. 35) (S. 25–44). The Hague/Brussels: NIDI/CBGS Publications.

Roth, E. (1989). *Organisationspsychologie: Enzyklopädie der Psychologie D/III/3*. Göttingen: Hogrefe.

Roth, E., Schuler, H. & Weinert, A. (1989). *Enzyklopädie der Psychologie – Band III/3: Organisationspsychologie*. Göttingen: Verlag für Psychologie.

Roth, W. & Zakrzewski, B. M. (2006). *Work Life Balance jenseits der 50-Stunden-Woche: Motive, Visionen und Lebensgestaltung junger High-Potentials.* Kröning: Asanger.

Rothausen, T. (1999). Family in organizational research: A review and comparison of definitions and measures. *Journal of Organizational Behavior, 20* (6), 817–836.

Rothausen, T., Gonzalez, J. A., Clarke, N. E. & O´Dell, L. L. (1998). Family-friendly backlash – fact or fiction: The case of organizations´ on-site child care centers. *Personnel Psychology, 51,* 685–706.

Rothbard, N. P. (2001). Enriching or depleting? The dynamics of engagement in work and family. *Administrative Science Quarterly, 46* (4), 655–684.

Rothbard, N. P. & Dumas, T. L. (2006). Research perspectives: managing the workhome interface. In F. Jones, R. J. Burke & M. Westman (Hrsg.), *Work-life balance. A psychological perspective* (S. 71–89). New York: Psychology Press.

Rousseau, D.M. (1995). Psychological Contracts in Organizations: Understanding Written and Unwritten Agreements. Newbury Park, CA: Sage.

Ruderman, M. N., Ohlott, P. J., Panzer, K. & King, S. N. (2002). Benefits of multiple roles for managerial women. *Academy of Management Journal, 45* (2), 369–386.

Rürup, B. & Gruescu, S. (2003). *Nachhaltige Familienpolitik im Interesse einer aktiven Bevölkerungs-entwicklung: Gutachten im Auftrag des Bundesministeriums für Familie, Senioren, Frauen und Jugend.* Verfügbar unter http://www.sozialpolitik-aktuell.de/docs/Gutachten_einer_nachhaltigen_Familienpolitik.pdf [14.12.2007].

Ruiz-Quintanilla, S. & England G.W. (1996). How Working is Defined: Structure and Stability. *Journal of Organizational Behavior, 17,* 515–540.

Rutenfranz, J. (1978). *Arbeitsphysiologische Grundprobleme von Nacht- und Schichtarbeit: Vorträge Nr.275.* (Rheinisch-Westfälische Akademie der Wissenschaften, Ed.). Opladen: Westdeutscher Verlag.

Rutenfranz, J., Knauth, P. & Colquhun, W. (1976). Hours of work and shiftwork. *Ergonomics, 19*

Rutenfanz, J., Knauth, P. & Nachreiner, F. (1993). Arbeitszeitgestaltung. In H. Schmidtke (Hrsg.), *Ergonomie* (S. 575–599). München: Hanser Verlag.

Rybczynski, W. (1993). *Am Freitag fängt das Leben an: Eine kleine Geschichte der Freizeit.* Hamburg: Rowohlt Verlag.

Sahlins, M. (1974). *Stone Age Economics.* London: Tavistock.

Salgado, J. (1997). The five factor model of personality and job performance in the European Community. *Journal of Applied Psychology, 82,* 30–43.

Schallberger, U. & Venetz, M. (1999). *Kurzversion des MRS-Inventars von Ostendorf (1990) zur Erfassung der fünf „großen" Persönlichkeitsfaktoren: Berichte aus der Abteilung Angewandte Psychologie* No. 30). : Universität Zürich.

Scheibl, F. & Dex, S. (1998). Should we have more family-friendly policies? *European Management Journal, 16,* 585–599.

Schein, E. (1985). *Organizational culture and leadership.* San Francisco: Jossey-Bass.

Scheuch, E. & Meyersohn, R. (1972). *Soziologie der Freizeit.* Köln: Kiepenheuer & Witsch.

Scheuch, E. K. (1972). Die Problematik der Freizeit in der Massengesellschaft. In E. Scheuch & R. Meyersohn (Hrsg.), *Soziologie der Freizeit.* Köln: Kiepenheuer & Witsch.

Schier, M. & Jurczyk, K. (2007). „Familie als Herstellungsleistung" in Zeiten der Entgrenzung. *Aus Politik und Zeitgeschichte, 34,* 10–17. Verfügbar unter http://www.bpb.de/publikationen/5SYHQ7,0,Familie_als_Herstellungsleistung_in_Zeiten_der_Entgrenzung.html [25.01.2008].

Schmidtke, H. (1993). *Ergonomie.* München: Hanser Verlag.

Schmitz-Scherzer, R. (1980). Freizeitpsychologie. In R. Asanger & G. Wenninger (Hrsg.), *Handwörterbuch der Psychologie*. Weinheim: Beltz.

Schneider, H. & Wieners, H. (2006). *Konzeptionelle Grundlagen der Analyse betriebswirtschaftlicher Effekte einer familienbewussten Personalpolitik*. Verfügbar unter http://www.ffp-muenster.de/Arbeitspapier/Arbeitspapier_FFP_2006_1 [13. 12. 2007].

Schneider, N., Ruckdeschl, K. & Limmer, R. (2001). *Berufsmobilität und Lebensform: Sind berufliche Mobilitätserfordernisse in Zeiten der Globalisierung noch mit der Familie vereinbar?* Schriftenreihe des Bundesministeriums für Familie, Senioren, Frauen und Jugend (Zusammenfassung der Hauptergebnisse).

Schorr, A. (1993). *Handbuch der Angewandten Psychologie*. Bonn: Deutscher Psychologen Verlag.

Schreyer, F. (2000). *BIBB/IAB-Erhebung: „Unsichere" Beschäftigung trifft vor allem die Niedrigqualifizierten: IAB-Kurzbericht, 5*.

Schreyer, F. (2001). Unsichere Beschäftigung und berufliche Qualifikation – Ein Blick auf Erwerbsarbeit jenseits Normalarbeitsverhältnisses. In W. Dostal, K. Parmentier, H. Plicht, A. Rauch & F. Schreyer (Hrsg.), *Beiträge zur Arbeitsmarkt- und Berufsforschung, 246: Wandel der Erwerbsarbeit: Qualifikationsverwertung in sich verändernden Arbeitsstrukturen* (S. 147–169). Nürnberg: IAB.

Schreyögg, A. (2004). Was hat Work-Life-Balance mit dem Protestantismus zu tun: Zu Max Webers Religionssoziologie. *Organisationsberatung – Supervision – Coaching* (4), 351–364.

Schroth, J. (2000). Arbeitszeitguthaben und Insolvenz. Die Mitbestimmung 46, H. 4, 63–64.

Schudlich, E. (1987). *Die Abkehr vom Normalarbeitstag*. Frankfurt/New York.

Schuler, H. & Barthelme, D. (1995). Soziale Kompetenz als berufliche Anforderung. In B. Seyfried (Hrsg.), *Berichte zur Beruflichen Bildung* (Bd. 179). *Stolperstein Sozialkompetenz. Was macht es so schwierig sie zu erfassen, zu fördern und zu beurteilen* (S. 77–116). Bielefeld: Bertelsmann.

Schuler, H. (1995). *Lehrbuch Organisationspsychologie*. Bern: Hans Huber.

Schuler, H. (2004). *Lehrbuch Organisationspsychologie*. Bern: Huber.

Schuler, H. (2006). *Lehrbuch der Personalpsychologie*. Göttingen: Hogrefe.

Schuler, H. & Funke, U. (1991). *Eignungsdiagnostik Forschung und Praxis*. Beiträge Organisationspsychologie (Bd. 10). Stuttgart: Verlag für angewandte Psychologie.

Schulz, F. & Blossfeld, H.-P. (2006). Wie verändert sich die häusliche Arbeitsteilung im Eheverlauf? Eine Längsschnittstudie der ersten 14 Ehejahre in Westdeutschland. *Kölner Zeitschrift für Soziologie und Sozialpsychologie, 58* (1), 23–49.

Schuler, H. & Höft S. (2004). Diagnose beruflicher Eignung und Leistung. In H. Schuler (Hrsg.), *Organisationspsychologie* (3. Aufl.). (S. 291–333). Bern: Huber.

Schumacker, R. E. & Lomax, R. G. (1996). *A beginner's guide to structural equation modeling*. Mahwah, NJ: Lawrence Erlbaum Associates.

Schwartz, D. B. (1995). The impact of work-family policies on women's career development: boon or bust? *Women in Mangement Review, 7*, 31–45.

Schwartzberg, N. & Dytell, R. (1996). Dual-earner families: the importance of workstress and family stress for psychological well-being. Journal of Occupational Health Psychology, 1 (2), 211-223.

Schweizer, K., Boller, E. & Braun G. (1996). Der Einfluss von Klassifikationsverfahren, Stichprobengröße und strukturellen Datenmerkmalen auf die Klassifizierbarkeit von Variablen. *Methods of Psychological Research, 1*, 93–107. Verfügbar unter http://www.mpr-online.de/issue1/art5/schweizer.pdf [11.01.2008].

Scott F. B., Gibson, D. J., Robertson, P. A., Pohlmann, J. T. & Fralish. J. S. (1995). *Parallel analysis: a method for determining significant principal components*. Verfügbar unter http://www.plantbiology.siu.edu/faculty/Gibson/Franklinetal95.pdf [30.01.2008].

Scott, J., Alwin, D. F. & Braun, M. (1996). Generational changes in gender/role attidues: Britain in cross/national perspective. *Sociology, 20*, 471–492.

Seifert, H. (2006). Konfliktfeld Arbeitszeitpolitik. Entwicklungslinien, Gestaltungsanforderungen und Perspektiven der Arbeitszeit. Friedrich-Ebert-Stiftung: Gesprächskreis Arbeit und Qualifizierung. Bonn: Friedrich-Ebert-Stiftung, Abteilung Wirtschafts- und Sozialpolitik. http://library.fes.de/pdf-files/asfo/04303.pdf am 01.04.2007

Seiffert, H. (1989). *Sozialverträgliche Arbeitszeitgestaltung – Ein neues Konzept der Arbeitszeitpolitik?*

Seiffert, H. (1995). Kriterien für eine sozialverträgliche Arbeitszeitgestaltung. In A. Büssing & H. Seiffert (Hrsg.), *Sozialverträgliche Arbeitszeitgestaltung* (S. 15–30). München: Rainer Hampp Verlag.

Seiss, K. (2003). *Stress am Arbeitsplatz: Entwicklung eines branchenspezifischen Fragebogens zur Erfassung psychomentaler Belastung und deren Auswirkungen.* Jena: Friedrich-Schiller-Universität (Unveröffentlichte Diplomarbeit).

Seligman, M. & Csíkszentmihályi, M. (2000). Positive psychology: An introduction. *American Psychologist, 55* (1), 5–14.

Sellach, B., Enders-Dragässer, U. & Libuda-Köster, A. (2006). Besonderheiten der Zeitverwendung von Frauen und Männern. *Wirtschaft und Statistik, 1*, 83-95. Verfügbar unter http://www.gsfev.de/pdf/Besonderheiten_der_zeitverwendung.pdf [17.11.2007].

Semmer, N. &. Udris, I. (1995). Bedeutung und Wirkung von Arbeit. In H. Schuler (Hrsg.), *Lehrbuch Organisationspsychologie* (S. 133–165). Bern: Hans Huber.

Seyfried, B. (1995). *Stolperstein Sozialkompetenz: Was macht es so schwierig sie zu erfassen, zu fördern und zu beurteilen.* Berichte zur Beruflichen Bildung, 179. Bielefeld: Bertelsmann.

Shafiro, M. (2005). The effects of allocentrism, idiocentrism, social support, and Big Five Personality dimensions on work-family conflict: Dissertation Abstracts International. *The Sciences and Engineering, 66* (3-B), 1773.

Shevlin, M. E., Miles, J. N. V. & Lewis C., A. (2000). Reassessing the fit of the confirmatory factor analysis of the multidimensional students' life satisfaction scale. *Personality and Individual Differences, 28* (1), 187–191.

Sieber, S. D. (1974). Towards a theory of role accumulation. *American Sociological Review, 34*, 567–578.

Sieyès, E. J. (1988). *Was ist der dritte Stand?* ([Repr. d. Ausg.] 1789). Essen: Hobbing.

Silbereisen, R. & Frey, D. (Hrsg.) (2001). *Perspektiven der Psychologie.* Weinheim: Beltz Verlag.

Sloan Work-Family Researchers Electronic Network (2000). *The Measurement of Work/Life Tension: Recommendations of a Virtual Think Tank.* A project supported by the Alfred P. Sloan Foundation. Verfügbar unter http://wfnetwork.bc.edu/pdfs/measure_tension.pdf [18.09.2005].

Smith Major, V., Klein, K. J. & Ehrhart, M. G. (2002). Work time, work interference with family, and psychological distress. *Journal of Applied Psychology, 87* (3), 427–436.

Smith, E. R. & Mackie, D. M. (2000). *Social Psychology* (2. Aufl.). Hove: Psychology Press.

Smoot, S. M. (2005). The mediational role of coping in the relationship between personality and work-family conflict. *Dissertation Abstracts International: Section B: The Sciences and Engineering, 66* (4-B), 2317.

Snow, D. L., Swan, S. C., Raghavan, C., Connell, C. M. & Klein, I. (2003). The relationship of work stressors, coping and social support to psychological symptoms among female secretarial employees. *Work and Stress, 17*, 241–263.

Spannhake, K. & Elsner, G. (1999). Lebens- und Arbeitssituation von nachtschichtarbeitenden Frauen in der Automobilbranche: Eine empirische Studie in einem Automobilwerk und fünf Automobilzulieferbetrieben. *Zeitschrift für Arbeitswissenschaft, 53*, 264–269.

Spelten, E., Totterdell, P. & Barton, J. (1995). Effects of age and domestic commitment on the sleep and alertness of female shiftworkers. *Work & Stress* (2/3), 165–175.

Spiegler, K. (2003). Die Vereinbarkeit von Arbeit und Familie aus der Sicht erwerbstätiger Elternpaare. Eine Untersuchung zu Vorbedingungen, Auswirkungen und Moderatoren des Inter-Rollenkonflikts. Unveröffentlichte Magisterarbeit, Universität Jena.

Spieß, E., Kaschube, J., Nerdinger, W. & Rosenstiel, L. (1992). Das Erleben von Arbeit und Freizeit nach Eintritt in den Beruf – Eine qualitative Studie bei Jungakademikern. *Zeitschrift für Arbeits- und Organisationspsychologie, 36* (2), 77–83.

Staehle, W. H. (1999). *Management - eine verhaltenswissenschaftliche Perspektive.* München: Vahlen.

Staines, G. L. & Pleck, J. H. (1983). *The impact of work schedules on the family.* Ann Arbor: University of Michigan, Institute for Social Research.

Statistisches Bundesamt (2000). *Bevölkerungsentwicklung Deutschlands bis zum Jahr 2050: Ergebnisse der 9. koordinierten Bevölkerungsvorausberechnung.* Wiesbaden.

Statistisches Bundesamt (2003). *Bevölkerung Deutschlands bis 2050: 10. koordinierte Bevölkerungsvorausberechnung.* Wiesbaden.

Statistisches Bundesamt (2004). *Alltag in Deutschland: Analysen zur Zeitverwendung.* Wiesbaden: Statistisches Bundesamt - Forum der Bundesstatistik.

Statistisches Bundesamt (2005). *Leben und Arbeiten in Deutschland: Ergebnisse des Mikrozensus 2004.* Verfügbar unter http://www.destatis.de/jetspeed/portal/cms/Sites/destatis/Internet/DE/Presse/pk/2005/Mikrozensus/Pressebroschuere__Mikrozensus2004,property=file.pdf [27.01.2008].

Statistisches Bundesamt (2006). *Leben in Deutschland Haushalte, Familien und Gesundheit — Ergebnisse des Mikrozensus 2005.* Verfügbar unter http://www.destatis.de/jetspeed/portal/cms/Sites/destatis/Internet/DE/Presse/pk/2006/Mikrozensus/Pressebroschuere,property=file.pdf [18.01.2008].

Statistisches Bundesamt (2007). *Familien in Deutschland – Ergebnisse des Mikrozenus 2006: Pressekonferenz am 28. November 2007 in Berlin.* Verfügbar unter http://www.destatis.de/jetspeed/portal/cms/Sites/destatis/Internet/DE/Presse/pk/2007/Mikrozensus/statement__praes,property=file.pdf [03.12.2007].

Stauder, A.-M. (1998). *Aufteilung von Beruf und Familie und der Arbeitsmarkt Schweiz: Gesellschaftlicher Diskurs und die Realitäten der Arbeitswelt.* Verfügbar unter http://socio.ch/arbeit/t_astuder.htm [14.12.2007].

Stecher, G. (2006). *Work Life Balance: Eine Untersuchung über den Zusammenhang von Arbeitsbedingungen und der Vereinbarkeit von Beruf, Freizeit und Familie in der Altenpflege.* Unveröffentlichte Diplomarbeit, Leopold-Franzens-Universität. Innsbruck.

Steiger, J. H. (1990). Structural model evaluation and modification: An interval estimation approach. *Multivariate Behavioral Research, 25* (2), 173–180.

Steinmetz, H. (2007). *A multidimensional approach to working time.* Inaugural-Dissertation zur Erlangung des Doktorgrades der Philosophie, Justus-Liebig-Universität. Gießen.

Stengel, M. (1997). *Psychologie der Arbeit.* Weinheim: Psychologie Verlags Union.

Stephens, G. K. & Sommer, S. M. (1996). The measurement of work to family conflict. *Educational and Psychological Measurement, 56,* 475–486.

Stern, W. (1911). *Die Differentielle Psychologie in ihren methodischen Grundlagen.* Leipzig: Barth.

Sternheim, A. (1932). Zum Problem der Freizeitgestaltung. *Zeitschrift für Sozialforschung, 3,* 336–355.

Stewart, W. & Barling, J. (1996). Father's work experiences affect children's behaviours via job-related affect and parenting behaviours. *Journal of Organizational behaviour, 17* (3), 221–232.

Stiegler, B. (1999). *Das 654-Milliarden-Paket.* Verfügbar unter http://library.fes.de/fulltext/asfo/00550toc.htm [14.12.2007].

Stoeva, A. Z., Chiu, R. K. & Greenhaus, J. H. (2002). Negative affectivity, role stress, and work-family conflict. *Journal of Vocational Behavior, 60*, 1–16.

Sumer, C. & Knight, P. (2001). How do people with different attachment styles balance work and family? A personality perspective on the work-family linkage. *Journal of Applied Psychology, 86*, 653–663.

Super, D. E. (1957). *The psychology of careers.* New York: Harper & Row.

Super, D. E. (1981). Approaches to occupational choice and career development. In A. G. Watts, D. E. Super & J. M. Kidd (Hrsg.), *Career development in Britain* (S. 7–51). Cambridge: Hobson.

Tabachnik, B. G. & Fidell, L. S. (1996). *Using Multivariate Statistics.* New York: Harper Collins.

Tabachnik, B. G. & Fidell, L. S. (2004). *Using Multivariate Statistics* (4. Aufl.). Boston: Allyn and Bacon.

Takeuchi, R., Yun, S. & Teslu, P. T. (2002). An examination of crossover and spillover effects of spouse and expatriate cross cultural adjustment on expatriate outcomes. *Journal of Applied Psychology, 85*, 655–666.

Taylor, F. (1911). *The Principles of Scientific Management.* New York: Harper & Row. Verfügbar unter http://www.eldritchpress.org/fwt/ti.html [14.12.2007].

Teriet, B. (1980). Die Herausforderung peripherer Erwerbsbeteiligungen. *Arbeit und Sozialpolitik, 11*, 388–391.

Tetrick, L. E. & Buffardi, L. (2006). Measurement issues in research on the work-home interface. In F. Jones, R. J. Burke & M. Westman (Hrsg.), *Work-life balance. A psychological perspective* (S. 90–114). New York: Psychology Press.

The Work Foundation (o. J.). *Work-life balance – Introduction.* Verfügbar unter http://www.employersforwork-lifebalance.org.uk/work/definition.htm [14.12.2007].

Thiede, T. L. & Ganster, D. C. (1995). Impact of family-supportive work variables. *Journal of Applied Psychology, 80* (1), 6–15.

Thierry, H. & Meijman, T. F. (1994). Time and behavior at work. In H. C. Triandis, M. D. Dunnette & L. M. Hough (Hrsg.), *Handbook of industrial and organizational psychology.* Palo Alto, CA: Consultin Psychologists Press.

Thoits, P. A. (1983). Multiple identities and psychological well-being. *American Sociological Review, 48*, 174–187.

Thomas, L. T. & Ganster, D. C. (1995). Impact of family-supportive work variables on work-family conflict and strain: A control perspective. *Journal of Applied Psychology, 80*, 6–15.

Thompson, C. A., Andreassi, J. & Prottas, D. (2005). Work-family culture: Key to reducing workforce-workplace mismatch? In S. M. Bianchi, L. M. Casper & R. Berkowitz King (Hrsg.), *Work, Family, Health and Well-Being* (S. 117–132). Mahwah, NJ: Lawrence.

Thompson, C. A., Beauvais, L. L. & Lyness, K. S. (1999). When Work-Family Benefits Are Not Enough: The Influence of Work-Family Culture on Benefit Utilization, Organizational Attachment, and Work-Family Conflict. Journal of Vocational Behavior, 54, 392–415.

Thompson, C. A. & Blau, G. (1993). Moving beyond traditional predictors of job involvement: Exploring the impact of work-family conflict and overload. *Journal of Social Behavior and Personality, 8*, 635–646.

Thompson, C. A. & Bunderson, J. S. (2001). Work-Nonwork Conflict and the Phenomenology of Time: Beyond the Balance Metaphor. *Work and Occupation, 28*, 17–39.

Thompson, C. A. & Prottas, D. (2005). Relationships among organizational family support, job autonomy, perceived control, and employee well-being. *Journal of Occupational Health Psychology, 10* (4), 100–118.

Thompson, C. A., Jahn, E. W., Kopelman, R. E. & Prottas, D. J. (2004). Perceived organizational family support: A longitudinal and multilevel analysis. *Journal of Managerial Issues, 16* (4), 545–565.

Thompson, C. A., Thomas, C. C. & Maier, M. (1992). *Work-family conflict: reassessing corporate policies and initiatives* (Woman power: managing in times of demographic turbulence).

Tiedje, L., Wortmann, C., Downey, G., Emmons, C., Biernat, M. & Lang, E. (1990). Women with multiple roles: Role-compatibility perceptions, satisfaction and mental health. *Journal of Marriage & Family* (52), 63–72.

TNS EMNID (2002). *Kundenbefragung „Beruf & Familie" - bereits zertifizierte Unternehmen*. Bielefeld.

Tompson, H. B. & Werner, J. M. (1997). The impact of role conflict/faciliation on core discretionary behaviors: Testing a mediated model. *Journal of Management, 23*, 583–601.

Triandis, H. C., Dunnette, M. D. & Hough, L. M. (1994). *Handbook of industrial and organizational psychology*. Palo Alto, CA: Consultin Psychologists Press.

Trimpop, R., Förster, G., Kracke, B. & Kalveram, A. B. (2003). *Neue Qualität der Arbeit: Stresskompetenzentwicklung als Instrument zur Gesundheitsförderung bei Organisationsangehörigen eines Automobilherstellers mit familialer und beruflicher Doppelbelastung* (Das Projekt StrAFF. Abschlussbericht (Langfassung) für das Bundesministerium für Wirtschaft und Arbeit (BMWA) über die Bundesanstalt für Arbeitsschutz und Arbeitsmedizin (BAuA)). Jena.

Trimpop, R., Kalveram, A. B. & Oberkötter, R. (1998). *Arbeitsbedingte Teilnahme am Straßenverkehr: Präventionsmöglichkeiten durch Partizipation. Langzeitmessung in der Niederlassung Oschatz*. Jena: Lehrstuhl für Arbeits-, Betriebs- und Organisationspsychologie (Unveröffentlicher Projektbericht der Friedrich Schiller Universität Jena für die Deutsche Telekom AG).

Trimpop, R., Kalveram A. B. & Oberkötter R. (1999). *Arbeitsbedingte Teilnahme am Straßenverkehr: Präventionsmöglichkeiten durch das DVR Beratungskonzept Fuhrpark*. Bonn (Unveröffentlicher Projektbericht der Friedrich-Schiller-Universität Jena für den Deutschen Verkehrssicherheitsrat DVR).

Trimpop, R., Kalveram, A., Oppenhäuser, V. & Ortelbach, C. (2002). *Ein innovatives Konzept der berufsbezogenen Rehabilitation: Das MARUS- Konzept: Abschlussevaluation zur Überprüfung des Masserberger Rehabilitations- und Präventionssystems (MARUS- BfA) – Abschlussbericht*. Jena: Lehrstuhl für Arbeits-, Betriebs- und Organisationspsychologie (Unveröffentlicher Projektbericht der Friedrich-Schiller-Universität Jena für die Prof. Volhard Klinik, Masserberg).

Trojan, A. & Stumm, B. (1992). *Gesundheit fördern statt kontrollieren*. Frankfurt/M.: S. Fischer.

Tucker, L. R. & Lewis, C. A. (1973). A reliability coefficient for maximum likelihood factor analyses. *Psychometrika, 38* (1), 1–10.

Tupes, E. C. & Christal, R. E. (1958). *Stability of personality trait factors obtained under diverse conditions* No. USAF WADC Tech. Note No. 58–61). Lackland Air Force Base, TX: U. S. Air Force.

Tupes, E. C. & Christal, R. E. (1961). *Recurrent Personality Factors Based on Trait Ratings* No. ASD-TR-61-97). Lackland Air Force Base, TX: Aeronautical Systems Division, Personnel Laboratory.

Turner, N. E. (1998). The effect of common variance and structure pattern on random data eigenvalues: Implications for the accuracy of parallel analysis. *Educational and Psychological Measurement, 58*, 541–568.

Ulich, E. (1957). Zur Frage der Belastung des arbeitenden Menschen durch Nacht- und Schichtarbeit. *Psychologische Rundschau* (8), 42–61.

Ulich, E. (1964). Schicht- und Nachtarbeit im Betrieb. Köln, Oplanden: Westdeutscher Verlag.

Ulich, E. (1994). *Arbeitspsychologie* (3., überarb. und erw. Aufl.). Zürich, Stuttgart: vdf Hochschulverl. an der ETH Zürich; Schäffer-Poeschel.

Ulich, E. (1998). *Arbeitspsychologie (*4., neu überarb. und erw. Aufl). Zürich: vdf.

Ulich, E. (2001). *Arbeitspsychologie*. Zürich: vdf-Hochschulverlag.

Ulich, E. (2004). Erwerbsarbeit und andere Lebensperspektiven – eine arbeitspsychologische Perspektive. In Eidgenössische Koordinationskommission für Familienfragen EKFF (Hrsg.), *Zeit für Familien Beiträge zur Vereinbarkeit von Familien- und Erwerbstätigkeit aus familienpolitischer Sicht* (S. 53–72).

Ulich, E. (2006). *Arbeitspsychologie* (6. überarbeitete und erweiterte Auflage). Stuttgart: Schaeffer-Poeschel Verlag.

Udris, I. & Alioth, A. (1980). Fragebogen zur subjektiven Arbeitsanalyse. In E. Martin, I. Udris, Ackermann. U. & K. Oegerli (Hrsg.), Schriften zur Arbeitspsychologie: Monotonie in der Industrie (Bd. 29) (S. 61–88).

Ulich, E. & Baitsch, C. (1979). *Schicht- und Nachtarbeit im Betrieb* (2. Aufl.). Rüschlikon: gdi-Verlag.

Ulich, E. & Ulich, H. (1977). Über einige Zusammenhänge zwischen Arbeitsgestaltung und Freizeitverhalten. In T. Leuenberger & K.-H. Ruffmann (Hrsg.), *Bürokratie - Motor oder Bremse der Entwicklung?* (S. 209–227). Bern: Lang.

Ullman, J. B. (2004). Structural equation modeling. In B. G. Tabachnick & L. S. Fidell (Hrsg.), *Using multivariate statistics*. 4th ed. (S. 653–771). Boston: Allyn and Bacon.

van Eimeren, B. & Frees, B. (2007). *Internetnutzung zwischen Pragmatismus und YouTube-Euphorie.* Verfügbar unter http://www.ard-zdf-onlinestudie.de/fileadmin/Online07/Online07_Nutzung.pdf [09.01.2007].

Varuhas, J, Fursman, L, & Jacobsen, V. &. (2003). Work and Family Balance: An Economic View. New Zealand treasury Working Paper, 03/26. Wellington. Verfügbar unter http://www.treasury.govt.nz/workingpapers/2003/twp03-26.pdf

Vaskovics, L. (1997). *Familienleitbilder und Familienrealitäten.* Opladen: Leske + Budrich.

Vaskovics, L. A., Rost, H. & Mattstedt, S. (2001). *Work-Life-Balance – neue Aufgaben für eine zukunftsorientierte Personalpolitik: Informationsmodul: Familienfreundliche Maßnahmen.* Verfügbar unter http://www.ifb.bayern.de/imperia/md/content/stmas/ifb/materialien/mat_2004_2.pdf [07.10.2003].

Vaskovics, L. A., Rost, H. & Rosenkranz, D. (1998). *Was machen junge Väter mit ihrer Zeit? Die Zeitallokation junger Ehemänner im Übergang zur Elternschaft.* Verfügbar unter http://www.ifb.bayern.de/imperia/md/content/stmas/ifb/forschungsberichte/fb_02.pdf [28.05.2005].

Veal, A. (2004). A brief history of work and its relationship to leisure. In J. Haworth & A. Veal (Hrsg.), *Work and Leisure* (S. 15–33). London: Taylor &. Francis Group.

Veblen, T. (1899). *The Theory of Leisur Class: An Economic Study of Institutions.* New York: Macmillan.

Velicer, W. F. & Fava, J. L. (1998). Effects of variable and subject sampling on factor pattern recovery. *Psychological Methods, 3,* 231–251.

Velicier, W. F. (1976). Determining the number of components from the matrix of partial correlations. *Psychometrika, 41,* 321–327.

Vickery, G. & Wurzburg, G. (1996). *Flexible Firms, Skills, and Employment.* The OECD Oberserver, 202.

Vieth, P. (1995). *Kontrollierte Autonomie: Neue Herausforderungen für die Arbeitspsychologie.* Berlin: Asanger.

Voß, G. G. & Pongratz, H. J. (1998). Der Arbeitskraftunternehmer: Eine neue Grundform der Ware Arbeitskraft? *Kölner Zeitschrift für Soziologie und Sozialpsychologie, 50,* 131–158.

Voydanoff, P. (1987). *Work and Family Life.* Beverly Hills: Sage.

Voydanoff, P. (1988). Work Role Characteristics, Family Structure Demands, and Work/Family Conflict. *Journal of Marriage and the Family, 50,* 749–761.

Voydanoff, P. (2001a). Incorporating community into work and family research: A review of basic relationships. *Human Relations, 54* (12), 1609–1637.

Voydanoff, P. (2001b). Conceptualizing community in the context of work and family. *Community, Work & Family, 4* (2), 133–156.

Voydanoff, P. (2002). Linkages Between the Work-Family Interface and Work, Family, and Individual Outcomes: An Integrative Model. *Journal of Family Issues, 23*, 138–164.

Voydanoff, P. (2004). The effect of work demands and resources on work-to-family conflict and facilitation. *Journal of Marriage and Family, 66*, 398–412.

Voydanoff, P. (2005). The Differential Salience of Family and Community Demands and Resources for Family-to-Work Conflict and Facilitation. *Journal of Family and Economic Issues, 26* (3), 395–417.

Voydanoff, P. & Kelly, R. F. (1984). Determinants of work related family problems among employed parents. *Journal of Marriage and the Family, 46*, 881–892.

Wallace, J. E. (1997). It's about time: A study of hours worked and work spillover among law firm lawyers. *Journal of Vocational Behavior, 50*, 227–248.

Wallace, J. E. (1999). Work-to-nonwork conflict among married male and female lawyers. *Journal of organizational behaviour, 20*, 797–816.

Wallkötter, M. (19.03.2007). Und dazu ein kostenloser Kindergarten-Platz. Warum Nordkirchen die Kreisstädte ins familienpolitische Herz trifft. *RZ Recklinghäuser Zeitung, 63*.

Walter, W. (1993). *Vom Familienleitbild zur Familiendefinition: Familienberichte und die Entwicklung des familienpolitischen Diskurses*. Verfügbar unter http://www.ub.uni-konstanz.de/kops/volltexte/2000/391/html/guv05a.html#fn0 [14.12.2007].

Walther, R. (1990). Arbeit - Ein begriffsgeschichtlicher Überblick von Aristoteles bis Ricardo. In H. König, B. Greiff & H. Schauer (Hrsg.), *Sozialphilosophie der industriellen Arbeit* (S. 4–25). Opladen: Westdeutscher Verlag.

Warr, P., Jackson, P. & Banks, M. (1988). Unemployment and mental health: Some British studies. *Journal of Social Issues, 44*, 47–68.

Warren, J. & Johnson, P. (1995). The impact of workplace support on work-family role strain. *Family Relations, 44*, 163–169.

Watkins, M. W. (2000). *Monte carlo PCA for parallel analysis [computer software]*. State College, PA: Ed & Psych Associates.

Watson, D. & Clark, L. (1984). Negative affectivity: The disposition to experience aversive emotional states. *Psychological Bulletin, 96*, 465–490.

Watts, A. G., Super, D. E. & Kidd, J. M. (1981). *Career development in Britain*. Cambridge: Hobson.

Wayne, J. H. & Cordeiro B. L. (2003). Who is a good organizational citizen? Social perception of male and female employees who use family leave. *Sex Roles, 49*, 233–246.

Wayne, J. H., Grzywacs, J. G., Carlson, D. S. & Kacmar, K. M. (2007). Work-family facilitation: A theoretical explanation and model of primary antecedents and consequences. *Human Resource Management Review, 17*, 63–76.

Wayne, J. H., Musisca, N. & Fleeson, W. (2004). Considering the role of personality in the work-family experience: Relationships of the big five to work-family conflict and facilitation. *Journal of Vocational Behavior, 64*, 108–130.

Wayne, J. H., Randel, A. E. & Stevens, J. (2006). The role of identity and work-family support in work-family enrichment and its work-related consequences. *Journal of Vocational Behavior, 69*, 445–461.

Weber, M. (1905). *Die protestantische Ethik und der Geist des Kapitalismus*. Tübingen: Mohr.

Wehner, T., Ostendorp, C. & Ostendorp, A. (2002). Good practice? Auf der Suche nach Erfolgsfaktoren in gemeinwohlorientierten Freiwilligeninitiativen. *Arbeit, 11* (14), 48–62.

Weidinger, M. (2006). *Zeitkonten: Gestaltungsempfehlungen und Entwicklungstrends.* Verfügbar unter http://www.arbeitszeitberatung.de/dateien/publikationen/pdf/pub78.pdf [18.12.2007].

Weidinger, M. & Schlottfeldt, C. (2002). Vertrauensarbeitszeit und eigenverantwortliche Arbeitszeiterfassung. Verfügbar unter http://www.arbeitszeitberatung.de/dateien/publikationen/pdf/pub37.pdf [18.12.2007].

Weinert, A. (1998). *Organisationspsychologie: Ein Lehrbuch.* Weinheim: Beltz, Psychologie Verlags Union.

Weinert, A. (2004). *Organisations- und Personalpsychologie* (5. Aufl.). Weinheim: Beltz PVU.

Weltgesundheitsorganisation (WHO) (1982). Gesundheitserziehung und Lebensvision: Perspektiven des Programms zur Gesundheitserziehung des WHO Regionalbüros für Europa. *Internationales Journal für Gesundheitserziehung* (3/4).

Weltgesundheitsorganisation (WHO) (1992). Die Ottawa-Charta. In A. Trojan & B. Stumm (Hrsg.) *Gesundheit fördern statt kontrollieren* (S. 84–92). Frankfurt/M.: S. Fischer.

Westman, M. (2001). Stress and strain crossover. *Human Relations, 54*, 557–591.

Westman, M. (2005). *Crossover of Stress and Strain between Spouses: A Sloan Work and Family Encyclopedia Entry.* Verfügbar unter http://wfnetwork.bc.edu/encyclopedia_entry.php?id=1961 [11.11.2005].

Westman, M. (2006). Crossover of stress and strain in the work-family context. In F. Jones, R. J. Burke & M. Westman (Hrsg.), *Work-life balance. A psychological perspective* (S. 163–184). New York: Psychology Press.

Westman, M. & Etzion, D. (1995). Crossover of stress, strain and resources from one spouse to another. *Journal of Organizational Behavior, 16*, 169–181.

Westman, M. & Etzion, D. (2005). The Crossover of Work-Family Conflict: From One Spouse to the Other. *Journal of Applied Social Psychology, 35* (9), 1936–1957.

Westman, M. & Vinokur, A. (1998). Unraveling the relationship of distress levels within couples: Common stressors, emphatic reactions, or crossover via social interactions? *Human Relations, 51*, 137–156.

Wheeler, L. (1981). *Review of personality and social psychology.* Beverly Hills, CA: Sage.

Wiedemann, D. (2005). *Die Vereinbarkeit von Arbeit, Freizeit und Familie unter besonderer Berücksichtigung organisationaler und individueller Faktoren – eine Paarbefragung:* Unveröffentlichte Diplomarbeit. Friedrich-Schiller-Universität Jena. Jena.

Wiersma, U. (1990). Gender differences in job attribute preferences: Work-home role conflict and job level al mediating variables. *Journal of Occupational Psychology, 63*, 231–243.

Wiese, B. (2004). Beruf und Familie im Alltagsleben erwerbstätiger Paare: Querschnittliche und prozessuale Befunde. *Zeitschrift für Sozialpsychologie, 35*, 45–58.

Wiese, B. (2007). Work-Life-Balance. In K. Moser (Hrsg.), *Wirtschaftspsychologie* (S. 245–263). Heidelberg: Springer Verlag.

Wiese, B. S. (2000). *Berufliche und familiäre Zielstrukturen.* Münster: Waxmann.

Wiese, B. S. & Freund, A. M. (2000). The interplay of work and family in young and middle adulthood. In J. Heckhausen (Hrsg.), *Motivational psychology of human development. Developing motivation and motivating development* (S. 233–249). Oxford, UK: Elsevier.

Wiese, B. S. & Freund, A. M. (2005). Goal progress makes one happy, or does it? Longitudinal findings from the work domain. *Journal of Occupational and Organizational Psychology, 78*, 287–304.

Wiese, B. S., Freund, A. M. & Baltes, P. B. (2000). Selection, optimization, and compensation: An action-related approach to work and partnership. *Journal of Vocational Behavior, 57*, 273–300.

Wiese, B. S., Freund, A. M. & Baltes, P. B. (2002). Subjective career success and emotional well-being: Longitudinal predictive power of selection, optimization, and compensation. *Journal of Vocational Behavior, 60*, 321–335.

Wiesenthal, H., Offe, C., Hinrichs, K. & Engfer, U. (1983). *Arbeitszeitflexibilisierung und gewerkschaftliche Interessenvertretung.* WSI-Mitteilungen, 10.

Wiley, D. L. (1987). The relationship between work/nonwork role conflict and jobrelated outcomes: Some unanticipated findings. *Journal of Management, 13*, 467–472.

Wingen, M. (2003). Betriebliche Familienpolitik als gesellschaftspolitische Aufgabe –familienbewußte Personalpolitik als Weg zum Unternehmenserfolg. *Sozialer Fortschritt, 52* (3), 60–64.

Wirtz, M. & Nachtigall, C. (2006). *Deskriptive Statistik: Statistische Methoden für Psychologen* (4., überarb. Aufl.). Weinheim, München: Juventa-Verlag.

WLBN Work Life Balance Network WLBN (2004). *Work Life Balance Diagnostic Pack: Work Life Balance Framework. An outcome of a research and development process undertaken as part of the work of the Work Life Balance Network (WLBN).* Verfügbar unter http://www.wlbn.net/diagnostic_pack/pdf/Work_Life_Framework.pdf. [14.5.2006].

Work Life Balance Expert Group (2004). *Work Life Balance: Leistung und Liebe leben.* Frankfurt a.M.: Redline Wirtschaft.

Wottawa, H. (1988). *Psychologische Methodenlehre: Eine orientierende Einführung* (3. Aufl.). Weinheim: Juventa Verlag.

Wunderer, R. & Dick, P. (1997). Frauen im Management: Besonderheiten und personalpolitische Folgerungen – eine empirische Studie. In R. Wunderer & P. Dick (Hrsg.), *Frauen im Management. Kompetenzen - Führungsstile - Fördermodelle* (S. 5–208). Neuwied, Kriftel, Berlin: Luchterhand.

Yankelovich, D. (1992). Expressivität als neues kulturelles Modell. In R. Zoll (Hrsg.), *Ein neues kulturelles Modell. Zum soziokulturellen Wandel in Gesellschaften Westeuropas und Nordamerikas* (S. 23–31). Opladen: Westdeutscher Verlag.

Yankelovich, D. (1994). Wohlstand & Wertewandel: Das Ende der fetten Jahre. *Psychologie heute, 21* (3), 28–37.

Yasbek, P. (2004). *The business case for firm-level work-life balance policies: a review of the literature.* Verfügbar unter www.dol.govt.nz/PDFs/FirmLevelWLB.pdf [15. Juni 2005].

Zahn-Elliott, U. (2001). Demographischer Wandel und Erwerbsarbeit. In H.-J. Bullinger (Hrsg.), *Broschürenreihe: Demographie und Erwerbsarbeit: Zukunft der Arbeit in einer alternden Gesellschaft* (S. 7–10). Stuttgart: Fraunhofer Institut für Arbeitswissenschaft und und Organisation (IAO).

Zapf, W., Schupp, J. & Habich, R. (Hrsg.) (1996). Lebenslagen im Wandel: Sozialberichtserstattung im Längsschnitt. Frankfurt a.M.: Campus.

Zdrowomyslaw, N. & Rethmeier, B. (2001). Studium und Karriere: Karriere und Berufsplanung, Erfolg und Work-Life-Balance. München: Oldenbourg Verlag.

Zedeck, S. (1992). Work, Families and Organizations. San Fancisco: Joex Bass Publishers.

Zedeck, S. & Mosier, K. L. (1990). Work in the family and employing organization. American Psychologist, 45, 240–251.

Zierau, J. (2000). Genderperspektive – Freiwilligenarbeit, ehrenamtliche Tätigkeit und bürgerschaftliches Engagement bei Männern und Frauen: Freiwilliges Engagement in Deutschland. Ergebnisse der Repräsentativerhebung 1999 zu Ehrenamt, Freiwilligenarbeit und bürgerschaftlichem Engagement, Gesamtbericht (S. 136–145). Stuttgart: Kohlhammer.

Zimmerman, T. S., Haddock, S. A., Current, L. R. & Ziemba, S. (2003). Intimate Partnership: Foundation to the successful Balance of Family and Work. The American Journal of Family Therapy, 31 (1), 107–124.

Zok, K. (2003). Einstellungen und Verhalten bei Krankheit im Arbeitsalltag – Ergebnisse einer repräsentativen Umfrage bei Arbeitnehmern. Zahlen, Daten, Analysen aus allen Branchen der Wirtschaft. Wettbewerbsfaktor Work-Life-Balance. Betriebliche Strategien zur Vereinbarkeit von Beruf, Familie und Privatleben. Berlin: Springer.

Zoll, R. (1992). Ein neues kulturelles Modell: Zum soziokulturellen Wandel in Gesellschaften Westeuropas und Nordamerikas. Opladen: Westdeutscher Verlag.

Zulehner, P. M. (2003). MannsBilder: Ein Jahrzehnt Männerentwicklung. Ostfildern: Schwabenverlag.

Zulehner, P. M. (2004). Neue Männlichkeit - Neue Wege zur Selbstverwirklichung, Aus Politik und Zeitgeschichte. Beilage zur Wochenzeitung Das Parlament.

Zwick, W. R. & Velicer, W. F. (1986). Comparison of five rules for determining the number of components to retain. Psychological Bulletin, 99, 432–442.

Zedeck, S. (1992). *Work, Families and Organizations*. San Fancisco: Joex Bass Publishers.

Zedeck, S. & Mosier, K. L. (1990). Work in the family and employing organization. *American Psychologist, 45*, 240–251.

Zierau, J. (2000). *Genderperspektive – Freiwilligenarbeit, ehrenamtliche Tätigkeit und bürgerschaftliches Engagement bei Männern und Frauen: Freiwilliges Engagement in Deutschland*. Ergebnisse der Repräsentativerhebung 1999 zu Ehrenamt, Freiwilligenarbeit und bürgerschaftlichem Engagement, Gesamtbericht (S. 136–145). Stuttgart: Kohlhammer.

Zimmerman, T. S., Haddock, S. A., Current, L. R. & Ziemba, S. (2003). Intimate Partnership: Foundation to the successful Balance of Family and Work. *The American Journal of Family Therapy, 31* (1), 107–124.

Zok, K. (2003). *Einstellungen und Verhalten bei Krankheit im Arbeitsalltag – Ergebnisse einer repräsentativen Umfrage bei Arbeitnehmern. Zahlen, Daten, Analysen aus allen Branchen der Wirtschaft. Wettbewerbsfaktor Work-Life-Balance. Betriebliche Strategien zur Vereinbarkeit von Beruf, Familie und Privatleben*. Berlin: Springer.

Zoll, R. (1992). *Ein neues kulturelles Modell: Zum soziokulturellen Wandel in Gesellschaften Westeuropas und Nordamerikas*. Opladen: Westdeutscher Verlag.

Zulehner, P. M. (2003). *MannsBilder: Ein Jahrzehnt Männerentwicklung*. Ostfildern: Schwabenverlag.

Zulehner, P. M. (2004). Neue Männlichkeit - Neue Wege zur Selbstverwirklichung, *Aus Politik und Zeitgeschichte. Beilage zur Wochenzeitung Das Parlament*.

Zwick, W. R. & Velicer, W. F. (1986). Comparison of five rules for determining the number of components to retain. *Psychological Bulletin, 99*, 432–442.

Anhang

Zu finden im Internet unter www.asanger.de

Anhang A	Fragebogen Expertenrating
Anhang B	Ergebnisse Expertenrating
Anhang C	Fragebogen Studie 1
Anhang D	MAP-Test Studie 1
Anhang E	Zusammenhangsanalysen Persönlichkeitsmerkmale und Work-Life-Balance-Erleben Studie 1
Anhang F	Fragebogen Studie 2
Anhang G	Clusteranalyse Studie 2
Anhang H	Fragebogen Studie 3
Anhang I	Zusammensetzung der Stichprobe Studie 3
Anhang J	Tabellarische Synopse der verwendenten Items
Anhang K	Fragebogen Studie 4

www.asanger.de

ISBN 978-3-89334-349-2
2. Aufl., 156 S., 19.- €

ISBN 978-3-89334-436-5
2. Aufl., 160 S., 23.- €

ISBN 978-3-89334-536-6
470 S., 39.- €

T. Büttner, B. Fahlbruch, B. Wilpert
Sicherheitskultur.
Konzepte und Analysemethoden.
Eine sorgfältige, vergleichende Darstellung der Konzepte und Instrumente – z.B. SAQ, SOL-Verfahren, SAM-Leitfaden, INSAG-Konzepte, ASCOT-Guidlines – zur Analyse der unternehmerischen Sicherheitskultur.

M. Eigenstetter, M. Hammerl (Hg.)
Wirtschafts- und Unternehmensethik – ein Widerspruch in sich?
Ethikexperten geben einen Überblick über ethisch ausgerichtete Unternehmenskulturen und zeigen, wie sich die Grundprinzipien des Global Compact in Unternehmensrichtlinien umsetzen lassen.

R. Ludborzs, H. Nold (Hg.)
Psychologie der Arbeitssicherheit und Gesundheit: Entwicklungen und Visionen 1989 – 2008 – 2020.
In diesem Band nehmen führende Psychologen/innen eine fachliche und fachpolitische Standortbestimmung der eigenen Forschung und Praxis vor, in der sie seit vielen Jahren als Experten und Insider tätig sind.

ISBN 978-3-89334-454-3
170 S., 19.50 €

ISBN 978-3-89334-409-8
4. Aufl., 333 S., 29.- €

ISBN 978-3-89334-421-7
4. Aufl., 490 S., 39.50 €

W. Roth, B. Zakrzewski
Work Life Balance jenseits der 50-Stunden-Woche.
Motive, Visionen und Lebensgestaltung junger High-Potentials.
Für den Großteil von Akademikern ist eine 50plus-Stunden-Woche längst Realität. Die Autoren zeigen, wie trotzdem die Balance zwischen den Polen Arbeit und Freizeit gelingt.

I. Rösing
Ist die Burnout-Forschung ausgebrannt?
Analyse und Kritik der internationalen Burnout-Forschung.
„Dies ist ein sehr bemerkenswertes Buch. Die Kulturanthropologin diagnostiziert ... ein weit verbreitetes Belastungsphänomen in modernen Gesellschaften." (Prof. Dr. Johannes Siegrist)

M. Kastner (Hg.)
Die Zukunft der Work Life Balance.
Wie lassen sich Beruf und Familie, Arbeit und Freizeit miteinander vereinbaren?
„... verdeutlicht dank der gut lesbaren Einzelbeiträge sehr anschaulich die Vielfalt der aktuellen Forschungsansätze ..." (Z. für Arbeits- und Organisationspsychologie)

Asanger Verlag GmbH • Dr. Gerd Wenninger • Bödldorf 3 • 84178 Kröning
Tel. 08744-7262 • Fax 08744-967755 • e-mail: verlag@asanger.de

www.asanger.de

ISBN 978-3-89334-534-2
112 S., 12.95 €

ISBN 978-3-89334-562-5
180 S., 19.- €

ISBN 978-3-89334-456-1
296 S., 29.50 €

H. Schaaf
Erbarmen mit den Lehrern.
Zwischen Engagement und Burnout: Was Lehrer krank macht und was ihnen helfen könnte, gesund zu bleiben.

Der Autor, der selbst einmal Lehrer werden wollte, beschreibt – als Arzt – typische Erkrankungen von Lehrern. Und er zeigt, wie sich die hohen Belastungen im Lehrerberuf besser bewältigen lassen.

G. Wenninger
Stresskontrolle und Burnout-Prävention.
Lesebuch und Praxisleitfaden für Gestresste und Erschöpfte und alle, die ihnen helfen wollen.

Stress gilt als „Krankheitsursache Nr.1", Burnout als „Epidemie" des 21. Jahrhunderts" und fehlende Work-Life-Balance als Hauptgrund für schwindende Motivation.

P. Schulz
Beanspruchung und Gesundheit.
Fehlbeanspruchung, Gesundheitsrisiken und Beanspruchungsoptimierung im Arbeitsleben.

Der Autor vermittelt anschaulich, wie Gesundheitsrisiken durch Fehlbeanspruchung entstehen und wie sie sich durch Optimierung der Beanspruchung vermeiden lassen.

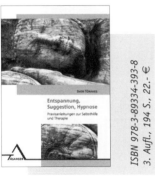

ISBN 978-3-89334-393-8
3. Aufl., 194 S., 22.- €

ISBN 978-3-89334-459-4
2. Aufl., 170 S., 19.50 €

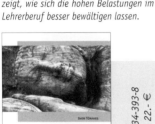
ISBN 978-3-89334-324-5
4. Aufl., 211 S., 19.- €

S. Tönnies
Entspannung – Suggestion – Hypnose.
Praxisanleitungen zur Selbsthilfe und Therapie.

„...wer ein gut lesbares Buch mit Praxisnähe und vielen praktischen Übungsanleitungen sucht, der braucht nicht länger zu suchen." (Tinnitus-Forum).

G. Fischer, C. Eichenberg, K. Mosetter, R. Mosetter
Stress im Beruf? Wenn schon, dann aber richtig!
Der Ratgeber für den intelligenten Umgang mit Stress-Situationen.

„... kann von Psychotherapeuten zur eigenen Psychohygiene genutzt und allen Menschen, die an den Auswirkungen von beruflichen Stresserscheinungen arbeiten wollen, empfohlen werden." (Deutsches Ärzteblatt)

P. Richter, W. Hacker
Belastung und Beanspruchung.
Stress, Ermüdung und Burnout im Arbeitsleben.

Dieses hochaktuelle Lehrbuch wendet sich nicht nur an Studierende und Psychologen, sondern insbesondere auch an Technische Aufsichtspersonen und Fachkräfte für Arbeitssicherheit in der Weiterbildung.

Asanger Verlag GmbH • Dr. Gerd Wenninger • Bödldorf 3 • 84178 Kröning
Tel. 08744-7262 • Fax 08744-967755 • e-mail: verlag@asanger.de